ROM

KUNST & ARCHITEKTUR

PIVS·VI·PONT·MAX
D.O.M.
SEDENTE BENEDICTO XIII
PONT·MAX·
LVDOVICO XV
IN GALLIIS REGNANTE

Marco Bussagli
Herausgeber

ROM
KUNST & ARCHITEKTUR

KÖNEMANN

Titel der Originalausgabe: *Roma. L'arte nei secoli*

Layout: Gilberto Brun
Übersetzung aus dem Italienischen: Claudia Bostelmann, Jutta Götze, Gertraude Grassi, Meike Höpfner, Petra Kaiser, Peter Klöss, Maren Wöll, Ruth Wolff, Alexandra Zipperer für Delius Producing Berlin
Redaktion der deutschen Ausgabe: Barbara Delius, Udo Felbinger, Jana Hyner für Delius Producing Berlin
Satz: Delius Producing Berlin
Bildtexte: Robert Born für Delius Producing Berlin
Umschlaggestaltung: Carol Stoffel

*KÖNEMANN ist eine eingetragene Marke der Tandem Verlag GmbH

Printed in Germany

ISBN 3-8331-1043-0

10 9 8 7 6 5 4 3 2 1
X IX VIII VII VI V IV III II I

Die Veröffentlichungen über Rom dürften mittlerweile ganze Bibliotheken füllen – dennoch fehlte in diesem schier unübersehbaren Büchermeer bisher ein Werk, das das gesamte Panorama der künstlerischen Entwicklung über die Jahrhunderte präsentiert. Über die Kunst Roms zu schreiben bedeutet eigentlich immer, ein künstlerisches Universum zu beschreiben: von den ruhmreichen Anfängen der Kaiserstadt bis zur üppigen Pracht der „Römischen Schule" im 20. Jahrhundert – stets stand diese einzigartige Stadt nicht nur unangefochten im Mittelpunkt des künstlerischen Interesses, sondern war auch ein Ort des kulturellen Austauschs zwischen Orient und Okzident und konnte im Laufe seiner zweitausendjährigen Geschichte immer die Vorreiterrolle in der europäischen Kunst behaupten.

Diese gleichermaßen vollständige wie übersichtliche Darstellung der Kunstgeschichte Roms von ihren Anfängen bis zum Ende des 18. Jahrhunderts – mit einem abschließenden Kapitel zu einem weiteren großen Moment in der römischen Kunst am Anfang des 20. Jahrhunderts – zeichnet die außergewöhnliche Entwicklung dieser Stadt nach und deckt die ihr zugrundeliegenden Strukturen auf. Das vorliegende Buch, das von renommierten Archäologen und Kunsthistorikern in jahrelanger Arbeit verfaßt wurde, läßt den Leser an den komplexen Prozessen im Bereich der bildenden Kunst, der Architektur und des Städtebaus teilhaben: Aus dem Dorf des Romulus wurde im Laufe der Jahrhunderte die Hauptstadt eines Weltreichs, der Sitz der Päpste, eine mittelalterliche Kommune; Rom war die glanzvolle Bühne der Renaissance, die Wiege des Barock und der Entstehungsort des Klassizismus. In den facettenreichen Beiträgen wird deutlich, daß die europäische Kultur ohne die römische Kunst letztlich undenkbar ist, da die Geschichte der Stadt unauflösbar mit der Geschichte der gesamten westlichen Welt und ihrer künstlerischen Entwicklung verknüpft ist.

Marco Bussagli

Inhalt

Die Antike

Die Stadtentwicklung Roms von den Anfängen bis zur Zeit Konstantins

Kaiserzeitliche Replik einer Porträtbüste Marcus Tullius Ciceros. Rom, Museo Capitolino, Galleria dei Filosofi

Der ursprüngliche Stadtkern des antiken Rom

„Wie hätte Romulus als Göttlicher den Nutzen aus der Meerlage besser erfassen und ihre Mängel zugleich vermeiden können, als daß er die Stadt am Ufer eines ununterbrochenen und gleichmäßig fließenden und breit ins Meer mündenden Stromes anlegte? Daß dadurch die Stadt vom Meer empfangen könnte, wessen sie bedürfte, und abgeben, woran sie Überfluß hätte, und daß sie auf gleichem Flusse die Dinge, die besonders nötig sind für Lebensunterhalt und -ausstattung, nicht nur vom Meer her an sich schlürfe, sondern auch einführe und empfange vom Lande her. So daß mir jener Gründer schon damals geahnt zu haben scheint, diese Stadt werde einmal der höchsten Herrschergewalt Wohnung und Heimstatt bieten. Denn eine so große Macht hätte wohl keine andere Stadt in irgendeinem Teile Italiens leichter festhalten können."

So beurteilte Cicero (*De re publica/Vom Gemeinwesen*, II, 10) die Vorteile der topographischen Lage der Stadt Rom, die durch einen schiffbaren Fluß mit dem Meer und dem Landesinneren der Halbinsel gleichermaßen verbunden war. Die Bedeutung des Tibers für Rom entspricht in gewisser Hinsicht der des Nils für Ägypten, und somit hing auch die Geschichte dieser Stadt von einem Fluß – dem Tiber – ab.

Die außergewöhnliche geographische Lage von Rom war den antiken Schriftstellern also durchaus bewußt. Wie die archäologischen Funde der letzten Jahrzehnte bestätigen, bestimmte diese Sonderstellung von Anfang an die Geschicke der Stadt.

Der dem Fluß zugewandte Teil Roms mit dem Forum Boarium, dem bereits vor der Gründung der Stadt bestehenden alten Markt, war für das Heranwachsen einer bedeutenden städtischen Siedlung ausschlaggebend. Hier lag der Schnittpunkt der Land- und Wasserwege von Etrurien nach Latium und Kampanien. Keramikfunde aus der Bronzezeit sind ein Beleg dafür, daß sich in die-

Die Tiberinsel mit dem Pons Cestius, der zum rechten Ufer vermittelt. Die Insel kann außerdem über den Pons Fabricius, die älteste Brücke Roms (62 v. Chr.), betreten werden.

Römische Straße in Ostia Antica. Diese Kolonie wurde wahrscheinlich bereits im ausgehenden 5. Jahrhundert v. Chr. gegründet und expandierte vom 2. Jahrhundert v. Chr. an aufgrund ihrer wichtigen Funktion als Handels- und Versorgungshafen Roms.

Gegenüberliegende Seite:
Die von dem Censor Appius Claudius Ciecus im Jahre 312 v. Chr. eingeweihte Via Appia Antica sollte über die Albanerberge hinweg Rom mit Capua verbinden. Im Jahre 312 v. Chr. wurde sie bis Brindisi verlängert und wurde dadurch zur wichtigsten Verbindungsachse in den Orient.

ser Region schon früh Hirten aufhielten, die – möglicherweise aus der Sabinergegend kommend – dort in Gruppen auf der Suche nach Winterweideplätzen und dem wertvollen Salz der Sümpfe bei den Tibermündungen umherzogen. Wie die kürzlich auf dem Forum Boarium gefundenen griechischen Keramiken aus der Mitte des 8. Jahrhunderts v. Chr. beweisen, begannen die Handelsbeziehungen zwischen Rom und den ersten griechischen Kolonien sogleich nach ihrer Gründung, die nicht zufällig mit dem Gründungsdatum Roms (Mitte des 8. Jahrhunderts) zusammenfällt.

Nach der Sage wachte der mythologische Held Herkules an der ihm geweihten Ara Maxima über die Herden des Geryoneus und bestrafte den Rinderdieb Cacus. Der Mythos bezieht sich offensichtlich auf die ehemalige Funktion des Forum Boarium als Rindermarkt und Umschlagplatz für Salz, dem Herkules als Schutzgottheit vor wilden Tieren und Räubern diente. Die Kontrolle über einen strategisch und wirtschaftlich derart bedeutenden Knotenpunkt gab mit Sicherheit den Ausschlag für das Entstehen der neuen Stadt.

Die Lage als Grenzsiedlung an einem Kreuzungspunkt zwischen Völkern unterschiedlicher Herkunft sollte zu allen Zeiten eines der bedeutendsten Charakteristika Roms sein. Dieser Aspekt wird durch die Legende gestützt, welche die Ansiedlung als paritätische Gemeinschaft aus Römern und Sabinern ansieht und der sich, angefangen bei den Etruskern, mit der Zeit andere ethnische Gruppen anschließen. Im Vergleich zum antiken Latium, mit dem geographischen und sakralen Zentrum des Monte Albano, war Rom eine Grenzstadt, da der Tiber die Grenze zwischen dem Latium und dem etruskischen Territorium markierte. Auch darüber waren sich die gebildeten antiken Geschichtsschreiber und selbst ein Geschichts- und Altertumsforscher wie Kaiser Claudius einig, der diese Annahme über den Ursprung der Stadt unterstützte, indem er betonte, daß die Öffnung gegenüber fremden Völkern der wahre Grund für den Aufschwung und die Macht Roms war.

Es ist folglich kein Zufall, wenn das älteste römische Straßennetz zur Furt und dem Hafen des Tiber hin und somit genau in Richtung des Forum Boarium zusammenläuft. Zu nennen ist in diesem Zusammenhang insbesondere die Salzstraße, die prähistorische Verbindungsstraße zwischen dem Territorium der Sabiner und den Tibermündungen, die den Transport dieser kostbaren Ware sicherte. Am rechten Ufer entlang in Richtung Tiberfähre (sie wurde schon bald durch die erste Holzbrücke, den Pons Sublicius, ersetzt) führt die aus den großen Städten des südlichen Etrurien kommende und später Via Aurelia benannte Straße. Auf dieser reiste der Legende nach Tarquinius Priscus, der vom heimatlichen Tarquinien aus auf der Suche nach jenem Ruhm, der ihn später an die Spitze des Königreiches erheben sollte, bis zu diesem Punkt vorgedrungen war. Am anderen Tiberufer laufen zwei aus dem Süden kommende große Straßen in Richtung des Tals des Circus Maximus zusammen, und zwar die spätere Via Latina und die Via Appia, die Rom mit den Küstenstreifen und der Ebene im Inneren des südlichen Latium und darüber hinaus mit Kampanien verbinden. Andere Straßen zweigten von hier ab ins etruskische Veji und zum Hafen von Ostia. Eine erste architektonische und urbane Struktur erhielt dieser Urkern der zukünftigen Stadt im Laufe des 6. Jahrhunderts v. Chr. durch den Bau einiger bedeutender Tempelanlagen, von denen wir durch die Ausgrabungen auf der „Area Sacra" bei der Kirche Sant'Omobono eine präzise Vorstellung haben. Dort kamen die Ruinen zweier Tempel zum Vorschein, die mit Sicherheit als Kultstätten der Fortuna und der Mater Matuta dienten und zur Zeit des vorletzten römischen Königs, Servius Tullius, gegründet wurden. Aus dieser Epoche stammen auch die Überreste der ältesten Bauwerke, die auf die Jahre 580 bis 570 v. Chr. zu datieren sind. In diese Zeit fällt vermutlich die Errichtung der Ara Maxima, zu der wahrscheinlich ein Seitentempel mit einer kultisch verehrten Statue gehörte, die möglicherweise von derselben Hand stammt wie das Standbild des *Kapitolinischen Jupiter*, nämlich von dem Bildhauer Vulca aus dem etruskischen Veji. Servius Tullius ließ einer gesicherten Quelle zufolge, angeregt durch das große Heiligtum der Artemis in Ephesus, auf dem Aventin einen gewaltigen Diana-Tempel erbauen, der als Heiligtum aller Latiner gedacht war und deshalb außerhalb des Pomerium (die heilige Grenze der Stadt) errichtet wurde. Wenige Jahrzehnte später sollte sich am Fuß desselben Hügels in der Nähe des Circus Maximus mit dem Tempel der Ceres, des Liber und der Liberia der Versammlungssitz der römischen Plebs erheben, die in den Anfangsjahren der Republik ihren langen Kampf um ihre politische Gleichstellung mit den Patriziern aufnahm.

Der Konflikt zwischen Patriziern und Plebejern

Tatsächlich endete der jahrhundertelange Prozeß der Stadtbildung zu Beginn des republikanischen Zeitalters mit der Verwehrung des römischen Bürgerrechts durch die herrschende Klasse des Patriziats. Dieses hatte weiten Teilen der Bevölkerung, und zwar insbesondere den spät hinzugekommenen Massen von Einwanderern, die Anhänger der entmachteten Könige waren, ihre politischen Rechte aberkannt. Aus diesen an den Stadtrand zurückgedrängten Bevölkerungsschichten bildete sich später die sogenannte Plebs, die das wirtschaftlich entscheidende, politisch aber unbedeu-

tende Areal des Forum Boarium und des Aventin zum Sitz ihrer Wahlversammlungen machte.

Neben diesem Urkern entwickelte sich weiter vom Fluß entfernt im Binnenland das Gebiet, das von nun an das politische und religiöse Zentrum der Stadt sein sollte – das Forum Romanum, das um die Jahrhundertwende vom 7. zum 6. Jahrhundert v. Chr. zum Hauptorientierungspunkt der Stadt wurde. Archäologische Forschungen ergaben, daß die erste Pflasterung des Platzes genau in diese – der Überlieferung nach unter der Regentschaft von König Tarquinius Priscus stehenden – Jahre fällt. Durch diese Maßnahme wurde die ehemals sumpfige Talsenke, die auch als Begräbnisstätte diente, zwischen dem Kapitolshügel und dem Palatin durch die Einrichtung der Cloaca Maxima (der Kanalisation) trockengelegt. Der Wasserlauf des Velabrum auf dem Forum wurde dadurch kanalisiert und die Senke als zentraler Platz der Stadt nutzbar gemacht. Wie überliefert ist, entstanden an dieser Stelle in der Folge Geschäfte für den Verkauf von Lebensmitteln (Tabernae veteres und Tabernae novae). Zur selben Zeit nahm an der Nordecke des Forums der älteste Teil des als Comitium bezeichneten Gebiets Form an, der als politischer und gerichtlicher Versammlungsplatz vorgesehen war. Die Pflasterung dieses Platzes entstand zeitgleich mit der des Forums (Ende 7. Jahrhundert v. Chr.); erst um die Mitte des 6. Jahrhunderts entstand dagegen der bemerkenswerte Baukomplex einer mit großer Wahrscheinlichkeit dem Vulcanus geweihten Kultstätte mit dem mit einer Inschrift versehenen zylindrischen Stein (Cippus) – dem berühmten *Lapis Niger*. Es handelt sich dabei um das älteste Dokument in lateinischer Sprache, in dem Wissenschaftler rituelle Regeln zur Funktion des Königs bei Opferdarbringungen im Comitium vermuteten. Die Verwendung von Schrift in so früher Zeit spricht dafür, daß der Ort zu diesem Zeitpunkt bereits eine öffentliche Funktion als Gerichts- und Kultstätte erfüllte, was wiederum für die Existenz „staatlicher" Ämter spricht.

Die klare Etymologie von Comitium (Versammlungsplatz) erklärt sich nach der Überlieferung durch das Zusammentreffen zwischen dem mythischen Stadtgründer Romulus und Titus Tacius, mit dem die Feindseligkeiten in der Folge des berühmten Raubs der Sabinerinnen beigelegt worden waren. Durch den Friedensschluß entstand eine neue, weitaus größere Gemeinschaft, in der die beiden Völker von nun an miteinander verbunden sein sollten. Die Funktion des Platzes als politisches Zentrum wird also auch in diesem Fall von einer Gründungslegende gestützt. Entscheidend war in diesem Zusammenhang die Errichtung des gigantischen Tempels für Iupiter Optimus Maximus, Juno und Minerva auf dem Kapitol durch die Tarquinier, der zum Mittelpunkt des politischen Lebens werden sollte und sowohl für Militärparaden als auch zur Aufbewahrung der internationalen Verträge diente.

Rekonstruktionsversuch des Kapitolkomplexes (J. Carlu, 1924). Das Erscheinungsbild des Kapitols, einem der traditionellen sieben römischen Hügel, wurde durch die hier im 6. Jahrhundert v. Chr. während der Herrschaft der etruskischen Könige errichteten Monumentalbauten wie den Tempel für die kapitolinische Trias (Jupiter, Juno und Minerva) geprägt. Paris, École Nationale Supérieure des Beaux-Arts

Die Entstehung der Stadtmauern

Die Bildung eines urbanen Raums erfolgte auf formaler Ebene durch zwei kohärente und eng miteinander in Verbindung stehende Vorgänge: die Festlegung eines Zentrums des Gemeinwesens, der Politik und der Gerichtsbarkeit einerseits und die Ziehung einer Reihe äußerer und konzentrischer Grenzlinien andererseits. Zunächst wurde die heilige Grenze der Stadt (Pomerium) nach etruskischem Ritus angelegt, sodann die Befestigungslinie der ersten Meile zwischen dem zivilen und dem militärischen Machtbereich und schließlich die Grenze des Territoriums. Ihre tatsächlichen Beglaubigungen erfahren diese Art von Einrichtungen durch eine Sakralisierung in Form von Kultstätten wie dem Mundus auf dem Forum, jenem Graben der Gründerzeit, den Romulus zur selben

Blick auf den Saturn-Tempel. Der Ursprungsbau dieses auf dem Forum gelegenen großen ionischen Tempels wurde zu Beginn des 5. vorchristlichen Jahrhunderts errichtet. Aufgrund seiner Bedeutung als ein Symbol des Goldenen Zeitalters, als Saturn auf dem Kapitol regierte, wurde dieser Kultbau durch Lucius Nunantius Plancus 42 v. Chr. und später nach dem Brand des Forums im Jahre 283 n. Chr. erneuert.

Zeit wie die Furche des Pomerium gezogen haben soll, und einer Reihe von Heiligtümern entlang der Befestigungslinie der ersten Meile und der Territoriumsgrenze (Ager Romanus antiquus).

Mit dem Bau der ersten Stadtmauern nimmt die „Schließung" und Befestigung der Stadt konkrete Formen an. Nachweislich entstand die erste Stadtmauer um den Komplex der vier Hügel im 6. Jahrhundert v. Chr., also, wie auch durch die antike Überlieferung bestätigt, zur Zeit des Servius Tullius. Belegbar ist, daß der Stadtring aus Tuffsteinquadern von Grotta Oscura aus der Zeit der umfassenden Erneuerung nach der Eroberung von Veji (396 v. Chr.) und dem Einfall der Gallier (390 v. Chr.) stammt und einen älteren Mauerring, gebaut mit Tuffstein (Cappellaccio) aus der Gegend, ersetzte, dessen Verlauf fast exakt dem der später entstandenen Stadtmauer entsprach. Jüngere Ausgrabungen zeigen, daß in diesen Jahren alle größeren Städte des Latium mit einer Stadtmauer befe-

Die auf einem hohen Podium stehenden drei erhaltenen Säulen des Dioskuren-Tempels auf dem Forum Romanum. Dieser von dem Diktator Aulus Postumius als Einlösung eines Gelübdes errichtete Bau sollte auch der Erinnerung an die Erscheinung der Zwillinge Castor und Pollux dienen, die den Sieg der Römer über die mit Tarquinius Superbus verbündeten Latiner in der Schlacht am Regillus-See im Jahre 499 v. Chr. verkündeten.

stigt wurden, und so kann man sich nur schwer vorstellen, daß ausgerechnet Rom, das sicherlich das bedeutendste Zentrum dieser Region war, ohne Mauer gewesen sein soll.

Die Ausdehnung des alten Mauerrings war erstaunlich: Er hatte eine Länge von elf Kilometern und umschloß eine Fläche von 427 Hektar. Die Fläche der vier Stadtregionen Roms z. B. des Servius Tullius wurde dagegen nur auf etwa 285 Hektar berechnet; die Differenz ergibt sich zum einen durch die unbewohnten Gebiete innerhalb der Stadtmauer und zum anderen dadurch, daß das Pomerium (nicht aber der Mauerring) weite Gebiete der Stadt wie den Aventin und das Kapitol ausschloß. Die räumliche Ausdehnung war so groß, daß man das antike Rom mit den größten griechischen Kolonien des Westens wie Tarent und Syrakus vergleichen kann. Dieser Umstand beschäftigte auch die antiken Schriftsteller wie beispielsweise Dionysios von Halikarnassos, nach dem die Fläche Roms innerhalb der Servianischen Mauer sogar noch etwas größer war als die von Athen.

Selbstverständlich war nicht das gesamte Gebiet innerhalb der Stadtmauer bebaut, da, wie in allen Städten der Antike, weite Flächen für den vorhersehbaren Zuwachs an Bauten freigehalten werden mußten (der Fall von Pompeji ist auch in dieser Hinsicht das am besten dokumentierte Beispiel). Dennoch ist es offensichtlich, daß eine derart ausgedehnte Ringmauer nicht von der geringen Zahl der Bewohner, von der man heute für das antike Rom ausgeht, verteidigt werden konnte, so daß ihre strategische Funktion nicht tatsächlich genutzt werden konnte. Andererseits verlangte die Umsetzung eines derart umfangreichen Vorhabens ein entsprechendes Potential an Arbeitskräften, das sicherlich durch die rechtmäßigen Bürger der Stadt gestellt wurde. In diesem Fall griff man auf das archaische Modell der Fronarbeit zurück, das noch beim Bau der Stadtmauer von Syrakus zur Zeit von Dionysios dem Älteren und für einige andere urbane Bauvorhaben (insbesondere bei der Anlage der Kanalsysteme) der Tarquinier Gültigkeit hatte.

Die Bautätigkeit zu Beginn der Republik

In den ersten Jahren der Republik ging die Bautätigkeit im Vergleich zur vorangegangenen Periode dem Anschein nach nicht zurück, sondern nahm im Verhältnis sogar noch zu: Die vielköpfige Gesellschaftsschicht der Plebs benötigte Bauten wie etwa den Tempel der Ceres und den Tempel des Merkur. Daneben entstanden die Bauten der Patrizier, die sich – wie es scheint – vor allem auf das Forum mit den beiden großen Tempeln des Saturn und des Castor konzentrierten, deren Kult von den Griechen übernommen worden war. Es ist nachgewiesen, daß griechische Baumeister auch vor Ort tätig waren, wie die möglicherweise aus Syrakus stammenden Architekten des Ceres-Tempels Damophilos und Gorgasos.

In der folgenden eher ruhigen Phase wurde zwischen 433 und 431 v. Chr lediglich der Apollo-Tempel auf dem Marsfeld erbaut. Es war eine Epoche tiefgreifender politischer und sozialer Umwälzungen, bedingt durch den Kampf zwischen Patriziern und Plebejern und die militärischen Auseinandersetzungen mit sabellischen Völkern wie den Volskern im südlichen Latium. Die Hungersnöte, mit denen in der Regel weit um sich greifende Epidemien einhergingen, dokumentieren die tiefgehenden wirtschaftlichen Schwierigkeiten, mit denen die Stadt zu dieser Zeit zu kämpfen hatte. Die geringen Funde griechischer Keramik aus dem 5. Jahrhundert v. Chr. in Rom verdeutlichen, daß die internationalen Handelsbeziehungen stark zurückgegangen waren. Diese Zeit der Krise und tiefgreifender Umstrukturierungen in vielen Gebieten sollte für die Stadt erst zu Beginn des 4. Jahrhunderts enden.

Die Expansion Roms im 4. Jahrhundert v. Chr.

Durch die Eroberung von Veji (396 v. Chr.) wuchs das römische Territorium praktisch um das Doppelte seiner vorherigen Größe an; es folgte die Beilegung der Spannungen zwischen Patriziern und Plebejern in den Licinisch-Sextischen Gesetzen, in denen die politische Gleichstellung der beiden Volksgruppen sanktioniert wurde, und schließlich die Eingliederung der Latiner in der Folge des Latinerkriegs und der Auflösung des alten Bundes (338 v. Chr.). Damit waren die Voraussetzungen für den gewaltigen Aufschwung Roms im folgenden Jahrhundert und die im Zeitraum von wenigen Jahrzehnten erfolgende Eroberung der gesamten italienischen Halbinsel gegeben.

Die Eroberung Roms durch die Gallier im Jahr 390 v. Chr. sollte dagegen ein Einzelfall bleiben, der fast gänzlich ohne Konsequenzen blieb. Dennoch begründete dieser Zwischenfall den letzten großen Mythos der Stadt und hinterließ als solcher tiefe Spuren im kollektiven Gedächtnis der Römer, die diesem Ereignis die Zerstörung der meisten alten Dokumente zur Stadtgeschichte und folglich das spärliche Wissen um die Urgeschichte Roms anlasteten. Archäologische Ausgrabungen konnten jedoch solch umfassende Zerstörungen nicht bestätigen. Die Bedeutung dieses Vorfalls ist wahrscheinlich durch die römischen Geschichtsschreiber übertrieben worden.

Die ausführlichste Quelle dazu findet sich bei Livius (*Ab urbe condita/Römische Geschichte*, Buch V, 55, 2–5): „[...] Ohne ordnende Vorgaben wurde mit dem Wiederaufbau begonnen.

Terrakottakopf des Gottes Hermes. Fragment eines Akroterions aus dem 6. Jahrhundert v. Chr. vom Protonaccio-Tempel in Veji. Rom, Museo Nazionale Etrusco di Villa Giulia

Relief mit der Darstellung eines Ladens, in dem Stoffe und Kissen verkauft wurden. Rom, Museo Nazionale Romano, Palazzo Massimo alle Terme

Gebrannte Ziegel stellte der Staat zur Verfügung; jeder erhielt die Erlaubnis, wo er wollte, Steine und Bauholz zu organisieren, wenn er dafür bürgte, das Bauwerk in diesem Jahr fertigzustellen. In ihrer Eile verwandten die Bewohner der Stadt keinerlei Sorgfalt darauf, die Häuserreihen einer bestimmten Ordnung folgend auszurichten, während sie, ohne zwischen eigenem und fremdem Gut zu unterscheiden, auf dem freien Areal bauten. Dies ist auch der Grund, warum die alten Abwasserkanäle, die vormals durch Gemeindegebiet führten, nun auf weiten Strecken unter Privatgebäuden verlaufen und die Stadt ihrem Bilde nach mehr einer hastig in Besitz genommenen als einer regelmäßig eingeteilten gleicht."

Livius beschreibt hier das Rom seiner Zeit ähnlich wie es auch in anderen Textstellen aus dieser Epoche geschildert wird. Cicero schließt seinen Vergleich des chaotischen römischen Stadtbildes mit dem völlig regelmäßig angelegten Capua mit der Feststellung (*De lege agraria*, II, 96): „Rom ist auf der Anhöhe von Hügeln und in der Ebene von Talsenken erbaut, mit gleichsam übereinander schwebenden Häuserreihen, engen Straßen und winzigen Gäßchen."

So wurde das in Rom herrschende Chaos auf die extremen Lebensbedingungen nach der Zerstörung von 390 v. Chr. zurückgeführt. Eine derartige Rechtfertigung, die auch von Tacitus bemüht wird, scheint jedoch nicht angebracht. Wie die Ereignisse unter Kaiser Nero zeigen, wäre die Folge, vorausgesetzt, Rom wäre tatsächlich bis an die Grenzen dem Erdboden gleichgemacht worden, genau das Gegenteil gewesen. Es erscheint jedoch weitaus plausibler, daß ein grundsätzlicher Neubau der Stadt zu Beginn des 4. Jahrhunderts zum Zweck einer leichteren Neuberechnung der Territoriumsgrenzen und wegen einer Reihe weiterer praktischer Vorteile nach einem bestimmten Regelplan erfolgt sei. Die Kenntnisse über die in diesen Jahren gegründeten römischen Kolonien – wie beispielsweise Norba – zeigen, daß in durchaus vergleichbaren Situationen dieselben, auf einem regelmäßigen Gitternetz entworfenen Stadtbaupläne zur Anwendung kamen wie für die griechischen Kolonien.

Die keiner wirklich erkennbaren Ordnung folgende Anlage Roms in spätrepublikanischer Zeit unterscheidet sich hiervon in der Tat auf grundsätzliche Weise. Wie in gleich gelagerten Fällen – als Beispiel kann hier Athen herangezogen werden – bestätigt die unregelmäßige Anlage Roms die ungebrochene Kontinuität der städtebaulichen Entwicklung und folglich die Unhaltbarkeit der traditionellen Darlegung über die gallische Brandschatzung.

Von einer gewissen Kontinuität zeugt auch die in diesen Jahren vollständig neu erbaute Ringmauer um die Stadt, deren Verlauf bis auf wenige Ausnahmen dem des 6. Jahrhunderts v. Chr. entspricht. Demnach scheint die Stadt nach der Krise des 5. Jahrhunderts in wirtschaftlicher und technologischer Hinsicht zu diesem Zeitpunkt wieder auf dem früheren Stand gewesen zu sein. Auch die hierzu mobilisierten Kräfte entsprechen dem gewaltigen wirtschaftlichen und demographischen Aufschwung Roms nach der Eroberung von Veji zu Beginn des 4. Jahrhunderts. In den unmittelbar darauffolgenden Jahren wurde durch die definitive Zulassung von Plebejern zu den höchsten politischen Ämtern die jahrhundertealte Auseinandersetzung zwischen den beiden Gesellschaftsklassen beigelegt. Dadurch kam es zur Bildung einer breiteren Führungsschicht, dem sogenannten patrizisch-plebejischen Adel, und einem weiteren Zuwachs der bürgerlichen Klasse, der dem des übrigen Italien, das in diesen Jahren von tiefgreifenden Umwälzungen erschüttert wurde, entsprach. Das herkömmliche Gleichgewicht der ältesten römischen Adelsgeschlechter hielt dem neuen Druck der moderneren Wirtschaftsformen – in Rom kamen zu dieser Zeit die ersten Münzen in Umlauf – und der aufstrebenden sozialen Klassen nicht stand.

Diese ungeheuren Umwälzungen, die alle Teile des gesellschaftlichen Lebens in Rom betrafen, bewirkten auf ideologischer Ebene beispielsweise die bemerkenswerte kulturelle Homogenität dieses Zeitabschnitts, dessen stärkste und kreativste Phase nicht über die Dauer zweier Generationen, etwa über die Zeit zwischen 330 und 270 v. Chr., hinausreichte. In der Folgezeit, als sich die Krise der Republik in immer deutlicherer Weise abzeichnete, wurde diese historische Zeitspanne als eine Art unerreichbares Vorbild idealisiert. In diesen Jahren wurden zudem die Voraussetzungen für die Eroberung Italiens geschaffen, deren Hauptantrieb der Bevölkerungszuwachs und die daraus resultierenden Spannungen innerhalb des gesamten römischen Staats war. Der Platzmangel der römischen Plebs und die „imperialistischen" Absichten der herrschenden Klassen waren die Ursache der kontinuierlichen römischen Eroberungszüge. Das zeigt allein schon die steigende Zahl von Kolonien und Zuweisungen von Ländereien an Einzelpersonen, die sich mit Beginn der Auflösung der Lega Latina (338 v. Chr.) auf immer größere und weiter vom italischen Territorium entfernte Gebiete erstreckten.

Abgesehen von der Stadtmauer ist von der Architektur Roms dieser Jahre kaum etwas bekannt, da die Spuren größtenteils durch die anschließende Bautätigkeit der späten Republik und der Kaiserzeit ausgelöscht wurden. Die wenigen verfügbaren Daten betreffen offizielle Orte und insbesondere das Forum. Das im wesentlichen in seiner ursprünglichen Form erhaltene Comitium erfuhr erstmals 338 v. Chr. eine Umgestaltung an der Rednertribüne durch die Anbringung der berühmten Rostra, der Schnäbel der bei Antium gekaperten Schiffe, denen die Rednertribüne ihren späteren Namen verdankt.

Eine bedeutende Ergänzung erfuhr das Forum in der Mitte des 3. Jahrhunderts während des ersten Punischen Kriegs durch die Übernahme der griechischen Institution eines Versammlungssitzes (ekklesiasterion) mit kreisförmigen Stufenreihen, die später wiederum in allen römischen Kolonien nachgeahmt wurde und so große Verbreitung fanden. Der Censor von 318 v. Chr., Gaius Maenius, ließ die Längsseiten des Forums neu gestalten, indem man die sehr alten, größtenteils aus Holz errichteten Tabernen durch neue aus Stein mit einem Obergeschoß und vorspringenden Balkonen

Vorder- und Rückseite einer Silberdrachme (Mitte des 3. Jahrhunderts v. Chr.). Die Rückseite ziert eine Darstellung der mythischen Stadtgründer Romulus und Remus, die von der Wölfin gesäugt werden. Rom, Museo Nazionale Romano, Palazzo Massimo alle Terme

Fragment eines Reliefs mit der Darstellung einer Geldwechselstube. Im Zuge der monumentalen Erneuerung des Forums am Ende des 4. Jahrhunderts v. Chr. wurden die Stände der Geldwechsler (Argentarii) an den Längsseiten des Platzes angesiedelt. Rom, Museo Nazionale Romano, Palazzo Massimo alle Terme

ersetzte, die nach ihrem Erfinder als Maeniana bezeichnet wurden. Sie waren der Sitz der Wechselstuben (Argentarii), die den tiefgreifenden wirtschaftlichen Wandel, den die römische Gesellschaft in diesen Jahren erfuhr, charakterisieren. Unmittelbar darauf wurde der Markt in ein eigens dafür errichtetes und in seiner Art neuartiges Gebäude, das Macellum, am nördlichen Ende des Forums verlegt.

Die nun erfolgende allmähliche Verlagerung der wirtschaftlichen und gesellschaftlichen Zentren an Orte, die in einiger Entfernung vom Forum lagen, läßt erkennbar werden, daß den öffentlichen Plätzen mehr und mehr spezielle, an den Bedürfnissen der immer vielschichtiger werdenden Gesellschaft orientierte Funktionen zugewiesen wurden. Zu ähnlich gelagerten tiefgreifenden Umgestaltungen kam es auch an anderen öffentlichen Plätzen wie dem Forum Boarium, an dem in der neuen künstlerischen Formensprache einer reinen Steinarchitektur die Tempel der Fortuna und der Mater Matuta sowie der Tempel des Portunus allmählich wiederaufgebaut wurden. Diese Baumaßnahmen betrafen die einerseits sehr weitläufige, aber andererseits ausgesprochen dicht bebaute Fläche vom Palatin zum Kapitol und zum Quirinal.

Hier standen in erster Linie Tempel als Weihegaben der siegreichen Generäle und als städtische Wahrzeichen der unmittelbar zuvor erfolgten militärischen Eroberungen, die sich zu dieser Zeit auf die gesamte Halbinsel erstreckten.

Ein umfassendes Bild dieser intensiven Bautätigkeit gewährleisten einige verhältnismäßig gut erhaltene architektonische Fragmente, so etwa auf dem Grabungsbezirk der sogenannten Area Sacra di Largo Argentina auf dem Marsfeld oder im Umkreis der Kirche San Nicola in Carcere am Forum Holitorium mit zahlreichen, auf engem Raum nah beieinander stehenden Tempeln.

Einige gut erhaltene Überreste von privaten Bauten wurden durch jüngste Ausgrabungen auch an den Nordhängen des Palatin zutage gefördert – dort stieß man auf die Fragmente von Wohnhäusern aus dem 4. Jahrhundert v. Chr., die über noch älteren Häusern aus dem 6. Jahrhundert errichtet worden waren. Es handelt sich dabei um Gebäude von beachtlichen Ausmaßen mit einem überdachten Atrium, die sich mit Sicherheit im Besitz von Angehörigen des Senatorenadels befanden, die naturgemäß ein verstärktes Interesse daran hatten, sich in den besten Wohngegenden, nämlich in unmittelbarer Nähe des Forums, niederzulassen. In diesem Fall scheint die tatsächliche Kontinuität

Ansicht des Portunus-Tempels und der Kirche Santa Maria in Cosmedin. Der heute als Tempel der Fortuna Virilis bekannte antike Bau diente ab dem 4. Jahrhundert v. Chr. dem Kult der Gottheit der Häfen und Anlegestellen. Er wurde auf dem ehemaligen Forum Boarium zum Schutze des Tiberhafens, am heutigen Ponte Rotto, errichtet.

Die Heiligtümer am Largo Argentina bilden das bedeutendste in Rom erhaltene Kultbautenensemble aus republikanischer Zeit. Die älteste Anlage der Area Sacra war vermutlich der italischen Gottheit Feronia, deren Kult 290 v. Chr. in Rom eingeführt wurde, geweiht. Der jüngste Bau ist der Rundtempel, der im Jahre 102 v. Chr. der Fortuna Huiusque Diei (Glücksgöttin des heutigen Tages) geweiht wurde.

zwischen den alten römischen Adelsgeschlechtern und dem spätrepublikanischen Adel, dessen außergewöhnlich prunkvolle Wohnhäuser immer schon vor allem auf dieses Gebiet konzentriert gewesen waren – ganz im Gegensatz zu den später entstehenden Kaiserpalästen –, vollauf gewahrt.

Die Kehrseite dieser Prunk- und Prestigebauten, die im Laufe der Zeit immer monumentaler und luxuriöser wurden, sind die intensiv bebauten Viertel des Quirinal, des Esquilin und des Caelius, in denen die kontinuierlich wachsende Masse der breiten Bevölkerung der Stadt lebte. Leider ist über diese Viertel – abgesehen von späteren Beschreibungen aus der Zeit Ciceros – nichts bekannt, aber zu dieser Zeit war der städtische Entwicklungsprozeß schon weiter fortgeschritten

Gegenüberliegende Seite:
Die Überreste der Julier-Basilika auf dem Forum Romanum. Der von Cäsar begonnene und von Augustus fertiggestellte Bau nimmt den gesamten Raum zwischen dem Saturn-Tempel und dem Tempel der Dioskuren ein.

Folgende Doppelseite:
Im Vordergrund stehen die drei erhaltenen Säulen des vor dem Marcellus-Theater gelegenen Apollo-Tempels. Die Kultstätte wurde 431 v. Chr. der griechischen Gottheit Apollo Medicus geweiht.

Das Theater des Marcellus wurde ursprünglich von Cäsar als Teil eines gigantischen Komplexes konzipiert. Die unter Augustus erbaute Anlage wurde im Jahr 13 v. Chr. eingeweiht.

und Rom bereits zu einer der größten Metropolen der antiken Welt geworden.

Bauprojekte der Späten Republik

Die letzten zwei Jahrhunderte der römischen Republik fallen einerseits mit dem Höhepunkt des römischen Imperialismus und andererseits mit einer Zeit der tiefgreifendsten sozialen und wirtschaftlichen Umwälzungen in Italien zusammen. Der Reichtum und die politische Macht lagen vollkommen in der Hand einer adligen Minderheit, der ein immer größeres städtisches Proletariat gegenüberstand, das den Machenschaften der herrschenden Klassen ausgesetzt war. Die Bildung dieser neuen sozialen Schichten, die stetig erfolgte, resultierte aus der Verarmung des Bauernstandes und dem fortschreitenden Verschwinden des Kleinbesitztums, an dessen Stelle große, mit Sklaven bewirtschaftete Ländereien traten. Der unaufhaltsame Bevölkerungszuwachs in der Stadt machte die Schaffung sehr großer Wohnviertel mit den charakteristischen mehrstöckigen Mietshäusern unumgänglich.

Eine unmittelbare Konsequenz aus der explosionsartigen Bevölkerungsentwicklung war die Notwendigkeit einer umfassenden Infrastruktur, die, von den Aquädukten bis hin zu den Lagerhäusern im Hafen, für das Überleben einer nur teilweise in der Produktion von Gütern und durch Dienstleistungen beschäftigten Bevölkerung unerläßlich war.

Neben den bereits erwähnten, groß angelegten Versorgungsstrukturen entstanden aber auch monumentale Prestige- und Repräsentationsarchitekturen, die Rom zu einer den großen griechischen Städten ebenbürtigen Hauptstadt machen sollten. Die Beschäftigung griechischer Architekten und Künstler sowie die Verwendung von importiertem Marmor nahmen im Laufe des 2. Jahrhunderts v. Chr. immer größere Ausmaße an, und zwar sowohl im Zentrum als auch in dem neuen, sehr weiträumig und monumental angelegten Viertel auf dem Marsfeld. Diese noch weitgehend unbebauten Flächen boten sich an, neue städtebauliche Maßstäbe auf der Grundlage der von den hellenistischen Staaten im Osten übernommenen Modelle zu verwirklichen.

Diese Neugestaltungen konzentrierten sich weitestgehend auf das südliche Marsfeld um den Circus Flaminius. Hier fanden die ersten Feierlichkeiten anläßlich der militärischen Erfolge der Hauptvertreter des Senatorenadels statt. An diesem außergewöhnlichen Platz entstanden ab den ersten Jahrzehnten des 2. Jahrhunderts v. Chr. eine Reihe monumentaler Tempel und Säulenhallen, die schließlich einen praktisch lückenlosen Ring um den Circus bildeten. Das Gebiet im Zentrum des Marsfelds, dessen Einrichtungen größtenteils der Politik und Verwaltung, von den Wahlen bis zu der Steuererhebung, vorbehalten waren, erlebte erst später eine vergleichbare Monumentalisierung. Einen Architekturkomplex von bislang in Rom unbekannten Ausmaßen ließ Pompeius zur Zeit seiner größten Macht errichten: Zwischen 61 und 55 v. Chr. wurde der Komplex aus den Portiken und dem Theater des Pompeius errichtet. Erst das Theaterprojekt des Julius Cäsar, das in der Endphase seiner Herrschaft vom Größenwahn des Imperators zeugt, trat dazu in Konkurrenz. In den Plänen des griechischen Architekten waren sogar die Umleitung des Tiberlaufs und die Eliminierung der großen Flußschleife zwischen dem Marsfeld und dem heutigen Vatikan vorgesehen. Im Zentrum der Flußebene sollte ein grandioser Mars-Tempel entstehen und an ihrer Ostseite, am Fuße des Kapitols, ein nicht weniger imposantes Theater. Der gewaltsame Tod des Diktators setzte die-

Marmorbüste des Kaisers Julius Cäsar.
Rom, Musei Vaticani

sem Projekt jedoch ein vorzeitiges Ende. An dieser Stelle wurde unter Augustus das kleinere Marcellus-Theater errichtet.

Auch das Forum, einer der ältesten öffentlichen Plätze Roms, erlebte in dieser Zeit einen beachtlichen städtebaulichen Aufschwung. Ausgedehnte Forschungen erlauben eine partielle Rekonstruktion der Umgestaltungen, die zwischen Anfang des 2. Jahrhunderts v. Chr. und dem 1. Jahrhundert v. Chr., der Regierungszeit Augustus' (63 v. Chr. – 14 n. Chr.), vorgenommen wurden, um den bedeutenden Platz seiner neuen Funktion als administratives und politisches Zentrum einer Reichshauptstadt anzupassen.

Das für die neuen Anforderungen, insbesondere im Bereich der Gerichtsbarkeit, mittlerweile unzureichende alte Comitium war nach und nach durch andere Einrichtungen an unterschiedlichen Punkten des Forums ersetzt worden, bevor es schließlich durch Julius Cäsar endgültig zerstört wurde. An den Längsseiten des Forums entstanden die großen Basiliken (Basilica Porcia, Basilica Aemilia, Basilica Sempronia), in denen Gerichtsprozesse und Bankgeschäfte abgewickelt wurden. Das Forum erhielt so erstmals jenen monumentalen Charakter, den es, abgesehen von einigen Neugestaltungen in der Kaiserzeit, weitgehend bis zuletzt beibehalten sollte. Der unter Sulla vorgenommene Wiederaufbau des Kapitols nach dem Brand von 83 v. Chr. verlieh dem Platz mit dem Tabularium einen würdigen Hintergrund.

Das eigentliche bauliche Novum dieses Teils von Rom sind aber wieder einmal die unter Cäsar realisierten Bauprojekte, die durch eine komplette bauliche Neuordnung den späteren Kaiserforen den Weg bereiteten. Parallel zu den Veränderungen auf dem Forum Romanum, die mit der Zerstörung des Comitium, der Verlegung der Curia und der Rostra und dem Bau der neuen, prächtigen Basilica Iulia alles andere als nebensächlich waren, entstand in den Jahren 54–46 v. Chr. ein neues Forum, das zum Vorbild für die späteren Kaiserforen wurde. Geradezu umstürzlerisch war im Hinblick auf das alte republikanische Gefüge die Verlegung des Senatssitzes, der Curia, die gegenüber dem Cäsar-Forum vollkommen in den Hintergrund getreten war – ein charakteristisches Zeichen der Epoche: Das Cäsar-Forum mit dem Tempel der Venus Genitrix als Abschluß der Westseite diente der Erhöhung des kaiserlichen Diktators, die nach Sueton soweit ging, daß der Kaiser den Senat empfing und dabei entgegen allen Vorschriften auf dem Podium des Venus-Tempels saß, ohne sich vor der ehrwürdigen Versammlung, wie es die republikanische Etikette verlangte, zu erheben. Er stellte sich damit selbst in den Rang einer lebendigen Gottheit, der sich der Senat unterzuordnen hatte.

Die Baupolitik des Augustus war weniger prunkvoll als die von Julius Cäsar, knüpfte jedoch unmittelbar daran an. Der junge Oktavian hingegen steht Cäsar in seinen eng mit der Politik verwobenen Bauprojekten zwischen 44 und 27 v. Chr. näher, als man zunächst denkt. Das zeigt sich auch in diesem Fall am Marsfeld. Die Nähe zu den Plänen Cäsars zeigt sich beispielsweise an den von den Triumvirn weitergeführten Arbeiten an den Saepta (lat. Schranke, hier die für Volksversammlungen abgegrenzten Plätze) und vermutlich auch am Bau eines den ägyptischen Gottheiten Isis und Serapis geweihten Tempels, der bereits in den Plänen des Diktators vorgesehen war.

Nach der Eroberung Ägyptens 30 v. Chr. begann Oktavian mit der Umsetzung seiner ehrgeizigen Baupläne, die das Erscheinungsbild des Marsfelds bis zum Ende der Kaiserzeit prägen sollten. Sie beinhalteten den Bau des Mausoleums – vermutlich nach dem Vorbild des Grabs von Alexander dem Großen – und des Pantheon. Letzteres war eine beispielhafte Kultstätte, die einer Herrscherfamilie geweiht war nach dem Vorbild der in den hellenistischen Königreichen verbreiteten und als „Pantheon“ bezeichneten Kultstätten, die den zwölf himmlischen Gottheiten gewidmet waren, unter denen sich der Herrscher selbst wie ein Gott verehren ließ. Mit der Ausführung dieser Projekte betraute der Kaiser Agrippa (63 v. Chr.–12 v. Chr.), in dessen Besitz sich ebenfalls ein beachtlicher Teil des ehemals Pompejus gehörenden Gebiets befand. An dieser Stelle entstanden zeitgleich mit den Agrippa-Thermen die ersten öffentlichen Thermen Roms. Um die Mitte seiner Regierungszeit konzentrierten sich die Aktivitäten des Kaisers auf das große Projekt zur Umstrukturierung der Stadt, die im wesentlichen bis zum Ende des Kaiserreichs erhalten blieb. Die alte Servianische Stadt der vier Regionen wurde durch die neue Einteilung in vierzehn Regionen (Regiones) radikal verändert. Die Maßnahmen wurden 12 v. Chr. (Augustus übernahm in diesem Jahr das Amt des Pontifex Maximus) in die Wege geleitet und 7 v. Chr. abgeschlossen. Die Kontrolle über die Stadt lag, trotz der formalen Übertragung an die Magistrate des Senats, über den Kult der Lares compitales (als Laren bezeichnete man ursprünglich die Schutzgottheiten des römischen Bauerngutes) und des Genius Augusti fest in der Hand des Kaisers. Verantwortlich für diesen Kult waren in jedem der Viertel (Vici) die Magistri vici, die unter der Obhut von Priestervereinigungen aus dem Stande der freigelassenen Sklaven standen. Die Verknüpfung des Larenkults mit dem Kaiserkult ermöglichte eine religiös untermauerte, strenge politische und soziale Kontrolle der städtischen Plebs.

Dieses Projekt schloß eine unendliche Zahl von öffentlichen Bauten ein, die teils von Augustus selbst, teils von seinem Nachfolger und auch von den verbliebenen Mitgliedern des Senatorenadels realisiert wurden. Auf welch fruchtbaren Boden das geistige Vermächtnis von Augustus gefallen

Marmorbüste des Kaisers Augustus. Rom, Museo Capitolino, Sala degli Imperatori

Büste des Mars Ultor (des Rächers), die durch Anfügung einer gepanzerten Brustpartie im 16. Jahrhundert ergänzt wurde. Dieser Kopftypus gilt als eine im frühen 2. Jahrhundert entstandene Replik des ehemaligen Kultbildes im augusteischen Mars-Ultor-Tempel.

Tempel des Mars Ultor. Von den ehemals an den Längsseiten befindlichen acht korinthischen Säulen aus Carrara-Marmor sind nur noch drei erhalten. Die Errichtung des Forums und dieses Tempels gelobte Augustus vor der Schlacht bei Philippi, in der die beiden Cäsarenmörder, Brutus und Cassius, den Tod fanden.

war, zeigt die Tatsache, daß allein 29 v. Chr. rund 82 Tempelanlagen in Rom restauriert wurden. Es entstand so das „Rom aus Marmor", von dem der Kaiser sich rühmte, es anstelle des vorgefundenen Roms aus Ziegeln errichtet zu haben. Den nötigen Marmor lieferten die großen Steinbrüche von Luni.

Zu den bedeutendsten Werken des augustinischen Zeitalters zählt zweifelsohne das Augustus-Forum. Es handelt sich dabei um die Erweiterung des unter Julius Cäsar vorgenommenen Ausbaus des republikanischen Platzes mit dem Tempel des Mars Ultor (des „Rächers"), der als Stein gewordene Erinnerung an die Rache, die in der Schlacht bei Philippi an den Mördern Cäsars verübt wurde, das Zentrum des Platzes markierte. Der Tempelkomplex, der unter anderem als Gericht und für Geldgeschäfte genutzt wurde, wurde zum symbolischen Zentrum der imperialen Militärmacht. Hier wurden auch die Statuen der siegreichen Feldherren aufgestellt, die keine öffentlichen Triumphe mehr feiern durften, da dieses Recht inzwischen allein dem Imperator vorbehalten war.

Doch nicht nur Augustus selbst, sondern auch Mitglieder seiner Familie betätigten sich als Bauherren. Im Namen einiger Familienangehöriger (jedoch mit finanzieller Unterstützung des Kaisers) entstanden das Theater des Marcellus, der Portikus der Oktavia und der Livia-Portikus.

Selbst die siegreichen Feldherrn waren anfangs in diese Bauvorhaben eingebunden, und man betraute sie mit dem Bau und Wiederaufbau von Tempeln, Säulenhallen und Theaterbauten wie dem Atrium Libertatis des Asinius Pollione, dem Theater des Balbus und dem Amphitheater des Statilius Taurus, dem ersten aus Stein erbauten Amphitheater Roms. Von der Rolle Agrippas war in diesem Zusammenhang bereits die Rede.

Die ersten Nachfolger des Augustus folgten im wesentlichen der von ihm vorgegebenen Linie. Tiberius (14 v. Chr. –37 n. Chr.), der primär an einer gut funktionierenden Verwaltung und dem wirtschaftlichen Aufschwung des Staates interessiert war, hatte kein sehr großes Interesse an Prestigebauten, und so beschränkte sich sein Beitrag zu den öffentlichen Bauten Roms auf die Realisierung des Augustus-Tempels hinter der Basilica Iulia und von Nutzgebäuden (darunter auch die Castra Praetoria, die Kaserne der kaiserlichen Leibgarde) sowie eine Reihe von Restaurierungen. Man kann davon ausgehen, daß zur Zeit von Caligula (37–41) eine völlig andere, ja genau entgegengesetzte Richtung verfolgt wurde, auch wenn durch die Auslöschung seines Andenkens (damnatio memoriae) und die Zerstörung eines Großteils seiner Werke durch seine Nachfolger die Tragweite seiner Eingriffe nicht näher bestimmbar ist. Überliefert sind dagegen der Bau eines großen Amphitheaters auf dem Marsfeld (durch Claudius zerstört) und vor allem die aufwendigen Arbeiten an seinem prächtigen Palast – eine Erweiterung der Domus Tiberiana – an der nördlichen Spitze des Palatin.

Münzporträt des Kaisers Claudius. Der im Jahre 10 v. Chr. geborene Tiberius Drusus Claudius wurde als Onkel des Kaisers Caligula nach dessen Ermordung 41 n. Chr. von der Prätorianergarde zum Kaiser bestimmt. Nachdem er Agrippina geheiratet und den jugendlichen Nero adoptiert hatte, verstarb Claudius 54 n. Chr., wahrscheinlich durch seine Ehefrau vergiftet.

Die Umgestaltung der Stadt unter Claudius und Nero

Von weitaus größerer Bedeutung und folglich auch besser erhalten sind die Bauwerke, die während der Regierungszeit Claudius' entstanden sind. Es handelt sich dabei in erster Linie um gemeinnützige Einrichtungen wie die Wasserleitungen des Anio Novus und der Aqua Claudia, deren Ruinen noch heute das Bild der römischen Campagna charakterisieren. Die eher traditionalistische Einstellung dieses Kaisers zeigt sich auch an den unterschiedlichsten Projekten wie der Erweiterung des Pomeriums, der heiligen Grenze Roms, die wohl mit großangelegten baulichen Verände-

Die imposanten Überreste der unter Claudius errichteten Aquädukte stellen noch heute einen dominanten Blickfang im Landschaftsbild der römischen Campagna dar.

Porträtkopf Neros, nach dessen Tod die durch Augustus gegründete julisch-claudische Dynastie erlosch. Rom, Museo Capitolino, Sala degli Imperatori

Vorderseite einer Münze mit dem Bildnis Neros, der 37 n. Chr. geboren wurde und 54–68 als Kaiser regierte. Im Jahre 64 n. Chr. hatte ein ausgedehnter Brand einen Großteil Roms verwüstet; Nero, dem die Öffentlichkeit vorsätzliche Brandstiftung unterstellte, nahm dieses Ereignis zum Anlaß für eine Christenverfolgung. Gleichzeitig nutzte er diese Situation städtebaulich zur Errichtung seiner megalomanen Villenanlage, der berühmten Domus Aurea. Die Rückseite ziert eine Darstellung der behelmten Göttin Roma, die auf Beutewaffen thront und in ihrer rechten Hand eine Viktoria-Figur emporhebt, während die auf dem Schild aufgestützte Linke ein Kurzschwert hält.

rungen in der Stadt und vor allem in den Wohnvierteln der breiten Bevölkerung einherging, die aber wiederum heute nicht mehr zu rekonstruieren sind.

Ein tiefer Einschnitt in der Baugeschichte der Stadt war der große Brand Roms unter Nero im Jahre 64 n. Chr., der eine der im negativen Sinne berühmtesten Episoden der Kaiserzeit darstellt. Tacitus berichtet, daß das Feuer drei der vierzehn Stadtregionen vollständig zerstörte, in sieben davon schweren Schaden anrichtete und nur vier dem Brand unbeschadet entkamen. Auf der Asche der verbrannten Gebäude ließ Nero mit der Domus Aurea („Goldenes Haus") eine lange Zeit an Größe unübertroffene kaiserliche Residenz errichten, die einen großen Teil des Stadtzentrums in eine einzige monumentale Villa verwandelte. Neros Vorgehen war gänzlich von der Vorstellung eines Wiederaufbaus Roms als neronischer Nova Urbs („Neue Stadt") geprägt, der nach den wenigen Jahren zwischen dem Brand und dem Tod des Kaisers (68 n. Chr.) erst am Anfang stand und durch die Flavischen Kaiser fortgeführt wurde. Eine Beschreibung dieses Projekts ist uns durch Tacitus überliefert, der seine Endphase mit eigenen Augen verfolgt hatte (*Annalen*, XV, 42–43):

„Nero aber machte sich die Zerstörung seiner Vaterstadt zunutze, indem er sich einen Palast erbaute, in dem weniger Edelsteine und Gold, was schon längst zum üblichen, verbreiteten Luxus zählte, bewundert werden sollten als Grünanlagen und Teiche und, als ob man in menschenferner Gegend wäre, Waldbestände abwechselnd mit offenen Flächen und mit Fernsicht. Die Aufsicht über diese Anlagen sowie ihre Planung lagen in den Händen des Severus und Celer [...]. Was Neros Palast von dem Stadtgebiet nicht beanspruchte, wurde jedoch nicht, wie nach dem gallischen Brand, planlos, wie es gerade kam, wieder aufgebaut, sondern die Häuserreihen wurden regelmäßig angelegt mit breiten Straßen und mit beschränkter Gebäudehöhe. Auf den Bauplätzen wurde Hofraum freigelassen und wurden Säulenhallen angefügt, um die Vorderseite der Mietshäuser zu beschatten. Diese Säulenhallen versprach Nero mit eigenem Gelde zu bauen und die Bauplätze, vom Schutt geräumt, den Eigentümern zu übergeben. Auch setzte er Prämien je nach dem Stand und der Vermögenslage des einzelnen aus und bestimmte eine Frist, innerhalb derer man die Prämien für die Fertigstellung der Einzelhäuser oder Mietshäuser erhalten sollte. Für die Schuttablage bestimmte er die Sümpfe von Ostia und ordnete an, die Schiffe, die das Getreide den Tiber hinaufführten, bei der Rückfahrt mit dem Schutt zu beladen, ferner, daß ein bestimmter Teil der Gebäude selbst ohne Balken aus Gabinischem oder Albanischem Stein fest ausgeführt werde, weil dieser gegen Feuer widerstandsfähiger ist. Auch sollten die Gebäude keine gemeinsamen Wände haben, sondern jedes mit einer eigenen Mauer umgeben werden. Weiterhin wurden die Wasserleitungen, denen von Privatpersonen willkürlich Wasser entnommen worden war, unter Aufsicht gestellt, damit es reichlicher fließe und an einer größeren Zahl von Stellen der Bevölkerung zur Verfügung stehe. Auch sollte jeder Hausbesitzer in seinem Vorhof Löschmittel bereitstellen. Diese Maßnahmen, die ihres praktischen Nutzens wegen willkommen waren, dienten zugleich der Verschönerung der Stadt. Doch wurden auch Stimmen laut, die alte Bauweise sei der Gesundheit zuträglicher gewesen, weil die engen Straßen und die hohen Häuser nicht so sehr die Sommerhitze hätten durchdringen lassen, während jetzt auf den breiteren, offenen, von keinem Schatten geschützten Straßen die glühende Hitze noch drückender laste."

Diese Beschreibung gibt ein durchaus klares Bild der für die Blüte der Kaiserzeit typischen Merkmale des römischen Stadtbauwesens. Eine durchaus präzise Vorstellung davon geben mehr noch als Rom, wo die geschichtlichen Ereignisse

nur in seltenen Fällen die Bewahrung wesentlicher Teile der auf die Zeit nach Kaiser Nero zurückgehenden Stadtanlage zugelassen haben, die in Ostia freigelegten Viertel.

Trotz aller Vorsichtsmaßnahmen der Konstrukteure in neronischer Zeit blieb Rom auch zur Zeit der Flavischen Kaiser nicht von Brandkatastrophen verschont: 69 n. Chr. brannte das Kapitol, 80 n. Chr., unter Titus, das gerade erst aufgebaute Kapitol und das Marsfeld. Neben den Wiederaufbauarbeiten nach diesen Bränden betrieben die Flavischen Kaiser die Auflösung der Domus Aurea. Die Kaiser der Flavischen Dynastie entstammten im Gegensatz zur julisch-claudischen Familie dem Bürgertum, hatten keine adligen Vorfahren und gaben sich daher als Bewahrer alter Werte, die mit der radikalen politischen und ideologischen Hellenisierung unter Nero, die in der Vergöttlichung des Herrschers gipfelte, unvereinbar waren. Die Aufwertung republikanisch ausgerichteter Strömungen und den „bürgerlichen" Geist des Vespasian (9–79), der über die mittlerweile geläufige Praxis der Vergötterung der verstorbenen Kaiser spottete, illustrieren einige Anekdoten und ein Ausspruch des Kaisers, den er im Moment seines Todes geäußert haben soll: „Ach, ich glaube, ich bin dabei, ein Gott zu werden!" (*Vespasianus*, 23)

Vor diesem Hintergrund wird die systematische Eliminierung der Hinterlassenschaft Neros und dabei insbesondere der Domus Aurea verständlich; der künstliche See im Park der Domus Aurea mußte dem Kolosseum weichen, und auch bei den nahegelegenen Titus-Thermen handelt es sich vermutlich um die privaten Bäder Neros, die

Ansicht der Ausgrabungsstätte in Ostia Antica mit dem kaiserzeitlichen Mosaikboden aus dem sogenannten Bacchus- und Ariadne-Haus im Bildvordergrund. Die Reste dieser Wohnanlagen vermitteln einen Eindruck von der Gestalt und Ausstattung der nicht mehr erhaltenen kaiserzeitlichen Wohnbauten Roms.

Münzbildnis des Domitian (51–96), der zwischen 81 und 96 als letzter Flavier das Kaiseramt innehatte.

Münzporträt Trajans, unter dessen Herrschaft von 98 bis 117 n.Chr. das Römische Reich seine weiteste Ausdehnung erreichte.

der Öffentlichkeit wieder zugänglich gemacht wurden. Die unzähligen Kunstwerke, die Nero den Griechen entwendet hatte, wurden aus der Domus Aurea entfernt und in neu errichteten öffentlichen Bauten wie dem Templum Pacis ausgestellt. Es ging also insbesondere darum, der Öffentlichkeit wieder zuzuführen, was der vorige Kaiser zu seinem Privatbesitz erklärt hatte, der zudem mit seiner Residenz eine große Fläche des Stadtzentrums besetzt hatte.

Von großer Tragweite war das Bemühen der Flavier um die Stadtverwaltung, die sie auf der Basis der neuen und im folgenden Jahrhundert voll entwickelten Reichsbürokratie in großem Umfang modernisierten. Das freilich von demagogischen Aspekten nicht ganz freie Interesse am Gemeinnutz zeigte sich auch am Abschluß der Aufbauarbeiten der Stadt, die bis zu dieser Zeit immer noch von den Folgen des neronischen Brands gezeichnet war. Im Jahre 73 n. Chr. wurde das Amt des Censors wieder eingerichtet, und zusammen mit der Erweiterung des Pomeriums wurde so einer Erneuerung der Verwaltung und der Stadt selbst der Weg geebnet.

Eine besondere Rolle spielte hierbei der dritte Kaiser aus der Flavischen Dynastie, Domitian (51–96), über dessen Aktivitäten jedoch aufgrund der Auslöschung seines Andenkens (damnatio memoriae) kaum etwas erhalten ist, abgesehen von einigen Informationen über den vollständigen Wiederaufbau des Marsfelds und des Kapitols nach dem verheerenden Brand von 80 n. Chr. Neben der Restaurierung des Pantheon, der Saepta und des Portikus der Oktavia wurden in diesen Jahren das Stadium (Stadium Domitiani, die heutige Piazza Navona) und in unmittelbarer Nähe davon das Odeum erbaut. Aus diesen für athletische Wettkämpfe und musikalische Aufführungen bestimmten Anlagen spricht eindeutig ein neu erwachtes Interesse an der griechischen Kultur. Im Zentrum der Stadt entstand mit dem später der Minerva geweihten Transitorium (Durchgangsforum) ein neues Forum, welches das Augustus-Forum mit dem Templum Pacis verband.

Die bemerkenswerteste Baumaßnahme war aber der neue Kaiserpalast auf dem Palatin, der derart kolossal war, daß er bis zum Ende der Kaiserzeit alle Anforderungen erfüllte und daher nicht verändert werden mußte. Diese Prestigearchitektur, die unweigerlich an die autokratischen Bauten des Nero denken läßt, ist ein weiterer deutlicher Unterschied zur Politik der beiden Vorgänger Domitians. In den Machtvorstellungen ist der Kaiser nach dem ewigen Modell der östlichen Königreiche ein Herrscher, ein lebendiger „Herr und Gott".

Im 2. Jahrhundert n. Chr., in der Zeit von Trajan (98–117) bis Septimius Severus (193–211), erreichte die Stadt ihre größte Ausdehnung und ihre höchste Einwohnerzahl. Der Bau des prächtigen

Trajans-Forums ist bezeichnend für die Bautätigkeit zu Beginn des 2. Jahrhunderts. Um in dem bereits völlig zugebauten Gebiet den nötigen Platz für diese Anlage zu schaffen, mußten der Sattel zwischen Quirinal und Kapitol abgetragen und mehrere alte Kultstätten wie das Atrium Libertatis von Asinius Pollione zerstört werden. Durch die Öffnung eines Durchbruchs zum Marsfeld waren die einzelnen Foren nunmehr mit dem monumentalen Viertel des Marsfelds verbunden.

Zur selben Zeit wurde das Forum des Cäsar, das im Einklang mit den Bestrebungen der militärisch ausgerichteten Eroberungspolitik des Kaisers als Modell für das neue Forum diente, von Grund auf wiedererrichtet.

Gleichzeitig mit der Entwicklung des öffentlichen Bauwesens vollzog sich eine Expansion der privaten und gemeinnützigen Bautätigkeit, und in diesem Zusammenhang errichtete der Architekt des Trajans-Forums, Apollodor von Damaskus, die Trajans-Märkte und die Trajans-Thermen auf dem Colle Oppio, denen die letzten Überreste der

(der heutigen Via del Corso). In Ostia, Roms alter Hafenstadt, kann man eine recht gute Vorstellung vom damaligen Aussehen der Stadt gewinnen, da die dort ausgegrabenen Viertel zur selben Zeit vollständig umgestaltet wurden.

Nach einer erneuten Brandkatastrophe zur Zeit des Commodus (191 n. Chr.) wurde unter Septimius Severus Beachtliches geleistet: Das Templum Pacis, die Horrea Piperataria (der Markt für Gewürze und Heilkräuter) und die Porticus Octaviae wurden wieder aufgebaut, wobei die

Porträtbüste des Kaisers Caracalla. Rom, Museo Capitolino, Sala degli Imperatori

Vorhergehende Seite, oben:
Luftansicht der Piazza Navona, welche die Form des antiken Stadions des Domitian im Stadtbild nachzeichnet.

Unten:
Die große Exedra der Trajans-Märkte, die in der Antike die Stände der Händler beherbergte, wurde nach den Entwürfen Apollodors von Damaskus errichtet. Dieser hatte auch die angrenzende Anlage des Trajans-Forums geplant.

Domus Aurea zum Opfer fielen. Die Trajans-Thermen sind die ersten großen Thermen in Rom, und ihre Bauweise findet in größerem Maßstab in der Architektur der Caracalla- und Diokletians-Thermen ihren Niederschlag. In diesen Bauwerken ist die Formensprache der römischen Architektur durch die Verwendung der großen Bauglieder aus Ziegelsteinen mit einem Kuppeldach bereits vollständig ausgebildet. Bezeichnenderweise stammte der Architekt dieser Werke aus Syrien, also aus einem Gebiet des griechisch geprägten Orients.

Zur Regierungszeit Hadrians (117–138) und Antoninus Pius' (138–161) erreichte die Bautätigkeit, und zwar primär im privaten Bereich, ihren Höhepunkt. Vom Jahr 123 n. Chr. an wurde auf den Ziegeln das Jahr des jeweiligen Konsuls eingebrannt; dieser neue Brauch ist ein untrügliches Zeichen dafür, daß im Zusammenhang mit einer regen Bautätigkeit die Ziegelbrennereien neu organisiert wurden.

Sie zeigt sich dabei weniger an einzelnen Prachtbauten – wie dem hadrianischen Wiederaufbau des Pantheon mit der bis dahin größten Rundkuppel und dem gewaltigen Tempel der Venus und Roma – als vielmehr in der Errichtung ganzer Viertel mit mehrstöckigen Mietshäusern (Insulae) wie etwa des Wohnviertels entlang der Via Lata

aktuelle Fassung auf diese Restaurierung zurückgeht. Auf dem Palatin wurde neben dem Kaiserpalast des Domitian das Septizodium, eine in Form eines Nymphäums gestaltete Prachtfassade, zur Via Appia hin errichtet.

Nicht weniger eindrucksvoll und für die Vorstellung der damaligen Verhältnisse und Lebensumstände sehr aufschlußreich sind die Bauten des Nachfolgers Caracalla (186–217) mit den berühmten Thermen, die heute zu den besterhaltenen in Rom zählen, und dem Tempel des Serapis auf dem Quirinal, der wohl der größte in der ganzen Stadt war: Dort befanden sich die Dioskuren des Quirinal und zwei Statuen, die Flüsse personifizieren (sie befinden sich heute unter der von Michelangelo entworfenen Rampentreppe des Kapitols).

Eine komplexe Darstellung der Stadt Rom zu Beginn des 3. Jahrhunderts bieten die Fragmente eines aus der Zeit des Septimius Severus stammenden marmornen Stadtplans. Dieser Stadtplan wurde im 16. Jahrhundert auf einer vollständig

Luftbild der beeindruckenden Anlage der Caracalla-Thermen. Diese wurden ab 212 n. Chr. von Caracalla begonnen und mit Ausnahme der äußeren Umfriedung, welche die letzten severischen Kaiser Heliogabal und Severus Alexander (222–235 n. Chr.) errichteten, noch unter seiner Herrschaft fertiggestellt.

Faustkämpfer auf einem Mosaik aus den Caracalla-Thermen. Dieser Komplex umfaßte neben den Räumlichkeiten für den Badebetrieb auch Sporthallen, Bibliotheken sowie Aufenthaltsräume. Rom, Musei Vaticani

Gegenüberliegende Seite:
Grundriß der Diokletians-Thermen (E. Paulin, 1880). Diese Anlage wurde auf Betreiben des Augustus Maximianus Herculius zwischen 298 und 316 n. Chr. errichtet und Diokletian, dem Mitregenten und Gründer der Tetrarchie, geweiht.

erhaltenen Mauer des Forum Pacis – zwischen der Maxentius-Basilika und der Fassade der Kirche Santi Cosma e Damiano – entdeckt. Bei diesem Plan zur Restaurierung des Templum Pacis handelt es sich um die Kopie eines großen Katasterreliefs aus vermutlich eben dem Gebäude, das man zu Recht als den Amtssitz des für die Stadtverwaltung verantwortlichen und in der Folge immer wichtiger werdenden Stadtpräfekten ansah.

Mit dem 3. Jahrhundert und der tiefgreifenden sozialen und ökonomischen Krise kam auch die Bautätigkeit Roms fast vollständig zum Erliegen, und der unter Caracalla eingeführte Brauch, die Ziegelsteine mit dem Konsulatsdatum zu versehen, wurde nicht mehr weitergeführt. Zu den bedeutendsten Bauwerken des 3. Jahrhunderts zählen jene, die unter severianischer Herrschaft entstanden sind, insbesondere während der Regierungszeit von Heliogabal (218–222) und Alexander Severus (222–235). Der Periode Alexander Severus' sind das letzte römische Aquädukt, die Aqua Alexandrina, und die Rekonstruktion der Thermen Neros auf dem Marsfeld zuzurechnen.

In jedem Fall erwähnenswert ist darüber hinaus der von Aurelian auf dem Marsfeld errichtete Sol-Tempel, da das Bauwerk Aufschluß über die damaligen Verhältnisse in der Stadt gibt: Der große Mauerring, der erste in nachrepublikanischer Zeit, ist ein unübersehbares Zeichen für die unmittelbare Bedrohung des militärisch zu dieser Zeit außerordentlich geschwächten Imperiums.

Mit den Tetrarchen erlebte die Stadt einen erneuten Aufschwung. Während der Herrschaft des Carinus hatte im Jahr 283 n. Chr. ein Brand die Innenstadt größtenteils zerstört; bei dem umfassenden Wiederaufbau wurden alle Bauten an der Westseite des Forums, von der Basilica Iulia bis zur Curia, sowie das Cäsar-Forum erneuert. Eines der bedeutendsten Bauwerke dieser Zeit entstand am äußersten Ende des Quirinal, wo der Mitregent Maximianus (286–305 und 307–308) die größten Thermen errichten ließ, die je gebaut wurden: die Diokletians-Thermen. Auch Maxentius (306–312), Sohn von Maximianus, der Rom zu seiner Hauptstadt gewählt hatte, verdeutlicht durch seine Haltung das Bestreben, die im Laufe der Zeit stark vernachlässigte Stadt allmählich wieder aufzuwerten. Unter seiner Herrschaft folgte eine Baumaßnahme auf die andere: Der Wiederaufbau des durch einen Brand zerstörten Tempels der Venus und Roma und der Neubau einer großen Basilika, die als Sitz der Gerichtsbarkeit der nahegelegenen Stadtpräfektur vorgesehen war. Die Basilika wurde wie die übrigen kaiserlichen Bauten – beispielsweise die neuen Thermen auf dem Quirinal – nach der Niederlage des Maxentius, die einen positiven Wendepunkt für Rom bedeutete, erst durch Konstantin (306–337) fertiggestellt.

Kaiser Konstantin verwirklichte auch eine Reihe eigener Bauten, vor allem die großen christlichen Basiliken am Rand des alten Stadtzentrums, doch konzentrierte sich sein Interesse fast ausschließlich auf die neue Hauptstadt Konstantinopel. Ab diesem Zeitpunkt richteten sich viele Bemühungen der städtischen Behörden auf die Erhaltung und Ausbesserung der zahlreichen alten Bauwerke, die ihre ursprüngliche Funktion mehr und mehr verloren hatten und unaufhaltsam ihrem Verfall entgegengingen.

Filippo Coarelli

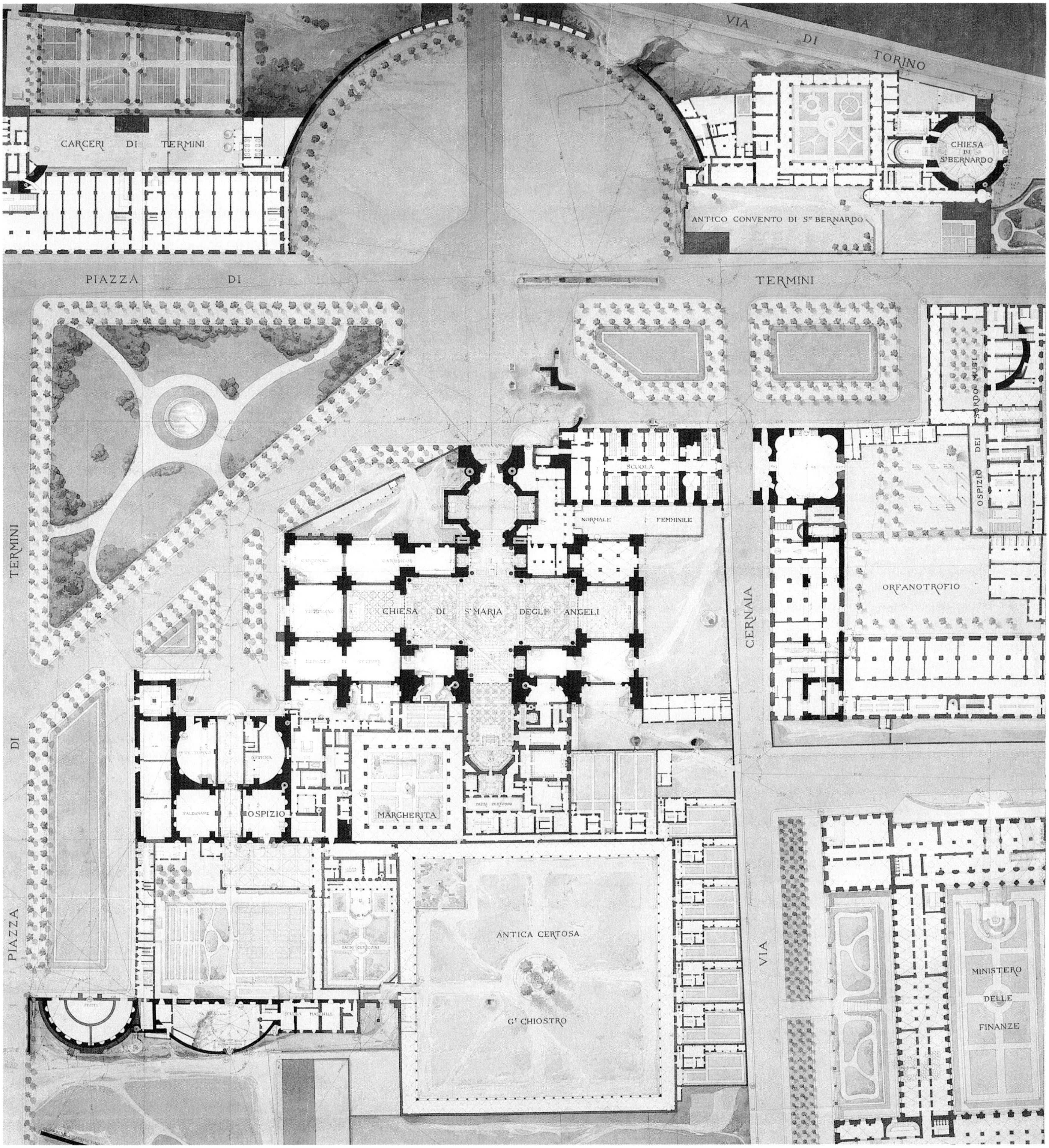
VIA DI TORINO
CARCERI DI TERMINI
CHIESA DI Sᵀ BERNARDO
ANTICO CONVENTO DI Sᵀ BERNARDO
PIAZZA DI TERMINI
SCUOLA
NORMALE FEMMINILE
OSPIZIO DEI SORDO MUTI
ORFANOTROFIO
CHIESA DI Sᵀ MARIA DEGLI ANGELI
VIA CERNAIA
PIAZZA DI TERMINI
OSPIZIO
MARGHERITA
ANTICA CERTOSA
Gᵀ CHIOSTRO
MINISTERO DELLE FINANZE

Das Kunstschaffen von der Königszeit bis zur Flavischen Zeit

Terrakotta-Dachverzierung in Form eines Frauenkopfes aus dem ausgehenden 6. Jahrhundert v. Chr. Rom, Museo Nazionale Etrusco di Villa Giulia

Erste Bauwerke und der Beginn der Koroplastik

Das epochale Ereignis der Geburt der Stadt Rom mit all ihren politischen und religiösen Institutionen wurde in der Überlieferung durch die antike Geschichtsschreibung (Annalistik) in dem legendären Bericht über die Taten der sieben Könige festgeschrieben, die zwischen 753 und 509 v. Chr. an der Macht waren. In diesem Bericht werden jedem dieser Könige einige für den Entstehungsprozeß der Stadt besonders wichtige Ereignisse und Entwicklungen zugeordnet: Romulus die Gründung, Numa Pompilius die Kodifizierung der religiösen und sozialen Normen, Tullius Hostilius und Ancus Marcius die ersten militärischen Eroberungen im Latium, Servius Tullius und den beiden Tarquiniern die Epoche der etruskischen Vorherrschaft über die Stadt. Obwohl von einigen Strömungen der modernen Geschichtsschreibung wiederholt abgelehnt, gewann die antike literarische Überlieferung in den letzten Jahren durch bedeutende Ausgrabungen, die den Kerngehalt der Berichte zu bestätigen scheinen, wieder an Glaubwürdigkeit. Aufgrund dieser Ausgrabungen hat man heute genauere Vorstellungen von der römischen Gesellschaft und von einzelnen Persönlichkeiten, wie Romulus, um den sich die meisten Legenden ranken. Wenn beispielsweise die Reste einer Befestigungsmauer, die auf die Jahre der Gründung Roms datiert werden können und kürzlich an den Nordhängen des Palatin gefunden wurden, dem Verlauf der Mauern der Stadt des Romulus entsprechen würden, wie er von Tacitus beschrieben wurde (*Annalen*, XII, 24), bezeugt der Fund einer Tonvase mit fünf eingeritzten griechischen Buchstaben in einem Grab von Osteria dell'Osa, die ungefähr auf das Jahr 770 v. Chr. datiert werden kann, einerseits sehr frühe Beziehungen zu den griechischen Kolonien, andererseits das mögliche Zutreffen der Legende, daß Romulus und Remus in der Stadt Gabii, an der Stelle des heutigen Osteria dell'Osa, Schreiben lernten.

Innenansicht der Tomba dei Capitelli in Cerveteri, an deren Deckenpartie Elemente der realen monumentalen Architektur wie die Längsbalken bildhauerisch nachempfunden wurden.

Bei Plutarch wird die Entstehung eines spezialisierten Handwerks der Herrschaftszeit des Numus zugeordnet, der, als eine unter den zahlreichen normativen Maßnahmen, mit denen er die römische Gesellschaft regelte, die Handwerker nach ihren Berufen in Innungen aufteilte (*Numus*, 17). Unter den am meisten an der Herstellung von Prestigegütern beteiligten Handwerkern sind die Töpfer und Bronzegießer zu nennen, während den Tektones ein erster Rang zuerkannt wurde, zu denen nicht nur die Zimmerleute, die für den Gebäudebau zuständig waren, gehörten, sondern auch Holzschnitzer und Kunsthandwerker, die Materialien wie Bernstein, aber auch Knochen bearbeiteten. Leider sind diese Produkte aufgrund der leichten Verderblichkeit des benutzten Materials nur in geringer Zahl erhalten, doch ein so außerordentlicher Fund wie der hölzerne Thron von Verruchio (bei Rimini), der mit feinsten Intarsien geschmückt ist und auf das 7. Jahrhundert v. Chr. zu datieren ist, kann eine Vorstellung von dem hohen Niveau vermitteln, das diese Art von Handwerk zu jener Zeit erreicht hatte.

In der Liste dieser Berufe taucht dagegen die Gruppe der Coroplasti (Dachgestalter) nicht auf. Sie waren für die Herstellung aller Elemente zuständig, die beim Dachdecken und bei der Verzierung der Dächer nötig waren, von den großen Dachziegeln bis zum architektonischen Dekor und den großen Giebelfiguren (Akrotere), die die Giebelecken und Spitzen verzierten. Die Verwendung von Dachziegeln aus Ton und die Herstellung dekorativer Elemente dienten der Schaffung von monumentalen Bauwerken, die die Zeiten überdauern sollten. Damit vollzog sich eine fundamentale Erneuerung im Bereich der Dachdeckung.

Offensichtlich im Bewußtsein der enormen Tragweite dieser Innovation brachte die antike Überlieferung die Einführung der Dachplastik mit der Ankunft von drei Fictores (Dachplastikern) griechischer Herkunft in Verbindung: Eucheir (der mit der geschickten Hand), Eugrammos (der, der gut zeichnet) und Diopos (der, der anvisiert), fiktive Namen, hinter denen sich reale Handwerkergruppen verbergen, die in der Lage sind, alle Erfordernisse für die tönerne Verkleidung eines Daches zu erfüllen, vom Formen der Tonziegel bis zu ihrer Verzierung und der Montage. Auch in diesem Fall finden die in vereinfachter Form in der

Cerveteri, Tomba dei Leoni dipinti (Grab der gemalten Löwen), dessen oberer Abschluß sich formal deutlich an einem Walmdach orientiert.

Gegenüberliegende Seite:
Detail mit dem Kopf der monumentalen Terrakottastatue des Apoll, die als Akroter das Dach des Portonaccio-Tempels in Veji bekrönte. Dieses Meisterwerk etruskischer Plastik vom Ende des 6. Jahrhunderts v. Chr. wurde verschiedentlich Vulca, dem einzigen durch Schriftquellen bekannten etruskischen Bildhauer, zugeschrieben. Rom, Museo Nazionale Etrusco di Villa Giulia

antiken Überlieferung angegebenen Daten in einer bedeutenden Zahl von etruskischen Gräbern eine Entsprechung, die bis in die Details die wirklichen architektonischen Vorbilder nachahmen, von denen sie sich inspirieren ließen. Aus diesen Zeugnissen geht klar hervor, daß bis zur Mitte des 7. Jahrhunderts die monumentalen Gräber in allen Einzelheiten das Aussehen großer Hütten reproduzieren, wo das Dach noch mit Zweigen und Stroh gedeckt ist (zum Beispiel die große Tomba della Capanna von Cerveteri), während in der zweiten Hälfte des Jahrhunderts für die Gliederung der Gräber bereits große Räume mit Dachstuhl vorgesehen waren, was auf die Verwendung schwerer Tonziegel bei der Dachdeckung schließen läßt.

Eine Reihe von archäologischen Funden auf etruskischem Gebiet (Acquarossa in der Provinz Viterbo und Murlo in der Provinz Siena) und im Stadtgebiet von Rom ermöglichen eine genaue Identifizierung der in der zeitgenössischen Grabarchitektur imitierten Gebäude. Es handelt sich um einige große Wohnkomplexe, die sich durch ihre Struktur und ihr reiches Dekor als echte Palazzi zu erkennen geben und in denen wir sämtliche Symbole der Ausübung königlicher Macht im archaischen Zeitalter vereinigt sehen.

Goldplättchen aus Pyrgi mit einer etruskischen Inschrift, deren Inhalt auf einem anderen Goldstreifen in phönizischer Übersetzung aufgefunden wurde. Darin wird von dem König Thefarie Velianas, der durch den Beistand der Göttin Ishtar-Uni zu Beginn des 5. Jahrhunderts v. Chr. in Cere herrschte, und von seinen reichen Stiftungen an das berühmte Küstenheiligtum berichtet. Rom, Museo Nazionale Etrusco di Villa Giulia

Die königliche Residenz

In der Nähe des Forum Romanum befinden sich die Reste eines Gebäudes, das zwar im Laufe der Zeit seine Gestalt und seine Funktion geändert, doch immer den antiken Namen der königlichen Residenz (Regio) bewahrt hat. In der ersten Phase war das Gebiet durch eine Gruppe von Hütten bebaut, die später abgerissen wurden, um einem größeren Bau Platz zu machen, dessen Spuren von mindestens drei Restaurierungen zeugen, die alle an einem Gebäude stattgefunden haben, das um einen großen Hof herum angeordnet war und an dessen mit einem großen hölzernen Portikus versehener Rückseite sich mindestens drei Räume gegenüberlagen. Auf der Grundlage der literarischen Quellen, die das Haus Numas in der Nähe des Forums ansiedeln, ist es möglich, diesen Bereich als den Ort auszumachen, den der zweite König von Rom für den Bau seiner Residenz ausgewählt hatte, an die sich dann später entlang der Via Sacra in Richtung Osten die privaten Wohnsitze einige seiner Nachfolger angereiht haben sollen. Die Nähe dieser königlichen Residenz zu anderen Bauwerken, die wir mit der Gestalt und den Funktionen des Königs in Verbindung bringen können, wie das Atrium Vestae – die Feuerstätte des Staates, die in der Organisation ihres Kultes die Erinnerung an das im Königspalast von den Töchtern des Königs gehütete Feuer bewahrt – und das Haus des Rex Sacrorum, der im republikanischen Zeitalter einige der vom Herrscher ausgeübten religiösen Funktionen erben wird, scheint außerdem darauf hinzudeuten, daß das kleine Gebäude der Residenz in Wahrheit nur ein Teil eines größeren architektonischen Komplexes war. Dieser Bau zeichnet sich im Hinblick auf seinen Grundriß und seine Funktion aus, die den etruskischen Residenzen von Murlo und Acquarossa vergleichbar sind, die eine enge Nachbarschaft von Wohn- und Kulträumen aufweisen.

Der Reichtum dieser Gebäudekomplexe wurde durch die Verwendung erlesener Holzdekors unterstrichen, die vollplastischen Giebelschmuck sowie Platten zur Verkleidung der Balken umfaßten, analog zu denen, die im selben Zeitraum für die religiösen Bauwerke verwendet wurden. Bei den erhaltenen Resten der hölzernen Verzierung der zweiten Bauphase, die auf das zweite Viertel des 6. Jahrhunderts datiert werden kann,

Gegenüberliegende Seite:
Detail mit dem Kopf der Kapitolinischen Wölfin, das die besonders detailreiche Darstellung dieses mythischen Tieres veranschaulicht. Rom, Museo Capitolino

handelt es sich um besonders bedeutende Fundstücke. In einem Verkleidungspaneel wird eine Prozession von Raubkatzen dargestellt, aufgelockert durch einen Stelzenläufer und eine mit kurzem Chiton bekleidete Person, die die Maske des Stierkopfes des Minotaurus vor dem Gesicht trägt. Es handelt sich also um die Beschwörung der Heldentaten des Theseus, des Königs Athens, der, um an die Macht zu gelangen, den Minotaurus in Kreta tötete und bei seiner Rückkehr in Delos einen besonderen Tanz einführte, den sogenannten Kranichtanz, in dessen Verlauf symbolisch der mit Hilfe Ariadnes gefundene Weg aus dem Labyrinth dargestellt wurde. Die Bedeutung dieses Paneels für die Rekonstruktion der Aristokratie Roms ist außerordentlich groß, denn es zeugt nicht nur von der genauen Kenntnis des griechischen Mythos, sondern vor allem von dessen bewußtem Gebrauch, dank dessen der König in die Lage versetzt wird, seine eigene königliche Macht durch den Mythos von einem der größten griechischen Heroen zu rechtfertigen. Die Entstehungszeit der Platte läßt sich gut mit den traditionellen Daten der Regierungszeit von Servius Tullius in Einklang bringen, einer der problematischsten Gestalten des archaischen Roms. Laut Überlieferung war er der Sohn einer Sklavin, der durch die Protektion der Göttin Fortuna an die Macht gelangte und so mit der traditionellen Thronnachfolge brach, die bisher von der Aristokratie verwaltet wurde. Hinter der Biographie von Servius und den von ihm für die Bürgerschaft vorgeschlagenen politischen Reformen lassen sich leicht die Zeichen eines tyrannischen Modells erkennen, wie es im selben Zeitraum auch in vielen etruskischen Städten angewandt wurde, etwa in Cerveteri, wo wir durch die in Pyrgi gefundenen Goldblätter vom Aufstieg des Tyrannen Thefarie Velianas wissen, der sich unter den Schutz der Göttin Uni, der etruskischen Entsprechung von Astarte-Aphrodite, stellte.

Das Forum Boarium

Die von Servius Tullius verfolgte anti-aristokratische und wirtschaftlich orientierte Politik hatte ihren Schwerpunkt im Bereich des Forum Boarium, wo bereits vor der Gründung der Stadt ein Handelstempel für den Austausch von Waren geschaffen wurde, der unter den Schutz von Herkules gestellt wurde. Als Dank für den Sieg über den Riesen Cacus soll Evander dem Herkules einen Altar gewidmet haben, die Ara Massima des Herkules.

Die literarischen Quellen schreiben Servius die monumentale Ausgestaltung des Bereichs zu, die den Bau von zwei der Göttin Fortuna beziehungsweise Mater Matuta, d. h. Aurora, gewidmeten Tempeln mit sich brachte. Die in den überlieferten Texten genannten Daten des Tempelbaus wurden durch die in der Nähe der Kirche Sant'Omobono durchgeführten Ausgrabungen exakt bestätigt. Das hohe Niveau der handwerklichen Arbeiten wie der Giebelschmuck des Tempels der Mater Matuta und ihre perfekte Einfügung in das ionische Stilklima des spätarchaischen Zeitalters zeigen, daß Rom sowohl unter wirtschaftlichen wie kulturellen Gesichtspunkten bereits eine internationale Dimension erreicht hatte.

Neue Tempel

Den Quellen nach fällt die Epoche der etruskischen Vorherrschaft über die Stadt mit der Phase einer großen Expansion Roms nach Latium auf Kosten der angrenzenden Völker zusammen. Es überrascht daher nicht, daß die Überlieferung auch die Einrichtung großer Baustellen auf die Könige der etruskischen Dynastie zurückgeführt hat, die der Stadt zum ersten Mal eine Infrastruktur und bedeutende Monumente gaben. In die Herrschaftszeit des Servius Tullius (Mitte des 6. Jahrhunderts v. Chr.) fielen vermutlich der Bau der Stadtmauern – ein fundamentaler Bestandteil zur Gestalt und zum Schutz des urbanen Raums – und die Errichtung des Dianatempels auf dem Aventin, der nach Wunsch des Königs als neues Kultzentrum des latinischen Bundes an die Stelle des Diana-Heiligtums in Nemi treten sollte, das von einigen latinischen Städten unter der Führung Tusculums nach der Zerstörung Alba Longas gebaut worden war.

Ein noch ehrgeizigeres städtebauliches Projekt, das das neue Gesicht der Stadt prägen sollte, kann auf den letzten Tarquinier zurückgeführt werden, der die Errichtung bedeutender Bauwerke förderte wie den kapitolinischen Jupiter-Tempel und den Circus Maximus oder auch Bauwerke von öffentlichem Nutzen wie die Cloaca Maxima. Die antiken Quellen, insbesondere Livius, spielen ausdrücklich auf den Einsatz etruskischer Handwerker für die Ausführung dieser Bauten an und liefern damit ein wertvolles Zeugnis von der Mobilität der Künstler jener Zeit. Einem Koroplasten aus Veji namens Vulca wurde die Ausführung des Tonsimulacrums des kapitolinischen Jupiter-Tempels zugeschrieben, das den Gott sitzend mit einem Zepter in der Hand und in eine besondere Tunika namens Palmata gekleidet darstellt.

Aufgrund einiger Giebelstatuen aus Terrakotta, die aus dem Portonaccio-Tempel in Veji stammen, ist es möglich, sich eine Vorstellung von den künstlerischen Fähigkeiten Vulcas zu verschaffen. Die Gruppe, zu der eine Statue des Apollo, eine des Herkules, der gerade dabei ist, die Kerynitische Hirschkuh zu töten, eine des Hermes sowie eine weibliche – vielleicht Leto mit ihrem Sohn Apollo im Arm – gehören, beweist durch die

Die am Anfang des 5. Jahrhunderts v. Chr. geschaffene Bronzestatue der Kapitolinischen Wölfin, die Romulus und Remus säugt. Die Figuren der Zwillinge wurden im 15. Jahrhundert von Antonio Pollaiuolo hinzugefügt. Rom, Museo Capitolino

asymmetrische Wiedergabe des Torso von Herkules und die tiefen Falten des Gewandes von Apollo die vollständige Kenntnis der optischen Verkürzungen, die durch eine Sicht von unten und aus weiter Entfernung hervorgerufen werden. Unter stilistischen Gesichtspunkten gehört der Schöpfer des Portonaccio-Tempels – sei es nun Vulca oder einer seiner Schüler – ganz und gar in die ionische Tradition, auch wenn ein gewisses dekoratives Übermaß, erkennbar vor allem im Faltenwurf, einen absolut originären Zug darstellt.

Die spätere Vertreibung der Tarquinier (509 v. Chr.) erzeugte eine politische Instabilität, die dann weitgehend überwunden wurde, sich jedoch auch schwächend auf die handwerkliche und bauliche Tätigkeit Roms auswirkte. Die Herstellung von Luxusgütern, die vor allem durch die Aufträge des Königs und seines Hofes florierte, ging stark zurück. Die Begräbnisausstattungen, die bereits ab der Mitte des 6. Jahrhunderts deutlich abgenommen hatten, wurden durch den Einfluß der in den Gesetzen der Zwölf Tafeln enthaltenen Bestimmungen, die sich gegen den Prunk richteten, noch ärmer. Dies führte zu einem starken Rückgang der Einfuhr von Luxusgegenständen aus der griechischen und orientalischen Welt, die im Laufe des 5. Jahrhunderts fast vollständig eingestellt wurde. Umgekehrt wurde dem Bau jener Gebäude, die eng mit den neuen republikanischen Institutionen verbunden waren, größte Aufmerksamkeit geschenkt. Auf diesen Zeitraum geht die Anlage der Westseite des Forums zurück, wo der Tempel des Saturn (497), der Versammlungsort für die Wahlkörperschaft (Comitium), das den Senatoren vorbehaltene Gebäude (Curia) und die Rednertribüne (Rostra) errichtet wurden. Man zögerte nicht, für einige dieser Bauwerke auf fremde Handwerker zurückzugreifen. Auf dem Aventin, dem Hügel außerhalb der Stadtmauern, der durch die Plebejer besetzt wurde und den Fremden als Wohnort diente, wurde um das Jahr 495 ein großer Tempel errichtet, der Ceres, Liber und Libera geweiht war, Gottheiten, die von den Plebejern als Alternative zu der Kapitolinischen Trias empfunden wurden.

Die Spuren fremder Handwerkskräfte im Rom jener Zeit sind jedoch nicht nur an diesem Bauwerk sichtbar, wie das Torsofragment vom Esquilin zeigt, das wahrscheinlich einen verletzten Krieger darstellt. Für die Annahme, daß das Stück aus einer griechischen Werkstatt stammt, sprechen die formale Strenge, erkennbar vor allem an der Darstellung des Gewandes, das auf die linke Schulter fällt, und der gekonnte Einsatz der Farbe.

Plinius und Livius siedeln den Beginn der Bronzeskulptur in den ersten Jahren der Republik an. Ihr ältestes Beispiel soll die vom Vater des Spurius Cassius der Ceres zugeeignete Statue gewesen sein, nachdem er, dem Streben nach Tyrannei für schuldig befunden, den Einzug seines Vermögens, die Zerstörung seines Hauses und schließlich die Verurteilung zum Tode erfahren hatte (*Naturgeschichte*, XXXIV, 15–16; Livius, II, 41,10).

Ein bedeutendes Zeugnis der Bronzekunst jener Zeit stellt die berühmte *Kapitolinische Wölfin* dar, die noch heute Symbol der Stadt ist. Das im Museo Capitolino ausgestellte Exemplar ist, abgesehen davon, daß es das einzig erhaltene ist, wahrscheinlich die älteste der beiden in republikanischer Zeit in Rom existierenden Darstellungen. Von diesen befindet sich eine auf dem Kapitol, und die andere, die zusammen mit den beiden gesäugten Zwillingen eine Gruppe bildete, wurde von den Brüdern Ogulnii 295 v. Chr. durch die Einkünfte, die aus den den Wucherern auferlegten Geldstrafen stammten, gespendet und bei der Ficus ruminalis am Forum Romanum aufgestellt. Die ohne die Zwillinge überlieferte *Kapitolinische Wölfin* – diese wurden dann von Antonio Pollaiuolo Ende des 15. Jahrhunderts hinzugefügt – besitzt eine starke Ausdruckskraft. Die bedrohlich wachsame Pose des Tieres mit dem zum Betrachter gewendeten Kopf und dem halboffenen Rachen signalisiert die Bereitschaft zur Verteidigung der Jungen. Der Körper erscheint außerordentlich mager und läßt alle Rippen hervortreten, während das durch ein regelmäßiges Flammenmuster wiedergegebene Fell eine gewisse Lust am Dekorativen verrät, die es mit den wenigen erhaltenen Werken der etruskischen Bronzekunst vom Beginn des 5. Jahrhunderts verbindet.

Das mittlere Zeitalter der Republik: Die künstlerische Produktion zwischen dem 4. und 3. Jahrhundert v. Chr.

Im Vergleich zu den wenigen Dokumenten aus dem 5. Jahrhundert, die nur durch einige Berichte aus literarischen Quellen ergänzt werden, gibt es aus der mittleren Zeit der Republik, d. h. zwischen der Eroberung von Veji (396 v. Chr.) und dem Ende des Zweiten Punischen Krieges (200 v. Chr.), einige bedeutende Zeugnisse. Charakteristisch für diese Epoche ist die Bearbeitung von Motiven und Themen der griechischen Kultur.

Die zentrale Rolle Roms als Ort der künstlerischen Produktion wird durch ein Stück von außerordentlicher Machart, das aus Praeneste, dem heutigen Palestrina, stammt, gut exemplifiziert: die *Cista Ficoroni*, entstanden etwa um 340 v. Chr. und hergestellt in einer römischen Werkstatt von Novius Plautius nach genauer Anweisung von Dindia für seine Tochter Magulnia. Die wertvolle Information wird durch die Inschrift auf dem Sockel der drei Figuren geliefert, die den Henkel des Deckels bilden. Der zentrale Corpus der Cista wird von einem Fries mit mythologischen Darstellungen eingenommen, die der Argonautensage entstammen, deren Schwerpunkt die Episode von der Hinrichtung Amicos bildet. Dieser wird in Gegenwart von Athene und einem kleinen Sklaven, nachdem er von Pollux im Boxkampf besiegt wurde, von dem griechischen Helden an einen Baum gebunden, auf den eine geflügelte Siegesgöttin zugeht mit der Krone und der Binde für den Sieger in der Hand. Auf dem übrigen Fries erscheinen Mitglieder der Gesandtschaft nach Kolchis, die in Gesellschaft eines Silens (Papposileno) an einer Quelle versammelt sind, und eine Teildarstellung des Schiffs Argos. In der Wiedergabe der Figuren sind die Anleihen besonders deutlich, die der Künstler bei der griechischen Malerei des spätklassischen Zeitalters genommen hat, zum Beispiel bei den verkürzt dargestellten Figuren und den Schattierungen, die durch bewußten Einsatz der Schraffuren erfolgten. Der Rückgriff auf komplizierte und wenig bekannte Sujets der Mythologie, der außer bei der *Cista Ficoroni* auch bei einer beachtlichen Reihe von überlieferten Cisten und Spiegeln aus Preneste anzutreffen ist, zeigt außerdem, daß die herrschenden Schichten der latini-

Die Cista Ficoroni *(um 340 v. Chr.). Ein zylindrisches Gefäß, das ursprünglich zur Aufbewahrung von Kosmetik und Schmuck diente. Durch seine Schmuckelemente dokumentiert es eindrucksvoll die Rezeption griechischer Motive und Themen sowie deren Umwandlung durch etruskische Künstler. Rom, Museo Nazionale Etrusco di Villa Giulia*

Gegenüberliegende Seite:
Der sogenannte Brutus Capitolinus, *das einzige erhaltene Porträt aus der mittleren Republik, könnte ein Fragment einer Reiterstatue sein. Die asketische Strenge dieses Gesichtes ist ein künstlerischer Ausdruck für den Ernst, die Gravitas, eine der wichtigsten römischen Herrschertugenden. Rom, Museo Capitolino*

schen Gesellschaft tief von griechischer Kultur durchdrungen waren, die durch die immer intensiveren Kontakte mit den Städten der Magna Graecia (Großgriechenlands) vermittelt wurde.

Malerei

Enge Beziehungen zur griechischen Malerei der spätklassischen Zeit sind auch an den wenigen Spuren der Werke eines der bedeutendsten Künstler des 4. Jahrhunderts erkennbar. Es handelt sich um Gaius Fabius Pictor, der mit seinem berühmten Bilderzyklus den Tempel des Salus geschmückt hatte, der 304–303 v. Chr. vom Diktator Gaius Iunius Bubulcus gestiftet wurde. Der feierliche Charakter des Gebäudes – eines der ersten, das vom Sieger direkt gewidmet wurde und nicht kollektiv vom römischen Volk – läßt vermuten, daß die Malerei die siegreichen Momente des Krieges illustrierte und sich dabei auf die Fabulae triumphales berief, die nach unserer Kenntnis beim Umzug des siegreichen Generals gezeigt wurden, um allen die vollbrachten Taten bekannt zu machen.

Das Fragment einer Wandmalerei, das aus einem Einzelgrab der großen Nekropole des Esquilins stammt, stellt ein erstrangiges Zeugnis für die Kenntnis der wesentlichen Eigenschaften der römischen Triumphalmalerei in den unmittelbar auf die Ausschmückung des Tempels des Salus folgenden Jahren dar. Das Freskofragment, auf dem eine historische Szene dargestellt ist, scheint aus mindestens vier Bildfeldern bestanden zu haben. Auf der oberen und der unteren sind jeweils die Reste der Beine einer Person und Teile eines Duells zwischen zwei Kämpfern zu sehen. Besser erhalten sind die beiden mittleren Tafeln, wo zwei Begegnungsszenen von unterschiedlich gekleideten Personen dargestellt sind, im einen Fall vor einer mit Zinnen ausgestatteten Stadtmauer und auf der anderen in Gegenwart von Soldaten, die Umhänge tragen. Auf der letztgenannten Tafel identifizieren die neben den Köpfen der beiden Personen angebrachten Inschriften sie als Marcus Fanios, links, und Quintus Fabios, rechts, der mit der Toga dargestellt und gerade dabei ist, Fanios eine Lanze zu überreichen.

Plastiken

Die Verherrlichung des individuellen Ruhms, wie sie im Fall von Gaius Iunius Bubulcus durch den Bau eines heiligen Bauwerks dokumentiert ist, zeigt sich auch durch die Aufstellung von Ehrendenkmälern aus Bronze im renommiertesten Bereich der Stadt, dem Forum Romanum. Kurz nach dem Sieg über den Latiner Bund (338 v. Chr.) wurden die ersten bronzenen Reiterstandbilder, die die Sieger von Antium, Furius Camillus und Gaius Menius (Livius, VIII, 13,9) darstellen, geschaffen. Letzterem ist auch die im selben Jahr errichtete und nach ihm benannte Säule zu verdanken, die erste einer ganzen Reihe von Ehrendenkmälern, darunter die berühmte Trajans-Säule und die des Marc Aurel.

Das einzige Porträt aus spätrepublikanischer Zeit, das mit großer Wahrscheinlichkeit aus Rom stammt, ist der *Kapitolinische Brutus*. Im 16. Jahrhundert wurde das Porträt, das im Konservatorenpalast ausgestellt ist, in die Rekonstruktion einer Marmorbüste aus der Kaiserzeit eingefügt. Die leichte Neigung des Kopfes und der zum Boden gerichtete Blick scheinen jedoch eher Eigenschaften zu sein, die sich für eine Ansicht der Statue von unten eignen und vermuten lassen, daß der Kopf zu einem Standbild gehörte.

Daß es sich bei dem Porträt um Lucius Iunius Brutus, den Gründungshelden der Republik, handelt, läßt sich nicht mit Sicherheit sagen. Dies ändert nichts daran, daß wir hier ein Porträt von großer Ausdruckskraft vor uns haben: Die hageren Gesichtszüge, der entschiedene Blick und das insgesamt schmucklose Aussehen, das durch den unregelmäßigen Fall der Haare in die Stirn und die Darstellung des Bartes durch kleine ungleiche Büschel betont wird, übermitteln in der Tat sehr gut jene Strenge, die in der römischen Vorstellungswelt die wichtigste Tugend der Männer darstellte, die Rom zur Eroberung Italiens geführt hatten. Es ist außerdem wahrscheinlich, daß die Realisierung des *Kapitolinischen Brutus* und anderer bronzener Ehrendenkmäler, die in literarischen Quellen erwähnt werden, griechischen oder kampanischen Werkstätten zuzuordnen ist, die in den letzten Jahrzehnten des 4. Jahrhunderts v. Chr. in Rom wieder aktiv wurden, nach einer ziemlich langen Pause, die aus dem Rückgang der Einfuhr griechischer Keramik und der Unterbrechung der Annahme griechischer Kulte abgeleitet werden kann.

Diese Art von verherrlichender Skulptur ist kein ausschließlich römisches Phänomen, sondern scheint in weiten Teilen Mittel- und Süditaliens verbreitet gewesen zu sein, die auch periphere Gebiete wie das innere Samnium einschließen, Herkunftsort des wunderbaren Kopfes von San Giovanni Lipioni (bei Chieti), der sich jetzt in Paris befindet. Dies läßt sich eben durch den Rückgriff auf griechische oder kampanische Künstler seitens der reichen und mächtigen italischen Auftraggeber erklären, die in der Lage waren, je nach den ideologischen Botschaften, die sie vermitteln wollten, auch die formalen Entscheidungen innerhalb der bewährten Tradition der griechischen Porträtkunst zu beeinflussen.

Nachdem der Krieg gegen Hannibal siegreich beendet war, erlegte Rom Karthago schwere Kriegsentschädigungen und einen Friedensvertrag auf, der den endgültigen politischen und ökonomischen Bedeutungsverlust der großen Rivalin

besiegeln und die Kontrolle über den größten Teil der ausgedehnten iberischen Halbinsel sichern sollte. Wenige Jahre nach der bedeutenden Schlacht von Zama (202 v. Chr.) waren die römischen Truppen im Orient in einer Reihe militärischer Operationen gegen Philipp von Makedonien und Antiochus von Syrien engagiert, Herrscher über zwei der hellenistischen Reiche, die aus der Aufteilung der Eroberungen Alexanders des Großen entstanden waren.

Der Ausgang beider Kriege, die 198/197 beziehungsweise 190 v. Chr. geführt wurden, verhalf der latinischen Stadt auch im östlichen Mittelmeer auf die internationale politische Bühne, drängte ihr jedoch eine Rolle auf, die immer weniger mit einer politischen Organisationsform vereinbar war, die in ihren legislativen und exekutiven Organen immer noch die eines Stadtstaates war.

Seit den großen Feldzügen im Orient wurde die Personalisierung der Politik immer stärker, die bis dahin durch die Bildung und den Gegensatz zahlreicher und umfangreicher Geschlechtergruppen gemäßigt wurde. Von diesem Zeitpunkt an bis zu den dramatischen Ereignissen des Bürgerkriegs zwischen Marius und Sulla werden das politische Leben Roms sowie seine außenpolitischen Entscheidungen stark von den Vertretern einiger weniger aristokratischer Familien beeinflußt, darunter vor allem die Aemili, die Caecilli Metelli, die Fulvii, die Licini, die Semproni und vor allem die Cornelii, deren wichtigster Zweig in jenen Jahren durch die Cornelii Scipiones repräsentiert wird.

Das Grab der Scipiones

Seit der Entdeckung des Familiengrabes der Cornelii Scipiones, das in einer Seitengasse der Via Appia gebaut wurde, kennen wir von dieser Familie nicht nur die Taten ihrer bedeutendsten Exponenten, sondern auch die ihrer weniger bekannten Mitglieder. Die älteste Bestattung ist Lucius Cornelius Barbarus zuzuordnen, Konsul im Jahre 298 v. Chr. und Protagonist der letzten Phase der Kriege gegen die Samniter. Der großartige Sarkophag, der derzeit in den Musei Vaticani aufbewahrt wird, ist vom Typ Altar, wie er im Gebiet der Magna Graecia gebaut wurde. Der Sarg ist im oberen Bereich durch einen dorischen Fries mit Triglyphen geschmückt, die sich mit Rosettenmetopen abwechseln, während der Deckel an den Seiten von zwei Voluten belebt wird, die ein langes zylindrisches Element einschließen, aus dem Akanthus-Blätter hervorsprießen.

Ein stark griechischer Einfluß wird auch durch die Formensprache des Grabgesangs bezeugt, der in langen saturnischen Versen verfaßt und in den Sarg gemeißelt wurde. Die Inhalte der Lobgesänge der Scipionen spiegeln ganz und gar die aristokratischen Werte der Zeit wider, mit ihrer überschwenglichen Lobpreisung der vollbrachten Taten und der minutiösen Auflistung der öffentlichen Ämter, die von der Persönlichkeit zur Steigerung des familiären Ruhms bekleidet wurden.

Der politische Nebeneffekt dieser rühmenden, lobpreisenden Texte liegt in der Gegenüberstellung der traditionellen Formen der aristokratischen Regierung der Stadt und des Versuchs, die Macht in wenigen Händen zu konzentrieren. Im ersten

Der aus der Familiengrablege des Geschlechts der Scipionen an der Via Appia stammende Sarkophag des Lucius Cornelius Scipionus Barbarus, *Konsul des Jahres 298 v. Chr. Die Trauerrede an diesem einem Altar nachempfundenen Sarkophag wurde in saturnischen Versen verfaßt. Die darin enthaltene Formulierung „ein tapferer und weiser Mann, dessen Aussehen seinem Werte genau entsprach" ist eine Übersetzung des griechischen Konzepts der Kalokagathia (Vortrefflichkeit), die ethische und ästhetische Vorzüge zu vereinen versuchte. Rom, Musei Vaticani*

Viertel des 2. Jahrhunderts v. Chr. wurde diese Strömung von Publius Cornelius Scipio angeführt, Sieger über Hannibal, der sich mit dem traditionalistischsten Flügel des Senats anlegte und daher gezwungen war, die letzten Lebensjahre außerhalb Roms zu verbringen. Es ist jedoch aufschlußreich, daß sich diesen absolutistischen Versuchungen kein Exponent der Aristokraten des Senats entgegenstellte, sondern Cato, der in Tusculum zur Welt kam. Der Senatsaristokratie gelang es demnach nicht, ein neues ethisches Modell zu schaffen, das geeignet gewesen wäre, sich den Veränderungen der römischen Gesellschaft anzupassen und gleichzeitig die Tradition zu pflegen.

Was jedoch daraus hervorgeht, ist die Mythisierung der Tugend des römischen Volkes und seiner herrschenden Klasse durch jene Bürger, die nicht dazugehörten. In diesem Sinne ist der Beitrag der Römer sowie derjenigen, die aus den kleinen Zentren die gesellschaftliche Leiter hinaufgeklettert waren, beachtlich. Der Mythos von den Mores maiorum, d. h. von den „Sitten der Vorfahren", ihren Gebräuchen, ihren Taten, wird daher durch Figuren wie Cicero, Varro, Marius oder Asinius Pollio genährt.

Griechische und orientalische Einflüsse

Die erste Auswirkung dieser neuen ideologischen Konstruktion war ein Desinteresse gegenüber der griechischen und orientalischen Kultur, das in eine feindliche Haltung gegen die handwerklichen und künstlerischen Produkte des hellenistischen Ostens einmündete, die undifferenziert als „luxuria asiatica", asiatische Ausschweifungen, abgestempelt werden. Natürlich richtet sich die Polemik gegen den „Zirkel der Scipiones" und die berühmtesten Vertreter der Literatur des 2. Jahrhunderts v. Chr., von Pacuvius bis zu Terenz, von Laelius bis zu Lucilius und den Griechen Polybius und Panetius. Doch auch hier besteht ein Widerspruch, denn die römischen Eroberungen im Orient ließen enorme Mengen von wertvollen Gegenständen und Münzschätzen in die Stadt fließen, die von dem betreffenden Heerführer voller Triumph ausgestellt wurden. Livius, Plutarch, Strabo und andere Historiker berichten von entsprechenden Episoden und beklagen wahllose Plünderungen oder machen sich über die Unwissenheit der Eroberer in Sachen Kunst lustig.

Von den gefeierten griechischen Kunstwerken, die als Kriegsbeute nach Rom gelangten, legt ein großer mit Eierstab verzierter Bronzekrater, der jetzt im Triumphsaal (Sala dei Trionfi) des Konservatorenpalastes auf dem Kapitol ausgestellt ist, ein fast einsames Zeugnis ab. Denn im Rand der Vase befindet sich eine griechische Inschrift, die an die Schenkung des Objekts durch Mithridates VI., König von Pontus, an die Mitglieder einer nicht näher genannten griechischen Stadt erinnert. Ohne Zweifel gehörte der große Krater, der in der kaiserlichen Villa Neros in Antium (Anzio) gefunden wurde, zu der Kriegsbeute, die entweder von Sulla oder von Pompeius, beide Besieger des Mithridates, nach Rom gebracht wurde.

Bronzekrater, der von Mithridates VI., dem Herrscher des kleinasiatischen Königreiches von Pontus, den Mitgliedern eines Gymnasions verliehen wurde und später als Kriegsbeute nach Rom gelangte. Triumphe und die dazugehörigen öffentlichen Zurschaustellungen der Beutestücke bildeten eine wichtige Vermittlungsinstanz orientalischer Pracht in republikanischer Zeit. Rom, Museo Capitolino

Die Kunstwerke, das Gold und der wertvolle Hausrat stellen nur einen kleinen Teil des Reichtums dar, der infolge der Eroberungskriege nach Rom floß. Sie brachten vor allem eine große Zahl von Sklaven in die Stadt, deren massiver Einsatz in allen Bereichen menschlicher Tätigkeit brisante Auswirkungen auf das bestehende Produktionssystem hatte, das im wesentlichen auf dem kleinen und mittleren landwirtschaftlichen Besitz beruhte. Sicher war der Einsatz von Sklavenarbeit in den vorhergehenden Jahrhunderten nicht unbekannt, doch ab der Mitte des 2. Jahrhunderts nahm das Phänomen außergewöhnliche Proportionen an; Strabo berichtet uns zum Beispiel, daß in dem 166 v. Chr. auf der kleinen Insel Delos errichteten Freihafen täglich bis zu 10 000 Sklaven verkauft werden konnten.

Architektur im Dienste der Gemeinschaft: politische Gebäude und Zweckbauten zwischen dem 3. und 2. Jahrhundert v. Chr.

Ab dem Beginn des 3. Jahrhunderts setzt ein langsamer Prozeß der Monumentalisierung des wichtigsten Freiraums der Stadt ein: des Bereichs des Marktplatzes (Forum). Dieser schien durch eine ungeordnete Bebauung für den Lebensmittelhandel (tabernae) erstickt, der wahrscheinlich in besonderen Gebäuden, als Atrien bekannt, untergebracht worden war. Durch die Verlegung der Tabernae lanienae (Fleischereien) hinter das Forum und die gleichzeitige Eröffnung der an ihre

Stelle gesetzten Tabernae argentiae (Wechselstuben), die mit Balkonen ausgestattet waren, von denen aus man den Gladiatorenkämpfen und den Prozessionen, die auf dem Platz stattfanden, zusehen konnte, erfüllt das Forum zu jener Zeit längst nur noch die politisch-sakralen Funktionen, die in der Formel Varros von der Forensis dignitas zusammengefaßt sind.

Ein entscheidender Schritt in diese Richtung war der Bau des Macellum (Markthalle), durch den der Handel mit verschiedenen Lebensmitteln auf einen einzigen Ort konzentriert wurde, sowie der Bau von Basiliken, die zur Ausübung der juristischen Aktivitäten und der großen Geschäfte bestimmt waren. Gegenüber den früheren öffentlichen Atrien, deren Funktionen sie teilweise übernehmen, handelt es sich bei den Basiliken, die nach und nach den Platz einrahmen (Basilica Porcia von 184, Basilica Fulvia-Emilia von 179, Basilica Sempronia von 169, Basilica Pauli von 168, Basilica Opinia von 121), um Gebäude mit besonders monumentalem Charakter, deren Innenraum durch lange Säulenreihen in mehrere Schiffe unterteilt war, mit einem hohen Podium an der Rückseite, das als Tribunal genutzt wird, und einer Serie von Läden vor der Fassade.

Der Bau des größten Teils der öffentlichen Gebäude Roms in diesen Jahren geht auf die Initiative der Zensoren zurück, die fast immer Mitglieder der großen adligen Familien waren, deren Bautätigkeit auch die Ebene betraf, die in unmittelbarer Nähe zum Hafen der Stadt lag. Die große wirtschaftliche Expansion Roms hatte nämlich die

Relief mit der Darstellung eines Ladens für Messer. Rom, Museo della Civilità Romana

Anlage eines neuen Flußhafens notwendig gemacht, der den in der Nähe des Forum Boarium existierenden ersetzen sollte, weil jener aufgrund des Flußlaufs an dieser Stelle nicht weiter vergrößert werden konnte. Der Bau des Emporiums wurde daher in dem Bereich südlich des Aventins von Marcus Aemilius Lepidus in Angriff genommen und von ihm im Jahre 179, dem Jahr seiner Zensortätigkeit, zu Ende geführt, zusammen mit dem Kollegen Marcus Fulvius Nobilior, also

Darstellung eines Arbeitsganges in einer Metzgerei. Rom, Museo della Civilità Romana

gleichzeitig mit der Errichtung der Basilica Fulvia-Emilia.

Die Realisierung des riesigen Hafenkomplexes bestand vor allem im Bau des Kais, der über 500 Meter lang war, und der dahinterstehenden Lagergebäude – des Aemilia-Portikus –, während die Zensoren des Jahres 174 das Steinpflaster des Emporiums und die Zufahrtsrampe zum Fluß legen ließen. Der Aemilia-Portikus, von dem noch ein paar Überbleibsel südlich der Via Marmorata zu sehen sind, stellte sich als großes Speichergebäude dar, unterbrochen durch 294 Pfeiler, die es in 50 Gewölbeschiffe von nicht mehr als acht Metern Breite aufteilten. Bei diesem Gebäude wurde zum ersten Mal in massiver Form Zementmauerwerk verwendet, eine Technik kampanischer Herkunft, die bereits erfolgreich beim Bau des Tempels der Magna Mater auf dem Palatin während des Zweiten Punischen Krieges erprobt wurde. Diese Bautätigkeit brachte nicht nur unter architektonischen Gesichtspunkten kühne Ergebnisse hervor, sie war auch preiswert und kam ohne hochspezialisierte Arbeitskräfte aus – anders als dies bei den ältesten Mauerwerken in Polygonal- und Quadertechnik der Fall war. Sie erwies sich daher als besonders geeignet für die massenhafte Beschäftigung von Sklaven in allen Phasen des Arbeitsprozesses, vom Zeitpunkt des Abbaus des Materials aus den Gruben bis zur Herstellung des Mauerwerks in großen hölzernen Schalungen.

Hinter dem Aemilia-Portikus entstanden, vor allem ab dem Zeitalter der Gracchen, als die großen kostenlosen Getreideausteilungen an das Volk (Plebs) begannen, viele andere Speicher (horrea); am bedeutendsten ist unter diesen sicherlich die Horrea Galbana, die Sergius Sulpicius Galba errichten ließ, der Konsul des Jahres 108, der davor sein Einzelgrab errichten ließ, das mit der Tradition der großen Familiengrabstätten brach und die Aufmerksamkeit auf die Tugenden des einzelnen Individuums lenkte. Von diesem Grabdenkmal ist nur der viereckige Sockel erhalten, in dessen Mitte man die von Liktorenbündeln – Symbol des von dem Verstorbenen zu Lebzeiten eingenommenen Konsulamtes – eingerahmte Inschrift lesen kann.

Qualitätvolles Hochrelief einer Arzneimittelverkäuferin in einem Laden. Rom, Museo della Civilità Romana

Die Kunst im Dienste der Viri triumphales

Neben der Errichtung öffentlicher Zweckbauten, die von den Zensoren gefördert wurde, blühte im Verlauf des 2. Jahrhunderts auch eine reine Prestigearchitektur, die der Verherrlichung der von den großen Triumphatoren vollbrachten Taten diente. In Bereichen außerhalb der Befestigungsmauern, wie der Zone des Circus Flaminius, dem Marsfeld und dem Forum Boarium, entstehen sowohl einzelne Tempel, die von den großen siegreichen Generälen geweiht werden, als auch große Triumphbauten, die direkt von den Bauwerken der orientalischen Herrscher beeinflußt sind. Diese Bauwerke, die sich alle symbolisch dem städtischen Raum entgegensetzen, werden selbst integraler Bestandteil des politischen Kampfes und funktionieren ausgezeichnet als Propagandamittel.

Anläßlich der großen Siege auf See während des Ersten Punischen Krieges wurden mindestens zwei Tempel des Forum Olitorium (Gemüsemarkt) in der Nähe des alten Hafens der Stadt gebaut, deren Lage noch heute durch den Tempel, der dem

In den letzten beiden Jahrzehnten des 2. Jahrhunderts v. Chr. wurde auf dem alten Hafengebiet der Stadt, das seit frühester Zeit mit dem Helden Herkules verbunden war, dem Herkules Victor, entsprechend seiner Funktion als Schutzgottheit der dort ansässigen Ölhändler auch Olivarius genannt, ein Kultbau geweiht. Der Umgang dieses heute als Vesta-Tempel bekannten Zentralbaus besteht aus 20 korinthischen Säulen, die aus pentelischem Marmor gefertigt und über einem abgetreppten Unterbau aufgestellt wurden. Sowohl die Form als auch das Material und dessen künstlerische Ausarbeitung unterstreichen den griechischen Charakter dieses Baus. Eine Zuschreibung des Entwurfs an den Architekten Hermodoros von Salamis, der zu jener Zeit in Rom tätig war, erscheint daher plausibel.

Schutzgott des Ortes, Portunus, geweiht ist, markiert wird, errichtet zwischen dem 4. und dem 3. und im Laufe des 1. Jahrhunderts v. Chr. in die heute noch sichtbare architektonische Form gebracht, die ein ionisches Pseudo-Peripteros darstellt. Obgleich die Identifizierung der einzelnen Kultstätten auf dem Forum Olitorium nicht vollständig gesichert ist, geht man davon aus, daß es sich bei dem Gebäude, das unmittelbar nördlich der Kirche San Nicola in Carcere liegt, um den Janus-Tempel handelt. Südlich derselben Kirche wurden dagegen die Überreste eines Peripteros im dorischen Stil als die des Tempels der Spes (Hoffnung) identifiziert, gebaut im Jahre 254 zum Gedenken an den Sieg über die Karthager in der Seeschlacht vor Palermo.

Ein wenig südlich des Forum Olitorium schien der Bereich des Forum Boarium vollständig von der mythischen Figur des Herkules beherrscht zu werden. Dessen Feldzug gegen den bestialischen Riesen Cacus und seine Begegnung mit der ältesten Gemeinschaft waren integraler Bestandteil des Mythos über die Ursprünge der Stadt. Der dem zivilisatorischen Held gezollte Kult wurde seit archaischer Zeit bei der Ara Maxima gefeiert, ein riesiger Altar, von dem einige Überreste in der Nähe der Kirche Santa Maria in Cosmedin gefunden wurden, die auf eine Monumentalisierung des Komplexes in spätrepublikanischer Zeit zurückgeführt werden können. In der Nähe der Ara Maxima entstanden mit der Zeit andere Sakralgebäude, die dem Heroen geweiht waren, darunter die Aedes Aemiliana Herculis, die Scipio Aemilianus 142 v. Chr. bauen ließ, dem Jahr seiner Zensur. Von diesem Tempel ist nichts mehr vorhanden, doch es scheint fast sicher, daß ihm der Bilderzyklus zuzuordnen ist, der von dem tragischen Poeten Pacuvius ausgeführt wurde und der wahrscheinlich die siegreichen Episoden der Eroberung und Zerstörung Karthagos darstellte.

Das Gebäude, das stärker als jedes andere den städtischen Bereich zwischen dem Marsfeld und dem Forum Olitorium prägte, war der Circus Flaminius, der im Jahre 221 v. Chr. von dem Censor und demokratischen Führer Gaius Flaminius gebaut wurde. Von diesem Ort, wo die Versammlungen der Plebs stattfanden (concilia plebis tributa), starteten die Umzüge der siegreichen Generäle, und es ist daher kein Zufall, wenn im Laufe des 2. Jahrhunderts v. Chr. um ihn herum die ersten Triumph-Säulenhallen gebaut wurden, von denen einige wegen ihrer reichen Verzierung berühmt sind. Die älteste davon, der Octavia-Portikus, wurde auf der Nordseite des Circus von dem Prätor Gnaeus Ottavius errichtet, um seinen am Ende des dritten Makedonischen Krieges (171–168) errungenen Sieg zu feiern. Das Gebäude, das wegen seiner in Bronze ausgeführten korinthischen Kapitelle berühmt war, ist nicht erhalten. Von dem zweiten Portikus, der an dieser Stelle im Jahre 146 von Quintus Caecilius Metellus Macedonicus gebaut wurde, wissen wir nur, wie er nach der vollständigen Erneuerung aussah, die zwischen 33 und 23 erfolgte.

Das ehrgeizige Projekt von Metellus Macedonicus betraf einen Bereich, auf dem bereits der Tempel von Iuno Regina stand, der 179 von Marcus Aemilius Lepidus erbaut wurde. Abgesehen von der Rekonstruktion des oben genannten Tempels kam daher ein weiterer Tempel in griechischem Stil hinzu, der Iupiter Stator geweiht war und sehr wahrscheinlich dem Architekten Hermodoros von Salamina zugeschrieben werden kann. Für seinen Bau wurde zum ersten Mal nur Marmor verwendet. Die beiden Tempel, deren Kultfiguren von den neoattischen Bildhauern Polycles und Dionysius geschaffen wurden, waren durch die große Säulenhalle eingerahmt, wo die aus Dion stammende Gruppe des Lysipp ausgestellt war, die

Alexander im Kreise seiner Gefährten zeigt, die im Laufe der Schlacht am Granicus im Jahre 334 fielen.

Griechische Künstler in Rom

Bei der Realisierung der großen Triumphbauten jener Epoche vermerkt die antike Überlieferung fast unverändert die direkte Beteiligung griechischer Planer und Bildhauer, die spezialisierte Handwerker aus ihrer eigenen Heimat einsetzen mußten. Dies ist eine der vielen Folgen des neuen politischen Gleichgewichts, das sich im Zuge der zahlreichen römischen Eroberungen gebildet hatte. In einigen Fällen ist es möglich, die Übersiedlung griechischer Handwerker nach Rom und Italien mit konkreten Ereignissen in Verbindung zu bringen. Wir wissen, daß um das Jahr 145 v. Chr. Ptolemäus VIII. von Ägypten ganze Gruppen von Gebildeten und Handwerkern, die mit dem Museum von Alexandria zu tun hatten, ins Exil schickte, weil er ihnen vorwarf, daß sie sich zuvor auf die Seite seines Bruders und Rivalen Ptolemäus VI. gestellt hatten, mit dem Ergebnis, daß sie „Inseln und Städte mit Grammatikern, Philosophen, Mathematikern, Musikern, Malern, Trainern und jeder Sorte von Handwerkern gefüllt hätten. Und diese unterwiesen dann – zur Armut verurteilt – viele berühmte Männer" (*Atheneos*, IV, 184c). In Rom wird bereits 164 v. Chr. die Anwesenheit Demetrios', genannt der Topograph, erwähnt, mit großer Sicherheit ein Landschaftsmaler, der auch aus dem Umkreis des Museums von Alexandria stammte, wie seine Vertrautheit mit Ptolemäus VI. zeigt, dem er bei einem der Schicksalsschläge, die seine Regentschaft kennzeichneten, eine erste Bleibe in der Stadt bot.

Die mit Hilfe winzig kleiner Steine (opus vermiculatum) und nach Entwürfen, die bereits für die Ausschmückung der Paläste der ägyptischen Herrscher und ihrer Würdenträger gedient hatten, geschaffenen, erlesenen Mosaike sind seit der Mitte des 2. Jahrhunderts v. Chr. bezeugt, nicht nur in Rom, sondern auch in anderen antiken Städten Italiens wie Preneste, Pompeji und Priverno, wo sie gewiß durch Werkstätten ägyptischer Herkunft verwirklicht wurden.

Ein große Zahl von Handwerkern griechischer Abstammung mußte außerdem die vielen zur Ausschmückung des Forums und der monumentalen Komplexe des Marsfeldes aufgestellten Werke ausführen. Unter den in dieser Epoche geschaffenen Skulpturen waren die Ehrendenkmäler so zahlreich, daß sie schließlich eine harte Reaktion der Censur auslösten. Bereits Cato der Ältere hatte sich in Anbetracht der starken Zunahme von Denkmälern gerühmt, einer der wenigen Römer zu sein, die nicht einmal ein einziges besitzen (Plutarch, *Das Leben Catos*, 19).

Bronzestatue des sogenannten Thermenherrschers. *Die heroische Nacktheit der Figur sowie ihre Haltung, die sich deutlich an der berühmten Statue Alexanders des Großen mit der Lanze des griechischen Bildhauers Lysipp orientiert, dokumentieren die Vorbildfunktion hellenistischer Formen im Rom des 2. Jahrhunderts v. Chr. Rom, Museo Nazionale Romano, Aula Ottagona*

Unter den Gedenkstatuen des 2. Jahrhunderts v. Chr. muß natürlich auch die Bronzestatue genannt werden, die sich im Museo Nazionale Romano befindet und als hellenistischer Fürst bekannt ist. Diese wurde am 7. Februar 1885 in einem Raum gefunden, der vielleicht ursprünglich zum Tempel des Serapis an den Hängen des Quirinal gehörte, zusammen mit der ebenso berühmten Bronzestatue des Boxkämpfers, die im selben Umkreis gefunden wurde und in der man neuerdings die Handschrift Lysipps zu erkennen glaubt. Der hellenistische Fürst stellt eine heroische Aktfigur dar, die sich mit dem erhobenen linken Arm auf eine lange Lanze stützt. Das Gewicht des Körpers, der durch die kräftige Muskulatur geformt wird, lastet auf dem rechten Bein und bedingt so eine Beugung des linken Beins in Ruhestellung, die mit dem kraftvoll hinter dem Rücken gebogenen rechten Arm fortgeführt wird. Die Entscheidung, die vertikale Achse des Körpers auseinanderlaufen zu lassen, die von den Armen eingenommene Haltung und vor allem die des Kopfes, der auf einen nicht näher bestimmten Punkt rechts von der Figur gerichtet ist, verweisen auf die formalen Errungenschaften der Blütezeit des Hellenismus und insbesondere auf die Bildhauerschule von Pergamon.

Die Frage nach der Identität der dargestellten Persönlichkeit kann nicht eindeutig beantwortet werden. Der konventionelle Name, der der Figur gegeben wurde, spiegelt die Hypothese wider, daß es sich um die Darstellung eines Herrschers des 2. Jahrhunderts v. Chr. handelt, wie zum Beispiel Demetrios I. Soter, König von Syrien, König Attalos II. oder, wie jüngst vermutet, Eumenes I. Allerdings scheint die Wiedergabe des Gesichtes, der Augenhöhlen und der betont fleischigen Lippen von der traditionellen Idealisierung der Gesichtszüge der offiziellen hellenistischen Porträtkunst abzuweichen. Daher besteht die Wahrscheinlichkeit, daß es zu einer Statue gehört, die eine bedeutende römische Persönlichkeit darstellt, beispielsweise Titus Quintius Flaminius oder Scipio Aemilianus. Die harte Reaktion seitens der traditionalistischsten Kreise der herrschenden römischen Klasse angesichts der verschwenderischen Produktion von Statuen durch die Magistrate wurde sehr wahrscheinlich genau durch Skulpturen dieses Typs ausgelöst, die unter Verwendung von Ikonographien, die an den hellenistischen Höfen entwickelt wurden, jene Prinzipien von Gleichheit und Solidarität zu unterminieren suchten, die bei der zeitgenössischen herrschenden Klasse noch vorhanden waren.

Wie bereits in früheren Epochen erfolgte die Rezeption der kulturellen griechischen Modelle in Rom nicht unkritisch, sondern durch eine Selektion der Formen, die der von der römischen Gesellschaft entwickelten Ideologie sowie ihrer politischen und sozialen Struktur am meisten entgegenkamen. Das Ergebnis dieses Prozesses wird durch die definitive Behauptung einer künstlerischen Strömung repräsentiert, die – nach Auffassung von Plinius – nach ungefähr zwei Jahrhunderten der Dekadenz zu einer Wiedergeburt der Kunst führte und der die moderne Kritik den Namen neoattische Kunst gegeben hat. In Wirklichkeit siedelt sich diese Strömung in gewisser Weise bereits außerhalb der hellenistischen Kunst an, denn sie negiert deren große Errungenschaften wie die Erforschung der Räumlichkeit und die Vielfalt des Ausdrucks, welche die Schulen von Pergamon, Alexandria und Rhodos berühmt gemacht hatten. Daraus resultiert jenes Gefühl der Kälte und der Künstlichkeit, das den modernen Betrachter vor den Werken der neoattischen Richtung erfaßt, sowohl bei großen Skulpturen als auch bei kleineren Objekten.

Die dekorative Erneuerung, die im 2. Jahrhundert v. Chr. große Bereiche der zentralen Stadtviertel Roms betraf, erfolgte also im Zeichen des Neoattizismus. Im Jahre 164 schmückte der damalige Censor Lucius Aemilius Paulus im Rahmen der Umgestaltung der östlichen Seite des Forum Romanum das Becken des Lacus Iuturnae mit der Gruppe der Dioskuren zu Pferde. Mit der Zueignung der Skulpturengruppe sollte die Erscheinung der göttlichen Zwillinge bei der Quelle gefeiert werden, die Rom den Sieg von Aemilius Paulus gegen König Perseus in Pidna angekündigt haben sollen, wie es bereits zum Zeitpunkt der Schlacht am Lago di Regillo geschehen war (499 v. Chr.), deren günstiger Ausgang 484 mit dem Bau des Castoren-Tempels gefeiert wurde. In der Widmung von Lucius Aemilius Paulus wollte also der Wunsch, vor allen Leuten die eigenen Taten zu beschwören, bewußt an die antiken städtischen Traditionen anknüpfen. Die beste Form der Umsetzung dieses Inhalts war deshalb die Orientierung an den attischen Vorbildern der Bildhauerkunst.

Die fragmentarische Gruppe der Dioskuren, die derzeit im Antiquarium des Forums aufbewahrt wird, sollte wahrscheinlich die Zwillingsbrüder neben ihrem jeweiligen Pferd stehend darstellen, deren langgestreckte und schlanke Proportionen in der Darstellung des einzigen erhaltenen Gesichts besonders gelungen erscheinen. Die Anlage der Figuren und die stilistische Handschrift der Statuen verweisen ausdrücklich auf die severische Zeit, so daß man sogar annahm, es handle sich um ein griechisches Original, das in etwa in der Zeit zwischen 470 und 460 entstanden sein könnte. Neuere Analysen der Stücke haben jedoch gezeigt, daß einige Anomalien in der Wiedergabe der Muskulatur der Torsi der Dioskuren, bei denen die Kenntnis der späteren Erfahrungen des klassischen Zeitalters und des frühen Hellenismus evident zu sein scheinen, nur das Ergebnis einer klassizistischen Neubearbeitung aus der Mitte des 2. Jahrhunderts v. Chr. sein können, die auf einem Origi-

Gegenüberliegende Seite:
Die auf dem Quirinal gefundene Bronzestatue eines sich ausruhenden Faustkämpfers. Rom, Museo Nazionale Romano, Aula Ottagona

Gegenüberliegende Seite:
Detailaufnahme des Gesichts des sogenannten Thermen-Faustkämpfers *mit den für diese Sportart charakteristischen Narben, die den schonungslosen Realismus dieses Meisterwerks eindrucksvoll illustrieren. Rom, Museo Nazionale Romano, Aula Ottagona*

nal aus severischer Zeit beruhte. Dieser stilistische Ansatz, durch den man offensichtlich eine weitere Verbindung zwischen den mit der Epiphanie der Zwillingsbrüder in Rom verbundenen Ereignissen schaffen wollte, paßt gut zur Gestalt und Kultur des Auftraggebers der Gruppe, der offenbar eine entscheidende Wende in der Art der Rezeption hellenistischer Kunst seitens der römischen Aristokratie herbeigeführt hat. Im Gegensatz zu dem „königlichen" Verhalten der beiden Brüder Publius und Cucius Cornelius Scipio oder dem starken Einfluß, den die monarchische Ideologie auf Titus Quintius Flaminius ausübte, zeigt Lucius Aemilius Paulus dagegen direkt nach der Schlacht von Pidna eine deutliche Vorliebe für die Welt der griechischen Polis der klassischen Zeit und für die gesamte kulturelle und künstlerische Produktion jener Epoche, wobei er nur die im Königspalast von Pella verwahrte große Bibliothek als persönliche Kriegsbeute behandelt und sich entschließt, eine Art kulturelle Pilgerschaft durch die berühmten Orte Griechenlands anzutreten, darunter an erster Stelle Delphi und Olympia.

Aus diesem Grunde öffnen in Rom zwischen dem Beginn und dem Ende des 2. Jahrhunderts v. Chr. eine Reihe von neoattischen Werkstätten, vor allem unter der Leitung von Polycles und Timarchos, die zwischen Rom und Griechenland wirken. Eine davon, die in Rom in den letzten Jahrzehnten des 2. Jahrhunderts v. Chr. tätig ist, ist die von Scopas d. J. Ihre Produktion erscheint jedoch aufgrund der Vermischung mit der des berühmteren gleichnamigen Bildhauers des 4. Jahrhunderts v. Chr., die bereits in den antiken literarischen Quellen vorhanden ist, schlecht definierbar. Diesem Künstler wurden von der modernen Kritik auch die Kultbilder zugeschrieben, die – nach Plinius – die Cellae des Mars- und des Neptuntempels schmückten und beide im Circus Flaminius gebaut wurden.

Ursprünglich zum Neptuntempel gehörten vielleicht die Reliefs des sogenannten Altars (Ara) von Domitius Enobarbus. Man hat vorgeschlagen, in ihnen den dekorierten Sockel der von Scopas Minore für den Neptuntempel im Circus geschaffenen Skulpturengruppe zu sehen, die den Meeresgott, Achill und Thetis umfaßt. Die Reliefs, die zur Zeit auf den Louvre in Paris und die Glyptothek in München verteilt sind und untereinander hinsichtlich des Materials, des Sujets und des Stils sehr verschieden sind, stellen jeweils ein Moment des Lustrum censorio und eine Seeprozession dar. Betrachtet man die Unterschiede zwischen den Bildtafeln von München und Paris, so läßt sich daraus schließen, daß ursprünglich alle Reliefs Szenen aus der Unterwasserwelt enthielten und daß erst später eine der Tafeln gegen die mit der Szene des Lustrum censorio ausgetauscht wurde. In diesem Fall erschiene die Verbindung des Monuments mit Domitius Enobarbus noch enger, denn auf dem

Gipfel seiner politischen Karriere hatte er im Jahre 115 v. Chr. das angesehene Amt der Censur inne. Die Heraufbeschwörung des Mythos von der Übergabe der Waffen an Achill durch die Mutter Thetis und die Nereiden sollte dagegen in symbolischer und anspielender Weise die Erneuerung eines militärischen Gesetzes im Jahre 122 feiern, aufgrund dessen die Waffen auf Staatskosten an die Bürger verteilt wurden.

Mit großer Wahrscheinlichkeit gehörte auch die berühmte Statue des Mars, die in Rom entdeckt und von Gian Lorenzo Bernini restauriert wurde, zur Innenausstattung des Neptuntempels. Angeblich handelt es sich jedoch bei der nachdenklichen, melancholischen Gestalt, die mit den Waffen zu Füßen auf einem Fels sitzt, nicht um Mars, sondern um Achilles, den Helden, dessen Statue sich nach Plinius im Inneren des Tempels des Gnaeus Domitius im Circus Flaminius befunden haben soll.

Der sogenannte Ares Ludovisi, *der einer neuen Interpretation zufolge als eine Darstellung des Achill angesehen wird. Rom, Museo Nazionale Romano in Palazzo Altemps*

Zwischen der Diktatur Sullas und dem Prinzipat des Augustus: Das Ende der Republik

Die letzten und entscheidenden Ereignisse des Bürgerkriegs zwischen der von Sulla angeführten senatsfreundlichen Fraktion der Optimaten und den sich um Marius gruppierenden Anhängern und dem, was nach seinem Tod im Jahre 86 von seiner Partei übrigblieb, fanden in Preneste statt, wo Marius der Jüngere, Konsul im Jahre 82 und Sohn des großen Feldherrn, gefangengenommen und getötet wurde, sowie in Rom, wo sich am 1. November desselben Jahres die beiden Heere unter der Stadtmauer gegenüberstanden und sich bei der Porta Collina einen schrecklichen Kampf lieferten, in dem mehr als 50 000 Männer ums Leben kamen.

Im Jahre 83 v. Chr. hatte ein durch Brandstiftung ausgelöstes Feuer, dessen Verantwortlicher nie mit Sicherheit festgestellt werden konnte, den Tempel von Iupiter Optimus Maximus auf dem Kapitol zerstört, der seit undenklichen Zeiten das Symbol der Macht des römischen Volkes war. Die lange Geschichte des Wiederaufbaus des Tempels zeigt noch einmal, wie die großen Monumente der Stadt in den Händen der Auftraggeber ausgezeichnete Propagandainstrumente darstellten und wie rings um ihren Bau manchmal eine verdeckte politische Schlacht geführt werden konnte. Die Arbeiten am Wiederaufbau sollten während der Diktatur Sullas beginnen (81 v. Chr.), und zwar unter der Leitung von Q. Lutatius Catulus. Doch daß der eigentliche Anreger des Entwurfs in Wahrheit Sulla war, kann aus einem Bericht Plinius' abgeleitet werden, nach dem in dem neuen Kultgebäude die großen Marmorsäulen aus dem unvollendeten Olympieion, das der Tyrann Pisistratos in Athen bauen wollte, verwendet wurden, die auf ausdrücklichen Wunsch Sullas nach Rom gebracht worden waren. In den Jahren unmittelbar nach Sullas Tod (78 v. Chr.) gingen die Arbeiten an dem Tempel nur langsam voran, nicht nur aufgrund der wirtschaftlichen Schwierigkeiten, in denen der römische Staat steckte, sondern auch aufgrund der entschiedenen Opposition der Partei der Popularen, die sich mühsam um Cäsar herum neu organisierte und die großartigsten Symbole der Diktatur Sullas beseitigen wollte.

Erst im Jahre 69 konnte endlich der prächtige neue Jupiter-Tempel eingeweiht werden. Nach weiteren vier Jahren konnte dann die neue Kultstatue des auf einem Thron sitzenden Gottes in der

Cella aufgestellt werden, die von dem neoattischen Bildhauer Apollonios aus Gold und Elfenbein geschaffen worden war – wie die berühmten Werke des Phidias, die *Athena Parthenos* und der *Olympische Zeus* – und deren Aussehen uns durch eine gewisse Zahl von Marmorkopien bekannt ist, deren berühmteste die des Jupiter aus Otricoli darstellt. Das repräsentativste Gebäude ist zweifellos das Tabularium, das große Bauwerk, das der Aufbewahrung der Tafeln (tabulae) diente, die die offiziellen Urkunden des römischen Staates enthielten, und wie eine architektonische Kulisse den westlichen Teil des Forum Romanum abschloß, wobei es eine Verbindung zwischen den beiden kleinen Anhöhen des Kapitolhügels, dem Capitolium und dem Arx, schuf.

Die Basilika Fulvia-Emilia

Der Bürgerkrieg zwischen den Anhängern von Marius und Sulla, der mit dem Sieg und der Diktatur des letzteren endete, führte zu einer politischen und kulturellen Restauration, in der die alten Patrizierfamilien das geeignete Terrain fanden, die Geschichte des eigenen Geschlechts zu feiern und neue Machtambitionen zu pflegen, indem sie wieder einmal auf eine durch den künstlerischen Stil und die großen architektonischen Projekte genährte Propaganda zurückgriffen. Ein exemplarisches Beispiel stellt die Basilika Fulvia-Emilia dar, die durch Aemilius Lepidus, Konsul im Jahre 78 v. Chr., größtenteils erneuert wurde. Die bewundernden Worte von Plinius informieren uns darüber, daß sie im Laufe dieses Umbaus drei große Säulenreihen aus phrygischem Marmor erhielt und mit einer Galerie mit Familienporträts ausgeschmückt wurde, die ins Zentrum der Schilde auf der Balustrade (imagines clipeatae) eingefügt wurden – eine Art der Dekoration, die bereits in den Bauwerken zur Verherrlichung der griechischen Herrscher verwendet wurde. Zu derselben Maßnahme von Aemilius Lepidus oder der unmittelbar im Zeitalter Cäsars folgenden gehört der außerordentlich lange Fries (ca. 180 Meter) aus pentelischem Marmor, der bei den Ausgrabungen der Basilika gefunden wurde. Er stellt bedeutende Episoden der Ursprungsgeschichte Roms dar. Der am besten erhaltene Teil erzählt die Saga von Tarpea. Dargestellt ist die Episode von Titus Tacius und Tarpeia, der jungen Tochter des Verteidigers des Kapitols, die den Feinden vorschlug, in die Zitadelle zu gehen im Austausch gegen die Schmuckstücke, die sie am linken Arm trugen. Unter formalen Gesichtspunkten kann man feststellen, daß man sich bei dem Fries die Erfahrungen zunutze gemacht hat, die bei historischen Darstellungen nach Art der Ara von Domitius Enobarbus entwickelt wurden. Die Erzählung präsentiert sich bewußt didaktisch, um die Interpretationsbemühungen des antiken Betrachters auf ein Minimum zu reduzieren, der darin auch durch die ursprüngliche Polychromie der Figuren und die sich daraus ergebende starke Kennzeichnung ihrer Attribute unterstützt wurde.

Die verherrlichende Darstellung wird verständlich, wenn man berücksichtigt, daß das Bauwerk dem Ruhm der Familie diente. Außerdem schafft diese Form der politischen und familiären Propaganda, die nur einen Schritt davon entfernt ist, eine wahre und wirkliche dynastische Tradition zu begründen, die Voraussetzungen für die

Büste des Jupiter aus Otricoli, eine Replik der Kultstatue des Iupiter Capitolinus, *die in der ersten Hälfte des 1. Jahrhunderts v. Chr. geschaffen wurde. Rom, Musei Vaticani*

Detail des Frieses der Basilica Aemilia auf dem Forum mit der Darstellung der Geschichte der Tarpeia, welche die Burg gegen die belagernden Sabiner verteidigen sollte. Aus Begierde nach dem Schmuck der Sabiner verriet sie den Zugang zur Burg. Die siegreichen Belagerer hielten ihr Versprechen, ihr zu geben, was sie am linken Arm trugen, und überschütteten sie mit ihren Schilden. Nach dieser Frauengestalt wurde der berühmte Tarpeische Felsen, die Richtstätte, von der Verbrecher hinabgestürzt wurden, benannt. Rom, Antiquarium Forense

Entwicklung des ganzen Wertesystems, das ein paar Jahrzehnte später vom Geschlecht der Julier benutzt werden wird, um – durch Julius Cäsar und Oktavian (später Augustus genannt) – die eigene Machtergreifung zu rechtfertigen, die sich in der Durchsetzung des Prinzipats gegen jene von Sulla ersehnte Oligarchie ausdrückt.

Unter diesen Bedingungen überrascht es nicht, wenn aus dem Kampf zwischen den Fraktionen der römischen Oligarchie wenige Gestalten hervorgingen, die in der Lage waren, einen Konsens zu schaffen, indem sie gewissenlos riesige Reichtümer einsetzten oder den Ruhm siegreicher Feldzüge ausnutzten. Der Schlußpunkt dieser Tendenz zeigte sich durch das als erstes Triumvirat bekannte private Abkommen von 60–53, das die politische Zusammenarbeit zwischen einem sehr reichen Politiker wie Marcus Licinius Crassus und zwei Feldherren besiegelte, die Nachkommen berühmter Heerführer waren: Pompeius Magnus, Sohn des Pompeius Strabo, des Eroberers von Asculum während des Bürgerkriegs, und Gaius Julius Cäsar, Neffe des großen Marius'. Ihre Macht wirkte sich auf die ganze Stadt aus durch eine Reihe von Triumphbauten, die alles übertrafen, was bis dahin von den Viri triumphales realisiert worden war. Im Jahre 61 v. Chr., nach den orientalischen Siegen über die Piraten und Mithridates VI., König von Pontus, stand Pompeius auf dem Gipfel des Ruhms und genoß nicht nur die bedingungslose Unterstützung der Optimaten, sondern auch das Vertrauen der Populares.

Zu diesem Zeitpunkt entstand das Projekt für den Bau eines architektonischen Komplexes, der an einem einzigen Ort Räume, die den Schauspielen, dem Vergnügen und der Politik dienen sollten, vereinen wollte, eine Art Stadt des Pompeius, die neben der aller Römer stehen sollte. Die Wahl fiel wieder einmal auf das Marsfeld, auf einen Bereich, der sich sicher bereits in seinem Besitz befand, wo Pompeius inmitten großer Gartenanlagen auch eine große vorstädtische Residenz bauen ließ. Damit kopierte er ein Modell, das in den großen hellenistischen Hauptstädten wie Alexandria und Pergamon entwickelt worden war, wo der königliche Palast, die dem Studium oder dem Vergnügen gewidmeten Räume und die großen öffentlichen Areale ein einziges Ensemble bildeten. In den Augen der Zeitgenossen stellte das große Theater mit der durch riesige Statuen Apollos und der Musen geschmückten Bühne, wo – nach unterschiedlichen Überlieferungen – zwischen 17 000 und 40 000 Zuschauer Platz finden konnten, die innovativste Schöpfung dar. Bis dahin hatte die entschiedene Ablehnung durch den fundamentalistischen Flügel des Senats immer verhindert, daß in der Stadt feste Theater gebaut wurden, obwohl Rom seit mindestens zwei Jahrhunderten die

wichtigsten Formen der szenischen Darstellung kannte. In Wahrheit richtete sich das Mißtrauen der römischen Aristokratie, zu deren Stimmführer sich Cicero machte (*Pro Flacco*, 15–17), auf einen Gebäudetyp, der eng mit den demokratischen Institutionen der griechischen Polis verknüpft war und dessen mögliche Nutzung für aufwieglerische Versammlungen man fürchtete. Um das zu umgehen, rechtfertigte Pompeius den Bau der großen Zuschauerränge damit, daß er zusicherte, sie gehörten nicht zu einem Theater, sondern seien nur als große Treppe zum Tempel der Victoria gedacht, der an ihrer Spitze gebaut wurde. Die Tatsache, daß niemand in diesem Fall die guten Absichten des Heerführers zu bestreiten wagte, zeigt, wie nah bereits der Zeitpunkt gekommen war, in dem allein der formale Respekt der Grundsätze und der Verordnungen der Republik genügen würden, um eine fast absolute Macht zu rechtfertigen, wie sie kurze Zeit später von Augustus eingeführt werden sollte. Das Bühnengebäude wurde durch eine große Säulenhalle vervollständigt, die als Porticus post scaenam (Portikus hinter der Bühne) diente, ein unverzichtbarer Anbau, der den Zuschauern bei Regen Schutz bot. Natürlich stand der dekorative Reichtum des Portikus in einem direkten Verhältnis zu dem des Theaters. Bilder auf Staffeleien aus klassischer Zeit, von berühmten Malern wie Polygnotus und Pausianas gemalt, waren unter den Portiken aufgestellt, während sich in der Mitte ein gepflegter Garten mit schattenspendenden Platanen befand, der von einer Reihe von Zierbrunnen belebt wurde. Der monumentale Komplex wurde durch eine Reihe von rechteckigen und halbrunden Exedren abgeschlossen, die auf der der Bühne gegenüberliegenden Seite des Portikus offen waren. Die größte darunter diente als Curie für die Versammlungen des Senats bis zu Cäsars Tod, der genau hier vor der in ihrem Inneren aufgestellten Statue des Pompeius den Verschwörern zum Opfer fiel.

Julius Cäsar

Während die Baumaßnahmen von Pompeius sich noch auf das für die großen Triumphbauten genutzte Areal konzentrierten, wollte Cäsar seine Spuren im Herzen der Stadt hinterlassen, indem er sich vorwiegend auf den Bereich des Forums konzentrierte. Bis dahin hatten sich die Bauprojekte auf die Errichtung einzelner Gebäude beschränkt oder auf die Regulierung einiger Bereiche des Platzes, doch nie war eine komplette Neuanlage all seiner Räume geplant worden. In diesem Sinne zeigt das Bauprojekt des Diktators in klarer Weise die neue politische Struktur, die sich kurz nach dem in Pharsalus 48 v. Chr. mit Waffengewalt

Gegenüberliegende Seite:
Der sogenannte Togatus Barberini, *ein wohlhabender Römer, der die Büsten zweier Vorfahren hält. Rom, Centrale Montemartini, Museo Capitolino*

erzwungenen Frieden abzeichnete. An das Forum wurde ein neuer Platz angeschlossen, der sich von der westlichen Ecke der Basilica Aemilia in Richtung Kapitol erstreckte. Es handelt sich um das Forum, das später Cäsars Namen erhielt, mit dem die Abfolge der Foren beginnt, die sich während der Kaiserzeit nach und nach an das republikanische anschließen. Der Raum für den neuen Platz wurde von einem Triportikus mit zwei Schiffen eingenommen, auf dessen beiden Längsseiten sich, wie beim Forum Romanum, eine Reihe von Läden öffneten, während sich auf der hinteren Schmalseite ein großer Tempel anschloß, der reich mit Säulen und Marmorverkleidungen verziert war. Unter architektonischen Gesichtspunkten stellt die von Cäsar angestrebte architektonische Anlage keine große Neuerung dar, da sie sich kaum von den bis dahin von den Viri triumphales gebauten Säulenhallen unterscheidet.

Eine tatsächliche Neuheit ist hingegen die auf dem Platz verehrte Gottheit, die Venus Genetrix, die alle der Familientradition gedenken ließ, die die Herkunft der Julier mittels Aeneas mit der Göttin verband und das glorreiche Ende der römischen Geschichte symbolisierte, die mit dem aus Troja entflohenen Helden ihren Anfang nahm und mit der fast vollständigen Eroberung durch einen seiner direkten Nachkommen ihren Abschluß fand. Die Orte wurden dann endgültig vereint, denn der Übergang zwischen dem republikanischen Forum und dem neuen Platz stand in einem engen Verhältnis zu der neuen Curia für die Versammlungen des Senats, die Cäsar gleichzeitig mit dem Abbruch der von Sulla restaurierten Curia Hostilia begonnen hatte. Die Ausschmückung des Cäsar-Forums fand ihren Abschluß in einem großen Reiterstandbild aus Bronze, das ursprünglich zu einem Monument Alexanders gehörte, dessen Porträt durch das des Diktators ersetzt wurde. Mit dem Bau seines Forums, das der Verehrung der deifizierten Herrscher diente und zahllose Nachahmungen in den Caesareen fand, die in den Städten des Reiches gebaut wurden, zwang Cäsar der Stadt Rom endgültig das Modell des hellenistischen Sanktuariums auf. Sein Interesse an dem alten republikanischen Platz nahm deshalb jedoch nicht ab. Auf der Südseite des Forums wurde der von der Sempronius-Basilika eingenommene Platz für den Bau der neuen Julier-Basilika ausgewählt, während Cäsar auf der gegenüberliegenden Seite fast die gesamten Kosten für die Restaurierung der Basilica Aemilia übernahm, die offiziell im Jahre 54 von dem Baumeister Marcus Aemilius Lepidus begonnen wurde, wodurch Cäsar zeigte, daß er großen Respekt gegenüber jenen Familien empfand, die, nachdem sie zum Ruhm der Stadt beigetragen hatten, weiterhin ein bedeutendes politisches Gewicht behielten.

Kaum eines der Bauprojekte, die der Diktator begonnen hatte, war zum Zeitpunkt seiner Ermor-

Überreste des unter Cäsar errichteten Tempels der Venus Genetrix, der Stammutter des Geschlechts der Julier

dung beendet. Außer dem neuen Forum und der Julier-Basilika blieb auch das Projekt einer Neuordnung des Platzes unvollendet, auf dem die Comitien für den Census (Saepta) auf dem Marsfeld stattfanden. Erst unter dem Prinzipat von Augustus wurde alles vollendet, wobei die Richtlinien des ursprünglichen Projekts nicht mehr vollständig respektiert wurden. Ohne Ergebnis blieben jedoch die urbanistischen Studien, mit deren Hilfe Cäsar gehofft hatte, das Gesicht Roms tiefgreifend zu verändern: die Umleitung des Tibers, um das Marsfeld mit dem Vatikan zu verbinden, oder die endgültige Transformation des Kapitols in einen von großen öffentlichen Gebäuden umgebenen Hügel im Anschluß an den Bau eines Theaters, das dessen nördliche Hänge ausnutzen sollte. Die wenigen Jahre, die zwischen Pharsalus und Antium vergingen, sollten auch die Art und Weise, den städtischen Raum in Abhängigkeit von den Orten zu konzipieren, an denen sich die Symbole der Macht konzentrieren sollten, verwandeln. Die Stadt des Menschen, der König der Römer werden konnte, deckte sich nur zu geringen Teilen mit der des Primus inter pares.

Die Bilder einer Oligarchie

Neben den Reliefs mit historischen Sujets ist die Porträtdarstellung charakteristisch für die römische Kunst. Zu ihrer Entwicklung trugen Traditionen verschiedener Herkunft bei, wie die mittelitalische Gedenkskulptur, die wir meisterhaft im *Brutus Capitolinus* verkörpert sehen, die griechische Porträtkunst aus hellenistischer Zeit und, nicht zuletzt, die patrizische Tradition des Ius imaginum, eine juristische Norm, die das Recht besiegelte, im Atrium seines Hauses die Wachsbilder der eigenen Vorfahren auszustellen. Mit der fortschreitenden Überwindung der strengen Normen, die den Zugang zu den höchsten Staatsämtern einschränkten, wurde dieses Privileg der Patrizier auf all jene Familien ausgedehnt (auch wenn sie plebejischen Ursprungs waren), deren Mitglieder die kurulischen Ämter bekleidet hatten (d. h. die Diktatur, das Konsulat, die Prätur, das Aedilenamt) und so die Voraussetzungen für die Nobilitas der eigenen Nachfahren geschaffen hatten. Von den Bildern der Vorfahren mußten gewiß – auch als sie dann aus Bronze oder Marmor angefertigt wurden – viele Reproduktionen angefertigt werden, denn sie begleiteten alle Nachfahren der Familie, und daher sind viele Porträts in Bearbeitungen erhalten, die mit Gewißheit deutlich später als die Originale entstanden. Die imagines maiorum, die im Hause des Menander in Pompeji zu sehen sind, sowie die Statue des sogenannten *Togatus Barberini,* der mit den Händen zwei Büsten von Vorfahren hochhält, liefern uns eine klare Vorstellung von diesen Porträts. Es sind meist kleine vollplastische Büsten,

Porträtbüste des Aulius Postumius Albinus. Replik nach einem Original des ersten Jahrhunderts v. Chr. Sie zeigt ein erstes Bemühen zur psychologischen Charakterisierung durch die besondere Gestaltung einzelner Gesichtszüge. Rom, Musei Vaticani

Porträtkopf eines Unbekannten aus Osimo. Ein hervorragendes Beispiel für den Verismus, die realitätsnahe Schilderung physiognomischer Merkmale, einem Charakteristikum republikanischer Porträts. Municipio di Osimo

die etwa ein Drittel der Lebensgröße hatten und nur einen kleinen Teil des Halses einbezogen.

In Bezug auf das Genre des römischen Porträts im 1. Jahrhundert v. Chr. kann festgehalten werden, daß, abgesehen von dem Bestreben nach Realismus, im wesentlichen drei verschiedene formale Strömungen unterscheidbar sind: eine noch stark an die Tradition des hellenistischen Porträts gebundene Strömung, die durch reiche Plastizität und die Suche nach Ausdruckskraft durch die Betonung der physiognomischen Besonderheiten charakterisiert ist, eine zweite im wesentlichen naturalistische Darstellungsweise und schließlich jene, die eine Art Synthese der beiden erstgenannten darzustellen scheint und bei der der Ansatz der griechischen Porträtkunst die teilweise übertriebene Plastizität zugunsten größerer Nüchternheit und eines kompositorischen Gleichgewichts aufgibt. Die erste Tendenz, die mit großer Wahrscheinlichkeit auf die Tätigkeit griechischer Künstler, die nach Rom gezogen waren, zurückgeführt werden kann, wird gut durch das Bild des sogenannten *Aulus Postumius Albinus* der Vatikanischen Museen exemplifiziert, das vielleicht die Kopie eines Originals aus den ersten Jahrzehnten des 1. Jahrhunderts v. Chr. ist. Die physiognomischen Elemente erscheinen sublimiert und sehr plastisch, mit der deutlichen Absicht, die Persönlichkeit psychologisch zu charakterisieren. Die umfangreiche Serie von Porträts im naturalistischen Stil, der lange Zeit als eines der typischen Ausdrucksmittel der römischen Kunst betrachtet wurde, wird statt dessen durch einen minutiösen Realismus in der Wiedergabe der Gesichtszüge gekennzeichnet sowie eine übertriebene Beachtung der einzelnen Besonderheiten, wobei die Analyse der Details gegenüber der Gesamtwirkung vorherrscht. Das *Porträt eines Unbekannten* aus Osimo, das einen älteren Mann mit einem faltenreichen Gesicht, schütterem Haar und dünnen, verschlossenen Lippen darstellt, illustriert sehr gut die Eigenschaften dieser Stilrichtung, die sich nur für relativ kurze Zeit durchzusetzen scheint, etwa zwischen dem Zeitalter Sullas und dem 2. Triumvirat (90–32 v. Chr.). Die Kopien der Porträts von Pompeius Magnus aus der Kaiserzeit können schließlich als Referenzpunkte für die dritte Serie der Porträtkunst in spätrepublikanischer Zeit angesehen werden: Im Porträt des großen Heerführers, das sich in der Kopenhagener Ny-Carlsberg-Glyptothek befindet und das vielleicht von demjenigen auf seiner Gedenkstatue von Praxiteles abstammt, die in der Curia auf dem Marsfeld ausgestellt war, ist das hervorstechendste Merkmal sicher die Glätte, die der Oberfläche des Gesichts verliehen wurde. Es weist kaum Falten auf und ist von kurzen, regelmäßigen Haarbüscheln eingerahmt, wodurch es bereits die kalte Gemessenheit der Werke des augusteischen Zeitalters vorwegzunehmen scheint.

Porträtkopf des Pompeius Magnus. Das aus Porträtdarstellungen Alexanders des Großen übernommene Motiv der aufspringenden Haare über der Stirnmitte, die sogenannte anastolé, dokumentiert deutlich das auch durch Quellen belegte Bemühen des Pompeius, als neuer Alexander aufzutreten. Kopenhagen, Ny-Carlsberg-Glyptotek

Private Pracht

Im gesamten 2. Jahrhundert v. Chr. scheint sich das Niveau der Wohnungen der herrschenden Klasse gegenüber den früheren Epochen nicht besonders geändert zu haben. Der Wiederaufbau antiker aristokratischer Häuser aus archaischer Zeit an den Nordhängen des Palatins wegen der Schäden, die durch einen Brand an der Schwelle vom 3. zum 2. Jahrhundert v. Chr. verursacht worden waren, zeigt, daß die teilweise Änderung des Grundrisses der Wohnungen keine wesentliche Änderung der bebauten Fläche beinhaltete. Die neuen Häuser gliedern sich nicht mehr in tuskanisches Atrium und Garten, sondern sehen zwei kleine, mit Impluvium ausgestattete Atrien vor, die direkt nebeneinander liegen und zu denen sich Aufenthalts- und Repräsentationsräume öffnen. Es ist sehr wahrscheinlich, daß es sich bei dem ersten Atrium um das Vestibül handelte, das der Hausherr nutzte, um im Laufe der morgendlichen Zeremonie der Salutatio (Aufwartung) die Huldigungen seiner Klientel entgegenzunehmen, während das weiter ab liegende Atrium, das größer war, den Mittelpunkt des privaten Bereichs der Wohnung darstellen mußte, um den herum sich alle

Gegenüberliegende Seite:
Detail des Mittelbildes der Fußbodendekoration aus dem ausgehenden 2. Jahrhundert v. Chr., das sich im Triklinium (Speisesaal) des Hauptatriums im Haus des Fauns von Pompeji befand. Dieser Raubtierkopf aus der sogenannten Tigerreiter-Darstellung, ein Bild eines auf einer Raubkatze reitenden dionysischen Dämons, zeigt die meisterhafte technische Ausführung dieses Mosaiks. Neapel, Museo Archeologico Nazionale

Darstellung einer Katze, die gerade im Begriff ist, eine Speisekammer zu plündern. Dieses Mittelbild wurde im Flügel des Hauptatriums in der Opus-vermiculatum-Technik mit den charakteristischen wurmartig gewunden verlegten Steinchen ausgeführt. Neapel, Museo Archeologico Nazionale

Aufenthalts- und Ruheräume anordneten, die von den Familienmitgliedern genutzt wurden.

Das dekorative Niveau dieser Räumlichkeiten bezeugt, obwohl es im Vergleich zu einigen anderen privaten Bauten des antiken Italiens insgesamt weniger fein war, eine gewisse Erlesenheit, die mit der sozialen Stellung der Besitzer der Häuser harmoniert. Der größte Teil der Repräsentationsräume ist von rötlichen Fußböden bedeckt, die aus gemahlenen Terrakottafragmenten (Signino) hergestellt wurden und oft ein geometrisches Muster aus weißen Mosaiksteinchen hatten oder durch die Einfügung von bunten Steinsplittern belebt wurden. Trotz dieses Bodenschmucks, der zu den ältesten dieser Art gehört, erscheinen diese Wohnsitze noch relativ bescheiden. Sie unterscheiden sich in dieser Hinsicht sowohl vom Prunk der großen öffentlichen Bauwerke, mit denen die Städte in dieser Epoche ausgestattet wurden, als auch von dem in den neuen Wohnbauten zur Schau gestellten Reichtum einiger Bewohner peripherer Ansiedlungen wie Pompeji, wo in jenen Jahren beispielsweise das Haus des Fauns mit einer Fläche von fast 3000 Quadratmetern erbaut wurde, um schließlich Ende des 2. Jahrhunderts v. Chr. mit verschwenderischen Mosaiken und erlesenem Wandschmuck ausgestattet zu werden.

Im Vergleich zu dem Bild, das durch das Zeugnis der Häuser in Pompeji entsteht, scheint sich Rom paradoxerweise bei bescheideneren und archaischeren Vorbildern aufzuhalten. Mehr als an der Raffinesse des Dekors der Räume innerhalb des Gebäudes ist der römische Aristokrat an der Lage seines Hauses interessiert, die möglichst nahe am Forum sein sollte, damit es von allen Bürgern gesehen werden kann. Es ist daher kein Zufall, wenn die Häuser, die den beiden Scipiones gehörten, den weitaus bedeutendsten Persönlichkeiten vom Anfang und vom Ende des 2. Jahrhunderts v. Chr., dicht neben dem öffentlichen Bereich der Stadt lagen: Der erste, dessen Haus von bescheidenen Läden umgeben war, lebte an der Stelle des Forums, die später von der Sempronius-Basilika und anschließend von der Julier-Basilika eingenommen wurde, während dem zweiten für seine politischen und militärischen Verdienste ein Haus in der Nähe des Forums vom Volke übertragen wurde. Häuser, die im Hinblick auf Größe und Ausschmückung dem Haus des Fauns in Pompeji glichen, wurden von Personen mit besonderen öffentlichen Ämtern bewohnt, die in einer Art Amtssitz lebten. Dies gilt für die Domus publica in der Nähe der Regia des Forums, die einen Boden aus in Mustern gelegten Tonscherben besitzt und die Reste einer Exedra, die durch zwei Travertinsäulen gegliedert wurde, und wohl als Residenz des Pontifex Maximus angesehen werden muß, dem ab dem 2. Jahrhundert v. Chr. ein öffentlicher Wohnsitz in der Via Sacra zugewiesen wurde, damit man direkter seinen Rat einholen konnte.

Es wäre jedoch ein Fehler anzunehmen, daß die herrschende römische Klasse jener Epoche vor allem aus strengen Catos bestanden hätte. Cato griff sogar in seinen Reden wiederholt die Vertreter der Senats-Aristokratie an und warf ihnen vor, daß sie übertriebene Mittel für private Bauten aufwendeten und die Zurschaustellung des Luxus in den eigenen vier Wänden zu sehr liebten. Auf jeden Fall geht aus diesen Kontexten hervor, daß sich die Residenzen nicht innerhalb der Stadt befanden, sondern auf dem Lande: Es handelt sich also nicht um Stadthäuser, sondern um Landvillen, einige davon sollen nach Cato sogar mit numidischem Marmor gepflasterte Böden besessen haben, der direkt aus dem rivalisierenden Karthago importiert wurde.

Villen und Gärten

Im gleichen Zeitraum wird auch von der Entstehung eines Wohnkomplexes berichtet, der in der spätrepublikanischen Zeit und in der kaiserlichen Epoche großen Erfolg haben wird: der Hortus

Vorhergehende Doppelseite:
Ausschnitt aus dem Mosaik mit der Darstellung von Enten und Fischen aus dem Haus des Fauns in Pompeji. Neapel, Museo Archeologico Nazionale

(Garten). Das Vorbild für den Hortus, der vom bestellten und umzäunten Feld nur den Namen bewahrt, ist in den großen Parkanlagen der griechischen Herrscher und Würdenträger zu sehen (die paradeisoi) und vielleicht noch mehr in den Gärten der karthagischen Aristokratie, die im großen Vorort Megara lagen. Möglicherweise haben letztere einen gewissen Einfluß auf Scipio Africanus ausgeübt, der erste unter den römischen Aristokraten, der Gärten dieses Typs besessen haben soll. Es handelte sich also um die Gärten, die Landsitze und die Wohnsitze in den renommiertesten Orten entlang der latinischen und kampanischen Küste, wo die Mechanismen der Kontrolle über den Luxus versagten, die in der Stadt durch eine Reihe von Gesetzen in Gang gesetzt wurden, die das private Zusammenleben regelten, und wo die Zurschaustellung des Reichtums durch die römischen Adligen im Verlauf des 2. und in den ersten Jahrzehnten des 1. Jahrhunderts v. Chr. ihren höchsten Gipfel erreichte. In diesen Villen, die oft aufgeteilt waren in den Bereich, der als Wohnsitz des Eigentümers diente (pars urbana) und in einen anderen, der für die produktiven Aktivitäten im Zusammenhang mit der Landwirtschaft oder der Tierzucht genutzt wurde (pars fructuaria), bemühten sich die Architekten darum, durch den Bau von Peristylen (Säulenhöfen), Exedren, überdachten Wandelgängen und Triklinien jeder Art die Atmosphäre großer architektonischer Ensembles wie in Griechenland zu schaffen, und griffen sogar zu dem Mittel, ganze Teile von berühmten öffentlichen Gebäuden mit ihren Ornamenten zu rekonstruieren, wie uns Cicero bezeugt, wenn er von der Existenz eines Peripats und einer Akademie im Garten seiner Villa in Tusculum berichtet.

Mosaikdekoration der Schwelle zur Alexander-Exedra mit einer Nillandschaft aus dem Haus des Fauns in Pompeji. Die Themen und die technischen Merkmale der Mosaike dieses reich ausgestatteten Hauses deuten auf eine Ausführung durch alexandrinische Meister hin. Neapel, Museo Archeologico Nazionale

In den Jahren des Übergangs vom 2. zum 1. Jahrhundert v. Chr. beginnen auch die im Stadtbereich gelegenen Häuser immer größer und luxuriöser zu werden. In dieser Zeit werden mehrfach Gesetze gegen den Luxus erlassen, mit denen zum Beispiel die Zahl der Besucher, die der Hausherr empfangen durfte, sowie die Gelegenheiten zur Durchführung eines Gastmahls eingeschränkt werden sollten. Diese Gesetze nützten jedoch wenig.

Zu den prunkvollsten Wohnsitzen jener Zeit gehörten die der beiden Aedilen Lucius Licinius Crassus und Marcus Aemilius Scaurus, die die Atrien ihrer Häuser mit den Marmorsäulen der zeitgenössischen Theater geschmückt hatten, die während ihrer Amtszeit gebaut wurden. Im Falle von Crassus, der wahrscheinlich im Jahre 103 v. Chr. das Amt des Aedilen innehatte, war der monumentale Umbau des repräsentativsten Raums seines Hauses noch Gegenstand öffentlicher Kritik, die dem Hausherrn den spöttischen Spitznamen „Venus des Palatin" einbrachte, wahrscheinlich weil er bei dem Empfang seiner Gäste im großen korinthischen Atrium in den Augen seiner politischen Gegner das Bild des Rundtempels von Knidos beschwor, in dem die berühmte Venus des Praxiteles ausgestellt war. Wenige Jahrzehnte später war das Haus von Scaurus, das später von Clodius Pulcher gekauft wurde, dem erbitterten Antagonisten Ciceros, in der Lage, Hunderte von Personen zur Zeremonie der morgendlichen Salutatio aufzunehmen, und erwies sich so als würdige Residenz einer Persönlichkeit, die beim Bau des Theaters bereits eine Vorliebe für architektonische Gigantomanie bewiesen hatte.

Ausgehend von diesen ersten Beispielen wurde die Zurschaustellung von Luxus im Laufe des 1. Jahrhunderts v. Chr. immer verbreiteter, und viele der berühmtesten öffentlichen Persönlichkeiten der Zeit sind wegen des Luxus ihrer Wohnsitze in Erinnerung geblieben. Die berühmten Gärten des Lukull beispielsweise wurden von vielen griechischen Forschern besucht, vor allem wegen der großen Menge an Büchern, die seine Bibliothek beherbergte. Nicht weniger prachtvoll muß die Residenz gewesen sein, die Pompeius auf dem Marsfeld bauen ließ und die später in den Besitz von Antonius überging. Selbst Cicero, gewissermaßen ein Aufsteiger (homo novus), dessen ökonomische Mittel sicherlich nicht mit denen vieler römischer Adliger antiker Herkunft vergleichbar waren, konnte sich rühmen, ein Haus an den Hängen des Palatin zu besitzen, das mit einem Peristyl ausgestattet war, der pompös Palestra genannt wurde, sowie mit einem überdachten Wandelgang (xystus).

In den Jahren der privaten politischen Vereinbarungen wie jener, die zur Ratifizierung des ersten Triumvirats führte, mußte ein aristokratischer Wohnsitz in der Lage sein, die Gäste adäquat zu empfangen. Auch große Räume mußten vorhanden sein, da hier Entscheidungen von öffentlichem

Interesse getroffen wurden. Genau aus diesem Grund bemühte sich Augustus darum, dem Reichtum der privaten Wohnhäuser eine Grenze zu setzen, indem er als erster auf jeden Prunk verzichtete. Eine der symbolischsten Handlungen der Baupolitik seines Prinzipats bestand darin, das prachtvolle Haus von Vedius Pollio zu zerstören, das er nach dem Tod dieser umstrittenen Persönlichkeit erbte. An dessen Stelle ließ er ein großes öffentliches Gebäude, das Macellum Liviae, errichten, um zu zeigen, daß er dem privaten Luxus die öffentliche Pracht entgegensetzte, ganz im Sinne der republikanischen Traditionen.

Augustus: Die Bilder des Konsens

Nach der Ermordung Cäsars am 15. März des Jahres 44 v. Chr. und dem Tod der Cäsarenmörder in Philippi (42 v. Chr.), der endgültig das Scheitern der Verschwörung besiegelte, dauerte der Kampf um die Nachfolge dreizehn lange Jahre, in deren Verlauf die letzten Werte des republikanischen Rom in die Brüche gingen. Trotz seines jugendlichen Alters wußte der neunzehnjährige Oktavian, Großneffe Cäsars mütterlicherseits, mit subtilem politischem Geschick und einem Vorgehen an der Grenze der Legalität, das Klima der Verwirrung und Unordnung nach dem Tod des Diktators zu seinem Vorteil auszunutzen. Unterstützt von einer geschickten Propaganda, in deren Rahmen das, was P. Zanker mit einer geglückten Definition als „Macht der Bilder“ bezeichnete, eine entscheidende Rolle spielte, gelang es dem Divinus adolescens (Cicero, *Philippicae*, 5, 16, 42), den letzten Kampf gegen Antonius bei Actium nicht etwa als Schlußakt eines erbitterten Bürgerkrieges zu präsentieren, sondern als gerechten Krieg des redlichen römischen Italien gegen den degenerierten und korrupten Orient. Doch nachdem er erst einmal im Jahre 31 v. Chr. die absolute Macht erreicht hatte, änderte sich sein politischer Stil tiefgreifend und damit auch die Sprache der Bilder und der architektonischen Formen, die jetzt von einer etwas unpersönlichen Erlesenheit und einer kalten Vornehmheit geprägt waren, die perfekt mit der gemessenen Bescheidenheit im Einklang stand, die Oktavian sich selbst und dem Umkreis des Hofes auferlegt hatte.

Um sich eine Vorstellung vom Wandel seiner politischen Persönlichkeit und der angewandten visuellen Sprache zu machen, ist der Vergleich zwischen drei Münzen geeignet, die eine entsprechende Zahl von Ehrenstatuen abbilden, mit denen der Senat die militärischen Siege Oktavians feiern wollte, und den Statuen von Prima Porta und Via Labicana, die den Princeps in seiner militärischen (Prima Porta) und religiösen Funktion (Via Labicana) darstellen. Die drei Münzen zeigen jeweils ein vergoldetes Reiterstandbild, das zu

Folgende Doppelseite, links:
Detail der Augustusstatue von der Via Labicana, die das verhüllte Haupt des Augustus zeigt. Das aus der realen Opferpraxis übernommene Motiv des Capite velato, des verhüllten Hauptes, galt fortan als Chiffre für die Pietas (Ehrerbietung gegenüber den Göttern und Ahnen) der Herrscher. Rom, Museo Nazionale Romano Palazzo Massimo alle Terme

Rechts:
Panzerstatue des Augustus aus der Villa der Livia in Prima Porta. Die Darstellung auf dem Brustpanzer zeigt die Rückgabe der von Crassus 53 v. Chr. verlorenen Feldzeichen durch die Parther. Dieser bedeutende diplomatische Erfolg wurde von Augustus geschickt im Bild für die Sicherung seiner dynastischen Ziele eingesetzt. Rom, Musei Vaticani

Marmorstatue des Augustus als opfernder Pontifex Maximus (Oberster Priester), die 1910 auf der Via Labicana in Rom gefunden wurde. Rom, Museo Nazionale Romano Palazzo Massimo alle Terme

seinen Ehren im Jahre 43 v. Chr. angefertigt wurde. Die Ehren-Statue, die den Sieg über Sextus Pompeius in Naulocus (36 v. Chr.) feierte, ist eine geschnäbelte Säule, die von einer Aktfigur Oktavians überragt wird, die an diesen Sieg erinnert. Wie zu Recht bemerkt wurde, müssen die Vorbilder der drei Statuen in der Ikonographie der griechischen Herrscher gesucht werden und gehören der demagogischen und gewalttätigen Vergangenheit des jungen Kandidaten für die Nachfolge Cäsars an, während das neue Porträt, das zu Beginn des Prinzipats konzipiert wurde, mit harmonischen Zügen und deutlich an den klassischen griechischen Vorbildern orientiert, eine zeitlose, ruhige und sublime Schönheit ausdrückt und zum offiziellen Bild des Princeps wird, das in allen Teilen des Reichs reproduziert wird. Der klassizistische Ansatz des Augustus verlieh der offiziellen Kunst seiner Zeit einen unverwechselbaren Charakter – vornehm, fast hieratisch, aber kalt – und führte zum Untergang der pathetischen Stilrichtung des Hellenismus. Während die Statue der Via Labicana, die Augustus in der Haltung des Pontifex zeigt, das diskrete und feierliche Bild des ergebenen Priesters vermittelte, enthalten die Reliefs auf der Rüstung der Statue Augustus' von Prima Porta, abgesehen davon, daß sie ein Meisterwerk der Metallbearbeitung (Thoreutik) der neoattischen Künstler darstellen, Elemente von großer Bedeutung für die Ideologie des Prinzipats. In der Mitte ist, eingerahmt von den Personifikationen der Germania und der Pannonia, Provinzen, die in den Jahren 12 bis 8 v. Chr. von Tiberius befriedet wurden, der Partherkönig Phraates IV. dargestellt, der gerade dabei ist, einem Heerführer, in dem mit großer Wahrscheinlichkeit Tiberius gesehen werden muß, die Feldzeichen zurückzugeben, die Crassus im Jahre 53 v. Chr. geraubt worden waren. Die Personifizierung des Himmels oben, unter dem die Quadriga des Sonnengottes fliegt, angeführt von Aurora und Phosphorus, und die Bilder der Tellus, des Apollo auf einem Greif und der Diana auf einer Hirschkuh schließen die Komposition ab. Die Statue, die um 8 v. Chr. konzipiert zu sein scheint, verherrlichte die militärischen Unternehmen des Tiberius und diente wahrscheinlich dazu, seinen Anspruch auf die Prinzipatsnachfolge zu rechtfertigen.

Das Mausoleum des Augustus

Zwischen den Jahren 32 und 28 v. Chr. ließ Oktavian auf dem nördlichen Marsfeld, zwischen Tiber und der Via Flaminia, das Familiengrabmal bauen: ein riesiges, rundes Grabmal, mit einer Breite von 87 Metern und einer Höhe von fast 40

Metern, das aus zwei mächtigen zylinderförmigen Blöcken bestand, die mit Travertin oder Marmor verkleidet waren, untereinander getrennt durch einen schrägen Erdwall, der mit Bäumen bepflanzt war und auf dem mit großer Wahrscheinlichkeit die Kolossalstatue des Augustus stand. Die südlich angebrachte Tür des Gebäudes, an deren Seite die Bronzetafeln mit der offiziellen Biographie des Princeps angebracht waren, die *Res Gestae*, war nach einem ägyptischen Brauch von zwei Obelisken eingerahmt, die jetzt auf der Piazza del Quirinale und der Piazza Esquilino stehen. Es handelte sich insgesamt um eine Struktur aus übereinanderliegenden Ebenen, die aus der hellenistischen Grabarchitektur stammte, mit dem eigentlichen Grab unten und dem Begräbnistempel oben. Das Mausoleum, dessen offizieller Name, Tumulus Iuliorum, die dynastischen Ambitionen des jungen Oktavian ausdrückt, nahm zuerst die Überreste von Marcellus auf, der 23 v. Chr. starb, dann von Agrippa, Gaius und Lucius Cesari, von Augustus selbst, von Drusus Minore, von Livia und von Tiberius, während es nicht sicher ist, ob Claudius wirklich hier begraben wurde. Von dem gesamten julisch-claudischen Geschlecht wurden nur Julia, die Tochter des Princeps, und dann Nero vom Familiengrab ausgeschlossen.

Die kaiserliche Residenz und der Apollo-Tempel

Auf dem Gipfel des Palatins, dem Hügel, der eng mit den ältesten städtischen Traditionen verbunden war, baute Oktavian im Schutze von Romulus und Apollo, dessen Gunst die militärischen Siege Oktavians förderte, besonders den Sieg von Aktium, seinen Wohnsitz, der aus zwei getrennten Häusern bestand, das sogenannte Haus der Livia – die Wohnung im eigentlichen Sinne – und das so-

Rom, Haus des Augustus auf dem Palatin. Ansicht der Wandmalerei des ausgehenden Zweiten Pompejanischen Stils (ca. 30 v. Chr.) im Raum der Masken. Diese bekrönen die seitlichen Bereiche der perspektivischen Phantasiearchitektur, deren freigelassene Mittelpartie einen Ausblick in eine gemalte Landschaft ermöglicht.

genannte Haus des Augustus – die Räume der Repräsentation.

Der Apollotempel, mit dessen Bau sofort nach dem Sieg über Sextus Pompeius in Naulocus (36 v. Chr.) begonnen und der am 9. Oktober des Jahres 28 v. Chr. geweiht wurde, wurde in den öffentlichen Teil der kaiserlichen Residenz einbezogen. Von dem Kultbau, der aus Carrara-Marmor besteht, sind nur der Kern aus Zementmauerwerk, Spuren des Marmorbodens und Fragmente der korinthischen Säulen und Kapitelle – wegen ihrer ausgefeilten Form die beliebteste Säulenordnung im Zeitalter des Augustus – erhalten. Außerdem fand man ein Stück des Marmorpfostens einer Tür mit der Darstellung des delphischen Dreifuß, ein kleiner Teil einer komplexen Szene, in der die Tötung der Niobiden und die Vertreibung der Gallier aus Delphi gezeigt wird. Die Kultbilder des Apollo, der Diana und der Latona waren hingegen griechische Originale aus dem 4. Jahrhundert v. Chr., Meisterwerke, die von Scopas bzw. von Kephisodotos und Timotheos geschaffen wurden und uns nur durch das Zeugnis von Plinius bekannt sind. Sie stellen den ersten und keineswegs einzigen Fall einer Wiederverwendung griechischer Originale als Kultbilder in römischen Tempeln dar. Die Dianafigur des Timotheos beispielsweise ließ man von einem aus Alexandria eingewanderten griechischen Bildhauer restaurieren (Avianius Evander), anstatt sie durch eine Kopie zu ersetzen.

Die Skulpturengruppe des Palatins ist in einem Flachrelief auf einem marmornen Votivsockel der frühen Kaiserzeit abgebildet, der sich heute in Sorrent befindet. Es zeigt in der Mitte den Gott Apollo, mit der Leier neben einem Dreifuß auf einem Postament, flankiert von seiner Mutter Latona und seiner Schwester Diana, die als Lichtspenderin mit einer Fackel ausgerüstet ist, während die auf dem Boden kauernde Sybille die Sybillinischen Bücher zeigt. Auf diesem Kultbild wird Apollo als friedlicher Sänger dargestellt.

Bei der Votivskulptur des Apollo, die vor dem Gebäude aufgestellt war, handelt es sich wahrscheinlich um ein griechisches Original aus dem klassischen Zeitalter. Sie zeigt Apollo als Leierspieler, der gerade dabei ist, auf einem Altar zu opfern, und hebt damit ebenfalls den friedfertigen Aspekt hervor. An den Seiten des Apollo Aciaco befanden sich außerdem die Herden Myronis, vier Stiere oder Ochsen, die von Myron geschaffen wurden, dem griechischen Bildhauer des klassischen Zeitalters, der Ende des 2. Jahrhunderts v. Chr. als bester Tierbildhauer galt (Properz, II, 31).

Der Tempel weist auf einen freien Platz, der von einem Portikus umgeben ist und den Namen Danaiden-Portikus trägt. Zu ihm könnten sowohl die drei seit langem bekannten Hermen aus schwarzem Marmor gehören als auch die wunderbaren reliefartigen Terrakottatafeln vom Typ Campana, die in jüngster Zeit bei Ausgrabungen im Umkreis des Tempels gefunden wurden und derzeit im Antiquarium des Palatins verwahrt werden. Einige dieser Tafeln, die teilweise auch die ursprüngliche Polychromie bewahrt haben und in etwa auf die Zeit um 30 v. Chr. datiert werden können, stellen die Tötung der Medusa durch Perseus dar und den Streit von Apollo und Herakles um den delphischen Dreifuß. Während die hieratische Starre der Figuren, und im Fall des göttlichen Streits auch ihre heraldische Anordnung zu Seiten des Dreifußes, der Komposition eine stark archai-

Freskopartie mit der Darstellung Apolls mit der Chitara, die aus dem Bereich des Hauses des Augustus auf dem Palatin stammt. Die programmatische Verbindung dieses Herrschers mit dem Gott der Reinheit bestimmte die Konzeption und Ausstattung seiner Wohnanlage auf dem Palatin. Rom, Museo Palatino

Haus der Livia auf dem Palatin. Der für die Gattin des Augustus bestimmte Bereich des augusteischen Residenzkomplexes wurde mit Wandmalereien des späten 2. Stils dekoriert. Der Ausschnitt zeigt einen einfarbigen gelben Fries mit vorgelagerter Girlande.

sche Prägung verleiht, erscheint die Wiedergabe der Körper stark durch die proto-klassischen Formen beeinflußt zu sein, gemäß dem neuen eklektizistischen Geschmack, der dem augusteischen Zeitalter eigen war.

Wie bereits oben erwähnt, ließ Augustus seine eigene Residenz in den Jahren unmittelbar nach dem Sieg über Sextus Pompeius in Naulocus auf einer weiten Fläche westlich und nördlich des Apollo-Tempels bauen. Soweit wir wissen, bestand sie aus einer Gruppe von älteren Häusern, zusammen mit dem des großen Redners Quintus Ortensius Ortalus, das er vorher gekauft hatte.

Die erhaltenen Strukturen bestehen aus einer Serie von Räumen aus Tuffsteinquadern, die in zwei Reihen angeordnet waren, wobei die kleineren und abgelegeneren, die westlich lagen und einfache Böden mit geometrischem Mosaik aufwiesen, Wohnräume gewesen zu sein scheinen, während die weiter östlich liegenden, die an den Seiten eines großen zentralen Raums angeordnet waren, der deutliche Spuren von Marmorplatten im Fußboden aufwies, eine offizielle Bestimmung gehabt haben könnten. Zu den ersten Räumen gehören zwei kleine nebeneinanderliegende Zimmer, die wunderbar ausgeschmückt sind: das Zimmer mit Pinien-Girlanden, die zwischen schmalen Pfeilern hängen, und das sogenannte Maskenzimmer, wegen der Masken, die wie auf einem Gesims auf halber Höhe innerhalb einer komplexen architektonischen Ausschmückung dargestellt sind, die sichtbar durch eine Bühnenszenerie inspiriert wurde. In diesem letzten Raum befindet sich außerdem in der Mitte jeder Wand ein Bild mit der Darstellung eines ländlichen Heiligtums.

Auch im privaten Teil der kaiserlichen Residenz, dem sogenannten Haus der Livia, sind Beispiele einer großartigen Wandverzierung erhalten geblieben. In einem der Empfangsräume ist die Wand wie eine große Theaterkulisse konzipiert, die auf einem flachen Podium ruht und vor der korinthische Säulen stehen, die die Wand in drei Teile teilen und oben ein Gesims aus Kassetten stützen. Jedes Teil besitzt eine Tür: Die seitlichen mit offenen Flügeln lassen im Hintergrund perspektivische Architekturen erkennen, während für die mittlere, nach dem vorherrschenden neoklassischen Geschmack ein mythisches Sujet gewählt wurde. Es handelt sich um die Kopie eines Bildes aus klassischer Zeit, das vielleicht von Nikias stammte. Dargestellt ist Io, bewacht von Argus und Merkur, der sie befreien will. Auf vorspringenden Gesimsen auf halber Höhe sind dagegen kleine Genrebilder zu erkennen, die dem hellenistischen Repertoire entliehen wurden. Kaum jünger (ca. 20 v. Chr.) sind die Malereien und die Stuckbilder aus der Villa Farnesina, die vielleicht Augustus' Schwiegersohn Agrippa gehörten und die die Signatur in griechischer Sprache von einem Maler aus Syrakus, Seleukos, tragen.

Malerei

Die reiche Verzierung durch Malereien, die bisher besprochen wurde, gehört dem reifen Stil an, dessen zeitlicher Rahmen von 40 bis 20 festgesetzt werden kann. Im Vergleich zu dem, was von der ältesten Phase des 2. Stils belegt ist, deren hervorragendstes Beispiel unter den römischen Privatgebäuden die Dekoration der Casa dei Grifi (Haus der Greife) darstellt, werden jetzt einige innovative Elemente eingeführt, die genau auf der Linie des bereits erwähnten Eklektizismus liegen, der typisch für die augusteische Kunst ist. Vor allem scheint das mittlere Wandfeld vollständig von den Repliken berühmter Staffeleibilder aus dem klassischen und spätklassischen griechischen Zeitalter eingenommen worden zu sein, was vielleicht die Sitte bezeugt, auch bei den wirklichen Bühnenausstattungen Bilder aufzuhängen, während im oberen Teil oft kleine Bilder mit Genredarstellungen angebracht waren wie Stilleben oder Landschaften. Auch komplexere Kompositionen waren vorhanden wie der Angriff der Lästrygonen, der auf der Tafel dargestellt wird, die einst in den oberen Teil der Wand eines Hauses in der Via Graziosa auf dem Esquilin eingefügt war, datierbar etwa auf die Mitte des 1. Jahrhunderts v. Chr. Man kann sie auf die Kompositionen zurückführen, die Vitruv die „Reisen des Odysseus“ nannte, mit Landschaften im Hintergrund. Im 2. reifen Stil sind die Wände oft von architektonischen Elementen eingerahmt, die nichts mehr mit der realen Architektur zu tun haben, sondern ihrer Funktion entkleidet sind und phantasievoll eingesetzt werden. Es finden sich außerdem eine Reihe zusätzlicher Verzierungen wie Sphingen, Füllhörner, Tripodien, heilige Gegenstände und florale Elemente, die ohne jede formale Logik von Säulen und Architraven hervorquellen. Diese Dekorationen haben oft symbolischen Charakter und enstprechen genau der figurativen Sprache der Kunst des augusteischen Zeitalters. Daher erscheint die Beurteilung dieser letzten Phase des 2. Stils, die von einem Techniker wie Vitruv geäußert wurde, berechtigt, der, da er die großen öffentlichen Bauwerke der Anfänge des 1. Jahrhunderts v. Chr. als Vorbilder hatte, solche Kompositionen als regelrecht monströs empfand, weil sie „Dinge darstellten, die es nicht gibt, nie gab und nie geben wird“. Wenige Jahre später, mit dem sogenannten 3. Stil oder ornamentalen Stil, der sich ab dem Jahre 15 v. Chr. in Rom durchsetzt, wird die Wand als Einheit gestaltet und nicht mehr für gewagte perspektivische Spiele benutzt. So verschwanden die ohnehin wirkungslosen Bauelemente des 2. Stils fast vollständig und machten floralen Elementen Platz sowie feinen Säulenrahmen, filigranen Kandelabern, die als Gesimse großer monochromer Flächen dienten, von denen sich einzelne Bilder nach berühmten Meistern abhoben.

Öffentliche Pracht

Das grandiose Programm der Errichtung öffentlicher Bauwerke, das Augustus im Laufe seiner Herrschaft realisierte, stand im offenen Gegensatz zum privaten Luxus der spätrepublikanischen Zeit und veränderte das Aussehen ganzer Stadtviertel. Augustus brachte einige der Projekte zum Abschluß, die Cäsar unvollendet gelassen hatte, restaurierte antike Tempel und füllte die Stadt mit seinen Bauwerken, die mit Symbolen der neuen Macht übersät waren. Am Ende seines Lebens sagte er, er habe ein Rom aus Ziegeln vorgefunden und eins aus Marmor hinterlassen (Sueton, *Leben des Augustus*, 28, 3 ff.).

Die Baumaßnahmen des Augustus auf dem Forum Romanum verwandelten das politische Zentrum der Stadt endgültig in einen monumentalen Platz, der der Verherrlichung der julischen Dynastie diente. Im einzelnen betrachtet, nahm die östliche Schmalseite den Tempel des deifizierten Cäsar auf (29 v. Chr.), der an der Stelle gebaut wurde, wo vorher eine Marmorsäule an den Ort der Verbrennung des Leichnams des Diktators erinnerte. Vor dem Tempel wurde außerdem eine neue Rednertribüne gebaut, die Rostra der Divi Iulii, an der die Schiffsschnäbel der Schlacht von Aktium befestigt wurden, ein echtes Pendant zu der Tribüne, die Cäsar auf der entgegengesetzten Schmalseite des Platzes hatte bauen lassen. Die anderen Maßnahmen waren gleichermaßen durch propagandistische und dynastische Ziele bestimmt: So wird der Bogen mit einem einzigen Gewölbe, der sich an die Südseite des Tempels anschloß und den Sieg über Sextus Pompeius feierte, im Jahre 19 v. Chr. durch einen Bogen mit drei Gewölben zum Gedenken an den Sieg über Antonius ersetzt.

Während sich also die gesamte Ostseite des Forums um die Verherrlichung der Familie des Augustus drehte, erschien demgegenüber die westliche Seite des Platzes mit der Curia, den Rednertribünen und dem Tempel des Saturn von Symbolen des anderen Stützpfeilers, auf dem das Reich des Augustus ruhte, d. h. des Senats, durchdrungen. Dieser Dualismus wurde in noch raffinierterer Weise auf dem neuen Forum, das Augustus senkrecht zu dem des Cäsar bauen ließ, fortgesetzt.

Das Augustus-Forum

Der architektonische Komplex, der mehr als jeder andere in sich die Themen der künstlerischen Propaganda Augustus' vereint, ist das große Forum, das vom Tempel des Mars Ultor beherrscht wird, der vor der Schlacht von Philippi (42 v. Chr.) gewidmet, aber erst 2 v. Chr. eingeweiht wurde. Das Gebäude wurde privat allein mit dem Geld aus der Kriegsbeute realisiert. Insgesamt war das neue Forum etwas kleiner als vorgesehen, weil der Princeps die Eigentümer der umstehenden Häuser nicht enteignen wollte. Eine mächtige Einfassungsmauer aus Pepin- und Gabinaquadern, die etwa 33 Meter hoch war und kurvenförmig verlief, stellte eine undurchdringliche Barriere zwischen dem elenden und chaotischen Armenviertel und der majestätischen Feierlichkeit dar, die den Platz durchdrang, der ursprünglich 125 Meter lang und 118 Meter breit war, in Marmor glänzte und voller Anspielungen auf den neuen Herrn und seine Familie war. Auf der Seite des Armenviertels gab es zwei Eingänge, mit einem und mit drei Gewölben, die sich an den Seiten des Tempels befanden. Unten an der nördlichsten Eingangstreppe erhob sich der Bogen, den Tiberius zu Ehren des Sohnes Drusus d. J. errichten ließ, während sich vorn am anderen Eingang der Bogen des Germanicus erhob, Großneffe und Adoptivsohn des Princeps. Im Zentrum des Platzes, der ganz mit Marmor gepflastert und von einem Portikus mit korinthischen Säulen aus Cipollin-Marmor eingerahmt war, den wiederum eine hohe, mit Karyatiden und Schilden geschmückte Attika überragte, befand sich die Bronze-Quadriga mit Augustus. Die Karyatiden, Symbole der besiegten Nationen, waren eine exakte Kopie des Erechtheions auf der Akropolis, ein ornamentales Zitat, das in der Architektur der Zeit kein Einzelfall war und gewöhnlich dazu diente, dem Gesamten den Stempel des Klassischen aufzuprägen.

Auf die seitlichen Portiken öffneten sich zwei Exedren, eine echte Neuheit im Vergleich zu den Grundrissen des Forum Romanum und des Cäsar-Forums. Die Rückwände der seitlichen Portiken waren durch Halbsäulen aus Cipollino untergliedert, die einen Architrav aus weißem Marmor trugen und Nischen bildeten, in denen sich die Statuen der Personen befanden, die größtenteils dank der literarischen Bezugspunkte und der Fragmente der zugehörigen Inschriften identifiziert werden konnten: der Inschrift am Sockel mit dem Namen und den Ämtern der Person (titulus) und die unterhalb der Nische mit der Liste der wichtigsten Taten, die die Person zu Lebzeiten vollbracht hatte (elogium). Innerhalb der großen Nische der Exedra des linken Portikus waren demgemäß die Statuen von Aeneas, Anchises und Ascanius aufgestellt, denen in der Nische des rechten Portikus Romulus gegenüberstand, der gerade dabei ist, die Beute von Acron, dem König der Ceninеten, wegzutragen, eine Episode, die uns durch die genaue Beschreibung von Plutarch bekannt ist. Auf der Seite des Aeneas, dem Urvater des Geschlechts der Julier, befanden sich außerdem die Statuen der Vorfahren der Julier und der Könige von Alba Longa, während auf der Seite des Romulus, dem Beispiel kriegerischer Stärke und mythischer Gründung der Stadt, die Statuen der höchsten

Männer (summi viri) der Republik standen. Das dekorative Programm des Augustus-Forums schmiedete also die Troja-Sage mit der von Romulus über die Ursprünge Roms zusammen, um das Geschlecht der Julier und zugleich das Reich als segensreichen Abschluß der Republik zu feiern. Das Stadtgebiet, in dem die Baumaßnahmen von Augustus, seiner Familie und vor allem seines Schwiegersohns Agrippa sich am intensivsten auswirkten, war das Marsfeld. Außer der vollständigen Erneuerung der Gebäude, die rings um den Circus Flaminius standen, wurde ein grandioses urbanistisches Programm verwirklicht, das entscheidend die Struktur des zentralen Marsfeldes bestimmte, eines Bereichs außerhalb der Stadtmauern (Pomerium), der noch keine öffentlichen Bauwerke aufwies.

Im Laufe einiger Jahrzehnte wurden so die bereits von Cäsar begonnenen Saepta Iulia und das Diribitorium fertiggestellt, der Portikus der Argonauten und der des Meleagrus, das erste Pantheon, die Thermen des Agrippa mit dem angrenzenden Stagnum – einem großen Becken, aus dem der Euripus-Kanal floß, der in den Tiber mündete –, die Neptun-Basilika und das Marcellus-Theater, Gebäude, die der Freizeitgestaltung dienten und gleichzeitig eine starke ideologische Wirkung auf die Bevölkerung ausübten.

Die äußere Umfriedung der im Jahre 9. v. Chr. eingeweihten Ara Pacis Augustae. *Die im Laufe des 16. und 19. Jahrhunderts gefundenen dazugehörigen Reliefs wurden 1938 anläßlich der Zweitausendjahrfeier für Augustus wieder zusammengefügt. Trotz einer vom ursprünglichen Standort abweichenden Rekonstruktion ist dieser Altar mit seinem komplexen und brillant ausgeführten Dekorationsprogramm ein Schlüsselmonument der römischen Antike.*

Der Friedensaltar (Ara Pacis)

Das bedeutendste Bauwerk der augusteischen Kunst ist der *Friedensalter (Ara Pacis)*, über den am 4. Juli des Jahres 13 v. Chr. der Senat abge-

Rom, Ara Pacis Augustae. *Relief mit der allegorischen Figur der Tellus, der Erde (bzw. Italia oder Pax) als mütterliche Gottheit in klassischer Gewandung. Die mit einer Vielzahl von Attributen überladene Komposition veranschaulicht einen durch den Frieden hergestellten Glückszustand.*

Gegenüberliegende Seite:
Die um 10 v. Chr. evtl. von dem Steinschneider Dioskourides geschaffene Gemma Augustea. *Dieses aus einem zweischichtigen Onyx (18,7 x 22,3 cm) herausgearbeitete Intaglio zeigt eine Komposition in zwei Registern. Auf dem unteren errichten römische Soldaten ein Siegesdenkmal, während Kriegsgefangene herbeigeführt werden. Ein Schild des Siegesdenkmals wurde mit dem Tierkreiszeichen des Tiberius, dem Skorpion, verziert und dürfte als Hinweis auf seine Siege über die Illyrer zu interpretieren sein. Die oberste Ebene zeigt Augustus als Jupiter, der mit Szepter und Adler neben der Göttin Roma thront und den vom Siegeswagen herabsteigenden Tiberius beobachtet. Zwischen der Göttin Roma und der wagenlenkenden Viktoria steht der junge Germanicus. Rechts oberhalb der Roma strahlt vor der Sonnenscheibe der Capricorn, das Sternzeichen des Augustus', während das Haupt des Herrschers von der Oikumene bekrönt wird. Neben dieser Frauengestalt mit Mauerkrone schließen die allegorischen Figuren des Okeanus und der Italia die Komposition nach rechts ab. Die von den üblichen Bildwerken augusteischer Zeit abweichende programmatische Gleichstellung des Augustus noch zu dessen Lebzeiten mit der obersten Gottheit Jupiter sowie das Material und Format dieser Darstellung deuten auf eine Auftragsarbeit für einen höfischen Kreis. Wien, Kunsthistorisches Museum*

stimmt hatte, um die Rückkehr des Princeps aus Spanien zu feiern, und der am 30. Januar 9 v. Chr. geweiht wurde. Das Monument stand ursprünglich dort, wo die Via Flaminia in die Stadt führte, und wurde 1938 in einem extra beim Mausoleum des Augustus dafür gebauten Pavillon aufgestellt. Der eigentliche Altar, auf dem jedes Jahr ein Opfer dargebracht werden sollte, befindet sich innerhalb einer rechtwinkligen Umfassungsmauer (11,65 x 10,62 m), die auf einem niedrigen Podium ruht, und ist durch eine neunstufige Treppe zugänglich. Auf den Schmalseiten ist er jeweils mit einer Tür versehen, die in Richtung Via Flaminia bzw. Marsfeld weist.

Die Außenverzierung der Umfassungsmauer ist auf zwei Ebenen angelegt, die durch ein Mäanderband voneinander getrennt sind. Auf dem unteren Feld befinden sich Akanthusranken, die durch einige Tierdarstellungen aufgelockert werden. Der obere Bereich besteht aus einem vielfältig gestalteten Fries, der in sich ebenfalls durch ein Zierband getrennt ist, auf dem Palmetten und aufrechte Lotusblüten dargestellt sind. Der äußere Bildfries umfaßt hingegen vier Marmortafeln, die paarweise an den Schmalseiten neben den Türen angeordnet sind. Auf ihnen sind mythologische oder allegorische Szenen dargestellt: neben dem Haupteingang der Lupercal, d. h. die Grotte, wo die Wölfin Romulus und Remus gesäugt haben soll, und Aeneas, der den Penaten die Sau von Laurentus mit den dreißig Frischlingen opfert; neben der anderen Tür die Göttin Roma im Amazonengewand, die auf einem Stapel Waffen sitzt, und die Göttin Tellus (oder Italia bzw. die Friedensgöttin), dargestellt als üppige mütterliche Gestalt, sitzend mit zwei kleinen Knaben und den ersten Früchten im Schoß, während hinter ihr Ähren, Mohn und Pflanzen aller Art wachsen.

Auf den Längsseiten ist eine Prozession abgebildet, die wahrscheinlich wirklich im Jahre 13 v. Chr. stattfand, mit allen nach der priesterlichen Rangordnung aufgestellten Priestern und den in einer bestimmten Reihenfolge angeordneten Familienangehörigen des Augustus, die wahrscheinlich das Nachfolgeschema, wie Augustus es sich um 10 v. Chr. vorstellte, widerspiegeln sollte. Die gesamte auf den Reliefs der Umfassungsmauern entfaltete Symbolik knüpfte den Namen von Augustus an den Frieden, der Italien nach den Schrecken des Bürgerkriegs wieder blühen und gedeihen ließ und in ein fruchtbares Land verwandelte, das unter der universalen Herrschaft Roms stand. Andererseits erscheint der Ursprung der Stadt mit Aeneas verbunden, dem Vorvater des Juliergeschlechts, und folglich mit Augustus, dessen Reich, wie es auch das dekorative Programm seines Forums suggerierte, sich als von der Vorsehung bestimmtes Ende der Republik darbot.

Der eigentliche Altar ruht auf allen vier Seiten auf drei Stufen und weist auf der westlichen Seite weitere fünf Stufen auf, die es dem Priester ermöglichten, den Altartisch zu erreichen. Das bildhauerische Dekor umfaßte einen Fries mit Personifikationen (wahrscheinlich der eroberten Provinzen) im unteren und einer Prozession von Vestalinnen und Opferhelfern im oberen Teil, während sich auf der Deckplatte der Bekrönung Voluten und Löwenköpfe befanden. Unter stilistischen Gesichtspunkten stellt der Friedensaltar ein eklektisches Werk dar, wobei in dem langen Bildfries deutlich der neoklassische Einfluß vorherrscht, um dann bei dem Landschaftsrelief malerischen Elementen hellenistischer Herkunft Platz zu machen, während der lokale römische Stil nur in dem kleinen Fries des Altars voll zum Tragen kommt. Dieselbe Gegenüberstellung von allegorischen Szenen und Triumphdarstellungen kehrt auch auf den Triumphbögen wieder und illustriert so in klarer Weise, was man das bipolare Wesen der römischen Kunst der Kaiserzeit genannt hat.

Dekorative Kunst

Der augusteische Stil bringt seine innovativen Möglichkeiten vielleicht am besten außerhalb der offiziellen Dekorationsprogramme zum Ausdruck, die die beauftragten Künstler bei ihrer Arbeit stark konditionierten. Es ist kein Zufall, daß genau in dieser Epoche die römische Thoreutik, d. h. die Kunst der Metallbearbeitung durch Punzieren, Gravieren und Ziselieren, die von späthellenistischen Künstlern wie Pasiteles, der aus der Magna Grecia stammte, eingeführt worden war, ihr höchstes Niveau erreicht. Besonders zahlreich sind die Silberwaren, die in vielen Teilen des Reiches gefunden wurden, und die Kopien, die davon im Bereich des charakteristischen Tafelgeschirrs mit roter Oberfläche, der sogenannten Terra sigillata, angefertigt wurden, die ab Mitte des 1. Jahrhunderts v. Chr. die frühere Keramikproduktion mit schwarzer Farbe ablösten.

Ein berühmtes und außerordentlich erlesenes Beispiel ist der Krater mit silberner Glocke, der in Hildesheim gefunden wurde, zusammen mit sechzig anderen Stücken außergewöhnlicher Machart, die fast alle Vasentypen der späthellenistischen und der frühen Kaiserzeit umfassen. Der Korpus der Vase, der punziert und zur Verfeinerung ziseliert wurde, ist vollständig von Ornamenten überzogen. Im unteren Teil sind zwei zurückschauende und heraldisch gegenübergestellte Greife dargestellt, von denen aus sich fadenförmige Voluten verzweigen, bevölkert von pausbäckigen Eroten, die Fische angeln und Krabben mit einem Dreizack aufspießen. Der Einfluß der offiziellen bildhauerischen und malerischen Vorbilder auf diese Darstellungen ist augenfällig, wie ein Vergleich mit dem Volutenfries des Friedensaltars oder den Stuckornamenten und Malereien der

Villa Farnesina zeigt, doch hier überwiegen die Phantasie und das Spielerische im Gegensatz zu der formalen Strenge, die die im Auftrage des Hofes geschaffenen Werke kennzeichnet.

In augusteischer Zeit erlebt man auch eine neue Blüte der Steinschneidekunst, in deren Rahmen das Porträt eine wichtige Rolle einnimmt, das bereits auf den hellenistischen Gemmen seit dem Zeitalter der Diadochen, den Nachfolgern Alexanders des Großen, verwendet und nicht zufällig zu Beginn der Kaiserzeit wiederbelebt wurde, als diese Kunst bei den Herrschern auf Interesse stößt. Der Name des berühmtesten Steinschneiders, der direkt für Augustus gearbeitet hat, war Dioskourides, der wahrscheinlich aus Cilicia stammte und Schöpfer des Siegels mit dem Bild Augustus' war, das der Princeps benutzte, um Briefe, Verfügungen und Diplome zu versiegeln, und das später auch bei seinen Nachfolgern Verwendung fand (Sueton, *Leben des Augustus*, 50).

Der vorherrschende Geschmack jener Jahre, auffällig neoklassisch, raffiniert und vornehm, fand in der Steinschneidekunst ein vorrangiges Ausdrucksfeld. Neben einer immer stärker gewerblich ausgerichteten Produktion, in der die üblichen Motive der anderen Formen der Kunst jener Epoche auftauchen wie Eroten, Satyrn, Bacchantinnen, tanzende Figurinen, wurden auch sehr anspruchsvolle Werke geschaffen wie die Porträts der kaiserlichen Familie oder die Darstellungen historischen oder allegorischen Inhalts, für die die Steinschneider Kameen bevorzugten. Besonders hervorzuheben sind darunter die in Wien aufbewahrte *Gemma Augustea* und die *Große Kamee* Frankreichs.

Die Kunst des julisch-claudischen Zeitalters

Der künstlerische Geschmack des julisch-claudischen Zeitalters bleibt im wesentlichen auf jener Linie, die bereits in augusteischer Zeit gezogen wurde, also im Zeichen des neoattischen Klassizismus, auch wenn man eine stärkere Entwicklung jenes lokalen römischen Stils feststellen kann, den wir im exemplarischen Bauwerk der offiziellen Kunst des augusteischen Zeitalters, dem Friedensaltar, nur auf den kleinen Reliefs des zentralen Altars in voller Ausprägung vorgefunden haben.

In einem mit dem großen Friedensaltar des Augustus vergleichbaren Monument, der sogenannten Basis der Vicomagistri, die auf das tiberische Zeitalter datiert werden kann, vermittelt die verschwenderische klassizistische Verzierung der Gesimse das Bild einer Szene, die von einer räumlichen Freiheit belebt ist, wie sie im Monument des Augustus nicht vorkam und die durch die bewußte Anordnung der Figuren erzielt wurde, die in unterschiedlichen Posen und Haltungen dargestellt werden. Außerdem lassen die einzelnen Figuren, außer denen im Hintergrund, die in konventioneller Weise ausgeführt sind, den veristischen oder „plebejischen“ Einfluß erkennen, mit einem starken Hang zu verhältnismäßig harten und metallischen Formen und dem Ziel der Individualisierung der Porträts. Der etwa 5 Meter lange und etwas mehr als ein Meter hohe Fries wurde 1939 unter dem Palazzo della Cancelleria zusammen mit den Reliefs aus dem Zeitalter Domitians entdeckt, von denen noch die Rede sein wird. Er gehört zur Dekoration der Seite eines Altarsockels und zeigt einen Opferumzug, bei dem alle Opferhelfer abgebildet sind: Opfergehilfen, Flötenbläser, Leierspieler, Vicomagistri, die die Toga tragen. Letztere, die den Rang freigelassener Sklaven hatten, waren für den Larenkult und für den Geniuskult zuständig, der von Augustus im Jahre 7 v. Chr. eingeführt und durch Opferung auf den Altären der 265 Viertel, in die die Stadt eingeteilt war, gefeiert wurde – das erste Glied einer komplexen Kette von Kulten, die mit der Person des Princeps verbunden waren. In der Darstellung der mit der Toga bekleideten Vicomagistri erkennt man einen gewissen Gefallen an dem bekleideten Amt, aber auch die Nivellierung der Ranghierarchie angesichts der kaiserlichen Majestät.

Die vielen Skulpturenfragmente, die bei verschiedenen Grabungen in der Nähe der Kirche Santa Maria in Via Lata gefunden wurden, sind dagegen auf ein Monument zurückzuführen, das man gewöhnlich als Ara Pietatis Augustae (oder als Ara gentis Iuliae) identifizierte, in dem jedoch nach der jüngsten Hypothese von E. La Rocca ein

Relief der Basis der Vicomagistri mit der Schilderung eines Prozessionszuges. Die namensgebenden Vicomagistri, die für den Kult der Laren – der Schutzgeister – und für den des Genius Augusti zuständig waren, tragen im Zug mit verhülltem Haupt die Statuetten der betreffenden Gottheiten. Trotz ihres niedrigen sozialen Standes als Freigelassene werden diese ungewöhnlicherweise, ähnlich den höchsten Würdenträgern des Reiches, als togati gezeigt. Rom, Musei Vaticani

Altar gesehen werden müßte, der anläßlich der Rückkehr von Claudius aus den nördlichen Provinzen des Reichs geweiht wurde. Der Bau des Monuments wurde im Jahre 22 n. Chr. beschlossen und 43 wurde es von Claudius geweiht. Von analoger Anlage wie der Friedensaltar, umfaßte das Monument einen Altar innerhalb einer von außen mit Bildreliefs geschmückten Umfassungsmauer, die Opferszenen darstellten und sich oberhalb einer großen Tafel mit herabhängenden Akanthusvoluten, Girlanden und Opferschalen befanden. Der erzählerische Stil, der die Darstellungen belebt und der dem augusteischen Monument absolut fremd war, kommt ganz deutlich in der genauen topographischen Schilderung zum Ausdruck, die durch die Abbildung der Tempel und die belehrende Darstellung der verschiedenen bedeutenden Momente der Opferzeremonie erzielt wird, während auf der eigentlich stilistischen Ebene der erlesene augusteische Klassizismus starrer und vereinfachter erscheint und so den Einsatz lokaler Künstler zu erkennen gibt, die nicht mehr über die raffinierten Fähigkeiten der neoattischen Meister verfügen, die in Augustus' Diensten standen.

Die Villa des Maecenas

Die Bautätigkeit der Kaiser der julisch-claudischen Dynastie, die nicht so spektakulär und intensiv war wie die ihrer Vorgänger, verlief weiter in der von Augustus vorgezeichneten Spur, und erst durch Nero, dank der Gelegenheit, die sich durch den Brand von 64 n. Chr. bot, wurde ein großzügig angelegtes städtebauliches Programm eingeleitet, das das Gesicht ganzer Stadtviertel veränderte. In diesem Zeitraum erlebt man, abgesehen von den Gebäuden, die von den angesehensten Mitgliedern der kaiserlichen Familie realisiert werden, eine Blütezeit luxuriöser privater Wohnsitze, die oft von riesigen Gärten umgeben sind und sich vor allem in den Vierteln des Aventin und des Esquilin befinden. Im zuletzt genannten Bereich hatte Gaius Cilnius Maecenas, Freund und Berater von Augustus, in den Jahren 40 bis 30 v. Chr. seine Villa bauen lassen, für deren Bau es erforderlich war, die antike Nekropole mit einer dicken Schicht aus Erde zu bedecken, die mit Bäumen und Blumen bepflanzt war, und teilweise den Erdwall der Severischen Mauern zu planieren. Bei seinem Tod hinterließ Maecenas sein Haus dem Augustus, der sich dort aufzuhalten pflegte, wenn er krank war, während Tiberius es im Jahre 2 v. Chr. als Wohnsitz bezog, als er aus dem freiwilligen Exil von Rhodos zurückkehrte. Möglicherweise wurden zu diesem Anlaß die Malereien im 3. Stil ausgeführt, die die Wände des einzigen von dem Gesamtkomplex erhaltenen Gebäudes schmücken, dem sogenannten Auditorium des Maecenas, vielleicht ein sommerlicher Speisesaal oder ein Nymphäum. Auf den Fresken sind Landschaften und Gärten dargestellt, entsprechend einer in jener Zeit sehr verbreiteten Mode, die meisterhaft durch den Bildzyklus der Villa der Livia in Prima Porta exemplifiziert wird.

In der Nähe der Gärten des Maecenas entstanden allmählich andere Gärten, die den angesehensten Vertretern des römischen Adels gehörten, die nicht mehr daran interessiert waren, in der Nähe des Machtzentrums zu wohnen. Die wichtigsten Räumlichkeiten dieses Komplexes und die üppigen Gärten waren reich mit Statuen verziert, die größtenteils am Ende des letzten Jahrhunderts geborgen wurden und sich jetzt in den Kapitolinischen Museen befinden. In der Galleria degli Orti Lamiani werden die Statuen aus den Gärten der Aelii Lamiae aufbewahrt, die wahrscheinlich von dem Konsul des Jahres 3 n. Chr., Aelius Lamia, angelegt wurden und dann auf Caligula übergingen. Außer Skulpturen aus hellenistischer Tradition, wie den Kopien des *Alten Fischers*, des *Alten mit dem Lamm* und des wunderbaren *Sitzenden Mädchens* ist an die sogenannte *Venus vom Esquilin* zu erinnern, ein Werk aus dem 1. Jahrhundert v. Chr., das die Göttin vollkommen nackt zeigt, während sie sich ein Band um die Haare bindet. Neuerdings hat man vorgeschlagen, sie als die ägyptische Königin Kleopatra zu identifizieren. In den Uffizien in Florenz werden dagegen die Statuen der Niobiden, die von Apollo und Leto getötet wurden, aufbewahrt, die in der Nähe der Piazza Vittorio gefunden und möglicherweise in der Diaeta Apollinis ausgestellt waren, einem Gebäude, das wahrscheinlich zu den Horti Lamiani gehörte und seit kurzem mit dem großen Komplex identifiziert wird, der Ende des 19. Jahrhunderts zwischen Piazza Dante und der Via Emanuele Filiberto ausgegraben und später abgerissen wurde.

Die Basilica di Porta Maggiore

Ein weiteres bemerkenswertes Gebäude, das mit ziemlich großer Sicherheit ursprünglich zu einem großen Hortus gehört haben muß, ist die unterirdische Basilika, die 1917 in der Nähe der Porta Maggiore entdeckt wurde, einem Gelände, das Statilius Taurus gehörte, der von Claudius im Jahre 53 aufgrund des Verdachts der Verbreitung magischer Praktiken zum Tode verurteilt wurde. Das einzigartige Gebäude, über dessen Verwendung als Bestattungsbasilika oder als neopythagoräischer Tempel viel diskutiert wurde, besteht aus einer großen unterirdischen Gruft mit drei Schiffen, die durch sechs Pfeiler unterteilt werden, und schließt mit einer Apsis ab, vor der sich ein enges Vestibül mit Kreuzgewölbe befindet. Die komplexe unterirdische Struktur wurde realisiert, indem man entlang der Umfassungsmauern lange Gräben zog und Gruben an den Stellen, die den sechs Stützpfeilern entsprachen. Diese Ausschachtungen wurden als Schalungen benutzt, in die man dann Mörtel goß, und anschließend wurde die Erde abgetragen. Relativ gut intakt sind die komplexen Stuckverzierungen, die die Gewölbe und das

Apsisbecken bedecken und auf denen Kultszenen, eschatologische Symbole und schwer zu interpretierende mythologische Anspielungen in großer Feinheit und mit ähnlichen Methoden, wie sie der 3. Stil verwendete, ausgeführt sind. In dem Gewölbe des Mittelschiffs befinden sich drei Hauptpaneele, die jeweils einen Dioskuren darstellen, der gerade dabei ist, eine der Töchter des Leukippos zu rauben, beziehungsweise einen geflügelten Genius, der Ganymed raubt, und der Raub der anderen Leukipide, um die herum sich andere Darstellungen gruppieren, die vor allem Paare aus der Mythologie zeigen: Calcante und Iphigenie, Herakles und Athene, Helena und Paris, Jason und Medea, Odysseus und Helena, Herakles und Esione, der Stier und die Zwillinge. Im Becken der Apsis befindet sich dagegen die Szene mit dem Sturz Sapphos vom Leukadischen Felsen, von dem die Dichterin durch einen Eroten angestoßen zu werden scheint, woraufhin sie von Leucothea und einem Meeresgott in Gegenwart Apollos und Phaons in Empfang genommen wird. Die Szene verweist deutlich auf die Heilssymbolik der Neopythagoräer, die im Sprung ins Meer den Gipfelpunkt des menschlichen Lebenswegs sahen.

Neros Goldenes Haus, die Domus Aurea

Während des julisch-claudischen Zeitalters gingen alle weitläufigen Gärten des Esquilin in kaiserlichen Besitz über, entweder durch Nachlässe oder durch Beschlagnahmungen, die mit Hilfe diverser Vorwände durchgeführt wurden, wodurch ein riesiger Park entstand, der zu anderen kaiserlichen Besitztümern auf dem Pincio und dem Quirinal hinzukam. Die Domus Transitoria (das „Durchgangshaus"), das Nero zwischen 54 und 64 baute, stellt eine Verbindung her zwischen der kaiserlichen Residenz auf dem Palatin, der von Caligula in Richtung des Forums erweiterten Domus Tiberiana, und dem Wohnkomplex auf dem Esquilin. Ein großer Teil der Domus Transitoria wurde bei dem Brand zerstört, der am 18. Juli 64 ausbrach und in sechs Tagen fast die gesamten zentralen Stadtviertel der Urbs vernichtete (Tacitus, *Annalen*, XV, 38–40). Damit bot sich Nero die Gelegenheit, die Stadt unter Einhaltung strenger Bauvorschriften und dem Diktat hellenistischer Stadtplanungen wieder aufzubauen. Rom sollte endlich eine große Kapitale werden, mit gleichförmigen Gebäudeblöcken mit reduzierter Höhe, die nicht aus Holz, sondern aus Stein gebaut waren.

Die zerstörte Residenz wurde damals durch eine andere ersetzt, einen riesigen kaiserlichen Wohnsitz, die Domus Aurea, für deren Bau ein großer Teil des römischen Zentrums enteignet wurde: „Rom ist längst ein einziges Haus: emigriert nach Veji oder Quiriti, falls dieses Haus nicht auch noch Veji einnehmen wird", heißt es in einem berühmten Epigramm, das die allgemeine Unzufriedenheit zum Ausdruck bringt. Schöpfer der gigantischen und spektakulären Konstruktion waren die Architekten Severus und Celerus, denen Tacitus Einfallsreichtum und Kühnheit bescheinigte, während für die Ausmalung ein gewisser Fabullus oder Famulus engagiert wurde, der wenige Stunden am Tag und mit großer Feierlichkeit zu malen pflegte und dabei immer die Toga trug, auch auf dem Gerüst (Plinius, *Naturgeschichte*, XXXV, 120). Die in der Domus Aurea erhaltenen Malereien, von denen sich die Renaissancekünstler inspirieren ließen, zeigen eine künstlerische Eigenheit von höchstem Niveau, die im Rahmen des sogenannten 4. Stils arbeitete, dessen Anfänge in Rom auf die späte julisch-claudische Epoche datiert werden können.

Bei der Verschönerung der kaiserlichen Residenz wurde auch der griechische Bildhauer Zenodoros beschäftigt, Schöpfer der gigantischen Kolossalstatue von Nero im Gewand des Sonnengottes, der das Vestibül der Domus Aurea bewachte. Nach dem Zeugnis Plinius' wurde er als einer der größten Künstler aller Zeit angesehen, der auch mit den Meistern des frühen hellenistischen Zeitalters konkurrieren konnte, vor allem bei der Schaffung von riesigen Metallskulpturen.

Die neue Residenz wurde außerdem mit einer großen Zahl von Statuen geschmückt, die Nero in Griechenland und Kleinasien als Beute mitgenommen hatte, darunter die berühmte Gruppe der Gallier aus Pergamon, von der uns aus der Caesarenzeit die Kopien des Galaters, der sich selbst tötet *(Galliergruppe Ludovisi)*, und die des *Sterbenden Galliers* überliefert wurden. Die umfangreiche Palastanlage, mit einer großen Parkanlage aus

Gegenüberliegende Seite:
Die sogenannte Venus vom Esquilin, *die auf dem Gelände der ehemaligen Horti Caminiani gefunden wurde. Eine aktuelle Forschungsmeinung sieht in dieser Statue eine Darstellung der ägyptischen Königin Kleopatra. Rom, Centrale Montemartini, Museo Capitolino*

Die Wandmalereien der Sala delle Maschere in der Domus Aurea aus der Reifephase des 4. Stils mit ihrer charakteristischen Auflösung der gemalten Architekturen ins Phantasiehafte. Sie setzen sich durch ihre hohe qualitative Ausführung, die ein Resultat des besonderen repräsentativen Anspruchs dieser imperialen Wohnanlage ist, von den zeitgleichen Beispielen aus Pompeji ab.

Gegenüberliegende Seite:
Der sich in das Schwert stürzende Gallier mit seiner Frau. *Römerzeitliche Kopie einer pergamenischen Statue des 3. Jahrhunderts v. Chr. Die originale Gruppe, ursprünglich ein Weihegeschenk Attalos' I., des Königs von Pergamon, wurde von Nero nach Rom gebracht, wo sie als Dekoration eines Saales der Domus Aurea dienen sollte. Unter den Flaviern wurde die Gruppe dann öffentlich auf dem Templum Pacis aufgestellt. Rom, Museo Nazionale Romano Palazzo Altemps*

Pavillons mit Thermalbädern, Portiken, Nymphäen und im Park verstreuten kleinen Tempeln, erstreckte sich vom Palatin und der Velia – wo sich das große Vestibül mit dem Koloß befand – bis an die nördlichen Ränder des Colle Oppio, um dann in Richtung Osten zum Celio weiter zu verlaufen, wo das Podium des Tempels des Divus Claudius in ein riesiges Nymphäum verwandelt wurde, um dann erneut den Palatin zu erreichen.

Die Überreste der Domus Aurea konzentrieren sich alle auf dem Colle Oppio und umfassen einen relativ beträchtlichen Teil eines Wohngebäudes (300 x 190 m), das der Zerstörung entging, da es in die Fundamente der Trajans-Thermen eingefügt war, die nach dem Brand von 104 n. Chr. gebaut und am 22. Juni 109 eingeweiht wurden. In diesem auf dem Colle Oppio erhaltenen Gebäudeflügel wurden erhebliche Unterschiede festgestellt zwischen dem westlichen Teil, der eine sehr regelmäßige Anlage aufweist und mit Malereien von hohem Niveau geschmückt ist, und dem östlichen Teil, der einen sehr viel komplizierteren Grundriß besitzt. Diese Ungleichförmigkeit der Anlage läßt sich damit erklären, daß es sich nicht um ein einheitliches Projekt handelte. Der östliche Teil wurde wahrscheinlich erst später angebaut, auch wenn nicht leicht entschieden werden kann, ob es sich um die Domus Titi handelte, die vom zweiten Kaiser der flavischen Dynastie an die Residenz Neros angeschlossen wurde, oder um die Domus Aurea, die auf der vorausgegangenen Domus Transitoria ruhte. Der ältere, westliche Teil besteht aus einem großen rechteckigen Hof, der an der West-, Süd- und Ostseite mit Portiken versehen ist, und einem Kryptoportikus, der auf dem dahinterliegenden Erdwall an der Nordseite liegt. Die wichtigsten Räume öffneten sich auf die Südseite des Hofes, darunter ein Doppelraum mit zwei Alkoven an den Seiten, die von anderen Räumen flankiert wurden. Es handelt sich offensichtlich um den privaten Bereich des Kaiserpalastes, der sich durch große Türen auf einen Portikus öffnete, der zu dem darunterliegenden Tal führte.

Heute ist diese Suche nach visuellen Fluchtpunkten vollkommen verändert durch die Baumaßnahmen im Zeitalter Trajans, in deren Verlauf die großen Öffnungen zugemauert wurden, während in früherer Zeit der illusionistische Effekt der Architektur, der durch die Lichtspiele verstärkt wurde, die man durch die bewußt eingesetzten Öffnungen erzielte, und vor allem durch die raffinierten Wandmalereien, die zum Teil erhalten geblieben sind, außerordentlich gewesen sein muß. Die Bezeichnungen, unter denen diese Räume in der Regel bekannt sind, stammen von den wichtigsten Elementen ihres malerischen Dekors: der Saal mit der gelben Decke, der Saal mit der Käuzchendecke, der Saal mit der schwarzen Decke, während die Verkleidung des unteren Teils der Wände ursprünglich aus Marmorplatten bestand, die bereits in antiker Zeit wieder abgebaut wurden. Die Ausmalung, die, wie wir gesehen haben, von dem Hofmaler Fabullus ausgeführt wurde, stellt ein erstrangiges Dokument des 4. malerischen, phantastischen Stils in der Kapitale dar, der außerdem durch die Häuser in Pompeji bezeugt wird, die nach dem Erdbeben von 62 n. Chr. rekonstruiert wurden. Nach der Linearität des 3. Stils kehrte man nun zu komplizierteren Formen und Perspektivdarstellungen zurück, mit denen eine illusionistische Wirkung erzielt werden sollte. Im östlichen Teil des Gebäudes überwiegen dagegen gewundene Lösungen, mit Räumen, die um einen großen, polygonalen Hof gruppiert sind, darunter das berühmte Zimmer mit der goldenen Decke, das mit dem Hof auf einer Achse liegt, doch leider schlecht erhalten ist, von dem wir uns jedoch dank des Aquarells aus dem *Codex Escurialensis* eine ausreichende Vorstellung machen können, das von Francesco d'Olanda um das Jahr 1538 angefertigt wurde. Die komplexe Decke ist mit Paneelen geschmückt, die einen vergoldeten Stuckrahmen aufweisen, sowie mit mythologischen Darstellungen, die im Raub des Ganymed gipfeln, der auf ungewöhnliche Weise dargestellt ist, d. h. mit Zeus, der gemeinsam mit dem Jungen von dem Adler entführt wird.

Weitere Räume scheinen dagegen strahlenförmig angeordnet gewesen zu sein, rings um einen oktogonalen Saal, in den man durch breite Türen gelangte, und mit einer Kuppel bedeckt, die vom Oktogon zum Kreisdurchmesser übergeht, ohne die Vermittlung durch Zwickel. Die Räumlichkeit und der Illusionscharakter, die die Säle der Domus Aurea durchdringen, markieren eine entscheidende Wende gegenüber dem Klassizismus des augusteischen Zeitalters.

Eine ähnlich gelagerte Suche nach malerischen und barocken Effekten, wie sie in der Architektur und Malerei deutlich wird, findet man auch in der Porträtkunst des Zeitalters Neros. Das *Porträt Neros* im Museo Nazionale Romano, das mit großer Wahrscheinlichkeit in den mittleren Jahren seiner Herrschaft angefertigt wurde, zeichnet sich durch eine psychologische Introspektion aus, die an die Tradition des dynastischen Porträts im Hellenismus anknüpft, während die sorgfältige Ausführung, die in den weichen Übergängen der Haut zum Ausdruck kommt, akzentuiert malerische Anklänge zeigt, die bereits in der Porträtkunst des claudischen Zeitalters vorhanden waren.

Die flavische Dynastie: Vespasian, Titus und Domitian

Die Pläne einer charismatischen Monarchie mit orientalischem Einfluß, wie Nero sie verfolgte, der von sich selbst gern sagte: „Ich wurde erwählt, um die Rolle des Stellvertreters der Götter auf Erden

Darstellung des Kolosseums auf einer Münze des 1. Jahrhunderts n. Chr.

Auf dem Gelände des ehemaligen, künstlich angelegten Sees der Domus Aurea wurde in den ersten Herrschaftsjahren Vespasians mit dem Bau des heute als Kolosseum bekannten Amphitheaters begonnen. Diese Bezeichnung wurde von der nahegelegenen Kolossalstatue Neros abgeleitet, die nach dessen Tod in eine Darstellung des Gottes Sol umgearbeitet wurde. Das Gebäude selbst wurde im Jahre 80 n. Chr. von Kaiser Titus eingeweiht. Der Außenbereich ist als eine vertikale Abfolge von drei Arkadengeschossen und einem obersten gemauerten Geschoss mit Pilastergliederung gestaltet. Jedem Geschoß wurde eine eigene Säulenordnung zugewiesen. Die an diesem Travertinbau etablierte Staffelung von der toskanischen über die ionische zur korinthischen Ordnung bildete das Vorbild für eine Reihe von Palastfassaden der Renaissancezeit. Die Unterteilung der Ränge im Inneren in vier Bereiche (ima, media, summa cavea und maeniam summam in ligneis) entsprach einer strikten sozialen Hierarchie. Entsprechend neuester Berechnungen konnte dieses Bauwerk bis zu 70 000 Zuschauer aufnehmen. Aufgrund seiner architektonischen Gestalt, die man sehr genau auf dessen Funktion abgestimmt hatte, war auch eine schnelle Leerung der Arena durch eine geschickte Wegführung möglich.

auszuüben“ (Seneca, *De Clementia*, 1, 1,2), gingen mit der Ermordung des Kaisers im Jahre 68 n. Chr. unter. Die flavische Dynastie, die nach einem Jahr der Erschütterungen und militärischer Auseinandersetzungen fast 30 Jahre lang regierte (69–96), bemühte sich darum, ein Gegenmodell zur tyrannischen Haltung des letzten Herrschers des julisch-claudischen Geschlechts aufzustellen, indem sie alle traditionellen Werte im Sinne Catos wiederbelebte.

Als erstes kümmerten sich die Kaiser Vespasian (69–79), Titus (79–81) und Domitian (81–96) darum, die großen, von Nero für den Bau seiner prachtvollen Residenz enteigneten Flächen wieder in öffentliches Eigentum zu überführen. Die Thermen des Titus wurden gebaut, vielleicht ein Umbau der privaten Thermen der Domus Aurea, und dort, wo sich das Stagnum der Residenz Neros befand, entstand ein riesiges neues Amphitheater, das Kolosseum. Im Friedenstempel, der in der Antike zu den Weltwundern zählte und von Vespasian in den Jahren 71–75 gebaut wurde, um den Sieg über die Juden zu feiern, wurden außerdem die Statuen ausgestellt, die „Nero gewaltsam nach Rom bringen ließ und in den Räumen der Domus Aurea aufgestellt hatte“ (Plinius, *Naturgeschichte*, XXXIV, 84): die *Kuh* des Myron, die *Galatergruppe* aus Pergamon, einige Werke von Phidias, von Leochares, von Naukydes und Polyklet. Neben diesen Meisterwerken wurde auch die Beute aus dem Tempel von Jerusalem ausgestellt, darunter der siebenarmige Leuchter und die Silbertrompeten, die auch auf den Reliefs des Titusbogens dargestellt sind.

Was die offizielle Architektur und Kunst des flavischen Zeitalters betrifft, ist sicher die Herrschaftszeit Domitians am bekanntesten. Der Brand, der im Jahre 80 das Marsfeld zerstörte, bot die Gelegenheit für einen fast vollständigen Wiederaufbau dieses Stadtviertels. Außer der Restaurierung des Marcellus-Theaters, des Pantheons, der Thermen des Agrippa, der Saepta Iulia und des Isäums ließ Domitian das Odeon und das Stadion bauen, zwei Gebäude, die mit dem Kapitolinischen Wettkampf verknüpft waren, den der Kaiser im Jahre 86 einführte. Östlich der Saepta Iulia wurde der Porticus Divorum gebaut, ein Säulenhof mit zwei kleinen Tempeln, die Vespasian und Titus geweiht waren, der auf dem Gelände errichtet wurde, wo die beiden Kaiser die Nacht vor ihrem Sieg über Judäa verbracht hatten. Mit dem Bau dieses Portikus und des davor stehenden Rundtempels der Minerva Chalcidica, der nur aus dem Marmorplan aus severischer Zeit bekannt ist, realisierte Domitian ein Heiligtum für den Herrscherkult, das in signifikanter Weise dem Pantheon gegenübergestellt wurde, das den Ruhm des Juliergeschlechts verherrlichte.

Ein Heiligtum für die private Verehrung des Flaviergeschlechts wurde dagegen auf dem Quiri-

Statue des Herkules aus der sogenannten Aula Regia, einem Versammlungsraum der kaiserlichen Berater in der Domus Flavia. Diese erste richtige kaiserliche Residenz, die Wohn- und Repräsentationsfunktionen vereinte, wurde am Ende des 1. Jahrhunderts n. Chr. unter Domitian von dem Architekten Rabirius angelegt. Parma, Galleria Nazionale

nal gebaut, wo sich der Wohnsitz der Flavier-Familie befand. In der Via XX Settembre sind die Überreste eines wohlhabenden Patrizierhauses zum Vorschein gekommen, das dank einer beschrifteten Schalmei aus Blei dem Bruder des Titus, Titus Flavius Sabinus, zugeschrieben werden kann. Von erlesener Ausführung und außerordentlicher Wirkung ist die große Wand eines Nymphäums, die vollständig von einem Mosaik aus Glaspaste des 4. Stils bedeckt ist, mit der Darstellung phantastischer Architekturen und mythologischer Szenen, darunter die von Hylas und den Nymphen. Darüber befindet sich eine halbrunde Nische, die auch mit Mosaiken verziert ist. Ein Podium aus Gußmörtel, das sich oberhalb des Nymphäums identifizieren läßt, könnte zur Aedes gentis Flaviae (Tempel der Flavier) gehören, das von Domitian seiner vergöttlichten Familie geweiht wurde und in dem sein Vater und sein Bruder begraben wurden.

Der Kaiserpalast Domitians

Die eindrucksvollsten Bauwerke, die der letzte Flavier errichten ließ, waren jedoch seine neue Residenz auf dem Palatin, die bis zum Ende des Reichs die offizielle kaiserliche Residenz bleiben sollte, und das Forum Transitorium, das von Nerva eingeweiht wurde und dessen Namen trägt.

Um den neuen Palast zu bauen, der in einen Flügel mit Repräsentationsräumen im Nordosten (die Domus Flavia) und einen Privatbereich in der Mitte (die Domus Augustana) sowie einen großen Garten im Südosten aufgeteilt war, mußte der Architekt Rabirius, der für das außergewöhnliche Unternehmen zuständig war, vor allem die südwestliche Ecke des Palatins einebnen, die bereits von Gebäuden aus republikanischer und kaiserlicher Zeit eingenommen wurde wie der Casa dei Grifi, der Aula Isiaca und eines Teils der Domus Transitoria des Nero. Die Arbeiten, die zu Beginn der Herrschaft Domitians in Angriff genommen wurden, konnten im Jahre 92 beendet werden, soweit es den eigentlichen Palast betraf, während die Analyse der Ziegelstempel bewiesen hat, daß das Stadion erst in den letzten Jahren der Herrschaft Domitians beendet wurde.

Die Domus Flavia ist rings um ein großes, rechteckiges Peristyl mit einem Portikus aus numidischem Marmor angeordnet, das in der Mitte einen achteckigen Brunnen einschließt mit kleinen Mauern, die ein Labyrinth beschreiben. Um das Peristyl gruppieren sich die Repräsentationsräume: im Norden die Basilika, die Aula Regia (Thronsaal) und das Lararium, vermutlich eher der Raum für die Wachmannschaft der Prätorianer, die den Haupteingang des Gebäudes zu bewachen hatten. An der Südseite befindet sich ein dreischiffiger Raum mit Apsis, der von zwei Nymphäen mit einem Brunnen in Form von Schiffen flankiert wird. Die Aula Regia war ein großartiger Raum von mindestens 30 Metern Höhe, der einen Dachstuhl besaß und mit einer Kassettendecke verkleidet war. Die Wände waren von Nischen unterbrochen, in denen riesige Statuen aus farbigem Marmor standen, während sich in der Tiefe eine Apsis befand, die dem Princeps vorbehalten war, der an den Empfangstagen hier die Salutatio einer großen Zahl von Personen entgegennehmen konnte.

Die Basilika, die als der Saal identifiziert wurde, der den kaiserlichen Rat aufnehmen sollte, war in drei Schiffe unterteilt, die von einer doppelten Säulenreihe getrennt wurden, schloß im Süden mit einer tiefen halbrunden Apsis ab und war von einem Faßgewölbe bedeckt. Das dreischiffige Gebäude, das auf den südlichen Teil des Peristyls geht, war mit großer Wahrscheinlichkeit die grandiose Cenatio Iovis, der Speisesaal des Kaisers, dessen heutige Gestalt mit Hilfe der Ziegelstempel auf eine Restaurierung durch Hadrian zurückgeführt werden kann.

Der private Flügel des Palasts, die Domus Augustana, erstreckt sich dagegen über zwei Ebenen, um die Höhenunterschiede der Abhänge des Palatins auszugleichen. Der Zugang erfolgt von der Seite des Circus Maximus aus, und die Fassade wird von einer großen Exedra gebildet. Von hier gelangt man in ein großes Peristyl mit einem mit kleinen Schilden geschmückten Brunnen in der Mitte, von dem auf zwei Ebenen die Räume mit Kuppel- beziehungsweise Schirmgewölbe abgehen. Eine zweiläufige Treppe führt in den oberen Säulenhof, der sich auf derselben Ebene wie der offizielle Flügel des Palasts befindet und ein großes Becken mit einer kleinen Insel in der Mitte aufweist. Entlang der gesamten Ostseite der Domus Augustana, von der auf den Circus Maximus weisenden Fassade bis zur Höhe des zweiten Peristyls, erstreckt sich das Stadion, das wahrscheinlich als Garten und als Manege diente.

Der Palast des Domitian markiert eine bedeutende Wende in der Geschichte der römischen Architektur, weil er zum ersten Mal in Rom den Bautyp des Herrscherpalastes einführt. Im Unterschied zur Domus Aurea von Nero, die noch mit einem großen urbanen Garten mit zerstreut angeordneten, unterschiedlichen Pavillons verglichen werden kann, präsentiert sich die neue Residenz auf dem Palatin als kompakt strukturierte Anlage, die es ermöglicht, alle Räume mit politischen und repräsentativen Funktionen des kaiserlichen Hofes zu vereinen, aber auch klug zu trennen. Die Aufgliederung des riesigen Komplexes über mehrere Ebenen gestattet außerdem, jene perspektivischen Spiele und optischen Verkürzungen zu schaffen, die für die Architektur der spätflavischen Zeit typisch sind.

Statue des Bacchus, die ursprünglich ebenfalls in den Nischen der sogenannten Aula Regia der Domus Flavia aufgestellt war. Die überlebensgroßen Götter- und Heroenstandbilder wurden aus farbigem Marmor gefertigt. Parma, Galleria Nazionale

Gegenüberliegende Seite:
Relief von der Nordseite des Durchgangs des Titusbogens, mit der Darstellung des Eroberers von Jerusalem, Titus, als Triumphator. Das darüberliegende Bogenfeld wurde mit einem reichen Kassettendekor überzogen.

Das Forum Transitorium

Dieselbe Freude an den illusionistischen Wirkungen „barocker" Art, die kennzeichnend für die Konzeption des Palastes auf dem Palatin ist, findet sich auch in dem anderen großen Bauwerk der Zeit wieder, dem Forum Transitorium, das so genannt wurde, weil es eine Verbindung zwischen dem Forum des Augustus und dem Friedenstempel schaffen sollte. Ein konkretes Beispiel für den städteplanerischen Ehrgeiz der Domitian-Zeit war, sich gegenüberstehende Monumente in ein kohärentes Ensemble zu integrieren und so dem städtischen Raum eine Einheit zu geben. Aufgrund des beschränkten Raums für das im Jahre 84 begonnene und von Nerva im Jahre 98 eingeweihte Forum wählte man eine längliche und schmale Form (120 x 45 m) mit gebogenen Schmalseiten und dem Minerva-Tempel an der Rückseite. Eine Öffnung auf der gebogenen, südwestlichen Seite gab den Zugang zum Argiletum frei und schuf ein geschicktes Spiel mit der Perspektive, während in der nordwestlichen Ecke des Platzes durch ein bewußtes Spiel mit Kurven und Gegenkurven die toten Winkel, die durch die östliche Exedra des Augustus-Forums entstanden, beseitigt werden konnten.

Ebenso genial sind die Lösungen, die gefunden wurden, um dem Raummangel innerhalb des Platzes abzuhelfen. Der Tempel der Minerva befindet sich nämlich außerhalb des Bereichs, der durch die Portiken begrenzt wird, während die seitlichen Kolonnaden in geringer Entfernung von der Einfassungsmauer angeordnet und mit dieser durch sehr kurze Architravabschnitte verbunden sind. Die Attika der Portiken war mit Reliefs geschmückt, mit Göttergestalten und Elementen des Minerva-Mythos: Auf dem einzigen Abschnitt, der oberhalb der sogenannten Colonnacce, der großen Säulen, erhalten blieb, sind verschiedene Arbeitsszenen dargestellt, in denen man den Mythos der Arachne wiedererkennen kann. Die klassizistische Konzeption, die den Fries beherrscht, kontrastiert stark mit dem Helldunkel-Reichtum und dem geradezu barocken Überschwang des architektonischen Dekors und verrät durch den Einsatz unter-

Ansicht des Titusbogens auf dem Forum Romanum. Dieser Triumphbogen wurde von dem römischen Senat zur Erinnerung an den im Jahre 71 n. Chr. durchgeführten, siegreichen jüdischen Feldzug Vespasians und Titus' errichtet.

Relief vom Grab der Haterier bei Centocelle mit der oberhalb eines Tempels auf einer Kline lagernden Verstorbenen. Der ebenfalls auf diesem Relief dargestellte Kran, der von Sklaven bedient wird, dürfte als ein Hinweis auf die Tätigkeit des Grabinhabers als Bauunternehmer zu lesen sein. Rom, Musei Vaticani

schiedlicher Formensprachen die gleichzeitige Beschäftigung verschiedener Werkstätten.

Andere Skulpturen aus dem Zeitalter Domitians können dazu dienen, sich eine Vorstellung von der gleichzeitigen Präsenz verschiedener Stilsprachen zu machen, die die Kunst der Stadt vielfältig erscheinen lassen. So scheinen die unter dem Palazzo della Cancelleria gefundenen Reliefs neben den Reliefs des Titusbogens, wo die komplexe Überlagerung der Ebenen durch die von der Prozession vollzogene Kreisbewegung noch betont wird, einen räumlichen Ansatz zu verfolgen, der bis dahin in der römischen Kunst unbekannt war, und vom kalten Klassizismus der julisch-claudischen Epoche durchdrungen zu sein.

Der Titusbogen

Der Titusbogen, der in der antiken Überlieferung nie genannt wird, doch mit Sicherheit anhand der Widmungsinschrift auf der Ostseite der Attika identifiziert werden kann, steht noch heute am höchsten Punkt der Straße, die vom Forum Romanum kommt. Mit einer Höhe von 14,50, einer Breite von 13,50 und einer Tiefe von 4,75 Metern wird der Bogen mit einem Gewölbe, einer einfachen und soliden Struktur aus pentelischem Marmor, durch vier zusammengesetzte Halbsäulen pro Seite unterteilt. Die Gestalten der Roma und des Genius des römischen Volkes schmücken die Schlußsteine des Gewölbes, fliegende Siegesgöttinnen auf Globen scheinen über der Archivolte eingefügt, während in der Mitte des mit reichen Kassetten bedeckten Gewölbes eine Kassette die Apotheose des Titus zeigt, der rittlings auf einem Adler sitzend abgebildet ist, der ihn zum Himmel trägt.

Auf dem Architrav verlief ein kleiner Fries, der nur in der Mitte der Ostseite erhalten ist und den Sieg Vespasians und Titus' über die Judäer darstellt (71 n. Chr.), zu dessen Gedenken der Bogen vom Senat und vom römischen Volk gebaut worden war. Während sich die plumpen und in Hochrelief-Technik gearbeiteten Figuren des kleinen Frieses in die Traditionslinie des kleinen Frieses des Friedensaltars stellen lassen, setzt sich bei den beiden großen Bildtafeln, die sich innerhalb des Gewölbes befinden und zwei Episoden vom Triumph über die Judäer darstellen, eine neue künstlerische Konzeption durch. Das südliche Paneel zeigt den Anfang der Zeremonie, d. h. die Prozession durch das Siegestor, die an der äußersten rechten Seite in verkürzter Perspektive dargestellt ist, während die Diener die Beute aus dem Tempel von Jerusalem tragen (die Silbertrompeten, den siebenarmigen Leuchter), und die mit Griffen versehenen Tafeln, auf denen wahrscheinlich sowohl die erklärenden Inschriften der Gegenstände als auch die eroberten Städte aufgemalt waren.

Das nördliche Paneel stellt dagegen die zentrale Episode der Triumphfeier dar, d. h. Kaiser Titus, der sich in Begleitung einer Siegesgöttin, die ihn gerade bekränzt, auf einer Quadriga vorwärts bewegt, angeführt von Liktoren und gelenkt von der Göttin Roma sowie im Gefolge der allegorischen Figuren des Volkes und des Senats von Rom, die jeweils als junger Mann mit nacktem Oberkörper beziehungsweise als alter Mann mit Toga dargestellt sind. Durch die differenzierte Betonung der dargestellten Figuren und der sich in vielfältiger Weise schräg über den Köpfen drängenden Gegenstände wird eine räumliche Wirkung erzielt. Aufgrund der effizienten Anordnung der Figuren oberhalb einer Linie, die nicht mehr horizontal, sondern konvex ist, erscheint die Bewegung des Prozessionszuges auf dem südlichen Paneel fast greifbar.

Eklektizismus und Erneuerung

In der Kunst des flavischen Zeitalters findet man unterschiedliche Formensprachen, die durch die Traditionen unterschiedlicher Werkstätten bedingt sind, auch an ein und demselben Bauwerk. Dies ist beispielsweise der Fall bei den Reliefs, die zum Grabmal der Haterier gehören, das sich am dritten Meilenstein der Via Labicana erhob und von dem Fragmente der reichhaltigen architektonischen Verzierung (kleine Säulen und Pilaster, Elemente des Gebälks und des Giebelfeldes), Fragmente von Epigraphen, figurative Reliefs und einige Porträts gefunden wurden. Der Inhaber der Grabstätte wurde als Q. Haterius Tychicus identifiziert. Aufgrund seiner Tätigkeit als Bauunternehmer sind auf einem der Reliefs, die den kleinen Grabtempel zierten, verschiedene Monumente abgebildet, die im Zeitalter Domitians fertiggestellt wurden: der Bogen für Isis, der im Jahre 80 n. Chr. am Eingang des Isäums Campense aufgestellt wurde, das Colosseum noch ohne Attika, ein vierseitiger Bogen, der vielleicht den Triumphbogen Domitians darstellt, ein Bogen an der Spitze der Via Sacra, der sich möglicherweise als Porta Mugonia identifizieren läßt, und schließlich der Tempel des Iupiter Custos, der um das Jahr 90 herum erweitert wurde.

Die anderen Reliefs stellen dagegen jeweils eine Trauerszene im Haus des Verstorbenen und eine komplexe Szene mit den Symbolen des Begräbnisrituals dar. Im Zentrum befindet sich die Grabstätte, die aus einem oberen Teil in Form eines Tempels mit vier Säulen besteht sowie aus einem Podium, das die eigentliche Grabkammer enthält. Links befinden sich eine Hebevorrichtung mit einem Rad, die von Sklaven betätigt wird und auf einer Art Kran endet, sowie ein Korb mit dem Adler, der traditionell während der Verbrennung des Verstorbenen freigelassen wurde, um die Apotheose des Verstorbenen zu versinnbildlichen. Die Komposition wird oben durch eine Szene abgeschlossen, die vielleicht die vergöttlichte Verstorbene darstellt, die aus dem Jenseits die Feier der Apotheose beobachtet: Auf einem einzigartigen Podium, das von Adlern und Girlanden getragen wird, erscheinen nämlich die auf einer Kline ausgestreckte Verstorbene, eine Alte an einem Altar, drei sitzende Putten, ein Leuchter und ein seltsames Monument, das eine nackte, von Masken überragte Statue zeigt. Der Stil der Reliefs entspricht dem Stil der plebejischen Kunst, der ganz minutiös die bedeutenden Details schildert, um ein klares Verständnis der Episode, die man erzählen will, zu erreichen, und daher die tatsächlichen Maßverhältnisse zwischen den verschiedenen Teilen und Figuren der Komposition vernachlässigt.

Die gleichzeitige Präsenz verschiedener Stilsprachen in flavischer Zeit zeigt sich auch in der Porträtkunst, wo neben einer tendenziell naturalistischen Strömung, die direkt an die Tradition des republikanischen Porträts anknüpft und sich gut an dem *Porträt Vespasians* in der Kopenhagener Ny-Carlsberg-Glyptothek ablesen läßt, eine neoklassizistische Strömung existiert, bei der die groben und etwas vulgären Züge des Kaisers idealisiert erscheinen. Dies ist der Fall bei dem Kopf aus dem Museo Nazionale Romano, bei dem es sich vielleicht um ein postum gefertigtes Porträt handelt, das auf Darstellungen des Jahres 70 n. Chr. basiert, sowie bei der Statue des mit einer Toga bekleideten Titus, die aus einem Gebäude in der Nähe des Lateran stammt, während das *Porträt des Domitian* vom Esquilin, das den Kaiser in einer Dreiviertelansicht zeigt, an die Porträtkunst der hellenistischen Epoche anknüpft und eher einer hellenisierenden und barockisierenden Strömung zuzuordnen ist.

Fabrizio Pesando, Maria Paola Guidobaldi

In domitianischer Zeit errichtete Bauten, wie der Isisbogen oder der Tempel des Iupiter Custos, auf einem Relief aus dem Grab der Haterier. Rom, Musei Vaticani

Münzen als Medium bildlicher Darstellung

Die Geschichte der römischen Münzen, die ab dem Ende des 4. vorchristlichen Jahrhunderts regelmäßig geprägt wurden, ist auch eine Geschichte des Porträts. Durch die Art des Bildträgers erfuhren die Münzbildnisse eine weite Verbreitung in allen Gesellschaftsschichten und Landesteilen und eigneten sich daher ausgesprochen gut für jede Art von Propaganda.

In den ersten beiden Jahrhunderten finden sich auf den Münzen in erster Linie Götterdarstellungen, denen unspezifische Symbole der Macht oder Anspielungen auf historische Ereignisse hinzugefügt wurden. Zu diesen Darstellungen zählen etwa die Goldmünzen vom Ende des 3. Jahrhunderts v. Chr. mit dem Kopf des Mars auf der Vorder- und einem Adler über einem Blitz auf der Rückseite oder Silbermünzen mit dem Haupt des Jupiter auf der Vorderseite sowie einer Siegesallegorie mit Viktoria und einer Trophäe auf der Rückseite, die auf das Ende des 3., Anfang des 2. Jahrhunderts v. Chr. datierbar sind. Auf die Feldzüge des Pyrrhus scheinen sich die Darstellungen auf gegossenen Bronzebarren zu beziehen. Sie zeigen auf der Vorderseite einen nach rechts gewandten Elefanten sowie auf der Rückseite einen nach links gewandten Eber und beziehen sich vermutlich auf eine Episode aus den Feldzügen des Pyrrhus gegen die Römer, bei der die mächtigen Elefanten durch den Anblick drohender Eber in die Flucht geschlagen wurden.

Vom Ende des 2. Jahrhunderts v. Chr. an verweist eine der Münzseiten immer häufiger auf bestimmte Personen oder auf die Heldentaten der Vorfahren jener Magistraten, die mit der Münzprägung betraut waren und die diese Möglichkeit nutzten, um den Ruhm der eigenen Familie zu steigern. Die in diesen minutiös ausgeführten Darstellungen enthaltenen Anspielungen können ausgesprochen komplex ausfallen, so etwa auf der Vorderseite einer im Jahr 91 v. Chr. von D. Iunius Silanus geprägten Münze, bei der im Innern der von einem Torquis (Girlande) begrenzten Fläche ein Pflug mit dem Haupt des Silen abgebildet ist. War die Bedeutung des Silen als Hinweis auf den Namen des Prägers offensichtlich, so verstanden die Bedeutung des Torquis und des Pflugs nur diejenigen, denen die Geschichte dieses Geschlechts bekannt war. Es ging auf einen Manilius Porquatus zurück, der von der mächtigen Familie der Iunier adoptiert worden war und von 141

Rom, Republik. Silberdenar mit dem Jupiterkopf auf der Vorderseite und einer Darstellung der Viktoria, die eine Trophäe bekränzt, auf der Rückseite (Ende 3. – Anfang 2. Jh. v. Chr.) Rom, Museo Nazionale Romano, Palazzo Massimo alle Terme, Sammlung F. Gnecchi

Rom, Republik. Vorderseite eines Goldsesterzes (Ende 3. Jahrhundert v. Chr.) mit dem Gott Mars. Rom, Museo Nazionale Romano, Palazzo Massimo alle Terme, Sammlung F. Gnecchi

v. Chr. an die Prätur innehatte (daher das Torquis-Motiv der Münze). Diese Familie war eng mit den Iunii Bubulci verwandt, worauf höchstwahrscheinlich der Pflug der Münze Bezug nimmt (lat. bubulcus bedeutet Ackersmann). Häufig ist auf einer der Münzseiten eine mythologische Figur dargestellt, die von der betreffenden Familie als Urahn verehrt wurde. Dies gilt etwa für die von L. Marcius Censorinus um das Jahr 85 v. Chr. geprägte Münze, welche die 294 v. Chr. von C. Marcius Censorinus auf dem Forum gestiftete Statue des Silen Marsyas zeigt, oder für jene Münze, die 82 v. Chr. unter C. Mamilius Limetanus geprägt wurde und die Figur des Odysseus, den er als seinen Urahnen ansah, auf einer Seite zeigt. Unter den Münzabbildungen dieser Epoche finden sich auch erstmals Darstellungen von Bauwerken, die von Familienmitgliedern des für die Prägung Verantwortlichen in den vorhergehenden

Rom, Republik. Denar des L. Marcius Censorinus (85 v. Chr.). Rom, Museo Nazionale Romano, Palazzo Massimo alle Terme, Sammlung F. Gnecchi

Rom, Republik. Denar des C. Mamilius Limetanus (82 v. Chr.), dessen Rückseite Odysseus zeigt. Rom, Museo Nazionale Romano, Palazzo Massimo alle Terme, Sammlung F. Gnecchi

Jahrhunderten errichtet worden waren. Gemäß der Etymologie des lateinischen Ausdrucks Monumentum (Denkmal) waren Gebäude der unbestreitbare Beleg des Ruhms einer Familie. So präsentierte 62 v. Chr. L. Scribonius Libus auf einer Münzseite eine mit Leiern und Girlanden geschmückte Brunnenbrüstung, die durch die Inschrift als Puteal scribonianum bezeichnet wird, das auf dem Höhepunkt der Regierungszeit vom Volkstribun des Jahres 149 v. Chr. auf dem Forum errichtet worden war. Ein großes Gebäude mit mehreren Stockwerken nimmt auch die ganze Münzseite jener Stücke ein, die 61 v. Chr. von dem Triumvir M. Emilius Lepidus, dem jüngsten Sohn des Konsuls des Jahres 78 und dem Sproß eines alten Geschlechts, geprägt wurden. Er erfand einen komplexen Mythos von der Herkunft seines Geschlechts und verflocht diesen mit der Entstehungsgeschichte der Stadt Rom selbst, indem Verbindungslinien zu Troja (einer Tochter von Äneas und Lavinia) und den Sabinern (in der Figur eines Sohns von Numa) gezogen wurden. An dem abgebildeten Gebäude sind ein vorgelagerter Portikus und eine hohe Balustrade, die die beiden Stockwerke trennt, zu erkennen. Die Inschrift über der Abbildung besagt, daß es sich um die Fulvia-Emilia-Basilika nach dem

Rom, Republik. Denar des L. Scribonius Libus (62 v. Chr.). Rom, Museo Nazionale Romano, Palazzo Massimo alle Terme, Sammlung F. Gnecchi

Rom, Republik. Aureus des M. Iunius Brutus (43 v. Chr.) mit dessen Porträt auf der Vorderseite. Mailand, Civiche Raccolte Numismatiche del Castello Sforzesco

Rom, Kaiserreich. Unter Augustus geprägter Aureus (18–17 v. Chr). Neapel, Museo Archeologico Nazionale

78 n. Chr. erfolgten Umbau durch den Konsul handelt, der in diesem Moment auf dem Höhepunkt seiner politischen und militärischen Karriere stand. Glanzpunkt seiner Regierung war die Eroberung von Norba, der letzten Festung des Marius in Latium.

Mit dem Zeitalter Julius Cäsars, dem es der Senat erstmals zugestand, sein Porträt auf Münzen abzubilden, wurden die Symbole der Selbstverherrlichung immer offensichtlicher. Die Cäsaren zögerten nicht, auf der Rückseite einer Silbermünze das Antlitz des Brutus und auf der Vorderseite eine Trophäengruppe abzubilden. Doch erst seit der Kaiserzeit entwickelte sich die Münze zu einem wirklichen Propagandainstrument, das dazu bestimmt war, alle offiziellen Begebenheiten und die Unternehmungen des Herrschers zu glorifizieren. Wie in vielen anderen Bereichen des Kunsthandwerks war auch hier Augustus der entscheidende Wegbereiter, dem seine Nachfolger bis in die späte Antike nacheiferten. Der Adler des Jupiter, der zwischen seinen Greiffüßen die Corona civica aus Eichenlaub trägt, findet sich auf einer Goldmünze des Jahres 27 v. Chr. und verweist auf die Ehrenbezeugung, die dem Kaiser durch den Senat zuteil wurde und an die ein Abschnitt in den *Res Gestae* erinnert. Der ihm in seiner Funktion als Erneuerer des Staates zugestandene Clipeus virtutis erscheint auch auf einer anderen Goldmünze, auf der ein weiteres Symbol des kaiserlichen Ruhms vorgeführt wird: die den römischen Truppen von Crassus und Antonius entwendeten militärischen Würdenzeichen, die 20 v. Chr. von den Parthern zurückerstattet wurden. In anderen Beispielen sind es die renovierten Bauwerke des Herrschers, die detailliert dargestellt werden: Auf einer um 18 v. Chr. geprägten Goldmünze ist ein dreiteiliger Triumphbogen mit bekrönender Quadriga abgebildet, eine Erinnerung an den großen Partherbogen des Augustus auf dem Forum Romanum. Ebenfalls auf einer Goldmünze wurde der Erneuerung einer Straße (vielleicht der Via Flaminia) gedacht, auf der ein Viadukt und ein mit Pfeilerköpfen und Quadriga geschmückter Triumphbogen erbaut wurden. Neben den kaiserlichen Stiftungen gehörten militärische Unternehmungen zu den Motiven, die in der Kaiserzeit am häufigsten vorkamen. Eine Münze des Claudius, die vielleicht Bezug auf den Britannienfeldzug nimmt, zeigt ein Schlachtfeld und das Sacrarium mit den militärischen Ehrenzeichen, darunter die Statue des Kaisers. Die Szene einer Rede an die Soldaten, welche die Reliefdarstellungen der Allocutiones der Trajans-Säule vorwegzunehmen scheint, taucht auf einem Sesterz des Galba auf, der auf das Jahr 69 n. Chr. zurückgeht. Das mit den Feldzügen verbundene Repertoire findet sich ohne wesentliche Abwandlungen auch auf vielen Münzen der Spätantike, als das Reich durch Machthaber aus den Reihen der Militärs gefährdet war, die sich von den untersten Dienstgraden heraufgearbeitet hatten. Mit der Umwandlung des Reichs in eine Theokratie erweiterte sich die Münzikonographie um stark allegorisch angereicherte Darstellungen der Macht des Herrschers. Eine Münze Konstantins I. aus der Mitte des 4. Jahrhunderts belegt diese neue Tendenz sehr gut. In mehr oder weniger offensichtlicher Weise griff man auf ein figuratives Repertoire zurück, das in der Kunst der oströmischen Gebiete des Reichs eine lange Tradition hatte: Der Kaiser, in eine Rüstung gekleidet, mit einer Lanze bewaffnet und mit einer geflügelten Siegesgöttin bekrönt, schleift einen Gefangenen an den Haaren, während eine Frau zu seinen Füßen um Gnade fleht. Die Darstellung erinnert eher an den zerstörerischen Zorn der Pharaonen auf ägyptischen Reliefs als an den von christlicher Symbolik beeinflußten Weltenherrscher auf einer Münze des Antoninus Pius, auf welcher der mit einer Toga bekleidete Kaiser in der rechten Hand die Weltkugel hält.

Fabrizio Pesando

Rom, Kaiserzeit. Sesterz des Kaisers Galba (69 v. Chr.). Rom, Museo Nazionale Romano, Palazzo Massimo alle Terme, Sammlung F. Gnecchi

Die römische Kunst von Trajan bis zur Tetrarchie

Die Zeit der Adoptivkaiser: Kunst, Macht und Konsens

Detail des bronzenen Reiterstandbildes Kaiser Domitians. Der Kopf der Statue wurde nach dem gewaltsamen Tod dieses Kaisers und der daran anschließenden Verkündung der Damnatio memoriae, der Tilgung des Andenkens, in ein Porträt seines Nachfolgers Nerva umgearbeitet. Neapel, Museo Archeologico Nazionale

„Dominus et deus", Herr und Gott, ließ Domitian (81–96) sich nennen, nach seinem Vater Vespasian (69–79) und seinem Bruder Titus (79–81) der dritte und letzte Herrscher aus dem Geschlecht der Flavier. Aber das Ende des „Gottkaisers" und seines Regimes kam plötzlich und war – wie so oft in der römischen Geschichte – blutig. Am 18. September 96 n. Chr. wurde er bei einer Palastverschwörung getötet. Damit ging eine Epoche zu Ende, und die Mehrheit der herrschenden Schichten bemühte sich in der nun folgenden Krise, nicht mit hinabgerissen zu werden, sondern sich an „das Neue" anzupassen. Die Herrschaft von Domitians Nachfolger Nerva stellte eine Zeit des Wandels dar, in der das Alte noch nicht ganz gestorben und das Neue noch nicht ganz geboren war. So kann man sagen, daß die Herrschaft Trajans (98–117) bereits mit der kurzen, zweijährigen Regierungszeit seines Vorgängers begann; Nerva, der Kaiser aus Britannien, der bei seiner Ernennung durch den Senat bereits 66 Jahre alt war, regierte von 96 bis 98 n. Chr.

Auch für Nerva stand eines der wesentlichen Grundprobleme des Römischen Reiches während der Prinzipatszeit zwischen dem 1. und 3. Jahrhundert im Vordergrund: der Kampf um die Vorherrschaft zwischen Kaiser und Senat. Um ein machtpolitisches Patt – und damit eine Gefährdung des Reiches – zu verhindern, mußten die autokratische Regierungsgewalt des Kaisers und die „republikanische" Ausrichtung des Senats im Gleichgewicht gehalten werden.

Der Senat neigte dabei dazu, je nach Lage der Dinge zwischen geschickter Schmeichelei oder offener Auflehnung gegen den Princeps, den Kaiser, zu wechseln. Seine Absicht bestand vor allem darin, dem übertriebenen „Orientalismus", der absoluten Macht und der damit verbundenen Willkürherrschaft, entgegenzuwirken. Dieser hatte nicht nur den Regierungsstil Domitians, sondern auch den anderer Kaiser, vor allem Caligulas (37–41) und Neros (54–68), gekennzeichnet.

Die kurze Herrschaftszeit Nervas bedeutete daher zweifellos einen Vorteil für die Interessen des Senats, und seine Polemik gegen den absoluten Herrschaftsanspruch der Principes klang dank der beiden wichtigsten Entscheidungen Nervas ab. Zum ersten verpflichtete sich Nerva, Senatoren nicht weiter mit Hilfe der Justiz zu bekämpfen – Domitian hatte die Senatsaristokratie verfolgen lassen, was zu Bespitzelungen und Denunziationen auf allen Ebenen geführt hatte; viele Adlige wurden wegen angeblichen Verrats hingerichtet, und ihr Eigentum wurde beschlagnahmt, unter anderem, um die ständig wachsenden Staatsausgaben zu decken. Zum zweiten bestimmte Nerva im Jahre 97 mit Trajan seinen Nachfolger außerhalb der natürlichen familiären Bande durch Adoption; damit begründete er eine Vorgehensweise, die sich fast für das gesamte kommende Jahrhundert im Römischen Reich durchsetzte.

Weitere Veränderungen Nervas – neben der Konsolidierung des Staatshaushalts vor allem solche „sozialpolitischer Art", wie die Unterstützung notleidender Kinder oder Landverteilungen an Arme –, wie einschneidend und auf ihre Weise revolutionär sie auch waren, änderten nichts

Wesentliches an der hierarchischen Gesellschaftsstruktur der Kaiserzeit. An ihrer Spitze stand eine kleine Führungselite, unter anderem die Senatoren, die somit durch Nerva ihre Interessen nicht gefährdet sehen mußten.

Wie in jeder Übergangsphase, so sind auch während Nervas Regiment die Umstände, die zu den sozio-kulturellen Veränderungen tatsächlich beitrugen, schwer von jenen zu trennen, die noch im Rahmen der alten Machtstrukturen fortbestanden. Das Prinzipat Nervas war stark vom Kampf gegenläufiger Bestrebungen gekennzeichnet. Das zeigt sich auch im Rahmen dessen, was man mit einem modernen Begriff als Image-Politik bezeichnen würde, die seit jeher als „Propaganda" eingesetzt wurde, um gesellschaftlichen Konsens zu erzeugen. Ein bronzenes Reiterstandbild aus dem heutigen Misenio, dem Hafen am Golf von Pozzuoli bei Neapel, in dem die römische Flotte gesunken war, illustriert dies auf eindrucksvolle Weise. Einst gehörte es zur Kapelle des Augustals, einem Gebäude, das dem kaiserlichen Kult gewidmet und für jede mehr oder weniger bedeutende Stadt des Römischen Reichs typisch war. Das Faszinierende an dieser Bronze ist die Neubearbeitung des Porträt-Kopfes.

Ursprünglich war er als Darstellung Domitians konzipiert und zeigte ihn in einer Pose, die deutlich an das Standbild Alexanders des Großen (336–323 v. Chr.) erinnert – in der Antike das wahre Vorbild für die Versinnbildlichung absoluter politischer Macht. Nach seiner Ermordung und der anschließenden Damnatio memoriae, der offiziellen Verdammung durch die „Auslöschung der Erinnerung", wurde das kaiserliche Antlitz der Bronze so lange überarbeitet, bis es die faltigen Gesichtszüge des senatsfreundlichen Herrschers Nerva annahm. Die Zwiespältigkeit von Nervas Herrschaft kommt darin treffend zum Ausdruck.

Einerseits bedeutete die naturgetreue Wiedergabe der Gesichtszüge Nervas in diesem wie auch in anderen Porträts ein Abrücken von der Idealisierung, wie sie für den hellenistischen Stil typisch war, und knüpfte an die grundlegende Formensprache des veristischen, wirklichkeitstreuen Porträts aus der Spätzeit der römischen Republik an, das dem Vorsatz des Senats entgegenkam, nicht nur die juristische, sondern auch die moralische Integrität wiederzuerlangen.

Andererseits konnte der an diesem Standbild besonders klar zutage tretende Stilwandel von Domitian zu Nerva die Anzeichen der Gemeinsamkeit, ja der Kontinuität zwischen beiden Regimen nicht verschleiern. Strenggenommen vollzog die „neue" Statue im Kaiser-Kult von Misenum weiterhin – wenn auch das Antlitz des Princeps deutlich anders gestaltet war – auch mit Nerva eine Heroisierung, die nach dem Modell Alexanders des Großen gestaltet war. Schließlich wurde die Bronze aus Misenum nicht etwa vollkommen zerstört, um ein der neuen Situation in jeder Hinsicht entsprechendes Abbild zu schmieden, sondern angepaßt. Diese Entwicklung ist typisch für das Phänomen, daß sich künstlerische Gestaltungsprinzipien und ideologische Inhalte über lange Zeiträume am Leben erhalten können selbst dann, wie Tonio Hölscher gezeigt hat, wenn diese Zeitspannen verschiedene, einander sogar ablösende „Epochenstile" zu kennen scheinen.

Zum besseren Verständnis der Ziele der „Image-Politik" bieten die öffentlichen Denkmäler ausgesprochen ergiebiges Anschauungsmaterial. Ihre Untersuchung ist von besonderem Gewicht, da man sie oft mit großer Genauigkeit datieren kann. Außerdem zeigen gerade sie außerordentlich deutliche Effekte der „Propaganda", da der kaiserliche Hof mit ihnen ja die zeitgenössische – und nicht nur die zeitgenössische – Öffentlichkeit erreichen und beeinflussen wollte. Dies gilt natürlich auch für die trajanische Kunst.

Das Trajans-Forum

Trajan war spanischer Herkunft und wurde in Italica in der Nähe des heutigen Sevilla geboren, seine Familie stammte aber wahrscheinlich aus Rom. Im Laufe verschiedener Feldzüge in Spanien, Syrien und Germanien hatte er im Heer Karriere gemacht und war bis zum Feldherrn aufgestiegen. Im Jahre 91 wurde er zum Konsul gewählt; die darauf folgende Zeit als Prokonsul verbrachte er als Statthalter in Obergermanien. 97 wurde er von Nerva adoptiert, und nach dessen Tod stieg Trajan im Jahre 98 in die Spitze des Staates auf. Sein Name ist mit einem überwältigenden städtebaulichen

Axonometrischer Rekonstruktionsversuch des Trajans-Forums und der daran angrenzenden Trajans-Märkte. Dieser von Apollodorus von Damaskus, dem Architekten Trajans, konzipierte Komplex übertraf durch seine Dimensionen die angrenzenden, von Cäsar und Augustus errichteten Foren und bildete die größte Monumentalanlage im Herzen des antiken Rom.

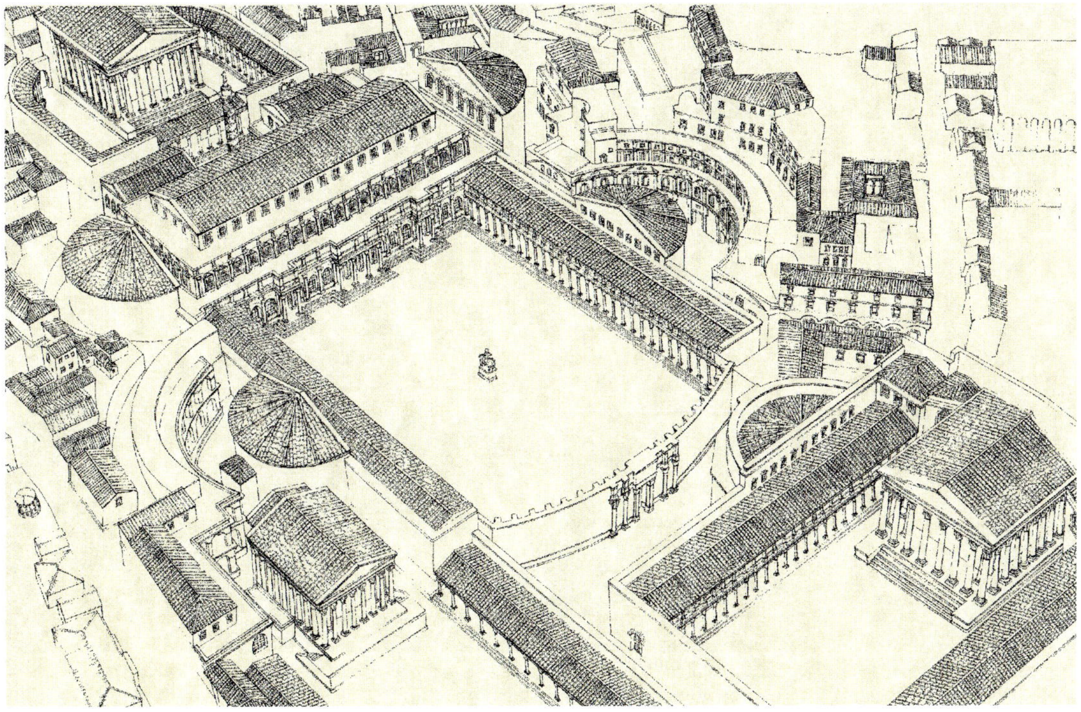

Gegenüberliegende Seite:
Die fast vollständig in ihrer antiken Gestalt erhaltene Trajans-Säule ist eines der herausragenden Kunstdenkmäler der römischen Kaiserzeit. Von der ehemaligen Basilika Ulpia blieben nur die im Bildvordergrund sichtbaren Säulenschäfte erhalten. Die Kirche Santa Maria di Loreto, links im Hintergrund, wurde nach den Entwürfen Antonio da Sangallos d. J. begonnen.

Der mit qualitätsvollen Reliefs, die dakische Beutewaffen zeigen, verzierte Sockel der Trajans-Säule diente in der Antike als Aufbewahrungsort der Urne mit der Asche dieses Kaisers. Trajan war der erste Kaiser, der sich innerhalb des Pomeriums, des geweihten Bezirks, bestatten ließ. Die rechtliche Grundlage dafür lieferte ihm ein alter Brauch, demzufolge nur derjenige in der Stadt begraben werden durfte, der einen Triumph gefeiert hat.

Projekt verbunden, dem das Stadtzentrum Roms unterworfen wurde, dem Trajans-Forum, dem letzten und ausgedehntesten der Kaiserforen. Leider wurde die Ausgrabungsstätte in den 30er Jahren des 20. Jahrhunderts in einer Weise verändert, die dem modernen Betrachter die Wahrnehmung des Gesamtzusammenhangs verwehrt.

Unmittelbarer Anlaß für den Bau des Trajans-Forums war der Krieg gegen die Daker, die im heutigen Rumänien ansässig waren – und zwar in zweifacher Hinsicht. Einerseits sollte durch die großzügige Anlage der römische Sieg gefeiert werden, der nach zwei langen Feldzügen in den Jahren 101–102 und 105–106 errungen worden war. Natürlich jedoch ermöglichte gerade die reiche Kriegsbeute andererseits – das Gold der Daker, das für die Römer ohne Zweifel einen Hauptanreiz für die Eroberung jener fernen Donauregion darstellte – die Gestaltung einer Anlage aus Plätzen und Gebäuden, wie Rom sie bis dahin nicht gesehen hatte.

Größe und Anspruch des Trajans-Forums werden durch die Tatsache vor Augen geführt, daß es für die Vorbereitung des Baugeländes erforderlich war, den Verbindungssattel zwischen dem Quirinal und dem Kapitolinischen Hügel abzutragen, der eine Länge von hundert römischen Fuß, etwa 30 Metern, hatte. Wie der Inschrift auf der Säulenbasis zu entnehmen ist, hatte das am besten erhaltene Monument des Forums, die berühmte Trajans-Säule, unter anderem die Funktion, mit ihrer Höhe anzuzeigen, wie hoch dieser einst für das Bauprojekt abgetragene Hügel war.

Durch die Umgestaltung des Stadtzentrums von Rom stellte Trajan sich und seine engsten Mitarbeiter in eine historische Kontinuität, auf der sie ihren Machtanspruch im wahrsten Sinne des Wortes aufbauen konnten. Neben der Monumentalität des neuen Forums war dies vor allem die Tatsache, daß es ganz und gar in einer mehr als anderthalb Jahrhunderte zuvor von Julius Cäsar begonnenen und dann bis zu den flavischen Kaisern (69–96) fortgeführten städtebaulichen Tradition stand. Eine entscheidende Rolle spielte dabei gewiß der Architekt Apollodorus von Damaskus, dessen Name durch die literarischen Quellen überliefert ist; er war allerdings an die sehr klaren propagandistischen Absichten des Kaisers gebunden, die er mit großer Wahrscheinlichkeit vollständig teilen mußte.

Wie vor etwa 30 Jahren der Archäologe Paul Zanker hervorhob, folgte die Anordnung der Gebäude und Freiflächen des Trajans-Forums einer Leitidee, die den ideologischen Auffassungen des Kaisers entsprach: das Heer als Fundament des Staates – schließlich war Trajan selbst über seinen militärischen Aufstieg an die Macht gekommen. Und er führte weiterhin Kriege. Nach dem Sieg über die Daker, der in Rom 123 Tage verschwenderisch gefeiert wurde, begann im Jahre 113 der Feldzug gegen die Parther. Er führte Trajan und seine Armee bis zum Persischen Golf; Armenien und Mesopotamien wurden erobert – die Fläche des Römischen Reiches war nie größer als unter Trajan. Er starb im Jahre 117 in Kleinasien auf der Rückreise nach Rom.

Entsprechend seiner Vorstellung vom Heer als Fundament des Staates orientiert sich die architektonische Abfolge des Trajans-Forums an der Anordnung römischer Heerlager (Castrum). Trajan verfolgte offenbar die Absicht, ein Heerlager im Herzen der Reichshauptstadt nachzubilden – und damit das Heer als das Herz des Reiches zu adeln, sich selbst als ehemaligen Feldherrn, aber als einzig wahren Princeps zu legitimieren.

Der Gerichtsplatz im eigentlichen Sinne, der dem Praetorium, dem zentralen Platz der Militärlager, entsprach, bildete die halbrunde Seite des Zugangs zum Trajans-Forum; er öffnete sich durch einen wuchtigen Bogen aus Säulen, der auf den Münzen zu sehen ist, und trug eine bronzene Quadriga mit dem Kaiser. Das inzwischen verlorengegangene, überdimensionale bronzene Reiterstandbild des Kaisers bildete den Mittelpunkt des gesamten Platzes und war auf den wichtigsten Sichtachsen und den geometrischen Achsen des Geländes angeordnet.

In Anlehnung an die Gestaltung des nahegelegenen Augustus-Forums verfügte der Gerichtsplatz über Säulengänge mit zwei großen, einander gegenüberliegenden Nischen (Exedren) an beiden Enden. Eine gepflasterte Straße, die noch heute erkennbar ist, trennte die nordöstliche Exedra von den Trajans-Märkten ab, die an den Hängen des Quirinalshügels lagen.

Darstellung der Viktoria, die auf einem Schild die unter Trajans Führung errungenen Siege verzeichnet. Sie steht vor einem Tropaion, einem Siegesdenkmal aus erbeuteten feindlichen Waffen. Innerhalb des Frieses übernimmt sie die Funktion eines Verbindungsglieds, durch das die Schilderungen der beiden Feldzüge gegen die Daker zu einer fortlaufenden Bilderfolge verknüpft werden.

So wie in den Heerlagern folgte auf das Praetorium die Principia, ein Bereich, wo unter anderem Ansprachen an die Soldaten gehalten und Recht gesprochen wurde. Die hintere Seite des Trajans-Forums wurde durch eine Basilika abgeschlossen, die nach dem Familiengeschlecht Trajans den Namen Ulpia trug. Sie war ein Gebäude von riesigen Ausmaßen mit prächtigen Ornamenten, das einen großen zentralen Raum enthielt, der vollständig von einem doppelten Säulengang umgeben war und sich an den kurzen Seiten zu zwei großen Halbrunden (Apsiden) öffnete.

Die Planung einer Basilika an dieser Stelle ist ungewöhnlich. Bei den älteren Kaiserforen hatte man es vorgezogen, den Gerichtsplatz mit einem Tempel und nicht mit einer Basilika abzuschließen. Gerade dieser Unterschied unterstützt also die Hypothese Zankers von einer engen Beziehung zwischen Trajans-Forum und Heerlager, die im übrigen auch durch die architektonische Gestaltung hinter der Basilica Ulpia bestätigt wird. Aus dieser gelangte man nämlich auf einen kleinen Platz, der in der Mitte durch die Trajans-Säule beherrscht und von zwei Bibliotheken flankiert wurde, die symmetrisch zur Säule angeordnet waren. Auch in diesem Fall bietet sich der Vergleich mit den Lagern an. Der Komplex aus Bibliotheken und Säule erinnert durch seine Aufgabe und seine Anordnung an das entsprechende Ensemble, das durch die Archive der Legion und das Heiligtum der Feldzeichen (vexilla) gebildet wurde.

Hinter dem kleinen Platz mit der Säule führte das Trajans-Forum noch zu einer Freifläche, die gewiß von Trajan entworfen und von seinem Nachfolger Hadrian (117–138) vollendet wurde, einem von Arkaden gesäumten Platz mit ungewöhnlichem Grundriß, dessen rückwärtige Seite bogenförmig verlief. Hier stand der Tempel des Divo Trajan, der ausschließlich dem Kult des Kaisers und seiner Gemahlin Plotina, die selbst auch vergöttlicht war, vorbehalten war. Nach seinem Tod stieg er durch die Apotheose, ein typisch römisches Ritual, das jedoch auf älteren hellenistischen und orientalischen Gebräuchen basierte, in den Himmel auf.

Die Trajans-Säule

Wie wichtig dem Kaiser die Überwindung des Todes durch Vergöttlichung war, belegt ein besonderer Umstand. Im Sockel seiner Säule ließ Trajan einen kleinen Raum schaffen, in dem später die Urne mit seiner Asche aufbewahrt werden sollte. So sorgte er für eine ganze Reihe von Anspielungen auf den Zusammenhang zwischen seinem erfolgreichen politisch-militärischen Handeln, das vor allem durch die Säule mit ihren bebilderten Reliefs dargestellt wird, und seiner Vergöttlichung, die durch den Tempel, der das Forum abschließt, versinnbildlicht wird.

Wie Salvatore Settis in seiner Analyse der Säule bemerkt hat, ist sie ein außerordentlich raffiniert gestaltetes Selbstlob. Einerseits durch die Anerkennung des Kultes des Princeps optimus, des guten, ja besten Herrschers, der formal vom Senat anerkannt und wahrscheinlich auch von Trajan befolgt wurde, indem er mit seiner Macht tatsächlich besonnen umging. Andererseits durch den Beweis einer hohen Sensibilität dafür, daß eben diese Verehrung einen gesellschaftlichen Konsens und Zusammenhalt des Staates schaffen würde, da sie sich aus einem abergläubischen Zugehörigkeitsgefühl und einem uralten Bedürfnis nach starken Symbolen zusammensetzte.

Ein wahres Meisterwerk in diesem Sinne ist das bebilderte Band, das sich spiralförmig, ähnlich einem Stoffballen oder vielleicht mehr noch einem

Papyrus, 200 Meter lang über die gesamte Höhe der Säule abrollt. Früher befand sich eine Bronzestatue von Trajan oben auf dem Monument, der ebenfalls eindeutig zeremonielle Bedeutung anhaftete; sie ging im Mittelalter verloren und wurde von Papst Sixtus V. (1585–1590) durch eine Darstellung des Hl. Petrus ersetzt.

Der Relieffries thematisiert die beiden Feldzüge gegen die Daker, die in einer Art ununterbrochener räumlicher Abfolge in 155 Szenen geschildert werden. Zwischen den Feldzügen findet sich die Darstellung einer Siegesgöttin, die auf einen Schild die Erfolge Trajans niederschreibt und von reicher Waffenbeute umrahmt ist. Die chronistische und dokumentarische Sorgfalt dieser großartigen Bilderzählung ist bemerkenswert und gestattet eine Betrachtung der differenzierten Gliederung der römischen Kriegsmaschinerie.

Neben den eigentlichen Schlachtszenen, Belagerungen, Kapitulationen, Gefangennahmen usw. finden sich auch Momentaufnahmen, die den Bau von Heerlagern oder Straßen, Ansprachen des Kaisers an die Truppen oder die Buß- und Versöhnungsopfer schildern. Erstaunlich viel Raum bleibt den feindlichen Dakern vorbehalten, deren berühmter Fürst Decebalus mehrfach erscheint, bis hin zu der dramatischen Szene seines Freitods, den er wählte, um angesichts der unvermeidlichen Niederlage nicht in römische Gefangenschaft zu kommen.

Trajan ist natürlich in einer größeren Anzahl von Episoden dargestellt; ungefähr 60 zeigen ihn bei der Ausübung seiner verschiedenen Führungsaufgaben. Diese häufige Abbildung des Kaisers bezeugt die subtile Mischung von Ideologie und Realität, von kalkulierter Propaganda und mehr oder weniger treuer Nachbildung der Kriegsereignisse, die die gesamte Konzeption der Säule kennzeichnet.

Die Art, in der Trajan hier dargestellt wird, scheint unter stilistischen und ideologischen Gesichtspunkten eine rationale und ausgewogene Charakterisierung des Princeps zu sein. Dies trifft sicherlich zu, wenn man die Aufmerksamkeit auf die fehlende Emphase richtet, die Trajans Gestalt in jeder einzelnen Episode kennzeichnet. Berühmt sind in diesem Zusammenhang die Szenen, in denen er mit seinem Generalstab ohne symbolische oder proportionale Überzeichnung im Verhältnis zu seinen Untergebenen abgebildet ist.

Allerdings erweist sich diese Nüchternheit, die in der modernen Geschichtsschreibung fast zu einem Gemeinplatz geworden ist, als weniger überzeugend, wenn man sich die Gesamtkonzeption des Bildfrieses vor Augen führt – und des Kontextes, in dem er inhaltlich steht. Wie wir bereits ausgeführt haben, handelt es sich um ein städtebaulich-monumentales Gebilde, das entworfen wurde, um als Resonanzboden für die absolute Macht des Kaisers zu dienen.

Eine der berühmtesten Episoden innerhalb des Frieses ist die Schilderung des Selbstmordes des Daker-Fürsten Decebalus. Durch die Verbindung des ebenso verzweifelten wie auch stolzen Freitodes des Anführers der Daker mit dem Motiv der heranstürmenden römischen Verfolger auf engstem Raum wurde eine Atmosphäre höchster Spannung erzeugt.

Unter diesem Gesichtspunkt scheint die kritische Deutung der Trajans-Säule von Ranuccio Bianchi Bandinelli einer genaueren Analyse nicht standzuhalten. Dies betrifft vor allem die behauptete künstlerische Autonomie desjenigen, den Bianchi Bandinelli den „Meister der Unternehmungen Trajans" nannte; in diesem Zusammenhang geht er davon aus, daß es sich bei dem ersten Verantwortlichen und Koordinator der Bildhauerwerkstätten, die den großen spiralförmigen Fries der Säule ausgeführt haben, um den bereits erwähnten Apollodorus von Damaskus handelt.

Betrachtet man die stilistische Einheitlichkeit des Reliefzyklus, so wird klar, daß es einen solchen Leiter der Arbeiten gegeben haben muß. Da aber die Bildergeschichte des Frieses keine eindimensionale Interpretation erlaubt, gelangte Bianchi Bandinelli darüber hinaus zu der Auffassung, daß der

Zusätzlich zu den teilweise kühnen künstlerischen Formulierungen beinhalten die Darstellungen der Trajans-Säule auch eine wichtige dokumentarische Komponente. Dies veranschaulicht die akribisch genaue Schilderung der Ereignisse dieses Ausschnitts aus dem Fries. Das untere Register zeigt die Überquerung der Donau über eine Pontonbrücke. Links darüber wird eine Adlocutio, eine Ansprache des Feldherren an seine Truppe, und daran anschließend die Errichtung eines Militärlagers geschildert.

Künstler bei der Ausführung weitgehende schöpferische Freiheit genoß und weitgehende Unabhängigkeit vom kaiserlichen Auftraggeber besaß.

Zur Unterstützung dieser These führte er vor allem die berühmte, bereits erwähnte Szene des Selbstmords von Decebalus an und die darin zum Ausdruck gebrachte bewegte Anteilnahme. Seiner Ansicht nach zeigt sich hier der tiefe Respekt gegenüber dem schmerzlichen Schicksal des Besiegten und der heroischen Würde seiner extremen Tat. Apollodorus von Damaskus – der Sohn eines Landes, das bereits seit langer Zeit Rom unterworfen war – habe für die Person des Decebalus ein tiefes Mitgefühl empfunden, das sich sowohl auf die emotionale Anteilnahme an seinem Schicksal wie auf die gemeinsame „ideologische Position" eines durch die Römer unterdrückten Volkes gründete. Und wie jeder große Künstler, so fuhr Bianchi Bandinelli fort, habe der Damaszener vor allem im Namen der eigenen ästhetisch-intellektuellen Ansprüche in einem Klima aufgeklärter Toleranz gearbeitet. Dadurch sei ein weiteres Licht der Harmonie und der Weisheit auf Trajan selbst gefallen, der auch auf diese Weise den Mythos des Princeps optimus nährte.

Für Bianchi Bandinelli stellte die Arbeit des von ihm so genannten „Meisters der trajanischen Unternehmungen" eine glänzende Ausnahme im Panorama der römischen Kunst dar, und die Grundlage seiner Überzeugung war die Vorstellung, daß sich der Künstler dank der besonderen Eigenschaften des Monuments einen konkreten Handlungsspielraum erlauben und darin seine künstlerische Originalität beweisen konnte. So glich laut Bianchi Bandinelli – nachdem das hohe Niveau des Säulenreliefs erst einmal anerkannt war – sein „Meister" eher einem am Modell formaler Autonomie der Renaissance oder der Avantgarde des 20. Jahrhunderts orientierten Künstler als dem exzellenten Experten in der Ausübung eines künstlerischen Handwerks, wie er für die antike Kultur typisch war.

Abgesehen davon, daß die Identität des Leiters der Arbeiten bis heute nicht eindeutig festgestellt werden konnte, lassen verschiedene Gesichtspunkte diese Theorie heute ziemlich brüchig erscheinen. Der „Respekt für den besiegten Feind" zum Beispiel steht, wie Hölscher nachwies, in einer bestimmten stilistischen und gestalterischen Traditionslinie. Sie geht – wie übrigens Bianchi Bandinelli selbst anerkannt hatte – auf den Hellenismus zurück, was man unter anderem an den berühmten Statuen *Der Sterbende Gallier* (Rom, Museo Capitolino) und der sogenannten *Galliergruppe Ludovisi* (Rom, Museo delle Terme), die einen Gallier zeigt, der nach verlorener Schlacht sich und seine Frau tötet, erkennen kann.

Je stärker man den Wert oder auch die moralische Statur der Besiegten hervorhebt, desto ruhmreicher – wegen der überwundenen Schwierigkei-

Schilderung der Suovetaurilia, des vor Beginn einer Offensive durchgeführten rituellen Opfers. Im unteren Teil der Darstellung werden ein Schwein und ein Schaf zur Opferstätte gebracht. Der ebenfalls bei diesem Opfer vorgesehene Stier fehlt auf diesem Ausschnitt. Innerhalb der Stadt wird der Kaiser mit verhülltem Haupt vor dem Altar bei der Durchführung einer Libation, eines Trankopfers, gezeigt.

Auch wenn die spiralförmige Anordnung des Bildfrieses der Trajans-Säule eine detaillierte Lektüre nicht immer begünstigte, so vermochte der materielle und dekorative Reichtum dieses Monuments eine überwältigende Wirkung auf das antike Publikum auszuüben.

ten – erscheint das Unternehmen der Sieger. Daß der Bildfries die Selbsttötung des Decebalus schildert, ist nicht – jedenfalls nicht nur – ein großzügiger Akt des Mitgefühls gegenüber dem Anführer der Daker, sondern vielmehr eine entschieden propagandistische Betonung der Virtus, der moralischen wie politischen Tüchtigkeit des römischen Kaisers.

Auch die Tatsache, daß das Bildrelief nicht kontinuierlich und vollständig gelesen werden kann, wurde von Settis anders als durch Bianchi Bandinellis Autonomie-These begründet. Das antike Publikum kannte natürlich zum einen die militärisch-politischen Ereignisse, die die Säule darstellte. Zum andern aber war ihm – trotz der nicht in Frage gestellten Neuheit des „Stils" der Säule – auch die Art der Darstellung vertraut, beispielsweise durch die Monumentalmalerei des republikanischen Zeitalters mit ihren sich überlagernden Szenen.

Folgt man bei der Betrachtung der Säule nicht nur dem sich hinaufziehenden Reliefband, sondern achtet auch auf die vertikalen Achsen, also auf die jeweils übereinanderstehenden Bilder, so fällt eines besonders auf: Gerade die Szene der Selbsttötung des Decebalus – die natürlich in einer Windung hoch oben angesiedelt ist, da es sich fast um die Schlußszene des zweiten Feldzugs gegen die Daker handelt – liegt exakt auf einer Achse mit der allegorischen Darstellung der Siegesgöttin, die die beiden Kriegszüge voneinander trennt (aber auch vereint), sowie mit einer etwas rätselhaften Szene der zweiten Windung, die Trajan angesichts eines günstigen Vorzeichens zeigt.

Sicher nicht zufällig ist eben diese senkrechte Achse auf genau der Seite angeordnet, die auf den Tempel des Divus Trajanus zeigt. Auch andere Episoden in dieser Vertikalen bilden eine zusammenhängende Abfolge, die auf den günstigen Ausgang der Dakerkriege deutet und wiederum auf den kaiserlichen Ruhm hinweist, was den Schluß zuläßt, daß der Bilderfries – wie die gesamte Anlage des Forums – einer propagandistischen Lobpreisung des Princeps dient.

Dieser Propaganda-Effekt wird darüber hinaus durch den symbolischen Wert des Trajansdenkmals selbst unterstützt. Zur Deutung der einzelnen Bilder des Reliefs – gleich in welcher Abfolge, vertikal, schräg oder auch nach dem Zufallsprinzip – kommt die Wahrnehmung der Säule als eigenständiges „ideologisches Zeichen" hinzu. Sie „verkörpert" in ihrer Gestalt, aufgrund ihrer Position auf dem Forum und nicht zuletzt durch das auf ihr angebrachte Bronzebild Trajans die Figur des Kaisers als Feldherr und Führer des Heerlagers – und damit des gesamten Staates.

Wer sich ausführlich über die Dakerfeldzüge unterrichten wollte, konnte dies in eben den die Säule flankierenden Bibliotheken tun, in denen sich sicherlich die vom Kaiser selbst verfaßten Commentarii de bello Dacico befanden, die leider verlorengegangen sind. Welcher Deutung auch immer der Betrachter den Vorzug gab – die Symbolik der Säule verlangte in jedem Fall die Glorifizierung Trajans als Ausgangs- wie als Schlußpunkt. Ihre Konzeption beruht auf der Verherrlichung des Kaisers und ließ damit nur einen geringen Spielraum für die Autonomie des Bildhauers.

Daß man im Werk des unbekannten Schöpfers der Trajans-Säule eindeutig Aspekte erkennen kann, die den politischen Anforderungen des kaiserlichen Hofes entsprechen, schmälert natürlich nicht – zumindest nach unserer Auffassung – den künstlerischen Wert des Bildfrieses. Gerade die außergewöhnliche kompositorische Aufteilung und die ausgewogene Beachtung der ideologischen Strategie durch die Bilder stellen ein einheitliches Kunstwollen dar, um diese berühmte Definition von Alois Riegl zu zitieren. Es ist ein Kunstwollen, das sicherlich aus Propagandazwecken für das Regime entstanden ist und das unmittelbarer Ausdruck einer ideologischen Übereinstimmung zwischen Trajan und dem genialen Schöpfer der Säule ist, der die Leitlinien des kaiserlichen Handelns teilte.

Das Trajans-Forum war also ein eindrucksvolles System der Selbstdarstellung, um das römische Volk im Zaum zu halten. Dieses war im übrigen äußerst gerne bereit, sich mit der Macht und ihrer Propaganda zu identifizieren, auch weil objektiv gesehen praktikable Alternativen fehlten.

Unsere allgemeine Bewertung des Trajans-Forums scheint auch durch eine rein formale Stilanalyse der Säulenreliefs bestätigt zu werden. Auf dem spiralförmigen Fries zeigt sich eine gelungene Durchdringung der naturalistischen, griechisch-hellenistischen Auffassung und das Bemühen um eine pragmatische Klarheit der Erzählung, wie sie für die römische Mentalität typisch waren.

Ein erster wichtiger Anhaltspunkt dafür ist, daß typisch bildhauerische Eigenschaften mit typisch malerischen verschmolzen wurden. Die plastischen Wirkungen, die trotz der sehr geringen Tiefe des Reliefs erzielt werden, harmonisieren vollkommen mit der Tendenz, sich überlagernde, räumlich-proportionale Ebenen einzuführen. Mit diesem zuletzt genannten Kunstgriff, der eindeutig aus der Maltechnik stammt, vermeidet der Künstler, daß jede Windung der Säule einem einheitlichen Raum entspricht, denn nur in seltenen Fällen entspricht die Höhe des Bandes der der menschlichen Figuren. Gleichzeitig geht es dabei darum, die Konvention zu überwinden, die die Einbettung jeder einzelnen Episode in einen neutralen Hintergrund als bindend ansah – wie es vor allem für das Relief des archaischen und des klassischen Griechenlands kennzeichnend war.

Natürlich ist nicht gesichert, ob mit der Trajans-Säule zum ersten Mal in der antiken Welt so ausgeprägt malerische Elemente in die Reliefkunst eingeführt wurden. Eines der ältesten erhaltenen Beispiele, das diese Stilsprache nutzt, ist der sogenannte Kleine Fries des Pergamonaltars, der den Mythos von Telephos thematisiert und auf die Mitte des hellenistischen Zeitalters, also ins 2. Jahrhundert v. Chr. datiert wird. Doch gerade der Vergleich zwischen der leider nur noch fragmentarisch erhaltenen Telepheia des Pergamonaltars und den Reliefs auf der Säule weist außer der unleugbaren Verwandtschaft auch deutliche Unterschiede auf. In dem kleinen Altarfries wurde bei der Anordnung der Szenen auf mehreren Bändern stets das Prinzip der räumlichen und zeitlichen Einheit verfolgt, wie zum Beispiel in der berühmten Episode des Schiffes der Athene-Priesterin Auge, die von oben – aus einem höheren Register – den Schiffsbau beobachtet. Umgekehrt finden sich auf der Säule häufig Szenen, die innerhalb eines

Der sogenannte Große Trajanische Fries, der Anfang des 4. Jahrhunderts als Spolie am Konstantins-Bogen wiederverwendet wurde, zeigt Trajans Siege über die Daker. Die hier abgebildete Szene scheint sich in der Schilderung der Wucht des Angriffs an älteren Darstellungen der Kriegstaten Alexanders des Großen zu orientieren.

Rechtecks angeordnet sind, bei denen aber die Anwendung einer ähnlichen gestalterischen Einheit vollkommen fehlt.

Eines der besten Beispiele in diesem Sinne stellt die feierliche Opferung dar (Szene CIII), die von Trajan in einem Heerlager vollzogen wird, die Zeremonie der Suovetaurilia, während derer ein Schwein, ein Schaf und ein Stier geopfert werden, die zunächst auf einer rituellen Strecke rund um den zu läuternden Bereich geführt werden. Die Szene ist gespalten – sowohl unter räumlich-perspektivischen als auch unter erzählerischen Gesichtspunkten. Aus der Vogelflugperspektive wird der Kaiser zusammen mit anderen Personen innerhalb des Castrum dargestellt, während er mit bedecktem Haupt, wie der strenge römische Ritus es vorschreibt, auf dem Altar ein Trankopfer vollzieht; der Umzug mit den zur Opferung bestimmten Tieren, die außerhalb der Lagermauern entlang der Befestigung ihre Runde gehen, ist hingegen nicht mehr von oben, sondern frontal gesehen.

Auf derselben Tafel stehen also nicht nur zwei entgegengesetzte räumliche Konzeptionen nebeneinander, sondern mit großer Wahrscheinlichkeit auch zwei zeitlich verschiedene Momente der Zeremonie. Die Opferhandlungen werden erst mit dem Einzug des gesamten Zuges und der Opfertiere in das Castrum beginnen, wenn der Rundgang um die Befestigungsmauern abgeschlossen sein wird. Offenbar sollte unmißverständlich verdeutlicht werden, daß es sich um dieses spezielle Opfer mit seinen fundamentalen und bedeutsamen religiösen und rituellen Vorrechten handelte.

Derartige Stilmittel hatten sich schon in der römischen Kunst des republikanischen Zeitalters gezeigt, wie etwa am sogenannten Altar von Domitios Akenobarbus Ende des 2. Jahrhunderts v. Chr. Obwohl der Künstler der Trajans-Säule sich bei der Ausführung zahlreicher Szenen am Formempfinden des hellenistischen Naturalismus orientierte, verzichtete er wie im Falle der Suovetaurilia offenbar dort darauf, wo es mit dem übergeordneten Interesse an einer leichten Entschlüsselung des Inhalts durch das breite Publikum kollidierte, für das das Monument bestimmt war.

Damit hätten wir nicht nur einen entscheidenden Punkt der stilistischen Konzeption des Frieses, sondern auch der grundlegenden Funktionsmechanismen der römischen Kunst als solcher erkannt. In ihr herrscht nämlich das Bemühen vor, eine Botschaft klar und deutlich zu übermitteln, unabhängig von der Einheitlichkeit des Stils. Dies heißt natürlich nicht, daß die Römer nicht jeweils aufmerksam prüften, welcher Stil – oder welche

Detail des berühmten Alexandermosaiks aus dem Haus des Fauns in Pompeji. Der Bildausschnitt zeigt den großen Makedonenkönig auf seinem Leibpferd Bukephalos. Die wiederholten Darstellungen seiner Heldentaten in den unterschiedlichen Kunstgattungen illustrieren seine Vorbildfunktion für die gesamte Antike. Neapel, Museo Nazionale Archeologico

Stilmischung – für die speziellen Zwecke der „Botschaft durch Bilder“ benutzt werden sollte. Unter diesem Gesichtspunkt erhält gerade der oft gescholtene Eklektizismus der Römer – weit davon entfernt, eine willkürliche Geschmacksschwankung zu sein – eine inhaltliche Bedeutung von hohem Wert.

Der unbekannte Schöpfer hatte zu dem Zeitpunkt, als er mit dem Entwurf und der Ausführung des Frieses begann, ein umfangreiches Erbe an formalen Vorbildern zur Verfügung, das sich über mehr als ein halbes Jahrtausend Geschichte erstreckte. Wie wir gesehen haben, existieren auf der Säule naturalistische und symbolische Ansätze nebeneinander, die sich beide aus einer umfassenden ikonographischen, motivgeschichtlichen Tradition herleiten. Es wurde dabei darauf verzichtet, das Monument stilistisch einheitlich zu gestalten – eine Vorgehensweise, die von einer Epocheneinteilung weit entfernt ist. Wenn von Einheitlichkeit gesprochen werden kann, so vielmehr in Hinsicht auf das fortwährende Bemühen um die Klarheit der Erzählung, bei der stilistische Schwankungen in Kauf genommen wurden. Selbstverständlich hat die Bestimmung typischer Stilmerkmale jeder Epoche der römischen Kunst viel dazu beigetragen, die zahlreichen Werke zu datieren, zu denen oft der Kontext fehlt. Daß eine stilistische Heterogenität, eine Uneinheitlichkeit, die streng inhaltlichen Anforderungen dient, dem vorherrschenden Kunstwollen der römischen Kunst entsprach, kann auch anhand eines anderen „offiziellen“ Frieses des trajanischen Zeitalters gezeigt werden.

Der Große Trajanische Fries

Es handelt sich um ein bildhauerisches Ensemble, dessen ursprünglicher Platz – vielleicht das Trajans-Forum – leider ungewiß ist und das später in der Attika und im Inneren des Konstantins-Bogens wiederverwendet wurde. Auch bei diesem Relief, das – auch wegen seiner eindrucksvollen Dimensionen von etwa drei Metern Höhe über einer erhaltene Länge von mehr als 18 Metern, doch ursprünglich gewiß noch länger – als Großer Trajanischer Fries bezeichnet wird, ist das Sujet die Lobpreisung der siegreichen Feldzüge des Kaisers gegen die Daker.

Die erhaltenen Reliefs lassen eine Erzählung mit drei grundlegenden, nebeneinanderstehenden Hauptthemen erkennen: eine militärische Aktion des römischen Heeres bei der grausamen Eroberung eines Dorfes der Daker, deren abgeschlagene Köpfe zum Teil gezeigt werden; eine von Trajan selbst angeführte Reiterschar, gefolgt von Bannerträgern, Trommlern und anderen Reitern und von Feinden, die in dramatischer Weise sterbend oder bereits tot auf dem Boden liegen; und der triumphale Einzug des Kaisers in Rom, akzentuiert durch eine geflügelte Siegesgöttin, die ihn krönt, und durch eine Virtus-Allegorie im Amazonengewand als Versinnbildlichung der kaiserlichen Stadt.

Interessant ist bereits, daß die Gestalt Trajans innerhalb der Bilderzählung wiederholt wird. Noch interessanter aber ist in der Episode mit der Reiterschar das ideologische und ikonographische Modell, das die Grundlage der Kaiserdarstellung bildet. Es handelt sich um den überwältigenden Siegeseifer der Truppen Alexanders des Großen in ihren Schlachten, die in einer umfangreichen antiken Tradition dargestellt wurden, von der vor allem das berühmte Mosaik aus dem Haus des Fauns in Pompeji bekannt ist.

Das Bild des Kaisers auf der Trajans-Säule nimmt Züge einer zurückhaltenden Gelassenheit an, zum Beispiel in der Art, mit der Trajan in der Szene XCVII eine Feldschlacht führt. Die auf dem Großen Trajanischen Fries gesuchte Wirkung ist eine andere. Hier herrscht eine rhetorische Emphase vor, die zwar mit lockeren Zügeln gehandhabt wird, aber durch eine starke Dynamik, die nicht sehr weit vom Formdiktat des sogenannten hellenistischen Barock Pergamons entfernt ist, gekennzeichnet ist.

Leider ist die Bestimmung dieses monumentalen Frieses unbekannt. Aber es scheint fast, daß er so ausdrücklich auf die Heldengeschichte Alexanders des Großen Bezug nimmt, daß Trajan mit jenem verschmilzt – eine eindringliche Bekräftigung des kaiserlichen Strebens nach der absoluten Herrschaft.

Säule und Großer Fries scheinen also zwei unterschiedliche, sich jedoch ergänzende stilistische Ansätze darzustellen, die demselben Ziel – der Glorifizierung des Kaisers – dienen. Während derselben Epoche und in denselben Auftraggeberkreisen existieren also unterschiedliche Kunst- und Formsprachen nebeneinander, die sorgfältig, je nach Zweck der zu transportierenden Botschaft, eingesetzt werden.

Bezeichnend ist in diesem Zusammenhang die Herkunft der beiden Bildzyklen aus derselben Werkstatt, die man aufgrund der engen Verwandtschaft in der Ausführung typischer Elemente und Details annimmt. Diese Tatsache unterstützt die These, daß das Bemühen um die pragmatische Klarheit der inhaltlichen und ideologischen Aussagen den Vorrang vor der abstrakten Einheitlichkeit des Stils genoß. Dieselbe Künstlerwerkstatt benutzte in der Tat problemlos unterschiedliche Stilsprachen, die einmal am Pathos des orientalischen Hellenismus orientiert waren, einmal an einem verhalteneren Klassizismus der Komposition und einmal an einer symbolisch getönten Erzählung. Dies hing offensichtlich mit den Absichten der Auftraggeber zusammen. Diejenigen, die für die materielle Ausführung des Frieses verantwortlich waren, konnten also keinen – damals kaum vorstellbaren – Anspruch auf stilistische Einheitlichkeit erheben, wie sie ja zum Teil der griechischen Tradition eigen gewesen war.

Die Trajans-Märkte

Die Trajans-Märkte, ein geniales Ensemble von Zweckbauten, das Apollodorus von Damaskus zu verdanken ist, stellten eine inhaltliche und funktionale Ergänzung des Forums dar. Auch wenn man durch die Stempel der Ziegelsteine nachweisen konnte, daß die Errichtung der Marktgebäude der des Gerichtsplatzes vorausging, ist die planerische Einheit des Komplexes dennoch sicher und wird durch die Tatsache garantiert, daß die Trajans-Märkte sich organisch über mehrere Ebenen des Quirinalshügels erstreckten. Ein weiterer Beweis liegt darin, daß an der Stelle, wo Forum und Marktgebäude sich am nächsten kamen, in beiden Anlagen dasselbe Kompositionselement vorhanden war, das auf einer großen, halbrunden Exedra aufbaute.

In dem Halbrund der Ziegelsteingebäude der Trajans-Märkte, die an den Seiten wiederum durch zwei halbrunde Räume abgeschlossen wurden, verteilten sich zehn Läden (mit Türen in Travertin und Gewölbedecken), über denen eine Reihe eleganter Bogenfenster einem überdachten Gang Licht gaben, an dem sich eine weitere Gruppe von Läden aneinanderreihte.

Auf einer noch höheren Ebene (die Gebäudeteile der Märkte waren durch Hallen und innere Verbindungswege miteinander verbunden) befand sich eine Straße, kurvenreich und abfallend, die von weiteren Geschäften gesäumt wurde. Sie, oder zumindest ein Teil davon, diente dem Ausschank von Getränken, worauf im übrigen der mittelalterliche Name der Straße, Via Biberatica, hinweist. Von dieser Straße führte eine steile Rampe zu einer großen Halle, die von sechs bemerkenswert kühnen Kreuzbogengewölben auf Konsolen, also Mauervorsprüngen aus Travertin, überspannt war. In dieser hellen Umgebung, vielleicht der antike Haupteingang der Märkte, öffneten sich zwei weitere Stockwerke mit Geschäften (tabernae), während sich in Richtung Süden noch eine Reihe mit Räumen wiederum über zwei Stockwerke erstreckte, in denen sich vielleicht die Verwaltungsräume des gesamten Komplexes befanden.

Diese große Anlage, die sowohl dem Großhandel mit seiner vorwiegend staatlichen Verwaltung wie auch dem Einzelhandel diente, beweist die planerische Anpassungsfähigkeit des Apollodorus von Damaskus. Neben dem streng axial und frontal ausgerichteten Schema des Forums gelang ihm hier ein architektonischer Komplex, der durch lebhafte, doch niemals willkürliche Asymmetrien bewegt wurde, die perfekt in das unebene Gelände des Hügels eingefügt waren und durch die Verwendung der Architekturelemente Bogen und Gewölbe sowie des Baumaterials Zement möglich wurden. Er ist ein Beleg für die städtebauliche Tendenz, wirtschaftliche und kommerzielle (d. h. nicht-repräsentative) Einrichtungen vom Forum Romanum zu entfernen, eine Entwicklung, die bereits in spätrepublikanischer Zeit eingesetzt hatte.

Die Trajans-Märkte bestätigten die Geschicklichkeit Trajans in der Verwaltung öffentlicher Angelegenheiten: Die enorme Baumaßnahme war gemeinsam mit dem nach ihm benannten Forum sicherlich ein außerordentlicher Multiplikator seiner Image-Politik. Denn sie stellte die Lösung eines für eine Stadt wie Rom ernsthaft vorhandenen Problems, nämlich der Versorgung insbesondere mit Lebensmitteln, dar. Zudem ging sie – in einer Symbiose von guter Regierung und demagogischer List, die das politische Handeln des Optimus princeps sowie seine umsichtige Verwendung von Kunst und Architektur auszeichnete – gewiß einher mit einem starken Bedarf an Arbeitskräften, bis heute eines der besten Mittel zur Erzeugung von gesellschaftlichem Konsens.

Ästhetische und ideologische Aspekte des Philohellenismus Kaiser Hadrians

Nach fast 20 Herrschaftsjahren des spanischen Kaisers folgte ihm im Jahre 117 Hadrian, sein Cousin, der im Jahre 76 ebenfalls im spanischen Italica geboren war und seit dem Tod seines Vaters im Jahre 85 in Trajans Haus in Rom lebte. Hadrian, der bis 138 im Amt blieb, war eine außerordentlich komplexe Gestalt; sein Name verbindet sich vor allem mit seiner erklärten Bewunderung für die hellenistische Zivilisation, die ihm sogar bei der Führung des Reiches als Vorbild diente.

Da zum Zeitpunkt seiner Machtübernahme das Römische Reich durch innere Unruhen, äußere Bedrohungen und finanzielle Krisen stark geschwächt war, beendete Hadrian die Expansionspolitik, der noch Trajan und seine Vorgänger verpflichtet gewesen waren, und bemühte sich, die Lage des Imperiums zu stabilisieren. Er gab einige Provinzen im Osten auf und steckte im Norden durch den Ausbau des Limes in Germanien sowie die Errichtung des Hadrianswalls in Britannien endgültige Grenzen ab. Lediglich in Judäa ließ er 134–135 einen Aufstand unter Bar Kochba, den er selbst durch mangelndes religiöses Einfühlungsvermögen mitverschuldet hatte, blutig niederschlagen.

Innenpolitisch war Hadrian eher liberal eingestellt, er befolgte Trajans Aussöhnungs- bzw. Integrationspolitik gegenüber dem Senat, veranlaßte eine Neuorganisierung der Verwaltung und bereiste fast jede Provinz, um sich persönlich ein Bild von der Lage zu machen.

Hadrian war ein gebildeter und feinsinniger Herrscher – wozu das Versagen in Judäa und das spätere Todesurteil über Apollodorus, auf das wir noch zurückkommen, nicht recht passen will –, der selbst persönliche Ambitionen als Dichter und Architekt besaß; seine Lyrik und seine Prosawerke in Griechisch wie Latein sind durchaus literarisch anspruchsvoll zu nennen. Eines seiner wichtigsten Verdienste liegt in der politisch-ideologischen Ausgewogenheit, mit der er seine deutliche Vorliebe für den mediterranen Orient handhabte. Er ließ sich nie dazu verleiten, ein Image anmaßender Autokratie anzunehmen, das durch Extrembeispiele des hellenistischen Griechentums bereits vorgegeben war.

Deutlich wird dies in der besonderen Verehrung Hadrians für Athene, die er der Göttin Roma vorzog, wodurch er sich die Kritik der ultrakonservativen Senatorenkreise eintrug. Während seines Aufenthalts in Athen, der Symbol-Stadt des Griechentums schlechthin, bekleidete er im Jahre 112 unter anderem das alte und ehrwürdige Amt des Archonten, ein Richteramt, dessen Blütezeit die Zeit der Polis war, bevor Athen in makedonische Hände fiel.

Solche Entscheidungen Hadrians waren nicht allein Frucht einer ästhetisierenden Haltung, sozusagen der sentimentale Abschied von einem kulturellen Programm, das einem Mann teuer war, den das Los getroffen hatte, zum Herrscher des Imperiums gewählt worden zu sein. Hadrians Haltung war wesentlich auch das Ergebnis seiner Bemühungen, bei der konkreten Ausübung seiner Macht auch die einflußreichen und sehr wohlhabenden orientalischen Eliten des Reiches einzubeziehen.

Vorrangiges Ziel war und blieb für Hadrian der Zusammenhalt des Imperiums. Dieses Ziel verfolgte er einerseits mit Hilfe einer sorgfältig eingesetzten Dosis Philohellenismus, der im südlichen Orient Konsens schaffen sollte, und andererseits mit einer relativ ideologischen – in gewisser Weise sogar „anti-tyrannisch" ausgerichteten – Zurückhaltung in der Wahl seiner politischen und künstlerischen Vorbilder, die im restlichen Reich und vor allem in Rom Akzeptanz finden sollten. Allerdings zeigt bereits ein Blick auf die wichtigsten von Hadrian in Rom errichteten Bauwerke, wie stark auch bei ihm das Bemühen vorherrschte, ein unerschütterliches Bild der Macht zu bieten.

Gegenüberliegende Seite, oben:
Ansicht der Längsseite des Pantheons auf einer Zeichnung aus dem 19. Jahrhundert. Der von Hadrian errichtete Bau ersetzte die von Agrippa, dem Freund und späteren Schwiegersohn des Augustus, im Jahre 27 v. Chr. erbaute Vorgängeranlage. Dieser ursprüngliche Tempel war den zwölf Himmelsgottheiten geweiht und zugleich auf den dynastischen Kult des Augustus zentriert. Bei dem hadrianischen Neubau wurde trotz der veränderten Ausrichtung des Baukörpers diese Weihung beibehalten. Paris, École Nationale Supérieure des Beaux-Arts

Unten:
Der Neubau des Pantheons unter Hadrian wurde durch die Zerstörung der Anlage aus augusteischer Zeit bei einem Brand vorbereitet. Hadrian nutzte diese Gelegenheit gekonnt zur Inszenierung einer Kontinuitätslinie zum Begründer des Prinzipats. Dies belegt der sorgfältige Wiedereinbau der Dedikationsinschrift Agrippas. Der hadrianische Neubau besteht aus einer Säulenvorhalle, die den Bereich des ehemaligen Tempels bedeckt, einem aus Ziegel gemauerten Zwischenbereich und der majestätischen Rotunde.

Die Begeisterung Kaiser Hadrians für die griechische Bildhauerkunst dokumentiert diese Statue, die sich motivisch an einem vom griechischen Bildhauer Alkamenes wohl um 420 v. Chr. geschaffenen Kultbild des Ares-Tempels in Athen orientiert und mit einem Porträtkopf des Kaisers versehen wurde. Rom, Museo Capitolino

Das Pantheon

Die von Giorgio Gullini vertretene Behauptung, daß die hadrianischen Bauwerke in ausdrücklichem Gegensatz zu den trajanischen Vorbildern gestaltet seien, trifft nur teilweise zu. Insbesondere bei den öffentlichen Monumenten blieben die entscheidenden symbolischen und ideologischen Mechanismen fast unverändert. Das zeigt sich z. B. am Pantheon, das zu den repräsentativsten Bauten der Epoche Hadrians gezählt werden muß. Die stilistische Uneinheitlichkeit des Baus wurde oft beklagt. Er sei die Vermischung einer griechisch inspirierten Säulenfassade mit einem Innenraum, dessen stark monumentale Wirkung eher der römischen Tradition folgte. Allerdings muß dieses Urteil abgeschwächt werden, denn die Außenansicht, die man heute von dem Gebäude hat, stimmt nicht mit der antiken überein. Die heutige gleichzeitige Sicht auf die Vorhalle und die aus dem Tambour (dem zylindrischen Unterbau) und der Kuppel geformte Anlage wurde damals dank der beiden seitlichen Säulengänge vermieden, die die Fassade einrahmten und so den dahinterstehenden Baukörper verdeckten. Der Hadriansplatz war vor allem sehr viel größer als heute, mit Maß und Größenverhältnissen, die einen harmonischen Eindruck vermittelten.

Dennoch zeigt das Bauwerk Hadrians tatsächlich eine Zwiespältigkeit des Stils. Möglicherweise ist dieser Mißklang das Ergebnis des Versuchs, Hadrians Philohellenismus mit beschwörendem Ton und das großartige, politisch-propagandistische Instrument der kolossalen Rotunde als Übermittlerin der ideologischen Botschaft miteinander in Einklang zu bringen.

Das Innere des Pantheons wurde „römisch" konzipiert, um durch seine eindrucksvolle, halbrunde Kuppel, deren Durchmesser der Höhe des gesamten Gebäudes entsprach, ein Bild geometrischer Perfektion vorzuspiegeln. Die Gesamtheit der Beziehungen zwischen den verschiedenen Bauteilen und die äußerst kontrollierten Rhythmen der Komposition, die auf Regelmäßigkeit und Symmetrie ausgerichtet sind, erzeugten den Eindruck räumlicher Beständigkeit.

Eine solche Architektur übertrug die Wünsche und Hoffnungen auf Stabilität, die für die römischen Kaiser bezeichnend waren, in eine gleichzeitig gegenständlich faßbare wie geistig erfahrbare Botschaft von der Aeternitas imperii, dem erhofften ewigen Bestehen des Reiches. Dies geschah ebenso politisch unmißverständlich wie ideologisch nachdrücklich. Der im Pantheon verfolgte Allmachts-Anspruch auf Uneingeschränktheit und Allgewalt fand seinen deutlichsten Ausdruck in der zwar unterschwelligen, aber eindringlichen Gleichsetzung der enormen Kuppel mit dem Himmelsgewölbe, woran auch Cassius Dio in einer berühmten Passage (LIII, 27) erinnerte. Dieser Bezug wurde durch die fast neun Meter große, runde Öffnung erleichtert und suggeriert, die ohne jeden Fensterschutz direkten Kontakt zum Himmel herstellt.

Ein weiterer Aspekt, der aus dem Pantheon ein Bauwerk von außerordentlicher Bedeutung macht, ist zweifellos die bemerkenswerte bautechnische Leistung. Sie ging übrigens auf eine architektonische Tradition zurück, die in der römischen Welt zuvor schon in Werken wie den Rotunden der Thermen von Baiae und von Rom selbst angewendet worden war. Einer der bedeutendsten Kunstgriffe dabei ist die exakte Berechnung der hohlen und der vollen Bauteile, die es ermöglichte, daß der Tambour das Gewicht der enormen Kuppel überhaupt tragen konnte. Dies glückte, weil sie einen Umfang aufweist, der von unten nach oben fortlaufend geringer wird. Filippo Brunelleschi (1377–1446), der Architekt der Florentiner Domkuppel, studierte diese Methode in den Anfängen der Renaissance aufmerksam und fand in der Art, wie gemauert wurde, bei diesem wie bei anderen Gebäuden des antiken Rom viele schöpferische und konstruktive Anregungen.

Sehr interessant ist auch das prächtige Dekor, das größtenteils erhalten ist. Auf dem Boden wie an den Wänden zeichnet es sich durch die Kombination seltener verschiedenfarbiger Marmorarten aus.

IN FLAGELLA
PARATVS SVM

Vorhergehende Doppelseite:
Das ehemalige Mausoleum Hadrians bildet mit seiner markanten Silhouette eine Dominante des römischen Stadtbildes. Das monumentale Bauwerk wurde seit der Spätantike immer wieder als Verteidigungsanlage genutzt. Die heute übliche Bezeichnung als Castello Sant'Angelo, Engelsburg, basiert auf der legendären Erscheinung des Erzengels Michael während einer Pestepidemie im Jahre 590.

Das Mausoleum (Engelsburg)

Eine im wesentlichen analoge Sprache läßt sich in einem anderen Hauptmonument des Hadrian-Prinzipats erkennen, nämlich in dem ganz in Tibernähe entstandenen Mausoleum. Bereits in spätrömischer Zeit wurde es in eine militärische Festung umgewandelt, behielt diese Funktion auch unter den Päpsten bei und wurde unter dem Namen Engelsburg zum Dreh- und Angelpunkt der Verteidigungsanlagen der Vatikanstadt.

Konstruktion mit geringerem Durchmesser erhob, auf der sich eine Bronzequadriga mit der Statue Hadrians erhob.

Der wichtigste Raum im Inneren des Mausoleums war die große, quadratische Grabkammer, wo in Nischen die Asche der Kaiser aufbewahrt wurde, zusammen mit den Büsten der Principes, von denen heute noch ein Kopf Hadrians und seines Nachfolgers Antoninus Pius erhalten sind.

Durch ihre massive Präsenz führte die Engelsburg den Einwohnern der kaiserlichen Hauptstadt

Die im 19. Jahrhundert angefertigte Längsschnitt-Rekonstruktion des hadrianischen Tempels der Venus und Roma auf dem Forum Romanum vermittelt einen Eindruck von der ehemaligen prunkvollen Monumentalität dieses Bauwerks. Der Entwurf dieses zwischen der Maxentius-Basilika und dem Kolosseum gelegenen Bauwerks wurde von Hadrian selbst angefertigt und führte zu einer heftigen Ablehnung durch Apollodor von Damaskus, die er mit seinem Leben bezahlen mußte. Paris, École Nationale Supérieure des Beaux-Arts

Die Engelsburg, die die Asche der Kaiser bis zu Caracalla (211–217) aufnahm, war im Prinzip eine Kopie des Mausoleums des Augustus, an dem sie sich in Bauweise und Form orientierte. Eine große, rechteckige Einfassung aus Ziegelsteinen, die ehemals durch Marmorschmuck verkleidet war, diente als Fundament für den riesigen Tambour des Grabmals. Er wurde mit Füllmauern, Blöcken aus Peperin, Tuffstein und Travertin ausgeführt, die ursprünglich durch eine Brüstung aus Marmor verziert waren. Über dem Tambour wurde ein Erdhügel aufgeschüttet und mit Bäumen bepflanzt, der vollständig von Marmorstatuen umgeben war, über dem sich wiederum eine zentrale

die Unerschütterlichkeit der staatlichen Institutionen vor Augen. Dies wurde vor allem durch die Tatsache deutlich, daß sich Hadrian mit seinem Mausoleum, das erst 139, ein Jahr nach seinem Tod, fertiggestellt wurde, in eine historisch-politische Linie mit Augustus stellte, mit der Absicht, die eigene Position aufgrund dieser Tradition für unerschütterlich zu erklären.

Das Grabmal Hadrians, das dem Grab der julisch-claudischen Dynastie, zu der Augustus zählte, so sehr ähnelte, war nicht dessen Gegenpol, sondern in Bedeutung, Funktion und Typologie sein Zwilling. Das dichte Gewebe raffinierter und doch gleichzeitig sehr verständlicher historischer und symbolischer Verweise auf das Vorbild Augustus' legitimierte die absolute Macht Hadrians und ihr Streben, das System des Kaisertums fortzuführen.

Die Helios-Brücke

Hadrian bemühte sich jedoch nicht nur darum, das ihm übertragene Amt des Princeps, also die autokratische kaiserliche Tradition, zu erfüllen. In seinen Plänen für die städtebauliche Umgestaltung achtete er auch darauf, daß Signale gesetzt wurden, die speziell auf seine Person verweisen, auch im Fall des vatikanischen Mausoleums und des Ponte Elio (Helios-Brücke). Die Brücke erhielt ihren Namen durch Hadrians Familie und wurde gebaut, um das Grabmal jenseits des Tibers mit dem Marsfeld zu verbinden.

Die relativ kurze Straße, die vom Mausoleum abging, führte – wie Eugenio La Rocca gezeigt hat – über die Brücke in genau jenen Bereich, in dem der Kenotaph Agrippas (63–12 v. Chr.) stand, das „Leergrab" oder Ehrenmal also für eben jene herausragende Persönlichkeit der augusteischen Epoche, deren Gedenkinschrift Hadrian am Pantheon bewahrt hatte.

Die auf diese Weise durch städtebauliche Eingriffe hergestellte ideologische, das heißt an der Legitimation der absoluten Macht interessierte, Beziehung zwischen dem Mausoleum Hadrians und dem Grabmal Agrippas zeigt das „dynastische Programm" Hadrians. Sicherlich wollte er das Andenken an die eigene Person für die Nachwelt verewigen, gleichzeitig aber auch eine klare Verbindung zu den früheren Principes und vor allem zu Augustus schaffen, mit dem sich Hadrian zwar nicht in einer Dynastie, wohl aber in der Auffassung vom Kaisertum einig wußte. Die Bestätigung des eigenen persönlichen Ruhms war nur zu erlangen über die deutliche Erhaltung der Tradition.

Der Tempel der Venus und Roma

Wenn diese Ansicht zutrifft, muß man ein anderes wichtiges, unter der Herrschaft Hadrians errichtetes Gebäude unter demselben Gesichtspunkt betrachten, und zwar den gewaltigen Tempel der Venus und Roma. Sein ursprüngliches Aussehen

kann heute immer noch, trotz der ziemlich einschneidenden Veränderungen unter Maxentius und des zunehmenden Verfalls durch einstürzende Gebäudeteile oder Abriß seit dem Mittelalter, rekonstruiert werden.

Offenbar stammt der Entwurf von Hadrian selbst. Um für das Gebäude einen geeigneten Platz zu schaffen, ließ er ein enormes, rechteckiges Podium bauen, wodurch alles zerstört wurde, was vom monumentalen Atrium der Domus Aurea des Nero (54–68) noch übrig war.

Hadrian verfolgte – ebenso wie die flavischen Kaiser und Trajan – ein klares Programm zur Auslöschung der Bauwerke und damit des Andenkens dieses letzten julisch-claudischen Herrschers, der in Ungnade gefallen war. Auch die kolossale Bronzestatue des Nero, die dieser mitten im Eingang zu seinem Palast aufstellen ließ, wurde von Hadrian umgesetzt, und zwar in die Nähe des Amphitheatrum Flavium, das durch sie seinen populären Namen bekam, unter dem es noch heute bekannt ist: das Kolosseum. Für den Transport dieser Statue, mit der Nero seine Gleichsetzung mit dem Gott Helios manifestieren wollte, waren gut zwei Dutzend Elefanten nötig. Ursprünglich plante Hadrian, als symmetrisches Pendant zu dem Koloß des Sonnengottes eine entsprechende Statue der Mondgottheit aufzustellen; doch dieses Projekt wurde nie ausgeführt.

Im Tempel der Venus und Roma erhielten die Längsseiten des Podiums einen doppelten Portikus, der auf beiden Seiten in der Mitte durch Propyläen mit grauen Granitsäulen geöffnet war. Auf diese Weise wurden die beiden eigentlichen Frontseiten des Tempels sichtbar, die auf einer Achse mit den Schmalseiten des Unterbaus angeordnet waren. Der Kultbau befand sich in der Mitte des Unterbaus auf einem niedrigen Sockel, einem eindeutig hellenisierenden Element. Er war von zehn korinthischen Säulen umgeben und hatte als besondere Eigentümlichkeit zwei Cellae (Kulträume), die entgegengesetzt ausgerichtet waren und mit den Rückwänden aneinandergrenzten. Die Cella, die auf das Forum Romanum zeigte, war der Verehrung der Göttin Roma gewidmet. während die zum Kolosseum hinweisende der Venus zugeeignet war.

Die städtebaulichen Gründe für die Wahl eines so ungewöhnlichen Grundrisses sind leicht aufzuzeigen. Der Tempel der Venus und Roma bildete eine Art Verbindungsscharnier zwischen dem östlichen Teil des Forum Romanum und dem Kolosseum. In diesem bedeutenden Teil der Stadt, wo auch die Zugangsstraße zum Kaiserpalast auf dem Palatin begann, bildete er eine Art Verteiler, von dem Hauptverbindungsachsen in verschiedene Richtungen ausgingen, die alle gleichermaßen wichtig und bedeutend waren.

Da Hadrian keinen neuen Gerichtsplatz schaffen wollte oder konnte, wie einige seiner Vorgänger – darunter Trajan – es getan hatten, ließ er den Tempel von Venus und Roma für die Grundwerte, auf denen sein Prinzipat basierte, sprechen. Die starke ideologische Botschaft an das römische Volk ging dabei nicht so sehr von den Stileigenheiten des Tempels aus, als vielmehr von seinen kultischen Besonderheiten. In religiöser Verehrung (pietas) sollte die Göttin Venus, die nach dem Mythos das Geschlecht (gens) des ersten Kaisers Augustus hervorgebracht hatte – Julius, der mythische Begründer der Gentis Iuliae, war der Sohn von Aneas, der wiederum ein Sohn der Aphrodite (Venus) war–, mit der Göttin Roma, die das göttliche Schicksal der kaiserlichen Stadt personifizierte, vereinigt werden. Dies bezeugt erneut, wie sehr Hadrian sich als Fortführer einer ganz bestimmten historisch-politischen Tradition betrachtete, der in jeder Hinsicht auch sein Vorgänger Trajan angehörte.

Diese Art „ideologischen Kitts" ist sehr viel folgenreicher als die formalen Unterschiede, die den hadrianischen Stil im Vergleich zu dem der Vergangenheit kennzeichneten. In diesem Zusammenhang kann man sich auch nicht auf Cassius Dio berufen, der berichtet, daß Apollodorus von Damaskus von Hadrian zum Tode verurteilt wurde, weil er sich einer Kritik an den zu stark hellenistisch orientierten Elementen am Tempel der Venus und Roma schuldig gemacht habe. Einen Beweis für einen großen stilistischen Unterschied zwischen hadrianischer und trajanischer Kunst stellt dies nicht dar. Denn mit größter Wahrscheinlichkeit mußte der große Damaszener nicht für seine Vergangenheit als erster Architekt am Hofe Trajans mit dem Leben bezahlen, sondern für seine intellektuelle Unabhängigkeit und seinen Mut, die eigene Meinung zu äußern. Insofern kann man sogar durchaus behaupten, daß Apollodorus im Panorama der römischen Kunst eine der äußerst seltenen Ausnahmen eines künstlerischen Selbstbewußtseins verkörperte, das er als Architekt wahrscheinlich nicht zuletzt deshalb besaß, weil seine Tätigkeit sehr viel höher angesehen war als die anderer Künstler. Allerdings bedeutet es nicht, daß – vorausgesetzt, Apollodorus hätte tatsächlich die Ausführung der Trajans-Säule geleitet – er sich eine unabhängige oder gar autonome stilistische und ideologische Ausrichtung gegenüber den kaiserlichen Vorgaben hätte erlauben können.

Hadrianische Skulptur

Auch die bildhauerischen Zeugnisse der hadrianischen Epoche bestätigten in interessanter Weise die Vielfalt der Stile. Manche Reliefs waren streng klassisch, andere eher hellenistisch inspiriert, und nicht selten war das gleichzeitige Vorhandensein beider. Ein vorzügliches Beispiel dafür sind die

Gegenüberliegende Seite, oben:
Reliefmedaillon mit der Darstellung einer Wildschweinjagd, das von einem nicht näher identifizierbaren Jagddenkmal Kaiser Hadrians stammt. Dieses Medaillon wurde zusammen mit sieben weiteren, ähnlich gestalteten Reliefs, die aus dem gleichen Kontext stammen, am Konstantinsbogen wiederverwendet.

Unten:
Darstellung eines Opfers an Apoll aus dem hadrianischen Jagdrelief-Ensemble. Die Schilderung der Szene veranschaulicht deutlich die klassizistischen Stilanleihen, die einer großen Anzahl von Kunstwerken dieser Epoche eigen sind.

Eine der vier Reliefplatten, die von einem von Kaiser Commodus für seinen Vater Marc Aurel errichteten Denkmal stammen und als Dekoration der Attikazone des Konstantinsbogens wiederverwendet wurden. Sie zeigt eine Adlocutio, eine Ansprache Kaiser Marc Aurels an seine Truppen.

Am Konstantins-Bogen wiederverwendetes antoninisches Relief mit der Schilderung der Suovetaurilia, des rituellen Opfers eines Schweins eines Schafes sowie eines Stiers vor dem Beginn einer militärischen Expedition. Stilistisch zeichnet sich diese Darstellung durch eine Kombination plastischer Werte im Reliefvordergrund mit malerischen Effekten der flach gearbeiteten Hintergrundpartien aus.

Sockelrelief der ehemaligen Ehrensäule des Antoninus Pius. Von diesem anläßlich der Vergöttlichung dieses Kaisers und seiner zwei Jahrzehnte früher verstorbenen Ehefrau Faustina errichteten Denkmal blieb nur der aus lunesischem Marmor gearbeitete Unterbau erhalten. Die Abbildung zeigt eine allegorische Darstellung der Apotheose des Herrscherpaares. Beide werden als Büsten durch Äon, dem Sinnbild der Ewigkeit, emporgetragen. Die allegorischen Figuren der thronenden Göttin Roma und des Marsfeldes, mit dem Obelisken der augusteischen Sonnenuhr, bezeichnen den Ort dieses Vorgangs. Rom, Musei Vaticani

sogenannten Tondi Adriani (Medaillons), die zu einem unbekannten öffentlichen Monument in Rom gehörten und später unter Konstantin für den berühmten Triumphbogen in der Nähe des Kolosseums wiederverwendet wurden. In diesen acht Marmormedaillons, die vier Jagdszenen und ebenso viele im Wald angesiedelte Opferszenen darstellten, geht der ausgeprägte Klassizismus in der Wiedergabe der Faltenwürfe und der Körper sowie in der Ausgewogenheit der Komposition insgesamt, ohne besondere stilistische Brüche, einher mit sachlichen Landschaftsdarstellungen, die einen deutlich hellenistischen Einschlag besitzen.

In anderen Fällen, wie zum Beispiel den beiden Reliefs des sogenannten Portugalbogens – der sich heute im Museo dei Conservatori befindet und die Vergöttlichung der Sabina (der Ehefrau Hadrians, die 137, ein Jahr vor ihm, starb) zum Thema hat –, weist die an sich konventionelle und gemessene Form klassizistische Anklänge auf, wird aber teilweise belebt durch die Verwendung malerischer Elemente. Was die Rezeption, also die Wahrnehmung, Auffassung und Interpretation der „Bildbotschaften" durch das römische Volk angeht, so kann man wahrscheinlich davon ausgehen, daß diese Stilunterschiede kaum eine Rolle spielten, da die in dieser Art von Bildern transportierten erzählten und ideologisch wirksamen Inhalte auf jeden Fall klar und deutlich waren.

Wandel und Kontinuität in der Kunst der Antoninen

Hadrians Nachfolger Antoninus Pius (138–161) ist einer der bekannten Archetypen des „guten Herrschers". Seine Staatsführung war charakterisiert durch den Versuch, das fundamentale Gleich-

gewicht in den Beziehungen zwischen den Klassen zu wahren und durch die Vermeidung autokratischer Maßlosigkeit einen breiten Konsens zu erzielen. Natürlich bedeutet dies nicht, daß der zurückhaltende und ein wenig farblose Princeps, der von allen Antoninen am längsten regierte, niemals auf jene ideologischen Schemata und Rituale zurückgriff, die die absolute Macht seines kaiserlichen Amtes betonen sollten.

Beweis dafür ist die Säule, die nicht weit entfernt von dem Holzstoß (ustrinum), auf dem sein Leichnam verbrannt wurde, mitten auf dem Marsfeld zu Ehren des Princeps errichtet wurde.

Im Gegensatz zu ihrer trajanischen Vorgängerin bestand das Monument aus einem monolithischen Block aus rotem Granit ohne Bildreliefs. Bildtafeln waren hingegen auf drei der vier Seiten der Säulenbasis vorhanden, während die vierte Seite einer Inschrift vorbehalten war.

Gerade diese mit Reliefs verzierte Plinthe, die Basis, auf der die Säule ruht und die verhindert, daß sie stürzt oder sinkt, ist uns bis heute in gutem Zustand erhalten geblieben. Sie wird im Vatikan aufbewahrt. Thema des Bilddekors war die Szene der Apotheose von Antoninus Pius und seiner Frau Faustina, die 20 Jahre vor ihm gestorben war, und ein Ehrenumzug der Reiter und Prätorianer, die sogenannte Decursio, welche, mit geringfügigen Unterschieden, auf den beiden anderen Tafeln der Basis dargestellt wurde.

Die Reliefs der Antoninus-Säule bestätigen erneut die stilistische Flexibilität der römischen Kunst, die sich auch hier durch den Wunsch nach der belehrenden Klarheit der Handlung erklärt. Die Apotheose des Kaisers fügt sich auf harmonische Weise in die Tradition des historischen römischen Reliefs, die zwar in der räumlichen und plastischen Wiedergabe einem konventionellen

Darstellung der Decursio, einer bei den Leichenfeiern für das Kaiserpaar durchgeführten militärischen Parade, auf dem Sockel der ehemaligen Ehrensäule des Antoninus Pius. Dieses Relief weicht stilistisch deutlich von demjenigen mit der Apotheose des Kaiserpaares ab und wurde wohl von einem anderen Künstler geschaffen. Rom, Musei Vaticani

Gegenüberliegende Seite:
Antoninisches Relief mit der Darstellung der Prätorianergarde. Die von Kaiser Augustus gegründete kaiserliche Leibwache war in der nahe des Viminal gelegenen Castra praetoria stationiert. Während der Kaiserzeit griff diese Einheit verstärkt bei Thronwechseln ein und setzte gegen hohe Bezahlung die Wahl eines bestimmten Kandidaten durch. Diese sich zunehmend zu einer eigenen politischen Kraft im Römischen Reich entwickelnde militärische Einheit wurde zu Beginn des 4. Jahrhunderts von Konstantin aufgelöst. Paris, Musee du Louvre

Folgende Doppelseite:
Die herrliche Bronzestatue Marc Aurels hat als einziges Reiterstandbild in Rom das Mittelalter überlebt. Dieser Glücksfall ist einer falschen Benennung als Darstellung Kaiser Konstantins, des Förderers des christlichen Glaubens, zu verdanken. Papst Paul III. (1534–1549) ließ die Reiterstatue 1537 von ihrem angestammten Aufstellungsort vor der Lateransbasilika auf den von Michelangelo neu geschaffenen Kapitolsplatz überführen.

Klassizismus folgt, jedoch im Grunde ohne besondere Eigenheiten ist.

Aufgrund der Lebhaftigkeit, mit der sie dargestellt sind, bilden die beiden Adler, die den Aufstieg des vergöttlichten kaiserliches Paares zu den Göttern symbolisieren, eine Besonderheit. Die beiden Raubvögel und die Büsten von Antoninus Pius und seiner Gattin befinden sich über den Flügeln einer eindrucksvollen allegorischen Gestalt, der Personifizierung des Äon, der ewigen und absoluten Zeit; dies ist eine klare Anspielung darauf, daß die Vergöttlichung beider sie unsterblich machen wird.

Der geflügelte Genius stellt den Mittelpunkt der Komposition dar, um den herum sich die ganze Darstellung verteilt. Im unteren Teil der Tafel finden zwei weitere Allegorien Platz, rechts die Göttin Roma im Amazonengewand und links das Marsfeld als Ort der Zeremonie, das deutlich am Sonnenuhr-Obelisken des Augustus erkennbar ist – ein subtiler und doch eindringlicher Hinweis auf die Kontinuität zwischen Antoninus Pius und dem ersten Kaiser.

Die Tatsache, daß für das Monument ein klassizistischer Stil gewählt wurde, war nicht nur eine ästhetische Entscheidung, sondern sie resultierte mit großer Wahrscheinlichkeit aus der besonders „kommunikativen" Wirksamkeit dieses Stils. Für ein Thema wie die Apotheose, das die Aspekte „Ewigkeit" und „Unsterblichkeit" beinhaltet, stellte der Rückgriff auf ein Stilvorbild von dauerhaftem Ansehen eine weitere Anspielung auf ebendiese Begriffe dar.

Ein grundsätzlich anderer stilistischer Ansatz, der aber von demselben Bemühen bestimmt ist, den Sinn und Gehalt der dargestellten Botschaft unmißverständlich zu verdeutlichen, ist auf den beiden Tafeln mit der Decursio zu erkennen. Bei diesem Ritual zogen eine Reiterschar und darauf eine Truppe Prätorianer, der Leibwache des Kaisers, als Zeichen ihrer Ehrerbietung für das soeben vergöttlichte Kaiserpaar im Anschluß an die feierliche Bestattungszeremonie dreimal um den Scheiterhaufen herum. Um das Verständnis dieser besonderen Szene zu erleichtern, verzichtete der unbekannte Künstler vollständig auf das klassizistische Prinzip der Einheit von Zeit und Komposition: Die beiden bewaffneten Truppen erscheinen auf derselben Tafel – die Infanteristen innerhalb eines von der Kavallerie gebildeten Kreises –, obgleich die beiden Paraden in Wirklichkeit aufeinander folgten. Doch was an wirklichkeitsgetreuer Darstellung der Ereignisse verlorenging, wurde an erzählerischer Wirkungskraft hinzugewonnen. Der Betrachter bekam sofort eine Vorstellung sowohl davon, wer an der Decursio teilgenommen hatte, nämlich Kavallerie und Prätorianer, als auch davon, daß diese Zeremonie im wesentlichen aus einer Parade rund um ein Feuer bestand. Die eventuelle Mißverständlichkeit dieser Darstellung – das Bild könnte ebensogut an ein Pferderennen rund um eine große Gruppe von Fußvolk denken lassen – war natürlich dank der Bekanntheit des Rituals und der Modalitäten der Decursio beim römischen Volk, dem wichtigsten Adressaten der Bilderzählung, ausgeschlossen.

Ferner sind die technisch-stilistischen Merkmale des Reliefs in unserem Zusammenhang von Bedeutung. Durch den häufigen Rückgriff auf Effekte der Vollplastik wird ein lebhaftes Licht- und Schattenspiel hervorgerufen. Auch in diesem Monument ist das Nebeneinander einer den klassizistischen Konventionen nahen und einer ihr entgegengesetzten Stilsprache auffällig.

Nachfolger von Antoninus Pius wurde 161 Marc Aurel, ein Anhänger der stoischen Lehre und ein „Intellektueller" mit starker, unabhängiger Persönlichkeit. Dies dokumentieren vor allem die *Selbstbetrachtungen*, jene philosophischen Reflexionen, die er während seiner Feldzüge notierte und die noch im Mittelalter eine beliebte Lektüre darstellten. Marc Aurels Bemühen um Ausgeglichenheit, Selbstvervollkommnung, Verantwortlichkeit und ein integres, „gerechtes" Leben bestimmte auch die Art seiner Herrschaft.

Antoninus Pius hatte ihn auf Wunsch Hadrians adoptiert, gab ihm 145 seine Tochter Annia Galeria zur Frau und erhob ihn ein Jahr danach zum Mitregenten. Zunächst gemeinsam mit seinem Adoptivbruder Lucius Verus an der Macht, einer sehr viel labileren und oberflächlicheren Persönlichkeit, mußte Marc Aurel nach dem Tod von Lucius im Jahre 169 die Geschicke des Reiches allein in die Hand nehmen. Im Inneren setzte er dabei vor allem die „sozialpolitische" Linie von Nerva zu Hadrian fort und stand auch mit dem Senat in relativ gutem Einvernehmen.

Durch eine Entscheidung allerdings brach er mit der Tradition der Nachfolge per Adoption – auch weil er seit Nervas Zeiten der erste Kaiser war, der einen natürlichen Nachkommen hatte: Er zog im Jahre 176/177 seinen jugendlichen Sohn Commodus zur Führung des Staates hinzu – ein Fehler, denn dieser sollte sich kurz nach dem Tod des Vaters im Jahre 180 in Vindobona, dem heutigen Wien, als Autokrat von geringer politischer Klugheit erweisen.

Im Gegensatz zu seinem Sohn bewies Marc Aurel jedoch beachtliche Regierungsqualitäten. Dennoch wurde sein Prinzipat von gefährlichen Anzeichen der Krise und inneren Unruhen, wie unter anderem die blutige Christenverfolgung von Lyon 177 zeigt, erschüttert und vor allem von einer latenten Unsicherheit der Grenzen im Norden und Osten des Reiches. Die größten Probleme, die allerdings von der römischen Kriegsmaschinerie stets siegreich gelöst wurden, entstanden vor allem im Donauraum durch den Druck verschiedener, oft gemeinsam vorgehender germanischer Völker, besonders der Markomannen.

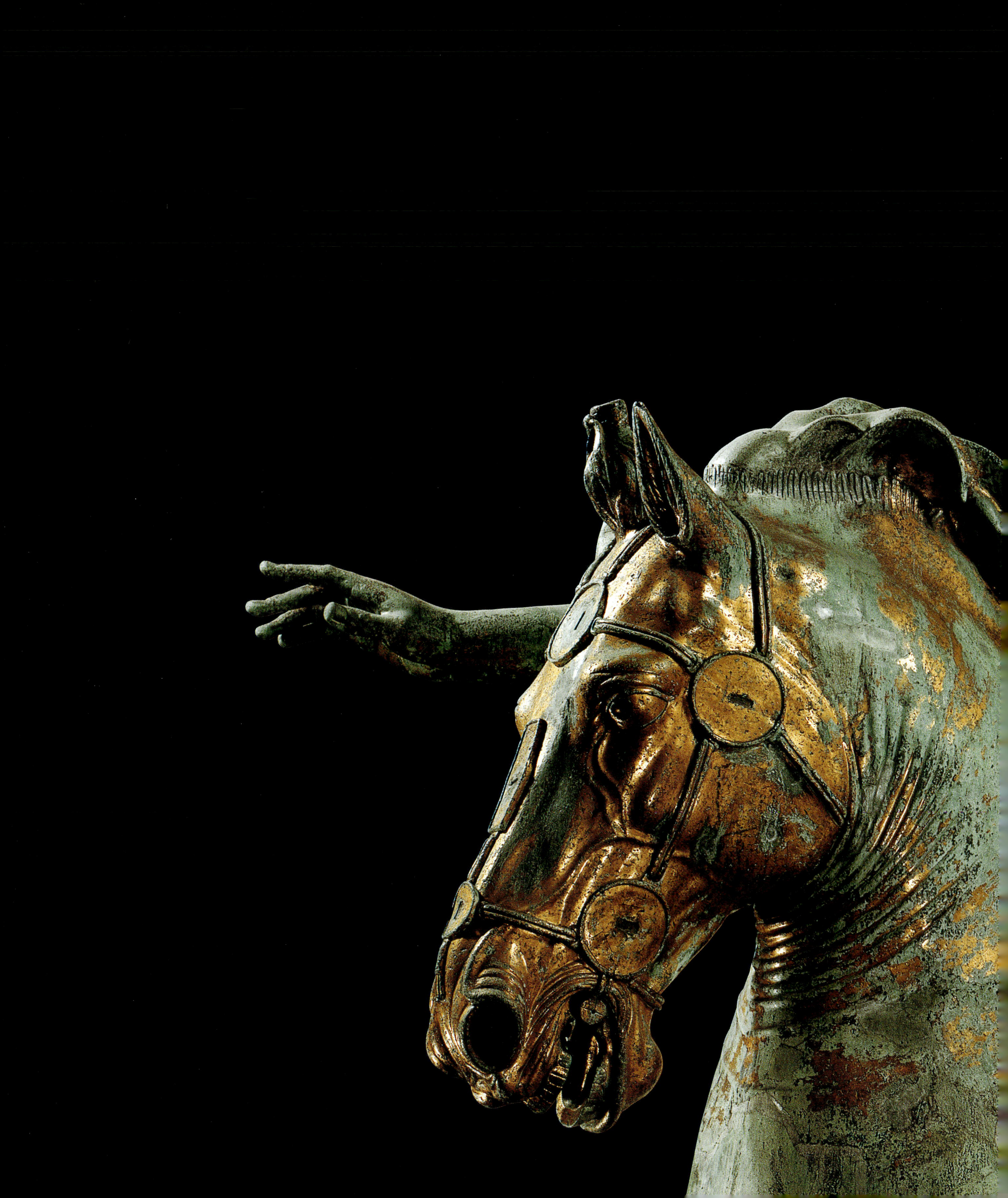

Gegenüberliegende Seite:
Die zwischen 180 und 196 n. Chr. auf dem nördlichen Teil des ehemaligen Marsfeldes errichtete Marc-Aurel-Säule orientiert sich in ihrer Konzeption deutlich an der Trajans-Säule. Ähnlich wie bei dem berühmten Vorbild war auch der Sockel der Marc-Aurel-Säule mit Reliefs verziert. Die dort befindlichen Darstellungen unterworfener Barbaren wurden am Ende des 16. Jahrhunderts zerstört.

Die Marc-Aurel-Säule

Eines der repräsentativsten Monumente des Zeitalters von Marc Aurel hat deshalb auch die Glorifizierung des Kaisers durch die Feier der erfolgreich gegen die Barbaren geführten Kriege zum Thema. Es handelt sich um die Marc-Aurel-Säule, die Colonna Aureliana, die auf dem Marsfeld unmittelbar nach dem Tod des Princeps aufgerichtet worden war, wobei sich die Arbeiten wohl noch länger in die Herrschaftszeit von Commodus (180–192) hineingezogen haben. Außer an die Kriegsereignisse sollte die Säule auch an die Zeremonie der Apotheose erinnern, die nicht weit entfernt an dem dafür vorgesehenen Ustrinum vorgenommen worden war.

Man vermutet, daß die Säule, die heute isoliert auf der Piazza Colonna steht, Teil eines durchdachten städtebaulichen Ensembles war. Dieses umfaßte zumindest einen Tempel, der von Commodus gebaut wurde, und vielleicht – doch dies kann nicht bewiesen werden – einen Triumphbogen, aus dem die Marmorreliefs stammen sollen, die dann für den Konstantins-Bogen wiederverwendet wurden.

Ausschnitt aus dem Reliefband der Marc-Aurel-Säule mit der Darstellung des Regenwunders im Quadenland, eine der erstaunlichsten Szenen dieses Monuments. Die im Reliefhintergrund erscheinende bärtige Personifikation des Regens, Jupiter Pluvius, beendet eine längere Dürreperiode und vernichtet mit seinen Fluten die Feinde der Römer. Die römischen Soldaten reagieren teils erstaunt, teils erleichtert auf dieses himmlische Wunder.

Viele moderne Studien betonen die auffälligen stilistischen Neuheiten des Monuments gegenüber denen der unmittelbar vorausgegangenen Epochen und schließen daraus, daß die Kunst des zu Ende gehenden Adoptivprinzipats einen Wendepunkt und eine radikale formale Umwälzung bedeutete. Diese Einschätzung, die – wie man bald sehen wird – nur teilweise geteilt werden kann, ist vor allem bemüht, an der Säule die ersten Anzeichen jenes spätrömischen Stils auszumachen, der als eine von der wirklichkeitsgetreuen, der veristischen Tradition klassisch-hellenistischer Herkunft fast völlig verschiedene Stilsprache aufgefaßt wird. Diese Beurteilung stützt sich vor allem auf den Vergleich zwischen der Marc-Aurel-Säule und der Trajans-Säule. Es steht zwar außer Zweifel, daß die beiden Kunstwerke zum Teil erhebliche Unterschiede aufweisen, doch genauso fest steht, daß sie vom antiken Publikum, für das sie bestimmt waren, als Zeichen der Kontinuität, der Beständigkeit kaiserlicher Macht und Herrschaft, gedeutet werden sollten und wurden.

Leider sind die Skulpturen der Säulen-Basis unwiederbringlich verloren, auch wegen einer ziemlich unbedachten Maßnahme am Ende des 16. Jahrhunderts durch Domenico Fontana (1543–1604), der als Baumeister von Papst Sixtus V. unter anderem den Lateranspalast entwarf.

Die Marc-Aurel-Säule, die vollständig aus Carrara-Marmor besteht, zeigt eine lange Bilderzählung, die sich spiralförmig um den gesamten Schaft windet. Ein erster Unterschied zu ihren Vorbild, der Trajans-Säule, besteht darin, daß das Relief höher ist, was zu einer geringeren Anzahl von Windungen führt, weshalb auch die Erzählung kürzer ist. Sujet dieser Erzählung – unterteilt in zwei Abschnitte durch eine Siegesgöttin, die gerade etwas auf einen Schild schreibt, wie die verwandte Figur auf der Trajans-Säule – sind die Kriege gegen die Germanen und Markomannen (171–173) und gegen die Quaden und Sarmaten (174–175).

Nach dem Muster der Trajans-Säule zeigt auch der Kriegsbericht der Marc-Aurel-Säule Episoden. die direkt mit kriegerischen Ereignissen verknüpft sind wie Schlachten, Belagerungen, Gefangennahmen usw., und Szenen von sozusagen logistischer Natur wie Märsche, Opferungen, Bau der Lager usw. Das Monument Aurels zeigt eine geringere Sorgfalt bei der Verfolgung des Erzählstranges, so daß sich Szenen in offen propagandistischem Ton häufig wiederholen, wie zum Beispiel Episoden der Kapitulation und der Unterwerfung.

Man darf daraus nicht den Schluß ziehen, daß bei der Trajans-Säule, bei der stärker auf den Zusammenhang der Berichterstattung geachtet wurde, der ideologischen Überzeugungskraft der Bilder eine geringere Bedeutung beigemessen wurde. Beide Säulen sind, wenngleich sie in bezug auf ein paar wichtige Details eine unterschiedliche Erzählstruktur aufweisen, im Hinblick auf die Vergöttlichung der Kaiser Propagandamittel, die fast auf die gleiche Art und Weise funktionieren.

Ein wirklich wesentlicher Unterschied zwischen den beiden Monumenten – auf der Ebene der Ikonographie – findet sich in dem mystifizierenden Inhalt einiger Szenen der Säule Marc Aurels; das berühmteste Beispiel ist die Episode vom

SIXTVS V
IL TEM

sogenannten Regenwunder, die auch aus literarischen Quellen bekannt ist und in einem der unteren Register dargestellt wird.

Es handelt sich um die Darstellung einer römischen Schlachtengöttin, die von einem riesigen geflügelten und bärtigen Schutzgeist umgeben ist, der den ersehnten Regen heraufbeschwört; der übernatürliche Eingriff führt zu einem günstigen Ausgang der Schlacht. Es überrascht, daß in dieser Situation der Sieg eher dem Wohlwollen höherer

Darstellung des Kaisers Marc Aurel mit dem kaiserlichen Beirat in einer Festungsanlage. Dieser Bildausschnitt zeigt den Kaiser in Frontalansicht, ein bis dahin in der offiziellen römischen Kunst unüblicher Darstellungstypus, der jedoch in der Folgezeit eine starke Verbreitung erleben sollte.

Kräfte als der Virtus, der Tüchtigkeit, des römischen Heers zugeschrieben wird. Man bemerkt eine Sensibilität für das Irrationale, die der Mentalität Trajans fremd war – ein Indiz für die geistige Unruhe, die auch in den folgenden Epochen spürbar sein wird.

Einen Widerhall dieser Gemütsverfassung der Ungewißheit und Unsicherheit über den Wert der menschlichen Existenz findet man auch in den Reflexionen Marc Aurels (*Selbstbetrachtungen*, VI, 29): „Es ist eine Schande, daß deine Seele schon des Lebens müde ist, dem dein Körper nicht entsagen will."

Mystische und irrationale Anklänge findet man auch in einer ikonographischen Eigenheit des Bildreliefs, nämlich in den zahlreichen Porträts des Kaisers, der besonders oft als Führer des Kriegsrates abgebildet ist. Hier herrscht häufig eine frontale Sichtweise der Gestalt und des Antlitzes von Marc Aurel vor – völlig losgelöst von der Situation, in welcher er sich in der Szene befindet –, die eine Aura in sich versunkener Göttlichkeit vermitteln soll.

Hier liegt zweifellos ein deutlicher Unterschied zur Trajans-Säule vor, da Trajan ja ständig wirklichkeitsgetreu in Gesprächen mit seinen Generälen gezeigt wird. Dieser Unterschied darf jedoch – zumindest unter gewissen Gesichtspunkten – nicht überbewertet werden, da er allein keinen unversöhnlichen Bruch der Kontinuität zwischen zwei Epochen anzeigen kann, von denen die eine von rationaler Ausgewogenheit und die andere von mystisch-irrationalem Symbolismus beherrscht sein soll. Die fast übernatürliche Frontalansicht des Kaisers auf der Marc-Aurel-Säule ist wahrscheinlich mit einer hohen Auffassung von seiner Maiestas, seiner Amtswürde, verknüpft. Sie hängt mit uralten theokratischen Ritualen orientalischen Ursprungs zusammen, die älter als das Römische Reich sind. Die Frontalität dürfte dem Auftreten der Mächtigen entsprechen, die, wenn sie vor ihre Untertanen traten, in einer hieratischen Position verharrten.

Aber selbst wenn diese tatsächlich das Vorbild war, ist die Ikonographie der Marc-Aurel-Säule trotzdem auch ein Beleg dafür, daß die römische Regierungsmacht in dieser Zeit ohne Bedenken ihr absolutistisches Gesicht zeigte. Es ist ziemlich wahrscheinlich, daß die Reliefs der Marc-Aurel-Säule geprägt sind von der Vorstellung des Dinasta exsuperantissimus, der Idee des alles überragenden Herrschers, wie Commodus sie vertrat, in dessen Regierungszeit die Ausführung der Säule fällt. Mit der von übernatürlicher Majestät erfüllten Glorifizierung des Vaters verfolgte Commodus eine indirekte, daher umso wirksamere Propaganda, die in Wahrheit – wie nicht anders zu erwarten – der Steigerung des Ansehens seiner eigenen Person galt.

Dann aber ist die unterschiedliche Art, Trajan und Marc Aurel auf den beiden Säulen darzustellen, nicht das Ergebnis einer formalen Entwicklung, in der sich die neue Stilrichtung, in diesem Falle die der Frontalität, durchgesetzt hat. Vielmehr schwankte die römische „Image-Politik" über lange Zeit zwischen einer „gemäßigten" autokratischen Darstellung und einer ungehemmteren Zurschaustellung der Macht. Beide Formen waren das Ergebnis einer stilistischen Entscheidung im Sinne der angestrebten Wirkung.

Dafür spricht auch, daß die starre und absolute Frontaldarstellung, die vor allem in spätrömischer Zeit zu einem fast unverzichtbaren Element der kaiserlichen Selbstdarstellung wurde, nach der Herrschaftszeit von Commodus zunächst lange Zeit nur eine von vielen Möglichkeiten der Stilsprache blieb. Wenn das Denkmal Aurels auch unbestritten das erste Beispiel für einige gewissermaßen antiklassische Tendenzen darstellt, so kann man doch nicht sagen, daß ab der Marc-Aurel-

Säule die offizielle römische Kunst den Rückgriff auf eine naturalistische Konzeption grundsätzlich vermieden hätte.

Ein letzter speziell ikonographischer Aspekt verdient analysiert zu werden, bevor wir zu einer formalen Analyse der Marc-Aurel-Säule übergehen: die Art, wie die besiegten Barbaren dargestellt werden. Viele Interpreten haben um jeden Preis noch vor der stilistischen eine geistige und ethische Verschiedenheit zwischen der Säule von Marc Aurel und der von Trajan beweisen wollen. Bereits an der Trajans-Säule haben wir angeblich den Respekt für das tragische Schicksal der Feinde als bloße Konvention erkannt. Daß auf dem Fries auf den Selbstmord des Decebalus eingegangen wird, enthüllt höchstens die fast entgegengesetzte Absicht, den Ruhm und die militärischen Fähigkeiten des römischen Heers stärker strahlen zu lassen.

Im Falle der Marc-Aurel-Säule hat die Überlieferung von Studien gezeigt, welch übertrieben dramatisches Pathos die unbekannten römischen Bildhauer der Darstellung der geschlagenen Barbaren zu verleihen gedachten. Doch heißt es jetzt, vor allem die Gesichter mit den oft entgeisterten, starren Augen und den vor Leid verzogenen, halb geschlossenen Mündern, aber auch die gewundene und leicht verzerrte Haltung der Menschen würden – ganz im Gegensatz zur Trajans-Säule – eine tiefe Verachtung des Feindes zum Ausdruck bringen.

Auch auf der Trajans-Säule fehlen pathetische Effekte und die dramatische Überwindung des klassizistischen Gleichgewichts der Komposition nicht, und der ideologische Unterschied zwischen den beiden Denkmälern muß erst noch bewiesen werden. Anstatt die von den Römern den Feinden entgegengebrachte Intensität des Gefühls zu ernst zu nehmen, sollte man die gemeinsame Leitidee in beiden Bildreliefs erfassen, die sich in jedem Fall auf die uneingeschränkte Durchsetzung der militärischen und politischen Rechte des Stärkeren bezieht. Dies war die an die Untertanen gerichtete Botschaft, die beide Säulen mit den gleichen Stilmitteln kundtun. Und diese Botschaft konnte dank der gemeinsamen Bildsymbole entziffert werden, die geeignet waren, sich stärker in der kollektiven Vorstellungswelt einzuprägen als stilistische Unterschiede beider Reliefs.

Eine Szene, die dieser Ansicht auf den ersten Blick widerspricht, soll das belegen. In den auf der Marc-Aurel-Säule geschilderten Episoden erscheinen manchmal nicht-römische Frauen mit ihren kleinen Kindern, wie zum Beispiel in Szene XX, wo eine junge Mutter mit einer Geste verzweifelten Widerstands versucht, sich selbst und ihr Kind der Gefangennahme durch einen römischen Soldaten zu entziehen, der sie an den Haaren festhält. Es scheint, als ob der Bildhauer in der mit tiefem Pathos dargestellten Verzweiflung der Frau Mitgefühl für die Person, die ihre Freiheit verliert, und für ihr wehrloses Kind gezeigt habe. Doch so abwegig es erscheint, die Szene auf der Trajans-Säule mit dem Freitod des Decebalus als großzügige und sogar gleichwertige Anerkennung der Würde des Feindes zu interpretieren, so unangebracht ist es, die Szene auf der Marc-Aurel-Säule als Mitleid zu deuten.

Die antike Vorstellung von Freiheit unterscheidet sich sehr von der, die sich ausgehend von der Aufklärung in unserer Kultur verbreitet hat. Für diejenigen, die sich auf die im 18. Jahrhundert entwickelte Ethik stützen, besteht die Freiheit wesentlich in der Gegenseitigkeit der Pflichten und den Schranken, die der Autonomie des einzelnen durch die Achtung der Würde der anderen Individuen gesetzt sind. Für die Menschen der Antike dagegen, abgesehen von philosophischen Positionen ohne Breitenwirkung, zeigte sich die Freiheit in ihrer Fülle nur in der Tat und besonders in der Unterwerfung der anderen. Die Art, in der die

Darstellung eines Überfalls römischer Truppen auf eine Siedlung in einem Relief der Marc-Aurel-Säule. Das Motiv des vergeblichen Versuchs der Frau im Bildvordergrund, sich und ihr Kind vor den Angreifern zu retten, trägt zur Steigerung der Dramatik dieser Szene bei.

Römer die Barbaren auf beiden Säulen gestaltet haben, ging daher mit eben dem ideologisch-propagandistischen Bedürfnis einher, die Überlegenheit der Römer gegenüber jedem Feind zu demonstrieren.

Auch ein Stilvergleich der beiden bebilderten Säulen zeigt nicht, daß beide Monumente radikal unterschiedlich sind, wie zahlreiche Forscher glauben. Statt dessen zeigt sich wieder einmal die Mischung von Erneuerung und Kontinuität, von der bereits die Rede war.

Auf den ersten Blick scheint tatsächlich einiges für eine fundamentale Veränderung gegenüber den Reliefs der Trajans-Säule zu sprechen. Bei der Marc-Aurel-Säule sind die Figuren von tiefen Furchen durchzogen, die mit einem technischen Hilfsmittel, dem sogenannten Laufbohrer, erzeugt wurden, dessen Gebrauch sich bei den römischen Steinmetzen gerade im Zeitalter Marc Aurels durchsetzte. Es handelt sich um ein Werkzeug aus einem Eisen mit spiralförmiger Schneide, das durch zwei Seilenden betrieben wird und tief in die Oberfläche des Marmors einschneiden kann. Durch dieses Werkzeug erfahren viele Figuren eine Art Auflösung ihrer flächigen Kompaktheit mit starken Hell-Dunkel-Effekten, die die naturalistische Konsistenz der Form aufzuheben scheint.

Weiter ist eine Tendenz zum Hochrelief zu erkennen durch die vielen Elemente der Bilderzählung: Menschen, Tiere, Gegenstände, Landschaften usw. Sie heben sich stark vom Hintergrund ab und zeigen beachtliche plastisch-dreidimensionale Formen, die im Vergleich zum trajanischen Vorgänger sehr viel ausgeprägter sind. Diese besondere stilistische Eigenheit – die gegenüber der Trajans-Säule zweifellos eine formale Entwicklung darstellt – muß allerdings unter Berücksichtigung der allgemeinen Ziele beurteilt werden, die die Bildhauer mit dem spiralförmigen Fries der Marc-Aurel-Säule verfolgt haben.

Diese expressive Gestaltung erleichtert nämlich die Deutung des Reliefs. Die hervorgehobene Räumlichkeit erzielt eine starke „pädagogische" Wirkung. Die in jeder Gestalt durch den Spiralbohrer erzeugten tiefen Furchen mit ihrem Spiel aus starken Chiaroscoro-Effekten tragen eher zu einer „naturalistischen" Lesbarkeit des Ganzen bei als zu einer antinaturalistischen Auflösung der Form.

Die relativ große Entfernung des Betrachters zum Relief erschwerte natürlich die Entzifferung der mehrschichtigen Bilderzählung, so daß Hochreliefs und Hell-Dunkel-Schwingungen wohl in der Absicht verwendet wurden, dem römischen Publikum die Betrachtung zu erleichtern. Vielleicht hatten die Bildhauer dieses Manko an der TrajansSäule erkannt.

Die Marc-Aurel-Säule weist sicherlich einige bedeutende formale Unterschiede auf, die sie von ihrem trajanischen Vorläufer trennen. Man muß jedoch die äußerst wichtige Rolle begreifen, die eben die Bedeutungs- und Stilelemente einnahmen, die vom Publikum auch in großem zeitlichem Abstand noch wiedererkannt werden konnten. Gerade diese konservativen Kategorien prägten sich mit großer Gewöhnungswirkung dem römischen Publikum ein; sie waren tiefgehender und deshalb ideologisch wirksamer als Wandlungen der Form und des Stils.

Eine Wandlung wird auf der Marc-Aurel-Säule zweifellos in der Vereinfachung der Erzählweise sichtbar, die eine klare Tendenz zum Plakativen zeigt: Wir sehen zum Beispiel zahlreiche Soldatentruppen auf dem Marsch, die in monotoner Folge und ohne jene Ausdruckskraft aneinandergereiht sind, die uns auf dem trajanischen Säulenrelief so beeindruckt. Es wäre allerdings ein Mißverständnis, wollte man dieses Charakteristikum einer vereinfachten Erzählweise auf das gesamte Monument übertragen und als Beweis für einen Stilwandel gegenüber der klassisch hellenischen Tradition werten, der die Trajans-Säule hingegen angeblich noch zuzurechnen sei.

Gerade das Beieinanderstehen verschiedener räumlicher Darstellungsweisen, wie es zum Beispiel die Tafeln CI und CII des Marc-Aurel-Reliefs zeigen, belegt dies. Die erste zeigt eine Beratung im Generalstab aus der Vogelperspektive, während die angrenzende Belagerungsszene, wie häufig auf der Marc-Aurel-Säule, frontal zu sehen ist. Diese Gleichgültigkeit gegenüber der klassizistischen Konvention der Einheit der räumlichen Darstellung ist, wie wir an der Trajans-Säule gesehen haben – wir erinnern uns an die Suovetaurilia-Szene –, eben überhaupt kein neues Stilmittel der Bildhauer Marc Aurels. Es offenbart das, was die beiden Bildfriese trotz ihrer Unterschiede und trotz größerer formaler Vereinfachungen der jüngeren Säule vereint: die stilistisch-expressive Flexibilität, die Verwendung unterschiedlicher Stilformen, wenn der Bildinhalt dies verlangt. Die Wahl des Stils richtet sich nach dem Inhalt und folgt dabei stets - wie schon mehrfach wiederholt – unmittelbar und funktionell dem übergeordneten Gebot erzählerischer Klarheit. Dies wird durch die Untersuchung eines weiteren Ensembles von Marmorreliefs bestätigt.

Die großen Aurelianischen Reliefs

Es handelt sich um die acht großen Aurelianischen Reliefs, die im Konstantins-Bogen wiederverwendet wurden. Zu ihnen gehören noch drei weitere Tafeln der gleichen Größe, aber in einem anderen Stil, die sich heute im Museo dei Conservatori befinden; ein kleines Fragment einer vierten Platte mit einem Porträt Marc Aurels, das sich jetzt in der Ny-Carlsberg-Glyptothek in Kopenhagen befindet, kann vielleicht hinzugezählt werden.

Ausschnitt aus dem von Kaiser Commodus für seinen Vater Marc Aurel errichteten Säulenmonument. Der etwas höher als die Reliefs der Trajans-Säule proportionierte Fries dieses Denkmals schildert die Feldzüge dieses Kaisers gegen die Sarmaten und Germanen.

Aurelianisches Relief mit der Schilderung einer Deditio. Die kapitulierenden Barbaren bitten, auf dem Boden vor dem reitenden Kaiser Marc Aurel kniend, um Gnade. Rom, Museo Capitolino

Man hat lange darüber diskutiert, ob diese beiden Serien von acht und drei Reliefs für ein einziges Monument hergestellt wurden. In einem neuen Beitrag zu diesem Problem hat Mario Torelli mit guten Argumenten die Hypothese vertreten, daß die Tafeln zu einem Triumphbogen für Marc Aurel gehörten, der bis ins späte Mittelalter noch zu sehen war. Dieser Bogen, der zu jener Zeit Arcus Panis Aurei (Bogen des Goldenen Brotes) oder Arcus Argentariorum (Bogen der Münzwechsler, heute Arco degli Argentari) genannt wurde, habe sich an den Hängen des Kapitolinischen Hügels im Bereich der Kirche Santi Luca e Martina befunden. Die beiden Serien von Tafeln, die jeweils Amtshandlungen des Kaisers zeigen, die in einer besonderen Beziehung zu seiner militärischen Tätigkeit gegen die Barbaren stehen, seien, wenn nicht gar gleichzeitig, kurz nacheinander geschaffen worden, was anhand der Sujets und der Identifizierung einiger Personen erkennbar sei. Die acht später unter Konstantin wiederverwendeten Reliefs sollen aus dem Jahre 173 stammen; sie entstanden anläßlich einer Rückkehr Marc Aurels nach Rom vom Kriegsschauplatz und zeigen keine Triumphszenen. Die drei bzw. vier anderen Reliefs seien für den kaiserlichen Triumph von 176 geschaffen worden.

Doch auch wenn die beiden Gruppen von Platten zu zwei verschiedenen Monumenten gehören sollten, bliebe ihre historisch-ästhetische Bewertung unter dem Gesichtspunkt der expressiven Flexibilität der römischen Kunst, der Anwendung verschiedener Stile, dieselbe. Es handelt sich um zwei Serien von Reliefs, die trotz der Übereinstimmung von Entstehungszeit und Auftraggeber (der kaiserliche Hof) auf unterschiedlichen formalen Regeln beruhen, selbst wenn sich einige gemeinsame Stilmerkmale finden. Ein Vergleich zwischen je einer Tafel pro Serie erfaßt diese eigentümlichen formalen Merkmale. Die Tafel, die sich heute im Museo dei Conservatori befindet, zeigt eine Szene der Deditio, der Kapitulation, in der Marc Aurel vom Pferd aus gegenüber einigen Barbaren, die sich, auf die Knie fallend, unterwerfen, Gnade walten läßt. In der Art der Darstellung kann man die immer noch sehr große Bedeutung von Plastizität und Raum erkennen, die ganz allgemein als klassizistisch bezeichnet werden können.

Es fehlen allerdings auch nicht Effekte malerischer Art, wie die Existenz einiger Figuren im Hintergrund in ganz flachem Relief, die die räumliche Wiedergabe auf verschiedene Tiefenebenen ausdehnen; für die Bildtiefe spielen auch die Bäume eine vorrangige Rolle und vor allem die Banner, die im Hintergrund zu erkennen sind. Insbesondere das oben links angeordnete Banner erzeugt durch die Schräge und die Wölbungen seiner Ausführung Räumlichkeit und atmosphärische Dynamik, die sich in der lebendigen Bewegtheit der Figuren fortsetzt, auch wenn jede einzelne Figur in der wirklichkeitsgetreuen Statik der eigenen Geste geschildert ist.

Beim am Konstantins-Bogen eingesetzten Relief mit der Liberalitas, also der Zeremonie, in der der Kaiser Geschenke verteilt, lassen tiefe Furchen eine konsequente Verwendung des Spiralbohrers erkennen. Der Einsatz dieses Werkzeugs hat vor allem – ebenso wie ein paar Jahre später auf der Marc-Aurel-Säule – Helldunkelwerte in Faltenwürfen, Barttrachten und Haaren zur Folge; die malerische Wirkung ist deutlich stärker als bei den

Platten des Museo dei Conservatori, auch wenn sie die dreidimensionale Plastizität trotz allem nicht aufhebt.

Ohne jeden Zweifel weisen die beiden Reliefgruppen mehr Unterschiede als stilistische Ähnlichkeiten auf. Aber daß sie fast gleichzeitig entstanden sind, denselben Auftraggeber haben und eventuell zu demselben Monument gehören, beweist, wie ungenügend und vielleicht ungeeignet für die römische Kunst die modernen Kriterien einer formal-ästhetischen Deutung sind. Denn Diskrepanzen oder stilistische Anachronismen, die seit den Kunsttheorien der Renaissance allgemein mißbilligt werden – man denke etwa an Giorgio Vasari (1511–1574) –, erschienen in den Augen des antiken römischen Publikums nicht wesentlich, da es bei seinem Urteil offensichtlich von anderen Kriterien geleitet wurde.

Ein mögliches Indiz dafür stellt das gesamte literarische Werk des Lukian von Samosata (120–180) dar, eines griechischen Intellektuellen und Kunstliebhabers syrischer Herkunft, der zur Zeit von Antoninus Pius und Marc Aurel lebte. In einer berühmten Passage (*Imagines, 6*) wird die Theorie aufgestellt, daß ein Künstler, um die Statue einer schönen Frau zu gestalten, stilistische Anleihen bei jenen großen griechischen Künstlern der Vergangenheit machen mußte, die zwischen dem Strengen Stil und dem frühen Hellenismus gewirkt haben.

Bereits im späten Hellenismus spiegelt sich diese Freude am Eklektizismus nicht nur im polymorphen, vielgestaltigen Charakter der offiziellen kaiserlichen Kunst wider, sondern auch in einem eindrucksvollen künstlerisch-kulturellen Phänomen des 2. Jahrhunderts wie dem Kopieren und Nachbilden großer Meisterwerke der Vergangenheit. Die so entstandenen Skulpturen waren oft das Resultat einer absichtlichen Verschmelzung von klassischen und hellenistischen Elementen sowie von Details aus der technischen Tradition der Marmor- und solchen aus der Tradition der Bronzebearbeitung.

Zukunftsweisend war in weiterer Hinsicht ein anderes berühmtes Kaiser-Porträt, die Marmorbüste des Commodus (180–192), die möglicherweise vom Esquilin stammt und sich heute im Museo dei Conservatori befindet. Neuartig sowohl nach Auffassung des Auftraggebers wie auch in den Augen der Untertanen war sie nicht so sehr wegen der leichthändigen und malerischen Bearbeitung der Haar- und Barttracht – ein Zug, der bereits in den Darstellungen seines Vaters Marc Aurel wie zum Beispiel dem bronzenen Reiterstandbild auf dem Kapitolsplatz vorhanden war – als vielmehr aufgrund des überraschenden und gewagten Motivs.

Denn als der grenzenlose Autokrat, der er nun einmal war, ließ sich Commodus als neuer Herkules darstellen. Dieser war bei den städtischen Plebejern ein beliebter Held und wurde als Halbgott verehrt, mit dem Commodus sich gern identifizieren ließ. Gekrönt mit der Mähne des von ihm erlegten nemäischen Löwen, in der rechten Hand die Keule und in der linken die Äpfel der Hesperiden, inszenierte er sich selbst in absolutistischem Größenwahn, der kurze Zeit später zu der blutigen Palastverschwörung führte, die am letzten Tag des Jahres 192 seinem Leben und der Herrschaft der Antoninen ein Ende setzte.

Den Größenwahn des Kaisers Commodus illustriert die affektierte Künstlichkeit dieser Marmorbüste, die ihn als Herkules zeigt. Rom, Museo dei Conservatori

Von der Herrschaft der Severer bis zur Herrschaft Konstantins (193–337)

Auf das dramatische Ende des Prinzipats von Commodus folgten noch verheerendere politische Kämpfe als die in der Vergangenheit. Nach der Ermordung von Commodus wurde Publius Helvius Pertinax, der römische Konsul, zum Kaiser bestimmt, aber nach nur einem Jahr ebenfalls ermordet. Im „Fünfkaiserjahr“ 193 gelangte dann Lucius Septimius Severus (193–211) auf den Kaiserthron; er stammte aus der nordafrikanischen Stadt Leptis Magna, die heute in Libyen liegt, und wurde als Statthalter der Provinz Ober-Pannonien (dem Raum zwischen Ostalpen, Donau und Save) von dem dort stationierten Heer unterstützt. Während er sich auf dem Weg nach Rom befand, hatte dort die Prätorianergarde zwischenzeitig Didius Severus Julianus zum Kaiser ausgerufen, der aber kurz darauf wieder abgesetzt wurde. Septimius Severus ließ Pertinax' Mörder verfolgen und die Prätorianergarde „umstrukturieren“; gegen zwei

Relief aus antoninischer Zeit, das in der Attikazone des Konstantins-Bogens wiederverwendet wurde. Die Darstellung zeigt eine Liberalitas-Zeremonie, bei der Kaiser Marc Aurel im Anschluß an einen Triumph Gaben an die in der unteren Zone wartenden Figuren verteilt.

Büste des aus Nordafrika stammenden Septimius Severus, des Begründers der Dynastie der Severer, die für vier Jahrzehnte die Geschicke des Römischen Reiches bestimmte. Rom, Museo Capitolino

Rivalen aus Syrien und Gallien hatte er sich in den folgenden Jahren mit Schlachten durchzusetzen. Im Jahre 198 führte er Krieg gegen die Parther im Osten und seit 208 gegen die Kaledonier im Norden des Reiches, wo er während des Feldzugs 211 in York starb.

Die Art und Weise, in der sich sein schwieriger und heftig bekämpfter Aufstieg zur Macht vollzog, machen die tiefen Veränderungen deutlich, die sich im römischen Staat ereignet hatten. Das harmonische Verhältnis zum Senat und zur Prätorianergarde, das früher entscheidend und ausreichend gewesen war, um dem kaiserlichen Hof die Ausübung der Macht zu garantieren, war zunehmend instabil geworden. Es wurde buchstäblich überholt durch die wachsende Bedeutung zweier Kräfte, die ihren entscheidenden Einfluß auch weit entfernt von Rom geltend zu machen wußten: die Provinzen und vor allem die Truppen, die entlang der alles andere als sicheren Grenzen des Reichs stationiert waren.

Die Severer bemühten sich, das Staatsgefüge zu festigen; das aber gelang nur teilweise, wie z. B. im Fall der positiven Maßnahmen des Bezirkspräfekten Papinian, eines hervorragenden und ausgewogen agierenden Juristen. So trugen zwei weitere Faktoren dazu bei, während der Epoche der Severer ein Klima der Unruhe und der Instabilität zu erzeugen.

Zum einen war dies das chronische Problem der Thronfolge, das von den Severern erneut nach dynastischen Kriterien geregelt wurde; es führte oft zu dramatischen Vorkommnissen wie dem Mord an Geta – der 212 von seinem Bruder Caracalla (211–217), dem Sohn und Nachfolger von Septimius Severus, getötet wurde – oder dem Aufstieg von jugendlichen Kaisern auf den Thron wie Heliogabal (218–222) und Alexander Severus (222–235), die bloße Marionetten in den Händen der weiblichen Familienmitglieder und ohnehin ungeeignet waren, mit der nötigen Autorität zu regieren.

Zum anderen wurde die Epoche von der immer stärker werdenden Tendenz geprägt, die Bedeutung des weltlichen Lebens gegenüber einer irrationalen Hoffnung auf außerweltliche Erlösung zurückzustellen und damit auch den Sinn und den Wert der persönlichen Beteiligung am Gemeinwesen herabzusetzen. Zahlreiche Mysterien-Religionen orientalischen Ursprungs, die übrigens bei den Soldaten äußerst beliebt waren und unter denen sich auch das zunehmend verbreitete Christentum befand, blühten unter diesen Bedingungen auf.

Erwartungsgemäß blieb auch die Kunst der severischen Epoche davon nicht unberührt; die Veränderungen bestimmter stilistischer und formaler Merkmale im Vergleich zur Vergangenheit muß man gebührend anerkennen. Dennoch entdeckt man auch in den vielfältigen künstlerischen Ausdrucksformen zwischen Septimius und Alexander Severus, also zwischen 193 und 235, die zentrale Rolle jener Denk- und Wahrnehmungsgewohnheiten, die deutlich an die Traditionen der römischen darstellenden Kunst anknüpfen.

Drei Bildhauerarbeiten, die alle im ersten Jahrzehnt des 3. Jahrhunderts unter der Herrschaft des Gründers der Dynastie, Septimius Severus, fertiggestellt wurden, belegen dies.

Ein im Palazzo Sacchetti in Rom aufbewahrtes Relief aus severischer Zeit. Die qualitätsvolle Arbeit zeigt wahrscheinlich die im Jahre 205 n. Chr. anläßlich der Ernennung Getas und Caracallas zu Konsuln durchgeführte Zeremonie.

Der Severus-Bogen

Die erste Bildhauerarbeit, ein heute im Palazzo Sacchetti aufbewahrtes Relief, dessen ursprünglichen Kontext wir leider nicht kennen, zeigt vermutlich die öffentliche Zeremonie der Ernennung Getas und Caracallas, der Söhne des Septimius, für das Amt des Konsuls im Jahre 205. Die Personen sind erkennbar in zwei Gruppen unterteilt, die beide vor dem architektonischen Hintergrund des Palatin-Palastes postiert sind, und ganz links ist der Triumphbogen des Titus sichtbar, der im Gedenken an Domitians Bruder und Vorgänger, der Jerusalem zerstören und das Kolosseum erbauen ließ, errichtet worden war. Auf der rechten Seite des Reliefs befinden sich die Mitglieder der kaiserlichen Familie und des Hofes auf einem flachen Podium; die sitzende Gestalt, deren Kopf leider verlorenging, ist Septimius Severus, der wahrscheinlich gerade eine öffentliche Rede hält (adlocutio). In der Mitte und links sind dagegen eine Reihe von Senatoren in Toga abgebildet, die der kaiserlichen Ansprache mit großer Aufmerksamkeit zuhören.

Was Stil und Komposition angeht, so muß an erster Stelle betont werden, daß der Kaiser nicht frontal und somit erhaben in einer unerreichbaren symbolischen Feierlichkeit wiedergegeben ist. Vielmehr sieht man ihn etwas seitlich und in Dreiviertelansicht, also „naturalistisch“, wenn auch durch das Podium und den kurulischen Stuhl, auf dem er sitzt, ein Rangunterschied deutlich zum Ausdruck kommt.

Der Künstler bevorzugt also den immer noch lebendigen und ideologisch eher gemäßigten naturalistischen Stil in der Darstellung des Kaisers. In der Gesamtkomposition hat er versucht, die beiden Personengruppen innerhalb einer Art gebogener und umhüllender Räumlichkeit abzubilden. Er wollte auch damit vermutlich an naturalistische Darstellungsweisen anknüpfen, wie sie aus der Tradition des historischen Reliefs bekannt sind – zum Beispiel die Bildtafeln des Titusbogens –, dies aber ist wegen einiger Vereinfachungen, die sich vor allem in der ein wenig mechanischen Anordnung der Personen bemerkbar machen, nur teilweise gelungen.

Beim Vergleich des Reliefs des Palazzo Sacchetti mit zeitgleich entstandenen Monumenten wie etwa dem Triumphbogen des Septimius Severus oder dem sogenannten Bogen der Münzwechsler (Arco degli Argentari) ergibt sich die uns bereits vertraute Schwierigkeit, die Stilmerkmale der Epoche auszumachen. Der Triumphbogen des Septimius Severus wurde zwischen 202 und 203 am äußersten nordöstlichen Ende des Forum Romanum und genau am Fuße des Kapitolinischen Hügels auf Initiative des Senats hin errichtet. Er feierte den triumphalen Sieg des Kaisers in zwei langen und schwierigen Feldzügen gegen die gefährlichsten und hartnäckigsten Feinde der Römer entlang der asiatischen Grenze: die Parther.

Aufgrund einiger architektonischer und struktureller Erneuerungen, die die antike Typologie der Triumphbögen veränderte, ist er von großem Interesse; dazu zählen vor allem die freien Säulen mit betontem Hell-Dunkel-Effekt auf hohen Plinthen statt der traditionellen Halbsäulen sowie die eingefügten großen Bildtafeln, die anstelle der Tafeln mit einem einzigen Sujet jeweils mehrere einander überlagernde Geschichten schildern. Der sicherlich interessanteste Gesichtspunkt an diesem Bogen sind jedoch die Stileigenheiten seiner bildhauerischen Verzierung.

Sofort fällt auf, daß mindestens drei unterschiedliche Stilrichtungen auftreten, die jede einer bestimmten Gruppe von Darstellungen zugeordnet sind. Zu der ersten Gruppe gehören die symbolischen bzw. allegorischen Reliefs, die sich auf den Plinthen und in unmittelbarer Nähe der drei Bögen befinden; die zweite, über den seitlichen Bogenöffnungen, besteht aus vier großen Tafeln mit der Erzählung der militärischen Begebenheiten, und die dritte stellt der kleine Fries mit dem Siegeszug dar, der unmittelbar unter den großen Bildtafeln angebracht ist.

Die symbolischen und allegorischen Darstellungen sollen die militärischen Unternehmungen und die politische Rolle des Kaisers ins Absolute heben. Eine besondere Bedeutung kommt dabei den vier Siegesgöttinnen zu, die auf beiden Seiten des Monuments den mittleren Bogen krönen und durch vier kleine Genien ergänzt werden, die die vier Jahreszeiten symbolisieren. Diese „verewigende“ Gestaltung bedient sich des klassizistischen Stils, der als Abkömmling einer uralten Tradition den Anspruch des Kaisers auf zeitlose Größe ideal umzusetzen vermag.

Der mächtige, mit einem reichen skulpturalen Programm versehene Triumphbogen des Septimius Severus dominiert den unterhalb des Kapitols gelegenen Bereich des Forum Romanum. Die Reliefs dieses 203 n. Chr. errichteten Bauwerks schildern die militärischen Erfolge dieses Kaisers gegen die Parther, einen der gefürchtetsten Gegner des Römischen Reiches.

Detail des in die Kirche San Giorgio in Velabro integrierten sogenannten Argentarierbogens mit seinem außergewöhnlich reichen Skulpturschmuck. Dieses Monument wurde von den Argentari (Geldwechslern) und den in diesem Gebiet tätigen Viehhändlern im Jahre 204 n. Chr. dem Kaiser Septimius Severus und seiner Frau, Julia Domna, geweiht.

Der wichtigste Teil der figürlichen Dekoration des Bogens beschäftigt sich mit den Feldzügen gegen die Parther, und hier findet ein anderer, wenn auch nicht völlig gegensätzlicher Stil Anwendung. Eine wertvolle Notiz des Historikers Herodian in seiner *Geschichte des Reichs nach dem Tode Marcs* (III, 9,12) berichtet, daß Septimius Severus von der Front einige Gemälde über den Verlauf des Krieges geschickt habe; wahrscheinlich wurden sie als Quellen für die Reliefs des Triumphbogens benutzt. Diese Eigentümlichkeit könnte der Grund dafür sein, daß bei diesen Tafeln maltechnische Effekte, die starke Hell-Dunkel-Wirkungen erzeugen, noch ausgeprägter vorherrschen als bei den symbolischen und allegorischen Darstellungen.

Außer dieser Anleihe bei der Triumphmalerei offenbart sich noch die stilistische Nähe zur erzählerischen Darstellungsweise der berühmten Vorgänger, den spiralförmigen historischen Reliefs der Säulen von Trajan und Marc Aurel. Die Konzeption der sich überlagernden Szenen, die beim Bogen wie bei den Säulen von unten nach oben gedeutet werden müssen, stellt den Triumphbogen des Septimius Severus in Kontinuität zu den symbolhaften Denkmälern der großen Kaiser des 2. Jahrhunderts. Der severische Herrscher, der auf nicht ganz geradem Wege an die Macht gekommen war, wollte seine politische Legitimität – außer mit dem Prestige, das aus dem Sieg über die Parther stammte – auch durch diesen Rückgriff innerhalb der jungen Tradition des historischen Reliefs nachweisen.

Einige Stilmerkmale, die die Bildsprache der Severer individuell auszeichnen, dürfen indes nicht unterschlagen werden. Die Bildtafeln des Septimius-Severus-Bogens entfernen sich im Vergleich zur Marc-Aurel-Säule noch deutlicher – wenn auch nicht vollkommen – von der griechisch-hellenistischen organischen Einheitlichkeit in Stil und Komposition. Die fast chaotische Anhäufung der Szenen mit wirren Menschengruppen, die auf den Reliefs in verschiedenen Ebenen dargestellt sind, verstärkt diesen Eindruck. Doch machen selbst diese Bilder das für die römische Kunst typische „pädagogische" Bemühen nicht rückgängig, da dem Verlust an Einheitlichkeit eine Betonung symbolisch-expressiver Elemente entgegengesetzt wird.

Einige Details können diesen Aspekt verdeutlichen. Die römische Kampfstärke wird mehrfach durch die herausragende Darstellung einer beeindruckenden Kriegsmaschine, des Mauerbrechers, demonstriert. Er wird oft separat dargestellt und beherrscht bei der Belagerung der verschiedenen Städte der Parther wie Edessa, Seleukia und Ktesiphon deutlich das Bild. Die Eroberung dieser Städte wird – vor allem im Fall von Seleukia auf dem unteren Abschnitt der nordwestlichen Tafel – durch einen sehr sorgfältigen und ausgewogenen Gebrauch der „Kraftlinien" unterstrichen. Die ummauerte Stadt befindet sich in der Mitte und wird aus der Vogelperspektive dargestellt. Sie wird von den mit Mauerbrechern ausgerüsteten römischen Truppen, die rechts unten frontal abgebildet wurden, angegriffen. In den drei verbleibenden Ecken links oben, unten und rechts oben ergreifen die Parther zu Pferd oder zu Fuß überstürzt die Flucht; auch sie sind, mit wirkungsvoller erzählerischer Ausdruckskraft, frontal abgebildet.

Septimius Severus ist, wenn auch nicht immer, in der symbolisch wirksamen hieratischen, strengen und zugleich starren Haltung abgebildet, die physiognomisch sehr genau wiedergegeben ist, und demonstriert dabei Eigenschaften, die vor allem in den an die Truppen gerichteten Reden deutlich werden. Die Soldaten unterscheiden sich von ihm durch eine im wesentlichen wenig individuelle Darstellung, die sie als verschwommene Masse erscheinen läßt.

Der kleine Fries mit dem Siegeszug schließlich zeigt Figuren, die in sehr hohem Relief dargestellt sind, was aber nicht bedeutet, daß die Bildhauer eine organische und naturalistische Sprache benutzt haben. Vielmehr trifft das Gegenteil zu: Menschen, Tiere und Karren werden eher „serienmäßig" und ohne individuelle Züge wiedergegeben, wobei die Anatomie, die Proportionen und das Zusammenspiel der Gesten nicht einwandfrei herausgearbeitet sind.

Diese besondere Ikonographie bei Prozessionen und Siegesumzügen stammt von einer etruskisch-italischen Erzählweise her, die seit langer Zeit in der römischen Kunsttradition verwurzelt und mehrfach auch in der offiziellen Kunst bezeugt ist: zum Beispiel im Friedensaltar des Augustus (Ara Pacis Augustea). Dies beweist in besonderem Maße die stilistische Beständigkeit bei bestimmten (politischen) Inhalten, die dank der stets wiederholten Verwendung derselben formalen Vorbilder vom Publikum leicht identifiziert werden konnten.

Neben den verschiedenen Stilarten in der reichen Verzierung des Severus-Bogens dient als weiteres Versatzstück der Bogen der Münzwechsler (Arco degli Argentari). Dabei handelt es sich eigentlich um ein Tor mit Architrav, das mit Reliefs geschmückt ist und zu einem Monument aus Velabro gehört. Hier stand es am Eingang zum Forum Boarium, dem ehemaligen Viehmarkt, wo es von Kaufleuten und Händlern zu Ehren der kaiserlichen Familie errichtet wurde; jetzt ist es teilweise in der dem Altar gegenüberliegenden Vorhalle der mittelalterlichen Kirche San Giorgio in Velabro verbaut.

Von den zahlreichen interessanten Elementen des kleinen Monuments sind hier vor allem zwei erwähnenswert: zum einen die außerordentliche Fülle des Ornaments mit Trauben und verzierten Rahmen mit starken Hell-Dunkel-Effekten, die übrigens auf der gesamten bildhauerisch bearbeiteten Fläche vorhanden sind; sie nehmen fast ebensoviel Raum in Anspruch wie die figürlichen Szenen und weisen dieselben stilistischen und ikonographischen Eigenheiten auf, mit denen die Mitglieder der kaiserlichen Familie dargestellt sind, besonders die Gattin von Septimius Severus, die einflußreiche Julia Domna.

Sie ist in einer Opferszene auf einer der wichtigsten Bildtafeln auf der rechten Seite des Bogens an der Seite ihres Gatten abgebildet – hier war übrigens auch Geta dargestellt, den Caracalla dann, nachdem er ihn ermordet hatte, aus der Darstellung entfernen ließ –, und gerade sie weist eine ausgeprägt hieratische Haltung auf. Im Gegensatz zu Septimius, der leicht seitlich gezeigt wird, ist sie genau frontal und mit einem Blick dargestellt, der feierlich und starr nach vorn gerichtet ist. Zudem fällt die Figur der Kaiserin durch die mangelnde plastische Gestaltung des unteren Teils ihres Körpers auf, wodurch der tief symbolische und wenig naturalistische Charakter der Abbildung noch unterstrichen wird.

Zum anderen ist die Tatsache bemerkenswert, daß sich die Tafeln, auf denen die kaiserliche Familie abgebildet ist, von den angrenzenden – mit Allegorien und Opferungen, die von dafür bestimmtem Personal vollzogen werden – durch den erheblich größeren Maßstab der Figuren unterscheiden. Fast zum ersten Mal tritt beim Bogen der Münzwechsler (Arco degli Argentari) ein Stilmerkmal deutlich auf, das nicht nur in spätrömischer Zeit, sondern auch in der Kunst des Mittelalters häufig verwendet werden wird: die Bedeutungsgröße, also die vergrößerte Darstellung der Personen je nach ihrem gesellschaftlichen, politischen oder religiösen Rang. Dies ist in der Tat eine eindeutige Verdrängung der wirklichkeitsgetreuen Darstellung des naturalistischen Ansatzes, und damit vollzieht dieses Monument mit seinem betonten Symbolismus eine bedeutsame Veränderung in der Bildhauerkunst des ersten Jahrzehnts des 3. Jahrhunderts.

Münzbildnis des Kaisers Septimius Severus (193-211), dem ersten der sogenannten Soldatenkaiser. Der aus Nordafrika stammende Herrscher versuchte, durch eine Stärkung der kaiserlichen Gewalt die Krise des Reiches abzuwenden.

Münzbildnis der Julia Domna, der Ehefrau des Kaisers Septimius Severus. Die aus einem Priestergeschlecht des Sonnengottes im syrischen Emesa stammende Julia förderte den orientalischen Kultureinfluß am römischen Kaiserhof. Dieser Prozeß erreichte seinen Höhepunkt während der kurzen Herrschaft ihres Neffen Heliogabal (218–222).

Die Caracalla-Thermen

Das bedeutendste Bauwerk der Severerzeit sind sicherlich die Thermen des Caracalla, einer der monumentalsten und gewaltigsten architektonischen

Komplexe der gesamten Kaiserzeit, die ganz in der Nähe des Circus Maximus liegen. Caracalla ließ sie in den Jahren von 212 bis 216 am städtischen Anfang der Via Appia errichten.

Die Thermen, die bis ins 6. Jahrhundert in Betrieb waren, orientieren sich am Thermalkomplex Trajans auf dem Colle Oppio und gestatteten eine optimale Ausnutzung der Sonnenstrahlen. Allerdings weichen sie in einem sehr wichtigen Punkt von ihrem Vorbild ab: Der eigentliche Thermalkomplex und die Nebenräume, wie etwa die Bibliotheken und Wandelgänge, sind klar voneinander getrennt. Die römischen Planer waren außerordentlich geschickt darin, die statischen und dynamischen Anteile eines Baus in einem komplizierten Grundriß miteinander zu verbinden, und in der Lage, große Innenräume mit Kreuzgewölben und Kuppeln zu überdachen. Die Caracalla-Thermen sind auf einer weitläufigen, künstlichen Plattform vollständig aus Ziegelsteinen erbaut und werden durch eine riesige, fast quadratische Einfassung begrenzt; in der Fassade befinden sich Läden und in den Seiten zwei riesige, einander gegenüberliegende Exedren. In jeder öffneten sich drei große Hallen; eine davon war ein achteckiger Saal, der von einer auf runden Zwickeln ruhenden Kuppel überspannt war. Die Einfassung war durch einen überdachten Wandelgang vollständig begehbar.

Die Hälfte des in der Nähe des Eingangs gelegenen Hofs wurde durch die eigentlichen Thermalanlagen ausgefüllt. Der angrenzende Bereich bestand dagegen aus großzügigen Gärten, die hinten in eine halbkreisförmige Treppe mündeten; sie wurde als Arena für Sportwettkämpfe benutzt und war von zwei großen, symmetrisch angeordneten Gebäuden flankiert, die sehr wahrscheinlich Bibliotheken beherbergten. Die Treppe verbarg die riesigen Zisternen mit einem Fassungsvermögen von etwa 80 000 Kubikmetern, die von einer allein dafür gebauten Abzweigung der antiken Aqua Marcia gespeist wurden.

Die Thermalanlage war in zwei große symmetrische Abteilungen untergliedert; sie wurden

Anfang des 19. Jahrhunderts erstellte, planimetrische Rekonstruktion der imposanten Anlage der Thermen des Caracalla. Die bereits unter Septimius Severus begonnene Anlage bildete in der Antike einen beliebten Aufenthaltsort der Bevölkerung Roms. Paris, École Nationale Supérieure des Beaux-Arts

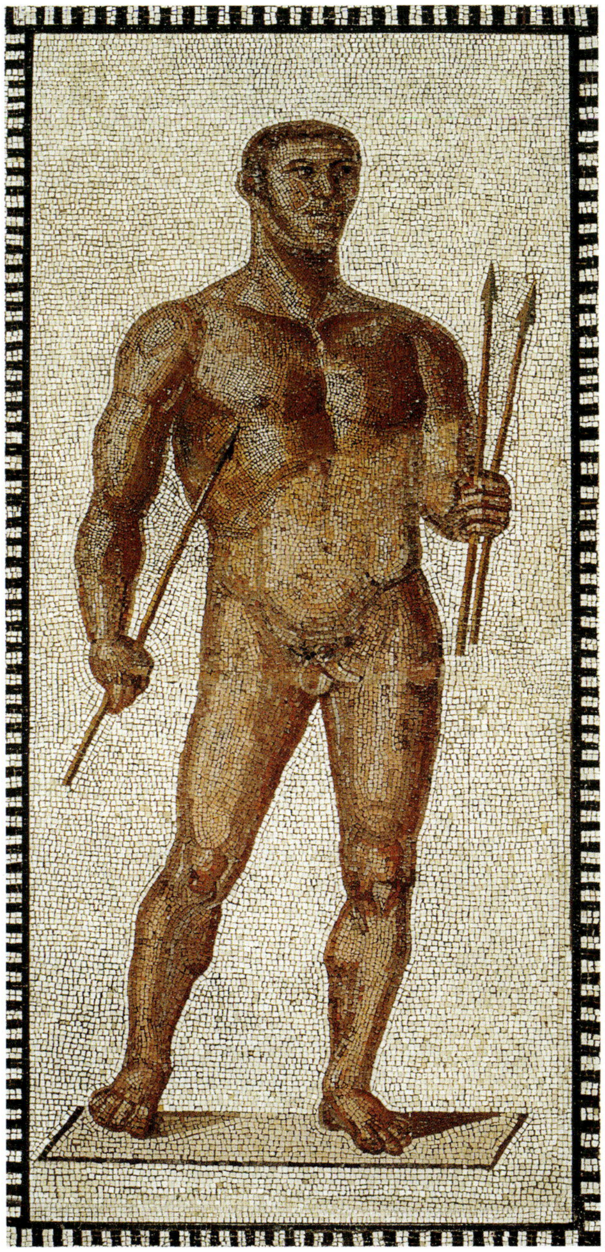

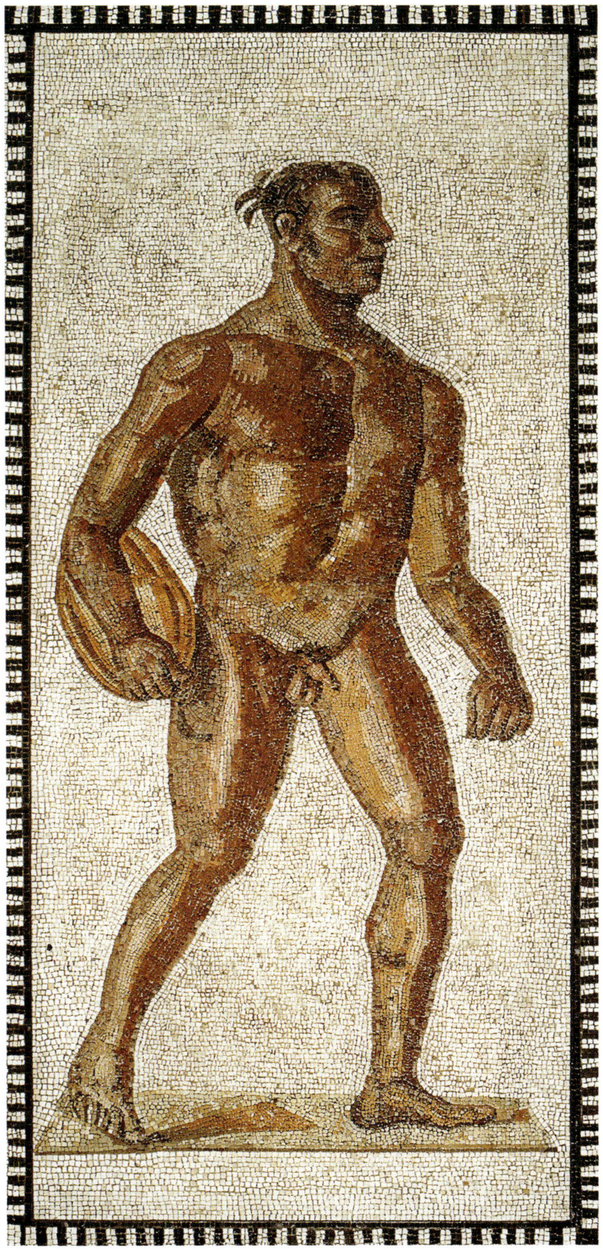

Zwei Athletendarstellungen des berühmten polychromen Fußbodenmosaiks aus den seitlichen Exedren der Caracalla-Thermen. Die Wahl dieser Darstellungstypen für diesen Bereich ist nur vor dem Hintergrund der großen Popularität athletischer Wettkämpfe verständlich. Darüber hinaus waren die Thermen ein traditioneller Ort gymnastischer Betätigung. Rom, Musei Vaticani

durch eine zentrale Achse voneinander abgegrenzt, die aus den großen Sälen und den Badebecken mit den verschiedenen Wassertemperaturen bestand. Jeder Bereich war entweder durch ein Vestibül, einen Vorraum neben dem Badebecken, oder durch einen Raum zugänglich, den man von einem offenen Hof aus betrat. Dieser war an drei Seiten mit Kolonnaden versehen und diente sicherlich als Turnhalle für die gymnastischen UÜbungen. Zwischen ihm und dem Vestibül lag der Umkleidebereich, der aus fünf Räumen bestand.

Aus der Turnhalle kam man an einer Reihe von Räumen vorbei, worunter sich das Dampfbad (laconicum) befand, das einen interessanten gekrümmten Grundriß und nur kleine Eingänge besaß, um die Temperatur konstant zu halten. An dieser Stelle liefen die Wege der beiden symmetrischen Abteilungen zusammen und erreichten die Mittelachse. Sie wies die typische Abfolge der Baderäume in römischen Thermen auf: Das Caldarium war ein riesiger runder Saal für die Warmbäder, der von einer Kuppel überspannt und durch große Fenster beleuchtet war; sie waren so ausgerichtet, daß so viel Licht und Wärme wie möglich einströmen konnten. Das Tepidarium bestand aus einem kleineren Raum für die Waschungen mit lauwarmem Wasser. Das Frigidarium umfaßte einen sehr großen Raum mit vier Becken und zwei Brunnen, der durch drei Kreuzgewölbe überdacht war, die auf acht Pfeilern lagerten – ein Schema, an dem sich später unter anderem die Maxentius-Basilika orientierte. Das Natatio enthielt ein großes Schwimmbecken im Freien, das an der Gegenfassade durch einen Prospekt, also eine Bemalung mit Nischen voller Statuen, geschmückt war. Frigidarium und Schwimmbecken waren dann mit den Vestibülen und den Umkleideräumen verbunden, zu denen man nach dem Baden zurückkehrte.

Als öffentliche Einrichtung konnten die Caracalla-Thermen größtenteils gratis genutzt werden, was den Schluß zuläßt, daß die Errichtung solcher „Vergnügungstätten" immer auch durch ein politisches bzw. demagogisches Kalkül motiviert war. Ein wichtiges Element war die luxuriöse Ausstattung, wie etwa die Bodenmosaiken, wertvolle Marmorarten und Gruppen von Statuen in geradezu barockem Überfluß. Vor allem das Bodenmosaik, das sich in einer der großen seitlichen Exedren befand und heute in den Vatikanischen Museen aufbewahrt wird, ragt heraus. Ein Zopfmuster trennt verschiedene Rechtecke voneinander, auf denen sich vom weißem Grund Wettkampfrichter und Gestalten oder Büsten von Athleten abheben.

Letztere sind im Unterschied zu den Schiedsrichtern an ihrer Nacktheit, ihrer Wettkampfausrüstung oder an den gewonnenen Preisen, manchmal auch an Inschriften mit ihrem Namen erkennbar. Die Darstellung, die sich durch eine gewisse Brutalität auszeichnet, betont Muskelkraft und kämpferische Energie. Der zunächst „naturalistisch" anmutende Stil ist durch starke Farbkontraste und gewollte expressive Hervorhebungen eher übertrieben, wie man zum Beispiel an den großen, ein wenig verzückten Augen der Athleten sehen kann. Sie sollen Leben in die besonders starren Abbildungen dieser Figuren bringen, die bei dem Publikum, das die Thermalanlagen besuchte, sicher sehr populär waren.

In den riesigen unterirdischen Räumen der Caracalla-Thermen wurde eines der zahlreichen Mithras-Heiligtümer Roms errichtet, von denen das Mithräum von Santa Prisca auf dem Aventin wegen seiner Gemälde besonders berühmt ist. Die Mithras-Religion war einer der am weitesten verbreiteten an außerweltlicher Erlösung orientierten Mysterienkulte, die aus dem Orient nach Rom kamen. Der Glaube an Mithras stellt eines der aufschlußreichsten Phänomene dar, wenn man sich bemüht, die geistige Unruhe dieser gesamten Periode nachzuvollziehen.

Die Zeit der Soldatenkaiser

Die 50 Jahre zwischen dem Tod von Alexander Severus (235) und dem Aufstieg Diokletians (284) bilden die unsicherste und qualvollste Epoche der gesamten römischen Geschichte. Seit Jahrzehnten vorhandene Probleme, die sich ohne überzeugende und endgültige Lösungen weiter vergrößern konnten, verstärkten sich zudem gegenseitig und entwickelten eine Dynamik, die das empfindliche gesellschaftliche und politische Gleichgewicht eines so unübersichtlichen und auseinanderstrebenden Staatsgebildes, wie es das Römische Reich war, sprengen konnte.

Folgende Auflösungserscheinungen wurden sichtbar: erstens das immer entschiedenere Auftreten des Heeres als politischer Faktor, das durch seine unentbehrliche Rolle bei der Eindämmung der Barbarenvölker bedingt war; zweitens die daraus folgende und alarmierende Häufigkeit von Militärputschen, die oft Herrscher auf den Thron brachten, die sich in Wirklichkeit vollkommen in den Händen der wankelmütigen Truppen befanden und die – abgesehen von den seltenen Beispielen jener Herrscher, die mit jenen Personen des

Der sogenannte Ludovisische Schlachtensarkophag *ist ein zentrales Monument der Skulptur der ausgehenden Kaiserzeit. Das Relief des um die Mitte des 3. Jahrhunderts für Hostilianus, den Sohn Kaiser Decius', geschaffenen Sarkophags zeichnet sich durch eine starke Dynamik und Expressivität der Figuren aus. Die Reiterfigur des Hostilianus ist durch das Zeichen auf der Stirn als Vertreter seines Gottes Mithras gekennzeichnet und durch seine Gestik als Sieger in diesem Kampf ausgewiesen. Rom, Museo Nazionale Romano in Palazzo Altemps*

Senats, die noch Autorität besaßen, einig waren – viel zu kurze Herrschaftszeiten zur Verfügung hatten, um wirklich einschneidend politisch handeln zu können; drittens die auch unter den höheren Schichten wachsende Verbreitung des Christentums, das schon jetzt die wichtigsten ideologischen Ordnungen wie den Kaiserkult der bereits erschütterten Macht der Principes zu Fall bringen konnte, die gerade deshalb – zumindest in einigen Fällen – zu äußerst harten antichristlichen Repressionen neigten.

Das künstlerische Zeugnis dieser so heiklen und erregten Phase der römischen Geschichte stellen die offiziellen Porträts der Kaiser dar. Ohne Unterbrechung folgten fast 50 Jahre lang Gesichter von Autokraten aufeinander, denen längst jenes Charisma fehlte, das einmal – wie im Fall des griechisch gebildeten Marc Aurel – Resultat eines angemessenen intellektuellen Horizonts war. Aus den Porträts läßt sich fast imme jene Härte politisch-militärischer Führer ablesen, die teilweise trotz Idealisierung zum Vorschein kommt.

Zu den wichtigsten Beispielen für derartige Porträt-Statuen zählen die Marmordarstellungen von Kaisern wie Maximinus dem Thraker (235–238), Philipp dem Araber (244–249), Decius (249–251), Trebonianus Gallus (251–253) und Probus (276–282). Ihre Darstellung bemüht sich um ein präzises Porträt, wodurch mit großer Unmittelbarkeit der barbarisch-militärische Ursprung spürbar wird; zugleich beschwört ihr Gesichtsausdruck klar und deutlich das Bild einer energischen und vitalen Autoritätsperson, das sich mit unfreiwilliger Ironie in starkem Gegensatz zur tatsächlichen Schwäche ihrer Machtstellung befindet.

Insbesondere im *Porträt des Decius*, das im Museo Capitolino aufbewahrt wird, zeigen sich ziemlich eindeutige Anzeichen von Unruhe und Melancholie; obgleich sie neben einer unmißverständlichen, fast trotzigen Behauptung der Macht stehen, verraten sie vielleicht den wirklichen Seelenzustand der Kaiser während des gesamten Zeitraums der sogenannten militärischen Anarchie.

Eine Ausnahme bildet die berühmte *Büste des Gallienus* aus dem Museo Nazionale Romano; die relativ lang währende Herrschaft dieses Kaisers (253–268), die er in den ersten sieben Jahren allerdings mit seinem Vater teilte, fällt mit einer der Phasen dieser schwierigen Epoche zusammen, in der es möglich war, sowohl institutionelle als auch militärische Reformbestrebungen einzuleiten. Der Versuch einer Neuordnung des Staatsaufbaus stieß freilich auf ernste Hindernisse, da die allgemeine Lage weiterhin durch innere Unruhe und wachsenden Druck an den Grenzen bestimmt war.

Gallienus war ein gebildeter, ganz und gar mit dem hellenischen Erbe verbundener Mann, an dessen Hof immerhin ein so renommierter Philosoph wie Plotin (205–270) zu Gast war, mit dem Gallienus einen Staat nach Platos Vorbild zu gründen gedachte – der aber letztlich am Widerstand der Berater von Gallienus scheiterte. Gallienus' für die damalige Zeit außergewöhnliches Wesen enthüllt sich auch in Entwurf und Stil seiner Porträts vor allem der reiferen Jahre, denen auch das oben erwähnte Beispiel zugerechnet wird. Jede expressive UÜberspanntheit, wie sie die Kaiserporträts der Mehrheit der anderen Principes dieser Phase erfüllt, ist verbannt.

Die *Büste des Gallienus* besitzt eine plastische Einheit, die durch die sanften Hell-Dunkel-Übergänge und die Art der Wiedergabe der Haare und des Barts noch betont wird, und die sehr viel naturalistischer ist als die Vereinfachungen in anderen offiziellen Porträts des 3. Jahrhunderts. Noch entscheidender jedoch ist die Tatsache, daß Gallienus sich ideologisch offensichtlich durch das glorreiche Vorbild Alexanders des Großen anregen ließ. Wie Jahrhunderte früher die Porträts Alexanders des Großen, so zeichnet sich auch sein Porträt durch eine leichte, aber gut sichtbare Drehung des Kopfes aus: Die großen, intensiv blickenden Augen sind auf charakteristische Weise nach oben gerichtet, um den ständigen Kontakt mit dem Himmel und den olympischen Gottheiten zu unterstreichen.

Eine weitere Gruppe von bedeutenden Monumenten, die berühmten Sarkophage, unter denen sich auch das hervorragende Exemplar des *Ludovisischen Schlachtensarkophags* im Museo Nazionale Romano befindet, lassen die uneinheitliche Herkunft des Stils und das oft dramatische Klima dieser unruhigen Zeit erkennbar werden.

Das eindrucksvollste Zeugnis der schwierigen politisch-militärischen Situation, in der sich das Römische Reich im 3. Jahrhundert befand, ist sicherlich die Stadtmauer aus Ziegelsteinen, die

Marmorbüste des Kaisers Philippus Arabs (244–249), eines Orientalen, der durch die gegen Kaiser Gordianus rebellierenden Truppen auf den römischen Kaiserthron gelangte. Die im Vergleich zu früheren Kaiserbildnissen besonders expressiven Gesichtszüge sind ein Charakteristikum der Porträts aus der Epoche der Soldatenkaiser. Rom, Musei Vaticani

Kaiser Aurelian (270–275) in Rom bauen ließ. Den tiefgreifenden historischen Wandel, der durch diese grandiose Befestigungsmauer zum Ausdruck kommt – die im übrigen noch heute die gewaltigste Erscheinung unter den Monumenten des antiken Rom darstellt –, begreift man nur, wenn man sich vor Augen führt, daß es in den Jahrhunderten zuvor undenkbar gewesen war, die Stadt könnte einen direkten Angriff erleiden. Diese Situation hatte dazu geführt, daß im Laufe der Zeit der antike Gürtel der Servianischen Mauer an vielen Stellen durchbrochen und sogar abgetragen worden war. Das Erscheinen der ersten Germanen in den Gebieten südlich der Alpen zwang jedoch Aurelianus, der unter anderem auch in Palmyra bauen ließ, dieses gewaltige Bauvorhaben in die Wege zu leiten, das längst unaufschiebbar geworden war: Die Mauern folgten dem Profil der Hügel rund um die Stadt und schlossen sie mit einem Verlauf von fast 19 Kilometern ein.

Die Eile, mit der die Arbeiten ausgeführt wurden, wird deutlich an der Integration großer bereits vorhandener Bauten wie dem Castrum Praetorium, der Porta Magna und der Pyramide des Gaius Cestius. Ihre Lage und Eigenheiten wurden ausgenutzt; die Befestigung verfügte über zahlreiche Tore, von denen die wichtigsten einen Doppelbogen aufwiesen, der durch zwei halbrunde Türme geschützt wurde. Rechteckige Türme mit Räumen für den Einsatz von Geschossen unterbrachen im Abstand von je 100 Fuß (etwas weniger als 30 Meter) den Wehrgang.

Die Mauern wurden von Probus fertiggestellt (276–282), doch bereits Maxentius (306–312) mußte sie um das Jahr 310 herum verstärken lassen, wie man aus der Restaurierung mit Versteifungen, horizontal eingezogene Streifen, abwechselnd aus Tuffstein und Ziegeln, ersehen kann. Die durch die Goten drohende Gefahr zwang Honorius (395–423) in den Jahren 401–402 dazu, die Mauern um das Zweifache aufzustocken, das Mausoleum Hadrians als Bastion in den Kreis einzuschließen und die Tore zu verstärken, die nun zu dem Eindruck einer gut ausgerüsteten Festung beitrugen. Das heutige Aussehen der Stadtmauern entspricht fast durchgängig dem der Epoche des Honorius; einer der spektakulärsten und am besten erhaltenen Abschnitte ist das Stück zwischen der Porta Appia (San Sebastiano) und der Porta Ostia (San Paolo).

Die Aurelianische Mauer, die mit wechselndem Erfolg bis in die jüngste Zeit ihre Funktion

Die veränderte militärisch-politische Situation der ausgehenden Kaiserzeit zwang Kaiser Aurelian (270–275), die Hauptstadt des Reiches mit einem großen Festungsgürtel zu befestigen. Bei der Anlage der auch das heutige Stadtbild noch bestimmenden Aurelianischen Stadtmauer wurden eine Reihe älterer Bauwerke, wie die Cestius-Pyramide, ein Grabmal augusteischer Zeit, in den Verteidigungsring integriert.

erfüllte – man denke nur an die verzweifelte päpstliche Verteidigung von 1870 oder die unglücklichen Ereignisse von 1943 –, faßt in ihrer eindrucksvollen Monumentalität die Größe einer ganzen Zivilisation ebenso zusammen, wie sie die Vorahnung ihres historischen Niedergangs ausdrückt, der wenige Jahrzehnte später Rom seine zentrale Rolle entziehen sollte.

Die römische Kunst von der Tetrarchie zur Herrschaft Konstantins

Die Machtergreifung Diokletians (284–305) im Jahre 284 bedeutete eine planmäßige Reorganisierung der Institutionen des Reichs; wenn sie historisch auch scheiterte, so markiert sie doch den Beginn eines neuen Zeitalters. Diokletian war ein Kaiser illyrischer Herkunft, der unter seinem angesehenen Kommando die verschiedensten Abteilungen des Heeres vereinte; seine neue Verfassungsordnung, die Tetrarchie, sollte erklärtermaßen das regelmäßig wiederkehrende Problem der kaiserlichen Nachfolge regeln.

Das tetrarchische System sah die Aufteilung des Reiches in vier voneinander abhängige Distrikte vor, die wiederum je zwölf Verwaltungsbezirke besaßen; sie waren auf jeden Fall dazu verpflichtet, den Zusammenhalt des gesamten weitläufigen Staatsgebildes zu wahren, das durch Siege in Afrika und Persien noch vergrößert wurde. Die Vorrangstellung Italiens und Roms war damit verloren; die vier Hauptstädte des Reiches waren unter Diokletian Nicomedia (heute Izmit in der Türkei), wo er selbst residierte, Mailand, wo Maximianus regierte, Trier und Sirmium (heute Sremska Mitrovica in Serbien).

Die Führung des Staates wurde von zwei Kaisern (Augusti) gemeinsam übernommen, die jeweils von einem Cäsaren, dem Mitregenten, unterstützt wurden. Nach Ablauf von 20 Jahren sollten die Augusti abdanken und die beiden Cäsaren ihre Macht übernehmen, die dann ihrerseits wieder zwei neue Cäsaren ernennen sollten, um die Kette der so geplanten, automatischen Nachfolge fortzusetzen.

Dies war das System, das trotz seiner Künstlichkeit das politische wie militärische Überdauern des Reiches garantieren sollte. Doch gelang es der Tetrarchie nicht, dem Druck standzuhalten, der durch die heftigen Konflikte zwischen den Potentaten und durch die unabwendbaren Dynastiekämpfe ausgelöst wurde, die bereits auf die erste und einzige Abdankung der Kaiser Diokletian und Maximianus im Jahre 305 folgten.

Dazu mag auch Diokletians autoritäre Betonung der mit dem kaiserlichen Amt verbundenen Privilegien beigetragen haben; er behielt sich das Attribut „Jupiter" vor, um auf diese Weise den göttlichen Ursprung der Maiestas, der autokratischen Amtsgewalt, zu stärken, der andere Kaiser erhielt dagegen nur den Titel „Herkules". Gerade aus diesen Herkunftsansprüchen wurden eiserne Machtrituale, die eine ausgiebige Kaiser-Verehrung forderten; sie bildeten die wesentliche Grundlage für die letzte der blutigen Verfolgungen, die Rom schließlich gegen die immer zahlreicher werdenden Anhänger des Christentums einleitete.

Die Säulen für die Zehnjahresfeier

Die Architektur in der Epoche der Tetrarchie wird in Rom nicht nur durch die gewaltigen Thermen des Diokletian, sondern ebensogut durch den Tempel der Minerva Medica dokumentiert. Er stellt eines der besterhaltenen spätrömischen Bauwerke der Stadt dar und liegt in unmittelbarer Nähe des heutigen Hauptbahnhofs (Stazione Termini) in einem Bereich der kaiserlichen Domäne, den Licinianischen Gärten.

Das große Gebäude aus Ziegelsteinen mit einem zehneckigen Grundriß wird von einer halbrunden Kuppel bedeckt; das heutige Aussehen

Porphyrgruppe der vier Kaiser der Tetrarchie. Sie zeigt die vier Herrscher in einer friedlichen Umarmung, die als programmatischer Ausdruck der Concordia, ihrer Eintracht, gilt. Die ursprünglich in Konstantinopel aufgestellte Gruppe wurde während eines Kreuzzuges 1204 geraubt, nach Venedig verschleppt und dort in den Fassadenbereich von San Marco eingemauert.

stimmt nicht ganz mit dem ursprünglichen zu Beginn des 4. Jahrhunderts überein, denn das Atrium mit zwei Apsiden sowie zwei seitliche halbrunde Räume wurden erst in späterer Zeit hinzugefügt. Der zentrale Baukörper besteht aus zehn Seiten, von denen sich neun zu Exedren öffnen, die Eingangsseite ist mit zwei Säulen versehen; vier dieser Exedren waren offen und mit Säulen geschmückt, sie wurden dann infolge des Baus der erwähnten halbrunden Säle zugemauert. Das gesamte weitläufige Gebäude wurde durch zehn großartige Fenster erhellt.

Dieser Bau war mit Sicherheit kein Tempel, sondern ein offizieller Repräsentationsraum. Das Interessante liegt einerseits in der kühnen Bautechnik mit der Kuppel aus Zement, die durch ein außergewöhnliches System von Ziegelsteinrippen getragen wird; andererseits in der Komplexität des Grundrisses, der reich an gebogenen Elementen ist. Sie wurden in der Bautradition der Kaiserzeit bereits seit mehr als zwei Jahrhunderten eingesetzt, wie zum Beispiel in den Bauwerken von Nero und Hadrian, und stellen eine klare Vorwegnahme der frühchristlichen und byzantinischen Kirchen mit zentralem Grundriß dar.

Ein bedeutendes Zeugnis der Bildhauerkunst aus dem Zeitalter der Tetrarchie ist die Basis einer der Decennali, der Säulen für die Zehnjahresfeier, eine rechteckige Plinthe, die auf allen Seiten bearbeitet ist und sich auf dem Forum Romanum, nicht weit vom Triumphbogen des Septimius Severus befindet. Diese Basis erinnert an das Jahrzehnt der Cäsaren Constantius I. Chlorus und Gallienus aus der ersten Tetrarchie, das im Jahr 303 gefeiert wurde, also dem Jahr, in dem Diokletian Rom besuchte. Diese Plinthe ist die einzig erhaltene von fünf Basen, die ebenso viele Gedenksäulen trugen und zu einem Denkmal der Tetrarchie gehörten. Eine der Seiten zeigt eine Inschrift auf einem Schild, der von zwei geflügelten Siegesgöttinnen über niederkauernde Barbaren gehalten wird.

Die fünf Gedenksäulen erhoben sich ursprünglich hinter der Rostra, der Rednertribüne, wie man in einem Relief des Konstantins-Bogens sehen kann; dieses zeigt auch, daß jede von ihnen eine Statue trug: die vier Herrscher und in der Mitte Jupiter, dessen ideologische Bedeutung bereits angesprochen wurde. Auf der erhaltenen Basis ist das rituelle Opfer von Schwein, Schaf und Stier, die Suovetaurilia, abgebildet sowie der Umzug der Senatoren; beide Reliefs sind, um einen Zusammenhang herzustellen, zur Gegenseite ausgerichtet, wo sich das Relief mit der Inschrift und dem Cäsaren Constantius I. Chlorus in der Mitte befindet; er wird von einer Victoria gekrönt und ist gerade dabei, auf einem Altar zu opfern. Diesen Ritus vollführt er in Gegenwart der sitzenden Göttin Roma, die vom strahlenförmigen Kopf des Sonnengottes Sol überragt wird. Zu seiner Rechten steht der Genius des Senats, außerdem sieht man zwei kleine Bedienstete, den Priester des Mars-Kultes mit der charakteristischen spitzen Kopfbedeckung, Mars selbst – dem offensichtlich das Opfer geweiht war – und einen Mann in Toga, der Maximinianus Herkules darstellt, dem der Kaiser den Constantius I. Chlorus anvertraut.

Der Stil dieser Reliefs bezeugt – auch für diese Periode der römischen Kunst – einen gewollt heterogenen Charakter; denn auf diesen Reliefs stehen zwei fast völlig konträre Stilkonzepte nebeneinander. Einerseits herrscht bei den beiden Prozessionen eine starke, jedoch grob plastische und eckige Formung mit der Tendenz vor, die gedrungene Darstellung nach geometrischem Muster zu gliedern; eine solche Arbeitsweise veranschaulicht im übrigen auch die berühmte Skulpturengruppe der Tetrarchen in Porphyr, die sich heute in Venedig befindet. Andererseits aber zeigen die zwei weiteren Szenen ganz offensichtlich den Wunsch, Dreidimensionalität durch malerische Mittel aufzulösen, indem stark vom Laufbohrer und der Umrißrille Gebrauch gemacht wird. Daher ist die Plinthe ein gutes Beispiel für den besonderen Klassizismus der Spätantike, bei dem die plastische Darstellung und ihre Auflösung nebeneinander existieren.

Darstellung des Sühneopfers der Suovetaurilia auf der sogenannten Decennalienbasis. Die Basis gehört zu einem in der Nähe des Septimius-Severus-Bogens auf dem Forum Romanum errichteten Fünfsäulendenkmal. Die Säulen dieses Ensembles krönten ursprünglich die Statuen der vier Tetrarchen, die um das zentrale Standbild Jupiters angeordnet waren. Dieses Denkmal wurde zum 20. Regierungsjubiläum der Augusti Diokletian und Maximian und zum 10. der Cäsaren Constantius I. Chlorus und Gallienus errichtet.

Die Maxentius-Basilika

Auf die Abdankung von Diokletian und Maximinianus folgte eine lange Periode innerer Kämpfe um die Macht, die durch unvorhergesehene Umstände wie den plötzlichen Tod von Constantius I. Chlorus im Jahre 306 nahezu eskalierten; das tetrarchische Nachfolgesystem war zu schwach, um die Ambitionen derjenigen auszuschalten, die ihre Rechte auf der Grundlage dynastischer Ansprüche geltend machen wollten.

Aus dieser politisch bewegten Phase ging schließlich Konstantin, der Sohn des Constantius I. Chlorus, als Sieger hervor, nachdem er 312 in der Schlacht an der Milvischen Brücke bei Rom Maxentius, den Sohn des Maximinianus, geschlagen hatte.

Als Persönlichkeit ragt Maxentius aus dem Mittelmaß seiner Zeit heraus. Während seiner kurzen Regierungszeit von 306 bis 312 war er, der in Rom durch die Unterstützung der Prätorianergarde und der städtischen Plebejer gewählt worden war, zu einem umfassenden Programm von Schenkungen und monumentalen öffentlichen Bauwerken gezwungen, um sich ihnen gegenüber erkenntlich zu zeigen. Sie bestimmen noch heute das Gesicht Roms, wie zum Beispiel auch die berühmte Villa des Maxentius, deren eindrucksvolle Ruinen zwischen der Via Appia und der Via Appia Pignatelli zu sehen sind.

Doch das vielleicht berühmteste Monument dieser propagandistisch motivierten Bautätigkeit ist die Maxentius-Basilika. Der relativ gut erhaltene Ziegelbau übte eine große Faszination auf die Renaissance aus, wie beispielsweise der wunderbare architektonische Hintergrund im Stile Bramantes (1444–1514) im Fresko Die *Schule von Athen* beweist, das um 1510 in den Stanzen des Vatikans, den päpstlichen Gemächern, von Raffael (1483–1520) gemalt wurde.

Die Maxentius-Basilika erhebt sich auf einer großen Plattform, die zwischen der Via Sacra und dem Velius-Hügel liegt, in dessen Hänge sie zum Teil eingebaut ist. Sie wurde von Maxentius als Saal für die kaiserlichen Empfänge konzipiert und besaß drei Schiffe, in die man ursprünglich durch einen engen Portikus auf der Ostseite eintrat. Dieser lag gegenüber einer großen, halbrunden Apsis, die das Mittelschiff abschloß; hier wurden einige Fragmente der Kolossalstatue von Konstantin gefunden, die sich heute im Museo dei Conservatori befinden.

Offenbar fand jedoch in der Epoche Konstantins ein grundlegender Orientierungswandel statt. Nicht nur wurde der Eingang der Basilika jetzt durch Propyläen zusätzlich betont, vor allem wurde er auf die Seite in Richtung der Via Sacra verlegt; dadurch entstand eine neue Hauptachse, die durch eine weitere neue Apsis mit einem Prospekt mit Nischen und Kassetten betont wurde, welche symmetrisch zum neuen Eingang in der Mitte der Nordseite erstellt wurde.

Die Seitenschiffe der Basilika, die in drei miteinander verbundene Bogensegmente unterteilt

Die Maxentius-Basilika auf dem Forum Romanum ist einer der beeindruckendsten Bauten der Spätantike. Mit der Errichtung dieser Anlage wurde unter Maxentius, dem Rivalen Konstantins, begonnen. Der riesige Bau war als Raum für kaiserliche Empfänge konzipiert und wurde nach der vernichtenden Niederlage des Maxentius 312 in der Schlacht an der Milvischen Brücke von Konstantin fertiggestellt.

sind, besaßen mit Kassetten geschmückte Tonnengewölbe, die jedoch nur auf der Nordseite erhalten sind; über sie spannten sich kühne Kreuzbögen, die auf acht Marmorsäulen lagerten. Die Beleuchtung wurde durch große Bogenfenster gewährleistet, die sich in den Seitenschiffen, in der Maxentius-Fassade und in den Seiten der Kreuzgewölbe öffneten, die auf den Spitzen der Seitenschiffe ruhten; von großer Wirkung war auch das Innendekor aus Stuck und wertvollem, mehrfarbigem Marmor, von dem nur geringe Reste erhalten sind.

Vorbild für die Maxentius-Basilika waren die großen Thermenanlagen; die Überdachung der riesigen Innenräume durch Gewölbe wirkt jedoch in diesem Gebäude besonders harmonisch und kompakt. Der Grundriß der Basilika, insbesondere der Maxentius-Teil mit der Apsis und ihrer eindringlichen Beziehung zum Säuleneingang, wurde das bevorzugte Modell sowohl für frühchristliche Kirchen wie auch für die ursprüngliche Basilika von Sankt Peter im Vatikan, also den Petersdom.

Die in diesem Bildausschnitt sichtbaren Partien der kassettierten Decke der Maxentius-Basilika bildeten eine wichtige Inspirationsquelle für eine Reihe von bedeutenden Architekten der Renaissance.

Der Konstantins-Bogen

Die Herrschaft Konstantins, des siegreichen Rivalen des Maxentius, bezeichnet einen entscheidenden Punkt in der Geschichte der römischen Kaiserzeit. Im Prinzip waren es zwei seiner Entscheidungen, die erhebliche Folgen für die folgende Zeit hatten.

Zunächst wurde den Christen im Edikt von Mailand aus dem Jahre 313 Religionsfreiheit zugestanden. Weiterhin wurde Rom seine historische Rolle als Hauptstadt des Römischen Reiches endgültig entzogen, was sich ja während der Tetrarchie bereits abgezeichnet hatte; sie wurde 330 nach Byzanz verlegt, das aus diesem Anlaß in Konstantinopel umgetauft und durch ein außergewöhnliches städtebauliches Programm modernisiert wurde.

Doch der Stadt am Tiber blieb als Zeugnis dieser Epoche der Konstantins-Bogen, eines der großartigsten Bauwerke der gesamten römischen Kunst; er wurde 315 in der Nähe des Kolosseums errichtet, um des Sieges über Maxentius drei Jahre zuvor zu gedenken. Dieses Marmordenkmal wiederholt im wesentlichen – in größeren Proportionen – die Struktur und die gestalterischen Merkmale des Septimius-Severus-Bogens: drei Bögen, die durch Pfeiler begrenzt und durch freistehende korinthische Säulen auf hohen Plinthen unterbrochen werden.

Nach jüngsten archäologischen Untersuchungen wird allerdings angenommen, daß der Triumphbogen älter sei und möglicherweise sogar auf die Epoche der Antoninen zurückgehen könnte. Selbst wenn dies zuträfe, ginge eine der interessantesten und bedeutsamsten Eigenschaften des Monuments auf jeden Fall auf die Epoche Konstantins zurück: In dem bildhauerischen Dekor wurde einem Flickwerk Leben verliehen, in dem wenige, doch äußerst bedeutende konstantinische Reliefs gemeinsam mit Bildtafeln stehen, die allesamt aus älteren Epochen stammen.

Für die Ausschmückung des Bogens wurden planmäßig einige Friese von öffentlichen Monumenten abgebaut, die auf verschiedene Phasen des 2. Jahrhunderts datierbar sind; offenbar geschah dies nach einer sorgfältig getroffenen Auswahl. Im Konstantins-Bogen, der auf diese Weise zu einer wertvollen „Anthologie" der offiziellen römischen Kultur der Kaiserzeit wird, finden Reliefs Platz, die auf Trajan, Hadrian und Marc Aurel zurückgehen.

Für dieses einzigartige Phänomen wurden verschiedene Erklärungen angeboten, in denen wahrscheinlich jeweils ein Aspekt der Wahrheit enthalten ist: die Krise der Bildhauerwerkstätten Roms im 4. Jahrhundert, die die gesamte Dekoration einer derart großen Oberfläche offenbar nicht mehr bewältigen konnten; die propagandistische Rückbesinnung auf Zeiten vergangener Größe, die in einem Moment des fast unaufhaltsamen Niedergangs nostalgisch beschworen wurden; das ideologisch motivierte Bemühen Konstantins, seine Legitimation als Autokrat – die genau besehen einzig aus einem ruinösen Bürgerkrieg stammte, der gewaltsam die alte Ordnung eliminiert hatte – auf die Kontinuität mit großen und beliebten Principes der Vergangenheit zu stützen.

Was auch immer den Hof Konstantins zu einer solch inkonsequenten Lösung veranlaßt hat – das Ergebnis liefert vielleicht den entscheidenden und überzeugenden Beweis für eine Stileigenheit der römischen Kunst, die wir bislang mehrfach herausgearbeitet haben: ein Desinteresse am Prinzip der formalen Einheitlichkeit eines Kunstwerks.

Dies ging sogar so weit, daß die bereits an sich unterschiedlichen Stile des 2. Jahrhunderts – wenn sie sich auch im allgemeinen durch einen naturalistischen Ansatz nahestehen – problemlos der Stilsprache des konstantinischen Zeitalters an die Seite gestellt werden konnten, obwohl deren Erzählweise nicht naturalistisch, sondern vorwiegend symbolisch orientiert ist. Auch die Teile des Dekors aus konstantinischer Zeit weisen keine einheitlichen Stilmerkmale auf, denn auch bei ihnen erkennt man einen geringfügigen, aber doch nicht unbedeutenden Hinweis auf klassizistische formale Traditionen.

Unter den ersten, die den eklektischen Charakter des Konstantins-Bogens bemerkt haben, befand sich ein Bildhauer des späten römischen Manierismus, Flaminio Vacca: In einem Manuskript aus dem Jahre 1594, *Memorie di varia antichità (Erinnerungen an die Antike)*, das erst 1704 veröffentlicht wurde, spricht er unter anderem von „einigen Gefangenen, ähnlich denen, die sich über dem Konstantin zu Ehren benannten Bogen befinden, in derselben Manier; ich betrachtete sie sorgfältig und halte es für sicher, daß sie von derselben Hand und demselben Meister stammen, der die Säule [gemeint ist die Trajans-Säule] gemacht hat; eine sichere Sache ist, daß der Konstantins-Bogen

Die Ehren- und Triumphbögen gehören zu den bekanntesten Bautypen der römischen Antike. Diese den Mitgliedern der kaiserlichen Familie oder berühmten Persönlichkeiten gewidmeten Bauten erfüllten stets eine wichtige propagandistische Funktion im öffentlichen Raum. Dies gilt insbesondere für die Inszenierung militärischer Erfolge. Von den annähernd 50 durch Quellen bekannten Bögen überdauerten in Rom nur eine kleine Anzahl die Jahrhunderte. Unter diesen nimmt der Konstantins-Bogen mit seinem aus Spolien zusammengestellten dekorativen Programm eine Sonderstellung ein.

Allegorische Darstellung des Sol mit seiner Quadriga vom Konstantins-Bogen. Das Tondo ist eines der wenigen Beispiele einer skulpturalen Arbeit aus konstantinischer Zeit, die mit den in der Hauptsache aus dem 2. Jahrhundert stammenden Spolien kombiniert wurde. Dieses Phänomen ist weniger ein Symptom eines künstlerischen Niedergangs als vielmehr Ausdruck eines neuen ästhetischen Konzepts der Varietas.

transportiert wurde, denn man sieht, daß die Skulpturen an der Basis sehr plump sind und zu der Zeit Konstantins ausgeführt wurden, als die Bildhauerkunst verlorengegangen war". Großartig ist die meisterliche Unterscheidung zwischen den Teilen, die im Zeitalter Trajans geschaffen wurden – jene Gefangenen, die Vacca mit seiner Bildhauer-Erfahrung derselben Hand zuordnet, die die Reliefs der Säule ausführte – und den Friesen des konstantinischen Zeitalters, die allerdings aufgrund eines klassizistischen Vorurteils, das heute überholt ist, als plump beurteilt werden.

Dem Zeitalter Trajans sind die acht Statuen gefangener Daker zuzuordnen, die sich an den Spitzen der Säule befinden und die Vacca erwähnte, sowie der Große Trajanische Fries, von dem bereits die Rede war: Er wurde in vier Teile zerlegt und in den Hauptbogen und die Schmalseiten der Attika eingearbeitet. Aus der Zeit Hadrians stammen dagegen die acht sehr eleganten Rundreliefs, die sich über den kleineren Bögen befinden, während auf Marc Aurel die acht großen Tafeln zurückgehen, die in beide Längsseiten der Attika neben den beiden Gedenkinschriften mit identischem Text eingesetzt wurden.

Das ideologische Bewußtsein Konstantins zeigt sich darin, daß in all diesen wiederverwendeten Bildreliefs die Porträtköpfe der Kaiser so lange neu bearbeitet wurden, bis sie die Züge Konstantins oder Licinius', der bis 324 mit ihm die Macht teilte, angenommen hatten.

Die gesamte restliche Dekoration des Bogens stammt aus konstantinischer Zeit: die Plinthen mit Siegesgöttinnen und Trophäen von den Barbarenvölkern, die Schlußsteine der Bögen mit den Gottheiten, die Flußgestalten in den Archivolten der seitlichen Bögen, die Siegesgöttinnen und die Jahreszeiten auf dem Zentralbogen, die beiden Rundreliefs, die ergänzend zu den hadrianischen Medaillons hinzutreten, mit dem Sonnengott und der Mondgöttin an den Schmalseiten des Bogens, und vor allem der äußerst interessante historische Fries in sechs Episoden, der über den kleineren Bögen verläuft sowie auf derselben Höhe entlang der Schmalseiten des Monuments.

Dieses Relief, das zirka einen Meter hoch ist, erzählt die Ereignisse des Kampfes zwischen Konstantin und Maxentius. Die westliche Schmalseite zeigt die Abreise Konstantins aus Mailand. An der Südseite schildern die Reliefs zwei militärische Ereignisse, die Belagerung von Verona und die entscheidende Schlacht an der Milvischen Brücke, was durch die Brücke und die Gestalt des Tibers links außen leicht erkennbar ist. Auf der östlichen Schmalseite ist der Einzug Konstantins in Rom dargestellt, während sich auf der nördlichen Frontseite wiederum zwei, diesmal friedliche Szenen befinden, eine kaiserliche Ansprache auf dem Forum Romanum und die Verteilung von Gütern ans Volk, die 313 im Cäsars-Forum stattfand.

In diesem historischen Relief kommt eine Formsprache zum Ausdruck, die auf Stilmittel zurückgreift, die sich von der klassischen Tradition längst weit entfernt haben und die im übrigen ihre Wurzeln im etruskisch-italischen Hinterland hatten. Der Grund für eine derartige Entfernung von der Klassik ist darin zu sehen, daß nicht der künstlerischen Form, sondern dem ideologischen Inhalt der Vorzug gegeben wurde – zugunsten der „Botschaft durch Bilder", die sich auf die Wirksamkeit und Unmittelbarkeit eines eindringlichen erzählerischen Symbolismus stützt.

Dies ist der Fall bei der Bedeutungsgröße der Figuren je nach ihrem gesellschaftlichen Rang; im letzten Relief kann man mindestens fünf Arten unterscheiden, die Proportionen der menschlichen Figur zu gestalten. Auch in der Veränderung der Perspektive erkennt man Anzeichen für eine Entfernung von naturalistischen Stilmerkmalen; die Menschenmenge, die der kaiserlichen Rede auf dem fünften Relief lauscht, wird neben der Tribüne dargestellt, während sie sich in Wahrheit davor befand. Das Beharren auf der frontalen Darstellung des Kaisers ist ein weiteres Indiz: Sie setzt eine Linie fort, die man ab dem Zeitalter von Commodus verfolgen kann – man denke an die Marc-Aurel-Säule – und die die göttliche und unantastbare Dimension der kaiserlichen Majestät hervorheben sollte. Auch auf dem Relief des Bogens aus konstantinischer Zeit hat die starke Verwendung des Laufbohrers zu einer Auflösung der plastischen Konturen geführt.

All diese Aspekte werden eine führende Rolle bei der Entwicklung der formalen Mittel der frühen hochmittelalterlichen Kunst spielen.

Eine ganz andere Stilrichtung – auch diese jedoch den zeichnerischen Mitteln nicht abgeneigt – zeigen dagegen die Symbolik und Allegorik, die auf dem Bogen entfaltet werden. Siegesgöttinnen, Flüsse, Jahreszeiten und Barbaren stammen deutlich aus dem klassizistischen Repertoire. Wie bereits beim Severus-Bogen, so belegt dies auch hier, daß in der römischen Kunst im selben Zeitraum und sogar auf demselben Monument unterschiedliche Stilmerkmale auftreten konnten.

Die auf dem Konstantins-Bogen vorhandenen Allegorien klären außerdem einen wesentlichen Punkt der Ideologie und der pro-christlichen politischen Entscheidungen des Kaisers. Bebilderte Medaillons, in denen Gottheiten wie Sonne und Mond mit klar universalistischer Bedeutung Reverenz erwiesen wird, zeigen, daß Konstantin, zumindest in dieser frühen Phase seiner Herrschaft, sich selbst als Autokrat sah, der sich im wesentlichen aus den Werten der heidnischen Tradition nährte. Auch die Hervorhebung der eigenen politischen Rolle in den Porträts im absolutistischen Stil – sowohl auf dem Bogen als auch bei der berühmten Kolossalstatue, deren Fragmente sich heute im Museo Capitolino befinden – bestätigt diese Tendenz. Das Edikt von Mailand, mit dem Konstantin den Christen die freie Ausübung ihrer Religion gestattete, darf also nicht als religiöse Entscheidung interpretiert werden; sie war vielmehr ein Akt großer politischer Klugheit, der der immer stärkeren Verbreitung des Christentums in den Schlüsselpositionen der gesellschaftlichen und institutionellen Struktur des Reiches Rechnung trug.

Die Konversion Konstantins erfolgte lange nach der Schlacht an der Milvischen Brücke, auch wenn die bekannte Legende vom Schutz des Kreuzes Christi über den Truppen etwas anderes behauptet. Im Laufe seiner Regierungszeit, die bis 337, also ungefähr ein Vierteljahrhundert dauerte, suchte der umsichtige Konstantin ein Gleichgewicht zwischen einem erstarkenden Christentum und einer noch lebendigen, aber auf dem Rückzug befindlichen heidnischen Aristokratie, die im Staatswesen nicht radikal beiseite gedrängt werden wollte.

Konstantin war ein absoluter Monarch ganz im Sinne der römischen Kaisertradition. Nicht ohne Grund fügte daher Aby Warburg den Triumphbogen als zentrales Monument der Manifestation dieser politischen Praxis in seinen Bildatlas ein, der von Mnemosyne, der griechischen Göttin der Erinnerung, inspiriert war. Der Konstantins-Bogen befand sich hier auf der siebten Tafel, wo er neben der Gemma Augustea (um 12 v. Chr.), der Apotheose von Hadrians Gattin Sabina, die zum sogenannten Arco Portogallo (Portugalbogen) gehört, und der gleichen Szene auf der Basis der Antoninen-Säule mit der posthumen Vergöttlichung von Antoninus Pius und Faustina der Älteren zu sehen war.

Emilio De Albentiis

Reliefmedaillon an der Westseite des Konstantins-Bogens mit der Darstellung der Luna auf der Biga. Die beiden Pendant-Darstellungen von Sonne und Mond markieren den kosmischen Rahmen der durch das skulpturale Programm des Bogens geschilderten Heldentaten Kaiser Konstantins.

Rom in der Zeit des frühen Christentums

Die Stadt der Frühchristen

Die Grabplastik

Das christliche Rom, das mit dem Toleranzedikt Kaiser Konstantins von 313 n. Chr. gewissermaßen seinen offiziellen Anfang nahm, stieß bereits zu Beginn des 4. Jahrhunderts in allen Gesellschaftsschichten auf eine große Akzeptanz. Seit der ersten apostolischen Predigt im 1. Jahrhundert hatten sich die Gemeinden der Christen immer stärker organisiert, um ihren gestiegenen kultischen Bedürfnissen in ausgedehnten Zeremonien Ausdruck zu verleihen. Ihre Duldsamkeit und ihr Widerstand während der zahlreichen Verfolgungen der ersten Jahrhunderte des Kaiserreichs bis zu den letzten grausamen Edikten der ersten Jahre des 4. Jahrhunderts brachten dem Christentum große Aufmerksamkeit ein, weshalb eine beachtliche Anziehungskraft von dem neuen Bekenntnis ausging. So konnte es sich in allen Bevölkerungsgruppen gegenüber Religionen wie dem Mithras-Kult bald durchsetzen.

Die christliche Kunst entstand zwar nicht erst im 4. Jahrhundert, denn es gibt bereits Zeugnisse aus der zweiten Hälfte des 2. Jahrhunderts, doch entwickelte sie sich zu dieser Zeit in vielfältiger Weise und fügte sich in ein kulturelles Klima ein, das noch für lange Zeit vornehmlich heidnisch bestimmt war.

Aus dieser Frühzeit der christlichen Kunst sind die einzigen auf uns überkommenen künstlerischen Ausdrucksformen solche Bildwerke, die im wesentlichen dem Repertoire der Grabmalerei und -skulptur aus den Katakomben und den Grabstätten unter freiem Himmel (sub divo) zuzurechnen sind. In der Malerei finden sich so bekannte und bedeutsame Beispiele wie die *Jungfrau mit dem Propheten* und möglicherweise auch die Ausschmückung der sogenannten Griechischen Kapelle der Priscilla-Katakombe, die Krypten der Sakramente in der Calixtus-Katakombe und der *Christus Helios* der vatikanischen Nekropole unter St. Peter. In der Bildhauerkunst zählen zu den ebenso wichtigen, noch der klassisch-antiken Formensprache verbundenen Beispielen der in der Forschung umstrittene Sarkophag aus der Via Salaria und die Sarkophage von Santa Maria Antiqua und aus der Via della Lungara.

Ansicht des um die Mitte des 3. Jahrhunderts n. Chr. entstandenen Wannensarkophags aus Santa Maria Antiqua. Das Relief an der Vorderseite zeigt ein Nebeneinander christlicher und heidnischer Motive. Von links nach rechts sind dies: der Ketos (das Meeresungeheuer) aus der Jonas-Geschichte, Jonas in der Kürbislaube, eine Orantin (Betende), ein Philosoph, Der Gute Hirte sowie die Taufe Christi. Rom, Santa Maria Antiqua

Ausgehend von diesen Ausdrucksformen entwickelte sich im Laufe des 3. Jahrhunderts ein differenziertes christliches Repertoire hohen symbolischen, vornehmlich eschatologisch-soteriologisch inspirierten Gehalts, das zu einer wichtigen Basis der frühchristlichen Kunst werden sollte. Dies blieb auch so, als sich die Ansprüche, die an die christliche Kunst gestellt wurden, änderten und in den Bildwerken immer häufiger biblische

Szenen oder politisch inspirierte Darstellungen auftraten.

Denn insbesondere ab dem 4. Jahrhundert empfand man es als Notwendigkeit, die ruhmreiche Geschichte des christlichen Glaubens anhand seiner in den Büchern des Alten und Neuen Testaments überlieferten Entstehungsgeschichte eindringlich in Erinnerung zu rufen. Zu diesem Zweck bedienten sich die Künstler einer vorzugsweise narrativen Bildsprache. Sie wurde in der Folge geradezu märchenhaft und phantastisch, vor allem im Zusammenhang mit Darstellungen der Heiligenviten, die sich ab dem Ende des 4. Jahrhunderts bis weit ins Mittelalter hinein besonders großer Beliebtheit erfeuten. Man nutzte dazu die äußerst umfangreiche hagiographische Literatur, die insbesondere zwischen dem 5. und 7. Jahrhundert die ikonographischen Reproduktionen der Heiligenmartyrien inspirierte.

Katakombe Santi Pietro e Marcellino auf der Via Labicana. Detail einer Deckenmalerei aus konstantinischer Zeit mit dem Guten Hirten im Zentrum und den in den Kreuzachsen angeordneten Szenen aus dem Leben des Jonas. Die Zwischenbereiche zieren Darstellungen männlicher und weiblicher Oranten.

Die Anfänge der christlichen Architektur

Die christliche Architektur zeigt in dieser Zeit keine erkennbaren Eigentümlichkeiten oder speziellen Beispiele, da sie sich nicht in einer offiziellen Bautätigkeit äußern konnte – man begnügte sich mit bestehenden Bauten, und im Hinblick auf die schwierige Lage und die häufigen Verfolgungen war dies auch eine Vorsichtsmaßnahme, um nicht entdeckt zu werden. Daher mußte im 4. Jahrhundert, während die Bildsprache aus klaren symbolischen und narrativen Formulierungen oder rein ornamentalen Schmuckformen bereits entwickelt war, die Architektursprache noch vollständig formuliert und vor allem in die nahezu lückenlose städtische Bebauung innerhalb der Stadtmauern eingefügt werden, an der sich die komplexe Baugeschichte der Ewigen Stadt zeigte. Diese Situation erforderte primär eine Neuplanung, die den vor-

Die Vorderseite des Claudianus-Sarkophags *zeigt von links nach rechts: Petrus schlägt Wasser aus der Kerkerwand, Die Gefangennahme Petri, Das Wunder zu Kana, eine Orantin, Die wundersame Brotvermehrung, Die Ankündigung der Verleugnung Petri, Die Auferweckung des Lazarus. Das Deckelrelief zeigt Die Geburt Christi, Die Heilung der Blutflüssigen sowie Die Opferung Isaaks. Rom, Museo Nazionale Romano*

herigen Zustand buchstäblich auf den Kopf gestellt hätte, die aber zur Schaffung des neuen christlichen Rom trotz des Widerstands der bedeutendsten römischen Gesellschaftsschicht, des Senatorenstandes, unumgänglich war.

Man darf zudem nicht vergessen, daß in Verbindung mit den Bedürfnissen des römischen Episkopats und der lokalen Glaubensgemeinschaft beim Bau der Kultstätten innerhalb der Stadtmauern sogleich für die Präsentation der „Stadt der Märtyrer", deren Grabstätten außerhalb der Stadtmauern verstreut waren, gesorgt werden mußte, da sie alle Völker der christlichen Welt nach Rom locken sollte. Wie eine echte Trabantenstadt sollte sie sich als monumentaler Ring unmittelbar außerhalb der Stadtmauern erstrecken und den heterogenen Zustrom des gesamten Volkes der Christenheit absorbieren. Die Gestaltung der Stadt außerhalb und innerhalb der Mauern wurde in diesem Projekt eins. Zumindest für einen Großteil des 4. Jahrhunderts war die Sorge um diese Anlage außerhalb der Mauern eines der Hauptanliegen der Kaiser und Päpste. Tatsächlich entstehen – abgesehen vom bischöflichen Komplex – die repräsentativsten Anlagen der christlichen Baukunst Roms im Ring außerhalb der Stadtmauern. Im übrigen bemerkt man innerhalb der Stadtmauern – nachdem sich der Eifer beim Bau der neuen Bischofsanlage des Lateran gelegt hatte – eine gewisse Atempause bei der Errichtung großer Kultstätten. Die neue Religion hatte, wie gesagt, zahlreiche mächtige Gegner, und Kaiser Konstantin selbst kehrte Rom nach den mißglückten Zwanzigjahrfeiern von 326 endgültig den Rücken. So gesehen boten sich außerhalb der Mauern mehr Möglichkeiten für die ersten Versuche im Bau zahlreicher großer Basiliken. Die Bedeutung eines derartigen Unterfangens in der Vorstadt, das auch eine Möglichkeit darstellte, die Stadt von außen her „anzugreifen", indem man sie mit einer Vielzahl von Anziehungspunkten wie den großen Märtyrerbauten umgab, um deren Attraktivität man sehr wohl wußte, erahnte möglicherweise bereits Maxentius (306–312).

Nicht zufällig wurde auf dem Gelände seiner Besitzungen an der Via Appia gegenüber seinem großen Zirkus mit dem Mausoleum die großzügige Anlage der Memoria Apostolorum erbaut, von der neueste Studien behaupten, sie sei eine Gründung eben des Maxentius. Diese später nach dem unter Diokletian (284–305) als Märtyrer gestorbenen Hl. Sebastian benannte Anlage wurde zu Beginn des 4. Jahrhunderts mit Petrus und Paulus in Verbindung gebracht, deren sterbliche Überreste mit großer Wahrscheinlichkeit für einige Zeit hierher verbracht worden waren, und ist heute eine der sieben Pilgerkirchen Roms. Konstantin verfolgte dieselbe Linie wie sein Rivale Maxentius,

Das Mausoleum der Helena. Diese als Rundbau konzipierte Grablege für die Mutter Kaiser Konstantins wurde entsprechend ihres besonderen Ranges an einer privilegierten Stelle, in direkter Nähe der Umgangsbasilika von Santi Pietro e Marcellino, errichtet. Die Anlage aus der ersten Hälfte des 4. Jahrhunderts dokumentiert in monumentaler Weise die Praxis der Bestattung ad sanctos, in nächster Nähe der verehrten Märtyrergräber.

und auf sein Betreiben wurden Sankt Peter, San Paolo fuori le mura und das Mausoleum der Helena mit der Basilika Santi Pietro e Marcellino errichtet und vielleicht, auch wenn man sich dessen nicht völlig sicher sein kann, die sogenannte anonyme Basilika der Praenestina. Ihm ist zudem die Errichtung der Laurentius-Gedenkstätte an der Tiburtina zu verdanken.

In der ersten Hälfte des 4. Jahrhunderts entstanden weiterhin ähnlich grandiose Komplexe, darunter wahrscheinlich auch eine kürzlich zwischen der Via Appia und der Via Ardeatina entdeckte riesige Basilika, die möglicherweise der Zeit Konstantins und dem Pontifikat des Markus (336) zuzuordnen ist. In der Folge entstehen Sant'Agnese an der Via Nomentana und San Lorenzo an der Via Tiburtina. Jedes dieser Bauwerke umfaßt ein Konglomerat von Gebäudeanlagen beträchtlichen Umfangs sowie mehrere Bauten mit unterschiedlichen Funktionen. Alle Basiliken außer Sankt Peter und San Paolo fuori le mura und insbesondere die 847 durch ein Erdbeben zerstörte Maxentius-Basilika zeichnen sich durch eine spezifische Bauweise aus, die von den Wissenschaftlern aufgrund ihrer Apsisform als Ring- oder Wandelhallen-Basilika bezeichnet wird. Es gilt als gesichert, daß derartige Bauten ihrem Wesen nach nicht so sehr Kirchen als vielmehr große überdachte Grabstätten waren. Sie eigneten sich zudem als Ort liturgischer Handlungen und waren als monumentale Anlagen unweit der Märtyrergräber konzipiert. Sie zählen zu den großartigsten und imposantesten der in der römischen Vorstadt errichteten christlichen Anlagen. In diesem besonderen Fall verfügen sie zudem über eine Vielzahl von Räumlichkeiten und Einrichtungen für ihren Unterhalt und die Aufnahme der Gläubigen. Sie sollten einen unersetzlichen Erfahrungsschatz für analoge, in dieser Zeit und in Zukunft realisierte bauliche Lösungen darstellen und weltweit Modellcharakter erlangen.

Päpstliche Bauprojekte außerhalb der Stadtmauern

Zeitgleich mit den kaiserlichen Gründungen Konstantins und seiner Nachfolger, der Konstantiniden, machten sich auch die Päpste an die Ausgestaltung der römischen Vorstadt, mit der sie noch in der zweiten Hälfte des 4. Jahrhunderts beschäftigt waren. Die Resultate ihrer Bemühungen sind heute nicht immer nachvollziehbar, und in vielen Fällen fanden sich selbst von bezeugten Bauten keinerlei Spuren. So ist die Lage der Kirche auf dem Gelände über der Priscilla-Katakombe an der Via Salaria, in der sich angeblich die Grabstätte Papst Silvesters I. (314–335) befand, äußerst zweifelhaft. Dasselbe gilt für die drei Gründungen Julius' I., die schwer bestimmbare Basilika an der Via Aurelia zu Ehren des Hl. Calixtus, die dem Märtyrer Felix geweihte Basilika an der Via Portuense und die an der Via Flaminia gelegene, dem Hl. Valentin geweihte Basilika, von der nahezu nichts erhalten ist. Anhand einiger auf das 4. Jahrhundert datierbarer Mauerteile wurde versucht, eine planimetrische Rekonstruktion durchzuführen.

In der zweiten Hälfte desselben Jahrhunderts erbaute Damasus (366–384), dessen Dichtung die Verehrung der Märtyrergräber bezeugt, eine Basilika an der Via Ardeatina, in der er seine Mutter und Schwester begraben ließ und in der er selbst beigesetzt werden wollte. Von den übrigen Baukomplexen des 4. Jahrhunderts haben wir keinen Verweis darauf, daß der Pontifex ihre Errichtung förderte. Andere, heute größtenteils zerstörte Kultstätten werden zwar erstmals in Quellen des Hochmittelalters erwähnt und könnten also auch auf diese Zeit zurückgehen, wie die dem Hl. Saturninus geweihte Stätte an der Via Salaria Nuova, die im 6. Jahrhundert unter Papst Felix IV. (526–530) restauriert wurde. Zudem erhoben sich die Kirchen nicht immer vollständig über das Terrain: Manchmal lagen sie halb unterirdisch in enger Verbindung zu den Gräbern der in der Katakombe bestatteten Märtyrer oder auch völlig unterirdisch.

Über letztgenannten Typ wurde häufig noch eine weitere Kirche gebaut, die sich über das Geländeniveau erhob, wodurch eine Ober- und eine Unterkirche entstanden. Dabei wurde oft in

Der Raum der Pistores (Müller) in der Domitilla-Katakombe an der Via Ardeatina mit einer Wandmalerei des ausgehenden 4. Jahrhunderts. Die Apsis ziert ein Bild des Guten Hirten, das von Darstellungen der Jahreszeiten umgeben ist. Die Inschrift oberhalb des Sockels enthält Angaben zu den Aktivitäten der Pistores und der Mensores (Feldmesser).

beiden Bauten dieselbe Grabstätte verehrt. Ein Beispiel dafür ist die halb unterirdische Basilika des Märtyrers Hermes, die heutige Kirche San Ermete an der Via Salaria Vecchia. An der Via Salaria Nuova standen vermutlich die Basilika Papst Silvesters I. (314–335) auf dem Gelände der Priscilla-Katakombe, die Kirche des Hl. Saturninus und diejenige der Märtyrer Chrysanthus und Daria aus dem 4. Jahrhundert. An der Via Tiburtina lagen zwei weitere Kultstätten – eine davon liegt unterirdisch und ist noch heute zu besichtigen, darüber die nicht mehr erhaltene zu Ehren des Märtyrers Hyppolit; im Umfeld dieser Bauten befand sich wohl auch eine dem Märtyrer Genesius geweihte Basilika.

Eine Vielzahl unterirdischer Anlagen war auf dem Laurentius-Areal verstreut. An der Via Tiburtina lag außer der erwähnten großen und heute kaum mehr erkennbaren Basilika aus der ersten Hälfte des 4. Jahrhunderts auch die Friedhofskirche der Heiligen Processus und Martinianus an der Via Aurelia, deren genauer Standort heute unbekannt ist. Zusammen mit der darunterliegenden Katakombe, die trotz einiger plausibler Hypothesen ebenfalls noch nicht mit Sicherheit lokalisiert werden konnte, fällt ihre Entstehung in die Zeit des Usurpators Eugenius (392–394). Gesichert ist dagegen die teilweise unter der Oberfläche gelegene Basilika der Heiligen Nereus und Achilleus in der Domitilla-Katakombe an der Via Ardeatina, die aus der Zeit zwischen 390 und 395 stammt oder aber unter dem Pontifikat des Damasus (366–384) erbaut wurde, wie auch die unterirdische Basilika der Hl. Thekla an der Via Ostiense, die ebenfalls zu einer Anlage aus dem 4. Jahrhundert gehörte.

Das bedeutendste Bauprojekt aus dem letzten Jahrzehnt des 4. Jahrhunderts war der Umbau der unter Konstantin errichteten Basilika San Paolo fuori le mura an der Via Ostiense. Der Wunsch nach einer monumentalen Kirche wurde im Jahr 386 von den Kaisern Valentinian II., Theodosius I.

Domitilla-Katakombe an der Via Ardeatina. Ansicht der Apsispartie der Basilika Santi Nereo e Achileo. Die im Jahre 1874 freigelegten Reste der Basilika aus dem 4. Jahrhundert wurden restauriert.

und Arcadius durch ein kaiserliches Edikt formuliert. Der Präfekt von Rom, Sallust, wurde damit beauftragt, die Arbeiten zu organisieren und die Umgebung der Pracht der neuen Basilika entsprechend umzugestalten. Zu Beginn des 5. Jahrhunderts wurde der Bau unter Kaiser Honorius (395–423) vollendet. Es gilt als gesichert, daß die Konstantinsbasilika weniger beeindruckend und kleiner war als der Nachfolgebau. San Paolo fuori le mura erhielt ein fünfschiffiges Lang- mit einem großen Querhaus und war damit bis zum Neubau von St. Peter der größte Kirchenbau der Christenheit. Er gilt als das letzte bedeutende kaiserliche Bauprojekt, das in der römischen Vorstadt ausgeführt wurde.

Die erwähnten umfassenden und komplexen Planungen in der Vorstadt müssen jedoch immer in enger Beziehung zum Leben im Zentrum Roms gesehen werden. Der äußere Ring von Sakralbauten, den man um die Stadt herum angelegt hatte, isolierte die Innenstadt nicht, sondern trug vielmehr zu ihrer Ausdehnung bei. Er begünstigte die Schaffung zahlreicher Unterzentren, mit denen im Laufe der Zeit eine grundlegende Umgestaltung der Wohnstruktur Roms einherging. Im Zuge dieser Entwicklung wurden nämlich die Wohngebiete innerhalb der Stadtmauern zugunsten dauerhafter Ansiedlungen jenseits der Mauern verlassen. Diese Verlagerung der innerstädtischen Ballungsgebiete war keine spezifisch römische Erscheinung, auch wenn Rom hinsichtlich seiner historischen und topographischen Besonderheiten einen Einzelfall darstellt.

Ein Zeugnis für diese urbane Expansion liefern die mächtigen Bogengänge, die drei der wichtigsten Heiligtümer – St. Peter, San Paolo und San Lorenzo – mit der Stadt verbanden. Mit der Zeit entstanden eine Reihe von zugehörigen Anbauten wie Santa Mena fuori Porta, San Paolo oder San Agapito fuori Porta Tiburtina. Im Zusammenhang mit diesen Bauten wurden auch die Abschnitte der Via Cornelia, Via Ostiense und Via Tiburtina, die

Ansicht der Fassade von Santa Maria in Trastevere. Die heute erhaltene Anlage wurde im 12. Jahrhundert auf dem Gelände eines frühchristlichen Vorgängerbaus aus der Zeit Papst Julius' I. (337–352) errichtet.

zu diesen Zentren der Verehrung führten, im großen Stil ausgebaut.

Wie der Geschichtsschreiber Olympiodorus im 5. Jahrhundert berichtet, gab es in Rom zahlreiche Wohnsitze von Patriziern des späten Kaiserreiches. Es handelte sich dabei um weitläufige Residenzen, die aufgrund ihres wehrhaften Charakters wie Zitadellen erschienen, und um jene älteren, von denen bei Rutilio Namatianus die Rede ist. Diese Residenzen lagen nicht im Zentrum der Stadt, sondern im Umland. Nahe der Stadtmauern erhob sich auch der prächtige und großzügige Wohnsitz der Anici mit einer privaten Basilika. Möglicherweise wurde er unter Einbeziehung der Julianischen Baumasse, die zweifelsohne eine Teilfläche des Esquilin einnahm und sich wahrscheinlich sogar über die Grenze der Stadtmauern hinaus erstreckte, realisiert. Zahlreich und bedeutend waren die Wohnsitze der römischen Patrizier, die weit außerhalb des Zentrums auf dem Esquilin und Quirinal, zwei der „klassischen" Hügel Roms, als Anlaufpunkte der wohlhabenden Städter fungierten.

Die Entstehung des Lateran

Im Stadtzentrum gab es zu dieser Zeit mit Sicherheit kein Bauvorhaben, das mit den Arbeiten an der bischöflichen Anlage auf dem Lateran zu vergleichen war. Konstantin selbst wollte seine Bedeutung bei der Entstehung unterstreichen, indem er das Gebiet, auf dem sich die Lager der Equites singulares, der Getreuen seines besiegten Rivalen Maxentius, befanden, als Baugrund zur Verfügung stellte. Auf diese Weise verlieh er seinem Triumph durch eine Stiftung zusätzlich Ausdruck. Das äußerste Gebiet des Caelius, auf dem sich heute San Giovanni in Laterano befindet, lag fast unmittelbar an der aurelianischen Stadtmauer und somit am Rande des antiken Rom. Daß es sich bei diesem Gebiet dennoch um einen angesehenen Bauplatz handelte, erkennt man jedoch an der Tatsache, daß sich in diesem Stadtteil die Kaiser, ihre Familien und ihre engsten Freunde seit spätestens der ersten Hälfte des 2. Jahrhunderts niedergelassen hatten. Davon zeugen beispielsweise Überreste der Horti (Gärten) der Domitia Lucilla, der Mutter des Kaisers Marc Aurel, die beim Bau des Krankenhauses San Giovanni entdeckt wurden. In diesen Gärten hatte der Herrscher Marc Aurel seine Kindheit verbracht. Mit großer Wahrscheinlichkeit befand sich in der Nähe das Haus des Annius Verus, seines Großvaters väterlicherseits.

In der Nachbarschaft des Lateran-Komplexes stand auch die im 4. Jahrhundert noch bewohnte Domus des Titus Sextius Lateranus. Er war ein Sproß der Familie, der der spätere Lateran seinen Namen verdankte. Nachdem die Familie Lateranus ihre ausgedehnten Güter in der Region Coeli Montium zur Zeit Kaiser Neros an das kaiserliche Geschlecht hatte abgeben müssen, erhielt Titus Sextius von seinem bedeutenden Freund Septimius Severus einen Teil des Familienbesitzes als Geschenk zurück. Der Rest blieb weiterhin in kaiserlichem Besitz. In diesem Gebiet hatten auch die Konstantiniden eine ihrer Residenzen. Der Legende nach befand sich dort der Wohnsitz der Fausta, der Gattin Konstantins; an derselben Stelle fand auch die von Papst Miltiades 313 einberufene Synode gegen das Schisma des Donatus statt. Bei dieser Gelegenheit wurde die Residenz wahrscheinlich ganz oder teilweise dem Pontifex überlassen. Man nimmt an, daß es sich bei den mächtigen Überresten, die beim Bau des neuen Sitzes des INPS in der Via dei Laterani gefunden wurden, um Relikte dieser konstantinischen Residenz handelt. Auch Helena, die Mutter Kaiser Konstantins, hatte nicht weit entfernt ihren Wohnsitz gewählt. Den verbliebenen Teil dieses klar gegliederten Komplexes, die Basilika Santa Croce in Gerusalemme, kann man heute auf dem Gelände besichtigen, das sich direkt an die Stadtmauer anschließt. Der sich über die Stadtmauer ausdehnende Kaiserpalast aus dem 3. Jahrhundert umfaßte auch die Katakombe „Ad duas lauros" an der alten Via Labicana, in dem sich die Begräbnisstätte der Märtyrer Marcellinus und Petrus befindet.

Hier entstand im 4. Jahrhundert die große konstantinische Friedhofsbasilika Santi Pietro e Marcellino. Sie bestand aus einem gewaltigen Gebäudekomplex zu Ehren der beiden Märtyrer, der auch ein Mausoleum für Konstantins Mutter Helena einschloß, das der Kaiser zunächst sich selbst zugedacht hatte. Für den neuen Bischofssitz auf dem Lateran wurde ein Ort in enger Verbindung mit dem kaiserlichen Wohnbezirk ausgewählt, der bedeutsamer und entschieden weniger abgelegen war als die ursprüngliche Papstresidenz in der Nähe des Palatins. Im übrigen war der Palatin bereits zuvor nicht immer die bevorzugte Kaiserresidenz gewesen. Schon im 3. Jahrhundert verlagerte Gallienus seine Wohnung und die gesamte kaiserliche Verwaltung auf den Esquilin. Diokletian und die Kaiser der Tetrarchie kehrten dem Palatin ebenfalls den Rücken, und auch Konstantin wohnte dort nur gelegentlich. Abgesehen von kurzen Aufenthalten der übrigen Kaiser, und obwohl der Palast unter Theoderich restauriert wurde, wurde der Palatin zum Sitz der Beamten des byzantinischen Reiches. Auch andere bedeutende Persönlichkeiten wie Belisarius zogen eine dezentral gelegene Residenz wie das Palatium in Pincis dem Palatin vor.

Die Vorliebe für Wohnsitze am Stadtrand oder im Umland scheint in vollem Einklang mit der Erweiterung des städtischen Raums und damit in direkter Abhängigkeit von den ebenfalls abseits gelegenen großen Märtyrerstätten zu stehen. Insofern verwundert die Lage des römischen Bischofssitzes auf dem Lateran kaum mehr. Der Gebäudekomplex war zweifelsohne großzügig angelegt, denn die ihm angegliederten Einrichtungen erforderten zahlreiche Nutzbauten für seinen Unterhalt sowie für den Klerus und dessen umfangreiches Personal. Bei der Rekonstruktion ergeben sich jedoch eine Reihe von Unsicherheiten. So handelte es sich bei der konstantinischen Basilika mit großer Wahrscheinlichkeit um eine fünfschiffige Anlage, wenngleich sich aufgrund der Reste des Unterbaus heute nur drei Schiffe nachweisen lassen. Die Rekonstruktion des ursprünglichen Bauwerks ist durch die Folge von Einstürzen, Bränden und anderen verheerenden Unglücksfällen, die im Laufe der Jahrhunderte zur fast gänzlichen Zerstörung führten, äußerst schwierig. Die behutsame Umgestaltung durch Borromini im 17. und die Vergrößerung des Presbyteriums im 19. Jahrhundert taten trotz der Umsicht, die er dabei walten ließ, ein übriges, um den ursprünglichen Zustand zu verunklaren.

Möchte man sich einer kürzlich vorgeschlagenen These zur Rekonstruktion anschließen, so hätte die Basilika nicht nur über fünf Schiffe, sondern auch noch über zusätzliche Anbauten an den Seitenschiffen verfügt, die als Vorbilder für zukünftige Staffelungen von Querhäusern zwischen der Apsis und dem Langkörper der Basiliken zu interpretieren wären. Tatsächlich ist es sehr wahrscheinlich, daß die Kirche mit repräsentativen Vorbauten ausgestattet war, denn die Restaurierung der Vorhallen, die der römische *Liber pontificalis* aus der Zeit Papst Hadrians I. (772–795) erwähnt, könnte sich durchaus auf die Atrien des konstantinischen Baus beziehen. Der Papst verdankte Konstantin auch die erste offizielle Papstresidenz, die den Kern des Lateran-Patriarchiums bilden sollte (wie bereits erwähnt, ist dieser Palast sehr wahrscheinlich mit der genannten Domus der Fausta identisch).

Mit Sicherheit gehörten zur Ausstattung der großen Bischofsbasilika auch eine entsprechende Taufanlage, denn die österlichen Taufzeremonien gehörten zu den wichtigsten Funktionen, die der Papst für die christliche Gemeinde Roms erfüllen konnte. Da sich an der Anzahl der Taufen am Osterfest, zumindest noch im 4. Jahrhundert, die Stufen des Wachstums der römischen Gemeinde ablesen ließen, wurde diese Zeremonie vom Papst selbst durchgeführt, denn es war wichtig, daß die hinzugekommenen Gemeindeglieder sich vom höchsten Herrn der Kirche persönlich aufgenommen wußten. Dieses feierliche Zeremoniell erforderte einen angemessenen Rahmen. Das große, kreisförmige Baptisterium, dessen Reste unter dem Boden der heutigen oktogonalen Taufkapelle freigelegt wurden und das aller Wahrscheinlichkeit nach auf Initiative Sixtus' III. (432–440) hin errichtet wurde, erfüllte diesen repräsentativen Anspruch ohne Zweifel.

Die Umgestaltung der Innenstadt

Wie bereits erwähnt, konnte die Innenstadt Roms im 4. Jahrhundert weder mit der Anzahl noch mit der Pracht der über die Vorstadt verstreuten Kultstätten konkurrieren. Dennoch existierten zu dieser Zeit im Zentrum Roms eine ansehnliche Anzahl religiöser Bauten, die den allmählichen Wandel der Ewigen Stadt zum Zentrum der Christenheit anzeigten. Zu den bedeutendsten dieser Bauten zählten jene, die dazu bestimmt waren, das Wachstum der christlichen Gemeinde und die Festigung der christlichen Lebensweise zu fördern. Der langwierige Prozeß ihrer Entstehung, der wahrscheinlich ins 3. Jahrhundert fällt, war für das Wachstum und die Organisation der neuen religiösen Gemeinschaft von entscheidender Bedeutung. Diese als Tituli bekannten Institutionen entsprachen jedoch erst im 4. Jahrhundert annähernd einer Pfarrei im heutigen Sinn. Sie boten Raum für die Seelsorge und bei Bedarf auch für die Verpflegung und Unterbringung ihrer nach den jeweiligen Stadtgebieten eingeteilten Anhängerschaft. Diese materielle Unterstützung stand dabei stets im Mittelpunkt der kirchlichen Interessen. Und besonders mit Rücksicht auf diesen Aspekt wurden die Tituli zunehmend besser organisiert, vor allem, nachdem die Leistung der staatlichen Getreidespende für die Stadtbevölkerung spätestens unter Gregor dem Großen (590–604), wenn nicht früher, entfallen war.

Die Vorbereitung auf das christliche Leben, die Unterweisung im christlichen Glauben sowie die geistige Führung wurden von den Tituli aus gesteuert. Diese Aufgaben wurden mit der Zeit genau festgelegt, und sie wuchsen durch die Verantwortung für die Taufzeremonien und die Aufsicht über die Grabstätten im 5. Jahrhundert. Als Vermittler zwischen den beiden Hauptinstitutionen Kirchenverwaltung und Bischofssitz traten die Gebietsdiakone auf. Jeweils einer von ihnen hatte die Oberaufsicht über eines der sieben Gebiete, in die die Stadt zum Zwecke der kirchlichen Leitung unterteilt worden war. In den einzelnen Stadtteilen waren so die Schwerpunkte des christlichen Lebens eng mit den Tituli verbunden. Zur Zeit Konstantins gründete Papst Silvester zwei Tituli auf dem Clivus Suburus, die eines der lebendigsten und bevölkerungsreichsten Gebiete Roms missionieren sollten. Eine der beiden Titularkirchen war nach Papst Silvester, die andere nach einem seiner Presbyter, Equitius, benannt. Über ihre Lage herrscht heute Unklarheit, und man kann ihren Standort auf dem Areal der Basilika San Martino ai Monti nur vage vermuten. Der Titulus Marci, von Papst Markus, dem Nachfolger Silvesters, im Jahre 336 gegründet, wurde jüngst in seiner topographischen Lage lokalisiert. Es handelte sich dabei um eine kleine, einschiffige Kirche, die im Zentrum Roms, am Fuße des Kapitols, eine sicherlich

Folgende Doppelseite:
Das in bildlichen Darstellungen aus der Zeit der Verbreitung des Christentums beliebte Motiv des Lamm Gottes erfuhr auch in den folgenden Jahrhunderten weite Verbreitung, wie das Apsismosaik von Santi Cosma e Damiano aus der ersten Hälfte des 6. Jahrhunderts belegt.

IOR D
VSMEDICISPO
SACRO

NES
VLOS PESCER
REVITHON

Gegenüberliegende Seite:
Die Grabkammer der Päpste in der Calixtus-Katakombe an der Via Appia. Dieser Raum wurde ab dem 3. Jahrhundert als Grablege einer Reihe römischer Bischöfe genutzt. An hervorgehobener Stelle in der Stirnwand wurde Papst Sixtus II., der 258 unter Kaiser Valerian den Märtyrertod erlitten hatte, in einem Mensagrab beigesetzt.

Darstellung des Guten Hirten (zweite Hälfte 3. Jahrhundert – erste Hälfte 4. Jahrhundert). Die Art der Figurengestaltung erinnert noch stark an diejenige antiker Götterstatuetten. Rom, Museo Pio Cristiano in Vaticano

strategisch günstige Lage genoß. Auch Papst Julius I. (337–352) beabsichtigte, in einem dichtbesiedelten Wohngebiet wie Trastevere eine Titularkirche errichten zu lassen. Sie wurde ebenfalls nach ihrem Gründer benannt, wenngleich sie ursprünglich zu Ehren eines Vorgängers von Julius I., Papst Calixtus, errichtet worden war. Es handelt sich dabei um die heutige Basilika Santa Maria in Trastevere. Angeregt durch eine neue Studie, sollen an dieser Stelle systematische Ausgrabungen die Spuren des hochrangigen frühchristlichen Monuments ans Tageslicht bringen.

Papst Damasus I. (366–384) errichtete unter seinem Namen in einer seiner Besitzungen in der Nähe des Theaters des Pompejus zu Ehren des Märtyrers Laurentius einen Titulus, dessen Überreste vor kurzem auf dem Areal des Palazzo della Cancelleria entdeckt wurden.

Bereits zur Zeit dieses Pontifex erhielten auch andere Stadtteile erstmalig Titularkirchen. So wurde am Fuße der vornehmen Wohngegend des Palatins vermutlich bereits in der ersten Hälfte des 4. Jahrhunderts der Titulus der Anastasia eingerichtet. Auf dem innerstädtischen Teil der Via Appia entstand der Titulus Fasciolae, die spätere Kirche Santi Nereo e Achilleo. Auf dem Viminal, einem der Hügel Roms, wurde der Titulus Pudentis erbaut, die heutige Basilika Santa Pudenziana an der Via Urbana. Letztere liegt an der alten Trasse des Vicus Patricius, des wichtigsten Verkehrswegs durch das überfüllte Subura-Viertel. Der Bischof Anastasius I. (399–402) richtete schließlich noch vor Ende 399 den Titulus des Crescentianus ein, dessen Standort immer noch nicht endgültig lokalisiert ist.

Außer den bereits erwähnten wurden im 4. Jahrhundert aller Wahrscheinlichkeit nach noch weitere Titularkirchen errichtet, die sich zeitlich jedoch nicht genau einordnen lassen. Dazu gehören vermutlich San Clemente und die erstmals im Jahre 418 bezeugte Kirche San Marcello. Sicherlich entstanden nicht alle uns bekannten Tituli im 3. oder 4. Jahrhundert. Diesen Bauten war meist eine Domus Ecclesia vorausgegangen, ein Haus oder ein Raum, den Privatleute während der Gründungsphase ihrer Gemeinde zur Verfügung stellten. Sie wurden dort eingerichtet, wo es erforderlich war, in Verbindung mit den Gläubigen zu treten, und sie behielten je nach Zuspruch der Gemeinde ihre Funktion auch in späteren Zeiten bei. Andererseits wurden sie nach ihrer Schließung nicht unbedingt durch eine neue Einrichtung ersetzt. So verschwanden die Tituli Tigris, Romanus, Nicomedes und Matthäus, deren Ursprünge und Lage – zumindest die der drei erstgenannten – nicht bekannt sind. Anderen Gründungen, die zunächst keine Titularfunktion hatten, wurden diese zugesprochen, oder sie wurden zusätzlich und völlig unabhängig von ihren Vorgängerbauten eingerichtet.

Im 4. Jahrhundert prägten noch andere bedeutende kirchliche Bauten die Stadt Rom. Ihre Funktionen lassen sich jedoch nicht immer exakt bestimmen. Einige dienten als Titularkirchen, andere zur Andacht und zum Gebet oder gar als Alternative zum Patriarchium. So entstanden die nicht erhaltene, auf das 5. Jahrhundert datierte Kirche auf dem Monte di Giustizia, die Basilika Papst Julius' I. unweit des Trajans-Forums, die Liberius-Basilika in der Nähe des Marcellum der Livia am Esquilin und andere, aus der ersten Hälfte des 5. Jahrhunderts bekannte Bauten, die vermutlich auf das 4. Jahrhundert zurückgehen. Zur selben Zeit hoben sich einige Orte als Zentren der Verehrung hervor, da sie als Plätze galten, die in einem Zusammenhang mit dem Leben und den Taten der Märtyrer standen. Nur durch eingehende Forschungen lassen sich die Standorte dieser zahlreichen, eng mit dem Gedächtnis an die Märtyrer verbundenen Kultstätten auffinden, wie im Fall der geweihten Stätten des Hl. Calixtus, der Cäcilia, des Laurentius, des Johannes, des Paulus und möglicherweise auch die des Marcellinus.

Der Einfluß der neuen Mönchsorden auf die christliche Architektur

Das Mönchstum in Rom hat seine Wurzeln im 4. Jahrhundert. Zwar handelte es sich dabei nicht um ein Eremitendasein im Sinne der Mönche Oberägyptens bzw. eine dem ostchristlichen Kulturkreis verbundene Erscheinungsform, doch sind die in Rom seit spätestens der ersten Hälfte des 5. Jahrhunderts erfolgten Klostergründungen ohne derartige Vorbilder nicht erklärbar. Schon unter dem Pontifikat Julius' I. (337–352) hatte der alexandrinische Bischof Athanasius während seines langen Aufenthaltes in Rom das Mönchswesen und seine Bedeutung für die Kirchenverwaltung ausführlich geschildert und so das Interesse der römischen Gemeinde dafür geweckt. Die Entwicklung des individuellen Mönchstums, die dann in der zweiten Hälfte des 4. Jahrhunderts durch den Ansporn einer Persönlichkeit wie Hieronymus zusätzlich stark gefördert wurde, brachte gewiß keine ausgereifte Kasuistik des Phänomens hervor. Jedoch bildeten diese Erfahrungen zu Beginn des 5. Jahrhunderts zweifelsohne die Grundlage, auf der die Regeln klösterlichen Lebens aufbauen sollten, und sie wurden durch die Lehren des berühmten Mönchs Kassian noch unterstützt.

In den römischen Kultstätten hat die darstellende Kunst des 4. Jahrhunderts praktisch keine Zeugnisse hinterlassen. Bekanntermaßen sah die ursprüngliche Dekoration der Lateran-Apsis nur die – wenngleich prunkvolle – Verwendung von goldenem (oder auch aus Stein gehauenem) Blattwerk vor, verzichtete aber auf bildliche Darstellungen im Bereich des Presbyteriums. Erst im

CRIPTA DEI PAPI
SECOLO III

Gegenüberliegende Seite:
Ansicht des Ringkorridors der Kirche Santa Costanza. Dieser um die Mitte des 4. Jahrhunderts entstandene Zentralbau diente ursprünglich als Mausoleum für Constantina, die Tochter Kaiser Konstantins.

5. Jahrhundert entstanden dort jene Bildwerke, von denen uns lediglich die vortreffliche Darstellung des Hauptes Christi bekannt ist. Es ist nicht bekannt, ob die Szenen der Konkordanz zwischen Altem und Neuem Testament ursprünglich das Hauptschiff der Basilika schmückten. Wahrscheinlich ist, daß derartige Bildkomplexe wie auch jene aus San Pietro und San Paolo auf Veränderungen zurückgehen, die Papst Leo I. im 5. Jahrhundert anordnete.

Detail des Apsismosaiks mit dem Brustbild Christi. Diese im 19. Jahrhundert angefertigte Kopie ist das einzige erhaltene Zeugnis der ursprünglichen Apsisdekoration aus dem 4.–5. Jahrhundert. Rom, San Giovanni in Laterano

Tatsächlich hat sich aus der gesamten Bildproduktion der römischen Kirchen des 4. Jahrhunderts lediglich die Apsisdekoration des sogenannten zerstörten Oratoriums auf dem Monte di Giustizia erhalten. Die Szene zeigte „die um den Herrn, zu dessen Füßen der Schrein steht, sitzenden Apostel, und auf den darunterliegenden Wandflächen verschiedene Fischerszenen mit Genien, die Boote lenken". Ein derartiges Thema in Verbindung mit der Nil-Szene läßt tatsächlich an eine für das 4. Jahrhundert typische Bildanlage denken. Die römischen Kirchen dieser Zeit waren mit Sicherheit ausgeschmückt. Mangels einer größeren Anzahl erhaltener Originale ist heute nicht mehr viel von diesen Ausstattungen mit christlichem Bildrepertoire in den Kirchen des 5. Jahrhunderts zu sehen. Teilweise jedoch hat sich dieses in Schriftquellen, teils aber auch in bedeutenden künstlerischen Werken erhalten, die diese Kirchenausschmückungen zum Vorbild nahmen.

Die Katakombenmalerei sowie die Ausschmückungen überirdischer Grabanlagen und Grabplastiken beheben diesen Mißstand nur zum Teil. Sie geben uns aber zumindest einen Eindruck von den Themen der Ausstattungsprogramme, und häufig läßt sich sogar die Entwicklung bestimmter Bildthemen verfolgen.

Ein Beispiel hierfür ist die bereits erwähnte Szene mit Christus unter den Aposteln. Bekanntermaßen erschien es vor seiner Darstellung in der kleinen Basilika am Monte di Giustizia bereits im 4. Jahrhundert in einem so bedeutenden Kontext wie dem Constantina-Mausoleum, das dem Martyrium von Sant'Agnese an der Via Nomentana angegliedert ist. Es sollte in den Apsiden der Kultbauten wiederkehren und zum zentralen Thema der Ausstattungsprogramme werden. Die Ursprünge dieses Motivs liegen jedoch weiter zurück. Ab dem 2. Jahrhundert finden sich vergleichbare Kompositionen in Katakomben als Wandzyklus, in denen der Übergang von Christus als Lehrmeister unter seinen Schülern zu Christus als König unter den Aposteln dargestellt ist. In abgewandelter Form findet sich diese Szene erneut an den Sarkophagen des 4. Jahrhunderts.

Die Bedeutung der Grabmalerei im 4. Jahrhundert

Die Bildthemen des 4. Jahrhunderts haben sich überwiegend in zahlreichen Beispielen aus der Grabmalerei überliefert. Gegenüber dem 3. Jahrhundert erfährt in dieser Zeit das feststehende Repertoire eine Bereicherung sowie eine soteriologisch-eschatologische Ausrichtung. Hinter der innovativen Darstellung biblischer Szenen erkennt man zudem die künstlerische Intention, nunmehr eine narrative Bildsprache zu entwickeln. Natürlich bot das Neue Testament eine Fülle an thematischen Neuheiten. Sie hatten Erfolg und bestimmten eine Reihe von Bildzyklen wie jene der sogenannten Sarkophage mit Szenen aus der Passion Christi. Neu ist für die Kirchenpolitik auch die grundlegende Formulierung der Kernpunkte der „Traditio legis" und der „Traditio clavium". Sie erscheinen in signifikanter, wenngleich außergewöhnlicher Weise in den Mosaiken der beiden Seitenapsiden des bereits erwähnten Constantina-Mausoleums. Ein weiteres Novum sind die ersten Darstellungen aus der Passion der Märtyrer, in denen zuerst die Leiden der Apostel Petrus und Paulus dargestellt wurden. Anders als die oft wiederholten, bald auch überholten Ausdrucksformen der offiziellen Kunst zeichnen sich die Werke, die von Privatleuten in Auftrag gegeben wurden,

durch die Auswahl ungewöhnlicher Themen aus. Sie belegen die profunden und umfassenden Kenntnisse der gebildeten Christen des 4. Jahrhunderts und sprechen für deren Fähigkeit, Bildinhalte anhand alter schriftlicher Quellen und der mit Buchmalereien versehenen Kodizes zu erarbeiten.

Das in diesem Zusammenhang bedeutendste Beispiel ist die Ausschmückung der privaten Katakombe in der Via Dino Compagni, die zu den unterirdischen Raumanlagen der Via Latina gehörte. Das Ausstattungsprogramm dieser Grabkammer ist nicht nur das Resultat einer neuen Themenfindung, sondern auch einer Arbeit erstklassiger Handwerker, die gewöhnlich nicht auf Gemeindefriedhöfen zur Wiederholung der stereotypen Formulierungen eines nunmehr klassischen Repertoires eingesetzt wurden. Sie verliehen selbst oft wiederholten Themen eine bemerkenswerte, neuartige Qualität, indem sie sich von dem vorgeschriebenen Regelkanon lösten. Zudem läßt die Auswahl der Themen Rückschlüsse auf das Leben der Römer im 4. Jahrhundert zu, das stark von der heidnischen Kultur geprägt war. Die Bildwerke vereinen die widersprüchlichen Elemente heidnischer und christlicher Kultur ohne stilistische Brüche. Die Katakombe in der Via Dino Compagni ist kein Einzelfall, jedoch sicherlich das vielschichtigste und bedeutendste Beispiel für einen privat genutzten unterirdischen Kultraum aus dem 4. Jahrhundert.

Das Kunsthandwerk der Zeit und seine Vorbilder

Eine unerschöpfliche Quelle für unterschiedlichste Darstellungsformen boten damals die „niederen" Künste. Die Themen der Sakralkunst wurden in Luxus- und Gebrauchsgegenständen wie beispielsweise Lampen von den christlichen Künstlern am unverfälschtesten adaptiert. Das Kunsthandwerk zeigte dabei nicht selten jenen Hang zum Synkretismus, d. h. die Vorliebe der römischen Oberschicht für die Vermischung ursprünglich nicht zusammengehöriger Stilelemente unterschiedlicher Herkunft. Dies äußerte sich beispielsweise in der eigenartigen Ausschmückung der besagten Katakombe in der Via Dino Compagni.

In diesem Zusammenhang steht beispielsweise die silberne Hochzeitstruhe der Proiecta aus dem Schatz des Esquilin, die von einer Reihe heidnischer Sujets geschmückt ist. Das christologische Monogramm aus den Buchstaben Alpha und Omega, das auf der Truhe herausgearbeitet ist, zeigt, daß die Schenkenden den Eheleuten Secundus und Proiecta ein Leben unter dem Schutze Christi wünschten. Es finden sich aber auch zahlreiche wertvolle Gegenstände mit rein christlichen Schmuckformen wie die kleine Elfenbeinschatulle aus Pola (Kroatien), deren Ornamentfelder möglicherweise einen Bezug zur alten Vatikanbasilika oder zur in Berlin aufbewahrten Pyxis herstellen

Um die Mitte des 4. Jahrhunderts gearbeiteter Säulensarkophag mit Szenen aus der Passion Christi. Das zentrale Feld wird von der Darstellung eines Triumphalkreuzes mit dem Monogramm Christi eingenommen. An seiner Basis kauern zwei Soldatenfiguren und ermöglichen zusätzlich zur Deutung der Szene als Triumph des neuen Glaubens auch die Lektüre als eine Darstellung der Auferstehung Christi. Die übrigen Szenen zeigen (von links nach rechts) die Kreuztragung, die Dornenkrönung sowie Christus vor Pilatus. Rom, Museo Pio Cristiano in Vaticano

sollten. Zu einer völlig eigenständigen Kategorie gehören die sogenannten vergoldeten Grabfenster, auf denen neben Petrus und Paulus auch frühe Darstellungen anderer Märtyrer wie Sixtus II., Laurentius, Agnes, Hippolyt und Cyprian zu sehen sind.

Diese Kunstwerke dokumentieren den Stellenwert, den die christliche Lehre im damaligen gesellschaftlichen Leben einnahm. Sie fügte sich in ein Klima ein, das geprägt war von dem sich wandelnden Verhältnis der römischen Bevölkerung zu ihrer Stadt. Der urbane Aspekt trat demgegenüber in den Hintergrund, und die Wahrung von Werten, die sich mit der Ewigen Stadt verbanden, drang stärker ins Bewußtsein der Bevölkerung. Diese Werte hatten sich verändert und hatten zunehmend auch Auswirkungen auf die Topographie der Stadt zur Folge. Innerhalb der Stadtmauern gelegene Kirchen und Friedhofsanlagen bereicherten das neue Rom, das sich darauf vorbereitete, zu einem der bedeutendsten, wenn nicht zu dem bedeutendsten Wallfahrtsziel der Christenheit zu werden. Dementsprechend wurden die künstlerischen Ausdrucksformen reifer, inhaltlich reicher und stilistisch eigenständiger.

Die erwähnten Neuerungen und die in dieser Zeit erzielten Resultate waren trotz des schrittweisen Untergangs des kaiserlichen Rom vor allem durch das tiefverwurzelte Gefühl der Römer für ihre glorreiche Vergangenheit möglich.

Die Weiterentwicklung der christlichen Bildsprache im 5. Jahrhundert

Mit dem Anbruch des 5. Jahrhunderts war viel erreicht worden, und alle Voraussetzungen für das neue, christliche Rom waren geschaffen. Ohne Berücksichtigung der im vorangegangenen Jahrhundert geleisteten Errungenschaften bleiben einige beachtliche Arbeiten des 5. Jahrhunderts unverständlich, die eine konsequente Weiterentwicklung der vorgezeichneten künstlerischen Wege dokumentieren.

Das 5. Jahrhundert war für Rom eine unerfreuliche und von mehrfachen Umbrüchen geprägte Zeit. Gleich zu Beginn des Jahrhunderts wurde Rom durch die Invasion des Gotenkönigs Alarich verwüstet. Angesichts des bevorstehenden Einfalls der Goten in Rom entfernte sich Papst Innozenz I. (402–417) einige Zeit aus der Stadt und begab sich in den Schutz des kaiserlichen Hofes in Ravenna. Eine Persönlichkeit wie Innozenz verstand es jedoch, auch eine derartige Situation zu nutzen, um die Aufgaben seines Amtes und den Radius seiner Macht nach Möglichkeit zu erweitern.

Eine Konsequenz seiner Bemühungen in dieser Hinsicht war die bewußte Einflußnahme des Pontifex Maximus auf das geistige Klima Norditaliens. Dort, besonders in Mailand, waren die Spuren der Kaiserzeit und der bischöflichen Leitung der Stadt durch Ambrosius noch frisch. In Raven-

Anonyme Katakombe an der Via Latina (Via Dino Compagni). Detail mit der Büste der Samariterin aus der Szene ihrer Begegnung mit Christus am Brunnen. Wandmalerei aus dem 4. Jahrhundert im Samson-Raum.

na kümmerte sich der Papst um die kirchliche Verwaltung Illyriens, das für die Kontakte mit dem Orient von großer strategischer Bedeutung war, weshalb er sich von hieraus darum bemühte, den Bischof von Thessaloniki, Rufus, zur Zusammenarbeit zu bewegen. Und nach seiner Rückkehr in die Ewige Stadt war er es, der dort den Kult nichtrömischer Märtyrer einführte. Auf Geheiß des Papstes wurde dieser bis dahin weitgehend unbekannten heiliggesprochenen Persönlichkeiten nun auch im römischen Kalender gedacht. Um diese bedeutende Erweiterung des Kultes aber auch im Stadtbild zu dokumentieren, ließ Innozenz von der Hinterlassenschaft der Matrone Vestina die Titularkirche der nicht-römischen Heiligen Gervasius und Protasius errichten. Wenig später erteilte er auch den Auftrag für den Bau der Kirche San Vitale. Bei der Errichtung dieser Bauten stützte man sich einerseits auf die im Exil in Ravenna gemachten bautechnischen und stilistischen Erfahrungen und übernahm andererseits typisch orientalische Bauformen. Aus diesem Zusammenhang erklärt es sich, daß San Vitale nachweislich als die erste römische Kirche mit einem Gebälk zu bezeichnen ist.

Durch den Bau der Titularkirche San Crisogono unter dem Pontifikat Innozenz' I. wurde auch die Verehrung des namengebenden Heiligen, eines bekannten Märtyrers aus der Gegend um Aquileia, angeregt. Seine römische Herkunft spielte in diesem Zusammenhang vermutlich eine wichtige Rolle, da die Päpste daran interessiert waren, die Sonderstellung Roms in der Geschichte des Frühchristentums gegenüber den Zentren des Oströmischen Reiches zu festigen. Aufgrund von Ergebnissen jüngster Grabungen in Trastevere ist man heute in der Lage, die Entstehung der Titularkirche zu Ehren dieses Märtyrers mit weitgehender Gewißheit in die erste Hälfte des 5. Jahrhunderts zu datieren.

Gegenüberliegende Seite, oben:
Silbernes Hochzeitskästchen der Proiecta aus dem Silberschatz vom Esquilin. Trotz der eindeutig christlichen Widmungsinschrift an das junge Ehepaar („Secundus et Proiecta vivatis in Christo") zeigen die Darstellungen dieses Kästchens Szenen heidnischen Ursprungs. London, British Museum

Hypogäum in der Via Liveza mit einer um die Mitte des 4. Jahrhunderts entstandenen Darstellung der jagenden Göttin Diana.

Die Entwicklung Roms nach dem Zusammenbruch des Weströmischen Reiches

Allein, die Tragweite der Verwüstungen durch Alarich und seine Truppen (410) wurde durch die Stiftungen und Reformen des Papstes nicht gemindert. Seine Abwesenheit hatte sich auf jeden Fall negativ ausgewirkt und überschattete sein Pontifikat, weshalb Innozenz unmittelbar nach seiner Rückkehr unermüdlich den Wiederaufbau Roms vorantrieb. In der zweiten Hälfte des Jahrhunderts ereigneten sich die nicht minder folgenschwere Invasion Geiserichs (455), der Einfall der Goten unter Theoderich im Jahre 488 und somit der schrittweise Zusammenbruch des Weströmischen Reiches. Die Besitzungen der Kirche waren von diesen Ereignissen ebenfalls schwer betroffen. Durch die Rebellion der Vandalen, Burgunder, Franken und Westgoten gingen die großen, von Kaisern und reichen Großgrundbesitzern vererbten Ländereien sowie die Besitzungen in Gallien, Spanien und Afrika allesamt verloren. Zurück blieben allein die Gebiete in Mittel- und Süditalien und auf den italienischen Inseln.

Die in diese Zeit fallenden Papstwahlen standen stets im Zentrum zahlreicher Kontroversen, was angesichts der heftigen Streitigkeiten, insbesondere in der zweiten Hälfte des 4. Jahrhunderts, jedoch nichts Neues war. So sah sich Papst Bonifaz I. (418–422) durch seine Auseinandersetzungen mit dem Gegenpapst Eulalius (418–419) gezwungen, sich außerhalb der Stadt unweit der Grabanlagen des Maximus und der Felicitas an der Porta Salaria niederzulassen und die österlichen Taufgottesdienste auf dem Areal des Friedhofkomplexes von Sant'Agnese einzuführen. Bereits im 4. Jahrhundert hatten dort der Gegenpapst Felix II. (355–358) und Papst Liberius (352–366) Zuflucht gefunden. Zu diesen Streitigkeiten muß auch die Wahl Papst Sixtus' III. (432–440) gerechnet werden, der durch einen Prozeß wegen Notzucht gedemütigt wurde, welcher die Anfänge seines Bischofsmandates sehr beeinträchtigt hatte. Am Ausgang des Jahrhunderts verhinderte schließlich die Übermacht des Gegenpapstes Laurentius (498–506) und seiner Anhänger die Wahl des Symmachus (498–514), so daß der Gotenkönig Theoderich als Schiedsrichter in diesem Streit angerufen wurde. Danach war Rom Schauplatz des Schismas des Pelagius (ca. 400–ca. 411 in Rom). Der Mönch Pelagius und mehr noch sein Jünger Celestius zogen einen großen Teil der Patrizier in ihren Bann und brachten so das Gleichgewicht der Christengemeinde in Gefahr. In diesem Klima diskutierte man die Ansatzpunkte der Häretiker Nestorius (380–ca.452) und Eutyches (ca. 378–ca. 451), die wie der Arianismus des vorangegangenen Jahrhunderts die Beziehungen zwischen dem Ost- und Westteil des Reiches gefährdeten. Die Konzile von Ephesus (431) und Chalkedon (451) markierten die grundlegenden Etappen des Sieges der Orthodoxie, an dem die römische Kirche, insbesondere durch Coelestin I. (422–432), Sixtus III. und Leo den Großen (440–461), maßgeblich beteiligt war.

Der besonders in Rom stets gefürchtete Einfluß der Häresie zeigte sich noch einmal durch das Eintreffen der arianischen Goten Theoderichs. Am Ende des Jahrhunderts hatte in Rom neben dem Papst auch der Bischof der Goten seinen Wohn-

Runde Deckeldose (Pyxis) des 5. oder 6. Jahrhunderts aus der Kirche Santi Quattro Coronati. Diese wertvolle, vergoldete Silberarbeit wurde ursprünglich vermutlich als Kultgefäß bei Eucharistiefeiern gebraucht und im 9. Jahrhundert zur Aufbewahrung des Hauptes des Hl. Sebastian verwendet. Rom, Museo Sacro Vaticano

Gegenüberliegende Seite:
Blick in das Hauptschiff von Santa Maria Maggiore mit den im 5. Jahrhundert entstandenen Mosaiken des Triumphbogens, auf denen Episoden aus der Kindheit Christi dargestellt sind. Oberhalb der Kolonnade aus Spoliensäulen hat sich auf beiden Seiten der einzigartige Zyklus von Mosaiken mit alttestamentarischen Szenen aus der Zeit Papst Sixtus' III. (432–440) erhalten.

sitz. Dennoch konnte sich die Stadt kontinuierlich weiterentwickeln; als Förderer standen besonders solche Persönlichkeiten wie Siricius (384–399), Simplicius (468–483), Gelasius (492–496) und Symmachus (498–514) im Vordergrund. Die Päpste des 5. Jahrhunderts trugen trotz aller Widrigkeiten zum Wachstum des christlichen Roms und in der Folge natürlich ebenfalls zur angestrebten kirchenpolitischen Weiterentwicklung bei.

Im Zusammenhang mit der Kunst des 5. Jahrhunderts ist, vor allem hinsichtlich der Architektur, immer wieder von einer Erneuerung die Rede. Wenngleich diese Definition nicht unbedingt passend erscheint, so steht doch fest, daß die Bautätigkeiten dieser Zeit durch den Ausbau und die Instandhaltung des Vorhandenen das Erscheinungsbild des christlichen Rom bereicherten und festigten. Keiner der Bauten außerhalb der Stadtmauern konnte es jedoch mit den Basiliken San Pietro und San Paolo, die von den drei Kaisern errichtet und in den Versen des Dichters Prudentius verherrlicht wurden, in Hinsicht auf die künstlerische Gestaltung aufnehmen. Feststellen läßt sich jedoch gleichzeitig eine gesteigerte Wertschätzung der Märtyrer-Heiligtümer, die in nicht wenigen Fällen ihre Eigenständigkeit sicherte. Erwähnt wurde bereits die Basilika, die Bonifaz I. (418–419) für die Verehrung der Hl. Felicitas an der Via Salaria Nuova erbauen ließ. Die diesem Heiligtum angeschlossenen Bauten stammen vermutlich aus der Zeit, als der Stifter wegen der Streitigkeiten mit dem Gegenpapst Eulalius (418–422) gezwungen war, sich außerhalb der Stadtmauern aufzuhalten.

Die erste Klosteranlage Roms

Die erste Klosteranlage Roms entstand auf Betreiben Sixtus' III. (432–440) außerhalb Roms neben den Apostelgedenkstätten an der Via Appia. Auf dem Areal der Grabstätte des Calixtus ließ Leo der Große (440–461) eine Kirche zu Ehren seines gefeierten Vorgängers Cornelius (247–253) erbauen. Er war auch der Stifter des bedeutendsten der fünf Klöster, die an die Vatikanbasilika angeschlossen waren. Es war den Heiligen Johannes und Paulus geweiht. Zu St. Peter gehörte später, möglicherweise noch vor dem Ende des 5. oder 6. Jahrhunderts, auch das Frauenkloster Santo Stefano Maggiore. In diesem soll, wie Gregor der Große (590–604) berichtet, die adelige Patrizierin Galla ihren Lebensabend verbracht haben. Daneben bewilligte und unterstützte Leo der Große die an der Via Latina gelegene Kirche Santo Stefano, die von der Adeligen Demetria aus der Familie der Anici gestiftet wurde. Die Anlage ist nicht zuletzt wegen ihres Baptisteriums von großer Bedeutung. Mit ihr begann in Rom die Verehrung des heiligen Erzdiakons der Ostkirche, dem sie ihren Namen verdankte. Einige Jahrzehnte zuvor waren die sterblichen Überreste Stephans aufgefunden worden, und es gilt als gesichert, daß einige der Reliquien auf Anordnung Demetrias in dessen Gedenkstätte, die sich im Presbyterium der Kirche befindet, aufbewahrt wurden. Santo Stefano ist nicht nur als Reliquienkirche überaus bedeutsam, sondern vor allem wegen ihrer Taufanlage, die eine große Anziehungskraft auf die Bewohner der Vorstadt ausüben sollte. Sie waren die eigentlichen Nutznießer dieser Kultstätte, die ursprünglich auch nicht für die Pilger, sondern für die örtliche Gemeinde geplant war. Leider gestatten ihr extrem schlechter Zustand und die spärliche Dokumentation früherer Grabungen keine angemessene Untersuchung, die auf die Existenz einer frühen, der Kirche angegliederten Klosteranlage hinweist.

Umfangreiche Bauten wurden auch an der Gedenkstätte des Laurentius an der Via Tiburtina errichtet. Dort entstanden unter dem Pontifikat des Hilarius (461–468) ein Kloster, Badeanlagen, Bibliotheken und eine herrschaftliche Residenz. Zu Beginn des 6. Jahrhunderts ließ Symmachus an der Via Aurelia eine Basilika zu Ehren des Märtyrers Pankratius errichten. Auf ihn geht auch der Bau einer Kirche mit Baptisterium zurück, die der Hl. Agathe geweiht ist. Sie gilt als eines der ersten Pfarreigebäude, wenngleich es sich dabei wie bei Santo Stefano an der Via Latina eher um eine Einrichtung für aus der Stadt zugezogene Bürger handelte. Es gilt ebenfalls als erwiesen, daß sie sich nahe der Gräber der Heiligen Processus und Martinianus an der Via Aurelia Nuova befand. Noch auf Symmachus geht die erste Anlage der Vatikanischen Paläste zurück. Sein Sinn für die Bedürfnisse der Gemeinde ließ ihn einige Unterkünfte für Arme, die Habitacula, bei den großen Heiligtümern von St. Peter, San Paolo fori le mura und San Lorenzo fuori le mura errichten. Indem er diese Einrichtungen den Verwaltungsaufgaben des Klerus unterstellte, der den bedeutendsten Märtyrergedenkstätten vorstand, erinnerte er geschickt an den karitativen Auftrag der katholischen Kirche. Er wollte damit nicht nur die Spendenbereitschaft der Gläubigen vor Ort, sondern die der gesamten Pilgerschaft anregen.

Es wird deutlich, daß die Bautätigkeiten im 5. Jahrhundert in der römischen Vorstadt und die damit verbundenen Ziele der Kirche von nicht geringer Bedeutung waren. Die Päpste bemühten sich, die vorhandenen Sakralbauten des 4. Jahrhunderts zu verbessern und funktionaler zu gestalten, und trugen so beträchtlich zum Ausbau der kirchlichen Strukturen in der Vorstadt bei. Sie schufen jedoch nichts, was mit dem bereits Bestehenden vergleichbar gewesen wäre.

XYSTVS EPISCOPVS PLEBI DEI

Die Mosaikdarstellungen an der rechten Mittelschiffwand der Basilika Santa Maria Maggiore zeigen Szenen aus dem Leben des Josua. Der obere Streifen zeigt die Überführung der Bundeslade über den Jordan, während im unteren Teil die Aussendung der Späher Josuas nach Jericho geschildert wird.

Die Erneuerung der Architektur durch das Christentum

Das Erscheinungsbild innerhalb der Stadt wird dagegen weiterhin durch einen eigenen sakralen Baustil geprägt. Es ist durchaus gerechtfertigt, angesichts der dort fertiggestellten Bauten von einer Erneuerung der frühchristlichen Architektur zu sprechen. Die Gebäude, deren Errichtung für diese Zeit gesichert ist, wurden meistens neu geschaffen, ohne Vorgängerbauten einzubeziehen, so wie es für frühchristliche Kirchen üblich war.

Die wichtigste Periode der christlichen Baukunst des 5. Jahrhunderts fällt in das Pontifikat Sixtus' III. Die Auswirkungen des Sieges beim Konzil von Ephesus waren noch deutlich spürbar, die Folgen der Plünderungen der Westgoten unter Alarich überwunden und die Verwüstungen Geiserichs und der Vandalen noch fern. Die Zeit war also günstig, den Baubestand des christlichen Roms zu erweitern und dadurch zu bereichern, daß man eine Reihe von Bauten mit einheitlichem Erscheinungsbild zu Ende brachte. Dabei ist zu beachten, daß es unter dem Pontifikat von Sixtus III. weniger zu einer Erneuerung als zu dem Abschluß von Bauprojekten kam, deren Realisierung, trotz der Plünderung durch die Goten, kaum unterbrochen worden war. Innozenz I. (402–417) ließ in den ersten Jahrzehnten des 5. Jahrhunderts, nach Abschluß der Renovierungsarbeiten von Santa Pudenziana, San Vitale erbauen. Mit Sicherheit verdankt man ihm San Clemente und möglicherweise auch die kurz nach dem Ende seines Pontifikats errichtete Kirche San Crisogono in Trastevere.

Papst Sixtus III. (432–440) begann seine Tätigkeit als Bauherr mit der Vollendung der unter seinem Vorgänger Coelestin I. (422–432) begonnenen Basilika Santa Sabina auf dem Aventin. Den Höhepunkt seiner Stiftertätigkeit markiert mit Sicherheit die Basilika Santa Maria Maggiore, die als feierliche Gedenkstätte des Sieges von Ephesus errichtet wurde. Sie liegt auf dem höchsten Punkt des Cispio am Esquilin und ist die erste mit einem Baptisterium ausgestattete Gebetskirche – abgesehen von den Resten der erst kürzlich auf dem Areal des Palatium Sessorianum entdeckten Basilika Santa Croce in Gerusalemme, die ein höchst ungewöhnliches Kultgebäude vom Typ der Märtyrerbauten innerhalb der Stadtmauern darstellt. Eine genaue Datierung wird erst nach Abschluß neuerer Grabungen möglich sein. Das Baptisterium von Santa Maria Maggiore nimmt insofern eine Sonderstellung ein, als im 5. Jahrhundert vermutlich ausschließlich die Tituli einen Anbau dieser Art besaßen. Die Kirche zählte zu den wichtigsten religiösen Bauten Roms, und ihre Bedeutung zeigte sich auch im Zusammenhang mit den großen Stations- und Prozessionsgottesdiensten, bei denen sie als wichtiger Standort in Erscheinung trat. Glücklicherweise hat sich dieser Bau soweit erhalten, daß sich seine herausragende Stellung annähernd erahnen läßt und auch archäologische Untersuchungen der Unterbauten möglich sind.

Der Bau der großen dreischiffigen Basilika war angesichts ihrer Lage auf dem höchsten Punkt des Cispio ein äußerst kühnes Unterfangen. Auch die Lateransbasilika und Sant'Anastasia aus dem 4. Jahrhundert wurden erhöht angelegt; für die übrigen Kultgebäude dieser Zeit läßt sich dies jedoch nicht überprüfen. Kirchen, die gegenüber der angrenzenden Bausubstanz topographisch erhöht waren, sollten jedoch erst für das 5. Jahrhundert charakteristisch werden. Beispiele dafür sind die bereits erwähnten Basiliken San Clemente, Santi Giovanni e Paolo, das nämliche Oratorium am Monte di Giustizia sowie Santa Pudenziana, Santa Sabina und San Lorenzo in Lucina.

Santa Sabina gehört zur bereits erwähnten Gruppe der Bauten, die unter Papst Sixtus III. (432–440) entstanden. Nachdem sein Vorgänger Coelestin I. den Bau unvollendet hinterlassen hatte, wurde er nun beendet. So wurde Sixtus zum Urheber des Wiederaufbaus der auf das 4. Jahrhundert zurückgehenden Kirche San Pietro in Vincoli und der Rekonstruktion des Lateransbaptisteriums. Es ist sehr wahrscheinlich, daß San Lorenzo in Lucina (nicht zu verwechseln mit San Lorenzo al Verano) und San Sisto Vecchio unter Papst Sixtus realisiert wurden. Eine genaue Untersuchung des Mauerwerks dieser Gebäude, deren Hochwände vollständig aus sorgfältig gearbeitetem Ziegelwerk bestehen, konnte die bereits vorher angesprochene enge Verwandtschaft der Gebäude untereinander bestätigen: Den Mauern liegen dieselben Maßeinheiten zugrunde. Übereinstimmung besteht auch bei Auswahl und Verwendung der Materialien, so daß die Gruppe der Sakralbauten Sixtus' III. von ein und demselben Baumeister stammen könnte.

Nach den herausragenden Bauprojekten unter Sixtus III. wurde die Bautätigkeit in der Innenstadt während der Amtszeit Papst Hilarus' (461–468) tendenziell wieder eingeschränkt. Dieser ließ dem Lateransbaptisterium drei schöne Oratorien hinzufügen. Die zwei erhaltenen Oratorien (eines davon ist mit Mosaiken verziert) sind Johannes dem Täufer und dem Evangelisten Johannes geweiht. Das Oratorium Santa Croce wurde in der Renaissance zerstört.

Eine Kirche wie Santo Stefano Rotondo, deren Grundriß sowie die Monumentalität und Eigenart ihrer baulichen Lösungen in Rom einzigartig sind, darf nicht länger zu den Bauten der zweiten Hälfte des 5. Jahrhunderts gerechnet werden. Neue Forschungen führen ihren Bau auf den kaiserlichen Auftrag Valentinians III. (425–455) zurück. Allerdings ist nach genaueren Untersuchungen der charakteristischen Wandornamente auch in Erwägung zu ziehen, daß sie unter Sixtus III. errichtet wurde. Fälschlicherweise hielt man Papst Simplicius (468–483) für den Bauherrn von Santo Stefano Rotondo. Tatsächlich jedoch ist er lediglich mit der Weihe des Baues in Verbindung zu bringen. Die während seiner Amtszeit enstandenen Kirchen sind im Vergleich zu Santo Stefano weitaus unbedeutender. Zu seinen Stiftungen zählen Santa Bibiana und Sant'Andrea auf dem Esquilin, die als einzige aus der unruhigen zweiten Hälfte des 5. Jahrhunderts stammen.

Bei Santa Bibiana handelt es sich um einen Neubau, während Sant'Andrea in einer prächtigen privaten Basilika des 4. Jahrhunderts eingerichtet wurde, die sich ehemals im Besitz der römischen Adelsfamilie der Bassi befand, denen vermutlich auch das Gebiet gehörte, auf dem sich heute die Basilika San Maria Maggiore befindet. Starke Zweifel bestehen hinsichtlich der dritten römischen Kirche, von der man annimmt, daß sie auf das Pontifikat des Simplicius (468–483) zurückgeht. Es handelt sich um eine der Hl. Agathe geweihte Kirche in der Subura. Sie ist noch heute im wesentlichen unversehrt, wenngleich die spätere Innenausstattung und eine unsensible Restaurierung das kostbare, weil seltene, spätantike Mauerwerk beschädigt haben. Es gilt als gesichert, daß die Kirche ursprünglich von den mit der römischen Kirche rivalisierenden Arianern als Gotteshaus genutzt wurde. Von dieser Besonderheit gibt uns Gregor der Große indirekt Zeugnis, wenn er die Zeremonie beschreibt, in der der Papst die Kirche weihte und sie unter dem Namen der Hl. Agathe endgültig in die Reihe der katholischen Gotteshäuser aufnahm. Die Datierung in die Zeit des Papstes Simplicius steht in Verbindung mit der Erinnerung an den aus dem Norden stammenden Patrizier Ricimer, der das Kaiserreich in der zweiten Hälfte des 5. Jahrhunderts mehrere Male in Aufruhr versetzte. Es scheint, daß auf ihn die Inschrift an der Basis des Apsisgewölbes Bezug nahm. Allerdings könnte sie sich auch auf einen anderen Ricimer beziehen, einen Konsul aus der zweiten Hälfte des 4. Jahrhunderts, der denselben Namen trug und dieselben Ämter und Adelsattribute innehatte wie sein Namensvetter. Möglicherweise stiftete Ricimer auch nur die Ausschmük-

Basilika Santa Maria Maggiore. Die Mosaikdarstellungen auf der rechten Mittelschiffwand mit der Geschichte des Josua entstanden während des Pontifikats Sixtus' III. (432–440). Oben: Der Engel erscheint vor Josua. Unten: Rahab hilft den Spähern, von der Stadtmauer von Jericho herabzusteigen. Die Späher erstatten Josua Bericht über das Gesehene.

kung der Basilika, wie auch der Wortlaut der Inschrift nahelegt: „pro voto suo adornavit". Tatsächlich war dies eine verbreitete Methode unter Mitgliedern der kaiserlichen Familie oder den christlichen Adeligen, um das Ansehen des eigenen Namens und damit das der gesamten Familie in der Öffentlichkeit zu steigern, vor allem da es entschieden weniger kostspielig war als die Errichtung eines ganzen Gebäudes.

Von der zweiten Hälfte des 4. Jahrhunderts an sind eine ganze Reihe von Stiftern bezeugt, die Ausschmückungsprogramme für Sakralbauten in Auftrag gaben. Hierzu zählen Anastasia und ihr Ehemann Marinianus, die sich mit Longinius an der Ausgestaltung des Baptisteriums von St. Peter sowie von Sant'Anastasia beteiligten. Als Stifter der Apsis in der Lateransbasilika (428–430) sind ein Felix und eine Padusia belegt. Außerdem muß in diesem Zusammenhang auf die Kaiser Valentinian II., Theodosius und Arcadius verwiesen werden, die zusammen mit Galla Placidia das Presbyterium von San Paolo fuori le mura mit Mosaiken ausstatten ließen, oder aber auf Valentinian III. (425–455), seine Tochter Placidia und die Tochter des römischen Kaisers Honorius (384–423), Honoria, die für die Ausschmückung der sogenannten Cappella di Sant'Elena von Santa Croce in Gerusalemme verantwortlich waren.

Die Taufanlagen der Titularkirchen

In jüngerer Zeit stieß man immer häufiger auf ein Charakteristikum frühchristlicher Architektur des 5. Jahrhunderts: die Errichtung von Taufanlagen bei den Titularkirchen. Eine genaue Datierung dieser Baptisterien vorzunehmen, gestaltet sich äußerst schwierig, es ist aber wahrscheinlich, daß die frühesten in der zweiten Hälfte des 4. Jahrhunderts entstanden.

Die stetig wachsende Anzahl der Mitglieder der christlichen Gemeinde machte es notwendig, die zunächst dem Lateran vorbehaltene Taufzeremonie an mehreren Punkten in der Stadt zu vollziehen. Die Tituli mit ihren pfarreiähnlichen Funktionen schienen für eine derartige Aufgabe am geeignetsten gewesen zu sein. Hinweise darauf finden sich nicht nur in den Quellen, die häufig auf die liturgische Ausstattung der Tituli für die Taufe verweisen, sondern auch die zahlreichen archäologischen Funde können diese These untermauern. Neben dem bekannten Baptisterium von San Marcello al Corso entdeckte man kürzlich die Überreste der Baptisterien von Santa Cecilia in Trastevere, San Marco an der Piazza Venezia, San Lorenzo in Lucina und San Clemente. Diese ansehnliche Zahl von Taufanlagen des 5. Jahrhunderts im Zentrum Roms stellt einen weiteren

Luftaufnahme der Kirche Santo Stefano Rotondo auf dem Caelius. Dieser von einem kaiserlichen Auftraggeber – evtl. Valentinian III. – gestiftete Zentralbau wurde im 5. Jahrhundert auf dem Gelände einer ehemaligen Kaserne errichtet. Die erhaltenen Reste der Castra Peregrina, zu denen auch ein bedeutendes Mithraeum unterhalb der Kirche gehört, vermitteln ein eindrucksvolles Bild von den Dimensionen dieser militärischen Anlage.

Beweis für den gleichzeitig erfolgten Ausbau der innerstädtischen religiösen Institutionen und der damaligen Baptisterien außerhalb der Stadtmauern dar.

Die Mosaiken des 5. Jahrhunderts

Im 5. Jahrhundert scheint das bauliche Interesse für die Innenstadt Roms größer gewesen zu sein als im vorangegangenen, wie die zahlreichen Zeugnisse von Ausstattungen für Sakralbauten nahelegen. Während die Malerei in den unterirdischen Anlagen außerhalb der Mauern vortrefflich die baulichen Aktivitäten in der Vorstadt für das 4. Jahrhundert dokumentiert, markiert das großartige Apsismosaik aus der Zeit Innozenz' I. (402–417) in Santa Pudenziana diesen programmatischen Wechsel. Von Sixtus III. haben sich in Santa Maria Maggiore die Szenen aus dem Alten Testament und aus der Kindheit Christi erhalten, die ein großartiges Beispiel für den Stil der römischen Mosaikkünstler darstellen, wie er sich auch in den Mosaiken an der Rückwand von Santa Sabina und in der Vorhalle des Lateransbaptisteriums zeigt. In San Paolo hat sich das inzwischen umfassend restaurierte Mosaik des Triumphbogens aus der Zeit Leos I. erhalten, das mit der Berufung der vierundzwanzig alten Männer der Apokalypse ein dem theologischen Denken dieses Papstes verbundenes Thema darstellt. Ebenfalls aus dieser Zeit stammt das Gewölbemosaik des Oratoriums des Hilarius in San Giovanni Evangelista beim Lateransbaptisterium.

Anhand antiker Quellen und Dokumente aus der Renaissance, die detailliert Kunstwerke ihrer Zeit beschreiben, konnte man zahlreiche verlorengegangene Ausstattungsprogramme anderer frühchristlicher Kirchen rekonstruieren. Eine relativ genaue Vorstellung vom Reichtum der Kirchen vermitteln uns andere Quellen, in denen äußerst kostbare liturgische Gerätschaften beschrieben werden. Zu diesen Schriftstücken zählen beispielsweise eine Urkunde aus dem Jahre 471, die anläßlich der Stiftung einer Kirche auf dem Ager tiburtinus von einem katholischen Goten namens Valila abgefaßt wurde. Sie nennt als Ausstattung des Gotteshauses eine ganze Reihe wertvoller, golddurchwirkter und bestickter Seiden- und Leinenstoffe sowie wertvolle Gefäße und Leuchter. Wenn bereits eine Kirche auf dem Lande derart prunkvoll ausgestattet war, wie muß man sich dann erst das Inventar römischer Sakralbauten vorstellen? Beispiele davon haben sich viele erhalten, etwa die wertvollen Gegenstände aus dem Schatz der Sancta Sanctorum, der auch profane Gegenstände enthält wie den im Museo Archeologico in Florenz aufbewahrten, kostbaren Teller des Flavius Ardaburius Asparis oder den Teller mit der Jagdszene des Meleager im Vatikanischen Museum, die ohne Bedenken bei Opfergaben und für liturgische Zwecke wiederverwendet wurden.

Ein Missorium mit der Darstellung der Jagd des Meleager, das die liturgische Wiederverwendung profaner Objekte in der Spätantike (Ende 5.–Anfang 6. Jahrhundert) illustriert. Rom, Museo Pio Cristiano in Vaticano

Wenngleich ein umfangreicher Bestand an Monumenten und Schriftquellen aus der zweiten Hälfte des 5. Jahrhunderts erhalten ist, muß abschließend noch einmal darauf hingewiesen werden, daß diese Werke stets in starker künstlerischer Abhängigkeit zum vorangegangenen Jahrhundert standen. Alles was im Zusammenhang mit der Bautätigkeit im frühchristlichen Rom erwähnt wurde, stellt sich lediglich als eine konsequente Weiterführung der im 4. Jahrhundert geschaffenen Grundlagen dar. Diese Kontinuität sollte erst in der zweiten Hälfte des folgenden Jahrhunderts Anzeichen einer Schwächung zeigen.

Margherita Cecchelli

Die bildende Kunst des frühen Christentums

Rekonstruktionsversuch der Ädikula über dem Grabe Petri. Die Reste dieses im späten 2. Jahrhundert n. Chr. entstandenen Tropaions, eines Denkmals für den Sieg über den Tod, wurden unterhalb des Hauptaltars der Petersbasilika freigelegt. Rom, Necropoli Romano

Die Überwindung des Bilderverbots

In den ersten zwei Jahrhunderten, in denen sich das Christentum innerhalb der hochentwickelten und vielfältigen Kultur Roms und des römischen Imperiums mit seinen verschiedenen Religionen immer mehr ausbreitete, gab es prinzipiell keine christliche figürliche Kunst. Dafür gibt es eine ganze Reihe von Erklärungen. Oft wird in diesem Zusammenhang auf das Bilderverbot in den Zehn Geboten hingewiesen: „Du sollst dir kein Bildnis noch irgendein Gleichnis machen (...). Bete sie nicht an und diene ihnen nicht." (2. Buch Mose 20,4,5). Dieses Verbot hatte die bilderfeindliche Haltung in der jüdischen Kultur stark beeinflußt und später auch im Denken der frühen Christen tiefe Spuren hinterlassen. Die Kirchenväter der ersten nachchristlichen Jahrhunderte befaßten sich immer wieder mit diesem Thema und betonten stets mit Nachdruck, daß die Christen jeder bildlichen Darstellung des Heiligen mit Vorsicht begegnen sollten. Letztlich bedeutete dies ein Verbot, Gott darzustellen, das besonders dann galt, wenn die Darstellung kultischen Zwecken dienen sollte. Hieraus entwickelte sich eine Bilderpolemik, die auf der einen Seite als Abgrenzung vom heidnischen Götzendienst, auf der anderen als Einfluß des Neuplatonismus, der Bilder als Teil der sinnlichen Welt ablehnte, verstanden werden kann.

Das schwierige Verhältnis zwischen Abbilden und Idolatrie beschäftigte frühchristliche Kirchenschriftsteller, wie Clemens Alexandrinus und Origenes im Osten oder Tertullian und Minucius Felix im Westen. Auch in den folgenden Jahrhunderten, noch bis über das Toleranzedikt Kaiser Konstantins (313) hinaus, setzte man sich damit auseinander. Besonders Epiphanius von Salamis und Eusebius von Caesarea übten scharfe Kritik an denjenigen, die sich erlaubten, das Heilige darzustellen. Auch in Rom befaßte man sich mit dem Thema, wie eine Passage aus dem im 2. Jahrhundert n. Chr. entstandenen *Octavius* des Minucius Felix zeigt. Der Autor schildert hier, wie in der heidnischen Kultur die Götter dargestellt wurden, und bringt die Meinung der Christen zu diesem Thema mit Berufung auf die Schöpfungsgeschichte zum Ausdruck: „Warum sollte ich ein Ebenbild Gottes schaffen, wenn doch genaugenommen der Mensch selbst Gott gleicht?" (*Octavius*, 32).

Trotz dieser Kontroversen hatte sich das Christentum im 1. und 2. Jahrhundert bereits weit verbreitet, wie wir aus dem Römerbrief (1,8) wissen. Hier wird erwähnt, daß die christliche Glaubensgemeinschaft bereits in der gesamten antiken Welt bekannt ist. Wenige Jahre später wurde Rom während der Christenverfolgung unter Nero, die im Jahre 64 ihren Höhepunkt erreichte, zum Schauplatz von Massenexekutionen. Aus den Berichten von Tacitus zu diesem Ereignis (*Annales*, 15,44) geht hervor, daß dabei auch Petrus und Paulus ums Leben kamen. Inzwischen bekannten sich immer mehr Mitglieder aus den gehobeneren Gesellschaftsschichten zum Christentum. Cassius Dio (*Römische Geschichte*, 47,14) und Sueton (*Domitianus*, 15,1) berichten, daß der Senat zur Zeit Domitians sogar gegen Mitglieder der kaiserlichen Familie mit harten Maßnahmen vorging. Während innerhalb der christlichen Gemeinschaft mit der Einführung des Priesteramts, des Diakonats und des Episkopats bereits hierarchische Strukturen entstanden, gab es noch immer keine speziellen Gebäude, die als Kult- und Begräbnisstätten dienten. Der sonntägliche Gottesdienst wurde weiterhin in Privathäusern abgehalten. Erst im 2. Jahrhundert errichtete man über den Grabstätten von Petrus im Vatikan und Paulus an der Via Lata Monumente, die vermutlich nicht besonders groß und äußerst schlicht waren. Nach den Erinnerungen des römischen Priesters Gaius, die durch Eusebius von Caesarea überliefert sind (*Kirchengeschichte*, 2, 25,6–7), waren sie lediglich mit kleinen Siegeszeichen geschmückt. Bereits in diesen ereignisreichen frühen Jahrzehnten fand die Kirche zu einer inneren Organisation. Dennoch entwickelte sich in den ersten beiden nachchristlichen Jahrhunderten in keiner der Kunstgattungen eine christliche Ikonographie, die uns heute noch anhand von Beispielen oder aus den Quellen überliefert wäre.

Die frühchristliche Kunst konnte zu keiner freien Entfaltung gelangen, weil sich ihre Entwicklung äußerst langsam und diskontinuierlich vollzog. Zudem wurde sie immer wieder durch die Christenverfolgungen unterbrochen. Die für die biblische Kultur typische Bilderfeindlichkeit tat ihr übriges, um den Charakter der ersten frühchristlichen figürlichen Darstellungen in Rom zu prägen: Sie sind äußerst schlicht, wirken neutral, tragen jedoch stets symbolischen Charakter.

Die Anfänge der christlichen Symbolik

Historiker und Ikonographen glauben, daß die Christen eine eigene Zeichensprache entwickelten, um in der damaligen römischen Gesellschaft als Mitglieder des neuen Glaubens unerkannt zu bleiben und um sich vor den Anschuldigungen der vielen Verleumder zu schützen. Um eben diese Zeichensprache geht es nach Ansicht von Historikern auch in einer kurzen Passage aus dem *Octavius* von Minucius Felix, in dem die Wirkung, die die Verhaltensweisen der Christen auf ihre Umgebung hatten, beschrieben und überliefert werden (*Octavius*, 9, 2). Der Text läßt verschiedene Deutungen zu, sicher ist aber zumindest, daß Minucius betonen will, wie mysteriös und unverständlich das Verhalten der Christen sei. Bei den von ihm erwähnten geheimen Zeichen, mit denen sich diese verständigen und einander zu erkennen geben würden, handelt es sich vermutlich um jene Symbole, die von den römischen Christen in ihren ersten einfachen figürlichen Darstellungen benutzt wurden. Sie tauchten erstmals in der zweiten Hälfte des 2. Jahrhunderts auf – also zur Zeit der Niederschrift des Octavius. Man fand diese Zeichen vor allem in den unterirdischen Friedhöfen. Eine Gruppe von Verschlußplatten auf Grabnischen aus der Nähe der kleinen Piazza von San Sebastiano tragen Graffiti. Diese Platten bezeugen die Frühphase der christlichen Epigraphik und lehnen sich formal genauestens an die damalige heidnische Epigraphik an. Die hier dargestellten Zeichen wie der Anker oder der Fisch waren zunächst neutral und nahmen dann einen christlichen Symbol-

Blick in ein Hypogäum, einem unterirdischen Raum für Bestattungen, aus dem Komplex von San Sebastiano an der Via Appia.

Epitaph des Atimetus. Der Inschrifttext unterscheidet sich im Duktus der Schrift kaum von zeitgenössischen heidnischen Inschriften. Nur die beiden flankierenden Symbole, Anker und Fisch, weisen den Verstorbenen als Mitglied der christlichen Gemeinde aus. Rom, Catacomba di San Sebastiano

Gemalte Wandgliederung des 2. Jahrhunderts n. Chr. aus einem Haus unterhalb der Kirche San Sebastiano an der Via Appia

gehalt an. Das Grab des jungen, im Alter von acht Jahren verstorbenen Atimetus wurde beispielsweise mit einem Anker und einem Fisch geschmückt, die für die Hoffnung auf Erlösung durch Christus standen. Auch die Eltern der Ancotia Auxeis fügten der Grabinschrift ein Symbol bei. Noch bemerkenswerter ist in diesem Zusammenhang die Grabstele der Licinia Amias, auf der nach der kanonischen Abkürzung D(is) M(anibus) ein griechischer Begriff mit der Bedeutung „Fisch der Lebenden" erscheint. Mit dem Symbol eines Ankers, zu dessen Seiten sich zwei symmetrisch angeordnete Fische befinden, wird der Begriff illustriert. Man fand den Grabstein auf einem Hügel hinter der St.-Peters-Basilika. Er ist wahrscheinlich älter als der frühchristliche Bau, vermutlich stammt er aus den ersten Jahren des 3. Jahrhunderts. Hier findet eine einzigartige Verschmelzung von heidnischen und christlichen Elementen statt, wie das Akrostichon ΙΞΘΥΣ zeigt. Bekanntlich löst es sich folgendermaßen auf: „Jesus Christus Gottes Sohn Erlöser". Der Fisch ist eines der ersten Zeichen, die die frühen Christen zur Illustration ihrer Epitaphe benutzten. Im Gegensatz zum Anker und zu anderen primitiven Zeichen hat er eine Vielzahl von Bedeutungen. Er ist sowohl ein soteriologisches als auch ein neutestamentarisches Symbol und kann mit dem Abendmahl ebenso in Verbindung gebracht werden wie mit der Brotvermehrung und dem Wunderbaren Fischzug. Nicht immer ist klar, in welcher dieser oft kaum voneinander zu unterscheidenden und sich gegenseitig beeinflussenden Bedeutungen der Fisch erscheint. Ganz besonders wichtig aber war die Bedeutung des Fisches als christologisches Symbol und als symbolische Anspielung auf die Taufe. Die Symbole dieser frühen christlichen Tafeln werden auch in einem Abschnitt des *Paedagogus* erwähnt. Der Autor, Clemens von Alexandria, empfiehlt hier Anker, Fische, Tauben und das Schiff als Symbole für die Siegelringe der Christen (*Paedagogus*, 3, 11, 59–60).

Die Darstellungen der ältesten römischen Graffiti erscheinen wie Illustrationen dieses patristischen Textes. Die *Tafel des Faustinianus* zeigt beispielsweise ein Lamm, eine Taube mit einem Zweig und einen Anker. Eine weitere Tafel stellt den in einem runden Spiegel eingeschlossenen Kopf des Urbica dar; rechts und links davon sind ein Fisch bzw. eine Taube abgebildet.

Für Bilder in den Kult- und Begräbnisstätten und Gebrauchsgegenstände standen in der christlichen Kunst Roms lange Zeit nur diese einfachen Zeichen zur Verfügung, die an die jüdische Kunst erinnerten. Plötzlich tauchten neben diesen aber auch andere figürliche Darstellungen auf. Sie wurden allmählich in das Bildrepertoire der frühchristlichen Kunst aufgenommen und ermöglichten Veränderungen, ohne die man die neuen religiösen Botschaften und Auffassungen, die mit der christlichen Glaubenslehre verbreitet wurden, nie hätte darstellen können.

Zwischen dem 2. und 3. Jahrhundert entwickelte sich zunehmend eine Wandmalerei, die sich an der Dekoration von Wohnräumen orientierte. Im Gegensatz zu den Architekturimitationen der pompejanischen Wandmalerei zeigt sich hier ein verfeinertes geometrisches Gefüge mit überwiegend roten oder grünen, mehr oder weniger dünnen Linien, die auf gebleichte Wände gemalt sind. Die zwischen den Linien liegenden Felder waren figürlichen Darstellungen vorbehalten. Dieses System zusammenhängender und unterbrochener Linien überzieht die Wände der römischen Katakomben und die Gewölbe vieler Grabkammern. Im Wandaufbau orientierte man sich noch immer an hellenistischen Vorbildern und unterteilte die verschiedenen Bereiche weiterhin nach Art der häuslichen Wanddekoration. Das Schema bestand aus drei übereinanderliegenden Registern: dem Sockel, dem Fries mit den bildlichen Darstellungen und dem Gewölbe.

In den Grabkammern der römischen Friedhöfe wurde diese Aufteilung berücksichtigt, als habe man Häuser für die Toten erschaffen wollen. Deshalb sind sich die spätantiken Häuser in Rom und Ostia, die Mausoleen der heidnischen Nekropolen und die Grabkammern der Katakomben in mancherlei Hinsicht ähnlich. Hier verbreitete sich ein neutrales dekoratives Grundschema, das unbefangen sowohl für die Ausschmückung von Landhäusern als auch von Stadthäusern, öffentlichen Gebäuden, christlichen Basiliken, heidnischen Gruften und den Grabkammern in den Katakomben benutzt wurde. Die einzelnen Dekorationsschemata unterschieden sich lediglich nach Gebäudetyp und entsprachen den Wünschen der Auftraggeber.

Ende des 2. und Anfang des 3. Jahrhunderts entstand eine große Zahl ausgemalter Gebäude. Ohne weiteres läßt sich daher festlegen, wann sich die noch überwiegend von mythologischen, idyllischen, sakralen und dionysischen Motiven geprägte künstlerische Tradition veränderte und eine neue Bildsprache entstand, die neben den alten kosmologischen und jahreszeitlichen Motiven die ersten Bibelgeschichten zeigte.

Die ersten christlichen Wandmalereien

In manchen Gebäuden, wie der kleinen Villa unterhalb des Komplexes von San Sebastiano oder den Räumen, die man unter der Lateranbasilika aufgefunden hat, entstanden die Wandbilder vor dieser Übergangsphase. Sie zeigen noch das synkretistische und neutrale Bildrepertoire.

Eines der interessantesten Beispiele für die Phase des Übergangs ist die Aureliergruft, die man zu Beginn dieses Jahrhunderts am Viale Manzoni entdeckte. Sie stammt vermutlich aus der ersten Hälfte des 3. Jahrhunderts. Der oberirdische Bereich der Grabanlage ist durch eine Art Einfriedung gekennzeichnet. Die Anlage besteht aus einer halbunterirdischen Grabkammer und zwei unterirdischen Räumen. Alle drei Räume sind vollständig mit Fresken ausgemalt. In der oberen Grabkammer sind Philosophen vor Stadtlandschaften abgebildet sowie einzelne Darstellungen, die man als die Erschaffung Adams und die Vertreibung aus dem Paradies deuten könnte. In den beiden unterirdischen Räumen herrscht dagegen das rotgrüne Liniensystem vor. Die Darstellungen zwischen den Linien zeigen Motive, die zum Teil noch kosmologisch-dionysisch sind, zum Teil aber auch schon christlichen Ursprungs sein könnten. Auf dem Boden eines der beiden Räume befindet sich eine mosaizierte Grabinschrift, die die drei Verstorbenen nennt sowie die Person, von der die Widmung stammt. Es handelt sich um Mitglieder der adligen Aurelierfamilie. Auf dem Boden der Aureliergruft fand man noch eine Marmorinschrift, die mit einem weiteren, weiblichen Mitglied der Aurelierfamilie in Zusammenhang gebracht werden kann.

Vermutlich stehen die in einem fortlaufenden Freskofries auf halber Höhe dargestellten Figuren in Verbindung zu den drei in der Marmorwidmung genannten Aureliern. Besonders auffällig ist

Hypogäum der Aurelier am Viale Manzoni. Detail eines in der ersten Hälfte des 3. Jahrhunderts entstandenen Freskos mit der Darstellung eines Hirten, der im Typus eines Gelehrten gezeigt wird.

Hypogäum der Aurelier am Viale Manzoni. Detail der Ausmalung der Deckenpartie eines der Räume. Der zentrale Clipeus zeigt drei stehende Figuren, die als die inschriftlich bekannten drei Aurelier, die Auftraggeber dieser Anlage, identifiziert wurden.

die eigenartige Darstellung eines Hirten mit seiner Herde, der wie ein Gelehrter aussieht. Weiterhin ist ein Ritter dargestellt, der triumphal in eine Stadt einzieht und schließlich auf dem Forum vor einer Frau an einer Festtafel eine Rede hält. Im Gewölbe des zweiten unterirdischen Raumes zeigt ein Rundschild vermutlich ebenfalls diese drei Aurelier.

Über die kulturelle Herkunft der Auftraggeber war man lange Zeit geteilter Ansicht. Man hielt sie entweder für Häretiker oder für Mitglieder einer gnostischen Sekte. Heute geht man immer mehr davon aus, daß die Auftraggeber dieses vielschichtigen privaten Dekorationsprogramms Anhänger eines religiösen Synkretismus waren, in dem sich viele Glaubensrichtungen, Religionen und Mysterienkulte jener Zeit vermischten. Am häufigsten erscheinen in der Aureliergruft die Bilder des Philosophen und des Hirten. Diese beiden Bildtypen verbreiten sich in derselben Zeit im Mittelmeergebiet und sind daher auch in Rom am Ende des 2. und zu Beginn des 3. Jahrhunderts sehr beliebt.

Zur gleichen Zeit erscheint die Darstellung des Philosophen und des Hirten zusammen mit den Darstellungen des Oranten und des Fischers auch auf einer Reihe von Marmorsarkophagen, die vermutlich in Rom entstanden sind. Unter Kennern gelten sie als die bedeutendsten Vorläufer der christlichen Grabplastik. Die zwei ältesten und besterhaltenen dieser Sarkophage befinden sich heute in La Gayolle und Basel. Ihre Bildprogramme zeigen alle vier Figurentypen in der für die Marmorplastik typischen sinnbildlichen Ausdrucksweise. Der Gute Hirte bezieht sich auf die Vorstellung vom Paradies als Weide des Guten Hirten, wo der Erlöste nach dem Tode Frieden findet, der Fischer steht wohl für die Erlösung aus dem Meer der Sünde. Beide versinnbildlichen die Ruhe und Gewißheit eines Lebens im Jenseits, wo Erde und Meer in einen absoluten Frieden gehüllt sind. Paarweise zusammen gehören auch der Betende als die Personifikation der Fürbitte für den Verstorbenen und der Philosoph, welcher an die Wirkung der Weisheit und die Tradierung des Wissens erinnert.

Die beliebtesten dieser vier Figuren waren der Betende und der Gute Hirte. Mit ihrer Darstellung griff man die antiken Vorstellungen der Frömmigkeit und der Menschenliebe wieder auf. Darüber hinaus hatten diese Darstellungen auch eine neue Bedeutung, denn sie versinnbildlichten die Versöhnung des Sünders mit Gott, dem Hirten, der das verlorene Schaf sucht und findet (Lukas 15). Diese Entwicklung ist bereits in den Sarkophagen der Via Salaria und der Via della Lungara erkennbar und kommt im Sarkophag von Santa Maria Antiqua zur vollen Entfaltung. Hier bildet eine drei-

Sarkophag mit Szenen aus dem Leben Jonas. Entstanden am Ende des 3. Jahrhunderts. Auf dem unteren Fries wird der Prophet ins Meer geworfen und von dem Ketos, dem Seedrachen, verschlungen. Die anschließenden Szenen zeigen, wie das Ungeheuer Jonas an den Strand speit und den in der Kürbislaube ruhenden Propheten. Dazwischen befindet sich die miniaturhafte Darstellung Noahs in der Arche. Zusätzlich zu den Jonas-Episoden werden die Auferweckung des Lazarus und das Quellwunder Petri im oberen Register gezeigt.

teilige Darstellung mit einem Oranten, einem Hirten und einem Philosophen den Mittelpunkt in einem fortlaufenden Fries, der bereits biblische Motive zeigt. Neben einer schlichten Darstellung der Taufe Christi wird hier Jonas in seiner Hütte vor der Stadt Ninive gezeigt, die er baute, um von dort die Strafe Gottes über die Stadt anzusehen.

Die Geschichte von Jonas war in frühchristlicher Zeit sehr bekannt und beliebt, denn sie symbolisierte die Errettung vor dem Tod durch Gottes Hilfe. In drei oder vier Szenen aus der frühchristlichen Zeit werden folgende Episoden gezeigt: Der Prophet wird ins Meer geworfen, der Wal frißt ihn und speit ihn wieder aus, Jonas sitzt in seiner Hütte und trauert um den verdorrten Rizinus.

In Rom erschien die Geschichte des Jonas schon sehr früh gleichzeitig in der Skulptur und in der Malerei. Bei dem vermutlich Ende des 3. Jahrhunderts entstandenen und in den Vatikanischen Museen befindlichen sogenannten *Jonassarkophag* erstreckt sich die Jonasgeschichte fast über die gesamte Sarkophagfront. Der untere Teil zeigt ausschließlich Bilder des Jonaszyklus, während im oberen Teil darüber hinaus die Auferweckung des Lazarus und die Gefangenschaft Petri in Rom dargestellt sind.

Die Katakombenmalerei

Auch in der Katakombenmalerei erscheinen Darstellungen von Jonas früh, wie das Beispiel der „Sakramentskapellen" in den Katakomben des Calixtus zeigt. Die Area I der Katakomben in der Via Appia ist das Zentrum des großen Calixtus-Komplexes, der offiziellen Begräbnisstätte der Kirche Roms. Der römische Bischof Zephyrinus gab Ende des 2. Jahrhunderts den Auftrag für den Bau und betraute Calixtus, der damals noch Diakon war, mit der Aufsicht über die Arbeiten. Es handelt sich um ein fast rechteckiges Grundstück, von dem aus zwei parallele Treppen zu zwei tieferliegenden Tunneln führen. Von hier zweigten damals verschiedene querverlaufende Seitenwege ab, so daß ein gitterartiges Schema entstand.

Nachdem man die Katakomben immer wieder vertieft hatte, wurden in der Mitte des 3. Jahrhunderts verschiedene Grabkammern angelegt. Im Zuge dieser Erweiterungen entstand auch die berühmte ehemalige Papstgruft, in der Päpste des 3. Jahrhunderts beigesetzt wurden. Zur gleichen Zeit legte man auch die bereits erwähnten „Sakramentskapellen" an. In den Wänden dieser kleinen, flachgedeckten Grabkammern befinden sich große Grabnischen. Sie sind vollständig mit den rot-grünen Linien ausgemalt, die die weißen Wände in einzelne Felder unterteilen. In diesen Feldern befinden sind kleine, sehr vereinfachte Szenen mit nur wenigen Figuren. Die Grabkammern, die in der ersten Hälfte des 3. Jahrhunderts entstanden sind, zeigen das ganze Repertoire biblischer Geschichten des Urchristentums. Hier findet man den beliebten Jonaszyklus, die häufig wiedergegebene Figur des Guten Hirten, der in den jeweiligen Räumen stets in der Mitte der Decke dargestellt ist, die Philosophenbilder, die Abbildungen von Oranten und die Darstellung des Fischers. Einige Jahre später sollte die Figur des Fischers völlig verschwinden und durch die Präsentation der Jonasgeschichte ersetzt werden.

In den Sakramentskapellen reihen sich dann die Geschichten aus dem Alten und Neuen Testament aneinander: die Opferung Isaaks, das Quellwunder des Moses, die Samariterin am Brunnen, die Auferweckung des Lazarus, die Heilung des Gelähmten und die Taufe Christi.

Das Dekorationsprogramm dieser Räume ist bereits sehr vielfältig, weil es einerseits auf die antiken dionysischen und jahreszeitlichen Motive zurückgreift, andererseits aber auch schwer interpretierbare Bilder zeigt, die sowohl religiöse als auch weltliche Bedeutung haben. Hierzu gehören die Darstellungen der Gastmahlszenen und der Arbeiter, die die Tunnel dieser eindrucksvollen unterirdischen Anlagen gruben.

Diese Arbeiter wurden aus ganz verschiedenen Gründen bildlich dargestellt. Zunächst handelt es sich bei den Bildern ganz einfach um Selbstdar-

Rückwand des Sakramentraums in der Calixtus-Katakombe. Die Wandmalereien aus dem 3. Jahrhundert zeigen eine Gastmahlszene, die von zwei Orantenfiguren gerahmt wird.

stellungen einer Gruppe, deren Bedeutung sowohl innerhalb der christlichen Gemeinschaft als auch im Hinblick auf ihre wirtschaftliche Leistungsfähigkeit ständig zunahm. Darüber hinaus symbolisieren sie aber auch den antiken Genius loci, denn die auf der Eingangswand der Grabkammern dargestellten Arbeiter erscheinen wie Wächter über die Gruft.

Die Darstellungen der Festmahlszenen haben zwei unterschiedliche Bedeutungen. Die Bilder zeigen meist eine kleine Gruppe von Personen, die rot-grünen Linien umgeben. Neben den üblichen Darstellungen des Guten Hirten und des Oranten sowie Motiven, die aus der hellenistischen Kultur stammen, werden hier biblische Geschichten gezeigt, wie beispielsweise die Jonasgeschichte oder Daniel in der Löwengrube. Darüber hinaus finden wir hier eine lebendige und originelle Darstellung der Taufe Christi: Johannes der Täufer hilft Christus, aus dem Jordan zu steigen, während die Taube als Sinnbild des Heiligen Geistes über seinem Kopf schwebt.

Detail der Wandmalerei der Krypta der Lucina in der Calixtus-Katakombe mit den eucharistischen Symbolen Fisch und Brot.

um einen ovalen Tisch versammelt sind. Auf diesem befinden sich Brotkörbe und Dreifüße, auf denen der Fisch angerichtet ist. Zum einen scheinen diese Bilder sowohl das als Refrigerium bezeichnete, erquickende Mahl im Jenseits als auch das jährliche Mahl am Todestag des Verstorbenen darzustellen. Darüber hinaus versinnbildlichen sie aber auch das letzte Abendmahl. Zu diesen beiden wichtigen Bedeutungen kommt bisweilen noch eine eucharistische Bedeutung hinzu, wenn, wie beispielsweise in der Lucinagruft, zwei große Fische zwei Brotkörbe und zwei mit Rotwein gefüllte Gläser tragen.

Auch die Lucinagruft ist für die Entwicklungsgeschichte der Calixtus-Katakomben von besonderer Bedeutung. Sie entstand zu Beginn des 3. Jahrhunderts. Hier ist das nüchterne und symbolische Bildrepertoire der frühen Phase ebenfalls von

Die Dekoration der sogenannten Grabkammer der Dornenkrönung zeigt ebenfalls Szenen aus der Vita Christi. Die Grabkammer befindet sich in der noblen Praetextatus-Katakombe an der Via Appia Pignatelli.

Aufgrund des Standortes, der auch schon in vorchristlicher Zeit von Bedeutung war – auf der oberirdischen Begräbnisstätte befindet sich der Sarkophag des Kaisers Balbinus –, zählt die Praetextatus-Katakombe zu den bedeutendsten unterirdischen Grabanlagen im Bereich der Via Appia und der Via Ardeatina. Darin befindet sich auch die sogenannte Spelunca Magna, ein großer Tunnel, der aus einer ehemaligen römischen Zisterne herausgeschlagen wurde. Hier wurden die Märtyrer Januarius, Felix und Agapitus bestattet, deren Grabstätten mit Versen aus den Gedichten des Papstes Damasus beschriftet sind.

Auch die Grabkammer der Dornenkrönung befindet sich hier. Sie ist mit der größeren von zwei Treppen verbunden, die von dem großen oberirdischen Friedhof nach unten führen. Ihre Gestalt und ihr Dekorationsprogramm zeigen alle für die erste Hälfte des 3. Jahrhunderts typischen Merkmale. Wir finden hier noch das übliche Linienschema, und in einigen Wandabschnitten sind kosmologisch-jahreszeitliche Bilder dargestellt. Die Szenen aus dem Neuen Testament dagegen sind zwischen den einzelnen Grabnischen abgebildet. Von diesen Bildern sind nur noch wenige erhalten: die Auferweckung des Lazarus, die Heilung des blutflüssigen Weibes, das Gespräch mit der Samariterin am Brunnen und die Dornenkrönung. Die Darstellung der Dornenkrönung erscheint hier zum ersten und einzigen Mal, denn in der Antike vermieden es die Christen, Szenen der Gewalt oder überhaupt Szenen mit negativen Inhalten darzustellen. Statt dessen bevorzugten sie soteriologische Szenen. Die Auftraggeber dieser singulären Darstellung wollten sich hier offensichtlich nicht an in der Kirche übliche Gebräuche halten.

Die Priscilla-Katakombe

Ebenso außergewöhnlich ist ein Fresko in der Priscilla-Katakombe an der Via Salaria Nuova. Es befindet sich in der ehemaligen unterirdischen Sandgrube im Zentrum der Katakomben und stammt ebenfalls aus dem dritten oder vierten Jahrzehnt des 3. Jahrhunderts. Auf der Wand im hinteren Winkel der ehemaligen Grube wurde ein Grab mit den Stuckfiguren zweier Hirten geschmückt und mit einem herausragenden Fresko versehen, das erstmalig Maria mit dem Kind in ihren Armen zeigt. Gegenüber der Muttergottes weist ein Prophet – vermutlich handelt es sich um Bileam oder um Jesaja – auf einen Stern, um auf das Kommen des Messias hinzuweisen. Die raffinierte Technik dieses eindrucksvollen Freskos mutet nachgerade impressionistisch an, und das Bild konnte seinerzeit vermutlich nur mittels des weichen Lichts der Öllampen bis ins Detail erkannt werden. Es spiegelt auf künstlerischer Ebene die politisch-religiöse Haltung der orthodoxen Gläubigen wider, die sich gegenüber verschiedenen Sekten sowie häretischen und schismatischen Bewegungen behaupten mußten. Schon damals hatten die Anhänger dieser Bewegungen die göttliche Natur Christi in Frage gestellt und bezweifelt, daß Jesus der im Alten Testament angekündigte Messias gewesen sei.

Die schlichte Darstellung kommt mit nur drei Figuren aus und zeigt, wie in jener Zeit durch eine äußerst vereinfachte Bildsprache die christliche Glaubenslehre vermittelt wurde. Dies gelang auch dann noch, wenn es sich um vielschichtige Themen handelte, die mit komplizierten christologischen Inhalten verknüpft waren.

In vergleichbarer Weise wurde nur wenige Jahrzehnte später in einer anderen Grabkammer der Priscilla-Katakombe die Verkündigungsszene dargestellt. Dort befinden sich auch Darstellungen der Auferweckung des Lazarus und der Jonasgeschichte vor einem lichten, blumigen Hintergrund. In der Verkündigungsszene ist das Figurenrepertoire noch stärker reduziert. Mit den abgebildeten zwei Figuren spielt die Darstellung auf das Wun-

Wandmalerei aus der ersten Hälfte des 3. Jahrhunderts n. Chr. in der sogenannten Grabkammer der Dornenkrönung der Praetextatus-Katakombe. Detail mit der Szene des Gesprächs Christi mit der Samariterin am Brunnen.

Gegenüberliegende Seite, oben:
Ansicht der Rückwand des Raumes der Velata in der Priscilla-Katakombe. Das zwischen 260 und 270 n. Chr. entstandene Fresko zeigt Episoden aus dem Leben einer Frau. Der Hochzeit auf der linken Seite wurde im rechten Zwickel die Mutterschaft gegenübergestellt. Die Mittelszene zeigt die Frau als Betende in einem größeren Maßstab.

Unten:
Wandmalerei aus der Grabkammer der Küfer in der Priscilla-Katakombe. Die Darstellung auf der Rückwand zeigt eine mit diesem Beruf verbundene Szene.

Fresko aus der Priscilla-Katakombe mit der Darstellung der Muttergottes im Dialog mit einem Propheten.

der der Fleischwerdung Christi an. Hier ist das Gesicht der auf dem Thron sitzenden Jungfrau dem Betrachter frontal zugewandt, während ihr gegenüber der Verkündigungsengel die rechte Hand erhebt und die Geburt des Heilands ankündigt.

In der Priscilla-Katakombe befinden sich außerdem Malereien aus der zweiten Hälfte des 3. Jahrhunderts, wie beispielsweise die Darstellungen in der zwischen 260 und 270 entstandenen Grabkammer der Velata. Hier werden jene soteriologischen Themen wieder aufgegriffen, die in den Anfangsjahren häufig Gegenstand der christlichen Kunst waren. Gezeigt werden die alttestamentarischen Szenen der Jonasgeschichte, die Geschichte Abrahams sowie die drei Jünglinge im Feuerofen. Die Decke der Gruft zeigt eine der beeindruckendsten Darstellungen des Guten Hirten. Er ist in der Mitte einer vereinfachten Abbildung des Kosmos plaziert, in der Himmel und Erde durch Tiere (einen Pfau und Wachteln) versinnbildlicht sind. Es scheint, als gingen von der Figur des Hirten Impulse für die gesamte Darstellung aus. In der hinteren Lünette geben drei Bilder die wichtigsten Stationen aus dem irdischen Leben der hier bestatteten Frau wieder. Die Hochzeitsszene zeigt sie zusammen mit ihrem Bräutigam vor einem alten Priester, der das Sakrament spendet. In weiteren Szenen ist sie mit einem kleinen Kind in den Armen und schließlich bei ihrem Eintritt ins Paradies dargestellt. Ihre Arme sind wie zu einem Lobgesang des Herrn oder als Zeichen des Zustands ewiger Glückseligkeit hoch erhoben. Szenen mit Figuren aus dem realen Leben wurden in den Katakomben sehr selten dargestellt. Um so bedeutender sind diese Wiedergaben, denn sie vermitteln eine Vorstellung von der frühchristlichen Ikonographie dieses Themas.

Sehr viel häufiger wurden in den Katakomben heilsgeschichtliche Themen wie die Erlösung, die Auferstehung, die Taufe und – seltener – das letzte Abendmahl gezeigt. In der Grabkammer der Velata sind Szenen aus dem Leben der Verstorbenen neben sakralen Szenen abgebildet, und es entsteht, ähnlich wie bei den Bildern der Arbeiter der Katakombe und bei den Festmahlszenen, ein gewisses Wechselspiel zwischen Wirklichkeit und Symbolik.

Die Bilder dieser hinteren Lünette der Grabkammer der Velata sind noch in anderer Hinsicht von Bedeutung, denn hier ist in bemerkenswerter Weise jeweils das Gesicht der Verstorbenen dargestellt. Die gespannten Gesichtszüge sind ganz untypisch für das Porträt, der Blick wirkt abwesend, beseelt und wie hypnotisiert. Die Darstellung richtet sich nach den Regeln der spätantiken Bildniskunst, die mehr Wert darauf legte, den psychischen Erregungszustand eines Menschen darzustellen als die physiognomischen Eigenheiten seines Gesichts. Diese Art der Wiedergabe realer Personen verbreitete sich mit einer überraschenden Dynamik, wodurch deutlich wird, welchen Einfluß die volkstümliche römische Tradition auf die spirituelle Bildwelt der frühchristlichen Kunst hatte. In der Grabkammer der Küfer, die sich in der gleichen Anlage befindet, oder in der Bäckergruft der Domitilla-Katakombe aus dem späten 4. Jahrhundert ist dies ebenso zu sehen wie in den Graffiti der Grabplatten, die beispielsweise die Arbeit eines Schmieds, eines Fischverkäufers oder eines Pferdeführers illustrieren.

Katakombe der Priscilla an der Via Appia. Mittelbild der Deckenausmalung aus dem sogenannten Raum der Verkündigung mit der namensgebenden Szene. Das biblische Ereignis wurde auf ein Minimum an narrativen Elementen reduziert.

Zur Priscilla-Katakombe gehört auch die sogenannte Capella Graeca. Sie ist mit den beeindruckendsten römischen Wandmalereien aus dem 3. Jahrhunderts ausgestattet. Die jüngsten Restaurierungen haben deutlich gemacht, daß es sich hier um ein Kunstwerk handelt, das sowohl in technischer als auch in morphologischer Hinsicht äußerst vielschichtig ist. Dies gilt auch für das Figurenrepertoire und den Stil der Bilder. Die Capella Graeca, ein ehemaliger Wasserspeicher, besteht aus zwei Grabkammern, von denen die hintere über drei Apsiden verfügt. Entlang der Mauer verläuft eine große Bank, die vermutlich bei den Totenmahlen genutzt wurde. Die Sockel der Räume weisen gemalte Marmorimitationen und Stuckverzierungen auf. Auch die Pfeilerbögen sind mit fein gearbeitetem Stuck in Form von Akanthusblattkränzen verziert. Im ersten Raum befindet sich ein Bilderzyklus mit großformatigen Figuren vor einem hellen Hintergrund. Hier wird

Blick in die sogenannte Capella Graeca der Priscilla-Katakombe. Dieser Raum, der seinen Namen den hier erhaltenen griechischen Inschriften verdankt, wurde mit Fresken, fingierten Marmorinkrustationen sowie Stuckprofilen versehen. Die auf dem Jochbogen gemalte Szene zeigt die Anbetung der Heiligen Drei Könige. Diese werden durch ihre phrygischen Mützen als Orientalen ausgewiesen.*

die apokryphe Geschichte der Susanna gezeigt, die von den zwei Ältesten des Volkes bedrängt, unschuldig angeklagt und von Daniel gerettet wird. Auf der Eingangswand und auf dem großen Jochbogen sind *Die drei Jünglinge im Feuerofen* und *Die Anbetung durch die Heiligen Drei Könige* dargestellt. Ein Abschnitt der rechten Wand zeigt den verbrennenden Phönix. Mit diesem aus der heidnischen Kultur übernommenen Sinnbild symbolisierten die Christen die Auferstehung und das ewige Leben. In gewisser Weise wird dieses Thema noch einmal im Deckenbild aufgegriffen, wo die Personifikation des Sommers als Büste abgebildet ist. Diese Allegorie aus dem Jahreszeitenzyklus verweist auf die Palingenese (Wiedergeburt der Seele) und das fortwährende Wiederaufblühen – somit auf das Wunder der Auferstehung. Der hintere Raum ist in einem Rot ausgemalt, das an die Farben der pompejanischen Wandmalerei erinnert. Hier sind, mehr oder weniger stark ausgearbeitet, die Geschichten von Abraham, Noah, Daniel und Lazarus dargestellt. Die herausragendste und beeindruckendste Darstellung ist jedoch die Gastmahlszene in der Mitte des großen hinteren Bogens. Hier scheint eher eine paradiesische Szene oder aber das eucharistische Abendmahl dargestellt zu sein als ein Totenmahl.

Die formalen Besonderheiten weisen darauf hin, daß dabei Künstler tätig waren, die sich genau an die Regeln der traditionellen römischen Wandmalerei hielten. Weil jedoch die herkömmliche Technik der Freskomalerei in diesen feuchten, unterirdischen Räumen nicht angewendet werden konnte, hatten die römischen Maler eine geeignetere Technik entwickelt. Es handelt sich um das sogenannte mezzo fresco, bei dem auf den bereits vorbereiteten und teilweise trockenen Verputz gemalt wurde. In stilistischer Hinsicht zeigen die Bilder sowohl kompakte, körperhafte Darstellungen als auch die berühmte „Halbschattenmalerei“.

In der Zeit des Übergangs vom 3. zum 4. Jahrhundert entstanden mit den sogenannten polychromen Tafeln aus dem Museo Nazionale in Rom Kunstwerke von besonderer Bedeutung. Es handelt sich um Flachreliefs, die deutliche Spuren einer Farbfassung in Gold, Gelb, Grün und Braun zeigen. Vermutlich gehörten sie eher zu einer Grabplatte als zu einem Sarkophag. Stilanalyse und Ikonographie der Tafeln weisen auf ihre Entstehung um das Jahr 300 hin: Ihr aus zwei übereinanderliegenden Registern bestehendes Figurenprogramm stellt eine ganze Reihe neutestamentarischer Szenen vor, die in Zusammenhang mit der Bergpredigt zu stehen scheinen. Eine Szene zeigt Christus in der typischen Haltung und Kleidung eines Philosophen aus der Schule der Kyniker; die rechte Hand ist im Redegestus erhoben. Aus dieser Darstellung entwickeln sich die umliegenden Szenen: die Heilung des Blinden, des Gelähmten sowie des blutflüssigen Weibes. Darüber hinaus sind hier die Brotvermehrung und die Wiedererweckung des Jünglings von Naim gezeigt. Jede dieser Abbildungen hat eine soteriologische Bedeutung, denn es wurden ausschließlich Geschichten gewählt, in denen die rettende Kraft Christi besonders zur Anschauung gebracht werden sollte. Aus diesem Grund nimmt Christus hier die würdevollen Züge des Zeus-Asklepius an. Im Gegensatz zu früheren Darstellungen wurde jetzt wesentlich stärker auf eine logische Abfolge der Bilder geachtet. Aufs genauste beachtete man das Prinzip der durchdachten Szenenfolge schließlich in der Katakombenmalerei zur Zeit Konstantins, vor allem in den Bildern der Marcellinus-Petrus-Katakombe. Hier entstanden im Zusammenhang mit dem Bau der großen ovalen, oberirdischen Basilika durch die Familie Kaiser Konstantins eine ganze Reihe neuer Grabanlagen. Zu den bemerkenswertesten dieser unterirdischen Räume zählt die sogenannte Grabkammer der Zwei Festmähler. Ihre Bezeichnung erhielt sie in Bezug auf die beiden Bankettszenen auf den zwei Arkosolgräbern. Auf den Wänden dagegen finden sich geometrische Darstellungen und Pflanzenmotive, aber auch die ganzfigurigen Porträts zweier hier bestatteter Persönlichkeiten. Im Gewölbe ist eine ganze Reihe neu- und alttestamentarischer Szenen wiedergegeben, die in einer klaren Komposition rund um die immer wiederkehrende Figur des Guten Hirten angeordnet sind. Aufeinanderfolgend sind hier dargestellt: eine Taufszene, die Figur des Hiob, das Quellwunder des Moses, die Auferweckung des Lazarus, Daniel in der Löwengrube, die Heilung des Gelähmten, Noah in der Arche und die Brotvermehrung.

Dieser biblische Bilderzyklus stellt Szenen mit Gott bzw. Jesus als Retter dar; der Verstorbene selbst wird meist in der Mitte der Darstellungen gezeigt. Die gleichen Bilder findet man auf den vielen Friessarkophagen der konstantinischen Zeit, wie das Beispiel des *Sabina-Sarkophags* in den Vatikanischen Museen zeigt. In der Mitte der Darstellung auf dem Sarkophag erscheint die Verstorbene als Betende bereits im Zustand paradiesischer Glückseligkeit. Darüber hinaus zeigt der Sarkophag auch durchaus geläufige biblische Szenen aus dem Neuen Testament: die Verhaftung des Petrus, die Hochzeit zu Kana, die Heilung des Blinden, die Brotvermehrung und die Auferweckung des Lazarus. Einzelne Motive dieser Geschichten finden sich auch in Gebeten jener Zeit, in denen die Errettung der Gläubigen mit den Wundern und Wunderheilungen der Bibel verglichen oder sogar gleichgesetzt wurde. Die Tatsache, daß in der Kunst, in den patristischen Texten und in der Liturgie die gleichen Inhalte vermittelt wurden, zeigt, daß die Texte über das Leben Jesu und der Apostel das Fundament des Frühchristentums darstellten.

Die Blütezeit der römischen Sarkophagkunst

Die Mitte des 4. Jahrhunderts war die Blütezeit der kunstvollen römischen Sarkophage. Nun vergrößerte sich auch die Anzahl der darauf noch im-

Katakombe Santi Pietro e Marcellino. Deckenfresko der sogenannten Grabkammer der Zwei Festmähler. Um den Clipeus in der Mitte mit der Darstellung des Guten Hirten wurden eine Reihe von Szenen aus dem Alten und Neuen Testament angeordnet.

mer im fortlaufenden Fries dargestellten Szenen. Zumeist werden sie in zwei Registern dargestellt, wie beispielsweise auf dem sogenannten *Brüdersarkophag*. Hier befindet sich in der Mitte eine Muschel mit den sehr ähnlich gestalteten Bildnissen zweier Männer. Möglicherweise handelt es sich tatsächlich um Brüder. Die beiden Register des Sarkophags zeigen ein fast rundplastisches Hochrelief mit einer ebenmäßigen Reihe biblischer Szenen: die Auferweckung des Lazarus, die Verleugnung des Petrus, Moses empfängt die Gesetzestafeln, die Opferung Isaaks, Pilatus beim Waschen der Hände, die Gefangennahme Petri. Ferner sind die Szenen Daniel in der Löwengrube wiedergegeben sowie die Pfingstpredigt des Petrus, die Heilung des Blindgeborenen und die Brotvermehrung. Es überrascht kaum, daß überwiegend Szenen aus dem Leben des Petrus gezeigt werden, denn in Rom wurde Petrus inzwischen als Begründer der zentralen Rolle Roms für das Christentum verehrt. Diese Verehrung fand ihren Ausdruck im Bau der großen vatikanischen Basilika und in der Errichtung der Basilika an der dritten Meile der Via Appia bei den Katakomben von San Sebastiano.

Drei Szenen der Petrusgeschichte sind auch auf dem unteren Register des sogenannten *Dogmatischen Sarkophags* in den Vatikanischen Museen dargestellt. Gezeigt wird die Szene, in der Christus Petrus seine dreifache Verleugnung voraussagt, sowie die Gefangennahme und das Quellwunder. Darüber hinaus zeigt das untere Register die Anbetung der Heiligen Drei Könige, die Heilung des Blinden und Daniel in der Löwengrube. Im oberen Register sind die Auferweckung des Lazarus, die Brotvermehrung und die Hochzeit von Kana dargestellt sowie Adam und Eva, die die Attribute des Arbeitens in Empfang nehmen. Daneben befindet sich die berühmte Szene der Erschaffung Adams und Evas, in der drei Figuren mit identischen Gesichtszügen den Schöpfer als Trinität zeigen. Vermutlich entstand das Werk vor dem Hintergrund der Debatte um das christliche Dogma, die mit dem Konzil von Nicäa 325 ein vorläufiges Ende fand.

Der berühmteste ist der *Sarkophag des Stadtpräfekten Iunius Bassus*. Der Sarg wurde auf vatikanischem Boden gefunden und kann mit Sicherheit auf das Jahr 359 datiert werden; heute wird er in der Schatzkammer von St. Peter aufbewahrt. Die wunderschöne Vorderseite besteht aus zwei übereinanderliegenden Registern mit vorgesetzten kleinen Säulen, und es scheint, als habe man sich in diesem Punkt an den Emporen der damaligen Basiliken orientiert. Der Stil dieses klassisch anmutenden polierten Hochreliefs weist in jeder Hinsicht auf eine künstlerische Renaissance hin. Die einzelnen Szenen sind in zwischen den Säulen liegenden Feldern angeordnet. In der Mitte befinden sich die feierliche Darstellung der Maiestas Domini und der Einzug Jesu in Jerusalem. Die übrigen Felder zeigen die Opferung Isaaks, die Gefangennahme von Petrus und Jesus, Pilatus beim Waschen der Hände, Hiob, die Patriarchen, Daniel in der Löwengrube und die Enthauptung des Paulus.

Bemerkenswert ist, daß in dieser eindrucksvollen Grabplastik eine jener Szenen von äußerst symbolischem und theophanem Gehalt präsentiert wird, die für gewöhnlich nur der Dekoration von Kulträumen vorbehalten waren. Es konnte jedoch nachgewiesen werden, daß gerade Darstellungen wie die Maiestas Domini, die Übergabe des Gesetzes an Petrus und die Schlüsselübergabe im

Der um die Mitte des 4. Jahrhunderts n. Chr. entstandene sogenannte Brüdersarkophag. *Im Zentrum des Kastens zwischen den beiden Registern mit Szenen aus dem Alten und Neuen Testament wurden in einer Konche zwei einander sehr stark ähnelnde Bildnisbüsten angebracht, die zur Deutung als eine Darstellung zweier Brüder geführt hat. Stilistisch steht dieser Sarkophag Werken aus der Hauptstadt Konstantinopel relativ nahe. Rom, Museo Pio Cristiano in Vaticano*

Zusammenhang mit der Dekoration von Gräbern zum ersten Mal erschienen. Man fand sie vor allem auf Denkmälern von besonders hohem künstlerischem Rang. Erst später wurde es üblich, diese Bilder an exponierten Stellen der römischen Basiliken, also im Gewölbe oder in den Apsiden, darzustellen. Diese Abbildungen konnten nur in jenem politisch-religiösen Klima entstehen, das sich in der Mitte des 4. Jahrhunderts oder bereits nach der Konstantinischen Wende entwickelt hatte. Zunächst war nach dem Ende der Auseinandersetzungen zwischen dem Römischen Staat und der christlichen Gemeinschaft eine gewisse Ruhe eingekehrt. Doch schon bald wurde der innere Zusammenhalt der Christen durch die christologischen Kontroversen, die im Zuge der Ausbreitung des Arianismus entstanden waren, erschüttert. In der Kunst führte dies zur Entwicklung eines neuen Bildtyps. Es handelt sich um das sogenannte Apostelkollegium, eine Versammlung der zwölf Apostel, die dicht gedrängt um Christus sitzen. Mit diesem Bild sollten in einer Zeit andauernder Destabilisierungsversuche die Stärke und die Einheit der Kirche mit künstlerischen Mitteln verdeutlicht werden. Ab der Zeit Konstantins verbreitete sich die bedeutsame Darstellung mehr oder weniger stark in allen Kunstgattungen, von der Wandmalerei über die Grabplastik bis hin zum Kunsthand-

Folgende Doppelseite:
Der Sarkophag des Junius Bassus *wurde für den 359 verstorbenen Stadtpräfekten von Rom angefertigt. Er zeigt im oberen Register von links: das Opfer Abrahams, die Gefangennahme Petri, den über Caelus als Personifikation des Himmels thronenden Christus zwischen den beiden Apostelfürsten, Christus vor Pilatus. Unteres Register von links: der aussätzige Hiob, der Sündenfall, Einzug Christi in Jerusalem, Daniel in der Löwengrube, das Martyrium des Apostels Paulus. Rom, Museo del Tesoro di San Pietro*

IVN BASSVS V C QVI VIXIT ANNIS XLII MEN II IN IPSA PRAEFECTVRA VRBI NEO

ADDEVM· VIII·KAL·SEPT EVSEBIO ET YPATIO COSS

Detail des Mosaiks der linken Nebenapsis von Santa Costanza, dem ehemaligen Mausoleum der Constantia, der Tochter Kaiser Konstantins. Dieses um die Mitte des 4. Jahrhunderts entstandene Werk ist das früheste erhaltene monumentale Beispiel einer Darstellung der Traditio legis, der Gesetzesübergabe durch Christus an Petrus. Dieses Motiv bleibt bis in das 9. Jahrhundert eine Dominante der römischen Apsisdekorationen.

werk und zur Mosaikdekoration. Obwohl sie infolge der spirituellen Konflikte jener Zeit entstanden war, spiegelte sie doch auch die damaligen politischen Spannungen wider. Auch nach der Konstantinischen Wende (ab 313) kam es wiederholt zu Meinungsverschiedenheiten zwischen Papst und Kaiser hinsichtlich ihrer jeweiligen Kompetenzen. So saß beispielsweise bei der Synode von Arles im Jahre 314 Kaiser Konstantin der Versammlung vor und nicht Papst Silvester. Um seinem Protest Ausdruck zu verleihen, blieb der Papst dem Konzil fern. Dieser Konflikt zwischen Staat und Kirche wurde nie gelöst und entbrannte schließlich im Mittelalter zur offenen Auseinandersetzung. Er trug entscheidend zur Entwicklung des neuen Bildtyps bei, der Christus inmitten der Apostel zeigt. Genaugenommen handelt es sich hier um eine Imitation der offiziellen Darstellung des Kaisers inmitten seiner wichtigsten Würdenträger, so daß das Apostelkollegium eine antiimperiale Haltung der katholischen Kirche widerspiegelt. Ein Vergleich der Darstellungen des Apostelkollegiums aus konstantinischer Zeit mit den Reliefdarstellungen des Konstantinsbogens, auf denen der Kaiser mit seinen Höflingen dargestellt ist, zeigt eine Reihe von Ähnlichkeiten, die auf eine gewisse Wechselbeziehung der Bilder hindeuten. Das Apostelkollegium erscheint als ein Pendant zur irdischen Versammlung um den Kaiser.

Neben dem gesamten Apostelkollegium wurden zuweilen auch nur einzelne bedeutendere Mitglieder dieser Gruppe dargestellt, manchmal sogar nur ihre wichtigsten Vertreter wie Christus, Petrus und Paulus. Wie die erhabene Geste in der Szene der Übergabe des Gesetzes an Petrus zeigt, entwickelte sich hier in Anlehnung an die kaiserlich-höfische Zeremonie eine hierarchische Figurenkonstellation. Die Szene zeigt Christus wie einen Kaiser, feierlich auf einem Thron sitzend oder auf einem hohen Berg stehend, von dem die Paradiesflüsse ausgehen. Er übergibt Petrus das Gesetz in Form einer Schriftrolle, wodurch er ihn zu seinem Nachfolger bestimmt; der akklamierende Paulus beobachtet das Ereignis. Mit dieser Darstellung sollten die Beständigkeit der Kirche und die Macht, die sie dem Bischof von Rom verlieh, symbolisiert werden. Damit beanspruchte die Kirche Roms ihre führende Stellung, die im gleichen Augenblick bereits kritisiert und angefochten wurde.

Die feierliche Darstellung der Übergabe des Gesetzes an Petrus erschien wahrscheinlich zum ersten Mal in der Grabplastik, wie der *Säulensarkophag von San Sebastiano* aus der ersten Hälfte des 4. Jahrhunderts zeigt. Auch eine Tafel mit einem Graffito, die aus einem Friedhof nahe der Via Salaria Nuova stammt und heute in Anagni aufbewahrt wird, zeigt diese Szene. Am schönsten aber entfaltet sie sich in einer der beiden Apsiden des Mausoleums der Constantia, das zum Komplex von Sant'Agnese an der Via Nomentana gehört. Das Mausoleum steht unmittelbar neben der zwischen 338 und 350 gebauten ovalen Basilika. Während dieser Zeit residierte Constantia oder auch Constantina, die Tochter Konstantins, in Rom. Die mehrschiffige, mit einem großen Vorhof versehene Basilika ist etwa 100 m lang und mehr als 40 m breit. Mit dem um 350 gebauten Mausoleum, das die Gebeine der Constantia und ihrer Mutter Helena aufnehmen sollte, ist sie durch ein zangenförmiges Atrium verbunden. Sowohl der Säulenumgang als auch die zentrale Kuppel des Mausoleums sind über und über mit Mosaiken ausgeschmückt.

Die bereits in der griechischen und römischen Antike häufig verwendete Technik der Mosaikdekoration wurde in der Spätantike, vor allem in den frühchristlichen Bauten, immer beliebter. Dies

Detail des um die Mitte des 3. Jahrhunderts entstandenen Deckenmosaiks des Julier-Mausoleums mit Christus als Sonnengott Helios. Die Übernahme des heidnischen Motivs des wagenlenkenden Gottes, das auch bei Darstellungen von Herrscherapotheosen eingesetzt wurde, sollte den Triumph des auferstandenen Heilands über den Tod symbolisieren. Rom, Necropoli Romano

hängt vermutlich damit zusammen, daß man mit Hilfe des Mosaiks auf künstlerischer Ebene veranschaulichen konnte, welche Bedeutung das Licht für die frühen Christen hatte. In den Katakomben finden wir nur hin und wieder Mosaiken. Um so reicher dekoriert ist das berühmte Mausoleum der Julier, eines der ältesten Bauwerke in der Vatikanischen Nekropole. Es ist fast vollständig mit Mosaiken aus kleinen Glassteinchen geschmückt. Den Höhepunkt des Dekorationsprogramms bildet eine herausragende Darstellung in der Decke, die Christus als Sonnengott Helios auf einem herrlichen Sonnenwagen zeigt. Die Darstellungen auf den Wänden – hier sind noch die altbekannten Bilder des Guten Hirten, des Fischers und von Jonas zu sehen – legen eine Datierung des Mausoleums auf die Mitte des 3. Jahrhunderts nahe.

Doch zurück zum Mausoleum der Constantia: Vor allem in der Kuppel fehlt ein großer Teil, und wir wissen lediglich aus Zeichnungen des 15. und 16. Jahrhunderts, daß hier die damals beliebtesten biblischen Geschichten dargestellt waren. Im Gewölbe des Säulenumgangs dagegen sind große, zusammenhängende Teile der Mosaikdekoration erhalten geblieben. Hier finden sich geometrische Motive, Darstellungen von Weinstockschößlingen, Stilleben und lebhafte dionysische Szenen mit Eroten, die Wein ernten und keltern. Diese Motive kehren auf dem monumentalen Porphyrbogen aus dem Inneren des Mausoleums wieder. Er befindet sich heute im Museo Pio Clementino im Vatikan. Zwei kleine Apsiden der Eingangswand sind ebenfalls mit Mosaiken geschmückt. Nach vielen Veränderungen und Restaurierungen im Laufe der Jahrhunderte ist vom ursprünglichen Zustand heute kaum mehr etwas zu erkennen. In der linken

Detail des Mosaiks der rechten Nebenapsis von Santa Costanza. Die als Pendant zur Gesetzesübergabe konzipierte Szene der Schlüsselübergabe wurde als Zweifigurenkomposition angelegt. Der Ausschnitt zeigt die beiden Hauptprotagonisten Christus und Petrus. Letzterer empfängt als Zeichen seiner Ehrerbietung mit verhüllten Händen die Schlüssel von dem thronenden Christus.

Gegenüberliegende Seite:
Ansicht der Apsiszone des Raums der Pistores (Müller) in der Domitilla-Katakombe. Neben Szenen, die Tätigkeiten der hier Bestatteten illustrieren, wurden an herausragender Stelle in der Apsis einzelne Darstellungen theologischen Inhalts angebracht.

Apsis ist die Szene der Übergabe des Gesetzes dargestellt, in der Christus Petrus eine Schriftrolle mit der Aufschrift „Dominus pacem dat" (Der Herr gibt Frieden) übergibt. Aller Wahrscheinlichkeit nach handelt es sich um eine bewußte Variation des korrekten Wortlautes „Dominus legem dat" (Der Herr gibt das Gesetz). Daneben ist der zustimmende Paulus gezeigt. Den Hintergrund für diese Szene bildet eine paradiesische Landschaft mit Palmen und hüttenartigen Bauten. Aus diesen Hütten, die jeweils die Kirche des Alten und des Neuen Bundes versinnbildlichen, treten die als Lämmer dargestellten Apostel heraus. Christus selbst steigt auf einer Wolkentreppe vom Berg Zion, der als Paradiesberg gilt, herab, aus dem die vier Paradiesflüsse Pison, Gikon, Tigris und Euphrat entspringen. In der zweiten kleinen Apsis wird die Szene der Schlüsselübergabe gezeigt. Christus sitzt feierlich auf der Weltkugel und übergibt die Schlüssel des Himmelreichs an Petrus. Auch dieses Ereignis findet in einer paradiesischen Landschaft voller Palmen unter einem wolkenreichen Himmel statt.

Wahrscheinlich war auch in der nicht mehr erhaltenen Apsis der vatikanischen St.-Peters-Basilika die Szene der Übergabe des Gesetzes dargestellt. Dies läßt sich aus der Abbildung auf dem Deckel des Elfenbeinkästchens von Pola schließen, von der man annimmt, daß sie diese Szene zeigt. Die Elfenbeinschatulle wurde im Vorort Samangher von Pola/Kroatien gefunden und befindet sich heute im Archäologischen Museum von Venedig. Obwohl sie vermutlich aus dem späten 4. Jahrhundert stammt, sind auf den Seiten aller Wahrscheinlichkeit nach die bedeutendsten Heiligtümer des Frühchristentums in Rom sowie die Anastasis in Jerusalem wiedergegeben. Mit ihrer Hilfe ist eine Rekonstruktion der Bauten möglich. Die Abbildung auf dem Deckel dagegen gibt wahrscheinlich die Apsisdekoration der St.-Peters-Basilika aus konstantinischer Zeit wieder.

Wandfresko aus dem Hypogäum des Trebius Justus mit der Schilderung der Errichtung einer Landvilla. Das gesamte dekorative Programm dieser Grabanlage scheint auf die Person des Trebius Justus, einem Emporkömmling des 4. Jahrhunderts, zugeschnitten worden zu sein.

Neue Themen in der Ikonographie

In der zweiten Hälfte des 4. Jahrhunderts entwickelte sich die christliche Ikonographie zunehmend, denn es erscheint eine ganze Reihe neuer, unterschiedlicher Darstellungstypen und Themen. Nun werden sowohl theophane Szenen gezeigt als auch erzählerische Darstellungen und ganze Bilderzyklen. Diese Entwicklung erhielt wahrscheinlich durch die starke Verbreitung von Kodices, deren Miniaturen die Bibel illustrierten, entscheidende Impulse. Die Neigung zur Anfertigung ganzer Bilderzyklen spiegelt sich auch in der Kunst der römischen Grabanlagen wider. Private Anlagen, wie beispielsweise die noch aus konstantinischer Zeit stammende Gruft des Trebius Justus an der Via Latina, zeigen dies sehr deutlich.

Die große Grabkammer ist, wie die Inschriften und Graffiti in den Gängen zeigen, von einer ganzen Reihe christlicher Grabanlagen umgeben. Sie ist vollständig mit Fresken geschmückt, die großfigurige Darstellungen zeigen. Die detailreichen Bilder sollen an die besonderen Begabungen des jungen Trebius Justus erinnern, der im Kreise seiner Angehörigen auch Asellus genannt wurde. Er gehörte zu den Emporkömmlingen des neuen römischen Bürgertums im 4. Jahrhundert. In den Darstellungen auf den Wänden der Grabkammer wird sein Geschick beim Bau einer Landvilla und Arbeiten auf dem landwirtschaftlichen Gut der Familie gepriesen. Auf der hinteren Wand erkennt man eine Szene, in der dem jungen Verstorbenen die Reichtümer der Familie präsentiert werden. Sie sind auf einem Tuch zur Schau gestellt, das über einen Tisch ausgebreitet ist. Auf der gleichen Wand befindet sich ein Porträt des Verstorbenen mit Schreibgeräten und Büchern.

Obwohl dies vermutlich nicht ganz den Tatsachen entsprach, wollten ihn die Auftraggeber wohl als einen hochgebildeten jungen Mann zeigen. Das überwiegend profane Dekorationsprogramm mit Motiven und Themen aus dem realen Leben erhält durch eine Darstellung in der Decke einen, wenn auch nicht ganz eindeutigen, religiösen Aspekt: Hier ist, als Verweis auf ein seliges und glückliches Jenseits, in einem zentralen Tondo ein Hirte dargestellt, umgeben von Zweigen und Vögeln.

Auch die Wände der spätkonstantinischen, monumentalen Bäckergruft in den Domitilla-Katakomben zeigen einen Bilderzyklus mit profanen

Ansicht eines Teilbereichs der anonymen Katakombe an der Via Latina (Via Dino Compagni). Die reiche dekorative und architektonische Ausstattung dieser Anlage deutet auf eine finanziell potente Auftraggeberschaft. Innerhalb der Dekoration sind neben christlichen auch heidnische Themen vertreten. Alle Darstellungen besitzen jedoch einen hohen Standard in der künstlerischen Ausführung.

Themen. Hier ist das Dekorationsprogramm sehr viel komplexer, denn neben profanen sind auch verschiedene christliche Themen dargestellt. In mehreren Bildern wird der Getreidehandel gezeigt, das Mahlen des Korns und das Verteilen des Mehls. Andere Darstellungen präsentieren die bekannten Bibelgeschichten, beispielsweise die auf den vier Lünetten der Arkosolgräber vorgestellte Geschichte des Jonas. Darüber hinaus sind in den beiden großen Apsiskalotten Szenen dargestellt, die auf das neue theophane Gedankengut zurückgehen. Sie zeigen jeweils das Apostelkollegium mit den in den Vordergrund gerückten Apostelfürsten, die seitlich von Christus dargestellt sind, sowie eine symbolische Darstellung des Guten Hirten zwischen den Allegorien der vier Jahreszeiten.

Im Vergleich zu den Gemeinschaftsgrüften der Katakomben waren die Dekorationsprogramme der privaten Grabkammern meist komplexer. Dies ist zum Beispiel bei der 1955 entdeckten Grabkammer an der Via Dino Compagni, auf Höhe der zweiten Meile der Via Latina, der Fall. Hier werden die religiösen Anschauungen der Auftraggeber in einer Weise zum Ausdruck gebracht, die heute nur noch schwer zu deuten ist. Die Ausstattung mit in den Tuff gehauenen, nichttragenden Säulen, Konsolen und Stuck verleiht den Räumen eine gewisse Schwere. Die Wandmalereien, mit denen die gesamte Gruft ausgeschmückt ist, wurden vermutlich von mehreren römischen Familien in Auftrag gegeben. Die Gestaltung deutet darauf hin, daß die Auftraggeber äußerst wohlhabend und ehrgeizig waren; vermutlich gehörten sie zur gehobenen Gesellschaftsschicht, möglicherweise sogar zu den römischen Senatoren aus der zweiten Hälfte des 4. Jahrhunderts. Dieser Personenkreis

scheint für die Entwicklung eines Dekorationsprogramms verantwortlich zu sein, in dem viele verschiedene Einflüsse und der Rückgriff auf unterschiedliche Bildtraditionen spürbar sind. Es ist daher zu vermuten, daß in diesem kulturellen Umfeld der römischen Oberschicht eine freigeistige Denkungsart verbreitet war.

Das umfangreiche Dekorationsprogramm zeigt eine ganze Reihe figürlicher Motive unterschiedlicher Herkunft. Darunter befinden sich Tier- und Pflanzendarstellungen, die allerdings nur sehr vage auf kosmologische, jahreszeitliche und dionysische Themen hindeuten. Die Sockel weisen schlichte Marmorimitationen oder Bilder von fiktiven Gärten mit Brunnen, Palmen und Zäunen auf sowie ländliche Darstellungen mit idyllisch-sakralen Zügen. Ihre gemeinsame Quelle ist die vielfältige Bildwelt der hellenistischen Kultur. Zu diesen allgemeinen und insgesamt eher oberflächlichen Themen kommen die figürlichen Darstellungen mit an die hundert Motiven. Hier finden wir eine ganze Reihe von Bibelgeschichten, die fast wie eine Musterkollektion überwiegend alttestamentarischer Szenen erscheinen. Manche dieser Szenen wurden in den christlichen Katakomben oder in der christlichen Grabmalskunst bis dahin noch gar nicht oder selten dargestellt. Andere Szenen sind in der christlichen Kunst einzigartig, dazu gehören beispielsweise die Szene, in der Pinkas Simri und Kosbi tötet, oder die Szene, in der Samson die Füchse auf die Felder der verfeindeten Philister schickt und er 1000 Philister mit dem Unterkiefer eines toten Esels erschlägt. Herausragend sind auch die Darstellungen von Bileam, dem der Engel in den Weg tritt, der Trunkenheit Noahs, des Mahls Isaaks, der Segnung Ephraims und Manasses, des Absalom, der mit den Haaren am Baum hängt, des Hiob und seiner Frau, der Sintflut, der Himmelfahrt Elias', des Tobias mit dem Fisch, der Flucht Lots aus Sodom und der Opferung Isaaks.

Neben diesen einzelnen Szenen werden kleine alttestamentarische Bilderzyklen präsentiert, die die Rettung des kleinen Moses zeigen, den Zug durch das Rote Meer, das Quellwunder des Moses, die Ankunft Jakobs und seiner Söhne in Ägypten, das Treffen zwischen Joseph und seinen Brüdern, die Träume Josephs, die Vision Abrahams in Mambre, Jakobs Traum von der Engelsleiter, die Vertreibung aus dem Paradies, Abel mit dem Lamm und Kain mit dem Ährenbündel, die Geschichte des Jonas, die drei Jünglinge im Feuerofen, Susanna und die beiden lüsternen Alten sowie Daniel in der Löwengrube.

Szenen aus dem Neuen Testament werden dagegen seltener dargestellt: Zwei fast identische Bilder zeigen jeweils die Auferweckung des Lazarus. Weitere neutestamentarische Bilder zeigen Christus mit der Samariterin am Brunnen, die Brotvermehrung und schließlich die römischen Soldaten, die über die Kleider Jesu das Los werfen.

Bemerkenswert ist der Marienzyklus an der Decke der Grabkammer, die am Eingang der Gruft liegt. Nach den jüngsten Restaurierungen sind die drei erhaltenen Bilder wieder gut erkennbar. Sie zeigen die Anbetung der Heiligen Drei Könige, die Verkündigung sowie die Prüfung des bitteren Wassers, eine Szene, die auf das apokryphe Evangelium des Jakobus zurückgeht.

Auf dem hinteren großen Bogen dieser Grabkammer befindet sich eine feierliche und eindrucksvolle Wiedergabe des Apostelkollegiums. In

Hypogäum in der anonymen Katakombe an der Via Latina (Via Dino Compagni) mit der Darstellung der Auferweckung des Lazarus. Die Bilderzählung wurde auf den Moment der Aufforderung Christi an Lazarus, sich zu erheben, zugespitzt.

Wandmalerei aus dem Hypogäum in der Katakombe an der Via Latina: Philosophen, die um einen toten nackten Jungen sitzen.

ihrer Schlichtheit ähnelt sie den Darstellungen dieses Themas auf den Sarkophagfronten und in den Apsismulden aus der zweiten Hälfte des 4. Jahrhunderts. Es wurde bereits darauf hingewiesen, daß sich dieser Bildtypus eng an die repräsentative Darstellung des Kaisers anlehnt und auf diese Weise die Erhabenheit Christi betont, der hier in der Rolle des Meisters, Herrschers und Richters gezeigt wird. So erscheint Christus auch in zwei weiteren Darstellungen. Einmal wird er als Einzelfigur in der Haltung eines lehrenden Philosophen gezeigt, der zwischen Schatullen mit Schriftrollen auf einer Art Thron sitzt. In der zweiten Darstellung ist er als bärtiger Mann gezeigt, der erhaben zwischen den Aposteln Petrus und Paulus sitzt und die Hand zur Segnung hebt. Auch hier handelt es sich um den erhabenen und würdevollen Typus der Maiestas Domini. Diese Darstellung befindet sich in demselben komplexen sechseckigen Raum mit dem Bildprogramm zum Thema der Philosophie. Auf den Wänden finden sich ganzfigurige Darstellungen von Gelehrten. An der Decke sind große Büsten sowie Schatullen und Bücher mit Inschriften dargestellt.

Das wohl interessanteste Bild dieser Gruft ist die Darstellung in der gegenüberliegenden Nische, die ein Pendant zum Maiestas-Domini-Motiv darstellt. Die großzügige, eindrucksvolle, aber auch rätselhafte Abbildung zeigt eine Szene, die üblicherweise als medizinische Lehrstunde gedeutet wird. In der Mitte ist ein Philosoph mit ernstem Gesichtsausdruck gezeigt. Er trägt die Kleidung eines Philosophen der Kynischen Schule mit dem über den bloßen Rücken geworfenen Pallium. Neben ihm sind noch weitere, mit Tunika und Pallium bekleidete Gelehrte abgebildet. Einer von ihnen deutet mit einem Stab auf den nackten Körper eines Jungen, dessen Bauchdecke eine Öffnung zu zeigen scheint. Als man die Gruft entdeckte, hielt man das einzigartige Bild zunächst für eine Darstellung des Ärzteberufs. Es steht aber wohl eher mit dem Thema der Philosophie im Zusammenhang, der das Dekorationsprogramm des gesamten Raumes gewidmet ist. Die vermeintliche medizinische Lehrstunde muß also vielmehr als philosophische Lehrstunde gedeutet werden. Ihre Protagonisten nehmen den Habitus und das Aussehen von Aristoteles oder Sokrates an, die über den Menschen und die Seele disputieren. Die Tatsache, daß die philosophische Lehrstunde und die Maiestas Domini auf einander genau gegenüberliegenden Wänden dargestellt sind, legt folgende Deutung nahe: Die klassische Philosophie erscheint als Vorläufer der „wahren Philosophie", die durch Christus als Lehrer zwischen Petrus und Paulus versinnbildlicht wird.

Als diese Bilder entstanden, hatte sich auf politisch-religiöser Ebene ein verstärkter Rückgriff auf das heidnische Denken durchgesetzt, der von Kaiser Julian, genannt Apostata, entscheidend gefördert worden war. Besonders der römische Senat, der das Christentum eher ablehnte, zeigte sich gegenüber dieser Tendenz, die bereits weit verbreitet und einflußreich war, aufgeschlossen.

Eine weitere Grabkammer mit einem profanen Dekorationsprogramm ist die von ihrem Entdecker so genannte Gruft der Kleopatra. Auf der Lünette des hinteren Arkosols befindet sich die äußerst interessante Darstellung einer Frau vor einer Grotte, die mit geöffneten Gewändern auf einem Kornfeld ruht und sich dabei an einen Früchtekorb lehnt. Ihr Haupt ist von einem Lichtkranz umgeben. Unmittelbar vor ihr erhebt sich eine kleine Schlange. Zunächst wurde die Szene als Darstellung des Selbstmordes der Kleopatra gedeutet. Bei genauerer Betrachtung stellte sich allerdings heraus, daß hier nicht Kleopatra gemeint ist, sondern daß es sich aller Wahrscheinlichkeit nach um eine Darstellung der Mutter Erde handelt.

Auf den Wänden und an der Decke befinden sich die bekannten kosmologischen Darstellungen, darunter die Allegorien der Luft, des Feuers und der Winde, sowie Bilder der auf der Erde und in der Luft lebenden Tiere. In ihrer Mitte ist der Kopf einer Medusa wiedergegeben, deren schlangenförmige Haarspitzen in feinem Mörtel aufgetragen sind. Fast scheint es, als sollten die Allegorien und Tierdarstellungen die unheilvolle Kraft der Medusa mildern.

Es kommen hier auch eindeutig heidnische, das heißt mythologische Motive zum Vorschein. In einer der Grabkammern stellt ein Bilderzyklus die Heldentaten des Herkules und den Mythos von Admetos und Alkestis vor, in denen die Thematisierung des Todes geheimnisvolle, mystische Züge annimmt. Es zeigt sich hier der wiedererstarkte heidnische Einfluß auf die bildende Kunst am Ende des 4. Jahrhunderts.

Dieser zeigt sich zeitgleich auch in der Dekoration von handgefertigten Gegenständen für den alltäglichen oder rituellen Gebrauch, wie etwa die Schale von Parabiago oder die silberne Amphore von Porto Baratti zeigen. Eines der hervorragenden Beispiele dafür ist eine Kostbarkeit der spätantiken Silberschmiedekunst, die allerdings zu den christlichen Kunstwerken zählt. Es ist die Schatulle der Proiecta, die auf dem Esquilin gefunden wurde und heute im British Museum in London aufbewahrt wird. Die wertvolle Silberschatulle zeigt ein Flachrelief mit deutlich gearbeiteten Vergoldungen. Unter den ausschließlich profanen Darstellungen befinden sich das Porträt einer jungen römischen Adligen mit ihrem Gatten und die Inschrift: „Secundus und Proiecta, lebet in Christus". Die vier Seiten des Deckels zeigen Venus in einer Muschel, umgeben von Meereswesen, eine Nereide, die ein Meeresungeheuer lenkt, sowie eine Gruppe von Figuren, die sich einer Therme nähert. Die Braut Proiecta wird auf allen vier

Gegenüberliegende Seite:
Hypogäum der Tellus in der anonymen Katakombe an der Via Latina (heute Via Dino Compagni). Die Lünette im Bildhintergrund zeigt die Allegorie der Erde. Darüber befinden sich die Darstellungen zweier Pfauen, die aus einem Kantharos trinken. Dieses Motiv taucht im sepulkralen Kontext sowohl bei heidnischen wie auch christlichen Auftraggebern auf.

Detail aus der Holztür der Kirche Santa Sabina auf dem Aventin. Die in dem Ausschnitt gezeigte Kreuzigungsszene entstand im 5. Jahrhundert und gilt als früheste erhaltene Darstellung dieses Themas.

Seiten von Dienern umgeben, die verschiedene Badeutensilien tragen.

Während diese profanen Themen zum festen Bestandteil der Ikonographie des 4. Jahrhunderts wurden, traten die theophanen Darstellungen, die Mitte des Jahrhunderts entwickelt wurden, verstärkt auf – nun durch apokalyptische Züge bereichert.

Dies zeigt, daß sich die Apokalypse allmählich in der westlichen Kultur verbreitete. Besonders gut ist dies an der Grabskulptur zu erkennen, vor allem an den sogenannten Passionssarkophagen. Hier werden Szenen dargestellt, die Petrus, Paulus und Jesus kurz vor ihrem Tod oder ihre Verhaftung und Gefangenschaft darstellen. In der Mitte der Sarkophagfront befindet sich ein Wappen, das der Komposition nicht nur in formaler, sondern auch in symbolischer Hinsicht ein gewisses Gleichgewicht verleiht. Es zeigt ein Kreuz mit einer Krone und einem Christogramm. Unter dem Kreuz liegen die beiden schlafenden Soldaten. Die Anspielung auf die Anastasis ist ebenso deutlich wie der Hinweis auf den Triumph Christi, der sich in allen diesen Dekorationsprogrammen findet.

Ein Sarkophag mit einer ähnlichen Darstellung befindet sich auch im Besitz des Museo Pio Cristiano. Es handelt sich um einen Säulensarkophag, der in der Mitte das Zeichen der Anastasis zeigt. Auf den Seiten sind Simon von Kyrene mit dem Kreuz, die Dornenkrönung, die Gefangennahme Christi und das Urteil des Pilatus dargestellt. Im gleichen Museum befinden sich weitere Passionssarkophage, wie beispielsweise der prachtvolle Baumsarkophag, auf dem die Gefangennahme von Petrus und von Paulus, Hiob mit seiner Frau sowie die Übergabe der Symbole des Arbeitens dargestellt sind. Ein anderer Sarkophag mit Sternen und Kronen zeigt eine Prozession von Heiligen – möglicherweise sind es die Apostel. Sie bewegen sich unter einem Sternenhimmel auf das Anastasissymbol zu.

Die Themen der Passion und des Triumphes Christi treten in diesen Werken des späten 4. Jahrhunderts gemeinsam auf. In den vorausgegangenen Jahrhunderten dagegen hatte die christliche Kunst Roms die Darstellung von Gewalt – und damit Themen wie die Heiligenmartyrien oder die Passion – vermieden. Erst im 5. Jahrhundert wird auf einem Feld des kassettierten Portals von Santa Sabina zum ersten Mal die Kreuzigungsszene dargestellt.

Dennoch finden wir bereits einige wenige, ergreifende Märtyrerszenen, wie beispielsweise auf der kleinen Säule eines Ziboriums aus dem 4. Jahrhundert in der halbunterirdischen Basilika Santi Nereo ed Achilleo. An gleicher Stelle wird auch das Martyrium des Achilleus dargestellt, der mit auf den Rücken gebundenen Händen von einem römischen Soldaten zur Richtstätte geführt wird.

Ein kleiner Bilderzyklus in Santi Giovanni e Paolo aus dem 5. Jahrhundert zeigt weitere Szenen der Gefangennahme und des Martyriums, die sich nur mit Schwierigkeit genauer deuten lassen. Er befindet sich in einem Raum, der unter dem Altar vor dem Märtyrergrab liegt und als Confessio bezeichnet wird. Vermutlich zeigen die Bilder die Passion der Heiligen Krispinus und Krispinianus sowie Benedikta, die mit den hagiographischen Legenden der berühmten Märtyrer in Zusammenhang stehen.

Sehr viel häufiger finden sich Szenen, in denen die Märtyrer sich bereits im Paradies befinden und als Patrone der gewöhnlichen Verstorbenen auf-

Eine der frühesten bekannten Martyriumsszenen auf einer Säule des ehemaligen Ziboriums der Kirche Santi Nereo ed Achilleo. Die noch im 4. Jahrhundert entstandene Darstellung zeigt, wie der Hl. Achilleus von einem Schergen zur Richtstätte geführt wird.

treten, wie beispielsweise im Fresko des Arkosols der Veneranda in der Domitilla-Katakombe aus der zweiten Hälfte des 4. Jahrhunderts. Hier wird die Verstorbene von der ihr liebevoll zugeneigten Märtyrerin Petronilla in den Paradiesgarten begleitet. Die Szene zeigt, wie nahe die Gläubigen den Heiligen sein wollten. Für die Architektur der Katakomben blieb dies nicht ohne Folgen. Weil die Gläubigen gerne nahe bei den Märtyrern bestattet werden wollten, kam es in der Nähe der Märtyrergräber zu einer Konzentration von Grabstätten. Man bezeichnet einen Bereich dieser Art als Retrosanctum.

Die Darstellung der Märtyrer als beschützende Heilige verbreitete sich im Rom des späten 4. Jahrhunderts zunächst im Kunsthandwerk. Besonders auf vergoldetem Glas fand man häufig die Darstellungen der Agnes, des Laurentius, des Hippolyt und der Apostel. Später tauchen die Darstellungen auch in den Wandmalereien der Katakomben auf. Bis ins hohe Mittelalter, als die römischen Katakomben zum obligatorischen Ziel der Pilger aus ganz Europa wurden, nahm ihre Zahl ständig zu.

Ein kostbares Fresko in der Grabanlage der Marcellinus-Petrus-Katakombe zeigt diese Entwicklung besonders gut. Das große Bild an der Decke einer Grabkammer des Friedhofs in der Via Labicana stammt aller Wahrscheinlichkeit nach aus dem frühen 5. Jahrhundert.

Die Darstellung ist in ihrer komplexen Kompositionsweise eng an die Apsisdekorationen der frühchristlichen römischen Basiliken angelehnt. Sie besteht aus zwei übereinanderliegenden Registern und wird von der mächtigen Figur des bärtigen Christus dominiert, der eine prachtvolle purpurfarbene Tunika trägt. Sein Haupt ist von einem Nimbus hinterfangen, der die apokalyptischen Buchstaben Alpha und Omega zeigt. Christus sitzt auf seinem Thron, zu seinen Seiten befinden sich die akklamierenden Apostelfürsten.

Das darunterliegende Register zeigt in einer lebhaften Darstellung den Zug der Apostel und Märtyrer, die im Komplex an der Via Labicana verehrt werden. In roten Lettern sind ihre Namen über ihren Häuptern zu lesen. Es handelt sich um Petrus, Marcellinus, Tiburtius und Gorgonius. Alle vier wenden sich nach oben und spenden der dort dargestellten Szene Beifall. Zugleich scheinen sie sich auf das Lamm Gottes in der Mitte des unteren Registers zuzubewegen. Das mystische Lamm befindet sich auf dem Paradiesberg, wie es in der Offenbarung des Johannes beschrieben wird. Die Girlanden und Blumenkronen verleihen der gesamten Darstellung etwas Festliches und stellen bildliche Bezüge zu konventionellen Paradiesbildern her.

Darüber hinaus fließen in die Darstellung Christi Elemente aus der Apokalypse ein. Er erscheint hier wie ein strenger Richter, der von sei-

Arkosolgrab der Veneranda in der Domitilla-Katakombe. Die Freskodekoration des Grabes aus der zweiten Hälfte des 4. Jahrhunderts zeigt den Eintritt der Verstorbenen ins Paradies in Begleitung der Märtyrerin Petronilla und illustriert dadurch die Erwartungen, die mit einer Bestattung „ad sanctos", in der Nähe der verehrten Märtyrer, verbunden wurden.

Gegenüberliegende Seite:
Deckenfresko aus der Katakombe Santi Pietro e Marcellino. Die Darstellung des frühen 5. Jahrhunderts zeigt den thronenden Christus zwischen den beiden akklamierenden Apostelfürsten. Im unteren Register huldigen die in dieser Katakombe verehrten Heiligen Christus. Zwischen den Heiligenfiguren befindet sich das Lamm Gottes auf dem Paradiesberg. Die Darstellung weist deutliche kompositorische Analogien zu Werken der offiziellen Kunstproduktion auf.

Detail aus dem zu Beginn des 5. Jahrhunderts entstandenen Apsismosaik in Santa Pudenziana. Der Ausschnitt zeigt die zentrale Figur des auf einem gemmenbesetzten Thron sitzenden Christus. Der Text des aufgeschlagenen Buches weist Christus als Beschützer der Kirche Santa Pudenziana aus.

nen engsten Vertrauten bzw. vom himmlischen Gefolge aus Apostelfürsten und Märtyrern umgeben ist.

Das Apsismosaik von Santa Pudenziana

In ähnlicher Weise werden Teile der Offenbarung des Johannes in dem Apsismosaik der Basilika Santa Pudenziana aufgegriffen, die in den Niederungen zwischen dem Esquilin und dem Viminalis

Gesamtansicht des im Barock in seinem ursprünglichen Umfang beschnittenen Mosaiks in Santa Pudenziana. Die Darstellung zeigt den im Zentrum des Apostelkollegiums thronenden Christus und die beiden allegorischen Frauengestalten an den Außenseiten. Das alte Thema des lehrenden Christus wurde in dieser monumentalen Komposition mit imperialen Elementen durchsetzt.

liegt. Die Basilika aus dem ausgehenden 4. Jahrhundert entstand vermutlich durch den Umbau einer älteren Therme, bei der sich auch die antike Titularkirche eines gewissen Pudentius befand. Außer dem Apsismosaik ist hier heute kaum noch etwas aus frühchristlicher Zeit erhalten. Doch auch das Mosaik wurde durch Umgestaltungen und Restaurierungen in seiner Größe und ikonographischen Gestalt stark verändert.

Dennoch sind Rückschlüsse auf das ursprüngliche Bild und seine Beurteilung durchaus möglich. In der Mitte des Mosaiks befindet sich eine prachtvolle Darstellung Christi, der die goldene Tunika und das goldene Pallium trägt. Er sitzt auf einem kostbaren, mit Gemmen verzierten Thron, über den purpurfarbene und blaue Stoffbahnen drapiert sind. Der bärtige Christus, dessen Haupt von einem großen goldenen Nimbus umgeben ist, hat die rechte Hand zum feierlichen Redegestus erhoben. In der linken Hand hält er einen geöffneten Kodex, auf dem „Herr und Beschützer der Kirche Santa Pudenziana“ zu lesen ist. Diese Inschrift betont das Alter und das Ansehen der Titularkirche im Vergleich zu den anderen Kirchen in diesem Teil der Stadt. Ursprünglich war noch eine weitere Inschrift vorhanden, die heute verloren ist. Sie nannte die Namen der Auftraggeber Illicius, Maximus und Leopardus, die wahrscheinlich während des Pontifikats von Innozenz I. (402–417) lebten. Etwas unterhalb der Christusfigur bilden die seitlich davon angeordneten Apostel einen Halbkreis. Durch die starke Gestik wirken sie sehr lebensecht. Damit unterscheiden sie sich von den Aposteln in den früheren Darstellungen des Apostelkollegiums, die völlig starr und unbeweglich waren. Petrus und Paulus treten etwas aus dem Kreis der übrigen Apostel heraus. Während sie mit der rechten erhobenen Hand Beifall spenden, halten zwei Frauen – vermutlich die Allegorien der heidenchristlichen Gemeinde und der judenchristlichen Gemeinde – goldene Kränze über ihre Häupter. Das komplexe Bild veranschaulicht Triumph und Vergöttlichung Christi unter Verwendung zahlreicher Motive aus der Apokalypse. Höhepunkt der Darstellung ist der Christus der Parusie, der als Herrscher und Lehrer dargestellt ist. Hinter dem Apostelkollegium ist ein offener Portikus in der Form einer halben Ellipse dargestellt. Dahinter entfaltet sich der Prospekt einer idealen Stadt, die schon immer als Darstellung des Heiligen Jerusalem verstanden wurde. Man nimmt an, daß die einzelnen Bauwerke Denkmäler Palästinas darstellen sollen. Mit dem Portikus könnte die Anastasis gemeint sein. Die übrigen, dahinterliegenden Gebäude könnten die Kirche auf Golgatha, das Imbomon auf dem Ölberg und die Geburtskirche in Bethlehem sein. Hinter dem Portikus erhebt sich in der Mitte der teils realistischen, teils abstrakten Stadtlandschaft ein Hügel, auf

Mosaikinschrift an der Eingangswand der Kirche Santa Sabina, dem einzigen erhaltenen Rest der ursprünglichen Mosaikausstattung. Der von zwei Frauenfiguren gerahmte Text berichtet von der Errichtung der Kirche als Stiftung Petrus' des Illyrers unter dem Pontifikat Coelestins I. (422–432).

dem ein goldenes, mit Gemmen besetztes Kreuz steht. Es ist von einem Himmel mit purpurroten Federwolken umgeben, in dem die vier apokalyptischen Evangelistensymbole (Adler, Stier, Löwe und Engel) dargestellt sind. Vor der Restaurierung war auf dem Hügel zwischen dem Kreuz und Christus das Lamm Gottes zu sehen. Aus alten Zeichnungen ist bekannt, daß über dem Kopf des Lamms die Taube als Sinnbild des Heiligen Geistes schwebte.

Die Rekonstruktion des ursprünglichen Zustandes zeigt, daß die Ikonographie des Mosaiks teilweise traditionell ist, teilweise altes Formengut verwendet und verändert. Neu sind in erster Linie die apokalyptischen Züge. Die Aufnahme der Offenbarung des Johannes in den neutestamentarischen Kanon war lange umstritten und teilte damit das Schicksal der apokryphen Texte und der Katholischen Briefe. Im Osten wurde sie bis ins 5. Jahrhundert von Gemeinden und Gelehrten abgelehnt. Die Übersetzung ins Lateinische und besonders die Kommentierung der Apokalypse durch Ticonius trug zur endgültigen Kanonisierung des vollständigen Textes bei.

Die Mosaikwerkstatt von Santa Pudenziana hielt sich in stilistischer und formaler Hinsicht eng an die Vorlagen der traditionellen römischen Kunst und zeigte wenig Sinn für die neuen illusionistischen, bisweilen manierierten Tendenzen, die sich zur Zeit von Theodosius in Rom und im Westen verbreiteten. Dieses Festhalten an den Regeln der klassischen römischen Kunst zeigt sich vor allem in der stereometrisch exakten Wiedergabe der Körpermaße. Deutlich wird dieses Bemühen um Proportionalität in der Menschendarstellung an den Beispielen der robusten Figur Christi und der majestätischen Bilder der Apostelfürsten. Aber auch die feierlichen Darstellungen der zwei Frauen, die die beiden Kirchen versinnbildlichen, zeigen, daß auf Proportionen und Anatomie in dieser Zeit Wert gelegt wurde.

Weder der Aufbau des Bildraumes, die Darstellung des himmlischen Jerusalem noch die einzigartige Darstellung des dramatisch gestalteten Himmels, der die Naturkatastrophen und himmlischen Kämpfe vor der Wiederkunft Christi am Jüngsten Tag sinnlich vorstellbar werden läßt, zeigen illusionistische Züge. Ebensowenig finden sich in diesem Bild verschlüsselte Metaphern oder ätherische und undeutliche Allegorien. Die gesamte Darstellung erscheint wuchtig, jedoch ist sie bis ins Detail genau komponiert, organisch und wohl proportioniert. Obwohl es keine perspektivische Räumlichkeitsdarstellung in diesem Werk gibt, ordnen sich alle Bildelemente in ein bestimmtes Gefüge ein und sind innerhalb einer gewissen Hierarchie stets entsprechend den Beziehungen zu den übrigen Gegenständen oder Figuren plaziert. Nur wenige Jahre nachdem diese Bilder entstanden sein müssen, scheint dieses Gleichgewicht zwischen realistischer und symbolischer Darstellung nicht mehr existiert zu haben. Statt dessen entstand eine neue Bildsprache, die in stärkerem Maße auf Metaphern zurückgriff und gewissermaßen ätherischer war.

Die Mosaiken von Santa Sabina

Vermutlich zeigte auch das Dekorationsprogramm der Basilika Santa Sabina auf dem Aventin diese neue Bildsprache. Ihr Bau wurde von dem dalmatischen Priester Petrus von Illyrien während des Pontifikats von Coelestin I. (422–432) begonnen und zur Zeit von Sixtus III. (432–440) beendet. Die Bilder verraten eine Abkehr vom traditionellen Formenkanon der antiken römischen Kunst, die noch immer vom Senat gefördert wurde. Vermutlich stellten die nicht mehr erhaltenen Dekorationen des Triumphbogens und der Apsismuschel Dokumente dieser Veränderungen dar. Zumindest von der Apsismuschel können wir uns eine ungefähre Vorstellung machen. Ein Fresko von Federico Zuccari vermittelt seinen ursprünglichen Zustand in den wichtigsten Zügen. Es ist wohl davon auszugehen, daß es sich um ein Apostelkollegium mit lediglich sechs Figuren handelte, die auch hier im Halbkreis um Christus angeordnet waren. Mit der Darstellung sollte die besondere Bedeutung des Auftrags der Apostel sinnbildlich bekräftigt werden.

Auch das Dekorationsprogramm des Triumphbogens läßt sich nur mit Hilfe älterer Kopien rekonstruieren. Sie zeigen sowohl den frühchristlichen als auch den mittelalterlichen Zustand. Wir wissen, daß die Basilika in den ersten Jahren des

Detail der Inschrift in Santa Sabina mit der Darstellung der Ecclesia ex circumcisione, der Judenkirche. Die allegorische Frauengestalt wird durch die dazugehörige Bildunterschrift und den Kodex, das Alte Testament, identifizierbar.

Ansicht der Mosaikdekoration des Triumphbogens in Santa Maria Maggiore mit den Episoden aus der Jugend Christi. Die Bilderzählung, in der passend zum Patrozinium dieser Basilika die Gottesmutter eine bedeutende Rolle spielt, wurde in mehrere übereinander verlaufende Register geordnet. Neben der besonders hochwertigen künstlerischen Ausführung bildet die Mosaikdekoration dieser Kirche das umfangreichste erhaltene spätantike Ensemble bildlicher Erzählungen.

4. Jahrhunderts umgestaltet wurde. Vermutlich war davon auch das Mosaik des Triumphbogens betroffen. Dennoch ist anzunehmen, daß die Struktur der alten Dekoration dabei nicht verändert wurde. Die Kopien zeigen, daß auf dem unteren Rand des Triumphbogens eine Reihe von schildbewehrten Büsten dargestellt war. Da mit Sicherheit mehr als zwölf Figuren abgebildet waren, muß man annehmen, daß sie nicht die Apostel darstellen sollten. In ihrer Mitte stand die ebenfalls schildbewehrte Figur Christi. Wenn man davon ausgeht, daß die Büsten nicht näher bestimmte Heilige, römische Märtyrer oder, was noch wahrscheinlicher ist, Propheten und andere biblische Gestalten zeigen, versinnbildlichen die Tauben unterhalb des Scheitels die Apostel und sind in diesem Zusammenhang als Symbol der Inspiration zu verstehen. Diese Deutung wird durch einen Vergleich mit ähnlichen Darstellungen aus dem Westen plausibel. Sie entstanden zeitgleich oder wenig später und zeigen das gleiche Motiv. Es handelt sich um das nicht mehr erhaltene Bild in der Apsis von Cimitile, das in der Beschreibung des Paulinus von Nola überliefert ist, und um das Mosaik des Baptisteriums von Albenga.

Während in diesen Darstellungen Bildinhalte durch Elemente veranschaulicht wurden, deren Aussagekraft durch die häufige Verwendung in der römischen Kunst bereits nachgelassen hatte, präsentiert das Dekorationsprogramm an der Eingangswand der Basilika dagegen eine ausgefallenere Bildsprache, die den Einfluß der neuen Ideen aus dem Osten erkennen läßt. Im Mittelpunkt dieser Mosaiken steht die große Widmungsinschrift:

„Als Coelestin auf der Höhe seiner apostolischen Würde war/und auf der ganzen Welt als der erste unter den Bischöfen glänzte/schuf ein römischer Priester aus Illyrien dieses wunderschöne Bauwerk/Er hieß Petrus und war dieses Namens würdig, denn von Kindheit an war er dem Vorbild Christi gefolgt/er war reich für die Armen und arm für sich selbst/Weil er die Güter des irdischen Lebens ablehnte/hat er sich die Güter des Lebens im Jenseits wohl verdient."

Zu beiden Seiten dieser monumentalen Inschrift ist jeweils eine Frau dargestellt. Es sind die Allegorien des Heidenchristentums und des Judenchristentums. Sie machen auf die hellenistischen bzw. jüdischen Ursprünge der Kirche aufmerksam: Links ist die Synagoge mit dem Kodex des Alten Testaments symbolisiert, rechts dagegen ist die Ekklesia mit dem Neuen Testament gemeint. Um die zweifache Natur der Kirche zu bekräftigen, waren hier ursprünglich auch die Apostelfürsten zusammen mit den vier Evangelistensymbolen dargestellt.

In der Mitte des 5. Jahrhunderts kam es in Santa Sabina zu einer ganzen Reihe von Umgestaltungen. Oberhalb der eindrucksvollen Mittelschiffarkaden blieb ein prachtvoller Fries mit Marmorinkrustationen erhalten. Im Dekorationsprogramm wird das klassische Schema einer Mauerwerkwand wieder aufgegriffen, über der ein Band mit geometrischen Motiven verläuft. Über jeder einzelnen Säule befindet sich, vermutlich als Anspielung auf den Triumph Christi, ein militärisches Wappen.

In der gleichen Zeit entstand vermutlich auch die wunderbare Holztür, die noch immer einen der Haupteingänge der Basilika markiert. Sie ist aus Zedernholz gefertigt und zeigt auf beiden Seiten Flachreliefs. Auf der Innenseite sind geometrische und pflanzliche Motive dargestellt, außen dagegen werden die alt- und neutestamentarischen Geschichten von Moses, Elias und Christus gezeigt. Die Außenseite der Tür besteht aus vier Reihen mit länglichen und quadratischen Relieftafeln. Vorbild für die biblischen Darstellungen waren aller Wahrscheinlichkeit nach Miniaturen aus Kodizes und Schriftrollen. Die herausragende Darstellung dieser Reliefs ist, wie bereits erwähnt, die Kreuzigung. Die Figur Christi erscheint größer als die der beiden Schächer, zwischen denen er gekreuzigt ist. Er breitet die Arme in der einzigartigen Geste der Expanis manibus weit aus. Größtenteils zeigen die Bilderzyklen dieser Holztür seltener dargestellte Szenen aus dem 2. Buch Mose wie den Mannaregen oder den Fang der Wachteln. Daneben finden sich aber auch neutestamentarische Szenen, die schon häufig dargestellt wurden, wie die Krankenheilungen, die Vermehrung von Brot und Fisch und die Hochzeit von Kana. Schließlich werden sogar gänzlich neue Szenen dargestellt, die in vielen Fällen nicht aus der westlichen Kultur stammen. Zu diesen gehört eine Tafel mit einer ausschließlich theophanen Thematik. Auf ein und derselben Achse werden hier der Christus der Apokalypse zwischen den Evangelistensymbolen sowie eine weibliche Figur gezeigt, bei der es sich um Maria, mit größerer Wahrscheinlichkeit jedoch um die Personifizierung der Ekklesia handelt. Diese weibliche Figur befindet sich zwischen den Apostelfürsten, die ein Emblem des Triumphes der Märtyrer tragen.

Die Mosaiken von Santa Maria Maggiore

In fast allen römischen Kunstwerken des 5. Jahrhunderts finden sich alte neben neuen künstlerischen Ideen. Am deutlichsten zeigt dies das frühchristliche Dekorationsprogramm von Santa Maria Maggiore auf dem Esquilin, für das vermutlich Papst Sixtus III. verantwortlich zeichnete, der die Kirche in Auftrag gegeben hatte.

Sie wurde seit dem Mittelalter immer wieder umgebaut und schließlich im mittleren 18. Jahrhundert von Ferdinando Luga neugestaltet. Aus frühchristlicher Zeit sind vermutlich nur noch die drei Kirchenschiffe mit ihren Säulenreihen erhalten. Diese bestehen aus je zwanzig Säulen, die auf unterschiedlich hohen Basen stehen und ionische Kapitelle tragen. Darüber verläuft ein Architrav aus Marmor. Oberhalb der Säulen befindet sich eine lange Reihe quadratischer Mosaikbilder, die meist in zwei Registern angeordnet sind und Geschichten aus dem Alten Testament zeigen. Über der linken Säulenreihe sind die Geschichten aus der Genesis dargestellt, rechts Szenen aus dem 2. und 4. Buch Mose sowie dem Buch Josua. Der Detailreichtum in diesen Darstellungen kennzeichnet auch die Miniaturen in den weitverbreiteten Kodizes aus jener Zeit und zeigt, daß es sich hier um ein allgemeines Stilmerkmal handelt. Das gleiche gilt für die umfangreichen Erzählzyklen in Mosaik oder Fresko in diesen frühchristlichen Basiliken. Zu den wichtigsten Darstellungen zählt in diesem Zusammenhang die leider nicht mehr erhaltene Prozession in der Basilika San Paolo fuori le mura, die aus der Zeit des Pontifikats Leos I. (440–461) stammte.

Die Dekoration der Apsis von Santa Maria Maggiore aus der Zeit von Papst Sixtus III. (432–440) ist ebenfalls verloren. Aller Wahrscheinlichkeit nach war hier die Muttergottes als

Detail des linken Zwickels im Triumphbogenmosaik in Santa Maria Maggiore. Im oberen Register wird die Episode der Huldigung der Magier gezeigt. Einzelne Bildelemente wie der Thron, auf dem das Christuskind sitzt, sowie die dahinter aufgestellte Engelsgarde dokumentieren Übernahmen aus dem imperialen Zeremoniell. Das darunterliegende Register zeigt den bethlehemitischen Kindermord. Das unterste Register wird von einem Bild der Stadt Bethlehem eingenommen.

Königin dargestellt, die zur „Theotokos" (Gottesgebärerin) erhoben worden war, womit der Marienkult legitimiert wurde. Erhalten geblieben sind dagegen die Mosaiken am großen Triumphbogen. Auch ihre künstlerische Gestaltung wurde stark von den Beschlüssen des Konzils geprägt. Im Scheitelpunkt des Bogens befindet sich ein Schild, in dem ein leerer Thron als Symbol für die Etimasie dargestellt ist. Unterhalb dieses Schildes befindet sich die von den Aposteln akklamierte Widmungsinschrift des Papstes „Bischof Sixtus schuf dies für das Volk Gottes". Auf dem übrigen Bogen werden in drei Registern Geschichten aus den apokryphen Evangelien gezeigt. Sie stammen überwiegend aus dem Protoevangelium des Jakobus und aus dem Pseudo-Matthäus. Am unteren Rand dieser drei Register sind die Städte Jerusalem und Bethlehem dargestellt. Auch Szenen, die zum festen Repertoire der frühchristlichen Kunst gehörten und für die es bereits ganz bestimmte Darstellungsmuster gab, zeigen deutlich den Einfluß der neuen Texte. So wird beispielsweise die gewohnte Darstellung der Verkündigung durch ein Detail erweitert: Während der Engel erscheint, spinnt die Jungfrau Purpurfäden für den Vorhang im Tempel. Und in der Anbetung der Heiligen Drei Könige erscheint das Christuskind in prachtvolle Kleider gehüllt auf einer kostbaren Fußbank. Neben diesen Szenen zeigen die Register des Triumphbogens den Tempelgang, die Flucht nach Ägypten, die dramatische Szene des bethlehemitischen Kindermords sowie eine Szene aus den apokryphen Schriften: die Aufnahme der Heiligen Familie durch Aphrodisias. Obwohl in den Mosaiken von Santa Maria Maggiore die bedeutende Rolle Marias in der Heilsgeschichte betont wird, wie übrigens auch die Bilder ihrer Vorfahren und die vorausdeutenden Darstellungen im Mittelschiff zeigen, stehen Christus und die Christologie im Mittelpunkt des Dekorationsprogramms.

Formal betrachtet, entwickelte die Mosaikwerkstatt von Santa Maria Maggiore zur Zeit von Sixtus III. einen eklektizistischen Stil und griff auf eine Reihe verschiedener Vorlagen zurück. Die lebendigen Darstellungen des Mittelschiffs zeigen noch die alte, nahezu „impressionistisch" anmutende Gestaltungsweise. Sie sind voller Tupfen und Schatten, voller Lichtreflexe, zeigen erregte Kämpfe und übereinandergelagerte Ebenen. Wir kennen dies aus der Halbschattenmalerei in den Katakomben der spätseverianischen Zeit oder aus den Dekorationsprogrammen der spätesten römischen Häuser in Ostia. In diesen Häusern sind vor einem schneeweißen und neutralen Hintergrund äußerst lebendige Figuren abgebildet. All diese Darstellungen zeigen eine altbekannte, jedoch hochentwickelte Bildsprache. Im Gegensatz hierzu vermitteln die Bilder des Triumphbogens eine andere Stimmung, eine neue Komposition, neue Inhalte und eine neue Farbskala.

Auf den Keramikreliefs sind die Darstellungen horizontal angeordnet. Die Motive sind in den Vordergrund gerückt, und es bleibt dahinter kein Raum mehr zur Darstellung von Handlungen. Nur einige wenige Gebäude sind im Hintergrund wiedergegeben, denn sie sind zum Verständnis der Szene unentbehrlich. Die gesamte vertikale Darstellungsfläche jedoch wird von den Figuren dominiert, deren voluminöse Körper große Teile der einzelnen Register einnehmen. Mit ihren ruhigen und sparsamen Gesten erscheinen sie wie mächtige Statuen. Im Vergleich zu anderen, nicht oder nur teilweise erhaltenen Mosaikprogrammen zeigen diese Bilder eine Monumentalität, wie man sie sonst nur aus Reliefdarstellungen kennt.

Das gleiche gilt auch für den Petruskopf, der aller Wahrscheinlichkeit nach zur Triumphbogendekoration aus der Zeit Leos I. in der Basilika San Paolo fuori le mura gehörte. Er wird heute in den Vatikanischen Grotten aufbewahrt. Ebenso würdevoll waren wahrscheinlich die Darstellungen in den Apsiden von Sant'Agata dei Goti und Sant'Andrea in Catabarbara. Beide stammten aus dem 5. Jahrhundert und sind nicht mehr erhalten. Die Darstellungen zeigten vermutlich beeindruckende Prozessionen mit großen Figuren. Sant'Agata dei Goti wurde zwischen 462 und 470 im Auftrag des Goten Ricimer erbaut. Man nimmt an, daß in der Apsismulde Christus, feierlich auf der Weltkugel sitzend, dargestellt war. In der linken Hand hielt er ein Buch, während er die Rechte zur Segnung erhob. Rechts und links von ihm waren Petrus und Paulus, die Hauptvertreter des Apostelkollegiums, vor einem vergoldeten Himmel zu sehen. Es handelt sich hier um eine Variante des Maiestas-Domini-Motivs. Die nicht mehr erhaltene Dekoration der Apsis von Sant'Andrea in Catabarbara entstand während des Pontifikats von Simplicius (468–483). Ihre Komposition ist in Zeichnungen überliefert. Es handelt sich um eine Darstellung des Apostelkollegiums mit nur sechs stehenden Figuren. In ihrer Mitte befand sich Christus auf dem Zionsberg. In der Linken trug er eine Schriftrolle, und den rechten Arm erhob er zum Segnungsgestus.

Die Ausstattung von Santi Cosma e Damiano

Am Ende dieser Entwicklungsgeschichte der frühchristlichen Kunst steht mit der Dekoration der Apsis der Basilika Santi Cosma e Damiano ein Kunstwerk, in dem die frühchristliche Ikonographie ihren reifsten Ausdruck findet und das bereits als Ausgangspunkt der byzantinischen Kunst gelten darf. Gleichzeitig gehören diese Mosaiken aber immer noch der großen Tradition der römischen Kunst an, auch wenn sie schon in eine Übergangszeit gehören, in der es neue Ideen gab. Der Bau

Apsismosaik in Santi Cosma e Damiano. Diese technisch fest in der lokalrömischen Tradition stehende, monumentale Darstellung erweitert die in Rom beliebte Szene der Traditio legis durch die Einfügung der Praesentatio der Patrone der Kirche und des Papstes bei Christus durch die Apostelfürsten.

von Santi Cosma e Damiano wurde von Papst Felix IV. (526–530) in Auftrag gegeben. In der Apsis befindet sich eine großartige Darstellung, in der Christus eine goldene Tunika und ein goldenes Pallium trägt. In der linken Hand hält er eine Schriftrolle, und die rechte Hand ist zum Segnungsgestus erhoben. Christus scheint vor den blauen und rosa Wolken im Hintergrund zu schweben. Über der Szene ist in einem Kranz die Hand Gottes dargestellt, das häufigste Symbol für Gottvater. Zwei Palmen im Hintergrund und der unter Christus fließende Jordan deuten an, daß die Szene im Paradies angesiedelt ist. Rechts und links von Christus stellen die Apostelfürsten die Patrone der Kirche, den Hl. Cosmas und den Hl. Damian, vor. Beide tragen in den verhüllten Händen die Märtyrerkrone. Neben ihnen befinden sich Felix IV. mit dem Modell der Basilika und der Hl. Theodor. Unterhalb der Szene ist der Zug der Apostel zu sehen, die als Lämmer repräsentiert sind – eine Symbolik, die mit der Vorstellung von Christus als Gutem Hirten verbunden ist. Sie entfernen sich von den Städten Jerusalem und Bethlehem und bewegen sich auf das mystische Lamm zu, das auf dem Paradiesberg dargestellt ist.

In dieser herausragenden Maiestas-Domini-Darstellung ist die ganze Tradition der erhabenen religiösen und profanen Maiestas-Darstellungen spürbar. Zugleich zeigt das Bild aber auch alle Veränderungen, die der Typus unter dem Einfluß der Apokalypse erfuhr. Durch diesen Einfluß war das Bild des Einzugs vom weltlichen Herrscher in ein christliches umgewandelt worden. Obwohl man sich in dieser Darstellung hinsichtlich des Figurenaufbaus und der Ausgewogenheit der Gesten und der Komposition noch am Vorbild der traditionellen römischen Kunst orientierte, deutet sich auch in stilistischer Hinsicht bereits ein Wandel an: Die Darstellung wirkt vergleichsweise ruhig und starr. Die einzelnen Figuren sind nicht länger in einem konsequent logischen Verhältnis zueinander wiedergegeben. Man spürt auch in Rom schon den Einfluß der byzantinischen Kunst, die den Stil der kommenden Jahrhunderte bestimmen sollte.

Fabrizio Bisconti

Das Mittelalter

Architektur und Stadtplanung

Das 6. Jahrhundert

Detail aus dem Apsismosaik der Kirche Santi Cosma e Damiano mit der Darstellung des Papstes Felix IV. (526–530), der das Modell seiner Kirchenstiftung Christus darbringt. Trotz einiger im 17. Jahrhundert veränderter Partien bleibt dieses Werk das älteste bekannte Beispiel der Mosaikdarstellung einer päpstlichen Stifterfigur.

Im 4. und 5. Jahrhundert eiferten die römischen Bischöfe bei ihren Bauunternehmungen dem konstantinischen Beispiel nach. Diese Entwicklung setzte sich, wenn auch mit Unterbrechungen, in den folgenden Jahrhunderten fort. Das Stadtbild war mittlerweile stark von christlichen Bauwerken bestimmt, und dies nicht nur in den Randgebieten, wo die großartigen Basiliken San Pietro auf dem Vatikan und San Paolo in der Via Ostiense ihre beeindruckende Wirkung entfalteten. Auch innerhalb der Stadtmauern war der christliche Einfluß prägend, nachdem Papst Sixtus III. (432–440) mit der prächtigen Basilika Santa Maria Maggiore auf dem Esquilin eines der wichtigsten kulturellen Zentren geschaffen hatte, das weitere Projekte nach sich zog.

Im 6. Jahrhundert mußte das Reich einige Schicksalsschläge hinnehmen und war den wiederholten Einfällen der Barbaren ausgesetzt: 536 eroberte Belisar, General des Kaisers Justinian, Rom und machte es zu einem Bestandteil des Oströmischen Reiches; 537 wurde die Stadt für lange Zeit von den Ostgoten unter Witigis belagert; Narses konnte sie 552 zurückgewinnen, aber schon 560 fielen die Langobarden in Italien ein. Dessenungeachtet strahlte die Stadt ungebrochen ihre alte Faszination aus, auch wenn sie mittlerweile dem voll ausgeprägten Einfluß des Christentums unterlag. Es waren noch viele antike Bauwerke erhalten, während gleichzeitig die Zahl christlicher Bauten wuchs. So existierten in der Stadt bereits zu Beginn des 6. Jahrhunderts nicht weniger als 25 Kirchen.

Nachdem Papst Symmachus (498–514) von seinen Rivalen dazu gezwungen wurde, den Lateran zu verlassen und in den Vatikan zu fliehen, veranlaßte er hier zahlreiche Baumaßnahmen. So verwandelte er die ältere der beiden Rotunden an der St.-Peters-Basilika in eine Kapelle zu Ehren des Hl. Andreas und errichtete dort einen Baldachin aus reinem Silber. Dann ließ er drei Kapellen, die das Taufbecken aus der damasianischen Zeit umgaben, mit denselben Weihungen versehen, wie jene Kapellen, die Papst Hilarius (461–468) im Baptisterium des Laterans hatte einrichten lassen: Sie waren dem Heiligen Kreuz, dem Evangelisten Johannes und Johannes dem Täufer geweiht. Schließlich wurde die Peterskirche mit Marmor ausgeschmückt, der Brunnen (cantharus) und der gesamte vierseitige Portikus wurden mit Marmor und Mosaiken versehen. Die Zugangstreppe zur Basilika am Portikus sowie die Treppe an der Platea (dem Vorplatz), auch Campus genannt, wurden ebenfalls von Symmachus erbaut. Links und rechts dieser äußeren Treppen ließ er zwei Bischofssitze aufstellen, wo die Päpste beim Besuch der Peterskirche empfangen werden konnten. Innerhalb der Stadtmauern trieb derselbe Papst den Bau einer dem Hl. Martin von Tours geweihten Basilika neben San Silvestro (der sogenanten Hauskapelle des Equitius) voran. Eventuell wurde der neue Sakralbau auch anstelle des älteren Gotteshauses errichtet, wird doch die neue Kirche in einigen mittelalterlichen Texten als „ecclesia Sancti Silvestri et Martini" bezeichnet.

Unter Papst Felix IV. (526–530) erstreckten sich die christlichen Kultbauten bis zu den Kaiserforen, wo sich an der Via Sacra, in der Nähe des runden Romulus-Tempels, eine Aula (Halle) befand, die als Steuer- und Katasterarchiv diente. Die Verwandlung dieser weltlichen Aula (oder von Teilen davon) in eine Aula Dei wird in den Versen erwähnt, die das Mosaik in der Nischenwölbung der Apsis der Kirche Santi Cosma e Damiano enthält. Soweit bekannt, ist hier erstmalig der Papst als Bauherr dargestellt, der ein Modell der Basilika in den Händen hält. Bedauerlicherweise ist der ursprüngliche Eindruck der in dieser Apsis befindlichen Dekoration durch die deutliche Erhöhung des Fußbodens verfälscht, die Papst Urban VIII. Barberini im 17. Jahrhundert im Rahmen größerer Bauarbeiten vornehmen ließ.

Wenige Jahrzehnte später wurde ein anderes antikes Bauwerk, das ganz in der Nähe am Fuße des Palatins lag, in ein der Heiligen Jungfrau geweihtes Gotteshaus umgewandelt. In dieser strategisch äußerst bedeutsamen Gegend erhoben sich das sogenannte Heiligtum des Augustus, der Castor-und-Pollux-Tempel sowie der Vesta-Tempel. Die Kirche – später Santa Maria Antiqua benannt – wurde vermutlich am einstigen Standort des monumentalen Vestibüls des Kaiserpalastes errichtet, in dem eine Einheit der Palastwache untergebracht war.

Eine Münze aus der Zeit Kaiser Justins II. (565–578), die unter einer Säule des Kirchenschiffs gefunden wurde, erlaubt eine ungefähre zeitliche Einordnung des Kirchenbaus. Die Kultstätte bestand aus zwei achsenförmig angelegten Gebäudeteilen: dem Atrium und der eigentlichen Kirche. Dem Komplex war ein aus Pfeilern bzw. daran anlehnenden Säulen gebildeter Hof mit Säulengang vorgelagert. Links vom Eingang zur Kirche lag ein viereckiger Raum – die Kapelle Santi Quaranta Martiri di Sebaste („Heilige vierzig Märtyrer von Sebaste"). Die Wände des Atriums, das ursprünglich mit einem Mauergewölbe überdacht war, wurden abwechselnd von halbrunden und eckigen Nischen gegliedert. Die Kirche selbst war in zwei klar voneinander unterschiedene Bereiche unterteilt: in die Schiffe und in den Altarraum. Der Bereich der Kirchenschiffe ist offenbar aus einer Art säulengetragenem Quadriportikus entstanden, so daß die dem Eingang gegenüberliegende Seite die Funktion eines Innennarthex gehabt zu haben scheint, während sich die dem Presbyterium gegenüberliegende Seite als eine Art Querschiff gestaltete. Archäologische Untersuchungen ergaben, daß anstelle von Säulen ursprünglich Ziegelsteinpfeiler standen. Entlang des Mittelschiffs, parallel zu den Säulengängen, befand sich die Schola Cantorum, von der noch einige Mauerreste erhalten sind. Das rechteckige Presbyterium an der Stirnseite wurde von einer halbrunden Apsis abgeschlossen und von zwei Kapellen flankiert, die als Prothesis und Diakonion fungierten. Das architektonische Gefüge erinnert an Bauformen, die man vor allem aus dem Gebiet zwischen Griechenland und Syrien kennt. Als die Verantwortung für die Armen und Kranken der Stadt von den weltlichen Autoritäten auf die Kirche überging, diente das Gotteshaus als Diakonie und genoß als solche die besondere Aufmerksamkeit der Päpste. Dies belegen die Wandgemälde, die dort vom Ende des 6. bis zum 9. Jahrhundert, z. T. in mehreren Schichten übereinander, geschaffen wurden. Heute gilt die Kirche deshalb als eine Art Archiv für die römische Malerei des Mittelalters. Darüber hinaus verzeichnet das Liber Pontificalis mehrere Schenkungen an die Gemeinde. In dem Heiligtum wurden auch einige östliche Heili-

Die Einführung des Hl. Cosmas durch Petrus bei Christus. Ausschnitt aus der Apsisdekoration in Santi Cosma e Damiano, der den monumentalen Figurenstil des 6. Jahrhunderts eindrucksvoll illustriert.

ge verehrt, was vermutlich auf die griechische Herkunft der Päpste zurückzuführen ist, die in jenen Jahren den Heiligen Stuhl innehatten. Schließlich wählten die im Verlauf des Bilderstreits aus Konstantinopel geflohenen Mönche die Kirche zu ihrem bevorzugten Zufluchtsort, so daß sie in kultischer, kultureller und künstlerischer Hinsicht zu einem interessanten Knotenpunkt zwischen Orient und Okzident wurde, zu einer byzantinischen Kolonie im Herzen Roms.

Nicht weit entfernt vom Kapitol, vermutlich am Standort einer noch älteren Kirche aus dem 4. Jahrhundert, ließ Papst Pelagius I. (556–561) eine den Heiligen Philippus und Jakobus (bzw. den Heiligen Aposteln) gewidmete Basilika erbauen, die sein Nachfolger Johannes III. (561–574) fertigstellen ließ und weihte. Ein Vers auf dem Architrav des Haupteingangs, der dort bis zum Ende des 15. Jahrhunderts zu lesen war, pries das Verdienst der beiden Päpste. Das ursprüngliche Bauwerk, das auf Bestrebungen des Feldherren Narses (480–574) hin errichtet worden war, muß einen klaren byzantinischen Einfluß gezeigt haben, wie er auch an der sehr schlichten, zwischen 537 und 545 entstandenen Kirche Santi Quirico e Giulietta am Arco dei Pantani zutage trat. Mit dem Presbyterium mit dreipaßförmigem Grundriß und der von außen polygonalen Apsis entsprach sie einem im ganzen Orient verbreiteten, byzantinischen Modell, an dem sich auch die dreiseitige Apsis der Basilika San Giovanni a Porta Latina orientierte. Letztere entstand vermutlich einige Jahrzehnte zuvor, eventuell aber auch zeitgleich. Das offizielle Gesicht der Stadt erhielt also immer deutlicher christliche Züge. Die Kirchen Santi Cosma e Damiano und Santa Maria Antiqua bildeten den Auftakt zu einer ganzen Reihe von Umwandlungen öffentlicher Gebäude – eine Entwicklung, die insbesondere durch die Einrichtung der Diakonien als karitative Zentren zur Unterstützung der armen Bevölkerungsschichten vorangetrieben wurde. Der Statio Annonae wurde zu Santa Maria in Cosmedin, die Horrea Agrippas zu San Teodoro, die Portica Minucii zu San Giorgio al Velabro, die Curia zu Sant'Adriano, das Secretarium Senatus zu Santa Martina, die Saepta Julia zu Santa Maria in Via Lata. Das vielleicht aufsehenerregendste Ereignis, das die Christianisierung Roms in gewisser Weise besiegelte, war die von Papst Bonifaz IV. (608–615) vorgenommene Umwandlung des Pantheons in ein der Jungfrau und allen Märtyrern geweihtes Gotteshaus. Damals wartete der Tempel, der später zu Santa Maria Rotonda wurde, noch mit seiner ganzen ursprünglichen Pracht auf, d. h. mit Kupfertoren, imposanten Kolonnaden in der Vorhalle, mit vergoldeter Bronze bedeckter Kuppel und Marmorarbeiten. Eine ähnliche Bedeutung erlangte auch die Umwandlung des Hadrian-Mausoleums in eine dem Erzengel Michael geweihte Kirche (die heutige Engelsburg). Wiederum war es Bonifaz IV., der die Umweihung vornahm, nachdem er dort eine Kapelle hatte errichten lassen, die daran erinnern sollte, daß der Engel während der Amtszeit von Papst Gregor I. (590–604) auf der Spitze dieses Bauwerks erschienen sein sollte.

Innenansicht des Pantheons, eines in hadrianischer Zeit errichteten Tempels, der auf Betreiben des Papstes Bonifaz IV. (608–615) in eine der Jungfrau Maria und allen Märtyrern geweihte Kirche umgewandelt wurde. Trotz verschiedener Eingriffe im Laufe der Jahrhunderte vermittelt dieser Bereich auf einmalige Weise einen Eindruck von der Raumwirkung antiker römischer Großbauten. Neben seiner Funktion als christlicher Kultbau wurde das Pantheon im Verlaufe der Jahrhunderte auch zu einer repräsentativen Grablege.

Von Gregor I. bis Leo II.

Die Amtszeit Gregors I., in deren Verlauf die Langobarden unter ihrer Königin Theodelinde zum Christentum übertraten, war für das Papsttum eine strahlende Epoche, in der es ein hohes moralisches Ansehen genoß. Die römische Bevölkerung gewöhnte sich daran, den Papst als ihr Oberhaupt zu betrachten, auch wenn sie offiziell weiterhin dem Oströmischen Reich unterstand. In architektonischer Hinsicht handelte es sich um eine Übergangszeit. Innerhalb der Stadtmauern errichtete Gregor I. eigentlich nur ein aus mehreren Gebäuden und Kapellen bestehendes Kloster auf dem Caelius, als dessen Fundament alte römische Gemäuer dienten. Ansonsten konzentrierte man sich auf die außerstädtischen Friedhöfe im Vatikan und entlang der Via Tiburtina und der Via Nomentana. Darüber hinaus richtete Gregor I. seine Aufmerksamkeit auf die Peterskirche: Der Bereich der Apsis wurde verändert, indem man den Fußboden im Vergleich zur konstantinischen Anlage um etwa 1,45 m erhöhte. Nun erhob sich die Marmorädikula, die den Sarkophag des Apostels enthielt, zu etwa einem Drittel aus dem Boden, so daß der herausragende Teil als Altar benutzt werden konnte. Unter dem erhöhten Fußboden des Presbyteriums, im Halbrund der Apsis, wurde eine Ringkrypta angelegt, von deren Mitte ein gerader Gang direkt zum Grab des Apostels führte. An der Kopfseite des erhöhten Bereichs wurde ein Fenster eingebaut, während die gedrehten Säulen des Baldachins vor der Confessio aufgestellt wurden, so daß sie als Abtrennung fungierten. Das Modell dieser Krypta wurde zunächst um 630 in der Basilika San Pancrazio aufgegriffen und dann bei der von Gregor III. (731–741) vorgenommenen Umgestaltung der Basilika San Crisogono verwendet.

Über dem Grab des Märtyrers Laurentius auf dem Ager Veranus (dem Verano-Friedhof) ließ Papst Pelagius II. (579–590) eine der elegantesten Basiliken der Zeit errichten. Von den Mauern des Kirchenschiffs finden sich noch Reste im Presbyterium der heutigen Kirche San Lorenzo fuori le mura. Der schlichte Bau, der vom kulturellen Klima während der byzantinischen Besatzung zeugt, erstreckt sich über zwei Ebenen. Für den Innennarthex und die Empore wurde besonders kostbares Material früherer Bauten (Säulen, Kapitelle und Architrave) wiederverwendet. So wurden etwa einige der äußerst raffiniert gestalteten korinthischen Kapitelle zu diesem Anlaß überarbeitet, wie man an dem eingemeißelten Kreuz erkennen kann. Die Kapitelle der Frauenlogen, auf denen die Bögen ruhen, schließen jeweils mit einem Abakus ab. In der Mitte der Apsis befand sich ein kleines, an den Seiten je ein größeres Fenster, die einem dahinterliegenden Raum (retro sanctos) Licht spendeten. In diesen Bereich, der von den Archäologen „unterirdische Zone" genannt wird, gelangte man von den äußersten Enden der beiden Seitenschiffe aus. Hier traf man bei Ausgrabungen auf eine rechteckige Kapelle mit Wandmalereien, die vermutlich zwischen den Amtszeiten von Johannes VII. (705–707) und Gregor III. (731–741) entstand.

Im Zuge weiterer Baumaßnahmen in der „unterirdischen Zone" wurde der Bereich im äußersten Osten von einer ungewöhnlich dickwandigen Apsis eingerahmt, die als Krypta oder Chor benutzt wurde. Von der schlichten Apsis der Kirche aus gelangte man zunächst über einige schmale Stufen, die in die Apsis selbst gehauen waren, dorthin, später dann durch einen mit Maßwerk verzierten Durchbruch. Die von Papst Pelagius in Auftrag gegebenen Gebäudeteile bilden das im Vergleich zu den ursprünglichen Verhältnissen deutlich höher liegende Presbyterium der heutigen Kirche, die im 13. Jahrhundert erbaut wurde und eine umgekehrte Ausrichtung aufweist. Zwar wurde die alte Apsis zerstört, doch das Mosaik über dem heutigen Triumphbogen ist noch erhalten und zeigt u. a. den Auftraggeber Papst Pelagius mit einem Modell der Kirche in der Hand, wie er vom Hl. Laurentius Jesus Christus vorgestellt wird. Das von Pelagius erbaute Gotteshaus auf dem Verano-Friedhof sollte der Kirche Sant'Agnese fuori le mura als Vorbild dienen, die Papst Honorius I. (625–638) einige Jahrzehnte später anstelle einer kleinen Friedhofskapelle über dem Grab der Hl. Agnes an der Via Nomentana errichtete. Neben dem Innennarthex und den Emporen, die sich über die drei Seiten des Mittelschiffs erstrecken, finden sich weitere Architekturelemente, die eindeutig byzantinischen Ursprungs sind, wie etwa die Abdeckplatten auf den Kapitellen der unteren Kolonnaden oder auf der Frauenempore. Auch das Mosaik in der Halbnische der Apsis, das die als

Blick in das unter Papst Honorius III. (1216–1227) errichtete Presbyterium von San Lorenzo fuori le mura, in das Teile des von Papst Pelagius II. (579–590) in der Nähe des Grabes des Märtyrers Laurentius errichteten Vorgängebaus integriert wurden. Aufgrund der besonderen Verehrung, die diesem Heiligen entgegengebracht wurde, zählt diese Basilika zu den „Sette Chiese", den bedeutendsten römischen Pilgerkirchen.

Triumphbogenmosaik der Basilika San Lorenzo fuori le mura aus dem 6. Jahrhundert mit der Darstellung des auf der Sphaira zwischen den beiden Apostelfürsten Petrus und Paulus thronenden Christus. Von der rechten Seite nähern sich die Heiligen Stephanus und Hyppolitos und von der Linken der Titelheilige mit dem Stifterpapst Pelagius II. der zentralen Gruppe.

byzantinische Kaiserin gekleidete Märtyrerin Agnes und Papst Honorius I. als Kirchengründer mit einem Modell des Bauwerkes in der Hand zeigt, stellt eine klare Bezugnahme auf Byzanz dar. Diese zeigt sich nicht nur in der abstrakten, frontalen Darstellung der Figuren, deren Umrisse scharf hervorgehoben sind, sondern auch am flächigen Hintergrund aus vergoldeten Mosaiksteinen. Abgesehen von diesen beiden Märtyrerkirchen mit ihrem stark byzantinischen Einfluß entstanden keine größeren Bauwerke von Bedeutung. Johannes IV. (640–642) ließ die Kapelle des Hl. Venantius im Baptisterium des Laterans auf dem Fundament eines zuvor existierenden Gebäudes errichten. Theodor I. (642–649) überführte die Gebeine der Heiligen Primus und Felicianus vom Friedhof an der Via Nomentana in die Kirche Santo Stefano Rotondo auf dem Caelius, wo ihnen zu Ehren eine Kapelle erbaut wurde. Die erhaltenen Mosaike in der Apsis zeigen die beiden Heiligen in Kriegskleidung neben einem großen Kreuz, das die Bildmitte einnimmt. Leo II. (682–683), ein äußerst gebildeter Mann, war im Kampf zur Verteidigung der römischen Orthodoxie engagiert. Eine seiner wenigen Unternehmungen auf dem Gebiet der Kunst war der Bau der Kirche San Giorgio in Velabro, deren heutige Gestalt jedoch auf das 9. Jahrhundert zurückgeht.

Wiederverwendetes antikes korinthisches Kapitell aus dem Mittelschiff der Kirche Sant'Agnese fuori le mura

Die Anfänge der karolingischen Renaissance

Die letzten Jahrzehnte des 7. und fast die gesamte erste Hälfte des folgenden Jahrhunderts waren weniger von der Entstehung neuer Gebäude als vielmehr von der Restaurierung des antiken Baubestands gekennzeichnet. Dabei bemühte man sich sowohl um innerstädtische Monumente als auch um solche vor den Toren der Stadt. Der im Jahre

726 von Byzanz ausgehende Bilderstreit war der Beginn eines schwierigen Kapitels in der Geschichte der Kirche und der Stadt Rom. Darüber hinaus gab es auch im Hinblick auf die Langobarden Grund zur Besorgnis, insbesondere nachdem die Truppen von Herzog Aistulf auf römisches Gebiet vorgerückt waren. Deshalb wurden nur noch bescheidene Baumaßnahmen eingeleitet, die auf die Erweiterung und Verschönerung des Laterans bzw. des Vatikans abzielten. Auf dem Lateran ließ Papst Zacharias (741–752) einen Eingangsturm und einen Portikus vor der päpstlichen Residenz, dem sogenannten Patriarchensitz, errichten, während sein Nachfolger, Stephan II. (752–757), einen vermutlich hölzernen Glockenturm baute, der mit Gold und Silber verkleidet war. Dabei dürfte es sich um den ersten römischen Campanile gehandelt haben. Darüber hinaus veranlaßte Stephan II. die Umwandlung des Honorius-Mausoleums neben der Peterskirche in die Kapelle der Hl. Petronilla. In jenen Jahren, d. h. um 755, entstand auch die Kirche Sant'Angelo in Pescheria.

Während der letzten dreißig Jahre des Jahrhunderts, also in der Amtszeit Hadrians I. (772–795), belebte sich das römische Bauwesen dank der veränderten politischen Lage wieder: Das Papsttum verbündete sich mit den Franken, und das Römische Reich erfuhr eine Renaissance, die einerseits auf dem Supremat des Pontifex als Nachfolger Petri beruhte und andererseits auf der Protektion Karls des Großen, der als Erbe Kaiser Konstantins betrachtet wurde. Niemals wurden so viele Bauvorhaben begonnen wie in jener Zeit. Dies war möglich, weil die vom Papst beschäftigten Arbeitskräfte nicht nur innerhalb der Stadt angeworben wurden, sondern auch in der Umgebung und sogar im weit entfernten Kampanien.

Im Hinblick auf die wichtigsten Basiliken garantierte der Frankenkönig Karl persönlich die ausreichende Lieferung von Baumaterial zur Ausbesserung der Dächer. Um die Stadt zu sanieren, kümmerte sich Hadrian um die Restaurierung der Aurelianischen Mauer samt ihrer Türme sowie der Aquädukte, die der Wasserversorgung der Stadt dienten. Darüber hinaus sorgte er für die Betriebsfähigkeit der Mühlen und veranlaßte schließlich den Deichbau am Tiber in Höhe des Vatikans, um die zahlreichen Gläubigen, die zum Grab des Hl. Petrus pilgerten, vor Überschwemmungen zu schützen.

Für die Zeit seines Pontifikats sind umfassende Arbeiten in der Diakonie Santa Maria in Cosmedin bezeugt. Durch drei neue Apsiden und eine vorgetäuschte Frauenempore anstelle der vorherigen Galerien wirkte die Kirche schöner und geräumiger. In der als Kapelle dienenden Krypta unter dem Presbyterium trennten mit Architraven verbundene Säulen die Schiffe voneinander ab. Diese Form der Innengestaltung war in Rom einzigartig. Hierher wurden die Reliquien von Märtyrern aus den Katakomben überführt und nach dem Vorbild antiker Kolumbarien in Wandnischen untergebracht. Auch den Diakonien gewährte der Papst seine Gunst, indem er ihre Anzahl erhöhen ließ, damit sie den Bedürfnissen der armen Bevölkerungsschichten in ausreichendem Maße gerecht werden konnten. Man hatte festgelegt, daß jeden Tag hundert Personen im Portikus des Patriarchensitzes auf dem Lateran mit Essen versorgt werden sollten. Landgüter in der näheren Umgebung Roms garantierten ausreichende und zuverlässige Lebensmittellieferungen.

Ansicht des Mittelschiffs von Santa Maria in Cosmedin mit dem dort erhaltenen einzigartigen liturgischen Ensemble, bestehend aus der Schola Cantorum (12. Jahrhundert) und dem dahinterliegenden Altarziborium mit einer gotischen Bekrönung aus dem 13. Jahrhundert.

Der Höhepunkt der karolingischen Renaissance

In Übereinstimmung mit der politisch-religiösen Ideologie der Zeit spürten die Päpste in der ersten Hälfte des 9. Jahrhunderts gleichermaßen die Notwendigkeit, Rom zu erneuern, den Heiligen Stätten die alte Pracht zurückzugeben und den Märtyrerkult wieder neu zu beleben. Leo III. (795–816), dem die Aufgabe zufiel, Karl den Großen zum Kaiser zu krönen, verschönerte die päpstliche Residenz auf dem Lateran mit zwei Triklinien, also prächtigen, mit Malereien und Mosaiken ausgeschmückten Sälen für zeremonielle Ereignisse. Das erste Triklinium wurde mit drei, das zweite mit elf Apsiden ausgestattet. Dies geschah in Anlehnung an ähnliche Bauten im Orient und mit der bewußten Absicht, den prächtigen Residenzen der byzantinischen Kaiser in Konstantinopel ein ebenbürtiges Pendant gegenüberzustellen. In das zweite Triklinium, das später Aula concilii genannt wurde, gelangte man entweder über eine Prachttreppe direkt von der konstantinischen Heilands-Basilika oder aber vom Haupteingang des Patriarchensitzes aus durch einen langen Verbindungskorridor (macrona). Dieser Gang, der sich im zweiten Stockwerk befand, war mit einem sogenannten Solarium, d. h. einer Loggia, ausgestattet. 1589 ließ Sixtus V. fast den gesamten Komplex abreißen, um für den heutigen Palast, ein Werk des Architekten Domenico Fontana, Platz zu schaffen. Deshalb sind nur wenige Reste erhalten, darunter die Hauptapsis des ersten Trikliniums mit ihren Mosaiken. Letztere wurden im 18. Jahrhundert überarbeitet und können – wenn auch nicht in ihrem ursprünglichen architektonischen Umfeld – in einem Gebäudeteil bei der Scala Santa besichtigt werden.

Die unter Papst Paschalis I. (817–824) umgestaltete Kirche Santa Prassede mit ihrer opulenten musivischen Ausstattung ist ein herausragendes Beispiel päpstlicher Stiftungstätigkeit der karolingischen Epoche.

Im Zusammenhang mit den Maßnahmen auf dem Lateran ließ Leo III. die Kirche Sant'Anastasia am Hang des Palatin renovieren und trieb die Arbeiten in der Kirche Santi Nereo e Achilleo voran. Letztere ließ er vermutlich mit den beiden Türmen an den Seiten der Apsis ausstatten und folgte damit einem syrisch-palästinensischen Beispiel, das in Rom so nicht mehr aufgegriffen werden sollte. Darüber hinaus dekorierte er die Kultstätte mit Mosaiken, von denen heute noch einige Partien im Bogen der Apsis erhalten sind: In ihrem Mittelpunkt steht die Verklärung Christi. Ebenso intensiv beschäftigte sich Leo III. mit seiner Residenz im Vatikan, wo er ein dreipaßförmiges Triklinium einrichten ließ, wie man es auch aus dem Lateran kannte. Er förderte die Entwicklung der vatikanischen Stadt ganz grundsätzlich durch unterschiedliche Maßnahmen und sorgte für die prachtvolle Ausstattung mehrerer Basiliken mit Gold- und Silbergefäßen, Paramenten, Vela, silbernen Lampen und anderen liturgischen Gegenständen. Die lange Liste der Schenkungen aus dem Jahre 807 ist in historischer und topographischer Hinsicht ein besonders interessantes Dokument.

Unter der Schirmherrschaft von Paschalis I. (817–824) erlangte die karolingische Renaissance in Rom ihren Höhepunkt. Der Name dieses Papstes verbindet sich in erster Linie mit dem Wiederaufbau und der musivischen Dekoration der Basiliken Santa Prassede, Santa Maria in Domnica und Santa Cecilia in Trastevere. Der Titulus Praxedis (eine kleine Kapelle zu Ehren der Hl. Praxedis), der Ende des 5. Jahrhunderts in der Nähe der Via

Merulana auf dem Esquilin errichtet worden war, befand sich auch nach den von Papst Hadrian einige Jahre zuvor veranlaßten baulichen Eingriffen in einem prekären Zustand. Deshalb beschloß Paschalis I., ihn an einem nahe gelegenen Platz ganz neu zu errichten, um die sterblichen Überreste zahlreicher Märtyrer aus den inzwischen verfallenen Katakomben dorthin zu überführen. Ihre Namen werden in einer langen Liste in der sehr gut erhaltenen Basilika Santa Prassede aufgeführt. Bei diesem Sakralbau handelt es sich um eine im verkleinerten Maßstab gefertigte Kopie der von Konstantin erbauten Peterskirche. Wenn die beiden Bauten bei aller Ähnlichkeit auch deutliche Unterschiede aufweisen, so waren diese vom zeitgenössischen Standpunkt aus betrachtet absolut nebensächlich, ging es doch bei der Nachahmung von Vorbildern nicht um die exakte Reproduktion der formalen Elemente, sondern vielmehr darum, die zugrundeliegende Idee, das angestrebte Ideal zu erfassen und nachzuempfinden. Der Quadriportikus am Eingang, die Ringkrypta und die mit Gebälk verbundenen Kolonnaden, die sich im rechten Winkel fortsetzen, um die Nebenschiffe vom Querschiff abzutrennen, zitieren allesamt die vatikanische Basilika. Vom rechten Seitenschiff der Kirche geht die kleine San-Zeno-Kapelle ab, in der Theodora, die Mutter des Papstes, beerdigt werden sollte. Mit ihrem rechteckigen Grundriß und dem von Ecksäulen getragenen Kreuzgewölbe nimmt die Kapelle Bezug auf die spätantiken Mausoleen außerhalb der Stadtmauern. Die vielen Motive der reichhaltigen Mosaike sprühen vor Licht und Farben.

Wie alle unter dem Patronat von Paschalis I. gestalteten Kirchen zeichnet sich auch Santa Prassede durch eine verringerte Längsausdehnung und ein breiteres Mittelschiff aus. Darüber hinaus ist es im Kircheninneren vergleichsweise dunkel, weil sich die Fensteröffnungen auf die Wände des Mittelschiffs beschränken. In Santa Maria in Domnica, die später auch Santa Maria alla Navicella genannt wurde und in der Nähe von Santo Stefano Rotondo liegt, ist der ursprüngliche Kern der Anlage – ungeachtet der nachträglichen Umbauarbeiten, die vor allem im 16. Jahrhundert vorgenommen wurden – noch gut erhalten. Dieser reicht von den drei Apsiden bis zur Fassade, von den Mauern der Seitenschiffe bis zu denen des Mittelschiffs. Letztere ruhen auf achtzehn zum überwiegenden Teil aus antiken Bauten stammenden Granitsäulen mit schönen korinthischen Kapitellen, die jeweils unterschiedliche Formen aufweisen. Die halbrunde Apsis wird von zwei Porphyrsäulen flankiert, die rechts und links am Anfang des Halbrunds stehen und den Bogen der Apsis zu stützen scheinen. Santa Cecilia in Trastevere wurde an einer Stelle errichtet, an der bereits eine Basilika gestanden hatte, die zunächst als Domus ecclesia und dann als Titulus diente. Hierher wurden die Gebeine der Märtyrerin Cäcilia gebracht, nachdem sie zunächst in den Prätextus-Katakomben beerdigt worden war. Neben dem architektonischen Gefüge und der musivischen Dekoration prägen die kostbaren Marmorarbeiten wie Kandelaber, Geländer, Chorschranken und Ambonen den Charakter der Basilika in Trastevere. Dem Liber Pontificalis zufolge hatte man dabei ein besonderes Augenmerk auf den Chorbereich gerichtet. Dies zeigte sich an seinen mit kostbaren Marmorinkrustationen geschmückten Wänden, der mit silbernen Statuen bekrönten Ikonostase und dem von schwarzen und weißen Säulen getragenen Ziborium. Auf den Säulen, die von Arnolfo di Cambio für die Konstruktion des heutigen Baldachins verwendet wurden, ruhten halbrunde, mit Silberblech verkleidete Arkaden. Das mittlere der drei Kirchenschiffe zeichnet sich durch seinen betont breiten Grundriß aus. Allerdings vermittelt der Anblick, den die Basilika heute bietet, nicht mehr den ursprünglichen Eindruck, weil die Kolonnaden in massive quadratische Pfeiler umgewandelt wurden. Bei der Ringkrypta handelt es sich um ein regelrechtes Martyrium, enthalten die sechs kostbaren Marmorsarkophage doch die sterblichen Überreste zahlreicher Heiliger. Hier ließ Paschalis I. eine 30 Kilo schwere Silberstatue aufstellen, die

Mosaikdarstellung des von vier „Karyatidenengeln“ getragenen Clipeus mit dem Brustbild Christi aus der Wölbung der San-Zeno-Kapelle in Santa Prassede, die von Papst Paschalis I. als Grablege für seine Mutter Theodora konzipiert wurde.

Santa Cecilia in Trastevere, eine unter Paschalis I. zu Beginn des 9. Jahrhunderts erneuerte Kirchenanlage, die im 12.–13. Jahrhundert durch die Errichtung des Campanile und des rechten Flügels mit Konvent und Kreuzgang erweitert wurde.

Turmanlage oberhalb des Zugangs zu Kirche und Kloster von Santi Quattro Coronati, die unter Verwendung antiker Spolien im ausgehenden 9. Jahrhundert errichtet wurde.

die Märtyrerin Cäcilie darstellte. Wie bereits bei Santa Prassede gründete der Papst auch in der Nähe dieser Kirche ein Kloster, weil nur die Anwesenheit der Mönche den täglichen Gottesdienst für die Reliquien gewährleistete. Während des Pontifikats von Paschalis II. (1099–1118) wurden der Anlage der Portikus, der Campanile und ein Teil des Klosters selbst hinzugefügt.

Ebenfalls auf die erste Hälfte des 9. Jahrhunderts gehen die von Gregor IV. (827–844) initiierten Maßnahmen zurück. Dabei handelte es sich einerseits um den Neubau der Basilika San Marco gegenüber dem Kapitol, die – mit umgekehrter

Ausrichtung – auf den Fundamenten einer primitiven Kultstätte errichtet wurde, und andererseits um die Diakonie San Giorgio in Velabro, deren Apsis und weitläufige Aula basilicale vollständig erneuert wurden. Ihr vergleichsweise unregelmäßiger Grundriß, der sich auch bei den aufeinanderzulaufenden Kolonnaden zeigt, ist auf die bereits zuvor bestehenden Bauten zurückzuführen, über deren Grundmauern sie sich erhebt. Der in jüngster Zeit zerstörte, aber sofort wieder aufgebaute Portikus stammt ebenso wie der Campanile aus dem 13. Jahrhundert.

Ab Mitte des 9. Jahrhunderts wurde die bis dahin entspannte politische Lage, die auf dem Machtgleichgewicht zwischen Papst und Kaiser beruhte, von ersten Krisen erschüttert. Auf der einen Seite begannen die Nachfolger Karls des Großen sich in die Belange der Kirche und der Stadt Rom einzumischen, während die Politik des Papstes auf der anderen Seite in zunehmendem Maße theokratische Züge annahm. 846 verwüsteten die Sarazenen die Basiliken San Paolo fuori le mura und San Pietro im Vatikan; das Jahr 887 bezeichnete das Ende des karolingischen Kaiserreichs. In dieser von Spannungen und politischer Instabilität geprägten Atmosphäre wurden die letzten größeren Baumaßnahmen während der Amtszeit von Leo IV. (847–855) eingeleitet. Er beschloß den Bau der Kirche San Martino ai Monti an der Stelle des antiken Titulus Equitii. Das Bauwerk, das im Laufe der Jahrhunderte kaum verändert wurde, verkörpert die karolingische Renaissance in ihrer Endphase. Der Einsatz von Gebälk auf den Kolonnaden sowie eine Ringkrypta und ein Atrium, die vermutlich dazugehörten, erinnern an die vom selben Papst vorgenommenen Umbauten in der Kirche Santi Quattro Coronati. Der große Turm, der am Eingang des dortigen Atriums steht, beherrscht die Straße, die vom Kolosseum zum Lateran hinaufführt (Via Maior). Eine der beiden seitlichen Kapellen weist eine gewisse Ähnlichkeit zur San-Zeno-Kapelle in Santa Prassede auf. Hier sind sogar noch die Konsolen des Gewölbes erhalten, die mit wunderschön bearbeitetem Material aus antiken römischen Bauten gefertigt wurden. Etwa zeitgleich enstanden Santo Stefano degli Abissini im Vatikan, wo ebenfalls mit Gebälk verbundene Kolonnaden und ein Querschiff mit Ringkrypta vorhanden sind, und Santa Maria Nova, heute Santa Francesca Romana, die als Ersatz für Santa Maria Antiqua errichtet wurde. Santa Maria Antiqua lag in der Nähe der Konstantinbasilika auf der östlichen Anhöhe des Forum Romanum und wurde vermutlich nach dem Erdbeben von 847 aufgegeben.

Die wichtigste Baumaßnahme Leos IV. bestand in der Befestigung des Vatikans. Nach der Verwüstung der Patriarchalbasiliken durch die Sarazenen, die die Christenheit tief erschüttert hatte, beschloß man, den Bereich um das Petrusgrab zu befestigen. Bereits Leo III. hatte eine ähnliche Entscheidung gefällt, die jedoch nicht umgesetzt werden konnte, weil das dafür vorgesehene Baumaterial entwendet worden war. Leo IV., der schon die Restaurierung der Aurelianischen Mauer einschließlich der Tore und Türme veranlaßt hatte, trieb die Arbeiten zügig voran, so daß sie schon nach vier Jahren abgeschlossen werden konnten. Am 27. Juni 852 wurde die Mauer mit einer feierlichen Zeremonie geweiht: Papst und Klerus liefen barfuß und mit aschebedeckten Häuptern die gesamte Befestigung ab und besprengten sie mit Weihwasser. An jedem Tor erbat man den göttlichen Schutz gegen die Feinde, die die Ansiedlung auf dem Vatikan bedrohten. Letztere erhielt trotz der unmittelbaren Nähe zur antiken Urbs den Status einer eigenständigen Stadt.

Die offizielle Gründung der neuen Siedlung, die nach dem amtierenden Papst „Civitas leoniana" (Leoninische Stadt) genannt wurde, stellte ein so herausragendes Ereignis dar, daß sie als wichtigstes Moment in der mittelalterlichen Stadtentwicklung gilt. Die Mauer, von der nur noch einige Abschnitte erhalten sind, beschrieb eine Art Hufeisen: Ausgehend vom Mausoleum des Hadrian verlief sie entlang des sogenannten Passetto di Borgo (einem Verbindungsgang zwischen der Engelsburg und dem Vatikanspalast), schützte die Peterskirche von westlicher Seite, zog sich vermutlich bis zum Gipfel des Hügels, um dann im Süden an den Tiber zu stoßen; dabei durchquerte sie das Stadtviertel Santo Spirito, das heute nur noch aus wenigen Häuserblöcken besteht. Der gewundene Verlauf der Mauer im Norden ergab sich möglicherweise durch die Aufteilung der Arbeiten in einzelne Abschnitte, wahrscheinlicher jedoch ist, daß er auf die von Leo III. angelegten Fundamente zurückzuführen ist; die Beschaffenheit des Geländes an sich erklärt den merkwürdigen Verlauf jedenfalls nicht.

Neben den vier Zugangstoren zu der Civitas gehörten zur Einfriedung 46 Wehrtürme (turres castellatae), die zu beiden Seiten steil abfielen und eine weit überkragende Bekrönung aufwiesen. Letztere ersetzte die gleichförmigen, begehbaren Zinnen, wie sie die Aurelianische Mauer aufwies. An der Innenseite befanden sich Arkaden, so daß das Mauerwerk von hier aus weniger einem Wehrbau als einem Aquädukt ähnelte. Trotz späterer baulicher Eingriffe erkennt man die karolingischen Mauerstücke im Norden, in Höhe der Gärten des Vatikans, und entlang des Abschnitts, der die apostolischen Paläste mit dem Hadriansmausoleum verbindet. Sie bestehen aus wellenförmig angeordneten Lagen aus rotem Backstein (auch hierbei handelt es sich um wiederverwendetes Material), die durch reichlich Mörtel miteinander verbunden und mit unregelmäßigen Marmorbruchstücken durchsetzt sind.

Die Verteidigungsaufgaben, die der von Papst Leo IV. errichteten Mauer zukamen, machen deutlich, daß der Vatikan nicht nur in religiöser Hinsicht, sondern auch unter gesellschaftspolitischen

Gut erhaltener Teilbereich der auf Initiative Papst Leos IV. (847–855) zum Schutze des Vatikans vor den Übergriffen der Sarazenen errichteten Maueranlage. Die Verteidigungsanlage wurde an der Stadtseite ähnlich einem Aquädukt durch eine Arkadenabfolge gegliedert.

Gesichtspunkten eine wichtige Bedeutung hatte. In unmittelbarer Nähe zur Basilika befand sich das Palatium Caroli, das dem Kaiser für seine sonntäglichen Messen diente. Karl der Große hatte das zweistöckige Gebäude nahe der Diakonie Santi Sergio e Bacco erbauen lassen. Es erinnerte an die langobardischen Laubiae, die im Erdgeschoß mit einem Laubengang und in der oberen Etage mit Arkaden ausgestattet waren. Mit diesem Bauwerk wollte der Kaiser seinen Machtanspruch auf Rom demonstrieren, der auf seiten der einheimischen Adeligen Animositäten provozierte. Von nun an diente der Vatikan – wenn auch nur zeitweilig – als päpstliche Residenz. Zu diesem Zweck waren bereits zahlreiche gemauerte Gebäude errichtet worden: die zwei Bischofssitze von Symmachus, eine ausnehmend gastliche Domus von Hadrian I. und das Triklinium von Leo III. Nachdem Gregor IV. dem Triklinium einige zur Entspannung vorgesehene Säle hatte hinzufügen lassen, wurde hier zur Zeit Leos IV. Kaiser Ludwig beherbergt. Im Inneren der Civitas entstanden neben diesen höfischen Residenzen auch kleinere, z. T. sehr unterschiedliche Gebäude, die sich zu ungeplanten, heterogenen Ansiedlungen zusammenfügten. Die Baumaterialien dieser Häuser, die die um die Basilika San Pietro siedelnden Menschen einfach mitgebracht hatten, waren zumeist wenig haltbar. Die demographische Entwicklung verlief unter extrem ungünstigen Bedingungen; insbesondere die große Anzahl von armen Leuten und Pilgern, die täglich in den Vatikan strömten, wurde mit Besorgnis registriert. Um diese Massen zu versorgen, richteten sowohl die kirchlichen als auch die weltlichen Autoritäten Fürsorgezentren ein, denen Krankenhäuser, Hospize für Pilger und kleine Kirchen angeschlossen waren. Im 8. und 9. Jahrhundert zählte man fünf Diakonien, die sich wie ihre über das römische Stadtgebiet verteilten Pendants vornehmlich den Armen widmeten. Darüber hinaus gab es vier Scholae, d. h. Herbergen für ausländische Pilger aus dem Norden.

Trotz der Niederlagen, die die Sarazenen in den Jahren 849 und 916 in den Küstenstädten Neapel, Gaeta und Amalfi erlitten hatten, verwüsteten sie weiterhin die ländlichen Gebiete und zogen plündernd durch die römische Peripherie. Dies verschärfte die ohnehin schon schwierige Situation der Stadtbevölkerung. Um der ständigen Bedrohung außerhalb der bewehrten Stadt zu begegnen, wurden über den Vatikan hinaus auch die Wallfahrtskirchen San Sebastiano an der Via Appia, Sant'Agnese an der Via Nomentana und San Lorenzo an der Via Tiburtina befestigt. Um die Basilika San Paolo fuori le mura herum wurde hingegen nach dem Vorbild der civitas leoniana eine befestigte Siedlung angelegt. Sie wurde zu Ehren von Papst Johannes VIII. (872–882), der sich gegen Ende seines Pontifikats von 880 an um das Projekt kümmerte, „Giovannipoli" genannt.

Von Otto I. bis Gregor VII.

Die allgemeine Unsicherheit bestimmte das Ende des 9. und das gesamte nachfolgende Jahrhundert, in dem sich die innenpolitische Lage aufgrund der Konflikte zwischen dem Papsttum und der alten und neuen Aristokratie verschärfte. Den Machtbestrebungen der adligen Familien lag die geheime Absicht zugrunde, das vergangene Rom wieder aufleben zu lassen. Dabei gerieten sie jedoch häufig auch untereinander in Streit. Architektur und bildende Künste brachten deshalb in jener Zeit nur wenige erwähnenswerte Leistungen hervor. Zu nennen wären hier die von Johannes VIII. vorgenommene Umwandlung des Tempels der Fortuna Virilis in die Kirche Santa Maria ad gradellis (später dann Santa Maria Egiziaca genannt) und ihre Ausstattung mit Wandmalereien sowie der Bau einiger kleinerer Kirchen, wie Santa Barbara dei Librai, die nach 900 in einem Bogen des Pompeius-Theaters eingerichtet wurde, oder Santa Maria in Pallara (heute San Sebastiano al Palatino), die zwischen 970 und 999 erbaut und ebenfalls mit Wandmalereien verziert wurde.

Mit größeren Anstrengungen waren die Restaurierungsarbeiten in der Basilika auf dem Lateran verbunden, die Papst Sergius III. mit beeindruckender Willensstärke durchführte. Das Gotteshaus war bei dem Erdbeben im Jahre 896 „vom Altar bis zu den Portalen", wie es im Liber Pontificalis heißt, zerstört und danach sieben Jahre vernachlässigt worden; selbst liturgische Feiern wurden in dieser Zeit ausgesetzt. Derselben Quelle zufolge wurde die Basilika fast vollständig wieder aufgebaut. Der genaue Umfang und die Modalitäten sowie der genaue Zeitpunkt dieser päpstlichen Initiative lassen sich jedoch nicht mehr rekonstruieren.

Ungeachtet der angespannten politischen Lage wollten das Papsttum und die Ottonische Dynastie mit Hilfe einer „Renovatio Imperii Romanorum", einer Erneuerung des Römischen Reichs, Rom die Bedeutung zurückgeben, die es unter Karl dem Großen hatte. Die Kaiserkrönung Ottos I. in der Peterskirche im Jahre 962 führte zur Gründung des Heiligen Römischen Reichs. Kaiser Otto III. (996–1002), dem eine der bedeutendsten Persönlichkeiten jener Zeit, Gerbert d'Aurillac, der spätere Papst Sylvester II. (999–1003), als Berater zur Seite stand, schien die Ideale seiner Zeit zu verkörpern. Aber mit seinem vorzeitigen Tod zerbrach der Traum von der wiederzuerlangenden Größe. Geradezu emblematisch stand sein Tod damit für das Ende einer Ära, die nur wenige architektonische Werke hervorgebracht hatte, mit Ausnahme der Kirche San Bartolomeo auf der Tiberinsel, die Otto II. 977 zu Ehren des Märtyrers Adalbert an der Stelle des antiken Äskulaptempels hatte errichten lassen. Äskulap, dem Gott der Heilkunde, war im übrigen die gesamte Insel geweiht gewesen. Nach dem Bau der Kirche holte man aus Benevent die Reliquien des Hl. Bartholomäus, eines der zwölf Apostel, nach dem die Kirche schließlich benannt wurde. In späteren Zeiten, möglicherweise bereits ab 1113, also in der Amtszeit von Paschalis II., und dann von 1130 bis 1180, wurde die Kirche vollständig umgebaut. Dies bezeugen etwa die Kolonnaden, die nicht mit Gebälk verbunden, sondern arkadenförmig gestaltet sind, sowie die Reste einer sich über mehrere Joche erstreckenden Krypta mit einem säulengetragenen Gewölbe unter dem erhöhten Querschiff.

Im Grunde änderte sich in der ersten Hälfte des 11. Jahrhunderts nicht viel an der allgemeinen politischen Situation. Auf der einen Seite entwickelte sich das Papsttum mehr und mehr zu einer säkularen Institution und entfernte sich von seinen eigentlichen, spirituellen Aufgaben. Auf der anderen Seite weitete der Kaiser seinen Machtbereich auf das Gebiet der Kirche aus, indem er die Autorität über die Investitur der sogenannten Fürstbischöfe an sich zog. Und schließlich versuchten die großen römischen Familien, die sich als einzige wahrhafte Abkömmlinge der Urbs verstanden, eine dritte Machtposition gegenüber dem Papsttum und dem Kaiserreich aufzubauen. Unter der Schirmherrschaft der Pierleoni, die ihren Einflußbereich auf die Tiberinsel und Trastevere ausgedehnt hatten, wurde 1066 die Kirche San Cosimato in Mica Aurea wieder aufgebaut, deren heutige Gestalt jedoch gegenüber dem ursprünglichen Bau völlig verändert ist. Darüber hinaus gründete man auf dem antiken Forum Holitorium die Diakonie San Nicola in Carcere, die auf alten römischen Gemäuern fußt, die vermutlich als Gefängnis genutzt worden waren, wie man zum Teil noch erkennen kann. Ein Gedenkstein an der rechten Wand dieser Kirche, die im Jahre 1128 erneut geweiht wurde, erinnert an die Schenkungen, die ein Leiter der Institution zu Zeiten Urbans II. (1088–1099) der Einrichtung machte.

Noch bescheidener nahmen sich die Eingriffe aus, die in verschiedenen anderen Gotteshäusern vorgenommen wurden: in der Kirche Sant'Urbano della Caffarella, die 1011 in einem antiken römischen Bauwerk mit wunderschönen Ziegelsteinarbeiten eingerichtet wurde; in Santa Maria in Via Lata, die 1042 zum ersten Mal erwähnt wurde, als es sich noch um eine kleine Kapelle handelte, und dann im 16. und 17. Jahrhundert durch den heutigen Sakralbau ersetzt wurde; in San Lorenzo in Damaso, die in kleinerem Maßstab in der ersten Hälfte des 11. Jahrhunderts wieder aufgebaut wurde, nachdem ein verheerender Brand die ursprüngliche, von Papst Damasus I. gegründete Kirche zerstört hatte (kürzlich stießen Archäologen bei Ausgrabungen im Bereich des Palazzo della Cancelleria – dieser Palast bildet mit der heutigen, im Renaissancestil gestalteten Kirche eine bauliche Einheit – auf Reste der Kirche); in San Gregorio Nazianzeno auf dem Marsfeld, die zwischen 1061 und 1071 wieder aufgebaut wurde; und schließlich in Santa Pudenziana, die 1080 um eine Marienkapelle hinter der Apsis erweitert wurde.

Nach 1050 manifestierte sich die Hinwendung zum antiken Rom in einer rein religiösen Reformbewegung, die von den Cluniazensern ausging und die Rückbesinnung der Kirche auf das Urchristentum forderte. Sogar einige Päpste machten sich zu Fürsprechern dieser Positionen, wie etwa Papst Alexander II. (1061–1073) und Papst Gregor VII. (1073–1085). Letzterer verfaßte im Jahre 1075 das Dictatus Papae, eines der wichtigsten Dokumente für die theokratischen Bestrebungen der Kirche, das die Reaktion von Kaiser Heinrich IV. provozierte und zu den bekannten Geschehnissen von Canossa im Jahr 1077 führte. Das Ergebnis war der unlösbare Konflikt zwischen Papst und Kaiser, der unter dem Begriff Investiturstreit in die Geschichtsbücher einging und erst 1122 durch das Wormser Konkordat zwischen Kaiser Heinrich V. und Papst Calixtus II. (1119–1124) beigelegt wurde. Als unermüdlicher Verteidiger der päpstlichen Autorität ließ Calixtus II. dem Ereignis durch ein Fresko gedenken, das er in seinen Wohngemächern in der Residenz auf dem Lateran anbringen ließ, wo er ebenso eine dem Hl. Nikolaus geweihte Kapelle einrichtete. Späteren Besuchern der Kapelle zufolge bestand die Innendekoration aus der bildlichen Apotheose des Papsttums, das aus den Auseinandersetzungen mit der kaiserlichen Macht siegreich hervorgegangen war.

1084 erreichten die Normannen Rom. Sie waren Papst Gregor VII. zur Hilfe geeilt, der von den Truppen Kaiser Heinrichs IV. bedroht wurde. Der Vorfall bildete letztlich eines der düstersten Kapitel der römischen Geschichte, wurde doch hierbei das Gebiet zwischen Kolosseum und Lateran durch einen Großbrand verwüstet.

Die zweite Renaissance der Stadt Rom

Vom frühen 12. Jahrhundert an führten die verbesserte wirtschaftliche Lage und die Stärkung der päpstlichen Macht zu einer Wiederauferstehung der Künste, so daß man in Analogie zur karolingischen Epoche von einer zweiten römischen Renaissance sprechen kann. Dabei wurden sowohl in der Architektur als auch bei der Dekoration in erster Linie frühchristliche Stilelemente aufgegriffen. Diese Wiederbelebung alter Formen wurde vermutlich durch die Restaurierung der Basilika in Montecassino ausgelöst, die der Abt Desiderio von 1066 bis 1071 hatte durchführen lassen. Desiderio, ein Anhänger Hildebrands von Soana, dem späteren Papst Gregor VII., wollte mit dem Aufgreifen formaler Gestaltungsprinzipien der Vergangenheit die Inhalte des Reformpapsttums zum Ausdruck bringen. Eine ästhetische Vorbild-

Folgende Doppelseite, links:
Detail des Osterleuchters von San Lorenzo fuori le mura

Rechts:
Detailansicht des als Opus sectile, einer Intarsientechnik mit bunten Marmorsteinen, ausgeführten Fußbodens der Oberkirche von San Clemente. Diese Bodendekoration ist ein frühes Beispiel eines Dekorationstyps, der später vor allem durch die Marmorkünstler der Kosmaten- und Vassallettofamilien weite Verbreitung erfuhr.

funktion hatte in diesem Zusammenhang etwa die frühchristliche Basilika San Paolo fuori le mura, bei der es sich nicht von ungefähr um die bedeutendste Benediktinerabtei Roms handelte.

Charakteristische Merkmale der von Desiderio erbauten Basilika, die nicht mehr erhalten ist, deren Ansicht aber verschiedene historische Quellen dokumentieren, wurden jedenfalls offensichtlich bei zahlreichen Bauprojekten im damaligen Rom übernommen. Dazu gehörten etwa das im Vergleich zu den Längsschiffen erhöhte Querschiff, der auf Säulen ruhende Triumphbogen, die Anlage von Kreuzgängen in den angeschlossenen Klöstern sowie der Anbau eines Campanile und eines Portikus an der Hauptfassade, was zu einem charakteristischen Merkmal der religiösen Architektur im 12. und 13. Jahrhundert werden sollte. Die künstlerische Vorbildfunktion der Basilika in Montecassino, die bei den Zeitgenossen große Bewunderung hervorgerufen haben muß, erstreckte sich auch auf die dekorative Gestaltung. In der Folge erfreuten sich Wandmalereien und Mosaiken erneut großer Beliebtheit, nachdem man solche künstlerischen Traditionen über zwei Jahrhunderte lang vernachlässigt hatte. Darüber hinaus beeinflußte diese Ästhetik, die von einem orientalisch, byzantinisch bzw. islamisch geprägten Geschmack zeugte, auch die Gestaltung liturgischer Gegenstände und der Fußböden, die mit geometrischen Inkrustationen aus farbigem Marmor überzogen waren.

Diese Arbeiten wurden zum Markenzeichen römischer Marmorkünstlerfamilien, wie der Kosmaten und der Vassalletto. All diese Elemente verschmolzen mit den einheimischen Traditionen, wie die Wiederverwendung von antikem Baumaterial, der Einsatz von durch Gebälk verbundenen Säulen anstelle von Arkaden zur Abtrennung der einzelnen Kirchenschiffe und die ornamentalen Motive, die von den verschiedenen frühchristlichen Bauten der Stadt übernommen wurden, zeigen. Beispielhaft zeigt sich dieses stilistische Konglomerat an den drei wichtigsten Zeugnissen der neuen römischen Renaissance, namentlich an den Kirchen San Clemente, Santi Quattro Coronati und Santa Maria in Trastevere.

Trotz verschiedener Versuche, die ursprüngliche Kirche San Clemente zu erhalten, machten die großen Schäden, die die normannischen Plünderungen im 11. Jahrhundert verursacht hatten, einen Abriß unumgänglich. Allerdings blieben die Mauern teilweise erhalten. Während des Pontifikats Paschalis' II. (1099–1118) ergriff der Titularkardinal Anastasio die Initiative und beschloß, das Gotteshaus an einem höheren Standort neu zu erbauen, weil sich der umliegende Erdboden aufgrund von Ruinen und Aufschüttungen insgesamt auf höherem Niveau befand. Fertiggestellt wurde der neue Sakralbau, der mit dem alten Gotteshaus auf einer Achse lag, von einem gewissen Pietro, bei dem es sich um Pietro Pisano handeln könnte, dem Verfasser der im Liber Pontificalis enthaltenen Papstbiographien von Leo IX. bis Paschalis II. Zum Eingang der höher gelegenen Kirche, der sich an der Ostseite des Quadriportikus befindet, gelangt man durch eine giebelbekrönte Vorhalle aus Ziegelsteinen. Diese Vorhalle bildet einen Baldachin, der von zwei ionischen, mit Marmorkonsolen verbundenen Säulen getragen wird, und ähnelt entsprechenden Vorbauten, die während der Epoche der Romanik an Kirchen wie San Cosimato, Santa Prassede, San Saba, Santa Maria in Cosmedin und der zerstörten Peterskirche konstruiert wurden. Sie entstand zeitgleich mit dem Portikus, dessen Stützen zum Teil auf dem Atrium der darunterliegenden Kirche fußen. In seiner heutigen Form kontrastiert dieser mit den seitlichen Säulengängen, deren abfallende Dächer über von Architraven gebildeten Stürzen hängen. Letztere werden von Säulen mit ionischen Kapitellen getragen, bei denen es sich zum Teil um wiederverwendete Originalstücke und zum Teil um mittelalterliche Imitationen handelt. Die Basilika besteht aus drei Schiffen, deren mittleres mit einer verhältnismäßig breiten Apsis abschließt.

Im Inneren der Kirche trennen Säulenreihen die einzelnen Bereiche voneinander ab. Sie bestehen aus jeweils acht Säulen und einem rechteckigen Pfeiler in der Mitte; die Kapitelle gleichen denjenigen des vierseitigen Portikus. Heute befinden sich an den Mauern des Mittelschiffs auf beiden Seiten drei Fenster, von außen jedoch kann man noch auf jeder Seite je zehn der früheren, einfachen Fensteröffnungen erkennen, die zugemauert wurden. Die Kassettendecke ist eine Arbeit aus dem 18. Jahrhundert, zuvor blickte man vermutlich auf offenes Gebälk, wie eine Zeichnung von etwa 1690 zeigt. Der Boden in Opus-sectile-Technik gehört trotz mehrfacher Restaurierungen zu den schönsten seiner Art: Bunte Marmorintarsien bilden geometrische Muster und werden von weißen Marmorplatten eingerahmt, die von den vorstädtischen Friedhöfen stammen.

Sowohl das Presbyterium als auch die davor befindliche Schola cantorum werden von Chorschranken und Geländern eingefaßt. Diese stammen aus der früheren Basilika und wurden in der der Zeit Papst Johannes' II. (533–535) gefertigt, dessen Monogramm auf einigen Platten byzantinischer Machart eingraviert ist. Die farbigen Einlegearbeiten fügten die Marmorsteinmetze des 12. Jahrhunderts hinzu. Aus derselben Epoche stammen die Ambonen, die gedrehte Säule für die Osterkerze, der Baldachin und die Kathedra, in deren hoher, runder Rückenlehne eine Inschrift an das Werk des Kardinals Anastasio erinnert.

Die Anlage der Kirche San Clemente wurde bei dem Umbau und der Dekoration der Kirche Santa Maria in Cosmedin aufgegriffen, die der päpstliche Kämmerer Alfano 1123 in Auftrag

gegeben hatte. Auch hier unterbricht jeweils ein rechteckiger Pfeiler die Säulenreihe in der Mitte. Die Gestaltung des Fußbodens und der Schola cantorum, der Ambonen, der Kandelaber, des Bischofsstuhls und des Ziboriums orientierte sich an San Clemente. Das Ziborium wurde allerdings im späten 13. Jahrhundert durch das heutige Modell ersetzt. Diese Veränderungen in Santa Prassede wurden vermutlich ebenfalls zur Zeit der Romanik vorgenommen: Hier lockern Pfeiler, auf denen die Querbögen ruhen, die Abfolge der karolingischen Kolonnaden auf.

Bei den Verwüstungen durch die Normannen in der Gegend zwischen dem Lateran und dem Kolosseum erlitt auch die Kirche Santi Quattro Coronati, die bereits von Leo IV. umgebaut worden war, schwere Schäden, die Paschalis II. zu beheben suchte. Das Mittelschiff wurde von den Seitenschiffen durch Mauern abgegrenzt und in Längsrichtung verkürzt. Später trennte man die einzelnen Schiffe mit Reihen aus jeweils acht Säulen ab, die heute noch erhalten sind, und richtete über den Seitenschiffen jeweils eine Frauenempore ein. Vor dem neuen Gotteshaus lagen jetzt zwei Atrien. Das ältere von beiden, das inzwischen verändert wurde, liegt am massiven Eingangsturm, während sich das zweite Atrium auf dem Standort der karolingischen Kultstätte befindet, von der noch einige Säulen im seitlichen Mauerwerk erhalten sind. Beim Wiederaufbau verwendete man alten Marmor, wie man in den Brüstungen der Emporen, im Kosmatenfußboden und um den Hauptaltar herum erkennen kann. Links neben der Kirche wurde – vielleicht anstelle einer älteren Anlage – ein großes Kloster errichtet. Der 1116 oder wenig später angelegte Kreuzgang ist vermutlich der erste

Gegenüberliegende Seite:
Ansicht des Hauptschiffs von San Clemente mit der Schola cantorum im Bildvordergrund und dem reichen Mosaik, einem Paradebeispiel der programmatischen Rückbesinnung auf die frühchristliche Kunst Roms, die charakteristisch für die Kunstproduktion des 12. Jahrhunderts in dieser Stadt ist.

Blick in den die Kirche Santi Quattro Coronati flankierenden Kreuzgang. Diese kurz nach 1116 errichtete Anlage ist eines der frühesten Beispiele dieses Bautyps in Rom.

Innenansicht der Kirche Santi Quattro Coronati, deren heutige Erscheinung stark durch die baulichen Umgestaltungen des 12. Jahrhunderts geprägt ist.

Fassadenansicht der Abteikirche von Santi Vincenzo e Anastasio alle tre fontane. Dieser Bau vereinigt charakteristische römische Bauformen, wie den Säulenportikus der Hauptfassade, mit Elementen zisterziensischer Ordensbaukunst. Die an der Via Laurentina gelegene Abtei alle tre fontane wurde an dem „ad Aquas Salvias" genannten Ort errichtet, wo nach einer bis in das 5. Jahrhundert zurückreichenden Überlieferung der Apostel Paulus enthauptet wurde, wobei dessen herabfallendes Haupt die Erde dreimal berührte; an jenen Stellen entstand jeweils eine Quelle.

seiner Art in Rom. Er wird von Pfeilern und eher schmalen Bögen gebildet, von denen sich je acht an den beiden Hauptseiten und je sechs an den beiden kürzeren Seiten aneinanderreihen. Im 12. Jahrhundert ging die Basilika in den Besitz der Benediktinermönche über, die dort die berühmte, 1246 geweihte San-Silvestro-Kapelle einrichteten.

In der Basilika Santa Maria in Trastevere gestaltete sich das programmatische Wiederaufgreifen frühchristlicher Stilelemente besonders deutlich. Um 1120 begann der Gegenpapst Anaklet II., ein Vertreter der Familie Pierleoni und zuvor Titularkardinal der Kirche, den Wiederaufbau der Basilika auf den alten Fundamenten. Nahezu fertiggestellt wurde sie 1143 von dem aus Trastevere stammenden Papst Innozenz II. (1130–1143), der zur Familie Papareschi gehörte. Die architektonische Gestaltung, die die vorangegangene Konstruktion ersetzte, verlieh dem Gebäude seinen monumentalen Charakter, sowohl im Hinblick auf das Querschiff als auch hinsichtlich der gewaltigen Ausmaße der dreiteiligen Aula. Hier sind die Kolonnaden nach dem Beispiel von Santa Maria Maggiore durch einen Architrav verbunden. Die imposanten Säulen, allesamt aus Granit, werden von ebenso beeindruckenden ionischen Kapitellen abgeschlossen, von denen einige aus der Antike stammen, während es sich bei anderen um mittelalterliche Arbeiten handelt. Auf der rechten Seite des Portikus, der ursprünglich mit einem Gebälk versehen war, steht der Campanile. Das Äußere der Apsis, die von sehr flachen, mit kleinen Bögen verbundenen Lisenen strukturiert wird, gemahnt an die lombardische Romanik, wie sie auch bei der Apsis von Santi Giovanni e Paolo anklingt. Mit ihrer Schein-Loggia stellte deren Fassade jedoch einen Einzelfall dar.

Mehr oder weniger gleichzeitig mit den Arbeiten in Santa Maria in Trastevere wurde auch mit dem Wiederaufbau der nahegelegenen Kirche San Crisogono (1123–1129) begonnen. Die Architrave tragenden Granitsäulen, die die drei Kirchenschiffe voneinander trennen, und der auf zwei riesigen Porphyrsäulen ruhende Triumphbogen haben die im 17. Jahrhundert vorgenommenen Restaurierungen unbeschadet überstanden.

Im Laufe des 12. Jahrhunderts war die Stadt um einige monumentale Basiliken mit großzügigen Dekorationen und Einrichtungen bereichert worden. Aber es fehlte auch nicht an bescheideneren Kultstätten, in denen Reihen von vier bis sieben Säulen die Kirchenschiffe voneinander abtrennten. Zu nennen wären hier Santo Stefano del Cacco an der Piazza del Collegio Romano oder San Salvatore in Onda am Ponte Sisto, die leider beide im 17. bzw. 19. Jahrhundert neugestaltet wurden. Das bezeichnendste Beispiel hierfür stellt die Renovierung der 1191 geweihten Kirche San Giovanni an der Porta Latina dar, welche die Apsis und die beiden Seitenbereiche aus dem 4. Jahrhundert mit einbezog. Hier wurden die Schiffe jeweils von lediglich fünf Säulen begrenzt. Aus der recht homogenen künstlerischen Physiognomie, wie sie Rom im 12. Jahrhundert charakterisierte, sticht der Komplex der Abtei Santi Vincenzo e Anastasio al le tre fontane, „an den drei Quellen" also, hervor. Er weist einige Eigentümlichkeiten auf, die dem bisher beschriebenen architektonischen Gefüge ganz und gar fremd sind. Das Kloster wurde 1140 von einer Gruppe von Mönchen aus Clairvaux gegründet, und zwar an dem Ort, wo der Sage nach die Enthauptung des Apostel Paulus stattgefunden haben soll. Es handelt sich um eines der ersten und gleichzeitig repräsentativsten Beispiele Europas für die frühe Architektur des Zisterzienserordens, der 1098 von Robert von Molesme gegründet worden war und dessen Bauwerke sich durch programmatische Schlichtheit auszeichnen.

Das Projekt wurde in Form einer gut organisierten „Lehr-Baustelle" durchgeführt, wie man nicht zuletzt dem Planungssystem entnehmen kann, und basiert auf der maßeinheitlichen Figur eines Quadrats, das die gesamte Konstruktion der Kirche und der Klosteranlage bestimmt. Der Grundriß der Kirche, deren Mauern aus wiederverwendeten Ziegelsteinen bestehen, weist drei Schiffe auf, die von massiven rechteckigen Backsteinpfeilern abgegrenzt werden. Darüber hinaus fällt das vorspringende Querschiff und der für Zisterzienserbauten typische geradlinige Abschluß des nach Osten gerichteten Kreuzes mit rechteckigem Chor und Seitenkapellen auf. Bei der Deckengestaltung wurde erstmals ein Kreuzgewölbe für die Seitenschiffe gewählt, während Querschiff und Kapellen mit einem Tonnengewölbe überspannt sind. Hier entwickelt sich die Bedachung übergangslos, ohne Gurtgesims, aus der Krümmung der Wände. Über dem Mittelschiff wurde das nur ansatzweise begonnene Tonnengewölbe durch einen offenen Dachstuhl ersetzt; die genauen Gründe dafür sind nicht bekannt. Der sich auf das Wesentliche konzentrierenden Architektur entspricht das Fehlen jedweder Dekoration, gemäß den strengen Prinzipien des Hl. Bernhard, die zu Armut und Sittlichkeit ermahnen. Alles schmückende Beiwerk an Bauten, die ausschließlich dem Gebet und der Kontemplation dienen sollten, wurde als überflüssig und schädlich angesehen.

Die Einzigartigkeit der Klosteranlage Santi Vincenzo e Anastasio ist eng mit der Anwesenheit der französischen Mönche beim Bau verbunden und verdankt sich der konsequenten Umsetzung der architektonischen Programmatik, die der Hl. Bernhard für die Abteien des neuen Ordens festlegte. In der Architektur des 12. Jahrhunderts, die sich fast ausnahmslos an spätantiken und frühchristlichen Modellen orientierte, bildete das Kloster einen Einzelfall. Allerdings greift die Kirche alle tre fontane mit dem Portikus an der Hauptfassade durchaus die römische Tradition auf. Dieser Vorbau entstand um 1221, als die Kirche von Honorius III. geweiht wurde. Hier tragen von anderen Bauwerken stammende Säulen mit ionischen Kapitellen einen marmornen Architrav mit einer lateinischen Inschrift, der von einem stark profilierten Rahmen abgeschlossen wird.

Das 12. und 13. Jahrhundert

Das Modell eines Portikus aus mit Gebälk verbundenen Säulen trat nicht nur an der Abtei alle tre fontane auf, sondern fand in der aktualisierten Fassung der frühchristlichen oder hochmittelalterlichen Architektur weite Verbreitung. Bei verschiedenen Sakralbauten, die während der Amtszeit von Innozenz III. (1198–1216) und Honorius III. (1216–1227) entstanden, ersetzte man den antiken vierseitigen Portikus durch die reduzierte und deshalb kostengünstigere Form des einfachen Säulengangs. Er entwickelte sich zu einem charakteristischen Motiv für die römische Architektur am Ende des 12. und in den ersten drei Jahrzehnten des 13. Jahrhunderts. Man findet ihn in San Lorenzo in Lucina (1139) und an der Kirche San Giorgio in Velabro. Letztere wurde von Prior Stefano di Stella in Auftrag gegeben, wie die Inschrift auf dem Architrav belegt. Die Basilika Santa Maria Maggiore (1145) war bis zu den von Ferdinando Fuga durchgeführten Umbauarbeiten mit einem derartigen Umgang ausgestattet, ebenso San Crisogono in Trastevere, wo der heute noch vorhandene Portikus aus dem 17. Jahrhundert aus den Granitsäulen seines mittelalterlichen Vorgängerbaus (1129) besteht.

Auch die nicht mehr existierende Diakonie Santi Sergio e Bacco auf dem Forum Romanum, die Innozenz III. noch vor seinem Pontifikat renovieren und umbauen ließ, wurde nach 1198 mit einem an den Seiten offenen Portikus an der Hauptfassade ausgestattet, wie man ihn von San Giorgio in Velabro kennt. Die Umgestaltungen von Santa Cecilia in Trastevere, San Giovanni in Laterano und San Lorenzo fuori le mura erfolgten kurz hintereinander und nach einem ähnlichen Schema. Die plastische und musivische Dekoration übernahmen die Brüder Vassalletto und die Kosmaten. Der Portikus am Eingang von Santa Cecilia in Trastevere wird von vier antiken ionischen Säulen und zwei Pfeilern mit korinthischen Kapitellen getragen. Die mit Mosaikintarsien geschmückten Medaillons im Architrav zeigen die Heiligen, deren Reliquien Paschalis I. in die Confessio dieser

Folgende Doppelseite:
Der im frühen 13. Jahrhundert fertiggestellte Kreuzgang der an der Via Ostiense gelegenen Basilika San Paolo fuori le mura veranschaulicht eine entwickelte Stufe dieser Bauform. Charakteristisch für diese Entwicklungsstufe ist die kunstvolle Ausführung der Einzelglieder wie die tragenden Doppelsäulchen, die Bogenprofile sowie des Abschlußgesimses.

Fassadenansicht der Kirche San Giorgio in Velabro mit vorgelagertem Portikus und flankierendem romanischem Campanile. Links an die Kirche anschließend und in den Bau integriert befindet sich der sogenannte Argentarierbogen. Dieser Bereich wurde 1993 durch eine Autobombe schwer in Mitleidenschaft gezogen, konnte jedoch in seiner ursprünglichen Gestalt wiederhergestellt werden.

Kreuzgang und Außenpartie des Chors von San Paolo fuori le mura. Der Kreuzgang ist einer der wenigen Teilbereiche der Anlage, die der Zerstörung durch den Brand in der Nacht des 15. Juli 1823 entgingen.

Kirche hatte bringen lassen. In der Basilika San Giovanni in Laterano fertigte der Marmorsteinmetz Nicola d'Angelo zwischen 1159 und 1181 Teile des neuen Portikus, der sehr viel später, nämlich erst zusammen mit dem von Papst Honorius III. in Auftrag gegebenen Säulengang von San Lorenzo fuori le mura fertiggestellt wurde. Der Portikus von San Giovanni in Laterano, der 1732 bei der Neugestaltung der Hauptfassade durch Alessandro Galilei abgerissen wurde, bestand aus sechs durch Gebälk verbundenen Säulen. Dieses Gebälk schmückte ein kleiner Mosaikzyklus mit Tierköpfen und einer Inschrift, die sich auf dem Mauerwerk rechts davon fortsetzt. Der Säulengang, der sich eigentlich über die gesamte Breite der Basilika erstrecken sollte, beschränkte sich

jedoch auf das Mittelschiff und die beiden nördlichen Seitenschiffe. Der übrige Raum wurde von der Kapelle San Tommaso eingenommen, die während der Amtszeit von Johannes XII. (956–964) gebaut wurde und als Secretarium diente, in dem der Papst vor der Messe die Paramente anlegen konnte.

Die Umgestaltung der noch von Papst Pelagius errichteten Kirche San Lorenzo fuori le mura begann Kardinal Cencio Savelli, der spätere Papst Honorius III. Nachdem die Apsis abgerissen worden war, diente der Sakralbau, nun mit umgekehrter Ausrichtung, als Presbyterium des an der Westseite angebauten Gebäudeteils. Der Neubau wurde von mächtigen, mit Architraven verbundenen ionischen Säulen in drei Schiffe unterteilt. Darüber hinaus wurde dem Haupteingang ein Portikus vorgelagert, der zusammen mit einem Teil der Kirche nach dem Zweiten Weltkrieg wieder aufgebaut werden mußte. Neben der Dekoration im Gebälk weist dieser Vorbau, ein Werk der Brüder Vassalletto, wunderschöne Kapitelle auf, die eine stilistische Affinität zu den Säulen in den Kirchenschiffen erkennen lassen, so daß die beiden Gebäudeteile im Hinblick auf die künstlerische Gestaltung eine Einheit bilden. Schließlich bleibt noch zu erwähnen, daß die Außenwände des honorianischen Heiligtums mit Tuffquadern (Opus saracinescum) verkleidet wurden, während man im Inneren der Kirche weiterhin Ziegelsteine (Opus testaceum) verwendete.

Eine andere Gruppe von Kirchen weist den gleichen mit Architraven verbundenen Säulengang auf, dem jedoch ein oberes Stockwerk oder auch eine Galerie hinzugefügt wurde. Dies gilt etwa für die Basilika Santa Croce in Gerusalemme, die während des Pontifikats Lucius' II. (1144–1145) errichtet wurde, was sich heute jedoch nur noch anhand einiger Zeichnungen aus dem 18. Jahrhundert nachvollziehen läßt. Wesentlich prägnanter in dieser Hinsicht ist das Beispiel der Basilika Santi Giovanni e Paolo auf dem Caelius, die ursprünglich der Titularkardinal Giovanni da Sutri (1154) in Auftrag gegeben hatte. Später ausgeführte Arbeiten, die 1216 auf Initiative des Kardinals Cencio Savelli begonnen wurden, umfaßten vermutlich die Aufstockung des Portikus durch eine Empore aus wiederverwendeten Ziegelsteinen, auf der alternierend rechteckige Einzel- und Zwillingsfenster angebracht wurden. Diesen architektonischen Gestaltungsprinzipien entspricht auch die Kirche San Saba, an deren Hauptfassade sich ebenfalls ein mit Gebälk verbundener Säulengang mit einer darüberliegenden Galerie entlangzieht, auf der sich ursprünglich Einzel- und Doppelbögen aneinanderreihten. Im Hinblick auf die zeitliche Einordnung dieses Sakralbaus bietet das im Jahre 1205 geschaffene Eingangsportal, eine Arbeit im Stil der Kosmaten, einen hilfreichen Anhaltspunkt.

Aus dem bisher Gesagten geht hervor, daß das kulturelle Klima der Stadt von der Reproduktion bzw. Vereinfachung vorhandener Muster, insbesondere frühchristlicher Provenienz, geprägt war. Wie bereits gezeigt, stellt der oben beschriebene Portikus im Grunde eine reduzierte Variante der ersten, vierseitigen Säulengänge dar. Es wurden offensichtlich keine Anstrengungen unternommen, die sich auf die Entwicklung grundsätzlich neuer Formen oder einer innovativen Architektur gerichtet hätten. Diese konservative Tendenz ist nicht allein auf die allgemein vorherrschende Absicht zurückzuführen, die Grundgedanken der religiösen Reformbewegung auch in der Architektur durch Wiederholung der frühchristlichen Modelle zum Ausdruck zu bringen. Die vermeintliche Traditionsliebe und das Fehlen innovativer Bestrebungen verwundern um so mehr, wenn man bedenkt, daß zur selben Zeit, als man San Lorenzo fuori le mura fertigstellte, in Frankreich die Kathedrale von Chartres vollendet wurde und sich der gotische Stil mittlerweile seit etwa einem Jahrhundert durchgesetzt hatte. Die von den Zisterziensern in der Abtei alle tre fontane eingebrachte Formensprache blieb im damaligen Rom ohne Resonanz. Und nicht einmal die Durchdringungskraft der lombardischen Kultur war in der Lage, die kulturelle Isolation der Stadt aufzubrechen. Abgesehen von den genannten Ausnahmen, welche die Fassade der Apsis von Santi Giovanni e Paolo und Santa Maria in Trastevere bilden, stellte lediglich der Bau von Glockentürmen, wie man sie aus der Poebene kannte, eine bescheidene Neuerung dar. Die mehrstöckigen Campanili, die ab dem 12. Jahrhundert vielerorts errichtet wurden, wiesen einen quadratischen Grundriß auf und bestanden allesamt aus Backsteinen. Die römischen Glockentürme griffen die lombardischen Vorbilder auf, entwickelten aber eigene Charakteristika: eine leichtere Struktur, zahlreiche Maueröffnungen (Zwillings- oder Drillingsbögen) in jeder Etage, polychrome Ziegel, die hier und dort durch Majolikaarbeiten, durch erlesene Farbtupfer in Form von Mauersprüngen und Kreuzen aus Serpentin und Porphyr, durch die Mosaike mit religiösen Motiven in den kleinen Ädikulen sowie durch Zahnleisten mit marmornen Kragsteinen zur Abgrenzung der einzelnen Stockwerke aufgelockert wurden. Die ältesten Exemplare dieser Bauten, beide von eher bescheidener Größe, entstanden gegen Ende des 11. Jahrhunderts an Santa Maria in Cappella und in der ersten Hälfte des darauffolgenden Jahrhunderts an San Benedetto in Piscinula. Bei der Kirche San Giorgio in Velabro wurde der Campanile kurz nach dem Portikus errichtet und erinnert an sein Gegenstück von Santa Pudenziana, das im Rahmen der von Kardinal Pietro Sassone (um 1210) veranlaßten Baumaßnahmen aufgestellt wurde. Zu den ältesten Beispielen gehört auch der Glockenturm von San Sisto Vecchio, der in der Zeit von 1215 bis 1222 gebaut wurde. Im Zusammenhang mit Renovierungen, dem Anbau von Säulengängen vor der Hauptfassade oder anderen baulichen Eingriffen entstanden auch die Campanili von Santa Croce in Gerusalemme, San Lorenzo fuori le mura, San Crisogono, Santa Maria in Trastevere, San Silvestro in capite, Santa Maria Nuova, Sant'Alessio und die sehr schlanken Glockentürme von Santi Giovanni e Paolo und Santa Maria in Cosmedin.

Vermutlich in Anlehnung an das Kloster in Montecassino wurden in Rom ähnliche Kreuzgänge bei entsprechenden Bauten eingerichtet. Zu den ersten Beispielen gehörten die bereits erwähnte Kirche Santi Quattro Coronati und San Lorenzo fuori le mura (1187–1191), wenn die entsprechen-

Ansicht eines Teilbereichs des „kosmatesken" Kreuzgangs von San Giovanni in Laterano, der von der Familienwerkstatt der Vassalletto zwischen 1216 und 1230 errichtet wurde.

Familienwappen der Savelli aus der Kirche Santa Maria in Aracoeli. Die Bänder im unteren Teil des Emblems enthalten wahrscheinlich einen Hinweis auf die Ausübung eines mit der kirchlichen Rechtsprechung verbundenen Amtes.

Der Torre delle milizie, eines der imposantesten erhaltenen Zeugnisse ziviler Architektur des römischen Mittelalters. Dieses dominierende Bauwerk wurde im 13. Jahrhundert in direktem Anschluß an die Trajans-Märkte errichtet.

den Anlagen hier auch sehr streng wirken und keine Mosaikdekorationen aufweisen. Sehr prunkvoll ausgestattet sind hingegen die Kreuzgänge in San Paolo fuori le mura und San Giovanni in Laterano. Im Hinblick auf die architektonische Gestaltung und die plastische Dekoration zählen sie zu den wichtigsten Bauten des 13. Jahrhunderts, nicht zuletzt wegen ihrer innovativen Funktion für die Klosterarchitektur: Die schmalen, gedrehten Säulen sind mit Mosaikinkrustationen verziert, die aus Stein gehauenen Rahmen sind mit dichtem Laubwerk, Maskarons, Löwenköpfen und kleinen Palmen geschmückt, an den Mauern verlaufen Friese mit geometrischen Marmorintarsien. Der Sakralbau an der Via Ostiense läßt trotz der Einheitlichkeit des Gefüges zwei Bauphasen erkennen. Der ursprüngliche Kern der Anlage, der auf die Initiative des aus Amalfi stammenden Kardinals Pietro Capuano hin zwischen 1208 und 1214 realisiert wurde, umfaßt die West-, Süd- und Ost-

seite, während die Nordseite erst zwischen 1230 und 1235 errichtet wurde. Dieser spätere Teil wurde mit Sicherheit von der Werkstatt der Familie Vassalletto durchgeführt, die damals gerade den Kreuzgang auf dem Lateran fertiggestellt hatte. Bei der Wiederaufnahme der Arbeiten wurde der architektonische Ansatz bei der Gestaltung des Kreuzganges von San Paolo fuori le mura übernommen: Die Anlage war von einem hölzernen Gebälk überdacht, jede Seite bestand aus zwanzig Bögen, wobei jeweils vier Arkaden einen durch gerade Pfeiler abgegrenzten Block bildeten.

Dieselbe Strukturierung der Seiten wurde im Kreuzgang von San Giovanni in Laterano wiederaufgenommen, der ganz und gar ein Produkt der Werkstatt Vassalletto darstellte, namentlich von Vater und Sohn, die hier von 1216 bis 1230 tätig waren. Ihre Leistung wird von einer Inschrift auf einem Pfeiler an der Südseite gewürdigt: „Nobiliter doctus hoc Vassalectus in arte cum patre cepit opus quod perficit ipse" ([Du Stele,] mache bekannt, daß der kunstgelehrte Vassalectus mit dem Vater zusammen dieses Werk angegangen ist, das er selbst vollendet hat). Bei diesem Projekt zeigten sich die Kunsthandwerker auch als einfallsreiche Architekten: Die Wandelgänge überspannen Kreuzgewölbe, die von Kragsteinen getragen werden. Zum Innenhof hin ruhen diese auf Säulen, die sich an der Rückseite der Pfeiler befinden, während sie an der Wand des Kreuzgangs von Lisenen gestützt werden.

Darüber hinaus wurde eine Reihe weiterer Kreuzgänge angelegt, deren formale Gestaltung im Vergleich zu den Patriarchalbasiliken weniger ausgearbeitet war. Zu nennen wären hier die Anlagen in Santa Cecilia (deren Kapitelle mit glatten Blättern verziert sind), San Cosimato und San Sisto Vecchio (Zwillingsfenster im Kapitelsaal) sowie Santa Sabina, wo sich kleine Doppelsäulen mit einzelnen Säulen abwechseln.

Im Laufe des 13. Jahrhunderts bildete sich ein Phänomen heraus, das das ganze politische und künstlerische Leben der Stadt bestimmte. Dem universellen Anspruch und der Zentralität der päpstlichen Autorität stellte sich der Partikularismus der einflußreichen Geschlechter der Stadt entgegen. Bereits im 12. Jahrhundert begannen die römischen Familien, ihre Residenzen zu befestigen, die zumeist auf den Grundmauern der antiken Gebäude zwischen den Kaiserforen und dem Augustus-Mausoleum errichtet worden waren. Überall im Stadtgebiet wurden Wohntürme mit zumeist viereckigem Grundriß errichtet. Diese Bauweise galt als Zeichen der Vornehmheit und bekräftigte den aristokratischen Anspruch ihrer Besitzer. Man verschanzte sich darin vor den Nachbarn, die ihre Häuser aus denselben Gründen und mit den gleichen Absichten gebaut und befestigt hatten. Allein Adligen stand das Recht zu, Geschlechtertürme zur Verteidigung und Verschönerung ihrer Wohnsitze bzw. zur Kontrolle des eigenen Einflußbereiches zu errichten. Bis zum Ende des 14. Jahrhunderts hatten die so bewehrten Wohnbauten der Aristokratie eine paradigmatische Funktion für die urbane Entwicklung Roms. Charakteristisch für diese Bauweise sind die noch erhaltenen Residenzen der Pierleoni gegenüber der Kirche San Nicola in Carcere und die der Anguillara in Trastevere, unmittelbar hinter dem Ponte Garibaldi.

Die Frangipane, um 1100 neben den Pierleoni eine der mächtigsten Familien Roms, besaßen mehr oder weniger überall befestigte Residenzen, auf dem Forum Romanum, auf dem Palatin und am Kolosseum. Die Savelli ließen sich hinter dem Marcellus-Theater und später in der Nähe des Klosters Santa Sabina auf dem Aventin nieder, die Colonna auf dem Kapitol, die Orsini in Monte Giardino, die Crescenzi in der Nähe von Santa Maria in Cosmedin, die Pierleoni auf der Tiberinsel, die Anguillara in Trastevere. Unter den Wehrbauten stachen zwei Türme besonders hervor: der mächtige Turm der Conti und die Torre delle Milizie. Ersterer wurde hinter dem Nerva-Forum im Auftrag Riccardo Contis, dem Bruder von Papst Innozenz III. (1198–1216), errichtet. Der Sockel wurde mit einer Eskarpe befestigt, an der Kiesel- und Sandstein ein Muster aus farbigen Streifen bildeten. Diese Gestaltung orientierte sich an einem Vorbild, das man an einem unweit gelegenen Mauerstück am Kloster San Francesco di Paola bei San Pietro in Vincoli besichtigen kann. Die Torre delle Milizie, die etwa zu zwei Dritteln erhalten ist, stammt vermutlich bereits aus dem späten 12. Jahrhundert und wurde auf den Grundfesten einer ehemaligen, vermutlich byzantinischen Garnison errichtet. Aufgrund seiner erhöhten Lage in der Nähe der Trajans-Märkte (auf der Anhöhe von Magnanapoli) beherrscht der Turm geradezu majestätisch die gesamte Stadt. Seine ursprüngliche Gestalt erkennt man auf dem Fresko von Cimabue in der Evangelistenkuppel der Kirche San Frances-

Ansicht der mit antiken Spolien reich durchsetzten Außenpartien des Crescenzier-Hauses. Dieser in den ersten Jahren des 13. Jahrhunderts errichtete Bau illustriert durch den emblemhaften Einsatz dieser Elemente und seine Inschrift das Bemühen, die Pracht des antiken Rom zu erneuern.

co in Assisi, dessen Hintergrund die Ansicht Roms bildet. Hinter dem Rücken des Hl. Markus ist die ursprüngliche Struktur des Turms erkennbar: drei übereinanderstehende Quader, die nach oben hin immer kleiner werden. Der Turm, ursprünglich Teil einer richtigen kleinen Festung, gehörte zunächst der Familie Frangipane, fiel dann an die Annibaldi und ging schließlich 1301 in den Besitz von Pietro Caetani über, dem Neffen Papst Bonifaz' VIII.

Im Hinblick auf die sonstigen Entwicklungen im römischen Wohnbau jener Zeit bewegen wir uns im Bereich der Spekulation, da heute nur noch wenige Häuser aus dem Mittelalter erhalten sind, deren ursprüngliches Gefüge bei späteren Umbauten zudem stark verändert wurde. Das wichtigste architektonische Erbe besteht im sogenannten Crescenzier-Haus, das sich in unmittelbarer Nähe zum Tempel der Fortuna Virilis befindet und am Ende des 11. bzw. zu Beginn des 12. Jahrhunderts von Niccolò Crescenzi, einem Vertreter der mächtigen Familie, errichtet wurde. Es ist von einer Backsteinkurtine umgeben, die mit antiken Fragmenten durchsetzt ist und an der Hauptfassade lange Marmorinschriften zeigt, in denen Niccolò erklärt, die Pracht des alten Rom wiederherstellen zu wollen.

Im Dezember 1219 erhielten die Dominikaner, die zu den Anfang des 13. Jahrhunderts gegründeten Bettelorden gehörten, den Komplex San Sisto Vecchio. Daraufhin wurde der Bau des Klosters und die von Papst Innozenz III. begonnene Umwandlung der antiken frühchristlichen Kirche vorangetrieben. Letztere wurde durch den Abriß der beiden Seitenschiffe in eine Aula unica verwandelt. Die Dominikaner blieben jedoch nur kurz in San Sisto und siedelten 1221 in ihren endgültigen Sitz an der im Inneren der Savelli-Festung liegenden Kirche Santa Sabina auf dem Aventin um, wo sie, vom Kreuzgang ausgehend, mit dem Wiederaufbau der Klosteranlage begannen.

Es wird überliefert, daß sich die Minoriten dank der Bemühungen der Adligen Jacopa di Settesoli 1219 in der Nähe des Benediktinerhospizes in Trastevere niederlassen konnten. Gregor IX. sprach ihnen im Jahre 1229 in einer Bulle dieses Hospiz zu, um das herum in wenigen Jahren die Kirche und das Kloster San Francesco a Ripa entstanden. Die aus dem 13. Jahrhundert stammende Kirche, die heute ein von Peruzzi entworfener Bau

Die Franziskanerkirche Santa Maria in Aracoeli auf dem Kapitol. Dieser an der Außenseite sparsam dekorierte Bau beherbergt in seinem Inneren neben einer Vielzahl herausragender Kunstwerke aus unterschiedlichen Epochen auch das Santo Bambino, ein über die Grenzen Roms hinaus hochverehrtes Bild des Jesuskindes.

aus dem späten 17. Jahrhundert überdeckt, schmückte ein Freskenzyklus, der von Pandolfo II. d'Anguillara um 1285 in Auftrag gegeben worden war. Er wird übereinstimmend Cavallini zugeschrieben und zeigt zahlreiche Wunder des Hl. Franziskus. Ebenfalls den Franziskanern überließ Gregor IX. eine kleine Kirche im Norden der Stadt, in der Nähe der Porta San Valentino. Die Mönche bauten das Gotteshaus um und widmeten es der Jungfrau Maria. Wenig später, d. h. gleichzeitig mit dem Umzug der Franziskaner in das Benediktinerkloster Santa Maria in Aracoeli und zeitgleich mit dem Baubeginn für den Palazzo Senatorio auf dem Kapitol, gingen die Kirche und das Kloster in den Besitz von Augustinermönchen über. Sie gestalteten die Kirche, die unter dem Namen Santa Maria del Popolo bekannt ist, im Renaissancestil um.

Die aus Ziegelstein gebaute Kirche Santa Maria in Aracoeli wurde auf den Fundamenten einer Benediktinerkirche errichtet, die vermutlich im rechten Winkel zu der heutigen Ausrichtung gestanden hatte. Nach den in der Mitte des 13. Jahrhunderts durchgeführten Arbeiten präsentierte sich der Sakralbau mit einem imponierenden Querschiff: An den Außenwänden befanden sich mit Frauenköpfen geschmückte Konsolen, die als Mosaik gefertigte Wappen der Familie Savelli trugen. Diese hatte sich finanziell an dem Bauprojekt beteiligt, weshalb sich auch die im Stile Arnolfo di Cambios gestalteten Gräber des Senators Luca Savelli (gestorben 1266) und seiner Frau Vanna mit einem Bildnis ihres Sohnes Honorius IV. (gestorben 1287) in liegender Position im Südflügel des Querschiffs befinden. Einige Argumente sprechen dafür, daß Arnolfo di Cambio an der Neugestaltung von Santa Maria in Aracoeli beteiligt war, die in der Apsis begann und mit den drei Kirchenschiffen bzw. der Fassade endete. Er soll insbesondere für den Einbau des riesigen dreibogigen Fensters am Kopf des Querschiffs verantwortlich sein, das oberhalb von einer großen Rosette und an den Seiten von mehreren kleinen Zwillingsfenstern umrahmt ist.

Diese Art der Gestaltung, die durch spätere Eingriffe leider zerstört wurde, ist auf einigen Zeichnungen aus dem 16. Jahrhundert festgehalten, die die Kirche auf dem Kapitol vom Palazzo Senatorio aus gesehen zeigen. Überreste eines Zwillingsfensters lassen vermuten, daß der Bildhauer und Architekt hier die gleiche Maßwerktechnik einsetzte wie bei seinen Ziborien in San Paolo fuori le mura und Santa Cecilia in Trastevere. In die Franziskanerkirche gelangte man ursprünglich über eine kleine Gasse, die von der weiter unten liegenden Kirche San Biagio de mercato abging, oder durch den Seiteneingang, der auf die Piazza del Campidoglio führte. Die monumentale Treppe, die heute zum Haupteingang führt, wurde 1348 angelegt.

Detail mit dem Christus-Pantokrator aus der Mosaikdekoration der Sancta Sanctorum im Lateran. Die Kapelle ist einer der wenigen Bereiche des ehemaligen Lateranpalastes, der in die Umgestaltungsmaßnahmen unter Papst Sixtus V. (1585–1590) nicht einbezogen wurde.

Nikolaus III.

Bei der Beschreibung der vielschichtigen künstlerischen Entwicklung, die Rom in der zweiten Hälfte des 13. Jahrhunderts nahm, darf eine angemessene Würdigung der Persönlichkeit von Papst Nikolaus III. (1277–1280) und seiner erklärten Absicht, die eigene Heimatstadt mit großzügigen Zuwendungen zu unterstützen, nicht fehlen. Während seines kurzen Pontifikats richtete der Papst, der der römischen Familie Orsini entstammte, seine Aufmerksamkeit vor allem auf die Architektur. Er kümmerte sich in erster Linie um Gebäude und Institutionen, die unter Kontrolle der Kurie standen (Klöster, Krankenhäuser, Kirchen und Kapellen), und wollte den allgemeinen Verfall der Stadt aufhalten. Für diesen Niedergang trugen nicht zuletzt jene Päpste eine gewisse Ver-

NON·EST·IN·TOTO·SANCTIOR·ORBE·LOCVS

antwortung, die von 1261 bis 1272 nahezu ununterbrochen fernab von Rom in Viterbo, Perugia, Orvieto, Rieto und anderen weniger bedeutenden Zentren des Papsttums weilten. Nikolaus III. dagegen wählte Rom als ständigen Wohnsitz und beschloß den Bau neuer Paläste sowie die Anlage neuer Gärten im Gebiet um die Basilika San Pietro im Vatikan. Das in relativ kurzer Zeit umgesetzte Projekt veränderte fast die gesamte Topographie der Vatikanstadt: Alte Straßen wurden verbaut und neue Richtungsachsen angelegt; gleichzeitig wurden jene Privatbauten der „Leoninischen Stadt" abgerissen, die sich ungeachtet der Verbote in den Statuten der Peterskirche sowie der Eingriffe der magistri aedificiorum und der magistri viarum mittlerweile schon auf den Stufen zum Haupteingang der Basilika ausbreiteten. Zwei seiner Vorgänger, Papst Eugen III. (1145–1153) und Papst Innozenz III. (1198–1216), hatten damit begonnen, um die Peterskirche herum eine Reihe von Gebäuden zu errichten, die der Verteidigung dienten oder Teile der Verwaltung beherbergten oder – anders als der Lateran – in einem einfachen Abhängigkeitsverhältnis zum Vatikan standen. Der von Nikolaus III. in Auftrag gegebene Palast sollte in jedem Fall auch als Wohnsitz dienen, als Alternative zum Patriarchensitz auf dem Lateran. Der Kern der Anlage befand sich zwischen Pappagallo-, Borgia- und San-Damaso-Hof des heutigen Papstpalastes und schloß den angeblich von Innozenz III. errichteten Turm mit ein, dessen Existenz tatsächlich jedoch dem Wirken Papst Innozenz' IV. (1243–1254) zuzuschreiben ist. Der gesamte Komplex war durch eine Einfriedungsmauer geschützt, so daß es sich am Ende um eine gleichermaßen prächtige wie sichere Anlage handelte, die von weitläufigen Gärten mit einer reichen Vegetation ergänzt wurde. Auf Wunsch des Papstes wurde der Vatikanpalast durch einen Korridor mit der Engelsburg verbunden, der aus einem Abschnitt der Leoninischen Mauer entstand und später Passetto di Borgo hieß. Was die sakralen Bauten betrifft, so ist auf die dekorative Ausstattung in der Franziskanerkirche Santa Maria in Aracoeli am Kapitolsplatz hinzuweisen, die vor allem davon profitierte, daß die wichtigsten römischen Adelsfamilien (Orsini, Savelli, Colonna, Capocci) die Schirmherrschaft für die großen Kapellen übernahmen. Aber auch die Dekoration der Patriarchalbasiliken San Pietro in Vaticano, San Paolo fuori le mura und San Giovanni in Laterano wurden durch prächtige Arbeiten ergänzt.

Nachdem er eine Kapelle zu Ehren des Hl. Nikolaus gestiftet hatte, die sich im äußersten rechten Seitenschiff in Höhe des Querschiffs befand, beschloß Nikolaus III., in der Peterskirche sein Grabmal errichten zu lassen. Das wichtigste Moment in der Baupolitik des Orsini-Papstes war vermutlich die Errichtung der Cappella Palatina in der Sancta Sanctorum auf dem Lateran, dem besterhaltenen Beispiel der Ende des 13. Jahrhunderts entstandenen Sakralbauten. Im Jahre 1227, kurz nach dem Tod von Honorius III., wurde Rom von einem verheerenden Erdbeben erschüttert, bei dem unter anderem die San-Lorenzo-Kapelle zerstört wurde. Der Dominikanermönch Tolomeo da Lucca, der in der zweiten Hälfte des 13. Jahrhunderts lebte, schrieb in seiner *Historia Ecclesiastica*, das jene Cappella Palatina mittlerweile baufällig war und auf Initiative Nikolaus' III. mit Ausnahme der Grundmauern vollständig neu errichtet und mit Marmor, Mosaiken und Malereien von außergewöhnlicher Pracht verziert wurde. Ein Fresko auf der Innenwand der Kapelle zeigt den

Detail aus dem Mosaik der Sancta Sanctorum mit der Darstellung einer Episode aus der Vita des Hl. Nikolaus.

Papst, wie er in Begleitung der Heiligen Petrus und Paulus Christus ein kleines Modell des Neubaus präsentiert. Der fast quadratische Bau verkörpert eine einzigartige Verbindung zwischen traditionellen Modellen und innovativen Tendenzen. So wird auf die römische Architekturgeschichte Bezug genommen und gleichzeitig eine vorsichtige Öffnung gegenüber dem neuen gotischen Stil gewagt, der sich in Frankreich entwickelt und über Europa verbreitet hatte. Das Kreuzrippengewölbe und die Dreipaßbögen in der vorgetäuschten Loggia stellen einen unübersehbaren Bezug zur Konstruktion des Querschiffs in der Oberkirche von San Francesco in Assisi oder ähnlichen Bauten in Frankreich dar, wie etwa Sainte-Chapelle in Paris von 1248. Demgegenüber konstituieren die Außenwände die räumliche Gestaltung im Inneren, wo die Wände mit großen Marmorplatten verkleidet

Gegenüberliegende Seite:
Innenansicht der Sancta Sanctorum mit ihrem von gotischen Formen durchsetzten reichen Fresken- und Mosaikschmuck

Ausschnitt aus dem Apsismosaik von San Giovanni in Laterano mit der Muttergottes, dem Hl. Franziskus und dem Stifterpapst Nikolaus IV. Die Figuren sind durch den unterschiedlichen Figurenmaßstab hierarchisch abgestuft.

sind, die Fresken und Mosaikdekorationen sowie die Kosmatenfußböden eine ausgereifte Zusammenstellung verschiedener Muster und Lösungen, die bereits die Architektur des römischen Mittelalters kannte. Trotz der vertikalen Ausrichtung vermitteln all diese Elemente einen ausgewogenen und harmonischen Gesamteindruck, die Mauern sind massiv, die Fenster klein. Im Ensemble der Sancta Sanctorum gehen die gotischen Elemente im Inneren mit den dominanten antiken Marmorverkleidungen, den Mosaiken und den Wandmalereien eine gelungene Synthese ein, die das Bauwerk zu einem einzigartigen Beispiel für den eklektischen Geschmack jener Zeit macht, in der sich die römischen Baumeister zwischen Erneuerung und Tradition bewegten.

Der letzte Auftrag von Nikolaus III. ist die Kirche Santa Maria sopra Minerva. Die Protektion, die der Pontifex den Bettelorden gewährte, zeigte sich u. a. in der Bestätigung der franziskanischen Regel für den Minoritenorden, während er den Dominikanern seine Wertschätzung damit bewies, daß er sich regelmäßig in allen Belangen von Kardinal Aldobrandino Cavalcanti und von Latino Malabranca Orsini vertreten ließ. Beide Geistliche gehörten dem Dominikanerorden an und spielten in der Geschichte der Florentiner Kirche Santa Maria Novella sowie von Santa Maria sopra Minerva in Rom eine zentrale Rolle. Die Ähnlichkeiten zwischen diesen beiden Sakralbauten sind so evident, daß man glauben könnte, daß die – unbekannten – Planer des römischen Gotteshauses sich an der Fra' Sisto und Ristoro da Campi zugeschriebenen Kirche in Florenz orientiert haben. Santa Maria sopra Minerva erinnert vor allem mit ihren vierblattförmigen Pfeilern, mit ihren Spitzbögen und den schmalen Säulen an Wandpfeilern auf schmucklosen Wänden an Santa Maria Novella. Die Seitenschiffe, die zuvor mit offenem Gebälk überdacht waren, wurden erst im 14. Jahrhundert, das Mittelschiff sogar erst 1453 mit Gewölbe überspannt. Leider haben Restaurierungsarbeiten im 19. Jahrhundert insbesondere den Innenraum erheblich verändert.

Während nördlich der Alpen bereits seit über einem Jahrhundert der gotische Stil vorherrschte, gab es in Rom am Ende des 13. Jahrhunderts – abgesehen von der Sancta Sanctorum und von Santa Maria sopra Minerva – auf dem Gebiet der Architektur keine nennenswerten Innovationen. Dennoch blieb der Geist der Erneuerung, der von den Franziskaner- und Dominikanerorden ausging, auch hier nicht unbemerkt: Er zeigte sich bei der Umgestaltung der römischen Bischofskirche und an der Basilika Santa Maria Maggiore auf dem Esquilin, die von Nikolaus IV. (1288–1292), dem ersten Papst aus dem Franziskanerorden, angeregt wurde. Gerade im Hinblick auf die Apsis und die Fassade weisen die Baugeschichten dieser beiden Kirchen deutliche Parallelen auf.

Auf dem Lateran, wo der Pontifex die Basilika von Grund auf restaurieren ließ, begannen die Arbeiten – zumindest was die Dekorationen betrifft – kurz vor oder sogar gleichzeitig mit jenen auf dem Esquilin. Eine Inschrift auf der sogenannten Tabula Magna, die sich heute neben dem Eingang zur Sakristei befindet, berichtet von einem Traum des Papstes Innozenz III., in dem der Erzählung des Hl. Bonaventura zufolge Franz von Assisi mit der einsturzgefährdeten Basilika auf den Schultern erschienen sei. Dieser warnende Traum wurde vom Pontifex als Ermahnung zur Restaurierung der Kirche interpretiert, die offensichtlich von ernsten Statikproblemen bedroht war. Der Inschrift auf dem Mosaik ist zu entnehmen, daß die Arbeiten sich auf den vorderen Teil der Basilika und hier insbesondere auf die Westseite konzentrierten, d. h. auf die Apsis und den Chorumgang. Letzterer war während der Amtszeit von Leo I. dem Großen (440–461) eingerichtet worden und trägt daher auch den Namen „Leoninischer Portikus". Apsis und Wandelgang wurden abgerissen und wieder neu aufgebaut, wobei man auf die alten Fundamente zurückgriff. Hier wurde die äußere Gestaltung dahingehend modifiziert, daß man sich, dem gotischen Geschmack entsprechend, für einen polygonalen, in diesem Fall sechseckigen

Grundriß entschied sowie für Blendarkaden, Halbsäulen an den Ecken und vier Spitzbogenfenster. Der von fünf Säulen in zwei Schiffe geteilte Chorumgang wurde mit Kreuzgewölben überdacht und durch einige Stufen mit dem Bereich bzw. den Bauten auf der Rückseite verbunden. Bei dieser Gelegenheit wurde auch das Querschiff hinzugefügt, das sich vielleicht an der Stelle eines zuvor bestehenden Pendants erhob. Ein solcher Vorgänger wurde vermutlich bereits in der ersten Hälfte des 12. Jahrhunderts aus den Seitenräumen, den sogenannten Querhäusern des Seitenschiffs, gewonnen. In der Lateran-Basilika war das Querschiff fast ebenso lang wie das Hauptschiff, während die Bodenbeschaffenheit am Standort von Santa Maria Maggiore ein kürzeres Querschiff verlangte. Nikolaus IV. gab auch die musivische Dekoration der Apsis in Auftrag, die die Mosaike aus dem 5. Jahrhundert ersetzte, wobei möglicherweise Teile der ursprünglichen Ikonographie übernommen wurden. Das Brustbild des Heilands wurde wiederhergestellt, galt es doch als Acheiropoieta, als ein nicht von Menschenhand geschaffenes Bildnis, das während der Weihung der Basilika auf wundersame Weise an der Wand erschienen war. Mit der Aufgabe wurde Jacopo Torriti betraut, der seine Tätigkeit auf dem Lateran um 1291 beendete, um die Arbeiten in Santa Maria Maggiore aufzunehmen. Leider sind die Mosaiken von Torriti in der Lateran-Basilika nur in einer Fassung erhalten, die das Ergebnis von Restaurierungsarbeiten des 19. Jahrhunderts ist. Dabei wurde das Presbyterium vergrößert und die Apsis nach vorne verlegt.

Nikolaus IV. leitete unmittelbar nach seinem Amtsantritt die Umbauarbeiten in Santa Maria Maggiore in die Wege. Dabei wurde das frühchristliche Presbyterium entfernt. Die Kirche wirkte jetzt wesentlich geräumiger, da das Querschiff dieselbe Höhe wie das Mittelschiff erhielt. Schließlich wurde dem Gotteshaus – ähnlich wie bei Santa Maria sopra Minerva – eine fünfeckige Apsis zugefügt. Die Anbauten wurden reich verziert: im Inneren der Apsis mit den prächtigen Mosaiken

Das von Jacopo Torriti um 1296 fertiggestellte Apsismosaik von Santa Maria Maggiore mit einer monumentalen Darstellung der Krönung Mariae durch Christus.

Gegenüberliegende Seite:
Das berühmte, von Arnolfo di Cambio zusammen mit dem Meister Pietro 1285 geschaffene Altarziborium über dem Hauptaltar von San Paolo fuori le mura.

von Jacopo Torriti (um 1296 fertiggestellt), im Querschiff mit Fresken, die nur schwer zuzuordnen sind, und an den Außenwänden der Apsis mit einem der Jungfrau Maria gewidmeten Mosaikzyklus, der im 17. Jahrhundert zerstört wurde. Die von Nikolaus IV. vorangetriebenen Arbeiten betrafen vermutlich auch die Renovierung der Krippenkapelle, mit der Arnolfo di Cambio beauftragt wurde, sowie die Erneuerung der Fassade, wo die alte Dekoration durch Mosaiken von Filippo Rusuti ersetzt wurde.

Wahre Meisterwerke der Vereinigung von Tradition und Erneuerung stellen die Arbeiten des Toskaners Arnolfo di Cambio dar, die er während seines Romaufenthaltes schuf: die Ziborien in San Paolo fuori le mura (1285) und Santa Cecilia in Trastevere (1293), die vermutlich das einige Jahre zuvor geschaffene doppelte Ziborium in der Kirche Sainte-Chapelle in Paris zur Vorlage haben, aber auch die Grabmale in San Giovanni in Laterano für den päpstlichen Notar Annibaldi, gestorben 1296, und in San Pietro al Vaticano die vor 1296 entstandene Gedächtniskapelle von Bonifaz VIII. (1294–1303). In all diesen Werken verschmelzen Architektur, Bildhauerei und die Mosaikdekorationen nach Art der Kosmaten zu einem organischen Gesamtkunstwerk.

Das Ziborium in San Paolo war das Ergebnis einer Zusammenarbeit mit einem gewissen Meister Pietro, bei dem es sich um Pietro di Oderisio gehandelt haben könnte, den Schöpfer des Grabmals für Clemens IV. in San Francesco in Viterbo. Die Identität Oderisios ist allerdings nicht vollständig geklärt. Ebensowenig ist eine Tätigkeit di Cambios in Santa Maria in Aracoeli und in der Krippenkapelle in Santa Maria Maggiore eindeutig zu belegen. Arnolfo di Cambio richtete diese Kapelle 1291 in einer bereits bestehenden Kultstätte ein, in der die Reliquien von Christi Geburt aufbewahrt wurden. In der Vatikankapelle, in der Bonifaz VIII. beerdigt werden sollte, arbeitete Arnolfo di Cambio mit Jacopo Torriti zusammen, der mit der aus Mosaiken bestehenden Widmungstafel betraut war. Bei der Bekrönung der Grabstätte, die heute leider nicht mehr erhalten ist, handelte es sich um eine kleine, spitze Kuppel, die von einer offenen Empore verdeckt wurde und nach Art der beiden römischen Ziborien mit Tympana und Fialen im Stile der Hochgotik geschmückt war.

Am Werk des Architekten und Bildhauers Arnolfo orientierten sich in Rom einige Marmorbildhauer, die sich jedoch weniger mit der subtilen Konstruktionsweise des Meisters beschäftigten, sondern sich darauf beschränkten, bestimmte Elemente, wie etwa die Ziborien oder die Grabmale, zu reproduzieren. Deodato di Cosma zeichnete für das Ziborium in Santa Maria in Cosmedin und je-

Kosmatenaltar aus der Cappella del Presepe, der Kapelle für die Reliquien der Krippe Christi in Santa Maria Maggiore.

+ HOC OPUS
FECIT ARNOLFUS
+ ANNO MILLENO CENTU BIS
ET OCTUAGENO QUINTO SUM
ME DS QUI HIC ABBAS BARTHOLO
MEUS FECIT OP FIERI SIBI
TU DIGNARE MERERI
CUM SUO SOCIO
PETRO
SCS PAULUS
SCS PETRUS

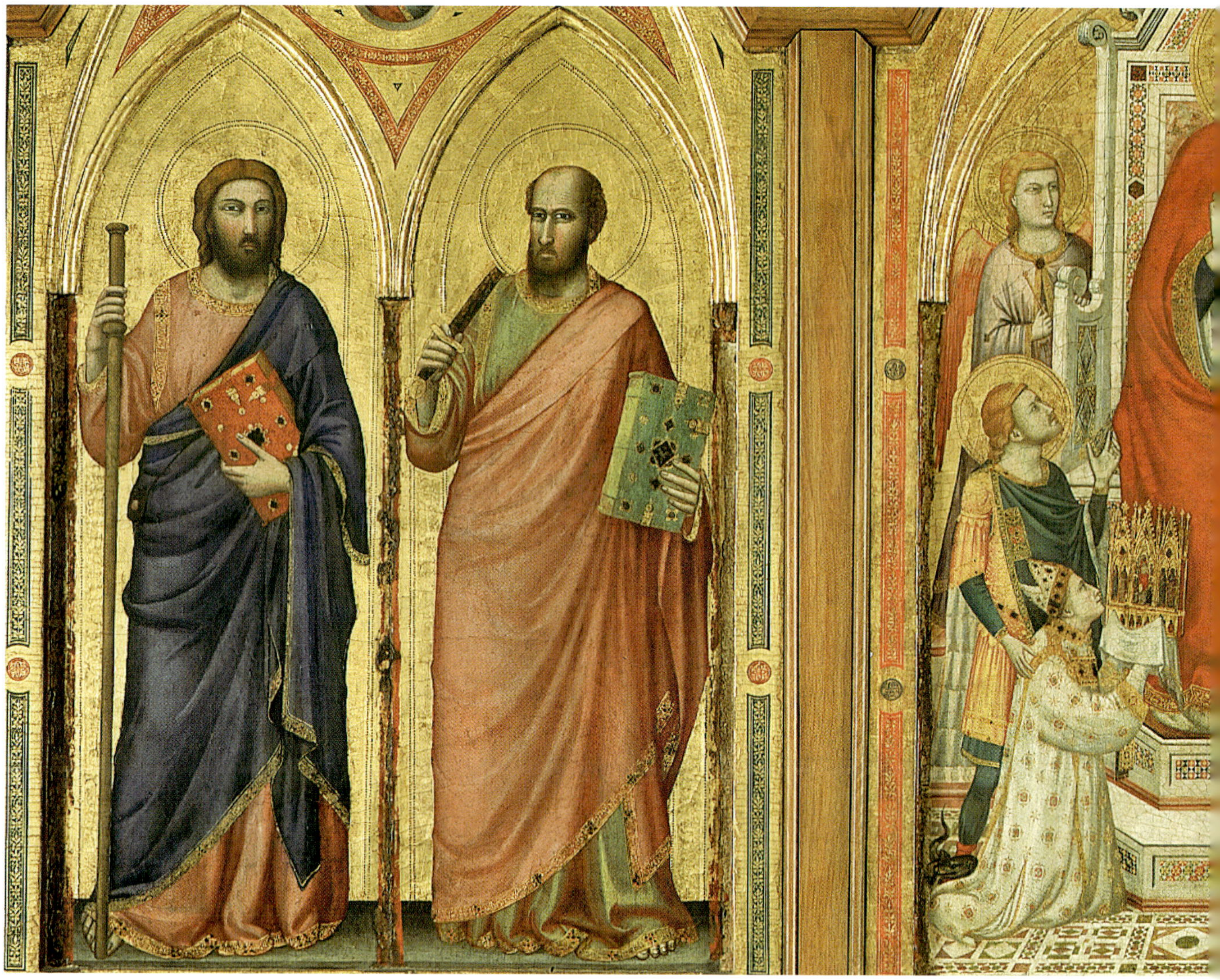

Vorderseite des von Giotto unter Beteiligung seiner Mitarbeiter gemalten Stefaneschi-Altars. *Dieses um 1300 entstandene Retabel ist durch seine doppelseitige Bemalung ein frühes Beispiel eines Altars, der auf eine freiräumliche Aufstellung hin konzipiert war. Rom, Pinacoteca Vaticana*

nes nur noch in Teilen erhaltene Exemplar im Kloster von San Giovanni in Laterano verantwortlich, das sich ursprünglich auf dem 1297 von Kardinal Gerardo Bianchi geweihten Magdalenenaltar in der Basilika befunden haben muß.

Giovanni, der Bruder Deodatos, errichtete das Grab von Kardinal Stefano Surdi (gestorben 1295), das heute von seinem ursprünglichen Aufstellungsort entfernt worden und in Santa Balbina zu sehen ist. Darüber hinaus schuf er das Grabmal für Kardinal Guglielmo Durando (1296 gestorben) in Santa Maria sopra Minerva und von Consalvo Garcia Gudiel (1299 gestorben) in Santa Maria Maggiore.

Im 14. Jahrhundert gewann das Kapitol seine Bedeutung zurück, die es als Verbindungsglied zwischen Vatikan und Lateran beanspruchen konnte. Der neue Senatspalast, der hier um die Mitte des 13. Jahrhunderts errichtet worden war, gründete auf den antiken Mauern des gegen Ende des 1. Jahrhunderts v. Chr. entstandenen Tabulariums. Das ursprüngliche Erscheinungsbild des von einem Satteldach bedeckten Gebäudes läßt sich noch auf einem kleinen Stück an den Seiten des heutigen Palazzo Senatorio erkennen. 1299 wurde an diese erste Konstruktion eine Loggia angebaut, die sich heute am Ratssaal befindet. Ihre Arkaden ruhen auf römischen Säulen mit ionischen Kapitellen aus dem Mittelalter. Später wurden dem Palast Wehrtürme hinzugefügt, die dem öffentlichen Gebäude einen festungsartigen Charakter verliehen. Der die dritte Etage des Bauwerks einnehmende Saal ist mit einer üppigen Dekoration aus Blattvoluten geschmückt, die teilweise noch erhalten ist. Zudem wurden abwechselnd die Wappen der Familie Orsini und die des Senats angebracht.

Der Palast, dem Papst Bonifaz VIII. 1300 einen weiteren Turm hinzufügen ließ, wurde später von dem Volkstribun Cola di Rienzo noch mehr befestigt, so daß er endgültig den Anschein einer Festung erhielt, zumal ihn Bonifaz IX. zwischen 1389 und 1404 mit weiteren Türmen ausstattete.

Das 14. Jahrhundert

Die von Nikolaus IV. im Lateran veranlaßten Arbeiten erfuhren durch die Benediktionsloggia eine ideale Vollendung. Es war Bonifaz VIII., der den Anbau der 1586 wieder abgerissenen Loggia in Auftrag gegeben hatte. Es handelte sich um ein komplexes Gefüge, dessen Entstehung gemeinhin mit dem Heiligen Jahr 1300 in Verbindung gebracht wird. Dies wird zumindest durch ein Fresko aus der Loggia nahegelegt, das sich heute am dritten Pfeiler der Lateransbasilika befindet und Giotto zugeschrieben wurde. In Wirklichkeit zeigt das Fresko nicht unbedingt die Verkündigung des ersten Heiligen Jahres oder – einer anderen Interpretation zufolge – die Inbesitznahme des Laterans durch Bonifaz VIII. im Jahre 1297, sondern lediglich den Pontifex, der zusammen mit einem Kardinal (eventuell Matteo Rosso Orsini) und einem Diakon eine Zeremonie abhält. Es könnte sich ebensogut um die feierliche Verlesung einer Bulle handeln, was auch durch das Wort „Incipit“ suggeriert wird, das man auf der von dem Diakon ausgebreiteten Schriftrolle lesen kann.

Die mittlere Ebene der dreistöckigen Loggia besteht aus einem Balkon, der von einigen Säulen im darunterliegenden Geschoß getragen und von drei Arkaden eingerahmt wird. Diese Arkaden – bei der mittleren handelt es sich um einen Dreipaßbogen – ruhen ebenfalls auf Säulen. Auf der dritten Ebene der Loggia krönt ein dreieckiger Giebel, der von kleinen Fialen flankiert wird, einen Arkadengang mit zwei Statuen und einem Wappen. Die Originalgestaltung der Loggia entsprach dem Stil der römischen Gotik am Ende des 13. Jahrhunderts, die auch von der Kunst Arnolfo di Cambios geprägt war. Die kleine Kirche San Nicola beim Castello Caetani entstand im Todesjahr Bonifaz' VIII. Es handelt sich um eine einschiffige Konstruktion mit von Konsolen getragenen Querbögen, an deren Wänden Strebepfeiler mit abgeschrägten Enden und spitzbogige Fenster alternieren, die im Inneren von einem annähernd dreipaßförmigen, weißen Rahmen eingefaßt sind.

Das vielfältige künstlerische Schaffen, das sich in den letzten Jahrzehnten des 13. Jahrhunderts ausbildete, machte die Stadt nicht nur lebendiger, sondern führte zu einer tiefgreifenden Veränderung der allgemeinen Kultur, die sich bis dahin recht langsam und nur auf der Grundlage der eigenen Tradition entwickelt hatte. In dieser Epoche war Rom zu einer gut organisierten Hauptstadt im politischen und geistlichen Sinne sowie zu einem bedeutenden künstlerischen und kulturellen Zentrum geworden, das mit anderen, in jener Zeit stark wachsenden und prosperierenden Städten wie Siena, Florenz und Venedig durchaus konkurrieren konnte. Rom wurde in den Geschichten der Pilger über die Wunder der Stadt gefeiert, in den Gedichten von Ildeberto di Lavardin besungen und auf vielen Veduten wiedergegeben, darunter jene von Cimabue in der Franziskanerkirche in Assisi bis zur Goldenen Bulle von Ludwig dem Bayern, wo das christliche Rom vollständig den Platz des heidnischen eingenommen zu haben scheint.

Allerdings setzten die sich überstürzenden politischen Ereignisse der künstlerischen Blüte des mittelalterlichen Rom ein schnelles Ende. Während des Exils der Päpste in Avignon von 1305 bis 1376 verbreiteten sich Anarchie, Armut und Verfall in der Stadt. Die römischen Familien formierten sich hinter dem Geschlecht der Orsini bzw. der Colonna, die die beiden großen Lager der Guelfen und Ghibellinen repräsentierten, und lieferten sich häufig gewaltsame Auseinandersetzungen. Abgesehen von den Arbeiten Giottos im Vatikan, die unter der Schirmherrschaft von Kardinal Jacopo Stefaneschi standen, gab es auf dem künstlerischen Sektor keine nennenswerten Ereignisse, da alle bedeutenden Künstler in andere kulturelle Zentren abwanderten. Wegen der Abwesenheit der Päpste kam die Bauarbeit zum Stillstand, während die antiken Monumente, die christlichen

Blick in die Loggia der nach einem Entwurf Ferdinando Fugas zwischen 1743–1750 errichteten Fassade von Santa Maria Maggiore. In der linken Bildhälfte ist die von Filippo Rusuti im ausgehenden 13. Jahrhundert angefertigte Mosaikdekoration der Vorgängerfassade sichtbar.

Basiliken und die Aquädukte dem Verfall preisgegeben waren. 1349 zerstörte ein heftiges Erdbeben ganze Stadtviertel und richtete große Schäden an zahlreichen Bauwerken an. Der Lateran wurde seinem Schicksal überlassen, und die Kirche San Giovanni, die nicht nur aufgrund der Vernachlässigung, sondern auch durch zwei Brände in den Jahren 1308 und 1361 in Mitleidenschaft gezogen worden war, befand sich schließlich in einem so jämmerlichen Zustand, daß Petrarca einen Appell an Papst Urban V. (1362–1370) richtete, damit dieser sich für die alte Basilika einsetze.

Nach der verheerenden Pestepidemie von 1348, die ganz Europa erfaßte, Rom aber verschonte, ließen sich in der zweiten Hälfte des Jahrhunderts vorsichtige Anzeichen einer zunehmenden Bautätigkeit ausmachen. 1348 ließ Lorenzo di Simone Andreozio die lange Freitreppe an der Hauptfassade von Santa Maria in Aracoeli errichten und löste damit ein Gelübde ein, das er zum Schutz der Stadt vor der Pest abgelegt hatte. Mit dieser Treppe wurde die alte Sichtachse, die das Forum in den Mittelpunkt stellte, verworfen und durch eine neue Ausrichtung ersetzt, die sich an der Peterskirche orientierte. In San Paolo fuori le mura wurde 1349 der Campanile wiederaufgebaut, der später dem neuen Glockenturm von Poletti hinter der Apsis weichen mußte. Im Jubiläumsjahr 1350 sah sich die Stadt mit einer Anzahl von Pilgern konfrontiert, die jede Erwartung in den Schatten stellte. Von 1367 bis 1370 residierte mit Urban V. wieder ein Papst in Rom. 1368 wurde die Basilika San Giovanni in Laterano mit einem neuen Ziborium ausgestattet, das sich heute auf dem Hauptaltar befindet. Den Auftrag erhielt Giovanni di Stefano, ein Künstler aus Siena, weil in Rom offenbar keine Bildhauer mehr ansässig waren, die dieser Aufgabe gewachsen gewesen wären.

In Santa Maria Maggiore wurde zwischen 1370 und 1378 der heute noch existierende Campanile auf den Fundamenten seines Vorgängerbaus errichtet. Mit seinem schlanken, pyramidenförmigen Dach stellte er den höchsten und zweifellos elegantesten Glockenturm der ganzen Stadt dar. Auf dem Kapitol richtete sich die Aufmerksamkeit vornehmlich auf den Palazzo Senatorio. 1376 beendete Gregor XI. das päpstliche Exil in Avignon und verlegte den Hauptsitz des Pontifex wieder nach Rom.

Die tiefe Krise der Kirche war damit jedoch keineswegs beendet. Nur ein Jahr nach der Rückkehr von Gregor XI. wurde die Christenheit durch einen tiefen Bruch erschüttert: Das sogenannte Große Schisma, während dessen sich die Päpste aus Rom einerseits und die Gegenpäpste in Avignon andererseits unversöhnlich gegenüberstanden, zog sich bis zur Wahl Martins V. (1417–1431) im Jahre 1417 hin. Die verschiedenen Interventionen, die auf Martin V. zurückgingen, zielten auf die Restaurierung der Stadt ab. Man renovierte die Basilika Santi Apostoli samt der nahegelegenen Residenz der Colonna, der Familie Martins V. Im Jahre 1425 wurde in der Basilika San Giovanni ein neuer Fußboden aus wiederverwendetem Marmor verlegt. Wenig später ergänzte man den Palazzo Senatorio durch einen Turm, der heute noch an der linken Ecke der Fassade steht. In jener Zeit waren in Rom einige berühmte Künstler tätig, wie etwa Masolino und Masaccio, die vermutlich beide an der Dekoration der Kapelle Santa Caterina in der Basilika San Clemente beteiligt waren. Insgesamt handelte es sich auch bei den unter Eugen IV. (1431–1447) durchgeführten Maßnahmen, wie etwa dem Neubau des Palastes neben Santa Maria in Cosmedin und dem Palazzo Capranica, die beide noch nicht eindeutig stilistisch gekennzeichnet waren, einerseits um letzte Zeugnisse der langen Übergangszeit am Ende des römischen Mittelalters, andererseits verrieten sie die ersten Anzeichen für den Beginn einer neuen Ära.

Mario D'Onofrio

Der gegen Ende des 14. Jahrhunderts erbaute Campanile von Santa Maria Maggiore beherrscht durch seine wuchtige Masse und die Höhe von 75 Metern die Dächerlandschaft des Esquilins.

Die Skulptur von der Spätantike bis zum Ende des 14. Jahrhunderts

Die Beziehung zur antiken Skulptur: zwischen Wiederaneignung und Traditionsbruch

Ebenso wie die Architektur und die Malerei ist die plastische Kunst in Rom während des Mittelalters durch eine enge dialektische Beziehung zur Antike gekennzeichnet. Dies zeigt sich im verstärkten Studium des antiken Formenkanons und dem wachsenden Interesse an den geistesgeschichtlichen Hintergründen. Hierbei stehen mehr oder weniger bewußte Abwandlungen neben offensichtlichen Zitaten und durchaus eigenständigen Interpretationen der Antike.

Da die Aufträge von seiten des Kaisers im 4. Jahrhundert stark abnahmen, gibt es aus dieser Zeit wesentlich weniger Zeugnisse monumentaler Skulptur, die auf die Verherrlichung der weltlichen Macht abzielten. Zu dieser Zeit werden die neuen funktionalen und symbolischen Eigenschaften entwickelt, die den plastischen Künsten im Bereich des christlichen Bauwerks vorbehalten sind. Der Übergang vollzieht sich zunächst ausschließlich über die Anpassung und Verwendung derjenigen Elemente der architektonischen und dekorativen Plastik wie Architrave, Säulen, Basen und Kapitelle, die sich aufgrund ihres neutralen und allgemeinen ikonographischen Charakters besonders für die Einbindung in einen neuen Zusammenhang eignen. In Rom stand zu diesem Zweck eine große Anzahl antiker Marmorwerke zur Verfügung. Diese Möglichkeit zur unmittelbaren Bezugnahme brachte nicht zuletzt ökonomische Vorteile mit sich, erlaubte sie doch eine rasche Ausführung und die Kompensation eines Mangels an kompetenten Bildhauern.

Bereits die ältesten Basiliken bezeugen, daß die Materialien mit großer Sorgfalt ausgewählt und unter dem Gesichtspunkt der Einheitlichkeit verwendet wurden, wobei an passender Stelle auch Variationen eingeplant wurden, um strukturell, liturgisch oder symbolisch bedeutende Punkte hervorzuheben. Die kontinuierliche Plünderung der antiken Gebäude und die Wiederverwendung von Materialien für neue Werke mußten schon bald von spezialisierten Marmorbildhauern übernommen werden. Übriggebliebene Gebäudeteile, die nicht anderweitig wiederbenutzt werden konnten, wurden in Kalkbrennereien verwertet. Der rein praktische Aspekt der Wiederverwendung der antiken Elemente liegt auf der Hand, jedoch kommt darin auch das Bewußtsein vom hohen künstlerischen Niveau der griechisch-römischen Kultur zum Ausdruck. Es zeigen sich hierin eine tiefe Bewunderung für die zahlreichen Überreste der Vergangenheit sowie der Wunsch, sich als legitimer Nachfolger des antiken Rom zu präsentieren. Die Schaffung einer direkten Verbindungslinie zu dieser hohen künstlerischen Tradition, die sich bereits seit den ersten Jahrhunderten des Christentums in der Architektur und Malerei über einen Prozeß der Wiedererlangung und Verarbeitung einiger formaler, jedoch ihrer ursprünglichen Inhalte beraubter Vorbilder entfaltet hatte, findet im Bereich der Skulptur keine unmittelbare Parallele. In dieser Gattung der bildenden Kunst hatte das spätantike Rom die stärksten und eindrucksvollsten Zeugnisse seiner Fähigkeiten der Naturnachahmung und des künstlerischen Ausdrucks hinterlassen. Vielleicht war es die eindrucksvolle Präsenz der anti-

Grabmal des Kardinals Venerius *in San Clemente mit den im 15. Jahrhundert wiederverwendeten Teilen der ursprünglichen liturgischen Ausstattung der Unterkirche. Diese im 6. Jahrhundert entstandenen Stücke dokumentieren eine künstlerische Beeinflussung aus Konstantinopel. Charakteristisch dafür sind die eleganten, schlanken Säulen mit vegetabilem Dekor sowie die Korbkapitelle.*

ken Monumentalskulptur und Porträtkunst, die die heidnische Bilderverehrung am lebhaftesten in Erinnerung rief, auch wenn diese keine Bedrohung mehr für die Christenheit darstellte. Die massive Ablehnung der Idola falsa, d. h. „falscher", weil vorchristlicher Bilder, durch die Römische Kirche trug wahrscheinlich von Anfang an dazu bei, die Tradition der antiken Skulptur – hier als künstlerische Ausdrucksform verstanden, die durch die Aufstellung vollplastischer Werke im offenen Raum und einen prägnanten stofflichen Naturalismus charakterisiert ist – zu unterbrechen. In diesem Prozeß der Abkehr von der antiken Mimesis spielen jedoch verschiedene weitere Faktoren eine Rolle. Dabei handelt es sich vor allem um die Entstehung eines neuen zweidimensionalen und abstrahierenden Stils, der für das Mittelalter typisch ist und der sich primär auf den fundamentalen Ausdruckswert der Linie gründet. Man könnte auch von einem fortschreitenden Verlust der praktischen Fähigkeiten sprechen, der auf die allgemeine Wirtschaftskrise und das Aufkommen von populären und ornamental geprägten Stilrichtungen zurückzuführen ist, die bei den verschiedenen Völkern im Westen in Gebrauch waren.

Die Merkmale des neuen Stils

Es ist offensichtlich, daß sich die Steinskulptur in Rom im Verlauf des Hochmittelalters – gleichzeitig mit der Wiederverwendung antiker Werke und auch darüber hinausgehend – fast ausschließlich nichtfigürlicher Motive aus der Tier- und Pflanzenwelt oder abstrakter Ornamentik bediente. Diese Ornamentik wurde üblicherweise auf antiken Marmorwerken und mit eher einfachen Werkzeugen ausgeführt. Die einzelnen Steinmetze, für die erst seit dem 9. Jahrhundert eine Organisation in Werkstätten bezeugt ist, benutzten Stichel und

Die Schola cantorum in der Oberkirche von San Clemente. Dieses reiche liturgische Ensemble wurde im 12. Jahrhundert von römischen Bildhauern unter Einbeziehung einer großen Anzahl von Platten der ursprünglichen Einfriedung des Presbyteriums der Unterkirche aus dem 6. Jahrhundert geschaffen.

Gegenüberliegende Seite:
Auf den Schrankenplatten des 9. Jahrhunderts wurden verstärkt geometrisierende Kompositionsschemata, die sich an Vorbildern des 6. Jahrhunderts orientieren, eingesetzt. Ziel dieser Praxis war die Schaffung eines kompositorischen Gleichgewichts bei den Dekorationen. Rom, Santa Sabina

glatte oder gezinkte Messer. Die Reliefs waren im allgemeinen nur gering erhaben, von vereinfachender Ausführung und setzten sich meist aus symmetrisch angeordneten Schemata zusammen. Sie waren den räumlichen Gegebenheiten der liturgischen und architektonischen Ausstattung entsprechend auf Altären, Ziborien, Eingrenzungen des Presbyteriums, Umgrenzungen der Scholae cantorum (Sängeremporen), Pergolen, aber auch auf den Fenstern oder Portalen angebracht. Die Rekonstruktion ihres ursprünglichen Anbringungsortes ist aufgrund der Herauslösung aus dem Zusammenhang und ihres fragmentarischen Zustands oft schwierig: Der ehemalige Standort der Bogenfragmente, Altarschranken, Geländer, kleinen Pilaster, Kapitelle, Kämpfer, Architrave, Tür- oder Fensterpfosten, Rahmen und Konsolen, die in den darauffolgenden Jahrhunderten in den verschiedenen römischen Kirchen wiederverwendet oder in Museen und Sammlungen aufbewahrt wurden, ist nur noch in seltenen Fällen festzustellen.

Die Zeugnisse der byzantinischen Skulptur

Die Überreste eines lokalen Kunstschaffens in Stein, die für frühchristliche Bauten (zwischen dem 4. und 5. Jahrhundert) bestimmt waren, sind rar und auf einige Bruchstücke von Platten mit spätrömischen Gittermotiven beschränkt, die oftmals zerbrochen oder zu Flachreliefs verschliffen sind. Begünstigt durch die Präsenz der byzantinischen Herrschaftsschicht und des Mönchtums der Ostkirche mangelt es im 6. Jahrhundert in Rom dagegen nicht an bedeutenden Kunstschöpfungen, die „importiert“ waren. Ein Zeugnis hierfür sind Werke, die eindeutig ihre stilistische Herkunft aus Konstantinopel verraten, wie z. B. die bekannten Überreste einiger Ausstattungsstücke, die von byzantinischen Künstlern für die frühchristliche Basilika San Clemente geschaffen wurden und die von dem späteren Papst Johannes II. (533–535) während des Pontifikats von Hormisdas (514–523) in Auftrag gegeben wurden. Hiervon haben sich vor allem zwei Kapitelle erhalten, die völlig von Weinreben und -blättern umschlungen sind und vielleicht zu einem Ziborium oder einer Ikonostase gehörten. Im 15. Jahrhundert wurden sie für das Grabmonument des Kardinals Venerio wiederverwendet.

Darüber hinaus haben sich Teile der liturgischen Einfriedung des 6. Jahrhunderts erhalten, die im 12. Jahrhundert erneut Verwendung fanden. Es handelt sich um eine Reihe von kleinen Marmorpilastern und -schranken mit deutlich abgesetzten quadratischen Feldern, die zwischen Kränzen aus Blättern und Kreuzen im Zentrum das Monogramm Johannes' II. zeigen. Sie zeugen von der Vorliebe der justinianischen Zeit für klare geometrische Flächenaufteilung, die elegant und ohne füllende Ornamente in den Stein gehauen wurden und analog auch in anderen zeitgenössischen Platten zu finden sind. Die Werke in Santa Maria in Cosmedin nehmen z. B. das dekorative Motiv der Rhomben und geometrischen Figuren auf, die auf unterschiedliche Weise ineinander verzahnt sind. In Rom selten zu finden, ist es jedoch in Konstantinopel und in Kleinasien bis an das Adriatische Meer häufig anzutreffen.

Das Kunstschaffen zur Zeit Karls des Großen

Die größere Anzahl der erhaltenen Kunstwerke vom Ende des 8. bis zur Mitte des 9. Jahrhunderts bezeugt, daß die Entwicklung der lokalen Architekturplastik in engem Zusammenhang mit dem ökonomischen und po tischen Aufschwung des Papsttums und der damit verbundenen wesentlich verbesserten Auftragslage stand. Unter den erhaltenen Werken des neuen Stils, auf die zum Teil schon hingewiesen wurde, befindet sich das Fragment einer Grabplatte in Santa Maria in Cosmedin, die in die Chorschranken wiedereingesetzt wurde, aber ursprünglich mit größter Wahrscheinlichkeit zu einem Altar gehörte und in die Zeit des Pontifikats von Hadrian I. (772–795) zu datieren ist. Die Arme des Kreuzes in der Mitte zeigen die symmetrische, jedoch nicht schematische Wiederholung zweier zusammengesetzter Motive, die den gesamten verfügbaren Raum füllen. Diese Überfülle an Ornamentik war in verschiedenen Abwandlungen im nicht-christlichen Westen zur Zeit des Mittelalters weit verbreitet. Im oberen Teil sind zwei Pfauen als Symbole der Unsterblichkeit einander gegenübergestellt, die ihren Durst aus Kantharoi stillen und so das aus dem Frühchristentum stammende Thema des „refrigerium“

Platte aus der im 12. Jahrhundert geschaffenen Abschrankung des Presbyteriums von San Clemente mit dem von zwei Kreuzen gerahmten Monogramm des Papstes Johannes II. (533–535).

Gegenüberliegende Seite:
Bildthemen wie dieser Löwe von der rechten Seite des Portals in San Lorenzo boten den römischen Bildhauern die Möglichkeit, ihre bildhauerischen und expressiven Vorstellungen umzusetzen, ohne sich dem Vorwurf der Idolatrie, der Schaffung von Götzenbildern, auszusetzen.

(Erquickung im Jenseits) wiederaufnehmen. Dieses sollte – mit deutlichem eschatologischem Bezug – auf Platten, die meist zu Altären und Ziborien gehörten, weite Verbreitung finden. Zu sehen ist dieses Motiv nicht nur an der zeitgenössischen, jetzt im Portikus von Santa Maria in Trastevere zu sehenden Schranke, die eine analoge, nur minimal erhabene Bearbeitung an der Oberfläche aufweist, sondern auch auf verschiedenen Platten von Ziborienbögen in den beiden seitlichen Dreiecken, die zwischen dem oberen Rand und der Bekrönung durch den Bogen eingeschlossen sind. Man sollte hier besonders zwei, jetzt in der Kirche Sant'Alessandro in der Via Nomentana vermauerte Steinplatten erwähnen, die aufgrund der einzigartigen Vielfalt in der Tierdarstellung (Schafe, Pfauen, Greife, Löwen und Krokodile) und der besonderen Bezüge zu Motiven aus dem nördlichen Adriaraum zu den bedeutendsten Kunstwerken des römischen Frühmittelalters gezählt werden. Auch andere Elemente an dem unteren Teil der Platte von Santa Maria in Cosmedin gehören zu einem weit verbreiteten Repertoire: die buschigen Pflanzenornamente, die Rosettenmedaillons, deren Blumenblätter in Form eines Windrades angeordnet sind, und vor allem das heidnische Weidenflechtband, das hier zum ersten Mal in Rom für das Kreuzinnere dokumentiert ist. Diese und andere dekorative Themen tauchen nachfolgend auf den verschiedenen Steinwerken des 9. Jahrhunderts auf. Sie gehören zur Ausstattung der zahlreichen Kirchen, die in dieser ersten künstlerischen Renaissance Roms wiederaufgebaut, neu dekoriert oder lediglich restauriert und mit wertvollen Stiftungen geschmückt wurden. Trotz der Schwierigkeit, unter qualitativ oft sehr unterschiedlichen Produkten eine klare Linie der stilistischen Entwicklung zu erkennen, ist in den Reliefs aus der karolingischen Zeit – und besonders denjenigen aus den Jahren des Pontifikats von Paschalis I. (817–824) – eine präzisere und entschlossenere Organisation der Kompositionsschemata in klaren, ausgewogenen Darstellungsformeln zu erkennen. Hier vereinigen sich die verschiedenen Motive spätantiker, frühchristlicher, byzantinischer und östlicher Herkunft.

Solche Eigenschaften lassen sich beispielhaft in einer der verschiedenen, bei dem Wiederaufbau der Schola cantorum von Santa Sabina verwendeten Platten beobachten, die auf das Pontifikat Eugens II. (824–827) zu datieren sind. Sie befindet sich auf der rechten, stark restaurierten Seite der Eingrenzung und zeigt eine komplexe Komposition aus verschiedenen Motiven (schmetterlingsförmige Palmetten, herzförmige Blätter, Lilien und Vögel), die in Korrelation zu zwei miteinander verbundenen Kreisen aus Doppelrillenflechtband verteilt sind, in die wiederum Rhomben aus Bändern, die diagonal von vier Flechten durchkreuzt werden, eingefügt sind. Hier ist das geometrische Thema, das von den oben erwähnten Beispielen aus der Zeit Justinians abgeleitet ist, weiterentwickelt worden. Dieses Darstellungsthema war bereits in einer Gruppe von kunstvollen Platten aus der Zeit des Pontifikats von Paschalis I. in Santa Prassede und Santa Cecilia wiederaufge-

Als Chorschranke wiederverwendete Grabplatte aus dem 8. Jahrhundert in Santa Maria in Cosmedin. Ihr Dekor dokumentiert die Geburt einer neuen, frühmittelalterlichen Formensprache, deren Kennzeichen die Tendenz zu einer flächendeckenden Ausschmückung sowie die starke Stilisierung der Formen sind.

nommen worden, die analoge luftige Kompositionen aus Kreisen, Quadraten, Rhomben und Rechtecken zeigen. Diese sind auf verschiedene Weise miteinander verbunden, überschneiden sich und zeigen außerdem technische Gemeinsamkeiten mit der Platte von Santa Sabina, so daß man die Ausführung ein und derselben Werkstatt zugeschrieben hat, die vielleicht über Kartons für die Reproduktion der Muster verfügte.

Die Renaissance der Künste in karolingischer Zeit findet also auch in einer eleganten und geräumigen Stilisierung der plastischen Dekorationen ihre Entsprechung. Zugleich und mit dem Beginn einer politisch und ideologisch orientierten Wiederaufnahme der frühchristlichen Vorbilder bildet sich eine neue Beziehung zu den Spolien heraus: Indem man über das Wiederverwenden hinausgeht, werden auf der Basis antiker Muster komplette Teile neu erschaffen. Davon zeugt die plastische Dekoration der San-Zeno-Kapelle in Santa Prassede: Am Eingang schuf der Steinmetz des 9. Jahrhunderts die beiden Kapitelle neu, die damit eine freie Interpretation des ionischen Typs liefern, der in Rom seit dem 5. Jahrhundert nicht mehr gebräuchlich war. Auf summarische Weise „ergänzte" er an den beiden abgesägten Seiten die Motive des wiederverwendeten Architravs, während er im Innern auf drei Sockeln der vier Ecksäulen die Rebschosse des vierten Sockels, der einem Bauwerk des 5. Jahrhunderts entstammt, eher ungeschickt wiedergab.

Die Ursprünge des Kunstschaffens der Kosmaten

In diesem emblematischen dialektischen Bezug zur antiken Welt scheinen bereits diejenigen Elemente enthalten, die die darauffolgende Entwicklung des plastischen Schaffens charakterisieren werden. Gemeint sind hier die Werke, die zwischen dem 12. und 13. Jahrhundert von den Familien der Marmorbildhauer geschaffen wurden, die als Kosmaten bekannt sind. Die Kunstkritik rühmt sie jedoch als „magistri doctissimi romani", der Bezeichnung entsprechend, die sie selbst in den Inschriften verwenden. Folgende stilistische Elemente sind die Hauptmerkmale ihres Stils: die überwiegende Unterordnung der Skulptur unter den architektonischen Träger und die daraus folgende Tendenz zum Dekor der meist flachen Reliefs, ferner die programmatische Ablehnung der Darstellung des Menschen sowie das mangelnde Interesse für die Erzählung. Hinzu kommt die charakteristische Vorliebe für ikonographische Vorbilder besonders aus der römischen Tradition – der klassischen, spätantiken und frühchristlichen –, und zwar im vollkommenen Einklang mit den ideologischen Vorgaben des Papsttums. Von Bedeutung war nicht zuletzt die Treue gegenüber der beruflichen Familientradition, aus der daher keine individuellen Künstlerpersönlichkeiten hervorragen, die sich hinsichtlich eines originellen Stils unterscheiden würden. Der „Klassizismus" Paschalis' I. durch die wiederverwendeten Antiken in der kleinen San-Zeno-Kapelle stellt also eine wichtige Voraussetzung dar, reicht aber nicht aus, um die Ursprünge und insgesamt die Kontinuität einer antikisierenden plastischen Tradition beurteilen zu können, deren Spuren sich ab der zweiten Hälfte des 12. Jahrhunderts zu verlieren scheinen.

Die Frage nach den unmittelbaren Vorläufern der Werke der Kosmaten ist also nach wie vor offen. Eine Schwierigkeit in dieser Diskussion stellt der geringe Bestand an plastischen Werken und ihre stilistische sowie qualitative Uneinheitlichkeit dar. Dies gilt nicht nur für die Skulpturen und Reliefs, die auf die Zeit der Krise des Papsttums zwischen Ende des 9. und Mitte des 11. Jahrhunderts datiert wurden, sondern speziell auch für die Werke, die aus der Zeit zwischen dem letzten Viertel des 9. und dem Ende des 12. Jahrhunderts stammen, als bereits die ersten Reliefs der Kosmaten entstanden. Diese Lücke wird um so deutlicher, wenn man an die bedeutenden architektonischen und malerischen Zeugnisse denkt, die in Rom eben während dieser Zeit an der Schwelle zum 12. Jahrhundert geschaffen wurden, um dem fruchtbaren politischen und religiösen Eifer, der mit der Kirchenreform und dem Investiturstreit einherging, auf symbolische und ideologische Weise Ausdruck zu verleihen. Aufgrund dieser Überlegungen wird der Impuls, der vom Wiederaufbau der Abtei Montecassino unter Desiderius ausging und der sich in Rom bereits deutlich in der Rückbesinnung auf die Antike in Architektur und Mosaik bemerkbar gemacht hatte, als Ursprung des antikisierenden Stils der Kosmaten angesehen. Dabei beruft man sich im besonderen auf die offensichtlichen Bezüge zur klassischen Antike in der Ikonographie und das kompositionelle Gleichgewicht der Dekoration der drei Fassadenportale, die auf der Basis von erhaltenen Fragmenten und Reproduktionen rekonstruiert wurden. Im Gegensatz zu den beiden als Spolien verwendeten Rahmen der Seitenportale wurde derjenige des Mittelportals eigens für diesen Zweck geschaffen, wobei ursprünglich das römische Kassettenmotiv durch die elegante Abfolge der profilierten Rhomben mit plastischen Blumen in der Mitte auf Mosaikgrund wiederaufgenommen wurde.

Nach jüngeren Untersuchungen reicht die Erklärung, welche durch die Befunde von Montecassino gegeben wird, nicht aus, um die vorausgehenden und nachfolgenden Entwicklungen der römischen Skulptur umfassend zu beschreiben. Vor allem aber rechtfertigt sie nicht die figürlichen Aspekte, die zum Teil in den Werken der Kosmaten – angefangen mit dem Kandelaber von San Paolo fuori le mura – durchaus vertreten sind. Um den Bestand der erhaltenen Skulpturen aus der Zeit zwischen dem 11. und 12. Jahrhundert bestimmen zu können, soll daher – ohne auf die komplexen Problematiken der Rekonstruktion und Chronologie einzugehen – die Werkgruppe herangezogen werden, die von der jüngeren Kunstgeschichte als Zeugnisse des Kunstschaffens während der gregorianischen Ära oder der Zeit davor angesehen wird.

Die ersten figürlichen Motive wurden bereits in Werken wie dem Marmorbrunnen von San Bartolomeo auf der Tiberinsel (10. Jahrhundert) erkannt. Es handelt sich dabei um das einzige römische Beispiel für die Wiederaufnahme ottonischer Vorbilder in der eleganten und komplexen Gestaltung der Flachreliefs, die in reich ornamentierten Ädikulen die vier Figuren des Erlösers, des Hl. Paulinus von Nola, des Hl. Bartholomäus und Kaiser Ottos III. aufnehmen. Eventuell ist es aber auch das Altarreliquiar in Santa Maria del Priorato, das auf einer Seite in den vier Ecken des Kreuzes die Evangelistensymbole und auf der Vorderseite die frühchristlichen Motive des Agnus Dei und der von Ranken eingefaßten Tür zeigt. Eine erste, bedeutende römische Bearbeitung des frühchristlichen Themas des „bevölkerten" Rebschosses, das Übereinstimmungen mit dem ideologischen und kulturellen Programm des Reformpapsttums zeigt, ist dagegen auf einer Gruppe von zum Teil nur fragmentarisch erhaltenen, umgearbeiteten und aus ihrem ursprünglichen Zusammenhang herausgelösten Rahmen zu sehen, die zu Portalen von San Giorgio in Velabro, Santa Maria in Cosmedin, Santa Maria in Trastevere, Santo Stefano degli Abissini, Santa Pudenziana und Sant' Apollinare gehören. Zwar sind die erhaltenen Motive auf diesen Rahmen sehr unterschiedlich ausgeführt, doch weisen sie mit der Dekoration der Rahmen aus sich windenden Ranken eine wichtige Gemeinsamkeit auf.

Hervorzuheben sind auch die Rahmenfragmente von Santa Pudenziana und Sant'Apollinare durch die elegante, realistische Wiedergabe der Reliefs spätantiker Herkunft und ihre klassische Ausgewogenheit in der Komposition, die zu den Prototypen des romanischen Portals mit spiralförmigen Pflanzenranken gezählt werden. Den Reproduktionen zufolge zeigen sie Kompositionen mit Ranken, die von Medaillons mit Büsten – im Fall von Santa Pudenziana – des mystischen Lamms und der Heiligen Pudentia, Praxedis, Pastor und Pudenz zeigen. In den Medaillons der Portalrahmung von Sant'Apollinare sind dagegen Christus und die Heiligen Petrus und Apollinaris dargestellt. Die Fragmente des Rahmens von Santa Pudenziana wurden später zum Architrav des Kirchenportals zusammengefügt, während die sieben Bruchstücke des Rahmens von Sant'Apollinare heute im Saal VII der Vatikanischen Grotten zu finden sind. Beide Werke, die durch ikonographische und stilistische Merkmale miteinander in Verbindung stehen, wurden auf das Ende des 11. Jahrhunderts datiert und wie die Fresken von San Clemente als direkte Auswirkung der gregorianischen Reformkultur angesehen. Im gemeinsamen geistigen Bezug zu frühchristlichen Vorbildern stehen sie wie alternative Phänomene der Kultur der Marmorbildhauer gegenüber. Diese Phänomene wurden zur gleichen Zeit durch zwei Begleitumstände begünstigt: einerseits durch die Schaffung einer eigenen frühmittelalterlichen Tradition und andererseits durch den mehr oder minder direkten Kontakt zu den „modernsten" byzantinischen Meistern, die in Montecassino tätig waren. Auf letztere insbesondere ist, zugleich mit der Wiederentdeckung des Mosaiks, die Wiederaufnahme des antiken Opus sectile in zahlreichen Fußbodendekorationen der ersten Hälfte des 12. Jahrhunderts zurückzuführen. Diese stehen unmittelbar mit der Vorliebe für die polychrome Ornamentik aus Marmorintarsien in Zusammenhang, die fast als Synonym für die gesamte Kosmatenproduktion bezeichnet werden kann.

Doch tatsächlich beschränkt sich die Tätigkeit dieser „magistri doctissimi romani", von denen die Kosmaten nur eine von fünf oder sechs Familien von insgesamt etwa sechzig zwischen dem 12. und 13. Jahrhundert tätigen Meistern sind, nicht auf diese typischen Dekorationen. Sie umfaßt ein umfangreiches architektonisches Schaffen und zeichnet sich durch die Modernisierung verschiedener Bauelemente wie z. B. von Kreuzgängen, Portiken und Glockentürmen, aber auch liturgischer Ausstattungen wie Ambonen, Ziborien, Kanzeln, Kandelabern und Grabmonumenten aus. Die traditionelle Rolle der Kosmaten als Bildhauer erschöpft sich nicht in der Fortführung der organisierten Werkstätten, die die Plünderung und den Wiedergebrauch der antiken Marmorwerke monopolisierten. Dennoch wurde diese Tätigkeit als sehr bedeutend angesehen, zumal sich die Kosmaten als Schöpfer und Interpreten der neuen römischen Identität empfanden, die durch die hohe symbolische Bedeutung der wiederverwendeten Schmuck- und Bauelemente entstanden war. Frucht dieses gereiften Bewußtseins ist das neue Interesse der Marmorbildhauer für die antiken Vorbilder, die nicht mehr nur wiederverwendet, sondern auch aufmerksam studiert und nachgeahmt wurden, wie an den ionischen Kapitellen von San Lorenzo fuori le mura deutlich erkennbar ist. In vielen Fällen wurden sie zu Vorbildern der sogenannten mittelalterlichen Antike überarbeitet, wie die Mosaikeinfügungen in den beiden Steinplatten von Johannes II. in der Schola cantorum von San Clemente bezeugen. Kann man also tatsächlich von eigenständigen Bildhauern sprechen oder von fähigen Kunsthandwerkern, die sich darauf beschränkten, den architektonischen Strukturen plastische Reliefs hinzuzufügen und so lediglich ein spärliches Interesse für die plastische Entwicklung der Formen und für Menschendarstellungen sowie narrative Szenen zeigten? Diese Frage stellt sich im Zusammenhang mit der zeitgenössischen „romanischen" Produktion in anderen kulturellen Zentren der italienischen Halbinsel und des Gebiets jenseits der Alpen. Das negative Urteil, das bislang von einer verlangsamten und verspäteten Entwicklung Roms in dieser Hinsicht sprach, kann durch die Tatsache relativiert werden, daß Rom offenbar von kulturellen Beiträgen, die von außen kamen, isoliert war, was auf die spezifisch konservative Haltung seines ideologiebefrachteten Stils verweist. Dieser sollte sich während des gesamten Mittelalters und in den verschiedenen Kunstgattungen allein durch die kontinuierliche Aneignung fremder Elemente erneuern. Die Mehrzahl der Studien beruft sich auf die bereits erwähnte Theorie der Idola falsa, nach der die römische Kirche seit ihren Ursprüngen und aus Furcht, der Idolatrie verdächtigt zu werden, jegliche skulpturale bildliche Darstellung verbannt habe, sofern es sich nicht unmißverständlich um Unheil abwehrende Darstellungen handelte wie eben die verschiedenen Löwen, Sphingen, Masken oder Konsolenköpfe, die in den Werken der Kosmaten vorkommen. Nicht zufällig ist diesen Bildern, die sich durch plastische und formale Autonomie und außergewöhnliche Ausdruckskraft auszeichneten, die künstlerische Rehabilitierung der römischen Marmorbildhauer zu verdanken, die unter besonderen Umständen durchaus in der Lage waren, sich unabhängig von einer epigonenhaften Anlehnung an die Antike auszudrücken.

Die Werke der „magistri doctissimi romani"

Um Zuschreibungs- und Chronologieproblematiken zu vermeiden, seien hier nur einige der repräsentativsten Werke aus dem ausgedehnten und vielfältigen künstlerischen Schaffen der Kosmaten behandelt. Zugunsten einer klaren Darstellung soll dabei der Aspekt der typologischen Entwicklung in den Vordergrund gestellt werden. Infolge der liturgischen Reform von 1095, mit der Urban II. den obligatorischen Chorgesang für den gesamten Klerus eingeführt hatte, wurde die Errichtung von Scholae cantorum und mit ihnen die völlige Erneuerung der kirchlichen Ausstattung angeregt. Auch der Kandelaber für die Osterkerze und die beiden Ambonen wurden in der folgenden Zeit Teil dieser zentralen Umfriedung: einfacher diejenige für die Lesung der Epistel, komplexer und mit zweifachem Aufstieg und vorkragendem Lesepult die auf der Evangelienseite. Dieses Schema wurde sofort übernommen, wie die Exemplare des 12.

Ansicht des Ambons aus San Lorenzo fuori le mura, eines Teils der liturgischen Einrichtung dieser berühmten Pilgerbasilika, deren Erneuerung unter Papst Innozenz IV. (1243–1254) abgeschlossen wurde. Zusätzlich zu einem weiteren Ambon wurden der Bischofsthron sowie ein Osterleuchter ebenfalls als kosmateske Einlegearbeiten angefertigt.

Jahrhunderts in Santa Maria in Cosmedin und San Clemente zeigen.

Die Ausstattungstypologie mit Platten für die Chorschranken, Ambonen und Kandelaber, an die im Presbyterium der Altar, das Ziborium und der Bischofsthron angrenzen, blieb über 150 Jahre lang fast unverändert bestehen. Eine spätere und monumentalere Version lassen die inzwischen versprengten Reste der ursprünglichen Einrichtung von San Lorenzo fuori le mura erkennen, die zwei aufeinanderfolgenden Arbeitsperioden zuzuordnen sind. Die erste, die unter Honorius III. (1216–1227) von den Marmorbildhauern der Familie der Vassalletto ausgeführt wurde, umfaßt neben dem Portikus und den Kapitellen des Kirchenschiffs die reichgeschmückten Brüstungen, die seitlich des Bischofsthrons zu sehen sind, und die beiden Löwenbüsten an den Enden der Chorbänke. Zur zweiten Phase unter Innozenz IV. (1243–1254) gehören der Bischofsthron selbst und die beiden Ambonen. Letztere zeugen wie die Platten der Chorschranken von San Lorenzo von der typologischen Entfaltung in einem monumentalen Maßstab ebenso wie von der Entwicklung einer komplexeren und regelmäßigeren Anordnung der Dekorationen, die aus geometrischen Porphyr- und Serpentinkompositionen zwischen alternierenden Marmor- und Mosaikfeldern und mit Ornamenten bereicherten Gesimsen zusammengesetzt sind. Die Brüstungen sind mit einem Architrav bekrönt, der auf kleinen Pilastern und Spiralsäulchen ruht – ein Schema, das sich ähnlich in den zur selben Zeit im rechten Seitenschiff von San Saba vermauerten Steinplatten findet, die ursprünglich zu einer Umfriedung gehörten und gleichfalls von der Werkstatt der Familie Vassalletto im zweiten Viertel des 13. Jahrhunderts ausgeführt wurden.

Durch ihre früh erreichte hohe Qualität ragen zwei Werke aus der ersten Generation hervor, die für die Entwicklung der jeweiligen Gattung exemplarisch sind: das Ziborium von San Lorenzo und der Kandelaber von San Paolo fuori le mura. Ersteres trägt die Signatur der Söhne Paolos, Giovanni, Pietro, Angelo und Sasso, neben der Jahreszahl 1148. Es stellt eines der seltenen original erhaltenen Zeugnisse der strukturellen Entwicklung dar, die den Neuerungen Arnolfo di Cambios unmittelbar vorausgeht. Das Ziborium, das von vier Säulen getragen wird, hat zwei übereinandergelagerte Säulchengeschosse, auf denen jeweils ein Architrav ruht, und wird von einem pyramidenförmigen Dach über einer oktogonalen Basis bekrönt. Die Laterne ist ihrerseits von Säulchen durchbrochen und wird von einer Pyramide abgeschlossen. Die Verbreitung dieser neuen Formensprache in Rom und im Latium geht auf die am längsten bekannte der Kosmaten-Familien zurück. Sie leitet sich vom vereinfachten Vorbild von San Clemente aus den Anfängen des 12. Jahrhunderts ab und gründet auf der Wiederentdeckung der Architravstruktur und dem oberen Abschluß in der Art eines Käfigs, der wahrscheinlich frühchristlichen Ursprungs ist. Die genaue Rekonstruktion möglicher Prototypen und hochmittelalterlicher Entwicklungsstadien des Ziboriums ist äußerst schwierig, weil entweder die Quellen über deren weite Verbreitung in Rom seit dem 4. Jahrhundert und den Reichtum der verwendeten Materialien keine präzisen Daten zur Verfügung stellen oder weil die erhaltenen Platten des 8. und 9. Jahrhunderts fragmentarisch und oftmals aus ihrem ursprünglichen Kontext gelöst sind. Der Osterkandelaber von San Paolo geht dagegen auf die klassischen Vorbilder der antiken

Folgende Doppelseite:
Die Kathedra in San Lorenzo fuori le mura bezeugt durch ihre farblichen und formalen Elemente wie die Marmorscheiben sowie die Bekrönung dieses Thrones die Reife der Skulptur des 13. Jahrhunderts in Rom.

Der Bischofsthron aus San Lorenzo fuori le mura mit seinen farbigen Marmoreinlegearbeiten wurde von der Bildhauerfamilie der Vassalletto zwischen 1216 und 1227 geschaffen.

Gegenüberliegende Seite:
Das komplexe ikonographische Programm des Osterleuchters in San Paolo fuori le mura vereinigt Darstellungen von Pflanzen und Tieren mit komplexeren figürlichen Szenen, die Passion und Auferstehung Christi illustrieren.

Der von Niccolò d'Angelo und Pietro Vassalletto signierte Osterleuchter in San Paolo fuori le mura

Kandelaber und Spiralsäulen zurück, steht dabei allerdings nicht am Anfang dieser neuen Typologie. Zahlreiche Exemplare mit einfachen Spiralsäulen mit Mosaikeinlagen, die manchmal an der Basis von Sphingen- oder Löwenfiguren begleitet werden, folgen diesem Vorbild. Der Kandelaber von San Paolo stellt vor allem aufgrund seines frühen Entstehungsdatums und wegen der seltenen plastischen Dekoration ein einzigartiges Zeugnis seiner Art im römischen Umkreis dar. Der Säulenschaft ist in acht übereinandergestellte Register unterteilt, in denen sich die Dekoration entfaltet. Ein komplexes ikonographisches Programm verbindet die auf die monastische Auftraggeberschaft bezogenen Themen mit der spezifischen Symbolik des Ausstattungsstücks. In kathartischer Progression sind die Bilder von den dämonischen Figuren und paganen Wesen an der Basis bis hin zum Licht der Wiederauferstehung in einem Geflecht aus Bezügen aufgebaut, die auf benediktinische Wurzeln verweisen. Auf dem großen Säulenfuß sind vier reichgekleidete Frauen dargestellt. Dazwischen befinden sich Figuren von Sphingen, Widdern und Löwen mit symbolischer und ideologischer Bedeutung, die sich gegen den Untergrund abheben. Es folgen vier gleich große Register, wobei das erste mit Flechtwerk und eingeschobenen Tierdarstellungen geschmückt ist, während auf den drei folgenden verschiedene Szenen der Passion und Wiederauferstehung Christi zu erkennen sind. Ein breites, durch eine Erhöhung in zwei Hälften untergliedertes Band ist mit malerischen Ranken verziert; darüber liegt die oberste Ebene mit acht Skulpturen wilder Tiere, die den Lichtteller halten.

Die Urheber des Werks sowie die Etappen seiner Entstehung sind uns durch eine Inschrift unterhalb der Szenen des Christuszyklus bekannt. Sie gibt Auskunft über die Namen der Künstler: Niccolò d'Angelo, der Sohn eines der oben erwähnten Künstler des Ziboriums von San Lorenzo, und Pietro Vassalletto der Ältere, dessen Tätigkeit im Kreuzgang von San Giovanni in Laterano festgestellt wurde. Letzterem wird übereinstimmend der Gesamtentwurf des gesamten Kandelabers zuerkannt, während die Zuschreibung der verschiedenen Teile umstritten bleibt, auch weil keine anderen gesicherten Werke des Niccolò d'Angelo bekannt sind, die einen Vergleich erlauben würden. Der kompositionelle Aufbau der Szenen, die plastische Wiedergabe der Reliefs, die auch den Gebrauch des Bohrers verrät, das Streben nach Effekten des Malerischen und der Bewegung sowie die zahlreichen Zitate typologischer und ikonographischer Art offenbaren jedoch eindeutig eine unmittelbare Beziehung zu antiken und frühchristlichen Vorbildern. In formaler Hinsicht zählt dieses Werk zu denjenigen Arbeiten, die die Fähigkeiten der römischen Marmorbildhauer am umfassendsten zum Ausdruck bringen. Zugleich ist es aufgrund seiner Auftraggeberschaft, die mit den ersten Auswirkungen der Forderungen des Reformpapsttums in Montecassino zusammenhängt, mit besonderen liturgischen, symbolischen und ideologischen Inhalten aufgeladen. Am deutlichsten wird dies am Bischofsstuhl, der in Rom die Aufgabe hatte, die Autorität des Papstes zu versinnbildlichen. Begründet wird dieser Anspruch durch das geistige und zeitliche Erbe des Papsttums, beruhend auf der Sanctitas und dem Imperium, das bereits mit der sogenannten Konstantinischen Schenkung bewußt aufgestellt und

Der Nordflügel des Kreuzgangs von San Paolo fuori le mura wurde spätestens zwischen 1230 und 1235 von dem gleichen Künstler aus der Familie Vassalletto fertiggestellt, der davor bereits an der Ausgestaltung des Kreuzgangs der Lateransbasilika beteiligt war.

Unten links:
Der Osterleuchter der Basilika San Clemente hat die Form einer zierlichen, gewundenen Säule, deren Schaft mit Mosaikintarsien reich verziert ist.

Rechts:
Der Jacopo di Lorenzo zugeschriebene Bischofsthron in Santa Maria in Trastevere aus dem Jahre 1215.

sodann in den Lehren des *Dictatus Papae* (1075) Gregors VII. weiterentwickelt worden war.

Bereits seit den ersten Exemplaren von San Clemente und Santa Maria in Cosmedin werden die Bischofsstühle mit differenzierten Bezügen zur Zeit des Frühchristentums ausgestattet und gemahnen an die Märtyrer, Heiligen sowie an die unmittelbare Nachfolge Petri der ersten Päpste. Andere Stühle weisen die Symbolik der weltlichen Macht auf, die durch die Attribute der kaiserlichen Insignien wie Löwen oder Sphingen verkörpert wird. Eine vollständigere ikonographische Ausarbeitung läßt sich beispielsweise bei den beiden Exemplaren von San Saba (1205) und Santa Maria in Trastevere (1215) feststellen, die aus jeweils unterschiedlichen Gründen Jacopo di Lorenzo zugeschrieben werden. Er war der Leiter einer Werkstatt, die während der ersten dreißig Jahre des 13. Jahrhunderts neben der bereits erwähnten der Vassalletto tätig war. Im Falle des Bischofsstuhls von San Saba erkennt man seine Autorschaft bei der Bekrönung des Dorsale anhand einer mosaikverzierten Marmorscheibe mit einem Kreuz aus Palmzweigen in der Mitte, das explizit auf den Kreuznimbus Christi und damit den göttlichen Ursprung der päpstlichen Macht verweist. Bei der Kathedra von Santa Maria in Trastevere kommt zu der im Vergleich einfacheren Wiedergabe der Scheibe die weiterentwickelte Ikonographie bei den Armlehnen hinzu. Die Löwenköpfe in ihrer bereits erläuterten symbolischen Funktion sind in diesem Fall durch zwei Ganzfiguren geflügelter und gehörnter Löwen ersetzt, die das Fliegen versinnbildlichen, und damit auf die Verherrlichung des Souveräns nach hellenistischem Vorbild zurückzuführen sind.

Bei den im folgenden erläuterten Beispielen aus der Mitte des 13. Jahrhunderts in Santa Balbina und San Lorenzo tritt der symbolische Gehalt hinter die vielfarbige Ornamentierung zurück, wobei dennoch der Scheibennimbus in der Mitte beibehalten und ihm eine dreieckige Bekrönung hinzugefügt wird, die – ebenfalls auf die Attribute der königlichen Würde anspielend – an das Baldachinmotiv erinnert.

Die beiden Grabmalstypen, die ab dem 11. Jahrhundert eingeführt und weiterentwickelt werden – gemeint sind die antiken, wiederverwendeten Sarkophage und die Wandgrabmäler –, nehmen eine präzisere antike Symbolik auf und verdrängen die Bodengrabmäler, die in den vorangehenden Jahrhunderten auch im päpstlichen Umkreis vorherrschend waren. Die Wiederverwendung antiker Marmorsarkophage verweist deutlich auf die ideologischen Vorstellungen der Spolia. Doch fanden sie auch auf Grabmälern Anwendung, weil sie als Teil derjenigen kaiserlichen Insignien begriffen wurden, die dem Papst dem während des Investiturstreits 1075 von Gregor VII. verfaßten *Dictatus papae* zufolge zukommen.

Eine derartige Praxis ist durch das *Grabmal Leos IX.* seit der Mitte des 11. Jahrhunderts bezeugt. Im 12. Jahrhundert wird diese Methode bei Wiederverwendung von Porphyrsarkophagen, die aus kaiserlichen Grabmalsanlagen stammen, noch offensichtlicher. Beginnend mit dem *Grabmal des Alfanus* (gestorben 1123) im Portikus von Santa Maria in Cosmedin, entwickelt sich ebenfalls durch die Verschmelzung von Elementen antiken Ursprungs ein neuer Typus des Wandgrabmals mit einer dreiteiligen Struktur: Über den Sarkophag als Basis ist eine Figurenlünette gestellt, die vom Vorbild der Katakomben mit Arkosolgrabmälern stammt und durch ein Tympanon auf Säulen, das von der klassischen Ädikula abgeleitet ist, abgeschlossen wird. Dieses Grundschema wurde bis zu den späten, vorgotischen Exemplaren aus dem 13. Jahrhundert beibehalten, so etwa beim *Monument des Kardinals Fieschi* (gestorben 1256) in San Lorenzo fuori le mura, das die beiden zuvor entwickelten Vorbilder in einer Weise miteinander verbindet, daß sie die Basisstruktur für spätere Neuerungen bilden. Das Motiv des antiken Hochzeitssarkophags verband sich hier symbolisch mit dem Thema des verlorengegangenen Wandfreskos, das die Einführung des Verstorbenen bei Christus zeigte, mit der Bedachung durch das dreiseitige Tympanon, das durch das Motiv des architravierten Baldachins mit Säulchengalerie inspiriert ist. Die Weiterentwicklung der Grabmalstypen in den Werken Arnolfo di Cambios wird über französi-

Zwickeldekoration aus dem Kreuzgang von San Paolo fuori le mura mit der Darstellung des Wolfs in der Schule. Der Wolf versucht, als Mönch verkleidet, sich das Alphabet anzueignen. Die in dieser Szene enthaltene moralische Botschaft mahnt die Klosterbrüder, sich beim Gebet nicht von weltlichen Gedanken ablenken zu lassen.w

sche Vorbilder vermittelt, durch die Einführung des auf dem Sarkophag liegenden Gisant und die Gotisierung der architektonischen Anlage im Monument für Clemens IV. (1270) in San Francesco in Viterbo. Das Werk wird Pietro di Oderisio, einem römischen Künstler mit einem großen, jedoch noch nicht ausreichend bestimmten Werk, zugeschrieben. Die Besprechung der von den römischen Marmorbildhauern erneuerten Ausstattungstypen soll mit der Untersuchung der Kreuzgänge von San Giovanni in Laterano und San Paolo fuori le mura abgeschlossen werden. Bei diesen handelt es sich um spezifisch architektonische Anlagen, die sich allerdings durch die Einführung zahlreicher, besonders plastischer Reliefs auszeichnen und darüber hinaus eine reiche, polychrome Ornamentik aus dem Repertoire der Kosmaten aufweisen.

Das Dekorationsprogramm des Kreuzgangs von San Giovanni in Laterano wurde während seiner Erbauung, etwa zwischen 1215 und 1232, ausgeführt und umfaßt über das Sockelgeschoß und die Säulchen hinaus vor allem Komposit-, aber auch Figurenkapitelle. Auf ihnen erheben sich die kleinen fünfbögigen Arkaden, die in den Zwickeln eine reiche Folge von Flachreliefs mit Pflanzen- und Tiermotiven und zahlreichen figürlichen Darstellungen aufweisen. Nur eine dieser Darstellungen hat ein biblisches Thema, nämlich den Sündenfall, während alle anderen sich auf antike Fabeln oder Mythen beziehen, die allgemein den Gegensatz von Gut und Böse versinnbildlichen. Es folgen drei mit Mosaik und Inkrustationen geschmückte Zonen, wobei die beiden ersten übereinandergestellt sind, während der dritten eine dichte Reihe kleiner Blattkonsolen vorausgeht. Das Ganze wird von einem Gesims bekrönt, das mit einem Pflanzenflechtband verziert ist, aus dem in regelmäßigen Abständen Löwenköpfe und groteske, fast vollplastische menschliche Köpfchen hervorragen. Die Löwen- und Sphingenpaare, die die Sockelöffnungen zum zentralen Garten flankieren, vervollständigen das Bild der skulpturalen Ausstattung. Die Ausführung des Werkes geht laut einer Inschrift auf einem Pilaster der Südseite auf zwei Mitglieder der Familie Vassalletto, Vater und Sohn, zurück, ohne daß über ihre Identität Genaues bekannt wäre. In ersterem wurde von einigen Pietro Vasselletto erkannt, der den Kandelaber von San Paolo fuori le mura schuf und demnach im auf das Pontifikat Honorius' III. (1216–1227) datierten Narthex von San Lorenzo fuori le mura tätig war.

Die Beteiligung zweier verschiedener Künstlerpersönlichkeiten wird durch die stilistischen und formalen Merkmale bestätigt, die vor allem in den plastischen Dekorationen offensichtlich werden: Der „Vater" hätte demnach das gesamte Sockelgeschoß einschließlich der Löwen und Sphingen geschaffen sowie die plastische Gestaltung der nördlichen und östlichen Seiten, während der „Sohn" Vassalletto die beiden anderen Seiten vollendet hätte. Die Reliefs an der nördlichen und östlichen Seite unterscheiden sich durch eine große Vielfalt der ikonographischen Motive, die aus überschwenglichen Dekorationen zusammengesetzt sind, durch markantere Züge der Köpfe auf den Gesimsen und die minutiöse Sorgfalt der Reliefdetails, die sich durch den weichen und kräftigen Steinschnitt auszeichnen.

Der andere der beiden Künstler entwickelte trotz der Vereinfachung des ornamentalen Repertoires eine größere Eleganz im klassischen Sinne. Dies wird an der Gestaltung der sich klar vom Hintergrund abhebenden Reliefs und der sparsameren und freieren Kompositionen anschaulich. Die Stilkritik erkannte das Werk des „Sohns" Vassalletto auch im Inneren des Kreuzgangs von San Paolo fuori le mura, hier insbesondere bei der Ausführung der nördlichen Seite, die spätestens zwischen 1230 und 1235 entstand und sich durch die Dekorationsmerkmale klar von den anderen, um 1210 gestalteten drei Seiten unterscheidet. Die allgemeine Konzeption der architektonischen Anlage und Ornamentik gleicht der des Kreuzgangs von San Giovanni in Laterano, wobei hier in wenigen Details eine stärkere Anlehnung an die Antike zu erkennen ist. Diese Tendenz ist bereits beim ersten Auftauchen von Kanneluren auf den Lisenen und Marmorspiegeln in den Pfeilerbögen der älteren Seiten zu bemerken: Ihr Charakteristikum ist die Vereinfachung der vielfarbigen Ornamente und Reliefs, die auf eine monotone Abfolge von Löwenköpfen auf dem Gesims und eine fast graphische Gestaltung der Kapitelle beschränkt sind.

Die gesamte Dekoration der später entstandenen Nordseite und die der angrenzenden Joche zeigt hingegen einen konsequenteren Bezug zur Antike. Hier werden ikonographische Motive und formale Lösungen des Kreuzgangs von San Giovanni in Laterano aufgenommen und weiterentwickelt. Die Figurenkapitelle, die plastische Dekoration der Zwickel mit verschiedenen dekorativen oder auf moralisierende Themen anspielenden Motiven, die Verbreitung von weichen Ranken auf dem Sims, das von den deutlich vorkragenden Tierköpfen bzw. den drei naturalistischen Menschenköpfen rhythmisiert wird, weisen darauf hin. Darüber hinaus zeichnet die nördliche Seite sich durch zahlreiche innovative Lösungen aus, wie die Kanneluren der Halbpilaster und das klassische Kassettenmotiv mit Rosetten in der Mitte auf den Bogengewandungen, die Verteilung von Flachreliefs auch auf den Zwickeln, die in das Innere des Wandelgangs zeigen, sowie die Einfügung von kleinen Tieren zwischen den Basen. Bemerkenswert ist weiterhin die Einführung von Motiven wie der Chimäre oder dem „Wolf in der Schule", die in Rom neu waren, jedoch zum verbreiteten Repertoire der mittelalterlichen Skulptur gehörten.

Aufgrund fehlender Quellen zu den zeitlich nachfolgenden Arbeiten im Kreuzgang von San Paolo fuori le mura begründet sich die Identifizierung auf eine technische und stilistische Analyse. Neueren Hypothesen zufolge werden sie Niccolò d'Angelo und Pietro Vassalletto zugeschrieben, die bereits im Zusammenhang mit der Ausführung des Kandelabers in der Bauhütte von San Paolo fuori le mura tätig waren. Die Zuschreibung des nördlichen Flügels an Vassalletto, den Sohn von Pietro, dessen künstlerische Handschrift bereits in der Süd- und Westseite des Kreuzgangs von San Giovanni in Laterano erkennbar ist, ist eindeutig. Zu den überzeugenden Ähnlichkeiten mit den formalen Eigenschaften kommt eine vollendete Synthese der bisherigen Entwicklung hinzu, in der sich der antikenbezogene Traditionalismus des Zitats und ein reiferes Wiederaufgreifen des klassischen Naturalismus mit der Schlichtheit des klaren und entschiedenen Steinschnitts sowie der auf das Wesentliche ausgerichteten plastischen Darstellung, die für das Mittelalter typisch ist, verbinden. Diese Werke der 30er Jahre zeugen von der Errungenschaft der römischen Marmorbildhauer bei der

Ebenfalls als eine moralische Warnung vor den Gefahren, die von den weltlichen Dingen ausgehen, dürfte eine weitere Darstellung in einem anderen Zwickel des gleichen Kreuzgangs zu verstehen sein. Sie zeigt die Chimäre, das antike mythische Mischwesen aus Löwe, Ziegenbock und Schlange.

Das im Jahre 1285 fertiggestellte Ziborium über dem Altar von San Paolo fuori le mura ist das früheste gesicherte Werk aus Arnolfo di Cambios römischer Schaffensphase. Darin wurden architektonische, plastische sowie gemalte Elemente aus unterschiedlichen Kulturbereichen zu einem höchst innovativen Werk der Gotik verbunden. Die auf dem Bildausschnitt sichtbare Eckfigur zeigt den Apostel Paulus, den Patron der Basilika.

Suche nach Originalität, indem sie das schaffen, was man eine „mittelalterliche Antike" nannte, und zwar in direktem Bezug zu den ideologischen Vorgaben des theokratischen Anspruchs Innozenz' III. und Honorius' III. Bei den darauffolgenden Werken bis zu Arnolfo di Cambio – wie z. B. den allerdings nicht in ihrer ursprünglichen Anordnung neu zusammengesetzten Ausstattungsstücken in San Cesareo – geht die Entspannung der politischen Situation einher mit einer Reduktion der Ausdruckskraft der Bilder, wobei die Phänomene des Selbstzitats und der Wiederholung von mittlerweile kodifizierten Typologien zu beobachten sind. Die künstlerischen Fortschritte bestehen einzig im Reichtum des Materials und der farblichen sowie dekorativen Effekte. Die letzte Schaffensperiode der Kosmaten, von der im folgenden die Rede sein soll, umfaßt die letzten beiden Jahrzehnte des 13. Jahrhunderts bis zur Umsiedelung des Papsttums nach Avignon. Diese Phase wird hauptsächlich von einigen Vertretern der Familie der Mellini repräsentiert, die es verstehen, dem Geschmack und den bescheideneren Anforderungen der Auftraggeber mit einer nur gemäßigten Modernisierung der traditionellen Typen Ausdruck zu verleihen.

Arnolfo di Cambio in Rom

Im Verlauf des 13. Jahrhunderts erfährt die Kunstszene in Rom eine tiefgreifende Erneuerung. Auch wenn die ideologischen Konstanten, die die Entwicklung und Besonderheit während des Mittelalters ausgemacht hatten, erneut bestätigt werden, befindet sich die Kultur in einem fruchtbaren Austausch mit den modernen Strömungen der italienischen und der westeuropäischen Kunst. Arnolfo di Cambio, der als Bildhauer, Architekt und möglicherweise auch Maler tätig war, wurde zwischen 1240 und 1245 in Colle Val d'Elsa geboren. Er gilt als die unumstrittene Hauptfigur dieser Erneuerung. Seine Ausbildung wurde in besonderem Maße durch den Kontakt mit den modernsten Bauhütten der Epoche geprägt. Von Bedeutung waren die zisterziensischen Meister, die im Dom von Siena tätig waren, und folglich auf indirekte Weise auch der Klassizismus der künstlerischen Kultur um Kaiser Friedrich II. sowie der Rayonnantstil – der in den Kathedralen der Ile-de-France in den 70er und 80er Jahre des 13. Jahrhunderts entstand. Entscheidend war aber die originelle Synthese all dieser Faktoren, die Nicola Pisano und seine direkten Schüler in ihrer Kunst erarbeiteten. Arnolfo di Cambio selbst ist zwischen 1265 und 1268 als einer der Schüler des apulischen Meisters nachgewiesen.

Die ersten Dokumente über den Aufenthalt Arnolfos in Rom stehen in Verbindung mit der Person Karls von Anjou, der den Künstler viel-

Folgende Doppelseite, links:
Bei den Arbeiten an dem Ziborium in San Paolo fuori le mura wurde Arnolfo di Cambio von einigen Mitarbeitern unterstützt. Unter diesen ragt der durch die Inschrift des Ziboriums erwähnte „socio Petro" hervor, dem das elegante figürliche Kapitell unterhalb der Figur des Hl. Timotheus zugeschrieben wird.

Rechts:
Die Statue des Hl. Benedikt vom Ziborium in San Paolo fuori le mura.

CVMSVOSOU
OPETRO

leicht bereits 1270, mit Sicherheit aber 1277 nach Rom bestellte, wo er für die Gemeinde von Perugia die Skulpturen für die *Fontana minore* schaffen sollte (heute Galleria Nazionale dell'Umbria). Alle gesicherten Zeugnisse seiner Tätigkeit in Rom datieren jedoch in die letzten beiden Jahrzehnte des 13. Jahrhunderts, nämlich in die Zeit nach der Ausführung des *Grabmals für Kardinal De Braye* in San Domenico in Orvieto im Jahr 1282. Dies war der Zeitpunkt, zu dem der Künstler die volle Reife seines Stils erreicht hatte und die angesehensten Aufträge erhielt. Und in der Tat muß das römische Ambiente eine starke Anregung für die künstlerische Entfaltung Arnolfos gewesen sein. Rom hat ihn nicht nur in Kontakt mit den Überresten der antiken Skulptur gebracht, sondern auch mit den besonderen Motiven der frühchristlichen Plastik und den von architektonischen, plastischen und koloristischen Werten geprägten Werken der „marmorari". Der Künstler wurde nicht zuletzt durch die Wirkung der gotischen Architektur Frankreichs, die man in den Arbeiten aus der Bauhütte von Santa Maria in Aracoeli erkannte, beeinflußt. Bedeutsam waren auch sein Aufenthalt am Hof der Anjou sowie der kulturelle Einfluß der Päpste im dritten Viertel des Jahrhunderts, die aus Gebieten jenseits der Alpen stammten und Rom neue künstlerische Impulse gaben.

Das Ziborium von San Paolo fuori le mura

Die Rezeption dieser verschiedenen Einflüsse und ihre Weiterentwicklung ist deutlich am Ziborium von San Paolo fuori le mura abzulesen. Die Inschrift in der Mitte stammt aus dem Jahr 1285 und gibt als Auftraggeber den Abt Bartholomäus an, der zwischen 1282 und 1292 dem der Basilika angegliederten Benediktinerkloster vorstand. Auf den beiden seitlichen Steinplatten ist der Schöpfer des Werks angegeben: „Dieses Werk schuf Arnolfus mit seinem Mitarbeiter Petro". Der Entwurf des Ziboriums und die Ausführung verschiedener Partien, die einen eigenständigen, unverwechselbaren Stil zeigen, wurden aus diesem Grund Arnolfo di Cambio zugeschrieben. Hingegen bleibt die präzise Bestimmung der Werkstattarbeiten weiterhin problematisch, vor allem aufgrund der Unsicherheit über die Identität des oben genannten Petro und dessen Rolle bei der Ausführung des Ganzen.

In Ermangelung gesicherter historischer Quellen schwankt die Kunstwissenschaft zwischen der traditionellen Identifizierung mit Pietro Cavallini, der in denselben Jahren in der Basilika tätig war, und Pietro di Oderisio, der das *Grabmal für Clemens IV.* in Viterbo schuf. Das Ziborium von San Paolo fuori le mura, das zusammen mit den Reliquien des Heiligen auf dem Hauptaltar aufgestellt ist, ist im Vergleich mit dem zuvor entwickelten

Typus einerseits aufgrund der originellen und harmonischen Komposition der architektonischen, plastischen und malerischen Elemente, andererseits durch die Aufnahme von Elementen aus dem gotischen Rayonnantstil besonders innovativ. So wird das Werk auf quadratischem Grundriß von einer reichhaltigen Ausstattung mit Fialen und Gâbles bekrönt, die in einem Türmchen gipfelt, das die lineare Spannung hält und das Streben der einzelnen Struktur- und Dekorationselemente nach oben abschließt. Die Seiten werden von vier Tympana mit Giebelkrabben gegliedert, die von zentralen Rosetten durchbrochen werden. Reliefierte, fliegende Engelpaare auf einem mit Mosaiken und polychromem Marmor dekorierten Grund halten diese Rosetten. Darunter öffnen sich vier Spitzbögen mit Dreipässen, zu deren Seiten in den Zwickeln Relieffiguren auf Mosaikgrund zu sehen sind: Es sind dies der Abt Bartholomäus, der das Modell des Ziboriums dem Hl. Paulus präsentiert; Adam und Eva; die Könige David und Salomon, die Schriftrollen aufrollen; und Kain und Abel in darbietender Haltung. An den Ecken erheben sich fast freiplastisch die majestätischen Figuren der Heiligen Petrus, Paulus, Timotheus und Benedikt, denen im Inneren auf derselben Geschoßhöhe vier Engelsfiguren gegenübergestellt sind, die jeweils in Zweiergruppen von oben mit Weihrauchfässern herabfliegen oder Kandelaber halten. An der Innendekoration fällt darüber hinaus im gerippten Kreuzgewölbe der Gewölbescheitel in Form einer Rose auf, der von vier Engelsbüsten mit ausgebreiteten Flügeln umgeben wird, während die vier Wände mit vielfarbigem Marmor und Tierfiguren in Medaillons dekoriert sind. Die Anlage wird von vier Kapitellen vervollständigt, von denen eines mit einer figürlichen Darstellung geschmückt ist, und die zusammen mit dem Gewölbescheitel dem oben genannten Pietro zugeschrieben werden.

Im Zuge der Wiederherstellung des Werks, das bei einem Brand 1823 beschädigt worden war, wurden die ursprünglichen Porphyrsäulen ersetzt. Das Ziborium, das glücklicherweise nur geringfügige Schäden an den Stützen und an der Bekrönung erlitten hatte, wurde rekonstruiert. Die Untersuchung der Rückseiten der Steinplatten ergab, daß man zum großen Teil antike Marmorsteine wiederverwendet hatte, die auf ihren unbearbeiteten Seiten neu gestaltet worden waren. Auch wenn diese Besonderheit der allgemeinen Praxis der Wiederverwendung in Rom entspricht, stellt sie doch ein konkretes Zeugnis für jene Vorgehensweise der kulturellen Zitate und ideologischen Bezüge im Werk Arnolfo di Cambios dar. Die Beziehung zur Antike wird zum Beispiel in der direkten Wiederaufnahme des klassischen Motivs der geflügelten Viktorien bei den den Clipeus haltenden Engeln und der Wahl der dreieckigen Tympana deutlich und zeigt sich außerdem stilistisch im for-

Gegenüberliegende Seite:
Zeichnung aus dem 17. Jahrhundert, die die ursprüngliche Gestalt des von Arnolfo di Cambio geschaffenen Grabmals des Notars Riccardo degli Annibaldi *(gestorben 1289) in San Giovanni in Laterano zeigt. Durch die Einfügung eines Hochreliefs mit der Darstellung des Totenoffiziums im rückwärtigen Bereich wurde der Betrachter vom Künstler in dieses zeremonielle Ereignis miteinbezogen. Rom, Biblioteca Vaticana*

malen Gleichgewicht der vier Heiligen an den Ecken, die sicherlich von Arnolfo selbst ausgeführt wurden. Die Verwendung farbigen Mosaiks mit figürlichen Motiven frühchristlichen Ursprungs ist allgemein in der romanischen Tradition Mittel- und Süditaliens verbreitet, ebenso wie die Mosaikdekoration neben den plastischen Reliefs. Der toskanische Künstler beweist so, daß ihm die abstrakten graphischen Denkspiele und die entmaterialisierte und auf die Vertikale ausgerichtete Dynamik der französischen Gotik bekannt waren. Er schuf aus diesen Elementen jedoch ein solideres und ruhigeres Ganzes, in dem die gerade Linie über den Bogen dominiert und die strukturellen, skulpturalen und dekorativen Elemente auf passende Weise integriert und so miteinander in Verbindung gebracht werden, daß ein neuer Typus des Ziboriums entsteht, der nicht mehr nur ein liturgischer Ausstattungsgegenstand ist, sondern über eine klar bestimmte Individualität und architektonische Autonomie im Raum verfügt.

Das Grabmal für den Notar Riccardo degli Annibaldi

Der nächste Schritt im künstlerischen Schaffen Arnolfo di Cambios war das *Grabmal für den Notar Riccardo degli Annibaldi*, das den Quellen zufolge nach dessen Tod im Jahr 1289 in San Giovanni in Laterano ausgeführt wurde. Das Werk ist lediglich fragmentarisch erhalten. Es war Gegenstand langer Untersuchungen, die eine glaubwürdige Rekonstruktion der ursprünglichen Gesamtanlage und eine Bestimmung des Entstehungsdatums, das sowohl mit der stilistischen Entwicklung des Künstlers als auch mit der genauen Identifizierung des Verstorbenen in Übereinstimmung gebracht werden sollte, zum Ziel hatten. Hier begegnet uns zum ersten Mal das Problem der schwierigen Rekonstruktion des Œuvres von Arnolfo, dessen Werke zum großen Teil nur fragmentarisch erhalten sind. Die Situation ist um so schwieriger, als der Künstler seine Eigenart zu einem erheblichen Teil durch die Schöpfung komplexer räumlicher Beziehungen zwischen den Skulpturen, der Architektur und der szenographischen Perspektive und Optik, in der jene sich einfügten, zum Ausdruck brachte.

Von dem Monument Annibaldis haben sich die Liegefigur und ein Fries in zwei Teilen erhalten, auf dessen Mosaikgrund in rhythmischer Abfolge sechs Kleriker und ein Bischof im Relief dargestellt sind, die eine liturgische Handlung vollziehen. Dabei handelt es sich möglicherweise um eine Messe zur Fürbitte für den Toten, was durch eine Grabinschrift für den Notar Annibaldi im Kreuzgang von San Giovanni in Laterano nahegelegt wird, die mit dem Monument in Verbindung gebracht wurde. In ihr wird ausdrücklich um Fürbitte für den Toten gebeten. Der Vergleich der erhaltenen Teile mit den in jenen Jahren gebräuchlichsten Grabmalstypen und vor allem die Analyse der formalen Eigenschaften der Ausführung der Reliefs haben eine überzeugende Rekonstruktion der gesamten Anlage ermöglicht. Wie bei allen anderen Werken, die mit Sicherheit Arnolfo di Cambio zugeschrieben werden konnten, so zeigte sich auch hier, daß der Künstler aufmerksam die Betrachterperspektive studierte und nur die unmittelbar sichtbaren Partien vollendete, während er die anderen nur summarisch ausführte. All das geschah nach einem strengen und systematischen Arbeitsverfahren, das man als das Kriterium der Sichtbarkeit definierte und das zu den eigentümlichsten Stileigenschaften des toskanischen Künstlers zählte. Die Betrachtung der nicht ausgearbeiteten Reliefpartien des Annibaldi-Monuments erlaubt die Feststellung, daß es sich um ein Wandgrabmal handelte, auf dem die Figur des Verstorbenen von zwei aufgezogenen Vorhängen eingerahmt war und das sich stark dem Betrachter zuneigte. Darüber müssen sich in Übereinstimmung mit den Proportionen der Liegefigur und in rechtem Winkel zueinander die beiden Steinplatten mit dem Fries befunden haben, so daß sie eine Art Kasten bildeten, mit dem den Kandelaber haltenden Kleriker der kleineren Platte an der kürzeren Seite. Die weiter unten liegenden, unvollendeten Partien des Frieses, die sich daraus ergebenden Mißver-

Die aus ihrem ursprünglichen Kontext isolierte Liegefigur des Notars Annibaldi. Rom, San Giovanni in Laterano

Folgende Doppelseite:
Der erzählerische Realismus Arnolfo di Cambios zeigt sich in dem ehemals hinter der Figur des verstorbenen Notars angebrachten Fries mit der Darstellung des Totenoffiziums. Die daran beteiligten Figuren wurden im Hochrelief ausgeführt und vor einem mosaizierten Hintergrund angeordnet. Rom, Chiostro di San Giovanni in Laterano

hältnisse und die stärker plastisch herausgearbeiteten Figurenköpfe wurden dagegen mit der höheren Position und der Sichtbarkeit dieses Kastens von unten in Verbindung gebracht und darüber hinaus mit der Präsenz von Säulchen in den weiträumigen Flächen zwischen den Figuren. Sie bildeten in Anlehnung an die französische Gotik eine bevölkerte Galerie.

Im Annibaldi-Monument finden sich indessen die verschiedenen Merkmale des persönlichen Stils des Künstlers wieder. Vor allem bei den Studien zur plastischen Darstellung, die gleichzeitig in den Bauhütten jenseits der Alpen weiterentwickelt wurden, zeigt sich jene einfühlsame Aufmerksamkeit gegenüber der Wiedergabe der Wirklichkeit, die Arnolfo in seinen Stil aufnimmt und verarbeitet; hierfür ist dieses Werk ein besonders gutes Beispiel. So beeindruckt die Spontaneität der Bewegungen, Posen und Haltungen der Figuren, die während der Trauerzeremonie dargestellt werden. Die lebhaften Gesten und Gesichter tragen zum Realismus und der feierlichen Aura der Zeremonie bei. Arnolfo vereinte den gotischen Naturalismus mit der klassischen Würde und Monumentalität der Körperlichkeit, dem Gleichgewicht und dem rhythmischen Maß von Bewegung und Ruhe. Dies führte in der Behandlung der Gewänder und Frisuren zu einer organischen Synthese mit der Linie. Bedeutsam erscheinen schließlich die strukturellen und kompositionellen Varianten, die Arnolfo in

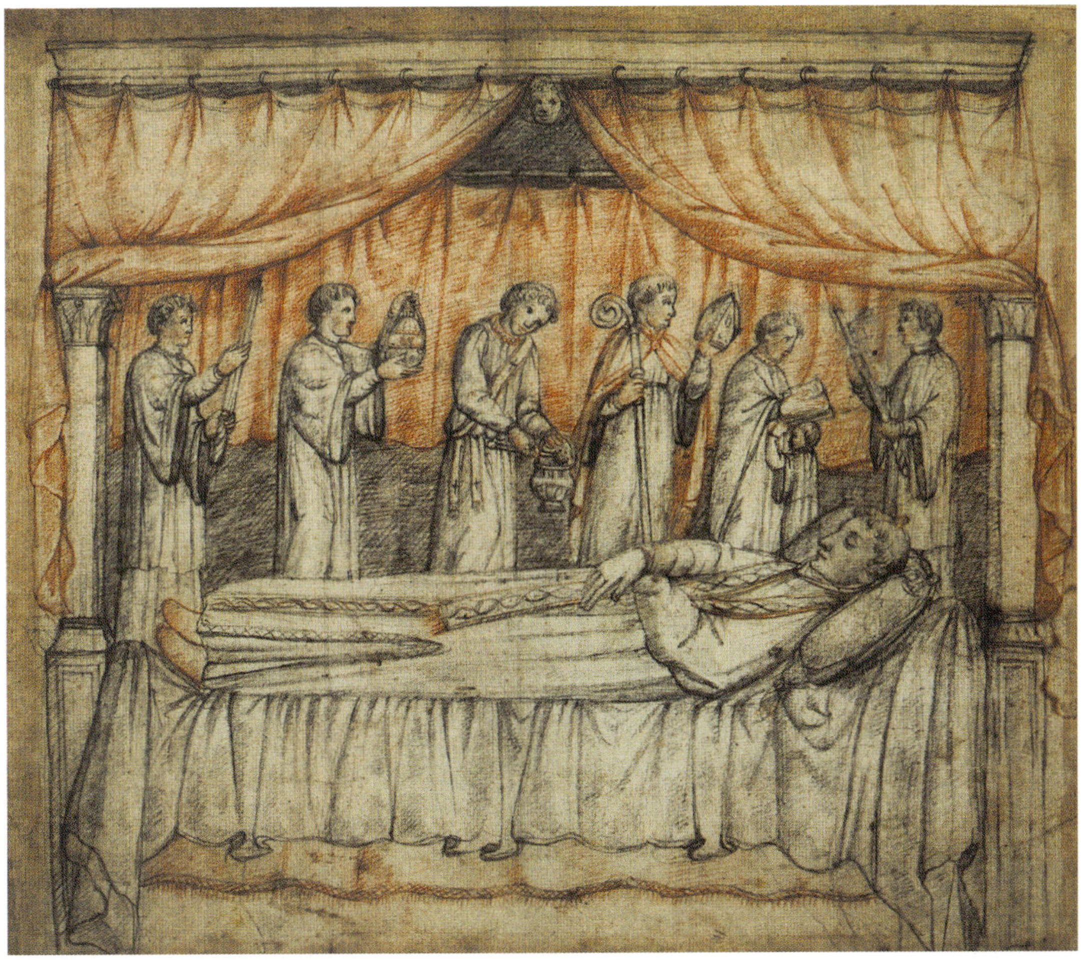

Ein weiteres nur fragmentarisch überliefertes Werk Arnolfo di Cambios ist die 1291 geschaffene Dekoration des Oratorio del Presepe in Santa Maria Maggiore. Die beiden Figuren der stehenden Heiligen Könige werden Mitarbeitern zugeschrieben, da sie stilistisch von den Figuren Josephs und des knienden Heiligen Königs abweichen.

die typologische Entwicklung des Grabmonuments einführt, so wie er es bereits zuvor im *Grabmal De Brayes* in Orvieto getan hatte. Allgemein folgten die Künstler einer hierarchischen Anordnung, die im unteren Teil die liegende Figur und im oberen Teil die Darstellung der Theophanie anordnet. Letztere fehlt der Rekonstruktion zufolge beim Annibaldi-Monument völlig und wird ganz oben im Werk durch die Wiedergabe einer liturgischen Zeremonie ersetzt, die durch die naturalistische Wiedergabe der Personen einen aktuellen Bezug erhält. Die Darstellung des Todes wird vermenschlicht und die Fürsprache der Heiligen durch die alltägliche Gemeinsamkeit von Gedächtnisfeierlichkeiten ersetzt, wobei der reale Raum und die Einbeziehung des Betrachters durch die unmittelbare Ausdruckskraft der Bilder besonders wirkungsvoll sind.

Die Krippe von Santa Maria Maggiore

Die Entwicklung der Stilmerkmale, die bisher als Tendenz zu einer größeren Autonomie in den Beziehungen der Körper zum Raum beschrieben wurde, findet sich in Krippenfiguren wieder, die 1291 im Oratorio del Presepio von Santa Maria Maggiore ausgeführt wurden. Die Datierung ist uns durch Quellen überliefert, die auf einer verlorengegangenen Inschrift basieren, und bringt das Werk in Zusammenhang mit den Arbeiten, die Nikolaus IV. (1288–1292) in der Basilika ausführen ließ. Als erstem Franziskanerpapst muß ihm die Wiederaufwertung der alten Kapelle, die möglicherweise bereits um die Mitte des 7. Jahrhunderts an das rechte Kirchenschiff angefügt worden war, um einige mit der Geburt Christi in Verbindung stehende Reliquien angemessen aufzubewahren, besonders am Herzen gelegen haben. Die genaue Rekonstruktion von Cambios Werk erweist sich auch in diesem Fall als schwierig, da die erhaltenen Reliefs aus dem ursprünglichen Zusammenhang gerissen und nur fragmentarisch erhalten sind. Während des Pontifikats Sixtus' V. (1585–1590) wurde die alte Kapelle zusammen mit den kostbaren Reliquien in die Confessio der neu erbauten Sakramentskapelle verlegt, die Domenico Fontana im rechten Schiff der Basilika errichtet hatte, und dort entsprechend angepaßt. Von den Bildhauerarbeiten des ursprünglichen Aufstellungsortes haben sich bis heute der dekorierte Bogen mit zwei Propheten, der die eigentliche Krypta umrahmt, und – neben einer Madonna mit Kind aus dem 14. Jahrhundert – die Skulpturen des Hl. Joseph, die der Heiligen Drei Könige und die von Ochse und Esel in einer Nische am hinteren Ende des Umgangs erhalten. Von der reichen Ausstattung der Kapelle durch die Kosmaten, die durch Quellen bezeugt ist und möglicherweise den Arbeiten Arnolfo di Cambios vorausging, haben sich ein Altarantependium und eine Rota aus Porphyr im Fußboden erhalten. Die Zuschreibung des Werks an Arnolfo geht auf Vasari zurück und wird bis heute von der Kunstgeschichte akzeptiert. Sie scheint vor allem mit Blick auf den Gesamtentwurf plausibel, in dem der Künstler die Skultpuren in konsequenter Weiterentwickung seiner stereometrischen Interessen fast völlig von ihrem architektonischen Träger löst und frei auf einer Bühne aufstellt, welche die Beziehung der Figuren untereinander sowie zum Betrachter kalkuliert. Die beiden aufrecht stehenden Könige wurden als Werkstattarbeiten identifiziert, während der Hl. Joseph und vor allem der kniende König aufgrund der unverwechselbaren stilistischen Merkmale Arnolfo selbst zugeschrieben wurden. Auch sie zeigen jene typische Bearbeitung gemäß dem Kriterium der Sichtbarkeit, das bei der Rekonstruktion der ursprünglichen Gesamtanlage eine so große Rolle spielt. Den jüngsten Studien zufolge habe Arnolfo di Cambio die Krippenfiguren in inhaltlichem Bezug zur Nische im Hintergrund auf dem Altar der alten Kapelle aufgestellt. Die Madonna mit Kind habe das Zentrum der Szene gebildet. Entsprechend der allgemein üblichen Ikonographie syrisch-byzantinischen Ursprungs jener Zeit war sie halb liegend auf ihrem Lager dargestellt, mit der Gruppe von Ochse und Esel in einer kleinen Aushöhlung auf der linken Seite. Rechts in der Nische und ihr zugewandt befand sich der kniende König, während der Hl. Joseph

Die Figur des knienden Königs aus der ehemaligen Dekoration des Oratorio del Presepe in Santa Maria Maggiore illustriert anschaulich die Expressivität, die dem persönlichen Stil Arnolfo di Cambios eigen ist.

Gegenüberliegende Seite:
Bei der Gestaltung des Altarziboriums von Santa Cecilia in Trastevere 1293 nahm Arnolfo di Cambio den in San Paolo fuori le mura geschaffenen Typus wieder auf. Im Vergleich zum Vorbild wurden die gotischen Formen jedoch etwas zurückgenommen.

und die beiden stehenden Könige die Szene jeweils links und rechts an den äußeren Wänden flankierten. Die gesamte Gruppe muß demnach von einer Art Baldachin überfangen worden sein, der oben von einer herabgesetzten Arkade mit den Propheten bekrönt wurde. Möglich ist aber auch, daß sich die Arkade ursprünglich vor der Kapelle zum Kirchenschiff befand.

Das Ziborium von Santa Cecilia

Das Ziborium über dem Altar der Basilika Santa Cecilia in Trastevere ist vollständig erhalten. Arnolfo di Cambio schuf es 1293, wie eine kürzlich entdeckte Inschrift bestätigt. Es stellte den Abschluß einer umfassenden Restaurierungsmaßnahme der Kirchenausstattung dar, die auch die bekannten Fresken Pietro Cavallinis, den liturgischen Apparat und verschiedene Skulpturdekorationen einschloß. Die Modernisierung im gotischen Rayonnantstil wird auf die Auftraggeberschaft eines französischen oder Frankreich nahestehenden Kardinals zurückgeführt. Die Leitung des gesamten Projekts wurde jedoch Arnolfo di Cambio zugeschrieben, der in den letzten Jahrzehnten des 13. Jahrhunderts im Dienst von bedeutenden Familien, Mönchsorden und Päpsten arbeitete und zweifellos zu den innovativsten Künstlern Roms gehörte.

Das Ziborium nimmt die strukturelle Anlage und das Dekorationsmuster seines Vorbilds in San Paolo fuori le mura auf, wobei die gotischen For men vereinfacht und klarer herausgearbeitet wurden. Arnolfo di Cambio schafft auf diese Weise ein neues Gleichgewicht der Proportionen der verschiedenen Teile zueinander und überarbeitet damit die Gesamtkonzeption im Sinne einer tiefergehenden Rezeption der Vorbilder der klassischen Antike. Im Vergleich zu seiner ersten Deutung des Rayonnantstils reduziert di Cambio hier die aufstrebenden Elemente des Türmchens und der Bekrönungsfialen und schwächt die Betonung der Vertikalen innerhalb der vier Tympana und der Dreipaßarkaden des Baldachins ab. Die tragenden Säulen waren bedeutend höher konzipiert, wobei der ursprünglichen Lösung würfelförmige, mit kosmatesken Motiven verzierte Kämpfer hinzugefügt wurden.

Die Dreidimensionalität, die sich aus der Beziehung zwischen den oberen, abgeschrägten Ecken des Baldachins und den darauf stehenden Skulpturen ergibt, ist dagegen völlig neu. Dank dieser perspektivischen Anlage, der größeren Ausmaße und der Reduktion der Nischen im Hintergrund erlangen die Skulpturen im Vergleich zu den Figuren des Ziboriums von San Paolo fuori le mura eine klarere Beziehung zum Raum, so daß sie eine größere Autonomie und Monumentalität erhalten. Das betrifft vor allem die vier kleine Statuen,

Auf dem Ziborium in Santa Cecilia löst Arnolfo di Cambio die Figuren zunehmend aus ihrem architektonischen Rahmen heraus. Diese formalen Merkmale illustriert der Bildausschnitt mit dem Hl. Tiburitius zu Pferd.

welche die Personen aus der Legende der Titelheiligen darstellen: die Heiligen Cäcilie, Valerius, Tiburtius und Papst Urban. Sie wirken wie Dreh- und Angelpunkte für eine verstärkte strukturelle, plastische und symbolische Bedeutung, wodurch das allgemeine Gleichgewicht der Proportionen und nicht zuletzt auch die höhere Qualität der bildhauerischen Darstellung unterstrichen werden. Die Statuen dokumentieren die gereifte Entwicklung des plastischen Stils des Künstlers, der seine kulturellen Vorbilder individuell rezipiert und die Volumen nun fast völlig vom architektonischen Träger befreit bzw. in gewagten perspektivischen Ansichten anordnet, wie z. B. bei der berühmten Gruppe des *Hl. Tiburtius zu Pferd*. Deutlich ist der Bezug des Werkes auf die *Reiterstatue des Marc Aurel* und damit auf die klassische Antike, was sowohl an der Wiederaufnahme zahlreicher ikonographischer Details als auch an der bereits erwähnten allgemeinen Ausgewogenheit der Proportionen und der plastisch-architektonischen Dekoration zu erkennen ist. Doch auch di Cambios persönliche Interpretation der Gotik verliert nicht an Bedeutung. Sie gründet auf der Synthese klarer Reliefformen und der Spannung in der linearen Behandlung der Gewänder, Profile und Bewegungen,

Detail des Ziboriums in Santa Cecilia, das die besonders originelle Form der Kämpferzone zeigt. Das traditionelle Element des Kämpferblocks wurde von Arnolfo di Cambio zu einem fragil wirkenden Würfel, dessen Außenflächen mit mosaizierten Kreisflächen verziert sind, umgeformt.

durch die die Skulptur perspektivisch und dynamisch definiert wird. Die restliche bildhauerische Dekoration ist auf den von der Architektur freigelassenen Flächen angebracht und wiederholt Motive aus dem Ziborium von San Paolo fuori le mura, die Engel, die die Rose halten, und Propheten beim Aufrollen der Schriftrollen, während die Darstellungen der Evangelisten und klugen Jungfrauen in den Zwickeln von dieser Schilderung abweichen.

Ähnlich neuartig sind die Darstellungen des Verkündigungsengels und der Jungfrau Maria an den Basen der kleinen Pilaster. Die starre, geradezu plumpe Ausführung der Engel, die die Rosen halten, und der Jungfrau legt allerdings die Vermutung nahe, daß Arnolfo di Cambio nicht alle Arbeiten selber ausführte. Di Cambio werden neben den vier bereits erwähnten Eckstatuen die Reliefs der vier Evangelisten und zwei Propheten mit den Schriftrollen in den Zwickeln zugeschrieben. Die Evangelisten heben sich durch die Freiheit der Anordnung der Körper im Raum hervor, während die Propheten durch die weiche und malerische Modellierung und geschwungene Linienführung eine positive Bewertung der Stilentwicklung Arnolfo di Cambios im Vergleich zu den Vorbildern Nicola Pisano und ähnlichen Darstellungen, die wir im Ziborium von San Paolo fuori le mura und der Arkade der Krippe in Santa Maria Maggiore kennengelernt haben, rechtfertigen.

Die Kapelle Bonifaz' VIII.

Das *Grabmal Bonifaz' VIII.* (1294–1303) ist nicht nur in typologischer und stilistischer Hinsicht, sondern auch auf der Ebene der historischen Dokumentation von besonderer Bedeutung, auch wenn die Rekonstruktion des ursprünglichen Werks, das nur fragmentarisch erhalten ist, viele Probleme aufwirft. Arnolfo di Cambio führte es in Alt St. Peter zwischen 1294 und 1296 aus. Die wichtigsten Überreste werden in den Vatikanischen Grotten aufbewahrt und umfassen die beiden den Vorhang haltenden Engel und die Liegefigur im päpstlichen Gewand auf dem Sarkophag. Dieser ist mit reichen Stoffen drapiert, in die das Wappen der Caetani eingearbeitet ist, welches sich in den Mosaiken des Sockels wiederholt. Darüber hinaus haben sich eine Reihe architektonischer und bildhauerischer Fragmente mit kosmatesken Dekorationen erhalten, deren Zugehörigkeit aber ungewiß ist. Das Gesamtwerk wurde 1605 zusammen mit der alten Basilika im Vatikan zerstört, aber glücklicherweise durch eine Reihe verschiedener graphischer und schriftlicher Quellen dokumentiert. Daher konnte man die ursprüngliche Anlage des Werkes in Form einer kleinen Kapelle ausmachen, die dicht an der Innenfassade der frühchristlichen Basilika aufgestellt und von einem Eisengitter umzäunt war. Im Inneren befand sich ein Altar, der Papst Bonifaz IV. (608–615) geweiht war. Die Kapelle wurde in Übereinstimmung mit Arnolfo di Cambios Entwurf für die Kuppel von Santa Maria del Fiore in Florenz und als Weiterentwicklung seiner Interpretationen des Rayonnantstils an den Ziborien von San Paolo fuori le mura und Santa Cecilia von einer stark gewölbten Kuppel überdacht. Diese war an der Basis mit einer Reihe von Fialen geschmückt und ruhte auf vier Säulen, auf denen Architrave lagerten. Im Inneren befand sich an der Rückwand gegenüber dem Altar die Liegefigur unter einer mosaizierten Platte in einer mit Tüchern ausgekleideten Nische, an deren Seiten zwei Engel den Vorhang aufhielten. Die Eigenhändigkeit des Werks wird von gesicherten Inschriften bezeugt, die „Jacopo Torriti pictor" die Ausführung des Mosaiks zuschreiben und „Arnolfo architectus" die Bestimmung der Anlage des Werks. Das Ausmaß der Beteiligung di Cambios bei der Ausführung der erhaltenen Skulpturen bleibt jedoch zukünftigen stilistischen und formalen Analysen vorbehalten. Die größte Schwierigkeit stellt die Zuordnung der beiden Engel innerhalb des Monuments dar. Sie gehören typologisch zur Ikonographie des Werks, wurden jedoch in der Vergangenheit in Zusammenhang mit dem *Grabmal Nikolaus' V.* gebracht. Sie weisen darüber hinaus auffällige Unstimmigkeiten und Lücken in der formalen Ausführung auf. So zeigte sich, nachdem sie von späteren Hinzufügungen und Eingriffen befreit worden waren, daß beiden

Erhaltene Teile der ursprünglich im Innenfassadenbereich von Alt St. Peter unter der Leitung Arnolfo di Cambios zwischen 1294 und 1296 errichteten Grabkapelle Papst Bonifaz' VIII. Neben der Figur des liegenden Verstorbenen haben sich zwei Engelsfiguren erhalten, die ursprünglich den rahmenden Vorhang zur Seite hoben und dadurch zu einer besonderen Inszenierung der Darstellung Bonifaz' VIII. beitrugen. Rom, Grotte Vaticane

Die getreue Wiedergabe der erschlafften Gesichtszüge Papst Bonifaz' VIII. belegt eine Wiedergeburt der Gattung des nach dem lebenden Modell gearbeiteten Porträts am Ausgang des 13. Jahrhunderts. Rom, Grotte Vaticane

Gegenüberliegende Seite:
Von Arnolfo di Cambio geschaffene Porträtbüste Papst Bonifaz' VIII. *Der Pontifex wurde dem offiziellen Charakter dieser Darstellung entsprechend mit den Insignien seiner Macht – den beiden Schlüsseln sowie der dreifach bekrönten Tiara – gezeigt. Rom, Musei Vaticani*

Folgende Doppelseite, links:
Die von Arnolfo di Cambio um 1300 geschaffene Statue Der thronende Apostel Petrus *ist eine der wenigen erhaltenen monumentalen Bronzestatuen des Mittelalters. Die antikisierenden Elemente – etwa die Kleidung – machen diese Figur zu einem herausragenden Dokument der klassizisierenden Tendenz innerhalb der europäischen Skulptur des 13. Jahrhunderts. Rom, San Pietro in Vaticano*

Rechts:
Die Statue Der thronende Karl von Anjou *setzt sich durch ihre harten Formen von den Werken der Schule Arnolfo di Cambios ab. Die formale Gestaltung, die Übernahmen aus der französischen Gotik mit Elementen der Hofkunst Friedrichs II. verbindet, wurde bewußt auf den ehemaligen Aufstellungsort auf dem Kapitol und den damit verbundenen programmatischen weltlichen Anspruch abgestimmt. Rom, Museo Capitolino*

ein Arm, ein Zipfel der Kleidung und ein Stückchen des unteren Beins fehlten.

Es konnte nachgewiesen werden, daß die Engel aus Arnolfo di Cambios Werkstatt stammen und ursprünglich zur Kapelle gehörten. Dies ermöglichte die Rekonstruktion ihrer Beziehung sowohl zueinander als auch ihren Zusammenhang mit dem Gesamtentwurf, der wiederum durch das Kriterium der Sichtbarkeit hergestellt wurde. Die fehlenden Teile bei den Beinen der Engel entsprachen sich spiegelbildlich; sie waren ursprünglich so konzipiert, daß sie hinter die davorliegende Figur geschoben werden konnten, so wie auch die beiden Arme, die von den Vorhängen bedeckt werden sollten, überhaupt nie ausgeführt worden waren. Bei der Liegefigur sind diese typischen, nicht ausgearbeiteten Stellen ganz offensichtlich und in letzter Konsequenz miteinkalkuliert. Jedes Detail ist hier sehr sorgfältig studiert und abhängig von der exakten Berechnung der optischen Erscheinung mehr oder weniger genau ausgeführt. Arnolfo di Cambios Konzeption zielte darauf ab, den Betrachter in eine räumliche Perspektive in der Art eines Bühnenbilds unmittelbar miteinzubeziehen. Zugleich besaß sie aber auch symbolische Bedeutung, wie bereits in der Darstellung der heiligen Krippe in Santa Maria Maggiore und bei der Wiedergabe der liturgischen Zeremonie des Annibaldi-Monuments erprobt.

Die in diesen Arbeiten enthaltene Theatralik wird in der vatikanischen Kapelle weiterentwickelt, wo der reale Ablauf einer Totenmesse in die Konzeption einbezogen ist, bei der der Zelebrant vor dem Altar steht, der Liegefigur in der Nische zugewandt. Auch die Variante mit den Engeln anstatt der sonst üblichen Diakone, die die Vorhänge öffnen, ist von besonderer Bedeutung, da mit ihnen ein übernatürliches Moment neben der Abbildung der sterblichen Überreste des Papstes eingeführt wird; das Porträt des Papstes wirkt um so natürlicher, als es noch zu Lebzeiten geschaffen wurde. Aus historischer Sicht handelt es sich um ein wichtiges Werk, da es nach jahrhundertelanger Unterbrechung die Wiederaufnahme des naturalistischen Porträts bezeugt, wobei das Zusammentreffen mit der Gestalt Bonifaz' VIII. eine besondere politische und ideologische Wertigkeit in Bezug zur letzten und höchsten Behauptung des theokratischen Anspruchs des mittelalterlichen Papsttums erhält. In diesem Zusammenhang steht auch die für derartige Grabmonumente ungewöhnliche Nähe, in der sich der Engel zu der so wirklichkeitsgetreuen und individuell dargestellten Figur des Papstes befindet. Die Distanz, die traditionell zwischen der Repräsentation des Verstorbenen und dem – meist gemalten, nicht skulptierten – Exponenten des Überirdischen bestand, ist hier aufgehoben. Die so erreichte Unmittelbarkeit betont die Aufgabe des Papstes als Stellvertreter Gottes auf Erden. Bonifaz VIII. war mit dieser an der Wirklichkeit orientierten Darstellung vertraut. Seine Porträts sind als unmittelbar anschauliche, politische Manifeste zu verstehen, die ihm allerdings auch die Anklage der Idolatrie von seiten des französischen Hofs einbrachten.

Eines dieser Reliefs ist das fragmentarisch erhaltene Brustbild in den Vatikanischen Palästen, das den Quellen zufolge zur Dekoration der Kapelle gehörte, in der es an einem nicht näher bestimmten Ort in einem Rahmen unter einer Ädikula so aufgestellt gewesen sein soll, als ob der Papst aus einem Fenster schaute. Die Skulptur wird aufgrund des absolut außergewöhnlichen Auftrags und vor allem wegen der hohen stilistischen Qualität auf das Heilige Jahr 1300 datiert. Dies wurde nach der Entfernung der restauratorischen Hinzufügungen noch deutlicher. Das Relief ist auch hier plastisch nicht stark herausgearbeitet und lagert auf einer wiederverwendeten Steinplatte, die überarbeitet wurde und ursprünglich ein Mosaik besaß. Der Papst ist frontal dargestellt, mit der segnenden rechten Hand und den Insignien seiner Macht, die deutlich präsentiert werden: in der Linken die Schlüssel und auf dem Kopf die Tiara mit den drei Kronen, die von Bonifaz VIII. selbst eingeführt wurde. Der innovativste Teil des Werks ist in jedem Fall das realistische Gesicht des Papstes, ähnlich dem eines weltlichen Machthabers. Arnolfo, der vielleicht durch die Vermittlung Nicola Pisanos oder des Hofs der Anjou die Idealporträts aus der Zeit Kaiser Friedrichs studiert hatte, steigerte bereits bei der Figur des Kardinals de Braye die realistische Wirkung des gealterten Gesichts, indem er die Totenmaske des Papstes verwendete. Die Darstellung in der vatikanischen Kapelle entstand aber noch zu Lebzeiten des Papstes. Mit ihr soll auf symbolische Weise auf die erreichte theokratische Synthese der doppelten Macht der Päpste angespielt werden: sowohl auf ihre Heiligkeit, die durch die Expressivität des Abbildes seiner sterblichen Überreste verkörpert wird, als auch auf ihr weltliches Reich, das durch die Büste dargestellt ist, die Bonifaz VIII. im Mittelpunkt der Christenheit aufstellen ließ. Konsequent führte er damit den Gedanken der Allgegenwart der päpstlichen Macht zu Ende, den er bereits mit der vorangegangenen Aufstellung seiner verherrlichenden Porträtbüsten in größeren Zentren des Patrimoniums verfolgt hatte. In überzeugender ideologischer Steigerung ließ er auch an symbolisch und visuell bedeutenden Orten seines Patrimoniums selbstverherrlichende Bildwerke aufstellen. Zusammenfassend kann festgestellt werden, daß die Papstbüste eines der ersten Beispiele für die Geburt des nachklassischen Porträts darstellt und damit den Höhepunkt der frühhumanistischen Ansätze, die in der Hinwendung zur Wirklichkeit und der originellen Überarbeitung der Antikenbezüge in der Kunst Arnolfo di Cambios bestehen.

Die Bronzestatue von Sankt Peter

Ein weiteres und bedeutsames Zeugnis dieser Reflexion der Antike in der mittelalterlichen Skulptur stellt ein Werk dar, das seit Jahrhunderten Gegenstand kritischer Erörterungen ist, die vor allem die Datierung und Zuschreibung betreffen. Erst vor kurzem wurde durch neue Forschungen die berechtigte Zuschreibung des Werkes an Arnolfo di Cambio bestätigt. Es handelt sich um die Statue *Der Hl. Petrus*, eines der wenigen überlieferten mittelalterlichen Werke aus Bronze, das seit 1605 vor dem ersten Pilaster rechts von der Kuppel von St. Peter aufgestellt wurde. Das ernste Gesicht ist von dichten, schneckenförmigen Locken an Haupthaar und Bart gerahmt, und die Figur ist in antiker Manier mit einer Tunika, einem schweren Mantel und römischen Sandalen bekleidet. In der Linken hält sie die symbolischen Schlüssel, die Rechte ist im Segensgestus dargestellt.

Einer der beiden Datierungsansätze, der die Skulptur der Spätantike zuordnet, gründet sich hauptsächlich auf ikonographische Betrachtungen wie auch auf stilistische Merkmale und dokumentarische Hinweise, die sich später als unzutreffend erwiesen, da sie sich nicht notwendigerweise auf eine bestimmte der zahlreichen Petrusdarstellungen beziehen, die sich seit der Antike in der Basilika befanden. Der zweite Ansatz entstand um die Mitte des 19. Jahrhunderts und basiert im wesentlichen auf stilistischen Merkmalen. Er schlägt eine Datierung um die zweite Hälfte des 13. Jahrhunderts vor und schreibt das Werk Arnolfo zu, was von der Forschung allgemein akzeptiert wird. Die Wiederaufnahme ikonographischer und formaler Muster der Spätantike wird einerseits auf den besonderen historischen, politischen und ideologischen Kontext zurückgeführt, der – wie bereits mehrfach erläutert wurde – die Symbolik der Bilder der mittelalterlichen Kirche Roms bestimmte. Andererseits wird sie mit den klassizistischen Tendenzen der europäischen Skulptur im 13. Jahrhundert in Verbindung gebracht, insbesondere mit den kulturellen Strömungen, die in der Ausbildung Arnolfos zusammenflossen: den ersten Erfahrungen mit der Hofkultur Friedrichs II., der Schule Nicola Pisanos und zugleich mit der Hofkultur der Anjou in Neapel, wo man sich auch mit der französischen Hochgotik beschäftigte. Stilistische und ikonographische Studien sowie Untersuchungen des Materials und der Thermolumineszenz ergaben eine Datierung des Werkes um 1300. In diesem Zusammenhang und basierend auf dem Vergleich mit anderen, mit Sicherheit Arnolfo di Cambio zugeschriebenen Werken konnte bewiesen werden, daß es sich bei der Statue um ein eigenhändiges Werk des Meisters handelt. Das Motiv der schneckenförmigen Locken zum Beispiel findet sich auch bei der Figur des Gelähmten der *Fontana minore* in Perugia und beim Hl. Johannes der *Dormitio Virginis* in Berlin. Auch die vorgestreckte Haltung der segnenden Hand und die Symbolik der Schlüssel stimmen genau mit der bereits vorgestellten *Büste Bonifaz' VIII.* überein. Was den Stil angeht, so erreicht die Adaption der antiken Vorbilder noch nicht die Ausgereiftheit der vollplastischen Skulptur: zum einen bleibt sie an einen Träger gebunden, zum anderen beschränkt sich die plastische Wiedergabe der Körper auf das typische abstrahierende Profil der zweidimensionalen Flächen, wie es die spannungsgeladene Geometrie der Gewänder zeigt. Zu dieser allgemeinen Konzeption des Werks kommen einige bedeutsame stilistische Merkmale der Kunst Arnolfo di Cambios hinzu, wie zum Beispiel die Wiedergabe der Ohren oder die Augenform sowie die für ihn typische Bearbeitung nach dem Kriterium der Sichtbarkeit. Auch hier blieben die Partien, die vom Betrachterstandpunkt aus nicht unmittelbar zu sehen waren, unbearbeitet. Auch in diesem Fall diente das Kriterium der Sichtbarkeit dazu, den ursprünglichen Zusammenhang des Werks zu rekonstruieren. Die neuesten Studien führen schließlich das Fehlen vibrierender Effekte an der Oberfläche, das für Arnolfos Modellierung so typisch ist, auf die Technik des Bronzegusses selbst zurück. Die Oberfläche wurde zudem geglättet, als man im 15. Jahrhundert die Farbe abkratzte, mit der die Statue wie viele der mittelalterlichen Plastiken überzogen war. Arnolfo di Cambio selbst, der auch das *Monument De Brayes* farbig gefaßt hatte, war diese Vorgehensweise nicht fremd. Außergewöhnlich ist jedoch in diesem Fall die Kolorierung der Bronze, einem in dieser Epoche seltenen Metall, das eine umfangreiche Nachbearbeitung erforderte. Sie zeigt auch, daß di Cambios Kunst von vielfältigen Geschmackstendenzen durchdrungen war.

Werke mit ungesicherter Zuschreibung

Neben den bisher untersuchten Meisterwerken weist die römische Bildhauerkunst eine Reihe von Arbeiten auf, die dem letzten Viertel des 13. Jahrhunderts zugeordnet und nicht mit Sicherheit einem bestimmten Künstler zugeschrieben werden können. Da sie sich durch eine gewisse künstlerische Qualität auszeichnen, werden sie in manchen Studien Arnolfo selbst zugeordnet, in anderen seiner Werkstatt oder aber nicht genauer identifizierbaren Persönlichkeiten aus dem künstlerischen und kulturellen Umkreis. Dieser zeichnete sich durch seine Affinitäten zur französischen Gotik und zum antikisierenden Klassizismus aus dem Einflußbereich Kaiser Friedrichs aus. Im übrigen ist die Existenz einer Werkstatt mehr oder weniger qualifizierter Mitarbeiter durch die Ungleichheiten in der Ausführung der als eigenhändig geltenden Werke des Meisters selbst sowie durch den Um-

fang einiger Aufträge belegt, die an den Künstler gerade in den Jahren ergingen, in denen er in Rom bzw. in Florenz tätig war. Es ist wahrscheinlich, daß Arnolfo di Cambio sein eigenes Schaffen besonders in der letzten Periode auf den Gesamtentwurf von durchdachten Architektur- und Dekorationsprojekten und auf den genauen Entwurf von Modellen, die er dann von Gehilfen ausführen ließ, konzentrierte. Hierbei beschränkte sich sein unmittelbares Eingreifen auf die wichtigsten Partien und die bedeutendsten Aufträge. Aus der breiten künstlerischen Produktion des Umkreises von Arnolfo di Cambio und von den komplexen Zuschreibungsproblemen, die um sie herum entstanden, sollen hier die aussagekräftigsten Beispiele herangezogen werden.

Die künstlerische Aufwertung des Kapitolinischen Hügels

Die Statue Karls von Anjou in den Kapitolinischen Museen hebt sich durch ihren außergewöhnlichen Wert u. a. bezüglich ihrer umfassenden politischen und ideologischen Hintergründe hervor. Erst kürzlich wurde die Entstehung des Werkes auf die Amtszeit Karls in Rom nach seiner dritten Wiederwahl als Senator (1281–1284), eventuell auch auf die Zeit davor, eingegrenzt. Die Skulptur ist ein wichtiger Indikator für die verschiedenen künstlerischen und kulturellen Strömungen, die während des Prozesses der Wiedergeburt die spätantike Bildniskunst beherrschen und in den bereits erwähnten Kunstwerken Arnolfo di Cambios gipfeln: Gemeint sind die wahrheitsgetreuen Darstellungen Bonifaz' VIII. und die antike Formensprache der Bronzestatue *Der Hl. Petrus*. In der Entwicklung der Profanbildnisse spiegelt die Statue Karls von Anjou einerseits die gotisch geprägten Abbildungen der französischen Könige aus dem 12. und 13. Jahrhundert wider, die als thronende Stifterfiguren dargestellt wurden, andererseits bezieht sie sich auf Vorbilder der klassischen Antike, die über die klassizistischen Einflüsse auf die Bildniskunst um Friedrich II. vermittelt werden. Die gesamte ikonographische und formale Konzeption der Skulptur läßt so die verschiedenen bildlichen Ausdrucksmuster der Macht erkennen, die in der Person des Herrschers aus dem Hause Anjou zusammenfließen. Die stilistischen Bezüge zur französischen Gotik, die Majestät des Bildnisses und die Königsattribute – die Gemmenkrone, das Szepter in der rechten Hand und der verlorengegangene Globus, den er in der geöffneten linken Hand getragen haben muß – verweisen ausdrücklich auf seine Blutsverwandtschaft mit der französischen Monarchie und ihre zunehmende politische Bedeutung seit der Übernahme des Stauferreiches.

Das Erbe Friedrichs II. ist dagegen durch die sichtbaren Reminiszenzen an die klassische Kunst symbolisiert und in Details wie z. B. der Anordnung des auf der Schulter drapierten Mantels sowie der statuarischen Monumentalität der Sitzfigur präsent. Die Löwen an der Seite sind auf die heraldischen Löwenköpfe an den Seiten der römischen Sella curulis zurückzuführen und beziehen sich nicht nur auf die Senatorenwürde, die die Stadt Rom Karl verliehen hatte, sondern mit Bezug auf den Darstellungsgehalt „Richter" und den Aufstellungsort der Statuen versinnbildlichen sie auch die verschiedenen Aspekte der Rechtsprechung. Ursprünglich muß sich über der Plastik ein Baldachin mit Dreipaßarkade erhoben haben, auf der zwei Trompeter oder Herolde in symmetrischer Anordnung aufgestellt waren. Das Kunstwerk war aller Wahrscheinlichkeit nach vor dem Eingang oder im Inneren des sogenannten Kapitolinischen Tribunals plaziert, einer Anlage, die als Sitz der Justiz diente und die Karl II. selbst hatte errichten lassen.

Weder in stilistischer noch in formaler Hinsicht steht die Ausführung der Statue in angemessenem Verhältnis zur außergewöhnlichen historischen Bedeutung des Auftraggebers, weswegen Arnolfo di Cambio als Autor ausgeschlossen werden kann. Auch entsprechen die strenge und geometrisierende Kopfform, die statische Frontalität der Körpermasse, die Härte in der plastischen Wiedergabe der Gesichtszüge und der scharfe Schnitt der Gewandfalten nicht seinem Stil. Die Restaurierung des Werkes brachte kein Merkmal zutage, das eine eindeutige Zuschreibung erlauben würde. Neben schwerwiegenden Eingriffen aus späterer Zeit wurden Pigmente entdeckt, die auf eine ursprünglich kräftige farbige Fassung hinweisen. Die nur summarische Bearbeitung der hinteren Teile bestätigt die vermutete frontale Ausrichtung der Skulptur.

Zugleich mit der mutmaßlichen Zuschreibung des Karl von Anjou an Arnolfo entdeckte die Kunstgeschichte zahlreiche Nachwirkungen seiner Kunst auf architektonische und dekorative Arbeiten aus der zweiten Hälfte des 13. Jahrhunderts. Dieser Umstand erklärt sich daraus, daß viele der Werke auf Auftraggeber zurückgehen, die nicht aus Rom selbst stammen, d. h. auf den Franziskanerorden und den Hof der Anjou. Beiden war der Künstler auf unterschiedliche Weise verbunden und vermochte ihren Bedürfnissen nach Erneuerung gerecht zu werden. So wurden auf dem Kapitolinischen Hügel, der bereits durch den Bau des Senatorenpalastes und die Aufstellung der Symbole Roms eine besondere Aufwertung erfahren hatte, umfangreiche Erneuerungen der alten benediktinischen Kirche Santa Maria durchgeführt, die Innozenz IV. (1243–1254) 1249 dem Franziskanerorden übergeben hatte. Arnolfo di Cambios Mitarbeit in der Bauhüttte und seine Rolle als Leiter der Arbeiten vor allem beim Bau und der Ausschmückung des Querschiffs sind belegt. Das Querschiff wurde in den 80er und 90er Jahren des 13. Jahrhunderts von den Savelli gestiftet, die dort ihre Familienkapelle errichten und am Außengiebel ihre Wappen anbringen ließen. Arnolfo di Cambio hatte bereits in der Bauhütte von Santa Cecilia ähnliche Aufgaben übernommen. Doch wollen wir nun zur Analyse der erhaltenen bildhauerischen Arbeiten übergehen, die sich auf den Innen- und Außenraum des rechten Flügels der Anlage konzentrieren.

Santa Maria in Aracoeli und die Rezeption der Kunst um Friedrich II. in Rom

Unterhalb des Kranzgesimses der Strebepfeiler, die die Stirnwand des Querschiffs begrenzen, sind zwei weitere mosaizierte Wappenschilde der Savelli zu sehen, die von zwei Marmorkonsolen mit Frauenporträts gestützt werden. Wegen ihrer weichen Modellierung und hohen Qualität der Ausführung wurden sie auf einen Künstler aus dem engen Umkreis Arnolfo di Cambios zurückgeführt. Da es in Rom während dieser Epoche an direkten Vergleichsbeispielen fehlt, gilt dieses Werk als eine der wenigen Nachwirkungen des Kunstschaffens aus dem Umkreis Friedrichs II. in Rom. Als einzig mögliche zeitgleiche Werke wurden – mehr noch als die Köpfe im Kreuzgang von San Giovanni in Laterano, die viel strenger und komprimierter aufgefaßt sind – die antikisierenden Porträts erkannt, die eine Vase mit einem Deckel in Form eines Marmorbrunnens schmücken.

Pandolfo Savelli, Senator und Bruder von Giovanni, der als Honorius IV. (1285–1287) den Heiligen Stuhl besteigen sollte, ließ im rechten Querhausflügel von Santa Maria in Aracoeli eine Familienkapelle errichten, die die beiden einander gegenüberstehenden Grabmäler der Eltern aufnehmen sollte: Zur Linken das des Senators Luva Savelli des Älteren (gestorben 1266) und zur Rechten das seiner Frau Vanna Aldobrandeschi.

Das heutige Erscheinungsbild der Kapelle ist das Ergebnis späterer Eingriffe, die die ursprüngliche Gestaltung maßgeblich verändert haben. Die ältesten Grafiken, auf denen die Kapelle dargestellt ist, bezeugen, daß die beiden Gräber ursprünglich von gotischen Baldachinen mit Dreipaßarkaden umgeben waren. Auf dem Grabmal des Senators befand sich eine Darstellung, die ihn mit seiner Frau zeigte, möglicherweise mit einer Mariendarstellung. Das Grab Luca Savellis ist heute ein klassischer Girlandensarkophag, auf dem Steinplatten mit Inschriften und schließlich eine reiche gotische Bekrönung ruhen. Dieser Schmuck setzt sich aus einem Parallelepipedon und einer Art Ädikula darüber zusammen, die, beide mit Mosaiken geschmückt, von drei Figurengruppen umschlossen und von Fialen und Krabben eingerahmt werden. In der Mitte der Ädikula steht die Madonna mit Kind in einer kleinen Nische; sie wurde in der Vergangenheit mehrfach Arnolfo di Cambio zugeschrieben.

Das Grabmal der Vanna Aldobrandeschi besteht ebenfalls aus einem mosaizierten Sarkophag mit Wappen – zwei von den Savelli und dem mittleren Wappen der Aldobrandeschi – und einem hohen Sockel, der in diesem Fall aus drei übereinandergestellten Parallelepipeden gebildet wird, wobei die beiden oberen Teile mit Kosmatendekorationen geschmückt sind.

Die Liegefigur Honorius' IV. (gestorben 1287), die heute auf dem Sarkophag zu sehen ist, gehörte ursprünglich nicht zu diesem Grabmal, sondern bildet den Rest des Grabmals des Papstes, das sich ursprünglich in St. Peter befand und zusammen mit seinen sterblichen Überresten im 14. Jahrhundert hierhin überführt wurde. Die Figur ist nach außen geneigt, und der Kopf wird von zwei Kissen stark nach oben abgestützt. Die gesamte Steinbearbeitung ist durch die weiche Modellierung der Gewänder und vor allem der Gesichtszüge sowie eine aufmerksame Beobachtung der Dekorationsdetails der päpstlichen Gewänder, der Tiara und der Kissen charakterisiert. Das Bildnis Honorius' IV. wird durch die Fragmente eines Vorhanges an den Enden der Figur, die in ihrer bildhauerischen Ausführung an den Grabmalstyp erinnern, den Arnolfo beim De-Braye-Monument einführte, in die Nähe anderer Liegefiguren des toskanischen Künstlers gerückt; jüngere Studien jedoch schließen die direkte Urheberschaft Arnolfos aus und gehen statt dessen von seiner Mitwirkung an den stehenden Heiligen Drei Königen der Krippe von Santa Maria Maggiore zu.

Der gotische Einfluß vom Hofe der Anjou in Neapel

Die Sitzfigur des Papstes auf dem Faltstuhl ist auf dem Fragment des Verbindungsstückes von zwei Bögen frontal zum Betrachter ausgerichtet, während auf der Rückseite eine Engelsfigur mit ausgebreiteten Flügeln zu sehen ist. Die Plastik stellt ein bedeutendes Zeugnis für den Einfluß der französischen Gotik dar, der durch die Anjou nach Rom gelangte. Das Werk, das 1887 im Gebiet des Lateran entdeckt wurde, befindet sich heute im Palazzo Venezia und ist Gegenstand einer komplexen kunsthistorischen Debatte. Darin handelt es sich einerseits um seine ursprüngliche architektonische Bestimmung, wobei sich die Frage stellt, ob es Teil eines Biforiums, Kreuzgangs, Portikus' oder einer Loggia war, oder ob es als Trumeau diente, andererseits sind sowohl die Identifizierung des

Folgende Doppelseite, links:
Unter den im Umkreis Arnolfo di Cambios entstandenen Werken ragen die Grabmäler der Savelli-Kapelle im Querschiff von Santa Maria in Aracoeli besonders hervor. Beim Grabmal des Luca Savelli *wurde ein antiker Girlandensarkophag durch einen reichen gotischen Aufbau bekrönt.*

Rechts:
Das Grabmal der Vanna Aldobrandeschi, *der Ehefrau Luca Savellis, besteht aus einem Sarkophag mit als kosmateske Inkrustation gearbeiteten Wappen, der oberhalb eines erhöhten Sockels aufgestellt wurde. Die Liegefigur Papst Honorius' IV., ihres Sohnes, wurde zusammen mit dessen sterblichen Überresten im 16. Jahrhundert hierhin überführt.*

LVCA
SAVI
ELLO

MARIAE·VI
PAR
EQVES
VI·IDVS·I
CO

Detail mit dem Wappen der Aldobrandeschi mit dem Adler und dem aufgerichteten Löwen vom Grabmal der Vanna Aldobrandeschi, *der Ehefrau Luca Savellis, in Santa Maria in Aracoeli.*

Papstes, als auch die zeitliche Einordnung und Zuschreibung ungesichert.

Ohne auf den Mangel gesicherter dokumentarischer Daten und den schlechten Erhaltungszustand, der keine stilistische Bestimmung erlaubt, einzugehen, erscheint es jedoch wichtig, darauf hinzuweisen, daß das Werk zum Wirkungsbereich eines Künstlers gehört, der – will man ihn nicht mit Arnolfo di Cambio selbst identifizieren – sicherlich zum Kreis seiner Mitarbeiter gehörte. Die Arbeit dieses Künstlers läßt unschwer eine starke gotische Tendenz erkennen, so daß man annimmt, daß er direkt am Hof der Anjou in Neapel angeworben wurde, jedoch gleichzeitig mit den wichtigsten römischen Werken der Zeit vertraut gewesen sein mußte.

Die Epigonen

Neben dem Œuvre, das unmittelbar Arnolfo di Cambio zuzuordnen ist und dennoch in den Urteilen der Kunstgeschichte gelegentlich dem Künstler selbst und dann wieder allgemein seiner Werkstatt zugeschrieben wird, gibt es in der Zeit vom Ende des 13. Jahrhunderts bis zum Exil der Päpste in Avignon eine Reihe von Werken, die di Cambio stilistisch ferner stehen und daher leichter als Arbeiten anderer Künstler zu identifizieren sind. Es handelt sich insbesondere um die künstlerische Tätigkeit der letzten Nachkommen der Familien der römischen „marmorari", die danach strebten, die traditionelle Haltung der Auftraggeber mit populären Elementen zu kombinieren, die von dem toskanischen Meister eingeführt worden waren. Hierum bemühten sich insbesondere die Söhne von Cosma di Pietro Mellini – Deodato und Giovanni –, als sie die Modernisierung der architektonischen und dekorativen Formen des Ziboriums und des Grabmals vornahmen, wobei sie ausgehend von Arnolfo di Cambios Meisterwerken nur die auffälligsten strukturellen Merkmale des gotischen Formenapparats übernahmen. Doch neben den Werken dieser beiden sollte man auch auf einige der mehr oder weniger fragmentarisch erhaltenen Arbeiten unsicherer Herkunft aufmerksam machen, die allgemein der letzten Schaffensperiode der römischen „marmorari" zuzuordnen sind. Obwohl nur von minderer Qualität, lassen sie den ernsthaften Versuch erkennen, die Tradition der Kosmaten mit Merkmalen der Kunst di Cambios zu kombinieren und dadurch zu modernisieren. Dies geschieht insbesondere durch die Einfügung plastischer Elemente und eine verstärkte Aufmerksamkeit gegenüber der Menschendarstellung.

In der Cappella del Crocifisso in San Giovanni in Laterano steht die Figur eines im Gebet knienden Papstes, der in prägnantem Relief und mit strengen, ausgeprägten Zügen dargestellt ist, deren ursprünglicher Zusammenhang aber nicht bekannt ist. Einige Dokumente, vor allem aber die Ähnlichkeiten mit den Statuen Bonifaz' VIII. (1294–1303) im Vatikan – die unverwechselbaren ikonographischen Merkmale, die Tiara und andere Stilmerkmale aus dem Umfeld Arnolfo di Cambios – führten zu der Identifikation des Bildnisses mit diesem Papst. Als ursprünglicher Aufstellungsort wird der Bereich der Benediktionsloggia, die Bonifaz VIII. neben den Lateranspalästen errichten ließ, angesehen. Auch die beiden Statuen *Der Hl. Petrus* und *Der Hl. Paulus*, die sich heute in San Giovanni in Laterano befinden, gehörten vielleicht zum Dekorationsprogramm dieser Loggia. Sie zeichnen sich durch ihre monumentale Gestalt und die bewußte Wiederaufnahme ikonographischer Elemente frühchristlichen Ursprungs aus. Doch auch sie verraten durch die ungelenke, steife Darstellung und den leblosen und erstarrten Ausdruck das weniger bedeutende Talent des Künstlers. Das Eucharistietabernakel in San Clemente aus dem späten 13. Jahrhundert ist ein Beispiel für die Entwicklung dieser Gattung, von der sich zahlreiche Zeugnisse in römischen Kirchen erhalten haben. Auch dieses Werk steht indirekt mit Bonifaz VIII. als Auftraggeber in Verbindung, der sich, durch das Wunder von Bolsena im Jahr 1263 angeregt, mit besonderem Eifer für den Eucharistiekult einsetzte. Die Neuheiten, die in diesem Spätwerk der Kosmatenkunst zum Ausdruck kommen, liegen in der gotischen Modernisierung der Struktur und der Einfügung von Reliefs auf der inneren Lünette. Letztere stellen die *Madonna mit Kind* und zu ihren Seiten den *Hl. Clemens* und *Bonifaz*

Gegenüberliegende Seite:
Gotische Bekrönung des im Jahre 1299 entstandenen Eucharistietabernakels in der Kirche San Clemente mit einem Kryptoporträt des Papstes Bonifaz VIII. als Apostel Jakobus, der zusammen mit dem Kirchenpatron Clemens, Giacomo Gaetani, seinen Neffen und gleichzeitigen Auftraggeber dieser Ausstattung, bei der Jungfrau Maria einführt.

VIII. dar, die ihren Neffen Giacomo Caetani dem Schutz der Madonna anempfehlen. Wie die Mosaikinschrift bezeugt, gab Giacomo Caetani das Werk 1299 in Auftrag, als er Titularkardinal dieser Kirche war. Es ist bemerkenswert, daß man in der Darstellung des Papstes das erste bekannte Beispiel für ein verborgenes Porträt erkannte: Zwar weist der Nimbus hinter dem Kopf die Figur als einen Heiligen aus, vielleicht den Apostel Jakobus, er trägt jedoch unzweifelhaft die Züge von Bonifaz VIII. Trotz einer gewissen Kunstfertigkeit in der räumlichen Auffassung und der Gewandbehandlung bedingt die Wiedergabe der Gesichtszüge die stilistische Einordnung dieses Werkes in den Umkreis nicht näher bekannter römischer Bildhauer vom Ende des Jahrhunderts.

Grabmal des Kardinals Garcia Gudiel *in Santa Maria Maggiore. Dieses zwischen 1299 und 1303 entstandene Werk markiert den künstlerischen Höhepunkt im Schaffen Giovanni di Cosmas. Die Figur des Verstorbenen wurde durch eine Tabernakelarchitektur mit einer Mosaikdarstellung der thronenden Muttergottes an der rückwärtigen Wand hervorgehoben.*

Giovanni di Cosma

Das Œuvre Giovanni di Cosmas, mit dem er die Gattung des Grabmals in Rom erneuerte und in der Folge zu deren Verbreitung beitrug, ist aufgrund seiner Ausdruckskraft weitaus origineller und demnach besser zu bestimmen. Sein Schaffen ist in Rom durch drei eigenhändige Werke aus der Zeit des Höhepunktes seiner künstlerischen Entwicklung präsent, wie die stilistischen Merkmale und das hohe Niveau der Ausführung zeigen. Das erste Werk wurde um 1295 für den päpstlichen Kaplan Stefano Surdi geschaffen, einem Neffen des Kardinals Riccardo Annibaldi. Es zeigt die Liegefigur auf dem Sarkophag, der mit einem Vorhang drapiert ist. Beide ruhen auf einem hohen Unterbau, der aus einem großen Kasten mit Mosaikdekorationen und dem Familienwappen, einer Stufe mit dem Kosmatenmotiv der Rotae und einem Basissockel besteht. Die Haltung der Liegefigur mit dem zum Betrachter geneigten Kopf und den überkreuzten Armen ist durch die ähnliche Pose der Figur im Annibaldi-Monument beeinflußt, von dem außerdem die flache und abstrahierende Art der Modellierung übernommen ist. Bereits in diesem ersten Werk unterscheidet sich Giovanni di Cosma durch die Originalität seines Stils, dem es gelingt, die Vorliebe für die plastische Wiedergabe mit der scharfen linearen Spannung des Steinschnitts zu vereinen, nicht nur von Arnolfo di Cambio, sondern auch vom gesamten Komplex der „arnolfinischen" Künstlerpersönlichkeiten.

Giovanni di Cosma schuf darüber hinaus das um 1300 datierte *Grabmal für Kardinal Guglielmo Durando*, Bischof von Mende (gestorben 1296), in Santa Maria sopra Minerva. Es ist heute innerhalb einer Nische der hinteren Wand des rechten Querschiffs, von einer Dreipaßarkade mit Krabben auf kleinen Pilastern gerahmt, zu sehen. Das Grabmal besteht aus einem Sarkophag mit Tüchern und dem Familienwappen auf Mosaikgrund und einer darüberliegenden Figur, die von zwei Engeln flankiert wird, die einen Vorhang aufhalten, der über die Seiten und entlang der Rückwand fällt. Das Mosaik unterhalb der Arkade kann wegen zahlreicher Restaurierungen keinem bestimmten Künstler zugeschrieben werden; es zeigt an den Seiten der thronenden Madonna mit Kind rechts den Hl. Dominikus und links den Hl. Privatus, den zweiten Bischof von Mende, der kniend für den Toten betet. Auch in diesem Fall verbinden sich die dekorative Fähigkeit und die persönliche, etwas angespannte Haltung der Körper mit den deutlichen Bezügen zum *Grabmal Bonifaz' VIII.*, von dem Details wie der Faltenwurf des Totentuchs, das Wappenmotiv, die vorhanghaltenden Engel, das Mosaik und, in der Liegefigur, die Behandlung der Körpervolumen und Gewänder sowie das Motiv des hochgestützten Kopfes übernommen sind.

Das *Grabmal für Kardinal Consalvo Garcia Gudiel*, das zwischen 1299 und 1303 datiert wird und im rechten Seitenschiff der Basilika Santa Maria Maggiore zu sehen ist, dokumentiert den reifen Stil Giovanni di Cosmas. In struktureller und architektonischer Hinsicht ähnelt das Werk dem *Grabmal für Guglielmo Durando*, weicht in verschiedenen Aspekten aber davon ab, vor allem was die größere Kohärenz, die Stimmigkeit der Komposition und den Stil betrifft. Dieser zeichnet sich durch die reichhaltigere und sanftere Modellierung der Gewänder, die gelösteren Formen der Engel sowie die Intensität der porträthaften Gesichtsdarstellung der Liegefigur aus. Das Mosaik mit der thronenden Madonna und dem zu ihren Füßen knienden Toten ist nach einem ähnlichen Schema angelegt wie dasjenige des Grabmals Durandos, doch sind hier der Hl. Matthäus und der Hl. Johannes die Betenden. Giovanni di Cosma erreicht mit diesem Werk besondere Ausgewogenheit in Stil und Ausdruck. Gleichzeitig übernimmt er in Übereinstimmung mit dem Geschmack seiner Zeit die kunstfertige Durchdringung der architektonischen, plastischen und farblichen Elemente, die auch das *Grabmal Riccardo Annibaldis* von Arnolfo di Cambio kennzeichnet.

Der Künstler aus der Toskana hatte mit diesem Grabmal einen neuen Typus eingeführt, indem er die Liegefigur des Toten darstellte, die Pietro Oderisio bereits beim *Grabmal Clemens' IV.* in Viterbo von französischen Vorbildern übernommen hatte. Die Aufteilung nach hierarchischen und symbolischen Gesichtspunkten, die hier vorgebildet ist, wurde zum Formenkanon dieses Grabmalstyps. Sie sieht eine Unterscheidung in die untere und damit irdische Ebene mit der wirklich-

Folgende Doppelseite:
Detail des Mosaiks der Rückwand des Grabmals für Kardinal Garcia Gudiel *in Santa Maria Maggiore mit der Szene der Einführung des Verstorbenen durch zwei Heilige bei der thronenden Muttergottes.*

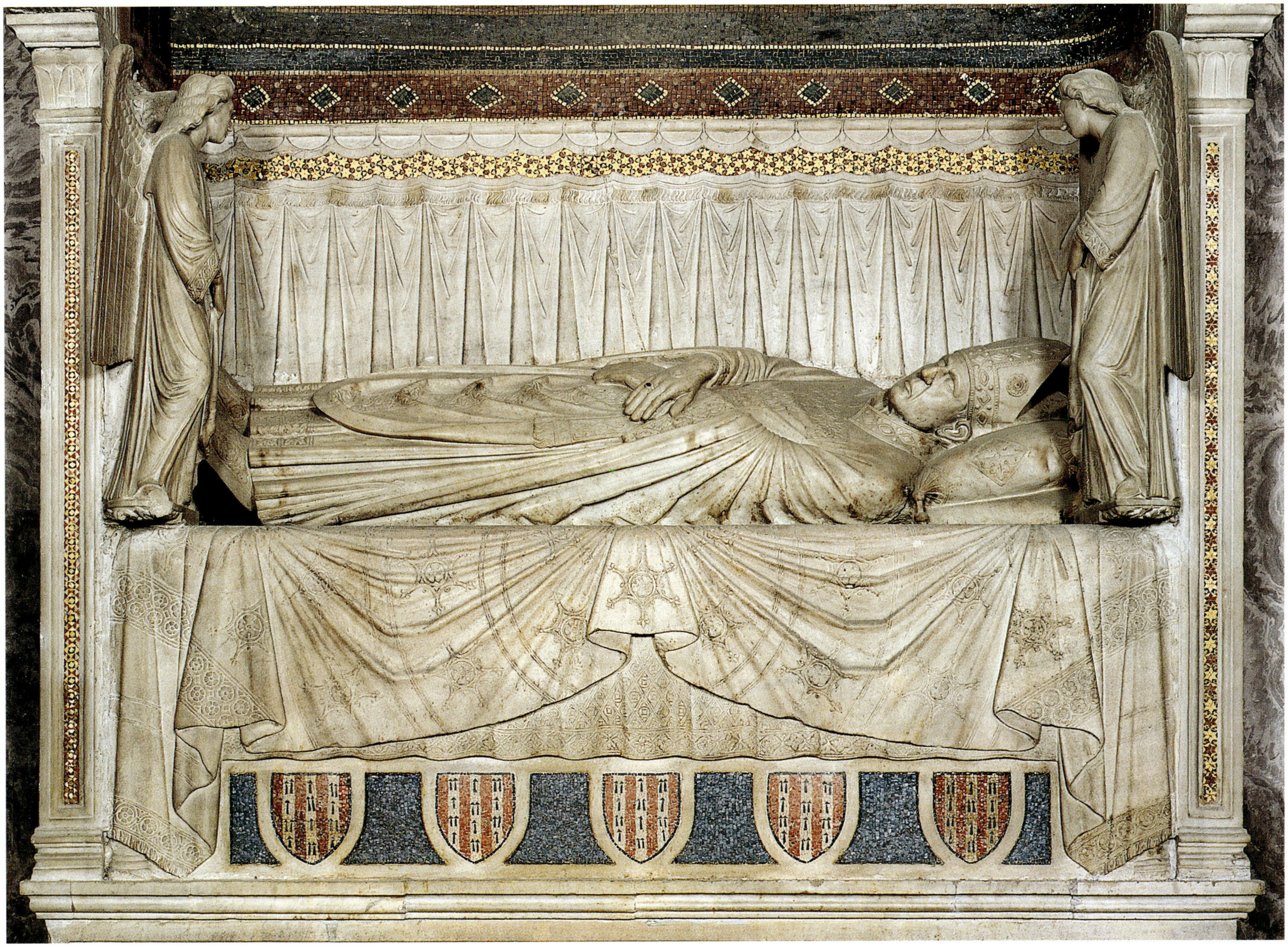

Detail der Liegefigur des Kardinals Garcia Gudiel. Die Darstellung des Verstorbenen wird zu beiden Seiten von Engeln flankiert, die einen Vorhang anheben. Es handelt sich dabei um eine analoge kompositorische Lösung wie bei Arnolfo di Cambios Grabmal für Bonifaz VIII.

S.
MATHI
AS
MO
TENET
ARA
PRIOR

RECVBO
PSEPIS
AD
ADTRV

keitsgetreuen Vergegenwärtigung des Toten als liegende Figur und den Engeln als Begleiter der Verstorbenen ins Jenseits und die obere, irdische Ebene vor. Dort bitten kniende Heilige die Madonna um Schutz für die Toten. Dieses Kompositionsschema sollte eine weite Verbreitung finden, auch wenn die Gesamtanlage im Vergleich zu dem Prototypen Arnolfo di Cambios zunehmend an plastischer und struktureller Energie verliert und dazu tendiert, zu einer Art hängendem Wandgrabmal zu werden, das in höherer Position zunehmend tiefer in die Wand eingelassen ist, wie mehrere Beispiele aus dem 14. Jahrhundert zeigen.

Neben der vorherrschenden Verbreitung der Wandgrabmäler haben sich in Rom auch Zeugnisse einer anderen Tradition erhalten. Unter ihnen sei besonders auf das Grabmal in der Cappella del Crocifisso in Santa Prassede hingewiesen. Ursprünglich stand das Grabmal wahrscheinlich losgelöst von der Wand frei im Raum, dem französischen Typus entsprechend. Es birgt die sterblichen Überreste des Kardinals Pantaléon Anchier de Troyes, des Titulars der Basilika, der hier 1286 bei einem Aufstand ermordet wurde. Die Liegefigur ruht ausgestreckt auf einem mosaizierten Sarkophag, der von Säulchen geschmückt und von großen Tüchern bedeckt wird. Die Ausführungsqualität bestätigt neben deutlichen Bezügen zur Kosmatenkunst und zum Schaffen Arnolfo di Cambios wie auch durch die auffallend lineare Gestaltung des Faltenwurfs den Einfluß französischer Vorbilder.

Deodato di Cosma

Deodato di Cosma war an der Wende zum 14. Jahrhundert tätig und muß wie sein Bruder Giovanni vor allem in konservativen Kreisen einen guten Ruf genossen haben, wie die gesellschaftliche Stellung der Auftraggeber der wenigen erhaltenen Werke und der nur mäßig innovative Charakter seiner künstlerischen Formensprache nahelegen. Seine Neuerung beschränkte sich auf den Versuch, den tiefverwurzelten, an der Antike orientierten Geschmack der Familientradition durch gotische Stilelemente zu modernisieren, die vor allem Arnolfo di Cambio und seine Nachfolger am Ende des Jahrhunderts in die Kunst Roms eingeführt hatten.

Deodato di Cosma erarbeitete insbesondere eine eigene Version des Ziboriums, indem er sich auf die Vorbilder Arnolfo di Cambios in San Paolo fuori le mura und Santa Cecilia bezog. Er entfernte die traditionellen Elemente der Eingrenzung und der Confessio und entwickelte eine Baldachinarchitektur im gotischen Sinne. Diese Merkmale sind allen drei ihm zugeschriebenen Exemplaren gemein, von denen jedoch nur eines in Gänze erhalten ist, während das zweite nur noch aus

Fragmenten besteht und das dritte lediglich durch Quellen bezeugt ist.

Das erste ist das Ziborium von Santa Maria in Cosmedin, das für Francesco Caetani, den Neffen Bonifaz' VIII., ausgeführt wurde, wie die Familienwappen auf dem Tympanon bezeugen. Das Werk wird auf das Jahr 1295 datiert, das Jahr, in dem der Auftraggeber zum Kardinaldiakon der Kirche bestellt wurde. Das Ziborium zeigt vier Spitzbögen mit Dreipässen auf Säulen, die an den Ecken von hohen Pilastern eingefaßt werden und auf denen sich Krabbengiebel erheben, die von kleinen Rosetten durchbrochen sind. Die Anlage wird an der Stelle, an der sich die beiden Satteldächer kreuzen, und über dem Scheitel des gerippten Kreuzgewölbes im Inneren von einem kleinen Türmchen bekrönt. Das zugrundeliegende Schema und einige Motive aus der gotischen Formensprache wie die kleinen Pilaster, die Dreipaßspitzbögen und die Krabben sind deutlich dem Vorbild von San Paolo fuori le mura entlehnt, jedoch stilistisch und formal extrem vereinfacht. Die bildhauerische Dekoration ist durch Mosaiken ersetzt, von denen einige Fragmente erhalten sind. Vor allem dem feinen graphischen Stil mangelt es an der starken formalen Ausdruckskraft der Ziborien Arnolfo di Cambios, in denen es diesem gelang, die tragenden Elemente einer mächtigen dreidimensionalen architektonischen Anlage mit künstlerischen Mitteln zu verdeutlichen und sie so von einer reinen Dekoration zu unterscheiden.

Das zweite von Deodato di Cosma signierte Ziborium ist im Kreuzgang von San Giovanni in Laterano in einzelnen Fragmenten zu sehen, wobei einige zu einem Pasticcio zusammengefügt sind. Die Gesamtanlage umfaßt verschiedene Elemente, die alle mehr oder weniger deutliche Spuren der Mosaikdekoration zeigen: drei Fialen und ebensoviele kleine Pilaster, zwei Gruppen von jeweils drei gedrehten Säulchen, eine Marmorbasis, eine Spitze, die in einer Kugel endet, und vor allem drei Giebel, die mit Krabben und kleinen Rosetten in der Mitte dekoriert und mit Wappen bekrönt sind. Das Ziborium, das mehrfach versetzt und im Zusammenhang mit den von Papst Innozenz X. (1644–1655) geförderten Umbauarbeiten zerstört wurde, muß sich ursprünglich in der Basilika San Giovanni in Laterano über dem Altar der Hl. Magdalena befunden haben. Dieser wurde 1297 im Auftrag Bonifaz' VIII. von Kardinal Gerardo Bianchi geweiht. Die Rekonstruktionshypothesen, die auf schriftlichen Quellen sowie Untersuchungen der erhaltenen Fragmente basieren, stellen das Werk in Zusammenhang mit dem Typus des Altartabernakels, einer neuen Gattung französischen Ursprungs, die in Rom im 13. und 14. Jahrhundert Verbreitung fand. Es setzt sich aus zwei übereinandergelagerten Geschossen zusammen, da die Reliquien, die manchmal durch Gitter sichtbar gemacht wurden, in einer höheren und sicheren Position aufbewahrt werden sollten. Eine Reihe von Werken, die dieser Gattung angehörten, ist inzwischen verlorengegangen – unter ihnen die oben erwähnte Arbeit von Deodato di Cosma, die 1290 für die Cappella dei Capizucchi in Santa Maria in Campitelli ausgeführt wurde.

Das Tabernakel auf dem Altar von San Giovanni in Laterano

Das bekannteste Beispiel für die Entwicklung dieses Ziboriumtyps mit zwei Geschossen wird mittlerweile auf das Ende des 14. Jahrhunderts datiert. Die kompositorische Struktur der Anlage ist durch die Einfügung eines Käfigreliquiars zwischen den Basissäulen und der Bedachung aufgebaut. Das Werk befindet sich auf dem Hauptaltar von San Giovanni in Laterano und wurde von Papst Urban V. (1362–1370) nach dem Brand von 1360 in Auftrag gegeben. Karl V. finanzierte das Tabernakel, das nach dem Exil in Avignon anläßlich der Wiedereinrichtung des Papstsitzes in Rom ausgeführt wurde. Es ist mit einem komplexen Symbolgehalt aufgeladen, der in Beziehung zum sowohl politischen als auch religiösen Verweis auf die Werte der frühchristlichen Tradition steht, die der Ort selbst deutlich mit der Erinnerung an das vorher an dieser Stelle befindliche Ziborium aus dem 4. Jahrhundert zum Ausdruck brachte. Der französische Monarch wollte mit seinem Auftrag – in Analogie zu der weltlichen Stiftung des ursprünglichen Ziboriums durch Konstantin – auf seine schützende Rolle gegenüber dem Papsttum anspielen. Die Römische Kirche hatte die Kontinuität und Zentralität der päpstlichen Macht mit Hilfe jener Bilderstrategie, die sie während des gesamten Mittelalters in immer deutlicher werdender politischer Absicht entwickelt hatte, erneut zu behaupten versucht. Das Tabernakel Urbans V. ging über die besondere Bedeutung des Aufstellungsortes im Mittelpunkt einer der ersten Stiftungen der Christenheit hinaus und proklamierte sowohl den eigenen Bezug zur konstantinischen Zeit und damit eine Fortsetzung der Tradition als auch die Kontinuität von Altem und Neuem Testament. Dies geschah zum einen durch die Gegenwart der verehrten Häupter der Apostel Petrus und Paulus in Beziehung zu den mosaischen Reliquien des ursprünglichen Ziboriums und zum anderen durch die ikonographischen Bezüge der Skulpturdekoration.

Die architektonische Struktur der Anlage, die dem Sieneser Künstler Giovanni di Stefano und seinen Mitarbeitern zugeschrieben wird, lagert auf vier Basissäulen, die durch drei Spitzbogenarkaden miteinander verbunden sind, die ihrerseits von zwei kleinen, durchbrochenen Doppelbögen unterteilt werden. Auf ihnen erhebt sich ein Kreuzgewölbe, worauf ein würfelförmiger Kasten ruht,

Ansicht des von Deodato di Cosma, dem Bruder Giovannis, geschaffenen Ziboriums in Santa Maria in Cosmedin. Dieses Werk ist eine moderate Formulierung der durch Arnolfo di Cambio gefundenen künstlerischen Lösungen für die Gestaltung von Altarbekrönungen.

Gegenüberliegende Seite:
Die obere Abschlußpartie des monumentalen Ziboriums in San Giovanni in Laterano verrät durch seine betonte Vertikalität einen starken Einfluß der französischen Gotik.

Detail des Ziboriums in San Giovanni in Laterano. Die vertikale Gliederung dieser Mischform aus einem Ziborium und einem monumentalen Reliquiar orientiert sich deutlich an französischen Vorbildern. Der Aufbewahrungs- und Präsentationsbereich der Kopfreliquien der beiden Apostelfürsten wurde als ein durch Gitter geschützter und gleichzeitig von außen her einsehbarer Bereich konzipiert.

der an den vier Seiten von zwölf freskierten Tafeln dekoriert ist. Sie waren ursprünglich möglicherweise von Barna da Siena (1367–1368) bemalt worden, wurden jedoch im folgenden Jahrhundert erneuert. Der Kasten wird an den Ecken von vier Statuettenpaaren aus dem 14. Jahrhundert mit Heiligen und Tugendgestalten in Ädikulen abgeschlossen. Darüber erhebt sich eine mit einem Gewölbe bedachte und mit Gittern verschlossene Loggia, in der die Reliquien aufbewahrt werden. Das Ganze wird schließlich von einem Spitzbogen in der Mitte und vier Tympana bekrönt, die von hohen Fialen flankiert werden. Die Struktur des Werks zeigt zwar deutliche Verweise auf die Vorbilder Arnolfos, entfernt sich jedoch gleichzeitig auch von ihnen: einerseits durch den ausgeprägten Einfluß der französischen Gotik, der durch den Auftraggeber wirksam wurde und an der gotischen Betonung der Vertikalen erkennbar wird, andererseits durch die direktere Beziehung zum archaischen Stil Deodato di Cosmas und insbesondere zu seinem Ziborium auf dem Altar der Hl. Magdalena, dessen Einfluß an der Frontalität sowohl der architektonischen Anlage selbst als auch der Skulptur sichtbar wird. Neben dem Tabernakel von San Giovanni in Laterano gibt es nur wenige Kunstwerke, die in Rom im Verlauf des 14. Jahrhunderts ausgeführt wurden, da die Verlegung des päpstlichen Hofs nach Avignon 1306 einen Zusammenbruch der Auftragslage und allgemeinen Wirtschaft der Stadt auslöste. In der Folge verließen auch viele Künstler die Stadt, die zuvor an Grabmonumenten für einzelne bedeutende, oft aus den größten römischen Familien stammende Persönlichkeiten gearbeitet hatten. Während der letzten zwanzig Jahre des 13. Jahrhunderts ist mit der Rückkehr des päpstlichen Hofs nach Rom ein leichter Wiederaufschwung zu bemerken. Wie die oberflächliche Ausführung der allerdings monumentalen Standfigur Bonifaz' IX. (1389–1404) im Kreuzgang von San Paolo fuori le mura zeigt, setzten neue bedeutende Entwicklungen in der römi-

schen Skulptur erst nach Beendigung des Schismas (1417) und mit dem darauffolgenden wirtschaftlichen Wiederaufschwung der Stadt ein. Im übrigen bedurfte es des Anstoßes von toskanischen Künstlern wie Donatello und Filarete, die im letzten Viertel des 15. Jahrhunderts nach Rom kamen.

Virginia Leonardis

Römische Goldschmiedekunst im Mittelalter

Dem *Liber Pontificalis* ist zu entnehmen, daß die römischen Basiliken seit dem Konstantinischen Zeitalter mit einer stattlichen Anzahl kostbarer Email- und Metallbilder ausgestattet waren. Wir wissen allerdings nicht, ob diese Werke aus dem Orient stammten oder ob es sich hierbei um Arbeiten einheimischer Werkstätten handelte. Der heute noch erhaltene Bestand steht in keinem Verhältnis zu dem einstigen Reichtum, wie er in der Papstchronik beschrieben ist. Die Verluste sind auf verschiedene Ereignisse zurückzuführen: Zunächst ist auf die Überfälle germanischer Völker zu verweisen, denen 846 die Angriffe der Araber, 1084 der Normannen und schließlich 1527–1528 die Verwüstungen durch spanische und deutsche Söldner Kaiser Karls V. („Sacco di Roma") folgten.

Im Jahre 1797 ließ Papst Pius VI. zahlreiche Kirchenschätze beschlagnahmen, um den von Napoleon im Friedensvertrag von Tolentino erhobenen Forderungen zu entsprechen. Zuletzt richteten Plünderungen während der Römischen Republik (1798–1799) einen beträchtlichen Schaden an.

Um eine Vorstellung von dem einstigen Reichtum an Kirchenschmuck zu erhalten, ist nur zu erwähnen, daß das Becken im Baptisterium des Lateran mit Goldstatuen verziert war; auf den Ziborien erhoben sich silberne Bögen, und auch die von Papst Honorius I. (625–638) in Auftrag gegebene große Tür der Vatikansbasilika mit den Apostelreliefs bestand aus Silber.

Zu den frühesten römischen Arbeiten zählt ein um die Mitte des 4. Jahrhunderts gefertigter Silberschrein mit Vergoldungen, der in der Umgebung der Kirche San Martino ai Monti gefunden wurde (London, British Museum). Wie aus der Inschrift hervorgeht, war das Stück ein Geschenk für eine christliche Patrizierin namens Proiecta, anläßlich ihrer Hochzeit mit einem gewissen Secundus. Die auf dem Schrein dargestellten narrativen Szenen vermischen heidnische Motive mit christlichen Symbolen: die sich schmückende Braut, die junge Ehefrau, die in ihr neues Haus geführt wird, und Menschen, die Geschenke überreichen.

Von den Arbeiten aus durchbrochenem Edelmetall sind nur einige wenige Stücke erhalten: Das älteste Exemplar ist ein silberner Votivleuchter, der ebenfalls aus San Martino ai Monti stammt. Als der Leuchter 1632 gefunden wurde, hielt man ihn zunächst für die Tiara von Papst Silvester I. (314–335) und beschrieb sie folgendermaßen: „Meister Medici ... fand unter anderem eine silberne Krone, deren Durchmesser fünf Finger mißt, während die Höhe etwa der Länge eines Kopfes entspricht. Diese Krone wurde Emo Barberini übergeben und gehört zu seinen kostbarsten Antiquitäten."

Im Laufe der Zeit trafen Schenkungen des byzantinischen Hofes an den Heiligen Stuhl und an verschiedene Kirchen in Rom ein. Justinian I. hatte Papst Hormisdas (514–523) Gold- und Silbervasen, Evangeliare mit Einbänden aus Gold und Edelsteinen, einen goldenen, mit Hyazinthen verzierten Hostienteller und zwei weitere Teller aus Silber geschenkt. Darüber hinaus gelangten unter anderem zwei Arbeiten nach Rom, die heute im Museo Sacro della Biblioteca Apostolica im Vatikan aufbewahrt werden. Zum einen handelt es sich dabei um eine ovale Capsa (Behältnis) aus getriebenem Silber, deren Deckel ein mit Edelsteinen besetztes Kreuz schmückt, während das Innere aus einem Clipeus mit Heiligenbüsten besteht. Das Behältnis stammt vermutlich aus dem frühen 6. Jahrhundert und wurde einst in der Cappella Sancta Sanctorum aufbewahrt. Das zweite Werk ist ein Reliquienkreuz aus vergoldetem Silberblech, ein Geschenk Kaiser Justins II. (565–578) und seiner Gemahlin Sofia.

Im 8. und 9. Jahrhundert überwogen in der römischen Goldschmiedekunst byzantinische Formen. In Opposition zum Bilderverbot, das von Konstantinopel verhängt worden war, neigte die künstlerische Produktion in zunehmendem Maße zu monumentalen Skulpturen aus Edelmetall. Es entstanden Werke wie die Goldstatue *Madonna mit Kind* in der Kirche Santa Maria Maggiore, die in der Zeit von Stephan II. (752–757) gefertigt wurde; ein silberner Christus mit Engeln in San Paolo fuori le mura; eine mit silbernen Darstellungen von Christus mit den Aposteln und Maria mit den zehn Jungfrauen geschmückte und während des Pontifikats von Gregor III. (731–741) angefertigte Ikonostase in St. Peter; ein goldenes, mit Edelsteinen besetztes Bild des Hl. Andreas in der Peterskirche sowie Silberstatuen von Jesus und den Heiligen Processus und Martinianus, die von Paschalis I. (817–824) in Auftrag gegeben und in der ihnen geweihten Kapelle aufgestellt wurden. Einige römische Kirchen, wie Santa Prassede, San Giorgio al Velabro und

Kreuzförmiges Reliquiar aus getriebenem, vergoldetem Silber. Arbeit für Papst Paschalis I. (817–824). Rom, Museo Sacro Vaticano

Vatikanisches Kreuz mit lateinischer Inschrift und dem betenden Kaiserpaar. Rom, Kirchenschatz von St. Peter

Santa Maria in Trastevere waren mit Altären aus vergoldetem Silberblech ausgestattet. Für das Ziborium in Sant'Agata dei Goti wurden 360 Kilo Silber verarbeitet, während die Goldverkleidung der Confessio im Vatikan, die auf Veranlassung Leos III. (795–816) angefertigt wurde, 226,5 Kilo wog. Der kreuzförmige Kronleuchter aus Gold in der Peterskirche konnte 1465 Kerzen tragen. Mit dieser Arbeit hatte Hadrian I. (772–795) römische Kunsthandwerker betraut.

Von den silbernen Reliquiaren wurden lediglich zwei Exemplare hergestellt: Das erste wurde aus getriebenem Silber angefertigt und zeigt Christus mit den Heiligen Petrus und Paulus (Rom, Museo Sacro della Biblioteca Apostolica). Das andere wurde von Paschalis I. (817–824) in Auftrag gegeben; es handelt

Reliquienschrein aus getriebenem Silber mit Christus zwischen den Heiligen Petrus und Paulus. Werk eines römischen Künstlers aus der Zeit des Pontifikats von Paschalis I. (817–824), Rom, Museo Sacro Vaticano

Madonna aus Santa Maria in Portico, im Kirchenschatz von Santa Maria in Campitelli

sich ebenfalls um eine Treibarbeit, hier in Form eines Kreuzes, und zeigt Szenen aus dem Evangelium, deren Details zum Teil leicht vergoldet sind.

Darüber hinaus stieß man im Umfeld der römischen Goldschmiedekunst auch auf Maleremail aus Limoges. Vermutlich aus dem 10. oder 11. Jahrhundert stammt ein kostbares Bild, das in dieser Technik hergestellt ist, aber durchaus ein römisches Werk sein könnte: die *Madonna* aus Santa Maria in Portico. Es zeigt auf blauem Grund die verschleierte Jungfrau Maria, die das Jesuskind im Arm hält. An den Seiten sind zwei Öl- oder Eichenzweige abgebildet, die möglicher-

Silbernes Reliquiar des Gregorius Aurifex. Rom, Kirchenschatz von Santa Maria in Campitelli

Rückseite des sogenannten Altärchens aus San Gregorio Nazianzeno von Gregorius Aurifex, 12. Jahrhundert. Rom, Kirchenschatz von Santa Maria in Campitelli

weise auf den Baum der Erkenntnis verweisen. Darüber ist ein Bogen gespannt, der von zwei Pfeilern mit ionischen Kapitellen getragen wird. In den beiden oberen Ecken erkennt man die Häupter von Petrus und Paulus mit Heiligenscheinen.

Im 11. und 12. Jahrhundert traten zunehmend nicht-kirchliche Kunsthandwerker in Erscheinung, die ihre Goldschmiedearbeiten auch signierten. Ein Beispiel hierfür ist das silberne, teilweise vergoldete Reliquienkreuz in Santa Maria in Campitelli. Auf dem längeren Arm der mit Gravuren verzierten Treibarbeit liest man die Inschrift G G AURIFEX SERBUS DE SERBUS DEI, die sich auf der Rückseite folgendermaßen fortsetzt: G AUR CU BENEDICTA CONIUGE MEA. Das Reliquiar wurde also von einem Goldschmied namens Gregorio und seiner Frau Benedetta gestiftet, die damit ein Gelübde einlösten.

Nur eine verschwindend geringe Anzahl mittelalterlicher Arbeiten trägt den Stempel der Stadt Rom. Aus diesem Grund kommt einem Armreliquiar aus getriebenem Silber mit einem durch Einlegearbeiten und Vergoldungen verzierten hölzernen Sockel eine besondere Bedeutung zu. Es enthält Reliquien des Märtyrers Marcellianus, ist mit einem der ersten römischen Stempel versehen und stammt vermutlich aus den ersten Jahren des 13. Jahrhunderts.

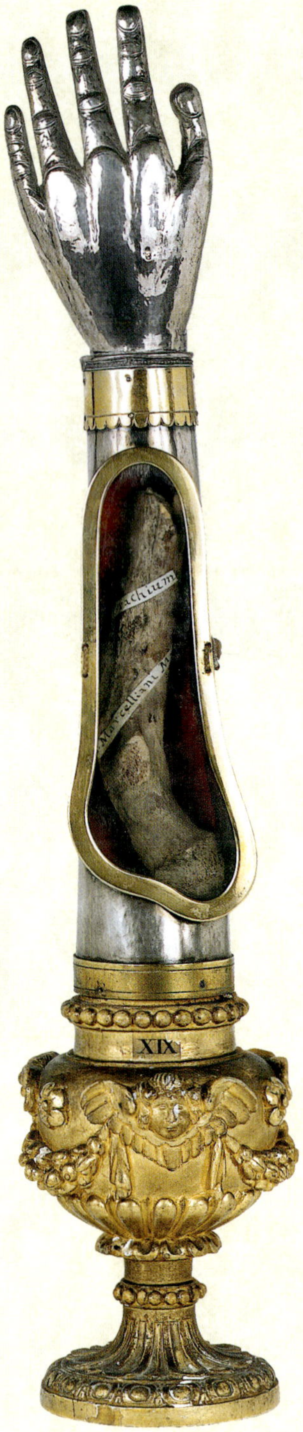

Armreliquiar des Hl. Marcellianus. Rom, Kirchenschatz von Santa Maria in Campitelli

Zu Beginn des 13. Jahrhunderts war Papst Innozenz III. (1198–1216) häufig Auftraggeber von Emailkunst aus Limoges, was der Verbreitung dieser Werke äußerst zuträglich war. Ein besonders interessantes Exemplar ist ein Reliquienkästchen aus vergoldetem und mit Email überzogenem Kupfer (Rom, Santa Maria in Via Lata).

Hinsichtlich der Entwicklung der Goldschmiedekunst in Italien nahm Siena im Mittelalter eine besondere Stellung ein – der tos-

Verkündigungsengel aus vergoldeter Bronze auf dem Einband eines Evangeliars, Email und Pietradura-Arbeit, aus der Stiftskirche Santa Maria di Amaseno. Rom, Museo Nazionale di Palazzo Venezia

Kruzifix aus dem Jahre 1352, Email auf getriebenem Silber. Orte, Museo Diocesano

kanische Stil wirkte sich besonders auch im Raum Viterbo aus. Das wichtigste Werk ist hier das von Vannuccio di Viva 1352 geschaffene herrliche Stabkreuz, das sich ursprünglich in der Kathedrale befand und heute im Museo Diocesano von Orte aufbewahrt wird. Vannuccio, der Sohn von Viva di Lando, der zusammen mit Ugolino di Vieri den Reliquienschrein des Corporale sowie des Hl. Savino im Dom von Orvieto anfertigte, entwickelte die Sieneser Goldschmiedekunst vor allem dadurch weiter, daß er den Florentiner Stil auf die Schmuckelemente übertrug. Von einem anderen Sieneser, Giacomo Guerrino, ist nur ein einziges Werk bekannt: die Reliquienbüste der Hl. Felicitas im Dom von Montefiascone.

Daneben übten auch die Kunsthandwerker aus den Abruzzen ihren Einfluß aus, der sich in erster Linie im ehemaligen Siedlungsgebiet der Sabiner bemerkbar machte, aber bis in die südlich von Rom gelegene Provinz Frosinone reichte, wo sich zwei außergewöhnliche Kunstschätze befinden: Es handelt sich um den Kirchenschmuck der Kathedrale von Veroli und den des Doms von Anagni. Auch in Riete dominierte im 14. Jahrhundert hingegen der in den Abruzzen geprägte Stil. Zu nennen sind hier die Kruzifixe aus getriebenem und vergoldetem Kupferblech sowie das silberne Kreuz in San Venanzio in Mercetelli, die allesamt aus der Werkstatt in Sulmona stammen. Darüber hinaus ist auf das Kreuz in Santa Croce in Borbona hinzuweisen, das dem berühmten Kreuz der Orsini (1334) ähnelt. Letzteres wurde in Rosciolo angefertigt. Die Goldschmiedearbeiten in Veroli und in der Provinz Frosinone lassen unterschiedliche Vorbilder erkennen; sie reichen vom Benediktinerstil des ursprünglich im Kloster Sant'Erasmo aufbewahrten Kreuzes in der Kathedrale von Veroli bis hin zu Arbeiten im Sulmoner Stil. Im Besitz des Klosters von Montecassino und der Abteien von Casamari und Trivulsi befinden sich ebenfalls bedeutende Goldschmiedearbeiten.

Im Gebiet um Rom und im gesamten Latium stößt man häufig auf kunsthandwerkliche Gegenstände, die nicht aus der einheimischen Produktion stammen. Dies gilt etwa für einige liturgische Gerätschaften, die zu einem Teil in der Wallfahrtskirche Santa Maria in Vulturella bei Guadagnolo (Palestrina) aufbewahrt werden. Dazu gehört ein halbmondförmiger, vergoldeter Hostienteller aus dem 12. oder 13. Jahrhundert, der reliefartig hervorgehobene Figuren zeigt, die durch Gravuren auf der Rückseite identifiziert werden konnten.

Kruzifix aus dem 11. Jahrhundert. Veroli, Kirchenschatz der Kathedrale

Maria Giulia Barberini

Römische Malerei im 5.–14. Jahrhundert

Frühe Stufen monumentaler Dekorationen

Die Tatsache, daß eine große Anzahl der monumentalen Werke der römischen Malerei, die während der ersten Hälfte des 4. Jahrhunderts im Anschluß an die Anerkennung des Christentums als eine der Religionen im Staate entstanden, heute nicht mehr erhalten ist, erweist sich als großes Hindernis bei der Rekonstruktion der kulturellen Entwicklung des Stils und der Ikonographie frühchristlicher Kunst.

Zu den wenigen noch erhaltenen Zeugnissen gehört die Mosaikverzierung des Mausoleums Santa Costanza, eines für die Tochter des Kaisers Konstantin errichteten Zentralbaus, die deutlich in dem Kontext dieses als private Grablege konzipierten Ortes steht. Das Gewölbe des Umgangs ist mit farbenreichen Mosaiken geschmückt, die um das Jahr 360 entstanden und Szenen aus der Weinlese darstellen. Mit Putten und Vögeln belebte Rebstöcke in sehr naturalistischer Darstellung versinnbildlichen in eher allgemeinem allegorischem Sinne die Heilsthematik. Im Gegensatz zu diesen Szenen wird die christliche Botschaft durch die in der Apsis abgebildeten Traditio Clavium und Traditio Legis, Symbole der Legitimation der kirchlichen Autorität Christi, in sehr viel deutlicherer Weise, mit klar identifizierbarer Ikonographie, vermittelt.

Im Apsismosaik von Santa Pudenziana, dem ältesten noch erhaltenen Werk, das aller Wahrscheinlichkeit nach aus der Zeit des Pontifikats Innozenz' I. (402–417) stammt, erscheint Christus zwischen den Aposteln und den Personifikationen der Heidenkirche und der Judenkirche, den Wurzeln der neuen Gemeinschaft der Christen. Die Szene ist vor einem architektonischen Hintergrund im klassisch-antiken Stil angesiedelt. Auf einem Hügel im Zentrum erhebt sich ein mit Edelsteinen besetztes Kreuz, das sich vor einem wolkenverhangenen, zur gleichen Zeit jedoch von Licht- und Farbrissen durchzogenen Himmel abzeichnet. Hier erscheinen zum ersten Mal die vier Symbole der Evangelisten: der Adler für Johannes, der Stier für Lukas, der Löwe für Markus und der Mensch für Matthäus.

Das Mosaik von Santa Pudenziana in seiner erhabenen und monumentalen Darstellung deutet darauf hin, daß diese Technik für die Ausschmückung der neuen Kultbauten nunmehr zu einem durchaus verbreiteten, offiziell sanktionierten Mittel der Darstellung christlicher Bildinhalte geworden war.

Die um die Mitte des 4. Jahrhunderts entstandenen Mosaike des tonnengewölbten Wandelgangs im ehemaligen Mausoleum der Constantina, der heutigen Kirche Santa Costanza. Sie zeigen vielfältige Szenen ländlichen Lebens, die als ein Ausdruck der Glückseligkeit und Hoffnung auf eine friedvolle Grabesruhe zu verstehen sind.

Detail des Mosaiks im Umgang des ehemaligen Mausoleums der Constantina, das die „Mikrostruktur“ des Rankendekors, bestehend aus verschiedenen Lebewesen und Objekten, veranschaulicht.

Allerdings gewann auch die Freskomalerei schon sehr bald an Bedeutung; leider sind die beiden biblischen Zyklen nicht erhalten, die Papst Leo I. der Große (440–461) in den von Kaiser Konstantin errichteten Basiliken – der Peterskirche und San Paolo fuori le mura an der Via Ostiense – anfertigen ließ. Der erste Freskenzyklus wurde während des Wiederaufbaus des Gebäudes im 15./16. Jahrhundert zerstört, während der zweite einem Brand im Jahre 1823 zum Opfer fiel. Die Aquarellkopien, die zwar zumindest den ikonographischen Inhalt der zerstörten Fresken wiedergeben, können natürlich das Original nicht ersetzen und bieten auch keinerlei Möglichkeit, dessen leider unwiederbringlich verlorene stilistische Besonderheit zu würdigen.

Mosaikbild der Erscheinung der drei Engel vor Abraham und Abrahams Gastfreundschaft von der linken Mittelschiffwand der Basilika Santa Maria Maggiore. Die dreifache Präsenz des Patriarchen Abraham, des Protagonisten der beiden Episoden, dient der Erzeugung eines kontinuierlichen Erzählflusses.

Die Mosaiken von Santa Maria Maggiore

Ein bis heute nahezu vollständig erhaltenes Werk findet sich dagegen in der Mosaikverzierung der Basilika Santa Maria Maggiore. Entlang der Wand des Mittelschiffes erzählen 27 Tafeln mit alttestamentarischen Themen die Geschichten von Abraham, Isaak, Jakob, Moses und Josua. Auf dem Triumphbogen werden Episoden aus der Kindheit Christi geschildert, die zum Großteil nicht-kanonischen Evangelien entnommen wurden. Dem gesamten Dekorationsprogramm wurde ein Gliederungssystem unterlegt: Auf der linken Mittelschiffwand befinden sich die alttestamentarischen Episoden „ante legem“, vor der Gesetzesübergabe an Moses. Die Rechte hingegen zeigt Ereignisse „sub legem“, nach der Gesetzesübergabe. Das Triumphbogenmosaik illustriert Szenen des Neuen Testaments, aus einer neuen Zeiteinheit, „sub gratia“, die durch Geburt und Wirken Christi bestimmt wird.

Santa Maria Maggiore nimmt in der Geschichte der frühchristlichen Kunst eine besondere Rolle ein, denn sie war die erste vom Papsttum in Auftrag gegebene Basilika. Sie ist somit ein Beleg für die erstarkende Autorität der christlichen Kirche gegenüber dem Kaiser, dem es bis dahin vorbehalten war, über die Einrichtung und Verzierung von Kultstätten zu entscheiden. Der Bau von Santa Maria Maggiore begann um 420. Vollendet und ausgeschmückt wurde sie zur Zeit von Papst Sixtus III. (432–440), der seinen Namen auf dem Mosaik an der höchsten Stelle des Triumphbogens im Mittelschiff anbringen ließ und das Werk der Gemeinde der Gläubigen widmete: XYSTUS EPISCOPUS PLEBI DEI (Bischof Sixtus dem Volke Gottes).

Die Mosaiken von Santa Maria Maggiore stellen ein bedeutendes Zeugnis römischen Kunstschaffens aus der ersten Hälfte des 5. Jahrhunderts dar. Die Bildfelder des Mittelschiffes zeichnen sich durch großzügige und gleichmäßige Kompositionsrhythmen, eine besondere Aufmerksamkeit für die ländliche Umgebung der Szenen, einen stark naturalistischen Charakter der Figuren sowie eine als umfassend zu bezeichnende Farbgebung aus. Die Mosaiken knüpfen somit stilistisch und kompositorisch an den Kanon der Spätantike an, der auf die Themen der neuen christlichen Ikonographie übertragen wurde.

Der Zyklus auf dem Triumphbogen mit den Kindheitsgeschichten Christi zeigt gegenüber den Tafeln des Mittelschiffes einige stilistische und kompositorische Divergenzen. Diese gehen sicherlich auf die Beteiligung unterschiedlicher Künstler mit verschiedener Ausbildung und auch auf unterschiedliche Vorbilder zurück, und nicht, wie ebenfalls vermutet wurde, auf unterschiedliche Pläne und Bauherren. Abgesehen von diesen Feststellungen präsentiert sich die Mosaikverzierung von

Santa Maria Maggiore als Ergebnis eines einheitlichen Plans, wie dies auch aus der zusammenhängenden Umsetzung des Inhalts hervorgeht.

In erster Linie zeigen die Tafeln des Mittelschiffes, insbesondere die Geschichten von Moses, Parallelen zu einem Meisterwerk der Buchmalerei aus dem frühen 5. Jahrhundert, dem sogenannten Vergilius Vaticanus, einer nur wenige Jahre zuvor mit Miniaturen versehenen Handschrift eines antiken römischen Dichters (Rom, Biblioteca Apostolica Vaticana, ms. lat. 3225). Die gewählten räumlichen Anordnungen weisen Analogien zu denen der Mosaiken von Santa Maria Maggiore auf. Zudem ist eine sehr ähnliche plastische Konzeption der menschlichen Figur zu beobachten, die allerdings statisch angeordnet und teilweise unproportioniert gestaltet ist. Die Ähnlichkeit zwischen einer monumentalen Mosaikverzierung in der ersten unmittelbar vom Papsttum in Auftrag gegebenen Basilika und einem so auserlesenen literarischen Werk der heidnischen Kultur, dessen Adressat mit großer Wahrscheinlichkeit der römischen Oberschicht angehörte, scheint darauf hinzuweisen, daß die kultivierte Ausdrucksweise der Malerei der Spätantike bereits als wesentlicher Bestandteil der frühchristlichen Kunst anzusehen ist und daß die Rezipienten beider Kunstwerke definitiv derselben sozialen Schicht zuzuordnen sind.

Oben:
Darstellung der Hirtin Rahel, die – vom Felde kommend – ihrem Vater Laban die Ankunft Jakobs mitteilt. Linke Mittelschiffwand der Basilika Santa Maria Maggiore

Unten:
Die Darstellung zeigt zwei verschiedene Szenen: Links des Baumes ist Jakob zu erkennen, der mit Hilfe zweier Hirten die Grenze der Tränke für seine Herde absteckt. Rechts wird Jakob von Gott befohlen, in das Land seiner Väter zurückzukehren. Linke Mittelschiffwand von Santa Maria Maggiore

Die Mosaiken in Santi Cosma e Damiano

Aus dem zweiten Viertel des 6. Jahrhunderts stammt eine der bedeutendsten Apsisdekorationen des hochmittelalterlichen Rom. Es handelt sich um das Mosaik von Santi Cosma e Damiano al Foro Romano, von Papst Felix IV. (526–530) in Auftrag gegeben, auf dem er mit dem Kirchenmodell zu sehen ist. Im Zentrum der Komposition erscheint vor dem Hintergrund eines dunkelblauen, aber außerordentlich strahlenden, mit kräftigen roten Wolkenstreifen durchzogenen Himmels Christus, gänzlich eingehüllt in ein aufwendig gestaltetes goldenes Gewand, der mit seinen monumentalen Dimensionen die darunterliegende Szene beherrscht. Hier präsentieren die Heiligen Petrus und Paulus die zwei Patrone der Kirche, Kosmas und Damian, die die Dornenkrone in den Händen halten. Durch die deutliche Hervorhebung von Plastizität und monumentalem Volumen erscheinen die beiden Apostel wie gemalte Statuen und stehen offensichtlich in der Tradition spätantiker Bildhauerei.
An den äußeren Enden der Apsis erscheinen links der bereits erwähnte Papst Felix IV. – dessen Bildnis im 17. Jahrhundert jedoch vollständig restauriert wurde – und rechts der Hl. Theodorus, während im Apsishalbkreis der Lämmerfries die Versammlung der Apostel versinnbildlicht. Auf dem Apsisbogen befindet sich eine der Apokalypse des Hl. Johannes entnommene Szene mit den 24 Ältesten – aufgrund des Wiederaufbaus im 16. Jahrhundert nahezu vollständig zerstört –, den sieben Leuchtern, den sieben Engeln und dem mystischen Lamm. Die Ausführung des Bogenmosaiks unterscheidet sich stark vom Apsismosaik. Das erklärt sich weniger durch die unterschiedlichen chronologischen Zusammenhänge oder Ausführungstechniken während verschiedener Phasen als vielmehr durch die Koexistenz divergierender Strömungen in der bildenden Kunst zum Zeitpunkt des Übergangs von der Antike zum Mittelalter.

Das Mosaik der Apsiskonche zeichnet sich in der Tradition spätantiker Malerei durch eine wahrhaft monumentale Konzeption der menschlichen Figur aus. Die Personen werden mit plastischer Klarheit sowie ausgeprägter Modellierung

Mosaiktafel von der rechten Mittelschiffwand in Santa Maria Maggiore (Mitte 5. Jahrhundert) mit der Schilderung der Aufnahme Moses' als Kleinkind am Hofe des Pharaos im oberen sowie des Streitgesprächs Moses' mit den Gelehrten im unteren Teil der Darstellung

Gegenüberliegende Seite:
Detail mit der zentralen Christusfigur des von Papst Felix IV. (526–530) gestifteten Apsismosaiks in Santi Cosma e Damiano. Die auf einem Wolkenteppich herabschreitende Christusfigur markiert durch ihre beeindruckende Monumentalität den letzten Höhepunkt spätantiker Mosaikkunst in Rom.

dargestellt, auch wenn hier eine zunehmende Entfernung von der Helldunkelmalerei und der Farbenvielfalt zu erkennen ist, die in den Mosaiken von Santa Maria Maggiore zu finden waren. Die Werke in Santi Cosma e Damiano weisen hingegen klare Farbkontraste mit teilweise grellen Tönungen auf, inhaltlich sind sie immer noch auf die göttliche Erscheinung ausgerichtet. Besondere Bedeutung kommt dem Werk dadurch zu, daß es sich in einem der zentralen Bezirke des heidnischen Rom befand. Diese Gebiete waren in den vorangegangenen Jahrhunderten mit einer negativen Bedeutung behaftet gewesen und wurden nach Überzeugung des Volkes gar von bösen Geistern bewohnt.

Die Bildkünste des 6. und 7. Jahrhunderts

Im Laufe der zweiten Hälfte des 6. Jahrhunderts entstanden zwei Mosaikwerke, die eine stilistische Annäherung von römischem und byzantinischem Malstil zeigen; hierbei handelt es sich um die Ausschmückung der Kirche San Teodoro auf den Hängen des Palatin sowie des Triumphbogens von San Lorenzo fuori le mura. Bei ersterem ist in der Apsis eine Christusfigur über der Weltkugel dargestellt, umgeben von den Heiligen Petrus, Paulus, Theodor und Theodulos, denen die Kirche gewidmet ist; der einheitliche Hintergrund aus goldenen Mosaiksteinen bewirkt eine starke Entmaterialisierung der Figuren, wie dies im übrigen auch in Santi Cosma e Damiano der Fall ist, wodurch jeglicher Eindruck von Tiefe in der Darstellung von Umgebung und Landschaft verschwindet.

Im Mosaik des Triumphbogens von San Lorenzo fuori le mura, das während des Pontifikats von Papst Pelagius II. (579–590) entstand, kehrt das ikonographische Thema von Christus auf der Weltkugel wieder, mit den traditionellen Figuren Petrus und Paulus, begleitet von den Heiligen Laurentius, Stephanus, Hippolyt sowie Pelagius selbst. Seit Beginn des 13. Jahrhunderts war das Mosaik mit der Figur des Pelagius vom ursprünglichen Mittelschiff aus nicht mehr zu sehen, denn zu dieser Zeit ließ Papst Honorius III. (1216–1227) ein zweites Langhaus als Ergänzung des alten Gebäudes errichten, woraufhin sich die Ausrichtung der Basilika umkehrte.

Die römischen Marienbilder

Der Übergang vom 6. zum 7. Jahrhundert war von der Figur Papst Gregors I. des Großen (590–604) geprägt, der entscheidende Impulse für die Umwandlung Roms zur Hauptstadt des mittelalterlichen Christentums gab. Er widmete sich der Neustrukturierung des religiösen und profanen Lebens in der Ewigen Stadt, indem er nach und nach die politische und administrative Kontrolle des Oströmischen Reiches durch die Autorität der Kirche ersetzte und wichtige gemeinnützige Einrichtungen stiftete. Aus Sicht des Oströmischen Reiches galt Rom jedoch als wenig bedeutende Provinzstadt, die einem Gouverneur unterstellt war.

Papst Gregor I. war es schließlich, der eine systematische Christianisierung des nicht-christlichen Roms einleitete, die ihren deutlichsten Ausdruck darin fand, daß der symbolische Tempel des Heidentums, das Pantheon, der Jungfrau Maria und den Märtyrern geweiht wurde (Santa Maria ad Martyres); die Tempelweihe, angeregt von Papst Bonifaz IV. (608–615), mußte vom byzantinischen Kaiser Foca im Jahre 609 genehmigt werden. In diesem Zusammenhang dürfte auch die Ikone der *Muttergottes mit dem Kind* entstanden

sein. In dieser Tafel wurde der über Byzanz hinaus weit verbreitete Hodegetria-Typus durch minimale Variationen der Gestik und Mimik der beiden Figuren zu einer besonderen Form von Lebendigkeit verdichtet. Darüber hinaus weist die hochverehrte Pantheon-Ikone auf stilistischer Ebene deutliche Parallelen zu dem Apsismosaik der Kirche Santi Cosma e Damiano auf. Wahrscheinlich entstanden zwischen dem 6. und 7. Jahrhundert weitere Ikonen in der Gegend von Rom, wie z. B. die *Madonna del Conforto* in der Kirche Santa Maria Nuova sowie die sogenannte *Madonna della Clemenza* in Santa Maria in Trastevere, die einige jedoch der Zeit Johannes' VII. (705–707) zurechnen. Das erstgenannte Kultbild, das heute in der Kirche Santa Francesca Romana (Santa Maria Nuova) aufbewahrt wird, scheint das erhaltene Fragment einer monumentalen spätantiken Marienikone zu sein. Als ursprünglicher Aufstellungsort dieser Ikone wurde die Kirche Santa Maria Antiqua auf dem Forum Romanum vorgeschlagen.

Das Bild der *Madonna della Clemenza* zeigt die etwas starre Figur der thronenden Muttergottes mit dem Christuskind, die von zwei Engelsfiguren gerahmt wird. Die hieratische Wirkung der Figur Marias wird durch ihr kaiserliches Ornat und das Gemmenkreuz in ihrer Rechten noch gesteigert.

Als trotz seiner vollständigen Erhaltung schwierigstes Werk der römischen Malerei des Hochmittelalters gelten die Fresken von Santa Maria Antiqua. Die Kirche war in der zweiten Hälfte des 6. Jahrhunderts durch die Umwandlung einiger Räume, die zum Komplex der Kaiserpaläste auf der Nordwestseite gehörten, entstanden. Im Jahre 847 wurde sie durch einen Erdrutsch stark in Mitleidenschaft gezogen. Von einer gewaltigen Materialmasse verschüttet, verwahrloste die Kirche, und ihre Ausstattung – einschließlich einer Ikone mit der Jungfrau Maria – wurde in die nahegelegene Kirche Santa Maria Nuova, heute Santa Francesca Romana al Foro, gebracht.

Die Dekoration von Santa Maria Antiqua

Die im Jahre 1702 wiederentdeckte Kirche Santa Maria Antiqua wurde während der ersten Jahre des 20. Jahrhunderts vollständig freigelegt. Durch diese Ausgrabungen wurden Werke der römischen Malerei aus drei Jahrhunderten sichtbar gemacht. Auf der rechten Seite des Apsisbogens befindet sich der sogenannte Freskenpalimpsest, der mindestens vier übereinanderliegende Freskenschichten aus der Zeit zwischen dem zweiten Viertel des 6. Jahrhunderts und dem Pontifikat Johannes' VII. miteinander vereint.

Das älteste Bild ist das der *Maria als Himmelskönigin auf dem Thron zwischen Engeln*, eine Frontalansicht, die von einer feierlichen Ikonographie zeugt. Die Darstellung ist chronologisch zwischen dem Jahr 536 und der Mitte des Jahrhunderts einzuordnen.

Auf der zweiten Farbschicht, die aller Wahrscheinlichkeit nach auf den Anfang des 7. Jahrhunderts zurückgeht, erscheinen die Fragmente einer wundervollen *Verkündigung*. Protagonist ist der sogenannte Schöne Engel, ein Verkündigungsengel, dessen Gewand sich durch besonders interessante Helldunkelübergänge und Farbfeinheiten auszeichnet. Die Ausführung erinnert an einige Beispiele hochentwickelter hellenistischer Kunst, von der die oströmische Malerei lange Zeit beeinflußt war.

Aus der Mitte des 7. Jahrhunderts, vermutlich aus der Zeit des Pontifikats Martins I. (649–655), stammt die dritte Schicht des Freskenpalimpsests von Santa Maria Antiqua. Sie zeigt die Figuren der Heiligen Basilios und Johannes Chrysostomos, die an die Darstellungen der Kirchenväter der Ostkirche auf der linken Wand des Apsisbogens anschließen; die Heiligen sind mit Schriftrollen in den Händen dargestellt, auf denen Texte des Laterankonzils von 649 zu erkennen sind.

Aus der Zeit von Papst Johannes VII. schließlich stammt die vierte und letzte Schicht, auf der der Hl. Gregor zu identifizieren ist. Durch umfangreiche Restaurierung konnten die Arbeiten in einen Zustand gebracht werden, der die geschilderten Elemente wieder für die Kunstwissenschaft zugänglich machte.

Auch im Mittelschiff der Kirche dokumentieren zahlreiche Werke der Malerei weitere Phasen der römischen Malerei im 7. Jahrhundert. Insbesondere ein Freskenzyklus auf einem Pfeiler des Mittelschiffes aus den ersten Jahrzehnten des Jahrhunderts, der Szenen aus dem Leben Salomons und der Makkabäischen Brüder sowie eine *Verkündigung* zeigt, erinnert lebhaft an die hellenistische Malerei, während Formfestigkeit, Leichtigkeit und Eleganz der Darstellung an die früher entstandene *Verkündigung* erinnern.

Das Mosaik von Sant'Agnese

In der Konche der Basilika Sant'Agnese fuori le mura an der Via Nomentana entfaltet sich das bedeutendste Mosaik des 7. Jahrhunderts, das die Wiederaufnahme großangelegter Bauprojekte durch das Papsttum kennzeichnet. Es wurde auf Wunsch von Papst Honorius I. (625–638) angefertigt, der die betreffende Apsis in der Nähe des Grabes der Märtyrerin Agnes bauen ließ.

Das Mosaik stellt die Patronin mit dem Papst dar, der ihr das Modell der Kirche präsentiert; daneben befindet sich eine weitere Figur, in der möglicherweise Papst Symmachus (498–514) zu erkennen ist. Die in Frontalansicht dargestellten Figuren heben sich stark vom ebenfalls mosaizierten Goldgrund ab, der – in dieser Hinsicht von den Tendenzen zeitgenössischer byzantinischer Malerei beeinflußt – die plastische Wirkung der Figuren aufhebt und dadurch eine transzendente Wirkung bekommt.

In den 50er Jahren des 7. Jahrhunderts gründete Papst Johannes IV. (640–642) in der Nähe des lateranischen Baptisteriums ein nach dem Hl. Venantius benanntes Oratorium, in das die Reliquien dalmatischer und istrischer Märtyrer aufgenommen werden sollten. Es wurde mit Mosaiken verziert, die allerdings erst zur Zeit des Nachfolgers von Johannes IV., Theodor I. (642–649), vollendet wurden. Die beiden Päpste sind wiederum im unteren Teil der Apsis dargestellt. Hier befinden sich auch Darstellungen der Apostel Petrus und Paulus sowie Johannes des Täufers und der Heiligen Venantius und Domnionus, die eine betende Madonna einrahmen. Die Apsiskonche hingegen zeigt in der Mitte eine von Erzengeln umgebene Büste Christi, während auf dem Bogen die vier Symbole der Evangelisten sowie Veduten von Jerusalem und Bethlehem über vier Figuren dalmatischer Heiliger auf jeder Seite zu finden sind.

Zwei interessante Ikonen sind höchstwahrscheinlich in das 7. Jahrhundert zu datieren; bei einer davon handelt es sich um die sogenannte *Madonna Salus populi Romani* – noch heute in der Cappella Paolina in Santa Maria Maggiore –, deren ursprüngliches Aussehen sich durch spätere Retuschierungen stark verändert hat. Die besondere Verehrung, die dieser Darstellung entgegengebracht wurde, basiert größtenteils auf der legendarischen Zuschreibung der Herstellung dieses Bildes an den Evangelisten Lukas. Bei der anderen Darstellung handelt es sich um die Ikone von Santa Maria in Tempulo, die eindeutig byzantinischer Herkunft ist und heute im Oratorium von Rosario aufbewahrt wird.

Diese und andere Kunstwerke bezeugen den wachsenden Einfluß der Malereikunst des Ostens auf Rom und seine Umgebung im Mittelalter. Begünstigt wurde diese Entwicklung durch den zunehmenden Import von Elfenbeinschnitzereien, Stoffen und Gegenständen der Goldschmiedekunst, die sich für eine schnelle Verbreitung von Stilelementen und Bildthemen eigneten. Darüber hinaus wurden in diesem Jahrhundert mehrere Päpste ernannt, die griechischer Herkunft waren und Werke von großer künstlerischer Tragweite in Auftrag gaben. Außerdem entwickelte sich die Ewige Stadt zum bevorzugten Sitz vieler aus dem Osten stammender Klostergemeinschaften. Daraus ergab sich das Phänomen, daß die byzantinische Malerei im römischen Malstil fortgeführt wurde.

In dieser Hinsicht ist der Malereizyklus in der Kirche Santa Maria in der Via Latina von äußerstem Interesse, wenn sich auch die stilistische Interpretation und die chronologische Einordnung – nicht zuletzt aufgrund des schlechten Erhaltungszustands – als schwierig erweisen. Bei der Kirche handelt es sich um eine alte Diakonie, zwischen dem Ende des 5. und dem Beginn des 7. Jahrhunderts errichtet, die seit Ende des 8. Jahrhunderts in den Quellen belegt ist. Im unterirdischen Teil dieses Bauwerks wurde ein Fresko entdeckt, das die Szene der sieben Schlafenden von Ephesus darstellt und byzantinische Stilmerkmale aufweist. Während die Entstehungszeit nicht genau festzulegen ist, sondern zwischen dem Ende des 6. Jahrhunderts und der Mitte des 7. Jahrhunderts zu datieren ist, lassen Ikonographie und Stil keinen Zweifel an der Herkunft des Malers aus dem Oströmischen Reich. Aus derselben Dekorationsphase stammt eine Szene mit dem Richter Salomon, während ein Zyklus mit Geschichten des Hl. Erasmus dem 8. Jahrhundert zuzuordnen ist.

Das Mäzenatentum Johannes' VII.

Von besonderer Bedeutung für die römische Malerei des 8. Jahrhunderts war Papst Johannes VII. (705–707), der als Auftraggeber zahlreicher Bauten auch die Entstehung von Bildwerken förderte. Er war griechischer Herkunft und sehr gebildet, wie aus den schriftlichen Überlieferungen des *Liber Pontificalis* hervorgeht.

Hervorzuheben ist das Oratorium der Jungfrau Maria im Vatikan, das laut einer Inschrift, die den Stifter als „servus Sanctae Mariae" bezeichnet, am 21. März 706 vom Papst persönlich geweiht wurde. Es befand sich ursprünglich an der Rückwand der vatikanischen Basilika, wurde aber im Zuge des Wiederaufbaus des Gebäudes im ersten Jahrzehnt des 17. Jahrhunderts zerstört. Der gesamte Bau ist aus den Zeichnungen eines Kodex mit Urkunden von Giacomo Grimaldi (Rom, Biblioteca Apostolica Vaticana, ms. Barb. Lat. 2733) sowie aus diversen anderen graphischen und schriftlichen Quellen bekannt. Der gesamte Innenraum wurde neu mit Mosaiken verziert, die einen Zyklus aus der Kindheit und Passion Christi darstellen. Die überlieferten Fragmente weisen nicht alle einen sehr guten Erhaltungszustand auf: die Anbetung der Könige, heute in der römischen Kirche Santa Maria in Cosmedin zu finden, die Waschung des Kindes, das Porträt von Johannes VII. mit dem rechteckigen Heiligenschein der Lebenden und der Einzug Christi in Jerusalem im sogenannten Deposito Lambertini der Peterskirche, eine Madonna in der Ricci-Kapelle in San Marco in Florenz, die Geburt Mariens im Museo Diocesano in Orte, der Hl. Joseph im Puschkin-Museum Moskau und eine stark restaurierte Kreuzigungsszene, Ergebnis einer nahezu gänzlichen Erneuerung, im Studio del Mosaico im Vatikan. Die herausragende Qualität der Mosaiken des vatikanischen Oratoriums findet in den römischen Werken

Folgende Doppelseite:
Detail aus dem Triumphbogenmosaik der auf dem Forum Romanum gelegenen Kirche Santi Cosma e Damiano. Der Ausschnitt aus diesem nur fragmentarisch erhaltenen Mosaik zeigt das auf einem gemmengeschmückten Thron vor einem Kreuz liegende Gotteslamm.

dieser Epoche kein ebenbürtiges Gegenstück. Entscheidend für die stilistischen und technischen Aspekte, zu denen beispielsweise die Verwendung von Mosaiksteinen aus Marmor für das Inkarnat der Gesichter gehörte, war der griechische Hintergrund des frühen Papsttums.

Bei dem zweiten großen Werkkomplex aus der Zeit von Johannes VII. handelt es sich um das Fresko in der bereits erwähnten Kirche Santa Maria Antiqua al Foro Romano. Hier ließ er die Ausschmückung der Schola Cantorum und des Presbyteriums durch Darstellungen biblischer Szenen ergänzen, die ebenfalls von der plastischen Helldunkel-Behandlung in der hellenistischen Malerei zeugen. Dieses Kompositonsmittel charakterisierte bereits die Verkündigung mit dem Schönen Engel, die im vorangegangenen Jahrhundert dem Freskenpalimpsest antikisierenden Charakter verliehen hatte.

Weitere Beispiele der Malerei aus den ersten Jahrzehnten des 8. Jahrhunderts sind nahezu vollständig verlorengegangen; übriggeblieben sind lediglich einige Fresken im Mittelschiff der Unterkirche von San Crisogono in Trastevere, die einen sehr fragmentarischen christologischen Zyklus darstellen, begleitet von einigen Heiligenfiguren. Die Wandgemälde sind wiederum durch einen Rückgriff auf die Helldunkelmalerei der frühen Zeit gekennzeichnet.

Ebenfalls in der Kirche Santa Maria Antiqua wurde während des Pontifikats von Zacharias (741–752) eine den Heiligen Quiricus und Julia geweihte Kapelle mit Fresken ausgeschmückt.

An der Grundmauer dieser Kirche sind eine Madonna als Himmelskönigin mit den Heiligen Petrus und Paulus sowie Papst Zacharias und der Auftraggeber dargestellt; dieser erscheint noch an zwei weiteren Stellen in der Kapelle, davon einmal in Begleitung seiner Familienangehörigen. Diese Abbildungen zeichnen sich durch eine gewissenhafte Ausführung sowie eine bemerkenswerte Wiedergabe der Figuren aus. Vervollständigt wird der Zyklus durch Abbildungen von Heiligen, Martyriumsszenen mit Quiricus und Julia, die durch eine ungewöhnlich starke erzählerische Intensität charakterisiert sind, sowie durch eine Kreuzigung von erheblicher ikonographischer Komplexität an der Altarwand. Auf dieser Darstellung trägt Christus ein Colobium, ein langes Gewand, das stilistisch – insbesondere in Verbindung mit einigen Ikonen des Klosters Santa Caterina auf dem Berg Sinai – vom Einfluß ostmediterraner Kunst auf den römischen Malereistil des 8. Jahrhunderts zeugt. Dieser Einfluß zeigt sich auch in den Fresken der Kirche Santa Saba auf dem Kleinen Aventin – der bedeutendsten Ansiedlung östlicher Mönche in Rom –, die christliche Geschichten und Medaillons mit Heiligenbüsten zeigen, sowie in den Geschichten des Hl. Erasmus im vierten unterirdischen Raum der Diakonie Santa Maria in Via Lata.

Die Künste in der Epoche Karls des Großen

Der entscheidende Übergang vom 8. zum 9. Jahrhundert, symbolisch manifestiert durch die Kaiserkrönung Karls I. des Großen im Jahre 800 durch Papst Leo III. (795–816) in der vatikanischen Basilika, leitet eine entscheidende Wende des römischen Malstils ein, der sich zunehmend an westeuropäischen Mustern orientiert und so die ikonographischen und stilistischen Formeln östlicher Herkunft überwindet. Die römische Malerei aus diesen Jahrzehnten legte Wert auf ihre frühchrist-

Kreuzigung *aus der Kapelle des Quiricus und der Giulietta in Santa Maria Antiqua. Dieses Fresko bildete das Zentrum einer umfangreicheren, zwischen 741 und 752 ausgeführten, privaten Stiftung des Vermögensverwalters dieser Kirche, Theodotus. Der besondere dokumentarische Wert dieser Darstellung liegt in der Vermengung östlicher Bildelemente, wie der Bekleidung Christi mit einem Colobion, die ansonsten aus syrischen Handschriften bekannt ist, mit einer Kennzeichnung der Protagonisten der Handlung durch lateinische Schriftzüge.*

Das himmlische Jerusalem aus dem Triumphbogenmosaik der Kirche Santa Prassede. Der Aufenthaltsort der Auserwählten wird als eine Stadt mit edelsteinbesetzten Mauern, die von Engeln bewacht wird, geschildert. Das in zwei Gruppen aufgeteilte Apostelkollegium schreitet auf den im Zentrum stehenden Christus zu. Während die rechte Gruppe von Maria und Johannes dem Täufer angeführt wird, geht auf der gegenüberliegenden Seite die Titelheilige Praxedis der Apostelreihe voran.

lichen bzw. spätantiken Ursprünge und fand in den großen Mosaikprogrammen ihr passendes Ausdrucksmittel.

Leo III. ergriff in dieser Hinsicht bedeutende Initiativen: Ein Beispiel ist der Triclinio Lateranese, in dessen Apsis Christus auf dem Berg des Paradieses zu sehen ist, eingerahmt von Petrus und Paulus, welche die apostolische Mission versinnbildlichen. Im linken Zwickel des Apsisbogens ist Christus dargestellt, der Petrus – dem hier vermutlich die Gesichtszüge Papst Silvesters I. (314–335) gegeben wurden – den Schlüssel anvertraut und Kaiser Konstantin I. dem Großen (306–337) die kaiserliche Fahne übergibt. Auf der rechten Seite nehmen Papst Leo III. und Karl I. der Große (800–814) die Insignien der Macht vom Hl. Petrus entgegen. Das Mosaik wurde um die Wende vom 16. zum 17. Jahrhundert stark beschädigt. Um 1730 wurde das Monument endgültig niedergerissen und auf der Piazza San Giovanni in Laterano neu aufgebaut, wo es bis heute zu sehen ist. Laut Quellen wurde das neue Mosaik von dem Maler Pier Leone Ghezzi geschaffen. Von dem mittelalterlichen Kunstwerk ist lediglich ein Fragment (im Museo Sacro della Biblioteca Apostolica Vaticana) erhalten geblieben, das das Gesicht eines Apostels darstellt. Die Ikonographie ist sowohl von der Darstellung des göttlichen Rechts geprägt als auch von der weltlichen Autorität, einschließlich der kaiserlichen.

Es entstanden noch weitere wichtige Mosaikwerke während des Pontifikats Leos III.: die Dekoration der sogenannten Aula Concilii, ebenfalls im Lateran, sowie das Apsismosaik in der Kirche Santa Susanna – beide Werke sind nicht mehr erhalten, jedoch durch graphische und literarische Zeugnisse weitgehend bekannt. Außerdem entstand zu dieser Zeit das im Apsisbogen teilweise erhaltene Mosaik von Santi Nereo e Achilleo, auf dem die Verklärung Christi mit der Verkündigung sowie die Maria Theotokos dargestellt sind.

Die Mosaikstiftungen Paschalis' I.

Eine weitere, äußerst wichtige Phase der Mosaikkunst in Rom ist in den Bauten dokumentiert, die unter Papst Paschalis I. (817–824) entstanden. Zu den wichtigsten Projekten, die zu seiner Zeit realisiert wurden, gehören die Kirchen Santa Maria in Domnica, Santa Prassede und Santa Cecilia in Trastevere, deren Apsiden mit anspruchsvollen Mosaikprogrammen ausgeschmückt sind, in denen der Papst mit dem rechteckigen Heiligenschein der Lebenden erscheint.

In Santa Maria in Domnica ist Paschalis I. kniend zu Füßen einer monumentalen Darstellung der Madonna mit Kind zu sehen. In den anderen beiden Mosaiken erscheint der Papst hingegen in aufrechter Haltung, am äußeren linken Ende der Apsiskonche als letzter in der Folge der Heiligen, die den Erlöser flankieren. Der Figurenkreis wird hier noch erweitert dadurch, daß die Heiligen selbst wiederum von Darstellungen der bedeutendsten Apostel umgeben sind. Die Komposition folgt insgesamt dem Vorbild in der Apsis von Santi Cosma e Damiano.

Die Analogien zur Kirche auf dem Forum beschränken sich jedoch nicht auf die Apsis, sondern betreffen auch die Apsisstirnwand mit der Darstellung des apokalyptischen Themas der Anbetung des Gotteslammes durch die 24 Ältesten. Kontrastierend zu diesem programmatischen Rekurs auf die Mosaikdekoration in Santi Cosma e Damiano präsentiert der Bereich des Triumphbogens eine interessante ikonographische Situation.

Der Triumphbogen in Santa Prassede ist eines der architektonischen Zitate aus der alten Petrusbasilika. Zusätzlich zu diesem architektonischen Element wurde in Santa Prassede auch eine ringförmige Krypta wie in Alt St. Peter unterhalb von Vierung und Apsis angelegt. Der arcus triumphalis und die Apsisstirnwand sind bei beiden Bauten als Begrenzung der Memorie für die Märtyrer zu verstehen. Auf diesen funktionalen Kontext spielt neben einer Inschrift in dieser Kirche, die von der Bestattung der Gebeine von 2300 Heiligen berichtet, auch die Dekoration des Triumphbogens an.

Mosaikdekoration oberhalb des Eingangs zur San-Zeno-Kapelle in Santa Prassede, einer Stiftung Papst Paschalis' I. (817–824). Die über dem Zugang befindliche Fensteröffnung wurde durch zwei Clipeus-Reihen gerahmt. Das innere Band zeigt neben Maria mit dem Christuskind im Zentrum zwei männliche und acht weibliche Heilige. Im äußeren Band wurden um die zentrale Christusbüste die Brustbilder der zwölf Apostel angeordnet.

Den Scheitel nimmt eine besondere Darstellung des himmlischen Jerusalem ein, dessen reich mit Edelsteinen besetzte Mauern den von Engeln umgebenen Christus einrahmen. Daneben sind die in zwei Gruppen unterteilten Apostel zu sehen, mit der Jungfrau Maria, dem Täufer und den Propheten Moses und Elias, unter eindeutigem Bezug auf die Apokalypse des Johannes. In dieses himmlische Jerusalem aufgenommen zu werden, scheint auch eines der Hauptanliegen bei der Stiftung Paschalis' I. gewesen zu sein. Die Inschrift dokumentiert den Wunsch des Papstes, ebenfalls in der Prozession der Heiligen am Ende der Zeiten schreiten zu dürfen. Die Zwickelpartien zeigen jeweils eine Menschenmenge, die in weißen Kleidern, vor einem Goldgrund angeordnet, Palmzweige schwingt. Ihre Akklamation gilt sowohl dem Ereignis im Zentrum wie auch demjenigen des Apsisstirnbogens und paßt hervorragend zu dem architektonischen Typus eines Triumphbogens.

Angrenzend an das rechte Kirchenschiff liegt die San-Zeno-Kapelle, deren gesamter Innenraum mit Mosaiken in leuchtenden Farben ausgeschmückt ist. Über dem Eingang ist eine Lünette mit einem doppelten Kreis von Heiligenbüsten zu sehen. In den übrigen Wandlünetten sind die Verklärung, die Auferstehung und Heiligenbüsten abgebildet sowie ein Bildnis der Papst-Mutter, Theodora, der die kleine Gedächtniskapelle als Grablege gewidmet war. Das Gewölbe ist mit einem Medaillon Christi geschmückt, das vier Engel halten, die den gesamten Zwickelbereich ausfüllen.

Der Stil der Mosaiken dieser Zeit deutet klar auf die entscheidende Bedeutung des bildlichen Inhaltes hin, der zusätzlich durch eine Glättung der Oberflächen und klar gezeichnete Umrißlinien unterstrichen wird. Damit verbindet sich eine neuartige und in gewisser Hinsicht ungewöhnliche Farbintensität, die durch starke Akzente in Orangerot verstärkt wird.

Während bis zur Zeit von Paschalis I. ohne größere Schwierigkeiten eine Kontinuität im malerischen Stil und bei den Bauprojekten festzustellen ist, die sich durch das gesamte Mittelalter zog, so steht man in der zweiten Hälfte des 9. wie des darauffolgenden Jahrhunderts einer geringeren Anzahl von monumentalen Werken gegenüber. Einige Arbeiten von besonderem Interesse werden in den Quellen jedoch erwähnt, wie z. B. das Apsismosaik von San Marco mit der Darstellung des Stifters Papst Gregor IV. (827–844). Dieses Werk zeigt einige interessante Veränderungen des während des Pontifikats Paschalis' I. so beliebten Typs der Apsisdekoration.

Die Neuerungen betreffen die Positionierung der Figuren im Bildraum sowie die Gestaltung des Hintergrundes. Im Gegensatz zu den unter Paschalis I. gearbeiteten Mosaiken und deren Vorbild in Santi Cosma e Damiano werden die Figuren in San Marco vor einen goldfarbenen Hintergrund gestellt. Die im Vergleich zu den früheren Kompositionen in ihren Proportionen etwas gestreckt wirkenden Figuren stehen in San Marco in starrer Haltung jeweils auf einer sockelartigen Partie, auf der die einzelnen Namen verzeichnet sind. Diese Reduktionen sowie die starke Stilisierung der wenigen vegetabilen Elemente in dieser Darstellung scheinen weniger technisches Unvermögen als vielmehr eine neue, mittelalterliche Bildauffassung widerzuspiegeln.

Ein Überfall der Sarazenen 846 sowie ein heftiges Erdbeben im Jahre 847 verschlimmerten die bereits schwierige wirtschaftliche Situation des Papsttums und führten dazu, daß weniger Aufträge vom Papsttum vergeben werden konnten. Zur Zeit Leos IV. (847–855) wurden die heute zerstörte Dekoration von San Martino ai Monti sowie ein Mosaik mit der Darstellung des Hl. Petrus in der Nische der Pallien in Alt St. Peter angefertigt. Überliefert sind außerdem einige in der zweiten Hälfte des Jahrhunderts geschaffene Fresken, wie z. B. der Zyklus mit Szenen aus dem Leben Christi in der Unterkirche von San Clemente und die Kapellenwände in Santa Barbara in Santi Quattro Coronati.

Im 10. Jahrhundert verschlechterten sich die ökonomischen und politischen Umstände zunehmend, und so ist es aus Mangel an bildlichen oder schriftlichen Zeugnissen nahezu unmöglich, die künstlerischen Leistungen in Rom zu dieser Zeit zu rekonstruieren. Zu den interessantesten Überresten des künstlerischen Schaffens aus dieser Epoche zählen daher die Fresken von Santa Maria in Pallara, heute San Sebastiano al Palatino, die christliche Episoden und Heiligenlegenden zum Inhalt haben. Während diese jedoch nur noch durch Kopien aus dem 17. Jahrhundert bekannt sind, blieben in der Apsis eine von Heiligen umgebene Christusfigur und eine Jungfrau mit Heiligen und den Erzengeln erhalten. Die Fresken wurden zwischen 973 und 999 von einem Arzt namens Pietro und seiner Ehefrau Johanna in Auftrag gegeben. Sie ließen sich im Apsisbogen zusammen mit den Ältesten der Apokalypse und Prophetenfiguren auf den Schultern der Apostel abbilden. Die römische Malerei im 11. Jahrhundert zeichnet sich in mancher Hinsicht durch eine Rückbesinnung auf die Antike aus, eine Entwicklung, die sich im darauffolgenden Jahrhundert verstärken sollte. In diesem Zusammenhang ist immer noch ungeklärt, ob es seit etwa Mitte des 11. Jahrhunderts eine Verbindung zwischen Rom und der Abtei von Montecassino gegeben hat, die unter der Leitung des Abtes Desiderio ein wichtiger Bezugspunkt für Rom, nicht nur in religiöser Hinsicht, war.

Es ist heute nicht mehr ersichtlich, ob die Wiederaufnahme ikonographischer und stilistischer Themen aus der Spätantike bzw. aus der frühchristlichen Zeit in Rom von den Werken beeinflußt wurde, die in der Abtei von Montecassino unter Abt Desiderio, der Mosaizisten aus Konstantinopel holte, geschaffen wurden, oder ob die von den Päpsten in Auftrag gegebenen Werke eine Hinwendung der Malerei von Montecassino zur Antike bewirkten. Sicher ist, daß eine Antikenrezeption während dieser Epoche nicht als neues Phänomen anzusehen ist, da dies, wie bereits gesehen, ein grundlegendes Element der römischen Kunst seit Beginn des Mittelalters war.

Angesichts der Tatsache, daß Desiderio gezwungen war, für die Anfertigung des Mosaiks der neuen Abteikirche von Montecassino auf Künstler aus Konstantinopel zurückzugreifen, liegt die Vermutung sehr nahe, daß es in Rom an Arbeitern mangelte, die in der Lage waren, stilistisch am Frühchristentum orientierte Dekorationen anzufertigen.

Unter diesem Gesichtspunkt stellt das Werk von San Urbano alla Caffarella einen besonders interessanten Freskenzyklus des frühen 11. Jahrhunderts dar. Die Kirche entstand durch die Umwandlung eines römischen Gebäudes aus dem 2. Jahrhundert nach Christus. Das Dekorationspro-

Um 1080 entstandenes Fresko aus dem Marienoratorium in Santa Pudenziana, das die Schwestern Pudenziana und Praxedis zeigt, die die Kronen ihres Martyriums der Gottesmutter mit dem Christuskind darbringen.

Oben:
Fresko aus der Unterkirche von San Clemente mit der Episode des Wunders am Grabe des Hl. Clemens.

Unten:
Fresko mit Szenen aus der Vita des Hl. Alexius in der Unterkirche von San Clemente. Die gemalte Folge von Ereignissen zeichnet sich durch ihre starke erzählerische Intensität sowie eine Reihe für die Malerei des 11. Jahrhunderts neuer kompositioneller Elemente aus.

gramm umfaßte einen christlichen Zyklus sowie eine Reihe von Heiligenlegenden, die in Zusammenhang mit der namensgebenden Heiligen, der Hl. Cäcilie, dem Hl. Laurentius und anderen Märtyrern standen. Das Entstehungsdatum läßt sich durch eine Inschrift unter der Kreuzigungsdarstellung auf das Jahr 1011 festlegen.

In der Auswahl und Anordnung der Szenen stellt das Fresko einen Rückbezug auf die Fresken in der vatikanischen Basilika dar. Die alt- und neutestamentarischen Themen sind in zwei Registern angeordnet und von Stuckmarmorpfeilern eingerahmt, welche die architektonische Struktur unterstreichen. Auch hier wird in der Gestaltung der Figuren die Orientierung an der Antike deutlich, die kurze Zeit später die römische Kunst entscheidend prägen sollte.

Etwa auf die Jahrhundertmitte sind die Fresken im Mittelschiff der Unterkirche von San Crisogono in Trastevere zu datieren, in denen Geschichten aus dem Leben des Hl. Benedikt dargestellt sind. Entgegen früheren Annahmen, nach denen die Wandmalereien in das 10. Jahrhundert eingeordnet werden sollten, werden sie heute mit der Malerei von Montecassino eng in Verbindung gebracht, u. a. aufgrund der Persönlichkeit von Abt Federico di Montecassino (1057/1058), der auch Kardinal-Erzpriester von San Crisogono war. Darüber hinaus wurde ein Zusammenhang zwischen diesen Fresken und der ikonographischen Ausrichtung einiger Miniaturen in dem berühmten Stundenbuch des Abtes Desiderius (Rom, Biblioteca Apostolica Vaticana, ms. Vat. lat. 1202), die kurz nach 1071 – dem Jahr der Einweihung der neuen Abteikirche von Montecassino – entstanden, festgestellt.

Die Kunstentwicklung unter Gregor VII.

Das letzte Viertel des Jahrhunderts war geprägt durch Papst Gregor VII. (1073–1085), Förderer einer Kirchenreform, die eine antikisierende und an frühchristlichen Themen orientierte Malerei begünstigte.

Ein Beispiel dieser Tendenz stellen die Fresken des Oratoriums von Santa Maria in Santa Pudenziana aus dem Jahre 1080 dar, die Geschichten aus den Viten der Heiligen Pudentiana und Praxedis (Prassede) sowie eine thronende Madonna mit dem Jesuskind, umgeben von denselben Heiligen, abbilden. Die Fresken der Unterkirche San Clemente mit Geschichten aus dem Leben des Hl. Clemens und des Hl. Alexius bezeugen auf eindrucksvolle Weise den inhaltlichen Reichtum und die stilistische Originalität der Malerei am Ende des 11. Jahrhunderts. Sie wurden während der letzten zwei Jahrzehnte des Jahrhunderts geschaffen und wurden von Beno di Rapiza und Maria Macellaria in Auftrag gegeben; beide konnten durch eine Inschrift und aufgrund einer Szene mit dem Tempelwunder im unteren Register identifiziert werden, auf der sie neben dem Hl. Clemens zusammen mit ihren Kindern Clemente und Altilia dargestellt werden. Kunsthistorisch ist das Werk bedeutend, da mit ihm neue Themen und Inhalte in die Malerei aufgenommen wurden.

Die anderen Szenen des Zyklus, die im Narthex und im Kirchenschiff zu erkennen sind, zeigen die Überführung der Reliquien des Hl. Clemens, die Messe des Hl. Clemens, das Säulenwunder, Christus auf dem Thron zwischen den Erzengeln Gabriel und Michael und die Heiligen Clemens und Nikolaus sowie den Hl. Clemens auf dem Thron. Außerdem sind zwei Episoden aus dem Leben des Hl. Alexius neben Heiligen und Propheten abgebildet.

Die Geschichten des Hl. Clemens und des Hl. Alexius zeichnen sich durch ungewohnte Lebendigkeit und narrative Spontaneität aus und markieren somit einen Wendepunkt in dieser Phase der römischen Malerei. Diese Veränderung betrifft die gesamte Anlage des Werkes, wie z. B. den architektonischen Rahmen oder die in den verschiedenen Episoden gezeigten Gebäude selbst, aber sie wird darüber hinaus vor allem in der Bildkomposition deutlich, d. h. in einer realistischen Darstellungsweise, so etwa in der überraschenden Vielfalt der Fischarten im Tempelwunder oder in der lebendigen Darstellung der Gauner des Miracolo della Colonna, wo zudem eines der ältesten Zeugnisse der italienischen Schriftsprache erscheint: FILI DE LE PUTE TRAITE.

An das spätantike und frühchristliche Verzierungsrepertoire knüpfen auch die heute stark beschädigten Fresken im Kirchenschiff von Santa Maria in Cosmedin aus dem Jahre 1123 an, deren Inhalt sich ursprünglich – soweit das heute noch zu erkennen ist – auf die Antike und das Neue Testament bezogen. Bei diesem Werk zeugen die dekorativen Elemente – Blattvoluten, Tänzer, Medaillons mit Masken, Leuchter, Füllhörner – von einem eingehenden Studium der klassischen Vorbilder durch die römischen Malereiwerkstätten. An der Antike orientierte Verzierungen finden sich auch auf den von den Malern Gregorio und Petrolino 1111–1116 im Rahmen der von Paschalis II. (1099–1118) angeregten, umfassenden Renovierung dieser Kirche geschaffenen Fresken, die jedoch nur fragmentarisch erhalten sind.

Der Einfluß Kampaniens auf die Mosaiken von San Clemente

Detail des Apsismosaiks der Oberkirche von San Clemente. Das Zentrum dieser Komposition wird von dem von Maria und Johannes dem Evangelisten flankierten Kruzifixus eingenommen. Das untere Ende des Kreuzes geht in einen Akanthus über, dessen Ranken sich über die gesamte Fläche der Apsiskonche ausbreiten und die Ekklesia (Kirche) symbolisieren, deren Wurzel der Lebensbaum, das Kreuz, ist.

Den vollendetsten Ausdruck dieser Rückbesinnung stellt jedoch das Apsismosaik der Oberkirche von San Clemente dar, das wahrscheinlich in den 30er Jahren des 12. Jahrhunderts entstand. Hier bezeugt die Auswahl der technischen Mittel den bewußten Brückenschlag zu spätantiken Traditionen: Tatsächlich waren in Rom seit Jahrhunderten keine Mosaiken in monumentalen Dimensionen mehr geschaffen worden, weswegen die Fertigkeiten in der Materialbehandlung verlorengegangen waren. Die Herkunft der Arbeiter, die in der Apsis von San Clemente tätig waren, ist angesichts der beachtlichen Qualität der Mosaiken schwierig festzustellen. Aller Wahrscheinlichkeit nach hatten kampanische Arbeiter, die in den 30er Jahren des Jahrhunderts nach Rom gekommen waren, byzantinische Stilelemente eingeführt, ähnlich den Miniaturen in Handschriften, die zu dieser Zeit bereits im Skriptorium der Abtei von Montecassino angefertigt wurden.

Vor allen Dingen hebt jedoch die Ikonographie des Mosaiks von San Clemente die Verbindung mit der frühchristlichen Malerei hervor: Ein Kreuz mit dem toten Christus zwischen Maria und dem Evangelisten Johannes wird von in Gold getriebenen Akanthusvoluten eingerahmt und durch biblische und weltliche Figuren, Putten, Hirten und Tiere bereichert. Inhaltlich und kompositorisch

Folgende Doppelseite:
Detail aus dem unteren Teil des Anfang des 12. Jahrhunderts entstandenen Apsismosaiks der Oberkirche von San Clemente. In der Mittelachse dieser Komposition sind unterhalb des Kreuzes die vier Paradiesflüsse dargestellt. Die Präsenz unterschiedlicher Tierarten an den Ufern dieser Gewässer verleiht der Szenerie einen idyllischen, paradiesischen Charakter.

VCIS.IACOBI DENS.IGNATII Q

SVPRA SCRIPTI REQVIESCVN

Gegenüberliegende Seite:
Detail der Mittelpartie des Apsismosaiks mit der Figur des thronenden Christus, die auf den Seiten von den Apostelfürsten Petrus und Paulus flankiert wird. Diese heute in der Apsis von San Paolo fuori le mura sichtbare Darstellung ist eine Replik des 19. Jahrhunderts nach dem durch den Brand von 1823 zerstörten Original aus dem 13. Jahrhundert.

Diese Darstellung des Kopfes Petri ist eine der wenigen erhaltenen Partien des originalen Apsismosaiks aus dem 13. Jahrhundert. Rom, San Paolo fuori le mura, Sakristei

Folgende Doppelseite:
Übergabe der Tiara durch Konstantin an Papst Silvester. Ausschnitt aus dem Freskenzyklus des Silvester-Oratoriums im Konvent Santi Quattro Coronati. Die in dieser Szene dargestellte Episode aus der Vita Papst Silvesters sollte das Papsttum als legitimen Nachfolger des Kaisertums in Rom repräsentieren.

läßt sich dieses Werk auf die Katakombenmalerei der ersten Jahrhunderte des Christentums sowie auf die monumentale Malerei des 4. und 5. Jahrhunderts zurückführen.

Zur gleichen Zeit und vor allem in der gleichen Werkstatt entstanden die wenigen, aber bedeutenden Reste des Freskendekors in der Krypta von San Nicola in Carcere. Erhalten sind Medaillons mit Propheten, der Taufe Christi sowie einige Fragmente der Ausschmückung mit Tiermotiven, stets in klarer Ableitung von frühchristlichen Werken. Die von den in San Clemente tätigen Arbeitern vorgezeichnete Linie findet ihre ideale Fortführung im Apsismosaik von Santa Maria in Trastevere, einem Werk der Zeit von Papst Innozenz II. (1130–1143). Im Zentrum der flachen Kuppel sind Christus mit der Jungfrau als Himmelskönigin und Braut Christi auf einem mit Edelsteinen besetzten Thron abgebildet. Diese Bildkomposition stellt eine Neuerung innerhalb der römischen Apsisdekorationen dar, weil hier eine Passage aus dem Hohelied bildnerisch umgesetzt wurde. In diesem Werk scheinen sich zwei divergierende Stilrichtungen zu manifestieren: Die eine, nach dem antiken Vorbild von San Clemente, prägt den Apsisbogen, die andere, von strengerem und linearem Duktus, zeigt sich in der Kuppelverzierung und bei den Heiligenfiguren, die Christus und die Jungfrau auf dem Thron umgeben. Außerdem werden in den Gesichtszügen der göttlichen Figuren zwei der am meisten verehrten Ikonen zitiert, nämlich die des Erlösers aus der Sancta Sanctorum und die der Jungfrau Maria in Santa Maria Nuova.

Das Mosaik im antiken Apsisbogen von Santa Maria Nuova stellt die thronende Maria mit dem Kind dar, umgeben von vier Heiligen. Das Werk läßt sich auf die Zeit der Kirchenweihe im Jahre 1161 datieren und ist stilistisch in die Strömung einzuordnen, die mit dem Mosaik von San Clemente begonnen hatte und im Mosaik von Santa Maria in Trastevere fortgeführt wurde. Die Mosaiken, an die es sich am stärksten annähert, zeichnen sich durch eine Betonung der Linearität und Vereinfachung der Figurenkonstruktion aus.

Die drei Mosaiken von San Clemente, Santa Maria in Trastevere und Santa Maria Nuova haben nicht nur die stilistische Klarheit gemeinsam, sondern auch die Bezüge zur politisch-religiösen Situation Roms zwischen 1130 und 1161. In der Tat liegt die Vermutung nahe, daß alle drei Mosaiken von der gleichen Werkstatt aus Kampanien geschaffen wurden und daher als Vorläufer der antikisierenden Tendenzen des folgenden Jahrhunderts betrachtet werden können.

Die Fresken von Santa Croce in Gerusalemme

Ganz unabhängig von den bisher dargestellten Entwicklungen ist die Freskendekoration der Basilika Santa Croce in Gerusalemme zu sehen, die wahrscheinlich zwischen dem dritten und vierten Jahrzehnt des 12. Jahrhunderts entstand und einer Initiative von Papst Lucius II. (1144–1145, seit 1125 Hauptpatron der Kirche) zu verdanken ist. Er hatte den Auftrag vermutlich bereits vor seiner Wahl zum Papst erteilt.

Der Freskenzyklus umfaßte im Mittelschiff eine Reihe von Rundbildern mit Darstellungen der Patriarchen sowie einen dekorativen Fries; es läßt sich allerdings nicht mehr mit Sicherheit feststellen, ob das ikonographische Programm auch Szenen aus dem Alten und Neuen Testament beinhaltete. Auf dem Triumphbogen befindet sich ein freskiertes Medaillon mit entweder der Büste Christi oder der Darstellung des mystischen Lammes – auch dies ist nicht mehr zu erkennen –, von den Evangelistensymbolen sowie von sieben Leuchtern umgeben.

Die Fresken von Santa Croce, die von mindestens drei verschiedenen Malern ausgeführt wurden, bezeugen den Einfluß byzantinischer Stilelemente mit klarer venetischer Prägung in der Gegend Roms vor der Mitte des 12. Jahrhunderts.

In der Tafelmalerei scheinen die Ikonen von Sant'Angelo in Pescheria von den Malern Pietro di

IC XC
SCS PAVLVS.
SCS PETRVS
VENI TE·BE NEDIC TI·PA TRIS· MEI·
PER CIPI TERE GNUM
IN NOMINE IHV ONE GENV FLE CTATVR CA ELESTIVM TERESTRIVET INFERNORVM
HONORIVS·PP·III

Gegenüberliegende Seite:
Um die Mitte des 12. Jahrhunderts in Tempera auf Holz gemalte Darstellung des Jüngsten Gerichts. Die Erzählung dieses Ereignisses wurde von den Malern Nicola und Giovanni in fünf Register gegliedert. Im untersten werden auch die beiden Stifterinnen Costanza und Benedetta gezeigt. Die beiden Benediktinerinnen knien vor der thronenden Muttergottes. Rom, Pinacoteca Vaticana

Belizio und Belluomo in Santi Nome di Maria und in der Sammlung Magnani in Reggio Emilia einer stilistisch vergleichbaren, wenn nicht der gleichen Werkstatt anzugehören. Sie weisen stilistische und kompositorische Parallelen zu den Fresken von San Nicola in Carcere auf und können daher relativ präzise auf das Ende des 12. Jahrhunderts datiert werden.

Die von Konstantin zu Papst Silvester gesandten drei Boten. Ausschnitt aus dem im frühen 13. Jahrhundert entstandenen Freskenzyklus des Oratoriums des Hl. Silvester in Santi Quattro Coronati. Die darin wiedergegebene Legende der wundersamen Heilung Kaiser Konstantins durch die vom Papst empfangene Taufe und der daraus resultierenden Übertragung der Herrschaftsrechte an das Papsttum bildet ein herausragendes Denkmal mittelalterlicher Kunst in Rom.

Die Bedeutung der Fresken von San Giovanni a Porta Latina

Aus dem letzten Jahrzehnt des Jahrhunderts stammt einer der wichtigsten römischen Malereikomplexe, der stilistisch jedoch schwer einzuordnen ist. Es handelt sich um den alt- und neutestamentarischen Freskenzyklus in der Basilika San Giovanni a Porta Latina an den Wänden des Mittelschiffes, an den sich eine Darstellung aus der Apokalypse auf dem Apsisbogen anschließt: Engel mit verhüllten Händen, die das Buch darbringen, umgeben von den Symbolen der vier Evangelisten. Weitere Fresken mit Szenen aus dem Leben der Hl. Elisabeth befinden sich am Ende des rechten Kirchenschiffes, während auf der Rückwand Darstellungen mit den Heiligen Anna und Joachim zu finden sind. An den Wänden des Chors sind die vierundzwanzig Ältesten der Apokalypse sowie die vier Evangelisten abgebildet.

Die Fresken werden gemeinhin auf das Jahr der Kirchenweihe, 1190, datiert – ein Datum, das durch eine heute in die moderne Kanzel eingearbeitete Inschrift belegt ist. Dadurch, daß sich die obersten Farbschichten abgelöst haben, ist vor allem die kompositorische Anlage der Fresken noch gut zu erkennen, weswegen der Bildzyklus in San Giovanni a Porta Latina zu den wenigen insgesamt gut erhaltenen in Rom gezählt werden kann. Die Fresken zeichnen sich durch ihren außergewöhnlichen Inhalt aus, obwohl auch hier die Rückbesinnung auf das frühe Christentum zu erkennen ist, die einen Großteil der Bildwerke des 12. Jahrhunderts kennzeichnet. Es ist in der Tat verhältnismäßig schwierig, das ikonographische Vorbild, auf das sich der Zyklus bezieht, oder die Herkunft der Freskenmaler, die in der römischen Basilika tätig waren, zu erkennen. Es wurden Verbindungen zu dem Zyklus von Ferentillo und zu dem von Marcellina vorgeschlagen sowie, vor allem unter dem Aspekt der Ikonographie, zu den Bibeln aus dem umbrisch-römischen Raum, die allerdings nicht überzeugend sind. Man kann mit einiger Sicherheit behaupten, daß in den Fresken von San Giovanni a Porta Latina Bezüge zur byzantinischen Tradition existieren, aber auch zu zentralitalienischen Stiltendenzen; daneben sind außerdem die römischen Mosaik- und Malereiprojekte des Jahrhunderts mit ihren innovativen Elementen von Bedeutung.

Monumentalwerke in den großen Basiliken

Mit der Wahl des Kardinals Lotario dei Conti zu Papst Innozenz III. (1198–1216) im Jahre 1198 begann eine besondere Entwicklung in der monumentalen Malerei, die sich auf die Peterskirche im Vatikan und die Basilika San Paolo fuori le mura konzentrierte. Im Rahmen eines umfassenden Erneuerungsprogramms in der antiken Konstantinsbasilika veranlaßte Innozenz III. die Rekonstruktion des zuvor völlig zerstörten frühchristlichen Apsismosaiks. Das neue Mosaik war bis zu seiner Zerstörung bei der Abtragung des Baus 1592 zu sehen. Es wurde jedoch durch die sorgfältigen Aufzeichnungen in der Biblioteca Apostolica Vaticana überliefert.

Das Mosaik, das vermutlich in den Jahren 1209–1212 angefertigt wurde, stellt in der Bildmitte Christus auf dem Thron dar, an den Seiten die Apostel Petrus und Paulus, vor dem Hintergrund einer klassischen Nil-Landschaft mit dem

+REGNVMPERCIPITE·BENEDICTIQVIQ·VENITE·
VOBISPARATVM·PERSECLA·CVNCTADONATVM·

Paradieshügel, Hirschen und den vier Paradiesflüssen. Im darunterliegenden mittleren Teil befanden sich der Thron mit dem Lamm Gottes, umgeben von zwölf weiteren Lämmern vor den Stadtmauern Jerusalems und Bethlehems. An den Seiten des Throns befanden sich die Allegorie der Ecclesia Romana, die eine Fahne hielt, und der auftraggebende Papst selbst; lediglich die Büsten dieser beiden zuletzt genannten Figuren, neben einem Medaillon mit einem Phönix, sind erhalten geblieben (Rom, Museo di Roma). Aus ikonographischer Sicht stellte das Apsismosaik eine Bestätigung sowohl der Autorität des Papstes als Stellvertreter Gottes auf Erden als auch der Bedeutung der Peterskirche gegenüber San Giovanni in Laterano dar; über Jahrhunderte lagen die beiden Gotteshäuser in Konkurrenz um die Vormachtstellung als wichtigste Kirche des westlichen Christentums. Aus stilistischer Sicht scheinen die erhaltenen Fragmente das Ergebnis eines durch Wanderwerkstätten verbreiteten Einflusses sizilianischer Mosaiken in Mittelitalien zu sein, der beispielsweise im Mosaik mit der Erscheinung des Heiligen Geistes in der Abtei von Grottaferrata bei Frascati gut erkennbar ist.

Das zweite große Projekt Innozenz' III. war die erneute Verzierung der Apsis in San Paolo fuori le mura. Tatsächlich wurde mit der Arbeit jedoch erst unter Honorius III. (1216–1227) begonnen, der einige Mosaikkünstler aus Venedig kommen ließ und sie mit der Ausführung einer großen Komposition beauftragte. Das Werk erlitt bei einem Feuer, das 1823 die Basilika verwüstete, schwere Schäden. Im Jahre 1836 wurde an der selben Stelle eine originalgetreue Replik eingesetzt, wobei einige Elemente des alten Mosaiks wiederverwendet werden konnten. Inmitten einer Landschaft mit blühenden Pflanzen und den verschiedenen Tieren ist der thronende Christus zu sehen, mit den Heiligen Petrus und Andreas zur Rechten, Paulus und Lukas zur Linken. Im unteren Register sind die anderen Apostel zusammen mit zwei nicht apostolischen Evangelisten und dem Hl. Barnabas zu sehen. In der Mitte dieser Figurengruppe befindet sich die Darstellung der Hetoimasia, des leeren Throns mit den Insignien Christi, umgeben von den Passionswerkzeugen Christi. Unterhalb des Throns sind fünf Heilige abgebildet, deren Reliquien in der Basilika aufbewahrt wurden. Weitere drei Figuren, durch Inschriften bezeichnet, vervollständigen die Komposition: Es handelt sich um Papst Honorius III., den Küster Adinolfo und den Abt Giovanni Caetani, in dessen Amtszeit das Werk laut der bis 1823 erhaltenen Widmungsinschrift vollendet wurde. Dieser Teil des Mosaiks scheint kurz nach Vollendung der oberen Zone geschaffen worden zu sein, und zwar von einem anderen Künstler, der wahrscheinlich am Bau der Peterskirche unter Innozenz II. tätig war. Daneben haben sich weitere Fragmente eines Mosaiks in der Sakristei erhalten. Sie zeigen Petrus und zwei weitere Apostel sowie vier Vögel, die ursprünglich am unteren Rand der Apsiskonche plaziert waren. Der durch das Mosaik von San Paolo fuori le mura ausgeübte künstlerische Einfluß war entscheidend für die Erneuerung des römischen Malereistils des frühen 13. Jahrhunderts. Deutlich wird dies beispielsweise in den Fresken in der Kapelle des Hl. Silvester in dem Konvent Santi Quattro Coronati oder in denen des sogenannten Maestro Ornatista in der Krypta des Domes von Anagni.

Aus dieser Zeit stammen einige Arbeiten von beachtlichem Interesse, die jedoch weniger monumental konzipiert sind. Leider ist der einzige genau auf diese Zeit zu datierende Freskenzyklus verlorengegangen, seine Kompositionsstruktur aber durch Kopien aus dem 17. Jahrhundert erhalten. Es handelt sich hierbei um das Fresko in der Cappella San Silvestro im Kloster San Martino ai Monti, das wahrscheinlich zwischen 1219 und 1227 im Auftrag des Kardinals Guala Bicchieri, der 1211 Titular von San Martino wurde, entstand.

Es sei an dieser Stelle noch eine Mosaik-Ikone der Jungfrau mit dem Kind in der Kappelle Santissimo Sacramento von San Paolo fuori le mura erwähnt, deren Stil nur entfernt an die Apsisfresken von San Bartolomeo all'Isola, die in San Sebastiano fuori le mura oder die des Bogens von Karl I. dem Großen in der Zisterzienserabtei Tre Fontane an der Via Laurentina erinnert.

Der Zyklus in der Zisterzienserabtei Tre Fontane verdient besondere Beachtung aufgrund des dort illustrierten historischen Themas, welches in dieser Form eine Ausnahme in der römischen Kunst des 13. Jahrhunderts darstellt. Das Mosaik, das sich über zwei Lünetten erstreckt, stellt mit erzählerischer Lebendigkeit verschiedene legendäre Ereignisse dar: die Einnahme von Ansedonia durch Karl den Großen mit Hilfe der Kraft der Reliquie von Tre Fontane, dem Haupt des Hl. Anastasius sowie die anschließende Übergabe der eroberten Städte an das Zisterzienserkloster. Das Werk stammt wahrscheinlich aus den 20er Jahren des 13. Jahrhunderts.

Auf Papst Gregor IX. (1227–1241) geht ein weiteres bedeutendes Werk zurück: das Mosaik an der Fassade der vatikanischen Basilika, das die antike, auf die Mitte des 5. Jahrhunderts zurückgehende Dekoration ersetzte. Es wurde von römischen Arbeitern, die wahrscheinlich von den in San Paolo fuori le mura tätigen venezianischen Mosaikkünstlern beeinflußt wurden, geschaffen. Auch dieses Werk hat sich lediglich als Fragment erhalten, in seiner Gesamtheit ist es nur durch Zeichnungen aus dem 17. Jahrhundert bekannt. Auf diesem Bild wird ein Motiv aus der Apokalypse behandelt, das in der römischen Tradition üblicherweise im Innenraum religiöser Gebäude zu finden war: der thronende Christus, umgeben von den Evangelistensymbolen, von der Jungfrau und von dem Hl. Petrus; weiter unten befand sich die kniende Figur des Papstes. Das untere Register zeigte vier Evangelisten, während noch weiter unten die vierundzwanzig Ältesten der Apokalypse mit den aus den Mauern Jerusalems und Bethlehems heraustretenden Lämmern dargestellt waren. Von diesem Werk wurden kürzlich zwei neue Fragmente entdeckt, nachdem jahrzehntelang nur ein einziges, schwer beschädigtes Stück bekannt war, das Papst Gregor IX. zeigt (Museo di Roma). Die zwei Fragmente stellen den Hl. Lukas (Rom, Pinacoteca Vaticana) und die Jungfrau Maria (Moskau, Puschkin-Museum) dar. Die Sorgfalt und Eleganz der Ausführung scheinen auf Einflüsse durch das Bauprojekt der Apsis von San Paolo fuori le mura zurückzugehen.

Der Konflikt zwischen Papst und Kaiser

Die historische Situation in der Mitte des 13. Jahrhunderts wurde vom Kampf zwischen Papst und Kaiser dominiert; Innozenz IV. (1243–1254) und Friedrich II. (1220–1250) stehen sich nicht nur auf politisch-religiöser, sondern auch auf militärischer Ebene gegenüber. Während der Bedrohung Roms durch kaiserliche Truppen flüchtete sich der Papst 1244 nach Lyon unter den Schutz des französischen Königs und erließ dort 1245 die Bulle zur Exkommunikation des Stauferkaisers.

In Rom veranlaßte Stefano Conti, Vicarius urbis und Titularkardinal von Santa Maria in Trastevere, die Befestigung des Klosters Santi Quattro Coronati auf dem Celio als möglichen Fluchtort im Falle eines Angriffs der Truppen Kaiser Friedrichs II. An diesem Ort weihte der Bischof von Ostia, Rinaldo, am Freitag vor Palmsonntag des Jahres 1246 zu Ehren des Papstes Silvester I. (314–335) eine Kapelle ein, wie eine Marmorinschrift in der Südwand des Gebäudes bezeugt. Der Innenraum ist mit einem Freskenzyklus verziert, der Begebenheiten in Zusammenhang mit dem Hl. Silvester und Kaiser Konstantin I. dem Großen (306–337) zum Inhalt hat. In dem Werk wird die Unterordnung der kaiserlichen unter die göttliche Macht unterstrichen und somit die Autorität des Papstes, des Vertreters Gottes auf Erden, hervorgehoben; vervollständigt wird der Zyklus durch Heiligenlegenden sowie Szenen aus dem Jüngsten Gericht über der Tür der Kapelle. Die Fresken zeigen eine Anlehnung an die Stilelemente und Kompositionsformeln der Mosaiken des Domes von Monreale. Darüber hinaus lassen sich Einflüsse venezianischer Mosaikkünstler erkennen, vor allem in der Behandlung der Faltenwürfe. Dem gleichen künstlerischen Stil folgen die Fresken im linken Seitenschiff der Basilika Santi Giovanni e Paolo, die zehn Jahre nach denen der Kapelle San Silvestro entstanden. Aufgrund der statischen Darstellung der Figuren in einfachen Bögen wirken sie weitaus weniger originell und lebendig als jene. Die Ikone der *Jungfrau beim Stillen des Kindes* – die sogenannte *Madonna della Catena* – in der Kirche San Silvestro al Quirinale weist einige stilistische Parallelen zu den Fresken in der Silvester-Kapelle in Santi Quattro Coronati auf. Zwei weitere Tafelgemälde, auf die eine Quelle aus dem 17. Jahrhundert verweist und die sich im Oratorium von San Gregorio Nazianzieno befinden, zeigen den Einfluß der byzantinischen Malerei aus der Ära der Komnenen; es handelt sich um die *Madonna Advocata* in der Galleria Nazionale d'Arte di Palazzo Barberini sowie um die Tafel *Das Jüngste Gericht* in der Pinacoteca Vaticana, die von den Malern Nicola und Giovanni geschaffen wurden. Nach dem Zyklus des Hl. Silvester von Santi Quattro Coronati scheint die römische Malerei etwa ein Vierteljahrhundert lang keine Werke von vergleichbaren Dimensionen mehr hervorgebracht zu haben. Es haben sich jedoch einige Zeugnisse erhalten, die bestimmte Traditionen sowie eine aktive Bautätigkeit demonstrieren. Hierzu gehört eine Mosaiktafel aus einem Tabernakel, das 1256 von Giovanni Giacomo Capocci und seiner Frau Vinia für die Basilika Santa Maria Maggiore in Auftrag gegeben wurde. Sie befindet sich heute in der Pfarrkirche von Vico nel Lazio in der Provinz Frosinone. Dargestellt ist die Jungfrau mit dem Kind, der die Stifter das Modell des Tabernakels präsentieren. Das Werk stammt mit großer Wahrscheinlichkeit aus der Werkstatt der Marmorkünstler der Kosmaten, die mit der Ausführung von Mosaikarbeiten vertraut waren und außerdem als Meister der Produktions- und Ausführungstechniken galten. Die Farbgebung und die handwerkliche Ausarbeitung erinnern an die Mosaikikone *Madonna mit Kind* in der Kapelle des Santissimo Sacramento in San Paolo fuori le mura.

Nikolaus III. und die Rückkehr zum Monumentalmosaik

Im Jahre 1277 wurde Giovanni Gaetano Orsini zum Papst gewählt und nahm den Namen Nikolaus III. an. Im Gebiet des Lateran wurde unter der Bauherrschaft dieses Papstes, dessen Pontifikat nur bis 1280 währte, einer der bedeutendsten römischen Malereizyklen des Jahrhunderts realisiert: die Fresken und Mosaiken der Sancta Sanctorum. Der Papst veranlaßte die vollständige Rekonstruktion und Ausschmückung der antiken Laurentius-Kapelle im Lateranspalast. An diesem Ort wurden jahrhundertelang die wertvollsten Reliquien des Christentums, gemeinsam mit einem antiken Acheiropoieton mit dem Bildnis Christi aufbewahrt und verehrt. Der Mosaikfries über dem

Apsismosaik in Santa Maria Maggiore mit der Krönung Mariens. Unterhalb der Apsiskalotte sind Episoden aus dem Leben der Jungfrau dargestellt. Dieses Werk wurde um 1296 von Jacopo Torriti im Auftrag des ersten aus dem Franziskanerorden stammenden Papstes, Nikolaus IV., geschaffen. Dem Meister gelingt es darin, neue ikonographische Übernahmen aus den Bildprogrammen gotischer Kathedralen mit traditionellen römischen Elementen wie der Akanthusranke zu verbinden.

Altar markiert einen wesentlichen Entwicklungsschritt dieser Technik, die seit Jahrzehnten – seit den Apsiden im Vatikan und von San Paolo fuori le mura – nicht mehr bei monumentalen Werken angewandt worden war. Die Wiederaufnahme folgte antiken Mustern, jedoch nach zeitgenössischen römischen Vorstellungen.

In der Mitte des Mosaiks ist ein Christuskopf in einem polychromen Medaillon zu erkennen, getragen von vier Engelsfiguren. In den Lünetten entlang der Wand sind mosaizierte Heiligenbilder zu erkennen. Beim Christusmedaillon fällt die archaisch wirkende Physiognomie auf – das hohlwangige, aber würdevolle Gesicht mit dem festen Blick erinnert auch in der frontalen Darstellung an die stilistischen Merkmale der Acheiropoieton-Ikone. Das Mosaik weist einige stilistische und technische Besonderheiten auf: Hierzu zählen die Reihen aus roten und orangefarbenen Mosaiksteinen, die als Umrißlinien für Gesichter, Hände, Arme und Ohren dienen. Durch differenziert gestaltete Schattenpartien wirken die Figuren beinahe plastisch, wodurch der schwache Lichteinfall an dieser Stelle kompensiert wird. Die Dekoration der Kapelle wurde immer wieder mit dem Aufenthalt Cimabues in Rom in Verbindung gebracht. Der florentinische Meister erscheint in einer römischen Urkunde des Archivs von Santa Maria Maggiore aus dem Jahre 1272 als notarieller Zeuge. Es sind jedoch keine Werke Cimabues aus dieser römischen Zeit erhalten, und die Mosaikkünstler und Freskenmaler der Sancta Sanctorum scheinen nicht sehr stark von ihm beeinflußt worden zu sein.

Die Szenen an den Wänden über der Galerie stellen Nikolaus III. zwischen den Heiligen Petrus und Paulus dar, der dem thronenden Christus das Modell der Sancta Sanctorum präsentiert; außerdem werden die Martyrien zahlreicher Heiliger und das Wunder des Hl. Nikolaus veranschaulicht. Die Semilünetten zeigen zwei Engelsfiguren an jeder Wand, symmetrisch neben den Fenstern angeordnet. Im Kreuzgewölbe über dem Hauptraum der Kapelle sind die Symbole der vier

Evangelisten vor dem Hintergrund eines Sternenhimmels abgebildet. Die Auswahl der ikonographischen Themen, hauptsächlich Szenen aus den Heiligenmartyrien, unterstreicht die Absicht des Papstes, die apostolische Tradition als Grundlage der päpstlichen Autorität hervorzuheben. Die Werke der hier tätigen Meister sind, wie so häufig in dieser Epoche, an der Antike orientiert, erschließen dabei aber einen thematischen Kanon, dessen Einfluß sich auf die römische Malerei des letzten Viertels des Jahrhunderts erstreckte, schließlich sogar bis zu den Fresken in der Oberkirche von San Francesco in Assisi.

Die Restaurierungsarbeiten an den Fresken, bei denen starke Retuschen aus dem späten 16. Jahrhundert beseitigt wurden, brachten neue wichtige Erkenntnisse über diesen außerordentlichen Komplex. Das gilt insbesondere für die Farben, die ihre große Lebendigkeit und Brillanz unter dem Schutz der vier Jahrhunderte lang darüberliegenden Farbschichten bewahrt haben. Farbtöne wie das pompejanische Rot, kräftiges Blau und Gelb, welche in Helldunkelmalerei ausgeführt worden waren, kamen wieder ans Licht. Das Werk beinhaltet ein antikes Repertoire, das dann in entscheidendem Maße die römische Malerei des letzten Viertels des 13. Jahrhunderts kennzeichnete.

Zur gleichen künstlerischen Strömung scheint auch eine Arbeit zu zählen, von der lediglich zwei spärliche, jedoch von außerordentlicher malerischer Qualität zeugende Fragmente erhalten geblieben sind. Sie gehörten zu einem Zyklus mit Geschichten der Heiligen Petrus und Paulus, der die Vorderseite des Bogengangs der antiken vatikanischen Basilika zierte, jedoch im Jahre 1606 bei der Errichtung der neuen Fassade zerstört wurde. Die in der Reverenda Fabbrica der Peterskirche aufbewahrten Fragmente gehören zum *Traum des Kaisers Konstantin* und stellen die Köpfe der zwei wichtigsten Apostel dar. Der Zyklus, den Giorgio Vasari zu den Werken von Margaritone d'Arezzo zählt, entstand während des Pontifikats von Papst Urban IV. (1261–1264). Er setzte sich aus mindestens 16 Szenen zusammen, die im Album von Domenico Tasselli da Lugo dokumentiert sind (Biblioteca Apostolica Vaticana, Arch. S. Pietro A 64 ter). Die zwei Fragmente, die in der Vergangenheit dem Umkreis Torritis zugeordnet wurden, sind ebenso wie die Fresken der Sancta Sanctorum in die 80er Jahre des 13. Jahrhunderts zu datieren, einerseits aufgrund der feierlichen, bewußt antikischen Monumentalität und andererseits durch die stilistische Orientierung an den durch Nikolaus III. definierten baulichen Leitlinien.

Weitere wichtige Werke der Malerei stehen in Verbindung mit diesem Papst, darunter eine Reihe von Medaillons mit Papstporträts, die für die Basiliken San Pietro und San Giovanni in Laterano und San Paolo fuori le mura geschaffen wurden. Die Fresken in der letztgenannten Kirche wurden auf Veranlassung des Papstes in den Jahren 1278–1279 weitgehend renoviert, doch wurden sie bei dem Brand im Jahre 1823 nahezu vollständig zerstört. Sie sind lediglich durch Graphiken dokumentiert, die zwar den ikonographischen Inhalt, nicht aber die stilistische Ausführung originalgetreu wiederzugeben vermögen. Laut Ghiberti ist die Ausführung dieser Arbeiten auf Pietro Cavallini zurückzuführen. Allerdings ist es heute sehr schwierig, ein sicheres Urteil über diese Zuordnung zu treffen. Lediglich vier Papstporträts blieben verschont, deren eines sich nach seiner Restaurierung als ein Werk von großer Bedeutung erwies, denn es zeigt eine Verbindung zwischen byzantinischen Stilelementen und westlicher Ausdrucksweise. Darüber hinaus sind Bezüge auf die Antike und erste Zeichen einer gotischen Linienführung zu erkennen.

Die ehemalige Fassadendekoration von Santa Maria Maggiore, deren Mosaike um 1290 von Filippo Rusuti ausgeführt wurden. Sie zeigen in der oberen Partie die Maiestas Domini, den thronenden Christus in einer von Engeln gehaltenen Gloriole, auf die sich der Zug der Heiligen zubewegt. Im unteren Teil wird die legendäre Gründung der Basilika durch Papst Liberius gezeigt.

Detail mit der Maiestas Domini aus dem an der Innenfassade der Kirche Santa Cecilia in Trastevere angebrachten Fresko des Jüngsten Gerichts. *Dieses von Pietro Cavallini geschaffene Hauptwerk der römischen Malerei des ausgehenden 13. Jahrhunderts wurde erst zu Beginn des 20. Jahrhunderts unter einer Farbschicht freigelegt.*

Der Einfluß des Franziskanerordens auf die Kunst Roms

Nach dem Tod Nikolaus' III. prägten andere berühmte Persönlichkeiten die Kunst der Stadt, die in der Folgezeit zu einem Schmelztiegel unterschiedlichster künstlerischer Persönlichkeiten und Stile werden sollte. Die Ergebnisse dieses intensiven Austauschs wirkten sich auf die Malerei ganz Italiens wie auch Europas aus.

Die Wahl des Ordensbruders Girolamo Masci aus Lisciano zu Papst Nikolaus IV. (1288–1292) stellte ein besonders wichtiges Ereignis der Geschichte des mittelalterlichen Papsttums dar. Der neugewählte Papst entstammte dem Franziskanerorden und war der erste unter den Anhängern des Heiligen Franz von Assisi, der den Heiligen Stuhl bestieg. Aus historischer sowie kunsthistorischer Sicht kam diesem Ereignis aufgrund der Tatsache, daß die Wahl des Konklaves nicht auf ein Mitglied einer der großen römischen Familien gefallen war, sondern auf einen Vertreter des Ordens, der die Forderung nach einer geistigen Erneuerung der römischen Kirche verkörperte, große Bedeutung zu. Auch in kunsthistorischer Hinsicht stellt das vierjährige Pontifikat eine Besonderheit dar, da unter Nikolaus IV. einige der wichtigsten – nicht ausschließlich römischen – Kunstprojekte geplant und durchgeführt wurden. Die Arbeiten gingen zum größtenTeil aus päpstlichen Stiftungen hervor, die auch von der Kurie unterstützt wurden.

Für den Papst, der zwischen 1274 und 1279 General des Franziskanerordens gewesen war und danach durch Nikolaus III. zum Kardinal ernannt worden war, stellten Aufträge dieser Art nichts

Neues dar. Als Repräsentant des amtierenden Papstes muß Bruder Girolamo die Freskierungsarbeiten im Querschiff der Oberkirche von San Francesco in Assisi, die von Nikolaus III. gefördert und von Cimabue und seiner Werkstatt ausgeführt wurden, verfolgt haben.

Allerdings gab Nikolaus IV. unmittelbar nach seiner Wahl neue Anweisungen für die Fortführung der Arbeiten auf der Baustelle von Assisi und sorgte dafür, daß die Dekorationen des Kirchenschiffs mit Themen aus dem Alten und Neuen Testament fortgeführt wurden. Die Malereien stammen von Jacopo Torriti, dem der Papst seine wichtigsten römischen Bauplanungen anvertraute und dessen Signatur sich in den heute restaurierten Apsiden der Basiliken San Giovanni in Laterano und Santa Maria Maggiore erhalten hat. In San Giovanni in Laterano wurde die Mauerstruktur der Apsis und des dazugehörigen Wandelgangs, des sogenannten Portico Leoniano, restauriert. Das Apsismosaik mit seinen monumentalen Dimensionen wurde im Jahre 1291 vollendet und neben Jacopo Torriti auch von dem Ordensbruder Jacopo da Camerino als „socius magistri operis" signiert. Ein Christusbild, das vermutlich aus dem 5. Jahrhundert stammt, wurde in die neue Komposition integriert und sollte die Rückbesinnung auf eine jahrhundertealte Tradition in der Basilika repräsentieren.

Die neue Komposition wurde über einem großen, mit Edelsteinen besetzten Kreuz angeordnet, umgeben von der Jungfrau Maria und dem Täufer, von den Heiligen Petrus und Paulus, Johannes dem Evangelisten und Andreas. Zu diesen gesellen sich die kleineren Figuren des Hl. Franziskus und des Antonio von Padua. Leider ist das

Gegenüberliegende Seite:
Detail aus dem Jüngsten Gericht *von Pietro Cavallini in Santa Cecilia in Trastevere, das einen Ausschnitt der hierarchisch abgestuften Engelsgarde um den Thron Christi zeigt und einen lebendigen Eindruck von der Farbigkeit dieser Szene vermittelt.*

Mosaik in der Apsis von San Giovanni in Laterano, wie es sich heute präsentiert, nur eine Replik des Werkes von Torriti aus dem späten 19. Jahrhundert.

Für Santa Maria Maggiore gab Nikolaus IV. den Bau eines Querschiffs, das das Kirchenschiff der antiken Basilika Sixtus' III. (432–440) abschließen sollte, in Auftrag. Es wurde auch eine neue Apsis hinzugefügt, die mit einem erst 1296 vollendeten Mosaik ausgeschmückt wurde. Im Zentrum der Komposition, in einem Medaillon mit Sternenhimmel als Hintergrund, ist die Krönung Marias durch Jesus Christus, umgeben von den neun Engelschören dargestellt, und an den Seiten befinden sich die Heiligen Petrus, Paulus, Franziskus, Johannes der Täufer, Johannes der Evangelist und Antonius von Padua. Auch hier, wie in San Giovanni in Laterano, ist der kniende Nikolaus IV. abgebildet. Auf der gegenüberliegenden Wand befindet sich die Figur Kardinal Colonnas, als Anerkennung dafür, daß er die Unternehmung nach dem Tod des Papstes zum Abschluß brachte. Im Apsishalbkreis zwischen den Fenstern entfalten sich fünf Szenen aus dem Marienleben. Vervollständigt wird das Programm durch eine apokalyptische Vision mit den vierundzwanzig Ältesten und zwei Tafeln, die die Predigt Matthäus' vor den Hebräern und den Hl. Hieronymus mit Paula und Eustachius zeigen. Für eine aus dem 5. Jahrhundert stammende Basilika war die Wiedergabe der Krönung der Jungfrau Maria völlig neu, das Thema entstammt dem Repertoire der monumentalen Bildhauerei der gotischen Kathedralen, wie es seit dem Ende des 12. Jahrhunderts besonders verbreitet war. Neben dieser nördlich geprägten Ikonographie zeigt die Dekoration mit Blattvoluten eine raffinierte Wiederaufnahme von antiken und frühchristlichen Elementen.

In diesen Jahren waren in der Bauhütte von Santa Maria Maggiore einige der wichtigsten Künstler der Zeit beschäftigt: Um 1290 errichtete Arnolfo di Cambio im Auftrag des Papstes die Cappella del Presepe; etwas später entwarf Filippo Rusuti das Mosaik an der Fassade. Auf diesem Mosaik und in einem Medaillon mit Engelsfiguren ist Christus auf dem Thron dargestellt, flankiert von der Jungfrau Maria und den Heiligen Paulus, Jakob, Hieronymus und Johannes dem Täufer zur Linken sowie von Petrus, Andreas und Matthias zur Rechten. Im oberen Teil sind die Symbole der vier Evangelisten zu sehen; an den unteren Rand des Medaillons hat Filippo Rusuti als Meister dieses Werkes seinen Namen gesetzt.

Die Familie Colonna als Auftraggeber

Im linken Querschiff der Basilika haben sich Fresken von großer malerischer Qualität eines unbekannten Malers erhalten. Das Werk wirft Probleme hinsichtlich der Zuordnung auf, da die geplanten Ausschmückungen nie abgeschlossen wurden; es ist jedoch belegt, daß ein alttestamentarischer Zyklus im linken Querschiff und typologisch darauf bezogene neutestamentarische Geschichten im rechten Querschiff vorgesehen waren. Entlang des oberen Teils der Querschiffwand verläuft ein Fries mit großen Medaillons, die Figuren von Propheten enthalten, getrennt durch Blattvoluten und eingerahmt von kassettierten Bögen. Lediglich im linken Querschiff wurden die Freskenarbeiten, allerdings nur teilweise, ausgeführt; im rechten Querschiff wurde wahrscheinlich nie damit begonnen, da auf den Mauern keinerlei Verputzspuren zu finden sind. Von den im linken Querschiff vorgesehenen Szenen ist nur die Figur Gottes in der ersten Schöpfungsszene übriggeblieben, während der Dekorationsstreifen mit den Propheten vollständig ausgeführt wurde. Grund für die Unterbrechung der Arbeiten waren mit großer Wahrscheinlichkeit die historischen Ereignisse, in deren Mittelpunkt der Konflikt zwischen der Familie Colonna, traditionsgemäß mit dem Patronat der Basilika verbunden, und Papst Bonifaz VIII. stand. Nach dem Tod Nikolaus' IV. am 4. April 1292, der Wahl und dem Verzicht Coelestins V. (5. Juli und 13. Dezember 1294) wurde am 24. Dezember des Jahres 1294 Benedetto Caetani in Neapel zum Papst gewählt. Am 23. Januar des Folgejahres bestieg er unter dem Namen Bonifaz VIII. den Papstthron. Schon bald darauf begann eine lange Reihe von Konflikten zwischen dem Papst und den Colonna, die mit deren Exkommunikation (1297), ihrer Verbannung und der Entziehung ihrer Titel und Besitztümer begann und in militärischen Aktionen gegen das alte Adelsgeschlecht gipfelte.

Es ist deshalb anzunehmen, daß die Arbeiten am Fresko des Querschiffs von Santa Maria Maggiore, die vermutlich begonnen wurden, als das Apsismosaik vollendet war (also um 1296), unterbrochen wurden, als die Colonna in Ungnade fielen. Die ausgeführten Teile weisen jedoch auf die Beteiligung eines großen Malers hin, für den die Kunstgeschichte unterschiedlichste Namen vorgeschlagen hat. Die Künstler Taddeo Gaddi, Giotto, Cavallini oder Rusuti wurden genannt, aber keine dieser Vermutungen konnte ausreichend belegt werden. Schon eher ist ein stilistischer Vergleich mit der Geschichte von Isaak in der Oberkirche von San Francesco in Assisi plausibel. Die Fresken des Querschiffs von Santa Maria Maggiore zeichnen sich in erster Linie durch eine plastische Darstellungsweise aus, die die Figuren vom Hintergrund ablöst und in das Raumgefüge einordnet. Die Oberflächenbehandlung zeigt sorgfältige

mit einer grauen Tunika bekleidete Figur im Profil dargestellt. Die Ikonographie der Szene konnte mit Hilfe einer Aquarellkopie aus dem 16. Jahrhundert vervollständigt werden. In der nicht erhaltenen unteren Hälfte war eine Gruppe von Gläubigen, die dem Papst zujubelt, zu sehen, an den Seiten der Loggia standen Geistliche und Würdenträger des päpstlichen Hofes. Auf der Brüstung der Architekturkulisse waren alternierend das Wappen der Familie Caetani und das Umbraculum-Medaillon, ein kaiserliches Symbol, abgebildet.

Das andere Giotto zugeschriebene römische Werk ist das Mosaik im Seitenschiff, von dem nur noch wenige Überreste vorhanden sind. Es wurde von dem in der ersten Hälfte des 14. Jahrhunderts zweifellos wichtigsten Auftraggeber am päpstlichen Hof, Kardinal Jacopo Stefaneschi, bestellt. Jacopo Stefaneschi war zunächst in Rom unter Bonifaz VIII., dann, nach der Verlegung des päpstlichen Sitzes nach Avignon, unter Clemens V. Förderer einiger der wichtigsten künstlerischen Unternehmungen der Zeit.

Giottos Mosaik, für das der Kardinal auch eine Art Inschrift in Versen verfaßt hatte, übte auf die Zeitgenossen eine enorme Faszination aus. Davon zeugen sehr frühe zeitgenössische Repliken wie das Fresko in der Jung St. Peterskirche in Straßburg, das aus dem dritten Jahrzehnt des 14. Jahrhunderts stammt. Es folgten weitere Kopien, unter ihnen eine Zeichnung von Parri Spinelli (New York, Metropolitan Museum of Art, Hewitt Fund), außerdem zahlreiche Stiche aus dem 16. und 17. Jahrhundert.

Die einzig vollständig erhaltenen Mosaiken Giottos sind zwei Medaillons mit Engelsbildern aus dem 14. Jahrhundert (Vatikan, Grotten; Boville Ernica, San Pietro Ispano). Die Ausführung weist allerdings auf das Wirken eines Mosaikkünstlers hin, den Giotto, nach Anfertigung einer Kompositionsskizze, mit der Fertigstellung des Werkes betraut haben muß. Interessant ist ein Vergleich zwischen den Engeln des Mosaiks aus dem Seitenschiff der alten Peterskirche und den Mosaiken von Cavallini in Santa Maria in Trastevere, der eine unmittelbare Verwandtschaft der Werke auf der Ebene der technischen Ausführung zeigt, während sie sich stilistisch stärker unterscheiden. Nach den Arbeiten an der alten Peterskirche wurde Giotto, wiederum von Kardinal Stefaneschi, mit der Anfertigung des Triptychons für diese Kirche beauftragt, bei dessen Ausführung er einige Mitarbeiter hatte. Denn zur gleichen Zeit war Giotto wahrscheinlich mit den Fresken in der Apsis der Peterskirche beschäftigt, ebenfalls im Auftrag Stefaneschis. Von diesen vollständig zerstörten Malereien ist lediglich bekannt, daß sie fünf Szenen aus dem Leben Jesu darstellten. Die technisch hochwertige Ausführung des Mosaiks sowie deren symbolische Bedeutung stellten, wenn auch

Rückseite des Stefaneschi-Altars, *der von Giotto und seinen Mitarbeitern um 1310 im Auftrag Kardinal Jacopo Stefaneschis für die Petersbasilika geschaffen wurde. Dies ist eines der wenigen erhaltenen Werke des Florentiner Künstlers aus seiner römischen Schaffenszeit. Die Rückseite zeigt in der Mitte den segnenden Christus auf einem Thron. Die Seitentafeln haben das Martyrium der für Rom bedeutendsten Apostelfürsten, Petrus und Paulus, zum Thema. Auf der Predella flankieren die Apostel die thronende Muttergottes, die das Christuskind hält. Rom, Pinacoteca Vaticana*

Fresko mit der Darstellung eines Wunders aus der Vita des Hl. Benedikt. Die Szene ist Teil eines Lello da Orvieto zugeschriebenen Zyklus, der sich ursprünglich in der Kirche Sant'Agnese fuori le mura befand. Rom, Pinacoteca Vaticana

nur für kurze Zeit, ein bedeutendes Vorbild für die Werkstätten der römischen Mosaizisten dar.

Etwa ein Jahrzehnt später war Pietro Cavallini – sofern man der Aussage Ghibertis Glauben schenkt – mit der Erschaffung des letzten großen Mosaiks des römischen Mittelalters beschäftigt, das an der Fassade der Basilika San Paolo fuori le mura angebracht wurde. In diesem Fall kam der Auftrag direkt vom päpstlichen Hof in Avignon, angeregt durch den Abt von San Paolo: Mit einem Brief vom 31. Januar 1325 gab Johannes XXII. (1316–1334) den Befehl, die Einkünfte des Hauptaltars der Basilika für die Dauer von fünf Jahren der Anfertigung des Fassadenmosaiks zugute kommen zu lassen. Bereits 1323 hatte der Papst tausend Gulden für die Restaurierung der Basilika an der Via Ostiense bereitgestellt. Im Jahre 1326 erneuerte Johannes XXII. die fünfjährige Genehmigung und spendete weitere tausend Gulden für die Fortführung der Arbeiten.

Die Komposition des Mosaiks ist durch einige Bildquellen bekannt, die als Bekrönung ein Medaillon mit dem Erlöser zeigen, das von Engeln getragen und von den Symbolen der Evangelisten umgeben wird. Unten zwischen den Fenstern waren von links dargestellt: der Hl. Paulus, die thronende Madonna mit dem Kind, Johannes der Täufer, der Maria den knienden Stifter sowie den Hl. Petrus anempfiehlt.

Das Exil der Päpste in Avignon

Die Entscheidung Clemens' V., nach seiner Papstwahl 1305 in Frankreich zu bleiben und Avignon zur Residenz des päpstlichen Hofes zu machen (ab 1309), hatte tiefgreifende Auswirkungen auf das kulturelle Leben Roms und führte zu einer Reduzierung der künstlerischen Aufträge durch die Kurie. Man kann aber sicherlich nicht von einem tatsächlichen Stillstand der römischen Malereiproduktion sprechen. Auftraggeber wie Stefaneschi, Werke von Giotto oder die bereits erwähnte Vollendung des Fassadenmosaiks von Santa Maria Maggiore sowie Cavallinis Fresko für San Paolo fuori le mura zeugen von der Fortführung der künstlerischen Aktivität, manchmal sogar in monumentalen Dimensionen.

Zwischen dem zweiten und dem vierten Jahrzehnt des 14. Jahrhunderts entstanden mehrere interessante Kunstwerke wie z. B. der Zyklus mit biblischen Ereignissen und Mariengeschichten in der Kirche San Sisto Vecchio, der von Künstlern aus dem Umkreis von Cavallini stammt. Dazu zählen auch die neuerdings dem u. a. am neapolitanischen Hof tätigen Maler Lello da Orvieto zugeschriebenen Werke, die Episoden aus dem Leben des Hl. Benedikt zeigen (Rom, Pinacoteca Vaticana, vormals in Sant'Agnese fuori le mura), neben Tafeln im aus Neapel eingeführten angiovinischen Stil, die den Hl. Ludwig von Toulouse und den Abt Antonius aus Avignon darstellen (Rom, Kloster San Francesco a Ripa).

Cola di Rienzo, der von 1343 bis 1354 als Senator eine wichtige Rolle im politischen Geschehen Roms spielte, gilt als Auftraggeber mehrerer leider nicht erhaltener Kunstwerke für die Fassade von Sant'Angelo in Pescheria. Es handelt sich dabei um politische Allegorien, die auf die katastrophale Situation der Stadt während der Abwesenheit des Papsttums Bezug nahmen. Einer zeitgenössischen Chronik von dem sogenannten römischen Anonymus ist eine Beschreibung der Bildwerke zu entnehmen: Sie zeigen ein sinkendes Schiff auf stürmischer See, mit einer schwarz gekleideten Allegorie der Stadt Rom an Bord. Auch die Städte Troja, Babylon, Jerusalem und Karthago waren symbolisch als sinkende Schiffe dargestellt. Darüber hinaus gab es drei Insel-Darstellungen: Auf einer davon war eine Allegorie Italiens abgebildet, auf einer anderen ein Bild des Glaubens und auf der letzten die Kardinalstugenden. Die komplexe Allegorie umfaßte vier Ordnungen von Tierbildern, die die Mißstände im öffentlichen Leben der Stadt versinnbildlichen, wie z. B. betrügerische Räte, das unterjochte Volk, korrupte Richter; daneben aber auch andere Sinnbilder wie in Hörner blasende Männer, die dadurch einen Sturm auslösen. Die göttliche Justiz wird durch Christus verkörpert, der mit einem aus dem Mund herausragenden Schwert dargestellt wurde, was der apokalyptischen Ikonographie des Alten Testaments entspricht, eingerahmt von den Heiligen Petrus und Paulus.

In Sant'Angelo in Pescheria dagegen ist Rom als alte, von Flammen umgebene Frau personifiziert, der von einem Engel geholfen wird, zusammen mit den Heiligen Petrus und Paulus. An der Fassade einer anderen Kirche schließlich, Santa Maria Maddalena, ist ein Engel mit Schwert im Kampf mit einem Löwen, einem Drachen, einem Basilisken und einer Schlange dargestellt.

Das Streitgespräch der Hl. Katharina mit den Philosophen vor dem Kaiser. Die Szene gehörte ursprünglich zu einem größeren Freskenzyklus, der gegen Ende des 13. Jahrhunderts von einer römischen Werkstatt in Sant'Agnese fuori le mura ausgeführt wurde. Rom, Pinacoteca Vaticana

Die Besonderheit dieser Bilder bestand in der symbolischen Wiedergabe der politischen Ereignisse in der Stadt und in ihrer Funktion als Appell an die Bevölkerung zur Wiederherstellung der städtischen Eintracht; eine politische Malerei, die sich klar von der traditionellen römischen Ikonographie unterschied – trotz Verwendung ihrer wichtigsten Sinnbilder. Damit wurde der Versuch gemacht, Rom nicht durch religiöse Bildinhalte zu repräsentieren, sondern es durch die Bezugnahme auf konkrete Ereignisse auf eine Stufe mit anderen, politisch bedeutenden Städten Italiens zu stellen. Der Tod von Cola di Rienzo am 8. Oktober 1354 wurde von den gleichen Bürgern begrüßt, die ihn vorher unterstützt hatten. Er bewirkte eine Unterbrechung dieser Tradition figürlicher Darstellun-

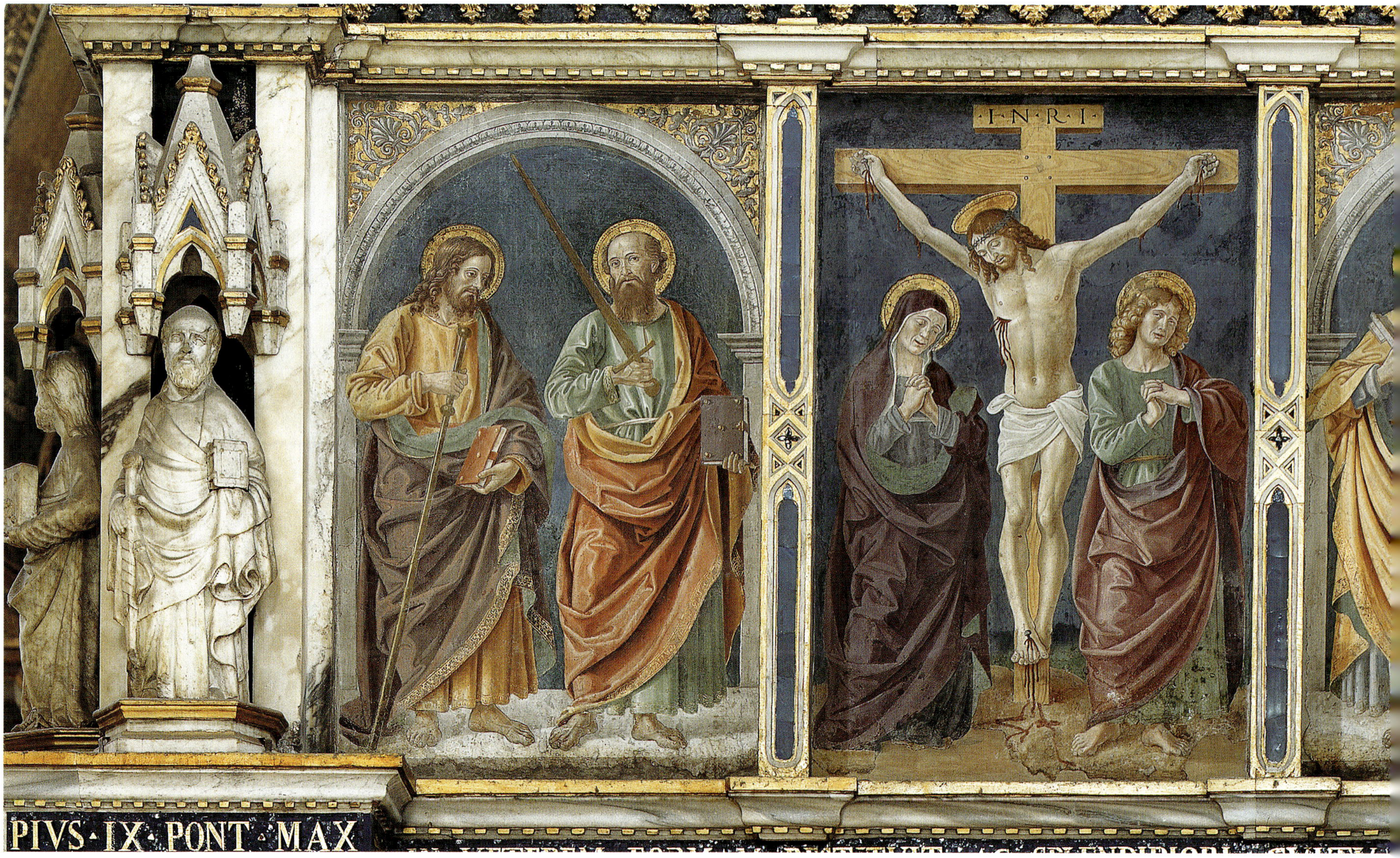

Detailansicht des unter Urban V. (1362–1370) für die Kopfreliquien der Apostel Petrus und Paulus angefertigten Ziboriums in San Giovanni in Laterano mit den in Form eines umlaufenden Frieses angebrachten Fresken. Die im 15. Jahrhundert stark übermalten Darstellungen der Apostel sowie Szenen aus der Passion Christi werden einem Künstler zugeschrieben, den Vasari als Giottino bezeichnete, dessen genaue Identifizierung jedoch bis heute nicht geklärt ist.

gen; die Stadt scheint sich etwa 20 Jahre lang einem „geschichtslosen" Rhythmus anzupassen. Diese „Geschichtslosigkeit" betraf auch die bildenden Künste; nur vereinzelt wurde diese Stagnation unterbrochen. Im Jahre 1367 beispielsweise traf Papst Urban V. (1362–1370) die unerwartete Entscheidung, den päpstlichen Sitz für drei Jahre nach Rom zurückzubringen, bevor er ihn dann wenige Monate vor seinem Tod wieder nach Avignon verlegte.

Anläßlich des Besuchs des Papstes in San Giovanni am 1. März 1368 wurde der Altar in der Papstkapelle Sancta Sanctorum, der Privatkapelle der Päpste, geweiht. Dort befanden sich die wertvollsten Reliquien Roms, die Köpfe der Apostel Petrus und Paulus. Da die Schätze nicht nur für Rom von großer Bedeutung waren, ließ Urban V. sie an einen zugänglicheren Ort bringen. Sie sollten in einem neuen Ziborium über dem Hauptaltar von San Giovanni in Laterano aufbewahrt werden. Bei dieser Gelegenheit wurden zwei neue Reliquiare mit Emailarbeiten angefertigt, die verschiedene Szenen aus der Apostelgeschichte darstellen. Für dieses Werk schickte Karl V. von Frankreich zwei goldene Lilien, und auch Königin Johanna von Neapel ließ wertvolle Gegenstände nach Rom bringen, ebenso wie die Königin von Navarra. Den Auftrag für die Anfertigung der Reliquiare erhielt der sienesische Goldschmied Giovanni di Bartolo, der von Giovanni di Marco unterstützt wurde.

Der Bau des Ziboriums wurde dem sienesischen Architekten Giovanni di Stefano und seinen Mitarbeitern anvertraut. Er realisierte eine klar an den gotischen Stil angelehnte Struktur, jedoch durchaus in Anlehnung an die römische Tradition des späten 13. Jahrhunderts. Auf dem Ziborium stachen das Wappen des auftraggebenden Papstes sowie das des Kardinals Albornoz hervor. Die Verzierung wurde durch einen kleinen Freskenzyklus vervollständigt, der die Verkündigung, die Krönung Mariens, den guten Hirten, die Passion Christi, verschiedene Heiligenbilder, deren Reliquien in der Basilika verehrt wurden, und einen knienden Kardinal, vielleicht Albornoz, veranschaulicht. Nach starken Retuschen ist das ursprüngliche

Erscheinungsbild dieser Gemälde nur noch schwer zu rekonstruieren, doch werden sie mit der Tätigkeit von Giottino, der um 1369 im Lateran arbeitete, in Verbindung gebracht. Die von Urban V. geäußerte Absicht, den päpstlichen Sitz wieder nach Rom zu verlegen, sowie sein Engagement für die Restaurierung der Hauptbasiliken fanden in der Stadt große Resonanz; bezeugt wird dies durch Papstbilder, die nicht erhalten, jedoch durch Kopien aus dem 17. Jahrhundert dokumentiert sind. Eine Zeichnung von besonderem Interesse zeigt den Papst, der in der Position der Stifterfigur das Modell des Ziboriums in der Hand hält, während in einer anderen eine Ikone mit Bildnissen der Heiligen Petrus und Paulus zu sehen ist, eine offensichtliche Anspielung auf die Entdeckung der Schädel der Apostel. Auch diese Bilder, die ursprünglich aller Wahrscheinlichkeit nach Fresken waren, wurden mit der Tätigkeit Giottinos in Rom in Verbindung gebracht.

Urban V. war nicht in der Lage, die endgültige Rückkehr des päpstlichen Hofes nach Rom zu veranlassen. Diese Aufgabe fiel seinem Nachfolger, Gregor XI. (1370–1378), zu. Er beschloß, trotz zahlreicher Aufstände gegen den Papst, die von den mittelitalienischen Städten ausgingen, nach Rom zurückzukehren. Er war der Überzeugung, daß diese Geste der einzige Weg sei, das Prestige und die Autorität des Papsttums wieder zu festigen. Mit der Beendigung des sogenannten Babylonischen Exils am 17. Januar 1377 ging eine der schwierigsten Perioden in der römischen Geschichte zu Ende, auch wenn nach dem Tod von Gregor XI. erneut eine Phase der Unsicherheit für das Papsttum begann: durch die Wahl eines neuen Papstes in Rom, Urban VI. (1378–1389), dem in Frankreich Clemens VII. als Gegenpapst gegenübergestellt wurde. Damit nahm das große abendländische Schisma, das erst mit der Wahl von Martin V. im Jahre 1417 beigelegt wurde, seinen Anfang.

Alessandro Tomei

Rom im 15. Jahrhundert

Architektur und Stadtplanung nach der Rückkehr des Papsttums nach Rom

Das Wappen Papst Martins V. befindet sich auf dem Turm, der während seines Pontifikats seitlich des Senatorenpalasts auf dem Kapitol erbaut wurde. Das Wappenfeld wird von der Säule, dem heraldischen Zeichen der Familie Colonna, geschmückt.

Die Krise der Heiligen Stadt

„Alt sah sie aus und trist war ihr Gewand ... ihr Kleid zerrissen und abgetragen" und das Gesicht „tränenüberströmt" – so erschien die Personifikation der Stadt Rom Fazio degli Uberti und dem Philosophen Solino im *Dittamondo* aus der Mitte des 14. Jahrhunderts: eine Witwe im Trauerflor, die den zwei Reisenden gegenüber den ruinösen Zustand ihrer Monumente inmitten der für die spärliche Bevölkerung viel zu weiten Stadtmauern beklagt. Zu Beginn des 15. Jahrhunderts hatte der Grad der Verwahrlosung der Ewigen Stadt womöglich noch zugenommen. Die Heiligen Jahre 1390 und 1400 unter Bonifaz IX. (1389–1404) brachten für die Stadt keinerlei Aufschwung, und das Pontifikat Innozenz' VII. (1404–1406) war von den unablässigen Angriffen des Königs von Neapel, Ladislaus von Durazzo, geprägt. Zudem forderten die Zwistigkeiten unter den mächtigsten römischen Familien – Colonna, Orsini, Savelli und Caetani – sowie die Auseinandersetzungen mit den Gegenpäpsten, die um die Wende vom 14. zum 15. Jahrhundert an der Macht waren, eher militärische als kulturelle Leistungen von den Päpsten.

Die Wiederbelebung der Antike

Als Martin V. nach seiner Ernennung zum Papst 1417 in Konstanz am 28. September 1420 in die Stadt am Tiber kam, war diese „derart zerstört, daß sie nicht mehr als Rom angesehen werden konnte. Die Häuser waren baufällig, die Tempel eingestürzt, ganze Stadtteile verlassen, und überall gab es Schlammlöcher, es herrschte Hunger, und es mangelte den Bewohnern an allem", soweit die Beschreibung von Platina. Der Bevölkerungsrückgang (Rom zählte zu dieser Zeit ca. 17 000 Einwohner) hatte den Verfall großer Flächen zur Folge gehabt; die Kirche San Paolo diente als Stall, auf dem Forum und dem Kapitol mit den bezeichnenden Namen Campo Vaccino (Rinderfeld) und Monte Caprino (Ziegenberg) weidete das Vieh. Die Gelehrten dieser Zeit verfaßten ihre Nekrologe auf die untergegangene Pracht, indem sie ihr in Beschreibungen und Itinerarien nachtrauerten, so im *Tractatus de rebus antiquis et situ urbis Romae* (um 1411), in der *Descriptio urbis Romae* von Nicolò Signorili (nach 1425) und in *De varietate fortunae urbis Romae* von Poggio Bracciolini (1448 vollendet).

Martin V. machte den Wiederaufbau Roms zu einer Hauptaufgabe seines Pontifikats. Durch die Dichtung Platinas wurde der Colonna-Papst einige Jahrzehnte nach seinem Tod im Jahre 1431 zu einem Symbol des Friedens und des Neubeginns. Die Aufmerksamkeit Martins V., der ein Sammler antiker Marmorbildwerke und Grabplatten war, galt allen Kunstschätzen, unabhängig davon, ob sie christlichen oder heidnischen Ursprungs wa-

Die Engelsburg, das ehemalige Hadrians-Mausoleum, wurde seit der Spätantike kontinuierlich zur Festung ausgebaut. Die Sicherheit, die dadurch gewährleistet war, bildete das Hauptargument für die Übersiedlung der Päpste von der traditionellen Residenz im Lateran in den Vatikan. Der rechts unten im Bild sichtbare Anfangsbereich des Passetto, ein unter Nikolaus III. errichteter Gang, ermöglichte es den Päpsten, sich schnell vom nahegelegenen Vatikan in den Schutz der Engelsburg zu flüchten.

Diese Filippino Lippi zugeschriebene Zeichnung zeigt die Engelsburg mit der Engelsbrücke am linken Bildrand. Madrid, El Escorial, Biblioteca

ren. Die Wiederbelebung der Antike wurde als erster Schritt in Richtung einer kulturellen und politischen Wiedergeburt angesehen. In diesem Zusammenhang begann Nicolò Signorili mit der Erfassung der Bausubstanz Roms und erstellte unter dem Titel *De juris et excellentiis urbis Romae* ein Verzeichnis der Straßen, Brücken, Stadttore, Basiliken, Ruinen, Kirchen und Inschriften.

Bereits im Jahre 1420 stellte Martin V. erste Gelder für den Wiederaufbau der Cappella magna von San Nicola in San Pietro und den Durchgang zum Vatikanischen Palast bereit; 1423 erließ er Anordnungen für die Restaurierung der Basilika San Paolo fuori le mura; er veranlaßte die Erhaltung des vierseitigen Portikus von St. Peter und der Kirchen Santi Quattro Coronati und San Lorenzo in Lucina sowie die Erneuerung des Fußbodens von San Giovanni in Laterano mit Marmorsteinen verfallener Kirchen. Von großer Bedeutung war dabei die Restaurierung des Palazzo Senatorio, die 1427 in Angriff genommen wurde: Möglicherweise wurde damals der sogenannte Torre di

Vorhergehende Doppelseite:
Ansicht der Engelsburg und der im 17. Jahrhundert von Bernini und seinen Mitarbeitern umgestalteten Engelsbrücke. Im Hintergrund ist die monumentale Kuppel des Petersdoms zu sehen.

San Martino V. (Turm Martins V.) errichtet, an dem sich noch heute das Wappen des Papstes befindet. Weiterhin ließ Martin V. die Kuppel des Pantheon teilweise mit Bronzeplatten decken, die Brücken Ponte Senatorio und Ponte Milvio instand setzen und Teile der Stadtmauer ausbessern. Auf seinen Wunsch kam es 1425 zur Wiedereinführung des Amtes des Magister Viarium, dessen Aufgabe es war, den leichtfertigen Verkauf baufälliger Monumente, den Handel mit antiken Fundstücken und die Besetzung von Gebäuden wie dem Marcellus-Theater durch Handwerker und Kaufleute zu verhindern.

Weniger bedeutend war das Wirken des Venezianers Gabriele Condulmer, der am 3. März 1431 als Eugen IV. den Papstthron bestieg. Bereits 1434 mußte er vor einem Volksaufstand nach Florenz fliehen und kehrte erst im September 1443 wieder nach Rom zurück. In der Zwischenzeit tagte das Konzil zur Einheit der Kirche (1437–1439) in Ferrara und anschließend in Florenz. Durch die Teilnahme des oströmischen Kaisers Johannes VIII. Paleologus erhielt dieses Konzil einen besonders feierlichen Charakter. Der oströmische Kaiser wurde von einer Gruppe von Prälaten und Theologen begleitet, unter ihnen die Kardinäle Bessarion und Gemisto Pletone, die im Anschluß an das Konzil in Italien blieben und dort einen entscheidenden Beitrag zur Verbreitung der antiken griechischen Kultur leisteten. Unter den am Konzil teilnehmenden Prälaten war auch Leon Battista Alberti. Der Florentiner Baumeister und Theoretiker war 1432 nach Rom gekommen und mit dem Entwurf für die Cancelleria, die päpstliche Kanzlei, beauftragt worden. Im selben Jahr vom Papst zum Prior von Gangalandi ernannt, stellte sich Alberti in den Dienst Eugens IV. und konnte aus diesem Grund die Ereignisse, die zur Wiedervereinigung der West- und Ostkirche führten, unmittelbar miterleben: Die wiederentdeckte Kultur der Antike prägte entscheidend das Wesen und Denken von Leon Battista Alberti, der beinahe vierzig Jahre seines Lebens in Rom verbrachte. Unter Nikolaus V. (1447–1451) konnte er seine wissenschaftlichen und künstlerischen Kenntnisse sowie seine Studien in Architektur und Topographie gezielt einsetzen. Er verfaßte in diesen Jahren die Beschreibung *Descriptio urbis Romae* und das durch Vitruvs *De architectura* angeregte Architekturtraktat *De re aedificatoria*. Von Vitruv übernahm Alberti die Unterteilung seines Traktats in zehn Bücher, von denen das letzte sich am ehesten mit den Vorstellungen Nikolaus' V. trifft.

In vielen Punkten stimmten der Humanist und der literarisch gebildete Papst überein, wenngleich es auch Kritik von seiten des Künstlers angesichts der utopischen Projekte des Papstes gab. Dieser war zwar einerseits ein großer Liebhaber der Antike, veranlaßte aber andererseits die Zerstörung von Statuen und Marmorwerken, um sie – besessen von der Idee, die Vergangenheit an Größe noch zu übertreffen – als Baumaterial wiederverwenden zu lassen.

Die Arbeiten unter Nikolaus V. konzentrieren sich auf zwei Daten: das Heilige Jahr 1450 und das Jahr 1452, in denen er eine Reihe von städtebaulichen Projekten in Angriff nahm. Sein Sekretär, der Florentiner Giannozzo Manetti, der als Übersetzer lateinischer, griechischer und hebräischer Schriften für die päpstliche Bibliothek tätig war, spricht von fünf grundlegenden Punkten, die nach dem Plan des Papstes verändert werden sollten, darunter die an Albertis *Descriptio* orientierte Instandsetzung der Stadtmauern sowie die Restaurierung der 40 Pfarrkirchen. Der dritte Punkt sah eine großangelegte Baumaßnahme im Borgo-Viertel vor. Hier sollten drei Verbindungsstraßen

zwischen der Engelsburg und dem Rest der Stadt entstehen (Via Peregrinorum, Via Papalis und Via Recta). Diese Achsen wurden nach Albertis Vorgaben für eine „via maestra“ (Hauptstraße) angelegt und sollten nach seinen Vorstellungen „gerade und sehr breit sein, damit sie der Stadt Größe und Erhabenheit verleihen“. Darüber hinaus umfaßte das Projekt die Anlage eines weitläufigen Platzes vor dem Petersdom. Die umfangreichen Arbeiten rund um die Engelsburg und am Gebäude selbst umfaßten die zusätzliche Errichtung zylinderförmiger Wachtürme an den Eckpunkten des alten quadratischen Fundaments; unter anderem ließ Nikolaus V. um 1452 die Statue des Erzengels Michael anfertigen, die bereits in einer Miniatur von Nicolò Polani 1459 für die Schrift *De civitate Dei* (*Über den Gottesstaat*) von Augustinus zu

Das Wappen mit dem aufrecht stehenden Löwen Papst Pauls II. aus der venezianischen Familie Barbo ist Teil der prunkvollen Verzierung eines Marmortürrahmens im Appartamento Barbo des Palazzo Venezia. Bereits als Kardinal hatte Pietro Barbo sich 1451–1455 um den Ausbau des Palastes gekümmert.

Der Palazzo Venezia ist das früheste Beispiel einer städtischen Residenz der Renaissance in Rom. Das wehrhafte Erscheinungsbild wird durch den Eckturm und die Zinnengalerie hervorgerufen. Sie zeigen das Bewußtsein des Bauherrn für den Ursprung des Gebäudes, auf den er sich durch die Verwendung von Bauelementen aus der Architektur befestigter Stadtpaläste des Mittelalters deutlich bezog.

Die Hofarkaden des Palazzo Venezia dokumentieren mit ihrer horizontalen Staffelung der klassischen Ordnungen einen deutlichen Rekurs auf antike Vorbilder. Dieses Gliederungsschema, das sogenannte Tabulariummotiv, taucht ab der ausgehenden Republik bei einer Reihe wichtiger römischer Monumentalbauten, wie z. B. beim Kolosseum, auf. Die Gestaltung des Innenhofs unterhalb des Turms des Marco Barbo geht auf Giuliano da Maiano oder aber auf Bernardo Rossellino zurück.

sehen ist. Der Umbau des päpstlichen Palastes war der vierte Programmpunkt; mit diesem wurde ein gewisser Antonio di Francesco aus Florenz beauftragt. Der Palast war in Wirklichkeit eine stark befestigte Anlage, die derart uneinnehmbar schien, daß Manetti schrieb, sie sei „nur den Vögeln in den Lüften zugänglich". Eine wesentliche Rolle spielte bei den Plänen von Nikolaus V. der Garten, der als irdisches Spiegelbild der himmlischen Stadt verstanden wurde und den Manetti als „wunderschönen Ort des Paradieses" beschreibt, mit seinem Reichtum an Pflanzen aller Art und dem schmückenden Brunnen im Zentrum. Eine Federico Zuccari zugeschriebene Zeichnung dokumentiert ein wichtiges Architekturelement des Palastes: das Fensterkreuz, dessen antike Herkunft

ein Relief aus dem 4. Jahrhundert mit der Verleugnung Petri belegt, das sich heute im Lateranmuseum befindet. Das älteste Beispiel für diesen Fenstertypus in Rom ist wohl im Armenhaus von Santa Maria in Cosmedin erhalten. Dieses architektonische Gestaltungselement ließ Nikolaus V. auch an der Fassade des zwischen 1450 und 1453 in seinem Auftrag umgebauten Palazzo Senatorio anbringen. Der wichtigste Punkt der Pläne Nikolaus' V. wird von Manetti zuletzt genannt: die Neugestaltung der Peterskirche, mit der – dies bezeugt Vasari – Rossellino beauftragt wurde. Bernardo Rossellino plante eine neue Anlage mit einer grandiosen Empore und einem breiten Querhaus. Alberti äußerte sich in seinem Traktat sehr vorsichtig zu diesem Projekt und wies auf mögliche statische Probleme hin. Außerdem machte er auf die unweit stehenden spätantiken Rotunden aufmerksam, die durch ein allzu ehrgeiziges Projekt der Zerstörung preisgegeben würden (wie es schließlich im 16. Jahrhundert der Fall war). Es läßt sich nicht sagen, wie groß der Einfluß von so kompetenter Seite auf den Auftraggeber war, sicher ist aber, daß das Projekt kaum ein Jahr nach seinem Beginn wieder aufgegeben wurde.

Dagegen hatte Alberti, so scheint es, bei der Instandsetzung des Aquädukts der Acqua Vergine, das nach Trevi führte, maßgeblichen Einfluß. Sie wurde vom Papst persönlich in die Wege geleitet und entspricht Albertis Ausführungen über die Wiederverwendung der antiken Aquädukte.

Das Ende des Pontifikats von Nikolaus V. war von Problemen überschattet. Konstantinopel wurde 1453 von den Türken erobert, was dem Papst den Vorwurf einbrachte, ein ungeheures Vermögen für seine Bauprojekte und seine Sammelleidenschaft von Büchern vergeudet zu haben, statt das Geld für die Verteidigung der Hauptstadt des Ostreiches einzusetzen. Im selben Jahr nahm die Auseinandersetzung zwischen Geistlichen und Humanisten durch eine von Stefano Porcari angezettelte Verschwörung ihren Anfang. Der daraus entstehende Konflikt sollte 1468 in der sogenannten Verschwörung der Humanisten unter Pomponio Leto gipfeln. Zu dieser Zeit unterhielt Alberti enge Beziehungen zur Kurie und zum Papst; er lebte jedoch, abgesehen von den Besuchen der Künstler und Intellektuellen in seinem Haus im Florentiner-Viertel, völlig isoliert in der Stadt, in der er 1472 auch sterben sollte. Aus diesen schwierigen letzten Lebensjahren existiert ein Porträt Albertis, das vermutlich auf ein ähnliches Bildnis in der Handschrift des *Profugiorum ab aerumna libri tres* (*Drei Bücher von der Überwindung der Trübsal*) zurückgeht. Es zeigt Alberti als Prälaten mit einem Buch in der Hand.

Das Pontifikat Pauls II. aus der Familie Barbo (1464–1471) stand ganz im Zeichen eines Bauprojekts, mit dessen Planung er bereits in seiner Amtszeit als Kardinal begonnen hatte: die Errichtung des heute als Palazzo Venezia bekannten Gebäudes, das seinen Ursprung vermutlich in dem von Alberti entworfenen Konzept zur sozialen Funktion der Architektur hat – nämlich die Residenz eines Kardinals als „Ambiente würdig der würdevollen Taten von würdevollen Personen" anzusehen.

Zeitgenössische Quellen beschreiben Paul II. als „von wunderschöner, majestätischer Gestalt, die der großen Würde seines Amtes entspricht und seiner Größe Ausdruck verleiht, da er in Gesellschaft alle anderen auch körperlich überragt; sein Gesicht ist freundlich, heiter und gütig". Der Abkömmling einer venezianischen Adelsfamilie wurde von anderer Seite aber auch sehr negativ beurteilt und galt als hochmütig und machtgierig. Er ließ die Accademia Pomponia nach der Verschwörung von 1468 schließen und verbot die Lehre und das Studium der antiken Schriftsteller. Da er stets Zustimmung und Bewunderung erregen wollte, legte er großen Wert auf spektakuläre Ereignisse, Feierlichkeiten und Feste. Dazu zählten auch volkstümliche Feste wie der Karneval, dessen aus den antiken Saturnalien bekannte Gebräuche wiederbelebt wurden. Legendären Ruf genoß seine Kunstsammlung, der es nicht an „modernen" Stücken und antiken Statuen fehlte. Eine Reihe dieser Kunstwerke überließ in der Folge Sixtus IV. der Familie Medici zu einem ausgesprochen geringen Preis, um sich deren Gunst zu sichern. Der bedeutendste Teil der Sammlung von Paul II. bestand aus Münzen, Bronzen, Gemmen, Diptychen,

Unter dem Pontifikat Pauls II. errichtete Fassade der Kirche San Marco, die in den Komplex des Palazzo Venezia eingegliedert wurde. Die Fassade orientiert sich in ihrer Konzeption an der unter Pius II., dem Amtsvorgänger Pauls II., gebauten Benediktionsloggia der alten Petrusbasilika.

Ikonen, Stoffen, Kristallen und Silberarbeiten. Um die Mitte des 15. Jahrhunderts erwarb er durch seine Gesandten das Edelste, was der Markt zu bieten hatte, bevorzugt jedoch orientalische Kunstgegenstände. Einen Eindruck dieser Sammelleidenschaft gibt der Abgesandte des Herzogs von Mailand, Antonio de'Rossi, in seinem Bericht an den Sekretär Cicco Simonetta im November 1466: „Das Benehmen und der unerträgliche Pomp dieses gesamten Hofstaats gehen so weit, daß der Papst den ganzen Tag seine Besitztümer zählt und sortiert und Perlen aufzieht, statt Vaterunser zu beten." Hinter seiner Leidenschaft verbargen sich vermutlich unterschiedliche Beweggründe. Zum einen führte der Wunsch Pauls II., seinen Reichtum und seine Macht zu vermehren, dazu, daß er seine öffentlichen Auftritte als prunkvolle Großereignisse inszenierte. Zum anderen versuchte er, durch die Pracht seines Hofes die durch den Fall Konstantinopels verlorengegangene strenge Ritualität der Ostkirche zu kompensieren, die auf den Westen immer eine große Faszination ausgeübt hatte.

Nach seiner Ernennung zum Kardinal 1440 war Pietro Barbo 1451 Titularkardinal von San Marco geworden, einer kleinen Diakonie inmitten einer geschäftigen Gegend mit einem schlichten Gotteshaus, das auf antiken Überresten errichtet worden war. Die Arbeiten am Palazzo Venezia begannen 1455, wobei schon die Wahl des Bauplatzes eine höchst prestige- und symbolträchtige Angelegenheit war. Er lag am Ende des letzten Abschnitts der Via Flaminia, des heutigen Corso, und so an der Grenze zwischen dem modernen Rom und dem antiken Rom des Kapitols. Das nach außen hin wehrhafte Gebäude war nicht allzu hoch, aus Ziegelmauerwerk, Fenstern mit Fensterkreuzen und besaß einen Aussichtsturm als Abschluß. Als direkter Vorläufer kann der Palast angesehen werden, den Kardinal Domenico Capranica 1451 vollenden ließ. Dieser Bau dokumentiert die Übergangsphase zwischen noch gotischen Bauformen und Elementen, die bereits von den Neuerungen der toskanischen Baukunst inspiriert waren. Von Bedeutung ist das antikisierende Portal mit dem von Konsolen getragenen Tympanon, wie man es bis dahin nur an Sakralbauten finden konnte. Leon Battista Alberti werden das Tonnengewölbe im Atrium mit den quadratischen Kassetten nach Vorbild des Pantheon zugeschrieben sowie die hofseitige Loggia, an der die Ordnungen des Kolosseums nachgebildet sind. Der Hof war ein architektonisches Novum, das in der Folge zum besonderen Kennzeichen der Renaissancepaläste werden sollte; ebenso neu war das Viridarium, für das der für die Residenz von Nikolaus V. geplante Garten als Modell gelten kann. Im Inneren des Gebäudes herrschte eine strikte Trennung zwischen öffentlichen und privaten Räumen, zu denen das Schlafzimmer des Papstes, die Sala del Papagallo (Papageiensaal) und die Sala dei Paramenti (Saal der liturgischen Gewänder) gehörten. Öffentliche Säle gab es drei: die Sala del Mappamondo (Saal der Weltkarte), die Sala del Concistoro (Saal der Kardinalsversammlung) und die Sala Regia (Regierungssaal), die am Ende der prunkvollen Saalfluchten lag, die der Papst durchschritt, um seine Gäste zu empfangen.

Die Arbeiten an der päpstlichen Residenz brachten durch den Ankauf von Häusern und Gärten sowie die damit einhergehende Zerstörung von Wohngebäuden einschneidende Veränderungen der umstehenden Bausubstanz mit sich. Ein Abgesandter des Herzogs von Mailand beobachtete 1468: „Neben dem Palast liegen die Ruinen der Häuser, die dem Erdboden gleichgemacht wurden, damit der Palast vergrößert werden kann. Der Platz ist so groß, daß sich dort nicht nur viele Menschen, sondern ein ganzes Heer aufhalten kann." Hauptsächlich die antiken Monumente waren von diesen Zerstörungen betroffen, da sie jahrelang als Quelle für Baumaterial dienten, „eine unschätzbare Menge von Travertinsteinen, angeblich aus Weingärten rund um den Konstantinsbogen, Steine und Fundstücke des Kolosseums, der Engelsburg und eines Tempels auf dem Kapitolsplatz".

Nach der 1468 von Pomponio angezettelten Verschwörung verlegte Paul II. seine Residenz in den Vatikan und führte von dort aus die nach dem Tod Nikolaus' V. eingestellten Umbauten an der Peterskirche weiter. Die Arbeiten am Palast delegierte er an seinen Neffen Marco Barbo, unter dessen Leitung das bemerkenswerte Eingangsportal an der Nordfassade und der über zwei Ordnungen verlaufende Säulengang des großen Innenhofs entstanden. Das um 1470 datierte Portal zeigt die Übernahme toskanischer Baukultur am deutlichsten: Es präsentiert sich als „gewaltiges florentinisches Tabernakel" mit Säulen anstelle der Lisenen auf hohen Sockeln, die ursprünglich vom Septimus-Severus-Bogen und vom Konstantins-Bogen stammten. Der Säulenumgang des Hofs stellte in Rom eine absolute Neuheit dar, die von Antonio da Sangallo dem Jüngeren für den Palazzo Farnese wieder aufgegriffen werden sollte. Dieses architektonische Element geht auf die Vorbilder der römischen Antike vom Tabularium über das Marcellus-Theater bis zum Kolosseum, welches zum bevorzugten Modell werden sollte, zurück.

Enge stilistische Bezüge finden sich zwischen dem Säulengang und der ersten Ordnung der Loggia der Kirche von San Marco, die Pietro Barbo schon zu Beginn seines Pontifikats zur palatinischen Kapelle erheben wollte. Die Kirche zeigte sich noch im Zustand der Renovierung unter Gregor IV. (827–844), nämlich dreischiffig, mit einem erhöhten Presbyterium und einer Fassadenloggia. Jetzt wurde der Innenraum verändert, das Dach mit vergoldeten Bleiziegeln eingedeckt, die Kassettendecke mit dem päpstlichen Wappen im Zentrum erhielt eine blau-goldene Fassung, und die mittelalterlichen Ziegeleinfassungen wurden durch Marmorbiforien ersetzt. Aus Murano wurden farbige Glasscheiben angeliefert, und im Presbyterium stellte man den Porphyraltar auf, den Paul II. 1467 aus dem Mausoleum der Hl. Konstanze hatte heranschaffen lassen. Der Wiederaufbau der Fassadenloggia war für den Papst von großer Bedeutung, weswegen er das von Festons gerahmte Hauptportal und die Loggia aus Marmor und Travertin erneuern ließ. Erst vor kurzem hat man dieses Werk Giovannino de'Dolci zugeschrieben. Die Loggia hatte nur einen vergleichbaren Vorgänger, und zwar die von Pius II. in Auftrag gegebene Benediktionsloggia der Peterskirche, welche die Holzkanzel ersetzte, die bis zum Ende des Pontifikats des Piccolomini-Papstes in Gebrauch war. Man verwendete dafür unter anderem Säulen aus Granit und Cipollino vom Portikus der Octavia sowie neun kleine Säulen aus der Kirche San Giovanni in Laterano. Das 1460 begonnene Werk wurde unter Paul II. weitergeführt, von Alexander VI. vollendet und schließlich auf Wunsch von Paul V. zwischen 1610 und 1616 zerstört; zahlreiche erhaltene Zeichnungen, darunter ein Blatt von Maerten van Heemskerck, belegen, daß auch für den Aufbau der Kanzel das Kolosseum als Vorbild diente.

Die Frage nach den Namen der Baumeister von San Marco ist noch nicht geklärt, und es ist angesichts des Umfangs der Bauten und der langen Zeitspanne ihrer Ausführung kaum wahrscheinlich, daß dem Ganzen ein einheitlicher Plan zugrunde lag. Die Finanzierung der Arbeiten am Palast wurde im Herbst 1471, kurz nach dem Tod des Papstes, von der päpstlichen Schatzkammer ausgesetzt; aus den letzten Abrechnungen gehen jedoch die Namen einiger Künstler hervor, darunter der „Steinhauer" Meo del Caprino und Giovannino de'Dolci, der ab der Mitte des Jahres 1471 als „Bauleiter" geführt wird. In jüngster Zeit konzentriert sich die Forschung auf eine seit der Zeit von Nikolaus V. öffentlich in Erscheinung getretene Figur. Es handelt sich um Francesco di Benedetto Cereo aus Borgo Sansepolcro, den Schreiber der päpstlichen Briefe unter Calixtus III. und Oberbibliothekar unter Pius II. und Paul II., der auf organisatorischer, administrativer und finanzieller Ebene die Leitung der päpstlichen Baustellen innehatte.

Der in den Papstbiographien von Gaspare da Verona und Michele Canense als Architekt bezeichnete Francesco di Benedetto Cereo interessierte sich offensichtlich für humanistische und naturwissenschaftliche Studien: Er ließ Schriften von Euklid, Archimedes und Ptolemäus ins Lateinische übersetzen und versah die Handschriften, die sich heute in der Biblioteca Vaticana befinden, möglicherweise eigenhändig mit geometrischen und perspektivischen Skizzen. Er stand vermutlich auch mit Leon Battista Alberti in Verbindung, und es ist anzunehmen, daß ihn dieser persönlich Pius II. als Leiter der päpstlichen Bauhütte empfohlen hatte.

Paul II. hinterließ bei seinem Tod 1471 ein grandioses Bauwerk, das die römische Architektur im letzten Viertel des Jahrhunderts stark beeinflußte: So diente die Loggia im Hof des Palastes als Modell der Fassade der Kirche Santi Apostoli und des Portikus von San Pietro in Vincoli; die Loggia von San Marco war Vorbild beim Bau der Palazzina Riario im Palazzo Colonna und des Chiostro dei Genovesi. Am Palast des Kardinals Domenico della Rovere wurde die Palastfassade in kleineren Dimensionen und veränderten Proportionen nachgebildet.

Sixtus IV. – Restaurator Urbis

Sixtus IV. della Rovere, gebürtiger Ligurier, wurde am 9. August 1471 zum Papst gewählt. Als gelehrter Theologe mit profunder humanistischer Bildung verfaßte er das Traktat *De sanguine Christi* (1471) sowie eine Verteidigungsschrift des Dogmas der Unbefleckten Empfängnis. Sein Pontifikat stand unter dem Zeichen blutiger politischer Auseinandersetzungen wie der Verschwörung der Pazzi in Florenz, bei der sich der Papst auf die Seite der von seinem Neffen Girolamo Riario und der Familie Pazzi angeführten Gegner der Medici stellte. Giuliano de'Medici wurde ermordet, doch scheiterte die Verschwörung. Lorenzo de'Medici gelang es, sich zu retten, und nach seiner erneuten Machtübernahme ließ er mehrere mit Sixtus IV. in Verbindung stehende Kirchenmänner umbringen, woraufhin ihn der Papst exkommunizierte. Lorenzo il Magnifico (der Prächtige) schenkte einzig Girolamo Riario die Freiheit, jedoch mit der Drohung, ein Konzil einzuberufen. So kam es zum Krieg zwischen dem mit Siena und Neapel verbündeten Papst und dem mit Mailand, Venedig und dem König von Frankreich verbündeten Florenz. Dieser fand erst mit der Friedenserklärung von 1480 sein Ende. Während dieser Zeit wurde die Bedrohung durch die Türken immer stärker spürbar: 1477 war Mohammed II. im venetischen Herrschaftsbereich bis zu den Flüssen Isonzo und Tagliamento vorgedrungen, und 1480 besetzten die Türken Otranto, das 1481 jedoch wieder befreit wurde. Der Neffe des Papstes, Girolamo Riario, befand sich weiterhin auf Expansionskurs und versuchte, in Ferrara Ercole I. d'Este zu stürzen. Der dadurch entfachte Krieg wurde 1484, im Todesjahr des Papstes, mit dem Frieden von Bagnolo beigelegt.

Die erste Handlung Sixtus' IV. für Rom, wenige Monate nach seiner Ernennung zum Papst, war von hohem symbolischem Wert – er legte den Grundstein für das Kapitolinische Museum durch die Schenkung von fünf Bronzeskulpturen aus dem Bereich des Lateran (die *Wölfin*, der *Kopf Konstantins*, der *Dornauszieher*, die *Hand*, die *Palla Sansonis* und *Camillus*), die für die Römer die Erinnerung an die vergangene Größe Roms verkörperten.

Diese Geste war bezeichnend für das weitere Vorgehen des Papstes in der Stadt, das weitaus mehr von der Vorstellung, das Bestehende zu restaurieren und aufzuwerten, geprägt war als von utopischen Machtbestrebungen, die für das Pontifikat Nikolaus' V. charakteristisch gewesen waren. Sixtus' ernste Gesinnung, die Zugehörigkeit zum Franziskanerorden und die politischen Schwierigkeiten erlaubten ihm nicht den von seinem Vorgänger so geliebten Prunk. Durch seine Projekte verdiente er sich den Beinamen Restaurator Urbis, der in einer Türinschrift des Palazzo Senatorio erscheint. Und so standen auch die Arbeiten für das Heilige Jahr 1475 unter mehr zweckmäßigen als propagandistischen Vorzeichen. Der Chronist Sigismondo de'Conti berichtet Anfang des 16. Jahrhunderts, daß es bei diesem Anlaß keine Kapelle gegeben habe, die der Papst nicht neu herrichten ließ; er veranlaßte die Pflasterung der wichtigsten Wege in der Stadt, ließ das Hospital von Santo Spirito umorganisieren und erbaute an der Stelle einer baufälligen Brücke den heutigen Ponte Sisto.

Auf Wunsch von Sixtus IV. wurde zwischen 1472 und 1477 die Kirche Santa Maria del Popolo, die in der Folge als Grabkirche für verwandtschaftlich oder politisch mit dem Papst verbundene Männer diente, wiederaufgebaut. Die Kirche war 1472 an die lombardische Augustinerbruderschaft übergegangen und wurde im lombardischen Stil errichtet. Der dreischiffige Kirchenbau setzt sich aus einer fünfeckigen Kapelle, einem Querhaus mit achteckiger Vierungskuppel, das an beiden Seiten von einer Apsis abgeschlossen wird, einer großen Hauptkapelle mit zwei Seitenkapellen neben dem Hochaltar und einem Kreuzgewölbe im Hauptschiff und in den Seitenschiffen zusammen. Der architektonische Typus zeigt große Übereinstimmungen mit San Pietro in Gessate in Mailand von Guiniforte Solari, und auch die angewandte Konstruktion ist typisch für Norditalien. So führten die Lombarden die Fensterrosette in der Fassade, den „schuppigen" Glockenturm und den Tambour an der Kuppel wieder ein. Nacheinander schieden aus unterschiedlichen Gründen mehrere Baumeister aus dem Projekt aus. Der Toskaner Baccio Pontelli übergab sein Amt an Meo del Caprin, auf den Giacomo da Pietrasanta

Außenansicht des unter Sixtus IV. zwischen 1474 und 1482 errichteten Hospitals von Santo Spirito in Sassia. Der lange Gebäudetrakt des Krankensaals wird von dem Tiburio, der achteckigen Kuppellaterne der Hospitalskapelle, überragt. Sowohl dieses Element als auch die Gesamtkonzeption der Anlage verraten einen starken lombardischen Einfluß.

folgte, der wenige Jahre später die zweite große Augustinerkirche von Rom, Sant'Agostino (1479–1483), realisierte. Schließlich übernahm vermutlich Andrea Bregno die Bauleitung von Santa Maria del Popolo. Für diese Annahmen spricht der 1473, also nur ein Jahr nach Beginn der Arbeiten, signierte und datierte Hochaltar, der von Kardinal Rodrigo Borgia in Auftrag gegeben worden war und der in seiner komplexen Form nur von demjenigen konzipiert werden konnte, der den architektonischen Gesamtaufbau der späteren Kirche bereits vollständig vor Augen hatte. Es ist also durchaus plausibel, den lombardischen Architekten und Bildhauer aus dem Umkreis von Solari als Urheber der Kirche, des Hochaltars und des gesamten dekorativen Apparats des Innenraums zu betrachten.

Die Sixtinische Kapelle

Das wichtigste Werk des Papstes aus der Familie der della Rovere, das einen ausgesprochen symbolischen Charakter hatte, war die Sixtinische Kapelle, deren noch vom Stil des Mittelalters geprägtes, wehrhaftes Äußeres mit den kriegerischen Zeiten zu erklären ist. Die über einer palatinischen Kapelle aus dem 13. Jahrhundert errichtete Sixtina wurde 1473 begonnen und 1478 beendet. Aus diesem Jahr stammt ein Gedicht, das Sixtus IV. als den Bauherrn eines „schönen und vortrefflichen" Heiligtums verehrt. Was die Frage nach dem Architekten dieses Bauwerks betrifft, so nennt Vasari Baccio Pontelli als Verantwortlichen. Dieser war zwischen 1471 und 1479 in Pisa als Intarsienkünstler im Dom hervorgetreten. In einem Dokument vom Oktober 1481 wird Giovannino de'Dolci als Vorsteher und kommissarischer Leiter der vatikanischen Bauhütte genannt. Wissenschaftliche Studien lieferten den Beleg für Vasaris Zuschreibung bzw. dafür, daß Baccio Pontelli die Pläne erstellte, die dann von Giovannino de'Dolci ausgeführt wurden. Nach Vasari lieferte Pontelli die Pläne aller Bauvorhaben an Sixtus IV., und es bestehen zudem auffällige Übereinstimmungen zwischen der architektonischen Gliederung der Sixtina und anderen Baccio Pontelli zugeschriebenen Bauwerken wie der Kirche Sant'Aura della Rocca in Ostia und dem Hospital von Santo Spirito.

Die architektonische Gliederung der Sixtinischen Kapelle entspricht auf symbolischer Ebene dem Tempel des Salomon und bezog sich insofern direkt auf Sixtus IV., als dieser von seinem Neffen Julius II. in einer Bulle von 1513 als Nachfolger des jüdischen Königs bezeichnet wird. Zwischen dem Tempel des Salomon und der Sixtinischen Kapelle zeigen sich folgende Parallelen: In einer Beschreibung im ersten Buch der Könige ist davon die Rede, daß der Tempel sechzig Ellen lang, zwanzig breit und dreißig Ellen hoch war, daß er aus den zwei Gebäudeteilen Ecal und Devir bestand und als eine zweigeteilte Halle mit einer Säulenvorhalle angelegt war. Auch die Sixtina wird durch eine Marmorschranke zweigeteilt, und von ihren Ausmaßen her entspricht sie annähernd perfekt denen des Tempels, wenn man für die Berechnung der biblischen Maßangaben die palästinische Elle zugrunde legt. Einen direkten Bezug zu Salo-

Die eventuell von Andrea Bregno entworfene Fassade von Santa Maria del Popolo ist die früheste basilikale Renaissanceschaufront in Rom.

Der von Baccio Pontelli im Auftrag des Kardinals Domenico della Rovere im Borgo Vaticano errichtete Palazzo dei Penitenzieri

Detailansicht des Palazzo della Cancelleria mit dem zum Campo de'Fiori gekrümmten Fassadenbereich. Die Hausecke wurde mit dem Wappen der Familie Riario geschmückt. Die Ausführung des umlaufenden, reich skulptierten Balkons wird Andrea Bregno zugeschrieben.

mon stellt darüber hinaus Peruginos Fresko der Schlüsselübergabe her. Im Bildhintergrund flankieren zwei an den Konstantins-Bogen erinnernde Triumphbögen das Gebäude in der Bildmitte. An den beiden Bögen befindet sich oberhalb des zentralen Bogenlaufs eine Inschrift, durch die die beiden Figuren in Bezug zueinander gesetzt werden, indem Sixtus gegenüber Salomon als „Unterlegener im Reichtum, Überlegener im Glauben" bezeichnet wird. In diesem Zusammenhang erklärt sich der Verzicht auf Prunk als würdevolle Wahl und unterstreicht die mit malerischen Mitteln in Szene gesetzte Überlegenheit des christlichen Glaubens – die Überlegenheit des Papstes über Salomon, die von Christus über Moses und die des Neuen Testaments über das Alte.

Baccio Pontelli begegnet uns erneut im Zusammenhang mit einer der ersten Kardinals-Residenzen: dem Palast für Domenico della Rovere und heutigen Palazzo Penitenzieri. Der um 1440 im Piemont geborene Verwandte Sixtus' IV. war ein großzügiger Auftraggeber für sakrale Bauten. Besonders am Herzen lag ihm die Kirche Santa Maria del Popolo, in der er 1501 feierlich beigesetzt wurde. In einer Trauerrede würdigte ihn der Humanist Raffaele Brandolini als großen Bauherrn. Als Protegé der 1478 neu gegründeten Accademia Pomponiana gehörte er zu den Förderern der Verbreitung antiker Ornamentik. Ein großartiger Meister dieser neuen Strömung war der Maler Pinturicchio, der mit der Ausmalung einiger Säle des Palazzo beauftragt wurde. Das Gebäude weist

Der im Auftrag Kardinal Raffaele Riarios ab 1489 errichtete Palazzo della Cancelleria wurde erst zu einem späteren Zeitpunkt zum Sitz der päpstlichen Kanzlei. Dieser Bau wurde trotz der konzeptionellen Abhängigkeit seines Entwurfs von dem des Palazzo Venezia zum Gründungsbau eines neuen Konzepts von Residenzarchitektur und zur Inspirationsquelle für eine Reihe weiterer Renaissancebauten.

insbesondere durch den Eckturm und die Fenster mit Fensterkreuzen enge Bezüge zum Palazzo Venezia auf. Aufgrund dieser auffälligen Übereinstimmungen mit dem Palazzo von Pietro Barbo schrieb man dieses Projekt in jüngster Zeit dem an den Arbeiten am Palazzo Venezia beteiligten Meo del Caprino zu, der 1491 von Bischof Domenico della Rovere nach Turin berufen wurde, um dort die Arbeiten am Dom zu übernehmen.

Die andere große Kardinalsresidenz dieser Zeit war der Palast für Raffaele Sansoni Riario, den Auftraggeber des Palazzo della Cancelleria. Er spielte im Umkreis des römischen Humanismus eine herausragende Rolle: Er beauftragte Bartolomeo Sanvito und Lauro Padovano mit Abschriften der Werke Ciceros und finanzierte die Erstausgabe des Traktats *De Architectura* von Vitruv, das 1486 veröffentlicht wurde. Wann mit den Arbeiten an seinem Palazzo begonnen wurde, läßt sich nicht mit Sicherheit sagen; sicher ist, daß der Chronist Infessura 1489 einen im Bau befindlichen Palazzo mit einem Eckturm erwähnt und daß der Kardinal Riario 1496 in das erst teilweise vollendete Gebäude einzog. Was den Entwurf zu diesem Projekt angeht, so wirft Vasaris Hinweis auf eine Beteiligung von Bramante einige Fragen auf. Bramante kam 1499 nach Rom, also in dem Jahr des Zerwürfnisses zwischen Kardinal Riario und Papst Alexander VI., infolge dessen der Kardinal Rom verließ und erst zum Konklave von 1503 wieder zurückkehrte. Wahrscheinlicher ist, daß es sich bei der von Vasari überlieferten Beteiligung Bramantes in Wirklichkeit um eine Beratung handelte, wie die noch ausstehenden Arbeiten während der Abwesenheit des Kardinals fortzuführen wären. Der Bau machte nur langsame Fortschritte und war gerade vollendet, als der Kardinal in Ungnade fiel. Raffaele Riario wurde nämlich 1516 des Verrats an Leo X. angeklagt und fortan in seinem eigenen Palast nur noch als Gast geduldet, da der Medici-Papst die Residenz beschlagnahmt und an seinen Neffen, den Kardinal Giulio de'Medici, übergeben hatte.

Alexander VI. und das Heilige Jahr 1500

Vor dem Zerwürfnis von 1499 hatte Kardinal Riario großen Einfluß auf Alexander VI., was sich u. a. auch daran zeigt, daß ihm der Papst die Realisierung der Via Alessandrina, des ehrgeizigsten Projekts seines Pontifikats, anvertraute. Diese umfaßte die Befestigung der bereits unter Kaiser Hadrian errichteten Engelsburg und den Wiederaufbau des Borgo-Viertels. Die Engelsburg selbst war von einem Wassergraben umgeben und besaß einen Wachturm; die Brücke wurde von einem Außenturm zur Beobachtung der Feinde überragt. Diese Burg, die gleichzeitig Festung und Gefängnis war, wurde unter Alexander VI. zum Dreh- und Angelpunkt zwischen den beiden durch den Fluß getrennten Stadtteilen. Der Plan zum Wiederaufbau dieses Stadtteils schloß auch die Brücke und das Gebiet jenseits des Tiber mit der Befestigung des Lungotevere di Tor di Nona ein. Die Geschichte der Via Alessandrina begann 1499, als im Hinblick auf das Heilige Jahr 1500 das Straßennetz ausgebaut wurde. Voraussetzung dafür war die Zerstörung des mittelalterlichen Borgo-Viertels. Im Verlauf der geplanten Straße stand ein Grabdenkmal in Form einer Pyramide, die Meta Romuli, die von ihrer Größe her in etwa der Cestius-Pyramide entsprochen haben dürfte und deren Steine bereits für den Boden des vierseitigen Portikus der Peterskirche und die Eingangsstufen von Alt-Sankt Peter verwendet worden waren; es ist nicht sicher, ob Alexander VI. dieses antike Monument tatsächlich vollständig niederreißen ließ, da die Pyramide auf den ägyptischen Gott Osiris und dessen Reinkarnation, den Apis-Stier, verweist. Der Stier ist das Wappentier der Familie Borgia, der Alexander angehörte, und diente auf diese Weise für ihn als Legitimation einer göttlichen Abkunft.

Gioia Mori

Der Innenhof des Palazzo della Cancelleria wird von der in zwei Geschossen übereinander angeordneten Arkadenabfolge dominiert. Dieses gestalterische Motiv wurde von Baccio Pontelli, dem Architekten Kardinal Riarios, vom Palazzo Ducale in Urbino übernommen und zu einer neuen Stufe der Monumentalität gesteigert.

Gegenüberliegende Seite, links:
Die Platte des Grabmals des Giovanni Crivelli *in Santa Maria in Arcoeli. Dieses zwischen 1432 und 1433 entstandene Relief ist das einzige signierte Werk Donatellos aus seiner römischen Schaffenszeit.*

Rechts:
Das heute in der Sagrestia dei Beneficiati in St. Peter aufbewahrte Marmortabernakel wurde von Donatello gleichzeitig mit der Grabplatte Crivellis gearbeitet. Das Muttergottesbild, die sogenannte Madonna della febbre, *wird Lippo Memmi zugeschrieben.*

Das Grabmonument für den 1397 verstorbenen Kardinal Philippe d'Alençon in Santa Maria in Trastevere von Giovanni d'Ambrogio. Das Relief im unteren Teil zeigt eine Darstellung des Todes Mariens.

Die Skulptur im 15. Jahrhundert

Außerrömische Einflüsse

Die römische Skulptur zu Beginn des 15. Jahrhunderts begegnet uns in Form einiger Grabdenkmäler von Künstlern aus der Gegend von Florenz und aus Umbrien. Dem Florentiner Giovanni d'Ambrogio werden das *Grabdenkmal für Kardinal Philippe D'Alençon* in Santa Maria in Trastevere (nach 1397) und das *Grabdenkmal Kardinal Adam* in Santa Cecilia in Trastevere zugeschrieben. Ersteres wurde in späterer Zeit abgebaut; die ursprüngliche Form als Altar mit Ziborium ging bei der Umwandlung in ein Wandgrab verloren. Erhalten blieben von dieser gewaltigen Grabanlage neben der liegenden Figur eines französischen Prälaten Reliefs mit dem *Tod der Jungfrau Maria* und der *Himmelfahrt* sowie eine Serie kleiner Statuen, von denen einige heute an der Außenmauer der Kirche aufgestellt sind.

Die einzige mit Namen dokumentierte Künstlerpersönlichkeit dieser Zeit ist der „Magister Paulus", der das heute abgetragene *Grabdenkmal des Bartolomeo Carafa* (1405 gestorben) in Santa Maria del Priorato und *Das Grabdenkmal des Kardinals Pietro Stefaneschi* (1417 gestorben) in Santa Maria in Trastevere schuf. Die Signatur „Magister Paulus" führte zu widersprüchlichen Zuschreibungen, da in dieser Zeit zwei Künstler unter diesem Namen tätig waren: der Umbrier Paolo da Gualdo Cattaneo und ein gewisser Paulus Salvati oder Salvatelli, der Schöpfer der Statue, die Papst Bonifaz IX. auf dem Thron darstellt. Diese befindet sich heute im Kreuzgang von San Paolo fuori le mura und wird auch als Werk des umbrischen „Magister Paulus" angesehen. Man nimmt an, daß es sich dabei um ein Ehrenmal handelt, das entweder nach seinem Tod oder anläßlich des Heiligen Jahres 1400 geschaffen wurde.

Donatello und Filarete

In die Zeit des Pontifikats von Eugen IV. fällt neben den Romaufenthalten von Donatello auch die Wiederaufnahme langwieriger Projekte, mit denen Donatello und Filarete beauftragt waren. Die Auswahl dieser Künstler führte konsequenterweise dazu, daß eine Formensprache in Rom Einzug hielt, die den humanistischen Postulaten entsprach. Nach Vasari war Donatello bereits als junger Mann gemeinsam mit dem Architekten Brunelleschi zum Antikenstudium nach Rom gekommen. Auch 1430 muß er sich dort aufgehalten haben, zumindest belegt dies ein Brief vom September 1430 von Poggio Bracciolini an Niccolò Niccoli in Florenz, in dem steht „Donatellus vidit, et summe laudavit" (Donatello sah es und lobte es sehr). Während seines Romaufenthalts von 1432 bis 1433 schuf Donatello das Tabernakel in der Peterskirche, das 1784 in der Sakristei der Beneficiati als Rahmen für das Bild der *Madonna della febbre* wiederverwendet wurde. Von Donatellos Hand stammt an diesem Tabernakel, das wie eine Architekturfassade konzipiert ist, das obere Relief der Grablegung, während die übrigen Teile als Werkstattarbeiten gelten. Das waagerecht angelegte Flachrelief, das von einem von Putten gehaltenen Vorhang gerahmt wird, zeigt zahlreiche Bezüge zur Skulptur der Antike, vom *Klagelied über den Tod des Meleager* bis zu den Darstellungen der Mänaden mit erhobenen Armen. Die Position des Reliefs in der Attika des architektonisch gegliederten Tabernakels läßt an einen antiken Tri-

umphbogen denken. Umstritten ist die Mitwirkung von Michelozzo, der lange Jahre mit Donatello zusammenarbeitete, da er, laut Vasari, „große praktische Erfahrung in der Bearbeitung von Marmor und mit aus Bronze gegossenen Werken hatte“. Ein Dokument vom 1. April 1433 belegt jedoch mit Sicherheit, daß Pagno di Lapo nach Rom reisen mußte, um „Donatello e el chompa-

gno", wobei mit „chompagno" Michelozzo gemeint ist, nach Florenz zurückzuholen, damit sie dort die Kanzel für den Dom der nahegelegenen Stadt Prato fertigstellten. Eine andere These vertritt der Kunstwissenschaftler Pope-Hennessy, der es für unwahrscheinlich hält, daß die beiden in der kurzen Zeit, die sie in Rom verbracht haben, dort eine Werkstatt eröffneten, und der darüber hinaus auch eine Datierung aller Teile des Tabernakels auf 1432–1433 ablehnt. Da das Werk aus zahlreichen Einzelteilen bestand, die sich leicht transportieren und wieder zusammenfügen ließen, liegt es Pope-Hennessy zufolge nahe, daß die Teile gegen Ende der 30er Jahre des 15. Jahrhunderts in Florenz gefertigt wurden und daß das Tabernakel somit auf Anraten Albertis, der sich von 1434 bis 1443 in Rom aufhielt, von Eugen IV. in Auftrag gegeben worden war.

Das einzige signierte römische Werk von Donatello ist die *Marmorgrabplatte für Giovanni Crivelli*, den Erzdiakon von Aquileia, in Santa Maria in Aracoeli. Die Platte lag ursprünglich auf dem Boden und stellt den Körper des Toten in einer Muschelnische dar. Der Erzdiakon starb am 29. Juli 1432, und die Arbeiten an der Grabplatte werden gemeinhin auf die Zeit zwischen seinem Tod und dem Frühjahr 1433 angesiedelt, dem Zeitpunkt, zu dem Donatello wieder nach Florenz zurückkehrte. Wahrscheinlich erfolgten der Auftrag für die Grabplatte und seine Ausführung aber bereits vor dem Tod des Auftraggebers. Der Erzdiakon ist wahrscheinlich für die ausgesprochen traditionelle typologische Darstellungsweise auf der Grabplatte verantwortlich.

Ein anderes römisches Werk Donatellos ist die Grabplatte für Martin V., die auf Wunsch des Papstes ursprünglich vor dem Hochaltar von San Giovanni in Laterano aufgestellt war. Auch hier herrscht hinsichtlich der Zuschreibung noch Uneinigkeit. So wird die These vertreten, daß es sich dabei um eine nach Entwürfen von Donatello gefertigte Werkstattarbeit handelt, die nach seiner Abreise nach Padua entstanden ist; andere Annahmen gehen davon aus, daß Simone Ghini die Grabplatte nach einem Entwurf Donatellos anfertigte oder daß lediglich das Antlitz des Papstes von der Hand Donatellos stammt; nach Pope-Hennessy ist die komplette Ausführung der Grabplatte Michelozzo, dem „chompagno" Donatellos, zuzuschreiben.

Ebenfalls 1445 wurde ein weiteres wichtiges Werk unter Eugen IV. vollendet: das Bronzeportal des Florentiners Filarete, das der Künstler in der Widmung seines *Trattato d'architectura* an den Herzog von Mailand, Francesco Sforza, und Piero de'Medici voller Stolz erwähnt. Bei Vasari findet sich hingegen eine negative Bewertung dieses Werkes: „Wenn Papst Eugen IV. bei seinem Beschluß, das Portal von St. Peter in Rom in Bronze ausführen zu lassen, Sorgfalt bei seiner Suche nach den exzellentesten Künstlern für diese Arbeit hätte walten lassen; [...] wäre das Portal nicht so schlampig ausgeführt worden, wie es sich in unserer Zeit zeigt." Nach Vasari „dauerte es zwölf Jahre bis zu seiner Vollendung", und tatsächlich datiert man die Arbeiten zwischen 1433, dem Jahr, in dem Filarete nach Rom kam, um der Krönung Kaiser Sigismunds beizuwohnen, und dem in der Inschrift auf der Innenseite des Portals erscheinenden Jahr 1445. Das Portal ist mit seiner im Ansatz unsorgfältigen Ausführung und seiner eklektischen Ikonographie ein fundamentaler Beleg für das in dieser Epoche betriebene Antikenstudium. Belebt wird die Darstellung durch die gefälligen und ungezwungen erzählten Szenen zeitgenössischer Ereignisse und Begebenheiten aus der römischen Mythologie und Geschichte. Die Bildfelder des Portals zeigen Christus-Pantokrator, die Muttergottes und die Heiligen Petrus und Paulus mit Eugen IV.; im unteren Teil erscheinen die beiden Szenen aus dem Martyrium: *Die Enthauptung des Hl. Paulus* und *Die Kreuzigung des Hl. Petrus*. Bei der Komposition der ersten Szene griff der Künstler vermutlich auf die Szene mit demselben Thema auf dem *Stefaneschi-Altar* von Giotto zurück, der zu dieser Zeit auf dem Hochaltar von St. Peter aufgestellt war. Die topographische Einbettung der Kreuzigungsszene dagegen basiert auf den Darstellungen der *Mirabilia urbis* mit exakten oder phantastischen Rekonstruktionen antiker Monumente und existierender Bauwerke. Die zwischen die Hauptreliefs eingefügten vier Flachreliefs schildern Szenen zur Verherrlichung des Pontifikats Eugens IV.: *Die Seereise des Johannes VI. Palaiologus nach Italien und sein Empfang durch den Papst; Die Zusammenkunft des Florentiner Konzils; Die Abreise der Griechen aus Venedig; Die Krönung Kaiser Sigismunds; Der Zug des Kaisers mit dem Papst durch Rom; Der Abt Andreas des Klosters St. Antonius in Ägypten*, der in Florenz vom Papst das Dekret über die Vereinigung von Ost- und Westkirche erhält, und schließlich, am Ende der chronologischen Abfolge, *Der Abt bei den Apostelgräbern* von 1441.

Gegenüberliegende Seite:
Auf dem zwischen 1439 und 1445 entstandenen Bronzeportal gelang es Antonio Filarete, christliche Ikonographie mit antiken dekorativen Motiven und einem dokumentarischen Bericht zum bedeutendsten kirchenpolitischen Ereignis der damaligen Zeit, dem Konzil in Florenz, zu einer neuen Einheit zu verschmelzen.

Teile des von Isaia da Pisa 1447 geschaffenen Grabmal des Kardinal Antonio Martines de Chaves. *Die im 17. Jahrhundert noch erhaltenen Teile dieses skulpturalen Ensembles wie die Liegefigur des Verstorbenen, die Darstellung der Muttergottes sowie die Personifikationen theologischer Tugenden wurden von Borromini im Zuge der von ihm geleiteten Umgestaltung der Lateranbasilika in einen neu konzipierten architektonischen Rahmen eingebettet.*

Das Interesse Filaretes an der Antike und seine künstlerische Schulung zeigen sich in den mythologischen Darstellungen des umlaufenden Frieses: Mythologische Erzählungen des Ovid, von Livius überlieferte Begebenheiten aus der römischen Geschichte und von den *Eklogen* Vergils inspirierte Themen finden sich zwischen Akanthusvoluten mit Medaillons, auf denen die Profilbildnisse römischer Kaiser zu erkennen sind, die wiederum von Münzen oder Handschriften wie der 1320 illustrierten *Historia imperialis* von Giovanni de Matociis übernommen wurden. In ihrer Gesamtheit entsprechen diese Bronzereliefs den Marginalia der Handschriften, welche die Glorifizierung Roms und der Kirche, des Papsttums und der Märtyrer als überzeitliches Kontinuum vom antiken Mythos bis in die jüngste Geschichte begreifen.

Die Formensprache Donatellos wird zum Teil von Isaia da Pisa, dem Sohn des Bildhauers Pippo di Gante da Pisa, übernommen, der bereits zur Zeit des Brancacci-Monuments die Bekanntschaft Donatellos machte und der aufgrund einiger bedeutender Auftragswerke mit der Familie von Eugen IV. in Verbindung stand. Belege für das Wirken Isaias, der möglicherweise bereits in den 30er Jahren nach Rom gekommen war, existieren für die Zeit zwischen 1447 und 1464; 1448 übernahm er den bedeutenden Auftrag, das *Grabmal für Kardinal Antonio Martino Chiavez* (1447 gestorben) in San Giovanni in Laterano zu errichten, mit dem zunächst Filarete beauftragt gewesen war. Dieser fertigte womöglich noch die Pläne an, bevor er 1448 aus der Stadt floh, nachdem man ihn fälschlicherweise eines Reliquienraubs beschuldigt hatte. Das Grabmal, das zunächst abgetragen und nach dem Heiligen Jahr 1650 von Borromini wieder aufgebaut worden war, zeigt ausgesprochen differenzierte Bezüge zu Donatello und zur Antike. Ein anderes seiner Werke, das zwischen 1447 und 1453 entstand, ist das in St. Peter errichtete *Grabmal für Eugen IV.*, das später in die Kirche San Salvatore in Lauro verlegt wurde. Als sein vollkommenstes Werk gilt die Anfang der 50er Jahre entstandene *Muttergottes auf dem Thron zwischen den Heiligen Petrus und Paulus mit Stiftern*; in jüngster Zeit hat man die Figuren der Stifter mit Papst Eugen IV. und dem Neffen des Papstes, Kardinal Pietro Barbo, identifiziert.

Paolo Romano

Die obsessive Leidenschaft für Kirchenbauten, der sich Nikolaus V. zu Lebzeiten hingegeben hatte, sollte ihn in bestimmter Weise auch über den Tod hinaus verfolgen. Tatsächlich war es die „Baustelle" Peterskirche, die seinen Leichnam nicht zur Ruhe kommen ließ. Er wurde dort begraben, und nach der Aussage des Kanonikers Tiberio Alfarani da Gerace, in dessen Auftrag 1571 ein exakter Plan der Basilika erstellt wurde, wurde das Grabmal 1506–1513, während des Pontifikats Julius' II., ausgeführt; 1576 wechselte das „vortreffliche Marmorgrab" seinen Platz, weil ein Teil der alten Basilika niedergerissen wurde. Der Bologneser Notar Giacomo Grimani erwähnt schließlich in seiner äußerst genauen Beschreibung der Basilika von 1619 die Exhumierung des Leichnams von Nikolaus V. am 11. September 1606.

Relief vom Grabmal Papst Pius' II. *Dargestellt ist die Übergabe der Kopfreliquie des Apostels Andreas. Diese Begebenheit war eines der zentralen Ereignisse während des Pontifikats des Piccolomini-Papstes. Die Ausführung dieses Reliefs wird dem sogenannten Meister Pius' II., einem im Umkreis Paolo Romanos tätigen Künstler, zugeschrieben. Rom, San Andrea della Valle*

Von diesem ehemals mehr als sechs Meter hohen Wandgrab befinden sich heute in den Vatikanischen Grotten ein Teil des Giebels mit zwei fliegenden Engeln, die seitlichen Pilaster unter den Nischen mit den muschelförmigen Kalotten und den dazugehörigen Apostelfiguren, die liegende Figur des Papstes und eine in Versen abgefaßte Inschrift von Enea Silvio Piccolomini. Der Name des Künstlers ist nicht bekannt, doch handelt es sich mit großer Wahrscheinlichkeit um ein Frühwerk

Gesamtansicht des unter der künstlerischen Leitung Paolo Romanos geschaffenen Grabmonuments Papst Pius' II., *das im Jahre 1614 aus St. Peter in die Kirche San Andrea della Valle überführt wurde. Oberhalb der untersten Ebene mit dem Epitaph wurde das Relief mit der Übergabe der Andreas-Reliquie angeordnet. Das Relief über der zentralen Gisantfigur des Papstes zeigt die Apostelfürsten, die den Papst und den Kardinal Piccolomini der Muttergottes anempfehlen. Die seitlich rahmenden Nischenfiguren stellen die Tugenden des Verstorbenen dar.*

von Paolo Romano. Dafür sprechen die stilistischen Bezüge zur antiken Bildhauerei und die Ähnlichkeit mit einem gesicherten Werk Romanos, dem *Grabmal für Papst Pius II.* Paolo Romano war bereits 1451 an den Arbeiten am Kapitolspalast beteiligt und arbeitete 1452 an den von Nikolaus V. in Auftrag gegebenen Kapellen des Ponte Sant'Angelo mit. Die Hauptzeit seines Schaffens fiel unter die Pontifikate Pius' II. Piccolomini und Pauls II.: 1461–1462 schuf er für die Eingangsstufen der Peterskirche die Statuen *Der Hl. Petrus* und *Der Hl. Paulus*, die sich heute in der Biblioteca Vaticana befinden. Aus der Zeit nach 1461 stammen die beiden Statuen des Hl. Andreas zu Ehren der Kopfreliquie des Heiligen, die dem Papst im selben Jahr von Thomas Palaiologus, der den Kopf aus Patras überführt hatte, auf der Milvischen Brücke übergeben worden war.

In den *Commentarii* des Papstes Pius II. wird die Zeremonie, bei der die Reliquie übergeben wurde, geschildert. Diese Szene ist auf dem Hochrelief am Grabmal des Papstes, dem letzten Werk des angeblich 1473 verstorbenen Romano, festgehalten. Das von Kardinal Francesco Todeschini in Auftrag gegebene Grabmal, das von der Peterskirche in die Kirche San Andrea della Valle umgesetzt wurde, ist das Werk verschiedener Bildhauer, unter ihnen ein als Meister Pius' II. bezeichneter Künstler. Der Entwurf des Wandgrabmals mit drei Ordnungen und drei muschelförmigen Nischen auf jeder Seite wird Paolo Romano zugeschrieben; von ihm stammen möglicherweise auch die unvollendet gebliebene Figur des liegenden Papstes und das obere Relief mit den Heiligen Petrus und Paulus, die den Papst und den Kardinal der Jungfrau anempfehlen. Das zentrale Relief dagegen mit der *Übergabe der Andreas-Reliquie* und den Darstellungen der Tugenden in den Seitennischen gilt als Werk des Meisters Pius'; sein Stil ist von Paolo Romano geprägt sowie von dem aus Arezzo stammenden Bildhauer Mino da Fiesole, der seine künstlerische Ausbildung in der Werkstatt des Rossellino erhielt. Mino da Fiesole war bereits zur Zeit Nikolaus' V. 1453–1455 in Rom, was ein signiertes und auf 1454 datiertes Werk – die *Büste des Niccolò Strozzi*, die sich heute in der Skulpturensammlung in Berlin befindet – belegt. Sein längster Romaufenthalt fiel in die Zeit vor 1461, dem Jahr der Fertigstellung des Ziboriums für Santa Maria Maggiore. Das heute abgetragene Monument entstand im Auftrag von Kardinal Guglielmo D'Estouteville, für den Fiesole auch einen dem Hl. Hieronymus geweihten Altar, von dem vier Reliefs im Museum des Palazzo Venezia aufbewahrt werden, ausführte.

Toskanische und lombardische Werkstätten

Möglicherweise aus Anlaß des Heiligen Jahrs 1475 ließ Sixtus IV. das damalige Ziborium der Peterskirche umgestalten. Es befand sich seit der Zeit von Calixtus II. (1119–1124) auf dem Beichtaltar und wurde bereits unter Pius II. überarbeitet. Er ließ mehrere vergoldete Reliefs anbringen: *Die*

Kreuzigung des Hl. Petrus; *Die Enthauptung des Hl. Paulus*, *Die Schlüsselübergabe* und *Die Heilung des Lahmen* sowie *Der Fall des Magiers Simon*. Die Fertigstellung und Anbringung der Reliefs wird zwischen 1471, der Papstkrönung Sixtus' IV., und 1478, dem Todesjahr des Auftraggebers Kardinal Mellini, angenommen. Als Schöpfer der Reliefs gelten ein florentinischer Meister aus dem Umkreis von Antonio Rossellino, der angeblich den gesamten Dekorationsentwurf schuf, und ein römischer, Mino da Fiesole und Paolo Romano nahestehender Künstler. Das ikonographische Programm bezieht sich zweifelsohne auf die alten Darstellungen der Apostelgeschichte in der Peterskirche, die Fresken des vierseitigen Portikus aus dem 13. Jahrhundert und die Darstellungen der

Relief mit der Kreuzigung des Apostels Petrus. Die Darstellung gehört zu dem von Antonio Rossellino 1474 ausgearbeiteten dekorativen Programm des Ziboriums über dem Hauptaltar von Alt-St. Peter, das im Auftrage Sixtus' IV. neugestaltet wurde. Rom, Grotte Vaticane

Gegenüberliegende Seite:
Das von Andrea Bregno 1474 im Auftrage Rodrigo Borgias, des späteren Papstes Alexander VI., geschaffene marmorne Tabernakel für den Hauptaltar der Kirche Santa Maria del Popolo. Seine Architektur dokumentiert einen deutlichen Rekurs auf das Schema antiker Triumphbögen. Im Zuge der Neugestaltung des Altarbereichs durch Bernini wurde das Werk Bregnos in der Sakristei der Kirche neu aufgestellt.

Martyrien am Portal des Filarete; auf kulturgeschichtlicher Ebene dokumentiert dieses Werk das Studium der Antike, und das nicht nur im Hinblick auf den narrativen Stil, sondern beispielsweise auch durch die bei der Darstellung der Haartrachten angewandte Bohrtechnik und die exakt wiedergegebenen Gewänder, für die wohl in erster Linie die Reliefs der Trajans-Säule als Vorbild gedient haben.

Diesem Monument, das als „einzigartiges Pasticcio antiker Stilelemente" bezeichnet wurde, stehen eine Reihe plastischer Werke gegenüber, die hauptsächlich von Bildhauern aus der Lombardei und dem Veneto stammen. Der bedeutendste unter den Lombarden war Andrea Bregno, der Mitte der 1460er Jahre nach Rom kam. Als Freund Jacopo Ripandas und Platinas wurde er von diesen Lorenzo de'Medici empfohlen. Er verfügte über profunde Kenntnisse der Antike, da er durch den Handel mit antiken Kunstwerken eine beachtliche Sammlung mit Stücken wie dem *Sarkophag des Adonis* oder dem *Torso von Belvedere* besaß. Sein

Ausschnitt aus einem Relief des Ziboriums Sixtus' IV. mit der Darstellung einer Gruppe römischer Soldaten. Die kontrapostische Haltung und die historisch getreue Darstellung der Rüstung dieser Figur offenbaren eine intensive Beschäftigung mit den römischen Antiken. Rom, Grotte Vaticane

Detail aus der Enthauptung des Apostels Paulus vom Ziborium Sixtus' IV. Der Ausschnitt illustriert die unterschiedlich erhaben ausgearbeiteten Schichten dieses Reliefs von Antonio Rossellino, die der geschilderten Szene eine besonders intensive Wirkung verleihen. Rom, Grotte Vaticane

bedeutendstes Werk war der Hochaltar für die Kirche Santa Maria del Popolo mit einem gewaltigen architektonischen Aufbau in Form eines großen Triumphbogens. Die Datierung und Signatur brachte Bregno in Erinnerung an einen Todesfall an, der sich während der Arbeit an diesem Werk ereignet hatte: Sein Sohn Marcantonio war im Alter von sieben Jahren gestorben.

Die gewaltigen Ausmaße des Altars einerseits und seine Typologie andererseits waren für die damalige Zeit ungewöhnlich, auch wenn Bregno 1469 bereits einen Vorläufer dieses Werks gefertigt hatte: das von dem Abt Gregorio Amatisco in Auftrag gegebene Ziborium zur Aufbewahrung von Weihrauch für San Gregorio al Celio, das nach dem Muster des Konstantins-Bogens als Triumphbogen konzipiert wurde. Eine klare, perspektivische Darstellung dient als Bekrönung des Ziboriums; zu sehen ist Papst Gregor der Große bei der Pestprozession von 590, als ihm der Erzengel Michael über dem Mausoleum des Hadrian erscheint. Und gerade an der perspektivisch perfekt wiedergegebenen Miniatur des römischen Monuments zeigt sich seine Kenntnis der zur damaligen Zeit fortschrittlichsten Architekturtheorien. Den Triumphbogen am Altar von Santa Maria del Popolo konzipierte Bregno fast wie eine Ikonostase. Besonders erwähnenswert ist unter den zahlreichen typologischen Neuheiten des Altars das Motiv der nach oben offenen Muschel im Wechsel mit der nach unten offenen Muschel. Diese Variation wiederholt sich in der Muschelapsis der Kirche, die für ein Werk Bramantes gehalten wird; gerade aber wegen des offensichtlichen Bezugs zu Bregno existiert die Vermutung, daß die Muschelapsis bereits vorhanden war und von Bramante später lediglich modernisiert wurde.

Bregno führte beachtliche Neuerungen in die bildende Kunst Roms ein, nicht nur mit seinen Werken für Santa Maria del Popolo. Bereits am *D'Albret-Grabmal* in Santa Maria in Aracoeli, das laut Inschrift 1465 entstand, und an dem späteren *Coetivy-Grabmal* in Santa Prassede wird durch die Einfachheit der bildhauerischen Konzeption und die Ausgewogenheit des architektonischen Rahmenwerks ein hohes Maß bis dahin ungewohnter, klassischer Harmonie erreicht. Die Gliederung des *D'Albret-Grabmals* wiederholt sich in der Folge an dem *Grabmal des Kardinals Domenico Capranica* (um 1470) und am *Grabmal des Kardinals Giovanni de Coca* (um 1477) in Santa Maria sopra Minerva mit dem von zwei Doppelpilastern getragenen Architrav unter einem muschelförmigen Giebel; dieses typisch lombardische Schema wird am *Grabmal des Kardinals Pietro Riario* (um 1477) in Santi Apostoli durch Nischen in den Pilastern und einen Tympanon erweitert. Weitaus klassischer ist die Bogenform mit dem Lünettenfeld am *Grabmal für Cristoforo Della Rovere* in Santa Maria del Popolo (um 1478), das der

Bruder Domenico Della Rovere errichten ließ. Zu eben dieser Zeit hielt sich Mino da Fiesole in der Bauhütte von Santa Maria del Popolo auf, weshalb man annimmt, daß das Della-Rovere-Grabmal vollständig von dem toskanischen Bildhauer geschaffen wurde, während Bregno, wie zuvor schon bei der Cappella Cybo, der Cappella Basso und der Cappella Della Rovere, auch in diesem Fall mit der Gesamtkonzeption der Kapelle beschäftigt war. Die Raumkonzeption dieser Kapellen beruht auf dem Prinzip des canditus ornatus, d. h. der Klarheit und der Ausgewogenheit der einzelnen Bauglieder, und auf der Akzentuierung des die Fresken rahmenden Skulpturenschmucks.

Die Formensprache von Andrea Bregno findet sich in diesen Jahren auch in den Werken des hochgebildeten Giovanni da Traù, auch Giovanni Dalmata genannt, der am Ende der 1460er Jahre nach Rom kam. Außerhalb von Rom arbeitete er völlig autonom, während seine römischen Werke in Zusammenarbeit mit Bregno und, vor allem in den 70er Jahren, mit Mino da Fiesole entstanden. Die beiden Künstler schufen um 1476 das Tabernakel von San Marco und das Werk, das nach Vasari „zur damaligen Zeit als das prächtigste Grabmal mit Ornamenten und Skulpturen galt, das je für einen Papst gebaut wurde". Gemeint ist das *Grabdenkmal für Paul II.*, das Kardinal Marco Barbo möglicherweise noch vor 1472 in Auftrag gegeben hatte und das, wie aus einer Inschrift hervorgeht, bereits 1477 vollendet war. Diese Grabanlage wurde während der Arbeiten Bramantes in der Peterskirche abgetragen, 1574 wieder aufgebaut, nach 1607 erneut zerlegt und daraufhin auf die Vatikanischen Grotten und die Peterskirche verteilt. Die zwei Ornamente am Sockel des Grabmals schmückten ab 1616 das kleine Gartenhaus der Villa Borghese; nach dem Ankauf durch Napoleon, den Schwager von Camillo Borghese, kamen die zwei Marmorblöcke 1808 in den Louvre, wo sie bis heute aufbewahrt werden. Die ursprüngliche Anlage des über zehn Meter hohen und mehr als fünf Meter breiten Monuments ist durch mehrere Zeichnungen bekannt, unter denen sich auch eine sehr genaue Skizze von Giovanni Antonio Dosio befindet. Die zwei Meister signierten das Werk an den beiden Darstellungen der Tugenden: Mino da Fiesole schuf *Die Liebe* und Giovanni Dalmata *Die Hoffnung*. Der komplette architektonische Aufbau des Grabdenkmals wird Dalmata zugeschrieben; Bregno wandte sich nämlich zuerst an den ebenfalls aus dem Veneto stammenden Künstler, bevor er nach 1474 – womöglich wegen der Dringlichkeit, das komplexe Werk in kurzer Zeit fertigzustellen – auch Mino da Fiesole in das Projekt einbezog. Von dem toskanischen Künstler stammen die Statuen *Die Liebe* und *Der Glaube*, *Der Sündenfall*, *Die Evangelisten Johannes und Lukas*, die Engel des obersten Bogenlaufs und die Seraphim der Gebälkzone; Dalmatas Werk sind *Die Hoffnung*, die liegende *Figur Pauls II.*, *Die Erschaffung Evas*, das Relief mit der *Auferstehung*, *Der Segnende Christus*, die zwei Engel mit dem Christusmonogramm an dem Grabmal, *Die Evangelisten Markus und Matthäus* und die vier Engel rechts des Bogens.

Das 1465 entstandene Grabmonument des Kardinals D'Albret *in Santa Maria in Aracoeli ist das früheste römische Werk Andrea Bregnos. Der dreistufige Aufbau symbolisiert den irdischen Bereich, die Grabkammer sowie die himmlische Sphäre.*

Mit Beginn der 80er Jahre verloren sich die beiden nordischen Tendenzen, die die römische Bildhauerei im vorangegangenen Jahrzehnt geprägt hatten: Andrea Bregno verließ Rom zwischen 1481 und 1485, da er für Kardinal Francesco Piccolomini, den Neffen Pius' II., im Dom von Siena mit der Errichtung des *Piccolomini-Altars* beschäftigt war. Dalmata, der bereits 1481, möglicherweise auf Wunsch Kardinal Barbos, nach Ungarn gegangen war, begab sich 1485 erneut an den Hof von Matthias Corvinus, wo er zum Hofbildhauer ernannt wurde; sein künstlerisches Schaffen in Italien, im Gebiet zwischen Venedig und den Marken, sollte er erst zu Beginn des 16. Jahrhunderts wieder fortführen. Dalmatas letztes bekanntes Werk ist das 1509 signierte *Grabmal für Girolamo Giannelli* im Dom von Ancona.

Bregno kehrte 1485 nach Rom zurück und nahm erneut seine Tätigkeit in der Bauhütte von Santa Maria del Popolo auf, in der immer noch eine Reihe bedeutender Künstler am Werk war. In Siena hatte er mit Luigi di Giovanpietro Capponi zusammengearbeitet, dessen Wirken in Rom ab 1485 über etwa zehn Jahre hinweg dokumentiert ist; seinen in Padua geschulten Stil kennzeichneten eine Vorliebe für Detailschilderungen und die expressiven Ausdrucksmittel. 1485 erhielt er den Auftrag für das *Grabdenkmal von Francesco Brusati* in San Clemente und im folgenden Jahr für die Altartafel *Der gekreuzigte Christus zwischen der Jungfrau Maria und dem Hl. Johannes*, die sich heute in der Sakristei von Santa Maria della Consolazione befindet. Bemerkenswert ist auch die kleine Altartafel mit Szenen aus der Legende des Hl. Gregor des Großen in San Gregorio al Celio (um 1490).

Das Grabdenkmal für den 1484 verstorbenen Sixtus IV. wurde nicht von Andrea Bregno, dem bevorzugten Bildhauer der Della Rovere, der zu dieser Zeit in Siena beschäftigt war, errichtet, sondern von den noch im selben Jahr nach Rom gerufenen Brüdern Antonio und Piero Pollaiuolo. Sie schufen in Rom zwei Grabanlagen: zum einen das *Grabmal für Sixtus IV.*, das bei Antonio Bregano vom Neffen des Papstes, dem Kardinal Giuliano Della Rovere und späteren Julius II., in Auftrag gegeben wurde und 1493 vollendet war, und zum anderen das *Grabmal für Innozenz VIII.*, das von

Marmoraltar in der Sakristei von San Marco, eine Gemeinschaftsarbeit von Mino da Fiesole und Giovanni Dalmata aus dem Jahre 1474. Dalmata werden die Engelsfiguren und die Reliefs mit den Darstellungen Melchisedeks mit Abraham sowie des Betrugs Jakobs zugeschrieben.

Grabmonument der Kardinäle Cristoforo und Domenico Della Rovere *in Santa Maria del Popolo. Dieses Werk entstand durch die Zusammenarbeit Andrea Bregnos mit Mino da Fiesole. Letzterer gilt als Schöpfer des Reliefs mit der Darstellung der Muttergottes.*

Gegenüberliegende Seite:
Michelangelos berühmte Pietà *entstand als Auftragsarbeit für die Grabkapelle des Kardinals Jean Villier de la Grolaine zwischen 1498 und 1500. Es gelang Michelangelo, das nördlich der Alpen verbreitete Motiv der Muttergottes, die ihren toten Sohn betrauert, in eine neue heroische Stillage zu überführen.*

Das von Antonio und Piero Pollaiuolo zwischen 1484 und 1493 geschaffene Bronzegrabmal Papst Sixtus' IV. *ist eines der bedeutendsten plastischen Leistungen des 15. Jahrhunderts. Um die Platte mit der Liegefigur wurden auf einer niedrigeren Ebene die Darstellungen von sieben Tugenden angebracht. Den konkav abfallend geformten Sockel zieren die zehn Reliefs mit den Allegorien der freien Künste. Rom, Grotte Vaticane*

dessen Neffen, Kardinal Lorenzo Cibo, in Auftrag gegeben worden war und vor dem Papstbegräbnis am 30. Januar 1498 vollendet wurde. Wenig später, am 4. Februar, starb Antonio Pollaiuolo; zusammen mit seinem bereits 1496 verstorbenen Bruder wurde er in San Pietro in Vincoli, der Titularkirche von Giuliano Della Rovere, begraben.

Das *Grabdenkmal für Sixtus IV.* verschlang, wie Vasari berichtet, „riesige Summen"; das Bronzemonument des erhöhten Bodengrabs ist ein herausragendes Werk, das allein schon die Lobeshymne an Pollaiuolo rechtfertigt, die Benvenuto Cellini in seinem *Trattato di Oreficeria* (*Traktat über die Goldschmiedekunst*) von 1568 anstimmte. Um das Abbild des Toten herum sind Darstellungen der Göttlichen Tugenden und der Kardinalstugenden gruppiert, während sich am Sockel die Personifikationen der freien Künste befinden.

Michelangelo Buonarroti

1496 ließ Kardinal Raffaele Riario, ein leidenschaftlicher Verehrer der Antike, den jungen Michelangelo nach Rom kommen. Seine Kunstsammlung gehörte zu den wertvollsten in Rom, und im Hof seiner Residenz, des Palazzo della Cancelleria, standen einige der größten Statuen. Im Palazzo selbst standen kleinere Statuen, darunter auch ein *Schlafender Cupido*, den Michelangelo 1496 geschaffen hatte; er war von einem Kunsthändler kurzerhand für antik erklärt worden und als archäologisches Fundstück an Kardinal Riario verkauft worden. Durch diese Episode als exzellenter Interpret der Antike ausgewiesen, standen Michelangelo bei dem Kardinal alle Möglichkeiten offen. Der später vom Kardinal als nicht antik erkannte *Cupido* ging 1502 in den Besitz von Isabella d'Este über, ist aber nicht mehr erhalten.

Riario interessierte sich auch für den *Bacchus*, der sich heute im Bargello in Florenz befindet. Die Statue wurde jedoch kurz nach ihrer Vollendung im Jahre 1497 aus der Sammlung des Kardinals entfernt und ging an den Bankier Galli, der sie im Garten seines Hauses bei San Lorenzo in Damaso aufstellen ließ. Die lebensgroße, in leicht gewundener Haltung und einer fragilen Balance auf einem unregelmäßigen Sockel stehende Plastik des jungen, betrunkenen Bacchus mit Traubengirlanden und dem kleinen Satyr entsprach sicher nicht den Regeln der klassischen, von Riario bewunderten Modelle, doch zeigt sich am *Bacchus* Michelangelos persönliche Interpretation der Antike.

Die Figurengruppe der *Pietà* wurde im Auftrag von Kardinal Bilhères de Lagraulas, dem Abt von San Dionigi und Gesandten Karls VIII. bei Alexander VI., 1499 vollendet und in der Cappella di Santa Petronilla aufgestellt; von dort 1517 entfernt, wurde sie schließlich 1749 an ihrem heutigen Standort im Petersdom aufgestellt. Es hat den Anschein, als sei Michelangelo mit dieser Figurengruppe erneut den florentinischen Regeln der Ausgewogenheit und Harmonie gefolgt, die er durch lebhafte Modellierung und Plastizität, formale Perfektion und kunstvoll gestaltete Gesten zu erreichen suchte.

Der ikonographisch der Bildhauerkunst des Nordens nahestehende Typus der Muttergottes mit dem toten Christus auf dem Schoß findet sich auch in der Malerei, und zwar in einem Werk von Perugino aus dem Jahr 1495 und zwei Gemälden von Sandro Botticelli, in denen das Leiden der Maria jedoch wesentlich expressiver gestaltet ist. Michelangelos Darstellung der Muttergottes als junge Frau scheint durch das Gebet des Hl. Bernhard im Paradies von Dante Alighieris *Göttlicher Komödie* angeregt, in dem es heißt: „Tochter deines Sohnes".

Gioia Mori

Die römische Malerei im 15. Jahrhundert

Der Bildausschnitt zeigt die Jungfrau Maria aus der Verkündigung an Maria *von Masolino. Rom, San Clemente, Cappella Branda Castiglioni*

Der Disput der Hl. Katharina von Alexandrien mit den Philosophen vor dem Kaiser *von Masolino. San Clemente, Cappella Branda Castiglioni*

Künstlerischer Neubeginn – Das Brancacci-Tabernakel

Der durch das Fehlen bedeutender Aufträge vernachlässigten Malerei fehlte zu Beginn des 15. Jahrhunderts die treibende Kraft, die andernorts zur Gründung der großen Malerschulen führte.

Eine Ausnahme unter den vereinzelten Werken aus den ersten beiden Jahrzehnten des 15. Jahrhunderts, in denen im übrigen nur wenige Gemälde im Stil von Andachtsbildern und uninspirierte Wiederholungen umbrischer, toskanischer und süditalienischer Stilelemente entstanden, bildet das Brancacci-Tabernakel in der Kirche Santa Maria in Trastevere. Das Werk war von Kardinal Rainaldo Brancacci zur feierlichen Erinnerung an die Überlassung der Kirche als Pfründe durch Innozenz VII. möglicherweise bei einem Florentiner Künstler in Auftrag gegeben worden. Ein anderes bedeutendes Werk aus dieser Epoche ist ein Freskenzyklus in San Sisto Vecchio mit einigen Heiligen aus dem Dominikanerorden neben einer groß angelegten Szene, in der mehrere Begebenheiten aus dem Leben der Hl. Katharina von Siena in einem einzigen Bildfeld dargestellt sind. Das dort abgebildete Wappen wurde als das der Familie Sant' Eustachio identifiziert, die mit dem Kloster von San Sisto in engem Kontakt stand, da in San Sisto die für eine klösterliche Laufbahn bestimmten Frauen der Familie aufgenommen wurden. Die thematische Wahl wird mit der Heiligsprechung Katharinas in Verbindung gebracht, worüber 1411 definitiv entschieden wurde, so daß man die Fresken auf das zweite Jahrzehnt des 15. Jahrhunderts datiert. Auch in diesem Fall wandte sich der Auftraggeber nicht an einen der ansässigen Künstler, sondern an einen Maler, der, vermittelt durch Neapel, mit der sienesischen Kultur vertraut war.

Zeitlich nicht gesichert sind die Dekorationsfragmente des Tympanons über dem Apsisbogen von San Clemente mit Ornamenten und zwei Engelsgruppen mit Flügeln aus Pfauenfedern und einer Blütenkrone. Das Werk stammt vermutlich aus der Zeit, als die gegen Ende des 14. Jahrhunderts verfallene Basilika zu neuem Leben erwachte. Die Klosteranlage wurde 1403/1404 den Ambrosianern übergeben, und nach der Abschaffung der Kollegiatskapitel gingen auch deren Pfründen auf die Ambrosianer über, die von diesem Zeitpunkt an zudem die Leitung der Kirchenbauarbeiten übernahmen. Dieser Umstand legt nahe, daß die Dekorationen auf die 20er Jahre des 15. Jahrhunderts zurückgehen. Sie wurden von einer Künstlerwerkstatt aus den Abruzzen ausgeführt, die stilistisch dem spätgotischen Stil von Loreto Aprutino nahestand.

Gentile da Fabriano und Pisanello, Masaccio und Masolino

1423 rief Martin V. zur Festigung der Rolle Roms als Zentrum des Christentums ein außerordentliches Heiliges Jahr aus und bestellte aus diesem Anlaß zahlreiche Kunstwerke. Der künstlerischen Stagnation der römischen Werkstätten begegnete er, indem er Künstler aus Florenz und den Marken wie Gentile da Fabriano und Arcangelo di Cola da Camerino nach Rom kommen ließ.

Gentile da Fabriano betraute er mit dem größten Auftrag in San Giovanni in Laterano. Der Papst war 1418 in Brescia mit dem Künstler zusammengetroffen, als dieser mit den Dekorationen des Broletto beschäftigt war. Außerdem besaß er ein Tafelbild von dessen Hand, das Sigismondo Malatesta ihm geschenkt hatte, das heute jedoch verloren ist. Martin V. legte besonderen Wert auf die Restaurierung der Lateranbasilika, deren Erzpriester er gewesen war und in der er sich auch begraben ließ. Während seines Pontifikats hatte er diese Basilika unter die Aufsicht seines Neffen Prospero di Marcantonio Colonna gestellt. Als erstes ließ dieser, vermutlich 1425, aus Anlaß der 1100-Jahrfeier der Konstantinsbasilika den Dachstuhl erneuern; im Juli desselben Jahres begannen die

Vorbereitungen für die Erneuerung des Bodens im Mittelschiff. Man verwendete dafür wertvollen Marmor antiker Monumente und schmückte ihn mit dem Wappen der Colonna. Außerdem sorgte er dafür, daß der Kanonikerchor vom Zentrum des Mittelschiffs, wo später sein Grabdenkmal stehen sollte, entfernt wurde. Ab 1426 ist von der Bereitstellung von Geldern für die Fresken die Rede.

Der Freskenzyklus von Gentile da Fabriano, der bei den unter dem Architekten Borromini durchgeführten Umbauarbeiten der Basilika anläßlich des Heiligen Jahres 1650 zerstört wurde, war beeindruckend. Einigen Berechnungen zufolge bestand er aus 16 Bildfeldern von je etwa vier Metern Seitenlänge. Erhalten blieben von dieser großräumigen Bilddekoration lediglich ein Fragment sowie einige graphische Dokumente, darunter eine Zeichnung von Borromini selbst, aus der der komplexe Aufbau des Bildzyklus ersichtlich wird. Über den Szenen aus der Legende Johannes' des Täufers verlief ein Fries, in dem sich Halbfiguren mit Schriftrollen in gotischen Tabernakeln mit gemalten Stoffdraperien abwechselten. Zwischen den acht Fenstern befand sich eine illusionistisch gemalte, durchbrochene Trennwand. Die monumentale Figur des Propheten in einer gemalten Nische erweckte durch die Anwendung der in Flandern gebräuchlichen Grisailletechnik den Eindruck, als sei sie aus Marmor. Dem Bildzyklus der Lateranbasilika werden auch zwei Pisanello zugeschriebene Feder- und Silbernadelzeichnungen mit Episoden aus dem Leben des Täufers zugeordnet, bei denen es sich möglicherweise um Reproduktionen von zwei Gemälden Gentile da Fabrianos handelt: *Die Taufe Christi* und *Die Gefangennahme Johannes' des Täufers*. Bei dem abgenommenen Fresko handelt es sich wohl um ein Fragment der Dekorationen oberhalb der Bildfelder, das vermutlich die Büste des David zeigt; es wird heute in der Biblioteca Apostolica Vaticana aufbewahrt. Nicht gespart wurde bei der Verwendung von Lapislazuli, von dem zahlreiche zeitgenössische Reisende voller Bewunderung berichten, und auch Vasari rühmte den von Gentile da Fabriano verwendeten Farbton als „eine Art Ultramarinblau, das ihm der Papst geschenkt hat und das so schön und intensiv ist, wie man es bis jetzt noch nicht gesehen hat".

Gentile da Fabriano starb zwischen August und Oktober 1428 und ließ den Zyklus unvollendet zurück. Mit der Vollendung des Werks beauftragte Eugen IV. Pisanello, dessen Anwesenheit in Rom für die Zeit von April 1431 bis März 1432 dokumentiert ist. Der aus Venedig stammende Papst kannte Pisanellos Kunst, da dieser zuvor bereits in Venedig einen von Gentile da Fabriano begonnenen Zyklus mit der Episode des Kriegs zwischen Kaiser Friedrich I. Barbarossa und Papst Alexander III. in der Sala del Maggior Consiglio (Saal des Höchsten Rats) des Dogenpalastes vervollständigt hatte. Auch von Pisanellos Werk in San Giovanni in Laterano sind nur einige Zeichnungen mit Szenen aus der Legende Johannes' des Täufers erhalten. Wie durch Paolo Giovio bekannt ist, waren sowohl die Nord- als auch die Südwand bemalt. Den Szenen aus dem Leben des Täufers standen solche aus dem Leben des Evangelisten gegenüber, letztere vollständig von Pisanello und seiner Werkstatt ausgeführt.

Während seines Romaufenthalts wurde Pisanello mit Aufträgen überhäuft. So beispielsweise für das inzwischen verlorengegangene Tafelbild der Lateranbasilika *Martin V. zwischen zehn Kardinälen*, das vermutlich in Erinnerung an die Wahl neuer Kardinäle vom 24. Mai 1426 in Auftrag gegeben wurde und mit dem in Rom die Gattung der Porträtmalerei öffentlicher Würdenträger begründet wurde. Des weiteren malte Pisanello ein Tafelbild *Muttergottes mit Kind* in Temperafarbe für die Kirche Santi Cosma e Damiano, das 1633 nach Velletri kam; der Auftrag für dieses Werk

Das Martyrium der Hl. Katharina von Alexandrien. *Das für die Hinrichtung Katharinas vorgesehene Rad wurde durch göttliche Beihilfe zerstört, worauf es zur Enthauptung der Heiligen kam. Szene aus der von Masolino di Panicale um 1428 gemalten Vita der Heiligen in der Branda-Castiglioni-Kapelle in San Clemente*

Gegenüberliegende Seite: *Kreuzigungsdarstellung von der Stirnwand der Branda-Castiglioni-Kapelle in San Clemente. Die Fresken, die Masolino unter Beteiligung anderer Maler – darunter möglicherweise auch Masaccio – zwischen 1428 und 1430 ausführte, zeigen Szenen aus dem Leben der Hl. Katharina von Alexandrien und des Kirchenvaters Ambrosius. Sie markieren eine wichtige Entwicklungsstufe der Renaissancemalerei in Rom.*

wurde mit den Jubiläumsfeiern zum 900jährigen Bestehen der Kirche (zur Zeit von Felix IV.) in Verbindung gebracht. Als Auftraggeber gilt Arcidino della Porta, Bischof von Novara, und einer der im Mai 1426 von der römischen Kirche ernannten Kardinäle. Ebenfalls von Pisanello stammt die nicht erhaltene *Muttergottes mit dem Kind zwischen den Heiligen Benedikt und Joseph* in der Lünette über dem Grabmal des Kardinals Adimari in Santa Maria Nova, die, nach Vasari, „vom göttlichen Michelangelo hochgeschätzt" wurde.

Der erste Auftrag von Oddone Colonna ging an einen Florentiner Künstler. Bei seinem Florenzaufenthalt 1419 gab der Papst bei Lorenzo Ghiberti eine Mitra aus Gold mit acht Engelsfiguren und einen Knopf für einen Chormantel aus getriebenem Gold in Auftrag, die der Künstler auch in seinen *Commentari* beschrieben hat. Der kostbare, mit verschiedenen Figuren – darunter der leidende Christus – besetzte Knopf steht möglicherweise in Zusammenhang mit dem Knopf, der den wertvollen Chormantel des Hl. Martin von Tours zusammenhält, der im *Schnee-Triptychon* die Gesichtszüge von Martin V. zeigt. Die Entwürfe für dieses Triptychon entstanden vermutlich 1423 anläßlich des Heiligen Jahres und wurden von Masolino und Masaccio umgesetzt; das ursprünglich in Santa Maria Maggiore aufgestellte Werk wurde in der Folge in sechs Tafeln zerlegt, die heute in unterschiedlichen Sammlungen aufbewahrt werden. Das Triptychon ist eine Ruhmeshymne auf Martin V. und die römische Kirche nach dem Konzil von Konstanz.

So ist es kein Zufall, daß der Papst ein Werk für Santa Maria Maggiore wählte, denn die Colonna waren dieser Basilika nachweislich bereits seit dem 13. Jahrhundert verbunden, als im Auftrag der ihrer Familie entstammenden Kardinäle Pietro und Giacomo das Außenmosaik am alten Portikus geschaffen wurde. Das Programm der Holztafeln behandelt die Neugründung der Kirche durch Martin V. und wird als politisches und kulturelles Unterfangen mit der ehemaligen Gründung der Basilika gleichgestellt. Bildlich umgesetzt wird diese Botschaft in der Szene mit dem Schneewunder; sie erzählt von der Gründung von Santa Maria Maggiore durch Papst Liberius an der Stelle, an der im August des Jahres 352 Schnee gefallen war. Auf die Idee der Wiedergeburt verweist die Darstellung des Hl. Hieronymus mit der bei den ersten Worten der Genesis aufgeschlagenen Vulgata und einem kleinen Modell der Kirche. Über dem Ganzen thronen die Insignien von Martin V.; das Emblem – die auf seinen Familiennamen verweisende Säule – hält Johannes der Täufer in seiner Faust. Er erscheint auch als Schmuck am Chormantel des Hl. Martin von Tours.

Masolino und Masaccio schmückten auch die Cappella Branda Castiglioni in San Clemente aus, mit deren Bau wahrscheinlich um 1425 nach der Rückkehr des Kardinals nach Rom, wo er bis 1431 bleiben sollte, begonnen worden war. Die Ausmalung der Kapelle erfolgte vermutlich zwischen 1428 und 1430.

Der Auftraggeber Kardinal Branda Castiglioni war eine der einflußreichsten Persönlichkeiten der Kurie. Der vornehme Diplomat begann seinen Dienst 1401 in Köln bei Kaiser Sigismund. 1404 wurde er Bischof von Piacenza und erhielt 1411 die Kardinalswürde. 1417 gehörte er dem Konklave zur Papstwahl Martins V. an, der den Kardinal in der Folge mit wichtigen Aufträgen betraute. Zwischen 1421 und 1425 reiste er nach Osteuropa, um die dortigen Herrscher gegen die Hussiten zu mobilisieren. Nach dem Tod Martins V. unterstützte der Kardinal 1431 die Ernennung Eugens IV. und nahm auch an der Kaiserkrönung Sigismunds teil; wie Dokumente belegen, befand er sich 1435 gemeinsam mit Eugen IV. im florentinischen Exil. Er starb 1443, wenige Jahre nachdem Masolino den Freskenzyklus im Baptisterium von Castiglione Olona vollendet hatte.

An der Cappella Branda Castiglioni in San Clemente ist an der Außenwand eine Verkündigung und oben im Zentrum das Wappen des Kardinals und Stifters angebracht; die Fensterlaibungen wurden mit Darstellungen der zwölf Apostel geschmückt. Das Kreuzgewölbe im Inneren zeigt die vier Evangelisten neben vier Kirchenlehrern; an der linken Wand sind Szenen aus dem Leben der Hl. Katharina von Alexandrien dargestellt; auf der Wand im Hintergrund ist eine Kreuzigung zu sehen; die rechte Wand ist mit Episoden aus dem Leben des Hl. Ambrosius bemalt. Der Bezug auf die Darstellung der Geschichten des Hl. Ambrosius und der Hl. Katharina hing mit dem Wirken des Auftraggebers zusammen: Ambrosius, Bischof von Mailand und Kirchenlehrer, verbrachte einen Großteil seines Lebens im Kampf gegen den Arianismus, und die für ihre Gelehrsamkeit berühmte Katharina, die Schutzpatronin der Erziehung, genoß bei dem Kardinal großes Ansehen. Zudem verweisen der Kampf der Heiligen gegen die Häretiker und ihre Mission als Überbringerin des Glaubens auf das Vorgehen des Kardinals gegen die Hussiten und sein Leben als Botschafter.

Zwischen 1430 und 1432 malte Masolino den heute verlorenen Zyklus, der unter den Zeitgenossen als einer der größten Bilderzyklen zu einem profanen Thema angesehen wurde. Die Rede ist von dem Freskenschmuck der Sala Theatri im Palazzo des Kardinals Giordano Orsini in Montegiordano, der jedoch bereits 1485 durch einen von den Colonna gelegten Brand zerstört wurde.

Die Tradition der Verehrung antiker Helden und die Anregung zur Tugendhaftigkeit durch ihr Beispiel geht auf die höfische Kunst des 14. Jahrhunderts zurück und hatte ihren Ursprung in der provenzalischen Literatur. In Italien existierten, angefangen von Giottos um 1330 für Robert von

I·N·R·I
BENEDICTVS·TITVLI·S·CLEMENTIS·S·R·E·PRESBI
TER·CARDINALIS·NARO·NOBILISSIMO·GENERE
IN·VRBE·NATVS·DIE·XXVI·IVLJ·1744·POSTQVAM
LITERARVM·AC·SCIENTIARVM·STVDJS·OPERAM
LAVDABILITER·NAVAVERAT·INTER·CANONICOS
SACROSANCTAE·BASILICAE·VATICANAE·FVIT
COOPTATVS·INDE·A·SVMMO·PONTIFICE·PIO·VI·
IN·SACRAM·B·REGIMINIS·CONGREGATIONEM
ADSCITVS·MOX·AD·SACRVM·CONSVLTÆ·TRIBV
NAL·TRANSLATVS·EST·ANNO·VERO·1801·A
PONTIFICE·PIO·VII·S·M·CLERICVS·R·CAMERÆ
SIMVLQVE·RIPARVM·ET·AQVARVM·PRÆSES·RE
NVNCIATVS·NON·MVLTO·POST·ANNO·SCILICE
T·1808·AD·PRÆFECTVRAM·S·PALATJ·APLICI
ASSVMPTVS·EST·DIFFICILLIMIS·ILLIS·TEMPO
RIBVS·AC·RERVM·OMNIVM·PERTVRBATIONE
CVM·NON·DVBIA·RELIGIONIS·ET·STVDJ·ERGA
SVMMVM·PONTIFICEM·LEGITIMVMQVE·IPSIVS
REGIMEN·ARGVMENTA·PRÆBVISSET·AC·PLV
RIES·OBLATA·HONORIS·STIPENDIA·CONSTANT
ISSIME·REIECISSET·AB·EIVSDEM·PONTIFICIS
LATERE·AVVLSVS·PATRJSQVE·LARIBVS·EIECT
VS·GRAVI·LICET·REI·FAMILIARIS·IACTVRA
SVMMA·TAMEN·ANIMI·AEQVABILITATE·EXVLA
VIT·RESTITVTIS·TANDEM·REBVS·VT·SVMMVS
IDEM·PONTIFEX·AD·APLICAM·SEDEM·REVER
SVS·EST·STATIM·SPECTATISSIMVM·OPTIMEQVE
MERITVM·PRÆSVLEM·NARO·AD·EANDEM·S·
PALATJ·PRÆFECTVRAM·ACCIVIT·QVAM·IS·SVM
MA·CVM·LAVDE·TENVIT·AD·ANNVM·VSQVE
1816·QVO·A·LAVDATO·PONTIFICE·PIO·VII·IN
LABORVM·AC·FIDEI·PRÆMIVM·S·PVRPVRA·OR
NATVS·EST·INDE·VERO·A·LEONE·XII·ARCHIP
RESBITER·PATRIARCHALIS·BASILICAE·LIBERIA
NAE·RENVNCIATVS·RECENSITA·HAEC·MVNE

Die Ausmalung der Cappella Nicolina im Vatikan wurde von Fra Angelico und seinen Mitarbeitern, zu denen auch Benozzo Gozzoli gehörte, in den Jahren 1454–1455 ausgeführt. Darin werden Episoden aus den Viten der Heiligen Laurentius und Stephanus geschildert. Links ist dies Die Weihe des Laurentius zum Diakon, *während im oberen Register der gegenüberliegenden Wand die* Predigten des Hl. Stephanus vor dem Volk und vor den Gelehrten *gezeigt werden. Darunter ist* Die Übergabe des Kirchenschatzes an Laurentius und die Verteilung dieser Güter an die Armen *dargestellt. Rom, Palazzi Vaticani, Cappella Nicolina*

Anjou entstandenen Zyklus im Castel Nuovo in Neapel, zahlreiche Bearbeitungen des Themas: vom Zyklus der Sala Virorum des Livianum in Padua, der die Helden der römischen Welt thematisierte, über die Sala Imperatorum des Palazzo Trinci in Foligno und die von Taddeo di Bartolo dargestellten Helden in der Vorkapelle des Palazzo Pubblico von Siena (1414) zu den berühmten Männern und Frauen von Andrea del Castagno in der Villa Carducci-Pandolfini in Legnaia bei Florenz (um 1450) und den Römischen Heroen des Ghirlandaio in der Sala dei Gigli des Palazzo Vecchio in Florenz.

Der Montegiordano-Zyklus war ein höchst geistreiches Projekt und basierte auf einem Programm, das Kardinal Orsini, ein gelehrter Mann und Sammler antiker Schriften, möglicherweise selbst zusammengestellt hatte. Eine Vorstellung von der Pracht dieses Zyklus und den darin abgebildeten Persönlichkeiten vermitteln Zeugnisse aus dieser Zeit. Dieses Werk stellte eine „Weltchronik" beziehungsweise eine anhand der berühmtesten Figuren erzählte Geschichte der Menschheit dar, die der in den mittelalterlichen Kompendien von Eusebius und Isidor von Sevilla erarbeiteten und von Vincent de Beauvais erweiterten Einteilung in sechs Zeitalter folgte.

Seite an Seite mit der Texttradition standen in Montegiordano die politisch-kulturellen Anliegen und Ideen des guelfischen Auftraggebers, des Kardinals Orsini, eines überzeugten Verteidigers des Supremats der Kirche, der auch die Porträts seines Vorfahren Papst Nikolau' III. und Bonifatius' VIII. Caetani malen ließ. An die 300 lebensgroße Figuren schmückten den Saal, dessen Gewölbe die vier Elemente in der Gestalt von Tieren (Chamäleon, Sardine, Salamander und Maulwurf) zeigte. Aufgrund seiner beeindruckenden Größe und Systematik wurde der Zyklus beispielgebend für spätere Bildwerke dieser Art.

Schon bald waren die zum Teil erhaltenen Vorzeichnungen (oder Kopien) des Zyklus in Umlauf. Es existieren heute noch fünf Serien von teilweise vor dem Original erstellten Kopien, von denen nur eine vollständig ist: Es handelt sich hierbei um den auf die Zeit zwischen 1436 und 1442 datierten Kodex des Lombarden Leonardo da Besozzo. Die Vorder- und Rückseite des Kodex besteht aus mit Temperafarben bemalten Blättern mit einer horizontalen Dreiteilung, durch die vermutlich die Einteilung der Wandflächen des großen Saals wiedergegeben werden sollte.

Fra Angelico und Benozzo Gozzoli

Ungeklärt bleibt die Frage nach der Ankunft Fra Angelicos in Rom. Einigen Quellen zufolge ließ ihn Eugen IV. zur Ausschmückung der „majori capella ecclesiae Sancti Petri" kommen, nach Vasari

Folgende Doppelseite:
Die Übergabe des Kirchenschatzes an Laurentius und die Verteilung dieser Güter an die Armen. *Ausschnitt aus dem Dekorationsprogramm Fra Angelicos in der Kapelle Nikolaus' V. Dessen Amtsvorgänger Sixtus II. (257–258) hatte seinem Archidiakon Laurentius vor seiner Hinrichtug den Auftrag erteilt, den Kirchenschatz an Bedürftige zu verteilen. Die Ausführung dieses Auftrags erregte den Zorn Kaiser Valerians, der die Schätze für sich beanspruchte, und schuf die Grundlage für die Anklage und Hinrichtung des Laurentius. Rom, Palazzi Vaticani, Cappella Nicolina*

hingegen kam er auf Wunsch von Nikolaus V., um die Cappella del Sacramento mit „einigen Begebenheiten aus der Vita Christi" und einem Zyklus berühmter Männer auszuschmücken.

Fra Angelico wurden unterschiedliche Arbeiten im Vatikan übertragen; der Auftrag, der ihn am meisten forderte, war die Ausgestaltung des ehemaligen Turmzimmers von Innozenz III., das Nikolaus V. zu seiner Privatkapelle umbauen ließ. Die Fresken zeigen in zwei übereinander angeordneten Bildreihen Begebenheiten aus der Legende des Hl. Stephanus und des Hl. Laurentius; die Rückwand schmückte nach den Beschreibungen Giorgio Vasaris eine ebenfalls von Fra Angelico gemalte *Grablegung*, die heute verloren ist; an den Bogenrippen sind Darstellungen von acht Kirchenlehrern in Ädikulen mit einer gotischen Bekrönung zu sehen und in den Gewölbekappen die Evangelisten. In den Fensterrosetten sind der Christuskopf, Patriarchen- und Prophetenköpfe zu erkennen. Der vermutlich 1448–1449 entstandene Zyklus wird größtenteils Fra Angelico zugeschrieben, der sich bei der Ausführung jedoch durch weitere Künstler unterstützen ließ. Tatsächlich wurden einige Szenen der Legende des Hl. Stephanus als Werk von Benozzo Gozzoli identifiziert.

Der anläßlich des Heiligen Jahres 1450 gemalte Zyklus verdeutlicht den Plan von Nikolaus V., zwischen der klassischen humanistischen Kultur und der christlichen Kultur zu vermitteln. Die Figuren von Angelico werden so zu „Römern" mit der feierlichen und ernsten Aura antiker Helden inmitten einer Architekturkulisse, die das antike Rom wieder auferstehen läßt, und untermauern damit die Überzeugung Nikolaus' V. von der Kontinuität zwischen dem Rom der Kaiser und dem Rom der Päpste.

Die unter Nikolaus V. im Vatikanischen Palast ausgeführten Werke waren beachtlich, doch blieben davon nur einige Fragmente von Malereien erhalten, von denen man nicht mit Sicherheit weiß, von wem und wann sie geschaffen wurden. Zu diesen Arbeiten zählt etwa die Biblioteca Graeca, die jüngsten Forschungen zufolge um 1450 im Erdgeschoß des Palazzo für die Bände der päpstlichen Sammlung eingerichtet wurde. Eine Leidenschaft des Papstes waren nämlich, wie Vespasiano da Bisticci überliefert, außer der Architektur auch lateinische und griechische Schriften, und so berichtet er, daß im Heiligen Jahr „große Summen Geldes an den Papst gingen, der an mehreren Stellen zu bauen begann und von überall her, wo sie zu bekommen waren, griechische und lateinische Bücher kommen ließ, bei denen der Preis keine Rolle spielte". Erhalten blieben von den unter Nikolaus ausgeführten Dekorationen der Bibliothek

Ausschnitt aus der Freskendekoration der Kapelle Nikolaus' V. mit der Schilderung der Verhaftung und Steinigung des Archidiakons Stephanus. *Dieser von den Aposteln durch Handauflegen als erster zum Diakon geweihte Heilige wurde unter dem Vorwurf der Gotteslästerung in Jerusalem gesteinigt. Seine Gebeine wurden einer Legende zufolge im 5. Jahrhundert nach Rom überführt und neben denen des Hl. Laurentius bestattet.*

Triptychon mit der Gottesmutter zwischen Johannes dem Täufer und dem Erzengel Michael. *Dieses 1453 von Leonardo da Roma geschaffene Werk belegt das Weiterleben einer spätgotischen Formensprache in Rom um die Mitte des 15. Jahrhunderts. Rom, San Carlo ai Catinari*

die illusionistische Malerei einer antiken Kolonnade mit Blick auf eine Landschaft sowie die Schlußsteine der Gewölbe mit dem Wappen von Nikolaus V. Diese wurden erst vor kurzem Andrea del Castagno zugeschrieben, nachdem man ihn als den in einer Rechnung von 1454 aufgeführten „Andreino da Firenze pittore“ identifiziert hatte.

Teile von Dekorationen aus dem 15. Jahrhundert finden sich auch in einigen Sälen des Vatikanischen Palastes: im sogenannten Cubiculum, dem Schlafgemach des Papstes, in der Sala del Concistoro (Saal der Kardinalsversammlung), in der Sala del Papagallo (Papageiensaal) sowie in der Sala Vecchia degli Svizzeri (Alter Saal der Schweizergarde). In diesem Saal, der zuvor der Saal der Paramente war und in dem die Kardinäle nach wie vor die liturgischen Gewänder anlegten, befinden sich Reste von Malereien aus dem 15. Jahrhundert mit spielenden Putten bei der Jagd nach Schmetterlingen, beim Reiten auf Schwänen, beim Bogenschießen und beim Musizieren mit dem Dudelsack; aus derselben Zeit stammen vermutlich auch die Darstellungen der Kardinalstugenden als Allegorien der guten Regierung mit den in gotischen Lettern beigefügten Attributen aus den antiken Quellen von Macrobius und Cicero.

Die rege künstlerische Aktivität zur Zeit Nikolaus' V. stand eindeutig unter dem Einfluß des Heiligen Jahres 1450. Wenngleich der überwiegende Teil der Werke verloren ist, bleiben immer noch die Dokumente in den Archiven als Beweis für das erneute Aufblühen der Werkstätten der römischen Künstler. In den Lohnbüchern werden sie als „Palastmaler“, Lieferanten von Zierrat für Zeremonien und „Maler von Heiligenbildern“ aufgeführt. Diese hatten sich auf die angesichts der zahlreichen Pilger höchst einträgliche Reproduktion der Reliquie des Hl. Petrus spezialisiert. Zudem kam eine Reihe von Künstlern aus Umbrien und dem oberen Latium nach Rom, wie Benedetto Buonfigli, Simone da Viterbo, Antonio da Orte und jener Bartolomeo di Tommaso, der sogar vom römischen Senat mit Malereien im Kapitol beauftragt wurde. Die Ankunft von Künstlern aus Umbrien und den Marken führte zur Verbreitung eines im Vergleich zur Malweise der Toskaner archaischen, spätgotischen Stils. Ein Beispiel dafür ist das Triptychon der *Muttergottes mit dem Kind und den Heiligen Johannes d. Täufer und Michael*; das im Auftrag der Familie Catellini für die Kirche Santa Barbara dei Librai gemalte Tafelbild befindet sich heute in San Carlo ai Catinari und zeigt an der Widmungsinschrift die Signatur von Leonardo da Roma mit der Jahreszahl 1453.

Bei der Verbreitung des toskanischen Stils hatte Benozzo Gozzoli in Rom außerordentlichen Erfolg. Er kam 1453 erneut nach Rom und blieb dort bis 1458/59, um dann in Florenz mit der Arbeit an der Kapelle im Palazzo Medici-Riccardi zu beginnen. Er schuf das Fresko *Der Hl. Antonius von Padua mit zwei Stiftern* für die Cappella Albertoni in Santa Maria in Aracoeli. In seiner strengen Komposition erinnert das Werk an die Fresken von Fra Angelico für die Kapelle Nikolaus' V.; es wird seitlich von zwei Engeln und am unteren Bildrand von den Figuren der zwei Stifter eingefaßt. Auf denselben Zeitraum wird das heute Gozzoli zugeschriebene *Banner der Muttergottes mit dem Kind* datiert, das in der Grabkapelle Angelicos in Santa Maria Sopra Minerva aufbewahrt wird. Gozzoli galt bislang auch als Künstler des Freskos der *Madonna mit dem Kind und Engeln*, die Zuschreibung sieht als Urheber dieses Werkes jedoch heute einen Maler seiner Schule, die sich in diesen Jahren in Rom gebildet hatte und deren Stil über lange Zeit Vorbildcharakter behielt.

Benozzo Gozzolis Malweise wurde durch die Übernahme der von Piero della Francesca entwickelten harmonischen Kombination von Form und Farbe überlagert. Das einzige Dokument, das Gozzolis Anwesenheit in Rom belegt, ist eine Entlohnung durch den Schatzmeister des Vatikans im

April 1459, also aus der Zeit von Pius II. Piccolomini, mit einer Zahlung von 150 Florin „für einen Teil seiner Arbeit an bestimmten Malereien, [die] er im Zimmer Unserer Heiligkeit ausführt“. Diese Malereien wurden zerstört, als Raffael mit der Arbeit in der Stanza di Eliodoro begann.

Von Piero della Francesca ist in Rom lediglich ein gesichertes Werk erhalten, und zwar ein Fragment des Freskos *Der Hl. Lukas* in der Cappella di San Michele in Santa Maria Maggiore. Vasari hielt es für ein Werk Benozzo Gozzolis, doch bezeichnenderweise wurde es auch Lorenzo da Viterbo zugeschrieben, der sowohl mit der Malweise und dem anekdotenhaften Erzählstil Gozzolis als auch mit der strengen Räumlichkeit Piero della Francescas vertraut war.

Fresko von Melozzo da Forlì mit der Ernennung des humanistischen Gelehrten Bartolomeo Sacchi, genannt il Platina, zum Präfekten der Biblioteca Vaticana durch Papst Sixtus IV. *Zwischen diesem und dem knienden Platina steht der Neffe des Papstes, der später als Julius II. die Geschicke des Kirchenstaates lenken sollte. Rom, Pinacoteca Vaticana*

Antoniazzo Romano und Melozzo da Forlì

Die von dem Barbo-Papst Paul II. bewohnten Räume des Palazzo Venezia waren vollständig ausgeschmückt, wobei jedoch die Malereien von eher mittelmäßiger Qualität waren. Am aufsehenerregendsten waren sicherlich die Dekorationen der Sala del Mappamondo (Saal der Weltkarte); die große Karte, die dem Saal seinen Namen gab, wird erstmals 1495 im Tagebuch von Giovanni Burcardo, dem Zeremonienmeister Alexanders IV., erwähnt. Vermutlich wurde die Erdhalbkugel nicht direkt auf die Wand gemalt, sondern nach den Vorlagen der Weltkarten der venezianischen Kosmographen Antonio de'Leonardi und Fra' Mauro von Gerolamo Bellavista, dem „geographischen Berater“ des Papstes, zunächst auf Papier oder Pergament ausgeführt und dann in der für Fresken üblichen Weise auf die Wand übertragen.

Unter den Zahlungen der Bauhütte des Palazzo Venezia findet sich eine Entlohnung von 1466 an den „Meister Antonio Benedicti, Maler von Rom“ für die Ausschmückung eines Raumes. Es handelt sich bei diesem Künstler um Antoniazzo Romano, der mehr als vierzig Jahre einer der Protagonisten der Kunstszene war und dessen Stil im Laufe der Zeit durch umbrische und florentinische Einflüsse bereichert wurde. Zudem erzielte er als „Unternehmer“ beachtliche Erfolge, indem er sich mit in Rom kaum bekannten Künstlern zusammenschloß und ihnen wichtige Aufträge sicherte, die er dank seiner führenden Position in Rom leicht beschaffen konnte. Noch gestärkt wurde diese Position, als Antoniazzo 1478 erster Konsul der Akademie (università) für Maler und Miniaturmaler von Rom wurde und sich zusammen mit dem Maler Cola Saccoccia und dem Miniaturmaler Jacopo Ravaldi um die Erneuerung der Statuten dieser Institution bemühte.

Der 1466 von Paul II. erteilte Auftrag war für den Maler des Stadtbezirks Colonna nicht der erste von päpstlicher Seite. Bereits 1464 hatte der Papst ihn als Ersatz für den im selben Jahr verstorbenen Pietro di Giovenale ernannt und ihm die dekorative Gestaltung seiner Papstkrönung übertragen. Sein Vorgänger beherrschte die römische Kunstszene während des gesamten Pontifikats von Pius II., und von ihm stammen unter anderem die päpstlichen Insignien am Gewölbe des Turms Pius' II. im Vatikan (1463) sowie die Malereien in der Cappella di Santa Petronilla (1463) und am Gewölbe der Cappella di Sant'Andrea (1464).

Als Künstler tritt Antoniazzo erstmals 1464 in Erscheinung, als er den Auftrag für die Ausschmückung der Grabkapelle des Kardinals Bessarion in Santi Apostoli erhielt, die er 1467 abgeschlossen hatte. Gemeinsam mit dem Barbo-Papst spielte der griechische Kardinal eine wichtige Rolle bei der Verbreitung der byzantinischen Kultur in Rom. Er gründete die Academia Bessarionis, die von griechischen Theologen und italienischen Humanisten wie dem Kardinal Francesco della Rovere und späteren Sixtus IV. gleichermaßen besucht wurde. Das Hauptanliegen der Akademie bestand darin, die von den Türken zurückgelassenen oder in den griechischen Klöstern Süditaliens verwahrten Werke der griechischen Antike erneut zusammenzubringen. Die so gesammelten Schriften stellten die bedeutendste Sammlung dieser Art dar, und sie wurden, nachdem Bessarion sie der Stadt Venedig geschenkt hatte, zum Grundstein für die Biblioteca Nazionale. Für seine Kapelle wählte Bessarion das byzantinische Thema des Erzengels Michael. Im Zentrum der Apsis stand die heute in der Cappella di Sant' Antonio aufbewahrte Ikone der *Jungfrau Maria* aus der Zeit zwischen 1467 und 1472 (dem Todesjahr des Kardinals), bei der es sich um eine Kopie der *Madonna Theotokos* in der Kirche Santa Maria in Cosmedin handelt, die seit dem 7. Jahrhundert den in Rom lebenden Griechen als Gotteshaus diente.

Die Madonna der Bessarion-Kapelle ist eines der herausragenden Beispiele der unzähligen von Antoniazzo Romano nach griechischen Modellen geschaffenen Madonnen, durch die er zu einem der gefragten Kopisten von Ikonen wurde. Der Maler hatte keine Mühe, an diese Aufträge heranzukommen, da er bis 1470, dem Jahr, in dem er die *Madonna* für Santa Maria della Consolazione malte, das Amt des obersten Kammerherrn der Bruderschaft der Raccomandati innehatte. In den Jahren 1475–1480 steigerte er in Zusammenhang mit dem unter Sixtus IV. wiederbelebten Marienkult seine Produktion von kleinen Altären und Tafelbildern mit Madonnenbildnissen, zu denen auch das schön gearbeitete, von einer Ädikula eingefaßte Tafelbild der *Madonna mit Kind und einem Stifter* im Museum von Houston (Texas) gehört, auf dem der Stifter im Samtumhang der Notabeln dargestellt ist.

In der Tradition Antoniazzos steht auch ein Freskenzyklus vom Ende der 1460er Jahre für die alte Kapelle des „heiligen Hauses" von Tor de' Specchi mit Szenen aus der Legende der Hl. Francesca von Rom bzw. Francesca Bussi Ponziani, die 1440 gestorben war und ab 1460 als Heilige verehrt wurde. Die Fresken werden auf 1468 datiert, und die sechsundzwanzig Szenen, welche die Wunder der Heiligen, die Visionen, die Gründung des Ordens der Oblatinnen, ihren Tod und ihre Aufnahme in den Himmel illustrieren, brachten die römische Malerei des 15. Jahrhunderts durch die Verschmelzung der Stile von Piero della Francesca und Benozzo Gozzoli einen entscheidenden Schritt weiter. Aus dem unmittelbaren Umkreis der römischen Schule stammt auch der zwischen 1476 und 1480 für das Hospital von Santo Spirito gemalte Freskenzyklus, der das Wirken Sixtus' IV. lebendig vor Augen führt. Das möglicherweise von ihm selbst oder aber von einer ihm nahestehenden Person in Auftrag gegebene Werk erzählt die Geschichte des alten Hospitals sowie Begebenheiten aus dem Leben Sixtus' IV. Vom Traum der Mutter des Papstes, in dem die Heiligen Antonius und Franziskus den Eintritt des Sohnes in den Franziskanerorden verkünden, bis zu den wundersamen Begebenheiten der Jugendzeit, seiner Laufbahn als Geistlicher und den Ereignissen während seiner Amtszeit vereinigen sich die Darstellungen zu einer Verherrlichung der Taten und Tugenden des Papstes.

Antoniazzo, der in der Gunst einer Auftraggeberschaft aus Privatleuten und Bruderschaften, Geistlichen und Adeligen stand, hatte in den 60er und 70er Jahren des 15. Jahrhunderts nur einen Gegenspieler – Melozzo da Forlì. Vasari bezeichnete Melozzo als einen „großen Meister der Perspektive" und unterstrich dabei die unbestrittene Fähigkeit des Malers, gewagte Verkürzungen „von

Musizierender Engel. Teil der von Melozzo da Forlì geschaffenen ehemaligen Apsisdekoration der Kirche Santi Apostoli. Rom, Pinacoteca Vaticana

Die Taufe Christi, *ein in Zusammenarbeit von Perugino und Pinturicchio geschaffenes Fresko aus dem Christus-Zyklus der Cappella Sistina. Pinturicchio dürften vor allem die Landschaftselemente und die Nebenszenen zuzuschreiben sein. Rom, Cappella Sistina*

oben nach unten“ darzustellen. Die perfekte Beherrschung der Perspektive, die sowohl in Zusammenhang mit Piero della Francesca als auch mit Mantegna zu sehen ist, wurde zu seinem stilistischen Markenzeichen. Giovanni Santi schrieb dazu in seiner *Cronaca rimata* von 1478: „Der mir so teure Melozzo, der die Perspektive so weit vorangetrieben hat“, und auch Luca Pacioli (1494) sowie Sebastiano Serlio (1562) erwähnten dieses besondere Talent Melozzos.

Im Vergleich zu dem rückständigeren Stil von Antoniazzo charakterisierte den Stil von Melozzo, der sich in dem fruchtbaren Klima von Urbino herausgebildet hatte, eine Erhabenheit und Modernität, durch die er bei Sixtus IV. sogleich Anerkennung fand. In den 70er Jahren des 15. Jahrhunderts nahm der Papst eines seiner bedeutsamsten Projekte in Angriff – die Neugestaltung der in eine öffentliche Bibliothek umgewandelten Vatikanischen Bibliothek. 1475 beauftragte er die Brüder Ghirlandaio mit der Ausschmückung von zwei Sälen. Zur Vervollständigung ihrer Werke malte Melozzo zwischen 1475 und 1477 das Fresko *Papst Sixtus IV. überträgt Platina das Amt des Oberbibliothekars der Vatikanischen Bibliothek*, eine monumental angelegte, von einer feierlichen Stimmung getragene Szene, die die Begegnung zwischen der weltlichen und der christlichen Kultur und den Siegeszug des Humanismus feierte. Tatsächlich hatte Platina der Akademie von Pomponio Leto, dem Protagonisten der Verschwörung gegen Paul II., angehört, und Sixtus IV., der Kardinal Bessarion zufolge einer der gebildetsten Männer Italiens war, war Mitglied der Academia Bessarions. Gerahmt wird die auf dem Fresko dargestellte offizielle Szene von einer Loggia mit den Figuren des Papstes, der Kardinäle Giuliano della Rovere und Raffaele Riario sowie ihrer Enkel Giovanni della Rovere und Girolamo Riario. Der hier porträtierte Kardinal Giuliano della Rovere ist der spätere Auftraggeber für die Dekorationen an der Apsis von Santi Apostoli, die Melozzo zwischen 1480 und 1484 ausführte. Erhalten blieben lediglich ein Fragment des Werkes *Der Heiland in der Glorie* sowie einige Apostel und musizierende Engel.

Die Sixtinische Kapelle

Zu Beginn der 80er Jahre des 15. Jahrhunderts hatte die römische Malerei zwei unterschiedliche Richtungen eingeschlagen, und der Kunst von Antoniazzo, der im Laufe dieses Jahrzehnts insbesondere in der Provinz tätig sein sollte, steht die „päpstliche Malerei“ gegenüber, die einen moderneren Stil bevorzugte. Durch diesen neuen Stil kamen Künstler wie Domenico Ghirlandaio und Melozzo da Forlì nach Rom, gefolgt von einer langen Reihe umbrischer und florentinischer Künst-

Durchzug Moses' durch das Rote Meer *von Cosimo Roselli. Die Episoden aus der Vita des Moses sind als typologische Präfigurationen bedeutender Episoden aus dem Leben Christi zu verstehen. Rom, Cappella Sistina*

ler, die Sixtus IV. für das ehrgeizigste Kunstvorhaben seiner Regentschaft in seine Dienste nahm: die Sixtinische Kapelle. Sie wurde zwischen 1481 und 1483 von jenen Künstlern mit Wandmalereien ausgestattet, die am 27. Oktober 1481 von Giovannino de'Dolci, dem Obervorsteher und kommissarischen Leiter des Vatikan, damit beauftragt wurden. Sie sind in den Dokumenten in der Reihenfolge ihres Alters aufgeführt: Cosimo Rosselli, Sandro Botticelli, Domenico Ghirlandaio und Perugino. In weiteren zeitgenössischen Quellen werden jedoch auch noch die Namen anderer Künstler genannt, und Vasari erwähnt in diesem Zusammenhang zusätzlich Luca Signorelli, Bartolomeo della Gatta, l'Ingegno (Andrea Aloisi), Rocco Zoppo und Piero di Cosimo; Giulio Mancini ergänzt die Liste der Künstler in einem Manuskript von 1621 noch durch die Namen von Pinturicchio und Pastura.

Das Tonnengewölbe wurde von Matteo d'Amelia mit goldenen Sternen auf blauem Grund ausgemalt. Die Wandmalereien verlaufen in drei Bildreihen: Im oberen Teil befinden sich im Wechsel mit den Fensteröffnungen achtundzwanzig Muschelnischen mit den Figuren der Päpste; die mittlere setzt sich aus den Fresken der vier Wandflächen mit der Moses-Geschichte auf der linken und dem christologischen Zyklus auf der rechten Seite zusammen; die untere besteht aus illusionistischen Vorhängen.

Die didaktischen Absichten dieses Zyklus waren offensichtlich, da die einzelnen Szenen mit Beschriftungen versehen waren. In dem Bericht des Konklave zur Wahl Leos X. (1513) sind diese Textstellen aufgeführt. Aus ihnen lassen sich wertvolle Hinweise über den Zusammenhang der einzelnen Bildsequenzen entnehmen.

Die Fresken müssen parallel gelesen werden, ein Fresko auf der rechten Wand muß dabei stets in Beziehung zu einem auf der linken gestellt werden, so daß folgende Szenen zusammengebracht werden: *Die Taufe Christi* mit der *Beschneidung von Moses' Sohn* (beide von Perugino und Pinturicchio), *Der Zug Moses' aus Ägypten* mit dem *Exil im Land von Madian* und dem *Erscheinen des Engels*, der Moses aufträgt, seinen zweitgeborenen Sohn zu beschneiden. Den *Versuchungen Christi* entsprechen die *Versuchungen des Moses* –

beide Fresken stammen von Botticelli. Sie erzählen vom Totschlag am Ägypter zur Verteidigung der Töchter Jethros, vom brennenden Dornbusch und dem Zug nach Ägypten. *Die Berufung der ersten Jünger* von Ghirlandaio steht dem *Durchzug durch das Rote Meer* von Cosimo Rosselli gegenüber. Darauf folgen die beiden Fresken *Die Bergpredigt* und *Die Übergabe der Gesetzestafeln* Rossellis; Peruginos Fresko *Die Schlüsselübergabe* entspricht auf der gegenüberliegenden Seite *Die Bestrafung der Rebellen* mit der Geschichte der Züchtigung von Korah, Datan und Abiron, die gegen die Autorität von Moses und Aaron aufbegehrten, von Botticelli ausgeführt. Mit dem *Letzten Abendmahl* von Cosimo Rosselli korrespondiert *Der Tod Moses'* von Luca Signorelli. Das siebte Freskenpaar an der Wand des Eingangsportals, das im 16. Jahrhundert erneuert wurde, zeigt *Die Auferstehung und Himmelfahrt Christi* von Hendrick van den Brock sowie den *Kampf der Engel und Dämonen um den Leichnam Moses'* von Matteo da Lecce. Die Malereien der Altarwand mußten dem *Jüngsten Gericht* von Michelangelo weichen. Nach Vasari waren dort *Die Geburt Christi* und *Die Auffindung Moses'* mit der Illusionsmalerei einer Altartafel im Zentrum, auf der die *Himmelfahrt Mariens* dargestellt war, zu sehen.

Die Sixtinische Kapelle ist ein sowohl hinsichtlich der architektonischen Gliederung als auch des Ausstattungsprogramms höchst symbolträchtiges Werk. Das Programm basiert auf der durchgängigen Gegenüberstellung der Viten von Moses und Christus, des Alten und Neuen Testaments, und es liegt ihr das mittelalterliche Thema der Konkordanz zwischen den beiden Teilen der Bibel zugrunde, das seinen Ursprung in Plutarchs Lehre von den „parallelen Leben" hat. Plutarch galt als ein dem christlichen Denken zugeneigter Gelehrter und als Mittler zwischen Antike und Christentum. Vittorino da Feltre berief sich bei seinem Versuch, die beiden Traditionen miteinander in Einklang zu bringen, auf Plutarch. Aus seiner Schule wiederum stammte Platina, der vom Papst besonders geschätzte Humanist, der möglicherweise bei der Ausarbeitung des Programms für die Sixtina mitarbeitete; in jedem Fall ist er der Autor der Inschriften auf den bis in die Zeit von Konstantin

Die Berufung der Jünger Petrus und Andreas *von Ghirlandaio. Diese Szene aus der Vita Christi illustriert die souveräne kompositorische Gestaltung von Massenszenen in einem großen Bildformat, ein charakteristisches Merkmal dieses Florentiner Meisters. Rom, Cappella Sistina*

Folgende Doppelseite:
Die Versuchungen Christi und das Reinigungsopfer des Aussätzigen *von Botticelli. Dieses Fresko wird stilistisch als reifste Bildschöpfung unter den drei von Botticelli für die Dekoration der Sockelzone der Sistina geschaffenen Darstellungen gewertet. Besondere Erwähnung verdient in diesem Zusammenhang die hohe Anzahl von Porträtköpfen in dieser Szene. Rom, Cappella Sistina*

Episoden aus der Jugend Moses’ *von Sandro Botticelli. Das Fresko zeigt eine Zusammenschau mehrerer Szenen: Moses tränkt den Töchtern des Jethro die Schafe und vertreibt die Hirten; der Auszug der Juden; der brennende Dornbusch; der Totschlag am Ägypter; die Flucht des Moses. Rom, Cappella Sistina*

Die Bestrafung Korahs, Datans und Abirons *von Sandro Botticelli. In dieser Szene aus dem Leben Moses’ ordnete Botticelli die gesamte Handlung in der vorderen Bildebene an. Der rückwärtige Bereich wird von der archäologisch präzisen Darstellung des Konstantinsbogens geschmückt. Rom, Cappella Sistina*

reichenden Papstbildnissen, in denen jeweils Name, Herkunft, Datum der Papstkrönung und Dauer des Pontifikats angegeben sind. Zudem findet sich das Konzept der Gegenüberstellung von Moses und Christus auch in den Schriften von Sixtus IV., der mit seiner Formulierung „Moises noster Christus“ die Präfiguration von Christus in Moses unterstrich.

Beim Vergleich der dargestellten Episoden wird deutlich, daß es darum ging, die Tiefe und

Spiritualität der neuen, christlichen Religion gegenüber der jüdischen Religion hervorzuheben. Aus dieser Perspektive betrachtet wird deutlich, daß das Bildpaar *Taufe* und *Beschneidung* in dem Sinne aufeinander bezogen ist, daß die Taufe, die nach der Auffassung Augustinus' und anderer Kirchenväter in der Beschneidung präfiguriert wird, sowie Situationen, die im Alten Testament mit Gewalt in Zusammenhang stehen, im Neuen Testament durch symbolische und gewaltlose Handlungen repräsentiert werden. In den *Versuchungen Christi*, in denen der Tempel des Salomon große bildliche Ähnlichkeit mit dem von Sixtus IV. erbauten Hospital von Santo Spirito hat, wird die Opferszene im Bildvordergrund dem symbolischen Charakter der Opferung Christi gegenübergestellt, der in der Feier des Abendmahls verkörpert wird. Die Quelle dieser Bildkonzeption war wohl ein Passus aus der Schrift *De sanguine Christi* (Vom Blut Christi) von Sixtus IV., in der es um eine Stelle aus dem Brief an die Hebräer geht, in der Paulus bekräftigt, daß das Opfer Christi über das levitische Opfer zu stellen sei.

Gleichermaßen metaphorisch ist das Fresko mit der Bestrafung von Korah, Datan und Abiron, das in Anspielung auf die historischen Ereignisse dieser Zeit als Mahnung an die Häretiker interpretiert wurde. Der zeitgenössische Bezug besteht hier vermutlich in der Rebellion von Andrea Zamometich, des Erzbischofs von Cranea, der im Frühjahr 1481 heftige Beschuldigungen gegen den Papst und die Kurie vorgebracht und den Versuch unternommen hatte, ein Konzil zur Absetzung von Sixtus IV. einzuberufen. Der Erzbischof kam daraufhin ins Gefängnis und nahm sich im November 1484 das Leben. In einem Brief vom November 1482 verglich ihn ein päpstlicher Überprüfer von Bittschriften, ein gewisser Chierigati, mit den drei biblischen Rebellen. Über diesen konkreten Fall hinaus richtete sich die Darstellung wohl aber an alle „Häretiker" oder Schismatiker und an alle, die sich gegen die Autorität des Papstes auflehnten. Dieser Bestrafungsszene wird in Peruginos Fresko mit der Schlüsselübergabe eine Belohnungsszene gegenübergestellt – ein Verweis auf die Ablösung des jüdischen Gesetzes der Furcht durch die christliche Lehre der Liebe. Und so steht zu beiden Seiten der achteckigen Kirche im Zentrum (mit der die symbolische Bedeutung der Zahl Acht als Bild der Auferstehung vergegenwärtigt wird)

Die Schlüsselübergabe an Petrus *von Pietro Perugino. Die Schilderung dieser Episode von zentraler ideologischer Bedeutung für das Papsttum markiert auch einen künstlerischen Höhepunkt innerhalb des unter Sixtus IV. geschaffenen Dekorationsprogramms der Cappella Sistina. Der perspektivisch fest eingebundene Zentralbau im Bildhintergrund steht symbolisch für die Kirche, die auf Petrus gebaut werden soll. Rom, Cappella Sistina* der Konstantinsbogen und unterstreicht den „Triumph“ der Himmelskirche, in der es nach Augustinus eine zweifache Auferstehung gibt, und zwar von der Sünde zur Vergebung und vom Grab zur Seligkeit; der Konstantinsbogen als Symbol der Macht und des Ansehens von Rom erscheint hier mit einer reichen Bekrönung mit Festons und Rauten, während seine Bekrönung in Botticellis Fresko der Bestrafungsszene unvollendet ist. Auch anhand dieses Motivs wird also der Unvollkommenheit des Alten Testaments die Vollkommenheit des Neuen Testaments gegenübergestellt.

Die Anbetung des Jesuskindes *von Pinturicchio. Das um 1490 geschaffene Altarbild bildet das Zentrum des Dekorationsprogramms der Cappella della Rovere in Santa Maria del Popolo. Die in Zusammenarbeit zwischen Pinturicchio und Tiberio d'Assisi entstandenen Fresken in der Kapelle zeigen Begebenheiten aus dem Leben des Hl. Hieronymus.*

Pinturicchio

Von allen Künstlern, die an der Ausgestaltung der Sixtinischen Kapelle mitgewirkt hatten, stieg Pinturicchio zur zentralen Figur der römischen Kunstszene am Ende des Jahrhunderts auf. Private Auftraggeber betrauen ihn mit ihren ehrgeizigsten Projekten, und die zwei auf Sixtus IV. folgenden Päpste – Innozenz VIII. und Alexander VI. – lassen ihn Kapellen und Paläste mit goldenen Dekorationen, die sich durch sein vielfältiges Repertoire antiker Motive und die schwerelose Anmut seiner Malerei auszeichnen, ausstatten.

Um 1486 wurde die Kapelle des Hl. Bernhard von Siena in Santa Maria in Aracoeli ausgeschmückt; Auftraggeber war die Familie Bufalini aus Castello, die damit vermutlich ein feierliches Zeichen des im selben Jahr mit der Familie Baglioni geschlossenen Friedens setzen wollte. Das Hauptfresko des dortigen Zyklus zeigt *Das Begräbnis des Hl. Bernhard.* Der abgebildete Platz bietet den Hintergrund für die Darstellung der Wundertaten des Heiligen, im Bildvordergrund steht der von verschiedenen Personen, Mönchen, Priestern und Mitgliedern der Familie Bufalini umgebene Katafalk mit dem Leichnam des Heiligen. Die perspektivische Anlage der Szene geht eindeutig auf die *Schlüsselübergabe* von Perugino zurück. Besonders reich ornamentiert ist das Fresko der Lünette mit der Einkleidung des Hl. Bernhard, in dem die einzelnen Bauteile der gemalten Architektur monochrome Verzierungen mit Büchern, Waffen, Helmen, Maskerons und Musikinstrumenten tragen, die den Ornamenten an den Pilastern der Cappella Basso della Rovere in Santa Maria del Popolo, die Pinturicchio um 1490 ausführte, ähnlich sind.

Prestigeträchtig war der Auftrag von Innozenz VIII. für die Ausschmückung der Loggia des Palazzo Belvedere, eines kleinen Palastes, den er kurz nach seiner Ernennung zum Papst im August 1484 erbauen ließ. Vasari berichtet, daß Pinturicchio einige Säle und die Hauptloggia mit Stadtansichten „im Stil der Flamen“ ausmalte. Von den Originaldekorationen, die möglicherweise 1487 – dieses Datum ist im Gewölbe der Loggia festgehalten – fertiggestellt waren, sind zwar nur wenige Fragmente erhalten, doch wird schon an diesen Überresten ersichtlich, welch überragendes Beispiel illusionistischer Dekorationsmalerei mit dem üppigen Formenspiel des gemalten Stucks, der Grisaille mit Tier- und Pflanzenmotiven, den gemalten Pilastern und Landschaften mit menschlichen Figuren dort geschaffen wurde. Textvorlagen für diese Dekorationen lieferten die Schriften von Vitruv, die *Historia Naturalis* von Plinius dem Älteren und die Traktate von Leon Battista Alberti. Durch die Einbindung des Menschen in die Naturdarstellungen übertrafen diese Fresken die zuvor in Rom entstandenen illusionistischen Dekorationen des

15. Jahrhunderts, die reine Architektur- und Landschaftsmalereien gewesen waren (etwa die von Kardinal Marco Barbo in Auftrag gegebenen und 1471 vollendeten Dekorationen der Casa dei Cavalieri di Rodi, dem Ordenshaus der Ritter von Rhodos, und die Dekorationen für das Landhaus des Kardinals Bessarion).

Ein Teil der Arbeiten am Belvedere wurde Andrea Mantegna übertragen, der sich von 1488 bis 1490 in Rom aufhielt. Seine Malereien in der Kapelle und einem angrenzenden Raum sind nur in Form von Beschreibungen aus dem 18. Jahrhundert bekannt. Nach Vasaris Überlieferung waren zahlreiche Szenen in einer überaus verfeinerten Technik mit reichlich Gold und Azurblau gemalt. Dennoch konnte sich Mantegnas Stil in den römischen Kreisen nicht durchsetzen, da man dort zu dieser Zeit für Pinturicchios Dekorationsstil weitaus empfänglicher war. Dieser orientierte sich an der zu dieser Zeit wiederentdeckten Domus Aurea des Kaisers Nero.

Von den römischen Werken Mantegnas haben sich lediglich die Dekorationen erhalten, die er in den 90er Jahren im Palazzo Venezia ausführte. Der Hauptfries der Sala dei Paramenti (Saal der liturgischen Gewänder) steht gänzlich unter dem Einfluß der nordischen Kunst. Dies läßt sich an den Darstellungen der Heldentaten des Herkules, in denen sich Parallelen zu Stichen von Mantegna finden, oder den Dekorationsformen wie im Bildnis des Herkules mit der Kerynithischen Hirschkuh, das ein aus dem 13. Jahrhundert stammendes Basrelief an der Fassade der Markuskirche in Venedig zum Vorbild hat, nachvollziehen. Die im Auftrag des Kardinals Lorenzo Cybo gemalten und 1491 vollendeten Dekorationen der Sala del Mappamondo (Saal der Weltkarte) zeigen eine gemalte Kolonnadenarchitektur, die man jedoch allgemein einer unter dem Einfluß Mantegnas stehenden römischen Werkstatt zuschreibt. Im Detail offenbart sich das große Repertoire an antiken Dekorationsformen, die eindeutige Bezüge zu Bauwerken der römischen Antike haben: Die geflügelten Sphingen sind dem Gebälk des Tempels des Antonius und der Faustina nachgebildet, die Säulen-Pilaster-Paare wurden von der äußeren Umfassungsmauer des Nerva-Forums übernommen, und die Widerlager der Säulen haben ihre Vorbilder am Septimus-Severus- und am Konstantinsbogen.

Die riesige Sala Regia (Regierungssaal) schmücken große rechteckige Spiegelfelder mit gemalten Marmorreliefs, die von Lisenen mit Kandelabern eingefaßt werden; der Fries mit Voluten, Bukranien und Faunen wird dagegen von Rundfenstern mit Kaiserbüsten gegliedert. Im Zentrum jeder der drei Wandflächen thront die Personifikation des Ruhms auf der Weltkugel mit einer Inschriftentafel. Doch abgesehen von diesem Zwischenspiel stieß der Stil Mantegnas bei den Zeitgenossen auf Unverständnis. Er beklagt in einigen

Detail der Deckendekoration der Sala dei Santi im Appartamento Borgia. Der Ausschnitt zeigt Pinturicchios Schilderung des Mythos vom Stier Apis. Die Aufnahme dieses im alten Ägypten verehrten Tieres in das dekorative Programm der Wohngemächer Papst Alexanders VI. diente als mythische Herleitung des Stiers im Familienwappen der Borgia.

Die Allegorie der Arithmetik, *einer der Künste des Quadriviums, von Pinturicchio und Gehilfen. Die Dekoration des Raumes, dem dieser Ausschnitt entnommen ist, hatte die sieben freien Künste zum Thema. Rom, Palazzi Vaticani, Appartamento Borgia, Sala delle Arti Liberali*

Briefen an Francesco Gonzaga die „Ignoranz“ der „ungebildeten und anmaßenden“ Römer, tatsächlich war es wohl gerade sein florentinischer Hintergrund, der der zu dieser Zeit in Rom vorherrschenden Art von Kultur zuwiderlief; standen doch die 80er Jahre ganz im Zeichen der topographischen Studien zum Rom der Antike und den von der Accademia Pomponiana angeregten Studien des Vitruv, deren Erstausgabe unter dem Titel *De Architectura* durch Kardinal Raffaele Riario gefördert worden war. Durch die Überarbeitung der philologischen Methodik der Altertumsforschung entstanden in dieser Zeit zudem Lehrbücher wie die *Castigationes Pliniane* von Ermolao Barbaro. In diesem intellektuellen Klima erschien Mantegnas Aussage überholt, „vergeistigt“ und vermutlich im Vergleich zu den zeitgleichen Arbeiten von Pinturicchio und seiner Werkstatt auch etwas vage.

Zwischen 1488 und 1490 arbeitete Pinturicchio in Santa Maria del Popolo an der Ausgestaltung der Grabkapelle des Kardinals Domenico della Rovere, der als Mitglied der Turiner Linie der Familie nicht direkt mit Sixtus IV. verwandt war. Die Kapelle war der Jungfrau Maria und dem Hl. Hieronymus geweiht, und das Grabmal hatte der Kardinal bereits 1478 bei Andrea Bregno in Auftrag gegeben. Die malerische Ausschmückung der Kapelle führte Pinturicchio unter Mitarbeit des aus Bologna stammenden Amico Aspertini aus. Die fünfeckige Kapelle mit ihrem Farbenspiel aus dem Weiß des Carrara-Marmors, dem Weißgold der Grabmäler und dem Gelb der Grotesken war ausgefüllt mit Architekturmalereien, heraldischen Motiven und Blumen- und Pflanzenornamenten, die größtenteils auf die neronischen Malereien der Domus Aurea zurückgingen und hier erstmals zur Ausschmückung eines sakralen Orts eingesetzt wurden. Über dem Altar erhebt sich das Altarbild mit der *Geburt Christi* von Pinturicchio, das von einem mit Blumenmotiven und Kapitellen verzierten Rahmen eingefaßt wird.

Pinturicchio und seine Werkstatt waren es auch, die der Kardinal gegen Ende der 80er Jahre mit den Dekorationen für seine Residenz in Borgo Vecchio beauftragte. An der von oktogonalen Kassetten unterteilten Decke mit den Darstellungen der Halbgötter bevölkern phantastische Tiergestalten, Sirenen, Sphingen, Zentauren, Zwitterwesen und monströse Gestalten, die mit Raufereien oder Liebesspielen beschäftigt sind, die Szenerie vor dem als Goldmosaik gemalten Hintergrund. Die Kassettendecke und die gesamte Ikonographie dieser Dekorationen gehen auf die Deckengestaltungen in der Villa Hadriana in Tivoli und der Domus Aurea sowie auf antike Sarkophage zurück. Den Raum schmückt außerdem ein mittelalterliches Bestiarium aus Basilisken, Greifen, Drachen und Allegorien mit eindeutig christlicher Symbolik. In einem anderen Raum des Palazzo bemalte Pinturicchio die Wände mit einem Freskenzyklus, dessen zwölf Bildfelder die Entstehungsmythen der Tierkreiszeichen illustrierten. Ergänzt wurden diese Szenen durch die Darstellungen der in den jeweiligen Monaten zu verrichtenden Arbeiten. Lediglich die Bildfelder der Monate Juni und Oktober sind erhalten, doch bieten sie ein wertvolles ikonographisches Dokument, da Pinturicchio mit seiner mythologischen Darstellung der Tierkreiszeichen einer neuen Gattung den Weg bereitete, die im folgenden Jahrhundert durch Falconetto im Palazzo D’Arco in Mantua und Jacopo Zucchi im Palazzo Firenze in Rom wieder aufgegriffen werden sollte.

Darstellung des Disputs der Hl. Katharina mit den heidnischen Philosophen vor dem Kaiser Maximianus *von Pinturicchio und Gehilfen. Die Episode aus der Vita der alexandrinischen Heiligen wurde vor einer antikisierenden Kulisse angesiedelt. Rom, Appartamento Borgia, Sala dei Santi*

Den Höhepunkt seiner künstlerischen Laufbahn erreichte Pinturicchio unter Papst Alexander

VI., dem ehemaligen Kardinal Rodrigo Borgia, der 1492 trotz des Verdachts der Bestechung zum Papstamt gelangt war.

Aus Dokumenten von 1492 geht hervor, daß neben Antoniazzo Romano und Pier Matteo d'Amelia auch Perugino mit der Ausstattung seiner Inthronisationsfeierlichkeiten beschäftigt war. 1491, also kaum ein Jahr zuvor, hatte Perugino für den römischen Altertumskults zu verwandeln und mit einer stofflichen Überladenheit im Geschmack des Borgia-Papstes zu verbinden. Aus diesem Grund beauftragte der Papst Pinturicchio mit der Ausgestaltung seiner Privatwohnung, die in den Jahren 1492–1494 auf der Grundlage eines komplexen ikonologischen Programms zu Themen des mittelalterlichen Enzyklopädismus, der Eschatologie

Kardinal Giuliano della Rovere das *Albani-Torlonia-Polyptychon* vollendet. Das ursprünglich in der Kapelle des Palazzo Santi Apostoli aufgestellte Werk ist durch einen strengen architektonischen Aufbau gekennzeichnet. An die Stelle von Pinturicchios künstlerischer Gestaltung tritt nun ein weniger anmutiger Erzählstil. Pinturicchio hatte es verstanden, die umbrische „Grazie" im Sinne des und der Verherrlichung des angeblich göttlichen Ursprungs der Familie Borgia ausgeführt wurde.

Am Beginn steht die Sala delle Sibille (Sibyllensaal), deren trapezförmige Gewölbefelder die Gestirne mit ihren Planeten und die von ihnen beeinflußten Verrichtungen des Menschen zeigen. Zwischen den Planeten der Sonne erscheint der Borgia-Papst mit seinem Hofstaat, er läßt sich im

Gegenüberliegende Seite:
Detail aus Filippino Lippis Schilderung des Triumphs des Hl. Thomas von Aquin über die Häretiker. *Der Ausschnitt zeigt im Hintergrund die heute auf dem Kapitolsplatz aufgestellte Reiterstatue Kaiser Marc Aurels an ihrem ursprünglichen Standort vor der Lateranbasilika. Santa Maria sopra Minerva, Cappella Carafa*

Fresko *Triumphzug der Venus* feiern, wobei der Wagen der Göttin entgegen der Tradition nicht von Tauben, sondern von dem Wappentier des Papstes, dem Stier, gezogen wird. Zwischen den gemalten Gestirnen verleihen die Bildnisse der zwölf Sibyllen und der Propheten der festgesetzten Konkordanz zwischen Antike und Christentum Ausdruck. Die Sala del Credo (Saal des Glaubensbekenntnisses) ist geschmückt mit den zwölf Apostelfiguren in den Lünetten, die Schriftbänder mit den Versen des Glaubensbekenntnisses zur Auferstehung der Toten, der Göttlichkeit Christi und dem ewigen Leben in den Händen halten. Im Gewölbe befindet sich die von den Borgia als Wappenzeichen übernommene doppelte Krone des Hauses Aragon, deren Strahlenkranz auf die Selbststilisierung des Papstes als Sonne hindeutet. Die Sala delle Arti liberali (Saal der freien Künste) ist ein offensichtlicher Hinweis darauf, daß das Ausstattungsprogramm der päpstlichen Wohnung an der Erlösungslehre konzipiert ist. Die Darstellung der freien Künste beruht nämlich auf der These des Cassiodor, nach der sie für das Verständnis der heiligen Schriften und den Zugang zu Wissen und Theologie unerläßlich sind. Pinturicchios Darstellungen stehen den Werken der Cappellone degli Spagnoli in Santa Maria Novella in Florenz am nächsten und folgen damit einer traditionellen Ikonographie, die anders augerichtet ist als die etwa zeitgleichen Lösungen Pollaiuolos für das Grabmal von Sixtus IV.

Triumph des Hl. Thomas von Aquin über die Häretiker. *Die Szene ist Teil der von Filippino Lippi und seinem Mitarbeiter Raffaelino del Garbo nach 1488 geschaffenen Dekoration der Carafa-Kapelle in Santa Maria sopra Minerva.*

Zentrales Thema der Sala dei Santi (Saal der Heiligen) ist die durch den Papst vertretene göttliche Gerechtigkeit, und bemerkenswerterweise nahm in diesem Saal auch die Selbstverherrlichung des Borgia-Papstes als Mythos und triumphales Wesen des von den Ägyptern als Inkarnation des Osiris angebeteten Apis-Stiers Gestalt an, der als Urform des Borgia-Stiers angesehen wurde. Die Darstellung eines ägyptischen Mythos in einem Raum des Vatikans belegt den damaligen hohen Stellenwert dieser alten Kultur, deren Verbreitung auch durch die Texte des Nanni da Viterbo befördert worden war. Der Humanist und bedeutende Würdenträger hatte einen großen Teil seiner Schriften dem Isis- und Osiris-Mythos gewidmet. Der als Modell einer vorbildlichen Regierung rezipierte Osiris-Mythos wurde auf inhaltlicher Ebene aufgrund der Ermordung des Osiris durch die Hand des Bruders und seine Reinkarnation im Apis-Stier auch als Präfiguration des Todes und der Auferstehung Christi interpretiert. In der Sala dei Santi erscheint der Apis-Stier mit den ihm zugeordneten Attributen des Friedens und der Gerechtigkeit als Allegorie auf Alexander VI., dessen Wappentier somit eine sakrale Interpretation erhält. Die entsprechende Szene zeigt das Bogenfeld mit dem Disput der Hl. Katharina in Alexandria: Der Stier erscheint hier am kaiserlichen Thron und am Triumphbogen mit der Inschrift Pacis cultoris (Friedensbringer), die sich möglicherweise auf den Sieg des Papstes im Kampf gegen die Spanier bezieht, dessen Truppen Granada exakt am Namenstag der Hl. Katharina, dem 25. November 1492, zu Fall gebracht hatten. In den übrigen Bogenfeldern repräsentieren Heilige einige der Grundpfeiler der christlichen Theologie: das Dogma der Dreifaltigkeit erscheint in dem Turm mit drei Fenstern der Hl. Barbara; die Feier des Abendmahls ist in der Geste des Brotbrechens durch Antonius und Paulus dargestellt; auf das Leiden Christi bezieht sich das Martyrium des Sebastian; auf die von den Juden und Heiden verfolgte Ekklesia spielt die Szene mit Susanna und den alten Männern an; und auf die ausgesprochene Marienfrömmigkeit von Alexander VI. und das Mysterium der Menschwerdung verweist schließlich die Szene der Heimsuchung.

Den Mysterien des Glaubens ist der letzte der päpstlichen Wohnräume gewidmet, die sogenannte Sala dei Misteri, in der die Mysterien in Form der als die „sieben Freuden" festgesetzten Begebenheiten aus dem Leben Mariens dargestellt werden. Diese Form der Marienverehrung hatte sich gegen Ende des 12. Jahrhunderts herausgebildet, und der Hl. Vinzenz Ferrer stellte dazu in einem Lehrgedicht eine Ordnung auf, die auch von Pinturicchio eingehalten wurde. Ein Bezug zur Familie Borgia ist auch hier gegeben, denn zum einen wirkte der Hl. Vinzenz Ferrer in Valencia, der Heimatstadt des Papstes, und zum anderen hatte

Gegenüberliegende Seite:
Die Himmelfahrt Mariens. *Das Detail zeigt die verwunderten Apostel und eine Karawane mit exotischen Tieren im Hintergrund. Rom, Santa Maria sopra Minerva, Cappella Carafa*

Das Altarbild der Carafa-Kapelle mit der Verkündigung an Maria. *Filippino Lippi fügte in diese Szene den Stifter Oliviero Carafa ein, der von Thomas von Aquin der Jungfrau vorgestellt wird. Das Fresko der Rückwand zeigt die* Himmelfahrt Mariens. *Rom, Santa Maria sopra Minerva, Cappella Carafa*

der Onkel Alexanders VI., Papst Calixtus III. (1455–1458), 1432 in Valencia eine Synode abgehalten, in der die Menschwerdung als erste der „sieben Freuden der Jungfrau Maria" bestimmt wurde.

Filippino Lippi

Ein Jahr vor Beendigung der Ausschmückung der Räume des Appartamento Borgia waren die Dekorationen in der Cappella Carafa in Santa Maria sopra Minerva abgeschlossen. 1489 hatte Filippino Lippi in dieser der Jungfrau Maria und dem Hl. Thomas von Aquin geweihten Kapelle mit seiner Arbeit begonnen. Ursprünglich war die Kapelle als Grabkapelle für den Kardinal Oliviero Carafa aus Neapel gedacht, der 1472 als Kommandant der päpstlichen Flotte von einem Feldzug gegen die Türken zurückgekehrt war. Der Freskenschmuck gliedert sich in drei zentrale Themen, die mit dem Auftraggeber, dem Kirchenfürsten und Schutzherrn des Dominikanerordens, in Verbindung stehen, und dient der Verherrlichung der Tugenden des Kardinals. Im Gewölbe verdeutlichen die nebeneinander abgebildeten Familienwappen der Medici und der Carafa deren besondere Beziehung zueinander: Der Onkel Olivieros, Diomede Carafa, war einer der Urheber der 1480 geschlossenen Allianz zwischen Ferrante von Aragon und Lorenzo de'Medici. Der Kardinal vertrat das Haus Aragon in Rom und war bestrebt, die Politik des Papsttums in diese Allianz einzubinden.

Der Bildzyklus an der rechten Seitenwand der Cappella Carafa illustriert die Thomas-Legende mit dem zentralen Fresko *Der Triumph des Hl. Thomas* aus dem vierten Buch der *Summa contra Gentiles* (*Summe gegen den Adel*). Die Szene ist gerahmt von einer grandiosen illusionistischen Architekturdarstellung, und das zentrale Monument wird von mit gebündelten Fackeln verzierten Pilastern geschmückt, die auf ein antikes Grabmal an der Via Ostiense zurückgehen. Der Bildhintergrund mit den Veduten des Lateran, auf denen auch das Reiterstandbild des Marc Aurel zu erkennen ist, und des Tiber nimmt möglicherweise Bezug auf den persönlichen Kampf des Kardinals gegen die Nicht-Christen, da Carafa sich vom Tiber aus zum Kampf gegen die Türken aufmachte, von dem er 1473 durch die Porta San Giovanni wieder nach Rom zurückkehrte.

Im Fresko wird der Hl. Thomas von den vier weiblichen Personifikationen der Philosophie, der Astrologie, der Theologie und der Grammatik umgeben; seitlich im Bildvordergrund stehen die Häretiker Arius, Apollinarius und Averroës in der linken Gruppe und Sabellius, Euchites und Manichäus in der rechten Gruppe; im Vordergrund sind ihre auf der Erde liegenden Bücher zu erkennen. Sämtliche Architekturelemente werden von aufwendigen Grotesken und Putten mit Inschriften belebt. Teilweise stehen sie auch in bezug zur Vita des Stifters, wie etwa der Bug des römischen Schiffes mit dem Olivenbaum, dem Wappenbild der Carafa, das auf die siegreichen Schiffszüge des Kardinals anspielt. Auf der Altarwand der Kapelle ist im Zentrum die *Verkündigung an Maria* zu erkennen sowie die Darstellung der *Himmelfahrt Mariens*, in der Kardinal Carafa durch Thomas dem Schutz der Muttergottes anempfohlen wird. Bei dem Altarbild handelt es sich in Wirklichkeit um ein erhöhtes Fresko, bei dem die einen geschnitzten Holzrahmen nachbildende Einfassung aus vergoldetem Stuck gefertigt ist.

Der nach dem Bericht Vasaris an der linken Seitenwand dargestellte *Kampf zwischen Tugend und Laster* (Psychomachie) mußte dem 1559 von Pirro Ligorio erbauten *Grabmal Papst Pauls IV.*, des Neffen des Kardinals Oliviero Carafa, weichen. Ursprünglich befand sich an dieser Wandseite eine Bogenöffnung, durch die man in die kleine Grabkapelle des Kardinals gelangte, einen kleinen Raum, dessen Gewölbe mit Stuck und Temperamalereien im Stil der Ornamente am Kolosseum und der Domus Aurea ausgeschmückt war. Die Gewölbemalereien zeigen die Embleme des Kardinals, Opferszenen, die Geschichte der Virginia, der ursprünglich die Geschichte der Lukretia gegenüberstand, neben allegorischen Gestalten. Im Zentrum des Gewölbes befindet sich das Wappen des Kardinals und ein Bildanagramm auf den Namen des Stifters, in dem eine Frau zwei Karaffen hält, aus denen Olivenzweige herausragen; umgeben wird diese Darstellung von zwei Opferszenen – der Libatio (ein unblutiges Opfer) und der Opferung eines Stiers –, die auf das Priesteramt des Kardinals Carafa verweisen. Die Geschichten der Lukretia und der Virginia stehen vermutlich für die allgemein bekannte Sittenstrenge des Auftraggebers, der unter anderem wenige Jahre später (1497) in das durch Alexander VI. vorangetriebene Reformprojekt der Kirche ein Verbot aufnimmt, das Frauen den Zutritt zum Vatikanischen Palast untersagt. Die Deckenmalereien sind reich an antiken Zitaten, darunter Fortuna als nackte Frauengestalt auf einem Delphin. Dieses Motiv stammt vom *Dionysos-Sarkophag* in Santa Maria Maggiore, der in zahlreichen Zeichnungen, darunter die eines anonymen Nordländers von 1460 und ein Blatt des Codex Wolfegg von Amico Aspertini, kopiert wurde. Der Adler mit der Schlange und der brennenden Fackel in den Klauen ist vermutlich dem Adler des Trajan nachgebildet, der damals in der Kirche Santi Apostoli aufbewahrt wurde.

Filippino Lippi hinterließ damit wie viele andere Künstler in Rom ein primär dem Altertum verpflichtetes Werk. Das Antike wird bei ihm zu einem dekorativen Rahmenwerk um Objekte und Stilleben, die entgegen dem Anschein nicht beliebig, sondern als Bildzeichen gedacht waren und die vom Betrachter wie mittelalterliche Allegorien durch eine analoge Interpretation zu entschlüsseln waren. Das trifft auch auf den liturgischen Fries unterhalb der Szenen aus dem Leben des Hl. Thomas zu, ein gemaltes Gebälk mit einem vorgetäuschten Goldmosaik – ein Motiv, das Lippi später in der Cappella Strozzi in Santa Maria Novella in Florenz erneut einsetzte und das etwa zehn Jahre später von Bramante im Tempietto di San Pietro in Montorio wieder aufgegriffen werden sollte. Dieses Motiv stammt von einem Marmorfries am Tempel des Vespasian, von dem sich einige Fragmente in San Lorenzo fuori le mura befanden. Eine Kopie dieser Überreste zeigt ein Blatt des

Gegenüberliegende Seite:
Detail aus der Verkündigung *von Antoniazzo Romano mit der Übergabe eines Säckchens mit Münzen. Die ungewöhnliche Darstellung repräsentiert die alljährliche Vergabe von Geldgeschenken durch die Bruderschaft der Annunziata am Feiertag der Verkündigung Mariens an bedürftige Mädchen. Diese Beiträge sollten als Basis für deren spätere Aussteuer dienen. Santa Maria sopra Minerva, Cappella dell'Annunziata*

Codex Escurialensis, und es ist anzunehmen, daß Lippi sie gesehen hatte. Mit Sicherheit war jedoch Kardinal Carafa bei der in seinem Auftrag 1492 ausgeführten Restaurierung der Decke von San Lorenzo fuori le mura mit den Fragmenten in Berührung gekommen.

Der von Filippino Lippi gemalte Fries zeigt einen Kerzenhalter, einen Weihwedel, eine Kassette mit Kerzen, Schuhe des päpstlichen Ornats, ein Prozessionskreuz, eine Monstranz mit Hostie, eine Pax (Kußtafel) mit einer Imago pietatis, eine Mitra

Die Verkündigug mit dem Kardinal Juan de Torquemada, *der drei Mädchen aus der von ihm gestifteten Bruderschaft der Annunziata der Jungfrau vorstellt. Dieses Altarbild wurde 1485 von Antoniazzo Romano für die Cappella dell'Annunziata in Santa Maria sopra Minerva geschaffen.*

mit Stola, einen Priesterhut, Bücher, ein Weihrauchschiffchen sowie ein Weihrauchfaß. Diese liturgischen Gerätschaften beziehen sich eindeutig auf die Heilige Messe, insbesondere auf das Fronleichnamsfest, bei dem sowohl das Allerheiligste Sakrament als auch eine Pax dargeboten wurden.

Der Stellenwert und die Anbringung des Frieses unterhalb der Bildszenen aus dem Leben des Hl. Thomas verweisen mit großer Wahrscheinlichkeit auf das Fronleichnamsfest, für das der Hl. Thomas ein eigenes Amt geschaffen hatte und dem in der Biographie des Auftraggebers besondere Bedeutung zukam, da Kardinal Carafa am Fronleichnamstag des Jahres 1472 mit der päpstlichen Flotte zum Kampf gegen die Türken aufgebrochen war.

Die Malerei von Lippi, Mantegna und Pinturicchio zeigt, mit welcher Begeisterung das Altertum im letzten Jahrzehnt des 15. Jahrhunderts rezipiert wurde. Aber es regte sich auch Widerstand gegen diesen obsessiven Altertumskult: Einer der erbittertsten Gegner war sicherlich Antoniazzo Romano, der, wie es scheint, ab Mitte der 80er Jahre unter dem Einfluß der umbrischen Malerei stand, die sich durch Peruginos eher maßvolle Verwendung antiker Stilelemente auszeichnet. Aus dieser Spätphase Antoniazzos stammt die Tafel der *Muttergottes mit den Heiligen Petrus und Paulus und zwölf Auditoren der Rota Romana*, die ursprünglich für das Auditorium des Tribunals im Vatikanischen Palast bestimmt war. Sie wurde vom Bischof von Nocera, einem engen Vertrauten der Familie della Rovere, in Auftrag gegeben. Die vom Stil Peruginos beeinflußte Tafel wird zwischen 1488, dem Jahr, in dem der Bischof in seinem Testament 40 Dukaten „für die Verzierungen" auf dem Altar des Tribunals bestimmte, und 1492, dem Todesjahr des Geistlichen und Auditors der Rota Romana, datiert. Im Auftrag eines anderen Auditors der Rota Romana, Guglielmo de Pereriis, schuf Antoniazzo 1491 in der dem Kardinal Pietro Altissen geweihten Kapelle in Santa Maria della Pace, die im 17. Jahrhundert zerstört wurde, *Die Verklärung Christi zwischen dem Hl. Petrus, dem Evangelisten Johannes und dem Hl. Jakob*.

Ebenfalls in den Jahren 1490 bis 1492 entstand das Triptychon des *Heiligen Antlitzes* (Madrid, Prado), das vermutlich aus der Kirche San Giacomo degli Spagnoli stammt. In spanischem Auftrag entstanden auch die Fresken mit der Legende des Wahren Kreuzes, die Antoniazzo mit Hilfe seiner Werkstatt in Santa Croce in Gerusalemme ausführte. Die Fresken waren dabei nur ein Teil der umfassenden Arbeiten in dieser Kirche, in die auch der Gegenspieler Antoniazzos, Melozzo da Forlì, eingebunden war, nachdem er 1489 nach Rom zurückgekehrt war. Um diese Zeit etwa entstanden auch die Zeichnungen für das Gewölbemosaik der kleinen Hl.-Helena-Kapelle, *Der von Engeln getragene Christus in einer Gloriole aus Cherubinen*. Am Ende des Jahrhunderts schuf Antoniazzo vermehrt Werke für die Annunziata-Bruderschaft, die in seinem letzten signierten Werk gipfelten – die *Verkündigung mit dem Kardinal Juan de Torquemada* für die Kapelle der Bruderschaft in Santa Maria sopra Minerva. Das im März 1500 vollendete Werk war als Huldigung an den 1468 verstorbenen spanischen Kardinal Torquemada gedacht, der die Bruderschaft 1460 ins Leben gerufen hatte. Die Szene zeigt den Kardinal, wie er die Jungfrauen Maria anempfiehlt.

Gioia Mori

Das 16. Jahrhundert – das goldene Zeitalter

Die römische Architektur im 16. Jahrhundert

Bramante und der Beginn der Renaissance-Architektur in Rom

Das 16. Jahrhundert war für die römische Architektur eine Zeit der großen Umbrüche, so daß eine zusammenfassende Darstellung nicht leichtfällt. Obwohl die Entwicklung nicht einheitlich verlief, war sie für den Modernisierungsprozeß der Stadt bestimmend und trug dazu bei, daß Rom sich als Vorbild für andere europäische Hauptstädte durchsetzte.

Eingeläutet wurde das Jahrhundert durch das bedeutende Bauvorhaben des Palazzo della Cancelleria, eines geradezu monströsen Gebäudes, das von Kardinal Raffaele Riario in Auftrag gegeben wurde. Da dieses anspruchsvolle Projekt mit der lokalen Tradition des Palazzo a torre (ein Palast mit Turm, vom Typ des Palazzo Venezia) aus dem vorhergehenden Jahrhundert brach, setzte es in der Architektur neue Maßstäbe, die bald Schule machen sollten. Allerdings ist nicht geklärt, von wem der Entwurf stammte. Vasari behauptete, auch Bramante sei daran beteiligt gewesen. Zweifellos gehörte Bramante, der Ende 1499 aus der Lombardei nach Rom gekommen war, zu Beginn des neuen Jahrhunderts zu den wichtigsten Baumeistern der Stadt. Bereits 1500–1504 hatte er sein Können unter Beweis gestellt, zunächst durch den neuartigen Kreuzgang von Santa Maria della Pace und wenig später (das genaue Datum ist umstritten) mit dem Tempietto von San Pietro in Montorio, dem ersten runden Peripteraltempel mit dorischen Säulen und einem entsprechenden Metopen- und Triglyphenfries seit der Antike.

Auf städtebaulichem Gebiet begann man anläßlich des Heiligen Jahres 1500 mit der Anlage eines neuen Straßennetzes, das eine Reihe breiter, gerader Achsen vorsah. Die erste große Verbindungsstraße des modernen Rom war die Via Alessandrina (Borgo Nuovo), die von der Engelsburg zum Petersdom führte. In der gesamten Stadtentwicklung des 16. Jahrhunderts wurde das symbolträchtige Thema der schnurgeraden Straße immer wieder aufgenommen.

Während des Pontifikats Julius' II. (1503–1513) wurde Bramante zum bevorzugten Interpreten der repräsentativen Ambitionen des energischen, aus Ligurien stammenden Papstes. Bereits im Jahre 1504 begannen im Vatikan die Arbeiten am Belvederehof, dessen Anlage Maßstäbe setzte. Man träumte von einer materiellen und geistigen Erneuerung, orientierte sich dabei am kaiserlichen Rom, war sich jedoch der neuen universellen Rolle der Vatikanstadt bewußt, die auf eine klassisch-christliche Kontinuität setzte und in der kultivierten Baukunst eines Bramante ihren natürlichen Ausdruck fand. Mit ihren breitgefächerten Varianten und Positionen, Projekten und Interpretationen hatte die Hochrenaissance im ersten Viertel des Jahrhunderts eine Blütezeit, eine einzigartige Phase grandioser Visionen und geradezu fieberhafter Experimentierfreude. Gemeinsam entwickelten Julius II. und Bramante unerhörte Projekte: den Neubau des Petersdoms, der eine

Der zwischen 1500 und 1504 errichtete Kreuzgang der Kirche Santa Maria della Pace ist der erste in Rom realisierte Entwurf Donato Bramantes. Das Erdgeschoß dieser Anlage wurde durch eine Abfolge von Arkaden und Pfeilern mit vorgelagerten Pilastern rhythmisiert. Das darüberliegende Geschoß wird von einem horizontalen Architrav abgeschlossen, der von Pfeilern und Stützen im Wechsel getragen wird.

Unmenge organisatorischer, liturgischer, symbolischer und urbanistischer Probleme stellte; das repräsentative Borgo-Viertel mit einer Reihe beispielhafter Gebäude; die Anlage der Via Giulia mit dem kolossalen Palazzo dei Tribunali als „Hauptverwaltung", der zum großen Teil unvollendet blieb; die Öffnung der Via della Lungara als neue Verkehrsader jenseits des Tibers, die auf den Fluß und die Anlegestelle Ripa abgestimmt war – auch hier blieb es zum größten Teil bei der Planung; der Ponte Giulio bei Santo Spirito in Sassia, von dem wenig mehr als schriftliche Erwähnungen existieren; der Umbau des reichgegliederten Wohnkomplexes im Vatikan und schließlich die Anlage des Canale del Ponte Sant'Angelo mit der neuen Kirche San Celso, einer Peterskirche in Miniatur. Dies waren Eingriffe von enormer Reichweite, die von einer nahezu revolutionären Neubewertung des städtischen Raumes zeugen und von denen einige noch mehrere Generationen beschäftigen sollten.

Folgende Seite, oben:
Die zwischen 1513 und 1515 nach Entwürfen Raffaels für Agostino Chigi erbaute Kapelle in Santa Maria del Popolo. Die auf Pendentifs lagernde Kuppel erinnert an die Entwürfe Bramantes für den Neubau von St. Peter, die Raffael als dessen Nachfolger und Leiter dieses größten Bauprojekts der Christenheit genauestens kannte.

Unten:
Der 1532 errichtete Palazzo Massimo alle Colonne ist das späteste Werk Baldassare Peruzzis in Rom. Seine architektonische Lösung markiert eine Abkehr von der für die Renaissance charakteristischen, auf harmonische Wirkung abgestimmten Gestaltung der Fassaden in Richtung einer Architektur, in der formaler Kontrastreichtum und intellektueller Witz eine zentrale Rolle spielen.

Bramantes Tempietto im Innenhof von San Pietro in Montorio wurde an der Stelle des Martyriums des Apostels Petrus errichtet. Der Architekt orientierte sich typengeschichtlich und bei der Gestaltung der einzelnen architektonischen Glieder wie der Säulen, des darüberliegenden Gebälks sowie der Wölbung deutlich an antiken Bauten. Auf diese Weise entstand mit diesem Zentralbau ein neuer christlicher Memorialbautypus.

Angesichts dieser Herausforderung kam Bramantes Talent voll zur Geltung. Durch neue stilistische Lösungen und große technische Flexibilität gelang es ihm, auch im Städtebau neue Maßstäbe zu setzen. Unter seinem Einfluß wurde ein neuer Stil bestimmend, wobei seine Lehre nicht systematisch, sondern Innovationen gegenüber aufgeschlossen war. In vielen Bereichen der Kunst, besonders in der Architektur, gingen neue Impulse von ihm aus.

Nach Bramantes Tod übernahm der vor allem als Maler tätige Raffael die Aufsicht über die päpstlichen Bauprojekte, obwohl er kein ausgebildeter Architekt war. Er vollendete mit Hilfe seiner Schüler die Loggien im Vatikan, den Damasus-Hof und vor allem den Petersdom, an dem nach bewegten Diskussionen seit 1506 gebaut wurde. Raffael nahm die Vorgaben Bramantes auf und führte sie mit einer maßvoll klassischen, warmen und malerischen Formensprache fort, aufgrund deren er in der Architektur als Protagonist der römischen Spätrenaissance gilt. Beim Bau des Petersdoms ging Raffael sogar so weit, den Plan Bramantes für einen Zentralbau zu verwerfen. Diese Entscheidung verdeutlicht zugleich den Unterschied zwischen Julius II. della Rovere und seinem Nachfolger Leo X. (1513–1521), dem Sohn des Florentiner Fürsten und Kunstmäzens Lorenzo de' Medici. Mit der Cappella Chigi in Santa Maria del Popolo, wo er – von den Mosaiken bis hin zu den Skulpturen Lorenzettos – auch die gesamte Ausstattung des Innenraums überwachte, schuf Raffael ein herausragendes Beispiel der Renaissancearchitektur.

Im Petersdom stand Raffael in der Person Antonio da Sangallos d. J. (1453/55–1534), dem Neffen von Giuliano und Antonio da Sangallo d. Ä. und ehemaligen Gehilfen Bramantes, ein ausgewiesener Fachmann zur Seite. Als Leiter einer traditionsreichen Werkstatt wurde er in den 30er und 40er Jahren des 16. Jahrhunderts zur beherrschenden Figur der römischen Kunstwelt. Bereits unter Leo X. hatte er sich als erstklassiger Baumeister erwiesen, als er den Palazzo Baldassini alle Coppelle und den (später erweiterten und von verschiedenen Baumeistern fertiggestellten) Palazzo Farnese baute und damit einen Typus des Palazzo entwickelte, der sich wegen seiner Ausbaufähigkeit und seiner stilistischen Ausgewogenheit großer Beliebtheit erfeuen sollte. Zu seinem „Markenzeichen" wurden die mit Rustika verkleideten Ecken und Portale, die schmale Geschoßtrennung und die Fassade aus Backstein-Sichtmauerwerk.

Die Nachfolger Raffaels

Um Raffaels Nachfolge und sein künstlerisches Erbe auch in der praktischen Weiterführung seiner Arbeiten bemühten sich neue, kreative Kräfte. Die bedeutendsten unter ihnen waren Baldassare Peruzzi aus Siena und Giulio Pippi (genannt Giulio Romano) aus Rom, die beide ausgebildete Maler waren. Schon unter Julius II. hatte Peruzzi seine bemerkenswerte Kompositionsfähigkeit unter Beweis gestellt, als er Agostino Chigi seinen Entwurf eines offenen, hufeisenförmigen Grundrisses für die Villa Farnesina präsentierte und – für römische Verhältnisse ungewöhnlich – die Verwendung von Backstein und Terrakottafriesen anregte. In der Folge zeichnete sich sein Werk durch eine sehr individuelle Interpretation Raffaels aus. Herausragendes Beispiel dafür war der Palazzo Massimo alle Colonne, dessen konvexe, mit flacher Rustika verkleidete Fassade durch einen sehr tiefen Portikus mit dorischen Säulenpaaren gegliedert wurde. Daraus ergab sich ein ausgeprägter malerischer Effekt, der noch mehr als ein Jahrhundert später Pietro da Cortona zu beeindrucken vermochte, und es spricht daraus die Aufmerksamkeit für den städtischen Raum, dessen optische Wirkung hier jedoch im 19. Jahrhundert durch die Anlage des Corso Vittorio Emanuele zerstört wurde.

Als Peruzzi beim Bau von St. Peter die Nachfolge Raffaels antrat, brachte er das Schema der begehbaren, sich wechselseitig durchdringenden Räume ein, das er von Bramante aufnahm. Auch Giulio Romanos architektonisches Werk zeichnete sich durch eine kritische, freie und sehr persönliche Interpretation der Formensprache Raffaels aus. Ihm ging es vor allem darum, zwischen den einzelnen Elementen eine Spannung aufzubauen, die ihn zu einem der anerkannten Meister des Manierismus machte. Mit dem Palazzo Maccarani (1535, heute Palazzo Di Brazzà) entwickelte er den von Bramante am Palazzo Caprini und von Raffael am Palazzo Iacopo da Bescia und Palazzo Vidoni Caffarelli geschaffenen Palasttypus mit Rustika und Geschäftslokalen im Erdgeschoß weiter. Das stark strukturierte Bossenwerk umschließt die

Ansicht der Gartenfassade der Villa des Bankiers Agostino Chigi alla Lungara, der sogenannten Farnesina, das Erstlingswerk Baldassare Peruzzis in Rom. Die in den Jahren 1509–1511 errichtete Anlage ist die erste suburbane Villa des römischen Cinquecento.

Fenster des Mezzanin und bindet sie eng an das Gesims an, scheint sogar das Tympanon in klassisch raffaelitischem Stil zu überformen. Mit Hilfe dieser geschickt und geistreich eingesetzten Pointierungen gelang es Romano, die Fassade zu beleben und das schwierige Gleichgewicht des klassischen Ideals hinter sich zu lassen.

Eine entscheidende Rolle spielte Giulio Romano auch bei der Fertigstellung der Villa Madama, die Raffael im Auftrag von Kardinal de'Medici, dem späteren Papst Clemens VII., begonnen hatte. Im Vergleich zur Farnesina von Peruzzi stellte Romano eine äußerst komplexe Interpretation der Villa vor und leistete damit einen wichtigen Beitrag zu der Diskussion um das Thema der Villa, die die Architekten der Epoche bewegte. Während jedoch bei der Entstehung der Villa Madama noch einige Baumeister aufeinander folgten, war die Villa Turini (später Lante) am Gianicolo ein authentisches Werk Romanos, der hier auch die gesamte Innendekoration schuf. Ein weiteres bedeutendes Bauwerk war die Villa Adimari Salviati an der Via della Lungara, wo Romano einen Entwurf umsetzte, dem eine harmonische Verbindung zwischen Palazzo und traditioneller Stadtrandvilla zugrunde lag. Als Giulio Romano 1524 nach Mantua ging, verlor Rom einen seiner größten

Das Wappen Papst Pauls III. mit den Lilien der Familie Farnese auf einem Stich des 17. Jahrhunderts. Rom, Biblioteca Apostolica Vaticana

Gegenüberliegende Seite, oben:
Die heute erhaltenen Teile der Villa Madama auf dem Monte Mario entsprechen nur einem Bruchteil der ursprünglich von Raffael unter Mitarbeit von Antonio da Sangallo d. J. und Giulio Romano geplanten Anlage für den Kardinal Giuliano de'Medici, den späteren Papst Clemens VII.

Unten:
Die Fassade des Palazzo Farnese, das Ergebnis eines langwierigen Entwurfsprozesses, dessen Protagonisten Antonio da Sangallo d. J. und Michelangelo stets auf die Repräsentationsbedürfnisse ihres Auftraggebers Kardinal Alessandro Farnese, des späteren Papstes Paul III., eingehen mußten.

Ansicht einer Eckpartie der hofseitigen Fassade des Palazzo Farnese. Die Wandbereiche zwischen den Arkaden wurden im Erdgeschoß mit dorischen Halbsäulen verblendet. Demgegenüber ist bei dem darüberliegenden Geschoß die ionische Ordnung verwendet worden.

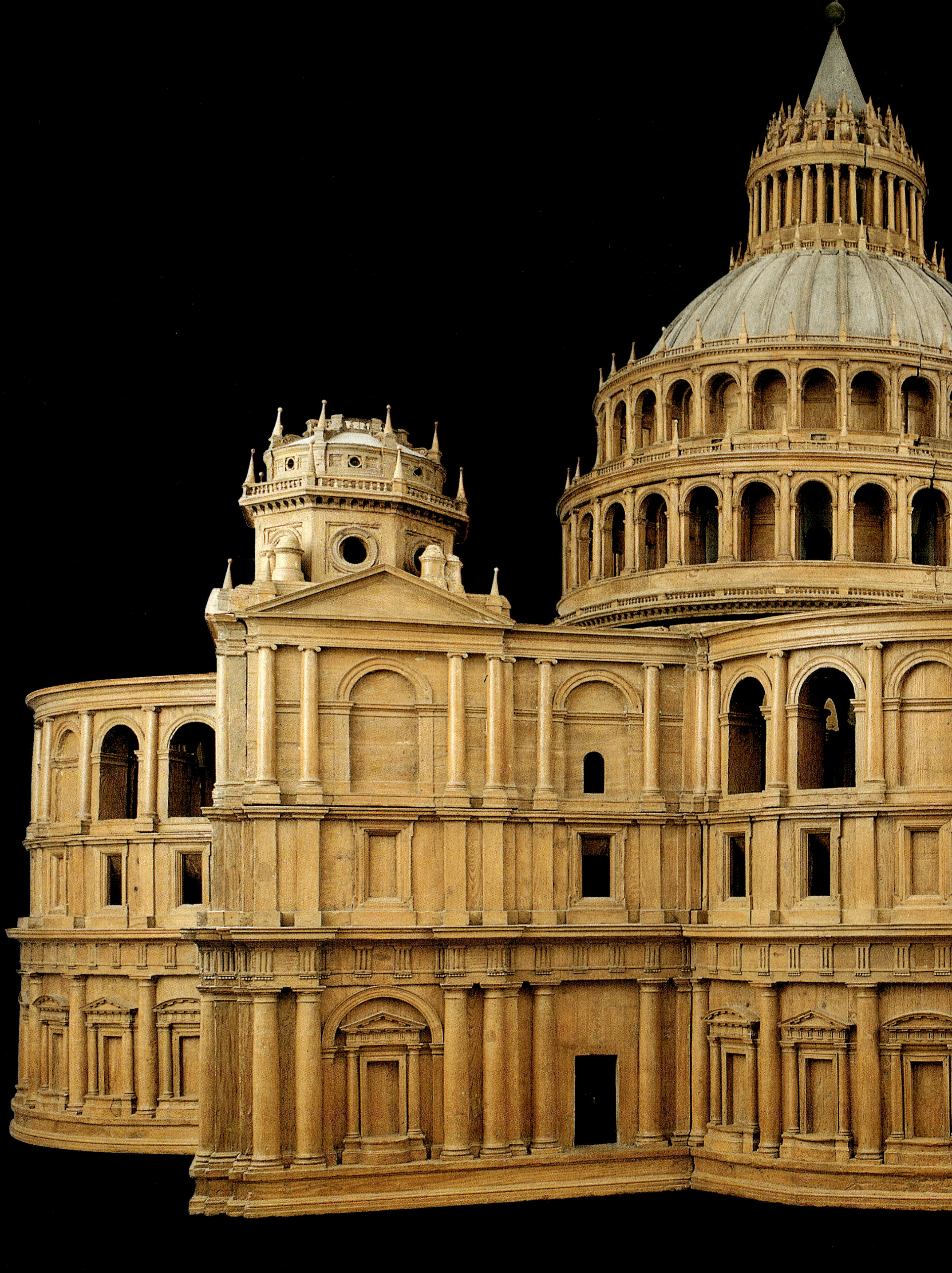

Baumeister. Auch Peruzzi verließ die Stadt, kehrte jedoch 1532 zurück.

Als man nach dem verheerenden Überfall der kaiserlichen Truppen 1527 (Sacco di Roma) wieder zu bauen begann, stand die römische Architektur zunehmend im Zeichen von Antonio da Sangallo, dessen Position vor allem dadurch gestärkt wurde, daß er von Papst Paul III. bei der Auftragsvergabe bevorzugt wurde. Bereits als dieser noch Kardinal war, hatte Antonio da Sangallo für ihn ein Gebäude am Campo dei Fiori errichtet. Doch auch die pragmatische Arbeitsweise auf hohem technischem Niveau, sein Organisationstalent und seine Kompromißbereitschaft waren Eigenschaften, die Sangallo eine erstrangige Stellung unter den römischen Architekten seiner Zeit sicherten. Nachdem er 1532–1536 unter Leitung von Peruzzi am Neubau von St. Peter beteiligt gewesen war, übernahm er später die Leitung dieser Baustelle und war auch für die Errichtung von San Giovanni dei Fiorentini verantwortlich.

Im Petersdom begann er mit der Sicherung der großen Pfeiler der Kuppel; danach konzentrierte er sich auf die Anfertigung eines großen Holzmodells von St. Peter, dessen Ausführung aber so teuer geworden wäre, daß sich später Michelangelo verärgert darüber äußerte. Unter dem Pontifikat des Farnese-Papstes Paul III. wurde Rom zum Vorbild für die Stadtplanung der absolutistischen Staaten in ganz Europa. Als repräsentatives Beispiel für dieses Selbstverständnis kann der Wohnsitz der Farnese und seine städtebauliche Einbindung

Vorhergehende Doppelseite:
Wie in dem von Antonio Labacco gearbeiteten Modell zu erkennen ist, sah der Entwurf Antonio da Sangallos d. J. für St. Peter eine Verbindung zwischen Zentralbau und Basilika vor. Dieses fast mannshohe und äußerst kostspielige Modell war der Auslöser für Michelangelos radikale Kritik an diesem Projekt. Rom, Fabbrica di San Pietro

Links:
Das skenographische Nymphäum der Villa Giulia wurde von Bartolomeo Ammannati entworfen und unter Verwendung antiker Spolien errichtet. Die Anlage wurde auf zwei Ebenen angelegt, die durch zu Stützen umfunktionierten Hermen getragen werden. Die seitlich rahmenden Statuen zeigen die Flußgottheiten Arno und Tiber.

Unten:
Detail der Fassade der von Vignola entworfenen und ab 1551 erbauten Villa Giulia. Die wehrhaften Elemente in der Gestaltung wie etwa der rustizierte Triumphbogen der Fassade könnten durch die Lage dieser Villa Papst Julius' III. vor den Stadtmauern erklärt werden.

Gegenüberliegende Seite:
An der Planung und Errichtung der Kirche für die Florentiner Gemeinde in Rom, San Giovanni dei Fiorentini, waren seit Beginn des 16. Jahrhunderts fast alle führenden Architekten Roms beteiligt. Den Abschluß dieses Prozesses markiert die Fertigstellung der Fassade nach den Entwürfen Giacomo della Portas im Jahre 1733.

Rechts:
Die von Michelangelo entworfene Kuppel für den Neubau von St. Peter orientiert sich im Kern an derjenigen des Florentiner Doms. Die heute sichtbare Kuppel ist das Ergebnis einer Überarbeitung dieses Entwurfs durch Giacomo della Porta und wurde erst im Jahre 1593 vollendet.

Unten:
Die zwischen 1560 und 1573 errichtete Cappella Sforza di Santa Maria Maggiore gehört zu den Spätwerken Michelangelos. Sie setzt sich durch ihre ausgefallene Raumkonzeption mit den nach innen gekrümmten seitlichen Wänden und den übereck gestellten Säulen von den zeitgenössischen Bauten ab.

gelten. Trotz seiner kurzen Amtszeit (1550–1555) bot Papst Julius III. del Monte die Möglichkeit für neue, manieristische Tendenzen. Giorgio Vasari (1511–1577) und Bartolomeo Ammannati (1511–1592) arbeiteten in seinem Auftrag an der Villa Giulia, wiederum Vasari und Daniele da Volterra (1509–1566) bauten die einander gegenüberliegenden Kapellen in San Pietro in Montorio.

Michelangelo als Baumeister

Als Antonio da Sangallo im Jahre 1546 starb, löste Papst Paul III. das heikle Nachfolgeproblem auf recht unkonventionelle Weise. Er bestellte Michelangelo Buonarroti (1475–1564) zum Nachfolger, der nur widerstrebend annahm, weil ihm durchaus bewußt war, daß ihn diese Aufgabe leicht überfordern konnte. Tatsächlich waren Michelangelos Eingriffe entscheidend, da er Sangallos Planung verwarf, sich für Bramantes Zentralbau entschied, dessen dorischen Chor jedoch ersetzte, den großen Kuppeltambour baute und die Kreuzarme einheitlich vollendete. Sangallos Entwürfe für den Petersdom erinnerten ihn an eine dunkle Gasse, die für jedes Schurkenstück geeignet sei. „Rein und unverfälscht" erschien ihm hingegen der Entwurf von Bramante, in Wahrheit jedoch setzte er sich darüber hinweg und nahm nur wenige Elemente wieder auf. Auch beim Palazzo Belvedere im Vatikan sollte Michelangelo nicht davor zurückschrecken, Bramantes gefeierte, konkav-konvex geschwungene Treppe, die verschiedene Raumebenen miteinander verband, zu eliminieren. Michelangelos Experimentierfreude war so groß, daß er, der schließlich nicht aus eigener Entscheidung, sondern auf Befehl des Papstes zum Baumeister geworden war, die Architektur des Jahrhunderts revolutionierte. Diese Freude am Experiment legte er bei der berühmten Cappella Sforza in Santa Maria Maggiore ebenso an den Tag wie bei den Entwürfen für San Giovanni dei Fiorentini. Dieser „andere" Petersdom, der auf der anderen Tiberseite lag oder vielmehr tollkühn in das Flußbett ragte, hatte mit der Vatikansbasilika die wechselvolle Baugeschichte gemein und wurde wie jene von Carlo Maderno vollendet.

Ein weiteres Experimentierfeld, wenn auch für andere Themen und zu anderen Zeiten, war das Kapitol. Dort begann Michelangelos Arbeit mit der Aufstellung des Reiterstandbildes des Marc Aurel im Jahre 1538, fand mit der Freitreppe des Senatorenpalastes um 1547 ihre Fortsetzung und endete mit der zweigeschossigen, von einer korinthischen Kolossalordnung gefaßten Fassade des Konservatorenpalastes. Am Kapitol entwickelte sich der zweite Strang der römischen Architektur des 16. Jahrhunderts. Trotz der beherrschenden künstlerischen Persönlichkeit Michelangelos wurden hier ebenso wie bei den Mitte des Jahrhun-

CLEMENS·XII·PONT·MAX·A·S·MDCCXXXIV·P·IV

Der Palazzo Senatorio auf dem Kapitol, dessen heutige Erscheinung im wesentlichen auf die Umarbeitung des Entwurfs von Michelangelo durch Giacomo della Porta und Girolamo Rainaldi zurückgeht. Von dem ursprünglichen Entwurf wurden lediglich das Portal der Aula Consiliare und die beiden seitlichen Treppen beibehalten. Die aus Porphyr und Marmor gefertigte Statue der Minerva im Zentrum der Nische ist ein Werk domitianischer Zeit, das in der Renaissance als Darstellung der Göttin Roma umgedeutet wurde. Die flankierenden Flußgötterstatuen des Nil und des Tiber stammen aus den Konstantins-Thermen.

derts entstandenen Stuckprospekten des Palazzo Spada Capodiferro von Giulio Mazzoni Gestaltungsideen Raffaels wieder aufgenommen. Durch das üppige, mythologisierende Werk des Architekten Pirro Ligorio erhielt diese Richtung unter Pius IV. Medici (1559–1565) neuen Auftrieb. Seine von der antiken Naumachie (theatralische Darstellung einer Seeschlacht) inspirierte Sommervilla im Vatikan ließ er mit prachtvollen Reliefplatten dekorieren, über die ein aufwendiges Geflecht aus allegorischen und verherrlichenden Figuren gezogen war.

Das Pontifikat des Medici-Papstes knüpfte bewußt an die Hochrenaissance an. Der Hof des Palazzo Belvedere von Bramante wurde um den so-

Gemälde von Agostino Buonamici, genannt il Tassi, mit der Darstellung des Maibaumes auf dem Kapitol aus dem 17. Jahrhundert. Das Bild dokumentiert den noch unvollendeten Zustand der Platzanlage mit dem fehlenden Pendant zum Bau des Konservatorenpalastes auf der linken Bildseite. Privatsammlung

genannten Nicchione ergänzt, der Westflügel wurde errichtet, und man spielte sogar mit dem Gedanken, den von Julius II. geplanten Palazzo dei Tribunali zu bauen. Doch mit dem Rigorismus der Nachfolger Paul IV. und Pius V. war diese Tendenz nicht vereinbar.

Vignola und der Beginn des Manierismus

Bereits unter Julius III. hatte Jacopo Barozzi, genannt Vignola, in Rom seine ersten Arbeiten ausgeführt. An der Via Flaminia hatte er für den Papst eine Villa und die benachbarte Grabkirche Sant'Andrea gebaut, die auf interessante Weise den Übergang vom Klassizismus und der konzentrierten Betrachtung der Antike – Vignola hatte

PIVS·IIII·MEDICES·MEDIOLANEN·PONT·MAX·
HANC IN NEMORE·PALATII·APOSTOLICI·AREAM·
PORTICVM·FONTEM·AEDIFICIVMQVE
CONSTITVIT·VSVIQVE·SVO ET SVCCEDENTIVM
SIBI PONTIFICVM·DEDICAVIT·ANN·SAL·M·D·LXI
PAVS IIII PONTIFEX OPTIMVS MAXIMVS

die Antike studiert und lehrte für einige Zeit an der Accademia Virtuviana in Rom – zum Manierismus markiert. Vignola beschäftigte sich lange mit experimentellen Grundrissen, bis er schließlich in Borgo die sensationelle Kirche Sant'Anna dei Palafrenieri baute, das erste sakrale Gebäude mit ovalem Grundriß.

Seine freundschaftliche Beziehung zu Kardinal Alessandro Farnese eröffnete Vignola die Möglichkeit, die Kirche der Jesuiten Il Gesù (seit 1550 geplant, 1568–1584 gebaut) zu errichten. Die Bedeutung dieser Kirche liegt in der Tasache, daß sie das Urbild des längsgerichteten Kuppelbaus darstellt. Von Ordensseite wurde ihm der Jesuit und Architekt Giovan Battista Tristano als Mitarbeiter zur Seite gestellt. Doch die Bauarbeiten zogen sich in die Länge, und schließlich wurde die andernorts häufig kopierte Fassade von Giacomo della Porta ausgeführt.

Vignola, der auch als Porträtist berühmt wurde und sich durch eine ausgeprägte innere Dialektik auszeichnete (man vergleiche nur das Schloß in Caprarola bei Viterbo mit den Horti Farnesiani auf dem Palatin) dominierte zwanzig Jahre lang die römische Baugeschichte, von der Villa Giulia aus der Mitte des Jahrhunderts bis zu der

Gegenüberliegende Seite:
Das nach den Entwürfen Pirro Ligorios für Papst Pius IV. errichtete Casino, eine Gartenvilla. Bei der Gestaltung der Fassadenpartie verzichtete der Architekt auf die traditionellen Gliederungselemente zugunsten eines antikisierenden Dekorationssystems, bestehend aus Statuen, Festons und Reliefs.

Ansicht eines Teils der Fassade des an der Piazza di Capo di Ferro gelegenen Palazzo Spada. Dieser Bau wurde nach 1540 von Girolamo da Carpi im Auftrag des Kardinals Capodiferro errichtet und ab 1632 durch Borromini umgestaltet, nachdem der Palazzo in den Besitz des Kardinals Bernardino Spada übergegangen war.

Blick in den Innenhof des Palazzo Spada mit der von Giuliano Mazzoni ausgeführten Stuckdekoration, die Episoden und Figuren aus der griechischen und römischen Mythologie zeigt.

Die von Vignola entworfene kleine Kirche Sant' Andrea in der Via Flaminia entstand in Erinnerung an die triumphale Überführung der Kopfreliquie des Apostels Andreas nach Rom. Architekturgeschichtlich markiert der Memorialbau durch die Kombination einer Ovalkuppel mit einem quadratischen Grundriß einen wichtigen Entwicklungsschritt für den Typus des Zentralbaus.

eindrucksvollen Kirche Sant'Anna in Borgo, die von seinem Sohn Giacinto nach seinem Tod vollendet wurde.

In seinen letzten Lebensjahren stellte Michelangelo noch einmal seine Schaffenskraft unter Beweis, als er die Reste der Thermen des Diokletian zur Basilica Santa Maria degli Angeli ausbaute und die Porta Pia entwarf, die in ihrer Formensprache und ihrer repräsentativen Konzeption revolutionär war, auch weil ihre Hauptfront zur Stadt zeigte und nicht nach außen. Das Werk, welches der toskanische Baumeister unvollendet ließ, war eng mit der Anlage der Via Pia (heute Via XX Settembre) verbunden. Bei seinem Tod hinterließ der Künstler eine Reihe unvollendeter Werke, darunter auch der Kuppelbau des Petersdoms, der schließlich von Giacomo della Porta fertiggestellt wurde.

Der von Bramante um 1507 begonnene und von Antonio da Sangallo d. J. weitergeführte Bau der Kirche Santa Maria di Loreto wurde nach einer längeren Bauunterbrechung um 1573 von Jacopo del Duca vollendet. Seine Kuppellösung erinnert durch die stark hervortretenden Rippen und die runden Fensteröffnungen an den Kuppelentwurf Michelangelos für den Petersdom.

Der einzige, der Michelangelo auf seinem Weg der kompromißlosen Infragestellung der Tradition folgte und an dessen kreative Spannung anknüpfen konnte, war der Sizilianer Jacopo del Duca. Schon bei der Cappella Savelli in San Giovanni in Laterano, für deren Entwurf sich del Duca erklärtermaßen die Porta Pia zum Vorbild genommen hatte, hatte sich das angekündigt. Del Ducas bedeutendstes Werk war die Vollendung von Santa Maria di Loreto, deren Bau bereits unter Julius II. (1503–1513) von Antonio da Sangallo begonnen worden war. Del Duca lieferte eine kritische Interpretation des Problems der zweischaligen Kuppel, die sich von Della Portas Lösung für den Petersdom unterschied. Für das bereits von Michelangelo gestellte Grundproblem wurde hier eine aktualisierte Lösung von beachtlichem technischem und künstlerischem Niveau vorgelegt.

Unter großen Schwierigkeiten und gegen den Widerstand mächtiger Familien konnten die Arbeiten an Il Gesù im Jahre 1568 begonnen werden. Nach den Vorstellungen gegenreformatorischer Kreise sollte damit eine exemplarische Interpretation des Sakralbaus geschaffen werden.

Die Gegenreformation prägte die gesamte Architektur des 16. Jahrhunderts. Sie unterwarf die Künste einer strengen Kontrolle und förderte einen klaren Stil, der sich des Intellektualismus der Manieristen enthielt und um die Entwicklung neuer Bautypen bemühte.

Mit Fug und Recht kann behauptet werden, daß die Amtszeit Gregors XIII. (1572–1585) ganz im Zeichen Giacomo della Portas stand: Mit ihm stehen Projekte wie der Petersdom, Santa Maria ai Monti (1580) und Sant'Atanasio dei Greci (1583) in Zusammenhang. Es ist bezeichnend, daß Della Porta bei seinen Fassadenentwürfen nie wieder auf das Vorbild Il Gesù zurückkam und bei San Luigi dei Francesi sogar auf Entwürfe Michelangelos für San Lorenzo in Florenz zurückgriff.

Doch auch andere Talente konnten sich entfalten: Der Bologneser Ottavio Nonni, genannt Mascherino, der an Objekten wie dem Torre dei Venti (Turm der Winde) im Vatikan oder der Palazzina Gregoriana im Quirinal Vignolas Werk auf originelle Weise weiterentwickelte; Martino Longhi il Vecchio aus der Lombardei bewährte sich als fähiger Baumeister in der Nachfolge Sangallos, wie sich an seinen Bauwerken Palazzo Cesi und Palazzo Altemps zeigt. Erwähnung verdienen auch einige städtebauliche Maßnahmen wie die Anlage der Via Gregoriana (später Merulana) und der Via Ferratella. Ermöglicht wurde die Gestaltung dieser Straßenzüge durch von Gregor XIII. erlassene Bestimmungen zur Enteignung, eine Art Generalprobe für bevorstehende Ereignisse. Während der kurzen Amtszeit von Sixtus V. (1585–1590) veränderte sich das Gesicht der Stadt grundlegend. Die Verbindungsstraßen zwischen den wichtigsten religiösen Zentren wurden aufgewertet, das Gebiet auf den Hügeln wurde wieder an das Felice-Aquädukt angeschlossen, Manufaktur- und Handelszentren wurden geschaffen oder ausgebaut, und die Anlegestellen am Tiber wurden wieder genutzt. Derart umfangreiche Projekte hatte es nie zuvor gegeben, auch wenn ein überwiegender Teil davon über das Entwurfsstadium nicht hinauskam und schon der Nachfolger, Clemens VIII., sich nicht mehr in der Lage sah, Leos Baupolitik fortzuführen. Um lange, gerade Straßen anlegen zu können, mußte man, wie der Papst selbst sagte, „zu vielen den Hals umdrehen". Allerdings waren es gerade diese breiten, von Fontana angelegten Straßen, die, wie er selbst schrieb, das bequeme Passieren der Kutschen erlaubte, was den Neid der anderen europäischen Hauptstädte hervorrief. Wie das Beispiel des unter Septimius Severus erbauten Septizoniums zeigt, das von den Baumeistern der Renaissance besonders bewundert wurde, fielen den Umstrukturierungen des Stadt-

Die Hauptkirche der Jesuiten in Rom, Il Gesù, wurde ab 1568 nach Plänen Vignolas errichtet. Abweichend davon orientierte man sich bei der ab 1571 begonnenen Gestaltung der Fassade an einem Entwurf Giacomo della Portas. Die von diesem Architekten entworfene Ädikulaschaufront gilt als ein klassisches Beispiel für die Fassaden des gegenreformatorischen Kirchentyps mit breitem Schiff und flankierenden Seitenkapellen.

Unter der Leitung Martino Longhis d. Ä. wurde der Palazzo Riario aus dem 15. Jahrhundert umgestaltet; er erhielt den Namen Palazzo Altemps. Die Arbeiten Longhis erfolgten im Auftrag des Neffen Papst Pius' V., des Kardinals Marco Sittico Altemps (Sittich Hohenems).

Ansicht eines Teilbereichs des unter Sixtus V. von Domenico Fontana umgestalteten Laterankomplexes mit der Benediktionsloggia und dem monumentalen Lateranpalast. Diesem mußte die alte, durch die Jahrhunderte sukzessiv gewachsene Papstresidenz weichen. Die neue Anlage Fontanas zeigt eine deutliche Orientierung an den Palastbauten Antonio da Sangallos d. J.

bildes wertvolle Architekturdenkmäler zum Opfer. Das Kolosseum sollte in Werkstätten umgewandelt und durch eine Verkehrsader geteilt werden. Dazu kam es glücklicherweise nicht, und die Pläne blieben auf dem Papier.

Einer der großen Baumeister dieser Phase war Domenico Fontana – auch er in manchem ein Anhänger Sangallos –, der zwar vielseitig war, dessen Stärken jedoch nicht so sehr auf stilistischer als vielmehr auf technisch-experimenteller Ebene lagen. Daß er sich an Sangallo orientierte, war kein Zufall. Schon als Felice Peretti, der spätere Papst Sixtus V., noch Kardinal war, hatte Fontana für ihn die Villa Montalto in Termini gebaut, und nach dem Konklave von 1585 entstand eine Reihe von Bauten Fontanas im Auftrage des Papstes, die für die Geschichte der Stadt eine entscheidende Rolle spielen sollten. In dieser Epoche wurde der Lateranpalast vollendet, San Giovanni wurde durch die Fassade und die sogenannte Benediktionsloggia ergänzt, die Heilige Treppe, die Vatikanische Bibliothek, das Wassersystem der Acqua Felice, der Ponte Felice im Borghetto und das Armenhospiz in der Strada Giulia wurden gebaut.

Zu besonderem Ruhm gelangte er durch die Umsetzung des Obelisken auf den Petersplatz. Es gelang ihm stets, trotz der immensen Größe der Bauaufgaben die sehr knapp bemessenen Bauzeiten des energischen Auftraggebers einzuhalten. Fontana beherrschte die römische Architektur seiner Zeit und ließ seinen Konkurrenten wenig Spielraum. Dennoch behielt Giacomo della Porta die Bauleitung von St. Peter und von San Giovanni dei Fiorentini; Martino Longhi realisierte die Fassade von San Girolamo degli Schiavoni in Ripetta (der früheren Kardinalskirche des Papstes) und begann den Bau von Santa Maria in Vallicella (die Fassade stammt von Fausto Rughesi aus dem Jahre 1605).

Nach dem Tod Sixtus' V. im Jahre 1590 konnte Fontana seine privilegierte Stellung nicht halten, da immer mehr Stimmen der Kritik an seiner Arbeit laut wurden. Er zog sich nach Neapel zurück, wo er bis zu seinem Tod 1607 tätig blieb. Unter dem neuen Papst Clemens XIII. Aldobrandini (1592–1605) ging das Jahrhundert mit einer regen Bautätigkeit anläßlich des Heiligen Jahres 1600 zu Ende. Giacomo della Porta stellte die Kuppel des Petersdomes fertig und baute ab 1592 das Querschiff von San Giovanni in Laterano. Die Bedeutung dieser beiden Bauten machte ihn zum wichtigsten Baumeister während des Pontifikats Clemens' XIII.

Von hoher Qualität war auch die räumliche Gestaltung von San Giacomo degli Incurabili (ab 1592), einem Meisterwerk von Francesco Capriani da Volterra, der auch mit der Umgestaltung von San Silvestro in Capite begann. Für den Prozeß der Urbanisierung des Tridente am Campo Marzio, einem der interessantesten Aspekte der Stadterweiterung im 16. Jahrhundert, spielte dieses Frauenkloster eine zentrale Rolle. Capriani beschäftigte sich vor allem mit dem Thema der ovalen Kuppel – Beispiele hierfür sind die Längskuppel von San Giacomo und die Querkuppel von San Silvestro – und nahm damit die rauschhafte Raumgestaltung des Barock vorweg. Viele bemerkenswerte Bauwerke der Jahrhundertwende verdankte Rom Baumeistern aus dem Norden. Im Umkreis Fontanas machte Carlo Maderna von sich reden. Seit Beginn der Arbeiten an Santa Susanna im Jahre 1593 war er Fontanas Mitarbeiter und begann 1598 eigenständig mit dem Bau von San Giovanni dei Fiorentini. Girolamo Rainaldi baute die Casa Professa der Jesuiten, Giovan Battista Montano entwarf ab 1597 San Giuseppe dei Falegnami, Onorio Longhi, ein Sohn von Martino Longhi, war in Santa Maria in Aracoeli und in Santa Maria in Trastevere tätig. Gaspare Guerra, Mario Arconio, Pompeo Targone, Carlo Lombardi und Flaminio Ponzio, der 1596 nach Rom gekommen war und unter Papst Paul V. Borghese ab 1605 eine wichtige Rolle spielen sollte, übernahmen die restlichen Aufträge, die in vielen Fällen von den Orden vergeben wurden. Nach genauen Kirchenanweisungen waren diese bestrebt, ihren eigenen Immobilienbesitz aufzuwerten, ihre Gebäudekomplexe abzuschließen, mit prachtvoller Dekoration ausstatten zu lassen und auf diese Weise die Stadt zu prägen. Dadurch kamen ein kolossaler Transformationsprozeß und eine große Dynamik in Gang. Im Gegensatz zur Amtszeit Sixtus' V. erlebte das gesamte Bauwesen eine Blüte. In dieser an Anregungen, Themen und Möglichkeiten reichen Zeit wurde eine ganze Generation von kompetenten Fachleuten herangebildet, durch deren Beitrag die sich ankündigende Glanzzeit des römischen Frühbarock erst möglich wurde.

Stefano Borsi

Carlo Madernas 1603 fertiggestellte Fassade der Kirche Santa Susanna wurde bereits zum Zeitpunkt ihrer Entstehung als eine herausragende architektonische Leistung gefeiert. Dem Architekten gelang es, an dieser Schauseite durch Staffelung und unterschiedliche Ausformung der einzelnen Fassadenglieder eine Bewegung von den Außenseiten zur Mitte hin zu inszenieren.

Die römische Skulptur von Michelangelo bis zum Spätmanierismus

Michelangelo und die Skulptur der Hochrenaissance

In der Skulptur der Ewigen Stadt stand der Beginn des Jahrhunderts ganz im Zeichen des aufgehenden Sterns von Michelangelo; 1499 hatte er die *Pietà* und kurz zuvor den *Bacchus* für Kardinal Raffaele Riario geschaffen, der später in den Besitz des Bankiers Jacopo Galli überging. Die Feierlichkeiten zum Beginn des Heiligen Jahres 1500 waren überschattet von den Anfängen der Reformation und offenkundigen Vorbehalten gegen Papst Alexander VI. (1492–1503), dessen Pontifikat vielen als zu weltzugewandt galt. Die Bildhauerei der Zeit schwelgte in der Begeisterung für die Antike, wie sie auch in der Malerei von Pinturicchio ihren Niederschlag fand. In der Stadt herrschte ein lebhafter Handel mit Antiquitäten, gefälschte oder restaurierte Stücke hatten Konjunktur, der sich selbst Michelangelo nicht entziehen konnte: Seinen *Schlafenden Cupido* hatte man dem Kardinal Riario als antikes Stück verkauft. Die Produktion „all'antica" blühte, die Kardinäle suchten sich mit ihren Sammlungen von antiken Epigraphen und Skulpturen gegenseitig zu übertreffen. Oliviero Carafa stellte den *Pasquino* auf, Giuliano della Rovere den *Apoll von Belvedere*. Beide Skulpturen waren gerade bei Ausgrabungen zu Tage gefördert worden.

Unter Papst Julius II. (1503–1513) schienen sich die Dinge grundlegend zu ändern. In Künstlerkreisen hatte man hohe Erwartungen, und Rom zog weiterhin zahlreiche Bildhauer insbesondere aus der Lombardei und der Toskana an. Zu diesen gehörte auch Michelangelo Buonarroti, der 1505 mit der Arbeit am Grabmal des Papstes begann, die sich letztendlich über Jahrzehnte hinziehen sollte. Michelangelo selbst sprach von der „Tragödie des Grabmals", denn seine unbändige Schaffenskraft wurde dadurch gebremst, daß der Auftraggeber das Vorhaben wiederholt verkleinerte, neue Auflagen machte und die Ausführung immer wieder verschob. Schließlich wurde das Grabmal erst fertig, als Julius längst gestorben war. Zusätzlich war Michelangelo zumindest in der Anfangs-

Oben:
Andrea Contucci, genannt Sansovino: Grabmal des Girolamo Basso della Rovere *in Santa Maria del Popolo. Das Grabmal im Chor dieser Kirche wurde von Papst Julius II. als Pendant zu dem* Grabmal Ascanio Sforzas *in Auftrag gegeben.*

Unten:
Der sogenannte Apoll von Belvedere, *eine im 15. Jahrhundert in Italien aufgefundene römerzeitliche Kopie nach einem hellenistischen Werk, einer Schöpfung des Bildhauers Leochares. Die Statue war Teil der Sammlung Papst Julius' II. und wurde im Hof der Belvedere-Villa aufgestellt. Das durch Montesoli um 1532 ergänzte Werk wurde durch die Schriften Johann Joachim Winckelmanns (1717–1768) zur meistbewunderten Statue der späten Klassik. Rom, Musei Vaticani*

phase mit dem nicht gerade unerheblichen Problem konfrontiert, welche „Form“ der Petersdom, diese gigantische Herausfoderung des Della-Rovere-Papstes und Bramantes, haben sollte. Denn schließlich sollte das Grabmal dort aufgestellt werden.

Bei Michelangelos Eintreffen hielt sich auch bereits der junge Andrea Contucci, der nach seinem Heimatort Monte San Savino Sansovino genannt wurde, in Rom auf und errichtete 1504 in Santa Maria in Aracoeli das *Grabmal der Familie Manzi.* Während seiner Arbeit am monumentalen *Grabmal für Ascanio Sforza* und dem *Grabmal des Girolamo Basso della Rovere* in Santa Maria del Popolo kam er mit Bramante in Kontakt, der die Kirche mit Hilfe von Pinturicchio grundlegend umgebaut hatte. Die Grabmäler wurden bereits im *Opusculum* des Kanonikus Francesco Albertini (1510) erwähnt und müssen deshalb zwischen 1508 und 1509 entstanden sein. Sie nehmen das Motiv des Toten beim Bankett im Jenseits wieder auf, wie es bei den etruskischen Sarkophagen aus Cerveteri zu finden ist.

Als Andrea Sansovino 1512 die Gruppe *Anna Selbdritt* in Sant' Agostino schuf, gestaltete er damit ein religiöses Thema als Marmorgruppe nach antikem Vorbild und maß sich mit Raffaels Stil, der den entsprechenden Pilaster mit einem Fresko *Der Prophet Jesaia* bemalte. Der antikisierende Ton beispielsweise in den Geschichtszügen der Jungfrau, der an Bildnisse aus der flavischen Zeit erinnert – schloß jedoch streng religiöse Inhalte nicht aus. Dieser Aspekt war auch Vasari nicht entgangen, der überschwenglich lobte: „Unter den modernen Figuren kann diese als göttlich gelten.“ Auftraggeber war der Protonotar Johann Göritz, genannt Corycius, Adressat der lateinischen Gedichtsammlung, die als Coryciana bekannt wurde. Die Entdeckung der *Laokoongruppe* im Jahre 1506 und der Flußgötter aus den Konstantinthermen wenige Jahre später und ihre Aufstellung im

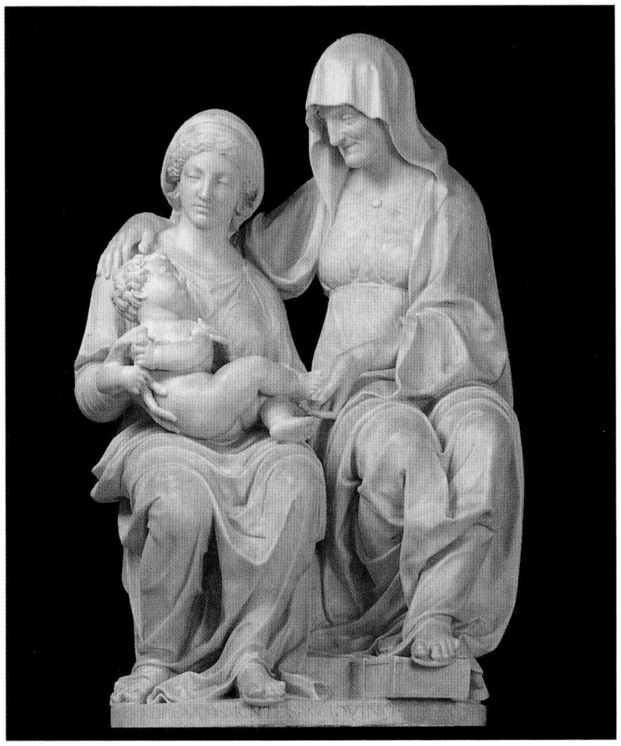

Andrea Sansovino, Anna Selbdritt. *Die 1512 für die Kirche San Agostino entstandene Gruppe zeigt Sansovinos Auseinandersetzung mit der Formensprache Raffaels.*

Andrea Sansovino, Grabmal des Ascanio Sforza *in Santa Maria del Popolo*

Gegenüberliegende Seite:
Lorenzo Lotti, genannt Lorenzetto: Jonas entsteigt dem Wal. *Die Statue entstand um 1519–1520 für die Chigi-Kapelle in Santa Maria del Popolo und zeigt deutliche stilistische Anleihen bei Raffael, der die Kapelle entworfen hatte.*

Die 1506 auf dem Esquilin gefundene Laookongruppe *markiert einen Höhepunkt der Antikenbegeisterung in Rom. Das Werk hinterließ bereits bei seiner Auffindung einen tiefen Eindruck bei den in dieser Stadt tätigen Künstlern, darunter Raffael und Michelangelo. Rom, Musei Vaticani*

Hof des Belvedere-Palastes im Vatikan durch Bramante kennzeichneten wichtige Momente dieser Leidenschaft für die Antike, die zu einem Aufleben des „Klassischen“ in der Bildhauerkunst führte. Es entstanden die musealen Gärten der Sassi, Maffei, Della Valle; der Humanist Angelo Colocci ließ in seinem Garten an zentraler Stelle eine Ariadne oder schlafende Nymphe aufstellen. Im Umkreis Raffaels, der es verstanden hatte, sich eine Machtposition und ein weitreichendes Netz von Mitarbeitern zu schaffen, machte ein weiterer junger Toskaner, Lorenzo Lotti, genannt Lorenzetto, Karriere. Schon seit geraumer Zeit war er in Rom tätig, doch erst 1519 erhielt er den bedeutenden Auftrag, die Figuren für die von Raffael entworfene Grabkapelle Agostino Chigis in Santa Maria del Popolo anzufertigen. Obwohl auch hierfür bereits ein Entwurf Raffaels vorlag, verlieh Lorenzetto den Figuren eine zarte, schwingende Form mit feinen, weichen Helldunkeleffekten. Dabei ist die Jonasfigur besser zu beurteilen als der Elias, der erst 1523 – nach Lorenzettos zweijährigem

Aufenthalt in Florenz – unter Mitarbeit von Raffaello da Montelupo fertiggestellt wurde. Die Zeit drängte, der reiche Auftraggeber starb im Jahre 1520, nur vier Tage nach Raffael,

Für das *Grabmal des Raffael* im Pantheon schuf Lorenzetto – erneut in Zusammenarbeit mit Raffaele da Montelupo – die *Madonna del Sasso*. Obwohl Lorenzetto wesentlich länger lebte als Chigi und Raffael, kennzeichnete deren fast gleichzeitiges Ableben zweifellos das Ende seiner Karriere. Sein Stil galt bereits als veraltet.

Im Jahre 1524 führte Lorenzetto das *Grabmal für Bernardino Cappella* in Santo Stefano Rotondo aus, doch bei den Gräbern der Medici-Päpste in Santa Maria sopra Minerva, an denen er ab 1536 arbeitete, mußte er sich mit einer untergeordneten Rolle zufriedengeben, während die Bildhauerarbeiten Bandinelli anvertraut wurden. Zum Ausgleich wurden ihm von Antonio da Sangallo d. J., der die Bauleitung des Petersdoms innehatte, zunehmend Aufgaben als Architekt und Vermesser anvertraut. Dadurch konnte er sich ein standesgemäßes Haus im Macel de'Corvi leisten, dem Viertel zwischen Quirinal und Trajanssäule, in dem namhafte Bildhauer – von Andrea Bregno bis Michelangelo – ihre Werkstätten unterhielten.

JacopoTatti, genannt Sansovino

Ein junger Schüler von Andrea Sansovino, Jacopo Tatti (der sogar seinen Künstlernamen erbte, obwohl er aus Florenz stammte), begann seine Laufbahn als Mitarbeiter bei den Grabmälern für die Familien Sforza und Basso della Rovere in Santa Maria del Popolo und kam dadurch in Kontakt mit Bramantes Kreis und Perugino. Noch während der Amtszeit Leos X. kehrte er 1518 nach Rom zurück und machte bald durch bemerkenswerte Werke von sich reden. Dies waren unter anderen die *Madonna del Parto* in Sant'Agostino, die Figur des Hl. Jakob in der gleichnamigen spanischen Nationalkirche an der Piazza Navona, die später als katalanische Nationalkirche in Santa Maria in Monserrato umbenannt wurde, und das bedeutende *Monumentalgrab für den Kardinal Giovanni Michiel* in San Marcello, der Kirche des florentinischen Ordens der Servi di Maria, für die er auch die Bauleitung innehatte. Dadurch gelang es ihm, den bedeutenden Konkurrenten Antonio da Sangallo auszustechen, wofür dieser Revanche nehmen konnte, als er San Giacomo degli Spagnoli baute. Mit wachsendem Erfolg verkörperte Jacopo Tatti, der Rom im Jahr des „Sacco di Roma", 1527, verließ und nach Venedig ging, ein Formideal, das mit dem Michelangelos nichts mehr gemein hatte.

Rom wurde zunehmend zu einem fruchtbaren Experimentierfeld für die Weiterentwicklung des Monumentalgrabes. Der architektonische Rah-

Jacopo Sansovino: Madonna del Parto *(1519–1520). Rom, Sant' Agostino*

Doppelgrab des Antonio Orso und des Kardinals Giovanni Michiel *von Sansovino in der Kirche San Marcello al Corso*

men wurde betont und die verherrlichende Funktion ausgeweitet. Treffender als Vasari in seiner Lebensbeschreibung des Baccio d'Agnolo kann man diese Tendenz in der Bildhauerei des 16. Jahrhunderts kaum beschreiben: „... so werden die Bildhauer, da sie die Aufstellung ihrer Statuen zu bewirken und für Grabmäler und andere Freiplastik Dekorationen zu schaffen haben, mit der Zeit sachverständig." Sansovino erneuerte den Typus, indem er die Zahl der Objekte reduzierte, die Menge plastischer Dekorelemente reduzierte und so die Skulpturen im Verhältnis zum architektonischen Rahmen aufwertete. Bereits in den Jahren 1519/20 zeichneten sich die Ausdrucksmöglichkeiten ab, die ihn unter dem Dogen Andrea Gritti zum größten Baumeister der Renaissance in Venedig machen sollten.

Der Tod Julius' II. zwang Michelangelo zu einer grundlegenden Revision seiner Pläne für dessen Grabmal. Es sollte nicht das letzte Mal sein, denn bis zur endgültigen Fertigstellung in den Jahren 1542–1545 wurden die Entwürfe noch mindestens sechsmal überarbeitet. Danach waren die ursprünglich ehrgeizigen Pläne erheblich reduziert, zumal das Grabmal nicht mehr im Petersdom, sondern in San Pietro in Vincoli, der Kardinalskirche des verstorbenen Papstes, aufgestellt wurde. Die Figuren des rebellierenden und des sterbenden Sklaven entstanden um 1513, also zwei Jahre vor dem monumentalen *Moses*. Doch im Gegensatz zu diesem wurden sie im endgültigen Vertrag von 1542 nicht mehr berücksichtigt. Die Mosesfigur hingegen bildete eine Art Fixpunkt, an dem sich alle späteren, durch wachsendes Pathos gekennzeichneten Versionen orientierten. In der endgültigen Anordnung des Grabes dominiert die Figur des *Moses* bei weitem die liegende Figur des Papstes. Ebenfalls nicht ganz problemlos verlief die Entstehungsgeschichte des *Auferstandenen Christus* für Santa Maria sopra Minerva, der bezeichnenderweise auf eine Illustration von Savonarola zurückging. Um 1515 arbeitete Michelangelo an einer ersten Version, die er später vermutlich wegen eines Marmorfehlers aufgab und in den Jahren 1519/1520 in aller Eile ersetzte, um den Vertrag zu erfüllen. Michelangelo arbeitete daran in Florenz, und die Feinarbeiten überließ er einem Gehilfen, Pietro Urbano, der auf Rat von Sebastiano del Piombo bald durch Federico Frizzi ersetzt wurde.

Obwohl Michelangelo fast vollständig isoliert lebte, blieben seine kraftvollen Werke nicht unbemerkt. Sogar der Raffaelschüler Polidoro da Caravaggio zögerte nicht, eine gemalte Version des *Moses* anzufertigen. Die antikisierende Tendenz in der Kunst dieser Epoche bot vor allem den Florentiner Künstlern Möglichkeiten zur künstlerischen Entfaltung, doch die Ergebnisse sind von sehr unterschiedlicher Qualität. Die Skulptur des Papstes in Santa Maria in Aracoeli, die 1514 von Domenico Aimo da Varignana geschaffen wurde,

Folgende Doppelseite:
Michelangelos in den Jahren 1514–1516 ausgeführte Statue des Moses *sollte ursprünglich im oberen Bereich des Grabmals Papst Julius' II. aufgestellt werden. Rom, San Pietro in Vincoli*

Entwurfszeichnung Michelangelos für das Grabmal Papst Julius' II. *Dieses nie in seinem ursprünglich geplanten Umfang ausgeführte Grabmal hätte laut Vasaris Angaben jedes antike und kaiserliche Grabmonument übertreffen sollen. Florenz, Gabinetto dei Disegni e delle Stampe*

war sicher kein Meisterwerk und ist ein Beleg für das schwankende Niveau der römischen Bildhauerei der Spätrenaissance. Varignana gelangte schließlich in den Kreis des Architekten Raffael (ihm werden die bedeutenden Zeichnungen des Kodex Mellon in der Pierpont Morgan Library in New York zugeschrieben).

Baldassarre Peruzzi

Zu Raffaels Nachfolgern gehörte auch der Sienese Baldassarre Peruzzi. Nachdem er mit der Villa Farnesina für Agostino Chigi bereits eine bemerkenswerte Probe seines architektonischen Könnens geliefert hatte, erhielt er die Gelegenheit, sich mit dem Thema des Grabmals auseinanderzusetzen. Von 1524 bis 1529 arbeitete er in Santa Maria dell'Anima am *Grabmal für Papst Hadrian VI.* Unter seinen Mitarbeitern war auch Niccolò Tribolo, der seit Jacopo Sansovinos Tätigkeit in Florenz dessen Schüler gewesen war.

Bei diesem Grabmal wurden zum erstenmal Reliefs mit historischen Szenen in einen architektonischen Kontext eingefügt, eine Idee, die bei der Gestaltung der Papstgrabmäler immer wieder aufgegriffen werden sollte. Peruzzi, der sich gegen den Konkurrenten Simone Mosca durchsetzte, wurde bald vom Kreis um Vasari angezogen. Durch herrliche antike Säulen aus Marmor in verschiedenen Farben, insbesondere aus schwarzem afrikanischem Marmor, die den von ihm gemalten Säulen in der Sala delle prospettive in der Villa Farnesina glichen, betonte er das Malerische von Sansovinos Vorbildern. Peruzzi ließ sich vom sogenannten Arco di Portogallo an der Via del Corso, der im 17. Jahrhundert abgerissen wurde, inspirieren und betonte den architektonischen Aufbau. Er verbreiterte den Mittelbogen und bekrönte ihn mit Attika und Tympanon, kleinteiliges Dekor wurde durch zwei Nischenordnungen mit monumentaleren Figuren ersetzt. Damit war der Bruch mit der Tradition des architektonischen Wandnischengrabes aus dem 15. Jahrhundert endgültig vollzogen.

Nach dem „Sacco di Roma" im Jahre 1527 verließen zahlreiche Künstler die Stadt, wovon insbesondere die Bildhauerkunst stark betroffen war. Lorenzetto, Jacopo Sansovino mit seinem Schüler Danese Cattaneo, Peruzzi und Giovanni da Udine gingen weg, und selbst für diejenigen, die später zurückkehrten, war Rom nicht mehr das, was es einmal gewesen war. So jedenfalls äußerte sich Vasari in der Biographie über Perin del Vaga. Während der Amtszeit von Papst Clemens VII., dem gelehrten Giulio de'Medici, waren die Auswirkungen dieser politischen Krise Italiens überall spürbar. Trotz der vorherrschenden Präferenzen für Michelangelo gab es in der Kunst auch ausgeprägt manieristische Tendenzen, die beispielsweise in den Kleinbronzen und Plaketten von Benvenuto

Michelangelos Statue des Auferstandenen Christus *in Santa Maria sopra Minerva. Das bereits 1514 in Auftrag gegebene Werk wurde erst zwischen 1518 und 1521 ausgearbeitet und, nachdem es aus Florenz nach Rom überführt worden war, dort von dem Schüler Pietro Urbano da Pistoia fertiggestellt.*

Cellini erkennbar sind. Ganz im Zeichen seiner Reverenz an Michelangelo standen die ersten bildhauerischen Arbeiten von Daniele Ricciarelli da Volterra, der – Ironie des Schicksals – seine Laufbahn als geachteter Maler beschloß. Bekannt wurde er als „braghettone“ (Hosenanzieher), weil er den Auftrag übernahm, die Blößen der nackten Figuren in Michelangelos *Jüngstem Gericht* zu bedecken.

Der Einfluß der toskanischen Künstler

Auch nachdem Michelangelo nach Florenz gegangen war, um die Medici-Kapelle und die Biblioteca Laurenziana zu gestalten, blieb sein Stil in der römischen Skulptur beherrschend. Es war die große Zeit der toskanischen Künstler: Baccio da Montelupo, Baccio Bandinelli, Raffaello da Montelupo, Nanni di Baccio Bigio (Giovanni Lippi) und Tiberio Calcagni hatten gute Beziehungen und fanden die besten Bedingungen für ihr künstlerisches Schaffen vor. 1532 ergänzte Montorsoli fehlende Teile der *Laokoongruppe* und vollendete damit die Restaurierung des antiken Fundstücks.

Nanni di Baccio Bigio schlug den Weg des emphatischen Monumentalismus ein, aber seine von Michelangelo inspirierten Arbeiten wirkten routiniert und ausdrucksschwach, was auch seine bekannte Polemik gegen den Meister nicht zu verbergen vermochte. Baccio da Montelupo zog wenig Aufmerksamkeit auf sich, gehörte jedoch schon seit geraumer Zeit zu Michelangelos Anhängern, nachdem er im ersten Jahrzehnt des Jahrhunderts, wie aus einem Brief von Ludovico Buonarroti aus dem Jahre 1510 hervorgeht, von Michelangelo beauftragt worden war, an seiner Stelle den Piccolomini-Altar in Siena fertigzustellen.

Die große Stunde für diese Künstler kam, als sie unter der Bauleitung von Antonio da Sangallo d. J. mit den Gräbern der beiden Medici-Päpste Leo X. und Clemens VII. in Santa Maria sopra Minerva beauftragt wurden. Doch wie nicht anders zu erwarten, kam es dabei auch zu harten Auseinandersetzungen, die noch jahrelang Anlaß zu Anfeindungen aller Art gaben. Den größten Anteil des Auftrages sicherte sich Baccio Bandinelli (1493–1560), dem es gelang, Konkurrenten wie den Ferrareser Alfonso Lombardi (1535 gestorben), einen Protegé des Kardinals Ippolito de'Medici, der bald nach Bologna übersiedelte, auszustechen und den Anteil der anderen toskanischen Künstler zu reduzieren. Nach Aussage von Vasari verdankte Baccio seinen Erfolg der Donna Lucrezia Salviati, Tochter von Lorenzo il Mangifico und Schwester Leos X., dessen Eingreifen schließlich entscheidend war.

Die Arbeiten an diesem Monumentalkomplex zogen sich über vier Jahre hin, der Vertrag wurde 1536 geschlossen. In dieser Zeit wurde über die anfänglichen Vertragsbedingungen erneut verhandelt, und es entstanden zahlreiche Zeichnungen, die heute über Museen in Madrid, Florenz, Oxford und Wien verstreut sind. Den architektonischen Entwurf gestaltete Antonio da Sangallo nach dem Modell des Triumphbogens, der Mittelbogen jedoch wurde kleiner ausgelegt als beim Grabmal für Hadrian VI., damit die Leibung der Attika, deren Bekrönung in Form eines Tympanons von großen Mediciwappen unterbrochen wurde, mit Reliefs verziert werden konnte.

Kompositorische Strenge und weniger Farbenfreude als bei Peruzzi, aber auch eine größere Bedeutung der Skulptur: Bezüge zu Michelangelo waren unverkennbar. Tatsächlich war Michelangelo bei diesem Vorhaben bereits von Clemens VII. um Rat gefragt worden und hatte Zeichnungen angefertigt, die nun wieder in Betracht gezogen wurden. Vom Hadriansgrabmal übernahm man das Motiv des historisch-biographischen Reliefs, das Szenen aus dem Leben des verstorbenen Papstes darstellte.

In der Mitte des 16. Jahrhunderts begann der junge Calcagni, der sich eng an das Vorbild Michelangelos hielt, seine Arbeit an der Cappella Sforza in Santa Maria Maggiore unter der Ägide des Meisters. Aufgrund seiner Jugend konnte er sich aber in der Zeit des Pontifikats von Clemens VII. keinen Namen machen. Die Beachtung, die Michelangelo auch aus der Ferne zuteil wurde, belegt ein Brief Vincenzo de'Rossis an Cosimo I. de' Medici, aus dem hervorgeht, daß Cosimo eine Skulpturengruppe mit dem Christus stützenden Nikodemus bei Rossi bestellte, nachdem er erfahren hatte, daß Michelangelo in Santa Maria Maggiore in Rom ein ähnliches Thema bearbeitet hatte. Michelangelo war mittlerweile so von seinen Bauprojekten und als Berater bei Bauvorhaben in der ganzen Stadt in Anspruch genommen, daß er kaum Gelegenheit hatte, neue bildhauerische Werke zu beginnen.

Dennoch hatte auch Bandinellis Stellung in der Kunstwelt nicht an Bedeutung verloren; sein Einfluß läßt sich beispielsweise in den Werken Vincenzo de'Rossis in der Cappella Cesi von Santa Maria della Pace erkennen.

Das Grabmal für Papst Paul III.

Im Auftrag von Kardinal Alessandro Farnese begann Guglielmo della Porta im Petersdom unter der Leitung von Annibale Caro mit einem Monumentalgrab für Papst Paul III., der die Nachfolge von Clemens VII. angetreten hatte. Die Arbeiten zogen sich über mehrere Jahre hin, und erst im Heiligen Jahr 1575 konnte das Monument eingeweiht werden, nachdem die ursprünglichen Pläne mehrfach verändert worden waren. Die letzte Fassung, die auch der auftraggebende Papst favorisierte, sah ein Grabmal in Form eines antiken Sarkophags vor.

Zwar waren die Figur des Papstes und Darstellungen der Tugenden bereits 1552 fertiggestellt, doch hatte Della Porta selbst offenbar die Fortsetzung der Arbeiten hinausgezögert, da er durch immer neue Gutachten von Michelangelo und Vasari über den Aufstellungsort des Werkes zunehmend ungehaltener wurde. Schließlich wurde das Ergebnis durch Bernini noch einmal verändert, er machte daraus ein Pendant zum *Grabmal Urbans VIII.* Obwohl der Gestus der Papstfigur an das *Reiterstandbild des Mark Aurel*, das Paul III. 1538 auf dem Kapitolsplatz hatte auf-

Das Grabmonument Papst Hadrians VI. *Florenz (1522–1523) in Santa Maria dell'Anima. Dieses zwischen 1524 und 1529 ausgeführte Werk Baldassare Peruzzis markiert die endgültige Ablösung der Grabmalgestaltung vom Typus des mittelalterlichen Wandgrabes in Rom.*

Guglielmo della Porta: Büste Papst Pauls III. Farnese. *Neapel, Museo Nazionale di Capodimonte*

Grabmal Papst Pauls III. *(1534–1549) von Guglielmo della Porta in St. Peter. Oberhalb des von den Allegorien der Gerechtigkeit und Klugheit flankierten Sarkophags thront die Bronzestatue des Pontifex.*

stellen lassen, erinnerte, stand doch der makellose pyramidale Aufbau im Stil Michelangelos im Vordergrund, während sich die Gesichter der liegenden, an die Medici-Kapelle erinnernden Figuren durch einen stark antikisierenden Einschlag auszeichnen, ganz nach den ästhetischen Idealen von Annibale Caro. Dieser an der klassischen Antike orientierte, gelehrte Stil findet sich auch bei weniger anspruchsvollen Werken. Ein gutes Beispiel

dafür ist die anonyme Büste auf dem Grabmal des Humanisten Blosio Palladio in Santa Maria in Aquiro. Die bemerkenswerte, in gelb-weiß durchädertem Marmor gearbeitete *Porträtbüste Pauls III.*, die um 1547 in Rom entstand und sich heute im Museo di Capodimonte in Neapel befindet, kann als Beleg dafür gelten, daß zwischen dem lombardischen Bildhauer und Mönch Della Porta und dem Farnese-Papst eine besondere Beziehung bestand.

Mit der Wahl von Julius III. Del Monte zum Papst und anläßlich des Heiligen Jahres 1550 gewannen die Florentiner Künstler erneut an Einfluß. In San Pietro in Montorio sollte die Cappella del Monte errichtet werden, in der die Grabmäler des Onkels des Papstes, Kardinal Fabiano del Monte, und des Großonkels Antonio del Monte aufgestellt werden sollten. Geleitet wurde das Projekt von Vasari, der für die Skulpturen Simone Mosca vorschlug, der bereits für die Cappella Cesi in Santa Maria della Pace die Reliefs gefertigt hatte. Allerdings legte der Papst die Entwürfe Michelangelo vor, der davon abriet, in der Nähe der Figuren Reliefs anzubringen, und damit die Bedeutung der Skulptur unterstrich. Den Zuschlag für die Skulpturen erhielt schließlich der junge Bartolomeo Ammannati, der sich im Jahre 1546 durch das *Benavides-Denkmal* in Padua, das Raffaels und Sansovinos Einfluß erkennen läßt, empfohlen hatte. Natürlich blieben Michelangelos Eingriffe auch in anderer Hinsicht nicht ohne Folgen; sie führten zu einer radikalen Revision des ganzen Vorhabens, von der Vasaris architektonischer Rahmen ebenso betroffen war wie die Rolle der Figuren und deren Verhältnis zur Architektur. Kein Wunder also, daß Antonio del Montes Porträt stark an Michelangelos Arbeiten erinnert und die Putten der toskanischen Marmorbalustrade denen des Deckenfreskos in der Sixtinischen Kappelle glichen.

Durch eine weitere, der Del-Monte-Kapelle gegenüberliegende Kapelle hatte San Pietro in Montorio eine Art Querschiff erhalten, und während sich Ammannati gewissermaßen im Schatten Michelangelos mit seinem Auftrag beschäftigte, schuf die Ausstattung für diese zweite Kapelle Daniele da Volterra.

In der Zeit des Pontifikats Pius' IV. (1559–1565) stand das künstlerische Leben ganz unter der Ägide von Michelangelo, der auch bedeutsame Bauvorhaben leitete. Als Bildhauer stellte der betagte Meister mit der *Pietà Rondanini*, die bei seinem Tod (1567) unvollendet blieb, noch einmal sein unerreichtes Können unter Beweis. Es verwundert daher nicht, daß Vincenzo Danti in seiner Abhandlung über die vollkommenen Proportionen (1567) Michelangelos Meisterschaft über die der antiken und zeitgenössischen Bildhauer stellte. Es ist jedoch bezeichnend, daß vor allem seine Lehre von den idealen Proportionen des menschlichen Körpers rezipiert wurde. Die zugrundeliegende philosophische Reflexion und der Gedanke der Erlösung hingegen, die sich in vielen seiner Werke widerspiegeln, wurden zunächst nicht beachtet. Die Gegenreformation hatte der Kirche das rettende Instrumentarium an die Hand gegeben, und individuelle Positionen schienen überflüssig, wenn nicht gar verdächtig. „Kein Malen stillt noch Meißeln mehr die Seele / die flieht zu jenem liebevollen Gott" heißt es in einem Sonett von Michelangelo aus dem Jahre 1557.

Die Entwicklung der römischen Skulptur nach dem Tod Michelangelos

Dennoch fehlte es nicht an neuen Impulsen; der Florentiner Giovanni Antonio Dosio, der Neapolitaner Pirro Ligorio und Danti, der aus Perugia stammte, belebten die römische Kunstszene. Auf die gleiche Art, wie Michelangelo von religiösen Themen beherrscht war, verkörperte Ligorio, der sich unentwegt schöpferisch mit der Antike auseinandersetzte, das allegorisch-profane Kunstideal der Medici-Päpste. Zwischen den beiden Künstlern lagen Welten, was die Bandbreite des römischen Kunstschaffens zu dieser Zeit verdeutlicht. Mit dem *Grabmal für Paul IV. Carafa* in Santa Maria sopra Minerva (1566–1572 entstanden und ursprünglich für St. Peter vorgesehen) schuf Pirro Ligorio eine einzigartige Version des päpstlichen Monumentalgrabes: Archäologisch-heterodoxe Elemente verbanden sich mit einer strengen Gesamtkomposition, der sich die von dem wenig bekannten Künstler aus der Lombardei, Giacomo Cassignola, geschaffene verhaltene Figur des segnenden Papstes anpaßt. Zu diesem lebendigen Klima in der Kunststadt trugen auch Veröffentlichungen bedeutender theoretischer Texte bei: *De statua* von Alberti, *Zwei Lektionen* von Benedetto Varchi, die Abhandlung von Danti, die 1568 erschienenen Abhandlungen von Cellini über Goldschmiedekunst und Bildhauerei, die Künstlerbiographien von Vasari (1550 und 1568), die Michelangelo-Biographie von Condivi (1553) und andere Schriften. Anregend war auch die Auseinandersetzung mit plastischen Werken, die aus anderen

Die Cappella del Monte in San Pietro in Montorio, die Giorgio Vasari im Auftrag Pauls III. entwarf. Von dem Verfasser der Künstlerviten stammt auch das Altarbild mit der Bekehrung des Paulus. Der skulpturale Apparat der Kapelle wurde von Bartolomeo Ammanati in den Jahren 1550–1553 geschaffen.

Teilen Italiens nach Rom gelangten, wie etwa die Bronzegruppe *Raub der Sabinerinnen* von Giambologna, heute im Museo di Capodimonte in Neapel, die früher im Palazzo Farnese aufgestellt war.

In jeder Hinsicht blieb noch über lange Zeit das künstlerische Erbe Michelangelos dominant, etwa in den Arbeiten des Sizilianers Jacopo del Duca, der sich als Bildhauer, aber auch als Architekt stets vom Vorbild des Florentiners leiten ließ. Bei der Gestaltung der Reliefplatte für das *Grabmal von Antonio Foderati* in Santo Spirito in Sassia griff er das Thema der Pietà wieder auf; mit der Porta Pia vertraute man ihm eines der bedeutendsten Werke des Meisters an, und er überwachte dort die Fertigstellung der Bekrönung, während die Engel neben dem Papstwappen von dem Steinmetzen Nardo de'Rossi stammen. Im Vergleich zu dem Architekturmodell der Porta Pia, die ähnlich wie ursprünglich auch die Sixtinische Kapelle mit Bronzen geschmückt war, zeigte das *Grabmal für Elena Savelli* in San Giovanni in Laterano (1570) bereits einen freieren, analytischeren Umgang mit den Architekturelementen. Deutliche Parallelen zu Michelangelo weist auch das Relief mit Gottvater, der den toten Christus hält, am Grabmal für Kardinal Alessandro Savelli auf, eine weitere freie Version der Pietà. Schwächer ausgeprägt dagegen ist der Bezug bei der um 1580 entstandenen Tympanongruppe am Portal von Santa Maria di Loreto (Madonna mit Kind und Engeln). Zwar ist der

Einfluß Michelangelos hier nicht so klar nachzuvollziehen wie bei anderen Werken Foderatos, doch hat er hier auch keine individuelle Handschrift entwickelt, so daß die Zuschreibung umstritten bleibt.

In der Zwischenzeit war Guglielmo della Porta zwar trotz seines Mönchsdaseins ein wohlhabender Mann geworden, aber auf die römische Kunstwelt hatte er seit über zehn Jahren keinen Einfluß mehr. Sein letzter bedeutender Entwurf (1567), eine Reihe von Altären für den Petersdom, wurde nicht mehr realisiert und ist nur durch sein heute in Düsseldorf aufbewahrtes Skizzenbuch bekannt geworden.

Seinen Platz als offizieller Porträtist des Papstes nahm der Florentiner Taddeo Landini ein, der für die Cappella Gregoriana im Petersdom eine *Büste von Gregor XIII. Buoncompagni* (Staatliche Museen zu Berlin, Skulpturengalerie) und ein Relief mit Christus, der den Jüngern die Füße wäscht, schuf. Von Landini, der eine typisch toskanische Ausbildung hatte (wahrscheinlich hatte der großherzogliche Künstler Buontalenti zwei Abhandlungen über die Bildhauerkunst verfaßt, die später verlorengingen), kam der Vorschlag, die römischen Plätze nach florentinischem Vorbild mit öffentlichen Brunnen auszustatten. Baglione zufolge schuf Landini die Modelle für die Bronzestatuen des berühmten Schildkrötenbrunnens auf der Piazza Mattei. Allerdings wurden die Schildkröten erst 1658 hinzugefügt; die ursprüngliche Gestalt des Brunnens zeigt ein Stich von Giovanni Maggi aus dem Jahre 1618.

Neue künstlerische Impulse unter dem Pontifikat Sixtus' V.

Während der kurzen, jedoch bedeutsamen Amtszeit des energischen Sixtus V. (1585–1590), der das Gesicht der Stadt grundlegend modernisierte, entfaltete sich eine Dynamik, von der auch die Bildhauerei ergriffen wurde, auch wenn dies keineswegs zu einheitlichen Resultaten führte. Von Ausnahmen abgesehen, lag die Architektur fest in den Händen Domenico Fontanas, während Giovanni Guerra und Cesare Nebbia die Malerei beherrschten. Dagegen nahm sich das Panorama der Bildhauerei wesentlich uneinheitlicher aus. Als Porträtisten Sixtus' V. schufen die beiden Toskaner Taddeo Landini und der Bronzespezialist Bastiano Torrigiani Büsten von bemerkenswerter Qualität, deren psychologische Durchdringung nur noch vom Barock übertroffen werden sollte. Von Tommaso della Porta stammen die Figuren der Apostel Petrus und Paulus, wahre Bronze-„Kolosse".

Wieder war es ein Lombarde, Giovanni Antonio Paracca aus Valsoldo, der sich bei der von Sixtus V. bestellten Ausstattung der Cappella Sistina in Santa Maria Maggiore den Löwenanteil der Bildhauerarbeiten sicherte. Seine frühere Tätigkeit liegt jedoch vollkommen im dunkeln. Als junger Mann hatte er sich in Rom aufgehalten und sich wie viele andere auf dem florierenden Sektor der „Restaurierung" antiker Statuen betätigt. Noch bevor er gewählt wurde, dachte Sixtus V. an sein eigenes Grabmal, als er 1586 das Zwillingsgrab für Pius V. und sich selbst in Auftrag gab. Im selben Jahr wurde Valsoldo mit den Figuren der Apostel Petrus und Paulus für die Cesi-Kapelle in Santa Maria in Vallicella beauftragt und kam dadurch in Kontakt zu den Oratorianern. In der Cappella Sistina war er einer unter vielen Künstlern, die sich mit der Ausstattung beschäftigten: Die *Statue Pius' V.* (1566–1572) stammt von Leonardo da Sarzana, das darunterliegende Relief, das *Die Übergabe des Kirchenbanners an Marcantonio Colonna vor der Schlacht von Lepanto* darstellt, hingegen von Egidio della Riviera, der gemeinsam mit Nicolas Pippi aus Arras die Szenen

Gegenüberliegende Seite:
Michelangelo Buonarroti: Pietà Rondanini. *Die unvollendete Plastik, an der Michelangelo noch in seinen letzten Lebenstagen arbeitete, illustriert in expressiver Weise die stark um den Aspekt des menschlichen Leidens zentrierten religiösen Ansichten des Meisters. Mailand, Musei Civici del Castello Sforzesco*

Rechts:
Jacopo del Ducas 1570 errichtetes Grabmal der Elena Savelli *in San Giovanni in Laterano*

Die von Taddeo Landini geschaffene Fontana delle Tartarughe (Schildkrötenbrunnen) *zeigt die Übernahme des in Florenz üblichen Typus der mit Skulpturen dekorierten öffentlichen Brunnenanlage.*

BENEDICTVS XIII·ORD·PRÆDIC·ALTARE HOC CONSECRAVIT DIE XXV·IVLY MDCCXXVI·

aus dem Leben des Ghislieri-Papstes ausführte. Die beiden Künstler hatten bereits bei ihrer Zusammenarbeit am *Grabmal Friedrichs van Kleve,* eines Bayerischen Erbprinzen, ihre Fähigkeiten unter Beweis gestellt. Bei diesem Werk, das in Santa Maria dell'Anima steht, orientierten sie sich formal am *Grabmal Papst Hadrians VI.*

Die Figur des Petrus am *Grabmal Papst Pius' V.* stammt von Valsoldo, während der *Hl. Dominikus* von Giacomo della Porta geschaffen wurde. Dieser war ein lombardischer Meister, der als Architekt unter Clemens VIII. sehr erfolgreich und bereits an der schwierigen Ausführung der Kuppel von St. Peter beteiligt gewesen war. Auf der gegenüberliegenden Seite befindet sich das *Grabmal Papst Sixtus' V.*, dessen architektonischen Rahmen Domenico Fontana entworfen hatte. Die Statue *Sixtus V.* stammt wiederum von Valsoldo, während Egidio della Riviera und Nicolas d'Arras die Reliefs ausführten. Die Statuen der Heiligen aus dem Franziskanerorden, dem auch der Peretti-Papst angehörte, stammen von Pietro Paolo Olivieri (*Hl. Antonius von Padua*) und Flaminio Vacca (*Hl. Franziskus*), der wegen seiner interessanten Denkschriften über römische Antiken (besonders über neue Ausgrabungen) bekannt wurde. In der Tat zeichnet sich dieses Monumentalgrab auch durch die Menge an wiederverwendeten antiken Marmorstücken aus.

Offenbar verlor Michelangelos Werk an Einfluß, wie sich beispielsweise an der von Leonardo Sormani unter Mitarbeit von Prospero Bresciano geschaffenen Mosesfigur auf der Schauwand des Acqua-Felice-Brunnens bei Santa Susanna zeigen sollte, die mit ihrem übertriebenen Monumentalismus von der idealen Spannung des Michelangelo-Stils weit entfernt war. Die Statue wurde für einen städtischen Raum von bis dahin unerreichten Ausmaßen konzipiert und stand ganz im Zeichen der weitreichenden Pläne von Papst Sixtus zur Umgestaltung der Stadt. Die rahmenden Reliefs stammen von Della Porta und Vacca, die mit Recht zu den Protagonisten im Kunstschaffen dieser Epoche gezählt werden.

Bei vielen Gelegenheiten forderte man die Bildhauer auf, sich die Aufträge nach pragmatischen Gesichtspunkten aufzuteilen, auch um zu gewährleisten, daß die Liefertermine eingehalten werden konnten. Deshalb kam es auch bei kleineren Vorhaben zur Verteilung der Aufgaben. In Il Gesù beispielsweise engagierte man die Lombarden Silla Longhi und Ippolito Buzio sowie die Römer Pier Paolo Olivieri und Flaminio Vacca, um die Engel in eckigen Nischen der zweiten Kapelle auf der rechten Seite anzufertigen (um 1594). Sillas Ansehen wuchs, als er für die Cappella Paolina, das Pendant der Cappella Sistina in Santa Maria Maggiore, die Statuen von Clemens VIII. und Paul V. schuf. Außerdem war er ein unermüdlicher, vielbeschäftigter Restaurator antiker Stücke.

Sixtus V. *von Giovanni Antonio Paracca, genannt Vasoldo, in der Cappella Sistina in Santa Maria Maggiore. Die Darstellung zeigt den Stifter dieser Grabkapelle als Betenden, dessen Handlung auf das Sakramentstabernakel und die Krippenreliquien gerichtet ist. Die Statue ist als Pendant zu dem ebenfalls in dieser Kapelle errichteten* Grabmal Papst Pius' V., *des Vorgängers Sixtus' V., gedacht.*

Gegenüberliegende Seite:
Das nach den Entwürfen von Giovanni Battista Ricci von dem Bronzegießer Bartolomeo Torrigiani geschaffene Sakramentstabernakel in der Cappella Sistina in Santa Maria Maggiore.

Zweifellos war Buzio die konsistentere Persönlichkeit. Seine Porträtstatue von Alessandro Farnese (auf einem antiken Torso) aus dem Jahre 1593 war die erste einer Reihe von Statuen der Capitani der Kirche des Konservatorenpalastes, zu der im 17. Jahrhundert auch Bernini und Ercole Ferrara beitrugen. Seine bedeutendsten Aufträge erhielt Buzio jedoch unter Clemens VIII. (1592–1605) und Paul V. (1605–1621). Für die Cappella Aldobrandini in Santa Maria sopra Minerva fertigte er mehrere Statuen (darunter die Statue von Papst Klemens) und arbeitete an dem Umbau des Querschiffes von San Giovanni in Laterano mit (1597–1601). Bei diesem größten Gemeinschaftsprojekt der Amtszeit von Papst Clemens schufen Buzio, Nicolas Cordier, Stefano Maderno, Camillo Mariani, Alessandro Bonvicino

SIXTVS·V·PONT·MAX·PICENVS
AQVAM·EX·AGRO·COLVMNAE
VIA·PRAENEST·SINISTRORSVM
MVLTAR·COLLECTIONE VENARVM
DVCTV·SINVOSO A RECEPTACVLO
MIL·XX·A CAPITE XXII ADDVXIT
FELICEMQ·DE·NOMINE ANTE PONT·DIXIT
COEPIT PONT AN I ABSOLVIT III MDLXXXVII

und Valsoldo mehrere Engelskulpturen. Die gesamte „Avantgarde“ der clementinischen Ära arbeitete mit den Großen der sixtinischen Ära zusammen. Das Vorhaben wurde von Giovanni D'Arpino geleitet und ging auf eine Idee Kardinal Baronios zurück. Eine wichtige Rolle spielte Buzio auch bei dem Entwurf der Cappella Paolina, für die er das Wappen des Borghese-Papstes an der Schauwand der Acqua Paolina lieferte, welches von Engeln gehalten wird (1612), und die Figur des Hl. Jakob für die gleichnamige Kirche am Corso (um 1615). Als Sixtus zum Papst gewählt wurde, konnte Olivieri bereits ein beachtliches Œuvre vorweisen, unter anderem das *Denkmal für Gregor XI.* in Santa Francesca Romana. Am Ende des Jahrhunderts schuf er in der Lateransbasilika den Altar des Santissimo Sacramento in vergoldeter Bronze, aber auch in diesem Fall stammen die Statuen von verschiedenen Künstlern: Nicolas Pippi entwarf den *Melchisedech*, die Figur des Moses wurde von Egidio della Riviera angefertigt und *Elias* von Camillo Mariani.

Ungebrochen wurden die intensiven Bemühungen, die Stadt für das Heilige Jahr 1600 zu schmücken und durch Kunstwerke zu bereichern, fortgeführt. Die diversen Baustellen waren geprägt von innovativen Tendenzen, aber auch die Auseinandersetzung mit den künstlerischen Errungenschaften der vorangegangenen Generation wurde nicht vernachlässigt. Die Prophetenfiguren von Valsoldo (*Jesaia, Jeremias*) und Vacca (*Ezechiel, Daniel*) an den Pilastern in Santa Susanna (1597–1599) ebenso wie die Fresken von Baldassar Croce im Kirchenschiff sind deutlich an Raffaels Arbeiten im Konstantinssaal und den Wandmalereien für die Sixtinische Kapelle orientiert, während das Vorbild Michelangelos stärker in den Hintergrund rückte.

Mit der Figur der Hl. Cäcilie in Santa Cecilia in Trastevere stellte Stefano Maderno ein „einfaches“ Modell für die sakrale Kunst vor. Bewußt bildete er den Leichnam der Märtyrerin so ab, wie dieser bei den von Kardinal Sfondrati anläßlich des Heiligen Jahres veranlaßten Ausgrabungen gefunden worden war, und schuf damit eine Verbindung zwischen der Kunst der Frührenaissance mit den Forderungen der Gegenreformation an die bildende Kunst. Mit der marmornen Altartafel der Cappella Caetani in Santa Pudenziana (1599), die ebenfalls stark diesen Idealen verpflichtet ist, nahm Olivieri die Positionen von Federico Zuccari ein, einem dominanten Vertreter der akademischen Kunst in Rom. Im Gegensatz dazu nahm sich das Werk Camillo Marianis wesentlich kraftvoller aus, da er stärker von der farbenprächtigen venezianischen Malerei beeinflußt war und sich dabei an Alessandro Vittoria orientierte. Bei der Gestaltung der monumentalen Stuckdekoration von San Bernardo alle Terme arbeitete Mariani 1603 mit dem jungen Francesco Mochi zusammen, dessen Name im Barock eine große Rolle spielen sollte. Nicolas Cordier wurde zum Vorreiter eines auserlesenen, aber verhaltenen Neomanierismus, der unmittelbar an Giambologna anknüpfte und von Kardinal Baronio gefördert wurde. Im frühen 17. Jahrhundert sollte Giambologna gemeinsam mit Pietro Bernini, der um 1605 nach Rom kam, die römische Szene beherrschen.

Das 16. Jahrhundert ging mit einer großen Vielfalt bemerkenswerter Tendenzen zu Ende, und gerade die Ewige Stadt präsentierte sich als besonders fruchtbarer Boden für die unerhörten künstlerischen Entwicklungen in der folgenden Generation.

Stefano Borsi

Die Anbetung der Heiligen Drei Könige, *Relief von Pietro Paolo Olivieri in der Caetani-Kapelle in Santa Pudenziana. In dem 1599 entstandenen Werk vereinigen sich die klassische Materialqualität des weißen Marmors mit den gegenreformatorischen Idealen einer Altartafel zu einem komplexen kompositorischen Apparat.*

Gegenüberliegende Seite:
Die Fontana d'Aqua Felice *von Domenico Fontana (1585–1587). Das beherrschende Standbild des Moses in der Mitte, ein Werk des Bildhauers Leonardo Sormani, überträgt das Vorbild Michelangelos in ein gesteigertes Format.*

Die römische Malerei im 16. Jahrhundert

Michelangelos rahmende Ignudo-Figur neben der Genesisepisode Die Scheidung von Licht und Finsternis. *Rom, Palazzi Vaticani, Cappella Sistina*

Michelangelo Buonarroti: *Ignudo neben dem Bildfeld mit der Darstellung der Trunkenheit Noahs. Rom, Palazzi Vaticani, Cappella Sistina*

Von Julius II. bis zum „Sacco di Roma"

Mit durchdringendem Blick, in Gedanken versunken, die Hand an die Armlehne des päpstlichen Thrones geklammert, so wurde Papst Julius II., Neffe Sixtus' IV., von Raffael porträtiert. Die Geste gemahnt an den inneren Konflikt zwischen aktivem Handeln und Suche nach Ausgleich, der für sein Wesen charakteristisch war. Der 1503 gewählte Julius II. war ein kämpferischer Papst, der sich nicht scheute, zu den Waffen zu greifen, um den Besitz der Kirche zu verteidigen oder zu vergrößern.

Die ersten größeren Ausstattungsprojekte gab er im Jahre 1508 in Auftrag, einige davon an eher traditionelle Künstler, die bereits unter Alexander VI. tätig gewesen waren. Der Bologneser Jacopo Ripanda gestaltete die Sala di Annibale (Hannibal-Saal) und die Sala della Lupa (Saal der Wölfin) auf dem Kapitol (1508–1513), Pinturicchio das Chorgewölbe von Santa Maria del Popolo. Durch illusionistische Effekte, die sich in ähnlicher Form in der kurz zuvor ausgegrabenen Domus Aurea des Nero finden, belebte Pinturicchio die geometrische Aufteilung der Flächen. Fingierte Stuckrahmen auf goldenem Scheinmosaik umschließen eine Marienkrönung in der Mitte, vier Evangelisten und halb liegende Sibyllen in den seitlichen Tondi sowie vier Kirchenväter auf einem Thron mit Ädikula in den Zwickeln.

Mit repräsentativen Projekten für den Vatikan betraute man jedoch eher stilistisch innovative Künstler. Am 10. Mai 1508 verpflichtete sich Michelangelo, das Gewölbe der Sixtinischen Kapelle auszumalen, möglicherweise bereits Ende desselben Jahres begann Raffael mit den Stanzen.

Eigentlich war Michelangelo zu diesem Zeitpunkt mit dem Monumentalgrab beschäftigt, das Julius II. im Petersdom über der Grabstätte des Apostels Petrus für sich errichten lassen wollte. „Michelangelo, dem die Vollendung des Grabmals am Herzen lag, während ihm das Ausmalen des Gewölbes angesichts seiner geringen Übung in der

Ignudo zwischen den Szenen der Erschaffung der Gestirne und derjenigen der Scheidung von Erde und Wasser. Die inhaltliche Funktion, die Michelangelo diesen in den Ecken der Bildfelder angeordneten Ignudi, Aktfiguren, zudachte, bleibt ungeklärt. Formal bilden sie ein vermittelndes Element zwischen dem illusionistisch gemalten, architektonischen Rahmen und den in Frontalansicht gegebenen Episoden der Genesis. Rom, Palazzi Vaticani, Cappella Sistina

Folgende Doppelseite:
Die Erschaffung Adams.
Die bildliche Umsetzung dieser Episode der Schöpfungsgeschichte illustriert die skulpturale Bildanschauung Michelangelos. Gott tritt in der Szene als Typus des Bildhauers auf, der gerade im Begriff ist, seine Schöpfung zu beseelen. Rom, Palazzi Vaticani, Cappella Sistina

Vorhergehende Doppelseite: Sündenfall und Vertreibung aus dem Paradies *von Michelangelo. Die nach einer Unterbrechung der Arbeiten im Februar 1511 entstandenen Szenen, an deren Beginn* Die Erschaffung Adams *stand, zeigen eine neue ideelle und formale Figurenkonzeption. Rom, Palazzi Vaticani, Cappella Sistina*

Gegenüberliegende Seite: *Michelangelo Buonarroti:* Der Prophet Hesekiel. *Diese bewegte Gestalt des von einer Vision erfüllten Greises ist eine von sieben Prophetenfiguren Michelangelos an der Decke der Palastkapelle. Sie rahmt gemeinsam mit der* Cumäischen Sibylle *die Szene der Erschaffung Evas. Rom, Palazzi Vaticani, Cappella Sistina*

Der Prophet Jesaja. *Michelangelo plazierte die jugendliche Figur gegenüber der* Erithräischen Sibylle *als Rahmenfigur für das Bildfeld mit der Darstellung des Opfers Noahs. Rom, Palazzi Vaticani, Cappella Sistina*

EZECHIEL

Michelangelo, Die delphische Sibylle, *eine der fünf antiken Seherinnen im Programm der Sixtinischen Kapelle. Bei der Gestaltung dieser Figur scheint sich Michelangelo an Jacopo della Quercias Figur der Sapienza von Fonte Gaia in Siena orientiert zu haben. Rom, Palazzi Vaticani, Cappella Sistina*

Michelangelo: Lünette des Naason. *Rom, Palazzi Vaticani, Cappella Sistina*

Michelangelo: Lünette des Aminadab, *der entsprechend dem Bibelbericht den Wagen mit der Bundeslade gezogen haben soll. Rom, Palazzi Vaticani, Cappella Sistina*

Gegenüberliegende Seite:
Detail aus der Lünette des Aminadab.
Rom, Palazzi Vaticani, Cappella Sistina

Detail aus der Lünette des Naason.
Rom, Palazzi Vaticani, Cappella Sistina

Behandlung von Farben als eine große und schwierige Arbeit erschien, suchte sich auf jede mögliche Art dieser Last zu entledigen." So jedenfalls erklärt Giorgio Vasari den Umstand, daß zwischen der Auftragserteilung im Jahre 1506 und dem tatsächlichen Arbeitsbeginn in der Sixtina zwei Jahre vergingen. Ursprünglich hatte der Papst für die Ausstattung lediglich Darstellungen der zwölf Apostel und ein architektonisches Motiv vorgesehen. Michelangelo jedoch konzipierte eine Dekoration von großer Komplexität mit architektonischem Rahmenwerk und einer Reihe von Episoden aus der Genesis, die von Propheten, Sibyllen, den Ignudi sowie gemalten Marmor- und Bronzeskulpturen untergliedert wurden. Möglicherweise ging die Änderung des Bildprogramms auf den Einfluß des Gelehrten Egidio da Viterbo zurück. Es nimmt auf zahlreiche Texte Bezug, so zum Beipiel auf die Bibelexegese des Hl. Augustinus oder die *Arbor vitae* des Hl. Bonaventura, auf den sich der Theologe Marco Vigerio bezog, der 1507 sein *Decachordum Christianum* Julius II. widmete.

An dem gigantischen Werk arbeiteten zunächst einige sehr begabte Gehilfen aus der Werkstatt Ghirlandaios mit. Schon 1509 aber beklagte Michelangelo in einem Brief seine verzweifelte Situation: „Ich bin sehr unter Druck und körperlich erschöpft, ich habe keine Freunde und will auch keine." Im Jahre 1511 konnte die erste Hälfte der Decke enthüllt werden, und am 31. Oktober 1512 wurde die Kapelle offiziell eingeweiht.

Zum Vorschein kam ein harmonisches Ganzes: vollkommene, klassische Scheinarchitektur, die durch gemalte Nischen und Statuen belebt wird – voluminöse, schwermütig wirkende Figuren in sitzender oder sich windender Haltung, zum Teil mit farbenprächtigen Gewändern bekleidet. In der Darstellung wechseln sparsame, auf das Wesentliche beschränkte Episoden mit Szenen ab, in denen eine große Anzahl von Personen auf kleinsten Raum gedrängt ist. „Ein jeder, der sich darauf versteht," so der Appell Vasaris, „staune jetzt über die Güte der Gestalten, die Vollendung der Verkürzungen, die bewundernswürdige Rundung der Umrisse, die Anmut und Leichtigkeit haben und in jenem schönen Verhältnis gezogen sind, das man an nackten, schönen Körpern wahrnimmt."

Das Gewölbe ist in drei Bereiche unterteilt. Auf den Lünetten und den dreieckigen Stichkappen sind biblische Gestalten von Abraham bis Joseph dargestellt, welche die Lage der Menschheit vor der Erlösung durch Christus repräsentieren. Die vier Eckzwickel zeigen die wunderbaren Errettungen des jüdischen Volkes: *Judith und Holofernes*; *David und Goliath*; *Die eherne Schlange besiegt den Zweifel*; *Die Bestrafung des Haman*. Des weiteren sind die sieben Propheten und fünf Sibyllen dargestellt, die die Ankunft Christi weissagten.

Raffaels Freskodarstellung des Propheten Jesaia auf einem Pfeiler der Kirche San Agostino entstand im Jahre 1512 gleichzeitig mit der Fertigstellung der Ausmalung der Sixtinischen Decke durch Michelangelo. Die stilistische Beeinflussung Raffaels durch dieses Werk kommt bei dieser Prophetenfigur deutlich zum Vorschein.

Im Mittelteil, dessen Felder durch gemalte Architekturelemente getrennt werden, auf denen die Ignudi sitzen, finden sich neun Szenen aus der Genesis: von der *Scheidung von Licht und Finsternis* bis zur *Trunkenheit Noahs*. Diese epische Schilderung der Menschheitsgeschichte und der Vorfahren Christi sollte für das gesamte 16. Jahrhundert eine nahezu unerschöpfliche Quelle für interpretierende Kommentare und Vergleiche werden.

Die Stanzen Raffaels

Während Michelangelo von Zweifeln geplagt war, sich einsam und von der Arbeit unter Druck gesetzt fühlte („Ich habe nicht einmal die Zeit, nach meinem Bedürfnis zu essen“, schrieb er in einem Brief), schuf Raffael in der Stanza della Segnatura ein Werk, das „in so zarter und weicher Manier ausgeführt war, daß Julius II. alle Bilder anderer Meister, der älteren wie der neueren, abschlagen ließ“ – darunter auch Werke von Lorenzo Lotto und Bramante – und allein Raffael die Aufgabe übertrug, seine Wohnräume mit Fresken auszumalen. Weil Julius II. nicht die Räume von Alexander VI. beziehen wollte, den er verabscheute, ließ er das darübergelegene Stockwerk für sich herrichten. Das Bildprogramm der Stanza della Segnatura, die Julius II. als päpstliche Privatbibliothek nutzen wollte, orientierte sich an neuplatonischem Gedankengut.

Entwickelt wurde das Bildprogramm in einer strengen kompositorischen Einheit von Decke, rechteckigen Verbindungsstücken und Wänden. So steht die *Theologie*, die auf der von einem Putto gehaltenen Schriftrolle als „Kenntnis der göttlichen Dinge“ definiert wird, über der von Vasari so benannten *Disputa*, während die *Philosophie* (die rationale Wahrheit), die nach der „Erkenntnis der Ursachen“ sucht, über der *Schule von Athen* plaziert ist. Die *Poesie* (Schönheit), die von Gott inspiriert wird, befindet sich über dem *Parnaß*, die *Gerechtigkeit* (das Gute), die „jedem sein Recht zuspricht“, über den Kardinaltugenden. Auf den rechteckigen Feldern sind verschiedene allegorische Szenen dargestellt: *Das Urteil Salomons* repräsentiert die rationale Anwendung des Rechts. Die *Erbsünde* fordert die göttliche Gerechtigkeit heraus, die sich in der Vertreibung aus dem irdischen Paradies manifestiert; Die *Astronomie* verweist auf die Harmonie der Himmelssphären, Ursache jeglichen künstlerischen Ausdrucks, und die Episode von *Apoll und Marsyas*

Detail aus Raffaels Fresko Die Schule von Athen. *Rom, Palazzi Vaticani, Stanza della Segnatura*

ist als Metapher des christlichen Denkens zu deuten, das Gott als Ursprung aller Harmonie sieht. Vollkommen neuartig komponiert sind insbesondere die Wandfresken. Die *Disputa* ist in drei Bereiche gegliedert: Die „Kuppel" des Empyreums ist lichtdurchflutet und von Engeln bevölkert, die Gott umgeben. In der Mitte steht die triumphierende Kirche mit zwölf Heiligen und Patriarchen, die einen Halbkreis um Christus bilden, der von Maria und Johannes dem Täufer flankiert ist; darunter findet sich die kämpfende Kirche. Um eine Monstranz, perspektivischer Brennpunkt der gesamten Komposition, stehen Heilige, Kirchenväter und Theologen, die „disputieren".

Ein ungewöhnlich prächtiges Gebäude bildet den Hintergrund für die *Schule von Athen*, wo Gelehrte aller Epochen diskutieren. In einem idealen Tempel des Wissens, der von den Göttern der Künste (Apoll) und der Klugheit (Minerva) beschützt wird, weisen Aristoteles und Platon den Weg zur Wahrheit: Platon, der Timäus an der Hand hält, zeigt mit einem Finger gen Himmel, um auf die Welt der Ideen zu verweisen. Aristoteles, der das Buch der Ethik trägt, deutet mit der Hand auf den Boden, um darauf hinzuweisen, daß man die Dinge dieser Welt erforschen muß, um die Wahrheit zu erkennen. Rundherum sind in einem eindrucksvollen Szenarium Wissenschaftler und Philosophen versammelt, die nach ihren Fachgebieten gruppiert sind. Wie in einer modernen Inszenierung werden viele von ihnen durch bedeutende zeitgenössische Persönlichkeiten verkörpert: Platon trägt die Züge Leonardo da Vincis, das Gewand des Heraklit im Zentrum des Proszeniums trägt Michelangelo, Euklid hat die Gesichtszüge Bramantes, Zarathustra das Aussehen von Pietro Bembo, daneben erkennt man Raffael selbst und möglicherweise Sodoma. In den beiden Szenen

Raffael, Die Schule von Athen. *Das zwischen 1509 und 1511 entstandene Fresko zeigt bedeutende Vertreter der freien Künste, der Philosophie und der Wissenschaften in einer bramantesken Architektur. Diese sind um die beiden zentralen Figuren, Platon und Aristoteles, angeordnet. Einige der Figuren tragen die Gesichtszüge berühmter Zeitgenossen Raffaels, wie Michelangelo, der in der vordersten Bildebene als Heraklit zu erkennen ist, der sich auf einen Steinblock aufstützt. Der Schöpfer des Freskos erscheint zusammen mit Pietro Bembo und Sodoma am rechten unteren Bildrand. Palazzi Vaticani, Stanza della Segnatura*

Raffael, Der Parnaß. *Um die zentrale Figur des musizierenden Apoll sind neben den Musen auch eine Reihe bedeutender Persönlickeiten aus der griechischen und römischen Antike sowie der humanistischen italienischen Dichtung dargestellt. So tritt Dante neben dem blinden Sänger Homer im linken oberen Bildteil auf. Rom, Palazzi Vaticani, Stanza della Segnatura*

SECVND VM·MAT LIBER GENERA TIONIS
IESV CHR ISTI FILII D AVID
NDV MMAR CVM·
INITIV EVANGE LII IESV CHRISTI
SECVN DVM LVCAM FVIT· IN·DIE
HERO DIS RE GIS

Raffael, Die Disputà del Sacramento. *Die Darstellung der Disputation über das allerheiligste Altarsakrament bildet das programmatische Pendant zur* Schule von Athen. *Die Komposition ist in drei übereinander angeordnete Halbkreise strukturiert. Die unterste, um den Altar mit der Monstranz angeordnete Gruppe besteht aus Kirchenlehrern, Päpsten, Bischöfen und Ordensleuten. Die untere himmlische Ebene zeigt das um die zentrale Deesis-Gruppe und die darunter schwebende Taube des Heiligen Geistes versammelte Apostelkollegium. Den obersten Abschluß bildet die von Engeln umgebene Figur Gottvaters. Rom, Palazzi Vaticani, Stanza della Segnatura*

trachtet sich im Spiegel, und die Mäßigung hält ein Zaumzeug; die göttlichen Tugenden Glaube, Liebe und Hoffnung werden von Putten verkörpert.

Raffaels Fresken in der Villa Farnesina

Während Raffael im Vatikan tätig war, lehnte er andere Aufträge keineswegs ab. Deshalb war er insbesondere nach Fertigstellung der Arbeiten in der Stanza della Segnatura häufig gezwungen, erhebliche Teile der Arbeit an Gehilfen zu delegieren. Einer seiner wichtigsten Auftraggeber war der aus Siena stammende Bankier Agostino Chigi, der Raffael engagierte, um die vor der Porta Settimiana gelegene Villa Farnesina auszuschmücken.

Gebaut hatte die Villa der ebenfalls aus Siena stammende Baldassare Peruzzi, der auch einige Räume ausstattete. In den Deckenbildern der Loggia di Galatea stellte er das persönliche Horoskop des Auftraggebers in Sternenbildern dar (1510–1511), eine der umfangreichsten astrologischen Darstellungen der Renaissance. In den Lünetten malte Sebastiano del Piombo, den Chigi 1511 aus Venedig hatte kommen lassen, in Anlehnung an die Metamorphosen des Ovid mythologische Darstellungen des Elementes Luft mit Vögeln und Winden und ein monumentales Wandfresko mit dem Polyphem vor einer Meerkulisse (um 1512). Dieses Werk verrät die rastlose Auseinandersetzung des jungen del Piombo mit Michelangelo, die sich auch in dem zeitgleich entstandenen Gemälde *Tod des Adonis* widerspiegelt, dessen Landschaft mit aus venezianischen Fresken bekannter Leuchtkraft den Hintergrund für Figuren bildet, die antiken Skulpturen gleichen, aber bereits am Stil Michelangelos geschult sind.

Neben dem liebeskranken Riesen Polyphem malte Raffael Galatea, die nach den Erzählungen von Theokrit, Ovid und Angelo Poliziano die Liebe des entstellten Riesen nicht erwiderte; die Meernymphe liebte nämlich den jungen Acis, der von Polyphem getötet und von Galatea in eine Quelle verwandelt wurde. Raffael schuf ein intensives, von neuplatonischem Denken gekennzeichnetes Bild, eine profane Version seiner heute in London befindlichen *Hl. Katharina*. Galatea blickt zu Amor, der seine Pfeile in der Hand behält, um keine Leidenschaften zu erwecken und um zur Übung der Tugend zu ermutigen.

Raffael erhielt von Agostino Chigi auch den Auftrag, in Santa Maria del Popolo dessen Grabkapelle zu errichten. Von den Bauplänen bis hin zur Dekoration der Kuppel entwarf Raffael alle Details nach neuplatonischen Kriterien und stellte die Kapelle in ihren Grundzügen im Jahre 1516 fertig. In den Jahren 1513–1514 widmete er sich dem Sibyllen-Fresko über dem Eingangsbogen der Cappella Chigi in Santa Maria della Pace. Bei diesem Vorhaben traf er auf ähnliche kompositori-

Raffael, Der Triumph der Galatea. *Das Thema dieser Freskodarstellung in der Sala di Galatea entstammt Ovids* Metamorphosen. *Die bildliche Umsetzung der Liebesgeschichte von Galatea und Acis dokumentiert eine intensive Beschäftigung des Malers mit der Antike. Rom, Villa Farnesina*

Der Parnaß und *Die Tugenden* hat Raffael die räumliche Anordnung der Figuren um den Leerraum brilliant gelöst. Die Parnaß-Szene, der ein Passus aus dem Fegefeuer in der *Göttlichen Komödie* von Dante Alighieri zugrunde liegt, zeigt oben auf dem Bergrücken Apoll und die Musen, rechts und links an den Abhängen Gruppen antiker und zeitgenössischer Dichter. In der Lünette der Tugenden finden sich drei der vier Kardinaltugenden. Die Gerechtigkeit, nach Platons später von Augustinus wieder aufgenommer Konzeption die wichtigste der Tugenden, ist oben an der Decke dargestellt. Die Tapferkeit hält einen Eichenzweig, das Wappenzeichen Julius' II., die Weisheit besche Schwierigkeiten wie bei dem Fresko *Der Parnaß* und nutzte den Rundbogen für Darstellungen von Sibyllen und Engeln vor einem gemalten Vorhang. Eindeutig erkennbar sind hier die Bezüge auf die lebensechte Körperhaltung von Michelangelos Figuren in der Sixtinischen Kapelle, der Vertreibung Heliodors. Heliodor war vom syrischen König Seleukos IV. ausgesandt worden, um im Tempel von Jerusalem den Schatz der Witwen und Waisen zu rauben, was jedoch durch göttliche Intervention in Gestalt eines „furchterregenden Reiters" und zweier „ungewöhnlich star-

Die Messe von Bolsena. *Durch die virtuose Komposition Raffaels wurde das Wunder – das Heraustreten von Blut aus der Hostie während einer Messe 1263 – mit einer Darstellung des Papstes und seines Gefolges verbunden. Rom, Palazzi Vaticani, Stanza dell'Eliodoro*

ebenso wie die schwungvolle Körperdrehung des Propheten Jesaja in Sant'Agostino, an die Michelangelos *Delphische Sybille* erinnert.

Hatten die Fresken der ersten Stanze theologische und philosophische Fragen zum Thema, so beschäftigte sich die Stanza di Eliodoro (Stanze des Heliodor) mit dem Eingreifen Gottes in die Geschichte der Menschheit. Die vier biblischen Episoden auf den Stichkappen der Decke zeigen Gott, wie er unmittelbar in die Geschichte eingreift, und sie stehen thematisch in enger Beziehung zu den Wandfresken. Unter dem brennenden Dornbusch, in dem Gott Moses erscheint, findet sich die Episode aus dem Buch der Makkabäer mit ker, wunderschöner" junger Männer verhindert wurde. Das Motiv des vom Wind aufgeblähten Gewandes des jungen Mannes stammt von einem römischen Sarkophag, auf dem ein dionysischer Festzug dargestellt ist. Einen zeitgenössischen Bezug bekommt die Darstellung durch die Abbildung Julius' II., der von Würdenträgern auf einer Sänfte hereingetragen wird und von dort die Geschehnisse beobachtet. Sein Auftritt erscheint wie eine Glosse der biblischen Erzählung, wie eine Warnung Gottes, jeden zu bestrafen, der sich dem Siegeszug der christlichen Kirche in den Weg stellt.

Historischer Hintergund der Episode waren die Ereignisse des Jahres 1511, als der Kirchen-

Folgende Doppelseite, links:
Die päpstlichen Begleiter aus der Messe von Bolsena *mit ihren Portäts, deren Ausführung verschiedentlich Lorenzo Lotto zugeschrieben wurde. Rom, Palazzi Vaticani, Stanza del Eliodoro*

Rechts:
Ausschnitt aus dem Fresko Die Befreiung Petri. *Raffaels Schilderung dieses Wunders beeindruckt neben der souveränen Kompositionsfindung durch die brillante Wiedergabe der unterschiedlichen Lichtquellen und -reflexe. Palazzi Vaticani, Stanza del Eliodoro.*

staat die Herrschaft über Bologna verlor, die alte Lehre des Gallikanismus wieder auflebte und der französische König Ludwig XII. eine Synode nach Tours einberief. 1512 eroberten die Franzosen Brescia und besetzten die gesamte Emilia-Romagna. Daraufhin rief Julius II. das Laterankonzil ein, vertrieb die Franzosen aus dem Territorium des Kirchenstaates und wurde, so jedenfalls halten es die Chroniken fest, in Rom empfangen wie „kein römischer Kaiser oder Heerführer zuvor".

Unterhalb der Darstellung *Die Opferung des Isaak* befindet sich *Die Messe von Bolsena*: War die Bibelepisode um Isaak ein Beispiel für Glauben und Gehorsam, so lag der Ursprung des „Wunders von Bolsena" im Jahre 1263 in dem Glaubenszweifel des Priesters Pietro aus Prag. Dieser zweifelte an der Transsubstantiation, bis er eines Tages in der Kirche Santa Cristina von Bolsena die Messe las und Blut aus der Hostie hervortrat und das Korporale befleckte. Zum Gedenken an dieses Wunder führte Papst Urban IV. am 11. August 1264 das Fronleichnamsfest ein. Den aktuellen Bezug erhielt das Fresko durch die Sebastiano del Piombo zugeschriebene Darstellung der Gruppe mit Papst, Kardinälen und Kanonikern auf der rechten Seite und die der Knienden im Vordergrund, von denen einige als Werk Lorenzo Lottos gelten. Möglicherweise bezog sich die bildliche Darstellung auf den 7. September 1506, als Julius II. die Kathedrale von Orvieto, in der das Korporale aufbewahrt wird, besuchte, um einen günstigen Ausgang für seinen Feldzug nach Bologna zu erflehen, oder aber sie nahm Bezug auf das Konzil im Jahre 1512.

Unter der Darstellung *Jakobs Traum*, der als Vorwegnahme der Kirchengründung gilt, findet sich *Die Befreiung Petri*. Durch die ungewöhnliche Lichtbehandlung entstand eine eindrucksvolle Nachtszene. Das göttliche Licht des Engels, der Petrus befreit und zur Flucht verhilft, bildet einen wirkungsvollen Kontrast zum künstlichen Licht der Fackeln und dem natürlichen Licht von Mond und Dämmerung, das die Wachen umhüllt, als sie die Flucht entdecken. Auch diese Darstellung enthält Verweise auf Julius II., denn in dessen Kardinalskirche San Pietro in Vincoli wurden die Ketten aufbewahrt, mit denen Petrus im Gefängnis von Jerusalem gefesselt worden sein soll. In der Befreiung Petri sahen Fachleute für Kirchenrecht im Jahre 1511 die erste Quelle zur Rechtfertigung der Autorität des Papstes als direktem Nachfolger Petri. Möglicherweise spielten die Darstellungen auf der Lünette auch auf die kriegerischen Ereignisse im Juni 1512 an, als das päpstliche Territorium von der französischen Besatzung befreit wurde. Die Noah-Szene und *Die Begegnung Leos des Großen mit Attila* sollen daran erinnern, daß Gott stets die Gerechten rettet. In Raffaels Vision wird Attila von Petrus und Paulus wie ein Dämon zurückgedrängt. Tatsächlich fand die historische

Gegenüberliegende Seite:
Raffaels Ausstattung des elften Gewölbes der Vatikanischen Loggien mit Szenen aus dem Leben Davids. Die Bildfelder werden von antikisierenden Grotesken und illusionistischen Elementen gerahmt.

Die Errettung Moses' aus dem Fluß *im achten Gewölbe und* Die Begegnung Jakobs mit Rachel *aus dem sechsten Gewölbe der Vatikanischen Loggien*

Begegnung im Jahre 452 am Ufer des Mincio statt und nicht in der Nähe von Rom, das bei Raffael von der untergehenden Sonne angestrahlt wird, während Rauchwolken vom Monte Mario aufsteigen. Dieser Szenenwechsel verhüllte den aktuellen Bezug, der auf den endgültigen Rückzug der französischen Truppen anspielte.

Zweifellos für Julius II. bestimmt, wurde das Fresko jedoch erst nach dessen Tod vollendet. Daher trägt die Figur des Papstes zwischen zwei Kardinälen die Züge Leos X. Möglicherweise war die in die Szene einreitende Gruppe durch die sogenannte Inbesitznahme inspiriert. Mit dieser

Zeremonie nahm der Zug des Papstes von den römischen Basiliken Besitz, so auch von San Giovanni in Laterano, dem Sitz des römischen Bischofs. Auch Leo X. verlangte für die Stanza dell'Incendio die Darstellung von Episoden, die mit seinem Namen und seinem Pontifikat verbunden sein sollten. Das einzige Fresko, das zu einem großen Teil auf Raffael zurückgeht, ist die Darstellung *Brand des Borgo*. Als im Jahre 847 im Borgoviertel ein Brand ausbrach, war auch der benachbarte Vatikan mit der antiken Mosaikfassade in Gefahr. Erst als Leo IV. auf den Benediktionsbalkon trat, legte sich das Feuer. Raffael reicherte die Szene mit Verweisen auf die Architektur (die linke Kolonnade erinnert an den Tempel des Mars, die rechte an den Tempel des Saturn) und die Literatur der Antike (Äneas und Anchises) sowie mit theatralischen Figuren an, die für ganze Künstlergenerationen zum Vorbild wurden.

Raffaels Spätwerk

Ohne Zweifel wurde Raffaels zentrale Rolle unter Julius II. von Giovanni de'Medici bekräftigt, der als Leo X. 1513 den Papstthron bestieg. Raffaels um 1516 entstandenes Porträt stellt diesen hochgebildeten und den Künsten sehr zugeneigten Papst dar, der an einem Tisch sitzt und durch ein Vergrößerungsglas die Miniaturen einer wertvollen Handschrift studiert, die als die sogenannte Hamilton-Bibel identifiziert wurde. Noch unter Julius II. erreichte die Kunst der Renaissance ihren glanzvollen Höhepunkt, und seine Amtszeit fiel mit Raffaels letzter künstlerisch fruchtbare Lebensphase zusammen. Julius II. übertrug ihm die Bauleitung von St. Peter, bestellte bei ihm die Entwürfe für die Wandteppiche der Sixtinischen Kapelle, beauftragte ihn mit der Ausmalung der Vatikanischen Loggien und erhob ihn zum obersten Wächter der antiken Bauwerke in der Stadt. Zahlreiche Werke Raffaels waren durch das Studium der Antike und durch die Verwendung antiker Elemente gekennzeichnet. So schrieb Pietro Bembo am 3. April 1516 an Kardinal Bibbiena: „Morgen werde ich mit Navigiero, Bazzano, Baldassare Castiglione und Raffael erneut nach Tivoli fahren ... Wir werden das Alte sehen und das Neue und alles, was es in dieser Stadt an Schönem gibt."

Zu dieser Zeit leitete Raffael die Arbeiten in den Wohnräumen von Kardinal Bibbiena im dritten Stock des Vatikanpalastes, genau über den Stanzen. Als gebildeter Mann von erlesenem Geschmack ließ Bibbiena seine neue Wohnung ganz nach antiker Art ausstatten, mit einem Ofen und einer geometrisch unterteilten Decke, die an die Stuckdekorationen der Villa Hadriana in Tivoli und an die gemalte Decke der Domus Aurea erinnerte. Auch die Loggien zeigen Raffaels intensives Studium der Antike.

Obwohl es sich um eine Gruppenarbeit handelte, an der mehr als zwölf Künstler beteiligt waren, ging der Gesamtplan doch auf Raffael zurück, der laut Vasari die Zeichnungen zu den Stukkaturen und zu den Bildern fertigte. Auf den Kreuzgewölben der Loggien im zweiten Stock finden sich die 52 Episoden der „Bibel Raffaels". Blattgirlanden, Kandelaber, Grotesken, Putten, deren Gliedmaßen in Pflanzen übergehen, Darstellungen menschlicher Gesichter mit Bärten aus Blättern verliehen den biblischen Szenen Heiterkeit und stellten sie damit in einen ideellen Gegensatz zur Feierlichkeit der Sixtinischen Kapelle. Die Phantasie triumphierte – wie später in der Dekoration der Villa Madama.

Bei dem Freskenzyklus Amor und Psyche in der Villa Farnesina werden Raffael der Entwurf und die Zwickelfiguren zugeschrieben. Die beiden illusionistisch gemalten Wandteppiche mit dem Rat der Götter und dem Bankett der Götter, deren Pflanzenranken Carracci später zu seiner Dekoration des Palazzo Farnese anregten, stammen dagegen von Giuliano Romano und Giovan Francesco Penni, die üppigen Fruchtkränze und Girlanden von Giovanni da Udine. Der Zyklus wurde vermutlich im Jahre 1517 vollendet, denn in einem Brief an Michelangelo vom 1. Januar 1518 berichtet Leonardo del Sellaio von der Einweihung und bezeichnet das Werk als „schändlich für einen großen Meister".

Der ganze Komplex der Farnesina war wahrscheinlich fertiggestellt, als in der Sala delle Prospettive von Baldassare Peruzzi im August 1519 in Anwesenheit von Papst Leo X. die Hochzeit von Agostino Chigi gefeiert wurde. Mit der Scheinloggia, hinter der sich gemalte Ansichten von Rom darboten, wurde eine Durchdringung von Außen- und Innenraum erzielt, die als gelungenstes Beispiel illusionistischer Malerei dieser Epoche gelten kann. Das Ergebnis stieß auf große Zustimmung und verhalf Peruzzi zu zahlreichen Aufträgen. Ähnliche Zyklen schuf er in der Villa Stati, im Casino Mattei auf dem Palatin und im Palazzo Massimo alle Colonne. Peruzzi gelang es meisterhaft, seine Werke so zu konzipieren, daß ein Dialog zwischen Architektur und Malerei entstand. Diese Meisterschaft zeigte sich auch in der Cappella Ponzetti in Santa Maria della Pace, die ein Freund Agostino Chigis, der Großdiakon und spätere Kardinal Ferdinando Ponzetti aus Sorrent, bei ihm in Auftrag gegeben hatte. Das Altarbild mit Madonna und Kind, den Heiligen Brigitta und Katharina und dem Kardinal Ponzetti verrät Raffaels Einfluß, denn Peruzzi übernahm den pyramidenförmigen Aufbau sowie die Haltung und Anordnung der Figuren von Raffaels Madonna del Pesce. Als er im Auftrag von Chigis Testamentsvollstrecker Filippo Sergardi die Darbringung Mariä im Tempel für dieselbe Kirche entwarf, orientierte Peruzzi sich an Raffaels Brand des Borgo

in den Stanzen und rückte in seiner Darstellung das eigentliche Ereignis in den Hintergrund, den er als architektonische Kulisse aus antiken und zeitgenössischen Elementen gestaltete. Raffaels letztes Werk war das Altarbild *Transfiguration*; es wurde nach seinem Tod im April 1520 im Pantheon, wo Raffaels Grabstätte eingerichtet wurde, ausgestellt. Auftraggeber des Gemäldes war Kardinal Giulio de'Medici, der spätere Papst Clemens VII.

Einen weiteren Auftrag für ein Altarbild vergab er an Sebastiano del Piombo, der die Erweckung des Lazarus gestalten sollte. Del Piombo war der einzige, der Michelangelos stilistische Innovationen in ihrer ganzen Tragweite erfaßt hatte. Seine künstlerische Reife kündigte sich bereits in seiner *Pietà* von 1515 an, deren dramatische Nachtszene von einer Meditation über die düstere Spannung Michelangelos geprägt zu sein schien.

Mit Giulio de'Medicis Doppelauftrag war der Augenblick für eine Konfrontation gekommen; die beiden bedeutendsten Protagonisten der römischen Malerei der ersten zwei Jahrzehnte des Jahrhunderts trafen aufeinander. Da del Piombo sich dessen bewußt war, stellte er 1517 seine Arbeit an den Freskos der Cappella Borgherini in San Pietro in Montorio ein, die er nach Entwürfen von Michelangelo ausführte (und wo er bei der Dar-

Das Giulio Romano zugeschriebene Bankett der Götter *ziert die Decke der Loggia der Psyche in der Villa Farnesina. Bei der Schilderung der Geschichte der Psyche orientierte sich der Maler an dem Roman* Der Goldene Esel *des römischen Schriftstellers Apuleius. Die nach einem Karton Raffaels gemalte Komposition imitiert bewußt einen Teppich. Rom, Villa Farnesina*

Gegenüberliegende Seite:
Die 1515 entstandene Pietà *von Sebastiano del Piombo offenbart den starken Einfluß Michelangelos. Viterbo, Museo Civico*

Raffael: Die Transfiguration *(1519–1520). Rom, Pinacoteca Vaticana*

stellung der Geißelung zum erstenmal mit Ölfarbe auf Wandputz experimentierte), um sich ganz auf *Die Erweckung des Lazarus* konzentrieren zu können.

Michelangelo, der inzwischen nach Florenz zurückgekehrt war, schickte 1516 eine Reihe von Skizzen, die sein venezianischer Freund getreulich umsetzte. Wie del Piombo verzichtete auch Raffael auf die Mitarbeit von Gehilfen und führte sein Altarbild eigenhändig aus. *Die Transfiguration* kann als Summe seiner bisherigen Erfahrung gelten, angefangen vom Spiel des Lichtes zwischen Christusfigur und Wolken bis hin zur Landschaft im Hintergrund, die an die Vision des Ezechiel erinnert. Die gekrümmten, sich windenden Figuren im unteren Teil sind jedoch eindeutig von Michelangelo inspiriert. Das Thema nimmt die Worte des Matthäus-Evangeliums auf, nach denen Jesus „wie die Sonne und sein weißes Gewand wie das Licht strahlte". Der Künstler teilte die Tafel in zwei Bereiche und fügte unter der Darstellung der Transfiguration die Episode der Heilung des Besessenen ein, der die Himmelfahrt Christi verfolgt.

In beiden Werken gibt es Andeutungen auf Ereignisse, mit denen sich die Kirche in jenen Jahren auseinandersetzen mußte: 1517 schlug Martin Luther, der dafür 1520 von Leo X. exkommuniziert wurde, seine 95 Thesen an das Portal der Schloßkirche zu Wittenberg. Kardinal Giulio de' Medici gehörte zu den entschiedensten Gegnern Luthers, und diese beiden Bilder brachten seine Überzeugung auf subtile Weise zum Ausdruck: In der Transfiguration ist die Heilung des Besessenen das Werk Christi, denn „seine Jünger konnten ihn nicht heilen", weil ihnen der Glaube fehlte, aber auch weil, so fügte Christus hinzu, „man diese Übel nur durch Beten und Fasten vertreiben kann": eine Warnung vor den Thesen Luthers, der behauptete, für die Erlösung reiche allein der Glaube. Sebastiano del Piombo unterstrich in seinem Bild die Vermittlerrolle Marias, die vor Christus kniet, aber auch die Macht der Priester Gottes, die Sünder „loszusprechen". Schließlich hatte Christus bei diesem Anlaß gesagt: „Bindet ihn los und laßt ihn gehen." Diese Macht der Priester wurde von Luther in Frage gestellt.

Der Konstantinssaal und die Schüler Raffaels

Als Raffael starb, war die von Leo X. in Auftrag gegebene Sala di Costantino (Konstantinssaal) noch unvollendet. Trotz Michelangelos Unterstützung erhielt nicht Sebastiano del Piombo den Auftrag zur Fertigstellung, sondern, wie der venezianische Maler mit großem Bedauern schreibt, die „Lehrlinge" Raffaels, der Skizzen und Kartons zu den Wandmalereien hinterlassen hatte.

Die Ausstattung mit Wandbehängen wurde von Giulio Romano geleitet, der die Hauptszenen der *Kreuzesvision*, der *Schlacht an der Milvischen Brücke* und der *Konstantinischen Schenkung* ausführte. Letztere ließ Clemens VII. aus politischen Gründen aufnehmen, obwohl sie im ursprünglich mit Leo X. vereinbarten Programm gar nicht vorgesehen war. Ihre Darstellung sollte die weltliche Macht der Päpste rechtfertigen, die von Lorenzo Valla in Frage gestellt wurde. In der *Schlacht an*

Ausschnitt aus der Darstellung der Schlacht Konstantins an der Milvischen Brücke. *Die Komposition Raffaels für dieses zwischen 1520 und 1524 von Giulio Romano ausgeführte Fresko verarbeitet Motive römischer Schlachtensarkophage. Rom, Palazzi Vaticani, Sala di Costantino*

der Milvischen Brücke realisierte Romano sein Ideal einer ungestümen heroischen Szenerie. Mit dem Bild der beiden Heere, die sich bald darauf in der Schlacht gegenüberstehen werden, schuf er den figurativen Prototyp für den nachfolgenden Manierismus.

Zweifellos war Giulio Romano die bedeutendste künstlerische Persönlichkeit, die die Werkstatt Raffaels hervorgebracht hat. Als Lehrling war er im Alter von etwa zwölf Jahren dort eingetreten und unter der Obhut des Meisters herangewachsen, bis er 1520 für Raffael die Ausführung weniger anspruchsvoller Teile in dessen Werk übernahm. Wie weit Romano sich von seinem Meister entfernte, kündigte sich schon in seiner *Madonna della Gatta* (1522–1523) an. Anders als die Kompositionen Raffaels ist dieses Werk durch kleinteilige Szenen gekennzeichnet. Prosaische Details brechen in die Darstellung der göttlichen Sphäre ein, wie beispielsweise die zahlreichen Tauben in der Sichtachse auf den Hl. Joseph oder die lebensecht dargestellte Katze. Das gleiche gilt für die *Pala Fugger* (Altarbild der Fugger) in Santa Maria dell'Anima. Die Darstellung der Frau, die Küken füttert, steht in starkem Kontrast zur differenziert gestalteten Architektur des Hintergrundes und der grandiosen, vor einer Art Theatervorhang plazierten Gruppe mit Maria und Kind, Heiligen und Engeln. Nachdem er den Freskenzyklus im Vatikan beendet hatte, reiste Giulio Romano 1524 nach Mantua und trat in die Dienste des Federigo Gonzaga.

Auch Perino del Vaga hatte die Stadt im Jahre 1522 verlassen, als er den von Leo X. in Auftrag gegebenen Saal der Päpste mit einem astrologischen Bildprogramm zur Verherrlichung des

Medici-Papstes fertiggestellt hatte. 1524 kehrte er – möglicherweise zusammen mit Rosso Fiorentino – zurück, und im Herbst desselben Jahres traf auch Parmigianino in Rom ein. Durch das Zusammentreffen dieser drei Künstler mit ihren unterschiedlichen Stilauffassungen bildete sich unter Clemens VII. der sogenannte clementinische Stil heraus. Es entstand eine Kunstform, die sich detailliert mit den künstlerischen Lehren ihrer unmittelbaren Vorgänger auseinandersetzte, dabei jedoch von einer anderen Gedankenwelt ausging. Von Raffael übernahm man den bühnenbildhaften Aufbau und die ausgefeilte Erzähltechnik; Michelangelos formale Vorgaben entwickelte man weiter, sein gedankliches Engagement jedoch wurde weitgehend ignoriert.

Da er sein Schüler gewesen war, sah Perino del Vaga sich als Raffaels legitimen Erben. In den Arbeiten jener Jahre – vor allem in der Cappella Pucci in Santa Trinità dei Monti – lieferte er seine Versionen der herrlichen Figurengruppen der Fresken Raffaels im Vatikan mit dicht gedrängten Figuren und großer dramatischer Ausdruckskraft. Rosso Fiorentino dagegen entwickelte die Manier der in die Länge gezogenen, nervös wirkenden Figuren weiter. Deutlicher noch als in den Fresken der Cappella Cesi in Santa Maria della Pace (1524) zeigte sich dies in dem heute in Boston befindlichen *Toten Christus* – eine kraftlose Neuinterpretation von Michelangelos Ignudi.

Eine größere Eigenständigkeit erreichte zu dieser Zeit das Altarbild *Madonna mit Kind und den Heiligen Johannes dem Täufer und Hieronymus* von Parmigianino. Der Madonna mit Kind nach raffaelitischer Art stellte Parmigianino einen kraftvollen Johannes im Stile Michelangelos zur Seite und schuf damit eine neue, durch Correggios Einfluß gemilderte Formensprache.

Die Folgen des „Sacco di Roma"

Nach den Vorfällen des „Sacco di Roma" im Jahre 1527 sahen sich zahlreiche Künstler gezwungen, die Stadt zu verlassen: Baldassare Peruzzi kehrte nach Siena zurück, Rosso Fiorentino ging nach Sansepolcro, Polidoro da Caravaggio nach Neapel, gefolgt von Giovan Francesco Penni, der dort ein Jahr später starb. Giovanni da Udine und Parmigianino zog es nach Bologna, Sebastiano del Piombo kehrte nach Venedig zurück; nach monatelanger Belagerung brach Perino del Vaga die Arbeit an den Fresken der Cappella del Crocifisso und der Cappella della Pucci ab und ging nach Genua. Papst Clemens VII. mußte die Entweihung und Plünderung Roms mit ansehen und flüchtete im Dezember 1527 nach Orvieto. Nach seiner Rückkehr im Herbst 1528 konzentrierte sich seine Aufmerksamkeit vor allem auf Florenz, das wieder von den Medici regiert wurde.

Im Jahre 1529 kehrte Sebastiano del Piombo nach Rom zurück. Doch die tragischen Ereignisse und seine später einsetzende spirituelle Krise, von der angenommen wird, daß sie ihn zum Anhänger des „reformierten Katholizismus" machte, fanden ihren Niederschlag in Porträts und religiösen Werken. Noch immer orientierte del Piombo sich an Michelangelo, den er 1532 konsultierte, als er in der Cappella Chigi in Santa Maria del Popolo die Geburt Mariä malte. Obwohl er den Auftrag bereits 1527 erhalten hatte, war das Bild bei seinem Tod im Jahre 1547 immer noch nicht fertiggestellt

Sebastiano del Piombo: Die Geburt der Jungfrau Maria. *Die für die Cappella Chigi in Ölmalerei auf Peperinblöcken gemalte Szene wurde erst nach Sebastiano del Piombos Tod von Francesco Salviati fertiggestellt. Rom, Santa Maria del Popolo.*

und wurde schließlich um 1554 von Francesco Salviati vollendet. Abgesehen von technischen Experimenten (der Maler verwendete hier Ölfarbe auf Peperinblöcken) ging del Piombo bei diesem Werk auch hinsichtlich des formalen Aufbaus und der Lichtbehandlung neue Wege. Den kompositorischen Schwerpunkt bildet die Tür im Hintergrund, durch die das Licht auf die skulpturenartigen Figuren im Vordergund fällt und einen metallischen Schimmer erzeugt. Hier kündigten sich bereits die schmucklose Strenge und die formale Abstraktion von del Piombos Spätwerk an, das der Malerei zu Zeiten des Tridentinischen Konzils zum Vorbild werden sollte.

Detail aus Michelangelos Fresko Das Jüngste Gericht *in der Sixtinischen Kapelle mit der Darstellung des Apostels Bartholomäus, der als Verweis auf sein Martyrium seine abgezogene Haut hält. Sie trägt ein Selbstbildnis des Künstlers. Rom, Palazzi Vaticani, Cappella Sistina*

Gegenüberliegende Seite:
Das zwischen 1536 und 1541 ausgeführte Fresko Michelangelos mit der monumentalen Darstellung Das Jüngste Gericht *an der Altarwand der Sixtinischen Kapelle. Die Entscheidung für dieses Thema markiert den Abschluß des typologischen Bilderkreises, der fast ein halbes Jahrhundert früher mit der Schilderung der Schöpfungsgeschichte begonnen wurde. Rom, Palazzi Vaticani, Cappella Sistina*

Folgende Doppelseite:
Detail aus dem Jüngsten Gericht *von Michelangelo, das die Engel mit den Posaunen und den Büchern sowie die Figur eines Verdammten zeigt. Der Bildausschnitt veranschaulicht eindrucksvoll den monumentalen Figurenstil Michelangelos, der mit der Darstellung starker Affektlagen kombiniert wurde. Rom, Palazzi Vaticani, Cappella Sistina*

Die Spätrenaissance während der Pontifikate Pauls III. und Julius' III.

Mit der Wahl von Papst Paul III. im Jahre 1534 erhielt das künstlerische Leben Roms neue Impulse. Im September kehrte Michelangelo in die Stadt zurück und begann mit den Arbeiten am *Jüngsten Gericht* in der Sixtinischen Kapelle. Eine Reihe junger Künstler aus der Toskana, darunter Francesco Salviati und Jacopino del Conte, kamen ebenfalls nach Rom, um Raffaels Spätwerk zu studieren und um das Schaffen Michelangelos, der in Florenz die Medici-Kapelle errichtet und ausgestattet hatte, weiter zu verfolgen. Michelangelos Einfluß zeigte sich bei Salviati in dem statuenhaften Profil und dem Faltenwurf des Engelgewandes seiner *Verkündigung an Maria* in San Francesco a Ripa (1533–1534). Jacopino del Conte begann 1536 im Oratorium von San Giovanni Decollato den Freskenzyklus mit Szenen aus dem Leben Christi und Johannes des Täufers, an dem später auch Salviati mitarbeitete. Während del Conte seine von Raffaels Stanzen inspirierte Verkündigung in San Zaccaria (1536) um eine nackte Figur im Stile Michelangelos ergänzte, scheint Salviati bei *Tempelgang Mariä* (1538) von Perino del Vaga beeinflußt gewesen zu sein, dessen unruhige Pinselführung er übernahm.

Nachdem del Vaga Ende 1537 oder Anfang 1538 nach Rom zurückgekehrt war, wurde er zur zentralen Figur der allgemeinen Bemühungen um eine „Restauratio urbis", die von Paul III. und dem römischen Adel unternommen wurden, um das künstlerische Leben, wie es vor dem „Sacco di Roma" im Jahre 1527 existiert hatte, wieder aufleben zu lassen. In del Vagas Werkstatt entstanden Entwürfe für Fresken- und Stuckdekorationen, die thematisch um die Helden der römischen Antike und die Sagen des klassischen Altertums kreisten und bei allen wichtigen Bauvorhaben Anwendung fanden.

Dazu gehörten die Friese im Palazzo Massimo alle Colonne ebenso wie die 1540 begonnene Ausstattung der Sala Regia (Regierungssaal) im Vatikan. Gemeinsam mit Antonio da Sangallo entwickelte del Vaga dort ein Bildprogramm, das die historische Kontinuität vom kaiserlichen zum christlichen Rom der Päpste hervorheben und deren Legitimität gegen reformistische Thesen verteidigen sollte. Dazu gehörte auch die Ausstattung der päpstlichen Gemächer in der Engelsburg, die del Vaga 1543 begonnen hatte und an der er bis zu seinem Tod im Jahre 1547 arbeitete. Die Sala Paolina wurde mit Szenen aus dem Leben Alexanders des Großen und des Hl. Paulus geschmückt und diente zur Verherrlichung der Taten Pauls III. Der Fries in der Sala di Psiche (Saal der Psyche) zeichnete sich durch eine heitere Erzählweise aus und griff auf ein traditionelles Repertoire zurück, das von Polidoro da Caravaggio beeinflußt war und sich auf den Fassaden der römischen Patrizierpaläste wiederfand. In der Engelsburg, möglicherweise sogar schon bei der Ausstattung der Sala Regia, war auch Pellegrino Tibaldi tätig, dessen ausdrucksstarke Handschrift in dem Fresko *Darius' Familie vor Alexander dem Großen* erkennbar ist. In San Luigi dei Francesi vollendete Tibaldi gemeinsam mit Jacopino del Conte, Girolamo Siciolante und anderen die Ausschmückung der Cappella di San Remigio, die del Vaga 1547 begonnen hatte. Tibaldis verzerrende Umformung von Michelangelos Stil zeigte sich noch Jahre später in der Lünette mit dem Wappen Julius' III., das von zwei muskulösen Engeln gehalten wird.

Michelangelos Jüngstes Gericht

Am 31. Oktober 1541 wurde Michelangelos Jüngstes Gericht enthüllt. Die Dramatik der Darstellung offenbart den inneren Konflikt des Künstlers, der zwischen Hoffnung auf Erlösung und Schuldgefühlen hin- und hergerissen war. In der epischen Darstellung der Auferstehung und des Jüngsten Gerichts steht die unübertreffliche, statuenartige Anordnung der Zentralgruppe – eine kindhafte Madonna und ein Christus von appollinischer Schönheit – in starkem Kontrast zu den verschwommenen, träumerischen Gesten der Auferstandenen und der rebellierenden Verdammten. Der Dunkelheit der Erde, die von der Bewegung der Auferstehenden und dem Versinken der Verdammten bestimmt ist, wird die strahlende Helligkeit des Himmels ohne perspektivische Abstufungen entgegengesetzt. Das so realistisch dargestellte Grauen war für die Zeitgenossen kaum faßbar. Auf Unverständnis stießen auch die beiden Szenen *Die Bekehrung Pauli* und *Die Kreuzigung Petri* in der Cappella Paolina, die 1542 begonnen und 1550 vollendet wurden. Die beiden großflächigen Fresken waren die letzten Werke, die Michelangelo als Maler ausführte.

Tizians Porträt Pauls III. mit seinen Nepoten

Während Michelangelo in der Sala Paolina tätig war, hielt sich Tizian in Rom auf, doch scheint seine Anwesenheit in der römischen Malerei keine Spuren hinterlassen zu haben. Tizian hatte sich von Kardinal Alessandro Farnese, dem Neffen Pauls III., überreden lassen, nach Rom zu kommen, weil er hoffte, dadurch für seinen Sohn Pomponio die Domherrenwürde zu erlangen. Im September 1544 schrieb der Apostolische Nuntius in Venedig, Giovanni della Casa, dem Kardinal, daß Tizian bereit sei, nach Rom zu reisen und die ganze Familie Farnese „einschließlich der Katzen"

IONAS

Gegenüberliegende Seite:
Die Bekehrung des Saulus *von Michelangelo (1542–1545) erhält ihre Dramatik durch die Bewegungsführung, ausgehend von dem gestürzten Saulus im Bildvordergrund, dem die Gruppe um den schwebenden Christus gegenübergestellt ist. Rom, Palazzi Vaticani, Cappella Paolina*

Francesco Salviati, Die Verkündigung an Maria. *In diesem 1534 entstandenen Werk verbindet der florentinische Maler Elemente der Werke Michelangelos mit den an den römischen Bildschöpfungen Raffaels gewonnenen Eindrücken. Rom, San Francesco a Ripa*

Gegenüberliegende Seite, oben:
Der Einzug Kaiser Karls V. in Rom. *Dieses Fresko von Salviati ist Teil des dekorativen Programms der Sala dei Fasti Farnesiani im Palazzo Farnese.*

Unten:
Francesco Salviati: Der Tod Sauls und Jonathans. *Das um 1553 entstandene Fresko orientiert sich deutlich an den Szenen der Sala di Costantino im Vatikanspalast, dem frühesten Beispiel des Manierismus in Rom. Rom, Palazzo Ricci-Sacchetti, Salone d'Udienza*

Tizians Porträt Papst Pauls III. mit seinen Nepoten. *Dieses Meiserwerk psychologischer Beobachtung ist ein bedeutendes Zeitdokument für das mit der päpstlichen Macht verbundene Phänomen des Nepotismus. Neapel, Galleria Nazionale di Capodimonte*

zu porträtieren, wenn man ihm diesen Gefallen erweise. Im Oktober 1545 wohnte Tizian im Palazzo Belvedere. Dort besuchte ihn Michelangelo in Begleitung von Vasari, nach dem Michelangelos Urteil über die für Alessandro Farnese gemalte *Danae* freundlich war, wenngleich er sich über die fehlende Zeichenschule und die mangelhaften Studien der venezianischen Meister beklagte. Trotz Michelangelos Kritik bestellte der Kardinal ein Porträt Pauls III. bei Tizian. Das Porträt, welches die Persönlichkeit des Papstes und das Klima der Intrige in der Kurie darstellt, ist ein Meisterwerk psychologischer Einfühlung. Aus Gründen der Schicklichkeit verzichtete Paul III. darauf, sich mit seinem Sohn Pier Luigi malen zu lassen, und zog es vor, mit den beiden weniger kompromittierenden Neffen abgebildet zu werden. Das Porträt – in den Farben Weiß, Rot und Schwarz – ist ein Manifest der Vetternwirtschaft und gleichzeitig ein politisches Programm, denn Paul III. ließ sich mit Ottavio, dem Erben des Herzogtums Parma und Piacenza, und Alessandro, Kandidat für die Papstnachfolge, abbilden. Der umsichtige Ottavio, der stets mit großer politischer Vorsicht agierte, verbeugt sich unterwürfig; Kardinal Alessandro legt die Hand auf den Thron des Papstes und bekräftigt damit seinen Anspruch, diesen eines Tages selbst zu besteigen. Obwohl seine gebeugte Gestalt und die runzelige Haut den physischen Verfall dokumentieren, klammert sich Paul III. an die Armlehne und hebt demonstrativ den päpstlichen Ring und damit die ungebrochene Macht seiner Familie hervor. Selbst die rechte, unvollendet gebliebene Hand des Papstes trägt noch eine Botschaft: Offenbar sah die Familie Farnese keine Veranlassung, Tizians Verfügbarkeit mit eigener Großzügigkeit zu vergelten, denn im Juni 1546 reiste dieser ab, ohne daß man ihm den gewünschten Gefallen bezüglich seines Sohnes erwiesen hatte, und es gibt keinen Hinweis darauf, daß seine Bilder je bezahlt wurden.

Vasaris Zyklus in der Sala di Cento

Offenbar kam die weniger kostspielige Arbeit des 35jährigen Vasari dem Geiz der Farnese eher entgegen. Auf jeden Fall waren es unter anderem Kostengründe, die Alessandro Farnese dazu bewogen, die Sala di Cento (Saal der hundert Tage) im Palazzo della Cancelleria von Vasari ausmalen zu lassen. Als Vermittler trat der Gelehrte Paolo Giovio auf, der Vasari in einem Brief an den Kardinal als „tatkräftigen, geschickten und resoluten Maler" bezeichnete, außerdem als schnell und preiswert. Bereits im Jahre 1543 hatte Vasari für den Kardinal eine *Allegorie der Gerechtigkeit* gemalt (Neapel, Museo di Capodimonte). Konzeptionell nahm dieses Werk die komplexe, in nur „hundert Tagen" ausgeführte Komposition vorweg, deren Bildprogramm Paolo Giovio in Absprache mit Alessandro Farnese, der die Arbeit der Künstler gern aus der Nähe verfolgte, erstellt hatte. Der Zyklus, der von erklärenden Bildunterschriften begleitet wird, verherrlicht das Pontifikat Pauls III., dessen Gestik an römische Kaiserbüsten erinnert. Durch eine Mischung aus chronikartigen und allegorischen Darstellungen werden Parallelen zwischen Vergangenheit und Gegenwart gezogen, durch die die Autorität des Papstes bekräftigt werden sollte. Der Bündelung von Verweisen und Allegorien entspricht die zusammengewürfelte künstlerische Konzeption. Vasari griff auf die gängigsten Konzeptionen der großen Meister zurück und machte zahlreiche stilistische Anleihen bei den Figuren Michelangelos in der Medici-Kapelle und bei den Fresken Raffaels in den Stanzen.

In jenen Jahren war Daniele da Volterra, der aus der Werkstatt von Perino del Vaga hervorgegangen war und am Fries mit den Geschichten von

Gegenüberliegende Seite, oben:
Giovanni Siciolante da Sermoneta: Die Taufe Chlodwigs *(1548–1549). Rom, San Luigi dei Francesi*

Unten:
Die Einnahme von Tunis *in der Sala Regia des Vatikanpalastes von Francesco Zuccari.*

Deckendekoration der Loggia der Villa Madama, deren Ornamentik durch die Grotesken der Domus Aurea beeinflußt wurde. Rom, Villa Madama

Detail der von Francesco Salviati gemalten Fresken im Audienzsaal des Palazzo Ricci-Sacchetti.

Fabio Massimo im Palazzo Massimo mitgearbeitet hatte, der einzige, der Michelangelos Fresken umfassend rezipierte und sie zum Ausgangspunkt für eigene, stark abstrahierende Lösungen machte. Seine Kompositionen atmen eine neue Kraft und kommen ohne dekoratives Blendwerk aus; starke Staffelung und eine klar definierte Verteilung des Lichtes markieren das geometrische Raster. Daniele da Volterra gehörte zu den kreativsten Malern der 40er Jahre des 16. Jahrhunderts. Er vollendete die Fresken der Kreuzkapelle in San Marcello (1540–1543), die del Vaga unvollendet gelassen hatte. In seiner Kreuzabnahme in Santa Trinità dei Monti (1541) bleibt der manieristische Impetus auf wenige Gesten bei den Trauernden beschränkt und kommt in einer strengen Komposition zur Ruhe, die sich auch in den Geschichten aus dem Marienleben (1548–1555) in derselben Kirche wiederfindet. Nach Stichen fertigte da Volterra im Palazzo Farnese den Prototyp für einen Fries aus Freskenmalerei und Stuck (1548), der Giulio Mazzoni bei der späteren Ausschmückung als Vorlage diente. Da er unter den Anhängern Michelangelos als der Beste galt, erhielt da Volterra 1565 den Auftrag, die als obszön geltenden Partien des *Jüngsten Gerichts* zu verhüllen und die Figuren des Hl. Baigio und der Hl. Katharina zu übermalen.

Papst Paul III. starb im Jahre 1549, noch vor dem Beginn der Feierlichkeiten anläßlich des Heiligen Jahres. Sein Nachfolger wurde Julius III., der während seines kurzen Pontifikats (1550–1555) zum führenden Kopf einer Wiederkehr der Hochrenaissance avancierte, die sich stilistisch an den Stanzen des Raffael orientierte. 1550 gab Julius III. bei Vasari und Bartolomeo Ammannati das Altarbild und die Ausstattung der Cappella del Monte in San Pietro in Montorio in Auftrag. Außerdem ließ er die Villa Giulia erbauen. Dabei verfolgte er den Fortgang der Arbeiten derart intensiv, daß er darüber seine Pflichten als Papst vernachlässigte. Die Ausschmückung der Villa begann 1553 unter der Leitung von Prospero Fontana, der bei Perino del Vaga in Genua und in der Engelsburg tätig gewesen war.

Bei der Ausstattung der Villa konzentrierte Fontana sich auf allegorische Darstellungen: Allegorien der vier Jahreszeiten und der freien Künste, Festgelage und Veduten der sieben Hügel Roms sorgten für eine heitere Gestaltung der Innenräume der Villa, die mit der Großartigkeit der Villa Madama wetteifern sollte. Ebenfalls unter Fontanas Leitung wurde in der Loggia des Erdgeschosses und im Saal des Großherzogs im Palazzo Firenze, in dem Balduino del Monte residierte, ein Freskenzyklus zur Verherrlichung der Familie ausgeführt, dessen allegorische Darstellungen aus der Mythologie und Geschichte Roms auf den Namen des Auftraggebers und die Macht der Familie anspielten.

Zur gleichen Zeit ließ Kardinal Girolamo Capodiferro, ein Freund Julius' III., seinen Palast ebenfalls im Stil der Renaissance ausstatten. Unter Leitung des aus Piacenza stammenden Giulio Mazzoni füllte sich die Residenz mit geistreichen, märchenhaften Bildern, deren dekorativer Reichtum an das Schloß Fontainebleau erinnerte. Stukkaturen, Wandgemälde in Öl, Statuen und Friese fügten sich zu Zyklen, die Episoden aus der römischen Geschichte und aus Ovids Werken sowie Allegorien der vier Elemente und der vier Jahreszeiten darstellen.

Die Malerei der Gegenreformation

Die bildende Kunst der Jahrhundertmitte war durch zwei gegenläufige Tendenzen gekennzeichnet: Einerseits griff man auf märchenhaft anmutende Themen zurück, wie sie zu Beginn des Jahrhunderts verbreitet waren. Bei religiösen Themen dagegen herrschte eine große Ernsthaftigkeit. Diese neue Strenge spiegelt sich auch im Spätwerk von Jacopino del Conte und bei Francesco Salviati wider, der 1548 nach Rom zurückgekehrt war. 1550 vollendete Salviati die 1540 begonnenen Wandmalereien der Kapelle von Santa Maria dell'Anima. Bei der Kreuzabnahme reduzierte sich die Michelangelo-Rezeption auf äußerliche Stilmerkmale wie Monumentalität und auf Zitate. Im gleichen Jahr setzte Salviati seine Arbeit im Oratorium von San Giovanni Decollato fort, in dem er 1551 *Die Geburt Johannes des Täufers* malte. Als Vorlage diente ein antikes Relief, so daß die Gestik der Figuren sehr verhalten und bedächtig erscheint. Die Farbpalette ist auf dunkle Töne beschränkt, die Auswahl erinnert an die letzten Werke von Sebastiano del Piombo. Aus den Jahren 1553–1554 stammen die Geschichten aus dem Leben Davids im Salon des Palazzo Ricci in der Via Giulia (heute Palazzo Sacchetti). Reliefs sowie gemalte Rahmen und Wandbehänge zeigen heitere, helle ebenso wie düstere Bilder, die sich zu einer ungewöhnlich reichen Ausstattung fügen. In der Sala dei fasti Farnesiani (Saal der Farnesischen Feste) im Palazzo Farnese wurden die Verdienste des Hauses Farnese verherrlicht und Paul III. als Friedensstifter gefeiert. Einige Elemente aus dem Farnese-Zyklus fanden später bei den Geschichten aus dem Marienleben in der Cappella Grifoni in San Marcello erneut Verwendung.

Bei den von Perino del Vaga geleiteten An- und Umbauten der Engelsburg taten sich Marco Pino, Girolamo Sicciolante und Livio Agresti hervor. Bereits 1545 hatte der aus Siena stammende Beccafumi-Schüler Marco Pino in Santo Spirito in Sassia ein Fresko mit *Mariä Tempelgang* ausgeführt. In seinen folgenden Arbeiten – wie der *Auferstehung* im Oratorium von Santa Lucia del Gonfalone (1569–1570) und der Pietà in der Cappella

Girolamo Muziano, Die Erscheinung des Engels vor Joseph. *Dieses Werk illustriert deutlich die stilistische Herkunft des Malers aus Brescia, einem unter dem Einfluß der venezianischen Malerei stehenden Kunstzentrum. Gleichzeitig ist die künstlerische Umsetzung dieses Themas ein bedeutendes Dokument des Pietismus, der seit der Mitte des 16. Jahrhunderts Anhänger in Rom fand. Rom, Santa Caterina della Rota*

Mattei in Santa Maria Aracoeli – neigte Pino zu übertriebenen Darstellungsformen, und das ausdrucksvolle, schlangenartig Gewundene von Michelangelos Figuren erschöpfte sich bei ihm in in die Länge gestreckten, pyramidalen Kompositionen.

Während eines Aufenthalts in der Emilia-Romagna in den 40er Jahren des 16. Jahrhunderts war Girolamo Sicciolante durch venezianische Einflüsse und Raffaels *Hl. Cäcilie* in Bologna geprägt worden. In seinem Werk wechselten formale Überfeinerung, wie bei der *Taufe Chlodwigs* in der Cappella Dupré in San Luigi dei Francesi, mit ausgepägt antikisierenden Tendenzen, wie in der Sala Regia, oder übertriebener Monumentalität, wie bei der *Geburt Mariens* in der Cappella Fugger in Santa Maria dell'Anima. Eine würdevolle, feierliche Gesetztheit erreichten seine Arbeiten erst in den 70er Jahren, so beispielsweise in der *Kreuzigung* in der Cappella Massimo in San Giovanni in Laterano (1573) und in der *Verklärung Christi* in Santa Maria in Aracoeli (1573–1575). Auch Livio Agresti orientierte sich an Vorbildern aus dem frühen 16. Jahrhundert. Bei der *Pala Pellucchi* in Santa Maria della Consolazione gelang es ihm, den Körper einer Raffael-Madonna mit der Anatomie einer Michelangelo-Figur auszustatten.

Ausgehend von Perino del Vaga entwickelte Taddeo Zuccari zunehmend einen eigenen Stil. In der Villa Giulia hatte er sich noch dem leichten Stil der Gesamtdekoration angepaßt. In den Passionsepisoden der Cappella Mattei in Santa Maria della Consolazione (1556) erprobte Zuccari dann eine variationsreiche Formensprache. Dabei kombinierte er Francesco Salviatis bewegte Kompositionen, den an Michelangelo geschulten Stil del Piombos und da Volterras mit einer Sensibilität für die Landschaftsdarstellung, die möglicherweise von Girolamo Muziano beeinflußt war, zu einem wohlüberlegten neuen Repertoire. Stilistisch einheitlicher waren die Geschichten aus dem Leben des Hl. Paulus in der Cappella Frangipane in San Marcello, die er um 1558 begann, jedoch nie vollendete. Dort erreichte er eine kompositorische Ausgewogenheit, die sich von den Mariengeschichten in Santa Maria dell'Orto über die *Eroberung von Tunis* in der Sala Regia (um 1564) bis hin zum Palazzo Farnese in Caprarola, dessen Bauleitung er ab 1560 übernahm, noch steigern sollte.

Besonders in den Oratorien der Ordensgemeinschaften setzte sich in den 60er und 70er Jahren des 16. Jahrhunderts der Stil der Gegenreformation durch. Gleichzeitig wurden die letzten großen profanen Wanddekorationen ausgeführt, und der Einfluß der flämischen Malerei machte sich bemerkbar.

Als der aus Brescia stammende Muziano 1549 nach Rom kam, brachte er nordische, lombardische und venezianische Einflüsse mit. Er vertrat eine Richtung, die ganz von der Sensibilität der nordischen Malerei für die Landschaft geprägt war und den Hintergrund zum Protagonisten erhob. Seine Figuren verraten eine Auseinandersetzung mit Michelangelo und Raffael und den Einfluß der venezianischen Meister, insbesondere Sebastiano del Piombos, wie beispielsweise im Bild *Ein Engel erscheint dem Hl. Joseph* (Santa Caterina della Rota). Taddeo Zuccaris Lehre von der klaren Zeichnung setzte sich gegen die Abspaltung der venezianischen, vor allem der Farbe verpflichteten Malerei zur Wehr, wie sie bei der Darstellung der Propheten in der Cappella Gabrielli in Santa Maria sopra Minerva zum Ausdruck kam. Zusammen schufen Alessandro Moretto und Girolamo Romanino die Pietà für die Cappella Ruitz in Santa Caterina dei Funari (1526–1563).

Giovanni de'Vecchi: Die Anbetung der Hirten. *Die expressive Kraft dieses freskierten Altarbildes zeigt deutlich den Einfluß der Bestimmungen des tridentinischen Konzils auf das Werk dieses römischen Spätmanieristen. Rom, Sant' Eligio degli Orefici*

Gegenüberliegende Seite:
Ausschnitt aus dem Passionszyklus des Oratorio del Gonfalone. Die Szene mit dem unter der Last des Kreuzes zusammengebrochenen Christus wird von gewundenen Säulen gerahmt, die an diejenigen der Umfriedung der Petrus-Memoria in Alt St. Peter erinnern.

Das Freskenprogramm im Oratorio del Gonfalone ist eines der bedeutendsten Denkmäler der manieristischen Malerei in Rom. Der Zyklus mit Episoden aus der Passion Christi wurde zwischen 1568 und 1575 von einer Gruppe von Künstlern angefertigt, zu der auch Federico Zuccari, Raffaelino da Reggio, Cesare Nebbia, Marco Pino sowie Jacopo Bertoja gehörten.

Bisweilen mystisch-visionär war das Werk von Giovanni de'Vecchi, der in Santa Maria sopra Minerva ab 1573 die Cappella Capranica mit einem Zyklus von Szenen aus dem Leben der Hl. Katharina ausmalte. Vermutlich war der Künstler im Jahre 1558 zusammen mit Santi di Tito nach Rom gekommen. Beide arbeiteten zunächst an den Geschichten von Nebukadnezar im Palazzo Belvedere, und in den 60er Jahren betätigten sie sich im Palazzo Farnese in Caprarola unter der Leitung von Taddeo Zuccari. Eine gewisse Eigenständigkeit und Unbefangenheit erlangte de'Vecchi bei der *Anbetung der Hirten* in Sant'Eligio degli Orefici (um 1575) in den Passagen, wo er die flämische Perspektive einnahm, was stellenweise allerdings zu einer Verschiebung der Proportionen führte. In den Szenen aus dem Leben des Hl. Hieronymus in Santa Maria in Aracoeli entwickelte er einen phantastischen, von El Greco beeinflußten Stil, der die Figuren lichtdurchlässig und verzückt erscheinen läßt.

Bei der Ausschmückung des Oratoriums der Confraternità del Gonfalone wurden die von der Gegenreformation bestimmten Erwartungen der Kirche weitgehend erfüllt. Berühmt wurde diese Bruderschaft, die sich vor allem mit wohltätigen Aufgaben beschäftigte, durch ihre Passionsspiele im Kolosseum. Weil die Zuschauer dabei oft derart aufgestachelt wurden, daß sie kurz davor standen, die Darsteller der Henker Christi zu lynchen, wurden diese Vorstellungen 1539 von Papst Paul III. verboten. Der Freskenzyklus im Oratorium, der 1568 in Auftrag gegeben und zum Heiligen Jahr 1575 fertiggestellt sein sollte, zeigte die Passion Christi. An den zwölf Szenen, die von gewundenen Säulen flankiert und von Propheten und Sibyllen gekrönt waren, arbeiteten verschiedene Künstler. Geleitet wurden die Arbeiten von Jacopo Bertoia, von dem vermutlich auch der Gesamtentwurf stammt. Bertoia malte die Szene mit dem Einzug Christi in Jerusalem (1569) und ein Bildfeld mit Prophet und Sibylle (1572); datiert ist nur die bemerkenswerte *Geißelung Christi* von Federico Zuccari (1573), die Giovanni Baglione als „exzellent dargestellt" bezeichnete. Diese wie ein Bühnenbild konzipierte Szene vermittelt den Eindruck, als stamme sie unmittelbar aus einer der von der Bruderschaft organisierten Inszenierungen der Passionsgeschichte.

In dieser Phase erlebten die großen Dekorationen erneut einen Höhepunkt: Giorgio Vasari malte die Kapellen der Torre Pia aus und nahm

1572 mit der *Schlacht von Lepanto* und der *Lega Santa* in der Sala Regia großangelegte, erhabene Darstellungen von epischem Ausmaß in Angriff.

Durch Vasari war Jacopo Zucchi in die Ewige Stadt gekommen, der 1572 in die Dienste von Kardinal Ferdinando de'Medici trat und mit der Ausstattung von dessen römischen Residenzen begann. Bereits 1575 vollendete Zucchi im Palazzo di Firenze, der inzwischen den Medici gehörte, die beiden Säle des Piano nobile mit einem Bildprogramm aus allegorischen und mythologischen Darstellungen. In der Sala degli Elementi (Saal der Elemente) und der Sala delle Stagioni (Saal der Jahreszeiten) realisierte Zucchi eine außergewöhnliche Zusammenstellung mythologischer Geschichten. In ihrer detailreichen, exakten Ausarbeitung dokumentierten sie auf eindrucksvolle Weise den Einfluß des Malers Giovanni Stradano, der in Vasaris Werkstatt tätig war und Kontakte zu den flämischen Malern Bartholomäus Spranger und Maerten de Vos unterhielt: ein gelehrtes Repertoire und eine grandiose Konzeption, wie Zucchi sie auch im Camerino der Villa Medici (nach 1576) und im Gewölbe des Palazzo Rucellai (1588), dem heutigen Palazzo Ruspoli, entfaltete, dessen Innenräume den Höhepunkt der römischen Ausstattungskunst von Profanbauten im ausgehenden 16. Jahrhundert darstellen. In Kirchen wie San Silvestro al Quirinale waren der Opulenz der Dekoration dagegen gewisse Grenzen gesetzt. Hier gelangte Zucchi um 1575 zu einer reiferen Gestaltung der Farbpalette, die sich auf metallisch glänzende Farben beschränkte.

In San Silvestro kam Zucchi in Kontakt mit der anderen großen Künstlerpersönlichkeit jener Jahre: Raffaello Motta, genannt Raffaelino da Reggio. Nach seiner Ausbildung bei Prospero Orsi war Raffaelino vermutlich in den 60er Jahren nach Rom gekommen, um unter der Leitung von Girolamo Muziano in der Kapelle des Palazzo di Montegiordano zu arbeiten. Um 1570 entstand die Cappella di San Silvestro in Santi Quattro Coronati. Als der Bologneser Gregor XIII. im Jahre 1572 zum Papst gewählt wurde, ergaben sich für Raffaelino Möglichkeiten, an den Bauprojekten im Vatikan, die bereits kurz vor der Vollendung standen, mitzuarbeiten. 1572–1573 war er in der Sala Regia, später in der Sala Ducale (Fürstensaal) und in den Loggien Gregors XIII. tätig (1575–1577). Unter der Leitung von Federico Zuccari arbeitete er im Presbyterium von Santa Caterina dei Funari und schuf dort eine Reihe von Putten und Heiligen.

Wahrscheinlich auf Empfehlung von Zuccari oder von Bertoia, der ihn bereits beim Bau des Palazzo Farnese in Caprarola beschäftigt hatte, erhielt Raffaelino 1573 den Auftrag für das Fresko *Christus vor Kaiphas* im Oratorium der Confraternità del Gonfalone. Sein letztes Werk, die Gewölbe- und Pilasterfresken in San Silvestro al

Christus vor Kaiphas *von Raffaelino da Regio und Federico Zuccaris* Geißelung Christi *aus dem Oratorio del Gonfalone. Beide Fresken wurden im Jahre 1573 fertiggestellt.*

Quirinale, konnte er vor seinem Tod im Jahre 1578 nicht mehr selbst vollenden, die Fertigstellung des Altarbildes wurde Marcello Venusti und die der Seitenwände Zucchi anvertraut. Zwar blieb die Dekoration dadurch fragmentarisch, sie kann aber doch als wertvolles Dokument des zu jener Zeit bereits ausklingenden römischen Manierismus gelten.

„Erbauen, belehren und bewegen“: nach Paleottis Abhandlung über profane und sakrale Malerei aus dem Jahre 1582 waren dies die Ziele, die die Sakralmalerei anzustreben hatte. Die Maler der 80er Jahre des 16. Jahrhunderts hielten sich an diese Vorgaben und strebten nach einem einfachen, flüssigen, bewegten und erzählenden Stil, wie er bereits unter dem Patronat von Alessandro Farnese in den Jahren 1578–1583 im Oratorium del Crocifisso entwickelt worden war. Im Auftrag von Girolamo Muziano und dem Gelehrten Tommaso Cavalieri führte Giovanni de'Vecchi hier die Dekoration aus. Da die sechs Szenen durch Pilaster getrennt waren, folglich eine dichtere Abfolge bildeten als im Gonfalone-Oratorium, ergab sich eine leichter verständliche, kontinuierliche Lektüre. Obwohl die Szene *Die Hl. Helena ordnet die Suche nach dem Heiligen Kreuz an* von kräftigen Farbtönen durchzogen war, dämpfte de'Vecchi den visionären Ton seiner scheinbar lichtdurchlässigen Bilder, und schon bei der Auffindung des Kreuzes erreichte er eine größere Gesetztheit, die auch in dem viel späteren, um 1594 entstandenen Fresko *Die Stigmatisation des Hl. Franziskus* in San Pietro in Montorio Bestätigung fand. De' Vecchi arbeitete jedoch sehr langsam, weswegen ihn der Auftraggeber im Jahre 1582 durch vier neue Maler ablösen ließ: Niccolò Circignani und Cesare Nebbia wurden mit den Wandfresken beauftragt, Baldassare Croce und Cristoforo Roncalli mit der Innenseite der Fassade. Bereits Circignanis erstes Bild, Wunder des Kruzifixes, war von einem einfachen, konventionellen Stil bestimmt, der mit den Vorstellungen der Kirche im Einklang stand. Ebenfalls im Jahre 1582 vollendete Circignani in Santo Stefano Rotondo einen Märtyrerzyklus aus 34 Fresken nach Entwürfen des Jesuiten Michele Lauretano, dessen Darstellungen die Gläubigen sicher „bewegen“, aber wohl kaum „erbauen“ konnten, denn die Leiden der frühchristlichen Märtyrer wurden mit drastischer Detailtreue geschildert und zusätzlich noch durch Bildunterschriften erläutert, die zur Meditation anregen sollten. Danach erhielt Circignani zahlreiche weitere Aufträge, darunter die Dekoration der Cappella della Sacra Famiglia in Il Gesù (1585–1587) und die *Himmlische Glorie* in Santa Pudenziana (1587).

Die letzte Szene im Oratoriums del Gonfalone, *Heraklius bringt in einer Prozession das Kreuz Christi nach Jerusalem zurück* (1584), stammt von dem Muziano-Schüler Cesare Nebbia, der gemeinsam mit Giovanni Guerra aus Modena zum bestimmenden Künstler in der Zeit des Pontifikats von Sixtus V. werden sollte. Felice Peretti, der 1585 zum Papst gewählt wurde, vergab in den folgenden fünf Jahren zahlreiche Aufträge, um historische Kultstätten wieder aufzuwerten. Nebbia und Guerra befriedigten sein Bedürfnis nach schneller Ausführung und koordinierten riesige Bauvorhaben, in denen unterschiedliche kulturelle Komponenten zu einem allgemein verständlichen, gefälligen Idiom verschmolzen. Laut Baglioni erfand Giovanni die Themen der Geschichten, und Cesare machte die Zeichnungen. Da er gebildeter war als Nebbia und sich mit dem Manierismus eingehend beschäftigt hatte, zeichneten sich Guerras Entwürfe durch größere Komplexität und Erhabenheit aus, wie die 1590 vollendeten Fresken im Palazzo Cenci zeigen. Im Jahre 1589 fertigten beide die Fresken an der Scala Santa (Heilige Treppe) und in der Vatikanischen Bibliothek an, 1593 erbauten sie das Mittelschiff von Santa Maria Maggiore im Auftrag von Domenico Pinelli. Im Gegensatz zu den Fresken für Orte volkstümlicher Andacht zeichneten sich die Fresken der Sixtinischen Bibliothek, die nur einem begrenzten Kreis gebildeter Personen zugänglich war, durch größere Sorgfalt in der künstlerischen Ausarbeitung aus. Der Zyklus erinnert in mehrfacher Hinsicht an die großen Bibliotheken der alten Welt, deren Bedeutung für die Verbreitung der Kultur und für die Kirche.

Auch außerhalb der sixtinischen Projekte entstanden zu jener Zeit bedeutende Werke. In Santa Maria in Vallicella wurde 1586 das Altarbild *Tempelgang Mariä* aufgestellt, welches Francesco Pozzomiglio 1582 bei Barocci bestellt hatte: ein mystisch anmutendes Werk von hoher Intensität.

Unbeteiligt an den Bauvorhaben der sixtinischen Ära war Federico Zuccari. Er gehörte zu den gebildetsten Künstlern in Rom und verfügte über eine komplexe Formensprache, in der sich venezianische und florentinische Einflüsse mit dem Studium des frühen römischen Manierismus verbanden. Nachdem Zuccari in Florenz die Dekoration der Domkuppel beendet hatte, unternahm er ausgedehnte Reisen nach England und Spanien und kehrte erst 1588 nach Rom zurück. Ein eleganter Stil, feine Zeichnung und eine archaisierende, kühl durchdachte Komposition zeichnen die Dekoration der Cappella degli Angeli in Il Gesù aus, die er 1594 begann, während Zitate aus der florentinischen Malerei des 15. Jahrhunderts den klaren, ernsten Stil der von ihm gestalteten Cappella di San Giacinto in Santa Sabina (1600) bereichern. Um das Ideal des intellektuellen Künstlers zu propagieren, gründete Zuccari im Jahre 1593 die Accademia di San Luca, und in mehreren theoretischen Abhandlungen beschäftigte er sich mit der Analyse des künstlerischen Schaffensprozesses.

A.S. MDL
X XIII

Ähnliche Ziele verfolgte Scipione Pulzone. Obwohl er seine Virtuosität auf das Porträt beschränken wollte, entwickelte er in der sakralen Malerei eine sehr individuelle Linie, eine gewissermaßen zeitlose Kunst, in der er verschiedene Schulen mit seiner persönlichen Tendenz zur Abstraktion verband – insbesondere nach seinem Zusammentreffen mit dem Jesuiten und Maler Giuseppe Valeriano. Das Ergebnis dieser Zusammenarbeit war in der Cappella della Madonna della Strada in Il Gesù, in den sieben Tafeln mit Szenen aus dem Marienleben und in der Cappella della Passione zu sehen, die von Valeriano entworfen wurde, jedoch nach dessen Tod von Gaspare Celio in lyrisch-visionärem Stil vollendet wurde. Die Krönung der Ausstattung bildete eine *Beweinung des toten Christus* von Pulzone (1591), die sich heute in New York befindet.

Tendenzen des ausgehenden 16. Jahrhunderts

Das letzte Jahrzehnt des 16. Jahrhunderts war durch eine allgemeine Tendenz zur Erneuerung gekennzeichnet, neue Kriterien und Arbeitsschwerpunkte bildeten sich in der Malerei heraus. Die aufsehenerregendsten Neuheiten kamen aus der Perspektivmalerei: eine neue Konzeption der Landschaft, eine Umorientierung in der großen Dekoration und eine neue Lichtbehandlung.

Durch die neuen Techniken der Perspektivmalerei konnte bei der Dekoration auf die gedrängte Darstellung von Menschen und Gegenständen verzichtet werden, sie erhielt dadurch eine effektvolle Strenge. Schon mit dem Deckengemälde *Triumph der Religion* im Konstantinssaal (1586) hatte Tommaso Laureti aus Palermo ein Bild ohne Handlung und ohne menschliche Figuren konzipiert, das nur von einem Kruzifix und einer symbolischen Architektur beherrscht ist. Eine Auseinandersetzung mit den Möglichkeiten der räumlichen Darstellung findet sich auch bei Baldassare Croce, dessen Wandfresken in Santa Susanna (1598–1600) ein neuartiges Spiel mit der Pespektive zeigen. Auch Giovanni und Cherubino Alberti suchten nach neuen Lösungen für die Einheit von architektonischem und gemaltem Raum. Erste Ergebnisse finden sich in der alten Sakristei (1592) und der Sala Clementina (um 1600) in San Giovanni in Laterano: Die Einteilung des Gewölbes in Felder fällt hier weg, so daß eine eindrucksvolle, bewegende Gesamtsicht entsteht, in der sich bereits die neuen Perspektivlösungen des Barock ankündigen.

Unter dem Einfluß der nordischen Malerei setzte sich Ende des Jahrhunderts die Landschaft als zentrales Element des Gemäldes durch. Hauptvertreter dieser Richtung waren Girolamo Muziano und Paul Brill, der bei den Gewölben der Landkartengalerie im Vatikan mit Muziano zusammengearbeitet hatte und im Auftrag von Kardinal Emilio Sfondrato den Gewölbegang zur Cappella di Santa Cecilia in der gleichnamigen Kirche mit idyllischen Landschaften ausmalte (1599–1600).

Eine andere Richtung verkörperte Giovanni d'Arpino, dem unter Clemens VIII. eine führende Rolle zukommen sollte. Im Gegensatz zur Vielfalt

Das Fresko Der Kampf zwischen den Horatiern und den Curiatiern *von Giuseppe Cesari, genannt Cavalier d'Arpino (1560–1640), stellt eine Begebenheit aus der römischen Königszeit dar. Rom, Palazzo dei Conservatori, Sala degli Orazi e Curiazi*

Michelangelo Merisi, genannt Caravaggio, Die Wahrsagerin. *Dieses zu Beginn seines Romaufenthalts gemalte Bild gehört zu einer Gruppe von Gemälden für private Mäzene. Die Halbfigurenkompositionen zeigen hauptsächlich weltliche Themen, die bereits in Ansätzen den Realismus seiner späteren Darstellungen erahnen lassen. Gleichzeitig enthalten diese Genreszenen eine mehrsinnige Bedeutung, die ebenfalls ein Charakteristikum von Caravaggios Œuvre ist. Rom, Pinacoteca Capitolina*

des Manierismus setzte er auf Symmetrie, Ordnung und eine auf Raffaels Vermächtnis zurückgehende klare, strahlende Malerei. Unverkennbar ist sein Beitrag in der Loggia del Pio Sodalizio dei Piceni (1594–1595), die er im Auftrag von Corradino Orsini mit einem Fresko über den Triumph der Liebe ausmalte. Noch deutlicher ist seine Handschrift jedoch in der blendenden Klarheit der Auferstehung im Querschiff der Lateranbasilika (1600) zu erkennen, von der Guido Reni stark beeindruckt war.

Beispiele für eine experimentelle Lichtbehandlung finden sich in Cigolis *Bildnis des Hl. Hieronymus,* der die Vulgata übersetzt, in San Giovanni dei Fiorentini, auf dem der Heilige vom Halbschatten beinahe verdeckt wird, und in den Arbeiten von Cristoforo Roncalli, in denen der Kontrast zwischen beleuchteter Figur und schattigem Hintergrund dominierte.

Carracci, Caravaggio und die Geburt der Barockmalerei

In diesem Jahrzehnt hielten sich bereits die zwei Künstler in Rom auf, die die Malerei wenig später revolutionieren sollten: Annibale Carracci und Michelangelo Merisi, genannt Caravaggio. Carracci war 1595 von Kardinal Odoardo Farnese nach Rom gerufen worden, um einige Räume im Palazzo Farnese auszumalen. In der Villa Aldobrandini stellte er 1596 die *Krönung Mariä* fertig, die noch starke Bezüge zu Raffael aufweist, und um 1599 ein einfiguriges Altarbild mit der Hl.

Michelangelo Merisi, genannt Caravaggio, Knabe mit dem Früchtekorb. *Dieses um 1592 entstandene Bild gehört zusammen mit dem* Früchteschäler *und dem* Knaben, von einer Eidechse gebissen *zu der Gruppe der halbfigurigen Knabenbilder. Diese Darstellungen antikisch gekleideter Jünglinge sicherten Caravaggio die Aufmerksamkeit Kardinal Francesco del Montes, der in der Folgezeit sein wichtigster Förderer werden sollte. Rom, Galleria Borghese*

Margarete für Santa Caterina dei Funari. Ein unmittelbarer Austausch mit Caravaggio fand 1601 statt, als beide in der Cappella Cerasi in Santa Maria del Popolo tätig waren. Caravaggio war Ende 1592 nach Rom gekommen, nachdem er seine Ausbildung in der Werkstatt von Simone Peterzano in Mailand beendet hatte. Bald trat er in die Werkstatt Giovanni d'Arpinos ein, wo er sich, so berichtet Bellori, auf die Darstellung von Blumen und Früchten konzentrierte, also auf Stilleben in flämischer Manier, die zu jener Zeit bei den römischen Sammlern in Mode waren. Zu diesen Sammlern gehörte auch Kardinal del Monte, der, so informiert uns Bellori weiterhin, „da er sich an der Malerei erbauen wollte, Michelangelo sehr gut behandelte und ihm unter den Edelleuten in seinem Hause einen Ehrenplatz einräumte". Zu Caravaggios ersten Arbeiten aus jenen Jahren gehören der *Knabe mit Obstkorb* und der *Kranke Bacchus* in der Villa Borghese sowie der *Bacchus* in den Uffizien, bei denen offensichtlich nach einem „lebenden Modell" gearbeitet wurde. Auf dem Bild *Die Wahrsagerin* in der Pinacoteca Capitolina (um 1594) ist der Hintergrund bewußt neutral gestaltet, damit die Figuren, die durch Gesten und sprechende Blicke die traditionellen Rollen des „Naiven Eingebildeten" und der „Schlauen Betrügerin" einnehmen, besser zur Geltung kommen. Hier ist bereits die Art der Lichtführung erkennbar, die für den Stil des lombardischen Künstlers später charakteristisch wurde. Obwohl die Farbpalette noch hell ist, fällt ein Schatten über den Hintergrund, und die geschickte Lichtführung läßt die kräftigen Figurenvolumina deut-

Folgende Doppelseite:
Detail aus Caravaggios Gemälde Der Knabe mit dem Früchtekorb. *Der Ausschnitt dokumentiert deutlich den mit einer herausragenden technischen Brillanz umgesetzten Realismus der Werke Caravaggios, der in seiner Tätigkeit als Maler von Blumen und Früchtestilleben bei dem Manieristen G. Cesari zu Beginn seines Romaufenthalts begründet ist. Rom, Galleria Borghese*

lich hervortreten. Das gleiche Kompositionsprinzip kennzeichnet das Bild *Ruhe auf der Flucht nach Ägypten* (1595–1596, Rom, Galleria Doria-Pamphili), auf dem zwischen dem himmlischen Musiker und dem sehr menschlichen Joseph, der eine Partitur mit einer Motette des französisch-flämischen Komponisten Noel Balduin in der Hand hält, ein Dialog der Gesten und Blicke stattfindet.

hatte, wurde der Auftrag – nach Contarellis Tod (1585) – im Mai des Jahres 1591 schließlich an Giovanni d'Arpino vergeben, der jedoch nur das Deckenfresko fertigstellte. Unter dem Druck des Klerus gaben die Testamentsvollstrecker im Juli 1599 dem jungen Caravaggio den Auftrag – möglicherweise auf Empfehlung von Kardinal del Monte.

Michelangelo Merisi, genannt Caravaggio: Jupiter, Neptun und Pluto. *Diese Darstellung ist das einzige in Ölfarbe auf Putz ausgeführte Gemälde Caravaggios. Die Themenwahl für dieses 1597 angefertigte Werk ist durch die alchemistischen Interessen des Auftraggebers Kardinal del Monte bedingt. Rom, Casino Ludovisi*

Nach 1597 stellte Caravaggio im Casino des Kardinals del Monte die Wandgemälde *Planetengötter Jupiter, Neptun und Pluto* fertig, die er mit Ölfarbe malte. Trotz der geringen Größe des Raums gelang Caravaggio eine perspektivisch virtuos verkürzte Ansicht. Bellori berichtet, daß der Künstler, „als ihm vorgeworfen wurde, er verstünde nichts von Blickpunkt und Perspektive, sich damit behalf, die Körper in Untersicht zu malen, um die schwierigsten Ansichten zu meistern“. Das Sujet ist auf den Raum abgestimmt, in dem zahlreiche Kleinbronzen aufgestellt waren und der dem Kardinal, der sich intensiv mit Alchimie und Medizin beschäftigte, vermutlich als Studierzimmer diente.

Caravaggios letztes Werk vor der Jahrhundertwende war die Ausmalung der Cappella Contarelli, die Kardinal Mathieu Cointrel, Kardinal der Datarie unter Gregor XIII., 1565 erworben hatte. Zunächst hatte man Girolamo Muziano mit der Dekoration beauftragt, doch als dieser 20 Jahre später noch immer nicht mit der Arbeit begonnen

Das ikonographische Programm hatte Contarelli bereits 1565 selbst festgelegt. Links vom Altar sollte *Die Berufung des Hl. Matthäus*, rechts *Das Martyrium des Hl. Matthäus* dargestellt werden. Die Berufungsszene ist im Hause des Zöllners Levi angesiedelt, der an einem Tisch sitzt und gerade mit Geldzählen beschäftigt ist, als Jesus in Begleitung seiner Jünger hereintritt. Die Dunkelheit des meisterlich gestalteten Innenraums wird in diesem Moment von einem Lichtstrahl durchschnitten, der auf die „Erleuchtung“ des Sünders durch die göttliche Gnade verweist und die Gesten der Hauptpersonen hervorhebt. Zwischen diesen besteht ein enger kompositioneller Nexus, der den zwar stummen, aber doch überaus ausdrucksstarken Dialog, der die Figuren verbindet, verdeutlicht. Auf Jesu Geste antwortet Matthäus, indem er fragend auf sich selbst zeigt, als bitte er um eine Bestätigung. Diese erhält er von Petrus, dem Vertreter Gottes auf Erden, der die Geste Christi wiederholt. Eine radiographische Analyse hat ergeben, daß die Figur des Petrus in der ersten Fassung

Detail aus dem Wandbild Jupiter, Neptun und Pluto. *Der Ausschnitt veranschaulicht die starke Untersicht, in der die Figuren wiedergegeben sind. Rom, Casino Ludovisi*

fehlte und erst später hinzugefügt wurde, möglicherweise um in einer Zeit, die noch von Religionskrisen heimgesucht war, die Bedeutung des ersten Papstes hervorzuheben.

Auch die Martyriumsszene sah ursprünglich anders aus: Im Hintergrund sah man antike Gebäude, und den Kern- und Angelpunkt der Handlung bildete ein wuchtiger Soldat im Zentrum des Bildes, der dem Betrachter den Rücken zuwendete. Da er mit dem Ergebnis nicht zufrieden war, führte Caravaggio zunächst *Die Berufung des Hl. Matthäus* aus, um dann das *Martyrium* vollkommen neu zu gestalten.

In der Bildmitte, am Fuß des Altars, liegt der Heilige – vom Henker eines Soldaten des äthiopischen Königs Hirtacus zu Boden geworfen. Die beiden Figuren umgibt ein leerer Raum, ein Meßdiener ergreift schreiend die Flucht, während die anderen Figuren überrascht zuschauen oder angesichts des bevorstehenden Märtyrertodes in sich gekehrt innehalten. Dank der kühnen Lichtführung heben sich die Gesichter der Figuren, ihre Körper, ihre Gestik und Mimik von dem dunklen Hintergrund ab. Der wohl ungewöhnlichste Einfall jedoch ist der von einer Wolke herabfahrende Engel, der Matthäus den Palmzweig der Märtyrer in die Hand legt. Die expressive Gestaltung des Bildes, die bereits auf den Barock verweist, brachte dem Werk Caravaggios größte Aufmerksamkeit ein.

Im Juli 1600 waren alle Bilder des Zyklus vollendet und hingen an ihrem Platz, doch ihre stilistische Neuheit wurde nicht sofort erfaßt. Schenkt man Baglione Glauben, dann soll Federico Zuccari, Direktor der Accademia di San Luca, bei einem Besuch der Kirche, die von vielen Menschen aufgesucht wurde, um die Arbeit von Caravaggio zu bestaunen, sein Unverständnis für das dem Künstler erwiesene Interesse zum Ausdruck gebracht und höhnisch bemerkt haben, er erkenne in dessen Werk nichts anderes als das Gedankengut Giorgiones.

Gioia Mori

Das 17. Jahrhundert – das Rom der Heiligen

Wappen des Papstes Paul V. Borghese in einem Stich des 17. Jahrhunderts. Rom, Biblioteca Apostolica Vaticana

Wappen des Papstes Urban VIII. mit den Bienen der Barberini. Rom, Biblioteca Apostolica Vaticana

Das Ideal des Barock – Architektur und Stadtplanung

Die Betrachtung des Barock in der Kunstwissenschaft

Wie bei allen komplexen Phänomenen ist es auch für den Barock problematisch, wenn nicht gar unmöglich, einen genauen Anfangspunkt zu fixieren. Seit dem Ende des 19. Jahrhunderts begreifen wir den Barock als selbständigen Kunststil, und seit dieser Zeit folgt ein Datierungsversuch, von 1580 (Wölfflin) bis 1630 (Briganti), dem anderen. Der eingeschränkte Wert dieser Hypothesen liegt dabei auf der Hand. Arnold Hauser verwies völlig zu Recht darauf, daß es gerade im Hinblick auf die Internationalität des Barock unmöglich sei, von einem einheitlichen Stil zu sprechen: „Die künstlerischen Ziele der Kurie in Rom waren von denen des fürstlichen Hofes in Versailles wesentlich verschieden, und das, was sie miteinander gemein hatten, konnte mit dem Kunstwollen des kalvinistischen und bürgerlichen Holland durchaus nicht vereinbart werden." (*Sozialgeschichte der Kunst und Literatur*).

Vor diesem Hintergrund war allein schon die inhaltliche und zeitliche Abgrenzung dieses Kulturphänomens Gegenstand heftiger Kontroversen. So stand Benedetto Croces Verurteilung des Barock als Synonym für „schlechten ästhetischen Geschmack" in einer Linie mit der harten Kritik Francesco Milizias, eines der renommiertesten Verfechter der neoklassischen Theorien, wohingegen Eugeni d'Ors i Rovira in seiner Schrift *Del Barocco*, die 1945 erstmals in Italien veröffentlicht wurde, diese Strömung als lebendigen Ausdruck der befreiten Phantasie des menschlichen Geistes sah. Für den italienischen Kunsthistoriker Giulio Carlo Argan bildet der Barock sogar die Grundlage der visuell orientierten Kultur der Moderne.

Konsens herrscht dagegen über die zentrale Rolle Roms bei der Ausbildung des Barockstils. Hauser bemerkt dazu: „Für Rom heißt es nunmehr, nicht nur als die Residenz des Papstes, sondern auch als die Hauptstadt des katholischen Christentums zu repräsentieren und zu glänzen. ... Es beginnt nun in Rom eine Periode der reichsten, üppigsten, verschwenderischsten Kunstproduktion. ... Man sieht das Bienenwappen der Barberini überall im barocken Rom, so, wie man den Adler Napoleons im Paris des Kaiserreichs sieht. Die Barberini bilden jedoch unter den päpstlichen Familien durchaus keine Ausnahme; außer ihnen und den ebenso berühmten Farnese und Borghese gehören die Ludovisi, Pamphili, Chigi und Rospigliosi zu den eifrigsten Kunstfreunden der Zeit."

Die Architektur bis Maderno: eine Zeit des Übergangs

Architektur und Stadtbauwesen standen im ersten Jahrzehnt des 17. Jahrhunderts noch ganz im Zeichen des zur Zeit Sixtus' V. verbreiteten Stils, der sich zwischen einer konsequenten Aufbereitung des von Michelangelo hinterlassenen Werkes – dem im Stil des Palazzo Farnese errichteten Lateranpalast – und einer kompakten Vertikalgliederung der von Martino Longhi d. Ä. unweit des Tiber-Stadthafens Ripetta erbauten römischen Nationalkirche der Kroaten, San Girolamo degli Schiavoni, bewegt. In diesem kulturellen Umfeld befand sich auch Giacomo della Porta, der gemeinsam mit Girolamo Rainaldi unter Abänderung des Entwurfs von Michelangelo die Fassade des Palazzo Senatorio auf dem Kapitol vollendete. Nach dem Tod Della Portas im Jahre 1602 führte Rainaldi die Arbeiten bis 1605 allein zu Ende.

Das erste architektonische Projekt unter Papst Paul V. (1605–1621), einem Borghese, betraf die Basilika Santa Maria Maggiore, die an der linken Seite von Flaminio Ponzio, dem Architekten des Vatikans, um eine Grabkapelle für die Familie Borghese erweitert wurde, die als Pendant zu der von Domenico Fontana errichteten Cappella Sistina konzipiert war und von namhaften Künstlern wie Guido Reni, Giovanni Lanfranco und Giovanni Baglione ausgestattet wurde. Besonders aufgewertet wurde die Kapelle durch die Aufstel-

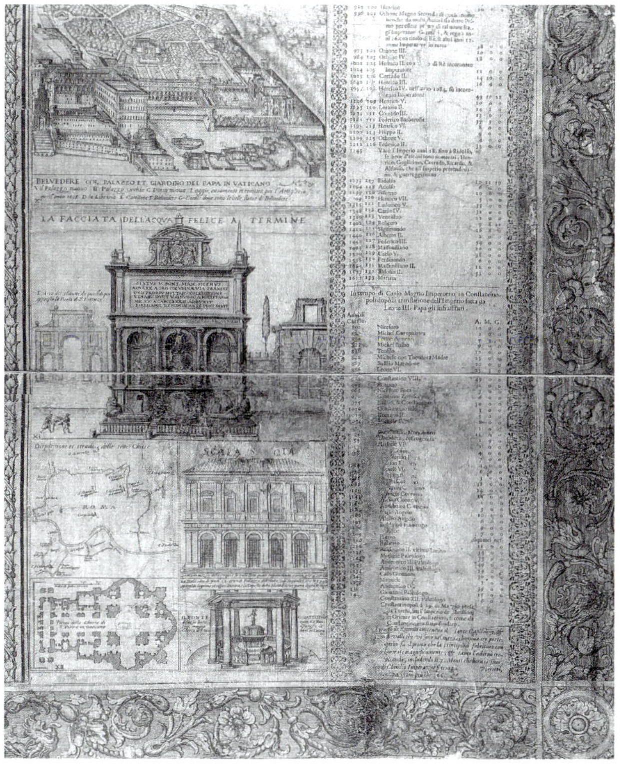

Matthäus Greuter: Disegno nuovo di Roma Moderna. *Diese 1618 erschienene Publikation diente der propagandistischen Inszenierung der Projekte Papst Pauls V., indem sie die baulichen Aktivitäten unter seinem Pontifikat denjenigen seiner Amtsvorgänger gegenüberstellte.*

lung des Prunkaltars aus dem 8. oder 9. Jahrhundert. Nach Beendigung der Arbeiten an der Cappella Paolina (1605–1611) begann Ponzio an der rechten Außenseite des Kirchenbaus mit dem Bau der neuen, neben dem Eingang liegenden Sakristei.

Das Pogramm zur Verschönerung Roms, das hinter diesen Bauten stand, diente dabei primär dem Zweck einer päpstlichen Prestige- und Propagandaarchitektur. Nach Rainaldi spricht dafür der 1618 von Greuter entworfene Plan *Disegno nuovo di Roma moderna*, der, wenngleich wenig systematisch, darauf abzielte, die Bauvorhaben von Papst Paul V. in direkte Beziehung zu denen seines Vorgängers zu setzen. Auf zwei vertikalen, symmetrischen Registern, welche die eigentliche Planzeichnung umrahmen, werden die Werke der beiden Päpste einander gegenübergestellt. Die unter Paul V. neu gestalteten Gärten des Quirinals entsprechen auf diesem Plan der Vedute des Belvedere im Vatikan, der Brunnenprospekt der *Fontana dell'Acqua Paola*, den Ponzio gemeinsam mit Giovanni Fontana zwischen 1610 und 1612 anlegte; ihm wird der *Brunnen der Acqua Felice* nachgebildet. Analog dazu stellte Greuter eine Reihe Sixtinischer Bauten – den Grundrißplan von St. Peter, den Innenraum des Lateran-Baptisteriums, den Bau der Scala Santa sowie den Stadtbauplan – dem von Ponzio errichteten Palazzo Borghese (1605–1613) gegenüber, der aufgrund seiner äußeren Form den Spitznamen „Il Cembalo“ erhielt.

Wie nahe sich die Ideen zur Architekturästhetik der beiden Päpste waren, zeigt sich am deutlichsten in der Gegenüberstellung der Colonna Paolina auf dem Platz vor Santa Maria Maggiore und dem von Fontana im Jahre 1587 für Sixtus V. aufgerichteten Obelisken. Die 1614 errichtete Säule mit den am Sockel dargestellten Gebäuden, die von Paul V. in Auftrag gegeben worden waren, stellt das Pendant zu dem Sixtinischen Obelisken vor der Apsis der Basilika dar. Nach Greuter repräsentiert die Colonna Paolina den monumentalen Ausdruck der Ästhetik Pauls V.

Ein offensichtlich dem Geist der Spätrenaissance verpflichteter Privatbau ist die von Kardinal Scipione Caffarelli Borghese in Auftrag gegebene Villa Borghese, die zwischen 1613 und 1615 noch im Stil der Renaissancevillen in der charakteristischen, in Rom erstmals an der Villa Farnesina verwirklichten Hufeisenform errichtet wurde. Die Villa wurde zur Zeit des Neoklassizismus durch Antonio Asprucci teilweise modernisiert, zeigt sich aber heute nach den umfassenden Rekonstruktionen wieder in ihrem ursprünglichen Glanz. Dem Geschmack des 17. Jahrhunderts entsprachen die prunkvollen skulpturalen Außendekorationen Vanzios, die heute nicht mehr erhalten sind. Der

Die 1610–1612 von Flaminio Ponzio und unter Mitarbeit Giovanni Fontanas errichtete Fontana dell'Acqua Paola *entstand im Auftrag Papst Pauls V. Die Anlage auf dem Gianicolo, deren Architektur sich deutlich an der unter Sixtus V. errichteten* Acqua Felice *orientiert, wurde 1690 unter Papst Alexander VIII. von Carlo Fontana verändert.*

Die Cappella Paolina in Santa Maria Maggiore wurde zwischen 1605 und 1611 nach den Entwürfen Flaminio Ponzios erbaut und war als Pendant zur gegenübergelegenen Cappella Sistina konzipiert. Das dekorative Programm der Kapelle ist auf das zentrale, dem Evangelisten Lukas zugeschriebene und hochverehrte Kultbild der Muttergottes abgestimmt.

Blick in die Kuppel der Cappella Paolina mit Cigolis Darstellung des Paradieses. Die übrigen Fresken der Kapelle wurden von führenden römischen Malern wie Guido Reni, Lanfranco, Giovanni Baglione sowie dem Cavalier d'Arpino ausgeführt. In ihnen werden die Tugenden der Jungfrau sowie die Verehrung der Kultbilder, beides zentrale Aspekte der Gegenreformation, thematisiert.

aus Flandern stammende Giovanni Vasanzio (Jan van Santen) gehörte derselben Generation an wie seine engen Mitarbeiter Flaminio Ponzio und Carlo Maderno. Die drei Baumeister arbeiteten oft an ein und demselben Projekt: so z. B. an der von Ponzio entworfenen Villa Borghese oder dem zwischen 1611 und 1616 für Scipione Borghese errichteten Palazzo Pallavicini-Rospigliosi mit dem von Vasanzio entworfenen Nymphäum und Brunnen der Gartenanlagen und dem nach Plänen Madernos von Vasanzio gebauten Gartenhaus, das nach Guido Renis berühmtem Deckenfresko *Zug der Aurora* auch unter dem Namen Casino dell'Aurora bekannt ist.

Flaminio Ponzio beaufsichtigte den Bau für die Residenz Pauls V. am Fuße des Quirinalhügels zwischen 1605 und 1609. In diesen Jahren entstand auch der weitläufige Gebäudekomplex, der sich parallel zu dem auf den Platz führenden Trakt zum Garten hin erstreckt und den Innenhof abschließt. Ponzio wiederholte hier das von Domenico Fontana vorgegebene Modell einer Loggia, die von einer Fensterreihe bekrönt wird, bei der jedem Bogenlauf ein Fenster zugeordnet ist. Der einzige Unterschied besteht in der majestätischen, vierläufigen Freitreppe mit dem auf halber Höhe liegenden Treppenabsatz am südlichen Ende der Loggia und in der Aufstockung des zentralen, siebenfenstrigen Altans, der den gedrungenen Baukörper des neuen Trakts überragt. Ponzio brachte mit diesem Projekt keinen neuen Baustil zur Anwendung, sondern führte die architektonischen Lösungen des Spätmanierismus fort.

Eine andere Entwicklung zeichnet sich dagegen an der Cappella Paolina der Basilika Santa Maria Maggiore ab. Dies wird deutlich anhand eines Vergleichs mit der für Sixtus V. errichteten Kapelle, denn die wenigen Meter zwischen den beiden Sakralräumen markieren den Übergang vom Stil des 16. Jahrhunderts zu ersten Ansätzen einer barocken Formensprache. Und obwohl der Grundriß der beiden als Zentralbau über einem griechischen Kreuz errichteten Kapellen nahezu identisch ist, kann man daran nachvollziehen, in welchen Punkten sich der neue Stil von dem vorhergehenden unterscheidet. Während das 1590 von Bartolomeo Torrigiani errichtete Ziborium als Zentrum die Wirkung der kreisförmigen Raumanlage der Cappella Sistina in dieser Kirche noch verstärkte, betonte der Entwurf von Ponzio die Längsachse des Raumes und reduzierte die Zentralwirkung allein auf das Muster der Marmorfelder im Fußboden. Der kleine Vorsprung an der Außenmauer, der durch die Kapelle entsteht, schließt bei Fontana rechteckig ab, während Ponzio ihn mit einer bewegten, trapezförmigen Mauerstruktur verkleidet, die sich harmonisch in den Hauptbau der Basilika einfügt. Die großzügige Dreiteilung der Außenwand machte es dem Architekten Pauls V. möglich, das von Michelangelo an der Außenseite der Apsis von St. Peter entworfene Schema der Reihung von Doppelpilastern und Nischen im Stil Bramantes auf die neue Kapelle zu übertragen.

Carlo Maderno und die Anfänge der barocken Architektur

Die Lösung des Barock vom Manierismus wird durch die von Carlo Maderno (1556–1629) konstruierte Fassade von Santa Susanna, der heutigen amerikanischen Nationalkirche in Rom, markiert. Mit der 1603 im Auftrag von Kardinal Rusticucci, für den Carlo Maderno zuvor bereits tätig gewesen war, vollendeten Fassade gelang es der Architektur im ersten Jahrzehnt des 17. Jahrhunderts, sich dem Niveau der malerischen Entwicklung anzugleichen, die sich zu dieser Zeit bereits der Werke eines Caravaggio und der beeindruckenden Fresken von Annibale Carracci in der Galerie des Palazzo Farnese rühmen konnte. Was aber war das Innovative an Madernos erstem großen Auftragswerk, das zugleich als sein Hauptwerk gelten kann? Zur Beantwortung dieser Frage genügt es, seine Fassade mit der von Santa Maria in Vallicella zu vergleichen, die Fausto Rughesi 1605 vollendete. Die Fassade von Rughesi ist eine nahezu exakte Nachbildung der von Giacomo della Porta für die Jesuitenkirche Il Gesù gestalteten Fassade. Die einzigen augenfälligen Unterschiede zum Vorbild von Della Porta bestehen in den Säulenpaaren, die das Hauptportal flankieren – anstelle der Lisenensäulen-Paare – sowie kleineren Voluten, die eine andere Ecklösung der Lisenenreihe nötig machten und der Fassade insgesamt einen statischen Charakter verleihen, der lediglich durch leichte Licht- und Schattenreflexe belebt wird. Dennoch ist hervorzuheben, daß es Maderno gelang, die Kirchenfassade harmonisch in die bestehende Häuserzeile zu integrieren.

Madernos Fassade erscheint aufgrund ihrer außergewöhnlichen Plastizität wie eine Skulptur. So sehr auch in diesem Fall Della Porta als Vorbild diente, basiert die Interpretation durch den lombardischen Architekten auf einem zur Mittelachse hin zunehmenden Volumen.

Wie bei Rughesi spiegelt die Fassade von Santa Susanna die Innenraumteilung in Hauptschiff und Nebenschiffe wider, ist aber weniger flächig. Die ausgesprochen skulpturale Wirkung erreichte Maderno durch die Rhythmisierung der einzelnen Joche und Ordnungselemente zur Mitte hin und speziell im unteren Geschoß, indem er die Pilaster durch Säulen ersetzte, die er nicht mehr, wie zuvor Della Porta, allein zur Akzentuierung der Portalöffnung einsetzte. Im oberen Geschoß dagegen dominieren die Pilaster, die durch eine gedrängte Anordnung die Plastizität der Fassade noch steigern. Bekrönt wird die Fassade von einer an

Folgende Doppelseite:
Die monumentale Fassade der St.-Peters-Basilika wurde nach den Entwürfen Carlo Madernos errichtet. Von den in dem Fassadenentwurf Madernos als optischer Rahmen für die Hauptkuppel vorgesehenen zwei Türmen wurde nur einer auf der linken Seite begonnen. Nach erheblichen statischen Problemen mußte dieses unter der Leitung Berninis ausgeführte Fassadenelement abgetragen werden. Madernos Entwurf wurde zu Beginn des 19. Jahrhunderts durch die beiden nach Entwürfen Giuseppe Valadiers erbauten Aedikulen für die Uhren verändert.

Die zwischen 1594 und 1605 erbaute Fassade der Kirche Santa Maria in Vallicella (Chiesa Nuova). Die von Fausto Rughesi entworfene Aedikulafassade orientiert sich deutlich an Giacomo della Portas Schauwand der Kirche Il Gesù.

Das Casino des Palazzo Rospigliosi-Palavicini. Letzterer wurde nach den Entwürfen von Carlo Maderno, Flaminio Ponzio und Giovanni Vasanzio von Papst Paul V. für seinen Neffen, den Kardinal Scipione Borghese, errichtet. Die Decke des Hauptsaals des Casino dell'Aurora wird von dem 1615 fertiggestellten, namensgebenden Deckenfresko Guido Renis geziert.

IN HONOREM PRINCIPIS APOST PAVLVS V BVRGHESIVS R

S PONT MAX AN MD CXII PO
ALEXAN·VII·P·M

Die Luftaufnahme ermöglicht einen zusammenhängenden Blick auf das monumentale Ensemble, bestehend aus dem Petersdom und der ihm vorgelagerten Platzanlage. Der Vorplatz der größten Basilika der Christenheit wird von der im Auftrag Papst Alexanders VII. nach einem Entwurf Berninis aus dem Jahre 1667 errichteten imposanten Kolonnade gerahmt. Dieses Meisterwerk barocker Inszenierung orientiert sich in seiner Gestalt teilweise an antiken Vorbildern und ist durch das opulente statuarische Programm, bestehend aus 140 Heiligenfiguren, ein zentrales Denkmal der Ecclesia Triumphans, der siegreichen Kirche.

Michelangelo inspirierten Balustrade, die den Dreiecksgiebel nach oben hin abschließt.

Noch im Jahr der Fertigstellung dieses aufwendigen Projekts (1603) wurde Maderno zum Architekten von St. Peter ernannt, und er ahnte wohl nicht, daß sich diese große Ehre bald als schwere Bürde erweisen sollte. Dem lombardischen Architekten fiel die Aufgabe zu, Michelangelos Entwurf nach den Wünschen der römischen Kurie umzugestalten. Bereits 1595 wurden erste Stimmen laut, daß Michelangelos Enwurf nicht den Bedürfnissen der größten Kirche der Christenheit gerecht werde. Und so wurde 1607 ein Wettbewerb ausgeschrieben, unter dessen zahlreichen Teilnehmern Maderno als Sieger hervorging. Der Entschluß, die Peterskirche nicht, wie von Michelangelo geplant, als Zentralbau fertigzustellen, sondern durch ein Langhaus zu erweitern, gab Anlaß zu heftigen Diskussionen, in deren Verlauf sich eine Opposition herausbildete, der Rughesi, Maggi und Maffeo Barberini, der spätere Papst Urban VIII. (1623–1644), angehörten.

Durch die Einflußnahme Pauls V. wurde eine Längsachse von 180 Metern entworfen und damit der erforderliche Platz für Gottesdienste und die Aufnahme der zahlreichen Gläubigen gewährleistet. Die von Michelangelo vorgesehene zentrale Kuppel trat in diesem neuen Plan völlig in den Hintergrund. Die Kritik an Madernos Umgestaltung ebbte niemals ab, und mit allen folgenden städtischen Baumaßnahmen, von den Kolonnaden Berninis bis hin zu der erst in diesem Jahrhundert angelegten Via della Conciliazione, versuchte man, seinen „Fehler" wiedergutzumachen. Die Verantwortung kann nicht dem Architekten zugeschrieben werden, vielmehr war ab einem gewissen Planungszeitpunkt klar, daß durch eine derartige Verlängerung des Seitenarms des ursprünglichen griechischen Kreuzes die Kuppel an Bedeutung verlieren würde.

Paul V. muß sehr bald bewußt geworden sein, daß das Bauvorhaben eine falsche Wendung genommen hatte, denn er beauftragte Maderno nach der Fertigstellung der Fassade (1612) damit, seitlich davon zwei Interkolumnien für Türme anzufügen, die mit den kleinen Kuppeln der Cappella Gregoriana und Cappella Clementina eine Art Fluchtpunkt bilden und so die Kuppel optisch stärker betonen sollten. Den erhofften Effekt dokumentiert eine Radierung, die Greuter 1613 nach einer Zeichnung Madernos anfertigte. Die Türme wurden jedoch nie errichtet, und auch Bernini sollte sich mit dem Problem des harmonischen Zusammenspiels der architektonischen Elemente Kuppel, Fassade und Turm lange auseinandersetzen.

Der Palazzo Barberini: Die Anfänge Gian Lorenzo Berninis und Francesco Borrominis

Das Verdienst Madernos bestand nicht allein in einer grundlegenden Modifikation des Baustils im 17. Jahrhundert, sondern in seinem maßgeblichen Einfluß auf die Entwicklung von zwei der größten Talente des gesamten Jahrhunderts. Die Rede ist von Gian Lorenzo Bernini und Francesco Borromini, die Maderno neben anderen Projekten auch beim Bau des Palazzo Barberini zur Seite standen. Für Maderno war diese Art von Auftrag, der ihm 1625 erteilt wurde, nichts Neues, da er bereits – etwa bei der Instandsetzung und Erweiterung des Palazzo Mattei di Giove und den Arbeiten am Palazzo Borghese – Erfahrungen mit dem Bau herrschaftlicher Paläste gesammelt hatte.

Durch die umfassenden städtebaulichen Neugestaltungen unter Sixtus V. lag der Grimani-Weinberg nunmehr inmitten des städtischen Straßennetzes, und die Fläche, auf der der Palazzo Barberini entstehen sollte, befand sich nicht mehr am Stadtrand von Rom, sondern im Zentrum. Dennoch konzipierte Maderno den Palazzo der neuen Papstfamilie mit U-förmigem Grundriß, entsprechend dem Typus der Villa suburbana. Später wurde dieser zugunsten einer Anlage in Form eines H abgewandelt. Ausschlaggebend für die Änderung des Grundrisses war die Tatsache, daß man den neuen Wohnsitz der Barberini nicht frontal zu der von Sixtus V. geschaffenen Straße ausrichten wollte. Ein geschlossener quadratischer Aufriß konnte daher nicht verwirklicht werden, so daß man bei der Raumaufteilung dem von Peruzzi in der Villa Farnesina geschaffenen Prototyp folgte, den auch Vasanzio für die Villa Borghese aufgegriffen hatte. Maderno baute hier auf seiner Erfahrung mit dem Palazzo für Asdrubale Mattei (1598–1618) auf, der als erster Barockpalast Roms angesehen wird und dessen Besonderheit in einem Innenhof ohne seitliche Rundbogenarkaden besteht. Beim Palazzo Barberini wurde ebenfalls auf die seitlichen Öffnungen verzichtet (im Gegensatz etwa zum Palazzo Borghese). Nach dem Vorbild oberitalienischer Villen und Paläste – z. B. die Villa Mondragone in Frascati von Martino Longhi und Vasanzio – öffnet sich die Gartenfassade in allen drei Geschossen in Arkaden und verglasten Loggien. Nach Rudolf Wittkower geht auch die Gestaltung der Fenster des obersten Geschosses auf Maderno zurück. Der Wissenschaftler stützt sich dabei auf den aufschlußreichen Vergleich mit

Die von Francesco Borromini entworfene Treppe des rechten Seitenflügels des Palazzo Barberini. Diese 1634 baulich umgesetzte Idee ist eine elegante barocke Umformung des von Bramante und Vignola inaugurierten Typus einer spiralförmig aufsteigenden Treppe über einem ovalen Grundriß.

Das Wappen der Barberini von der zur Via delle Quattro Fontane zugewandten Fassade des für Taddeo Barberini, den Neffen Papst Urbans VIII., errichteten Palastes. An der wechselvollen Planungsgeschichte dieser ab 1628 errichteten Residenz waren mit Carlo Maderno, Gian Lorenzo Bernini und Francesco Borromini die führenden Architekten Roms beteiligt.

dem Bogen am Fuß der Freitreppe des Palazzo Mattei, mit dem Maderno die vorbildlich gelöste Verbindung zwischen dem Innenhof und dem Atrium des Palazzo Farnese aufgriff. Die verglasten Loggien waren also keine Erfindung Berninis, entsprachen aber exakt dem architektonischen Geschmack des jungen Künstlers. Er setzte verschiedene Architekturelemente auch in seinem Entwurf für das Mausoleum der Gräfin Mathilde von Toskana im Petersdom wieder ein, durch die die Räume in ein geradezu „mystisches" Licht getaucht werden und die spezielle, aus strukturellen Gesichtspunkten unumgängliche Raumlösungen wie beabsichtigte Inszenierungen erscheinen ließen.

Gian Lorenzo Bernini

Gian Lorenzo Bernini, der am 7. Dezember 1598 in Neapel geborene Sohn des Florentiner Bildhauers Pietro Bernini, der in Rom in der Basilika Santa Maria Maggiore tätig gewesen war, gilt im Bereich der Architektur als eine der zwei Triebfedern des italienischen Barock. Die andere ist Borromini, und gemeinsam mit Pietro da Cortona bildeten diese Künstler das Dreigestirn des 17. Jahrhunderts in Rom.

Der Architekt, Bildhauer, Maler und Bühnenbildner war zunächst Schüler seines Vaters und arbeitete dann an der Seite Carlo Madernos. Nachdem er diesen als Architekten des Palazzo Barberini abgelöst hatte, führte er die Arbeiten dort gemeinsam mit Borromini bis 1632 fort. In dieser Zeit entstanden der Gebäudeflügel an der Via Barberini, die Freitreppe, die Vorzimmer, der große, zentrale Saal sowie der sogenannte Ponte rotto, eine aus antiken Architekturfragmenten täuschend echt nachgebildete Ruine. Wie Borsi betont, ist diese fingierte Ruine bereits ein erster Hinweis auf den sich neuerlich wandelnden Zeitgeschmack, der den Künstlern durch Verfremdungen solcher Art die Gunst des Publikums sicherte.

Seinen ersten Auftrag erhielt der junge Bernini für die tiefgreifende Restaurierung der baufälligen Kirche Santa Bibiana, an der er von 1624 bis 1626 arbeitete. Bernini entwarf für die Kirche eine originelle Fassade mit mächtigem Portikus aus drei von ionischen Pilastern getrennten Arkaden im Erdgeschoß. Die im Obergeschoß hervortretende Mittelachse der Loggia wird durch einen Dreiecksgiebel akzentuiert, während Balustraden den Aufbau der seitlichen Achsen bekrönen. Wie dieses Werk verdeutlicht, folgte Bernini zu Beginn seiner künstlerischen Laufbahn noch dem Geschmack des Manierismus, der etwa in der Scala Santa von Fontana eine Ausprägung fand, so daß man an seinem Frühwerk nicht den Künstler erkennt, der noch im selben Jahr (1624) den Baldachin über der Grabstelle Petri entwarf.

Eines der Hauptanliegen Papst Urbans VIII. war die Ausstattung des Kuppelraums von St. Peter, und so beauftragte er Bernini – der 1629 Baumeister von St. Peter war – mit der Gestaltung der Vierungspfeiler. Auf Wunsch des Papstes sollten darin die Reliquien der Peterskirche aufbewahrt werden: das Schweißtuch der Veronika, die Hl. Lanze (ein Geschenk des Sultans Baiazet II. an Innozenz VIII.), das Haupt des Apostels Andreas und das größte Fragment des Kreuzes von Golgatha, das der Legende nach die Hl. Helena, Kaiserin und Mutter Konstantins, im Heiligen Land aufgefunden hatte. Die monumentalen Heiligenstatuen in den Nischen der Kuppelpfeiler leiten über in die obere Architekturzone mit den Balkonen, für die Bernini stilistisch auf die gewundenen Säulen zurückgriff, die angeblich Konstantin von Jerusalem nach Rom gebracht hatte.

Urban VIII. und die römische Stadtmauer

Das lange Pontifikat von Urban VIII. Barberini (1623–1644) prägte die Stadt nachdrücklich durch die zahlreichen Bauprojekte, die er in Auftrag gab. Den Kernpunkt der städtebaulichen Erneuerung im Rom des Barberini-Papstes bildete die Engelsburg, die der Papst von Marcantonio de'Rossi (1607–1666) in den Jahren 1626 bis 1628 mit neuen Befestigungsanlagen verstärken ließ. Für derartige Verteidigungsanlagen hatte Urban VIII. ein besonderes Interesse; so beauftragte er de'Rossi auch mit den mächtigen Fe-

Das Porträt Papst Urbans VIII. *von Gian Lorenzo Bernini (1625). Während des langen Pontifikats von 1623 bis 1644 erfuhr die Gestalt Roms durch seine Einwirkung entscheidende Veränderungen.*

stungen des Gianicolo und trug sich mit der Absicht, den Mauerring um die ganze Stadt zu schließen. Von diesem ehrgeizigen Projekt wurden durch de'Rossi jedoch nur einzelne Teile, nämlich die Umfassungsmauer von Trastevere, die Porta San Pancrazio (1849 zerstört) und die Porta Portese, verwirklicht.

Das militärische Gepräge der römischen Architektur wirkte sich auch auf die päpstliche Residenz auf dem Quirinal aus, die den Nachfolgern Petri von Clemens VIII. bis zu Pius IX. ununterbrochen als Wohnstätte diente. Die Baumaßnahmen auf dem Platz vor dem Palazzo del Quirinale standen dabei in Zusammenhang mit dem bevorstehenden Heiligen Jahr, während der in rechtem Winkel auf den linken Fassadenabschnitt treffende, festungsähnliche Flügel, der möglicherweise von Bernini stammt, der dort 1635 die Benediktionsloggia über dem Portal schuf, auf die Begeisterung des Papstes für Militärarchitektur zurückzuführen ist.

Die Zerstörung des Glockenturms an der Fassade von St. Peter im Jahre 1641 und das Desinteresse des neuen Papstes Innozenz X. (1644–1655) an der Person Berninis taten seiner Karriere als päpstlicher Architekt jedoch keinen Abbruch. In den Jahren 1645–1648 arbeitete er an den Dekorationen der Mittelschiffpfeiler von St. Peter, für die er das Motiv des von Putten in die Höhe gehaltenen Rundschilds mit dem Porträt des Papstes entwarf. Vervollständigt wurde diese Komposition durch ein weiteres Puttenpaar mit den Schlüsseln und der Tiara als Insignien des Hl. Petrus oder, als Anspielung auf den Hl. Paulus, mit dem Buch und dem Schwert; ober- und unterhalb erscheinen die Tauben aus dem Wappen der Pamphili, die hier natürlich auch in ihrer Funktion als Symbol des Heiligen Geistes verstanden werden müssen.

Ansicht der von Bernini im Auftrag Urbans VIII. gestalteten Fassade des Quirinalpalastes mit der Benediktionsloggia oberhalb des Haupteingangs. Die heute sichtbare Anlage ist das Ergebnis sukzessiver baulicher Aktivitäten mehrerer Päpste seit dem Ende des 16. Jahrhunderts. Die ursprünglich als päpstliche Sommerresidenz benutzte Anlage diente von 1870 bis 1944 als repräsentativer Wohnsitz der italienischen Könige. Seit dem Ende des Zweiten Weltkriegs residiert der jeweilige italienische Staatspräsident in dem ausgedehnten Komplex.

Sant'Andrea al Quirinale

Die Familie Pamphili, nicht der amtierende Papst aus der Familie der Chigi, war es auch, die Bernini mit dem Bau der Kirche Sant'Andrea al Quirinale beauftragte, die er selbst als sein Hauptwerk bezeichnete. Die 1658 zeitgleich mit dem Bau von Santa Maria dell'Assunzione in Ariccia und San Tommaso da Villanova in Castel Gandolfo begonnenen Arbeiten wurden erst 1670 abgeschlossen. Mit dem ovalen Grundriß, der so gelagert ist, daß sich das Eingangsportal an der Längsseite befindet, griff der Architekt auf eine Lösung zurück, die er bereits an der kleinen, später durch Borromini ersetzten Kirche des Palazzo della Propaganda Fide studiert hatte. In diesem Werk jedoch setzte er seine Erfahrung durch die Angliederung der

Privatkapellen in monumentalem Maßstab um. Die geschwungene Fassade, deren niedrige, halbrund zurückweichende Seitenflügel den Kontrapunkt zu dem weit vorspringenden, von ionischen Säulen flankierten Eingangsbaldachin mit dem Pamphili-Wappen bilden, erinnert an die Formsprache eines offenen Tabernakels.

Die Außenfassade findet einen Widerhall in der Gestaltung des Altars, der von einem durchbrochenen Tympanon in Analogie zu den Schmuckelementen im Giebelfeld des Portalvorbaus mit der Figur des Hl. Andreas in der Ekstase von Antonio Raggi bekrönt wird. Der überreich mit vielfarbigem Marmor ausgestattete Innenraum wird von einem umlaufenden Gesims eingefaßt, das diesen durch den Kontrast aus den Kapellenöffnungen und der Masse der mit Lisenen rhythmisierten Mauern geradezu pulsierenden Raum zusammenhält. Die mit Rippen und Kassetten besetzte Innenseite der Kuppel ist der des Pantheons nachempfunden, und das Motiv der Festons aus vergoldetem Stuck findet sich auch bei Berninis Kirche in Ariccia.

Der Bau von Sant'Andrea al Quirinale entstand zwischen 1658 und 1661 als Stiftung Camillo Pamphilis, des Neffen Papst Innozenz' X., als Kirche eines 1566 gegründeten Jesuitennoviziats. Die ungewöhnliche architektonische Lösung Berninis, bei der die kürzere Seite dieses über einem ovalen Grundriß errichteten Baus als zeremonielle Achse genutzt wurde, resultierte aus der beschränkten Baufläche.

Pietro da Cortona und das Problem der Barockfassade

Durch ihre Lage inmitten der stark befahrenen Straßen rund um das Gericht stellte die unter Papst Sixtus IV. im 15. Jahrhundert erbaute Kirche Santa Maria della Pace in städtebaulicher Hinsicht ein Problem dar. Das Verkehrsproblem löste der Della-Rovere-Papst gemeinsam mit Pietro Berrettini, genannt Pietro da Cortona, der den bis heute erhaltenen Platz vor der Kirche plante und anlegte. Im Zusammenhang hiermit wurde auch die Fassade neu gestaltet und in der Folge die Fassaden der an der Piazza gelegenen Häuser, wodurch hier ein einmaliges Ensemble barocker Fassadengestaltung zu sehen ist. Pietro da Cortona knüpfte so an seine Erfahrungen mit der Gestaltung von Theaterbühnen an, denn, wie Wittkower feststellt, „die Kirche erscheint als Bühne, der Platz als Zuschauerraum und die umstehenden Häuser als Logen". Aber auch der Anschluß an frühere Werke des Architekten wird deutlich: Tatsächlich ist das obere Geschoß exakt der Fassade der Kirche Santi Luca e Martina nachempfunden, die der aus Cortona stammende Architekt zwischen 1635 und 1650 errichtet hatte. Diese am Rand der Ausgrabungsstätten des Forums gelegene und dem Patron der Accademia di San Luca geweihte Kirche wurde durch Pietro da Cortona vollständig renoviert. Als man während der Ausbauarbeiten in der Krypta, die Da Cortona für sein eigenes Grabmal durchführte, auf die Reliquien der Hl. Martina stieß, wurde die Kirche auch dieser Heiligen geweiht. Finanziert wurden die Arbeiten von dem Auftraggeber und Förderer der Akademie, Kardinal Francesco Barberini, und zum Teil von Da Cortona selbst, der kurz zuvor zum Vorsitzenden der Akademie ernannt worden war.

Das eigentliche Musterbeispiel seiner innovativen Kreativität ist jedoch die bereits erwähnte Fassade von Santa Maria della Pace. An ihr nimmt da Cortonas sicheres Gespür im Umgang mit Masse und Raum konkrete Formen an. Das läßt sich bereits an früheren Werken nachvollziehen, wie der zerstörten Villa Sacchetti del Pignetto (1626–1636), die er aus Anleihen beim vatikanischen Belvedere, bei der Villa Aldobrandini und dem Tempel der Preneste komponierte.

Bei der Fassade von Santi Luca e Martina wird der maßvoll vorspringende Mittelteil der Hauptfassade gefaßt von zwei widerlagerartig ausgebildeten Pfeilern mit Pilastern – der hierdurch gebildete Schwung erhält eine starke architektonische Spannung, und zudem scheint die von Lisenen rhythmisierte Oberfläche wie ein Segel im Wind aufgebläht zu sein. Durch die völlige Entsprechung von Unter- und Obergeschoß entsteht ein einheitlicher Baukörper, der die mächtigen konvexen Rundungen der Apsiden des Innenraums erkennen läßt. Auf diese Weise ist die Fassade nicht

Die 1662 vollendete Schauwand der Kirche Santa Maria in Via Lata von Pietro da Cortona

Fassade von Santi Luca e Martina, der Kirche der Lukasakademie, in der die Künstler Roms zusammengeschlossen waren. Diese bedeutende architektonische Schöpfung Pietro da Cortonas aus dem Jahre 1650 beeindruckt durch ihre Kurvatur, die eingezogene Mittelpartie sowie die aus dem Zusammenspiel von Pilastern und Säulen entstehenden plastischen Werte.

länger eine starre Abgrenzung von Außen- und Innenraum, sondern vermittelt durch ihre Nachzeichnung des Innenraums zwischen den beiden konträren Kräften.

An der Kirche Santa Maria della Pace wiederholt sich diese Durchdringung im Obergeschoß, in dem die vergleichsweise geringe Zahl der Architekturglieder durch den mächtigen Dreiecksgiebel zu einer Einheit verschmolzen wird. Der Eingangsgiebel hingegen, der sich wie ein Tempietto kreisrund nach außen wölbt, scheint geradezu aus der Fassade hervorzuquellen, als wolle er vom Platz Besitz ergreifen. Die zwei konkaven Seitenflügel der Kirche bilden die Gegenbewegung zu diesem Druck nach außen und stellen das Verhältnis zwischen Fassade und Rauminhalt des Platzes wieder her, obwohl sie den Kontrast zugleich akzentuieren.

Für die zwischen 1658 und 1662 errichtete Fassade von Santa Maria in Via Lata reduzierte Pietro da Cortona seinen Baustil ohne Verzicht auf Plastizität auf die wesentlichen Elemente, wobei er sich besonders auf die Säulen konzentrierte. Der Architekt wurde hier jedoch mit völlig anderen Raumverhältnissen konfrontiert, da diese Kirche nicht an einen Platz, sondern an den Straßenzug der heutigen Via del Corso angrenzt. Mächtige Vorbauten an der Fassade waren somit nicht realisierbar. Die plastische Bewegtheit der Fassade von Santa Maria in Via Lata basiert daher einzig und allein auf der Wechselbeziehung zwischen freigestellten und mit Säulen überlagerten Flächen. Im Obergeschoß erhebt sich eine von Säulenpaaren getragene Loggia, die von einem Dreiecksgiebel überragt wird. Die seitlichen Fassadenabschnitte wie auch das Untergeschoß mit dem in die Fassade integrierten Säulenportikus sind leicht nach hinten versetzt. Im Portikus wiederholen sich die Säulen der Außenfassade. Sie umschließen das Eingangsportal mit einem querlaufend gebildeten Raum, der an den Seiten von zwei kleinen Apsiden mit kassettierten Tonnengewölben abgeschlossen wird. Diese Fassade stellt somit die Zusammenfassung der in den Fassaden von Santa Maria della Pace und Santi Luca e Martina entwickelten Lösungen dar.

Die Kuppel von San Carlo al Corso, in den Jahren 1668–1672 erbaut, ist das letzte bedeuten-

Die Fassade der von Borromini konzipierten Komplexes des Oratorio di San Filippo Neri dokumentiert die gestalterische Größe dieses Architekten. Da aus Gründen der Bescheidenheit die Verwendung von Ziegelsteinen zur Errichtung der Fassade vorgeschrieben wurde, die direkt an Santa Maria in Vallicella angrenzt, entschied Borromini sich für den Einsatz speziell angefertigter flacher Ziegel, die, als Masse wahrgenommen, eine uniforme, monumentale Wirkung der gekrümmten Fassade erzeugen.

de Werk von Pietro da Cortona. Sie ist eine direkte Weiterentwicklung der Kuppel von Santi Luca e Martina und zeichnet sich durch einen ruhigeren, aber nicht minder kraftvollen Stil aus. Der Tambour besticht durch den Wechsel zwischen Fensteröffnungen (ohne Fenstergiebel und über die volle Höhe des Tambours) und den Stützen aus Pilastern und Säulen, die ein umlaufendes Gesims tragen. Die darüberliegenden Fensteröffnungen, die bei Santi Luca e Martina muschelförmig geschwungen waren, erscheinen hier als kleine, ovale Fenster, die von einem Gurtgesims mit Dreiecksgiebel eingefaßt werden. Mit der Kuppel von San Carlo al Corso schuf Pietro da Cortona seine Variation des von Michelangelo für St. Peter entworfenen Prototyps.

Der Bauherr Papst Alexander VII.

Alexander VII. Chigi (1655–1667) sah sich selbst als Förderer der Stadt. Er träumte vom Glanz des kaiserlichen Rom im Stil seiner Zeit. Mit seinem Namen stellte er sich einerseits in eine Linie mit Alexander III. Er stammte aus der Familie Bandinelli, ebenfalls aus Siena, und war ein erbitterter Gegner von Kaiser Barbarossa, was sich gut auf das spannungsgeladene Verhältnis zu Frankreich und Spanien im 17. Jahrhundert übertragen ließ. Andererseits spielte er mit seinem Namen eindeutig auf Alexander den Großen an. Die sorgfältige und erschöpfende Analyse, die Richard Krautheimer in jüngster Zeit dem Pontifikat Fabio Chigis widmete, läßt diesen ganz als Stadtherrn und würdigen Vertreter seiner Zeit hervortreten. Die Nähe zu den Prinzipien und Intentionen Sixtus' V. kann man unschwer an der Aufmerksamkeit des Chigi-Papstes für das alte Straßennetz erkennen, wenngleich er weitaus geringere Möglichkeiten hatte als der Peretti-Papst.

Der ständig steigende Einsatz von Gespannen mit vier, sechs oder auch acht Pferden anstelle der weitaus wendigeren Sänften oder anderer Transportmittel stellte das städtische Verkehrsnetz vor immer größere Schwierigkeiten. Der Papst setzte sich daher für die Begradigung und Verbreiterung der Straßen ein. Diesem Vorhaben fielen nicht wenige Bauwerke zum Opfer. Zu diesen gehörten beispielsweise auf der Via del Corso der antike Arco di Portogallo aus der Zeit Kaiser Hadrians, durch dessen Entfernung sich die Straße um mehr als das Doppelte verbreitern ließ – der Corso konnte so auf fast zehn Metern anstelle von weniger als fünf Metern befahrbar gemacht werden.

Die Via del Corso und das Trivium

Die Initiativen des Papstes für Neubauten und eine umfassende städtebauliche Umstrukturierung betrafen zwar die gesamte Stadt, konzentrierten sich jedoch besonders auf die Achse der Via Lata, der heutigen Via del Corso, und auf die Neugestaltung der Piazza del Popolo.

Für den Empfang der zum Katholizismus konvertierten Königin Christine von Schweden im Dezember 1655 gestaltete Gian Lorenzo Bernini die innere, der Piazza del Popolo zugewandte Schauseite der Porta Flaminia. Die Inschrift FELICI FAUSTOQUE INGRESSUI MDCLV auf der Tafel über dem mittleren Bogen richtete sich, wie am Datum ersichtlich, an die Königin. Möglicherweise beabsichtigte der Papst zu Beginn, seine Eingriffe in diesem Teil der Stadt auf derartige rein äußerliche Korrekturen zu beschränken.

Die vollständige Neugestaltung dieses Stadtteils wurde jedoch nicht lange hinausgezögert. Das Trivium aus den drei langen Straßenachsen der Via Lata im Zentrum, der Via Paolina (der heutigen Via del Babuino) auf der linken und der Via Ripetta auf der rechten Seite, die auf die Piazza del Popolo trafen, eignete sich vortrefflich, um den Weg der Besucher und Pilger ins Zentrum der Stadt architektonisch in Szene zu setzen.

Mit dem Entwurf der Zwillingskirchen Santa Maria di Montesanto und Santa Maria dei Miracoli an der Piazza del Popolo wurde Carlo Rainaldi betraut, der bis 1661 an den Bauarbeiten mitwirkte. Unter dem Einfluß Berninis und Carlo Fontanas kam es in der Folge jedoch zu Abweichungen von seinem Plan und Unterbrechungen der Bauarbeiten, da die beiden Architekten dem reifen Barockstil Rainaldis eine maßvollere Form zu geben versuchten. Dennoch gilt Rainaldi zu Recht als Schöpfer dieser Anlage, als den ihn auch die Gründungsmedaille von 1662 würdigt.

Im Hinblick auf die szenische Gesamtwirkung des Platzes mußten die beiden Kirchen absolut symmetrisch zueinander konzipiert werden. Dies zu verwirklichen war jedoch äußerst schwierig, angesichts der verschiedenartigen Baugrundstücke. Rainaldi mußte erkennen, daß sich das Vorhaben zweier auf identischen Grundrissen basierender Kirchen nicht realisieren ließ. Er löste das Problem durch die Konzeption eines ovalen Grundrisses für die auf der kleineren Grundfläche stehende linke Kirche, den er dabei so ausrichtete, daß die Rundung der Schmalseite mit dem Kreisdurchmesser der rechten Kirche übereinstimmte. Durch diesen Kunstgriff erscheinen die beiden Kirchen nach außen hin absolut identisch. Mit dem Bau der Karmeliterkirche Santa Maria in Montesanto, der zwischen der Via del Babuino und der Via del Corso gelegenen Kirche (mit ovalem Grundriß), wurde 1662 begonnen. Fertiggestellt wurde sie allerdings erst 1675, beim Baubeginn der zweiten Kirche Santa Maria dei Miracoli, die 1679 vollendet wurde.

Alexander VII. schwebte vor, den bis dahin für Pferderennen genutzten Corso zur wichtigsten Verkehrsachse der Stadt zu machen, die von der Via Flaminia ohne Umwege zu dem Platz der Stadt führen sollte, der seinen Ruhm als Bauherr effektvoll in Szene setzte – dem Petersplatz.

Gian Lorenzo Bernini im Dienste Papst Alexanders VII.

Wie der Petersplatz vor der Gestaltung durch Alexander VII. aussah, zeigt das um 1640 entstandene Gemälde eines anonymen Künstlers. Zu sehen ist ein weitgehend kahler Platz, der vor allem praktische Mängel aufweist. So mußten die Besucher während bedeutender Zeremonien auf dem Weg zur Basilika oder zur päpstlichen Residenz unter provisorischen Baldachinen vor Regen oder Hitze Zuflucht suchen. Um diesem Mißstand Abhilfe zu schaffen, wandte sich der Papst schon kurz nach seinem Amtsantritt an Bernini. Die schließlich realisierte Lösung war das Resultat langer Debatten zwischen dem Architekten, dem Papst und den Kardinälen der Dombauhütte. Einige der kritischen Punkte überliefert ein Corpus von Zeichnungen der Dombauhütte, der in der Brandegee Collection (Faulkner Farm, Massachusetts) aufbewahrt wird. Rudolf Wittkower identifizierte die fälschlicherweise für Zeichnungen Berninis gehaltenen Blätter als kritische Gegendarstellungen zu Berninis Entwurf. Der anonyme Zeichner, der nach Wittkower vermutlich im Umkreis von Papiro Bartoli, einem „exzentrischen Dilettanten" und Zeitgenossen Berninis, zu suchen ist, bringt anhand von schematischen Darstellungen und Planzeichnungen die von den Zeitgenossen formulierte Kritik vor.

Den latenten Symbolcharakter seines Entwurfs formulierte Bernini in diesem Zusammenhang selbst: „Die Peterskirche ist gleichsam die Urkirche schlechthin, und als solche benötigt sie einen Portikus, der eindeutig die Geste der ausgebreiteten Arme umsetzt, mit denen die Katholiken zur Bestärkung in ihrem Glauben, die Häretiker zur Wiederaufnahme in die Kirche und die Ungläubigen zur Erleuchtung im einzig wahren Glauben empfangen werden." Diese Intention teilte der anonyme Zeichner voll und ganz, nur war er von ihrer architektonischen Umsetzung nicht überzeugt. In der ersten Zeichnung der Serie stellt er daher über die Kolonnaden Berninis ironisch die Figur eines Hl. Petrus, der sich mit schmerzerfülltem Gesicht auszustrecken scheint, um die Kolonnaden Berninis umfassen zu können. Der Kritiker setzt Berninis Entwurf einen kreisrunden, direkt an die Fassade angrenzenden Portikus entgegen. Das eigentlich ausschlaggebende Motiv für diese Kritik verdeutlichen jedoch zwei andere Arbeiten des anonymen Zeichners, auf denen zu sehen ist, daß die elliptische Form der Kolonnaden mit der langgezogenen Ausschmiegung gegen die Vorhalle der Basilika dem auf der Segensloggia stehenden Papst den Blick auf einen beachtlichen Teil der Menschenmenge verwehrt.

Wie auch immer – Alexander VII. stimmte Berninis Projekt zu. Die aus Anlaß der Grundsteinlegung am 28. August 1657 geprägte Gedenkmedaille zeigt die endgültig beschlossene Lösung, die jedoch letztlich nur in abgewandelter Form realisiert werden konnte. Bernini plante ursprünglich, wie auf der Medaille und einer anonymen Zeichnung in der vatikanischen Bibliothek zu sehen ist, eine freistehende Säulenarkade. Doch nur fünf Tage nach der Grundsteinlegung ersetzte er diesen einfachen Entwurf durch die imposanten, dorischen Kolonnaden mit horizontalem Gebälk. Auch der Bau des auf der Medaille noch integrierten „dritten Arms" wurde durch den vorzeitigen Tod des Papstes und die immensen Kosten, die sich bereits auf etwa eine Million Scudi beliefen, vereitelt.

Die Scala Regia

Die umfassenden und sorgfältig geplanten Baumaßnahmen unter Alexander VII. waren darauf angelegt, den prominenten Gästen auf ihrem Weg von der Porta Flaminia zur Peterskirche eine einmalige Architekturkulisse zu bieten. Als würdiges Schlußbild dieser Inszenierung schuf Bernini eines seiner außergewöhnlichsten Werke – die Scala Regia. Sie wurde zwischen 1663 und 1666 als Verbindungstreppe zwischen St. Peter und den angrenzenden päpstlichen Wohnräumen gebaut. Nachdem der imaginierte Gast ganz Rom durchschritten und sich dabei an den Wunderwerken

Die unter Papst Urban VIII. begonnene Scala Regia wurde von Bernini 1666 während des Pontifikats Alexanders VII. fertiggestellt. Bernini schuf zwischen Petersdom und der päpstlichen Residenz eine Treppenanlage, durch die die unregelmäßige Form des Areals kaschiert wurde. Der Eindruck einer sich verjüngenden Treppenflucht entstand durch die Kolonnaden unterhalb des kassettierten Tonnengewölbes, deren Abstände zu den seitlichen Wänden manipuliert wurden.

der Architektur erfreut hatte, erwartete ihn an dieser Stelle die letzte Überraschung in Form einer majestätischen Treppe, die ihn zum irdischen Vertreter Christi führen sollte. Diese Idee verlangte von Gian Lorenzo Bernini mehr als eine simple Verbindungstreppe, denn der Aufstieg sollte das Gefühl vermitteln, man steige direkt in den Himmel empor. Zum Auftakt dieser päpstlichen Selbstinszenierung brachte der Künstler am Scheitel des Aufgangsbogens das Wappen der Papstfamilie an, das von zwei Personifikationen des Ruhms, die mit ihren silbernen Trompeten die

Glorie des Papstes ankündigen, in die Höhe gehalten wird. Der entscheidende Kunstgriff Berninis, bei dem er möglicherweise den berühmten perspektivischen Korridor Borrominis im Palazzo Spada vor Augen hatte, bestand in der Teilung des Treppenlaufs und der daraus resultierenden optischen Verlängerung der Treppe. Durch die flankierenden Säulenreihen und die Kassettendecke des Tonnengewölbes wird der perspektivische Effekt zusätzlich gesteigert. Die Scala Regia bedeutete für Papst Alexander VII. die letzte Stufe bei der Verwirklichung seines Ideals von Architektur und Stadtbaukunst.

Francesco Borromini

Der andere Hauptdarsteller auf der Bühne des römischen Barock war der 1599 in Bissone sul Lago geborene Francesco Castelli. Seine Anwesenheit in Rom, wo er vermutlich den Namen Borromini annahm, ist ab 1619 dokumentiert. Gemeinsam mit Bernini und Pietro da Cortona arbeitete er unter seinem entfernten Verwandten Carlo Maderno am Palazzo Barberini.

Aus Borrominis Hand stammen die kleinen quadratischen Fenster des Obergeschosses im Stil der von Michelangelo für die Attikazone von St. Peter entworfenen Fenster. Neu ist die sanft geschwungene, gemischtlinige Einfassung der zentralen Muschelform, die von einem abfallenden und sich aus der Ebene lösenden Vorsprung aufgelockert wird. Die dadurch entstehende perspektivische Ausschmiegung projiziert den Rahmen in den Außenraum. Durch die beiden seitlichen Konsolen werden diese zwei Ebenen zu einer plastischen Einheit verschmolzen. Eine analoge Funktion erfüllt der Triglyph unterhalb der Muschel als Verbindungselement zu dem Innenrahmen. In der Renaissance wäre eine derartige Fensterlösung undenkbar gewesen, da die ihr zugrundeliegenden Gestaltungsregeln das Heraustreten plastisch gestalteter Fenster aus der Ebene der Wand nicht vorsahen. Mit dieser revolutionären Lösung setzte Borromini zugleich ein erstes Zeichen seiner künstlerischen Autonomie.

San Carlino alle Quattro Fontane

Den ersten Auftrag für ein eigenes Projekt erhielt Borromini 1634. Es handelt sich um die Neugestaltung der zwischen 1611 und 1614 vom Trinitarierorden angekauften Bauten. Einer dieser Bauten war die Federico Borromeo geweihte Kirche, der kurz zuvor von Paul V. heiliggesprochen worden war.

Die großen Schwierigkeiten in Anbetracht des sehr begrenzten Raumes wurden von Borromini brillant gelöst. Dem kleinen rechteckigen Kreuzgang verlieh er einen achteckigen, länglichen

Die Kirche San Carlo alle Quattro Fontane wurde von Borromini in mehreren Phasen zwischen 1638 und 1667 auf einem sehr kleinen und unregelmäßigen Grundstück errichtet. Die zweistöckige Fassade mit ihrem konvex-konkaven Bewegungszug gilt als Gründungsbau einer kurvierten Architektur.

Grundriß mit konvex abgeschrägten Ecken. Zentrales Motiv sind die umlaufenden Arkaden, für die der Architekt die nach Sebastiano Serlio benannte Bogenform verwendete, welche er möglicherweise im Klosterhof des Collegio Borromeo in Pavia von Pellegrino Tibaldi gesehen hatte. Das obere Geschoß charakterisiert dagegen ein umlaufendes, auf Säulen mit oktogonalen Kapitellen ruhendes Gebälk. Ein Vorbild für den Übergang zwischen den Arkaden und der Gebälkzone ist zweifelsohne Bramantes Hofanlage für Santa Maria della Pace. Abgerundet wird die Komposition durch den Brunnen und die neuartigen Balustraden. Das Hauptwerk des umfangreichen Bauprogramms ist jedoch die Kirche, die eine Inkunabel der hochbarocken Sakralarchitektur in Rom darstellt. Wenngleich dem 1638 begonnenen Bau von San Carlino durch die beengten Raumverhältnisse, die auch noch einer Sakristei Platz bieten sollten, Grenzen gesetzt waren, zeigt er die für Borromini typische Zerlegung des Raums in geometrische Einheiten. Blunt setzte diese Methode in Beziehung zu den Lehren Galileis, für den das Buch der Natur „in einer mathematischen Sprache verfaßt ist, deren Buchstaben Dreiecke, Kreise und andere geometrische Figuren sind". Die Schriften Galileis waren zu dieser Zeit jedoch kaum verbreitet, so daß die Entwurfstechnik Borrominis, wie Wittkower anmerkt, mit größerer Wahrscheinlichkeit auf die Praxis der mittelalterlichen Baumeister, wie beispielsweise Villard de Honnecourt, zurückgeht. Aber davon abgesehen kommt die galileische Weltanschauung bereits in der Bibel (Buch der Weisheit, 11,20) zum Ausdruck: „Du aber hast alles nach Maß, Zahl und Gewicht geordnet."

Die Grundfigur von San Carlo entspricht einer Raute aus zwei übereinander positionierten, gleichschenkligen Dreiecken. Ihre besondere Bedeutung erhält diese geometrische Figur natürlich durch den Bedeutungszusammenhang des Namens der Trinitarier und der Dreieinigkeit (Trinität), die durch das Dreieck symbolisiert wird; daher ist das Motiv auch an vielen Stellen von San Carlo, besonders häufig in der Kuppelwölbung, wiederzufinden.

Rein optisch vermittelt der Umriß des Innenraums den Eindruck eines harmonischen Kontinuums. Geradezu als Protagonisten des Innenraums sind die Säulen zu bezeichnen, die in Vierergruppen zusammengefaßt sind. Von der Längs- und

In dem an die Kirche San Carlo alle Quattro Fontane angrenzenden Kreuzgang des gleichnamigen Konvents gelangen Borromini überraschende optische Effekte auf einem sehr begrenzten Raum. Diese Struktur offenbart das für sein gesamtes Werk charakteristische Bemühen zur Vermeidung des rechten Winkels.

Querachse treten sie nur zugunsten des Eingangs, des Hauptaltars und der zwei Seitenaltäre gewissermaßen zurück. Die Säulen scheinen den Innenraum zu modellieren, der durch die umlaufenden Gesimse zu einer Einheit verschmolzen wird, und verleihen ihm andererseits wiederum die für den Barock typische Dynamik. Die Kapitelle mit dem Motiv der umgedrehten Voluten sind der römischen Antike, z. B. der Villa Hadriana, entlehnt. Darüber folgen Tonnengewölbe und Pendentifs als Überleitung zum Kuppeloval. Das Dekorationsprogramm der kassettierten Kuppel aus ineinander verwobenen Oktogonen, Rauten und Kreuzmotiven stammt von einem antiken Mosaik in Santa Costanza, überliefert durch einen Stich Serlios. Über den rein dekorativen Charakter hinaus nehmen diese Elemente hier eine tiefere Bedeutung an, da das Kreuz eines der Wahrzeichen des Trinitarierordens ist. Generell stellte Borromini der visuellen Rhetorik eines Bernini den symbolischen Gehalt seiner eigenen Architektur gegenüber. Und so erscheinen das Kreuz, die Krone des ewigen Lebens, der Palmzweig und die auf den Tempel des Salomon verweisenden Cherubim auch an der Hauptfassade aus den Jahren 1665–1667.

Sie ist als Schlußpunkt in der Karriere dieses überragenden Künstlers, der seinem Leben im Jahr ihrer Vollendung ein Ende setzte, zu betrachten. Die Zeichnungen in der Albertina in Wien belegen, daß Borromini von Anfang an eine Fassade in doppelter S-Form vorschwebte. Ganz neuartig war die völlige Entsprechung von Ober- und Untergeschoß, die durch ein Gesims getrennt werden. Das Untergeschoß folgt dem Rhythmus konkav-konvex-konkav und bildet so eine fortlaufende Wellenlinie, während die Abfolge im Obergeschoß durch die vorspringenden Säulen, die ein massives Attikagesims mit Balustrade tragen, in drei separate, konkave Abschnitte gegliedert ist. Die konvexe Gegenbewegung der Ädikula und das von Engeln gehaltene, ovale Medaillon treten dadurch um so markanter hervor.

Das Oratorio dei Filippi

Neben dem Auftrag des Trinitarierordens führte Borromini den Auftrag für das Oratorium der Gemeinschaft des Hl. Filippo Neri aus. Aus dem hierfür von der Kongregation ausgeschriebenen Wettbewerb war der bereits seit längerem im Dienst der Filippiner stehende Paolo Maruscelli als Sieger hervorgegangen. Weshalb man ihm Borromini ab Mai 1637 zur Mithilfe an die Seite stellte, ist nicht bekannt; sicher ist, daß Maruscelli kurze Zeit später von diesem Auftrag zurücktrat. Borromini sah sich als Bauleiter einer komplizierten Ausgangslage gegenüber, da dem Komplex kein einheitlicher Plan zugrunde lag. Er bestand neben der Kirche Santa Maria in Vallicella aus einer Sakristei im Westen des linken Querschiffs und aus dem großen Innenhof im Norden sowie dem kleinen Kreuzgang der Sakristei im Süden. Bereits Maruscelli hatte für den Bau des Oratoriums die zur Straße liegende Fläche westlich der Hauptfassade der Kirche vorgesehen.

Borromini folgte dieser Vorgabe, nachdem sich andere Standorte als nicht geeignet erwiesen hatten. Die bereits im Entwurf Maruscellis enthaltene, unausweichliche Ecklage brachte eine Reihe von strukturellen Schwierigkeiten mit sich, für die Maruscelli keine Lösung gefunden hatte. Sie bestanden einerseits in der Ausrichtung der Fassade zur Straßenfront und andererseits in der auf den ersten Blick unmöglich erscheinenden Abstimmung der Innenfenster des Oratoriums auf die Joche des kleinen Kreuzgangs, da der alle anderen Pfeiler überragende Eckpfeiler einer gleichmäßigen Unterteilung im Wege stand. Dem ersten Problem begegnete Borromini, indem er die Fassade unabhängig von der inneren Anlage entwickelte. Unvermeidlicher Nachteil dieser Lösung war, daß der Saal nicht direkt durch das Hauptportal, sondern erst durch ein Vestibül zu erreichen ist. Daher öffnen sich auch die beiden rechten Fensterachsen der Fassade nicht auf den Hauptraum.

Geradezu brillant setzte sich der Tessiner Architekt über das zweite Hindernis hinweg, indem er den Abstand zwischen den Pilastern im Untergeschoß des Hauptsaales geschickt variierte. Auf diese Weise kaschierte Borromini die Unregelmäßigkeit der Wandfläche nicht einfach, sondern gab ihr das Aussehen eines ornamentalen Motivs und machte sie in einem letzten Schritt zur architektonischen Grundstruktur der gesamten Raumaufteilung des Oratoriums. Von dem schöpferischen Geist dieses Baumeisters zeugen auch die anderen bedeutenden Lösungen wie die Überwindung der Höhendifferenz zwischen Sakristei und Oratorium durch die Erfindung der konvex profilierten Eckpilaster der Innenhöfe (es handelt sich um eine Weiterentwicklung der im Refektorium von San Carlino zur Anwendung gebrachten Gedanken) und die sorgfältige Planung der Inneneinrichtung der 1581 gegründeten Biblioteca Vallicelliana, mit dem Kamin der Sala di Ricreazione und dem Waschtisch im Refektorium, das der Architekt nicht allein als Speisesaal, sondern, wie zu dieser Zeit üblich, als Ort der Begegnung und des Gesprächs gestaltete. Der Grundgedanke dieses Projekts war die mit handwerklicher Sorgfalt hergestellte Beziehung zwischen architektonischer Form und zweckdienlichem Inhalt.

Vorrangige Bedeutung verlieh Borromini jedoch der Südfassade des Klosters zum Platz und der Via dei Pellegrini. Auf ausdrücklichen Wunsch der Auftraggeber sollte sie nicht in Konkurrenz zu der marmornen Kirchenfassade treten, weshalb sie aus gelben Ziegelsteinen gemauert wurde. Die wesentlichen Züge der Kirchenfassade werden zwar übernommen, aber in völlig neuartiger Weise aufbereitet. Borrominis wie eine durchgängige, dennoch nicht statisch-flächig wirkende Backsteinplatte konzipierte Klosterfassade ist konkav geschwungen, so daß es den Anschein hat, als antizipiere sie, wenngleich in weitaus kleinerem Maßstab, die einige Jahrzehnte später von Bernini gebauten Kolonnaden von St. Peter. Da die Fugen zwischen den speziell für die Fassade gebrannten Steinen kaum sichtbar sind, zeigt sich die Südseite als einheitliche Oberfläche, die von rhythmisch aufeinanderfolgenden Pilastern in fünf schmale Achsen unterteilt wird. Bekrönt wird die Fassade von einem sich gegen den Himmel abzeichnenden, gebrochenen, geschwungenen Giebel, der innerhalb der Entwicklung des Barockstils ein absolutes Novum darstellte.

Sant'Ivo alla Sapienza

Seine Vorliebe für symbolisch aufgeladene Architekturen konnte Borromini in einem anderen architektonischen Meisterwerk zur Geltung bringen – der Universitätskirche Sant'Ivo alla Sapienza. Doch auch bei diesem Projekt, für das ihn Bernini empfohlen hatte, war Borromini durch die Eingriffe seiner Vorgänger in seinen Möglichkeiten stark eingeschränkt. Als er 1642 mit den Arbeiten an der Kapelle des Palazzo della Sapienza – dem Sitz der päpstlichen Universität von Eugen IV. (1431–1447) bis ins Jahr 1935 – begann, waren die zunächst von Pirro Ligorio und dann von Giacomo Della Porta im Auftrag von Sixtus V. ausgeführten Arbeiten an der Hauptfassade und dem Innenhof des Palazzo bereits abgeschlossen.

Da als Standort der Kapelle allein die östlich an den Innenhof grenzende Fläche in Frage kam, nutzte Borromini das durch den Platz vorgezeichnete Halbrund für die Gestaltung der Kirchenfassade. Eingefaßt von der schlichten Hoffassade gibt die Kapelle nach außen hin nichts von ihrem Inneren preis, denn der Innenraum wirkt durch diesen Kontrast in einer gegenläufigen Dynamik sehr belebt.

Die Innovation des Enwurfs liegt nicht nur im sechseckigen Grundriß: Der eigentliche „Geniestreich" des Künstlers zeigt sich an der Konzeption der Kapelle als durchgängiger Raum, in dem die kleinen Nebenräume nicht wie als etwas nachträglich Hinzugefügtes fungieren, sondern direkt in die einheitliche Komposition des Zentralraums einbezogen sind. Integrierendes Element sind die geschickt positionierten kolossalen Eckpilaster entlang der sternförmig angelegten Grundfläche. Der Aufriß wird durch eine Kolossalordnung aus korinthischen Pilastern rhythmisiert, die in ein Kämpfergesims übergeht, das wiederum entlang der Wände in der Umrißlinie des Grundrisses verläuft. Auch die Kuppel nimmt diese Struktur

Die Fassde der nach den Entwürfen Pietro da Cortonas 1656–1657 errichteten Kirche Santa Maria della Pace. Neben der besonders plastischen Modellierung der oberen Fassadenpartie verdient vor allem der daruntergelegene Portikus besondere Erwähnung. Die Einfügung dieses in die Platzanlage ausgreifenden architektonischen Elements ermöglichte die Vermittlung zwischen dem Innen- und Außenraum des Bauwerks.

wieder auf, wobei die Winkel der sternförmigen Linienführung mit zunehmender Wölbung der Kuppel in der Höhe geringer werden. Nach außen hin verbirgt sich die Kuppel, entsprechend der generell nicht nach außen sichtbaren Gestalt des Innenraums, hinter den konvexen Wänden, die an den Ecken und seitlich der Fensteröffnungen von Pilastern gegliedert werden. Die abgetreppte Kuppel nach dem Modell des Pantheon und die Gewölberippen erzeugen eine stark ausgeprägte Aufwärtsbewegung, die in der spiralförmigen Laterne ausläuft. Die lange Bauphase von rund 18 Jahren dokumentierte Borromini genau, indem er die Wappen der in dieser Zeitspanne aufeinanderfolgenden Päpste in die Kapelle einarbeitete. Eine Reminiszenz an die Barberini ist die bienenförmige Grundfigur der Kapelle und das Wabenmuster des Bodens, und während die Tauben der Pamphili über dem Metallaufsatz der Laterne thronen, wird das Innere der Kuppel mit Bergen und Sternen aus dem Wappen des Chigi-Papstes geschmückt. Die Symbolik dieses Werks geht jedoch noch weiter. So erinnert der Grundriß an die Form des salomonischen Pentaculums (Drudenkreuz) als Sinnbild der Weisheit. Auf diese Symbolik verweisen auch die aus Stuck geformten Cheruben in der Kuppel und die Spiralform der bekrönenden Laterne, die, wie Fagiolo dell'Arco zeigen konnte, auf Cesare Ripas Personifikation der Sapientia zurückgeht. Borrominis von apokalyptischer Symbolik durchsetzte Universitätskirche Sant'Ivo präsentiert sich so als der „salomonische" Tempel der römischen Weisheit.

Blick in die Kuppel von Sant'Ivo alla Sapienza. Der Entwurf dieses Teils der Kirche illustriert Borrominis Fähigkeit, ausgefallene Grundrißschöpfungen und deren technische Umsetzung mit einem maßgeschneiderten Dekor zu einer harmonischen Einheit zu verschmelzen. Die ungewöhnliche Gewölbekonstruktion wurde von den Zeitgenossen skeptisch betrachtet, so daß Borromini 15 Jahre Garantie auf ihre Standfestigkeit geben mußte.

Außenansicht der römischen Universitätskirche Sant'Ivo alla Sapienza mit ihrer markanten spiralförmigen Laternenbekrönung, die Borromini 1642–1660 errichtete.

San Giovanni in Laterano und Sant'Agnese in Agone

Mit der Papstkrönung Innozenz' X. beginnt die erfolgreichste Periode im Leben Borrominis. Dem Papst aus der Familie Pamphili verdankte der Künstler seine bedeutendsten Aufträge, darunter die Restaurierung der baufälligen Basilika San Giovanni in Laterano, der ältesten Papstkirche und nach St. Peter einer der wichtigsten Kirchen Roms. Die frühchristliche Kirche mußte von Grund auf erneuert werden, und auf Wunsch von Innozenz X. sollten die Arbeiten zu Beginn des Heiligen Jahres 1650 abgeschlossen sein. Zudem verlangte der Papst, daß der Originalgrundriß der fünfschiffigen Basilika beibehalten werde und

auch die Gliederung des Kirchengebäudes soweit möglich nicht verändert würde. Der Architekt mußte folglich seine ehrgeizigen Pläne aufgeben und sich auf die Erhaltung und Verschönerung des Vorhandenen konzentrieren. Selbst seine Idee, die mächtige Holzdecke von Daniele da Volterra durch ein Tonnengewölbe zu verblenden und so eine Verbindung zwischen den Wänden durch breite und flache Rippen im Stil der einige Jahre später gebauten Cappella dei Re Magi im Palazzo Propaganda Fide zu verbinden, fand nicht die Zustimmung des Papstes. Borromini schwebte ein organisches Raumkontinuum vor, das sich vom zentralen Kirchenschiff aus in die seitlichen Kirchenschiffe fortsetzen sollte, doch ließ es sich nicht verwirklichen.

Durch die Wünsche des Papstes waren die Möglichkeiten des Architekten also sehr begrenzt. Es galt, eine fünfschiffige Säulenbasilika zu modernisieren, dabei jedoch ihr mittelalterliches Gepräge zu bewahren. Borromini löste diese Aufgabe, indem er die Säulen in Pfeiler einbettete, die nun die bereits vorhandenen Arkaden zu tragen scheinen. Die Pfeiler bedeckte er, ähnlich wie im Klosterhof der Filippiner, mit einer über die gesamte Raumhöhe gehenden Kolossalordnung aus Pilastern, zwischen die er bis zum Bogenansatz der Arkaden reichende Tabernakel einfügte. Über die Tabernakel setzte er Stuckreliefs mit Szenen aus dem Alten und Neuen Testament, und auf Höhe der Fenster schmückte er die neue Raumwand mit ovalen Medaillons. Die rhythmische Gliederung der Seitenwände übertrug Borromini auch auf die Fassade, die mit ihrem konvexen Eingangsportal den Kontrapunkt zu der großen, konkaven Fensteröffnung bildet. Das dagegen eher einfache Ausstattungsprogramm der Seitenschiffe wird durch Cherub-Kopfbüsten aufgewertet. Das Motiv der Cheruben findet außer in San Giovanni in zahlreichen Werken Borrominis Verwendung. So an den äußeren Einfassungen des Tambours von Sant'Ivo, einer Abwandlung des klassischen Motivs aus Ovuli und Lanzetten, im Inneren der Kuppel, an der Fassade von San Carlino und an dem prachtvollen Glockenturm von Sant'Andrea delle Fratte, der mit seiner luftigen Leichtigkeit einen schönen Kontrast zu der eindrucksvollen, wenngleich nicht beabsichtigten Sprödigkeit des unverputzten Kuppeltambours der Kirche bildet, an der Borromini von 1653 bis zum Ende seines Lebens arbeitete.

Den Auftrag für die Gestaltung der Kirche Sant'Agnese und des angrenzenden Palazzo Pamphili, an dem Borromini ab 1653 arbeitete, erhielt er, da die Auftraggeber mit dem knapp ein Jahr zuvor begonnenen Werk der beiden Architekten Girolamo und Carlo Rainaldi unzufrieden waren. Trotz dieser kurzen Zeitspanne war das Werk schon weit gediehen, so daß Borromini wieder einmal gezwungen war, in einer fortgeschrittenen Phase ein Projekt zu übernehmen. Die Kritik des Papstes an den bereits begonnenen Arbeiten, der sich dabei auf das Urteil von Martino Longhi verließ, richtete sich gegen die zu weit in den Platz eingreifende vorgelagerte Treppe der Kirche. Also drängte Borromini die Fassade weitgehend gegen den Baukörper zurück und ließ sie ohne Einbeziehung der räumlichen Situation des Platzes frontal abschließen. Er griff damit ein letztes Mal auf Madernos Lösung für die Fassade von St. Peter zurück. Die zentrale Kuppel wurde vollständig abgetragen, und Borromini versetzte die neue Kuppel leicht nach hinten, um sie so einerseits angemessen freizustellen und andererseits die Fassade einschließlich Treppe nicht zu weit in den Platz ausgreifen zu lassen. Zur Überhöhung der Kuppel blendete der Architekt der Fassade wie zuvor bei der Fassade von Santi Luca und Martina zwei Gebäudeteile vor, die er zusätzlich mit Glockentürmen akzentuierte. Analog zur Form des Kuppeltambours wurden die Türme jedoch nicht – wie von Borromini zunächst vorgesehen – über einer ovalen, sondern über einer zylindrischen Basis (wie im Fall von Sant'Andrea delle Fratte) errichtet. Durch diese Kunstgriffe ergab sich eine dialektische Beziehung zwischen Masse und Raum, zwischen dem Kirchenkomplex und dem Platz mit Berninis *Vierströmebrunnen*, auf dem die Fassade von Sant'Agnese eine geniale Synthese dieser über den Fundamenten des Domitian-Stadions errichteten Gesamtanlage darstellt. Von Borromini stammen zudem die Decke des großen Saals und die Verbindungsgalerie zwischen der Kirche und dem Palazzo Pamphili, die Pietro da Cortona später mit den Fresken der Taten des Aeneas ausschmückte. Nach der Intention Borrominis sollten der Palazzo

Der unvollendet gebliebene Bau der Kirche Sant'Andrea delle Fratte mit seinem markanten Campanile ist ein Fixpunkt der römischen Stadtsilhouette.

Im Auftrag Innozenz' X. nahm Borromini zwischen 1646 und 1649 die Umgestaltung der Lateranbasilika vor. Im Gegensatz zur Petersbasilika, wo die alte Anlage durch einen Neubau ersetzt wurde, sicherte Borromini die altehrwürdigen konstantinischen Strukturen und integrierte diese in seine architektonische Konzeption. Entsprechend wurden die Seitenwände des Mittelschiffs der alten Basilika wie Reliquien von den neuen Wänden eingefaßt. Die Säulen der konstantinischen Seitenschiffe wurden als Stützen der Ädikulen mit den Apostelstatuen benutzt.

RISTORANTE
PIZZERIA

Vorhergehende Doppelseite:
Das über den antiken Strukturen des Stadions des Domitian durch die Förderung Papst Innozenz' X. entstandene Ensemble der Piazza Navona. Im Bildvordergrund ist der Neptunbrunnen *sichtbar. Dahinter befindet sich gegenüber der Kirche Sant'Agnese in Agone der 1651 nach dem Entwurf Gian Lorenzo Berninis errichtete* Vier-Ströme-Brunnen. *Die Schaffung dieser Platzanlage vor dem Palast der Familie Pamphili bildete einen wichtigen programmatischen Schwerpunkt zur Verherrlichung des eigenen Hauses.*

Blick in den Salone des Palazzo Pamphili. Dieser Palast wurde im Auftrag Papst Innozenz' X. Pamphili ab 1646 nach den Entwürfen Carlo Rainaldis errichtet. Borromini entwarf für diesen Bau die Galerie sowie die Dekoration des Salone. Die malerische Ausschmückung mit Darstellungen aus der Vita des Aeneas gestaltete Pietro da Cortona.

und die Kirche an der Ostseite des Platzes eine architektonisch homogene Front bilden. Mit dem Tod von Innozenz X. endeten aber auch die guten Beziehungen des Architekten zur Papstfamilie, und die Meinungsverschiedenheiten mit Kardinal Camillo Pamphili, der bei der Auswahl der Architekten für die Villa San Pancrazio Algardi den Vorzug gegeben hatte, führten zum endgültigen Bruch. Am 2. Juli 1657 entzog man Borromini das Projekt und ersetzte ihn durch eine Architektenkommission, der bezeichnenderweise auch Carlo Rainaldi angehörte.

Carlo Rainaldi

Carlo Rainaldi ging bei seinem Vater – der 1655 verstarb und so den Triumph seines Sohnes über Borromini beim Bau von Sant'Agnese in Agone nicht mehr miterlebte – in die Lehre. Sein erstes bedeutendes Projekt, den Bau des Palazzo Nuovo auf dem Kapitolsplatz nach einem Entwurf von Michelangelo, führte er an der Seite seines Vaters aus. Seine ersten eigenständigen Werke jedoch waren der Hauptaltar und das Tabernakel für Santa Maria della Scala, an dem das Hauptthema seiner Kunst bereits greifbar ist: die Säule als autonomes architektonisches Element mit tragender, nicht allein dekorativer Funktion. Er knüpfte damit direkt an die Lehren Pietro da Cortonas an.

Vom Einfluß da Cortonas zeugt auch der Innenraum von Sant'Agnese, der trotz vorausgegangener Einwirkungen durch Borromini größtenteils die Handschrift von Rainaldi trägt. Mehr noch als sein mittlerweile 80jähriger Vater gab wohl Carlo den Ausschlag für den Grundriß in Form eines griechischen Kreuzes und eine Reihe anderer Lösungen wie die von St. Peter übernommenen Pfeiler mit den großen Nischen und das ebenfalls auf da Cortona zurückgehende Motiv der in die Pfeiler eingelassenen Säulen, die von Borromini tief in den Raum gezogen worden waren.

Die bedeutendsten Werke von Carlo Rainaldi sind, abgesehen von dem Prestigeauftrag für die bereits erwähnten Zwillingskirchen an der Piazza del Popolo, die Fertigstellung der Fassade von Sant'Andrea della Valle und natürlich sein Hauptwerk, die Kirche Santa Maria in Campitelli.

1656 erhielt Rainaldi den Auftrag für die von Maderno unvollendet zurückgelassene Fassade von Sant'Andrea della Valle, die er 1665 fertigstellte. Rainaldi hielt sich eng an den ursprünglichen Entwurf von Maderno, und aus diesem Grund erinnert die Fassade stark an Santa Susanna. Sie ist jedoch nicht so kompakt und insgesamt schlichter – ein Umstand, der auf Carlo Fontana, einen Schüler Rainaldis, zurückzuführen ist –, während die Wiederholung der Säulen im Obergeschoß auf einem Einfall von Pietro da Cortona beruht.

Die Kirche Sant'Agnese in Agone bildete einen wichtigen Teilbereich der baulichen Inszenierung der Familie Pamphili an der Piazza Navona und sollte ursprünglich wohl auch als Grabstätte Papst Innozenz' X. dienen. Die heutige Gestalt der Kirche ist das Ergebnis einer verwickelten Baugeschichte, an der ab 1652 Girolamo und Carlo Rainaldi sowie Borromini beteiligt waren.

Für die gleichzeitig entstandene Kirche Santa Maria in Campitelli entwickelte Rainaldi eine Reihe von Entwürfen. Zunächst plante er eine Kombination aus der Fassade von Santa Maria della Pace und dem aus einem Oval entwickelten Grundriß von San Carlino. Er entschied sich schließlich für eine Lösung, welche die Wissenschaftler in zwei Lager spalten sollte. Die einen, darunter Argan, interpretieren seine Lösung als revolutionäre Überwindung der typologischen Grenzen zwischen Zentral- und Längsbau, während die anderen, wie etwa Portoghesi, das Bauwerk als gelungenen Kompromiß betrachten. Tatsächlich vereint der Grundriß von Santa Maria in Campitelli einen Kuppelraum und halbrund geschlossenen Chor mit einem griechischen Kreuz. Diese Idee konnte sich in Rom nicht durchsetzen, und es gab dort auch keine direkten Vorläufer (die zwei Baukörper von Santa Maria della Pace wurden nicht als Einheit konzipiert). In Mailand finden sich dagegen vergleichbare Anlagen, etwa die von Riccino zwischen 1607 und 1616 erbaute Kirche San Giuseppe.

Die Fassade von Sant'Andrea della Valle, der römischen Hauptkirche des gegenreformatorischen Theatinerordens, wurde von Carlo Maderno begonnen. Ab 1662 wurden die Arbeiten an dieser Schauwand nach einem Entwurf Carlo Rainaldis fortgesetzt. Eine alternative Forschungsmeinung nimmt eine Fertigstellung dieses Bereichs anhand der von Carlo Fontana ausgearbeiteten Pläne an.

Der Blick des Besuchers von Santa Maria in Campitelli wird durch einen starken perspektivischen Effekt in das Sanctuarium des rückwärtigen Teils geführt. Den Innenraum schmücken kannellierte Säulen mit korinthischen Kapitellen, die durch ein prunkvolles Gesims verkröpft werden, nahezu identisch mit dem in Sant'Agnese in Agone. Hinter der hohen, die Piazza Campitelli beherrschenden Fassade verbirgt sich die flache Kalotte der Kuppel. Bis hinauf in die oberste Etage wird die Fassade ebenfalls von dem Motiv der Säule beherrscht. Das Entscheidende an dieser Fassadengestaltung ist jedoch die absolut ausgewogene Massenverteilung über das Motiv des Fensters im Obergeschoß – in ähnlicher Form wie bei Santa Maria in Via Lata –, das über sich hinauszuwachsen scheint und letztlich die gesamte architektonisch gestaltete Fläche formt.

Randfiguren der Barockarchitektur

In ähnlicher Weise hatte bereits Martino Longhi d. J. (1602–1660) seine prächtige Fassade der Kirche Santi Vincenzo e Anastasio an der Piazza di Trevi gestaltet, die wegen des eigentümlichen Fassadenmotivs der drei in enger Stellung positionierten freistehenden Säulen im Volksmund den Beinamen „Schilfrohr" hat. Die Neugestaltung der mittelalterlichen Kirche veranlaßte der Kardinal Mazzarin in der Absicht, dort zwei Familiengräber aufzustellen.

Die ab 1658 im Auftrag Papst Alexanders VII. errichtete Kirche Santa Maria dei Miracoli entstand nach den Entwürfen Carlo Rainaldis unter Mitarbeit des jungen Carlo Fontana. Der Sakralbau mit seinem für die damalige Zeit ungewöhnlichen, tempelähnlichen Vorbau diente zusammen mit der gegenüberliegenden und zur selben Zeit errichteten Kirche Santa Maria di Montesanto als monumentale städtebauliche Markierung des Anfangs der Via del Corso.

Martino stammte aus einer Künstlerfamilie; sein Vater Onorio – Sohn Martinos d. Ä., des Baumeisters von San Girolamo degli Schiavoni – hatte den Basisentwurf für San Carlo al Corso geschaffen. Martino selbst arbeitete an dieser Fassade von 1644 bis 1650. Je zwei Säulenpaare gliedern die Fassade im Erdgeschoß in ihrer ganzen Breite. Darüber verläuft ein stark vorspringendes Gebälk, das in der Mitte durch zwei Giebel durchbrochen wird; das Motiv der von Säulen getragenen gestaffelten Giebel dehnt sich bei nochmals gesteigerter Plastizität über das gesamte Obergeschoß aus. Mit den in Karyatiden auslaufenden seitlichen Voluten griff Martino auf eine Fassadengestaltung von Sant'Antonio dei Portoghesi (1638) zurück, an der die Voluten in Gebälkträgern (Telamonen) auslaufen, welche die Kapitelle der Pfeiler des Obergeschosses zu stützen scheinen.

Wie deutlich wurde, zerfiel der Baustil des 17. Jahrhunderts in eine Reihe von Personalstilen mit unerwarteten und originellen Lösungen wie der Fassade von Longhi, aber auch konformistischen Wiederholungen herkömmlicher, unspektakulärer Schemata. Ein Beispiel dafür ist die Villa Belrespiro, bei der Algardi sich in keiner Weise der architektonischen Herausforderung der Barockvilla stellte. Auch Borromini hatte einen Entwurf abgeliefert, der aber abgelehnt wurde. Wenngleich Algardi und Borromini von ein und demselben Modell, der Hadrians-Villa, ausgingen, kamen sie doch zu gänzlich unterschiedlichen Resultaten. Anders verhält es sich mit Giovanni Antonio de'Rossi. Von ihm stammt unter anderem der Palazzo Altieri mit den von Borromini beeinflußten Motiven der abgestumpften Ecken und den durch seinen Einfluß inzwischen weit verbreiteten Fenstern mit Rundgiebeln und Pagoden, die der Architekt am Oratorium der Filippiner verwendet hatte.

In Ermangelung eines dominierenden Systems bleibt die barocke Architektur in Rom lebendig. Sie reicht von den Interpretationen der Fassade Della Portas für San Luigi dei Francesi, San Gregorio Magno und Santa Caterina a Magnapoli bis zur eindrucksvollen Rampentreppe der Kirche Santi Domenico e Sisto von Vincenzo della Greca oder auch der getreuen Nachbildung von Rainaldis zur Piazza Navona gewandter Fassade des Palazzo Pamphili durch Antonio del Grande, der von 1659 bis 1661 an dem Trakt des Palazzo Doria-Pamphili arbeitete, der an der Piazza del Collegio Romano liegt.

Carlo Fontana

Carlo Fontana (1638–1714) war die herausragende Künstlerfigur am Beginn der folgenden Epoche. Er kam mit 17 Jahren aus seinem Heimatort Brusata bei Como nach Rom und arbeitete dort mit allen namhaften Vertretern des römischen Barock eng zusammen, ausgenommen Borromini. Nur ein Jahr nach seiner Ankunft in Rom assistierte er Pietro da Cortona beim Bau von Santa Maria della Pace, und 1665 arbeitete er gleichzeitig an der Seite von Bernini am Palazzo Odescalchi an der Piazza Santi Apostoli und mit seinem Lehrer Carlo Rainaldi an der Fassade von Sant'Andrea della Valle. Der ebenso talentierte wie ambitionierte Architekt aus Como hatte dadurch die einmalige Gelegenheit, an der Seite der Begründer des barocken Stils heranzureifen und sich zugleich eine den akademischen Regeln angepaßte Formensprache anzueignen. Welch großen Anklang seine Vorstellung von Architektur bei den Zeitgenossen fand, zeigt die Tatsache, daß man ihn erstmals 1686 zum Vorsitzenden der Accademia di San Luca ernannte, der er, nach seiner neuerlichen Wahl 1692, entgegen der Tradition ganze acht Jahre ununterbrochen vorstand. Sein im Kontext der Architektur des 17. Jahrhunderts eklektisch wirkender Stil distanzierte sich dabei aber nicht von den Formen Borrominis, wenngleich er sie ihrer transgressiven Kraft beraubte. So entwickelte er den Grundriß der Kirche Santa Rita da Cascia zwar über der geometrischen Rautenform von San Carlino, nahm aber die damit einhergehende Räumlichkeit im Inneren stark zurück. Auch für die Fassade von San Marcello al Corso, das wohl bedeutendste eigenständige Werk Fontanas, an dem er von 1682 bis 1683 arbeitete, zu einer Zeit also, in der sein Stil bereits gefestigt war, griff er auf das von Borromini entwickelte Thema der konkaven Fassade zurück, das er jedoch völlig anders umsetzte. Die deutlich abgesetzte Rahmung des Eingangs isoliert die beiden Fassadenseiten und widersetzt sich so den hochbarocken Prinzipien von Kontinuität und Verschmelzung.

Der Versuch, Vorbilder zu schaffen, kennzeichnet dagegen die Eingriffe Fontanas in die Gestaltung des Palazzo Montecitorio. Dennoch wurde hierdurch nicht die Plastizität der Anlage aufgehoben: Bernini hatte an diesem Palazzo das Thema des Barockpalastes ausgehend vom Palazzo Barberini weiterentwickelt, indem er den Bau nicht als in sich geschlossenen Quader, sondern als plastischen Organismus konzipierte, der sich in den umgebenden städtischen Kontext einfügt. Der Auftrag für die Fertigstellung des Palazzo Montecitorio war innerhalb Italiens sein bedeutendstes Projekt, da Fontana nicht zuletzt durch den konstanten Grundstücksmangel der Kirche die Realisierung großartiger und für die Ewigkeit bestimmter Projekte versagt blieb.

Marco Bussagli

Carlo Rainaldis Fassade der Kirche San Marcello al Corso. Diese durch ihre durchgehende Kurvierung berühmt gewordene Schauwand wurde 1682 dem älteren, nach Entwürfen Iacopo Sansovinos und Antonio da Sangallos d. J. errichteten Kirchenbau vorgelagert.

Die römischen Gärten

Die Stadt Rom zeichnet sich durch eine große Anzahl von öffentlichen Parks und Gärten aus – eine Tatsache, durch die sie sich besonders von anderen italienischen Städten abhebt. Wenn man daher durchaus von einer „grünen Stadt“ sprechen kann, so nicht zuletzt deshalb, weil bereits die wohlhabenden Bürger des antiken Rom in den Innenhöfen ihrer Wohnhäuser Horti (Gärten) anlegten. Diese erstreckten sich häufig über verschiedene Ebenen, die mit Treppen verbunden waren; große Brunnen dienten der Erfrischung und belebten mit ihren Wasserspielen die Umgebung.

Die Gärten waren ein fester Bestandteil des Stadtbildes, und archäologische sowie literarische Quellen vermitteln uns ein Bild von den bekanntesten Anlagen. An erster Stelle wären hier etwa die Horti Sallustiani zu nennen, deren erster Besitzer, der Historiker Gaius Sallustius Crispus (86–35 v. Chr.), das berühmte Werk *De coniuratione Catilinae* (Über die Verschwörung des Catilina) verfaßte. Im Laufe der Jahrhunderte wurde die ursprüngliche Fläche der Horti Sallustiani immer weiter parzelliert, wobei hier zunächst das Areal der Villa Ludovisi und später das gleichnamige Stadtviertel entstanden. Dann sind natürlich die Gärten des Cäsar in Trastevere zu nennen, die des Lucullus auf dem Pincio, die des Maecenas auf dem Esquilin und vor allem die Domus Aurea des Kaisers Nero, die zweifellos von den ausgedehntesten Gärten umgeben war. Suetons

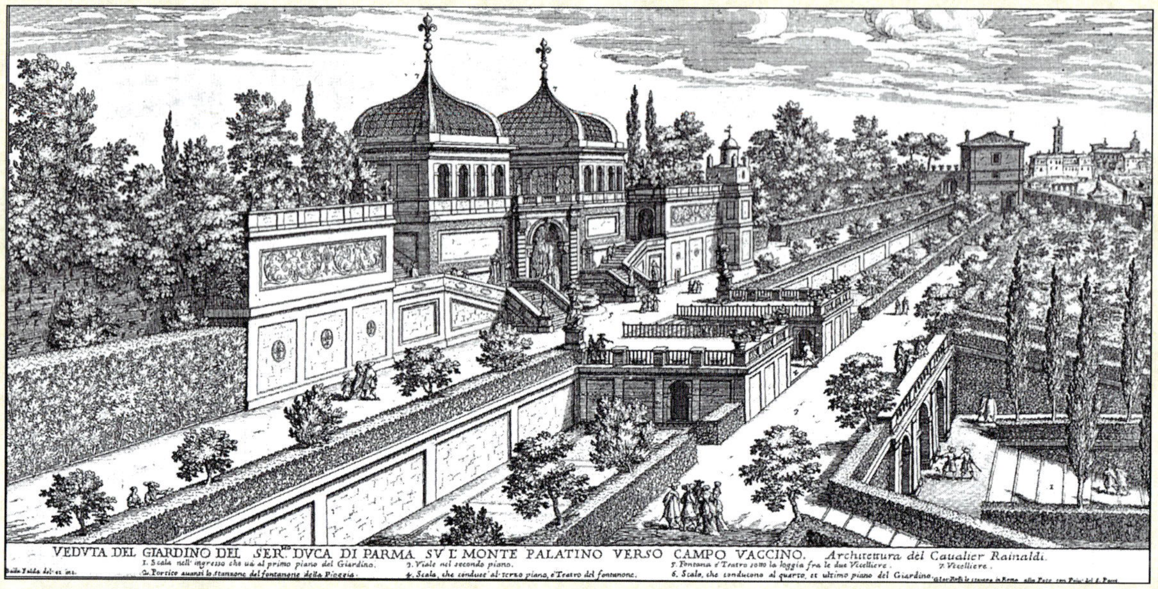

Rechts: *Ansicht der Terrassen im Garten des Fürsten von Parma auf dem Palatin in einer Radierung von Giovanni Battista Falda*

Unten: *Einige Überreste der Villa Hadriana mit dem umgebenden Garten*

Oben: *Der angelegte Teich mit dem antikisierenden Äskulaptempel im Park der Villa Borghese*

Links: *Das Labyrinth im Park der Villa Madama mit den beiden Giganten von Baccio Bandinelli*

Vitae Caesarum (Das Leben der Caesaren) zufolge zog sich das über hundert Hektar große Anwesen vom Oppius bis zum Esquilin und vom Palatin bis zum Caelius hin. Der überwiegende Teil des Grundstücks bestand aus Grünanlagen wie Ackerflächen, Wäldern und Weinbergen. Darüber hinaus schufen Nymphäen, Ausblicksterrassen und sogar ein See eine abwechslungsreiche Landschaft. Eine solche Anlage stellte selbst für das antike Rom eine Besonderheit dar, aber es war durchaus ein Charakteristikum des römischen Stadtbildes, daß die herrschaftlichen Wohnsitze jeweils von einem großen Garten umgeben waren. Im Laufe des Mittelalters konzentrierten sich die Wohnbauten im Nordosten der Stadt, wo innerhalb der Aurelianischen Mauern zudem große Freiflächen vorhanden waren. Diese wurden in der zweiten Hälfte des 12. Jahrhunderts in Felder und Weinberge umgewandelt.

In diesem Zusammenhang spielten die Klöster und religiösen Einrichtungen eine besondere Rolle, ging doch von ihnen eine Wiederbesiedlung aus, wie etwa im Falle des Klosters Santi Quattro Coronati am Lateran oder des Dominikanerklosters Santa Maria sopra Minerva beim Pantheon. Neben dem

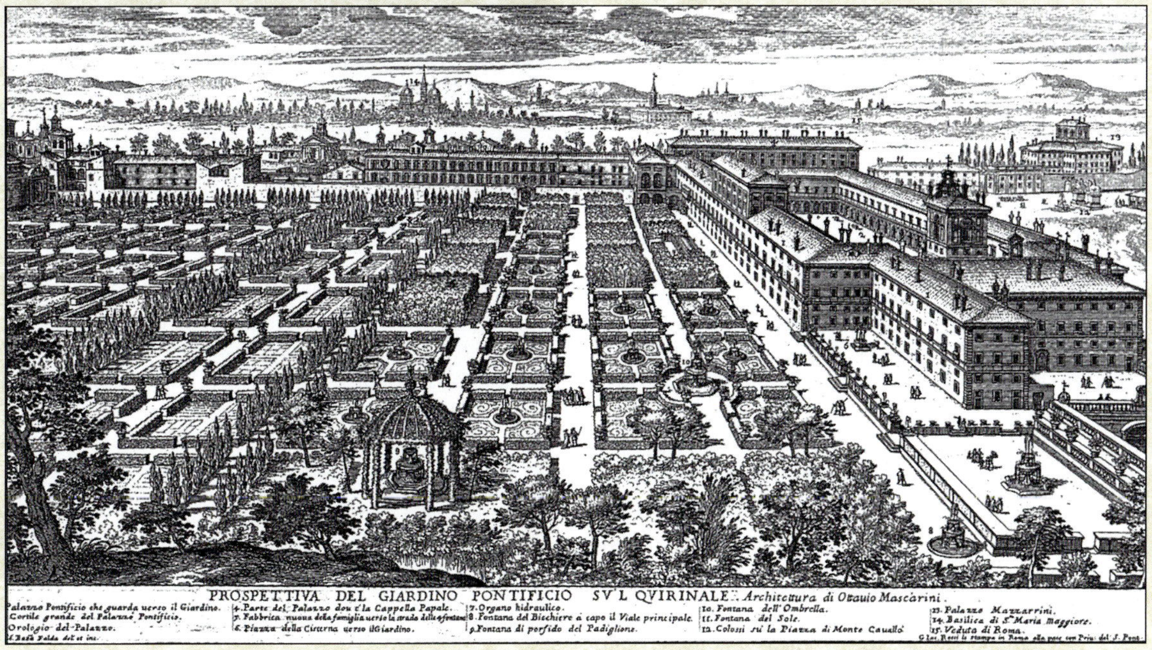

Die historischen Gärten des Palazzo Quirinale, hier in einer Ansicht von Giovanni Battista Falda, gehören zu den schönsten in Rom.

Links: *Das 1741 von Benedikt XIV. errichtete Coffee House mit der Fontana di Caserta im Garten des Palazzo Quirinale*

Oben und unten: *Der Venusgarten in der Villa Borghese mit geometrisch angelegten Beeten und Statuen von antiken Helden und Göttern*

Garten im Inneren des Kreuzgangs (der das irdische Paradies, das Jerusalem der Apokalypse und Jesus Christus als Fons vitae – also als Quelle des Lebens – symbolisieren sollte) gehörten zu jeder dieser Anlagen Gartenflächen, die nicht selten mit einer Schutzmauer umgeben waren und die Versorgung der Ordensleute gewährleisten sollten.

Insofern kann von den mittelalterlichen Klosteranlagen als Vorbild für die großzügigen Gärten der herrschaftlichen Wohnsitze gesprochen werden. Dieser bau- und funktionshistorische Zusammenhang wird beispielsweise am Viridarium des Palazzo Venezia deutlich, das auf die Kräutergärten in den Innenhöfen der mittelalterlichen Kreuzgänge zurückgeht. Der zwischen 1455 und 1468 angelegte Garten entstand, wie im übrigen der gesamte Palast, auf Initiative des venezianischen Kardinals Pietro Barbo, des späteren Papstes Paul II. Ursprünglich lag er auf der Ostseite des heutigen Platzes und grenzte damit unmittelbar an das Hauptgebäude.

Das Wiederaufleben vergangener Stilepochen in Kunst und Kultur, das die Renaissance charakterisierte, hatte zur Folge, daß im Stadtgebiet zahlreiche Villen und damit auch ausgedehnte Gärten entstanden. Einige dieser Villen sind nicht mehr erhalten, wie etwa die Villa des Kardinals von Bordeaux, Jean du Bellay, am einstigen Standort der Exedra der Diokletians-Thermen oder die Villa Peretti-Montalto, deren Garten sich nahe der Basilika Santa Maria Maggiore befand. Andere dagegen können, ebenso wie ihre Gärten, heute noch besucht werden.

Ein hervorragendes Beispiel für eine Stadtvilla der Renaissance ist die Villa Farnesina, die ursprünglich dem Bankier Agostino Chigi aus Siena gehörte. Am grünen Ufer des Tibers gelegen, war sie von einem Garten umgeben, der – dem Geschmack der Zeit gemäß – in vier Teile untergliedert und mit geometrisch abgezirkelten Beeten ausgestattet war. Die Villa Madama zeichnete sich durch Dach- bzw. sogenannte hängende Gärten aus. Sie war auf Veranlassung Leos X. errichtet worden, und die Bauarbeiten wurden unter Aufsicht von Kardinal Giulio de'Medici durchgeführt, dem späteren Papst Clemens VII. Die ursprüngliche Planung von Raffael wurde nicht vollständig umgesetzt, doch ihre heutige Gestalt steht ebenso in der griechisch-römischen Tradition, an die in der Renaissance wieder angeknüpft wurde: Bei der Anlage folgte man der grundlegenden Schrift zur Architektur aus der Antike, Vitruvs *De architectura*. Dies zeigt sich in dem erhöhten Garten (xystus), der den Fischteich überdacht und mit einer Loggia abschließt. Die Orientierung an der Antike zeigt sich

Rechts: *Die zahlreichen Brunnen im Garten und im Wäldchen der Villa Medici werden vom Wasser der antiken Aqua Virgo aus dem von Agrippa angelegten Aquädukt gespeist.*

Unten: *Der Garten der Villa Medici mit dem Obeliskenbrunnen. In der Ferne ist der Petersdom zu erkennen.*

Oben und rechts: *Die Gärten der Villa Medici sind mit Statuen, Büsten und Architekturelementen im antiken Stil verziert.*

aber auch in dem Wildgarten, dessen Eingangstor von zwei Giganten des Bildhauers Baccio Bendinelli flankiert wird. Zu den Wasserspielen und Brunnen, die die Gartengestaltung auflockern, gehört auch der *Elefantenbrunnen*. Mit diesem wollte Giovanni da Udine den weißen Elefanten Annone aus Ceylon verewigen, den Papst Leo X. als Geschenk vom portugiesischen König erhalten hatte und der in der römischen Bevölkerung sehr bekannt und beliebt war.

Besonders hervorzuheben ist die Villa Borghese, deren Garten mit seinem Umfang von sechs Kilometern heute der größte öffentliche Park der Stadt ist. Die Villa, die am nördlichen Stadtrand unmittelbar an der Aurelianischen Mauer lag, ist heute ein zentraler Bestandteil des städtischen Gefüges. Bezaubernd ist der künstliche See an dem kleinen Tempel, den Mario Asprucci 1786 nach antiken Vorbildern erbaute. An diesem Werk läßt sich die Mode in der Gartenbaukunst des 18. Jahrhunderts ablesen, nach der einzelne Stilelemente verschiedener Epochen absichtlich miteinander vermischt oder einander gegenübergestellt wurden. Einerseits schmückte man die Landschaft mit antikisierenden, künstlichen Ruinen, andererseits strebte man eine natürlich anmutende Gestaltung an, um den aufkommenden romantischen Strömungen Rechnung zu tragen, wie sie der englische Landschaftsgarten vorbildhaft repräsentierte. Diese Konzeption spiegelte jene arkadischen Vorstellungen von Natur und Kunst wider, die der griechische Maler Parrhasios in der Antike vertreten hatte, und sie wurde auch von dem Künstlerkreis propagiert, der sich in Rom um die schwedische Königin Christina gebildet hatte. Das architektonische Gefüge Antonio Canevaris wurde mit Lorbeerbäumen (als Anspielung auf die Lorbeerkränze der Dichter), Myrtensträuchern, Zypressen, Pinien, Glyzinien, Oleander und Efeu, dem Symbol der Hartnäckigkeit, ergänzt.

Der heutige Botanische Garten der Universität am Hang des Gianicolo entstand aus dem Garten der Villa von Kardinal Corsini (dem heutigen Sitz der Accademia dei Lincei). Der über 12 000 Hektar große Garten ist mit mehr als 8000 Gewächsen aus der ganzen Welt bepflanzt, von Mammutbäumen bis hin zu Orchideen.

Eine der schönsten Grünanlagen ist der historische Garten des Palazzo Quirinale. Während der vordere Teil von geometrischen Beeten und Wegen bestimmt wird, besteht der hintere Bereich des Parks aus einem angelegten Wald, der sogenannten Silva Estensium. Dieser Name leitet sich von der Familie Este ab, der das Anwesen gehörte, bevor Sixtus V. es erwarb. Das heutige Aussehen des Gartens ist das Ergebnis von Umgestaltungen, die von Clemens VIII. (1592–1605) begonnen und von Benedikt XIV. (1740–1758) abgeschlossen wurden. Zu den herausragen-

den Bauwerken des Gartens gehört die *Fontana dell'Organo* (Orgelbrunnen), die Giovanni Fontana 1596 erbaute, sowie das Coffee House, mit dessen Bau Benedikt XIV. Ferdinando Fuga beauftragte. Heute gehört der Park zum Wohnsitz des Präsidenten der Republik Italien.

Ebenfalls berühmt für ihre Parkanlage ist die Villa Colonna am Fuße des Quirinalshügels. Hier fanden die alljährlichen Feierlichkeiten statt, mit denen die Vizekönige und Kronfeldherren des Königreichs Neapel, die der Familie Colonna angehörten, der weltlichen und geistlichen Autorität des Papstes ihre Reverenz erwiesen. Der auf Initiative Filippo I. Colonnas zu Beginn des 17. Jahrhunderts angelegte Garten wurde im 19. Jahrhundert mit einer großen Prunktreppe ausgestattet, die das Anwesen mit der höherliegenden Straße verbinden sollte.

Rechts und unten: *Das Casino Belrespiro im Park der Villa Doria Pamphili. Die Villa, eine prachtvolle Adelsresidenz aus dem 17. Jahrhundert, ist umgeben von geheimen Gärten, Brunnen, kleinen Seen und großen, geometrisch gestalteten Flächen.*

Schließlich bleibt noch auf einige weitere Meisterwerke der römischen Gartenkunst hinzuweisen, zu denen an erster Stelle der geradezu theatralisch inszenierte Garten der Villa Albani zählt, der einerseits Bezüge zur Villa Hadriana in Tivoli erkennen läßt, bei dem sich der Baumeister Giovanni Battista Nolli andererseits auch an Versailles orientierte. Zweitens ist der von Velázquez gemalte Garten der Villa Medici zu nennen, in der der Künstler während seines Romaufenthaltes wohnte. Und nicht zuletzt der Park „Belrespiro" der Villa Doria Pamphili, der neben einem Giardino segreto (geheimer Garten) Brunnen, Wasserfälle, kleine Seen und den englischen Landschaftsgärten nachempfundene Grünflächen aufweist.

Marco Bussagli

Die römische Skulptur von Stefano Maderno bis Alessandro Algardi

Neue Tendenzen in der Bildhauerkunst

Die Neuorientierung der römischen Skulptur zu Beginn des 17. Jahrhunderts nimmt mit der von Stefano Maderno (1576–1636) für die römische Kirche Santa Cecilia in Trastevere gearbeiteten Figur der Hl. Cäcilie konkrete Formen an. Im Auftrag des Kardinals Paolo Emilio Sfondrato, der aus Anlaß des Heiligen Jahres 1600 Grabungen hatte durchführen lassen, bei denen die sterbliche Hülle der Märtyrerin 1599 aufgefunden worden war, schuf der aus dem Tessin stammende Bildhauer die Nischenfigur der Heiligen. Er stellte sie in der liegenden Körperposition dar, in der man sie aufgefunden hatte, wobei er den momenthaften Ausdrucksgehalt der hochbarocken Skulptur antizipierte.

Es ging dem Künstler hierbei primär um die Hervorrufung eines Affekts beim Betrachter, um die Erschütterung der menschlichen Seele beim Anblick des Bildnisses. Diese Intention, die den Weg der Werke Berninis und Caravaggios vorzeichnete, macht die Skulptur der Hl. Cäcilie zum bedeutendsten Werk der Bildhauerkunst in Rom zu Beginn des neuen Jahrhunderts. Der glatt modellierte Körper der Heiligen ist überaus naturalistisch gestaltet, und ihr Hals zeigt die Wunde, die ihrem Leben ein Ende setzte. Der Bildhauer wollte mit seinem Werk ein konkretes und wahrhaftes Zeugnis („Märtyrer" in der wörtlichen Bedeutung von „Zeuge") des Glaubens schaffen. Die hingegossene Körperhaltung und die Abwendung des Gesichts vom Betrachter verstärken diesen Effekt zusätzlich.

Die Wahl des Bildtypus beeinflußte das damals verbreitete theologische Gedankengut von Roberto Bellarmino oder auch Carlo Borromeo, das auf die Rückbesinnung auf das wahrhaftige Glaubensbekenntnis der ersten Christen ausgerichtet war. Vor diesem Hintergrund schuf Maderno die Statue der Heiligen, als hätte sich ihr Märtyrertod soeben vor den Augen des ungläubigen Betrachters ereignet. Dieses Marmorbildnis war in seiner Schlichtheit und Natürlichkeit ein wichtiger Schritt in der künstlerischen Entwicklung der römischen Skulptur, indem es die formalistischen Fesseln des Spätmanierismus sprengte und die Werke aller im Dienst des Borghese-Papstes Paul V. stehenden Künstler übertraf. Weil die künstlerische Weiterentwicklung der Skulptur seit Michelangelo stagnierte und die Bildhauer bis zu der epochalen Erscheinung von Gian Lorenzo Bernini nicht über vorsichtige Neuerungen der mittlerweile inhaltlich wie formal anerkannten klassischen Modelle hinausgekommen waren, konnte Maderno mit seiner

Die im Heiligen Jahr 1600 von Maderno geschaffene Statue der Hl. Cäcilie. Die Gestaltung der Statue wurde entscheidend durch die im gleichen Jahr erfolgte, wunderähnliche Auffindung des gut erhaltenen Körpers dieser Märtyrerin beeinflußt. Das Werk wirkt durch seinen Realismus als emotionaler Appell an die Pietät der Gläubigen und visualisiert eindrücklich einen der zentralen Aspekte der Gegenreformation – den Kult der frühchristlichen Heiligen. Rom, Santa Cecilia in Trastevere

Die Hl. Veronika *von Francesco Mochi (1635–1640). Die Figur scheint voller innerer Erregung aus der Nische zu stürmen, um den wundersamen Abdruck des Antlitzes Christi zu präsentieren. Das Standbild ist Teil des skulpturalen Programms von Bernini für die Vierungspfeiler der Petersbasilika. Dieses bezieht sich auf die in diesem Bereich eingelagerten wichtigsten Reliquien der Basilika: das Schweißtuch der Veronika, die Kopfreliquie des Apostels Andreas, die Kreuzreliquie und den Speer des Longinus. Rom, San Pietro in Vaticano*

Skulptur den ersten Schritt in Richtung Erneuerung machen. Daß sie dabei nicht selten in eine gekünstelte Manier verfielen, zeigt etwa die Gruppe *Venus und Adonis* von Cristoforo Stati im Palazzo Comunale von Bracciano.

Die Hl. Cäcilie war dagegen für die Bildhauerei mindestens ebenso bahnbrechend wie in der Architektur die Fassade von Santa Susanna. Sie stellt das Hauptwerk von Stefano Maderno dar, den man jedoch nicht als typischen Barockkünstler bezeichnen kann. Denn weder die Qualität seiner anderen Werke für römische Kirchen (z. B. die Engel in Santa Maria di Loreto oder die Engel im Querschiff von San Giovanni in Laterano) noch die kleinen, zum Teil in Bronze gegossenen Tonfiguren verschiedener Heldentaten des Herkules (einige Stücke dieser Serie befinden sich in der Petersburger Eremitage), reichen an die Figur der Hl. Cäcilie heran.

Maderno gehörte dem Kreis der zwischen Ende des 16. und Anfang des 17. Jahrhunderts aktiven Künstler um Camillo Mariani (1556–1611) an. Der aus Vicenza kommende Bildhauer begann seine Arbeit in Rom 1597 in der Cappella degli Angeli in der Jesuitenkirche Il Gesù, einem der wichtigsten Bauprojekte der Zeit. Hier schuf er, wie durch Filippo Titi in dem Traktat *Studio di Pittura, Scoltura et Architettura nelle chiese di Roma* (*Malerei, Skulptur und Architektur der Römischen Kirchen*) überliefert ist, „einige kleine Putten aus Stuck". Seinen Erfolg als Bildhauer begründeten jedoch die 1600 geschaffenen acht Nischenfiguren von Heiligen für die in einem der vier Rundbauten der Diokletians-Thermen errichtete Kirche San Bernardo alle Terme, deren Umgestaltung am Ende des 16. Jahrhunderts durch die großzügige Förderung von Caterina Sforza ermöglicht wurde. Die monumentalen Stuckfiguren werden durch das Spiel des Lichts mit dem Hintergrund verschmolzen, und die spezielle Behandlung des Lichts ist es auch, an der sich die künstlerische Herkunft Marianis erkennen läßt. Tatsächlich wurde Mariani entscheidend von Alessandro Vittoria (1525–1608) beeinflußt, was nicht zuletzt auch die stilistischen Übereinstimmungen zwischen dem Hl. Hieronymus in San Bernardo alle Terme und der Hieronymus-Figur zeigen, die Vittoria für Santa Maria dei Frari in Venedig gearbeitet hatte. Anders als Vittoria betonte Mariani die Monumentalität der Figuren, wie sie uns in der geschlossenen Form der Hl. Katharina von Siena in San Bernardo entgegentritt, die in ihrer flächiggeometrischen Ausführung an die *Schmerzensmadonna* (Venedig, Santi Giovanni e Paolo) seines künstlerischen Leitbildes erinnert.

Wie man sieht, war der neue, barocke Kunststil keinesfalls das Ergebnis einer linearen Entwicklung. In der Cappella Aldobrandini in Santa Maria sopra Minerva arbeitete an der Seite von Mariani der lothringische Bildhauer Nicolas Cordier (1567–1612), genannt Franciosino, der bereits zusammen mit Mariani und anderen Bildhauern des Spätmanierismus in der Cappella Paolina in Santa Maria Maggiore in Erscheinung getreten war.

Cordier schuf die liegenden Figuren des Grabmals der Eltern von Papst Clemens VIII. Aldobrandini, Salvestro Aldobrandini und Lesa Dati, nach dem Vorbild der mit erhobenem Oberkörper liegenden Papstfigur, die Maso del Bosco für das von Michelangelo geplante Kenotaph Julius' II. in San Pietro in Vincoli geschaffen hatte. Cordier vervollständigte darüber hinaus die zwei Papstgrabmäler der Cappella Paolina in Santa Maria Maggiore durch eine statische Figur des Hl. Sebastian und die Personifikation der Caritas, denen er kleine, gezierte Putten zur Seite stellte. Mariani folgt einer manieristischen Formensprache auch mit seiner Figur der Religio am *Grabmal für Lesa Dati*, die aber auch seine Neigung zu den malerischen Effekten der Kunst des Veneto erkennen läßt.

Ein Verdienst Marianis war auch die Ausbildung von Francesco Mochi (1580–1654), dessen Weg sich mit dem von Gian Lorenzo Bernini kreuzen sollte. In Montevarchi bei Florenz geboren, begann Mochi seine Ausbildung bei dem florentinischen Maler Santi di Tito. Als er jedoch seine

Die Hl. Martha, *Francesco Mochis letztes Werk vor seinem Wechsel nach Piacenza, in die Nähe des Hofes von Ranuccio Farnese. Das Werk aus dem Jahre 1612 gehört zu der skulpturalen Ausstattung der Cappella Barberini, die von Kardinal Matteo Barberini, dem späteren Papst Urban VIII., in San Andrea della Valle errichtet wurde.*

eigentliche Berufung zum Bildhauer erkannte, ging er nach Rom, wo ihn Mariani als Gehilfen bei seinem Auftrag in San Bernardo beschäftigte. Der erste bedeutende Auftrag des in den ersten drei Jahrzehnten des 17. Jahrhunderts herausragenden Bildhauers führte Mochi nach Orvieto, wo er für den Dom die Verkündigungsgruppe und eine Figur des Hl. Philipp schuf. Nach dem Tod seines Lehrers führte er 1611 die Statue des *Evangelisten Johannes* in der Cappella Paolina in Santa Maria Maggiore fort (vollendet 1621) und vervollständigte dort zudem das Relief *Die Einnahme von Strigonia* mit den zwei schwebenden Engelsfiguren, welche die Symbole des Glaubens tragen. Eine große Chance bot sich dem Künstler mit dem Auftrag für die Reitermonumente für Ranuccio und Alessandro Farnese in Piacenza. Bei seiner Rückkehr nach Rom 1629 nutzte er die dort gemachten Erfahrungen für die kleine bronzene Reiterstatue des Carlo Barberini. Jennifer Montague bezeichnete diese verkleinerte Ausgabe des Standbilds für Alessandro Farnese zu Recht als „die ergreifendste des gesamten Barock".

Die römischen Bronzefiguren finden hier zum Thema des Reiters im wehenden Mantel zurück und liefern das Vorbild für die unruhig bewegten Draperien, die bereits ein stilistisches Markenzeichen des toskanischen Bildhauers waren und auch sein berühmtestes Werk, die 1646 für St. Peter geschaffene *Hl. Veronika*, charakterisieren.

Pietro Bernini

Besondere Aufmerksamkeit verdient Pietro Bernini (1562–1629), der Vater von Gian Lorenzo, der nach einem ersten Aufenthalt in seiner Jugend 1605 erneut nach Rom kam. Das Urteil über diesen Bildhauer leidet im allgemeinen unter dem beinahe zwingenden Vergleich mit dem Kunstschaffen seines Sohnes, dessen erster Lehrmeister er war. Die meisten seiner frühen Werke entstanden in der Gegend um Neapel und für den Dom von Amalfi.

Seinen ersten römischen Auftrag erhielt er im Rahmen eines der Hauptprojekte der damaligen Zeit, der Basilika Santa Maria Maggiore, für die er das Relief der Himmelfahrt Mariens und in der Folge *Die Krönung Clemens' VIII.* schuf. Die auf der Marmorplatte dargestellte *Himmelfahrt Mariens* (1606–1611) wird ebenso wie die dazugehörige Figurengruppe von einer leidenschaftlichen Dynamik bestimmt. Im oberen Teil wird die wolkenumhüllte Figur der Jungfrau Maria von einem Kreis kleiner Engel getragen, deren nach oben ansteigende Wirbelbewegung in den Figuren der Engel mit Harfe und Orgel kulminiert. Dieser Aufwärtsbewegung setzte der Künstler im unteren Register die überaus plastischen Figuren entgegen, die in unterschiedlichen Haltungen rund um das von Blumen übersäte Grab Mariens angeordnet sind. Entstanden ist so eine ausgeprägt malerische Gesamtkomposition, die bestimmte bildhauerische Lösungen seines Sohnes, Gian Lorenzo, vorwegnahm. Das Marmorrelief der *Krönung Clemens' VIII. Aldobrandini* über dem im rechten Arm der Cappella Paolina in Santa Maria Maggiore stehenden Grabmal des Papstes ist im Vergleich dazu ausgesprochen statisch. Das 1611 gearbeitete Relief befindet sich über der Figur des Papstes von Silla da Vaggiù, die Ponzio als Baumeister der Kapelle geschickt in den architektonischen Rahmen integriert hatte. Die Ädikula mit dem Marmorrelief Berninis wird von zwei ebenfalls von Bernini geschaffenen Karyatiden flankiert und nimmt mit ihrer spiralförmigen Drehbewegung die Anlage der großen Statue *Johannes der Täufer* (1614–1615) für die Cappella Barberini in Sant'Andrea della Valle vorweg. Diese von Matteo Castelli im Auftrag des Kardinals Maffeo Barberini, des späteren Urban VIII., gebaute Kapelle erweist sich als Knotenpunkt innerhalb der Kunst dieser Zeit, an der ein allmählicher Übergang vom Spätmanierismus zu einem moderneren Stil stattfand. In dieser Kapelle stehen der statisch geformte *Evangelist Johannes* von Ambrogio Buonvicino und die manieristisch ausgeführte *Magdalena* von Cristoforo Stati zusammen mit der *Hl. Martha* von Francesco Mochi, welche die beiden erstgenannten Figuren durch die Bewegtheit und Spannung ihrer nach vorne geneigten Körperhaltung übertrifft. Der an den Verkündigungsengel in Orvieto erinnernde Gestus wird auch an dieser Figur durch den unregelmäßigen Faltenwurf des Kleides betont, in dem sich das Licht verfängt. Pietro Berninis Täufer ist dagegen weniger bedeutend, die Drehbewegung des Körpers, die auf den *Christus* von Michelangelo in Santa Maria sopra Minerva verweist, ist weniger kraftvoll und wirkt unsicher. Mißglückt ist dabei insbesondere der rechte Arm, der zu klein und kraftlos geraten ist und der Drehbewegung stark entgegenwirkt. Betont wird dieser stilistische Fehler noch durch die gezierte Lockenpracht des Heiligen, die überbetonte Struktur seines Gewandes und die gekünstelt erscheinenden Locken am Fell des Lamms.

Gian Lorenzo Bernini

Anfang des 17. Jahrhunderts arbeitete Gian Lorenzo Bernini, der am 7. Dezember 1598 als Sohn von Pietro Bernini und Angelica Galante geboren wurde, bereits mit seinem Vater zusammen. Für die Zeitgenossen war seine überströmende Schöpferkraft ein untrügliches Zeichen der göttlichen Allmacht, nach deren Willen er als Italiener nach „göttlichem Plan ... Licht in zwei Jahrhunderte bringen sollte" (Baldinucci). Papst Urban VIII.

„hätte Bernini am liebsten einbalsamiert und so für die Ewigkeit bewahrt". Natürlich fielen nicht alle Urteile so positiv aus. Wie durch Valentino Martinelli überliefert, sahen ihn einige seiner Bekannten als „traurigen und verschlagenen Menschen", und wieder andere verglichen ihn mit dem „grausamen Drachen ... dem achtsamen Wächter der Gärten der Hesperiden". Zweifelsohne verstand es Gian Lorenzo Bernini vortrefflich, sich gut zu verkaufen. Dem Talent und Können anderer Künstler räumte er kaum Platz neben sich ein, und nicht selten kam es zu Auseinandersetzungen, wenn sich jemand ihm gegenüber nicht unterwürfig genug zeigte. Exemplarisch dafür steht sein Streit mit Borromini, aber auch andere Reibereien wie Berninis provokante Frage an Francesco Mochi, woher denn der Wind käme, der das Kleid seiner Veronika durchfährt, worauf ihm der toskanische Bildhauer entgegnete: „Durch die durch Euch verschuldeten Risse in der Kuppel!"

Da sein Einfluß in vielen Bereichen wirksam war und er zudem mit Aufträgen förmlich überhäuft wurde, entwickelte er sich mit der Zeit zu einer Art Künstler und Unternehmer in Personalunion und übertrug, nach Borsi, einen Teil seiner Verpflichtungen auf „Künstler, Schüler, potentielle Rivalen und ältere Meister im Wettstreit um die Macht", der sich proportional zu den delegierten Aufträgen ausweitete. Gian Lorenzo Bernini wurde so zur zentralen Figur einer gewaltigen Maschinerie, die in der Lage war, die Wünsche des Papstes umgehend zu realisieren. Dazu gehörten neben Schülern und fest angestellten Künstlern auch von Fall zu Fall andere und unterschiedliche Ämter bekleidende Abgesandte des Papstes, wie etwa Giovan Maria Baratta – der Bruder des bekannteren Francesco Baratta –, der ein Schützling der Pamphili war, außerdem der jüngere Bruder Gian Lorenzo Berninis, Luigi, der dem großen Künstler mit gerichtlichen Angelegenheiten zu schaffen machte, und der Sohn Gian Lorenzos, Paolo. Sie alle wurden, zusammen mit anderen Mitarbeitern, den Erfordernissen des Meisters entsprechend zu Hilfe gerufen. Dadurch wird deutlich, wie groß der Einfluß Berninis auf die Kunst seiner Zeit und des folgenden Jahrhunderts gewesen sein muß. Der Grundstein, auf dem dieses komplexe Gebäude aus Geld, Macht, Neid, Intrigen und Kunst aufbaut, waren jedoch der unbestrittene und bahnbrechende Genius Berninis und dazu seine überdurchschnittlichen und unverwechselbaren technischen Fähigkeiten.

Seine Befähigung zum Bildhauer, als der er seine Karriere begann, zeigte sich schon sehr früh. Zweifelhaft sind jedoch die im Stil der Heiligenviten verklärenden Aussagen der Biographen, nach denen er seine ersten Werke bereits als kleiner Junge schuf, wie auch die Hypothesen über eine Zusammenarbeit mit dem Vater in Neapel oder die Arbeit an der 1612 gefertigten *Büste Antonio Coppolas* in San Giovanni dei Fiorentini. Ein authentisches Werk beider Künstler ist dagegen der großartige *Faun mit Amoretten* (um 1614, New York, Metropolitan Museum), an dem das junge Talent unter anderem seine Erfahrung bei den Darstellungen der Stilleben, die er vermutlich für die Figuren der Vier Jahreszeiten in der Villa Aldobrandini gearbeitet hatte, umsetzen konnte.

In diesen Jahren zwischen 1614 und 1616 schuf Gian Lorenzo Bernini auch Werke wie *Die Ziege Amalthea mit dem Zeusknaben und einem Satyr*, die 1609 begonnene und vor 1615 vollendete Figurengruppe (Rom, Galleria Borghese), von der in den Lobeshymnen der Biographen zu lesen ist, daß man sie für eine antike Plastik gehalten habe, die jedoch von Kardinal Scipione Borghese, einem Kenner der Materie, sofort angekauft wurde. In diese Zeit fallen auch die monumentalen Marmorwerke *Der Hl. Sebastian* für Maffeo Barberini (Lugano, Sammlung Thyssen-Bornemisza) und *Der Hl. Laurentius auf dem Rost* (Florenz, Uffizien). Zu seinen ersten Aufträgen gehörten die *Büste des Bischofs Santoni* in Santa Prassede und das *Grabmal für Giovanni Vigevano* in Santa Maria sopra Minerva.

Die große Gelegenheit aber war für den kaum zwanzigjährigen Bernini der Auftrag des Kardinals Scipione Caffarelli Borghese für das erste der vier berühmten Marmorbildwerke der Villa Borghese – die Gruppe *Aeneas, Anchises und Ascanius*, in der Bernini das von Vergil geschilderte Thema der Flucht des Aeneas mit dem Vater auf den Schultern und seinem kleinen Sohn aus dem brennenden Troja in Marmor umsetzen sollte. Der von Bernini gewählte Bildtypus zeugt noch vom Einfluß des Vaters und zeigt Übereinstimmungen mit dem von Raffael für das Fresko *Der Borgobrand* in der nach diesem Fresko benannten Stanza dell'Incendio del Borgo im Vatikanischen Palast geschaffenen Vorbild. Uneinig sind sich die Kunstwissenschaftler bei der Frage einer möglichen Zusammenarbeit von Vater und Sohn bei diesem Werk (1618–1619), das zur Zeit der Arbeiten von Gian Lorenzo und Pietro Bernini in der bereits erwähnten Cappella Barberini entstand. Zweifelsohne erinnert die Körperhaltung des alten Anchises an den *Hl. Johannes* von Pietro Bernini, wenngleich sie keinerlei Spuren seiner anatomischen Unsicherheiten trägt.

Ganz im Gegenteil übte sich der junge Künstler bereits spielerisch in der Virtuosität der spiralförmigen Drehbewegung der drei miteinander verbundenen Figuren, die er an den kleinen Figuren der Penaten, die Anchises vor dem Feuer in Sicherheit gebracht hat, auslaufen läßt. Das dem Spätmanierismus entlehnte und von Bernini meisterlich interpretierte Motiv der sich spiralenartig von unten nach oben windenden Drehbewegung (figura serpentinata) bestimmte auch den Aufbau der unterschiedlich zusammengesetzten drei

Folgende Doppelseite, links:
Die 1621–1622 von Gian Lorenzo Bernini geschaffene Gruppe Der Raub der Proserpina. *Die bildhauerische Umsetzung dieser Geschichte aus den* Metamorphosen *Ovids dokumentiert das Interesse des Auftraggebers, des Kardinals Scipione Caffarelli Borghese, an mythologischen Themen. Bernini nahm die Entführungsgeschichte zum Anlaß, eine allansichtige Figurengruppe zu schaffen. Das Detail aus dem* Raub der Proserpina *zeigt die besondere Virtuosität Berninis bei der Darstellung des Inkarnats, der Hautpartien, seiner Figuren. Rom, Galleria Borghese*

Rechts:
Gesamtansicht des vierten Saals der Galleria Borghese, der Sala degli Imperatori. Die Benennung dieses Raumes geht auf die hier neben dem Werk Berninis aufgestellten Porphyrbüsten antiker Kaiser zurück.

Marmorgruppen, die der Kardinal nacheinander bei Bernini in Auftrag gab. Die in der Galleria Borghese aufbewahrten Stücke zeigen die Entwicklungsstufen von Berninis Stil zwischen 1621 und 1625. Bernini hatte sich jedoch bereits bei den Arbeiten an *Neptun und Glaukos*, die er 1620 für den Brunnen der heute zerstörten Villa Montalto des Kardinals Alessandro Peretti angefertigt hatte, mit den großen Möglichkeiten der spiralförmigen Drehbewegung auseinandergesetzt. Die heute im Victoria and Albert Museum in London ausgestellte Marmorgruppe verdeutlicht, daß es dem jungen Bildhauer darum ging, der Einansichtigkeit der dem Betrachter zugewandten Hauptseite durch die an allen Seiten gleichermaßen durchgeformte Plastizität der Massen entgegenzuwirken. Daher bietet der Neptun, wie auch die anderen Werke aus dieser Zeit, eine große Zahl an gleichwertigen Betrachtungspunkten. Es gibt keine explizite Vorder- oder Rückenansicht wie bei der erwähnten Statue *Der Hl. Sebastian*, deren spiraliger Aufbau nur von einer Seite ausgeführt ist, da die Figur als Nischenfigur der Cappella Barberini in Sant'Andrea della Valle konzipiert wurde und somit von ihrem Aufbau her eher einem Hochrelief entspricht.

Der *Raub der Proserpina* (1621–1622) dagegen ist in seiner Gesamtkonzeption erheblich raumgreifender, wenngleich Gian Lorenzo Bernini für diese wie für die übrigen Figurengruppen, die im Auftrag des Kardinals Borghese entstanden, einen speziellen Aufstellungsort vorsah, an dem die bevorzugte Schauseite am besten zur Geltung kommen sollte. Die Geschichte aus den *Metamor-*

Gegenüberliegende Seite:
Die 1623–1624 entstandene Statue David *von Gian Lorenzo Bernini. In diesem Werk entschied sich Bernini abweichend von den berühmten Vorläuferdarstellungen dieses Themas von Donatello und Michelangelo für eine Thematisierung des Kampfes mit dem Riesen Goliath. Das Torsionsmotiv des Körpers dürfte von der heute im Louvre aufbewahrten antiken Statue des* Borghesischen Fechters *übernommen worden sein. Rom, Galleria Borghese*

Die Skulpturengruppe Aeneas und Anchises *(1618–1619) ist das früheste Werk Gian Lorenzo Berninis, das er im Auftrag Kardinal Scipione Caffarelli Borgheses ausführte. Im Gegensatz zu Raffaels berühmter Umsetzung dieses Motivs im Fresko* Der Borgobrand *in der gleichnamigen Stanza del Incendio del Borgo des Vatikanpalastes dokumentiert Berninis Skulptur eine große Nähe zu Vergils Textvorlage. Dies zeigt ein Detail wie die phrygische Kopfbedeckung des Anchises, ein Hinweis auf seine orientalische Herkunft. Die stoffliche Ausrichtung an der* Aeneis *wird in der Darstellung des Anchises als Gelähmtem deutlich, der von Aeneas getragen wird. Mit diesem vorbildlichen Handeln des Aeneas dürfte auch eine Anspielung auf den Namen des Auftraggebers Scipione, d. h. Stab, Stütze, verbunden sein. Rom, Galleria Borghese*

phosen von Ovid diente Bernini bei diesem Werk als Anregung für die Freisetzung einer in Stein gehauenen Dynamik, die durch den Kontrast zwischen der ungeschützten und weichen Körperlichkeit der Proserpina und der kraftvollen Anatomie des Pluto außerordentlich lebendig und pulsierend erscheint. Bernini konnte hier auf seine virtuosen Gestaltungsideen der Aeneas-Gruppe zurückgreifen, an der sich die schlaffe Haut des Anchises unter dem Griff des fürsorglichen Sohnes, der den Alten auf seinen Schultern am linken Oberschenkel umfaßt, in Falten legt. Hier ist es der junge Körper der Proserpina und seine sanfte Sinnlichkeit unter dem rüden Zugriff Plutos, aus dem sie sich vergeblich zu befreien versucht.

Die Umsetzung des *David* (1623–1624) war dagegen eine echte Herausforderung, denn es bedeutete für Bernini, sich mit den Werken der größten Renaissance-Bildhauer – von Donatello über Verrocchio bis hin zu Michelangelo – zu messen. Bernini widersetzte sich den bisherigen Regeln der Darstellung des biblischen Helden und wählte anstelle des statischen Moments nach dem Schleudern des Steins (Donatello und Verrocchio) und der verhalten gespannten Gestik vor dem Wurf (Michelangelo) auch für diese Figur die dynamische Kraft der Spirale. Der in Madernos *Hl. Cäcilie* angelegte Charakter des Momentanen wird hier durch eine angehaltene Bewegung geschaffen. Als Modell diente Bernini dabei bekanntlich der heute in den Sammlungen des Louvre aufbewahrte *Borghesische Fechter*, eines der wertvollsten Werke der Antikensammlung von Scipione Borghese. Vom *Borghesischen Fechter* übernimmt der *David* Berninis die Zirkelstellung der Beine und die Drehung des Rumpfes, dieser liegt im Vergleich zu dem antiken Vorbild jedoch nicht auf der Höhe des linken Beins, sondern ist fast aufgerichtet. Im Gegensatz zu den Darstellungen des David in der Renaissance spielte für Bernini die möglichst getreue Umsetzung der biblischen Textvorlage eine große Rolle. Im Unterschied zu den anderen trägt Berninis Held die Hirtentasche um die Schultern, in der er vorsorglich passende Steine für die todbringende Schleuder gesammelt hat, mit der er sich Goliath zum Kampf stellt. Die Haltung des Oberkörpers zeigt die Figur, unmittelbar nachdem sie dem Beutel einen Stein entnommen hat. Der Oberkörper verdreht und spannt sich so in einer nicht nur physischen, sondern auch psychischen Anstrengung. Goliath ist häufig in dem Moment dargestellt, in dem er einen Schlag des Gegners mit einem Arm abwehrt und gleichzeitig mit der freien Hand das Schwert ziehen will. Haltung und Gestik des David entsprechen dagegen einem Kämpfer, der in Gedanken über das Ziel seines Schusses die Waffe zum tödlichen Treffer bereitmacht. Berninis *David* visualisiert den Wendepunkt zwischen zwei identischen und dennoch konträr ausgerichteten Bewegungsabläufen. Die starke innere Spannung des Kämpfers spiegelt sich in den Gesichtszügen der Figur wider. Es handelt sich dabei um ein Selbstporträt, für das ihm der Borghese-Kardinal angeblich persönlich assistierte, indem er den Spiegel so hielt, daß der 25jährige Künstler seiner Skulptur die eigenen Gesichtszüge verleihen konnte.

Das Werk aber, das seine Zeitgenossen durch die unerreichbare technische Virtuosität vor allen anderen beeindruckte, war zweifelsohne die Figurengruppe *Apoll und Daphne*, die Bernini aufgrund der Unterbrechung durch die Arbeiten am *David* erst 1625 vollendete. Die nach dem lateinischen Distichon von Papst Urban VIII. Barberini („Wem auch immer es gefällt, den flüchtigen Freuden der Schönheit zu folgen, füllt seine Hände mit Laub oder wird, besser gesagt, bittere Beeren kosten.“) moralisierend interpretierte Szene geht wie der *Raub der Proserpina* auf die *Metamorphosen* zurück und zeigt die unglückliche Liebe des Sonnengottes zur Nymphe Daphne, die sich auf der Flucht vor seiner leidenschaftlichen Verfolgung in einen Lorbeerbaum verwandelt. Auch dieses Werk verweist auf die Antike, nach deren Vorbild der neapolitanische Bildhauer den jungen Gott formte: Dessen Pose und Formen gehen direkt auf die berühmte antike Skulptur des *Apoll von Belvedere* zurück. Für die Figur der Daphne ließ sich Bernini dagegen nach Meinung mehrerer Wissenschaftler nicht von einem konkreten Vorbild, sondern durch die Dichtung von Marino Marini oder Torquato Tasso inspirieren.

In jedem Fall sind die vier Borghese-Skulpturen nicht allein der Beweis für die überwältigenden technischen und stilistischen Fortschritte des Künstlers, sondern bilden die Basis für die Ausbildung der barocken Ästhetik in der Skulptur: Größe, Emotionalität und Realismus. Der auch als Komödienautor und Bühnenbildner tätige Bernini versuchte sich bezeichnenderweise bei der Statue *Die Hl. Bibiana* (1626) in der gleichnamigen Kirche in den szenischen Effekten der Aufstellung einer Figur in einer Nische, die durch spezielle Lichtverhältnisse betont wird. Die Heilige tritt dem Betrachter aus einer Nische entgegen, wobei sie in Verzückung ihre rechte Hand hebt. Die zahlreichen Stauch- und Knitterfalten fangen das einfallende Licht und verleihen der Skulptur eine besondere Plastizität und Lebendigkeit. Bernini bereitete damit im kleinen seine monumentale Inszenierung des Altars in der Vierung von St. Peter und die ausdrucksstarke Figur *Der Hl. Longinus* vor.

Mit seiner Gestaltung des Kuppelraums von St. Peter als riesiger Theaterbühne versuchte Bernini der ästhetischen Unausgewogenheit zu begegnen, die durch die Erweiterung des von Michelangelo entworfenen Zentralbaus durch ein Langhaus entstanden war. Kardinal Maffeo Barberini mißfiel Madernos Erweiterungsbau nach seinem Amtsantritt als Urban VIII. Die grundlegende

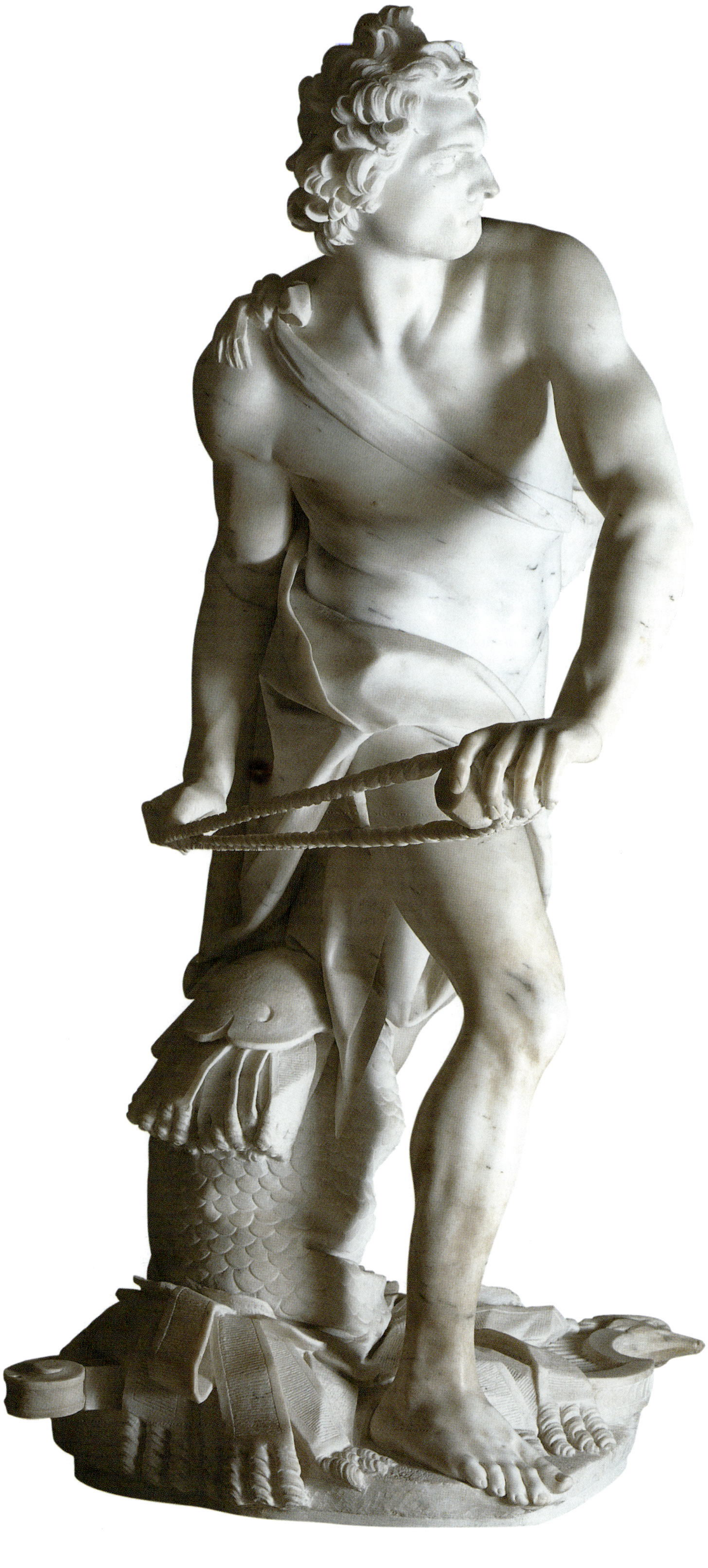

Apoll und Daphne, *die letzte von Bernini im Auftrag des Kardinals Borghese geschaffene Skulpturengruppe, entstand 1622–1625. Bernini konzentrierte sich auf den Moment, in dem die von Apoll bedrängte Daphne sich in einen Lorbeerbaum verwandelt und ihre Mimik das Grauen der Situation ausdrückt (Detail gegenüberliegende Seite). Rom, Galleria Borghese*

Funktion des 1624 begonnenen Baldachins über dem Petrusgrab bestand also darin, den Kirchenraum zumindest optisch mit den Regeln eines Zentralbaus zu versöhnen. Tatsächlich bildet der Baldachin den Mittelpunkt des Innenraums, auf den sich die Aufmerksamkeit der Besucher direkt konzentriert. Berninis Baldachin, der wie ein soeben von einer imaginären Schar Gläubiger aufgestellter Prozessionsbaldachin erscheint, setzte mit seinem Bronzeziborium an der Grabstätte und dem Ort des Martyriums Petri ein unübersehbares Zeichen. Auf dem Grundgedanken der Festarchitektur des barocken Rom und ihrer das Vorübergehende betonenden Dekorationsästhetik errichtete Gian Lorenzo Bernini ein symbolisches „Gebäude“, das darauf ausgerichtet war, den Ruhm der Römischen Kirche und der Familie Barberini zu vermehren.

Über vier Marmorpostamenten mit den päpstlichen Wappen und der traditionell Borromini zugeschriebenen Allegorie der Kirche als Mutter der Wahrheit erheben sich vier mit Blattranken geschmückte Bronzesäulen, deren Form an die Säulen der ehemaligen Konstantinsbasilika erinnert, die der Legende nach vom Salomonischen Tempel in Jerusalem nach Rom gebracht worden waren. Durch die monumentalen, gewundenen Säulen, deren formale Schönheit durch den Kontrast der dunklen Bronze mit den vergoldeten Weinranken noch gesteigert wird, wird der Baldachin zum überdimensionalen Symbol der alttestamentarischen salomonischen Weisheit, der christlichen Überlieferung Konstantins und der Wiedergeburt der Römischen Kirche unter dem Schutz der Barberini. Bezeichnenderweise stützt jede der vier gewaltigen Säulen ein fingiertes Gebälk mit der goldenen Sonne der Papstfamilie. An der verbindenden Rahmenkonstruktion sind die Nachbildungen einer von Quasten mit geflügelten Engelsköpfen und Bienen, dem Wappentier der Barberini, geschmückten Draperie angebracht. Die Engelsköpfe verweisen, unterstützt von den Engeln über den vier Eckpunkten des Baldachins und der Engelschar mit den päpstlichen Insignien, auf die Symbolik der Bundeslade. Die Faszination dieser Erfindung, die eine völlig neuartige Verknüpfung von Architektur und Skulptur darstellt, besteht in dem für das Barock charakteristischen, rhetorischen Formenspiel, mit dem Bernini die Größe des umgebenden Raumes mit den Dimensionen des Altars in Beziehung setzt. Darüber hinaus spielt dieses Werk mit der Doppelbedeutung des Ortes, an dem es sich befindet. Bernini wußte nur zu gut, daß im Zentrum jeder respektablen Kirche ein Ziborium steht, er aber wollte einen Baldachin. Er bediente sich also der Metonymie, indem er einer Bezeichnung den Bedeutungsinhalt einer anderen übertrug. Bernini schuf weder einen Baldachin noch ein Ziborium, sondern einen Baldachin als Ziborium. Dieses von der Sprachwissenschaft auf

NDO REFVLG

die bildende Kunst übertragene Stilmittel begründet die Faszination des Werks und ist darüber hinaus eines der Grundprinzipien barocker Schöpfungen. Dieser Form visueller Rhetorik bediente man sich, um den Gläubigen von dem Wunder und der Bedeutung des Gesehenen zu überzeugen (persuasio). Exemplarisch dafür ist die Figur *Der Hl. Longinus*, aus dessen Gestik die ganze Eindringlichkeit und Theatralik eines Menschen, der die Anwesenden zu überzeugen sucht, spricht. Mit ihren ausgebreiteten Armen verkörpert die Monumentalfigur des römischen Soldaten, der, wie im Evangelium geschrieben steht, dem gekreuzigten Jesus den Speer in die Seite stieß, das Stein gewordene Erstaunen, mit dem er, wie durch den Evangelisten Matthäus überliefert, ausrief: „Wahrlich, dieser ist Gottes Sohn gewesen!" Auch bei der Figur des Hl. Longinus hielt sich Bernini, wie schon zuvor bei seinem *David*, an die Textvorlage und synthetisierte sie, indem er wiederum den Höhepunkt der Erzählung zu einem visuellen Bild formte. Und auch diese Figur zeigt einen präzisen Bezug zur Bildhauerkunst der Antike, und man erkennt im Gesicht des Longinus unschwer die Züge des Laokoon. Ein anderer bedeutender Aspekt in der Gestaltung der Vierung des Petersdoms sowie des *Hl. Longinus* ist Berninis Fähigkeit, die Skulpturen in den Dienst der inhaltlichen Gesamtaussage zu stellen. Er bediente sich zu diesem Zweck aller inhaltlichen und technischen Kunstgriffe der Architektur, der Skulptur und der Malerei. Dem Künstler gelang es auf diese Weise, eine Theorie der „schönen Komposition" aufzustellen, oder, wie man heute sagen würde, eines Gesamtkunstwerks, mit dem Ziel, den Gläubigen gemäß der barocken Ästhetik in Erstaunen zu versetzen und somit zu überzeugen.

Wenn der Kuppelraum von St. Peter als Initialpunkt dieses kontinuierlich verfolgten Ziels gelten kann, das in dem unbestrittenen Meisterwerk der Cappella Cornaro seinen Höhepunkt erreicht, so ist das *Grabmal Papst Urbans VIII.* in St. Peter, das im Auftrag des Papstes 1628 begonnen und zwischen 1639 und 1647 vollendet wurde, die

Gegenüberliegende Seite und links: *Der Bronzebaldachin in St. Peter, an dessen Entwurf neben Bernini auch Francesco Borromini als sein Assistent entscheidend mitbeteiligt war (1624–1633).*

Im Grabmal Papst Urbans VIII. *entwikkelte Bernini das von Gulielmo della Porta mit dem* Grabmonument Papst Pauls III. *eingeführte polychrome Gestaltungskonzept weiter. Rom, San Pietro*

Veranschaulichung der malerischen Aspekte der „schönen Komposition“ durch die Verwendung unterschiedlichster Materialien. Die Lichtreflexe der für die Figur des Barberini-Papstes und den über der Personifikation des Todes aufgestellten Sarkophag verwendeten Bronze nehmen in der virtuosen Ausführung Bezug auf die Baldachinsäulen, während die Marmorfelder der Nische in Form und Farbe an die der Vierung von St. Peter erinnern. Kardinal Rapacciuoli sagte über das Grabmal: „So täuschend echt hat Bernini den großen Urban gemacht und so wahrhaftig die starre Bronze beseelt, daß es den Tod in Person auf dem Grabmal braucht, den Trug zu brechen und zu erinnern, daß er verstorben ist.“ Und es hat den Anschein, als habe Bernini mit der letzten Ruhestätte des Papstes an seine ersten bedeutenden Werke in der Peterskirche erinnern wollen.

Berninis Brunnenskulpturen

Neben den Aufträgen für St. Peter beschäftigte der Barberini-Papst den Bildhauer Bernini im wesentlichen mit Brunnenprojekten. Bernini ersetzte bei seinen Brunnen die für den Spätmanierismus typischen architektonischen Elemente durch Skulpturen, die sich an der Natur orientieren, oder aber durch völlig ungewöhnliche Formen wie an der *Fontana della Barcaccia* (*Bootsbrunnen*) auf der Piazza di Spagna. Möglicherweise inspiriert durch die sehr niedrig und breit gebauten Boote der auf dem ruhigen Tiber verkehrenden Weinhändler, zeigt sich der zwischen 1627 und 1628 unter der Leitung seines Vaters Pietro entstandene Bootsbrunnen als eine der glücklichsten Erfindungen Gian Lorenzo Berninis. Er spielte auch hier mit der rhetorischen Figur der Metonymie, und so setzt das Brunnenmonument eine ganze Reihe von Deutungen frei. Primär symbolisierte der Wasserstrom aus einem Boot für den Weintransport Überfluß und überströmende Freude und in Konsequenz daraus das unmittelbar nach seiner Inthronisation als „Schlaraffenland“ gefeierte Rom des Barberini-Papstes. Dieser Grundgedanke steht im wesentlichen auch hinter der erst 1644 errichteten und heute vollständig restaurierten *Fontana delle api* (*Bienenbrunnen*). Die Bienen aus dem Wappen der Barberini werfen als Lebensspender Wasserstrahlen in eine niedrige Tränke, die nach oben hin von einer geöffneten Muschelschale abgedeckt wird. Das Muschelmotiv verwendete Bernini bereits vier Jahre früher für den Brunnen im Zentrum des ehemaligen Weinbergs, der für den Bau des Palazzo Barberini angekauft worden war – die *Fontana del Tritone* auf der heutigen Piazza Barberini. Auf den verschlungenen Schwanzflossen von vier Delphinen ruhen die geöffneten Scha-

Die von dem jungen Gian Lorenzo Bernini in den Jahren 1627–1628 geschaffene Fontana della Barcaccia, *der* Bootsbrunnen, *wurde im Auftrag Papst Urbans VIII. errichtet. Sie entstand im Kontext der Bemühungen dieses Pontifex, die Acqua Vergine in das Gebiet zwischen der Piazza di Spagna und der im Entstehen begriffenen Piazza del Popolo zu bringen. Im Typus erinnert diese Anlage auch an die berühmte römerzeitliche Brunnenanlage in Schiffsform vor der Kirche Santa Maria in Domnica. Rom, Piazza di Spagna*

len einer gewaltigen Muschel, auf der ein muskulöser Triton thront und im Begriff ist, mit aller Kraft den Wasserstrahl aus einer Trompetenmuschel zu blasen. Mit diesem Springbrunnen sollte die von Urban VIII. veranlaßte Nutzbarmachung der Acqua Felice, der durch Rom führenden Wasserleitung, architektonisch in Szene gesetzt werden. Der Papst beabsichtigte damit, seine neue Residenz und die umliegende Gegend an die Wasserversorgung anzuschließen. Bernini verlieh diesem Ereignis eine mythologische Dimension, wodurch der Eindruck entsteht, als habe sich Neptun persönlich dafür eingesetzt, daß dank der Großzügigkeit des Papstes nun auch in dieser Gegend Roms Wasser fließt, und dies durch einen von ihm entsandten Boten verkünden lassen. Und so erheben sich die vier Delphine gleichsam aus dem Nichts; der darauf ruhenden Muschel entsteigt der Triton, um seine Botschaft zu verkünden. Er bläst in seine Trompetenmuschel, doch anstelle der alle zusammenrufenden Stentorstimme entspringt der Muschel in seinen Händen das so begehrte Wasser. Bernini verblüffte mit seiner originellen Inszenierung Passanten und Auftraggeber, die sich der von seiner Kreativität und Phantasie ausgehenden Faszination bis heute nicht entziehen können.

Nicht einmal ihm feindselig gesinnte Männer wie Papst Innozenz X. Pamphili, der Nachfolger Urbans VIII., versuchten, ihn aus der römischen Kunstszene, die damals gleichbedeutend war mit der weltweiten Kunstszene, zu verdrängen. Im Gegenteil kam es in den ersten Jahren der Regentschaft des Pamphili-Papstes zu privaten Aufträgen für die Cappella Raimondi und insbesondere die Cappella Cornaro in Santa Maria della Vittoria. Von den architektonischen Gegebenheiten der Kapelle der Cornaro-Familie war bereits die Rede. Bei der zentralen Figurengruppe der *Verzückung der Hl. Theresia von Ávila* geht es zum einen um die inhaltliche Nähe zu der von der Heiligen selbst in einem schriftlichen Dokument beschriebenen mystischen Verzückung, und zum anderen um die Absicht des Künstlers, den Altar wie eine Theaterbühne zu gestalten, auf der das Schauspiel von Glauben und Offenbarung inszeniert wird. Die kürzlich restaurierte Kapelle vergegenwärtigt in der aus Marmor gemeißelten Figurengruppe, die das Zentrum des gesamten Kapellenraums bildet, die in zeitgenössischen Stichen überlieferte Szene, den Höhepunkt der Engelsvision der Heiligen. Wie Lavin zu Recht bemerkte, spielen die zentrale Nische und der wie ein Tabernakel aufgebaute Rahmen um die Figurengruppe gleichermaßen auf die Eucharistie und den Ort des Mysteriums an, der, wenngleich die Heilige in ihrer Visionsschilderung dies nicht berichtet, traditionell mit dem Chor des Convento dell'Incarnazinone (Auferstehungskloster) in Ávila identifiziert wird. Bernini mußte sich dabei fast wörtlich an das halten, was die Hl. Theresia von Àvila in ihrer *Vida* berichtet:

„Es gefiel unserem Herrn, daß ich von Zeit zu Zeit die Vision schaute, von der ich hier berichte. Zu meiner Linken erschien ein Engel in Menschengestalt … Er war nicht groß, sondern klein und über alle Maßen schön, und sein Antlitz leuchtete wie Feuer, und so gehörte er wohl zu den höchsten der himmlischen Engelscharen … Ich sah in seiner Hand eine lange Lanze aus Gold, deren Ende eine Spitze aus Feuer zu sein schien. Diese, so war es mir, stieß mir mehrmals ins Herz und drang bis ins Innerste … Der Schmerz war so heftig, daß ich mehrmals laut aufstöhnte, und dennoch war er unsagbar süß, daß ich nicht wünschte, von ihm befreit zu sein …"

Nur ein Künstler wie Bernini war in der Lage, die Worte der Heiligen in eine konkrete Form zu

Mit der Fontana del Tritone *auf der Piazza Barberini schuf Bernini 1630 erstmals eine Brunnenanlage, bei der die architektonischen Elemente ausgeblendet wurden. Die Erscheinung dieses Brunnens wird von der monumentalen Figur Tritons in der von den vier Delphinfiguren gehaltenen Muschel bestimmt.*

Diese und gegenüberliegende Seite, links:
Der nach Entwürfen Berninis zwischen 1657 und 1666 errichtete Vier-Ströme-Brunnen *auf der Piazza Navona. In diesem barocken Meisterwerk verbinden sich skulpturale und architektonische Elemente mit der komplexen Ikonographie zu einer einmaligen Synthese, die der Erinnerung an den Auftraggeber Papst Innozenz X. Pamphili dient. Der Sockel des Vier-Ströme-Brunnens wird von dem antiken Obelisken aus dem ehemaligen Circus des Maxentius an der Via Appia bekrönt.*

bringen. Der theaterhafte Effekt wird durch zwei realistisch gestaltete Theaterlogen in der Kapelle noch gesteigert. Von unterschiedlichen Affekten ergriffen, verfolgen die Halbfiguren in den Logen das Geschehen. Hierbei unterstützt die intensive Farbigkeit des in der Kapelle verwendeten Steins noch die Einbeziehung des Betrachters, der gleichsam zum Geschehen hingezogen wird.

Das Werk, mit dem er sich nach dem gescheiterten Turmprojekt für die Fassade von St. Peter bei Innozenz X. rehabilitierte, war die zwischen 1648 und 1651 errichtete *Fontana dei Quattro Fiumi* (*Vierströmebrunnen*) auf der Piazza Navona, welche die Verwendung des 1647 im Circus des Maxentius aufgefundenen ägyptischen Obelisken vorsah. Bernini war, bevor er überhaupt einen Entwurf einreichen konnte, bereits von diesem Projekt ausgeschlossen. Allein seine Starrköpfigkeit veranlaßte ihn, seine Idee dennoch als kostspieliges Silbermodell zu realisieren und es dem widerwilligen Papst mit Unterstützung des Fürsten Ludovisi und der Donna Olimpia, der Schwägerin des Papstes, zu präsentieren. Das Brunnenmonument erscheint wie ein überdimensionaler Tafelaufsatz zur festlichen Dekoration des wirkungsvollen langgestreckten Platzovals der Piazza Navona mit der angrenzenden Residenz der Familie Pamphili. Der Brunnen, dessen Anlage, wie Rivosecchi zeigte, auf den Studien von Athanasius Kircher basiert, ist eine höchst anspruchsvolle Allegorie der göttlichen Gnade – in Form der Taube, dem persönlichen Emblem des Pamphili-Papstes, an

der Spitze des Obelisken –, die sich nach unten zum Wohl der damals bekannten vier Erdteile ergießt. Die von Jacopo Antonio Fancelli geschaffene allegorische Figur des Nil repräsentiert Afrika, die Donau von Antonio Raggi Europa, die Marmorfigur des Ganges von Claude Poussin Asien und der Rio de la Plata von Francesco Baratta das kaum 160 Jahre zuvor entdeckte Amerika. Aus der Hand Berninis stammen lediglich die Figuren des Löwen als Symbol der Sonne und des Überflusses, und des Pferdes, eine wörtliche Umsetzung des damals noch unbekannten Flußpferdes, als Symbol des Typhon, des Gottes der Zerstörung und der Dunkelheit.

In seiner Gesamtheit symbolisiert der *Vierströmebrunnen* das von der göttlichen Gnade erhellte Universum, in dem sich Licht- und Schattenseiten im harmonischen Gleichgewicht des Lebens abwechseln. Der *Vierströmebrunnen* ist jedoch nicht allein die künstlerische Umsetzung von Athanasius Kirchers gelehrter Abhandlung über den Obelisken der Pamphili, sondern die Summe aller ästhetischen Lösungen, die Gian Lorenzo Bernini an seinen vorhergehenden Brunnenanlagen umgesetzt hatte. Bei diesem Werk spielte der Künstler mit dem Kontrast zwischen der geometrisch klaren Form des Obelisken und den Unebenheiten des felsigen Grottenbergs, der ihm als skulpturale Basis dient. Bewußt gesteigert wird dieser Kontrast durch andere naturalistische Motive wie die Palmzweige und die Schlange, deren unregelmäßige und gewundene Formen trefflich auf die Vielgestaltigkeit der Schöpfung verweisen.

Das Werk, mit dem Bernini seine Professionalität vor den Augen der Welt bekunden wollte, war jedoch die monumentale Figurengruppe *Die von der Zeit enthüllte Wahrheit.* Bernini schuf allein die Figur der Veritas, für die er sich exakt an die Illustrationen eines im 17. Jahrhundert weit verbreiteten Emblembuches hielt – die *Iconologia* von Cesare Ripa, die nach ihrer Erstveröffentlichung im Jahre 1603 mehrmals neu aufgelegt wurde. Nach der Intention Berninis war die Sonne in der Hand des üppigen nackten Mädchens nicht allein eine Allusion auf das helle Tageslicht und das Fehlen aller von der Wahrheit verabscheuten Unklarheiten, sondern zugleich eine Reminiszenz an das Familienemblem der Barberini, die dem Künstler die Umsetzung seiner umfassenden Fähigkeiten und künstlerischen Kreativität ermöglicht hatten.

Das bedeutendste skulpturale Projekt, das Bernini während der zwölf Jahre des Pontifikats von Alexander VII. Chigi (1655–1667) realisierte, war die knapp ein Jahr vor dem Tod des Papstes vollendete *Kathedra Petri.* Dieses Gemeinschaftswerk Berninis und seiner Schüler und Mitarbeiter wie dem deutschen Bildhauer Johann Paul Schor, der die Reliefs an der Rückenlehne arbeitete, bedient sich wiederum der Metonymie, um den Blick des Betrachters anzuziehen und gefangenzunehmen. Dieses gewaltige Theatrum sacrum im Chor der Peterskirche erweckt den Eindruck, als sei das

Eine der vier Masken, die alternierend mit den Tritonendarstellungen die Fontana del Moro *zieren.*

Die Fontana del Moro *an der Südseite der Piazza Navona. Die namensgebende Statue eines mit einem Delphin kämpfenden Äthiopiers wurde 1654 nach einem Modell Berninis von Giovanni Antonio Mari angefertigt.*

In der zwischen 1657 und 1666 entstandenen Kathedra Petri *verband Bernini in der für sein Spätwerk charakteristischen Weise Skulptur und Architektur mit einer ingeniösen Lichtregie zu einem besonders evokativen, ästhetischen Gebilde, das die päpstliche Lehrgewalt über die Ökumene, vertreten durch die Kirchenlehrer Augustinus, Ambrosius, Athanasius und Johannes Chrysostomos, illustriert. Rom, San Pietro in Vaticano*

Heilige durch die engstehenden, riesigen Pilaster im Hintergrund in den Innenraum der Basilika eingedrungen. Für diese Inszenierung verließ sich Bernini auf die Art von Kunstgriffen, die ihm etwa bei der Kapelle der Familie Cornaro gute Dienste geleistet hatten. Hier wie dort transformierte er das natürliche Licht geschickt in ein übernatürliches, göttliches Licht und das Strahlen der göttlichen Gnade. Bernini realisierte somit eine wahrhaftige Erscheinung des Hl. Geistes, der sich in Gestalt der Taube im Strahlenkranz der Fensteröffnung zeigt. Die von ihm ausgehenden, blendend hellen Strahlen erleuchten alles umher – vergoldeten Stuck und Marmor – in einer Gloriole aus Wolken und Engeln. Sie bekrönen den Stuhl, der von den vier in Bronze und vergoldeter Bronze gearbeiteten Kirchenvätern getragen wird. Die

Kathedra Petri ist zudem, wie auch an der Form abzulesen, ein monumentaler Reliquienschrein, in dessen Zentrum das Reliquiar, die eigentliche Kathedra Petri, gezeigt wird. Es handelt sich dabei um einen reich dekorierten Elfenbeinthron aus karolingischer Zeit, der damals als Bischofsstuhl diente und durch die Legendenbildung in den Rang des „Stuhls Petri" erhoben wurde. Bernini benutzte den Begriff Kathedra, um den „Ruhm der Kirche" auszudrücken, und stellte so eine ganze Reihe von Bezügen her, vom offensichtlichen Verweis auf die Etimasia, die Darstellung des Gottesthrons, bis hin zu dem an Raffael erinnernden Triumph des Allerheiligsten Sakraments. Für den universalen Anspruch dieses Monuments stehen die zwei lateinischen (Hl. Ambrosius und Hl. Augustinus) und griechischen (Hl. Anastasius und Hl. Johannes Chrysostomos) Kirchenväter, für die Bernini ein bereits in der Kapelle der Familie Cornaro verwendetes Motiv aufgriff: den gebrochenen Faltenwurf der Gewandungen der *Hl. Theresia* oder auch des *Hl. Longinus*. Dieses Motiv zeigt sich hier jedoch in leicht abgewandelter Form, und die Gewänder scheinen wie durch einen kraftvollen Windstoß bewegt – den göttlichen Wind.

Die Engelsbrücke

Dieses Motiv kennzeichnet auch die Engelsfiguren für Santa Maria delle Fratte (1668–1669), die als Studie für die in der Werkstatt Berninis gearbeiteten Engel des Ponte Sant'Angelo gelten. Tatsächlich kam es unter dem kurzen Pontifikat von Clemens IX. Rospigliosi (1667–1669) zur Realisierung eines der spektakulärsten Projekte des römischen Barock, das allerdings erst 1672 unter Papst Clemens X. abgeschlossen wurde. Die Idee, die Tiberbrücke gegenüber der Engelsburg mit – wenngleich zunächst nur provisorischen – Figuren zu schmücken, stammte bereits aus der Zeit der Vorbereitungen für den Rombesuch von Kaiser Karl V. im April 1536, als man die Brücke mit Stuckfiguren versah. Wie durch Domenico Bernini, den Sohn und Biographen des großen Künstlers, überliefert, war es Papst Clemens, „der wie seine Vorgänger von dem Wunsch besessen war, die Pracht von St. Peter zu vermehren", der „dem Cavaliere auftrug, mit einer würdigen Erfindung die Brücke bei der Burg, nach der sie benannt wird, zu schmücken". Möglicherweise liebäugelte bereits Alexander VII. mit diesem Projekt, hatte jedoch nicht die Möglichkeiten, es zu verwirklichen. Das Skulpturenprogramm der Brücke ist dem Sinn nach eine Sacra Rappresentazione (Heilige Versammlung), in der die Engel nacheinander alle Werkzeuge des Martyriums Christi vorführen und damit Zeugnis geben vom Opfer des Erlösers und seiner Menschwerdung. Berninis Programm war sicher nach dem Geschmack des Papstes, eines

Dramaturgen und Theatermannes, den Gian Lorenzo Bernini seit seiner 1634 entworfenen Bühnenausstattung für das vom künftigen Papst verfaßte Mysterienspiel *Sant'Alessio* kannte. Bernini gestaltete die Engelsbrücke als monumentalen Kreuzweg, auf dem die soeben vom Himmel herabgestiegenen Engel den Gläubigen die unwiderlegbare Wahrhaftigkeit des Evangeliums und des göttlichen Heilsplans vor Augen halten. Zugleich wird die Brücke zur päpstlichen Zitadelle durch die Engel zu einer Paradiesstraße ins himmlische Jerusalem (lediglich der Engel mit dem titulus crucis, der Kreuzinschrift, ist ein Werk Berninis). Die gebauschten Gewänder der Engel erklären sich so von selbst: Es ist der direkt von Gott herrührende Wind, der die Gefühle in Aufruhr bringt und die Herzen der Gläubigen erschüttert.

Als Beispiel hierfür steht die *Hl. Ludovica Albertoni* in San Francesco a Ripa, die Bernini während der Arbeiten für die Engelsbrücke schuf. Auch in diesem Werk verstand es Bernini, die im Moment der mystischen Ekstase erlittene Qual der Dargestellten künstlerisch festzuhalten. Er zeigt die Erschöpfte verlassen auf ihrem Lager in einem Gewand, dessen aufgewühlte Falten unweigerlich auf die Erschütterung der Seele durch die göttliche Vision anspielen. Ein besonderer Kontrast entsteht durch die Verwendung von Jaspis für den Unterbau des Betts der Heiligen, der die Makellosigkeit des weißen Marmors und seiner besonders feinen Bearbeitung hervorhebt.

Das Grabmal Alexanders VII.

Das letzte Monumentalwerk des mittlerweile fast Achtzigjährigen war das *Grabmal Papst Alexanders VII.*, das er etwa zehn Jahre nach dem Tod dieses Papstes schuf. Obwohl Bernini das Grabmal nicht eigenhändig ausführte, zeugt es bis ins Detail von seiner großen Erfindungsgabe. Er variierte für dieses Werk die dreieckige Anlage seines *Grabmals Urbans VIII.*, zeigt Alexander VII. aber kniend und in betender Haltung auf einem grünen Postament. Hinzu kommt eine spektakuläre Neuerung, eine ausladende Draperie aus rosa Jaspis, die eine Draperie aus dickem Stoff vortäuscht und gleichzeitig eine Tür verdeckt. Der halb unter der Draperie verborgene goldene Knochenmann hält als Zeichen der beendeten irdischen Existenz des Chigi-Papstes ein Stundenglas in die Höhe.

Dieses letzte Werk erscheint wie eine Vorahnung, denn nur zwei Jahre nach Vollendung des Grabmals starb Gian Lorenzo Bernini am 28. November 1680 in Rom. Er war für mehr als 60 Jahre eine der bedeutendsten Figuren der römischen Kunst gewesen. Er, der seiner Zeit weit voraus war, hinterließ ein künstlerisches Erbe, vor dem die Künstler der folgenden Generationen zu bestehen hatten.

Schüler und Nachfolger: die Werkstatt Berninis

Ohne Zweifel war es das Genie Berninis, welches die Kunst des 17. Jahrhunderts bestimmte, doch nicht minder entscheidend war in diesem Zusammenhang die Unterstützung durch eine Gruppe von Künstlern, die seiner Kunst in breiterem Umfang Geltung verschafften. Bei der Beschäftigung mit der römischen Kunst des 17. Jahrhunderts kann man die Künstler aus der Werkstatt des Meisters nicht aussparen. Denn, wenngleich in der ersten Jahrhunderthälfte neben Bernini so namhafte Künstler arbeiteten wie Francesco Mochi, Alessandro Algardi und François Duquesnoy (Duquesnoy war bereits 1643 in Livorno gestorben),

Vorhergehende Seite, oben:
Figur der Veritas vom Grabmonument Papst Alexanders VII. *Rom, San Pietro in Vaticano*

Unten:
Das zwischen 1676 und 1678 nach Entwürfen Berninis in seiner Werkstatt geschaffene Grabmonument Papst Alexanders VII. *Dieses zeigt in einer oberen Ebene den Verstorbenen im Typus der Ewigen Anbetung, während der Sockel von den allegorischen Figuren der Caritas, Justitia, Prudentia und Veritas umgeben wird. Oberhalb des Eingangs hebt die Figur des Todes ein Tuch an. Rom, San Pietro in Vaticano*

dominierte der aus Neapel stammende Künstler ab 1654 die Bildhauerszene, begünstigt durch die Ernennung Alexanders VII. zum Papst. Nach dem Tod Berninis verbreiteten seine Schüler die künstlerischen Ideale des Meisters über Italien hinaus in Europa. Im Umkreis dieser Nachfolger trifft man daher auf die unterschiedlichsten, mehr oder weniger bedeutenden Künstlerpersönlichkeiten, ausgehend von Randfiguren wie seinem Bruder Luigi (1612–1681), der am Mausoleum der Gräfin Mathilde von Toscana im Petersdom beteiligt war, und seinem Sohn Paolo Valentino (1648–1728), dessen *Christusknabe* im Louvre aufbewahrt wird. Ohne Zweifel war Berninis Werkstatt eine gute Verdienstquelle, und so ist es nicht weiter verwunderlich, daß der Künstler seine Familienangehörigen unabhängig von ihren tatsächlichen Fähigkeiten in dieses Unternehmen mit einbezog. Abgesehen von familiären Beweggründen, ließ sich Bernini bei der Wahl seiner Mitarbeiter immer von deren technischen Fähigkeiten leiten, wie bei Girolamo Lucenti (1627–1698), einem der angesehensten Bronzegießer, der neben seiner Tätigkeit als Medaillenpräger auch für die päpstliche Artillerie arbeitete, oder auch bei Lazzaro Morelli (1608–1690), von dem die Figur der Veritas am *Grabmal für Alexander VII.* und der *Engel mit der Geißel* auf der Engelsbrücke stammen und der Berninis Kunst in seinen Heimatort Ascoli Piceno brachte.

Durch die Mitarbeit an immer bedeutenderen Aufträgen konnte man im Schatten des großen Meisters durchaus Karriere machen. Ein Beispiel dafür ist Francesco Baratta (1590–1666), dem zunächst die Mitarbeit an den Pilastern für das Kirchenschiff von St. Peter übertragen wurde und der danach *Die Verzückung des Hl. Franziskus* in der Cappella Raimondi schuf. Barattas Ansehen zeigt sich auch an seiner Einbeziehung in das Projekt des *Vierströmebrunnens*, für den er die mächtige Allegorie des Rio de la Plata meißelte, welche durch ihre Wildheit und Unverfälschtheit den neuen Kontinent vortrefflich definierte. In gleicher Weise schuf er auch die Figur des Mohren für die ebenfalls auf der Piazza Navona stehende *Fontana del Moro*. Von Baratta stammen überdies die Skulpturen für die Gartenanlagen, wie z. B. den Großen Garten in Dresden, einem der wichtigsten Zentren des Barock nördlich der Alpen.

Berninis Werkstatt diente den Künstlern somit als Ausgangspunkt für eine eigene Karriere, auch wenn es in diesem komplexen System immer wieder zu Spannungen und Konkurrenz kam. Diese Erfahrung machten auch Giuliano Finelli (1601–1657) und Andrea Bolgi (1606–1656). Finelli trat noch zu Lebzeiten von Berninis Vater in die Werkstatt ein, und bei seinem ersten Auftrag handelte es sich wohl um zwei Putten für das *Grab des Ubaldini della Gherardesca* in Santa Maria sopra Minerva. Als gesichert gilt seine Mitarbeit an der Figurengruppe *Apoll und Daphne* in der Kirche Santa Bibiana und am Baldachin von St. Peter. Zum Bruch mit Berninis Werkstatt kam es, als sich Finelli durch den ebenfalls aus Carrara stammenden Bolgi in den Hintergrund gedrängt fühlte, dem man kurz nach seiner Ankunft in Rom keinen geringeren Auftrag als die Figur der *Hl. Helena* in St. Peter übertragen hatte. Als Reaktion darauf trat Finelli als autonomer Künstler in Erscheinung und verschaffte sich so respektable Aufträge wie den der *Hl. Cäcilie* in Santa Maria di Loreto, deren Gestaltung deutlich den Einfluß von Bernini, aber auch von Pietro da Cortona erkennen läßt.

Das Hauptwerk Finellis ist ohne Zweifel die Büste des Michelangelo Buonarroti d. J., des Sohnes des genialen Renaissancekünstlers, der sich – vermutlich durch seinen guten Freund Pietro da Cortona angeregt – von Finelli vor dessen Abreise nach Neapel porträtieren ließ. Bei seinen Bildnisbüsten reagierte Finelli mit großer technischer Fertigkeit auf die von Bernini gearbeiteten Büsten, bei denen es sich, wie bei Berninis letzter Büste *Der Erlöser* (Norfolk, Chrysler Museum) oder den Büsten des Kardinals Scipione Borghese, um frontalansichtig angelegte „Herrscherporträts" handelte. Finellis Büste des Sohnes von Michelangelo erzeugt dagegen eine geradezu flimmernde Lichtwirkung und schafft eine lebendige Oberfläche durch die wechselnden Strukturen von Falten, Baumwollfäden, Bartstoppeln und Haarlocken. Obwohl es sich dabei nicht um ein repräsentatives Porträt handelt, schuf Finelli mit diesem Werk eine der schönsten Bildnisbüsten des gesamten 17. Jahrhunderts. Bezeichnenderweise nahm er nach seiner Rückkehr nach Rom 1650 seine Arbeit als Porträtkünstler wieder auf.

Eine gänzlich andere Persönlichkeit war Bolgi, der nach seiner Zusammenarbeit mit Pietro Tacca in Livorno, dank Bernini in Rom, mit der selbständigen Ausführung der *Hl. Helena* für die Vierung von St. Peter beauftragt wurde, bei der es sich sicherlich um die am wenigsten gelungene der vier Pfeilerfiguren handelt. Die Figur ist ausgewogen, aber erscheint ausdruckslos, und ihre verhaltene Frömmigkeit kontrastiert mit der Theatralik der anderen Figuren. Bolgi hatte sich dagegen mit seinen klaren, fast geometrisch angelegten Büsten als Porträtist einen gewissen Namen gemacht. Ein schönes Beispiel ist das *Bildnis Laura Frangipanis* in San Francesco a Ripa, bei dem die Schlichtheit des Umhangs mit den Feinheiten des Brokat und der gezierten Anmut des schmalen Halses effektvoll kontrastiert.

Ein getreuer und zugleich origineller Interpret von Berninis Stil war sicherlich Antonio Raggi (1624–1686), der zu Beginn seiner künstlerischen Laufbahn an der Dekoration der Pfeiler von St. Peter mitwirkte und dem sein Lehrmeister in der Folge die Ausführung der würdevollen Skulptur der Donau für den Brunnen auf der Piazza Navona anvertraute. Von ihm stammen außerdem die dekorativen Elemente der Orgelemporen in Santa Maria del Popolo, einer der Engel des Querhauses, die schöne Darstellung der *Heimsuchung*, die Stuckdekorationen in Sant'Andrea al Quirinale und der Engel mit Säule auf der Engelsbrücke. Ihren spezifischsten Ausdruck findet seine Kunst in den Stuckdekorationen am Gewölbe der Kirche Il Gesù, die dank seiner Fähigkeit, während der langwierigen Entstehungsphase (1669–1683) die malerische und skulpturale Ausstattung der Kirche aufeinander abzustimmen, zu einer der in künstlerischer Hinsicht schönsten Kirchenkomplexe des 17. Jahrhunderts wurde.

Die Wege Raggis kreuzten sich mit denen des seit 1671 in Rom tätigen lombardischen Bildhauers Leonardo Reti, der an den Stuckdekorationen in Il Gesù mitarbeitete, und mit denen Ercole Ferratas (1610–1686), der ebenfalls in den Kirchen San Giovanni dei Fiorentini und Sant'Agnese in Agone tätig war, für die Raggi *Die Taufe Christi* und das Marmorrelief *Tod der Hl. Cäcilie* geschaffen hatte. Der wie Raggi aus Como stammende Ferrata kam nach einem Aufenthalt in den Abruzzen 1646 nach Rom und eröffnete, im Gegensatz zu allen anderen bereits erwähnten Künstlern, sofort ein eigenes Atelier, in dem er in der Hauptsache mit anderen Künstlern, von Bernini bis Algardi, zusammenarbeitete. Er besaß beinahe den kompletten Corpus an Zeichnungen, Studien und Entwürfen von Algardi, so daß er dessen Kunst im Lauf der zweiten Jahrhunderthälfte unter Einbeziehung der durch Bernini vertretenen Strömung weiterführen konnte. Ferrata begründete auf diese Weise den Kunstgeschmack der zweiten Hälfte des 17. Jahrhunderts, der bis über die Jahrhundertwende hinaus Gültigkeit behalten sollte. Im Auftrag von Gian Lorenzo Bernini entstanden Ferratas Bronzekreuze für die Altäre von St. Peter und Teile der dortigen Pfeilerdekorationen, der *Elefant* für Santa Maria sopra Minerva und der *Engel mit dem Kreuz* für die Engelsbrücke. Aus seiner Hand stammen ferner die von Da Cortona beeinflußte Rundplastik *Die Hl. Agnes auf dem Scheiterhaufen* in San Giovanni dei Fiorentini, die *Personifikation des Glaubens*, die den Abendmahlskelch beinahe wie einen Schutzschild des Glaubens vor sich hält, und die von Bernini inspirierten Figuren *Apostel Andreas*, der *Hl. Andreas Avellinus* und die *Personifikation des Ruhms* für die vor kurzem restaurierte Fassade von Sant'Andrea della Valle.

Die andere bedeutende, mit der von Ferrata konkurrierende Werkstatt unterhielt Domenico Guidi (1625–1701), der aus der Toskana stammt. Für Bernini fertigte Guidi den *Engel mit der Lanze* für die Engelsbrücke. Wie sehr sich dessen Stil auf ihn übertrug, zeigt allein schon das Relief *Die Hl. Familie* für Sant'Agnese in Agone – eine klare Reminiszenz an Algardis Marmorrelief *Papst Leo der Große und Attila*, von dem noch die Rede sein wird – und das *Bildnis der Felicia Zacchia Rondanini* nach dem Beispiel von Algardis *Olympia Maidalchini*. In den folgenden Jahren arbeitete Guidi für englische und polnische Auftraggeber.

Wie man sieht, bildeten sich innerhalb der von jenen in der späteren Rezeption in den Hintergrund gerückten Künstlern beherrschten Szene der römischen Bildhauerei die Strömungen, aus denen die unterschiedlichen Schulen hervorgingen. Das stand jedoch einer Entwicklung eigenständiger Künstlerpersönlichkeiten nicht im Wege, wie etwa das Beispiel Melchiorre Gafàs (1638–1667) aus Malta zeigt. Er lebte zu kurz, um sich in vollem Umfang als Künstler behaupten zu können, doch geht von seinen wenigen Werken, wie dem Marmorrelief *Die Verzückung der Hl. Katharina* für Santa Caterina a Magnanapoli, das allgemein als sein Hauptwerk gilt, ein großer Zauber aus. Das Relief ist in den überaus prunkvollen Hauptaltar, den die malerischen Effekte des farbigen Marmors zusätzlich aufwerten, integriert und zeigt eine persönliche Interpretation der berninischen Gestaltungsmodi, deren spektakuläres Moment in der bewußten Beschränkung der Erfindung liegt.

Weitere Protagonisten: Alessandro Algardi und François Duquesnoy

„Der Bildhauerei fehlt noch der Bildhauer, nur deshalb ist sie ihrer Gefährtin, der Malerei, nicht ebenbürtig." Diese Worte stammen von keinem Geringeren als Giovanni Battista Bellori und sind seinen nach Giorgio Vasaris Vorbild verfaßten Lebensbeschreibungen (1672) entnommen. Belloris Urteil nach konnte es bis 1672 kein Bildhauer mit den großen Meistern der Malerei aufnehmen. Die Tatsache, daß er Bernini in seinem Werk mit keinem Wort erwähnt, spricht für sich und belegt, daß der aus Neapel stammende Künstler nicht von allen geschätzt wurde. Die Monopolstellung, die Bernini beinahe 60 Jahre für sich behauptete, brachte in gewisser Weise eine Art Anti-Bernini-Haltung hervor.

Bernini, den ein Kritiker vom Rang eines Giovan Battista Passeri als „Drachen der Hesperiden" apostrophierte, der „überall sein Gift verspie", damit ihm keiner „die goldenen Äpfel der päpstlichen Gunst" wegnahm, ließ seinen Konkurrenten sicherlich kaum eine Chance. Dabei verbargen sich hinter der übermächtigen Figur Berninis nicht nur die bereits erwähnte, bestens organisierte Werkstatt – eine Werkstatt mit hochtalentierten Künstlern –, sondern auch Persönlichkeiten, die für die künstlerische Weiterentwicklung ausschlaggebend waren. Erwähnenswert ist Francesco Mochis Spätwerk, mit dem unumstrittenen Hauptwerk der *Taufe Christi*, bei dem es ihm ge-

Algardis Porträtbüste der Olimpia Maidalchini, *einer Verwandten Papst Innozenz' X., verbindet die genaue psychologische Beobachtung mit Pathosformeln wie z. B. dem segelartig aufgeblähten Witwenschleier zu einem repräsentativen Bildnis. Rom, Galleria Doria-Pamphili*

lang, durch die physische Spannung der Figuren die geistig-spirituelle Dimension des Geschehens zu vermitteln. Das für die Kirche San Giovanni dei Fiorentini bestimmte Werk wurde allerdings abgelehnt und durch eine demselben Thema gewidmete Figurengruppe von Antonio Raggi ersetzt. Mochis Werk wurde am Ponte Milvio aufgestellt, erst vor kurzem kam es an seinen aktuellen Standort im Atrium des Palazzo Braschi. In diesem Museum befinden sich auch die Statuen des *Hl. Petrus* und des *Hl. Paulus*, die Mochi ursprünglich für San Paolo fuori le mura geschaffen hatte, die jedoch ebenfalls auf Ablehnung stießen und nach dem Tod des Künstlers von Alexander VII. als Schmuck für die Porta del Popolo angekauft wurden. Das Neue an diesen letzten Werken des toskanischen Bildhauers – die Taufe entstand zwischen 1634 und 1644, die Statuen der Apostel zwischen 1638 und 1652 – ist eine Zurücknahme der Plastizität zugunsten einer nüchternen und ernsten Komposition, mit der er die Theatralik des Frühbarock zu überwinden suchte. Er fand damit allerdings keine Nachfolger.

Alessandro Algardi: Der Hl. Johannes Evangelist. *Die 1628 geschaffene Stuckstatue ist Teil der Ausstattung der Cappella Bandini in der Kirche San Silvestro al Quirinale. Der Auftrag für dieses Projekt wurde dem Bologneser Bildhauer von dem Maler Domenichino vermittelt.*

Die Hl. Magdalena, *von Algardi für die Cappella Bandini in San Silvestro al Quirinale geschaffen, verdeutlicht des Künstlers an antiken Werken orientierte Gestaltungsweise.*

Im Gegensatz dazu steht der Stil von Alessandro Algardi (1598–1654), der das malerische Moment der Bildhauerei in den Vordergrund rückte. Er war mit seinem Versuch, die Bildhauerei des 17. Jahrhunderts in eine streng klassizistische Richtung zu lenken, der einzig wirkliche Antipode zu Bernini. Seine Ausbildung in Bologna bei Ludovico Carracci, der dem Klassizismus von Reni und Sacchi verbunden war, schuf die Basis für diese künstlerische Sprache. In diesem Zusammenhang muß man in Betracht ziehen, daß er nach seiner Ankunft in Rom 1625 als sogenannter Restaurator – wobei dieser Beruf eher auf das Kopieren als die Wiederherrichtung antiker Werke konzentriert war – die umfangreiche Sammlung antiker Skulpturen des Kardinals Ludovisi betreute.

Die Antike spielte bei ihm eine vorherrschende Rolle, und das nicht zuletzt weil er zwischen 1622 und 1625 die Gelegenheit hatte, sich intensiv mit der Sammlung der Gonzaga in Mantua auseinanderzusetzen. Nicht weniger Eindruck machte auf Algardi das Werk des Bildhauers Alessandro Vittoria, mit dem er bei einem kurzen Aufenthalt in Venedig in Berührung gekommen war. Wenngleich er wohl bereits in Bologna eigene Aufträge ausgeführt hatte, übernahm er doch sein erstes bedeutendes Projekt in Rom: die zwei Stuckfiguren des *Evangelisten Johannes* und der *Magdalena* für San Silvestro al Quirinale. Dennoch erkennt man in diesen beiden Frühwerken eindeutig den Einfluß Berninis. Insbesondere die sogenannte *Magdalena* – bei der es sich vermutlich eigentlich um Maria, die Schwester des auferweckten Lazarus, handelt – steht der Komposition der Hl. Bibiana nahe, ist aber dennoch neuartig im Hinblick auf die künstlerisch eindrucksvoll gelöste Draperie und die ausgewogene Pose der Figur.

Die Porträtkunst Algardis

Der Unterschied zwischen Bernini und Algardi besteht insbesondere in ihrer jeweils andersartigen Porträtkonzeption. Dies belegt der Vergleich zwischen Berninis *Büste Pauls V.* (1618, Rom, Galleria Borghese) und dem kaum zehn Jahre später entstandenen *Bildnis des Kardinals Laudivio Zacchia* von Algardi. Die Figur Pauls V. erweckt den Eindruck, als wäre er im Begriff aufzubrechen, und sein scharfer Blick scheint den Betrachter eingehend zu mustern, während sich der in einen Pelzmantel gehüllte Kardinal Algardis unbeweglich und abwesend zeigt. Die zeitlose Gestaltung der Büste verbindet ihn mit einem der schönsten Porträtbildnisse Algardis, dem sehr viel später, 1644, entstandenen *Porträt Fürst Camillo Pamphilis*. Auch die Bildnisbüste von Olimpia Pamphili von 1646 (Galleria Doria-Pamphili) zeigt diese Merkmale. Algardi verzichtete weitgehend auf eine Idealisierung zugunsten einer realistischen Wiedergabe einer energischen Matrone. Ein von der Stirn in den Nacken gezogener Schleier, der den Kopf hinterfängt und ihn so mit dem Körper fest verbindet, gibt der Porträtbüste zusätzliches Volumen. Charakterschilderung und technische Perfektion vereinigen sich hier zu einer der ungewöhnlichsten Porträtschöpfungen Algardis.

Zu dieser Zeit war Algardi bereits ein anerkannter Künstler, zu dessen Werken so bedeutende Monumente wie der *Hl. Filippo Neri mit dem Engel* (1635–1640) und das *Grabmal für Leo XI.* zählten, das zwischen 1634 und 1644 entstand. Algardi suchte auch mit diesen beiden Arbeiten die Konfrontation mit entsprechenden Werken Berninis – dem *Hl. Longinus* und dem *Grabmal für Urban VIII.* – und verstand es, sich mit Entschiedenheit von ihnen zu distanzieren.

Ohne das für Bernini charakteristische Pathos zu übernehmen, begründete der Bologneser Bildhauer mit der Marmorgruppe für Santa Maria in Vallicella seinen großen Stil, der sich durch eine ruhige Geometrie der Gewänder und eine klare Linienführung im Antlitz des Heiligen auszeichnet. Das einzige Zugeständnis an das Malerische ist das Gewand des Engels, dessen unruhiger Faltenwurf jedoch sofort im kühlen Weiß des Marmors gebannt wird. Auch bei dem in St. Peter errichteten *Grabmal für Leo XI.*, für das Algardi zwar auf Berninis Dreieckskomposition zurückgriff, resultiert der kühle Gesamteindruck aus der ausschließlichen Verwendung von reinweißem Marmor. Auf diese Weise reduzieren sich die malerischen Effekte auf sanfte Bewegungen des vortrefflich bearbeiteten Marmors. Das heißt jedoch nicht, daß Algardi auf ausgeprägte Hell-dunkel-Effekte verzichtete. Es ist vielmehr seine Behandlung der polierten Marmoroberfläche, die ihn von Bernini unterscheidet. Sein *Grabmal für Leo XI.* wurde zum Modell der Papstgräber vom Ende des 17. Jahrhunderts bis in die 40er Jahre des 18. Jahrhunderts.

Das gilt in etwa auch für sein vermutlich berühmtestes Werk, das Marmorrelief *Die Begegnung zwischen Papst Leo dem Großen und Attila* (1646–1653) für die Cappella della Colonna im Petersdom, das zu Recht als Prototyp des malerischen Barockreliefs gilt. Das gewaltige Relief, das

Algardis Grabmal Papst Leos XI. *entstand zwischen 1634 und 1644 parallel zur Ausführung von Berninis* Grabmal Papst Urbans VIII., *bei dem deutliche konzeptionelle Anleihen gemacht wurden. Die seitlichen Figuren der Libertas und der Maiestas wurden von Ercole Ferrata und Giuseppe Peroni ausgeführt. Rom, San Pietro in Vaticano*

Alessandro Algardi Die Begegnung zwischen Papst Leo I. und Attila. *Die Komposition dieses Reliefs mit beachtlichen Dimensionen orientiert sich deutlich an Raffaels bildlicher Umsetzung dieser zentralen Episode für das Papsttum in der Stanza di Eliodoro des Vatikanpalastes. Dieses Hauptwerk Algardis zeichnet sich durch eine neuartige Gestaltung der einzelnen Reliefschichten aus. Die vorderste, fast vollplastisch ausgearbeitete Ebene wird von einer graphisch gestalteten Ebene hinterfangen. Rom, San Pietro in Vaticano*

auch als Carracci-Gemälde aus Marmor bezeichnet wird, zeigt auf den ersten Blick den Stil Raffaels, der durch ein Gemälde Domenichinos zu diesem Thema weitergegeben wurde. Um das ferne Ereignis der im Jahre 452 erfolgten Vertreibung des Hunnenkönigs vor den Toren Roms durch Papst Leo I. greifbar zu machen, legte Algardi die Figuren im Vordergrund nahezu als Rundplastiken an. Dahinter vertiefen fein abgestufte weitere Ebenen die räumliche Illusion. Während der Papst auf die aus der Luft angreifenden Petrus und Paulus weist, zieht sich der Hunnenkönig mit einer Geste des Erschreckens zurück. Obgleich auch hier barockes Pathos spürbar ist, so zeigen die Auffassung der Figuren und die Komposition eine Gemessenheit, die bei Bernini nicht zu finden ist.

Neue klassizistische Tendenzen: François Duquesnoy

Algardi hatte ein deutlich anderes Verständnis von einem Relief als sein Vorgänger François Duquesnoy (1597–1643). Dieser, wegen seiner Brüsseler Herkunft auch „Il Fiammingo", der Flame, genannt, lebte zwar nicht lange genug, um der künstlerischen Übermacht eines Gian Lorenzo Bernini entschieden etwas entgegenzusetzen, lieferte aber dennoch einen beachtlichen Beitrag zur Ästhetik des Barock. 1618 kam der von den zeitgenössischen Kritikern als Vertreter der klassischen Ideale hochgeschätzte Bildhauer nach Rom, wo er sich eng mit Nicolas Poussin befreundete, dessen klassizistischer Stil großen Einfluß auf seine frühen Werke ausübte. Dazu gehören etwa das *Bacchanal mit Putten* für die Villa Pamphili (heute in der Galleria Doria-Pamphili) oder *Die geistliche Liebe bekämpft die weltliche Liebe* (Rom, Galleria Spada). Gestaltungsprinzip seiner persönlichen Stilorientierung sind technisch die Flachreliefs Donatellos und inhaltlich die Bacchanalien Poussins und Tizians sowie Anregungen und Stimmungen von Werken Correggios und Peter Paul Rubens'. Wie ein Nebelschleier umspielt die von Duquesnoy geschaffene Atmosphäre die rundlichen Körper der zahlreiche seiner Werke bevölkernden Genien und geflügelten Putten. Sie finden sich am *Grabmal für Adriaen Vryburch* in Santa Maria dell'Anima, bei dem die kleinen Engelsfiguren als Träger der zentralen Draperie das einzige menschliche Motiv der gesamten Komposition sind. Die Putten werden durch eine besondere Ausgelassenheit charakterisiert, die zunächst nicht an Grabmalskunst denken läßt. Ihre feine Herausarbeitung aus der Fläche und die weichen Übergänge der einzelnen Reliefschichten belegen ihre herausragende Qualität.

Als Duquesnoy den Auftrag für die Statue des *Hl. Andreas* für die Vierung von St. Peter erhielt, wurde er zwangsläufig mit dem expressiv gestalteten *Hl. Longinus* von Bernini konfrontiert. Auf den ersten Blick erkennt man die überragende Qualität dieser Figur (im Gegensatz zur *Hl. Helena* von Bolgi), aber auch die Abhängigkeit von Berninis Prototyp. Daß seine eigentliche Stärke zweifelsohne im Bereich der Kleinplastik lag, zeigen Werke wie der kleine *Bacchus*, auch dies ein bevorzugtes Thema Poussins (Rom, Galleria Doria-Pamphili).

Mit seinem Meisterwerk, der besonders anmutigen *Hl. Susanna* in Santa Maria di Loreto, gelang es Duquesnoy anders als bei seiner Figur für St. Peter, sich von Berninis Einfluß zu lösen und dessen *Hl. Bibiana* eine eigenständig konzipierte und ebenbürtige Figur gegenüberzustellen. Nach dem antiken Vorbild der *Kapitolinischen Urania* scheint die Figur ganz in sich selbst zu ruhen und wendet sich in einer ungezwungen wirkenden Körperhaltung dem Betrachter zu. Der Kunstschriftsteller Bellori beschreibt sie mit den Worten „lieblichster Ausdruck reinster Grazie". Mit dieser Heiligenfigur verlieh Duquesnoy der klassisch orientierten Strömung in der barocken Plastik eine konkrete Form und schuf zugleich ein Modell für die Künstler des folgenden Jahrhunderts.

Marco Bussagli

Oben:
François Duquesnoy: Kinder-Bacchanal. *Die Themenwahl für dieses um 1630 geschaffene Relief dürfte durch die große Bewunderung, die Duquesnoy Tizians Darstellung dieses Themas entgegenbrachte, bedingt sein. Rom, Galleria Doria-Pamphili*

Unten:
François Duquesnoy: Sieg der Himmlischen Liebe über die Irdische Liebe *(1630). Rom, Galleria Doria-Pamphili*

Die Barockmalerei von den Carracci bis Andrea Pozzo

Die Carracci und die Carracci-Schule

Der Übergang vom 16. zum 17. Jahrhundert war insofern grundlegend für die Entwicklung der Barockmalerei in Rom, als er durch die Entstehung großer Meisterwerke gekennzeichnet war, die unverzichtbare künstlerische Bezugspunkte für den Großteil des Jahrhunderts wurden. In diesem Zeitraum zeichneten sich nämlich die zwei Hauptrichtungen der Malerei ab: die eine war mit der Person Michelangelo Merisi, genannt Caravaggio, verbunden, die andere mit dem Werk der drei Carracci – Ludovico, Annibale, Agostino –, deren Verdienst es auch war, bedeutende Schüler aus Bologna, zum Beispiel Domenichino, nach Rom zu bringen. Die von Carracci begründete Accademia dei Desiderosi, später Accademia degli Incamminati genannt, bildete den bevorzugten Ausbildungsort für Künstler von der Bedeutung eines Guido Reni oder eines Giovanni Lanfranco. 1583 gegründet, hatte die Akademie Zeichnen und das Studium der Anatomie nach der Natur zur eigentlichen Grundlage der Ausbildung gemacht und ließ so all jene Spitzfindigkeiten der Malerei außer acht, die den damals berühmten Manieristen aus Bologna, wie z. B. Passarotti, Sammacchini und Ercole Procaccini, hinlänglich bekannt waren. Der Unterschied zu anderen Ausbildungsorten bestand darin, daß die Carracci ältere ästhetische Theorien, die sich in Modellen und Formeln verloren hatten, durch persönliche Anstrengung bei der Suche nach neuen künstlerischen Darstellungsmöglichkeiten ersetzten. Das Geheimnis, das zunächst die „Desiderosi" (die „Bestrebten") und später die „Incamminati" (die „Auf-den-Weg-Gebrachten") miteinander verband, war also die ständige Mal- und Dekorationspraxis.

Ludovico (1555–1619), der älteste der drei und Cousin der anderen beiden, übernahm in der Akademie eine Rolle, die zwischen der des Organisators und des Akademieleiters lag. Agostino (1557–1602), dem älteren der beiden Brüder, wurde der Unterricht in perspektivischem Zeichnen und Architektur anvertraut, während Annibale (1560–1609), der berühmteste und innovativste der drei, sich mit dem figürlichen Zeichnen unter besonderer Berücksichtigung anatomischer Aspekte befaßte. Annibale war es auch, der im Sommer 1595 von Kardinal Odoardo Farnese nach Rom gerufen wurde, um die Galerie des Palazzo Farnese mit Fresken auszustatten. Doch der erste von Annibale im Dienste des jungen Geistlichen ausgeführte Auftrag war die Ausschmückung des klei-

Gegenüberliegende Seite:
Annibale Carraccis Deckengemälde in der Galleria des Palazzo Farnese, deren Szenen mythologische Liebesabenteuer aus Ovids Metamorphosen *zum Inhalt haben. Carracci gelingt es durch Anlehnung an berühmte römische Vorbilder wie Michelangelos Fresken in der Sixtinischen Kapelle und Raffaels Fresken in der Villa Farnesina sowie durch Orientierung an der Tafelmalerei Correggios, einen neuen Dekorationstypus zu schaffen. Kennzeichnend dafür ist die Kombination illusionistischer Elemente mit gerahmten szenischen Darstellungen, den sogenannten quadri riportati.*

Annibale Carracci, Herkules am Scheidewege. *Die Darstellung, die zur ursprünglichen Ausstattung des Camerino im Palazzo Farnese gehörte, thematisiert die Entscheidung des legendären Helden zwischen Tugend und Laster. Neapel, Museo Nazionale di Capodimonte*

nen, als „Camerino“ bekannten Raumes. Dieses Gemälde kann als „Generalprobe“ für das Meisterwerk der Fresken in der Galleria Farnese angesehen werden, die sich im selben Palast befinden. Das durch den humanistischen Gelehrten Fulvio Orsini fomulierte Programm des „Camerino“ will die Tugend über das Laster erheben und nimmt die mythologischen Erzählungen über Herkules und andere besonders bedeutsame Geschichten wie die Episoden von Odysseus und Circe oder Odysseus und den Sirenen als Vorlage. In sinnfälligem Zusammenhang mit dem Auftraggeber steht die zentrale Szene – die einzige, die auf Leinwand ausgeführt wurde, und die heute im Museo di Capodimonte in Neapel aufbewahrt wird – des Herkules am Scheideweg, der unentschlossen ist, ob er dem steilen und quälenden Weg der Tugend folgen oder sich den Bequemlichkeiten des Lasters hingeben soll, zu denen auch die Täuschungen der Kunst gehören.

Die Galleria Farnese

Die örtliche Nähe zu den meisterhaften Fresken Michelangelos und Raffaels im Vatikan beeinflußte die Kunst Annibales zweifellos. Er vermochte einen Stil zu entwickeln, dessen Inhalt dramatisch sein konnte, ohne theatralisch sein zu müssen: ein Stil, der die offizielle Malerei der nachfolgenden Jahrzehnte bis zu Pompeo Batoni beeinflussen sollte. Es ist nicht unwahrscheinlich, daß Fulvio Orsini unter Mitwirkung Monsignore Giovanni Battista Agucchis, eines guten Freundes des Bologneser Malers, am ikonographischen Programm mitgewirkt hat. Als Programm für die Fresken waren zunächst die heroischen Taten des Condottiere Alessandro Farnese vorgesehen. Doch später kehrte man zu den mythologischen und allegorischen Szenen zurück, die man zum großen Teil aus Ovids *Metamorphosen* bezog. Wenn im „Camerino“ das Programm in der Wahl zwischen Tugend und Laster bestand, so ist hier das Thema die Macht der alles erobernden Liebe, der sich nicht einmal die Götter entziehen können. So wechseln sich auf dem Gewölbefresko der Galerie, das zwischen 1597 und 1600 geschaffen wurde, die ausschweifende Liebe Jupiters und Junos, die zärtliche Liebe Dianas und Endymions und schließlich die Liebe Polyphems zu Galatea ab. In der Mitte sticht die Szene des Triumphes des Bacchus und der Ariadne hervor, die wie zwei klassische Herrscher auf dem Wagen sitzend vorüberziehen, unter dem Jubel und der zügellosen Ausgelassenheit eines Zuges von Satyrn, Silenen, Mänaden und Nymphen. So werden den zeitgenössischen und Renaissancetraktaten neuplatonischer Prägung gemäß alle Aspekte der Liebe illustriert, von der ungezügelten und profanen in Polyphem und Acis bis zur heiligen Liebe.

Aber der Erfindungsreichtum, der sich in den Gewölbefresken zeigt, liegt auch in der Fähigkeit, die Szenen in Bildern anzuordnen, aus denen sofort ersichtlich wird, ob ihnen ein fiktives oder reales Vorbild zugrunde lag: Sie überlagern sich mit einer raschen Folge von Überraschungen und Effekten, in denen Carracci deutlich an Michelangelos, dessen Ignudi und Medaillons in der Sixtinischen Kapelle er zitierte, und Raffaels Werke in der Villa Farnesina anknüpfte, aber auch ganz neue Wege beschreitet. Auch Carracci schuf eine täuschend echt gemalte architektonische Struktur, welche die Szenen einrahmt. Sie wird von einem Kranzgesims auf marmornen Karyatiden getragen, über dem Bilder mit Gold- oder Stuckrahmen liegen.

Die Wirkung war im Vergleich zu den großen zeitgenössischen Fresken-Zyklen außerdordentlich. Man sollte bedenken, daß gerade in denselben Jahren das Querschiff von San Giovanni in Laterano fertiggestellt worden war, das Klemens VIII. anläßlich des Heiligen Jahres von 1600 hinsichtlich der Architektur und Malerei vollkommen erneuern lassen wollte. Die Arbeiten fielen jedoch auf das Jahr genau mit denen in der Galleria Farnese zusammen, so daß sie sich wunderbar für einen Vergleich der zeitgenössischen Strömungen in der Malerei eignen. Die Fresken unterscheiden sich in der Form und Darstellung, obgleich sie alle den Ereignissen um die Basilika gewidmet sind; thematisch stehen sie in Bezug zu Kaiser Konstantin, der die Basilika weihte und ihr die Ausstattung schenkte. Doch sie zeigen alle noch die Formensprache eines verspäteten Manierismus, der zum Beispiel in der *Taufe Konstantins* von Giuseppe Roncalli, genannt Pomarancio, oder in der *Himmelfahrt* von Giuseppe Cesari, besser bekannt als Cavalier d'Arpino, zutage tritt, die direkt auf Raffaels *Verklärung Christi* verweist. Der in Urbino geborene Cavalier d'Arpino gilt als Vorbild, dem die anderen Fresken typologisch und in der Art der Szenenverbindung folgen. Dies zeigt sich im Wiederaufgreifen des im Konstantinssaal der Vatikanischen Gemächer schon verwendeten Gedanken, die Episoden so darzustellen, als ob es sich um riesige Wandteppiche handele, die sich entlang den Rändern der Szene aufrollen.

Annibale Carraccis Leistung besteht darin, daß er die offizielle, vom Pontifex persönlich angenommene und protegierte Malerei einer radikalen Neuerung unterzog und ihr somit eine völlig neue Sprache entgegensetzte. Trotzdem stellte die Galleria Farnese mit ihren über zwanzig Metern Länge, sechseinhalb Metern Breite und fast zehn Metern Höhe einen zu umfangreichen Auftrag dar, als daß ihn eine einzelne Person, auch nicht ein Künstler von der Arbeitsfähigkeit eines Annibale Carracci, hätte ausführen können. Wenn auch das Gewölbe der Galerie fast völlig vom Meister ausgeführt wurde – es muß als vollständig von eigener

Hand betrachtet werden –, so zögerte Annibale nicht, sich der Mitarbeit von Helfern wie Domenichino, Lanfranco, Sisto Badalocchi und vielleicht Antonio Carracci zu bedienen, als es darum ging, die Wandflächen malerisch auszuschmücken. Die um 1603 realisierten Wandmalereien der Galerie boten für einige der besten Schüler der Carracci-Akademie die Gelegenheit, in den Zirkel öffentlicher und privater Aufträge in der päpstlichen Stadt zu gelangen. Es überrascht deshalb nicht, daß Giovanni Lanfranco im Laufe der ersten 20 Jahre des 17. Jahrhunderts – unterbrochen von einem Aufenthalt in Parma 1610 bis 1612 – für einen großen Teil der in Rom geschaffenen Gemäldezyklen angestellt wurde. Er arbeitete oft als Gehilfe Guido Renis, wie bei den Fresken in San Gregorio Magno (1608), in der Paulskapelle von Santa Maria Maggiore oder in der Cappella dell'Annunciata im Quirinalspalast (1609–1610). Als Lanfranco aus Parma zurückkehrte, wo er weitere Anregungen durch Correggios Fresko in der Domkuppel erhalten hatte, begann er selbst, Malereiaufträge anzunehmen, so beispielsweise für die Decke des Palazzo Mattei di Giove, wobei er sich von den Gewölben der Loggien Raffaels anregen ließ. Um 1615 entstanden die Fresken *Joseph erklärt die Träume der Gefangenen* und *Joseph flieht vor der Gattin Potiphars*, deren Stuckrahmen wiederum auf die Malerei Correggios und Carraccis verweisen.

Die Fresken der Villa Borghese

Doch die erste wirklich große Gelegenheit für den Maler aus Terenzo stellte mit Sicherheit die Ausstattung des Gewölbes der Loggia der Villa Borghese in der Nähe der Porta Pinciana dar. Die architektonische Anlage des Werkes zeigt deutlich die während der Zusammenarbeit mit Carracci gemachten Erfahrungen. Das Werk wurde um 1624 für Kardinal Scipione Borghese ausgeführt, der nach der Wahl des Barberini-Papstes Urban VIII. die Rückkehr seines Geschlechts zum Ruhm feiern wollte. Tatsächlich kehrt in dem Bild die formale Lösung des von marmornen Atlanten getragenen Kranzgesimses wieder, durch das man in den blauen Himmel mit weißen Wolken blickt. In der Mitte, in starker Untersicht dargestellt, erkennt man in einem goldenen, rechtwinkligen Rahmen den Rat der Götter, der auf weichen, im Blau des Himmels schwebenden Wolkenkissen sitzt. Das Programm des großen Freskos, das wahrscheinlich von Ferrante Carlo konzipiert wurde, der seit 1621 Sekretär des Kardinals Scipione Borghese war, spielte auf die Rückkehr des Goldenen Zeitalters im Hause Borghese an. Zur selben Zeit führte Giovanni Lanfranco einen anderen wichtigen Zyklus aus, der heute in Amerika, Frankreich und Italien verstreut ist. Es handelt sich um die großen Gemälde aus der Cappella del Santissimo Sacramento von San Paolo fuori le mura, die wahrscheinlich vom Abt Paolo Scotti in Auftrag gegeben wurden. Paolo Scotti ist wohl auch die Auswahl der alttestamentlichen Episoden zu verdanken, die als Präfiguration der Eucharistie betrachtet wurden, so beispielsweise *Moses und die Boten aus Kanaan* oder *Elias empfängt vom Raben das Brot*.

Doch das Werk, in dem Lanfranco seine enge künstlerische Beziehung zu der Kunst seines Landsmannes Correggio offenlegt, ist mit Gewißheit die Kuppel von Sant'Andrea della Valle, in der er zwischen 1625 und 1627 das Fresko *Glorie Mariens* schuf, ein Werk, das die Malerei auf den Höhepunkt der barocken Bildsprache trägt, in dem Illusion und beim Betrachter ausgelöstes Erstaunen die Angelpunkte der neuen Kunst des 17. Jahrhunderts werden.

Aus dem Umkreis Annibale Carraccis tauchte eine andere bedeutsame Person der ersten 30 Jahre der römischen Malerei des 17. Jahrhunderts auf. Domenico Zampieri (1581–1641), besser bekannt als Domenichino, siedelte 1602 aus Bologna nach Rom über und blieb dort bis 1630, als er sich in die Gegend von Neapel zurückzog. Zu Annibale Carracci scheint sich schnell eine enge Verbindung aufgebaut zu haben, denn der Meister zögerte nicht, sich von ihm bei der Durchführung von Auftragswerken in der Galleria Farnese, so z. B. bei der *Dame mit dem Einhorn* und *Perseus und Andromeda,* helfen zu lassen. Im Palast schuf Domenichino die ebenfalls von Zeichnungen Annibales inspirierten Fresken des sogenannten Casino della Morte (die 1820 abgenommen wurden). Auf diese Weise wuchs Domenichino, der im vertrauten Kreise wegen seiner Beharrlichkeit und Arbeitsfähigkeit „der Stier" genannt wurde, im Schatten des Meisters heran. Er verstand es, die Bekanntschaften und Unterstützung anderer Bologneser wie des Kardinals Girolamo Agucchi zu nutzen, der ihn zwischen 1604 und 1605 die Lünetten im Kloster von Sant'Onofrio mit der *Taufe, Vision und Versuchung des Hl. Hieronymus* ausmalen ließ. Während man bereits hier den Einfluß der Formsprache Raffaels spürt, wird nun das Studium der Renaissancefresken deutlich erkennbar. Wenn so die ehrwürdigen Greise auf der rechten Seite der Taufe aufgrund ihrer Monumentalität und Großartigkeit an die Figuren von Raffaels *Schule von Athen* erinnern, so gemahnt die Anordnung der Personen in der *Vision des Hl. Hieronymus* an die von Cavalier d'Arpino in Santa Maria della Pace gemalten Sibyllen. Hier zeigt sich eine Tendenz zur Rückbesinnung auf die klare zeichnerische Formensprache der Renaissance, die sich in den Fresken der Abtei von Grottaferrata (1608–1610) verstärkte, dem ersten großen Auftrag, den Domenichino dank der Fürsprache Annibale Carraccis erhielt.

Domenichinos großformatiges Gemälde Die Kommunion des Hl. Hieronymus *von 1614 zeigt eine klarere Bildorganisation als das von Agostino Carracci geschaffene Vorbild. Dieses Werk begründete neben den Fresken den Ruhm Domenichinos in Rom und gilt als Beispiel für den römischen frühbarocken Klassizismus. Rom, Pinacoteca Vaticana*

Domenico Zampieri, genannt Domenichino: Das Preisschießen der Diana. *Das 1617 für Kardinal Pietro Aldobrandini gemalte Bild orientiert sich an einer Schilderung der Leichenspiele für Anchises, den Vater Aeneas', in Vergils Aeneis. In Analogie zu dieser berühmten Episode tritt in Domenichinos Gemälde die Göttin der Jagd als Preisrichterin bei dem Wettstreit auf. Sie bejubelt den Siegestreffer, der in der oberen rechten Partie des Bildes gezeigt wird. Rom, Galleria Borghese*

Die Zeit um 1625 ist gekennzeichnet vom Entstehen solcher Meisterwerke wie *Das Almosen der Hl. Cäcilie*, als Fresko in der zweiten Apsis von San Luigi dei Francesi aufgetragen, wo die von Guido Reni geschaffene Kopie der *Hl. Cäcilie* Raffaels hervorsticht. In der von Zampieri gemalten Szene finden sich Themen und Figuren wieder, die typisch sind für Raffaels *Brand des Borgo*, die jedoch auf volkstümliche Weise umgedeutet werden. So hat sich die Darstellung Aeneas', der den alten Anchises in Sicherheit bringt, in eine zarte Szene mit dem Jüngling verwandelt, der den armen Bettler im Arm hält, während die heroische Figur Raffaels, die sich weit über die Mauern der brennenden Stadt beugt, zum kleinen Kind geworden ist, das versucht, zur Heiligen zu klettern, die großzügig Stoffe und andere Güter verteilt.

Dieses Werk verdeutlicht, weshalb Domenichino allgemein als der Raffael des 17. Jahrhunderts betrachtet wurde und weshalb sein Werk so wichtig ist, um das klassische Ideal jenes Jahrhunderts zu verstehen. Ein Ideal, das sowohl Pathos und Aufruhr der Gefühle, wie die Gesichter der dargestellten Personen zeigen, als auch eine Gemessenheit nach dem Vorbild der Renaissance aufwies. Dies ist nämlich ein weiterer Aspekt der Barockmalerei, der in einem Werk wie der *Kommunion des Hl. Hieronymus* (Musei Vaticani) gut veranschaulicht wird. Es markiert nicht nur den Höhepunkt der Laufbahn des Bologneser Meisters, sondern setzt auch einen der Bezugspunkte für alle Künstler der Epoche. Dafür spricht, daß der auf Domenichino neidische Lanfranco Stiche verbreitete, die ein Werk Agostino Carraccis mit demselben Sujet wiedergaben, ein Werk, das Domenichino lange studiert und beim Versuch, die Vorlage so zu verbessern und zu verändern, eine direkte Hommage an die eigenen bolognesischen Lehrmeister geschaffen hatte. Der Diskreditierungsversuch Lanfrancos schlug fehl, und Domenichino wurde durch das Urteil des Malers Nicolas Poussin und des Kunstkritikers Giovanni Bellori mehr als freigesprochen, der schrieb: „Aber die Bewegungen, die Gefühle und die Handlungen der Figuren sind so sehr verschieden, daß es nicht die Bezeichnung Diebstahl, sondern lobenswerte Nachahmung verdient, auch wenn sich einige Einfälle dort wiederfinden."

Ironie des Schicksals: Nach dieser unerfreulichen Meinungsverschiedenheit fanden sich die beiden Künstler, wenn auch zu verschiedenen Zeiten, zur Zusammenarbeit am Auftrag von Sant'Andrea della Valle wieder bereit. So malte Domenichino zwischen 1623 und 1626 auf Bestellung des Kardinals Peretti Montalto im Chor der Kirche dreizehn Felder mit Episoden aus dem Leben des Hl. Andreas, die von der Berufung des Andreas und Petrus bis zur Geißelung, dem Martyrium und zur Glorie des Heiligen reichen. Bei der Realisierung der Fresken in den Zwickeln finden sich Lanfranco und Domenichino, wenn auch nicht zur Zusammenarbeit, so doch zu engerem Kontakt

Ansicht der Deckenfresken Domenichinos in der Kirche Sant'Andrea della Valle. Die zwischen 1623 und 1626 entstandenen Fresken mit Szenen aus dem Leben des Hl. Andreas befinden sich im Chorbereich der Theatinerkirche. Die einzelnen Episoden wurden von dem Maler durch ornamentale Rahmen voneinander abgegrenzt.

zusammen. Die Fresken Domenichinos sind durch ein erhabenes klassizistisches Gleichgewicht geprägt, da durch die Schule der Carracci die Erneuerung des raffaelitischen Ideals der Renaissance gelungen war und der Erfindungsreichtum des Malers, so überraschend er auch sein mochte, nie die Gemessenheit verlor.

Guido Reni und Guercino in Rom

Von den großen Bolognesern kam als erster Guido Reni (1575–1642) zwischen 1599 und 1601 nach Rom; 1614 verließ er die Papststadt, um in das heimatliche Bologna zurückzukehren. Reni war zunächst Schüler des flämischen Manieristen Calvaert und ließ sich dann in der Carracci-Akademie ausbilden. Dennoch war Reni unter den römischen Bolognesern von der Person Annibales am unabhängigsten, da er als einziger unter den Malern seiner Heimatstadt Einflüsse Caravaggios aufnahm. Von den römischen Werken ist *Die Kreuzigung Petri* erwähnenswert, die zwischen 1604 und 1605 gemalt wurde und deutlich vom gleichnamigen, in Santa Maria del Popolo aufbewahrten Gemälde Caravaggios angeregt wurde, auf das wir noch zurückkommen werden. Renis Werk jedoch

Ausschnitt aus der Deckendekoration Domenichinos in Sant'Andrea della Valle mit der Schilderung des Martyriums des Apostels Andreas. In der Darstellung dieser Episode schuf der Maler eine harmonische Verbindung der Haupthandlung, der Vorbereitung der Hinrichtung, mit dem landschaftlichen Hintergrund, der aurelianischen Stadtmauer.

Der Apostel Andreas wird zur Stätte seiner Hinrichtung geführt *von 1608 ist das erste Fresko Guido Renis in Rom. Rom, Oratorio di San Gregorio Magno*

Deckenfresko Aurora *von Guido Reni. Dieses 1614 entstandene Fresko ziert die Decke des Hauptsaals im Casino des Palazzo Rospigliosi-Palavicini.*

hat nicht die dynamische Dramatik von Caravaggios Arbeit, da es nicht mehr längs einer Diagonale konstruiert ist, sondern als Dreieck, dessen höchste Stelle durch das umgestürzte Kreuz markiert ist, auf dem die Gestalt des Heiligen liegt. Reni neigte dazu, klassische und ausgewogene kompositorische Lösungen zu suchen, die auch bei einem Werk wie dem Martyrium eines Heiligen oder des *Bethlehemitischen Kindermordes* (um 1611, unmittelbar nach seiner ersten Rückkehr in die Heimatstadt gemalt) nicht aus dem Gleichgewicht geriet. Andererseits war es das Erbe der Carracci-Schule, das Guido berühmt gemacht und so weit gebracht hatte, daß er der unbestrittene Beherrscher der römischen Szene war, und das beinahe bis er sich Mitte der 20er Jahre des Jahrhunderts zurückzog und Domenichino seine Position übernahm.

Domenichinos Fresko im kleinen Oratorio di Sant'Andrea in San Gregorio Magno wurde 1608 von Kardinal Scipione Borghese in Auftrag gegeben. Es zeigt den Heiligen auf dem Weg zum Richtplatz. Das Werk, das völlig auf einer von links nach rechts verlaufenden Diagonale konstruiert ist, die die Gestalt des knienden, halbnackten Heiligen einrahmt, steht im Gegensatz zur gleichzeitig von Domenichino gemalten *Geißelung des Hl. Andreas*. Domenichino mußte Reni vertreten, der bestellt worden war, um in derselben Kirche in der Nischenwölbung der Apsis der Cappella di Santa Silva das äußerst lebhafte Konzert der Engel zu malen.

Die Gunst Pauls V. galt Reni auch bei dem Auftrag für die künstlerische Ausgestaltung der Cappella Paolina in Santa Maria Maggiore. Von Lanfranco, Francesco Albani, Antonio Carracci und Tommaso Campana unterstützt, überließ er die Zwickel dem Cavalier d'Arpino und führte außer den Gestalten des Hl. Franz von Assisi und des Hl. Dominikus die Geschichten von Narsetes und Heraklios aus. Man sollte noch die Gemäldezyklen der Sala delle Nozze Aldobrandini und der Sala delle Dame im Vatikan erwähnen, in denen die Bilddekorationen 1607–1608 ausgeführt wurden, dazu die 1610 mit Fresken ausgestaltete Cappella dell'Annunziazione im Quirinalspalast.

Doch Guido Renis berühmtestes Werk, das den Scheitelpunkt der Karriere des Künstlers in Rom markiert, ist mit Sicherheit die Decke mit dem *Triumphzug der Aurora*, der dem bereits erwähnten Casino des Palazzo Rospigliosi-Pallavicini seinen Namen verleiht. Hier wird die Nähe Guido Renis zu Raffael deutlich, die sich in klaren und intensiven Farben ausdrückt. Das Fresko zeigt Apollon beim Lenken des von Pferden gezogenen Sonnenwagens, der die Tageszeiten symbolisiert (Morgengrauen, Mittag, Abenddämmerung und Abend), daneben sind die Stunden des Tages und am Anfang des Zuges die Gestalt der Aurora dargestellt. Das Werk bot einen Ansporn für Domenichino, als er gegen 1622 (acht Jahre nach dem Fresko Renis) den Sonnenwagen in der Mitte der von Agostino Tassi ausgemalten Decke im Palazzo Costaguti darstellte. Die Papstkrönung des Bologneser Alessandro Ludovisi, der 1621 die Tiara unter dem Namen Gregor XV. aufsetzte, bot für einen Großteil der Künstler seiner Heimatstadt die Gelegenheit, in die päpstliche Hauptstadt zurückzukehren.

Für Giovanni Francesco Barbieri da Cento (1591–1666) wiederum, besser bekannt als Guercino, war es die erste Möglichkeit, von öffentlichen und privaten Aufträgen zu profitieren, die vom päpstlichen Hof vergeben wurden. Nachdem er im Februar 1621 nach Rom gezogen war, malte Guercino in Zusammenarbeit mit Agostino Tassi, der die architektonische Ausmalung gestaltete, im damals Costanzo Patrizi gehörenden Palazzo Costaguti *Der schlafende Rinaldo wird von Armida entführt*. Das Naturtalent Guercino stand zwar in Kontakt mit dem Kreis der Carracci, hatte aber starke Prägungen in den Werkstätten provinzieller Künstler wie Paolo Zagnoni und Benedetto Gennari, der ihn bis zum Jahre 1610 im Atelier be-

Guercinos Fresko Aurora. *Dieses Deckenfresko im Casino Ludovisi entstand 1621 im Auftrag des Kardinals Ludovico Ludovisi, des Neffen von Papst Gregor XV; es zeigt die gleiche szenische Begebenheit wie das sieben Jahre früher entstandene Fresko Guido Renis. Im Gegensatz zu dem an der Antike orientierten Bild Renis weist diese Darstellung Guercino als Exponenten einer bewegten frühbarocken Richtung der Bologneser Malschule aus.*

Guercinos Darstellung des Ruhmes, der Fama, mit der Ehre und der Tugend. Das Konzept für dieses Fresko von 1621 im Casino Ludovisi geht vermutlich auf den Marchese Egidio Bentivoglio zurück und bezieht sich auf die Anfänge des Pontifikats Papst Gregors XV.

hielt, erfahren. Seine große künstlerische Begabung wurde mehr und mehr ersichtlich, als er sich nach einigen anderen Aufträgen in die Dienste des Kardinals Ludovisi, des späteren Papstes Gregor XV., begab. Nicht von ungefähr wurde Guercino noch im Jahre 1621 von Ludovico Ludovisi, dem sogleich zum Kardinal ernannten Neffen des neugewählten Papstes, „angeworben“, um das Casino der Villa bei der Porta Pinciana mit Fresken auszustatten.

Das Werk zeigt sich als Weiterentwicklung des von Reni behandelten Themas, aber mit einer vollkommen anderen, nunmehr auf eine entschieden barocke Empfindung ausgerichteten Wirkung. Der Sonnenwagen und Aurora werden hier nicht mehr in einen gesetzten dekorativen Spiegel eingefügt, sondern der blaue Himmel, die Wolken und die Personen, die die Allegorie formen, nehmen den gesamten verfügbaren Raum ein und werden nur mit Mühe von den fiktiven, von Agostino Tassi meisterhaft konzipierten Architekturen kontrastiert. Auch die „Affekte“, also die Gefühle im weitesten Sinne, wurden an den Personen selbst sichtbar und spiegelten sich in den Farben, in den Lichterscheinungen und selbst in der Architektur. Wenn so die Gruppe der Sonne und der Aurora von den grellen und kontrastierenden, in einen klaren und geordneten Rahmen eingefügten Farben lebte, so befindet sich die unmittelbar daran grenzende *Allegorie der Nacht* in einer Art Höhle, in der die verfallenden Bauten sich zu einer dunklen Szenerie verdüstern, die sich allmählich mit traumartigen Erscheinungen füllt. Der wahrscheinlich vom Marchese Egidio Bentivoglio, dem von den Este in Ferrara entsandten Botschafter in Rom, erdachte Gemäldezyklus wird durch die *Allegorie des Tages* und die *Allegorie der Fama* mit der Ehre und der Tugend vervollständigt.

Auch wenn bereits vor dem Fresko Guercinos die Decken der römischen Paläste mit Himmel und Architektur dekoriert worden waren (man denke nur an das von Giovanni und Cherubino Alberti rund 20 Jahre früher für Papst Clemens VIII. ausgemalte Gewölbe der Sala Clementina im Palazzo Zuccari), war die Architektur vorher in gewisser Weise daraufhin angelegt, den Himmel zu zeigen, der sich beinahe „artig“ an der Deckenbegrenzung entlang anordnete. In Guercinos Fresko zerriß der Himmel das bemalte Gewölbe, und die plastisch hervortretenden Gestalten schienen wirklich in den mit Fresken ausgestatteten Saal oder Raum hereinzubrechen. Guercino nahm jene Aspekte der Barockmalerei vorweg, die von den 30er Jahren an weiterentwickelt werden sollten, bis hin zu den am Ende des Jahrhunderts von Il Baciccia (1639–1709) und Andrea Pozzo (1642–1709) gemalten effektvollen Apotheosen. Es handelt sich um gestalterische Fragen, auf die auch – wie man gesehen hat – Gian Lorenzo Bernini mit seiner Theorie des „bel composto“ eine Antwort geben sollte.

Wie deutlich wurde, beeinflußten im zweiten Jahrzehnt des 17. Jahrhunderts Künstler bolognesischer Abkunft und Kultur die Malerei sehr nachhaltig. Auch nach dem Tod von Papst Ludovisi im Jahre 1623, als Guercino nach Bologna zurückkehrte, blieb Rom noch einige Jahre unter dem Einfluß von Malern wie Domenichino, Lanfranco und Francesco Albani, die erst am Anfang der 30er Jahre endgültig die päpstliche Hauptstadt verließen. Würde man jedoch den grundlegenden Beitrag Caravaggios und seiner Schüler zur römischen Malerei nicht berücksichtigen, wäre man weder in der Lage, das Klima und die Vielfalt der Malerei des frühen 17. Jahrhunderts in Rom richtig zu verstehen, noch hätte man eine umfassende Sicht auf die Barockmalerei überhaupt.

Caravaggio und die Caravaggisten

Über die stereotype Gegenüberstellung des „revolutionären“ Caravaggio und der „traditionalistischen“ Carracci und ihrer Schüler hinaus gibt es – abgesehen von den stilistischen Differenzen – einen Unterschied zwischen den beiden Strömungen in der Malerei: Caravaggio war niemals das Haupt einer Schule im Sinne und in der Art, wie wir sie bei den Carracci gesehen haben. Im Gegenteil, angesichts der großen Aufträge für die Altäre der römischen Kirchen kann seine Malerei als Kunst für einen kleinen elitären Zirkel betrachtet werden; das gilt um so mehr, als der Künstler nie Gelegenheit hatte, sich an die Technik des Freskos heranzuwagen, sieht man von der Decke im Casino Ludovisi mit ihrer komplexen astrologisch-alchimistischen Symbolik ab.

Caravaggio gelangte auch erst allmählich und unter Schwierigkeiten in den Kreis angesehener Auftraggeber. Dennoch war sein Einfluß auf die römische Malerei wie auf die des 17. Jahrhunderts ganz allgemein so durchschlagend, daß er zumindest in gewissen Grenzen – wie man sah – das „feindliche“ Lager der Carracci-Anhänger beeinflußte.

Michelangelo da Caravaggio wurde wahrscheinlich am 29. September 1571, am Fest des Erzengels Michael, als Sohn des Fermo Merisi, Oberaufseher der Fabriken des Marchese Francesco Sforza di Caravaggio, und seiner Frau Lucia Aratoris geboren. Er genoß ab 1584 zunächst eine klassische Malerausbildung bei dem in Bergamo ansässigen Maler Simone Peterzano, der sich rühmte, ein Schüler Tizians gewesen zu sein. Die Gelegenheit zu dieser Ausbildung hatte sich geboten, als die ganze Familie Merisi 1577 von Caravaggio nach Mailand umgezogen war, um der Pest zu entkommen, die in diesem Jahr in der Gegend wütete. Mit dem Jahr 1592 begann das große künstlerische Abenteuer Caravaggios: Er siedelte nach Rom um, wo er um 1593 in das Atelier des

Cavalier d'Arpino eintrat, bei dem er sich auf das Malen von Fruchtgirlanden und Stilleben spezialisierte, die damals allerdings als niedere Gattung betrachtet wurden. Genau in diese Zeit sind der berühmte *Knabe mit dem Obstkorb* (Rom, Galleria Borghese), der in der übersteigerten Haltung der rechten Schulter noch gewisse anatomische Unsicherheiten zeigt, sowie der ebenso berühmte *Obstkorb* (Mailand, Pinacoteca Ambrosiana) zu datieren. *Der Obstkorb* wurde wahrscheinlich im Auftrag von Kardinal Federico Borromeo gemalt, dessen Kunstauffassung – niedergelegt in seiner Schrift *De pictura sacra* (1624) – keinen geringen Einfluß auf die Malerei der ersten Hälfte des 17. Jahrhunderts hatte.

In diesem Umfeld konnte der noch nicht 30jährige Caravaggio von 1595 an für gut fünf Jahre die Gastfreundschaft des Kardinals Del Monte genießen. Deshalb ist es verständlich, warum Caravaggio gemäß den musikalischen Interessen des Kardinals Werke produzierte, in denen die Musik eine wichtige Rolle spielt, wie *Das Konzert*, *Der Lautenspieler* und vor allem *Die Ruhe auf der Flucht nach Ägypten*, die zwischen 1595 und 1599 datierbar ist, zeigen. Auf dem letztgenannten Gemälde sind die Noten eines Musikstücks von Noel Bauldewyns für das Wiegenlied verwendet, das der Engel dem eingeschlafenen Kind spielt. Es handelt sich um das vom flämischen Meister in Musik gesetzte *Quam pulchra es*,

Caravaggio: Die Ruhe auf der Flucht nach Ägypten. *Das zwischen 1595 und 1599 entstandene Werk dokumentiert durch das gewählte Format und einzelne Elemente der Komposition Caravaggios Herkunft aus Norditalien. Die beherrschende lyrische Grundstimmung ist eine einmalige Erscheinung im Œuvre dieses Meisters. Die markante Rückenfigur des musizierenden Engels orientiert sich an einer analogen Figur aus der Darstellung* Herkules am Scheidewege *von Annibale Carracci. Rom, Galleria Doria Pamphili*

Ausschnitt aus Caravaggios Berufung des Matthäus zum Apostelamt, *der die Köpfe Christi und Petri zeigt. Rom, San Luigi dei Francesi*

Caravaggio: Die Berufung des Matthäus zum Apostelamt. *Das 1599–1600 entstandene Bild ist Teil des dekorativen Programms der Contarelli-Kapelle in San Luigi dei Francesi. Die Darstellung flankiert zusammen mit der Schilderung des Martyriums des Matthäus das zentrale Altarbild, das den Apostel beim Verfassen des Evangeliums in Gegenwart des Engels zeigt. In der Szene der Berufung inaugurierte Caravaggio den für seine Gemälde charakteristischen dramatischen Effekt des Schlaglichts, durch das die Figuren aus dem Dunkel herausgelöst werden.*

das nichts anderes ist als die Vertonung des Hohelieds.

Weit davon entfernt, nur einfache Staffeleibilder zu sein, verbergen die ersten Werke Caravaggios eine tiefere, verschlüsselte Bedeutung, die die kulturellen und theologischen Interessen des Kardinals Del Monte und seines Kreises widerspiegelt. Es konnte nachgewiesen werden, daß hinter der mythologischen Figur des *Bacchus* – sowohl bei dem Werk der Uffizien, das der Kardinal dem Großherzog der Toscana schenkte, als auch bei dem sogenannten *Bacchino malato* der Galleria Borghese – ein Bezug auf Christus als Stifter geistlichen Lebens nach der Auferstehung verborgen ist. Es taucht das von den Kirchenvätern ausgearbeitete Thema der „spirituellen Trunkenheit" auf, das in vollkommen neuem und in gewisser Hinsicht „revolutionärem" Bildausdruck wieder dargestellt wird. Was an Caravaggio überrascht – der anders als seine Kollegen ohne Vorstudien auf die Leinwand malte und so Version über Version auf demselben Untergrund überarbeitete –, ist seine Fähigkeit, auf sehr persönliche Weise auch bekannte Themen und Ikonographien umzusetzen.

Ein deutliches Beispiel ist das Bild *Johannes der Täufer* (Rom, Museo Capitolino), das jüngst eher als ein Isaak nach dem Erscheinen des Engels angesehen wurde (was die Anwesenheit des Widders anstelle des Lammes erklären würde). An diesem Gemälde zeigt sich deutlich der Einfluß von Michelangelos Ignudi aus der Sixtinischen Kapelle. Auch die kompositorische Ausrichtung, nämlich die Lichtführung und die Sujetwahl, macht das Gemälde zu einem typischen Werk des Meisters. Um das Jahr 1600 ausgeführt, ist dies eines der ersten Werke, die eine ansatzweise bereits in der *Ruhe auf der Flucht* (Rom, Galleria Doria-Pamphili) vorhandene Verdüsterung der Palette zeigen. Noch weit davon entfernt, ein individueller Stil einer Werkstatt zu sein, tendiert die neue Farbrichtung der Malerei Caravaggios dazu, das Licht mit der göttlichen Gnade und den Schatten mit der Sünde und der Schuld zu identifizieren. Deutliches Anzeichen dafür ist das erste für einen bedeutenden Auftraggeber geschaffene Gemälde: *Die Berufung des Matthäus* in der Cappella Contarelli in San Luigi dei Francesi (für die auch Cavalier d'Arpino gearbeitet hatte). Die Geschichte ist bekannt: Matthäus, Steuereintreiber der Römer und „Sünder", wie das Evangelium berichtet, folgt dem Rufe Jesu. Caravaggio faßt das Geschehen in einer einzigen Szene zusammen: Matthäus, am Abgabentisch sitzend, umgeben von zwielichtigen Gestalten, die beim Geldzählen sind, hebt den Blick und legt die Hand auf die Brust, als wolle er fragen: „Wer, ausgerechnet ich?" Aber keiner antwortet. Nur Christus ist eingetreten und mit ihm das Licht, das besonders das Gesicht des Matthäus hervorhebt. Durch eine bedeutsame Geste Jesu, die derjenigen Gottvaters in der Sixtina ähnelt, wird der künftige Evangelist aus der Dunkelheit der Sünde ins Licht des wahren Lebens gezogen.

In der Tat ist es kein Zufall, daß Christus in der *Auferweckung des Lazarus* mit einer ähnlichen Geste – wenn auch aus einem anderen Blickwinkel – dargestellt ist. Aber in der *Berufung des Matthäus* wird die Geste aufgenommen: vom Hl. Petrus, der die Kirche darstellt. Das Werk spielt auf die Konversion des französischen Königs Heinrich IV. an, der den katholischen Glauben angenommen hatte, um den französischen Thron besteigen zu können. Die Anwesenheit Petri wird deshalb insofern bedeutsam, als er die Notwendigkeit der persönlichen Entscheidung für das eigene Seelenheil bezeugt, im Gegensatz zur These der Hugenotten, die das Heil lediglich als von der Vorsehung vorherbestimmtes Ergebnis betrachteten. Seit diesem Gemälde färbten deshalb vielschichtige symbolische Bedeutungen – wie in der ersten Version der *Wundersamen Bekehrung des Saulus* (Rom, Sammlung Odescalchi Balbi), wo die Bedeutung des Lichts auf gewisse Weise durch das direkte Eindringen eines jungen, vom Engel mit den Armen gestützten Gottes „erhellt" wird – immer mehr die ursprüngliche, komplexe, aufklärerische Ausrichtung Caravaggios ein, die später unter seinen Anhängern zu einer bloßen stilistischen Chiffre wurde.

In *Die wundersame Bekehrung des Saulus* ist der Heilige zu Boden gestürzt; er bedeckt mit beiden Händen sein Gesicht, um sich vor dem blendenden Licht, das von rechts oben einfällt, zu schützen, während das scheuende Pferd Schaum vor dem Maul hat und der alte Reitknecht vergeblich versucht, sich mit Schild und Lanze zu verteidigen. Die endgültige Version des Werkes, die sich in der Cappella Cerasi in Santa Maria del Popolo befindet, ist weniger virtuos ausgeführt als diejenige aus der Sammlung Odescalchi. Doch die Symbolik des Lichts ist dieselbe: Der hier noch junge Saulus liegt am Boden und wird von einem Lichtstrahl geblendet, der Pferd und Pferdeknecht unbeeindruckt läßt: Ringsherum herrscht die Finsternis der Sünde. Aber die Symbolsprache Caravaggios wird auch von anderen, verschiedentlich in den Bildern vorhandenen Elementen bereichert. So zeigt das *Martyrium des Matthäus,* das zusammen mit dem Werk *Matthäus mit dem Engel* den Zyklus der Cappella Contarelli vervollständigt, den Heiligen in den Kleidern eines Dominikaners, wahrscheinlich ein Hinweis auf die Verurteilung Giordano Brunos, der im Februar 1600 auf dem Campo dei Fiori von der Inquisition auf dem Scheiterhaufen verbrannt wurde. Der Künstler ließ sich von den zeitgenössischen Ereignissen anregen, paßte sie aber an das zu behandelnde Thema an, das so durch aktuelle und lebensnahe Bedeutungsschichten bereichert wird. Der Realismus bildet

Caravaggios Kreuzigung des Apostels Petrus *entstand 1601–1602 als Pendant zu* Die wundersame Bekehrung des Saulus *als Teil der Dekoration der Cappella Cerasi in Santa Maria del Popolo. Die dramatische Wirkung der Martyriumsszene wird, neben dem für Caravaggio charakteristischen Hell-Dunkel, durch die starke kompositorische Betonung der Diagonalen erzeugt.*

Federico Barocci: Ruhe auf der Flucht nach Ägypten (Madonna delle ciliege, *1570–1573). Das Gemälde orientiert sich deutlich an einer Madonnendarstellung Correggios und gilt als ein reifes Werk dieses Künstlers. Rom, Pinacoteca Vaticana*

Federico Barocci: Aeneas, Anchises und Ascanius fliehen aus dem brennenden Troja. *Diese Historiendarstellung aus dem Jahre 1596, die sich an den Schilderungen von Vergils* Aeneis *orientiert, illustriert das malerische Ideal der Epoche, das durch die Bildschöpfungen Caravaggios revolutioniert wurde. Rom, Galleria Borghese*

einen weiteren Punkt von Caravaggios Bildsprache, die manchmal – wie im *Martyrium des Petrus*, das in Santa Maria del Popolo der *Bekehrung des Saulus* gegenübersteht – den Bildern einen gewaltsamen Charakter verleiht. Hier ist der zentrale Punkt der Komposition die Diagonale des Kreuzes, das gestürzt aufgestellt ist, wie in einer Art verlangsamtem Fall, den der Heilige vergeblich aufzuhalten versucht. Doch die Aufmerksamkeit wird auf die gespannten Muskelmassen der Henker gelenkt, auf ihre schmutzigen Füße, das erschlaffte Fleisch des Körpers des Heiligen, die Steine, das Metall der Schaufel, kurz auf alles, was dem Betrachter den Eindruck vermittelt, er selbst sei Teil des Geschehens. Auf diese Weise erreicht Caravaggio sein Ziel, den Betrachter zu bewegen und seine Gefühle anzusprechen.

Ein Beispiel dieser Intention stellt die *Grablegung Christi* (Rom, Pinacoteca Vaticana) dar, die ursprünglich für das Oratorium der Philippinermönche gemalt wurde. Wenn die Gesichtszüge des Mannes im Vordergrund teilweise an die des Hl. Philippus Neri selbst zu erinnern scheinen, ist die Empfindung, die erzielt werden soll, ein tiefes Mitleid, auf das auch der herabhängende Arm Christi verweist, ein offenkundiges Zitat der *Pietà* Michelangelo Buonarrotis im Petersdom. Doch im Bestreben, eine Wirklichkeit darzustellen, die nicht feierlich überhöht ist, wie das beispielsweise bei Federico Barocci (1525/35–1612) der Fall ist, der jederzeit Wert darauf legte, das Dekorum zu wahren, wie in *Die Einrichtung der Eucharistie* (Rom, Santa Maria sopra Minerva) oder *Aeneas, Anchises und Ascanius fliehen aus dem brennenden Troja* (Rom, Galleria Borghese), besitzt Caravaggios Kunst eine Dynamik, die mit den Ansichten der geistlichen Autorität in Konflikt geraten mußte. Die Malweise Caravaggios stand keineswegs im Gegensatz zu den Überzeugungen der aufgeklärtesten Geister der Epoche, wie der Kardinäle Bellarmino oder Borromeo, welche die ursprüngliche christliche Einfachheit wiedererlangen wollten; aber nicht die gesamte christliche Welt war dieser Ansicht. Man denke nur daran, daß Bellarmino mit Galileo Galilei in Briefkontakt stand, auch wenn er es war, der ihm 1616 die Urteilssprüche des Sanctum Officium mitteilte. Auf jeden Fall ist es nicht weiter verwunderlich, daß Caravaggio mit seinen vom Armutsideal Borromeos geprägten Werken Ärgernis erregte. So wurden die schmutzigen Füße des Mannes aus dem Volk, der der *Madonna di Loreto*, die nicht umsonst *Madonna dei Pellegrini* genannt wird, fromm huldigt, als unschicklich verurteilt. Genauso wurde die *Madonna dei Palafrenieri* unverzüglich entfernt, kaum daß sie auf dem Altar der Bruderschaft der Palafrenieri in St. Peter aufgestellt worden war. Vor allem aber erregte der *Marientod*, der ursprünglich für die Barfüßigen Karmeliter von Santa Maria della Scala bestimmt war und sich heute im Louvre befindet, von Anbeginn an großen Widerspruch. Die Gestalt Mariens wurde als beleidigend betrachtet, und man warf dem Künstler vor, er habe als Modell eine im Tiber ertrunkene Prostituierte verwendet. Zu dieser Reihe beruflicher Schwierigkeiten, die zur Entstehung seines Rufes als „verfemter Maler“ beitrugen, kam das Ereignis, das schließlich das Leben des Künstlers zerstört haben soll und ihn zur überstürzten

Flucht aus Rom bewog. Am 28. Mai 1606 tötete Caravaggio bei einem Streit einen Gegner beim Federballspiel. Nachdem er sich aus Rom auf das Gut Colonna di Paliano geflüchtet hatte, begann für den Künstler eine lange Zeit der Unruhe, die erst am 18. Juli 1610 mit seinem Tod an der Küste von Porto Ercole endete, als – Ironie des Schicksals – der Pontifex ihn bereits begnadigt hatte.

Zuvor gelang es ihm jedoch, dem Kardinal Borghese eines seiner letzten Werke, *David mit dem Haupt des Goliath*, zukommen zu lassen. Dieses Gemälde spiegelt die verzweifelte Verfassung des Malers wider, da der vom künftigen König Israels getötete biblische Riese tatsächlich die Gesichtszüge des großen Künstlers trägt. Die Tatsache, daß Caravaggio während seiner außerordentlichen Karriere überwiegend in Rom gearbeitet hat (er blieb von 1592 bis 1606 in der päpstlichen Stadt, war dann in Neapel, Malta, Messina und Palermo), führte dazu, daß Rom zum Zentrum des Caravaggismus werden sollte. Die Einflußnahme wirkte sich natürlich nur auf einen Teil der römischen Maler, die ihn persönlich kennenlernten, aus. Antiveduto Gramatica (1571–1626) behielt ihn z. B. gleich in seiner Werkstatt, ohne sich jedoch durch seinen neuen Stil beeinflussen zu lassen (er gab erst ab 1610 seinen eigenen, teilweise durch Barocci geprägten Stil zugunsten eines deutlicheren Naturalismus auf); oder auf Giovanni Baglione (1573–1644), einen heftigen Widersacher Caravaggios, der den Maler in einen aufsehenerregenden Verleumdungsprozess verwickelte. Es waren vielmehr die Caravaggio-Schüler der ersten Generation wie Orazio Gentileschi (1563–1639) und Orazio Borgianni (1578–1616), vor allem aber Bartolomeo Manfredi (1587– 1621), dessen Ruhm so groß wurde, daß die Kritiker der Epoche den Ausdruck „Genre à la Manfredi" prägten, unter dem man eine Malerei nach Art Caravaggios verstand.

Caravaggio unterhielt kein Schüleratelier, was wohl auch durch sein Wesen bedingt war, da er keine Nachahmer seines Stils duldete, wie beispielsweise Baglione und Orazio Gentileschi, von dem er sich auch ablöste. Dieser war der älteste unter den Anhängern der ersten Generation, einer der ersten, die sich der innovativen Tragweite der Malerei Caravaggios bewußt geworden waren. Er hatte sich an spätmanieristischen Modellen der heimatlichen Toskana gebildet, zog lange vor Caravaggio (zwischen 1576 und 1587) nach Rom und arbeitete an den Fresken der Biblioteca Apostolica Vaticana für Sixtus V. Aus der manieristischen Zeit behielt Gentileschi die verhältnismäßig helle Farbpalette und die Genauigkeit des typisch toskanischen Zeichnens bei, die in Werken wie *David nach der Niederlage Goliaths* aufscheint. Die Zeugenaussage Gentileschis zuungunsten Bagliones ist insofern von Interesse, als sie über die Beziehungen zwischen den beiden Malern Auskunft gibt, die über reine Arbeitsinteressen hinaus befreundet waren. So verwundert es nicht, daß Giovanni Baglione der erste Biograph Orazio Borgiannis war, der Caravaggio ebenfalls kritisch gegenüberstand, da dieser „reichlich schlecht über ihn sprach". Tatsache ist, daß Borgianni nach der Rückkehr von seinem Aufenthalt in Spanien (1598–1602) stark von Caravaggio beeinflußt war und Werke von großer Anmut schuf, wie die im Palazzo Barberini aufbewahrte *Sacra Conversazione*. Auch der Umstand, daß er von Antiveduto

Das Retabel Caravaggios für den Altar der Confraternita dei Palafrenieri in St. Peter (1606) wurde bereits kurz nach seiner Aufstellung wegen des schonungslosen Realismus entfernt. Die ungewöhnliche Bildfindung entstand durch die Erweiterung des traditionellen Typus der Hl.-Anna-Selbdritt-Darstellungen um die Dimension des Triumphes der Muttergottes und des Christuskindes über die Schlange des Bösen. Rom, Galleria Borghese

Orazio Gentileschi: David betrachtet das Haupt Goliaths. *In diesem zwischen 1610 und 1612 entstandenen Werk betont der aus Pisa stammende Maler, ähnlich wie dies bereits Donatello in seinem berühmtem Bronzestandbild getan hatte, den Aspekt der inneren Einkehr dieses biblischen Helden nach seinem Triumph. Dadurch wird diese als Prototyp des handelnden Menschen interpretierte biblische Persönlichkeit um eine kontemplative Dimension erweitert. Rom, Galleria Borghese*

Gramatica empfohlen und 1610 als Mitglied in die Accademia dei Virtuosi im Pantheon eintrat, stellte eine Art offizieller Anerkennung des Caravaggismus dar. Rom wurde von dieser Zeit an Anziehungspunkt für Maler, die Caravaggios Malweise erlernen wollten, um sie dann in Italien und in Europa zu verbreiten.

So finden wir den Sienesen Rutilio Manetti (1571–1639), den Pisaner Orazio Riminaldi (1593–1630), die Veroneser Alessandro Turchi (1578–1650, auch bekannt als Orbetto) und Marcantonio Bassetti (1586–1639), den Neapolitaner Giovan Battista Caracciolo (1570–1637), genannt Battistello, und Massimo Stanzione (1585–1656) aus Caserta, zu denen sich auch Ausländer gesellten, von denen noch die Rede sein wird. Diese italienischen Künstler waren die Caravaggio-Schüler der zweiten Generation, die nicht die Möglichkeit gehabt hatten, den Meister unmittelbar kennenzulernen, und deshalb seine in den Privatsammlungen und Kirchen erhaltenen Werke studierten oder deren damals weit verbreitete Kopien kannten.

Der anerkannteste Kopist war Angelo Caroselli, der sie regelmäßig mit seinem Monogramm signierte, aber daneben entstanden auch sehr viele weitaus unbeholfenere Kopien des Meisters. Schließlich bildeten sich nicht wenige unter den Künstlern der zweiten Generation an den Werken ihres bereits erwähnten Zeitgenossen Bartolomeo Manfredi. Ihm verdankt man in der Tat die Umwandlung von Caravaggios Stil in ein echtes Genre, das durch den Zauber von Licht und Schatten nun jeder symbolischen Bedeutung entbehrte. Mehr noch, die Werke dieses Künstlers tendierten immer mehr zur Verwendung warmer Farbtöne, wie der Vergleich zwischen der *Züchtigung Cupidos* (Chicago, Art Institute), in den Jahren 1605–1610 ausgeführt, aus der noch kalte und klare Farben hervorstechen, und einem Werk wie der ganz von goldenem Licht durchdrungenen *Caritas Romana* (Florenz, Uffizien) verdeutlicht.

Am Ende der 20er Jahre des 17. Jahrhunderts waren nahezu alle Caravaggio-Schüler der ersten Generation gestorben, und doch war der Stil Merisis nunmehr integraler Bestandteil der römischen Malerei. Antiveduto Gramatica war sogar zum Leiter der Accademia di San Luca gewählt worden; im Jahre 1622 war Artemisia Gentileschi (1593–1653), die Tochter und Schülerin Orazios, nach Rom zurückgekehrt; sie war nach dem Prozeß wegen Vergewaltigung gegen Agostino Tassi nach Florenz gegangen, um ihre Malerei, die sich durch ein warmes Licht auszeichnet, dort zu praktizieren, und sogar die Carracci-Anhänger wie Lanfranco oder Domenichino – z. B die auf 1622 datierbare *Cumäische Sybille* in der Pinacoteca Capitolina – hatten sich von den starken Licht- und-Schatten-Kontrasten bezaubern lassen, die Merisis Malerei gekennzeichnet hatten.

Die „Bamboccianti“ und die Ausländer in Rom

In den 20er Jahren des 17. Jahrhunderts war Rom mit Sicherheit die Hauptstadt der europäischen Malerei. Die kulturell vielfältige Stadt zog italienische wie ausländische Künstler an, und von letzteren ließ sich gegen 1625 ein niederländischer Maler aus Haarlem nieder, ein gewisser Pieter van Laer (ca. 1592–1642); er wurde aufgrund seiner verwachsenen Gestalt von den Italienern „Il Bamboccio“ (Lumpenpuppe) genannt. Van Laer blieb bis 1638 in der Stadt, und im Laufe seines Aufenthaltes formierte er eine Künstlergruppe, die sich in der Via Margutta traf und die von den Künstlern der Akademien abschätzig als „Bamboccianti" bezeichnet wurde. Ihre von Caravaggio ausgehende Malerei zeigte die Tendenz, Episoden aus dem Alltagsleben ohne überhöhte Interpretation darzustellen, sondern sie als das zu präsentieren, was sie waren, und dennoch ihre ganze Poesie oder Traurigkeit mitzuteilen, wie in dem Bild *Die Tränke* von Michelangelo Cerquozzi (1602–1660) oder im *Schnapsverkäufer* von Pieter van Laer selbst. So wurden die römischen Landschaften nicht länger von Nymphen und Göttinnen bevölkert, wie z. B. in Francesco Albanis *Toilette der Venus* (Rom, Villa Borghese), sondern belebten sich mit Bauern oder Adligen auf einer Landpartie. Die Bamboccianti, die von der offiziellen Malerei nicht anerkannt wurden, hielten Aspekte des Alltagslebens fest, die sonst nicht dokumentiert wären, so etwa in dem Werk *Markt auf der Piazza del Popolo* von Johannes Lingelbach (1622–1674) (Wien, Akademie der Bildenden Künste).

Es handelte sich in der Tat um eine durch die Stiche der Bamboccianti verbreitete künstlerische Revolution, von der die künftige Entwicklung künstlerischer Genres in der Malerei etwa eines Louis Le Nain (1588?–1648) bis hin zu derjenigen Pietro Longhis (1702–1785) abhing. Doch der berühmteste flämische Künstler, der in Rom verweilte, war sicherlich Pieter Paul Rubens (1577–1640), der sowohl von Carraccis Neuheiten wie auch von den Werken Caravaggios angezogen wurde, dessen 1611–1612 ausgeführte und heute in der National Gallery of Canada in Ottawa aufbewahrte *Grablegung* er kopierte. Bekannt ist, daß der Künstler eine nicht unbedeutende Rolle beim Erwerb von Caravaggios *Tod Mariens* durch den Herzog von Mantua spielte.

Im Laufe des zweiten Jahrzehnts des 17. Jahrhunderts wiederum finden wir in Rom, ebenfalls aus Flandern stammend und auch durch Caravaggios Malerei beeinflußt, Gerrit van Honthorst (1590–1656). Seine *Anbetung des Kindes* zeichnet sich dadurch aus, daß Jesus selbst die Lichtquelle ist – ein von anderen Malern nun immer öfter aufgegriffener Kunstgriff. Das Bild wurde erwähnt von dem Leibarzt des Papstes, Giulio Mancini, was bedeutet, daß das Werk Teil der päpstlichen Sammlung gewesen sein muß, bevor es in die Uffizien gelangte, wo es bis heute aufbewahrt wird. Zwischen Ende 1613 und 1627, dem Jahr, in dem Honthorst nach Paris zurückkehrte, hielt sich der französische Maler Simon Vouet (1590–1649) in Rom auf, der 1624 zum Leiter der Accademia di San Luca ernannt wurde. Spuren von Caravaggios Lichtauffassung zeigt Vouets in Rom entstandene *Geburt Mariens*, in leichter Untersicht angelegt, die man heute noch in San Francesco a Ripa bewundern kann. Valentin de Boulogne (1594–1632) kam gegen 1614 in die päpstliche Stadt und arbeitete dort bis zu seinem Tode für die wichtigsten römischen Familien.

Francesco Albani: Der Herbst *(1616–1617). Dieses Tondo bildete zusammen mit drei weiteren einen Zyklus, dessen Grundthema Liebesabenteuer in den verschiedenen Jahreszeiten waren. Innerhalb der Bologneser Schule gilt Francesco Albani als der kompetenteste Maler mythologischer Themen. Darüber hinaus zeigen seine Bilder auch ein lebhaftes Interesse an Landschaftsschilderungen. Rom, Galleria Borghese*

Doch der bedeutendste französische Künstler, der von 1624 bis zu seinem Tod 1665 fast ununterbrochen in Rom lebte, war Nicolas Poussin (1594–1665). Auf Einladung von Gian Battista Marino – dem Verfasser des Versepos *L'Adone*, der ihn in Paris kennengelernt hatte und für den Poussin Feder- und Aquarellzeichnungen verfertigte –, kam der Künstler 1624 in die Stadt. Unter dem Einfluß der Malerei Lanfrancos und Pietro da Cortonas schuf Poussin in Rom bedeutende Gemälde, wie das Meisterwerk *Martyrium des Hl. Erasmus* in St. Peter, das von einer beinahe theatralischen Dramatik gekennzeichnet ist, die

Pieter van Laer: Die Pferdetränke. *Diese Darstellung einer alltäglichen Begebenheit ist charakteristisch für das Wirken einer kleinen Gruppe von Künstlern, die den Realismus von Caravaggios Malstil in einer veränderten Stillage weitertradierten und nach Nordeuropa vermittelten. Die Bezeichnung dieser Gruppe als Bamboccianti stammt von dem Spitznamen Laers, „Bamboccio" (Lumpenpuppe). Rom, Galleria Nazionale d'Arte Antica, Palazzo Barberini*

durch breite und dicke Pinselstriche hervorgehoben wird und so auf eine genaue Beobachtung der römischen Barockmalerei hinweist. Aber die vielschichtige Persönlichkeit des Künstlers ließ ihn zunächst den Klassizismus Raffaels annehmen, der bisweilen, wie im *Triumph Neptuns* aus Philadelphia (der die *Galatea* Raffaels aufgreift), überzogen zur Schau gestellt wird, bedingt auch durch die Vermittlung Carraccis, wie in dem für Kardinal Richelieu gemalten *Triumph des Bacchus* im Louvre.

Doch besonders die Landschaftsmalerei Poussins wurde stark durch seinen Aufenthalt in Rom und dessen Umgebung geprägt. Bei diesem Sujet, das sich nach den 40er Jahren zeigt, wird Poussin von den Vorbildern Carraccis wie *Die Flucht nach Ägypten*, aber auch von den idealen Landschaften Claude Lorrains beeinflußt, der damals mit Gaspard Dughet zusammen in Rom wirkte. Im Laufe der Zeit ist eine allmähliche Verkleinerung der Figuren zu bemerken, die fast zwischen dem Grün der Bäume verschwinden, wie in *Hagar mit dem Engel* im Palazzo Altieri, oder in den *Vier Jahreszeiten*, seinem letzten Meisterwerk, das er 1660 begann, kurz bevor ihm eine schwere Krankheit das Malen unmöglich machte.

Der andere große Maler, den wir um die Mitte des Jahrhunderts in Rom antreffen, ist Diego Rodríguez de Silva y Velázquez (1599–1660), der im Februar 1649 in die päpstliche Stadt kam, um im Auftrag des spanischen Hofs in Rom Kunstwerke zu kaufen. Bei seinem zweiten Romaufenthalt schuf er eines seiner Meisterwerke, das *Porträt Innozenz' X.*, das zur Freude der Römer am Sitz der Accademia dei Virtuosi del Pantheon ausgestellt wurde. Bereits 1629 hatte Velázquez zwei stimmungsvolle Veduten des Gartens der Villa Medici (Madrid, Prado), gemalt. Die italienische Malerei übte einen nachhaltigen Einfluß auf ihn aus: In Rom nämlich malte er die berühmte *Schmiede des Vulkan* (Madrid, Prado) in der einer der schönsten männlichen Rückenakte des ganzen 17. Jahrhunderts zu sehen ist, sowie den *Triumph des Bacchus* (Madrid, Prado), der zweifelsohne deutliche Einflüsse Caravaggios aufweist.

Pietro da Cortona und Tendenzen des römischen Barock

Pietro da Cortona (1597–1669) war zusammen mit Bernini und Borromini die dritte Hauptfigur der römischen Barockarchitektur. Berrettini (so lautet sein richtiger Name) spielte von Anfang der 30er Jahre bis zur Mitte der 60er Jahre des 17. Jahrhunderts – mit Ausnahme der ein Jahrzehnt (1637–1647) währenden florentinischen Periode – eine erstrangige Rolle in der römischen Kunstlandschaft. Er kam um 1611 nach Rom und gelangte unter den Einfluß der Familie Sacchetti und des Kunstsammlers Cassiano dal Pozzo, unter dessen Protektion er seine Studien der Antike und der Anatomie vertiefen konnte. Seine künstlerischen Interessen konzentrierten sich zunächst auf die Werke Raffaels, dessen heute in der Accademia di San Luca aufbewahrte *Galatea* er kopierte, und auf den Venezianer Tizian, weiteten sich aber auch aus auf die Schule der Carracci sowie auf die Skulpturen des jungen Bernini.

Das erste herausragende Werk, das er in Rom schuf, bilden die Fresken des Gewölbes im Palazzo Mattei di Giove, die er 1622 zusammen mit einem anderen Künstler aus Cortona, Pietro Paolo Bonzi, ausführte, dem er den Auftrag verdankte. Der Umgang mit den Mattei, Crescenzi und mit anderen wichtigen römischen Familien führte Berrettini in den Kreis wichtiger Auftraggeber ein, die von Marcello Sacchetti, der durch die Wahl Urbans VIII. „Generaltreuhänder" der Camera Apostolica geworden war, bis zur Familie Barberini führten. Es verging tatsächlich seit der Wahl des neuen Pontifex kaum ein Jahr, bis dieser ihm den Auftrag für das Fresko *Die Hl. Bibiana verweigert den Götzendienst* in der Kirche Santa Bibiana gab, die durch die Intervention Gian Lorenzo Berninis umgebaut worden war. Der Erfolg da Cortonas, der ihm auch mit diesem Werk beschieden war, erklärt sich durch den ausladenden und szenischen Stil des Malers.

Es folgte das 1626, im Todesjahr des Auftraggebers, Kardinal Orsini, geschaffene große Gemälde mit der *Anbetung der Hirten*, das in San Salvatore in Lauro aufbewahrt wird, während der berühmte *Raub der Sabinerinnen*, der nach einer neueren Hypothese für die Vermählung Giovan Francesco Sacchettis mit Beatrice Tassoni Estense im Februar 1631 ausgeführt wurde, auf das Ende der zwanziger oder den Anfang der dreißiger Jahre zurückgeht. Beide Werke stehen für unterschiedliche Bildauffassungen des Künstlers. Wenn Pietro da Cortona sich in der *Anbetung der Hirten* auf wenige, aber monumental gestaltete Figuren beschränkt, so schaffte er im *Raub der Sabinerinnen* Personengruppen, die ihm die Möglichkeit gaben, seine Fähigkeit in der Anatomiedarstellung zu demonstrieren, die sich gut mit dem Gebrauch klarer Farben und ausgearbeiteter Szenenkonzepte verbindet.

Diese Begabung muß den Pontifex in der Entscheidung bestätigt haben, dem damals 36jährigen Pietro da Cortona die Ausschmückung der Decke des soeben von Bernini vollendeten neuen Palastes anzuvertrauen. Es war der Hofdichter Francesco Bracciolini, der wahrscheinlich unter der Mitwirkung des Papstes den komplexen allegorischen Schmuck entwarf, den Pietro da Cortona umzusetzen hatte, und der nach Beendigung der Arbeit (1634–1637) sogar ein Büchlein veröffentlichte, das die Entschlüsselung des Bildprogramms erleichtern sollte.

Gegenüberliegende Seite:
Nicolas Poussin: Das Martyrium des Hl. Erasmus. *Dieses 1629 für die St.-Peters-Basilika gemalte Retabel ist das einzige für einen öffentlichen Bau bestimmte Gemälde des Meisters. Die dramatische und gleichzeitig sehr drastische Schilderung der Marter des Heiligen entstand zu Beginn des Aufenthalts von Poussin in Rom und begründete seinen Ruhm in dieser Stadt. Rom, Pinacoteca Vaticana*

Simon Vouet: Die Geburt Mariens *(1621). Dieses Gemälde ist ein charakteristisches Werk seiner italienischen Schaffensphase und dokumentiert neben caravaggesken Einflüssen auch eine Orientierung an den Werken der Carracci. Rom, San Francesco a Ripa*

Pietro da Cortona, Raub der Sabinerinnen. *Die Umsetzung dieser Begebenheit lebt von dem dynamischen Bewegungsfluß der Komposition. Diese gestalterischen Merkmale übten einen starken Einfluß auf nachfolgende Malerpersönlichkeiten, darunter Luca Giordano, aus. Rom, Pinacoteca Capitolina*

Carlo Maratta, Die Geburt Christi *(1655–1657). Dieses Fresko, das erst im 19. Jahrhundert wiederentdeckt wurde, veranschaulicht die komplexe Kompositionsfindung dieses Malers, dessen Schaffen neben einer Orientierung an den Werken der Carracci auch starke oberitalienische Einflüsse aufweist. Zusätzlich verstärkt wurde die klassizisierende Tendenz seiner Werke durch die Freundschaft mit dem Theoretiker Bellori. Rom, Palazzo del Quirinale*

Das Thema war einfach, aber ungewöhnlich: Die auf Wolken über der Zeit (Chronos) und dem Schicksal (die Moiren) sitzende Göttliche Vorsehung gebietet der im Fluge schwebenden Unsterblichkeit, eine Krone leuchtender Sterne (ihr eigenes Symbol) auf die fliegenden Bienen der Barberini zu setzen, sie selbst von einem Lorbeerkranz bekrönt, der von den drei göttlichen Tugenden gehalten wird. Über dieser Szene erscheint das päpstliche Emblem: umgeben von vier mythologischen Szenen (*Pallas Athene erschlägt die Giganten*; *Silen und die Satyrn*; *Herakles verjagt die Harpyen*; *Die Klugheit schließt die Tore des Janustempels*), die auf die päpstlichen Verdienste und Tugenden anspielen sollen, die zu seiner dichterischen Begabung hinzukommen, die wiederum von einem Putto gefeiert wird, der den Lorbeerkranz über die Tiara des Pontifex hält. Dieses Fresko stellt sowohl in inhaltlicher Hinsicht als auch bezüglich seiner künstlerischen Ausarbeitung eines der Meisterwerke des Barock dar, das an Bedeutung und Qualität dem Gewölbe der Galleria Farnese ebenbürtig ist. Hier erfindet Pietro da Cortona den Raum neu, der sich pulsierend vor den Augen des Betrachters öffnet und schließt, der den Gegensatz zwischen der starren Struktur der Architektur und dem Himmel vor Augen führt. Der Himmel „durchbricht" die Wand scheinbar völlig, während die Figuren – in fast frontaler Ansicht – sich, durch die perspektivische Verkürzung bedingt, in eine schwindelerregende Höhe erheben.

Um sich des Unterschiedes bewußt zu werden, muß man das Fresko Cortonas nur mit dem ein paar Jahre vorher (1629–1633) von Andrea Sacchi (1599–1661) ebenfalls im Palazzo Barberini gemalten vergleichen. Es handelt sich um den *Triumph der göttlichen Weisheit*, der im Vergleich zu den von Cortona verwendeten in viel ruhigeren

Pier Francesco Mola: Joseph gibt sich seinen Brüdern zu erkennen. *Diese 1655–1657 entstandene Darstellung gilt als bestes Fresko Molas. Trotz der dominanten Rolle der Landschaft, deren einzelne Elemente wie der Obelisk das Tätigkeitsfeld des biblischen Helden beschreiben, bleibt die Szene durch die Organisation der vorderen Bildzone den Vorbildern Raffael und Pietro da Cortona verpflichtet. Rom, Palazzo del Quirinale*

Tönen gehalten ist und viel vorhersehbarere Lösungen anwendet. Obwohl Sacchi Schüler Francesco Albanis war und sich intensiv an den Bildkompositionen Raffaels, Annibale Carraccis und Domenichinos gebildet hatte, die in gewisser Weise auch Pietro da Cortona interessiert hatten, wurde Sacchi der Protagonist einer Malereiströmung, die die zweite Hälfte des Jahrhunderts prägte und die Schlichtheit und das klassizistische Ideal zu ihrem zentralen Anliegen machte.

In dem vom *Parnaß* Raffaels angeregten Barberini-Fresko zeigte sich die künstlerische Differenz zwischen Andrea Sacchi und Pietro da Cortona, doch auch in vorherigen Arbeiten der beiden hatte sich diese bereits abgezeichnet. Zur Veranschaulichung braucht man nur zwei fast zeitgleich entstandene Gemälde nebeneinanderzustellen: Da Cortonas *Der Hl. Petrus Damian bietet Maria das Buch mit den Regeln dar* (Toledo, Ohio, Museum of Art) und die *Vision des Hl. Romuald* von Sacchi in der Pinacoteca Vaticana.

Obwohl das Werk Cortonas sich aus einer kleineren Gruppe von Personen zusammensetzt (die Jungfrau und der Heilige), erweist es sich durch das Kompositionselement einer hereinschwebenden Wolke und ein größeres Farbenspektrum als ausgereifter. Sacchi dagegen gelingt es nur durch die Minderung der Farbintensität und durch den Schattenumriß, den Eindruck einer Vision zu erzielen. Auch die Farbpalette ist begrenzter und die Komposition deutlicher, da sie auf zwei horizontale Ebenen verteilt ist, während das Werk Pietros ganz von der Dynamik der Diagonale beherrscht wird.

Sacchis Stil verbreitete sich in ganz Rom und inspirierte Maler wie Sassoferrato (1605–1685), Cerrini (1608–1681), aber auch direkte Anhänger da Cortonas, wie Giacinto Gimignani, der am letz-

Filippo Lauri: Gideon preßt den Tau aus dem Ziegenfell. *Die Darstellung dieser alttestamentarischen Episode ist Teil des 1655–1657 entstandenen dekorativen Programms der Galleria des Palazzo del Montecavallo (Quirinale). Die Nachtszene zeichnet sich durch die besonderen Lichteffekte aus. Rom, Palazzo del Quirinale*

ten großen Auftrag Sacchis, den Gemälden für das Baptisterium von San Giovanni in Laterano, beteiligt wurde. Dem Meister sind *Die Geschichten Johannes des Täufers* zu verdanken, auf die Schüler – darunter Maratta, der die Szene am Ausklang des Jahrhunderts beherrschte – geht die Darstellung der Geschichten Konstantins zurück.

Im übrigen hatte der lange Aufenthalt Cortonas in Florenz, wenn er auch von ständigen Kontakten mit der päpstlichen Hauptstadt gekennzeichnet war, anderen Künstlern wie Sacchi freies Feld gelassen, die den Charakter der römischen Malerei grundlegend veränderten. Nach seiner Rückkehr aus Florenz nahm Pietro da Cortona den größten Malauftrag aus dem kirchlichen Umfeld in Angriff, der ihm je zufallen sollte: die Fresken in der Kirche der Philippiner, Santa Maria in Vallicella. In etwas mehr als 13 Jahren fertiggestellt, mit einer Unterbrechung von 1651 bis 1655, zeigt der Zyklus die in der Kuppel gemalte *Glorie der Dreifaltigkeit* und im Apsisgewölbe die *Himmelfahrt Mariens*. Auch wenn der Stil Lanfrancos aufgegriffen wird, so sind die Gestalten plastischer und die perspektivischen Verkleinerungen deutlicher gestaltet. In den Zwickeln entdeckt man die vier Propheten (Jesaja, Jeremias, Ezechiel und Daniel), während da Cortona im Langhaus *Maria verhindert auf die Bitten des Hl. Filippo Neri hin den Einsturz der alten Kirche in Vallicella* in prachtvoller Technik und Farbgebung ausführte.

Gleichzeitig ist Pietro da Cortona 1651 bis 1654 mit der Ausschmückung des Gewölbes der Galerie des Palazzo Pamphili beschäftigt, in der das Aeneas-Thema Vergils zum Anlaß genommen wird, die Abkunft des neuen Pontifex Innozenz X. zu verherrlichen, der sich als Abkömmling von Numa Pompilius, dem Nachfolger des Aeneas, bezeichnete. Dies sind die wichtigsten Bildzeugnisse, auf die sich das Phänomen „Cortonismus" stützte, zu dem Pietro selbst einen bedeutenden Beitrag leistete, als ihm Alexander VII. die Aufgabe anvertraute, die lange Galerie des Palazzo di Montecavallo (Quirinal) auszuschmücken, die auch heute noch Galleria di Alessandro VII. heißt. Mit Geschäftsgeist übertrug Pietro da Cortona jungen Künstlern die Ausführung des Auftrages, der unter seiner Aufsicht abgewickelt wurde. Der Zyklus, der 1655 begonnen und zwei Jahre später abgeschlossen wurde, basiert auf der Erlösungsgeschichte, von der *Erschaffung Adams und Evas* bis zu der *Geburt Christi* von Carlo Maratta, einem Fresko, das sich durch Persönlichkeit und Stil hervorhebt. Unter den Künstlern, die an diesem Werk beteiligt waren, muß jedoch unbedingt Pier Francesco Mola (1612–1666) erwähnt werden, der das eher schwülstige Fresko *Joseph wird von seinen Brüdern wiedererkannt* malte, Christoph Schor (1615–1674), dem man *Jakob mit dem Engel* verdankt, Filippo Lauri (1623–1694), der, in an Guercino gemahnenden dunklen Tönen, *Gideon preßt den Tau aus dem Ziegenfell* malte, und den Schwager des Meisters Nicolas Poussin, Gaspard Dughet (1615–1673), der mit Lauri an den Landschaften zusammenarbeitete. Doch die Bedeutung des Auftrags liegt nicht so sehr in der Qualität oder der Originalität der Ausführung als in der Tatsache, daß Pietro da Cortona auf diese Weise die römische Kunstlandschaft der zweiten Hälfte des Jahrhunderts prägte und teilweise gegenüber Sacchi aufholte. Es ist in der Tat kein Zufall, daß Carlo Maratta, der zu den hervorragendsten Persönlichkeiten dieser zweiten Ära gehört, für beide Meister gearbeitet hat.

Der Spätbarock und die großen Freskenzyklen

Der Umstand erstaunt, daß, wie Rudolf Wittkower feststellen mußte, in keiner der Barockkirchen, die Bernini, Borromini oder auch Pietro da Cortona, der ja nicht zuletzt selbst auch Maler war, erbauten, Raum für großflächige Freskenmalerei vorgesehen war. Diese Tatsache zeigt an, daß man zu diesem Zeitpunkt trotz der Anstrengungen besonders Berninis, eine Einheit der Künste zu erreichen, noch weit davon entfernt war, und daß die Architektur – die weiterhin als die wichtigste Kunstgattung angesehen wurde – sich eben gerade mit der Bildhauerei „vermählen" konnte und der

Malerei nur die Verwendung von Farbmaterialien zugestand, die sie in den engen Rahmen malerischer Effekte verwies. Dieser Umstand erklärt sich teilweise daraus, daß die Malerei architektonische Flächen benötigte, die möglichst wenig festgelegt waren und auf denen sich die Phantasie raumgreifend entfalten konnte, auch wenn der architektonische Charakter der Stuckarbeiten die Bildhauerkunst und die Architektur auf Umwegen wieder in die Raumkonzeption einbezog. Man kann davon sprechen, daß die große Barockarchitektur sich gewissermaßen selbst genügte und die große zeitgenössische Malerei so eigenständig war, daß sie Bildhauerei und Architektur genügend entgegenzusetzen hatte.

Das Ergebnis war, daß ein Großteil der Gemäldezyklen des späten und reifen Barock sich in Gebäuden ausbreitete, die in den vorhergehenden Jahrzehnten gebaut worden waren. So versah zum Beispiel Ciro Ferri (1634–1689), ein Schüler Pietro da Cortonas, der verschiedene Werke des Meisters vervollständigte, die Kuppel von Sant'Agnese in Agone (die 13 Jahre vorher vollendet worden war) mit dem Fresko *Glorie des Paradieses*. Das 1670 begonnene Werk wurde 1693, nach dem Tode Ferris, abgeschlossen. 1673 beendete Francesco Cozza (1605–1682), ein Schüler Domenichinos, in der Bibliothek des Palazzo Pamphili auf der Piazza Navona die Apotheose dieses Geschlechts, die das Gewölbe schmückt. Aus denselben Jahren stam-

Domenico Maria Canuti: Die Apotheose des Romulus. *Bei diesem nach 1670 entstandenen Deckenfresko benutzte der Maler aus Bologna die gleichen illusionistischen Elemente wie bei der kurz zuvor geschaffenen Gewölbedekoration in der Kirche Santi Domenico e Sisto. Wie bei der dortigen Darstellung der Apotheose des Hl. Dominikus entstand die analog konzipierte Quadraturmalerei der Vergöttlichung des Romulus in Zusammenarbeit mit Enrico Haffner. Rom, Palazzo Altieri*

Gegenüberliegende Seite:
Die zwischen 1723 und 1728 nach den Entwürfen Francesco de Sanctis errichtete Spanische Treppe und deren oberer Endpunkt, die Kirche Santa Trinità dei Monti. Der Obelisk aus den Gärten des Sallust gehörte nicht zur ursprünglichen Planung dieses Ensembles und wurde erst im Jahre 1786 auf Anweisung Papst Pius' VI. aufgestellt. So sollte ein Pendant zu dem Obelisken am gegenüberliegenden Ende der hier einmündenden Via Sistina, den Sixtus V. hatte aufrichten lassen, geschaffen werden.

Stampe aufbewahrt werden, zeigen nicht nur das fertige Werk, sondern auch den Entwurf und die einzelnen Bauphasen. Das für den Hafenbau gewählte Gelände stellte unter architektonischem Gesichtspunkt ein reichlich heterogenes Ensemble dar. Gegliedert wurde das Areal von der sogenannten „Tastatur“ Flaminio Ponzios, die den „Cembalo“ genannten Palazzo Borghese zum Fluß hin abschloß, von den Einmündungen der Via degli Aranci und der Via Tomacelli, von den Fassaden von San Girolamo degli Schiavoni (die von Martino Longhi entworfen wurden) und von San Rocco sowie von weiteren kleineren Palazzi. Specchi entschied sich für die Chiesa di San Girolamo als Bezugspunkt und ordnete den Raum um diese Mittelachse an. Tatsächlich erfüllte die gemischtlinige Führung der Treppe, die sich erst nach innen bog, um sich dann um die Halbellipse des höher gelegenen zentralen Platzes herum wieder zu weiten, die Funktion eines Verbindungselements, das eine andernfalls ungeordnete Ansicht strukturierte. Darüber hinaus stand die Treppe, die zum Fluß hinabführte, symbolisch für den Übergang von der Natur zur Stadt, fast als sei diese eine direkte Fortsetzung des gewundenen Flusses.

Specchi hatte also nicht nur Borrominis wellenförmige Konstruktion für San Carlino in einen städtebaulichen Kontext übertragen, sondern – möglicherweise unbewußt – auch einen weiteren Aspekt der Kultur des 18. Jahrhunderts interpretiert, auf den wir noch zurückkommen werden: Gemeint ist die von der Accademia dell'Arcadia geforderte gegenseitige Durchdringung des Menschlichen und des Natürlichen, dessen wunderbarer und faszinierender Einfachheit es nachzueifern galt. Dennoch scheint Specchis Bau bei Papst Clemens XI. nicht auf Beifall gestoßen zu sein, wie aus einem päpstlichen Avis vom 23. August 1704 hervorgeht.

Die auf die Via del Corso ausgerichtete Fassade des Palazzo de Carolis, heute Sitz des Banco di Roma. Die Anlage wurde zwischen 1714 und 1724 nach den Entwürfen Alessandro Specchis für Livio de Carolis errichtet und gelangte 1831 in den Besitz Luigi Buoncompagni Ludovisis, der eine Erweiterung durch ein Attikageschoß veranlaßte.

Weitere Werke Alessandro Specchis

Die anderen Werke Specchis, dessen Karriere 1725 mit dem Einsturz des Portikus von San Paolo fuori le mura und dem darauffolgenden Ausschluß aus der Accademia di San Luca ein unglückliches Ende nahm, wurden fast durchweg unter Papst Clemens XI. errichtet. Dazu zählen der Palazzo Roccagiovine an der Piazza Farnese sowie der für Livio de Carolis an der Via del Corso erbaute Palast. Beim Bau dieses Palazzo, der heute eine Bank beherbergt, ließ Specchi sich von Giovanni Antonio de Rossis Palazzo D'Aste-Buonaparte inspirieren, paßte den Entwurf jedoch dem städtebaulichen Kontext der Via del Corso an und übernahm die borrominianischen Halbpfeiler an den Ecken. Beim Palazzo Roccagiovine hingegen tritt Specchis persönlicher Stil deutlicher hervor. Christian Norberg-Schulz ist deshalb zuzustimmen, wenn er das Werk in Beziehung zu den grazileren französischen Bauten dieser Zeit setzt.

Der 1710 fertiggestellte Palazzo sollte zu einem der Vorbilder für bürgerliche Baukunst werden. Die Fassade entwickelt sich stufenweise zum Zentrum hin, wobei die Mittelachse vertikal von säulengetragenen Öffnungen und horizontal von den geschwungenen Balkonen gegliedert wird. Während der Architekt beim Palazzo De Carolis das Motiv der Wendeltreppe aus dem Palazzo Barberini wieder aufgegriffen hatte, wählte er hier die theatralisch wirkende Lösung der zweigeteilten Freitreppe, die später auch Ferdinando Fuga für den Palazzo della Consulta übernehmen sollte. Obwohl Alessandro Specchi also wenig Glück hatte und von dem konservativen Lager der Forschung heftig bekämpft wurde, wird doch heute deutlich, daß er zu den herausragenden Architekten des 18. Jahrhunderts in Rom gezählt werden muß.

Die Wettbewerbe unter Clemens XI.

Trotz der äußerst schwierigen politischen und wirtschaftlichen Lage war das Pontifikat Clemens' XI. (1700–1721) in künstlerischer Hinsicht sehr fruchtbar. Was jedoch fehlte, war die Einbettung der Bautätigkeit in eine umfassende städtebauliche Vision, so daß die Projekte zur Modernisierung des Stadtbildes im Grunde genommen Stückwerk blieben. Und dies, obwohl Clemens' XI. Ansichten über die städtebauliche Problematik Roms sich am

PIUS VI PONT MAX
D.O.M.
SEDENTE BENEDICTO XIII
PONT MAX
LUDOVICO XV
IN GALLIIS REGNANTE

Ansicht eines Abschnitts der Spanischen Treppe. Die Detailaufnahme dokumentiert die doppelte Ausrichtung des Entwurfs der unter Papst Innozenz XIII. errichteten Anlage, die eine gesamturbanistische Inszenierung mit nahsichtigen szenographischen Effekten vereinigt.

Vorbild des Chigi-Papstes Alexander VII. orientierten: Nicht nur ihre Wappen wiesen große Ähnlichkeit auf, sie teilten auch das Bewußtsein, in gewisser Weise Erben der imperialen Vergangenheit Roms zu sein. Wenn also der Hafen an der Ripetta mit der Freitreppe die Gestaltung des Geländes rings um den bereits durch die Anlagen Alexanders VII. vorgegebenen Tridente abschloß, so diente der Bau des neuen Portikus des Konservatorenpalastes auf dem Kapitol dazu, die Größe Roms und der Päpste aus der Familie Albani zu lobpreisen. Der Alessandro Specchi anvertraute und 1719–1721 durchgeführte Umbau auf dem bedeutendsten Hügel Roms umfaßte auch die Aufstellung ägyptischer Statuen und aus der Sammlung Cesi erworbener Standbilder. Die Absicht, die damit verfolgt wurde, lag darin, den Papst als neuen Cäsar zu feiern, der dem Kapitol seine alte Rolle als Zentrum der zivilen und politischen Macht der nun vom Papst beherrschten Stadt zurückgab, indem es mit den Denkmälern der von Rom einst unterworfenen Völker geschmückt wurde. Überhaupt gaben die von Clemens XI. ausgeschriebenen Wettbewerbe wichtige Anstöße zur Umgestaltung der Stadt, so auch den zur Neugestaltung des Areals, auf dem nach seinem Tod die Spanische Treppe erbaut werden sollte.

Innozenz XIII. und die Spanische Treppe

Am 8. Mai 1721 trat Michelangelo dei Conti aus der Familie der Herzöge von Poli unter dem Namen Innozenz XIII. die Nachfolge Clemens' XI. auf dem Heiligen Stuhl an. Wegen der Kürze seiner Regierungszeit – er starb am 7. März 1724 – hinterließ er in städtebaulicher und architektonischer Hinsicht nur wenige Spuren in der Stadt. Doch blieb ihm genug Zeit, die schließlich 1726 beendeten Arbeiten an der Spanischen Treppe in Auftrag zu geben.

Der von Innozenz XIII. gebilligte, endgültige Entwurf stammte von Francesco de Sanctis, der mit seinem Lösungsvorschlag für die komplexe städtebauliche Situation höchstes Einfühlungsvermögen bewies. Vor dem Bau der neuen Anlage bildete der grüne Hang, der von der Kirche Trinità dei Monti hinunter zu Berninis *Fontana della Barcaccia* (am Ende der Via Condotti) führte, einen als unpassend empfundenen Einbruch der Natur in ein Gebiet, das nach und nach in das Stadtgefüge einbezogen worden war. Dieses in regelmäßigen Straßenzügen angelegte Stadtviertel war nicht nur zum bevorzugten Aufenthaltsort von ausländischen Besuchern und Pilgern geworden, sondern hatte auch große politische Bedeutung erlangt, da sich dort die spanische Botschaft befand. Die zu lösenden Raumprobleme waren beträchtlich: Das Gelände mußte verschiedene Sichtachsen miteinander vereinen, und zwar jene zur Via del Babuino hin sowie die frontale, jedoch nicht ganz rechtwinklig auftreffende der Via Condotti. Anläßlich des von Clemens XI. ausgeschriebenen Wettbewerbs hatten Alessandro Gauli, Sebastiano Cipriani und möglicherweise auch Filippo Juvara Entwürfe eingereicht. Auch Specchi hatte sich mit einem Projekt beteiligt, das im wesentlichen die bereits für den Stadthafen an der Ripetta gewählte Anlage aufnahm. Die beiden Seitenrampen erin-

Die Spanische Treppe bildet den monumentalen architektonischen Fluchtpunkt einer urbanistischen Achse, die an der Via del Corso ihren Ausgangspunkt hat. Francesco de Sanctis Entwurf steht dadurch in der unter Sixtus V. begründeten städtebaulichen Tradition, deren Kernpunkt die Gestaltung langer Achsenfluchten war.

nerten zudem stark an die – heute nicht mehr vorhandenen – Treppen aus dem Jahr 1725, die den päpstlichen Stallungen an der Piazza del Quirinale ihr charakteristisches Aussehen gaben und deren Ansicht auf einem 1733 entstandenen Gemälde von Gian Paolo Parini überliefert ist (Rom, Coffee House des Palazzo del Quirinale). De Sanctis' Entwurf wies große Nähe zu dem von Specchi auf, unterschied sich jedoch wesentlich durch eine gemischtlinige Führung der Stufen, durch den parallelen Schwung der seitlichen Läufe sowie durch einen zusätzlichen zentralen Aufgang, der sich seinerseits teilte und die letzte Terrassenmauer einfaßte. Auf diese Weise wurde die Steigung der Freitreppe aufgehoben, und der Aufstieg konnte „mit höchster Leichtigkeit und ebensolcher Bequemlichkeit" bewerkstelligt werden, wie der Architekt selbst versicherte. Das gemischtlinige Spiel der Stufen bildete ein kraftvolles dekoratives Element, das noch dadurch betont wurde, daß manche Stufen konvex, andere konkav geformt waren. Mit der Untergliederung des Bauwerks in drei Teile schließlich, erklärte de Sanctis, wird auch auf den Namen der Kirche, die sich darüber erhebt, angespielt.

Die Spanische Treppe gehörte zu den wichtigsten städtebaulichen Projekten des 18. Jahrhunderts in Rom, und ihre Existenz ist der Weitsicht und dem Architekturverständnis Papst Clemens' XI. zu verdanken. Der Bau wurde zu Zeiten Benedikts XIII. abgeschlossen, der Filippo Raguzzini damit beauftragte, die nach und nach aufgetretenen statischen Probleme zu lösen, was schließlich zur Errichtung eines weiteren Aufgangs von der Piazza Mignanelli her führte.

Frühe Werke Filippo Raguzzinis

Der herausragende Baumeister unter Benedikt XIII. Orsini (1724–1730) war zweifellos Filippo Raguzzini. Er gehörte zu den sogenannten Beneventani, die im Gefolge des Papstes nach Rom kamen, nach dessen Tod aber keine Rolle mehr spielten. Die frühen Werke des neapolitanischen Architekten belegen seine Schwierigkeiten, sich der Stilsprache der Tiberstadt anzupassen. Die 1724–1725 errichtete Cappella di San Domenico in Santa Maria della Minerva zum Beispiel – die der Papst zu Ehren des heiligen Gründers des Ordens, dem er selber angehörte, in Auftrag gab – belegt deutlich, wie sehr die erste Schaffensperiode des Künstlers von Redundanz und Unmäßigkeit geprägt war, und trug ihm die Kritik von Valesio und Ghezzi ein. Doch nutzte Raguzzini die Gelegenheit, sich an Ort und Stelle mit den Werken von Pietro da Cortona und Borromini auseinanderzusetzen, und dies hatte zweifellos positiven Einfluß auf sein architektonisches Repertoire. Während bei der Erneuerung der Fassade von San Sisto Vecchio und dem angrenzenden Dominikanerinnenkloster (1724–1730, ebenfalls in päpstlichem Auftrag) eher unspektakuläre Lösungen gefunden wurden, bewies Raguzzini beim Entwurf der langen Fassade des Ospedale di San Gallicano mit dem dominierenden Portal, daß er seine „borrominische Lektion" gut gelernt hatte.

Die Piazza Sant' Ignazio und der Bosco del Parrasio

Als das bedeutendste und berühmteste Bauwerk Filippo Raguzzinis kann mit Sicherheit die Neugestaltung der Piazza Sant'Ignazio gelten (1727–1728), die Zeugnis von dem großen städtebaulichen Einfühlungsvermögen des Architekten ablegt. Raguzzinis Vorbild war hier die städtebauliche Gestaltung der Piazza di Santa Maria della Pace durch Pietro da Cortona, wobei allerdings bei der Piazza Sant'Ignazio die bereits vorhandene Kirche den unveränderlichen Ausgangspunkt bildete. Deshalb ist der bevorzugte Blickpunkt auf den Platz auch der Kircheneingang, der, aus einem bestimmten Blickwinkel betrachtet, wie der Rahmen des Bühnenraumes wirkt. Auch wenn der Betrachter sich aus einem der Gäßchen zwischen den Baukörpern der neuen Gebäude dem Platz nähert, bietet sich die große barocke Kirchenfassade schief dar, so daß sie nicht tatsächlich zum Gesamtbild des Platzes zu gehören scheint. Was die Originalität der Anlage betrifft, so meinte Norberg-Schulz den Einfluß Juvaras zu erkennen, der 1725 zum Architekten von St. Peter ernannt worden war: Juvaras Wirkungsstätten lagen allerdings weitgehend außerhalb Roms, so daß von dem aus Messina stammenden Architekten in der Stadt selbst lediglich die prächtige Cappella Antamoro in San Girolamo della Carità bleibt (1708). Auf jeden Fall konzipierte Raguzzini seinen Platzentwurf gerade wegen der raumgreifenden Präsenz der Kirche als „offenes" System. Die Palazzi mit den konvex und konkav geschwungenen Fassaden bringen Bewegung in die rechteckige Anlage des urbanen Raums und machen den Platz mit seinem theaterhaften Effekt zu einem der schönsten Beispiele der Rokokoarchitektur überhaupt.

Ein vor allem wegen der kulturellen Auswirkungen bedeutsames Bauvorhaben, das während des Pontifikats Benedikts XIII. realisiert wurde, war die Antonio Canevari anvertraute Gestaltung des Bosco del Parrasio am Abhang des Gianicolo, wo die Accademia all'Arcadia ihren Sitz hatte. Das am 9. September 1726 eingeweihte Werk orientiert sich an der Dreiteilung der zu Trinità dei Monti hinaufführenden Spanischen Treppe und endet mit dem halbkreisförmigen Theater, in dem die Mitglieder der Accademia dell'Arcadia jedes Jahr (und noch heute) ihre Dichtungen rezitierten. Die Steigung und die Abfolge von auseinander- und zulaufenden Treppenrampen bis hinauf zum Zuschauerraum des Theaters mit seinem marmornen Lesepult stellen eine gebaute Metapher für eine Reise in den Tempel der Kunst dar. Ermöglicht wurde der Bau durch die Großzügigkeit König Johanns V. von Portugal, der 1721 zum Arkadier ernannt wurde und die zum Erwerb des Baugrunds und für den Bau selbst benötigten Geldmittel zur Verfügung stellte. Damit wollte der Herrscher sich für die von Benedikt XIII. (1724–1730) erhaltene diplomatische Unterstützung erkenntlich zeigen und zugleich die kulturellen Ideale der Arcadia unterstützen. Diese Ideale fanden ihre konkrete Umsetzung im Entwurf Canevaris, wobei die heutige Gestalt des Bauwerks später, unter Papst Leo XIII. (1878–1903), durch Giovanni Azzurri geschaffen wurde. Canevari, der seit 1716 Mitglied der Bruderschaft war, wirkte an verschiedenen römischen Bauwerken mit, angefangen mit dem von Kardinal Paolucci in Auftrag gegebenen Umbau von Santi Giovanni e Paolo auf dem Celio, der 1718 abgeschlossen wurde. Vor allem im Inneren der Kirche wurden Veränderungen vorgenommen, indem den antiken, frühchristlichen Säulen Pfeiler zur Seite gestellt wurden und so gewissermaßen im nachhinein das Motiv der Serliana wiederhergestellt wurde.

Während des kurzen Pontifikats Benedikts XIII. wurden außerdem zahlreiche Umbauten an den römischen Sakralbauten vorgenommen, von denen einige Erwähnung verdienen. So verlieh Filippo Barigioni zwischen 1726 und 1736 der Cappella di San Francesco di Paola in der Kirche Sant' Andrea delle Fratte durch farbigen Marmor und Bronzen neuen Glanz. 1729 baute der französische Architekt Antoine Dérizet Santi Andrea e Claudio praktisch völlig neu. 1725–1731 widmete sich Francesco Ferrari dem Umbau des Inneren von San Gregorio Magno al Celio und setzte damit das Werk Giuseppe Soratinis fort, der ebenfalls eine Erweiterung des Klosters vorgesehen hatte. Ferrari wird auch die um dieselbe Zeit erbaute, schlichte Fassade von Sant'Agata dei Goti zugeschrieben, deren leicht geschwungenes, von gigantischen Lisenenpaaren eingefaßtes Profil von fein gearbeiteten Stuckornamenten gegliedert wird.

Ferdinando Fuga und der Umbau des Quirinals

1731, unmittelbar nach der Wahl Clemens' XII. (1730–1740), wurde Filippo Raguzzini wegen eines Skandals um die Piazza Sant'Ignazio (die von den Römern boshaft „Platz des guten Verdienstes" getauft wurde) und vor allem, weil er nicht mehr auf die Unterstützung des verstorbenen Benedikt XIII. zählen konnte, verhaftet. Der neue „Star" am Architektenhimmel im zweiten Viertel des 18. Jahrhunderts war Ferdinando Fuga (1699–1781), der wie der neue Papst aus Florenz stammte. Er wurde von Clemens XII. und dessen Nachfolger zum Architekten der päpstlichen Paläste ernannt, so daß er fast drei Jahrzehnte lang die Kunstwelt Roms beherrschte und in hohem Maß an der Veränderung des Stadtbilds mitwirkte. Die besondere Aufmerksamkeit Papst Clemens' XII. bei der Stadtgestaltung galt dem Quirinal, und er beauftragte Ferdinando Fuga mit der Fertigstellung der „Manica Lunga", des langen Ärmels, an der Nordseite der damaligen Via Pia (heute Via del Quirinale). Das Gebäude war von Gian Lorenzo Bernini, der für Alexander VII. auch den zur Via Pia gelegenen Flügel des Palastes einschließlich Fassade entworfen hatte, begonnen und von Alessandro Specchi um neun Fenster und das Eingangstor erweitert worden.

Zwischen 1730 und 1732 vollendete Fuga das Werk mit der Palazzina del Segretario della Cifra, die die einzige echte Neuheit darstellt und u. a. zu militärischen Zwecken – zur Unterbringung der Schweizergarde – dem langgestreckten Baukörper angefügt wurde. Niemand, nicht einmal Fuga selbst, hatte es gewagt, von Berninis architektonischem Kanon abzuweichen, der – im Originalentwurf vor dem radikalen Umbau von 1870 – aus der vertikalen Abfolge von drei Fensterordnungen bestand, über die sich eine vierte lagerte, die durch ein Gurtgesims hervorgehoben wurde. Die Palazzina entstand durch Verschmelzung mit einem Teil des Palazzo Cantalmaggio, der einst Quartier des Hauptmanns der Schweizergarde gewesen war. Fuga baute den Palazzo von Grund auf um und legte um diesen herum das neue Gebäude an, das nun den hochrangigen Prälaten beherbergen sollte, der für die Ver- und Entschlüsselung der päpstlichen Geheimkorrespondenz zuständig war. Durch die größere Höhe und die Hervorhebung der Plastizität der Fassade bildete das Gebäude, über die durch den langen Ärmel geschaffene Distanz hinweg, den Kontrapunkt zum massigen Baukörper des Palazzo del Quirinale. Um die gleiche Zeit wurde der Florentiner Architekt auch mit der Fertigstellung der päpstlichen Stallungen betraut, bei der er sich allerdings ganz an den Entwurf von Alessandro Specchi hielt.

Doch das wichtigste von Clemens XII. bei Ferdinando Fuga bestellte Bauwerk in diesem Teil der Stadt war zweifellos der Neubau des Palazzo della Consulta an der Südostecke der Piazza del Quirinale. Der Palast wurde 1732–1735 für das Tribunale della Consulta, das päpstliche Gericht, erbaut und beherbergte auch zwei kleine Garnisonen einschließlich Diensträumen.

Bei der Planung ergaben sich Probleme mit der Raumaufteilung und der optimalen Ausnutzung des trapezförmigen Geländes, auf dem der Palast errichtet werden sollte. Dazu kam die Notwendigkeit, die Fassadenfront als Kulisse anzulegen, die den Platz mit der Via Pia verband. Die Raumaufteilung erfolgte der Hierarchie entsprechend, so daß die Consulta das Obergeschoß zugewiesen bekam, während das Militär im Erdgeschoß, im zweiten Zwischengeschoß sowie in der Attika untergebracht wurde. Der Palast, der einen relativ engen Hof umschließt, präsentiert sich als kompakter Baukörper, der die militärische und repräsentative Doppelfunktion versinnbildlicht. Gelungen ist auch die Lösung der Scherentreppe zum Hof. Die Verringerung des plastischen Volumens der tragenden Elemente zu einer Art Bühnenwand, welche durch die zentralen Bögen und die Verbindungen der Halbpfeiler, die (wie auch der volle Sockel und der das Ensemble einfassende Rahmen) die auf- und absteigende Führung der Treppenläufe betonen, hat Vorläufer nicht nur in der Fuga bestens bekannten neapolitanischen Architektur eines Ferdinando Sanfelice – etwa dem Palazzo Sanfelice e Fernandes in Neapel. Auch in der römischen Architektur wie dem oben erwähnten Palazzo Roccagiovine von Alessandro Specchi gab es Vorbilder. Bei der Fassade des Palazzo della Consulta, deren Dekoration mit Statuen und Trophäen von Filippo Della Valle stammt, wich Fuga von der ursprünglichen Planung ab, nach der das Bossenwerk für das Obergeschoß als Hintergrund für die Abfolge der glatten Spiegelungen der

Der Palazzo della Consulta wurde zwischen 1732 und 1736 für die gleichnamige Kongregation von Papst Clemens XII. errichtet. Ferdinando Fugas Fassadenentwurf dokumentiert durch die Rhythmisierung des oberen Geschosses mit hohen Pilastern über einem teilweise rustizierten Erdgeschoß eine Orientierung an Berninis Fassade des Palazzo Chigi. Der reiche Skulpturenschmuck wurde von Filippo della Valle und Paolo Benaglia gearbeitet.

Fenster eingesetzt werden sollte. Der endgültige und weniger gewagte Entwurf sah dagegen ein glattes, von Halbpfeilern unaufdringlich gegliedertes Obergeschoß vor sowie ein Erdgeschoß, dessen regelmäßiges glattes Bossenwerk an den Fassadenecken von Eckhalbpfeilern zusammengehalten wurde, die am mittleren Gebäude wiederkehren. Hier ist auch wieder die toskanische Bautradition des Fensters mit gebauchtem Gitter und der von Michelangelo entwickelten Verwendung der Balustrade als Abschluß der Gebäudefront zu erkennen.

Dennoch läßt sich auch die klassizistische, an Bernini orientierte Ausrichtung Fugas nicht leugnen, die sein Werk grundlegend von denen unterschied, die Gabriele Valvassori in jenen Jahren schuf.

Gabriele Valvassori und der Palazzo Doria-Pamphili in der Via del Corso

Die Fassade des Palazzo Doria Pamphili an der Via del Corso gehört zweifellos zu den originellsten Beispielen für die herrschaftliche Palastarchitektur. Das zwischen 1731 und 1734 erbaute Werk fällt durch die Eleganz und die architektonischen Neuerungen auf, obwohl die Verwurzelung von Valvassoris Stil im Vorbild Borrominis unverkennbar ist. Durch ein vorkragendes Gurtgesims und die – ebenso wie die beiden Seitenbalkone und der Mittelbalkon – geschwungene Balustrade erreichte Valvassori an der langgestreckten Fassadenfront eine bewegte Linienführung. Das Besondere des Palastes sind jedoch die Fenster, bei deren Gestaltung Valvassori seiner Phantasie freien Lauf ließ und zu vollkommen neuen Lösungen gelangte. Während im Erdgeschoß das von feinem, glattem Bossenwerk gegliederte Mauerwerk mit den breiten, schlichten Fensterrahmen kontrastiert, die – wie Portoghesi anmerkt – wie an die Hintergrundfläche „angehängt" wirken, so überrascht im Obergeschoß die Existenz einer zweiten, von einem gemischtlinigen und stark vorkragenden Rahmen umschlossenen Öffnung, die das eigentliche Fenster üppig bekrönt. Die hierbei von dem römischen Architekten gewählte Lösung hat – unter rein formalen Gesichtspunkten – einen direkten Vorläufer in den von Borromini geschaffenen Fenstern in der Fassade des Collegio di Propaganda Fide; doch die beim Palazzo Doria erkennbare Verbindung dieses einmaligen Kunstgriffs mit der praktischen Funktion, mehr Licht

durch die Fenster zu lassen und auch das Mezzanin zu beleuchten, findet sich ansonsten nur bei der fast zeitgleich entstandenen Fassade der fürstbischöflichen Residenz in Würzburg oder im Innern des Palazzo Carignano in Turin. Zu Dreierreihen – auf der Zentralachse sogar in einer Viererreihe – gruppiert, erzeugen die Fenster eine horizontale Bewegung, die sich mit der vertikalen Führung der Halbpfeiler mit glattem Bossenwerk kreuzt und dem gesamten Komplex jene organische Leichtigkeit verleiht, die diese Palastfassade zu einem der bedeutendsten Bauwerke des 18. Jahrhunderts in ganz Italien macht. Darüber hinaus führte Valvassoris Orientierung an Borromini sogar zur Erfindung neuer Kapitellformen, obwohl diese insgesamt eher auf die klassische korinthische Form anspielen. In den ersten fünf Regierungsjahren Clemens' XII. entstanden künstlerische Meisterwerke.

Die besprochenen Bauten, einschließlich der Fassade der Santa Maria Maddalena aus dem Jahr 1735, stellen den Höhepunkt der römischen Ro-

Detail der auf die Via del Corso ausgerichteten Fassade des Palazzo Doria-Pamphili. Dieser Bereich, der nach dem Entwurf Gabriele Valvossoris umgestaltet wurde, erhält durch das Zusammenspiel der elegant geschwungenen Fensterbekrönungen und Balkonbrüstungen eine sanfte, wellenförmige Bewegung. Diese gestalterischen Merkmale zeichnen die Fassade als eine der innovativsten architektonischen Schöpfungen des 18. Jahrhunderts in Rom aus.

Kontrastierend zu der bewegten Fassadenpartie zeigt der ebenfalls von Gabriele Valvossori entworfene Innenhof des Palazzo Doria-Pamphili eine ruhige Formensprache, deren Hauptbestandteil die klassisch geformte Arkadenabfolge ist.

koko-Architektur dar. Deutlich wird auch die Komplexität des kulturellen Klimas in Rom mit seinen gegenläufigen Strömungen, nämlich jener, die in gewisser Weise mit dem europäischen Rokoko in Zusammenhang stand, und jener, die in Berninis klassischen Prinzipien verbindliche akademische Regeln anerkannte. Von diesen wollte man nur schwer abgehen, wie beispielsweise am Entwurf Fugas für den Palazzo della Consulta deutlich wird.

Die gesamte erste Hälfte des 18. Jahrhunderts in Rom ist von diesem Zwiespalt geprägt, der verhinderte, daß sich das Rokoko vollständig durchsetzen konnte. Ein Beleg dafür ist, daß Valvassoris Wirken in Rom insgesamt begrenzt blieb und ein direkter Nachhall seines Stils sich nur bei der zur Via del Plebiscito hin gelegenen Fassade des Palazzo Doria Pamphili findet, die 1741–1744 von Paolo Ameli geschaffen wurde.

Alessandro Galilei und der Wettbewerb für die Fassade von San Giovanni in Laterano

Diese Auseinandersetzung wirkte sich auch auf den Ausgang des Wettbewerbs für die Gestaltung der Fassade von San Giovanni in Laterano aus. Im Juni 1732 bewertete eine auf päpstliche Weisung von der Accademia di San Luca ernannte Kommission – der die wichtigsten Künstlerpersönlichkeiten jener Zeit angehörten – Modelle und Zeichnungen, die in der Galleria del Quirinale öffentlich ausgestellt wurden. Der Wettbewerb war derart von Intrigen und Unregelmäßigkeiten geprägt, daß Francesco Milizia (1725–1798) sarkastisch kommentierte: „Wahrlich, ein großer Wettbewerb!" Jedenfalls kamen nur drei Architekten in die „Endausscheidung", nämlich Alessandro Galilei, Ludovico Rusconi Sassi und Luigi Vanvitelli. Die endgültige Entscheidung oblag dem Papst, der den ersten der drei zum Sieger erkor.

Die moderne Kunstwissenschaft sieht im Sieg Galileis, der wie der Papst aus Florenz stammte, teils den Erfolg eines rückständigen und starren Klassizismus (Portoghesi), teils eine offizielle Stärkung des von der Launenhaftigkeit des Rokoko bedrohten klassischen Geschmacks (Wittkower). Nach unserer Meinung verhielt es sich eher so, daß die Theatralität der Statuen, die sich über der Balustrade erheben, eine Art Befreiung vom Klassizismus der gigantischen Säulenordnung darstellte, die den oberen Bogen der zentralen Serliana einfaßt.

Für Derartiges finden sich im Spätbarock viele Beispiele, doch das völlige Fehlen der Hintergrundmasse der Kuppel verleiht den sich gegen den Himmel abhebenden Standbildern eine „antiklassische" Lebensnähe, die man anderswo vergeblich sucht. Dies belegt allein der Vergleich von Galileis Entwurf mit dem ähnlichen von Vanvitelli, der in der Raccolta Grafica Comunale aufbewahrt wird. Auch weil hier das große zentrale Giebelfeld nicht überbaut wird, wirkt Vanvitellis Entwurf wesentlich ruhiger als der von Galilei, in dessen Giebelfeld eine neuartige Darstellung der Deesis geboten wird, in der die Figuren äußerst lebendig und bar der klassischen Gemessenheit dargestellt sind. Verschiedentlich wurde vermutet, daß ein Aufenthalt Galileis in England die Entscheidung für die gigantische, an Palladio erinnernde Säulenordnung beeinflußt habe, doch wird dabei – wie Wittkower zu Recht anmerkt – außer acht gelassen, daß Galileis Fassadenentwürfe tief in der architektonischen Tradition Roms verwurzelt sind. Das gilt für die Fassade von St. Peter von Maderno ebenso wie für die an Michelangelo orientierte Verwendung der Balustrade, für die sich ja

auch Ferdinando Fuga beim Bau des Palazzo della Consulta entschieden hatte.

Die Entstehung der „bürgerlichen" Baukunst: Der Palazzo als Mietshaus

Die Entwicklung einer sozusagen niederen Baukunst brachte in mancher Hinsicht neue architektonische Typen hervor. Gemeint ist der Palazzo mit mehreren Wohnungen, der sich – Mario Bevilacqua zufolge – „sowohl von der mittlerweile voll entwickelten Typologie des Adelspalastes als auch von dem Ein- oder Mehrfamilienhaus beziehungsweise dem Reihenhaus der Unterschichten" beträchtlich unterschied. Der Palazzo in seiner bürgerlichen Variante war eine typische Erschei-

H. F. van Lint: Ansicht der Basilika San Giovanni in Laterano, der Sancta Sanctorum sowie des Trikliniums Leos III. *Die noch in der ersten Hälfte des 18. Jahrhunderts entstandene Darstellung dokumentiert die topographische Situation kurz nach der Vollendung der Fassade Galileis. Durch das Fehlen weiterer urbanistischer Bezugspunkte wirkt dieses Gebilde wie ein überproportionierter Fremdkörper. Rom, Collezione F. Megna*

Die nach dem Siegerentwurf des von Papst Clemens XII. ausgerufenen Architekturwettbewerbes zwischen 1732 und 1736 errichtete Fassade der Kirche San Giovanni in Laterano. Alessandro Galileis Fassadenlösung zeichnet sich durch deutliche Anleihen bei bedeutenden Architekten der italienischen Renaissance wie Palladio und Michelangelo aus. Die bekrönenden Statuen zeigen Christus zusammen mit Johannes dem Täufer und Johannes dem Evangelisten und den Lehrern der östlichen und westlichen Kirche, wodurch der dogmatische Führungsanspruch Roms einmal mehr betont wird.

nung jener Zeit und sollte im 19. und auch 20. Jahrhundert weite Verbreitung finden. Er bestand aus „Wohneinheiten für jeweils eine Familie, die in einem einzigen Gebäude übereinander angeordnet und vollkommen abgeschlossen sind, wo jedoch die Erschließungswege (Eingangsbereich, Treppe, Hof) sowie die Diensträume (Hof und Waschküche, Stallungen und Remisen) gemeinsam genutzt werden. Obwohl das Bürgerhaus nach außen hin die architektonische Einheit und Würde des Adelspalastes zu erhalten sucht, fehlt ihm jene Gleichsetzung des Hauses mit der dort ansässigen Familie, die einer ethischen Konzeption des Adels Ausdruck verleiht, die gerade in der Einheit des Palazzo das unabdingbare Konzept der Zusammengehörigkeit, sozialen Würde und Reputation des Geschlechts kundtut."

Andererseits wird auch das Bemühen dieser neuen architektonischen Typologie offenbar, das in der Abgrenzung von den Häusern des Volkes liegt, und zwar mit Hilfe von der Architektur des Adels entlehnten Merkmalen, während man von der volkstümlichen Architektur die Raumnutzung übernimmt und dabei auf repräsentative Effekte des Innenraumes verzichtet. Typische Beispiele in diesem Sinn sind der Palazzo del Cinque in Montecitorio sowie der Palazzo Giannini an der Piazza Capranica, die übrigens beide in Stadtvierteln entstanden, die kurz zuvor von Papst Clemens XII. städtebaulich aufgewertet worden waren.

Die großen architektonischen Projekte

Der im Jahr 1748 von Nolli veröffentlichte *Kleine Plan der Stadt Rom* zeigt im unteren Teil, unterhalb der Legende, eine imaginäre Ansicht Roms von Piranesi, die zwei der wichtigsten Bauvorhaben aus der Zeit Benedikts XIV. (1740–1758) zeigt, nämlich die Neugestaltung der Fassaden von Santa Maria Maggiore und Santa Croce in Gerusalemme.

Das Äußere der Liberius-Basilika nach dem 1605 von Papst Paul V. veranlaßten Umbau läßt sich einem 1618 gedruckten Stich von Jacopo Lauro entnehmen, auf dem im oberen Teil der Fassade die aus dem Mittelalter stammenden Mosaiken des Filippo Rusuti zu erkennen sind. Tatsächlich arbeitete Ferdinando Fuga bereits seit 1735 an seinem Entwurf für die Neugestaltung der Fassade der mächtigen Kirche. Anfangs hatte man daran gedacht, die antiken Mosaiken sichtbar zu lassen, wie es übrigens auch schon Carlo Fontana beim erwähnten Umbau von Santa Maria in Trastevere getan hatte.

Wahrscheinlich unter dem Einfluß von Galileis Fassadengestaltung für San Giovanni in Laterano entschied sich Fuga für eine Fassade mit zwei übereinander gelagerten Säulenordnungen. Fugas Neuerung bestand jedoch in der kleinen Loggia, die die bunten, durchscheinenden Mosaiken sichtbar ließ; das benötigte Licht fiel durch die hinter der zweiten Balustrade verborgenen Lünetten ein. Das Grundmotiv der Fassade besteht in der Figur der Ädikula, deren Wechsel von Giebel – Architrav – Segmentgiebel einen horizontalen Rhythmus erzeugt, der den aufsteigenden Schwung der drei tiefen Bögen der Loggia ausgleicht. Indem er zudem Flaminio Ponzios Anbau für die Sakristei spiegelbildlich verdoppelte, verwandelte Fuga die Fassade in ein kostbares Reliquiar, fast einen Schrein.

Das andere große Bauvorhaben aus dem langen Pontifikat Benedikts XIV. war die Neugestaltung der Fassade von Santa Croce in Gerusalemme, die in den Jahren 1742 und 1744 von dem Sizilianer Pietro Passalacqua und dem Römer Domenico Gregorini ausgeführt wurde. Die beiden Architekten von gänzlich unterschiedlicher kultureller Herkunft hatten bereits beim Theater von Tor di Nona zusammengearbeitet. Es ist nicht leicht, den jeweiligen Beitrag der beiden beim Umbau von Santa Croce auszumachen, wo die Übertragung der Formensprache Borrominis auf ein gemischtliniges, breit geschwungenes Fassadenprofil offensichtlich scheint.

Sicher ist, daß Passalacqua das Fassadenschema von Santa Croce in abgeschwächter Form auch für Santissima Annunziata (1744–1746) heranzog, die 1950 im Zuge der Bauarbeiten an der Via della Conciliazione vom Borgo Santo Spirito auf ihren heutigen Standort versetzt wurde. Die von der mächtigen Säulenordnung und einem großen ovalen Fenster gekennzeichnete Fassade von Santa Croce stellt – neben den Fassaden von San Giovanni und Santa Maria Maggiore – eine dritte Lösung für ein und dasselbe Problem dar, nämlich die Durchlässigkeit zwischen Außenraum und Kircheninnerem.

Winckelmanns klassizistisches Ideal

Die große künstlerische Revolution des 18. Jahrhunderts war jedoch der Klassizismus, der der glücklichen Begegnung eines römischen Kardinals, seines Bibliothekars und eines mit diesem befreundeten Malers zu verdanken ist. Es war eine Begegnung, die das Erscheinungsbild einer ganzen Epoche radikal verändern sollte. Kardinal Alessandro Albani und Johann Joachim Winckelmann, seit 1758 Bibliothekar des Kardinals, vereinte die Leidenschaft für die Antike, zu deren Erforschung Albani durch Ausgrabungen beitrug, deren Funde seine Sammlung bereicherten. Auch seine zwischen 1748 und 1763 gebaute Villa an der Via Salaria war weniger als Residenz vor den Toren der Stadt konzipiert, sondern vielmehr als Ort für kulturelle Begegnungen und als Privatmuseum. Es verwundert also nicht, daß der große Garten der

Villa mit seinem halbkreisförmigen Abschluß (Semicircolo) die Anlage der Villa Hadriana in Tivoli aufnimmt, noch daß die dort aufgestellten Statuen einer genauen thematischen Ordnung folgten. So waren die Standbilder der Kaiser im Casino untergebracht, die der Dichter und Philosophen in den Gebäudeflügeln und die der Götter schließlich im Semicircolo. In dieser Umgebung wurden die Grundlagen für die große internationale Bewegung des Klassizismus geschaffen, dessen theoretisches Fundament auf Winckelmann zurückgeht. Die Villa Albani war somit vor allem ein kultureller Treffpunkt, ein wichtiger Schmelztiegel, in dem die Interessen des Kardinals (der mit großer Wahrscheinlichkeit am Entwurf der Villa mitgearbeitet hatte), das Einfühlungsvermögen des Architekten Carlo Marchionni (dem unter anderem der Bau des verfallenen Tempelchens im Park zu verdanken ist und damit das früheste Beispiel für eine pittoreske Rückbesinnung auf die Antike) sowie die grundlegenden kulturellen Beiträge von Persönlichkeiten wie Johann Joachim Winckelmann oder Anton Raphael Mengs (der 1761 im Gewölbe der Galerie mit dem berühmten *Parnaß* ein Manifest des klassizistischen Stils malte) miteinander verschmolzen.

Die Frage, worin die Neuerung dieser kulturellen Bewegung bestand, stellt sich angesichts der italienischen Kunstgeschichte – beginnend mit der Kunst zur Zeit des Stauferkaisers Friedrichs II. –, wo es bereits häufig zu einer Rückbesinnung auf die klassische Antike gekommen war. Der angenommene Gegensatz zwischen Klassizismus und Barock hält einer genaueren Prüfung nicht stand, da letzterer schließlich auch als „Weiterentwicklung der klassischen Kultur" (Argan) verstanden werden kann.

Die eigentliche Zäsur besteht in einer auf den ersten Blick marginalen, jedoch folgenreichen Feststellung, daß die klassizistische Bewegung die herrschende, durch Vitruv geprägte Ansicht, Griechenland und Rom seien im wesentlichen als kulturelle Einheit zu betrachten, nicht den Tatsachen entsprach. Auf diese Weise wurde das Verständnis der Klassik selbst tiefgreifend modifiziert.

Winckelmanns Beschäftigung mit der griechischen Kunst beruhte teilweise auf unzureichenden Kenntnissen, brachte ihn jedoch zu der Überzeugung, daß im antiken Griechenland der Ort und die Epoche zu erkennen seien, wo am dem sich die ideale Schönheit verwirklicht habe. Damit wurde die römische Kunst der griechischen untergeordnet und stellte, weil sie von dieser abhing, gemessen an ihrer kulturellen Grundlage einen Rückschritt dar. Im übrigen erkannte Winckelmann in seiner 1764 in Dresden erschienenen *Geschichte der Kunst des Altertums*, daß sich gerade im Erreichen der Perfektion bereits der Keim des Niedergangs verbarg: „Häufig verliert sich das Gute im Kunstgriff, weil man es immer besser machen will." So machte Winckelmann drei für sämtliche Epochen gültige Entwicklungsphasen der Kunst aus: die erste, die aus dem „Drang" zur Darstellung erwächst, die zweite, in der die Schönheit erreicht wird, und schließlich die dritte, die im Überflüssigen den Niedergang erfährt. Eine derartige Sicht der Dinge mußte jedoch notwendigerweise die Voraussage einer Rückbesinnung auf die ursprüngliche Formsprache beinhalten, weil, so führte der Gelehrte weiter aus, „es auf diese Weise geschehen konnte, so wie die Dinge der Welt im Kreis sich drehen und an ihren Ausgangspunkt zurückkehren, daß die Künstler sich zwangen, den ältesten Stil nachzuahmen".

Dies war nun, wie Gombrich anmerkt, eine Erkenntnis, die sowohl aus einer archaisierenden Erhöhung der Villa Albani gewonnen wurde als auch aus den Regeln der Rhetoriker, denen zufolge die strenge Reinheit des Stils „der Rede Größe verleiht", um Winckelmanns Worte zu benutzen; doch kann diese Erkenntnis auch als Absichtserklärung verstanden werden. Tatsächlich sagte Winckelmann die Wiedergewinnung der „edlen Einfalt und stillen Größe" voraus und erkannte in Raffael denjenigen, der „dank der Nachahmung der Klassiker" deren Wesenskern zu erfassen wußte. Die Vision des deutschen Kunsthistorikers avant la lettre ging also von der Analyse der griechischen Kunst zur Betrachtung ihm viel näherer künstlerischer Phänomene über, die später in den erbitterten Streit über den Barock und Bernini münden sollten. In derselben Abhandlung konnte man nämlich bereits lesen, daß Cavalier d' Arpino, Bernini und Borromini sich von der Natur und Klassik in der Malerei, der Bildhauerei und der Architektur abwandten, so wie es Marino und andere in der Dichtkunst getan hätten. Auf diese Weise widersprach der Klassizismus mit der Wiedergewinnung der fernen Ursprünge der idealen Schönheit jenem Bewußtsein für kulturelle und historische Kontinuität, das in anderen Epochen (zum Beispiel im Barock) Antike und Moderne in ein Verhältnis gegenseitiger Durchdringung gebracht hatte (Argan). Es wird nun verständlich, warum Rom auf der einen Seite das Zentrum der sozusagen natürlichen Umsetzung der Winckelmannschen Theorien wurde, die in mancher Hinsicht durch die Analyse des Materials in den großen Sammlungen bestätigt wurden, und auf der anderen Seite gleichzeitig als blasses Abbild des griechischen Vorbildes erschien.

Giovanni Battista Piranesi und Santa Maria del Priorato

Das einzige architektonische Ereignis von nachhaltiger Bedeutung während des Pontifikats Clemens' XIII. (1758–1769) war die Erneuerung der Kirche Santa Maria del Priorato, die 1765 von

Links:
Die zwischen 1741 und 1744 von Pietro Passalacqua und Domenico Gregorini errichtete Fassade der Kirche Santa Croce in Gerusalemme. Dieses Hauptwerk des römischen Spätbarock enthält in der sanften konkav-konvexen Krümmung dieser Partie noch Reminiszenzen an Borromini.

Rechts:
Die Fassade der Kirche Santa Maria del Priorato, des einzigen realisierten Baus von Giovanni Battista Piranesi. Die Fassade dieses für Besucher kaum zugänglichen Gebäudes auf dem Aventin gilt als frühes Beispiel einer klassizistischen Architektur in Rom.

Giovanni Battista Piranesi für den Malteserorden ausgeführt wurde. Den Umbau des großen Baukomplexes auf dem Aventin, der Piazza, Villa mit Gartenzugang und Kirche umfaßte, hatte Kardinal Giovan Battista Rezzonico in Auftrag gegeben, der Prior des Ordens und Neffe Seiner Heiligkeit. Für Piranesi – der 1720 in Maiano bei Mestre in der Nähe von Venedig geboren wurde und als Zwanzigjähriger nach Rom kam – stellte diese Baumaßnahme die einzige Gelegenheit zum Bauen dar, denn sein Entwurf für die Apsis von San Giovanni in Laterano wurde nie verwirklicht. Piranesi arbeitete hauptsächlich theoretisch, wovon seine phantastischen Architekturentwürfe zeugen; ihm wurde oft eine Inkongruenz zwischen den formulierten Maximen und ihrer praktischen Anwendung vorgeworfen. Tatsache ist, daß man in Santa Maria del Priorato – gerade weil es sein einziges realisiertes Werk ist – nur zu gern eine Synthese des gesamten Theoriegebäudes des Künstlers sehen wollte, obwohl es sich hierbei keineswegs um die künstlerische Essenz handelte, sondern lediglich um eine Momentaufnahme in der Entwicklung des venetischen Architekten.

Prägend für die Entstehung eines Bauwerks wie Santa Maria del Priorato war die Bestimmung des Gebäudes als eines zugleich von religiöser und profaner Erhabenheit durchdrungenen Ortes, wurden auf dem Aventin doch die Waffen der siegreichen römischen Heerführer gereinigt. Der Ursprung des heutigen Malteserordens liegt in den Rittergemeinschaften des 12. Jahrhunderts, die es als ihre Aufgabe angesehen hatten, das Heilige Grab zu bewachen. In diesem Orden gingen das Militärische und das Religiöse eine reale, vielschichtige Verbindung ein, die – im übertragenen Sinn – der christlichen Figur des „Soldaten Christi“ entsprach.

Es ist kein Zufall, daß das große zentrale Stuckwerk am Gewölbe von Santa Maria neben dem militärischen Thema auch das christliche Thema des Martyriums darstellt; die dazu als Metapher gewählten Palmen flechten sich in Anlehnung an Borromini ineinander und spielen auf den endgültigen Sieg des Christentums an. Das von dem Heiligtum ausgehende bedrohliche Gefühl, das sich bei der Ornamentik der Kirche oder dem flachen Zugangsgebäude zum Garten noch hinter der Darstellung der Standarten und der militärischen Unternehmungen verbirgt, ist im Gegensatz dazu in der Anordnung der Trophäen auf der Piazza deutlich erkennbar. Die Formensprache des entstehenden Klassizismus, das Piranesi bei der

Dekoration der Wandflächen verwendete, weicht hier einer Monumentalität, die zwar ebenfalls klassisch ist, jedoch von würdevollen Todesszenarien herrührt. Die Anregung dazu erhielt der Künstler möglicherweise aus der Villa Corsini, für die er die Abfolge der Urnen, Blumenvasen und Grabsteine gezeichnet und in Kupfer gestochen hatte.

Das Pontifikat Pius' VI. und die Wiederbelebung der Bautätigkeit in Rom

Mit der Wahl des 58jährigen Giovanni Angelo Braschi, der als Pius VI. von 1775 bis 1799 den Papstthron innehatte, erhielt die Bautätigkeit in der Ewigen Stadt neuen Aufschwung. Der aus einer Adelsfamilie aus Cesena stammende Papst war nicht nur ein großer Kunstmäzen, er kümmerte sich auch um die Verbesserung der Lebensverhältnisse seiner Untertanen, indem er öffentliche Arbeiten wie die Absenkung des Tiberbettes, die (nur zum Teil erfolgreiche) Urbarmachung der Sümpfe zwischen Cisterna und Terracina sowie die Verbesserung des Wegenetzes durch den Bau der Straßen von Velletri nach Terracina und von Subiaco nach Tivoli in Auftrag gab. Sein Fehler war der Hang zur Vetternwirtschaft, als er seinem Neffen Luigi Onesti die Gelegenheit verschaffte, sich des Besitzes des aufgehobenen Jesuitenordens bei Tivoli zu bemächtigen. Die Einflußnahme des Neffen auf die päpstliche Wirtschaftspolitik hatte zudem negative Auswirkungen auf die Steuerverwaltung des Kirchenstaates. Dennoch war das Pontifikat Pius' VI., der als großer Förderer von Kunst und Kultur in die Geschichte einging, eine Zeit der Prachtentfaltung, die Rom zum Ziel der größten Künstlerpersönlichkeiten Europas von Antonio Canova über Jacques-Louis David bis hin zu Johann Wolfgang von Goethe machte.

Der Name Pius' VI. steht in direkter Verbindung zu zwei Bauvorhaben: dem Bau der vatikanischen Sakristei und dem des Palazzo Braschi, letzter greifbarer Ausdruck für die weltliche Macht der Päpste am Ausgang des 18. Jahrhunderts. Diesem Projekt hatten sich fast sämtliche Päpste von Alexander VII. bis Clemens XII. gewidmet und dafür die besten Architekten des

Ansicht der Gartenanlage des Malteserorden-Priorats, die gleichzeitig mit der Kirche 1765 nach den Entwürfen Giovanni Battista Piranesis errichtet wurde.

Die Piazza del Popolo vor Valadiers Systematisierung im Geiste des Neoklassizismus. Das Erscheinungsbild der barocken Piazza wurde von den Zwillingskirchen Santa Maria di Montesanto und Santa Maria dei Miracoli bestimmt. Gemälde eines unbekannten Malers im Schloß zu Weimar.

Blick vom Pincio über die ellipsenförmige Anlage der Piazza del Popolo in den Westen der Stadt mit der sich am Horizont abzeichnenden Kuppel von St. Peter.

17. und 18. Jahrhunderts herangezogen, doch wurde das Projekt niemals verwirklicht, so daß über Jahrhunderte Santa Maria della Febbre als Sakristei diente. Am 6. April 1776 unterzog Pius VI. zusammen mit dem Verwalter und dem Sekretär der Peterskirche die alten Entwürfe einer Prüfung und forderte neue Planungen. Unter diesen verdient der Entwurf von Cosimo Morelli Erwähnung, der sich an Carlo Fontanas in der Abhandlung *Templum Vaticanum* vorgeschlagenen Lösung orientierte und die Entkernung der Spina di Borgo vorsah, wodurch ein perspektivischer Kegel geschaffen worden wäre, der dann mit der Sakristei verbunden werden sollte.

Der Papst entschied sich jedoch für den Vorschlag von Carlo Marchionni, der den Entwurf von Filippo Juvara überarbeitet hatte. Bereits die Zeitgenossen setzten sich kritisch mit dem Gebäude auseinander, und zweifellos hatte es unter der räumlichen Nähe zu den Werken Bramantes und Michelangelos zu leiden. Zu Marchionnis Verteidigung muß allerdings gesagt werden, daß der Bau – wie Ceccarelli nachwies – unvollständig ist, weil die Südseite der heutigen Sakristei eigentlich durch ein weiteres Gebäude mit halbkreisförmiger Front einen harmonischen Abschluß erhalten sollte, der jedoch aus finanziellen Gründen nie gebaut wurde. Marchionnis 1784 fertiggestelltes Werk war durch eine Reihe von Zwängen geprägt, darunter die Maßgabe, nicht an die Basilika anzugrenzen, um deren Profil nicht zu verändern. Ferner mußten zwei Zugänge angelegt werden, ein öffentlicher und ein privater, und außerdem mußte es Diensträume (Umkleideraum, Wachsfabrik, Keller usw.), Wohnungen für die Kanoniker sowie die eigentliche Sakristei umfassen (eine allgemeine und drei abgesonderte). Aus diesem Grund ist der Innenraum um die allgemeine Sakristei zentriert, deren achteckiger Grundriß von einer hohen, kassetierten Kuppel überwölbt ist, die an diejenige von Bernini in Ariccia erinnert. Zwei Zugangskorridore oder „Achsen“ begrenzen den Hof, der den neuen Bau von der Südseite der Basilika abgrenzt; doch während hier das Gebäude von außen durch die unterschiedlichen Traufhöhen und die Kuppel rhythmisch strukturiert wird, verleiht der den Diensträumen vorbehaltene Flügel dem Komplex Schwerfälligkeit. Marchionni hatte diesen Trakt als freistehendes Gebäude konzipiert, wodurch der Eindruck des Gedrängten, Kompakten vermieden werden sollte.

Der Palazzo Braschi

1790 erwarb der Papst den an der Piazza Navona gelegenen, in schlechtem Zustand befindlichen Palazzo Santobono als Residenz für seinen Neffen Luigi Onesti-Braschi und ließ ihn vollständig umbauen. Zu diesem Zweck wurden Architekten wie Giuseppe Valadier und Giuseppe Barbieri herbeigerufen, doch entschied sich der Papst schließlich für den Entwurf von Cosimo Morelli, der bereits zum päpstlichen Architekten in den Marken ernannt worden war. Diese Wahl war nur folgerichtig, galt das Streben Pius' VI. doch dem unerreichbaren Ziel, in seiner Regierungszeit die römische Pracht der Renaissance und besonders des Pontifikats Leos X. wieder aufleben zu lassen. So paßte sich der an der Renaissance orientierte Stil Morellis perfekt an die kulturellen (und politischen) Ambitionen des Papstes an.

Das formale Repertoire, das der 1732 in Imola in der Romagna geborene Architekt beim Palazzo

Ansicht der Piazza del Popolo mit den nach Entwürfen Valadiers von 1816 bis 1820 errichteten halbkreisförmigen Terrassen am Fuße des Pincio. Der Obelisk im Zentrum der Platzanlage wurde im Auftrag Papst Sixtus' V. von Domenico Fontana aus dem Circus Maximus hierher überführt.

Braschi anwandte, paßte zwar in der Tat in die römische Bautradition, folgte jedoch im Grunde vorgegebenen Mustern ohne besondere Charakteristik. Die Hauptfassade des auf unregelmäßigem trapezförmigem Grundriß erbauten Palazzo Braschi befindet sich auf der schmalen Seite und verfügt über ein ernst wirkendes Bossenwerk, dessen Gegenstück die beiden strengen dorischen Säulen des Balkons, der die Fassade umläuft, bilden. Die großzügige Treppenanlage im Innern beeindruckt durch ihre majestätische Architektur und stellt somit den gelungensten Bauteil dar.

Giuseppe Valadier

Die Bedeutung des Palazzo Braschi liegt darin, daß er teilweise eine Erklärung dafür liefert, warum Rom sich erst mit Verspätung dem Neoklassizismus zugewandt hat. Dieser Umstand ist um so erstaunlicher, als die Stadt – wie wir gesehen haben – entscheidenden Anteil an der Entstehung des neuen Stils gehabt hatte. Erst als Giuseppe Valadiers Schaffen seinen Höhepunkt erreicht hatte, paßte sich die Entwicklung in Rom dem Niveau der großen europäischen Zentren an.

Die Laufbahn des 1762 in Rom geborenen Valadier weist kaum Brüche auf, sie litt nicht einmal

Detail des Sockels der Brunnenanlage im Zentrum der Piazza del Popolo

Ansicht der von Giovanni Ceccari 1822–1823 geschaffenen Skulpturengruppe der westlichen Exedra der Piazza del Popolo, die Neptun mit zwei Tritonen zeigt.

unter den politischen Umwälzungen der Revolutionszeit, von denen auch die Ewige Stadt nicht verschont blieb. 1781 wurde er zum Architekten der Päpstlichen Paläste ernannt, und als solcher diente er sowohl Pius VI. (mit dem oben genannten Entwurf für den Palazzo Braschi an der Piazza Navona) als auch den Franzosen während der napoleonischen Besatzung (1809–1814) und schließlich Pius VII. (1800–1823) nach dessen Wiedereinsetzung als Papst. Valadiers Tätigkeit erstreckte sich auf die gesamte Stadt Rom: 1805 gab er der Via Flaminia ihre neue Gestalt, 1811 lieferte er den Generalplan für die Via dei Fori Imperiali, und schließlich leitete er den Umbau der Piazza San Giovanni in Laterano.

Valadiers Interessen und Fähigkeiten reichten somit vom Städtebau über die Architektur bis hin zur Restaurierung der großen römischen Baudenkmäler. Zwischen 1819 und 1822 beschäftigte er sich mit der Instandsetzung des Kolosseums sowie des Titusbogens, und zwischen 1829 und 1835 restaurierte er den Tempel der Fortuna Virilis. Um die gleiche Zeit entwarf er die neoklassizistische Fassade von San Rocco mit nur einer Säulenordnung, die dem Bau von Giovanni Antonio de Rossi angefügt wurde. Das berühmteste Bauwerk jedoch, das Meisterwerk Valadiers als Stadtplaner, Architekt und Restaurator, war zweifellos die Piazza del Popolo.

Statue einer Sphinx, die zu der als Pendant zum Neptunbrunnen *konzipierten Skulpturengruppe der Roma gehört.*

Die Piazza del Popolo

Guiseppe Valadiers erster Entwurf für die Neuordnung des Areals, das bereits mehrmals durch Papst Alexander VII. umgestaltet worden war, stammte aus den Jahren 1793–1794, als der Architekt auf die Ausschreibung für den Concorso Balestra durch die Accademia di San Luca (1773) zurückgriff und dem Platz einen trapezförmigen Grundriß gab, dessen kürzeste Seite zur Porta Flaminia hin liegen sollte. Als Begrenzung der Längsseiten sollten (wie die Zeichnungen des Architekten und Stiche von Feoli zeigen) die in der Ausschreibung ausdrücklich geforderten Garnisonsgebäude dienen. Das heute vielleicht nicht mehr so stark beeindruckende Novum in Valadiers Entwurf waren die Loggien mit übereinander angeordneten Säulenordnungen, die sich auf der Ost- und der Südseite gegenüberstehen sollten.

Diese ursprüngliche Planung wurde zwar nie verwirklicht, gibt jedoch Auskunft über die kulturellen Wurzeln und die ästhetischen Ideale, die Valadier verfolgte und die weitgehend den Idealen Francesco Milizias (1725–1798) entsprachen. Auch die Entscheidung für die Trapezform spiegelt die Empfehlungen des apulischen Architekturtheoretikers wider, der gemischtlinige Platzanlagen forderte, um die Monotonie der Regelmäßigkeit zu vermeiden. Tatsächlich war Valadier wahrscheinlich der ideale Architekt für die Umsetzung der von Klassizismus und Aufklärung geprägten Architekturtheorie, die Francesco Milizia auch entgegen den Vorstellungen von Papst Pius VI. für eine neue römische Architektur vertrat.

Von dem Entwurf des Jahres 1793 floß allerdings so gut wie nichts in den dann von Valadier zwischen 1811 und 1822 tatsächlich gebauten Platz ein. Die eintönigen, langen Loggien wurden

Giovanni Ceccaris Skulpturengruppe der Göttin Roma zwischen Tiber und Aniene von der östlichen Exedra der Piazza del Popolo.

nicht gebaut, und der Einlaß der Piazza weitet sich theatralisch zu zwei weit geschwungenen Halbkreisen, die die Verbindung zwischen der Nordseite – mit der Porta del Popolo und den beiden Flachbauten mit Bossen, die der römische Architekt wie Propyläen gestaltete – und der Südseite – mit den beiden „Zwillingskirchen" und den drei Straßeneinmündungen – herstellen. Bei dieser Lösung ist unschwer der Bezug auf Berninis Platzanlage vor der Peterskirche zu erkennen, allerdings profitiert die Piazza del Popolo noch von den Grünanlagen und den baumbestandenen Hängen des Pincio, die es erlaubten, den Niveauunterschied von mehreren Metern auszugleichen. Bei der Gestaltung der Grünflächen wirkte der Gartenbauer Louis Martin Berthault mit, doch machte sich auch der Einfluß einer Auseinandersetzung mit dem Pittoresken und dem sogenannten Landschaftsgarten bemerkbar. Wie Rosario Assunto herausgearbeitet hat, findet sich hier die romantische Schwärmerei der Kultur des 18. Jahrhunderts für das Ungezähmte in der Natur, das als zusätzliches Element in die Konzeption integriert wurde. Auch diese Aspekte haben die endgültige Umsetzung des Valadierschen Entwurfs für die Piazza del Popolo zweifellos beeinflußt.

Obwohl Valadier erst 1839 starb und er bis in die 30er Jahre des 19. Jahrhunderts wirkte, bildet sein Werk den Schlußpunkt der römischen Architektur der zweiten Hälfte des 18. Jahrhunderts.

Marco Bussagli

Die römische Skulptur vom Rokoko bis zum Klassizismus

Die Zeit nach Bernini

Es ist kaum von der Hand zu weisen, daß die Skulptur im „Jahrhundert der Aufklärung" bis weit in die erste Hälfte hinein von der Figur Gian Lorenzo Berninis geprägt war. Sein künstlerischer Einfluß wurde durch seine zahlreichen Schüler aufrechterhalten oder auch von Schülern seiner Schüler wie dem Mailänder Camillo Rusconi, der in der Werkstatt von Ercole Ferrata in die Lehre gegangen war. Es steht außer Frage, daß Berninis Kunst Modelle und Typen geschaffen hatte, die bis weit in die erste Hälfte des 18. Jahrhunderts hinein wirkten und Gültigkeit besaßen. Falls überhaupt ein Wandel zu verzeichnen war, dann war dieser in der politischen Vormachtstellung Frankreichs begründet, die bereits im 17. Jahrhundert zu einem intensiveren Austausch zwischen den mitteleuropäischen und italienischen Künstlern geführt hatte.

Die römische Bildhauerei der ersten Hälfte des 18. Jahrhunderts vermochte es, über das reine Zitieren spätbarocker Kunst hinauszugehen, denn die unterschiedlichen Interpretationen dieser Stilrichtung führten zu einer Ablösung vom 17. Jahrhundert und somit vom Vorbild Berninis und zur Herausbildung eigenständiger künstlerischer Ausdrucksformen, die sich auf die Präsenz respektabler Bildhauer wie Pierre Legros, Giovanni Battista Maini, Pietro Bracci und in gewisser Hinsicht auch auf Agostino Cornacchini stützten. Diese Entwicklung wurde dadurch gefördert, daß im Rom des 18. Jahrhunderts bedeutende Aufträge von den wichtigsten Patrizierfamilien oder vom Papst erteilt wurden, die zum Entstehen herausragender bildhauerischer Arbeiten oder ganzer Zyklen führten.

Bei der Betrachtung der Werke aus dieser Zeit wird allerdings eine gewisse distanzierte Haltung des Künstlers zu seinem Schaffen und manchmal eine gewisse Ironie deutlich. Die Prachtentfaltung wird theatralischer, die Komposition rhythmischer und musikalischer und in einigen Fällen sogar manieriert. Mit anderen Worten, es trat das ein, was allgemein geschieht, wenn an die Stelle des natürlichen Vorbilds eine bereits vorgefertigte künstlerische Version tritt: Die Kraft geht verloren, nicht notwendigerweise aber die Faszination.

Am Anfang des 18. Jahrhunderts steht das große Werk der kolossalen Statuen der Apostel, die in den zwölf monumentalen, von der Taube der Pamphili bekrönten Seitennischen aus grünem Marmor stehen, die Francesco Borromini bei den

Links:
Francesco Moratti: Der Apostel Simon *(1708–1718). Die ausbalancierte Haltung der Statue wird optisch durch die der Figur beigegebene Säge, das Instrument des Martyriums dieses Heiligen, unterstützt. Rom, San Giovanni in Laterano*

Rechts:
Pierre-Etienne Monnot: Der Apostel Paulus *(1708–1718). Die ausgreifende Geste des Apostelfürsten wird kontrapostisch durch seine charakteristischen Attribute, das Buch und das Schwert, ausbalanciert. Rom, San Giovanni in Laterano*

Umbauarbeiten in San Giovanni in Laterano errichtet hatte. Die Statuen bildeten die Abrundung des borrominischen Entwurfs und wurden bis 1718 von den bedeutendsten Künstlern des 18. Jahrhunderts ausgeführt. Die Statue des *Simon* wurde von dem Paduaner Francesco Moratti (gest. 1719) geschaffen, von dem auch das *Porträt Carlo Marattas* in Santa Maria degli Angeli stammt, das als (von Bernini beeinflußter) Prototyp des erhabenen Porträts des 18. Jahrhunderts gelten kann. Neben dem *Jacobus d. J.* des Genuesers Angelo de Rossi (1671–1715) und dem *Philippus* des Sienesen Giuseppe Mazzuoli (1644–1725), der auch in der Cappella Rospigliosi in San Francesco a Ripa arbeitete, finden sich die großen Werke französischer Bildhauer wie Pierre Stéphane Monnot (1657–1733), der die Statuen der Apostel Petrus und Paulus schuf.

Der einzige, dessen künstlerische Leistung sich mit den Werken Camillo Rusconis – eines wichtigen Bildhauers aus der ersten Hälfte des 18. Jahrhunderts – messen läßt, war Pierre Legros (1666–1719). Ein Beispiel dafür ist die Tatsache, daß Legros seinen *Hl. Bartholomäus* unabhängig von dem stets präsenten Vorbild Carlo Marattas entwarf, der für einige der anderen Statuen die Zeichnungen angefertigt hatte. In der Ausgewogenheit des Gestus beweist das Werk eine gemessene Tragik, deren Ausdruckskraft durch die virtuose Ausführung, bei der die abgezogene Haut, die auf der Brust zwischen dem Umhang sichtbar ist, abgeschwächt wird. Die zwischen 1705 und 1712 zusammen mit dem *Ungläubigen Thomas* geschaffene Statue des geschundenen Heiligen macht lediglich in der Zurschaustellung des Jagdmessers, das als Instrument des Martyriums fungiert, ein Zugeständnis an die Expressivität, durch die die Bildsprache des 18. Jahrhunderts gekennzeichnet ist.

Auf der anderen Seite finden sich Pierre Legros' Werke, die den Zeitgeschmack durchaus angemessen interpretieren. Beeinflußt von den Lehren Berninis, Ferratas und Duquesnoys, arbeitete Legros am Ende des 17. Jahrhunderts vor allem in Sant'Ignazio, doch sein Aufstieg begann erst in San Giovanni in Laterano, der Kirche, für die er auch das *Grabmal des Kardinals Girolamo Casanate* schuf. Als das erste bedeutende Werk des französischen Bildhauers wird die Franz-Xaver-Statue in Sant'Apollinare betrachtet. Die um 1702 entstandene Arbeit stellt die Wundertaten des Heiligen dar, dem ein Kruzifix des Hl. Ignatius, das er zur Beruhigung eines Sturmes ins Meer geworfen hatte, von einem Krebs zurückgebracht wird. Die Figur des Franz Xaver ist auf einem Felssporn plaziert, und um das Wunder herauszustreichen, sind der Krebs, das Kruzifix (leider nicht im Original erhalten) und auch der Heiligenschein in vergoldeter Bronze ausgeführt. Die technische Fertigkeit Legros' kommt allerdings besonders bei der Kutte zum Tragen, die die Tunika bedeckt und mit äußerst feiner Spitze, die sich an den Ärmeln

Links:
Pierre Legros: Der Apostel Bartholomäus *(1708–1718). Die Statue des Heiligen besticht durch eine intensive Bildsprache, die größtenteils durch das Motiv der ostentativen Darbringung des Jagdmessers, des Instruments seines Martyriums, sowie der damit abgezogenen Haut bedingt ist. Rom, San Giovanni in Laterano*

Rechts:
Camillo Rusconi: Der Apostel Matthäus *(1708–1718). Das Standbild zeigt den Evangelisten in einem Moment innerer Anspannung, die durch die Gegenüberstellung von Buch und Haupt visualisiert wurde. Die Figur des Matthäus setzt ihren Fuß auf einen Sack mit Münzen, der als Hinweis auf seine Tätigkeit als Zöllner vor seiner Berufung zum Apostelamt durch Christus dient. Rom, San Giovanni in Laterano*

Pierre Stephane Monnot: Grabmal Papst Innozenz' XI. *(1697–1704). Bei diesem Werk griff der Künstler die von Bernini mit dem* Grabmal Urbans VIII. *eingeführte polychrome Gestaltungsweise der Papstgrabmäler wieder auf. Neu ist Monnots Positionierung der allegorischen Figuren der Religion und der Gerechtigkeit auf einem Sarkophag. Rom, San Pietro in Vaticano*

Das von Camillo Rusconi zwischen 1719 und 1725 geschaffene Grabmonument Papst Gregors XIII. *Rusconi verarbeitete darin Elemente aus Berninis und Algardis Papstgrabmälern. Rom, San Pietro in Vaticano*

kräuselt, verziert ist. Das Werk aus Sant'Apollinare kann in künstlerischer Hinsicht als Vorläufer von Legros' Meisterwerk, dem *Porträt des Kardinals Girolamo Casanate*, betrachtet werden. Die überlebensgroße Statue ist unmittelbar am Eingang der 1698 von Kardinal Casanate eingeweihten Bibliothek aufgestellt, geradezu als wolle der Kardinal die Gelehrten, die die Treppe zum Lesesaal hinaufsteigen, persönlich begrüßen. Genau darin liegt auch der Zweck der Pose, die der Künstler dem Kardinal verlieh; die Geste des ausgestreckten rechten Arms soll nichts anderes als ein freundlicher Willkommensgruß sein, der auch deutlich die Aufgeschlossenheit des Würdenträgers gegenüber Debatten um Fragen der Kultur, der Geschichte, der Kunst und der Religion demonstriert. Mit dem anderen Arm dagegen hält der Geistliche den Kardinalshut und stützt gleichzeitig die Urkunden über die Verfügung der Bibliotheksgründung. Legros konnte durch die detailreiche Ausarbeitung des Faltenwurfs und der Spitze am Gewand einerseits seine besonderen handwerklichen Fähigkeiten unter Beweis stellen, andererseits gelang es ihm aber auch, den gütigen und intelligenten Gesichtsausdruck des Dargestellten bildnerisch zu erfassen und so sein Bemühen um eine individualisierende Porträtkunst zu zeigen.

Ohne Zweifel kann das *Porträt des Kardinals Girolamo Casanate* als eine der schönsten ganzfigurigen Darstellungen der ersten Hälfte des 18. Jahrhunderts bezeichnet werden, und es verwundert nicht, daß Giovan Battista Maini (1690–1752) sich bei dem *Grabmonument des Kardinals Neri Corsini senior* in der Cappella Corsini in San Giovanni in Laterano an Legros' Werk orientierte. Zwischen einer Allegorie der Religion und einem weinenden Putto ist der Kardinal in aufrechter Pose plaziert. Mainis knapp 30 Jahre nach Legros' Vorbild entstandenes Werk bezieht sich wahrscheinlich direkt auf die unmittelbare Vorlage, nämlich das *Porträt des Kardinal Richelieu* (1635–1640) von dem flämischen Maler Philippe de Champaigne (1620–1674), das heute im Louvre hängt.

Camillo Rusconis Grabmal Gregors XIII.

Vollkommen unabhängig von dem französischen Bildhauer arbeitete hingegen der Mailänder Camillo Rusconi (1658–1728), der um 1680 nach Rom kam und vier Apostelstatuen für San Giovanni in Laterano schuf. Monumentalität und Kraft der Figuren beweisen, in welchem Maße der Künstler durch Vermittlung seines Lehrers Ercole Ferrata die Theorien sowohl Berninis als auch Alessandro Algardis verinnerlicht hatte. Bei Rusconis *Matthäus*, der das große Buch seines Evangeliums öffnet und den Geldbeutel zusammenpreßt, dessen Inhalt ihn nicht mehr interessiert, spürt man den – allerdings durch das Barock vermittelten – Nachhall der von Michelangelo und Raffael geschaffenen Propheten. Der ausgreifende Gestus erinnert an Algardis Attila in dem Marmorrelief *Papst Leo der Große und Attila* für den Altar des Hl. Leo in Sankt Peter, während die stellenweise dramatisch bewegten Falten des Überwurfs Werke Berninis zitieren. Rusconi arbeitete mit Betonung der Flächigkeit, wodurch er sich von den Helldunkeleffekten der Franzosen distanzierte. Das zeigt sich auch bei seinem Werk *Der Hl. Jacobus d. Ä.*, dessen theatralischer Gestus einen kompositionell durchdachten Freiraum unterhalb des Arms schafft, um den die gesamte Figur dynamisch angeordnet ist.

Um die Unterschiede in der Werkkonzeption zwischen italienischer und französischer Bildhauerei im 18. Jahrhundert zu verdeutlichen, genügt ein Blick auf die Gestaltung von Haar und Bart: Bei Rusconis Aposteln sind diese nämlich zu Strähnen gebündelt dargestellt und werden als plastische Massen behandelt, während sie bei den Statuen von Monnot und Legros in fein strukturierten Locken fallen.

Das Werk jedoch, bei dem Rusconis Geschick, zwischen den künstlerischen Idealen Berninis und Algardis zu vermitteln, am deutlichsten zu Tage tritt, ist mit Sicherheit das *Grabmal Gregors XIII.* in der Peterskirche. Das zwischen 1719 und 1725 geschaffene Grab des Boncompagni-Papstes (1572–1585) vereinigt die Typologien der Grabmäler, die die beiden großen Bildhauer des vorhergehenden Jahrhunderts geschaffen hatten. Augenfällig ist die Orientierung an Berninis Bronzestatue *Urban VIII.* für dessen Grabmal in der Peterskirche. Rusconis besondere Aufmerksamkeit galt der Umformung des Gestus des erhobenen Arms in den Segnungsgestus, durch die auch der Kopf Papst Gregors nach rechts gewandt ist. Eindeutig von Algardis *Grabmal Leos XI.* inspiriert sind dagegen die kompositorische Anordnung des Ganzen, so zum Beispiel das Relief an der Front des Sarkophags, sowie die Entscheidung, die Skulptur in weißem Marmor auszuführen und auf unterschiedliche Materialien wie Bronze oder farbigen Stein zu verzichten. Gleichfalls von Algardi entlehnt ist die Urne in Form eines umgedrehten Trapez. Bei der Gestaltung des Bahrtuchs über dem Grab ließ sich Rusconi hingegen von Berninis *Grabmal Alexanders VII.* leiten. Während jedoch bei Bernini ein dramatisches Moment durch die Gestaltung des Faltenwurfs deutlich wird, bringt Rusconi Bewegung in seine Darstellung durch die Allegorie der Fortitudo, die in einer ausgreifenden Bewegung den Stoff anhebt und den Blick auf die

Agostino Cornacchinis 1725 entstandenes Reiterstandbild Karls des Großen *gilt als künstlerisch schwaches Pendant zu dem auf der gegenüberliegenden Seite des Vestibüls der Petersbasilika aufgestellten* Kaiser Konstantin *von Bernini. Anders als bei dem berühmten Vorbild versuchte Cornacchini durch den Einsatz mosaizierten Hintergrunds, seine Figur in Szene zu setzen. Rom, San Pietro in Vaticano*

Agostino Cornacchini: Die Hoffnung. *Die 1725–1726 entstandene Statue zeigt die diesem Bildhauer eigene kompositorische Festigkeit, die im Gegensatz zur extremen Freiheit der Werke Berninis steht. Rom, Cappella del Monte di Pietà*

erinnerungswürdigen Taten Gregors XIII. freigibt, wie etwa die Kalenderreform, die auf dem Flachrelief des Sarkophags dargestellt ist.

Das *Grabmal Gregors XIII.* ist jedoch keineswegs eine bloße Zusammenfügung algardischer und berninischer Elemente, vielmehr hat man es hier mit einem Meisterwerk der Grabskulptur des frühen 18. Jahrhunderts zu tun. Rusconis besonderes Talent bestand darin, unterschiedliche Einflüsse in einem durchaus eigenständigen Werk miteinander zu verbinden.

Im Gegensatz dazu wirkt das *Grabmal Innozenz' XI.*, das Pierre Stéphane Monnot zwischen 1697 und 1704 nach einer Zeichnung Marattas anfertigte, ebenso gekünstelt wie die Statuen in San Giovanni in Laterano. Übertrieben geziert, leidet das Werk unter der verhältnismäßig zu klein gestalteten Figur des Papstes und unter einer stilistischen Überzogenheit, die bereits das Rokoko anzukündigen scheint.

In eine ganz andere Richtung geht das *Grabmal des Alexander Sobieski* in Santa Maria della Concezione, das Camillo Rusconi am Ende seiner Laufbahn schuf. Auch in diesem Fall stellen die einzelnen Elemente der Skulptur keine Neuheit dar, waren sie doch zuvor bereits von Carlo Fontana beim *Grabmal der Königin Christine von Schweden* in der Peterskirche eingesetzt worden. Neu hingegen ist, daß Rusconi hier auf Vielfarbigkeit und Pathos verzichtete, dabei aber gleichwohl auf Algardis trapezförmigen Sarkophag wie auf das Medaillon des Verstorbenen von Bernini zurückgriff. Bernini hatte das Medaillon erstmals beim *Grabmal der Maria Raggi* in Santa Maria sopra Minerva eingefügt, wo Rusconi zu Beginn des 18. Jahrhunderts arbeitete. Wie Rusconi beschäftigten sich auch viele andere Künstler mit der Grabskulptur, und indem sie sich von früheren Werken inspirieren ließen, gelangten sie zu neuen Lösungen, die ästhetisch durchaus neben den alten bestehen konnten.

Dies ist der Fall bei den beiden Grabmälern für Giovanni Andrea Muti und seine Gemahlin Maria Colomba Vicentini, die um 1725 von dem römischen Bildhauer Bernardino Cametti (1669–1736) geschaffen wurden, auf den auch die *Allegorie des Almosen* in der Kapelle des Palazzo del Monte di Pietà in Rom zurückgeht. Die Grabmäler der Eheleute Muti in San Marcello al Corso haben in der Tat einen Vorläufer in den Berninischen „Seitenlogen" der Cappella Cornaro, doch das Neue bildet hier die betonte Variation von Materialien (unter anderem Bronze) und Techniken (beispielsweise den Mosaikhintergründen). Diese Innovation und Camettis handwerkliche Fähigkeit bei der Gestaltung der Spitzen erklärt, weshalb die beiden Grabmäler zu den Meisterwerken der Sakralarchitektur zählen. Durch eine immer neue Abfolge von stilistischen und kompositorischen Varianten bildete sich schließlich der neue Stil heraus, in dem sich eine beträchtliche Schar von Künstlern versuchte. Zu diesen zählte auch Giuseppe Rusconi (1687–1738), ein Schüler und Mitarbeiter von Camillo Rusconi, aber nicht mit diesem verwandt. Der in Como geborene Giuseppe kam um 1705 nach Rom, erbte die Werkstatt des Meisters und wurde 1728 in die Accademia di San Luca aufgenommen. In der *Allegorie der Fortitudo* für die Cappella Corsini in San Giovanni in Laterano experimentierte der Schüler mit der besonders hervorgehobenen Plastizität, durch die sich die Werke des Lehrers auszeichneten. Die Putten, die die Figur der Fortitudo umgeben, haben die gleiche Grazie wie jene, die Camillo Rusconi für das *Grabmal des Alexander Sobieski* geschaffen hatte, während die Figur der Keuschheit, die in der Nische der Cappella Corsini thront, an die Fortitudo am *Grabmal Gregors XIII.* erinnert. Da er stets sensibel auf den Zeitgeschmack reagierte, gestaltete Giuseppe Rusconi die Figur dekorativ und elegant, so daß sie dem Kanon des Rokoko genügte.

Eine besondere Ausarbeitung der Helldunkelkontraste zum Nachteil der plastischen Elemente findet sich dagegen in der *Allegorie des Glaubens*, die der Mailänder Francesco Moderati (1680–1729) in der Cappella del Monte di Pietà schuf. Der gebeugte Körper der Figur wird von dem Faltenwurf des Umhangs betont; obwohl die Falten teilweise unbeholfen angeordnet sind, unterstützen sie den Gesamtausdruck der Figur. Der Einfall, das aufgeschlagene Buch durch den Puttenkopf zu stützen, ist die Übertragung von Berninis Pfeilerdekoration in der Peterskirche auf die Grabskulptur.

Agostino Cornacchini

Auf der anderen Seite des Eingangsbereichs der Cappella del Monte di Pietà findet sich die *Allegorie der Hoffnung*, das Pendant zu Moderatis Statue. Sie kann als das gelungenste Werk Agostino Cornacchinis (1686 – nach 1754) bezeichnet werden. Der aus Pistoia stammende Cornacchini ist ein Künstler, der schon zu Lebzeiten vollkommen unterschiedlich beurteilt wurde. Nach seiner Lehrzeit in der Toskana ließ er sich um 1712 in Rom nieder, wo er sich den Rokoko-Stil aneignete. Allerdings zeigte er bereits in der *Allegorie der Hoffnung* die Grenzen seiner Kunst auf. Zwar ist die Figur gut konstruiert, und die beiden Putten wirken tatsächlich kindhaft (was die bemerkenswerten technischen Fähigkeiten des Künstlers belegt), doch weist die Statue auch weniger gelungene Elemente auf. Ein Beispiel hierfür ist der Sockel, der die hinter der Frauenfigur stehende Figur des Kindes stützt, oder der Rockzipfel, mit dem die Frau den anderen Putto zu bedecken sucht. Der straff gespannte Stoff sprengt das Werk kompositorisch, und auch der Gesichtsausdruck der Frau bildet einen wenig gelungenen Teil des Ensembles, denn die Nase ist zwar griechisch-antikisierend gestaltet, dabei aber zu breit und groß. Zudem ist der Mund in einer Art Lächeln festgehalten, das weder Güte noch Ruhe auszustrahlen vermag.

Das Werk jedoch, das Cornacchinis Zeitgenossen am meisten irritierte, war die monumentale Statue *Karl der Große* für den Portikus der Vatikanischen Bibliothek. Das 1725 enthüllte Werk verfolgte eine klare politische Absicht, denn es symbolisierte die Öffnung gegenüber Frankreich durch Benedikt XIII., der die freundschaftlichen Beziehungen zwischen beiden Staaten neu belebte. Die Inspiration von Cornacchinis Werk durch Gian Lorenzo Berninis *Konstantin* ist eindeutig. Angesichts der Position auf der rechten Seite des Portikus, am Fuß der Scala Regia, war diese Bezugnahme auf den älteren Bildhauer gerechtfertigt. Natürlich wäre es nicht einfach, aus einem derartigen Vergleich als Sieger hervorzugehen, doch Cornacchinis Lösung stellte trotz der Sorgfalt in der Ausführung, die mit der als Mosaik gestalteten Landschaft im Hintergrund großen Detailreichtum aufweist, nicht einmal die Zeitgenossen zufrieden. Der toskanische Bildhauer hatte nicht reflektiert, daß die kompositionelle Funktion des Vorhangs bei Berninis Werk nicht – wie bei *Karl dem Großen* – die einer theatralischen Kulisse war, sondern die aufstrebende Bewegung des Pferdes unterstützen sollte, aus der die diagonale Führung der Falten folgt. Das Tuch könnte bei Cornacchinis Skulptur sogar fehlen, und das Ganze wird zudem verstärkt durch die überbetonte Vielfarbigkeit einerseits und die Disproportion zwischen dem Pferd und dem zu groß geratenen Reiter andererseits.

Demnach ist Cornacchinis Statue *Karl der Große* bedeutend, weil hier die Verbitterung des Scheiterns erlaubt, jene Elemente näher zu beleuchten, die den Wandel des Geschmacks am Ende des ersten Viertels des 18. Jahrhunderts bedingten und zur Entstehung des Rokoko führten; im einzelnen handelte es sich um die Vorliebe für fragmentarische Kompositionen, die Neigung zu malerischen Effekten und zu einer Ausgestaltung, die sich an der Grenze zur Übertreibung bewegte, wie Schweif und Mähne des Pferdes beweisen, die sehr gekünstelt geraten sind. Eine Bestätigung für diese These liefert das *Grabmal für Gregorio Capponi* in San Giovanni dei Fiorentini. Das Grab wurde 1746 nach einer Zeichnung von Ferdinando Fuga von René Michel Slodtz (1705–1764), genannt Michel-Ange, geschaffen. Trotz der pyramidenförmigen Anlage fällt die Komposition wegen der auf die Verwendung von weißem und farbigem Marmor zurückzuführenden Betonung malerischer Effekte auseinander. Auch im Faltenwurf des Mantels der Frauenfigur tritt die stilistische Übertreibung deutlich zutage.

Wie bei allen anderen komplexen künstlerischen Erscheinungen gab es allerdings auch im römischen 18. Jahrhundert nicht nur eine einzige Strömung, und nicht einmal die Künstler selbst blieben nur einer Linie treu. So hatte eben jener Slodtz, ein aus Paris stammender Bildhauer mit flämischen Vorfahren, zwei Jahre zuvor für die Peterskirche einen praktisch monochromen und großflächig, fast geometrisch konstruierten *Hl. Bruno* geschaffen. Die Gruppe zeigt den Hl. Bruno, wie er Tiara und Krummstab zurückweist, die ihm der kleine Engel darbietet. Wegen der Klarheit der Oberflächen und der Reinheit der Linien nimmt dieses Werk, das getrost als Hauptwerk des später nach Frankreich zurückgekehrten Slodtz zu bezeichnen ist, in gewissem Sinne Elemente vorweg, die sich später beim Neoklassizismus finden.

Die Fontana di Trevi

Das Kunstwerk, an dem die besten zeitgenössischen Bildhauer beteiligt waren und das wie eine Brücke die erste mit der zweiten Hälfte des 18. Jahrhunderts verband, war der große architektonische und bildhauerische Komplex der *Fontana di Trevi*. Der Entwurf für den Brunnen stammte von dem Römer Nicola Salvi (1697–1751), der den von Clemens XII. (1730–1740) ausgeschriebenen Wettbewerb gewonnen hatte. Obwohl noch längst nicht vollendet, wurde der Brunnen 1744 eingeweiht und erst 1762 fertiggestellt. Mit Salvis Entwurf wurde ein jahrhundertealtes städtebauliches und architektonisches Problem auf die denkbar beste Weise gelöst, denn spätestens seit 1625 bestanden Pläne, den alten Brunnen aus dem 15. Jahrhundert neu zu gestalten. Anders ist es nicht zu erklären, warum Maggi auf seinem im 17. Jahrhundert entstandenen Stadtplan einen Trevi-Brunnen mit architektonischen Formen „erfand“, die große Ähnlichkeit mit denen des ursprünglichen Brunnens, der Fontana dell'Acqua Paola, hatten.

Bereits im Jahre 1643 hatte Bernini Überlegungen angestellt, den Brunnen an seinen heutigen Ort zu verlegen, doch wurde sein Entwurf nicht weiter verfolgt. Seit dieser Zeit wurde das Problem der Neugestaltung von einem Papst zum nächsten weitergereicht, bis Benedikt XIII. im Jahr 1728 den neapolitanischen Bildhauer Paolo Benaglia beauftragte, einen Entwurf auszuarbeiten, der jedoch ebensowenig ausgeführt wurde. Endgültig verworfen wurde Benaglias Projekt schließlich von Clemens XII., der die entscheidende Anregung zu einer monumentalen Gestaltung des Brunnens gab, als er sich über die heftigen Proteste des Herzogs von Poli hinwegsetzte und beschloß, die Fassade des Palastes, den der römische Adlige kurz zuvor hatte errichten lassen, als Schauwand zu nutzen. Nach dieser neuen Planung konnte sich

Folgende Doppelseite, links:
Die Fontana di Trevi, *ausgeführt nach dem Entwurf des Architekten Nicola Salvi, verbindet die Architektur des Palazzo Conti mit den triumphbogenartig gerahmten Brunnenfiguren zu einer der eindrucksvollsten architektonischen Inszenierungen Roms. An der Umsetzung dieses brillanten Entwurfs arbeiteten zwischen 1724 und 1736 die bedeutendsten Bildhauer der Epoche mit. Durch ihr Wirken entstanden die zentrale Okeanos-Gruppe, die seitlichen Statuen der Fruchtbarkeit und Gesundheit und die beiden Reliefs, welche die Geschichte der antiken Aqua Vergine schildern.*

CLEMENS XII PONT MAX
AQVAM VIRGINEM
COPIA ET SALVBRITATE COMMENDATAM
CVLTV MAGNIFICO ORNAVIT
ANNO DOMINI MDCCXXXV PONTIF VI
PERFECIT BENEDICTVS XIV PON MAX

der Brunnen über die gesamte Langseite des kleinen Platzes von 20 Metern Länge erstrecken und eine Höhe von 26 Metern erreichen.

Was ursprünglich als unbedeutende Veränderung im Stadtgefüge gedacht war, wurde zu einem der bedeutendsten Projekte des gesamten Jahrhunderts. Salvis Lösung mit den Stufen, die zum Wasser hinunterführen, entsprach voll und ganz den päpstlichen Erwartungen. So wird der Brunnen tatsächlich nicht nur von einem Platz umgeben, sondern der Platzraum selbst wird zum Bestandteil des Bauwerks. Nicht umsonst zollte sogar der ansonsten so kritische Francesco Milizia 1785 höchstes Lob: „In Rom hat man in diesem Jahrhundert kein großartigeres Werk geschaffen!“ Zudem stellt das Bauwerk eines der seltenen Beispiele dar, bei

Pietro Bracci: Okeanos, *der von Tritonen auf seinem Muschelwagen gezogen wird. Die von Bracci nach 1759 geschaffene zentrale Figurengruppe der* Fontana di Trevi *dürfte sich eng an einem Entwurf seines Vorgängers G. B. Maini orientieren. Die kraftvolle Gestalt bildet das formale und inhaltliche Zentrum der gesamten Anlage. Die programmatische Bedeutung dieser Figur wurde von dem entwerfenden Architekten N. Salvi in einer von ihm verfaßten Schrift dargelegt.*

Filippo della Valle: Die Verkündigung an Maria. *Dem Künstler gelang es in diesem Relief, das er um 1750 schuf, trotz des steilen Formats eine starke Dynamik durch die diagonalen Kompositionselemente in die Darstellung einzubringen. Rom, San Ignazio*

Pietro Bracci: Grabmonument der Maria Clementina Sobieski. *Bei dem 1744 entstandenen Denkmal arbeitete Bracci mit dem Architekten Bargioni zusammen. Das künstlerische Konzept dieses Grabmals illustriert eine Verschiebung der inhaltlichen Intentionen von dem Aspekt der mystischen Verbindung des Verstorbenen mit Gott in Richtung eines rein kommemorativen Effekts. Dies verdeutlicht die Pyramide, ein Symbol fortwährender Erinnerung, und das emblematisch eingefügte, gemalte Porträt der Sobieska. Rom, San Pietro in Vaticano*

dem Bildhauerei und Architektur nicht nur gleichberechtigt nebeneinander stehen, sondern sich gegenseitig zu durchdringen scheinen, da die plastischen Arbeiten, dort, wo sie mit Felsen und Pflanzen, Pferden und Muscheln die Natur darstellen, eine Mittlerfunktion zwischen der vom Wasser verkörperten natürlichen Welt und der von der Architektur repräsentierten menschlichen Welt einnehmen. Dabei wird das fließende, sich in unzählige Rinnsale teilende Wasser selbst zur Metapher für die Existenz und die kontinuierlichen Veränderungen der Natur, denen auch der Mensch unterworfen ist. Diese Deutung ist keineswegs im nachhinein erdacht, sondern wurde von Salvi selbst geliefert, der sorgfältig die Überlegungen und Intentionen festhielt, die ihn zu einer solchen Gestaltung des Brunnens geführt hatten. In seinen Aufzeichnungen (*Raggioni filosofiche*, Vatikanische Bibliothek) legte Salvi dar, daß die im Zentrum der mittleren Nische thronende Statue des Okeanos, des Gottes der Fluten, ein Sinnbild für das Wasser ist, das „die zur Hervorbringung der Formen notwendigen Nährstoffe am Leben hält, und indem es die übermäßige Hitze mildert, die diese zerstört, kann es als einzige ewige Ursache ihrer Erhaltung bezeichnet werden".

Für Salvi stellte die *Fontana di Trevi* eine Hymne auf das Leben dar. Auch die beiden Meerespferde, die den Muschelwagen mit der Statue des Okeanos durchs Wasser ziehen, weisen darauf hin, daß der ganzen Konstruktion philosophische Überlegungen zugrunde liegen: Eines der Tiere ist wild, das andere ist friedlich. Natürlich handelt es sich dabei um eine Anspielung auf die Doppelnatur des Meeres; doch ist es auch ein Verweis auf Platons Mythos vom Wagenlenker.

Mit der zentralen Gruppe des Okeanos und der Tritonen war Maini beauftragt worden, dem wir bereits als Schöpfer des *Grabmals des Kardinals Corsini senior* begegnet sind; nach seinem Tod im Jahr 1759 führte Pietro Bracci die Skulptur in Marmor aus.

Der in Rom geborene Pietro Bracci (1700–1773) war bei Camillo Rusconi in die Lehre gegangen und hatte sich bereits durch das *Grabmal Benedikts XIII.* in Santa Maria sopra Minerva einen Namen gemacht, das er nach einem Entwurf von Carlo Marchionni zusammen mit Bartolomeo Pincellotti (gest. 1740) ausführte, der die Figur der Demut schuf. Das zwischen 1734 und 1737 entstandene Grabmal folgte dem – über Vermittlung der Rusconischen Technik – inzwischen gängigen Schema Algardis. Bracci schuf die *Keuschheit* und die Statue des Papstes, die sich eindeutig auf Berninis im 17. Jahrhundert entstandene Figur Alexanders VII. im Gebet bezog, die der neapolitanische Künstler für das Grabmal jenes Papstes geschaffen hatte.

Braccis Figur ist allerdings sehr viel theatralischer, und die Geste, mit welcher sich der auf dem Thron sitzende Benedikt XIII. die Hand auf die Brust legt, drückt das christliche Mea culpa aus, stellt darüber hinaus aber auch eine Versinnbildlichung des Glaubensbekenntnisses dar. Mit diesem Werk wurde der römische Bildhauer sehr schnell bekannt, und sein großer Erfolg dokumentierte sich darin, daß er im Jahre 1742 in die Accademia di San Luca aufgenommen wurde; zwei Jahre später schuf er die Skulpturengruppe für das von dem Architekten Filippo Barigioni, dem Schöpfer des Brunnens auf der Piazza del Pantheon, entworfene *Grabmal der Maria Clementina Sobieska* in der Peterskirche. Das Grab gehört zweifellos zu den schönsten Werken seiner Art. Mit der Verwendung eines gemalten Porträts folgt es jener Typologie, die sich, wie oben dargelegt, zu dieser Zeit durchsetzte und die Bracci beim *Grabmal des Kardinals Imperiali* in Sant'Agostino sowie bei dem 1746 geschaffenen *Grabmal des Leopoldo Calcagnini* in Sant'Andrea delle Fratte eingesetzt hatte, in dem auch das Motiv der Pyramide als Sinnbild der Ewigkeit wieder erscheint. Was allerdings beim *Grabmal der Maria Clementina Sobieska* besonders beeindruckt, ist die Ausgewogenheit zwischen den einzelnen, aus verschiedenen Materialien gestalteten Elementen vom großen Tuch in Alabaster über den weißen Marmor der Statuen bis hin zur vergoldeten Bronze von Krone und Flamme, die in ihrer Gesamtheit einen wesentlichen Beitrag zu jener kompositorischen Einheit liefern, die Barigioni in Anlehnung an Bernini erdacht hatte. Braccis detailgetreue Ausführung der *Caritas*, die zwar nicht ganz eigenständig, aber keineswegs banal ist, wertete die *Fontana di Trevi* insgesamt auf; tatsächlich vermochte er der Figur des Okeanos Gehalt und Kraft in der Manier Berninis zu verleihen, obwohl die Statue noch die in die Länge gezogenen Formen aufweist, die Mainis Stil kennzeichneten. Mühelos ist die Formensprache Berninis auch bei den Meerespferden zu erkennen – als Vergleich kann hier der *Vierströmebrunnen* auf der Piazza Navona herangezogen werden –, während die Tritonen eher an jene der *Fontana del Moro* aus dem späten 16. Jahrhundert, ebenfalls auf der Piazza Navona, vor dem Palazzo Pamphili, erinnern, obwohl das Ensemble in seiner Gesamtheit an die atmosphärischen Gemälde Poussins mit mythologischen Themen denken läßt.

Bracci war allerdings nicht der einzige, der an der *Fontana di Trevi* wirkte. Neben weniger bedeutenden Bildhauern wie dem bereits erwähnten Pincellotti, Bernardo Ludovisi (1694–1749), Agostino Corsini (1688–1772) und Francesco Queirolo (1704–1762), der die Allegorien der Jahreszeiten am Sockel der Balustrade schuf, war auch Filippo della Valle an diesem Projekt beteiligt. Links befindet sich die *Allegorie des Überflusses*, die die Stilistik und die Rumpfdrehung der *Temperantia* aufnimmt, die della Valle für die Cappella Corsini in San Giovanni in Laterano ausgeführt hatte. In der rechten Nische steht die *Allegorie der Heilkraft*, die nicht allzu fern ist von der *Gerechtigkeit*, die der Künstler für das *Grabmal Innozenz' XII.* in der Peterskirche geschaffen hatte. Der in Florenz geborene Filippo della Valle (1698–1768) lebte seit 1725 in Rom, wo er starke Einflüsse von seinem Lehrer Camillo Rusconi erfuhr, und hatte im Gegensatz zu vielen seiner Kollegen internationale Erfahrung, da er häufig für englische Auftraggeber arbeitete, denen er Kopien klassischer Vorbilder oder stark an der Antike orientierte Originale lieferte. Der Entwurf für das Grabmal stammte von Ferdinando Fuga, der sich hierbei erneut an dem von Bernini in dem *Grabmal Urbans VIII.* vorgeführten Schema orientierte. Die durch eine bewegte Oberfläche der Statuen entstandenen starken Helldunkeleffekte kennzeichnen das Grabmal als Werk des Rokoko. Ganz ähnliche Lichtführungen finden sich auch in einem Werk wie dem feingearbeiteten Marmorrelief der *Verkündigung an Maria* an der linken Seite des Altars in Sant'Ignazio. Bracci und della Valle verkörpern in gewissem Sinn die beiden Seiten des Rokoko in Rom zwischen den 30er und 70er Jahren des 18. Jahrhunderts: Während die Werke Braccis als kompakt und kraftvoll charakterisiert werden können, findet sich bei della Valle die ausgeprägte Tendenz zum Raffinement und zum Pittoresken.

Noch um die Jahrhundertmitte übte Rom eine so starke Anziehungskraft aus, daß viele ausländische Künstler in die Hauptstadt des Kirchenstaates „pilgerten". Zu diesen gehörte der Flame Piet Verschaffelt (1710–1793), der eines der Wahrzeichen der Stadt schuf, nämlich den *Erzengel Michael* mit den ausgebreiteten Flügeln, der im Castel Sant' Angelo den Engel von Raffael da Montelupo ersetzte, der heute im Cortile dell'Angelo aufgestellt ist. Der Erzengel, bei dessen Gestaltung sich der flämische Künstler vermutlich von den Darstellungen in den Gemächern Papst Pauls III. in der Engelsburg inspirieren ließ, ist mit gezogenem Schwert gezeigt, im symbolischen Kampf gegen die Pestepidemie des Jahres 590, bei der er auf der Engelsburg erschienen sein soll.

Ein weiterer bedeutender ausländischer Künstler war Jean-Antoine Houdon (1741–1828) aus

Antonio Canovas zwischen 1795 und 1815 entstandene Gruppe Herkules und Lichias *zeigt eine deutliche Orientierung an Werken der antiken Skulptur wie dem Herakles Farnese. Der antike Figurentypus wurde jedoch von Canova in eine dynamische Komposition mit zwei hintereinander angeordneten, kreisförmigen Bewegungsmomenten umgewandelt. Rom, Galleria d'Arte Moderna*

Paris, ein Schüler eben jenes Slodtz, der den *Hl. Bruno* in der Peterskirche geschaffen hatte. Auch Houdon schuf eine Plastik des *Hl. Bruno* für die Kartäuserkirche Santa Maria degli Angeli, als er sich von 1764 bis 1768 in Rom aufhielt. Die Statue zeigt eindeutig den Einfluß des Meisters, doch mit der Herausarbeitung von ernergischen Gesichtszügen und klaren plastischen Formen kündigte der französische Bildhauer bereits eine Veränderung des künstlerischen Klimas an.

Natürlich handelte es sich um einen Wandel mit unterschiedlichen Tendenzen, denn noch 1771 schuf Agostino Penna (gest. 1800) nach einer Zeichnung von Posi das *Grabmal der Maria Flaminia Chigi Odescalchi*, das durchaus nicht diese Strenge und Geradlinigkeit aufweist. Der „narrative Mechanismus", von dem man zu Recht im Zusammenhang mit dieser Komposition gesprochen hat, ist höchst einfach: Zwei fliegende Putten hängen mit großer Sorgfalt das Bahrtuch mit dem Porträt der Verstorbenen an die Äste einer großen Eiche, unter der ein brüllender Löwe zu erkennen ist und auf der ein Adler kauert. Eiche, Löwe und Adler gehören zu den heraldischen Zeichen der Chigi bzw. der Odescalchi; interessant ist jedoch, daß die große Vielfalt der Materialien, die von der Bronze der Eiche über den gelben Marmor, aus dem der Löwe gestaltet ist, bis hin zum Porphyr des Tuchs und dem weißen Marmor der Putten reicht, eine Steigerung der für das Rokoko typischen Neigung zu malerischen Effekten gerade in dem Moment bedeutete, als die Künstler sich unter dem Einfluß des Klassizismus der Geradlinigkeit und einer insgesamt strengeren Formensprache zuwandten.

Antonio Canova

Pennas Schaffen fiel in eine Zeit, in der die sieben Jahre zuvor veröffentlichten Schriften Johann Joachim Winckelmanns (1717–1768) bereits allgemein bekannt waren, und nur acht Jahre später sollte der damals gerade am Anfang seiner erfolgreichen Karriere stehende Antonio Canova (1757–1822) als Gast des Botschafters der Republik Venedig am päpstlichen Hof in Rom eintreffen. Der junge Künstler aus Treviso ließ sich 1781 endgültig in der Ewigen Stadt nieder, wo er sich schnell einen Namen machte und bereits zwei Jahre später den Auftrag für das *Grabmal Clemens' XIV.* in Santi Apostoli erhielt. Natürlich sahen es die einheimischen Künstler nicht gern, daß solch ein prestigeträchtiger Auftrag an einen nicht allzu bekannten und dazu noch auswärtigen Künstler vergeben wurde. Doch als das Grabmal enthüllt wurde und das Publikum es bewundern konnte, kam es zu begeisterten Reaktionen, und sogar der sonst eher skeptische Milizia gab in einem Brief aus dieser Zeit zu, daß „selbst die einstigen Jesuiten dem steinernen Papst ihren Segen geben" – ein großes Kompliment angesichts der

Antonio Canova: Paolina Borghese als Venus Victrix. *Die von Canova 1805–1808 im Auftrag des Fürsten Camillo Borghese geschaffene Liegefigur seiner Ehefrau, der Schwester Napoleons, revolutionierte die Konzeption des mythologisierten Bildnisses. Rom, Galleria Borghese*

Detail mit dem Kopf der Statue der Paolina Borghese als Siegreiche Venus *Antonio Canovas. Die ebenmäßigen Gesichtszüge der Statue offenbaren deutlich die Intention Canovas, die Figur zu idealisieren. Rom, Galleria Borghese*

Tatsache, daß ausgerechnet Papst Clemens XIV. (1769–1774) im Jahre 1773 den Jesuitenorden aufgelöst hatte. Tatsächlich kann das Grabmal als eines der ersten Werke bezeichnet werden, in denen sich die neue Richtung des Klassizismus deutlich abzeichnet. Für einige Zeit hatte es den Status eines Vorbilds für zahlreiche römische Bildhauer inne.

Die einzige Reminiszenz an die traditionelle Grabskulptur besteht in der dreieckigen Anlage des Ensembles; ansonsten stellt das Werk eine völlige Neuheit dar. Das *Grabmal Clemens' XIV.* ist auf das Wesentliche reduziert. Der schlichte Wechsel zwischen den Materialien (weißer und roter Muschelmarmor) verleiht dem Ensemble dank der asymmetrischen Anordnung der beiden Figuren der Sanftmut und der Bescheidenheit einen dynamischen Impuls. Der Einfall Canovas, die Eingangstür der Sakristei in die Grabkomposition mit einzubeziehen, macht das Werk zu einer künstlerischen Besonderheit. Da er angesichts des vorgegebenen Standorts des Grabmals die Türöffnung nicht ausblenden konnte, betonte Canova ihre Existenz, indem er ihr den symbolischen Wert des Übergangs von der Welt der Lebenden zur Welt der Toten verlieh.

Diese formale Lösung war so gelungen, daß Canova sie auch für das *Grabmal Clemens' XIII.* (1758–1769) verwendete, das er zwischen 1784 und 1792 in der Peterskirche ausführte. Auch hier fehlt es nicht an Bezügen auf Bernini, wie die Figur des Papstes zeigt, doch zählt das Ensemble durch die harmonische Gesamtkonzeption zu den schönsten Werken des Klassizismus nicht nur in Rom. Die beiden Figuren des Genius der Religion und des Genius des Todes sind asymmetrisch zueinander angeordnet und deuten eine Kreisbewegung an, die die gesamte Komposition erfaßt.

Die gleiche Bewegung findet sich auch in der Umarmung von *Amor und Psyche*, einem fast zur gleichen Zeit wie das *Grabmal Clemens' XIII.* entstandenen Werk, das schließlich Teil der Sammlung von Joachim Murat wurde, für den Canova 1796–1800 auch die andere Version von *Amor und Psyche* schuf, bei der das stehende Liebespaar mit einem Schmetterling spielt.

In den ersten drei Jahrzehnten des 19. Jahrhunderts erreichte Canovas Schaffen seinen Höhepunkt, und es soll hier noch auf zwei weitere Meisterwerke verwiesen werden: Paolina Borghese, die Schwester Napoleons, als *Siegreiche Venus*, eine Plastik, durch die die kompositorische Vorstellung vom Porträt in mythologischem Gewand vollständig erneuert wurde, sowie die Skulptur *Herkules und Lichias*, die sich ebenso wie die *Siegreiche Venus* in Rom befindet. Das Werk *Herkules und Lichias*, an dem Canova 20 Jahre lang arbeitete (1795–1815), kann als Spiegel einer ganzen Epoche angesehen werden. Von der Königin von Neapel nach dem Vorbild der antiken Statue des *Herkules Farnese* in Auftrag gegeben, blieb das Werk unvollendet, obwohl Canova selbst verschiedene, die jeweiligen politischen Verhältnisse berücksichtigende Interpretationen dafür vorgeschlagen hatte, nur um es ausführen zu können. Schließlich kaufte der Marchese Giovanni Torlonia das Werk und stellte es in seinem Palazzo auf, bis es 1892 in den Besitz des Königreichs Italien überging.

Detail der Venus Victrix. *Der Bildausschnitt zeigt den Apfel, durch den Venus von Paris als Siegerin ausgezeichnet wurde. Die Anspielung auf diesen mythologischen Urteilsspruch dient der Verherrlichung der Schönheit der Paolina Borghese. Rom, Galleria Borghese*

Marco Bussagli

Die Malerei in Rom von Carlo Maratta bis Angelika Kauffmann

Der Übergang vom Barock zum Klassizismus

Wie bei der Architektur und der Skulptur lassen sich auch bei der römischen Malerei des 18. Jahrhunderts zwei Phasen ausmachen. Bis in die 50er Jahre hinein war das neue Jahrhundert, mit Abweichungen und Varianten, eine ideale Fortsetzung des vorhergehenden, denn die ersten Jahrzehnte wurden durch den Einfluß Carlo Marattas und seiner vielen Schüler geprägt. In den 70er Jahren des 18. Jahrhunderts setzte sich dann allmählich der Klassizismus durch, dessen Einfluß über Europa hinaus bis nach Amerika reichte.

Für Rom bedeutete diese Zeit einen letzten glanzvollen Höhepunkt, denn als ideale Erbin der bildenden Kunst des klassischen Griechenland stand die Stadt noch einmal im Zentrum des kulturellen Interesses der Epoche. So war es auch kein Zufall, daß Napoleon mit dem Gedanken spielte, Rom zur zweiten Hauptstadt seines Reiches zu machen, obwohl die politische und kulturelle Bedeutung der Tiberstadt inzwischen auf Paris übergegangen war. Diese Entwicklung hatte sich bereits in der ersten Hälfte des 18. Jahrhunderts abgezeichnet, als Venedig zur wichtigsten Kunstmetropole neben Paris aufgestiegen war, während Rom die Rolle einer Museumsstadt übernommen hatte. Unter künstlerischem Aspekt war dies für Rom nicht der einzige Unterschied zum 17. Jahrhundert. Auch wenn das neue Jahrhundert – und zwar sowohl in ästhetischer Hinsicht als auch bezüglich der Themenwahl – grundsätzlich Tendenzen des vorangegangenen fortsetzte, so zeichnete sich doch ab, daß die Formen und Genres, die sich während des 17. Jahrhunderts herausgebildet hatten, einem Wandel unterlagen und ihre ursprünglichen geistigen Inhalte allmählich verloren. So wandte sich die römische Malerei einerseits der übersteigerten Virtuosität und andererseits der Darstellung des Realen zu.

Eine weitere wichtige Neuerung, die allerdings nicht nur für Rom galt, waren Werke, die nicht als Auftragsarbeiten gedacht, sondern für die kunstinteressierte Öffentlichkeit bestimmt waren. So wie in Venedig Antonio Canal, genannt Canaletto, für seine Bewunderer jenseits des Ärmelkanals venezianische Veduten malte, so malte in Rom sein Neffe, der 21jährige Bernardo Bellotto, um 1742 seine römischen Capricci, die als Dekoration für die Salons des Adels und des Großbürgertums bestimmt waren. Dieser Wandel ist von großer Bedeutung, liegt darin doch die Wurzel zur modernen Kunst späterer Zeit, da der Künstler das Autoritätsprinzip ablehnt und im Malen der eigenen Kreativität, die eben gerade keines fremden Auftraggebers bedarf, freien Lauf läßt. Die Folge dieses neuen Verständnisses von Malerei waren die zunehmende Abkehr von religiösen und mythologischen Sujets und das Auftreten von Außenseitern wie Marco Benefial und Pier Leone Ghezzi. In den ersten drei Jahrzehnten des 18. Jahrhunderts waren allerdings noch immer Maratta und seine Schüler die überragenden Vorbildfiguren der römischen Malerei.

Gegenüberliegende Seite, links: *Carlo Marattas* Taufe Christi *(um 1700) zierte ursprünglich das Baptisterium von Sankt Peter. Rom, Santa Maria degli Angeli*

Carlo Maratta: Rebekka am Brunnen. *Die Begegnung der alttestamentarischen Heldin mit Elieser am Brunnen wurde von Maratta in eine stark durch klassizisierende Elemente bestimmte Komposition umgesetzt. Rom, Galleria Corsini*

Carlo Maratta und seine Schüler

Wenngleich Carlo Maratta, der 1625 in Camerano bei Ancona geboren wurde und im Alter von 25 Jahren nach Rom kam, nur die ersten 13 Jahre des 18. Jahrhunderts erlebte, so hatte er doch großen Einfluß auf die Entwicklung der römischen Malerei des neuen Jahrhunderts. Nach seiner Lehrzeit in der Werkstatt Andrea Sacchis lernte der junge Maler Nicolas Poussin kennen, und dieser Umstand – wie auch die enge Freundschaft zu Bellori – erklärt seine klassizistische Ausrichtung. Zu Beginn des neuen Jahrhunderts arbeitete Maratta an einer *Taufe Christi*, die er für das Baptisterium der Peterskirche malte und die heute – weil sie am alten Standort durch ein Mosaik mit

derselben Thematik ersetzt wurde – in Santa Maria degli Angeli hängt, wo sich auch das von ihm selbst entworfene Grab des Künstlers befindet. Das aus Gründen der Konservierung umgelagerte Gemälde zeigt im goldenen Licht einen Christus mit an Pietro da Cortona gemahnenden Körperformen, während der Kopf an Giuseppe Cesari (Cavalier d'Arpino) denken läßt und dabei auch Marattas Nähe zu Raffael verrät. Marattas Komposition löst die dem 17. Jahrhundert zugehörigen Lichtkontraste in zarte Pastellfarben auf, die die spätere Palette des Malers bereits vorwegnehmen. 1702–1703 wurde Maratta dann die hohe Ehre zuteil, zwei Szenen für die Stanza di Eliodoro im Vatikan anzufertigen, *Die Ernte* und *Die Weinlese*. Daneben widmete Maratta sich allerdings, nicht zuletzt wegen der guten Verdienstmöglichkeiten, die stets damit verbunden waren, intensiv der Porträtmalerei. Marattas theoretisches Fundament entsprach jenem, das der Kunsttheoretiker Lomazzo von Raffael ableitete und wonach man das rechte Verhältnis zwischen der Treue zur Physiognomie des Sujets und der idealen Umsetzung seiner Gesichtszüge im Bild anstreben sollte; als Beleg mag das um 1660 entstandene *Porträt Antonio Barberinis* genügen, das heute in der Galleria Nazionale di Arte Antica im Palazzo Barberini hängt.

Nach 1706 malte Maratta aufgrund einer schweren Krankheit nur noch sehr wenig, doch seine Bedeutung für den römischen Malstil war zu dieser Zeit bereits unumstritten. Daher wurde er auf Lebenszeit zum Direktor der Accademia di San Luca gewählt. Die Anziehungskraft Carlo Marattas auf die Künstler des frühen 18. Jahrhunderts war so groß, daß er sogar einen Maler wie Giovanni Odazzi (1663–1731) beeinflußte. Obwohl Odazzi ein Schüler Giovanni Battista Gaullis gewesen war, verwendete er eine eindeutig von Maratta geprägte Formensprache, wie das um 1705 entstandene großformatige Gemälde *Christus grüßt den Hl. Bernhard* in San Bernardo alle Terme belegt. Farbwahl und Komposition erinnern ebenso stark an Marattas *Taufe* wie die Lichteffekte: Die Lichtquelle ist Christi Heiligenschein, doch die an Caravaggio erinnernden Schatten verlieren in der heiteren, gelassenen Atmosphäre, die das Werk erfüllt, sofort an Intensität.

Marattas Schüler waren zahlreich: Zu ihnen gehörten Giacinto Calandrucci (1646–1707), der dem Meister für die Dekoration der Villa Falconieri nach Frascati folgte, Andrea Procaccini (1671–1734), der 1720 nach Spanien auswanderte und dort den Stil des Meisters bekannt machte, Giuseppe Passeri (1654–1714), der Marattas Stil dem Geschmack des 18. Jahrhunderts anpaßte, und Pietro de Petri (1671–1716), der mit seinem grafischen Werk in gewissem Sinn sogar manche Aspekte des Klassizismus vorwegnahm. Der wichtigste Schüler Marattas war allerdings Giuseppe Chiari (1654–1727), der den jüngsten Forschungen zufolge in Rom geboren wurde und dort auch sein Leben verbrachte. Chiari, der in den wichtigsten Malerkreisen des 18. Jahrhunderts verkehrte, wurde durch seine *Glorie des Hl. Clemens* bekannt, die er 1715–1716 als Deckengemälde in

Giuseppe Chiaris Deckengemälde Die Glorie des Hl. Clemens *wurde durch die Deckendekoration Marattas im Palazzo Altieri beeinflußt. Rom, San Clemente*

Giuseppe Chiari: Ceres, Venus und Bacchus. *Die um 1720 entstandene mythologische Szene zeigt Bacchus, der Venus, die von Ceres begleitet wird, Wein einschenkt. Rom, Palazzo de Carolis, Collezione Banca di Roma*

San Clemente ausführte. Dieses Werk zeigt den Einfluß Gaullis, doch die wesentliche Inspiration stammt von Marattas Fresko im Palazzo Altieri, von dem er die perspektivische Verkürzung in der Untersicht, die Dynamik der Figuren und die leuchtenden Farben übernahm. Diese Stilmittel Marattas wurden nicht nur von Chiari übernommen, sondern auch von dem Maratta-Schüler Pietro de Petri. Der Ruhm, den Chiari durch seine Arbeit in San Clemente erlangte, verschaffte ihm auch im Rahmen des zweiten großen Gemäldezyklus in Rom einen Auftrag in San Giovanni in Laterano, an dem neben Chiari auch Melchiorri, Procaccini, Garzi und Luti wirkten, die alle auf die eine oder andere Weise mit Maratta verbunden waren. Chiari schuf einen auf das Jahr 1718 datierbaren *Abdias*, der zu der Prophetengruppe gehörte.

Im darauffolgenden Jahr arbeitete der Künstler an dem Werk *Allegorie des Bootes Petri und die drei theologischen Tugenden*, das in der Accademia di San Luca aufbewahrt wird. In der Bildmitte befindet sich in durchdachtem Arrangement

der Blinde Glaube, der sich an den geborstenen Großmast klammert – eine Versinnbildlichung des Gedankens, daß das Schiff der Kirche ausschließlich von der Vorsehung gesteuert wird. Zwischen den Wolken erscheint die Dreifaltigkeit mit einem Christus auf den Knien Gottes. Das Kompositionsschema ist noch das gleiche, das der Maler für die zentrale Gruppe der *Glorie des Hl. Clemens* benutzt hatte, wenn es auch insgesamt weniger dynamisch gestaltet ist.

Diese Art des Bildaufbaus wurde auch von Luigi Garzi (1638–1721) eingesetzt, dem anderen Meister der klassizistischen Strömung in der Nachfolge Marattas. Der gebürtige Römer Garzi erlernte das Handwerk bei Sacchi und behauptete sich im Umfeld Marattas, obwohl er auch von anderen Malern wie etwa Lanfranco Stilmerkmale übernahm. Sein Deckengemälde *Die Glorie der Hl. Katharina* in der Kirche Santa Caterina da Siena a Magnanapoli greift – wenn auch mit neuer Interpretation – Marattas Fresko im Palazzo Altieri auf, das ja bereits Chiari mehrmals als Vorlage gedient hatte. Auf dem Höhepunkt seiner Laufbahn arbeitete Garzi im Palazzo De Carolis an der Seite Chiaris, der dort zu Beginn der 1720er Jahre eine mythologische Szene mit Ceres, Bacchus und Venus gemalt hatte. Ebenfalls um 1720 schuf Garzi einen *Sonnenwagen des Apoll*, der zwar explizit an emilianischen Vorbildern wie den Werken von Guido Reni oder Guercino orientiert ist, jedoch mit zarten Lichteffekten eine Atmosphäre schafft, die als typisch für das 18. Jahrhundert gelten kann.

Die Annäherung an die klassizistische Ausrichtung der Malerei beinhaltete nunmehr auch die intellektuelle Auseinandersetzung mit Guido Reni und Dosso Dossi, und zwar über die Vermittlung Nicolas Poussins, wie noch zwei weitere Gemälde im Palazzo De Carolis belegen: *Venus und Adonis* und *Apoll und Daphne*. So bildete sich eine Strömung heraus, die nach einer neuen Ästhetik suchte und ihren Bezugspunkt – wenn auch mit Abstufungen und Variationen – im Ideal der Ausgeglichenheit und der Gemessenheit sah.

In diesem Kontext steht auch Benedetto Luti (1666–1724), ein aus Florenz stammender Künstler, der um 1690 nach Rom kam. Luti scheint ein zurückgezogenes Leben geführt und sich wenig um öffentliche Aufträge bemüht zu haben, obwohl er der Congregazione dei Virtuosi del Pantheon angehörte und 1720 zum Vorsitzenden der Accademia di San Luca ernannt wurde. Typisch für sein Schaffen sind kleinformatige Pastelle mit Profilköpfen von Jungen und Mädchen. Bei Lutis *Jesaia*

Benedetto Luti: Mythologische Allegorie (Diana unter den Nymphen). *Die auf der Gleichsetzung der Diana mit der Nacht basierende allegorische Darstellung wird von der delikaten Wiedergabe des Mondlichtes bestimmt. Rom, Palazzo de Carolis, Collezione Banca di Roma*

Gegenüberliegende Seite, oben:
Giuseppe Chiari: Daphne und Apoll.
Die bildliche Umsetzung dieser Episode aus den Metamorphosen *von Ovid zeigt eine deutliche stilistische Verwandtschaft zu Werken des 17. Jahrhunderts und gleichzeitig Verbindungen zur Malweise Marattas und Sacchis. Rom, Galleria Spada*

Unten:
Benedetto Luti: Allegorie der Morgenröte *(Apolls Sonnenwagen).*
Die um 1720 entstandene allegorische Szene nimmt deutlich Bezug auf die von Guido Reni und Guercino im vorausgegangenen Jahrhundert geschaffene Darstellung dieses Themas. Rom, Palazzo de Carolis, Collezione Banca di Roma

Francesco Trevisani: Das Festmahl von Antonius und Kleopatra. *In dieser Komposition vereinigte Trevisani die Tradition der Gastmahlsschilderung mit Tendenzen des römischen Klassizismus. Das Detail zeigt den Hofzwerg im Bildvordergrund, dessen orientalisierende Kleidung eine exotische Atmosphäre schaffen soll. Rom, Galleria Spada*

in San Giovanni in Laterano lassen sich Anklänge an den Stil Caravaggios erkennen, neben kompositorischen Zitaten, die an Raffael und Michelangelo erinnern. Dagegen ruft Lutis *Diana mit den Nymphen* im Palazzo De Carolis durch die Gestaltung der Szenerie, durch die Farben und die Luftigkeit der ganzen Komposition Andrea Sacchis (1599–1661) Fresko *Die Göttliche Weisheit* im Palazzo Barberini in Erinnerung. Diese beiden Extreme in seinem Schaffen qualifizieren Luti als einen der Außenseiter der Malerei am Beginn des 18. Jahrhunderts.

Protagonisten der Jahrhundertmitte: Francesco Trevisani und Sebastiano Conca

Herausragende Vertreter der auf Carlo Maratta zurückgehenden klassizistischen Strömung waren zwei Künstler, die als die Hauptvertreter der römischen Malerei der ersten Hälfte des 18. Jahrhunderts bezeichnet werden können: Francesco Trevisani (1656–1746) und Sebastiano Conca (1680–1764). Beide Maler zeigen in ihren Werken ein Talent für erzählerische Leichtigkeit und kompositorische Harmonie; dies gilt sowohl für die Bilder mit religiösen Inhalten als auch für die Darstellungen mythologischer Szenen.

Seine ersten Unterweisungen erhielt Francesco Trevisani von seinem Vater, einem slowenischen Architekten. Anschließend ging er in Venedig bei dem Maler Antonio Zanchi d'Este in die Lehre, der ihn in Caravaggios Techniken der Helldunkelmalerei einführte. Wahrscheinlich nach einem Aufenthalt in Bologna, wo er sich mit dem Malstil der Carracci und Guido Renis vertraut gemacht hatte, kam Trevisani 1678 nach Rom, wo er die Protektion des Sieneser Kardinals Flavio Chigi, eines Neffen des verstorbenen Papstes Alexander VII., genoß. Seine Abhängigkeit von der Familie Chigi führte dazu, daß Trevisani dann hauptsächlich in Siena wirkte, wo zwei große Gemälde entstanden, die heute im Dom hängen. Die Werke sind vor das Jahr 1693 zu datieren, das Jahr, in dem es zum Bruch mit der Familie Chigi kam. Trevisanis große Chance kam, als er mit einer Reihe von Gemälden für die römische Chiesa di San Silvestro in Capite beauftragt wurde. Von diesen belegt der *Gang zum Kalvarienberg* am besten die venezianische Herkunft des Malers, obwohl hier auch die Auseinandersetzung mit der Malerei Domenichinos und Poussins offenbar wird. Aber es lassen sich durchaus auch Anlehnungen an die Bamboccianti ausmachen, denen Kardinal Chigis Sammlereifer im besonderen galt. Anfang des 18. Jahrhunderts fand Francesco Trevisani bei Kardinal Pietro Ottoboni, der ihm eine Wohnung im Palazzo della Cancelleria sowie finanzielle Zuwendungen sicherte, die ersehnte Unterstutzung. Die Dankbarkeit gegenüber dem Kardinal wird in dem *Porträt Kardinal Ottobonis* deutlich, das sich heute in Barnard Castle (Bowes Museum) befindet und erst kürzlich auf die ersten Jahre des 18. Jahrhunderts datiert wurde. Dieses Werk kann durchaus als exemplarisch für die Porträtkunst des frühen 18. Jahrhunderts gelten, denn es stellt einen Kompromiß zwischen Idealisierung und Abbildhaftigkeit dar. Der Kardinal ist stehend dargestellt, der Blick ist dem Betrachter zugewandt, als wäre er gerade bei der Lektüre des Briefes in seiner Hand gestört worden. Die Glocke auf dem Schreibtisch erinnert an Raffaels *Porträt Leos X.*, wenn auch der recht dunkle Hintergrund und die penible Sorgfalt bei der Darstellung der Spitzen des Priestergewandes eindeutige Belege für den Zeitgeschmack sind.

Zwischen 1708 und 1717 schuf Francesco Trevisani für Lothar Franz Fürst von Schönborn verschiedene Werke, die sich noch heute auf Schloß Weißenstein bei Pommersfelden befinden. Eines dieser Bilder, *Apoll und Daphne*, ist eine tatsächliche malerische Umsetzung von Berninis berühmter Skulpturengruppe. Wie der *Raub der Proserpina* und *Diana und Endymion* gehört auch dieses Gemälde zu der Reihe von Werken mit mythologischem Sujet, die das Interesse des Künstlers für die Themen der Accademia dell'Arcadia, des Dichterkreises um Iacopo Sannazaro, bezeugen. Dies ist auch in einigen Werken mit religiösem Sujet zu erkennen wie beispielsweise der auf Kupfer gemalten *Nähenden Madonna*, die heute zum Bestand der Uffizien in Florenz gehört. Die Vorliebe für das Einfache und für Details, die bei diesem Gemälde deutlich wird, zeigt eine inhaltliche Nähe zu den Arkadiern. Auch die an Caravaggio geschulte Lichtführung und die überaus realistische Darstellung des Korbes im Vordergrund tragen zur Evokation einer intimen Atmosphäre bei, die jedoch ihren Vorläufer in dem großformatigen Fresko mit demselben Thema hat, das Guido Reni für die Cappella del Quirinale geschaffen hatte. Trevisanis Prägung durch Reni verdeutlicht auch die *Lucretia* im Nationalmuseum von Budapest, die 1708–1710 entstand, während die *Rast auf der Flucht nach Ägypten* aus der Dresdener Gemäldegalerie von einer häuslichen, schlichten Atmosphäre durchdrungen ist. Trotz der Einbettung in die Landschaft vermittelt dieses um 1715 geschaffene Werk einen Sinn für die Beobachtung des Alltagslebens.

Der theatralische, ja melodramatische Aspekt in Trevisanis Kunst offenbart sich dagegen im *Festmahl von Antonius und Kleopatra* (Rom, Galleria Spada), das auf die Zeit zwischen 1705 und 1717 zu datieren ist. Hier stoßen wir auf einen Aspekt im Stil des Malers, der bereits bei den beiden großen Gemälden zutage getreten war, die Trevisani 1712 für Sant'Ignazio geschaffen hatte. Diese zeigen die *Überfahrt des Hl. Joseph* und die *Kommunion des Hl. Luigi Gonzaga*, wobei jedoch das Werk aus der Galleria Spada den Höhepunkt dieser Entwicklung zu einer dynamischen, expressiven Malweise darstellt. In diesem Zusammenhang wurde die These vertreten, der Künstler habe sich möglicherweise von Theaterdarbietungen in seinem Haus in der Via della Lungara inspirieren lassen. Unter den bedeutenden Auftragsarbeiten Trevisanis soll zum Schluß noch auf die Dekoration des Palazzo De Carolis sowie auf die *Ekstase des Hl. Franziskus* in Santa Maria in Aracoeli aufmerksam gemacht werden, die die große Vielseitigkeit des Künstlers zeigen.

Eine weitere dominierende Figur der ersten Hälfte des 18. Jahrhunderts war Sebastiano Conca, der sich nach einer langen Lehrzeit bei Francesco Solimena 1707 in Rom niederließ. Seine brillante Laufbahn krönte der erfolgreiche Maler mit dem langjährigen Vorsitz der Accademia di San Luca. Wie Trevisani war er ein Vertreter der von Maratta geprägten klassizistischen Strömung und nutzte in Rom die Gelegenheit, die Werke Raffaels, Michelangelos und Carraccis aus der Nähe studieren zu können. Politisch und wirtschaftlich konnte er sich auf Kardinal Ottoboni stützen, der ihm eine Wohnung im Palazzo De Cupis an der Piazza Navona zur Verfügung stellte. Doch waren es erst die Förderung durch Kardinal Tommaso Maria Ferrari und der Ruhm, den er durch die für ihn geschaffenen Werke erlangte, die Clemens XI. persönlich auf Sebastiano Conca aufmerksam machten. Der Papst beauftragte Conca mit der Dekoration des Mittelschiffs von San Clemente, wo er das Fresko *Das Wunder des Hl. Clemens* schuf, das den Märtyrer mit den zur Arbeit in den Steinbrüchen gezwungenen Christen zeigt,

Sebastiano Conca: Allegorie der Musik und der Dichtkunst. *Der Putto in der linken unteren Bildpartie ist motivisch deutlich an der berühmten antiken Skulptur des sogenannten* Gänsewürgers *in den Kapitolinischen Museen orientiert. Rom, Galleria Spada*

Sebastiano Conca: Allegorie der Malerei und Skulptur. *Rom, Galleria Spada*

zu deren Labung er eine Quelle entspringen läßt. Ein weiterer Auftrag war der 1718 gemalte *Prophet Jeremias* für das Kirchenschiff von San Giovanni in Laterano. Diese Werke mehrten Concas Ruhm, und noch im gleichen Jahr wurde er in die Accademia di San Luca aufgenommen. Diese Ehre verdankte er einem Gemälde, das noch heute im Besitz der Accademia ist: *Die Mystische Vermählung der Hl. Katharina*. Die Figuren der Jungfrau, des Christuskindes und der Hl. Katharina sind im Dreiecksschema angeordnet, betont durch eine intensive Lichtführung, die die plastischen Effekte des Stoffes hervorhebt. In diese Jahre (1710–1718) fallen auch Werke mit mythologischem oder historischem Sujet wie *Antonius und Kleopatra* (Heim Gallery, London), das reich an Figuren und von ausgefeilter Komposition ist. Neben seinem eigenen Schaffen widmete sich Sebastiano Conca intensiv der Lehrtätigkeit und gründete in seinem Hause die sogenannte Akademie der Aktmalerei, deren vorrangiges Ziel es war, das Zeichnen menschlicher Körper zu lehren.

Das Werk, mit dem Conca jedoch berühmt wurde, war *Die Glorie der Hl. Cäcilie*, die er zwischen 1721 und 1724 für die Decke von Santa Cecilia in Trastevere schuf. Das von Kardinal Acquaviva in Auftrag gegebene Gemälde griff Marattas Schema aus dem Palazzo Altieri wieder auf, schwächte allerdings die perspektivische Verkürzung ab und ordnete die Komposition auf ebenem Niveau an, wodurch eine Leichtigkeit und Frische erreicht wird, die der Barockmalerei fremd ist.

Conca war auch an der Dekoration des Palazzo De Carolis beteiligt, wo er einen *Triumph der Tugend* mit komplexer Ikonographie schuf. Den Höhepunkt seines Schaffens erlebte er jedoch in den 30er und 40er Jahren des 18. Jahrhunderts. Der erfolgreiche Maler erhielt nun auch Aufträge außerhalb Roms, besonders in Siena, wo er für die Kirche des Ospedale di Santa Maria della Scala das große Fresko mit der Darstellung der Piscina probatica (des sogenannten Schafbeckens bei Bethesda, an dem die biblischen Heilung des Gelähmten stattfand) schuf, dessen Entwurf im dortigen Monte dei Paschi aufbewahrt wird. Unter seinen römischen Werken sind außerdem das große Gemälde *Die Immacolata und der Hl. Filippo Neri* in San Filippo Neri zu erwähnen, dessen Komposition an Raffael gemahnt, dabei aber auch warme und goldene Farben aufweist, sowie die trotz der Ähnlichkeiten in der Farbgebung subtilere *Magdalena* in der Galleria Doria-Pamphili. Concas Stil wies zunehmend frühe klassizistische Elemente auf, so in der *Allegorie der Wissenschaften* im Palazzo Corsini, doch nachdem sich der vorherrschende Geschmack mit der Wahl Papst Benedikts XIV., der eine noch stärker an der Antike orientierte Kunst bevorzugte, gewandelt hatte, verließ Conca Rom und zog nach Neapel.

Gegenspieler und Außenseiter

Natürlich war die römische Kunst in der ersten Hälfte des 18. Jahrhunderts wesentlich vielgestaltiger, als es hier dargestellt werden kann. Das hatte seinen Grund auch darin, daß die Stadt Künstler aus ganz Italien und Europa anzog, die sich zwar in der Stadt aufhielten, um sich die neuesten Tendenzen in der Malerei anzueignen, währenddessen aber meist für auswärtige Auftraggeber tätig waren. Dies war der Fall bei dem Mailänder Francesco Fernandi, genannt l'Imperiali (1679–1740), der in seiner Werkstatt Pompeo Batoni (1708–1787) beschäftigte. Fernandi erhielt seine wichtigen Aufträge allerdings aus Turin. Der aus Pistoia stammende Giovan Domenico Piestrini (1678–1740) dagegen kam nach Wanderjahren durch ganz Italien im Alter von 24 Jahren nach Rom und faßte dort mit Hilfe seines Förderers Kardinal Agostino Fabroni Fuß. Daher ist es kein Zufall, daß er im Palazzo De Carolis sowie an den großen Zyklen für San Clemente mitarbeitete, wo er das Werk *Der Hl. Ignatius von Antiochia wird von Kaiser Trajan zum Tode verurteilt* malte; die Szenen mit den Wundertaten des Hl. Clemens reichten zur Dekoration der ihm geweihten Kirche nicht aus, weshalb sie durch Szenen aus dem Leben der Heiligen Ignatius und Servolus ergänzt wurden.

Placido Costanzi (1702–1759) hingegen, der aus Rom stammte, war außer im Quirinal in den wichtigsten Patrizierpalästen (Pallavicini, Rondanini, Ruspoli) sowie bei den Kirchenumbauten während des Pontifikats Benedikts XIV. beschäftigt. Ein weiterer Vertreter der Maratta-Schule und direkter Schüler des Meisters war Agostino Masucci (1690–1758), der 1724 in die Accademia di San Luca aufgenommen wurde. Zu diesem Anlaß malte Masucci ein *Martyrium der Hl. Barbara*. Dieses Gemälde nimmt einerseits in der Jungfrauenfigur die *Madonna mit den sieben Gründern des Servitenordens* vorweg, andererseits erinnert es in der Figur des Zenturio an den Malstil eines Corrado Giaquinto (1703–1765). Giaquinto hielt sich nach der Lehrzeit bei Solimena in Neapel als Schüler Sebastiano Concas in Rom auf; er arbeitete nicht nur in Rom, sondern auch in Cesena, Pisa und Neapel. Seine Werke zeichnen sich durch eine schillernde Farbigkeit aus, die durch eine besondere Leichtigkeit erzeugt wird und sich mit einer grazilen Linienführung verbindet, so zum Beispiel in dem Gemälde *Ruhe auf der Flucht nach Ägypten* (Stuttgart, Staatsgalerie).

Wie aus den Charakterisierungen der bisher vorgestellten Persönlichkeiten deutlich wird, können diese Künstler – ungeachtet persönlicher Eigenheiten – eng mit der durch Maratta ausgelösten klassizistischen Strömung in Verbindung gebracht werden. Nicht zu leugnen ist, daß dieser Malstil, der zur Idealisierung des Sujets neigte, durch seine oftmals formelhafte Stereotypie die Gefahr einer stilistischen Banalisierung barg.

Gegen diese Tendenz wandte sich ein Künstler, der wegen seiner künstlerischen Position stets eine Einzelfigur innerhalb der römischen Malerei blieb. Nicht ohne Grund hatte Marco Benefial (1684–1764), der als Sohn einer aus der Gascogne stammenden Familie in Rom geboren wurde und dort auch sein Leben verbrachte, konfliktreiche Beziehungen sowohl zu den eigenen Förderern wie dem Fürsten Camillo Pamphili, der ihm mit dem *Prophet Jonas* in San Giovanni in Laterano den ersten bedeutenden Auftrag verschaffte, als auch mit der Accademia di San Luca, in die Benefial erst 1741 aufgenommen wurde, um dann jedoch 1755 endgültig ausgeschlossen zu werden. Benefial verfolgte nämlich eine realistische Darstellungsweise, ohne Idealisierung oder die Verwendung verfremdender Kunstgriffe. Aus dem intensiven Studium der Werke Raffaels und der Carracci übernahm er vor allem die Grundregel, sich von der Natur leiten zu lassen. Dieses Einstellung erklärt die Darstellungsweise in dem Bild *Der Tod der seligen Giacinta Marescotti* in San Lorenzo in Lucina. Als Konzession an die herrschenden Regeln fügte er dem Gemälde zwar Ruhmesengel hinzu, die Frauenfigur ist aber durch einen unverhüllten Realismus charakterisiert, der dem Betrachter nichts ersparen wollte. In der gleichen Weise stellt das berühmte, 1726–1733 entstandene Gemälde *Tod der Hl. Margherita da Cortona* in Santa Maria in Aracoeli eine weitere Vereinfachung der Szene dar, indem der Akzent auf die Armseligkeit der Umgebung und auf die Schlichtheit der Kleidung gelegt wird, was die Heiligkeit der Dargestellten noch unterstreicht. Isoliert wie Benefial war auch Pier Leone Ghezzi (1674–1765), der Sohn von Giuseppe Ghezzi, einem damals berühmten Porträtmaler. Pier Leone widmete sich der Karikatur und hielt mit spitzer Feder Szenen aus dem zeitgenössischen Gesellschaftsleben fest.

Die römische Vedutenmalerei des 18. Jahrhunderts

Wenn es ein Thema gibt, das bei der Betrachtung der römischen Malerei des 18. Jahrhunderts besondere Beachtung fordert, so ist es die Vedutenmalerei. Dieses Genre unterscheidet sich von der reinen Landschaftsmalerei dadurch, daß es ansatzweise um darstellerische Objektivität bemüht ist, die der Landschaftsmalerei dieser Zeit fremd ist. Der Künstler, der die Idee der „wahrhaften Ansicht" in Italien und in Rom bekannt machte, war der Holländer Caspar van Wittel (1653–1736). Ein Werk, das dies belegt, ist die heute im Gabinetto Nazionale delle Stampe aufbewahrte großartige *Panorama-Vedute der Innenstadt Roms mit Sant'Andrea della Valle.*

Auch Jan Frans van Bloemen (1662–1749), der nach seiner Ankunft in Rom 1688 zu einem der angesehensten Spezialisten in diesem Genre wurde, war flämischer Herkunft. Seine lichterfüllten Landschaften sind bevölkert von Figuren aus der klassischen Antike, der christlichen Tradition oder dem zeitgenössischen Umfeld. Stärker an der Landschaftsmalerei Poussins und bisweilen an den dramatischen Stimmungen eines Salvator Rosa war Andrea Locatelli (1693/95–1741) orientiert, der sich vor allem bei der Dekoration der Paläste in der Via del Corso hervortat, etwa im Palazzo Ruspoli.

Der Künstler allerdings, der die römische Vedutenmalerei des 18. Jahrhunderts am besten verkörperte, war sicherlich der aus Piacenza stammende Giovanni Paolo Panini (1691–1765). Er ließ sich 1711 in Rom nieder, nachdem er lange bei Bibiena in die Lehre gegangen war und dort die Grundlagen von Perspektive und Bildkomposition erlernt hatte. Nicht umsonst sind seine Bilder Meisterwerke der Perspektive, so die berühmte Vedute *Piazza del Quirinale* und das nicht minder berühmte Gemälde *Santa Maria Maggiore*, das die Umbauten Ferdinando Fugas aus jener Zeit illustriert (Rom, Palazzo del Quirinale, Coffee House). Durch die besonders lebendige Gestaltung der Figuren in Stadtansichten, die nahezu fotografische Momentaufnahmen zeigen, erhält man Einblicke in das Leben der römischen Gesellschaft aller Schichten, sofern es sich auf der Straße abspielte. Diese Beobachtung läßt sich auch an einem Gemälde Paninis im Louvre, *Die Piazza Navona während der Vorbereitungen für die Feierlichkeiten anläßlich der Geburt des französischen Thronfolgers*, nachvollziehen.

Die fremdartige Atmosphäre, die aus der Betrachtung der altrömischen Ruinen entstand, führte dann zu einer anderen Strömung innerhalb der römischen Vedutenmalerei, dem Capriccio, bei dem mehrere signifikante Ansichten zu einer phantastischen und äußerst stimmungsvollen Szenerie zusammengestellt werden. Ein Meister dieses Genres war der Venezianer Bernardo Bellotto (1721–1780), der soweit ging, Ruinen aus Rom und seiner Heimatstadt zu einem Ensemble zu „montieren". Bellotto, der zwischen 1741 und 1742 die beinahe obligatorische Bildungsreise in die Stadt der Caesaren unternahm, schuf dort eine ganze Serie von Veduten und Capricci, die später die Salons des Adels in Italien und ganz Europa schmücken sollten.

Der Klassizismus in der römischen Malerei: Pompeo Batoni und Angelika Kauffmann

Welch große Rolle Rom bei der Formulierung der neuen neoklassizistischen Ästhetik auch auf dem Gebiet der Malerei spielte, zeigt sich durch die

Roma
1685

Vorhergehende Doppelseite: *Gaspar van Wittel genannt Vanvitelli:* Ansicht der Tiberschleife vor der Engelsburg. *Der niederländische Maler gilt als einer der Begründer der Gattung der Vedute. Neben den römischen Veduten, die den größten Teil seines Œuvres bilden, schuf de Wittel auch Ansichten von Neapel und Venedig, wohin er 1697 übersiedelte. Florenz, Galleria Palatina*

Giovanni Paolo Panini: Capriccio mit Figuren. *Kennzeichnend für die Gattung des Architekturcapriccio ist die bildliche Montage von Bauten, die aus unterschiedlichen topographischen Kontexten stammen, zu einer harmonisch wirkenden Einheit. Durch die Zugabe des Bildpersonals wurden die Kompositionen belebt und oft mit einer idyllischen Aura versehen. Rom, Galleria Nazionale d'Arte Antica*

Bernardo Bellotto: Ansicht des Tibers mit der Engelsburg. *Diese um 1769 gemalte Darstellung zeigt die für das Werk Bellottos, des Neffen des berühmtesten venezianischen Vedutisten Canaletto, charakteristische strahlende Lichtgestaltung, die den römischen Bauten eine besondere Ausstrahlung verleiht. Privatsammlung*

Giovanni Paolo Panini: Ansicht der Piazza und Kirche Santa Maria Maggiore. *Die breit angelegte Perspektive der Darstellung dieser urbanistischen Situation dokumentiert deutlich die Ausbildung Paninis in der Werkstatt der Bibiena, der bedeutendsten Schöpfer von Theaterdekorationen. Rom, Palazzo del Quirinale, Coffee House*

Tatsache, daß Jacques-Louis David in diese Stadt zurückkehrte, um dort das zu Recht als Manifest des neuen Stils bezeichnete Werk *Der Schwur der Horatier* (Paris, Louvre) zu malen. Dennoch steht das 1784 geschaffene Gemälde im Grunde lediglich am Ende eines viel älteren und komplexeren künstlerischen Prozesses. Eingesetzt hatte diese Entwicklung mit den Versuchen von Pompeo Batoni und den Erneuerungstendenzen des römischen Jansenismus, dessen aufklärerische Tendenz sogar Einfluß auf die päpstliche Kurie und auf Päpste wie Benedikt XIV. und Clemens XIV. nahm.

In Rom lebte zudem mit Unterbrechungen von 1747 bis zu seinem Tod 1779 der böhmische Maler Anton Raphael Mengs, der gemeinsam mit seinem Freund Johann Joachim Winckelmann zu den Vätern der klassizistischen Ästhetik und Malerei gezählt werden muß. Mengs verdankte seine Ausbildung Pater Ismael, der ihn 1741 zum Studium nach Rom schickte. Unter Anleitung von Conca und Benefial begann Mengs ein intensives Studium der römischen Antike und der Malerei Raffaels. Drei Jahre nachdem er 1744 in Dresden zum Hofmaler ernannt worden war, kehrte er in seine Wahlheimat Rom zurück und nahm dort eine Lehrtätigkeit an der Accademia Capitolina auf. Abgesehen von dem durch seine Spontaneität und Frische überzeugenden *Selbstporträt* in den Uffizien weisen seine Werke – wie der *Parnaß* (1761) oder die Allegorie im Museo Pio Clementino (1771–1773) – die doch eigentlich eine Umsetzung seiner Theorien bilden müßten, eine gewisse Tendenz zu einer kalten und intellektuellen Malerei auf. Dessenungeachtet wurde Mengs zum Vorbild und Bezugspunkt des größten römischen Ma-

Pompeo Girolamo Batoni: Achill am Hofe des Lykomedes. *Die 1746 gemalte Szene zeigt die Enttarnung Achills, der sich unter den Königstöchtern des Lykomedes als Frau verkleidet versteckt hielt. Odysseus, der Achill entdeckte, hatte unter die Gastgeschenke ein Schwert getan. Während sich die Königstöchter mit dem Schmuck beschäftigen, greift Achill zum Schwert und gibt so seine wahre Identität preis. Batoni übersetzt diese Episode in eine beschwingte, rokokohafte Bildsprache, die mit einzelnen klassizisierenden Elementen durchsetzt ist. Florenz, Galleria degli Uffizi, Corridoio Vasariano*

lers der zweiten Hälfte des 18. Jahrhunderts, nämlich Pompeo Batonis (1708–1787).

Die Malerei Batonis, eines Schülers von Conca und Masucci, orientierte sich an den klassizistischen Strömungen und führte ihn zu einem ausgiebigen Studium Raffaels. Er bevorzugte mythologische Themen, bei deren Gestaltung er seine Fähigkeiten zeigen konnte, so in den Werken *Achill am Hof des Lykomedes* und *Achills Erziehung durch den Zentaur Chirones*, die sich beide in den Uffizien befinden. Seit den 40er Jahren des 18. Jahrhunderts erlangte Batoni einen gewissen Ruhm als Porträtmaler, der stets auf den programmatisch eindeutigen Bezug auf die Antike Wert legte. So erscheint in dem *Porträt John Staples'* im Museo di Roma neben den römischen Ruinen auch der sogenannte Ares Ludovisi, der zuvor von Bernini restauriert worden war.

Daß die Porträtmalerei zu einer Gattung geworden war, die Malern zu Ansehen verhelfen konnte, belegt eine der berühmtesten Malerinnen des Jahrhunderts, die Schweizerin Angelika Kauffmann (1741–1804). Ihre Kunst wurde von Pompeo Batoni hoch gelobt, und sie selbst wurde zum Mitglied der Accademia di San Luca. Die von ihren Zeitgenossen als „gebildetste Frau Europas“ bezeichnete Künstlerin war 1765 zum ersten Mal nach Rom gekommen und hatte sich im Herbst 1782 dauerhaft dort niedergelassen. Sie unterhielt einen Briefwechsel mit dem englischen Maler Joshua Reynolds und war wohl auch unter den Gründungsmitgliedern der Royal Academy in London, die zu einem Zentrum der klassizistischen Kultur wurde. Sie bewunderte Anton Raphael Mengs, zeichnete sich jedoch durch eine differenzierte Technik aus: Angelika Kauffmann ließ sich ebenso von mythologischen Themen inspirieren (*Venus zeigt Äneas und Achates den Weg nach Karthago*, Feldkirch, Vorarlberger Handelskammer) wie von historischen (*Coriolan, Veturia und Volumnia*, Wrotham Park Collection/Großbritannien) und biblischen Stoffen (*Nathan und David*, Bregenz, Vorarlberger Landesmuseum). Unabhängig von der jeweils gewählten Thematik beherzigten alle Werke die neuen Regeln der klassizistischen Ästhetik, die Reinheit und Schlichtheit der Formen verlangte. So erklärt es sich, daß die Figur des Nathan mehr einem antiken Römer als einer biblischen Figur gleicht. Gleichermaßen ist in manchen Bildern Angelika Kauffmanns ein arkadisches Naturempfinden bemerkbar, so in *Junge Bacchantin* im Palazzo Barberini, in dem die von so vielen Künstlern angestrebte Sehnsucht nach einer Vergegenwärtigung der Antike greifbar wird.

In diesem Zusammenhang erklärt sich auch, daß ab 1780 unter Leitung von Mario Asprucci (1723–1808) die Gewölbe der Säle im ersten Geschoß des Casino Borghese mit lebhaften Temperafarben ausgemalt wurden, welche die von den Statuen der Sammlung Borghese verkörperten mythologischen Themen besonders lebendig erscheinen ließen. So ließen sich beispielsweise Tommaso Conca und Giovan Battista Marchetti bei ihrem Gemeinschaftswerk *Das Opfer für Silen* für die Decke des Saals, in dem die antike Bronzestatue *Der Tanzende Faun* stand, von eben diesem Standbild inspirieren, und in dem Saal mit Berninis *Apoll und Daphne* malten Marchetti und Pietro Angeletti eine *Metamorphose der Daphne.*

Dieses wichtige künstlerische Projekt vom Ende des Jahrhunderts besiegelte auf monumentale Weise den Erfolg der neuen klassizistischen Kunst. Allerdings handelte es sich dabei um einen arkadischen und pompejanischen Klassizismus „à la grècque“, dem nicht nur Batoni, Mengs und Angelika Kauffmann anhingen, sondern auch un-

Tommaso Maria Conca: Das Opfer für Silen. *Die mythologische Szene des zentralen Deckenfeldes des achten Saals der Galleria Borghese steht thematisch in Bezug zu der in diesem Raum aufbewahrten Bronzestatue eines tanzenden Silens. Rom, Galleria Borghese*

bekanntere Künstler, wie der Schotte Gavin Hamilton, der Trentiner Christoph Unterberger sowie Domenico Corvi. In dieses Umfeld gehören auch verschiedene Werke des aus dem Montferrat stammenden Felice Giani (1758–1823), der im klassizistischen Stil das Fresko *Triumph des Friedens* im Palazzo di Spagna schuf, in dem das Vorbild der Carracci karikiert wurde.

Dieser Auffassung trat mit Vincenzo Camuccini (1771–1844) ein echter Epigone des Klassizismus entgegen. Als Schüler Corvis und Batonis, in dessen ruhmreiche Fußstapfen er trat, richtete er seinen Malstil an Jacques-Louis David aus in der Absicht, der Darstellung der bürgerlichen Tugenden und der Antike ein würdiges Gepräge zu geben. So schuf er die Gemälde *Tod des Cäsar* und *Tod der Virginia* (Neapel, Museo di Capodimonte). Die beiden großformatigen Bilder zeigen eine glatte Malerei mit Helldunkeleffekten, die aber im Gegensatz dazu eine große Sorgfalt bei der rhetorischen Gestik besitzt, unter Bezug auf Raffael. Camuccinis Werke erfreuten sich größter Beliebtheit, belegen zugleich aber auch die stilistische Erstarrung und erlahmende Kreativität des römischen Malers, der die Fähigkeit zur Veränderung verloren hatte.

Marco Bussagli

Die römischen Feste

„In diesem Jahr haben alle traditionellen Feste des römischen Karnevals stattgefunden. Am Sonntag, dem 3. Februar, sind die Juden vom Campo de' Fiori bis zur Engelsburg gezogen ... Am Montag, dem 4. Februar, fand der Wettbewerb der Knaben um das grüne Seidentuch statt ... Am Dienstag, dem 5. Februar, nach dem Mittagessen, haben die jungen Leute um das rosafarbene Seidentuch gekämpft ... Am Mittwoch, dem 6. Februar, waren die Alten dran ... Am Donnerstag, dem 7. Februar fand bei Agone ein typisch römisches Fest statt, das ausgesprochen gut organisiert war ... Am Sonntag, dem 10. Februar, nach dem Mittagessen, wurden die üblichen Rennen der Berber- und Rennpferde sowie der Stuten und Färsen durchgeführt." Die Liste der Wettkämpfe ließe sich mit den Esel- und Stierrennen fortsetzen, für die sich die römische Bevölkerung im Jahre 1499 be-

Oben: Das Turnier am 5. März 1565 im Belvedere-Hof des Vatikan *von einem anonymen Maler. Rom, Museo di Roma*

Gian Paolo Panini: Karl III. reitet auf San Pietro zu *(1745). Neapel, Museo e Gallerie Nazionali di Capodimonte*

geisterte, als Giovanni Burcardo sein Tagebuch schrieb und so der Nachwelt eine Erinnerung an diese alten Volksbelustigungen erhielt. Burcardo war von 1483 bis zu seinem Tode im Jahre 1506 unter fünf Päpsten Zeremonienmeister am Vatikan.

Die Tradition dieser Feste wurde in Rom seit der Antike gepflegt: Religiöse Zeremonien, Zirkusspiele und Triumphzüge glorreicher Feldherren fügten sich zu einem einzigen Spektakel zusammen. Um die gezielte Wiederbelebung und Modernisierung bestimmter Bräuche in der Neuzeit machte sich Papst Alexander VI. (1492–1503) verdient. Zu diesem Zeitpunkt galt das alle 25 Jahre wiederkehrende Heilige Jahr als das prunkvollste christliche Fest. Es hatte sich aus dem Fest der Vergebung entwickelt und war erstmals von Bonifaz VIII. ausgerufen worden. Alexander VI. erweiterte den Ablauf dahingehend, daß die sogenannte Goldene Pforte des Petersdoms feierlich geöffnet wurde. So berichtet Burcardo über das Jubeljahr 1500: „Seine Heiligkeit begab sich zu Fuß zu der Tür, die geöffnet werden sollte. Nachdem ihm Meister Tommaso Matarazzo, Maurer und Oberaufseher der Basilika, einen Maurerhammer überreicht hatte, schlug der Papst dreimal gegen eine in der Mitte der Tür vorbereitete Öffnung, so daß die sie umgebenden Ziegel zu Boden fielen.“ Das Ritual wurde zum ersten Mal am Weihnachtstag 1499 durchgeführt und wird bis zum heutigen Tag vom jeweiligen Papst wiederholt.

Gegenüberliegende Seite, unten: *Filippo Gagliardi und Filippo Lauri:* Das Karussell zur Feier der Königin Christina von Schweden im Hof des Palazzo Barberini *(1656). Rom, Museo di Roma*

Doch nicht alle römischen Feste waren religiöser Natur. Neben den Wettkämpfen und Pferderennen wollte Alexander VI. die Tradition der Triumphzüge aus der römischen Antike wieder aufgreifen. Dafür bot die Piazza Navona, wo seit 1477 der wichtigste römische Markt abgehalten wurde, den geeigneten Ort. Im Jahre 1499 wurde dort durch Komparsen der Triumphzug von Vespasian und Titus nachgestellt. Ein Jahr später erinnerte man zu Ehren des Herzogs von Valentinois, Cesare Borgia, an den Triumphzug Cäsars.

Diese Initiativen waren auch für die urbane Entwicklung von entscheidender Bedeutung, verwandelte sich doch die Stadt, insbesondere im Laufe des 17. Jahrhunderts, nach und nach in ein riesiges Theater. So war die Piazza Navona Schauplatz der Osterfeierlichkeiten, die im Heiligen Jahr 1625 besonders prächtig ausfielen. 1634 fand hier auf Betrei-

Gian Paolo Panini: Vorbereitungen für das Fest des Delphins auf der Piazza Navona, *(1729). Paris, Musée du Louvre*

ben der Familie Barberini das Sarazenenturnier statt, das auf einem Ölgemälde von Andrea Sacchi und Filippo Gagliardi verewigt wurde. Das Spektakel beeindruckte in erster Linie durch schiffsförmige Wagen, die daran erinnerten, daß auf dem Platz die antiken Naumachien (nachgestellte Seeschlachten) stattgefunden hatten. Es war Bernini, der im 17. Jahrhundert die Idee zur Wiederaufnahme dieser Tradition hatte. Für die Vorbereitungen wurden Architekten und Bühnenbildner, außerdem eine Schar von Handwerkern gebraucht, die die phantastischsten Ideen umsetzen konnten. Marcello Fagiolo und Maurizio Fagiolo dell'Arco sehen eine der wichtigsten Funktionen der römischen Feste des Barock darin, daß zu dieser Zeit – wie bei einer Werkstattprobe – architektonische Entwürfe, die ansonsten nur auf dem Papier existiert hätten, relativ preiswert ausprobiert werden konnten. So entstand ein permanenter Austausch zwischen der Beständigkeit steinerner Bauten und der Vergänglichkeit von Festtagskulissen, zwischen der allseits anerkannten Sprache der Architektur und den provisorischen Konstruktionen, die aus Anlaß der verschiedenen Feste, Zeremonien oder Jahrestage, aber auch etwa bei Beerdigungen von Päpsten gefertigt wurden.

Genau darin dürfte der eigentliche Geist der barocken Architektur bestanden haben. Oder anders gesagt: Gian Lorenzo Bernini hätte niemals die Idee zu seiner Kathedra in der Peterskirche gehabt, wenn ihn nicht der dramatische Effekt der Dekoration darauf gebracht hätte, die aus Anlaß der Quarantaore, der vierzigstündigen Ausstellung und Anbetung des Allerheiligsten, vorübergehend aufgestellt worden war. Ebensowenig wäre er zum Baldachin über dem Petrusgrab inspiriert worden, wenn er nicht die im Rahmen von Heiligsprechungen, wie etwa jener der Elisabeth von Portugal im Jahre 1625, üblicherweise aufgespannten Baldachine vor Augen gehabt hätte.

Legendär wurde das am 5. März 1565 im Belvedere-Hof des Vatikan durchgeführte Turnier, das nicht nur in den Erzählungen von Antonio Francesco Cirni beschrieben wird, sondern auch auf dem Ölgemälde eines unbekannten Künstlers um die Mitte des 17. Jahrhunderts dargestellt ist. Als die Türken zur selben Zeit Malta belagerten, erhielt das Fest plötzlich eine politische Bedeutung und wurde mit Vorfällen auf internationaler Ebene in Verbindung gebracht.

Auf ähnliche Weise verwandelten sich die Festlichkeiten zu Ehren der Königin Christina von Schweden, die während des Pontifikats von Alexander VII. nach Rom gekommen war, in eine Siegesfeier, mit der der Triumph über die Protestanten bejubelt

wurde. Das Ereignis wird in dem großen Ölgemälde *Turniere im Hof des Palazzo Barberini zu Ehren der Christina von Schweden am 28. Februar 1656* von Filippo Gagliardi und Filippo Lauri dokumentiert. Neben den prachtvoll gekleideten Rittern, die die Farben der schwedischen Königin bzw. des Papstes trugen, fuhren Festwagen in das große Atrium. Bei den Aufbauten der Wagen handelte es sich um allegorische Motive, wie etwa die aufsehenerregende Darstellung des Herkules vor dem flammenspeienden Drachen.

Einen wichtigen Stellenwert im Leben der Stadt nahmen die Feste ein, die im engeren Sinne mit der Person des Papstes verbunden waren. Da gab es etwa die aufwendige Prozession zum Amtsantritt, die am Tag nach der Papstwahl an den bedeutendsten Örtlichkeiten der Stadt entlangführte. Bemerkenswert war auch das Fest, mit dem der Souverän des Königreichs Neapel (dem späteren Königreich beider Sizilien) dem Papst für „die Herrschaft über die beiden Reiche diesseits und jenseits des Leuchtturms" – so die rituelle Formel – symbolisch seine Ehrerbietung erwies. Die Ereignisse wurden nicht nur in Chroniken protokolliert, sondern auch in Stichen und Gemälden festgehalten, die die Atmosphäre, die Farben und die allgemeine Freude noch anschaulicher vermitteln. Die Feste wurden zu einem bevorzugten Motiv von Künstlern wie Giovanni Paolo Panini, der den Besuch Karls III. in der Peterskirche oder von Karl von Bourbon auf dem Quirinal meisterhaft präsentierte. Panini übernahm dabei in gewisser Weise die heutige Funktion eines Dokumentarfotografen. Kardinal de Polignac beauftragte den Maler mit dem Werk zu Ehren der Geburt des Thronfolgers am 4. September, auf dem das Geschehen verewigt werden sollte. Das auf 1731 datierte, fast drei Meter breite Bild zeigt die Festlichkeiten aus dem Jahre 1729, die sich vom 20. November an über zehn Tage erstreckten. Die Verantwortung für die Dekoration trug der für seine Karikaturen bekannte Maler Pier Leone Ghezzi, der hier als Bühnenbildner und Architekt auftrat.

Giovanni Paolo Panini: Karl von Bourbon besucht Papst Benedikt XIV. im Coffee House des Palazzo Quirinale. *Neapel, Museo e Gallerie Nazionali di Capodimonte*

Bartolomeo Pinelli, Das Rennen der Berberpferde auf der Piazza del Popolo. *Rom, Museo di Roma.*

Das beliebteste Fest bei der römischen Bevölkerung war jedoch zweifellos der Karneval, dessen Höhepunkt das Berberpferderennen auf der Piazza del Popolo war. Ein Gemälde von Bartolomeo Pinelli läßt jene Momente wieder aufleben: Reiterlose Wildpferde werden über den Platz getrieben, während die johlende Menge das Geschehen begeistert von den Stufen aus verfolgt.

Marco Bussagli

Das 19. und 20. Jahrhundert

Malerei in Rom vom Ende des 19. Jahrhunderts bis zum Zweiten Weltkrieg

Gabriele D'Annunzio und das Rom der Jahrhundertwende

Als Rom 1870 von den piemontesischen Truppen eingenommen wurde, war die Situation der Malerei durch eine internationale Ausrichtung bestimmt, die sich nicht nur auf die Aktivitäten der ausländischen Akademien bezog, sondern auch durch eine autonome, äußerst produktive Künstlergemeinde beeinflußt wurde, deren französische, deutsche, niederländische, amerikanische und englische Mitglieder sich in Rom auf dem Gipfel ihres Schaffens nach ihrer Grand Tour, der obligatorischen Bildungsreise, aufhielten. Das Episodenhafte dieser oft nur kurzen Aufenthalte in Rom eröffnete den autochthonen Künstlern auf ihrer Suche nach neuen Positionen jedoch nur selten die Möglichkeit, sich an die berühmten Besucher wie etwa Camille Corot, Arnold Böcklin, Anselm Feuerbach oder Edward Burne-Jones anzuschließen.

Im Zuge der Annexion Roms kehrte mit Nino Costa ein bedeutender römischer Künstler aus dem politischen Exil in seine Heimat zurück und wurde in seiner Eigenschaft als Verbindungsglied zu den großen europäischen Kunstrichtungen zu einer Hauptfigur des hauptstädtischen Kunstlebens. Durch seine Freundschaft mit Corot fungierte er als Vermittler französischer Kunst, und über die Kontakte zum Kreis der Präraffaeliten avancierte er zum künstlerisch-moralischen Vorbild einer ganzen Generation junger römischer Maler. Daraus erwuchs eine klar dem Symbolismus verpflichtete Bewegung, die einerseits vom Gefühl des Erhabenen, andererseits von sozialen und politischen Idealen geprägt war, deren konkrete Umsetzung eher sekundär war. An der 1884 von Costa gegründeten Scuola Etrusca, die sich einer überfeinerten und archaisierend anmutenden Ästhetik verschrieben hatte, wirkten u. a. die Costa-Schüler

Giulio Aristide Sartorio: Gorgo und die Helden. *Das Ölgemälde von 1899 verdeutlicht den symbolistischen Stil Sartorios, der zu den führenden Künstlern der Jahrhundertwende in Rom gehörte und mit der mitteleuropäischen Kunstentwicklung bestens vertraut war. Rom, Galleria Nazionale d'Arte Moderna*

Norberto Pazzini und Giuseppe Cellini. Andere junge Künstler wie Alessandro Morani, Ricci, Giulio Aristide Sartorio, Enrico Coleman und Onorato Carlandi hatten sich zu der Gesellschaft „In arte libertas“ (In der Kunst liegt die Freiheit) zusammengeschlossen und luden 1886 Nino Costa in ihren Kreis ein. Als Anhänger des damals in Mode gekommenen Fortunismus wurde Costa als Anführer ihrer künstlerischen Suche verehrt. Diese weit verbreitete Malweise war gekennzeichnet durch einen brillanten Pinselstrich und durch die Darstellung alltäglicher Sujets nach dem meisterlichen Vorbild des berühmten spanischen Malers Mariano Fortuny, der 1874 in Rom starb.

Ausgehend vom Impetus Costas, verdichteten sich die Phänomene dieser Zeit in der Persönlichkeit Gabriele D'Annunzios, der damals starkes Interesse an der Kunstkritik zeigte. Die Zeitschrift *La Crònaca Bizantina* war ideologisches Sprachrohr einer Bewegung, die in ihrer Forderung nach

Francesco Paolo Michetti: Das Gelübde *(1883). Die sachlich-nüchterne Schilderung dieser religiösen Zeremonie illustriert die Existenz einer realitätsnahen Strömung innerhalb der italienischen Malerei des ausgehenden 19. Jahrhunderts. Rom, Galleria Nazionale d'Arte Moderna*

einer mystischen Einheit aller Künste erfüllt war vom Raffinement der in ganz Europa verbreiteten Décadence. Als typisches Werk dieser Epoche gelten die Illustrationen zu D'Annunzios Poem *Isaotta Guttadauro* von 1886.

Zum Umkreis von D'Annunzio zählte der bemerkenswerte Maler Francesco Paolo Michetti, den jedoch Costa wegen seiner finsteren, von krassem Realismus bestimmten Manier nicht im geringsten schätzte. Mit dieser Malerei formte sich die andere Seite der Décadence in Italien.

Die beiden Maler Sartorio und Michetti stellen zwei Seiten derselben Medaille dar: Ersterer hauchte seinen raffinierten symbolistischen Visionen Leben ein, während der zweite realistische, als volkstümlich getarnte Genreszenen schuf. Diese beiden Richtungen finden sich wie zwei Extreme derselben dekadenten Empfindsamkeit in D'Annunzio zusammengefaßt wieder.

Sartorio, der auch in München gelebt hatte, wurde in seiner Orientierung nach Mitteleuropa und nach England hin zum bedeutendsten Vertreter des ästhetisierenden römischen Geschmacks. Der viel jüngere Turiner Felice Carena aber feierte in den Jahren der Vorkriegszeit große Erfolge als der faszinierendste Maler des italienischen Symbolismus. Unter Bezugnahme auf französische Strömungen und dabei bevorzugt auf Carrière verschrieb er sich einem idealistischen Sozialismus, der ihn gemeinsam mit den innovativsten Künstlern des neuen Jahrhunderts wie etwa Giacomo Balla oder Cambellotti in die Nähe von Giovanni Cena und Sibilla Aleramo rückte.

Aus dem spiritualistischen Ansatz Costas ging eine Gruppe römischer Landschaftsmaler hervor, die sich „Die 25 der römischen Campagna" nannte und der u. a. berühmte Künstler wie Sartorio, Coleman und Carlandi aus der Gruppe „In arte libertas" angehörten. In ihrer Interpretation der Landschaft um Rom folgten all diese Maler den Präraffaeliten und Böcklin, die ein Kontinuum für die ersten Jahrzehnte des neuen Jahrhunderts bilden sollten.

Auf der Suche nach Neuem: der römische Divisionismus

Zu Beginn des Jahrhunderts war es der Turiner Künstler Giacomo Balla, der in Rom die Neuerungen einführte, die den Wettstreit zwischen den Akademiemalern und den symbolistischen Malern aus der Costa-Folge wieder aufleben ließen. Als leidenschaftlicher Fotograf führte er in Rom den Divisionismus ein, eine von George Seurat in den 1880er Jahren entwickelte Maltechnik, die auf der optischen Wahrnehmung von Licht und Farbe basiert. Im Grunde handelte es sich hier um die erste europäische Avantgarde, die das Problem der Wiedergabe von Wirklichkeit auf die mittelbarere und abstraktere Frage der Wahrnehmung von Wirklichkeit überhaupt verlagerte. Nachdem Balla in den letzten Jahren des 19. Jahrhunderts in der Hauptstadt angekommen war, stellte er Überlegungen zur Beziehung zwischen Kunst und Fotografie, zwischen Wissenschaft und Darstellung an. 1903 begegneten ihm die jungen Künstler Umberto Boccioni, Gino Severini und Mario Sironi, die seine Schüler und Nachfolger werden sollten und eine um den anerkannten Meister angelegte Künstlergemeinschaft gründeten.

Balla setzte sich intensiv mit dem fotografischen Blick auf die Wirklichkeit auseinander, wobei das Auge zum Objektiv einer Kamera wird und analog zur Malerei die Farben wie mit einem Pinsel verteilt werden. Seine bevorzugten Sujets waren Arbeiter, soziale Randgruppen und die Landschaft, aus der er das Wesentliche nachgera-

Giacomo Balla: Die Wahnsinnige *(1905). Der schonungslose Realismus, mit der diese Figur von Balla geschildert wird, ist ein Charakateristikum seines Frühwerks, das durch die Berührung mit dem französischen Neoimpressionismus und seine Beschäftigung mit dem noch jungen Medium der Fotografie entscheidend beeinflußt wurde. Rom, Galleria Nazionale d'Arte Moderna*

Umberto Boccioni: Bauern im Garten *(1902). Das Frühwerk dieser zentralen Figur des italienischen Futurismus ist von realistischen Themen und einem divisionistischen Malstil bestimmt. Privatsammlung*

de sezierte. Dabei war seine Kenntnis der Theosophie sicher ausschlaggebend für die Ausarbeitung seines Konzepts von der lebenden Natur. Aber es war der von sozialem Idealismus geprägte Sozialismus des Turiners Giovanni Cena, der ihn bei seiner Motivwahl entscheidend beeinflußte.

In der zweiten Hälfte des Jahrzehnts erweiterte Balla den Spiritualismus in den Sujets seiner Bilder und gelangte so zu einer grundlegenden Auseinandersetzung mit dem Divisionismus, die sich vor allem auf die Erforschung von Lichtverhältnissen und -phänomenen bezog.

Umberto Boccioni begann seine Ausbildung als Maler bei Balla und entwickelte eine sehr dynamische Malerei und einen individuellen Pinselstrich. Severini wendete die Schemata Ballas auf seine minuziösen Naturstudien an. Gequält durch Depressionen, folgte Sironi dennoch dem Beispiel Boccionis und erweiterte dessen Konzepte in eine expressionistische Richtung, indem er dem Blick seiner Personen einen Hauch von metaphysischem Unbehagen verlieh.

Politisch war diese Gruppe eingebettet in die Strömungen des idealistischen Sozialismus dieser Zeit. Wie Boccioni ging auch Severini 1906 nach Paris; Sironi durchlebte tiefe psychische Krisen, die gravierende Folgen bis hin zur Erlahmung und dem völligen Erliegen seines künstlerischen Schaffens hatten. Balla verblieb allein in Rom und führte seine Forschungen fort, denen zahlreiche Anhänger des Divisionismus folgten, die aber dabei zu einer eher graphischen und dekorativen Bildsprache tendierten. Die wichtigsten Vertreter dieser Strömung waren Camillo Innocenti und Antonio Noci.

Innocenti lieferte elegante Szenen, von unruhigen Launen, morbiden Halbschatten und dem Grundgefühl eines Pierre Bonnard geprägt, in dem Luxus und ruhige Sinnlichkeit vorherrschen. Dies gilt nicht nur für die Wahl der Sujets, sondern auch für den leidenschaftlich bewegten Farbauftrag, der in seiner antinaturalistischen Ausprägung an den Pinselstrich des Divisionismus gemahnt. Noci erscheint raffinierter, wogegen Enrico Lionne sich in seinem Eklektizismus Balla und gleichzeitig auch Innocenti annäherte. Diese Maler verstanden es, die Sehnsüchte und das ästhetische Wollen des Großbürgertums wahrzunehmen und auszudrücken.

Giacomo Balla und der Futurismus in Rom

Der Futurismus war 1910 in Mailand entstanden, der Stadt Emilio Tommaso Marinettis, Boccionis und Carlo Carràs. Die römische Malerei des Futurismus nahm ihren Anfang mit Balla, der bis 1933, als er sich von der Bewegung distanzierte, deren Dreh- und Angelpunkt war. Er war der Bewegung seit dem Beitritt seines ehemaligen Schülers Boccioni verbunden. Balla wirkte am ersten *Manifest der Malerei des Futurismus* vom 2. Februar 1910 mit. Obgleich er den neuen Strömungen enthusiastisch gegenüberstand, suchte er bis zum Ende des Jahres 1912 nach einer eigenständigen Formensprache. Zwar genoß Boccioni, der sich auch

Camillo Innocenti: Nach dem Bad *(1909). Öl auf Leinwand, Privatsammlung*

auf Pablo Picasso und die Kubisten bezog, seine höchste Zuneigung und Wertschätzung, weigerte sich aber, ihn auf seiner Suche zu begleiten. Balla wollte einen eigenen Weg finden ohne „französische Kompromisse" und dem Futurismus einen unabhängigen italienischen Weg weisen. Seine Suche, seine Forschungen über die Simultaneität und die Dynamik, verlief über eine Reihe von Experimenten, die ihn von den ersten Gruppenausstellungen des Futurismus ausschließen sollten. Er verlegte sich währenddessen auf fotografische Studien mit dem Ziel, Bewegung in Grafik und Malerei abbildlich übertragen zu können. Diese Bestrebungen manifestieren sich zum Beispiel im Polyptychon *Villa Borghese,* das aus 15 „simultanen" Ansichten besteht. Weitere Beispiele dafür sind die Gemälde *Mädchen und Balkon*, *Dynamismus eines Hundes an der Leine* und *Die Hände des Geigers*, die auf der Basis von Chronofotografie entstanden.

Erst Ende 1912 gelang es ihm, eine wirklich neuartige Formensprache zu entwickeln, die er besonders in seinen Werken *Abstrakte Geschwindigkeiten*, *Schwalbenflüge* oder den *Farbdurchdringungen* umzusetzen vermochte. Formen einer reinen Dynamik, Analysen von Geschwindigkeitslinien und Richtungslinien von Geräuschen sowie das Schaffen eines neuen, futuristischen Universums markieren den Beginn von Ballas reifer Periode innerhalb der futuristischen Bewegung.

Nun bot sich in Rom immer häufiger Gelegenheit zu einer systematischen Propagierung des Futurismus, die sich bis dahin auf sporadische provokative Aktionen beschränkt hatte. Im Februar

1912 wurde die Ausstellung der Futuristen im Teatro Costanzi eröffnet und am Ende des Jahres die Galleria Permanente Futurista von Giuseppe Sprovieri, der in einer wenngleich kurzen Aktivitätsphase Ausstellungen des Futurismus und der damit verbundenen internationalen Avantgarde zeigen sollte. Sironi fand nach Überwindung seiner psychischen Krisen zu neuer künstlerischer Vitalität zurück und schloß sich Ende 1913 der Bewegung an, wobei er anfangs in die Fußstapfen Boccionis trat. Schon im Verlauf des folgenden Jahres jedoch fand Sironi zu einer eigenen, plastisch-dynamischen Ausdrucksweise. 1915 konnte er unter dem Einfluß der russischen Suprematisten wie Kasimir Malewitsch und Ljubov Popowa und gemäß seiner Neigung zum Konstruktiven eine seiner mechanisch-synthetischen Visionen verwirklichen. Diese wurde 1916 überarbeitet auf der Basis eines primitivistischen Ansatzes, zu dem er zeitgleich mit Carrà fand. Fortunato Depero, der Ende des Jahres 1913 nach Rom gekommen war, leistete auf Anregung Ballas hin einen erheblichen Beitrag zur formalen Entwicklung des Futurismus in Rom. Seine Vielseitigkeit erlaubte es ihm, zusätzlich mit komplexer Plastik und verschiedenartigen Materialien zu experimentieren und Innenräume zu gestalten wie etwa mit dem Projekt „Cabaret des Teufels“ (1921–1922) oder sich der angewandten Kunst und dem Theater zu widmen. Auch Enrico Prampolini fühlte sich in den Jahren 1913–1914 vom Futurismus angezogen. Als vielseitiger Künstler mit großem Interesse an den Hauptströmungen der europäischen Avantgarde entwarf er ein Konzept der „Mechanik“ des Futurismus, das in der Folge von Ivo Pannaggi weiterentwickelt werden sollte.

Von Anfang an suchte die Bewegung des Futurismus nach einem Lösungsansatz, der die verschiedenen Bereiche alltäglichen Lebens durchdringen und repräsentieren sollte. Balla war es dann, dem als erstem diese Verschmelzung gelang, indem er seinen Ästhetikbegriff über die Malerei hinaus auf Mode, Möbel, Design, Theater, Film und Architektur erweiterte. Er schuf damit ein Konzept von „Totalkunst“, das Boccioni zu der Aussage veranlaßte, daß Balla bereits einen Punkt erreicht habe, der in „Europa schwerlich Vergleichbares findet“. Diese Grundhaltung sollte alle Strömungen der europäischen Avantgarde beeinflussen und entstand zur selben Zeit wie das Manifest zur futuristischen Rekonstruktion des Universums, das er 1915 zusammen mit Fortunato Depero unterzeichnete. Dies bedeutete die Ausweitung des Kunstbegriffes vom traditionellen Kunstwerk auf alle Aspekte des Alltags: „Giacomo Balla war der erste Vordenker einer industriel-

Giacomo Balla: Kraftlinien einer Majolikalandschaft. *Die in einer Öl- und Email-Mischtechnik auf Papier über Leinwand 1917–1918 ausgeführte Darstellung veranschaulicht die Bemühungen Ballas, synchrone dynamische Impulse bildnerisch umzusetzen und sich dabei über Gattungsgrenzen hinwegzusetzen. Guidonia, Collezione Fondazione Bigiotti-Cigna*

len Umsetzung des Futurismus im Bereich der angewandten Kunst und der Gegenstände des täglichen Gebrauchs." (G. Galli, 1919)

Die erste Zeit spielte Boccioni eine Schlüsselrolle in der Bewegung, die er jedoch noch vor seinem Tod 1916 aufgab. Danach wurde Balla Leitfigur des Futurismus. Er wurde in Rom zum Hauptvertreter der Bewegung, dem sich die jüngeren Maler anschlossen. Die wichtigsten unter ihnen waren Depero und Enrico Prampolini, aber auch Pannaggi, Gerardo Dottori, Galli, De Pistoris, Benedetta und Giulio Evola gehörten dazu. Bei letzterem handelte es sich um einen bedeutenden Intellektuellen, der nur wenige Jahre malte und eine Reihe abstrakter Werke hinterließ, die eine Verbindung zur europäischen Avantgarde von Wassily Kandinsky bis zu den Dadaisten aufwiesen. Eine andere faszinierende und auf vielen Gebieten begabte Persönlichkeit war Vinicio Paladini, der seine Affinität zum Dadaismus und zum Surrealismus auf sehr originelle Weise in den Futurismus einfließen ließ.

Balla entwarf auch ein Bühnenbild aus abstrakten Projektionen und der gegenseitigen Durchdringung von Licht und Raum für Strawinskys *Feuervogel*, das von den Ballets Russes 1917 aufgeführt wurde. Auf der Suche nach originellen Anwendungsmöglichkeiten futuristischer Kunst gestaltete er 1921 die Innendekoration von Nachtclubs wie dem „Bal Tik-tak". In den Jahren nach dem Ersten Weltkrieg ging er dazu über, seine Malerei um spirituelle und metaphysische Dimensionen zu erweitern. Seine Auffassung von Futurismus trat nun in eine synthetisch-geometrische Phase, in der er sich der Darstellung von Leidenschaften und kosmischen Dynamismen verschrieb. Dabei war seine Malweise von leuchtenden Farben und einem Formenkanon geprägt, der sowohl dramatischen wie heiteren als auch sentimentalen oder mechanischen Charakter haben konnte. Auf der Basis dieses breitgefächerten Repertoires an Themen und Formen erfolgte auch die Ausgestaltung öffentlicher und privater Räume.

Mit Balla erlebte der Futurismus der 20er Jahre in Rom seine Blütezeit. Viele junge Künstler schlossen sich der Bewegung voller Begeisterung an und beschritten neue Wege in Richtung einer „mechanischen Kunst", die sich durch eine äußerst lebhafte Bewegtheit und Kreativität auszeichnete.

In den 30er Jahren unterzeichnete Balla zusammen mit Benedetta, Depero, Dottori, Fillia, Marinetti, Prampolini, Somenzi und Tato das letzte futuristische Manifest, das *Manifest der Aeropittura* (Flugmalerei). Dank der Neuerungen von Balla und Prampolini erschlossen sich der Bewegung neue Perspektiven, die jedoch mit dem Zweiten Weltkrieg endeten. An die Stelle der mechanischen und geometrischen Ausrichtung der 20er Jahre setzte die von Technikbegeisterung geprägte Aeropittura jetzt plastische Formen und Darstellungen der Kinetik von Flugerlebnissen.

Balla stand als Künstlerpersönlichkeit in den 30er Jahren relativ isoliert da, nachdem er sich 1933 endgültig vom Futurismus abgewandt hatte und sich in seiner Malerei auf einen fotografischen Realismus konzentrierte, mit dem er schon in den 20er Jahren experimentiert hatte. Dabei setzte er sich intensiv mit der Massenkommunikation auseinander. Schon seit Beginn seiner Künstlerkarriere hatte er großes Interesse an der Fotografie gezeigt, in den 30er Jahren widmete er sich dann sehr speziellen Themenbereichen wie der Wahl des Bildausschnittes oder verschiedenen Lichteffekten. Seine Inspirationen für diese künstlerischen Ausdrucksmittel bezog er sowohl aus den Fotografien der Modezeitschriften als auch aus dem Œuvre römischer Fotografen, darunter Ghergo und Elio Luxardo. Daraus leitete er formale und farbliche Strukturen ab, die wie Ikonen des „letzten Schreis" wirken und bereits Züge der Pop-art vor-

Fortunato Depero: Ballettänzer-Mechanik – Das Idol Ballerina. *Das 1917 entstandene Gemälde thematisiert entsprechend den programmatischen Vorgaben des* Technischen Manifests der futuristischen Malerei *das Phänomen der Bewegung. Museo d'Arte Moderna e Contemporanea di Trento e Rovereto*

Pasquarosa, Stilleben *(1916–1917). Öl auf Leinwand, Privatsammlung*

wegzunehmen schienen. Ebenso nahm Balla viele andere Aspekte heutigen Lebens vorweg, indem er etwa die Thematik der reinen Abstraktion oder die Übernahme eines künstlerischen Vokabulars in die Alltagssprache propagierte. Zwar muß Ballas Kunst dieser Zeit als isoliertes Phänomen betrachtet werden, aber einige Züge seiner brillanten Visionen, die er in Bühnenbilder und Fotografien umsetzte, hatten auch Einfluß auf andere Künstler; so finden sich in den späten 30er Jahren in manchen Stilleben von Roberto Melli Anklänge an diese Arbeiten Ballas wieder.

Die römische Sezession 1913

In den Jahren vor dem Ersten Weltkrieg befand sich die gesamte römische Kunstwelt in einer Sackgasse, und das kulturelle Klima verharrte in einem Zustand ungeduldiger Erwartung. Dies galt besonders für die Zeit nach 1911, als die große internationale Ausstellung anläßlich des 50jährigen Jubiläums des Vereinten Italien stattfand. Von hier ging für die folgenden Ausstellungen der Hauptstadt der Impuls aus, die Kunst auf ein Niveau anzuheben, das dem Vergleich mit anderen europäischen Ländern standhalten sollte. Dies führte zu hitzigen Debatten, an denen sich vor allem junge Künstler aus Rom und auch die dortigen Kunstkritiker beteiligten. Nach dieser Episode kehrte die gesamte kulturelle Elite aber wieder zurück zur althergebrachten akademischen Ausstellungspraxis, was bei den Künstlern, die eine grundlegende Erneuerung der Kunst herbeiführen wollten, zu Aufruhr führte.

So kam es zwischen dem konservativen Ausstellungswesen und den jungen Künstlern zu einer Spaltung, die sich im März 1913 in der ersten Sezessionsausstellung manifestierte.

Die Kritiker lehnten damals nicht nur die grundlegenden Neuerungen der römischen Sezessionisten ab, sondern wandten sich vor allem gegen die jüngste Malerei aus Frankreich, gegen die Fauves und die Nabis. In der Tat wurden im Rahmen der Sezessionsausstellungen erstmals in Rom die Bilder von Henri Matisse, Paul Gauguin, Paul Cézanne, Henri de Toulouse-Lautrec und anderen französischen Künstlern gezeigt. Die Futuristen wollten sich der Initiative sofort anschließen, das Ausstellungskomitee jedoch hatte die Teilnehmerzahl begrenzt und wollte lediglich die Künstler ausstellen, die sich einer behutsamen Erneuerung der Avantgarde verpflichtet hatten. So spalteten sich die Futuristen ab und organisierten im Februar desselben Jahres im Teatro Costanzi eine ausschließlich futuristische Ausstellung. Auch Balla stellte nicht zusammen mit den Sezessionisten aus, obgleich er bereits für die Titelseite des Ausstellungskataloges einen Entwurf aus einander durchdringenden, schillernden Farben erarbeitet hatte.

Viele junge römische Künstler übernahmen die neue Formensprache der französischen Kunst mit ihrer expressiven Malweise und ihren grellen Farben. Zu den interessantesten Vertretern zählen Cipriano Efisio Oppo, Felice Carena, Pasquarosa, Ferruccio Ferrazzi, Edita Broglio, Melli und Armando Spadini. Auch Nino Bertoletti, Deiva De Angelis und Carlo Socrate gehörten zum Umfeld der neuen Bewegung. Für die Gattung der Plastik sollten die vielversprechenden Künstler D'Antino, Attilio Selva, Drei, Biagini und Cambellotti zu den Protagonisten des nächsten Jahrzehnts werden. Auch die Gruppe der Divisionisten um Innocenti, Lionne, Noci und Aleardo Terzi schloß sich der Sezession an und bildete den eher moderaten Flügel der Erneuerungsbewegung.

Oppo, der auch Kunstkritiker war, galt als ideologischer Kopf der Sezessionsbewegung. Seine Bilder zählen zu den interessantesten der römischen Kunst dieser Tage, denn durch die Arbeit mit kräftigen Farben und expressionistisch anmutende Deformation scheinen sich darin alle kunsttheoretischen Forderungen zu konzentrieren. In dieselbe Richtung entwickelten sich, trotz ihrer Berührungspunkte mit dem Futurismus, Ferrazzi und Melli, ebenso wie Edita Broglio, aus deren Werk der metaphysische Ansatz des Blauen Reiters zu sprechen scheint. Carena vermochte in seinen Bildern eine Linienführung zu vermitteln, die ihn in die Nähe Gauguins und des Fauvismus rückt. Unabhängig von den anderen arbeiteten die

beiden Künstler Spadini und Pasquarosa. Letztere sollte sich mit ihren exquisiten Stilleben als eine der begabtesten Künstlerinnen des Postimpressionismus erweisen. Spadini hingegen zeigt in der Nuancierung seiner Bilder Anklänge an die Impressionisten. Die Werke von Spadini und Carena zeigen in ihrer psychologischen Tiefe bereits eine Modernität, die im darauffolgenden Jahrzehnt die Bemühungen um eine Rückkehr zu nationalen Traditionen entscheidend beeinflußte.

Die römischen Sezessionskünstler interpretierten in ihren Erneuerungsbestrebungen die Moderne eher als expressives Aufbrechen vorhandener Strukturen denn als avantgardistischen Bruch mit dem Bestehenden. In dieser Haltung wurden sie von den bedeutendsten internationalen Künstlern unterstützt. Dazu zählten unter den ausländischen Künstlern Matisse, Auguste Renoir, Bonnard und Maurice Denis, darüber hinaus Gustav Klimt, Egon Schiele, Edvard Munch, Max Pechstein, Max Liebermann und Auguste Rodin.

Die Situation in Rom bei Kriegsende 1918

Mit Ende des Ersten Weltkrieges konnten sich wieder lebhafte künstlerische Debatten und ein reges kulturelles Leben in Rom entfalten. Nach der vierten Sezessionsausstellung, die 1916–1917 im verborgenen stattfinden mußte, befand sich die römische Kunstwelt durch die anhaltenden Kampfhandlungen in einer Art Tiefschlaf, aus dem sie erst durch die Rückkehr heimischer Künstler erweckt wurde. Zu diesen gehörten Carena, Ferrazzi und Sironi, auch Socrate kehrte aus Frankreich zurück, und Oppo mußte sich nach seiner Rückkehr aus Spanien von seinen Kriegsverletzungen erholen. Wichtigster Protagonist des künstlerischen Lebens wurde jetzt Giorgio de Chirico, der noch als Soldat seinen Fronturlaub in Rom verbracht hatte und sich im Herbst 1918 ganz dort niederließ.

Zwei beinahe gleichzeitige Ausstellungen spiegelten im späten Frühling 1918 eine Aufbruchstimmung wider, die auf eine Reform von Sezession und Futurismus abzielte. Die Erneuerungstendenzen wurzelten immer noch in den Vorstellungen der internationalen Avantgarde, hinzu kam jetzt jedoch ein Rückgriff auf die nationale Formensprache im Sinne klassizistischer Kompositio-

Links:
Cipriano Effisio Oppo: Porträt Carena *(1914). Öl auf Leinwand, Privatsammlung*

Rechts:
Felice Carena: Porträt Signora Gualfarda *(1914). Öl auf Leinwand, Privatsammlung*

Giorgio de Chirico. Der Gruß der Argonauten *(1920). Die Darstellung veranschaulicht deutlich die für die Pittura Metafisica de Chiricos charakteristische irritierende Bildkomposition mit den isolierten, klassizisierenden Figuren, die stumm die Stadtkulisse bevölkern. Privatsammlung*

nen. Im März wurde in der Galleria dell'Epoca die „Erste unabhängige Gemeinschaftsausstellung" eröffnet, in der u. a. erstmals in Rom De Chiricos Pittura Metafisica zu sehen war. Auch Carrà, Ferrazzi, Ardegno Soffici und Prampolini hatten diesen neuen Weg der metaphysischen Malerei eingeschlagen. Im darauffolgenden Monat öffnete unter der Leitung von Piacentini und Tridenti eine Ausstellung moderner Kunst in der Casina del Pincio ihre Pforten. Dort wurden die Werke von Oppo, Spadini, Pasquarosa, Socrate, Selva, Biagini, Ferrazzi und von weniger bedeutenden Künstlern gezeigt.

Gegen Jahresende häuften sich Veranstaltungen dieser Art und machten Rom damit definitiv zu einem zentralen europäischen Forum, wo Positionen der Avantgarde sowie der Rückkehr zu traditionellen Formen heftig diskutiert wurden. So erschien zum Jahresende 1918 erstmals die Zeitschrift *Valori Plastici*, und im Oktober desselben Jahres eröffnete Bragaglia seine berühmte Galerie „Casa d'Arte Bragaglia" mit einer Balla-Ausstellung. Dieser folgten in den Jahren zwischen 1919 und 1922 weitere aufsehenerregende Ausstellungen von Sironi, Depero, De Pisis, Ossip Zadkine, Johannes Itten und den Dadaisten.

Die Zeitschrift Valori Plastici und die Rückkehr zur traditionellen Formensprache

Im Verlauf des Jahres 1919 vermochten die Anhänger einer Rückkehr zur traditionellen Formensprache ihre Position immer präziser und klarer darzulegen. Noch zu Beginn desselben Jahres fiel es den beiden Protagonisten de Chirico und Carrà schwer, sich von der Avantgarde zu lösen und sich einer Bewegung anzuschließen, die eine Rückbesinnung auf die Antike propagierte. Nur Mario Broglio vielleicht, Kopf der *Valori Plastici*, hatte zu diesem Zeitpunkt schon eine klare Vorstellung davon, wohin er seine Anhänger führen wollte. Dies beweist seit der ersten Nummer der Zeitschrift die scharfe Polemik seiner Artikel. Die Kritik an den Neuerungen der Avantgarde jedoch erfolgte oft nur indirekt, wohl um seine Freunde nicht mit radikalen Ideen abzuschrecken, für die die Zeit noch nicht reif war. Denn de Chirico betrauerte noch immer den Verlust seines Freundes Apollinaire, des Propheten der Pariser Avantgarde. Und Carrà, der Broglio ideologisch bereits viel näher stand, mußte erst seine militante avantgardistische Phase überwinden.

Der Schlüssel zum Verständnis dieses „Klimawechsels" in Rom liegt in einer Episode um die Mitte des Jahres 1919. Mario Sironi hatte im Juli seine erste eigene Ausstellung bei Bragaglia. Sironi war Anhänger des Futurismus, befand sich damit jedoch in einer Krise. Die von ihm ausgestellten

Felice Carena: Die Stille *(1921). Die idyllische Szenerie dieser Darstellung offenbart durch ihre Analogien zu den Bildschöpfungen Giorgiones und Tizians deutlich die programmatische Vorbildfunktion dieser Epoche für das Werk Carenas. Galleria d'Arte Moderna Ricci Oddi*

Werke sollten eine Synthese zwischen dem Futurismus und den neuen Visionen einer metaphysischen Wirklichkeit darstellen. Dabei wollte er die Errungenschaften der Avantgarde beibehalten und diese mit den Veränderungen der Gegenwart verbinden, in der die Antike eher als moralisches denn als formales Vorbild fungieren sollte. Genau dies brachte Sironi eine vernichtende Kritik von Mario Broglio ein, der die Ausstellung höchstpersönlich in seiner Zeitschrift rezensierte.

Eine Wiederbelebung der Antike um die Mitte des Jahres 1919 erschien gerade in Rom wie Häresie. Wenn schon ein solcher Rückgriff, dann mußte dieser total sein in der „Rückkehr zu antiker Meisterschaft". Er sollte den Transfer der Errungenschaften antiker Kunst in die Gegenwart leisten bei völliger Negation der Moderne und analytisch-synthetischer Formeln der Avantgarde. In dieser Hinsicht verfolgte de Chirico den radikalsten theoretischen Ansatz. Nur wenige Bilder schuf er zwischen 1919 und 1921 und quälte sich dabei nachweislich mit Experimenten nach antikem Vorbild. Diese konservative Haltung sowie die komplizierten alchimistischen Anklänge sollten dem Künstler später noch oft Kritik einbringen. Seine großen Vorbilder für einen Klassizismus, den er als „olympisch" bezeichnete, waren der junge Raffael sowie Perugino, Vittore Carpaccio und andere Maler des 15. Jahrhunderts.

Gegen Ende des Jahres 1919 kristallisierten sich die Positionen klar heraus. Die Bewegung verpflichtete sich einer stringenten und kompromißlosen Rezeption der Antike. Zu „plastischen Werten" wurden von de Chirico jene der Renaissance und von Carrà jene der italienischen Kunst des 14. Jahrhunderts erhoben. Carrà ließ in der November/Dezember-Nummer sein Gemälde *Lot und seine Töchter* reproduzieren. Es handelte sich hierbei um das erste Bild, das definitiv die Pfade der metaphysischen Malerei verläßt, um die „Erneuerung der italienischen Malerei" zu verkünden, analog zum Titel des Artikels, den Carrà in derselben Nummer publizierte. Im selben Heft wurde auch eines der Stilleben von Giorgio Morandi abgedruckt, das immer noch der metaphysischen Malerei verpflichtet war, zu der der Künstler über die Synthese der Kunst Carlo Carràs gefunden hatte. Auf diesem Bild werden bereits die Gegenstände einer objektiven Realität in der Dimension eines Raumes präsentiert, der in seiner Anlage stark auf die Perspektive der Frührenaissance-Malerei zurückgreift. In der Juli/August-Ausgabe von 1920 veröffentlichte de Chirico neben Bildern aus seiner metaphysischen Periode von 1918–1919 seine ersten Bilder im Stil der Neorenaissance. Darunter befanden sich ein *Selbstbildnis*, die *Signorina Amata*, *Die Jungfrau der Zeit* und *Der verschwenderische Sohn*. 1919 bereits erschien in der von den *Valori Plastici* herausgegebenen Monographie sein programmatisches *Selbstbildnis mit Mutter* als Synthese seiner Ideen zur antiken Kunst. Jetzt war die Entscheidung gefallen, und die Rückkehr zu römischen Traditionen bestimmte gemäß der von Broglio schon vorher aufgezeigten Perspektive für die Malerei eine Atmosphäre der Zeitlosigkeit. Im übrigen Europa verband sich der Rückgriff auf die antike Kunst mit der Avantgarde, die gleichzeitig überwunden werden sollte. Dieser Ansatz wurde auch in Italien, und zwar von Sironi, und viel früher noch in Frankreich von Severini und Picasso vertreten. Die Mitarbeiter der *Valori Plastici* dagegen verweigerten sich der jüngsten Vergangenheit, um aus Antike und Renaissance von der Zeit losgelöste kulturelle Werte zu übernehmen.

Francesco Trombadori: Stilleben mit Früchten und Jagdbeute *(um 1935). Öl auf Leinwand, Privatsammlung*

Auch Arturo Martini wurde von dem Kreis um Carrà angezogen, und in seinen Werken findet sich schon um 1920 ein Nachhall der Kunst des Malerfreundes wieder. Martini gehörte der Gruppe vom Jahreswechsel 1920/1921 bis 1929 an und hielt sich in dieser Zeit abwechselnd in Rom und Anticoli Corrado auf. Seine Skulpturen weisen eine harmonische Körper- und Raumvorstellung auf, die in ihrem Ideal eines reinen Klassizismus mit dem formalen Neoplatonismus Mario Broglios korrespondiert.

Zwar noch nicht in ihren Gemälden, aber schon in ihren Zeichnungen gelang es Edita Broglio, ihre ungestümen Figuren dahingehend abzuwandeln, daß die metaphysischen und archaisierenden Darstellungen in der konstruktiven Feinheit der Zeichen mit den Idealen de Chiricos konform gingen: „Wir wiederholen nochmals, daß der Geist des Klassizismus ein Geist des Zeichens und der Linie ist [...] Und seltsamerweise taucht dieser Geist der griechischen Antike wieder auf im Werk unserer größten Künstler des 15. Jahrhunderts. Diese Künstler vermochten tatsächlich den großen griechischen Geist des Zeichens und der Linie wiederzubeleben!" („Der Klassizismus in der Malerei", in *La Ronda*, Juli 1929).

Zu den ersten römischen Künstlern im Dunstkreis der Zeitschrift *Valori Plastici* zählen auch

Virgilio Guidi: Das Luftschiff *(um 1922). Öl auf Leinwand, Privatsammlung*

Melli und Riccardo Francalancia. Melli arbeitete als Bildhauer, Maler und Kunstkritiker. Die geometrischen Formen seiner sezessionistischen Bilder füllte er mit metallisch glänzenden Farben. Francalancia präsentierte bei einer Ausstellung in Deutschland 1921 eine Reihe von Zeichnungen. Obwohl er nicht wie Melli an den Debatten der Zeitschrift teilnahm, zeigen einige seiner Zeichnungen von 1920, von denen manche auch in Deutschland zu sehen waren, einen auf dieser Linie liegenden, fast volkstümlichen Primitivismus à la Rousseau, der sich noch stärker auf den klaren Stil der Frührenaissance konzentrieren sollte.

Zwischen 1919 und 1920 jedoch konnte sich in Rom noch eine andere, parallel verlaufende Strömung der Rückkehr zu traditionellen Formen profilieren, mit der die Künstler der *Valori Plastici* 1921 in eine kontroverse Diskussion traten. Anfänglich standen sie in Opposition zu der neuen Bewegung, integrierten diese jedoch bald bzw. wurden sogar von ihr integriert, denn diese neuen Tendenzen gewannen bald die Vorherrschaft in der römischen Malerei.

Als Felice Carena aus dem Krieg zurückkehrte, leistete auch er einen wichtigen Beitrag zu den Debatten um die Kunst der Hauptstadt. Er verfolgte sehr aufmerksam die Veränderungen in der ästhetischen Haltung des übrigen Europa und ging sofort in Opposition zu dem Standpunkt, den Zeitschriften wie *La Ronda* und besonders *Valori Plastici* vertraten. Er entwickelte auf der Basis ganz persönlicher ästhetischer Überlegungen einen eigenen Ansatz der Rückkehr zu traditionellen Formen, wobei sich die Resultate zwar von denen de Chiricos und Carràs unterschieden, in gewisser Weise aber auch komplementär dazu waren. Bei Carena bedeutete die „Rückkehr zu traditionellen Formen" eine Plastizität mit geschwungenen Konturen ohne Ecken und Kanten. Verglichen mit der Position von de Chirico und Carrà kann seine begeisterte Bezugnahme auf die Antike fast als exzentrisch bezeichnet werden. Die Malerei des 16. und 17. Jahrhunderts faßte er in ihrer Bedeutung als ungebrochene Tradition auf, an deren Ende Gustave Courbet und Cézanne als Epigonen standen. Seine Malweise ist gekennzeichnet durch ein ausgeprägtes Impasto und eine sehr akzentuierte Lichtführung, die auf moderne Art caravaggesk wirkt. Insgesamt nahm Carena damit einen Standpunkt ein, der sich trotz konzeptioneller Parallelen grundlegend von den Bestrebungen der *Valori Plastici*, die Formensprache des Trecento und der Renaissance in kristalliner Reinheit wiederzubeleben, unterschied.

Die konträren Ausgangspositionen der linientreuen Anhänger der Zeitschrift und des offenkundig in seiner Haltung isolierten Carena führten umgehend zu ideologischen Gefechten innerhalb der römischen Künstlergemeinde. In der März/April-Ausgabe der *Valori Plastici* lancierte de Chirico 1921 seine berühmte „Polemik über das Seicento". In abwertendem Ton sprach er sich im Grunde gegen beide Ansätze der Rückkehr zu traditionellen Formen aus. Sowohl die „puristische" als auch die „secentistische" Position seien abzulehnen, da beide einer eklektizistischen Idee von Tradition anhängen würden. Angesichts der objektiv feststellbaren Verbreitung des „Secentismus" (Neobarock) bei den römischen Künstlern gab kurz darauf auch Mario Broglio seine extreme Haltung zugunsten eines gemäßigten Pragmatismus auf. An der Gruppenausstellung der *Valori Plastici* zur Ausstellung „Fiorentina Primaverile" 1922 ließ er daher auch Künstler wie Spadini, Socrate und Oppo teilnehmen, die sich explizit einer Neuorientierung verschrieben hatten.

Den puristischen Standpunkt der *Valori Plastici* teilte nur noch ein kleiner Teil der römischen Kunstwelt, darunter Francalancia, Gisberto Ceracchini und Di Cocco und natürlich das Ehepaar Edita und Mario Broglio; letzterer hatte nach einer Pause Mitte der 20er Jahre wieder zu malen begonnen. Mehr Anhänger vermochte hingegen Carena mit seiner Position zu rekrutieren. Von Socrate und Trombardi über Oppo und Donghi bis zu Virgilio Guidi verfestigte sich die Rückkehr zu einer traditionellen Formensprache zu weicherer Modellierung und Lichtführung im Stil des 17. Jahrhunderts, wie sie Carena schon seit Beginn des Jahrzehnts vorgeführt hatte.

Als 1922 die Zeitschrift *Valori Plastici* eingestellt wurde, revidierte bezeichnenderweise auch de Chirico seine Position, nachdem er noch 1921 der heftigste theoretische Gegner des Secentismus war, dessen Malerei er angefeindet hatte. Jetzt öffnete er sich einer eklektizistischen, lyrisch-romantischen Malerei mit Anklängen an Courbet und Böcklin und machte sich eine meisterhaft poetische Neuinterpretation des römischen Barock zu eigen.

Ohne die Inspiration durch einen Künstler wie de Chirico stand nach dessen „Bekehrung" das Ende von *Valori Plastici* fest. Gleichzeitig verbreitete sich als dominierender Stil ein antikisierender Eklektizismus, für den eine spannungsreiche, luzide Komposition charakteristisch ist. Diese Malerei knüpfte an das Erbe einer radikalen Antikenrezeption an, wie sie so vorher von den Valori Plastici gefordert wurde. Schon seit der Florentiner Ausstellung der Gruppe der Valori Plastici 1922 gab es unter den Anhängern einer Rückkehr zu römischen Traditionen keine theoretischen Diskussionen mehr um die Vorrangstellung von Renaissance oder Barock. Von nun an war der Blick auf einen erweiterten Traditionsbegriff gerichtet, der sich in einer „magischen" Wiedergabe der Realität ausdrückte und so in einer Neuinterpretation die Pittura Metafisica zitierte.

Die 20er Jahre in Rom

Als 1923 eine Gruppe junger römischer Künstler, die im Ausdruck schon eine gewisse Reife erlangt hatten, auf der römischen Biennale ausstellte, sprachen einige Kritiker despektierlich von einer neoklassizistischen Malerei. Zu diesen Malern gehörten neben Antonio Donghi und de Chirico auch Bertoletti, Socrate, Oppo, Francesco Trombadori und Ferrazzi. Die Malerei von Carena stellte für viele unter ihnen einen Wendepunkt für ihr Schaffen dar. Ausgangspunkt hierfür war vor allem Carenas Gemälde *Die Ruhe*, ein programmatisches Werk, mit dem er fast wörtlich Giorgione und Tizian zitierte. Damit belebte er eine Inspirationsquelle wieder, die auch für Socrate und Bertoletti Modellcharakter bekommen sollte. Beweis dafur sind die beiden auf der römischen Biennale gezeigten Gemälde, die die Ikonographie von Giorgiones *Schlummernder Venus* (Dresden, Gemäldegalerie) aufgreifen.

Die römische Künstlerwelt führte zu Beginn der 20er Jahre leidenschaftliche Diskussionen über das Problem von Klassizismus und Neoklassizismus. Zum wahren Streitobjekt wurde dabei – abhängig von der ästhetischen Position – die Art und Weise, in der die Antike rezipiert wurde. In der Tat kann diese Form der Malerei niemals als neoklassizistisch bezeichnet werden in einer Konnotation,

Ferruccio Ferrazzi: Junge Frau. *Das 1922 entstandene Gemälde dokumentiert eine deutliche motivische Orientierung an Giorgiones Werk* Die Schlummernde Venus *und entspricht dadurch den von den Künstlern um Carena verfolgten künstlerischen Idealen. Privatsammlung*

wie sie Lionello Venturi für Carena gebrauchte, und auch Oppo weist diese Definition für sich und die anderen Maler, die auf der Biennale vertreten waren, weit von sich. Deren fast überdeutliche Anleihen bei Giorgione, Manet, Böcklin, Courbet, Francesco Hayez, Caravaggio, Tintoretto und Jacopo Bassano und den Flamen trugen ihnen harte Kritik von der konservativen Kunstkritik ein.

Antonio Donghi: Bildnis Lauro De Bosis *(1924). Öl auf Leinwand, Privatsammlung*

Um 1924 verließen Carena und de Chirico Rom, nachdem sie eine große Anzahl an Meisterwerken geschaffen hatten und mit der Zeit jeweils einen ganz eigenen Rezeptionsansatz für die römischen Traditionen entwickelt hatten. Dabei darf nicht vergessen werden, daß dieses Phänomen, das gemeinhin als „Rückkehr zu nationalen Traditionen" unter Ablehnung der Avantgarde beschrieben wird, in Rom nur mittelbar auftrat. Denn nur de Chirico, Carrà, Morandi, Sironi und zum Teil auch Melli waren unmittelbar der Avantgarde in der Ausprägung des Futurismus und der Pittura Metafisica verbunden. Fast alle jüngeren Künstler hingegen waren der sezessionistischen Auffassung von Moderne verpflichtet, die die futuristischen Positionen als überzogen erachtete und in der grellen Farbgebung und der Formveränderung eher die Fauves und die Expressionisten favorisierte. Dieser weitaus weniger radikale Begriff von Moderne eröffnete nun eine „Rückkehr zur Tradition", die im Gegensatz zu den früheren paradigmatischen Positionen einer Atmosphäre des Geheimnisvollen den Vorzug gab, die von Franz Roh sehr treffend als „magischer Realismus" bezeichnet wird.

Die puristische Fraktion wurde von Mario und Edita Broglio angeführt. Nach ihrem kunsttheoretischen Engagement in der Zeitschrift *Valori Plastici* widmeten sich beide seit der Mitte der 20er Jahre wieder der Malerei. Dabei gingen wesentliche Impulse von Mario aus, der sich in einem abstrakten Duktus mit der Malerei von Piero della Francesca auseinandersetzte. In Kompositionen von kristalliner Klarheit gelang Edita die praktische Umsetzung der theoretischen Vorgaben ihres Mannes. Um die Absolutheit platonischer Ideen zu beweisen, verlegte sich Mario auf eine Malweise, die von der seiner Frau kaum zu unterscheiden war. Nicht in künstlerischer Konkurrenz, sondern in einer Symbiose entwickelte das Künstlerpaar eine Formensprache, in der sich Materie in verschwimmende Flächen auflöst und eine harmonische Geometrie besitzt. Auf diesem Ansatz begründete auch Francalancia seine Malerei und schuf Landschaften, die wie eine Synthese aus der sakralen Aura des 15. Jahrhunderts, der Reinheit eines Piero della Francesca und der Genialität eines Henri Rousseau anmuten. Ceracchini trat nach einer fast brutalen, naiv-primitivistischen Phase in die Fußstapfen von Carrà und verlegte sich unter dem Einfluß von dessen Bild *Lot und seine Töchter* auf einen hölzernen, archaisierenden Primitivismus, der sich in der Komposition auf die sakrale Malerei des 14. und 15. Jahrhunderts berief. Der sehr viel jüngere Francesco Di Cocco folgt Ceracchinis Beipiel in bezug auf die Raumkomposition der Renaissance. Dabei wirkte in seiner Malerei der Rückgriff auf die Tradition in der nachgerade manieristischen Formveränderung der Perspektive und der Proportionen eher verstörend als klassisch. In dieser Hinsicht nahm er bereits die Entwicklungen der neuen Künstlergeneration der 30er Jahre vorweg.

Zu den wichtigsten Verfechtern eines Purismus im Sinne des Seicento zählen de Chirico, Broglio, Ferrazzi, Guidi und Donghi. Ferrazzi konnte sich mit eigenständig entwickelten Besonderheiten seines Werkes jedoch zu einem Maler von internationalem Rang entwickeln. Dabei übersetzte er geradezu tollkühn die Formensprache des Cinquecento und der Pittura Metafisica in eine visionäre Modernität, die er Filmen wie etwa Fritz Langs *Metropolis* entlehnte. Auch Guidi bezog sich auf die alten Meister und kopierte 1921 Correggios *Danae* in der Galleria Borghese. Er löste sich von Spadini, unter dessen Einfluß er bis 1920 gestanden hatte, um eine sehr originelle Synthese aus der Malerei Piero della Francescas und caravaggesker Lichtführung zu schaffen. Hier werden die Parallelen zu Casorati offensichtlich. Im Gegensatz zu diesem treffen für die Darstellung der Stofflichkeit und die warme Atmosphäre der Bilder Guidis jedoch Attribute wie „römisch", „lyrisch" oder

„magisch" zu. Donghi, dessen Versuche sich bis dahin in einem eher banalen, dem Impressionismus verpflichteten Realismus erschöpften, stieg in den Jahren 1922–1923 ebenfalls in die erste Riege auf. Die Biennale von 1922, in der die Meisterwerke von Casorati, Guidi und Carena gezeigt wurden, war sicherlich sehr entscheidend für seine Ausbildung eines magischen Realismus, den Longhi als gentilesk beschreibt und der gekennzeichnet ist durch ein antikisches Verharren in der Bewegung. Donghis Bilder wirken verschwommen und geradezu undurchdringlich aufgrund seiner speziellen Technik, die Kontur der Figuren mit einem gedämpften Lichthof zu umgeben und somit von einer realistischen Darstellung zu unterscheiden. Donghi wurde zum Poeten der Stille und prägte damit ein unverwechselbares Merkmal für die römische Malerei.

Socrate orientierte sich an Caravaggio und Courbet, wie auch de Chirico sich in den Jahren 1922–1924 intensiv mit Courbet auseinandersetzte. 1918–1920 war Socrates Malerei bestimmt durch statische, orthogonale Elemente und weist leichte Anklänge an den Kubismus auf. Auf Anregung Carenas und Sofficis hin beschäftigte er sich mit der Malerei vom 17. bis zum 19. Jahrhundert. Auch er stellte gemeinsam mit der Gruppe der *Valori Plastici* 1922 in Florenz aus. In einer Verbindung von Secentismus und Purismus transformierte er die Malerei der alten Meister in seine Interpretation einer verzauberten Realität. Mit dem Bildnis *Die Verlobten* hatte Oppo schon 1920 einen ähnlichen Weg eingeschlagen. Auf seiner Suche nach der Tradition studierte er vor allem die Plastizität anhand der analytischen Malerei Spadinis und des Ansatzes von Carena. Auf seiner Reise

Riccardo Francalancia: Das Tal des Tescio *(1927). Öl auf Leinwand, Privatsammlung*

Antonietta Raphaël: Stilleben mit Gitarre *(1928–1929). Die Kompositon der Autodidaktin zeigt einen prägenden Einfluß der Malerei Derains. Privatsammlung*

durch die Epochen ließ er sich von Manet, Peter Paul Rubens und Ghirlandaio inspirieren und suchte nach einem Dialog zwischen Vergangenheit und Gegenwart und einem Ideal für die brillante Wiedergabe von plastischer Form, Licht und Farbe. Trombadori experimentierte in seinem Atelier mit einer Camera obscura. Durchscheinende Stilleben und entleerte Landschaften zeugen von einem absoluten Verstummen jeglicher Wirklichkeit, wie es bereits vom Secentismus und den Abstraktionen Broglios vorgeführt worden war. Auch Bertoletti, ein Kenner und Liebhaber der alten Meister und enger Freund von de Chirico, schlug eine geläuterte Fassung in der Rezeption der Tradition vor. In seiner simplifizierten Plastizität berief er sich auf die konstruktive Kraft des Pinselstrichs bei Cézanne. Bartoli war ebenfalls in der Ausstellung von 1922 vertreten und legte in der Auseinandersetzung mit Cézanne intellektuelle Finessen an den Tag, die ihn letzten Endes jedoch in seiner Originalität beschränken sollten.

Mit seinen nostalgischen und autobiographischen Themen kann De Pisis beinahe als „anakreontischer" Maler bezeichnet werden. Nachdem er nach Rom gekommen war, gab er seine dadaistische und metaphysische Attitüde auf und verschrieb sich einem impressionistischen Realitätsbegriff im Sinne Bonnards. Er bewunderte die Leichtigkeit in der Malerei Spadinis und gelangte während der 20er Jahre in Rom in der Auseinandersetzung mit diesem Künstler zu jener charakteristischen Gewandtheit, die auch seine Werke der folgenden Jahre auszeichnen sollte.

Der Generationswechsel in Rom 1927

Schon bevor sich gegen Ende des Jahrzehnts im Gefüge der italienischen Kunst ein Nachlassen der kreativen Impulse abzeichnete, legte eine Kerngruppe junger Künstler den Grundstein für eine radikale Erneuerung. Den Ausgangspunkt hierfür bildete bereits der innovative Ansatz von Carena, der schon Anfang der 20er Jahre eine begeisterte Anhängerschaft um sich versammelt hatte. Im März 1922 eröffnete er gemeinsam mit dem Bildhauer Attilio Selva eine private Kunstschule, die große Anziehungskraft auf all die vielversprechenden jungen Künstler besaß, die bald einen wichtigen Beitrag zur Entwicklung der römischen Kunst leisten sollten: Fausto Pirandello und Emanuele Cavalli schrieben sich 1922 dort ein, und Giuseppe Capogrossi folgte 1923. Weit entfernt von den rigiden Vorgaben der Akademien wurden sie von Carena dazu angehalten, ihre individuelle Bildsprache zu entwickeln.

Nach dem Modell Carenas malte Pirandello ländliche Motive und zeigte dabei schon früh eine sinnliche und in ihrer Verzerrung fast schmerzhafte Wiedergabe der Wirklichkeit. Capogrossi und Cavalli zeichneten mit ihrer Weichheit eher die magische Stille der Werke ihres Lehrers nach.

Die drei jungen Künstler Capogrossi, Cavalli und Di Cocco zeigten in der Ausstellung vom März 1923 in der Pensione Dinesen erstmals ihre Werke. Die Kritiker lobten die Originalität dieser Bilder folgendermaßen: „Modern im Temperament, virtuos im Umgang mit den alten Meistern!" Das Moderne daran bestand in einer lyrisch zu nennenden Formveränderung, die ihre dunkle, pastose Malweise ausstrahlte: Bildnisse, deren Gesichter einen Ausdruck zeigen, als seien sie erstaunt über die Wellenlinien, aus denen sie bestehen. Landschaften, die scheinbar vom Wind verformt werden, der sie durchweht. Eine Gruppe ebenfalls junger Maler, begierig nach neuen Impulsen, hatte die drei damals schon im Auge. Dazu gehörten Scipione, Mario Mafai und Marino Mazzacurati, die anläßlich der Eröffnung ihre Namen ins Ausstellungsbuch eintrugen.

Der soeben gegründeten Gruppe schloß sich damals auch Antonietta Raphaël an. Zu diesem Zeitpunkt befanden sich alle Mitglieder noch auf der Suche nach einem eigenen Stil. Scipione und Mafai schufen kleinere Werke, in denen ein Nachhall der Landschaften Guidis spürbar ist. Außerdem führten sie Aufträge für Beschilderungen und Werbeplakate für Ladengeschäfte aus. Ihre künstlerischen Aktivitäten waren äußerst facettenreich, jedoch ohne klare Mitte. Die Ausstellung von

1927 sollte der Auslöser für eine Erneuerung sein. Damit gelang ihnen die Befreiung von den noch vorherrschenden programmatischen Zwängen einer Rückkehr zur Tradition, und sie fanden zu einer eher lyrisch-expressiven als expressionistischen Formensprache. Mit den alten Meistern beschäftigten sie sich dennoch intensiv. Der exzentrische Di Cocco entwickelte eine besondere Umgangsweise mit der Tradition, die auch die anderen Künstler beeinflußte. Sein Primitivismus wurzelte in den archaisierenden, hölzernen Kompositionen Ceracchinis, die er jedoch durch intellektualistische Abwandlungen verfeinerte. Die Gemeinsamkeiten in den unterschiedlichen Ansätzen der einzelnen Künstler zeigten sich nicht nur in den Frühwerken Scipiones und Mazzacuratis von 1927/1928, wobei beide schon 1923 Grundzüge der Malerei von Di Cocco übernommen hatten. Ein Indiz dafür ist auch die Einladung Ceracchinis an die drei jüngeren Künstler, 1929 an der Ausstellung im „Circolo di Roma" teilzunehmen. Mafai orientierte sich seinerseits mehr an den verzerrten Physiognomien der düsteren Bildnisse von Capogrossi und Cavalli als an deren von Unwettern entstellten Landschaften.

Mit den ersten Erfolgen begann eine bewegte künstlerische Suche dieser beiden Künstlergruppen. Der ersten Gruppe gehörten Capogrossi, Cavalli und Pirandello an. Pirandello stellte zwar 1928 in Paris zusammen mit Cavalli und Di Cocco aus und hielt sich dann bis 1931 dort auf, blieb jedoch immer in Kontakt mit der Gruppe. Die zweite Künstlergruppierung bestand aus Mafai, Scipione und Raphaël. Di Cocco nahm eine eher isolierte Sonderstellung ein und bewegte sich in beiden Gruppen gleichermaßen unregelmäßig. Trotz anfänglicher Berührungspunkte gingen die beiden Gruppen ab 1927 separate Wege. Paradoxerweise wurden Scipione und Mafai zu begeisterten Anhängern der Werke von Cavalli und Capogrossi, die in der Pension Dinesen ausgestellt waren, während letztere 1928 nach Paris gingen und zusammen mit Pirandello zu neuen Ufern aufbrachen.

Mario Mafai: Mädchen *(1931). Öl auf Leinwand, Privatsammlung*

Der dionysische Künstlerbund der Schule der Via Cavour

1924 begann die Zusammenarbeit von Scipione und Mafai, und Anfang des folgenden Jahres schloß sich Antonietta Raphaël den beiden an. Raphaël stammte aus Litauen, war eine begeisterte Musikliebhaberin und hatte während ihrer Zeit in London und Paris in den Zirkeln der Boheme verkehrt. Sicher war es ihr Verdienst, daß die beiden jungen Maler eine nonkonformistische neue Malweise wagten. Ihr stolzes und stürmisches Wesen und ihr Leben als Bohemienne in ganz Europa erschütterte die Grundfesten der bürgerlichen Erziehung der beiden jungen Männer und machte sie mit neuen Dimensionen sinnlicher und intellektueller Freiheit bekannt. Die künstlerische Ausbildung der Gruppe erfolgte jedoch weder im Rahmen der „Scuola Libera del Nudo", der Akademie für Aktmalerei, die sie seit 1924 besuchte, noch gemäß den Vorschlägen, die Raphaël unterbreitete. Diese hatte sich vor der Begegnung mit den beiden Malern niemals für Malerei interessiert und arbeitete jetzt unter der Anleitung von Scipione und Mafai autodidaktisch. Auch diese beiden ent-

deckten gemeinsam mit den schon älteren Malern Cavalli und Capogrossi die Kunstgeschichte über die Besuche in der Bibliothek des Palazzo Venezia. Zu einer Zeit, als das allgemeine Interesse sich auf Piero della Francesca, Masaccio und Raffael konzentrierte, entwickelten diese beiden eine exzentrisch wirkende Vorliebe für El Greco, Goya, Hieronymus Bosch, Pieter Breughel und Parmigianino. Als sie 1927/1928 in eine reifere Phase traten, eröffneten sich ihnen mit der Entdeckung von Henri Rousseau, André Derain, Marc Chagall und Oskar Kokoschka neue Welten der Phantasie und des Traums, die ihnen geradezu „märchenhaft" erschienen, um Mafai zu zitieren.

1928 stellte Mafai seine ersten Bilder aus, die im Ausdruck nun der „Schule von Paris" und vor allem Raoul Dufy und Maurice de Vlaminck verpflichtet waren. Die verformten Gesichter werden jetzt kraftvoller, und der Primitivismus von Raphaël, die man als von Chagall inspiriert bezeichnen könnte, floß in abgemilderter Form in die Landschaften und träumenden Figuren Mafais ein. Scipione blieb anfänglich noch der Plastizität Ceracchinis verhaftet und überraschte erst im folgenden Jahr mit einer künstlerischen Qualität, die sich in seiner überhitzten, kraftvollen und visionären Malerei manifestierte.

Die ersten Weihen erhielt die Malerei von Scipione, Mafai und Raphaël im März 1929 durch eine Ausstellung. Roberto Longhi erkannte darin eine neue Strömung der römischen Kunst und als deren Wurzeln den Expressionismus und die französische Malerei. In diesem Zusammenhang entstand der Name dieser Gruppe: „Schule der Via Cavour", die in den 30er Jahren in „Römische Schule" umbenannt werden sollte. Longhi war es auch, der von einer „explosiven Mischung" mit der „Virulenz eines Bazillus" sprach und von „dunklen, unerforschten Bereichen, wo der untergegangene Impressionismus zu expressionistischen Halluzinationen mutiert", und Mafai mit Dufy sowie Raphaël mit Chagall verglich. Die Tatsache, daß Scipione hier kaum erwähnt wird, macht deutlich, daß dessen Malerei zu diesem Zeitpunkt noch nicht ihre volle Größe erreicht hatte.

Mafai gelangte mit seinen Landschaften als erster zu einem eigenen, visionären Ausdruck; er beeinflußte damit Scipione bis zu dessen vollkommener künstlerischer Reife. Nach einem Sommer, den Scipione in völliger Isolation mit der Lektüre philosophisch-spritueller Texte von Lautréamont und Gongara über Giuseppe Ungaretti bis hin zur Bibel verbracht hatte, erreichte er seine eigene lyrisch-visionäre Formensprache. In einer flüssigen, neuen und sehr suggestiven Technik löste er die Wirklichkeit in surreale Bilder auf, die von den verschiedensten Rottönen dominiert wurden. Dabei überwand er mit der Interpretation seiner Träume und Phantasien die Vorgaben von Realität und Wahrscheinlichkeit. Er war besessen von der Unausweichlichkeit des Todes, der ihn, seit er an Schwindsucht erkrankt war, immer bedrohte. Unter diesen Vorzeichen entstanden jene Werke, die in ihrer Intensität und Absolutheit die dunkle Seite des Neobarock ausloteten. Von 1929 bis 1930 produzierte Scipione eine Serie von Bildern, die seinen körperlichen Verfall dokumentieren. Zwischen 1931 und seinem Todesjahr 1933 war die Krankheit bereits so weit fortgeschritten, daß er nur wenige Bilder fertigstellen konnte.

In der Ausdruckskraft Scipiones, die Surrealismus und Expressionismus zu einer neuartigen Verbindung brachte und dabei alle Grenzen der physischen Realität überwand, lag auch die Chance für den Aufbruch Mafais. Anfang 1930 reiste er gemeinsam mit Raphaël nach Paris, um neue Anregungen zu gewinnen. Mafai als lyrischer Interpret der Wirklichkeit empfand das Visionäre in der Malerei Scipiones vielleicht als so extrem, daß er sich gegen ein Verlassen seines Pfades sträubte. In Paris hellten sich seine Bilder auf und wurden „leichter und unmittelbarer", wie Scipione seinem Freund Mazzacurati schrieb. De Pisis und Dufy beeinflußten seine Malerei, und er fand wieder zu einer poetischen Ausgeglichenheit, die Scipione als „schwächlich und verwässert" kritisierte. Ihren höchsten Triumph feierten die beiden Maler jedoch im November 1930 mit einer Ausstellung in der Galleria di Roma unter der Leitung von Pier Maria Bardi. Die aufgeschlossensten Kritiker der Zeit sahen in der zweifachen Version eines visionären Surrealismus und in der parallelen Ausprägung einer lyrischen und einer transformierten Wirklichkeitsauffassung den wesentlichen neuen Beitrag zur italienischen Malerei.

Während Scipione 1932 das Malen schon aufgegeben hatte, entwickelte Mafai eine neue, von den Errungenschaften der Künstlergemeinschaft losgelöste Linie mit dem Schwerpunkt auf einer psychologischen Wahrnehmung und Wiedergabe von Realität. In seinen Bildern verdichteten sich nun Aspekte des Meditativen, die schon in Richtung Tonalität wiesen, der zweiten großen Neuerung in der römischen Kunst der 30er Jahre.

Der platonische Künstlerbund der „Römischen Schule"

Seit der Ausstellung in der Pension Dinesen 1930 war das Schaffen von Cavalli, Capograssi und Pirandello von einer unruhigen Suche bestimmt gewesen. 1927 war Pirandello nach Paris gegangen, wohin ihm die beiden Freunde und Di Cocco bald folgen sollten.

In Paris entfaltete sich das künstlerische Wirken der „Italiens de Paris", der Gruppe italienischer Künstler, in der de Chirico, Severini, Savinio, Massimo Campigli, De Pisis und Renato Paresce unter der Ägide Mario Tozzis vereint waren. Diese

Gegenüberliegende Seite:
Gino Bonichi, genannt Scipione: Piazza Navona *(1930). Die Darstellung der römischen Platzanlage zeichnet sich durch eine Auflösung der Wirklichkeit in ein surrealistisch wirkendes Szenario aus, das Scipione, ein Mitglied der „Schule der Via Cavour", durch eine neue, suggestive Maltechnik erzeugte. Rom, Galleria d'Arte Moderna*

Emanuele Cavali: Sommer *(1938). Öl auf Leinwand, Privatsammlung*

Gegenüberliegende Seite:
Corrado Cagli: Ansicht von Rom *(1937), enkaustische Temperamalerei auf Holz, Privatsammlung*

Gruppierung versuchte, eine eigenständige Antwort auf den Surrealismus zu formulieren, und beanspruchte in der Person de Chiricos die Urheberrechte für diese Bewegung. Nach dessen Logik gebührte ihr entgegen dem arroganten Anathem von André Breton auch das Monopol der korrekten Interpretation und mit der Pittura Metafisica die Entwicklung einer genuin italienischen Ausprägung. Die Neuankömmlinge aus Rom versuchten sich in diese Welt einzugliedern und dort eine Perspektive zu finden, wie eine Postkarte von Pirandello an Cavalli von 1929 belegt. Neben ihrem Hauptinteresse für die Kontroverse zwischen den metaphysischen und den surrealistischen Tendenzen galt ihr Augenmerk auch Picasso und Braque. Die jungen römischen Maler übernahmen die freskenhafte Flächenbehandlung von Campigli und Tozzi, die von geheimnisvollen Wesen beherrschten Darstellungen von de Chirico und Savinio, die monumentale Plastik von Picasso und die kubistische Spachteltechnik von Georges Braque.

Darüber hinaus sollte der Aufenthalt in Frankreich noch Inspirationsquellen ganz anderer Natur erschließen. Cavalli ließ sich in einen theosophisch-magischen Geheimbund aufnehmen, der in der Folge auch eine starke Anziehungskraft auf die Freunde ausübte. Daraus erklären sich die mysteriösen Emanationen von Aura und Ektoplasmen in vielen enigmatischen Zeichnungen Pirandellos aus jenen Jahren. Dasselbe gilt für zahlreiche seiner Gemälde wie etwa *Das Innere des Morgens*. Aber vor allem wird darüber die magische Kon-

zeption von Form und Farbe begreiflich, mit der Cavalli in den frühen 30er Jahren die Richtung der Tonalität begründen sollte. In den Pariser Jahren liegt auch der Schlüssel zum Verständnis der Ikonographie vieler Bilder Cavallis und Capogrossis.

Von 1931 bis 1932 hatten Cavalli und Capogrossi ein gemeinsames Atelier. Seite an Seite erarbeiteten sie ihr Konzept einer Tonalität voller Geheimnis und Abstraktion, das beide Künstler zusammen mit Melli mit ihrem Manifest der Urkraft des Plastischen im Oktober 1933 formulierten: „Identifizierung des Wesens der Malerei mit Hilfe der Natur der spirituellen Energien, die in uns einströmen; Knüpfen einer Beziehung zwischen der Bedeutung der Form und dem Wesen der Malerei; Überwindung der Farbe als natürlichem Ausdrucksmittel; Aufzeigen einer Ordnung in der unendlichen Vielfalt von Farben, die identisch ist mit dem Wesen der modernen Spiritualität." Und weiter im Text von Cavalli: „Eine Malerei, die als solche nicht sichtbar ist, zutiefst harmonisch bis hinein in ihre innerste Struktur [...] die sich selbst immer gleicht wie ein Kristall, der in viele Teile zersplittern kann und in diesen Teilen doch immer die Form des Ganzen behält." Den beiden Künstlern schlossen sich noch Melli und Corrado Cagli, der Neffe von Massimo Bontempelli, an. Während der 20er Jahre hatte Melli die Malerei aufgegeben, um sich ganz dem Film und dabei besonders dem Bühnenbild und der Regie zu widmen. Cagli brachte ein modernes Verständnis von Mythologie ein, das für die Gruppe von großer Bedeutung werden sollte. Die Rolle einer inspirierenden Muse kam Vera Haberfeld zu, der Frau Cavallis und Nichte des Psychoanalytikers Edoardo Weiss, der die Werke Sigmund Freuds ins Italienische übersetzte. Eine ähnliche Rolle für die Gruppe spielte die Schriftstellerin Elsa Morante.

Im Mai 1932 fand die erste Gemeinschaftsausstellung von Cagli, Capogrossi, Cavalli, Pirandello und Paladini, einem ehemaligen Futuristen und Anhänger des Surrealismus, statt. Die Ausstellung wurde in der Galleria di Roma von Bardi organisiert, der anderthalb Jahre zuvor Scipione und Mafai entdeckt hatte. In der Tonalität der ausgestellten Bilder dominierte zu dieser Zeit noch die Spachteltechnik Pirandellos. Im Dezember jedoch, in einer ebenfalls von Bardi gezeigten Ausstellung von Cagli, Capogrossi und Cavalli, zeichnet sich bereits eine Entwicklung zu einer einheitlicheren Flächenbehandlung hin ab. Im Dezember 1933 gaben die drei Maler in Paris ihre „Abschiedsvorstellung" mit einer Ausstellung in der Galerie Bernheim-Jeune. Hier erfolgte die Verleihung des berühmten Titels der „École de Rome" durch den Kritiker Waldemar George, der auch schon den Begriff der „Italiens de Paris" geprägt hatte.

Die ausgestellten Bilder zeigen mit den Athleten, die in einer Bewegung verharren, mit den Dichtern und den anderen, in sich versunkenen Figuren antike Motive in aktualisierter Fassung. Die Sujets sind voller Anspielungen auf geheime Initiationsriten, Mysterienkulte und Rituale, die in einer abstrakten Zeitlosigkeit vollzogen werden. Die Farben sind von der strahlenden Leuchtkraft und Helligkeit antiker Fresken und ohne jegliche Schattierung. Sie erzeugen eine Tonalität, die je nach Harmonie des symbolischen Kanons von eiskalt bis heiß reichen kann. Besonders Balthus zeigte sich davon so beeindruckt, daß er mit seiner Malerei eine ähnliche Richtung einschlug, nachdem er die Pariser Ausstellung gesehen hatte.

Die Römische Schule zwischen Tonalität, Expressionismus und Neobarock

Mitte der 30er Jahre kann die römische Kunstszene definitiv als die modernste in Italien gelten. Nach dem Versuch des Muralismus, der italienischen Malerei wieder neues Leben einzuhauchen, mußte Sironi, der Anführer der Bewegung, anerkennen: „Der Gruppe römischer Künstler um Cagli, Capogrossi, Cavalli, Scipione, um den wir noch trauern, Mafai und die Bildhauer Fazzini und Crocetti wurde anläßlich dieser Ausstellung die große Ehre zuteil, die exquisitesten Züge der zeitgenössischen italienischen Kunst zu repräsentieren. [...] Die römische Künstlergruppe zieht in dieser Quadriennale die Aufmerksamkeit aller auf sich und hält das Feuer des Glaubens an die moderne Kunst am Lodern, auf daß diese Kunst nicht nur wie ein Gericht vom Vortag aufgewärmt wird oder zu einer kläglichen Fiktion verkommt. Rom ist das Bollwerk der Kunst von heute."

Die Tonalität wurde dort Mitte des Jahrzehnts zum dominierenden Ausdrucksmittel der Moderne. Der Begriff der „Römischen Schule" umfaßte jetzt all die verschiedenen Strömungen der jungen römischen Kunst. Mafai etwa bediente sich der Tonalität, um seine eindringlichen Visionen umzusetzen. Darin entfaltete er in der Mitte des Jahrzehnts eine solche Meisterschaft, daß seine Bilder unter dem expressionistisch bewegten Pinselstrich zu brennen scheinen.

Fausto Ziveri und Katy Castellucci nahmen 1933 die Methoden der Tonalität auf, wobei ihre Entwicklung wohl auch aufgrund ihrer intensiven persönlichen Beziehung parallel verlief. In ihren Werken überschneiden sich durchscheinende, oft fragmentarische Figuren, und im heftigen Duktus und der zarten, gleichwohl leuchtenden tonalen Abstufung ist eine Ausrichtung hin zur lyrischen Malerei Mafais offensichtlich. Während Castellucci in Entsprechung zu Sandro Penna subtil und poetisch wirkte, orientierte sich Ziveri mit einem eher dramatisch konstruierten Bildaufbau an Cagli, Capogrossi und Cavalli.

Um 1933/34 reihten sich Janni, Monti und Franco Gentilini ein und blieben der Tonalität bis

Gegenüberliegende Seite:
Fausto Pirandello: Die Turnhalle *(um 1934). Öl auf Holz, Privatsammlung*

etwa 1937 treu. In der fast musikalischen, lichtdurchfluteten Anwendung tonaler Mittel sind sie der festgefügten, hieratischen Version von Capogrossi und Cavalli verpflichtet.

Ab 1935 schlugen die Künstler der Römischen Schule verschiedene Richtungen ein. Cavalli und Capogrossi realisierten in ihren Arbeiten dieser Jahre Allegorien einer von Melancholie beherrschten Welt. Dabei schwingt in diesen Bildern der Klang einer geheimnisvollen Unruhe mit. Auch Melli stellte die Realität als abstraktes und unruhiges Spiel von Formen und Farben dar. Cagli jedoch wandte sich mit den Methoden des tonalen Kanons und im Rückgriff auf Scipione einem Neobarock zu. Inhaltlich und atmosphärisch sind seine Gemälde stark antikisierend, zumal er darin die Technik der Enkaustik imitierte. Im schnellen Pinselstrich gelang ihm eine virtuose Synthese aus der Kunst der Kaiserzeit und des Barock, ohne dabei jedoch eine Kontinuität aufzuzeigen. Diese Verbindung aus Tonalität und barocker Kunst bildete für viele Künstler den Anstoß dazu, auch die Kunst des Seicento neu zu überdenken, ohne sich jedoch dabei auf die secentistischen Prinzipien der frühen 20er Jahre zu beziehen. Die Auseinandersetzung mit dem Seicento vollzog sich nicht mehr unter den Vorzeichen einer „Rückkehr zu nationalen Traditionen". Jetzt sollte darüber der expressionistische Bruch mit dem klassischen Kanon der Malerei herbeigeführt werden. Diese Überlegungen scheinen das Ende einer Epoche vorwegzunehmen, die mit der Tragödie des Krieges die furchtbaren Vorahnungen bestätigen würde, denen die Kunst bereits Ausdruck verliehen hatte.

Pirandello, dessen Bedeutung für die italienische Kunst immer noch nicht ausreichend anerkannt wird, beschäftigte sich intensiv mit dem Problem der Wiedergabe belebter und unbelebter

Alberto Ziveri: Die Schlägerei *(1937–1938). Öl auf Leinwand. Rom, Galleria Nazionale d'Arte Moderna*

Realität und brachte Bilder hervor, die ebenfalls von einer alarmierenden Unruhe erfüllt waren. Wie seine Freunde sprach er sich gegen einen psychologischen Ansatz in der Malerei aus, wollte er doch nicht die Welt der Träume darstellen, sondern den Zusammenhang zwischen reiner Form und Realität. Damit brachte er ein Paradoxon ins Spiel, das den für die menschliche Existenz unvermeidlichen und unlösbaren Widerspruch zwischen dem Leiden an der Materie und der Erhabenheit des Geistes enthüllt.

Die Hinwendung zum Realismus am Ende der 30er Jahre

Um 1937, als die Formensprache der Tonalität in der Kunst dominierte, artikulierten einige junge Künstler die dringende Notwendigkeit weniger abstrakter Ausdrucksformen, die der Dramatik der Gegenwart und der Zukunft besser gerecht würden. Immer deutlicher zeichnete sich ab, daß ein neues Medium gefunden werden mußte, um in der Kunst eine Entsprechung für die Erfordernisse der Realität zu finden – einer Realität, die zu diesem Zeitpunkt vom Spanischen Bürgerkrieg beherrscht war und bald durch Kriege in ganz Europa gekennzeichnet sein sollte. Die in den Bildern Cavallis und Capogrossis vorherrschenden Rottöne wirken aus heutiger Sicht wie eine Prophezeiung dieser Ereignisse, obgleich seine Farbwahl auf eher stoischen Überlegungen beruhte.

Der Maler und Kritiker Guzzi war im Jahre 1936 der erste, der den Bruch mit der tonalen Malerei vollzog. Er konzentrierte sich auf das Studium Caravaggios und der Vertreter der Seicento-Malerei, setzte sich mit Goya auseinander und studierte den Realismus des 19. Jahrhunderts am Beipiel Courbets. Auf dieser Basis gelangte er unter Anwendung einer geschickt eingesetzten Hell-Dunkel-Malerei sowie eines pastosen Farbauftrages zu einer erstaunlichen Plastizität der Figuren und insgesamt zu einer ungeheuren Dichte im Ausdruck. Wie so häufig in der Geschichte der italienischen Kunst bot auch jetzt wieder die Antike ein unerschöpfliches Repertoire für neue stilistische Ansätze.

Nicht nur Guzzi griff darauf zurück, sondern auch Ziveri, der 1937 auf seiner Reise durch Holland und Frankreich über die Malerei von Rembrandt, Courbet und Eugène Delacroix eine Vorliebe für einen dramatischen und „romantischen" Expressionismus entwickelte. Auf der Biennale 1938 präsentierte er die ersten Werke dieser Phase, die trotz des leichten Hauchs von secentesker Antikenrezeption durch ein expressionistisches Leuchten bestechen. Damit setzte er das Zeichen für eine neue Zeit, in der das Krude und Triviale abgemildert wird durch eine raffinierte Aura des Musealen. Zur gleichen Zeit löste sich auch Guttuso von den tonalen Vorgaben Caglis, behielt dabei jedoch die klaren, expressionistischen Züge von dessen Malerei bei. Seine Bilder zeigen im unmittelbaren Ausdruck von Gewalt, in der verwinkelten Komposition und in der wuchtigen, unverstellten Fleischlichkeit der Akte eine gewisse Verwandtschaft zu Picasso. Mit Blutrot als Grundton in seinen Bildern, aber auch mit seinem offenen antifaschistischen Engagement ist er ein typischer Vertreter der kommenden Generation der Avantgarde.

Diese gab 1940 in einer Ausstellung der Galleria di Roma ihr Debüt. Unter der Leitung von Guzzi, der die Einleitung zu dem Katalog schrieb und auch selbst ausstellte, versammelten sich dort Ziveri, Guttuso, Luigi Montanarini, Orfeo Tamburi und der Bildhauer Pericle Fazzini. Guzzi erklärt explizit das Ende der Tonalität und den Beginn eines neuen, lebendigen Realismus. „Unser Anliegen ist es, durch Annäherung und Durchdringung diese Realität um jeden Preis wieder in einem neuen Gleichgewicht darstellen zu können, dessen Stilgefühl die objektive Existenz der Dinge erfassen kann. Nicht mehr die Darstellung der

Renato Guttuso: Die Kreuzigung *(1941). Öl auf Leinwand. Die 1942 in Bergamo preisgekrönte, ungewöhnliche Darstellung dieses zentralen biblischen Ereignisses führte zu heftigen Angriffen seitens faschistischer und klerikaler Kreise. Rom, Galleria Nazionale d'Arte Moderna*

Ausschnitt aus Renato Guttusos Kreuzigung, *der die verwinkelte Komposition dieses in der Nachfolge der „Schule von Rom" stehenden expressiven Werks veranschaulicht. Rom, Galleria Nazionale d'Arte Moderna*

Realität der Träume, sondern Darstellung der Träume von einer neuen Realität. Also haben wir keine Angst vor großen Worten, sondern fordern einen neuen Realismus."

Guttuso distanzierte sich in der Tat bald von den „romantischen", antikisierenden Künstlern, aber auch von dem trivialen Realismus, dem Ziveri und Guzzi und, etwas verhaltener, Montanarini und Tamburi anhingen. Guttuso war auf der Suche nach einer gesellschaftlichen Aufgabe, um die moralische Erklärung der Freunde in eine politische Aussage zu verwandeln. Guernica und das damit verbundene Grauen sollten auch eine Warnung für Italien sein. In seinen Bildern verbanden sich Pathos und Politik mit Realismus und Expressionismus in reinen Farben und gebrochenen, rhythmisch versetzten Linien. Damit repräsentierte sein Werk eine Malerei des Widerstands, die die Grundlage für eine Erneuerung der italienischen Kunst in der Nachkriegszeit bilden sollte.

Auch Mafai verließ 1939 die alten Pfade, um eine absichtlich konfuse und schmutzige Malerei als Protest gegen ein ebenso krudes, blutiges Regime zu propagieren. Pirandello blieb weiterhin der tonalen Malerei verpflichtet, begann jedoch schließlich damit, die dargestellte Materie mittels einer luziden Dramatik in Stücke zu reißen. Dabei verzerrte er nicht nur die Körper seiner Badenden so, als ob sie im Danteschen Inferno gefoltert würden, sondern er machte sich auch mit stiller Wut daran, seine Landschaften zu verwüsten und seine Objekte zu zerstören.

Das letzte, tragisch endende Kapitel dieser 20 Jahre ist geprägt von den Ansätzen Scialojas und Stradones. Sie favorisierten Scipione, den sie jedoch in der Version Soutines rezipierten mit dem Ergebnis eines finsteren, fiebrig ausgezehrten und barocken Expressionismus. Im Gegensatz zu dem provokanten Realismus eines Guttuso entschieden sich diese beiden Künstler sowie Leoncillo unter dem Einfluß Picassos bzw. des Neokubismus für einen anderen Weg, der von Brandi 1947 als „außerhalb der Reihe" bezeichnet wurde, da er in seiner Introspektion dem schon bekannten existentiellen Furor treu blieb.

Zwar wurde 1943 die Quadriennale noch abgehalten, doch mit dem Einmarsch der Amerikaner in Rom war diese Epoche endgültig abgeschlossen – eine sehr komplexe Epoche der italienischen Kunst, die von Widersprüchen und einer mühsamen Suche geprägt war und alle ästhetischen Ansätze in engem Dialog mit dem übrigen Europa entwickelte. Diese Periode bot aber auch die Chance für einen Neubeginn nach dem Krieg. Leider nur allzuoft wurden Werke, die gegen den Faschismus und die Katastrophe des Krieges entstanden, zusammengeworfen mit Werken, die auf Geheiß der Verursacher entstanden.

Fabio Benzi

Danksagung

Ohne die Hilfe und großzügige Unterstützung nachfolgend genannter Personen und Institutionen wäre es kaum möglich gewesen, ein in editorischer Hinsicht derart umfassendes und komplexes Projekt wie Rom. Architektur und Kunst zu realisieren.

Zu besonderem Dank sind wir Professor Adriano La Regina, dem archäologischen Beauftragten der Stadt Rom, sowie Claudio Strinati, dem Leiter der staatlichen Aufsichtsbehörde für künstlerische und historische Kulturgüter, verpflichtet. Beide standen uns stets freundlich und mit fachkundigem Rat zur Seite. Unermüdlich in ihrer Hilfsbereitschaft waren auch die Mitarbeiter der folgenden Institutionen: Soprintendenza Archeologica per l'Etruria Meridionale, Soprintendenza per i Beni Artistici e Storici di Parma e Piacenza, Galleria Nazionale d'Arte Moderna, Galleria Borghese, Galleria Spada, Galleria Nazionale d'Arte Antica in Palazzo Barberini, Galleria Nazionale d'Arte Antica in Palazzo Corsini.

Danken möchte ich namentlich Seiner Eminenz Kardinal Virgilio Noé, dem Präsidenten der Fabbrica di San Pietro in Vaticano sowie dem Pontificio Consiglio delle Comunicazioni Sociali, Dr. Marjorie Weeke, der Pontificia Commissione di Archeologia Sacra, Dr. Francesco Buranelli, Leiter der Direzione Generale dei Monumenti, Musei e Gallerie Pontificie. Ebenfalls sei den Monsignori D. J. David Lewis, Kapitularvikar von Santa Maria Maggiore, Alfonso Porta, Domherr und Kämmerer von San Giovanni in Laterano, und dem ehrenwerten Don Raffaele Farina, Leiter der Biblioteca Apostolica Vaticana, gedankt.

Ohne die Unterstützung des Innenministeriums und des Vikariats der Diözese Rom hätten viele der Innenaufnahmen der römischen Kirchen nicht gemacht werden können. Gleichfalls waren die einzelnen Pfarreien für die fotografische Arbeit von großer Bedeutung. Hier möchte ich besonders den entsprechenden Würdenträgern von Santa Maria in Campitelli, Santi Martiri Marcellino e Pietro al Laterano und von San Lorenzo in Lucina danken.

Darüber hinaus ist es mein Wunsch, dem Sekretär des Präsidenten der Republik sowie der Stadtverwaltung von Rom und der Banca di Roma meinen Dank auszusprechen.

Stets konnte ich mir der Kooperation folgender Institutionen und Personen gewiß sein: der Compagnia di Belle Arti, vertreten durch Dr. Marco Voena, sowie des Museo Diocesano di Orte, des Museo di Arte Moderna e Contemporanea in Trento und in Rovereto, der Accademia Nazionale dei Lincei, der Biblioteca Nazionale Centrale, des Istituto Poligrafico e Zecca dello Stato, der Associazione Culturale Arco Farnese, des Gabinetto Numismatico del Castello Sforzesco in Mailand, sowie des Deutschen Archäologischen Instituts in Rom.

Einige Eigentümer privater Paläste gestatteten uns freundlicherweise den Zugang zu ihren Residenzen; in diesem Zusammenhang danke ich Principessa Maria Camilla Pallavicini und Don Piergiorgio Caracciolo, Principe Prospero Colonna, Principe Don Nicolò Boncompagni Ludovisi, Marchesa Giovanna Sacchetti sowie dem Architekten Ernesto Azzalin.

Dr. Elio Biaggi, Autor des grundlegenden Werkes Le preziose patine dei sesterzi di Roma imperiale und der Verlag Priuli e Verlucca Editori gaben uns die Erlaubnis, einige Bilder aus diesem Buch zu reproduzieren.

Zahlreiche weitere Personen haben zum Gelingen dieses überaus umfangreichen und ausführlichen Werkes beigetragen. Es ist unmöglich, jeden einzelnen zu erwähnen, darum sei an dieser Stelle allen Beteiligten nochmals herzlich gedankt.

Antonio Stella
Verleger, Magnus Edizioni

Bibliographie

Die Antike

Aberson M., *Temples votifs et butin de guerre dans la Rome républicaine*, Rom 1994.

Andreae B., *La Rome antique*, Paris 1989.

–, *„Am Birnbaum": Gärten und Parks im antiken Rom, in den Vesuvstädten und in Ostia*, Mainz 1996.

Andrén A., *Architectural Terracottas from Etrusco-Italic Temples*, Lund/Leipzig 1940.

Barbet A., *La peinture murale romaine. Les styles décoratifs pompéiens*, Paris 1985.

Bauer F. Alto, *Stadt, Platz und Denkmal der Spätantike. Untersuchungen zur Ausstattung des öffentlichen Raums in den spätantiken Städten Rom, Konstantinopel und Ephesos*, Mainz 1996.

Becatti G., *La colonna coclide istoriata. Problemi storici, iconografici, stilistici*, Rom 1960.

Bergmann M., *Der Koloss Neros. Die Domus Aurea und der Mentalitätswandel im Rom der frühen Kaiserzeit*, Mainz 1994.

Bertman S., *Art and the Romans. A Study of Roman Art as a Dynamic Expression of Roman Character*, Lawrence (Kansas) 1975.

Bianchi Bandinelli R., *Rom. Das Ende der Antike. Die römische Kunst in der Zeit von Septimius Severus bis Theodosius I.*, München 1971.

–, *Etrusker und Italiker vor der römischen Herrschaft: Die Kunst Italiens von der Frühgeschichte bis zum Bundesgenossenkrieg*, München 1974.

–, *Klassische Archäologie: Eine kritische Einführung*, München 1978.

–, *La pittura antica*, Rom 1980.

–, *Rom: Das Zentrum der Macht. Die römische Kunst von den Anfängen bis zur Zeit Marc Aurels*, München 1970.

Blake M. E., „The pavements of the Roman Buildings of the Republic and Early Empire", in *Memoirs of the American Academy of Rome*, 8, 1930.

Blanckenhagen P. H. von, *Flavische Architektur und ihre Dekoration*, Berlin 1940.

Boatwright M., *Hadrian and the City of Rome*, Princeton 1987.

Boethius A., Ward Perkins J. B., *Etruscan and Roman Architecture*, Harmondsworth 1970.

Bonamici, M., *Das Land der Etrusker. Von der Vorgeschichte bis zum frühen Mittelalter*, Hrsg. S. Settis, Königstein i. T. 1985.

Brendel J. O., *Introduzione all'arte romana*, Turin 1982.

Brilliant R., *Roman Art from the Republic to Constantine*, London 1974.

Brödner E., *Die römischen Thermen und das antike Badewesen: Eine kulturhistorische Betrachtung*, Darmstadt 1983.

Case e palazzi d'Etruria, (Katalog) Mailand 1985.

Castagnoli F., *Topografia e urbanistica di Roma antica*, Bologna 1969.

Clarke J. R., *The Houses of Roman Italy, 100 B.C.–A.D. 250. Ritual, Space and Decoration*, Berkeley/Los Angeles/Oxford 1991.

Coarelli F., *Il Campo Marzio. Dalle origini alla fine della Repubblica*, Rom 1997.

–, *Il Foro Boario*, Rom 1988.

–, Kajanto I., Nyberg U., *L'area sacra di Largo Argentina*, I., Rom 1981.

–, *Revixit Ars. Arte e ideologia a Roma. Dai modelli ellenistici alla tradizione repubblicana*, Rom 1996.

–, *Rom: Ein archäologischer Führer*, Freiburg/Basel/Wien 1975.

–, Belli Barsali I., Steingräber E., *Kostbarkeiten der Goldschmiedekunst*, Darmstadt/Wien 1975.

Colini A. M., Cozza L., *Ludus Magnus*, Rom 1962.

Colonna G., „La produzione artigianale", in A. Momigliano, A. Schiavone (Hrsg.), *Storia di Roma* I. *Roma in Italia*, Turin 1988, S. 292–316.

Comella A. M., „Complessi votivi in Italia" in *Epoca medio e tardo repubblicana*, Schriften der École Française de Rome, 93, 1981, S. 717–803.

–, *Mura di Roma dalla Porta Nomentana alla Tiburtina*, Rom 1998.

Cozza L., *Osservazioni sulle mura aureliane a Roma*, Rom 1987.

Crawford M., *Roman Republican Coinage*, Cambridge 1974.

Crema L., *L'architettura romana*, Turin 1959.

Cristofani M. (Hrsg.), *La grande Roma dei Tarquini* (Katalog) Rom 1990.

De Albentiis E., *La casa dei Romani*, Mailand 1990.

De Maria S., *Gli archi onorari di Roma e dell'Italia romana*, Rom 1988.

De Vos A. M., *Pompei, Guide archeologiche Laterza*, Rom/Bari 1982.

Donati A. (Hrsg.), *Romana Pictura. La pittura romana dalle origini all'età bizantina*, (Katalog) Mailand 1998.

Dorigo W., *Pittura tardo-romana*, Mailand 1966.

Dudley D. R., *Urbs Roma, a source book of classical texts on the city*, Aberdeen 1967.

Enciclopedia dell'Arte Antica (EAA), Suppl. 1970–1994, Rom 1997: „Dalle origini fino all'età medio-repubblicana" (M. Cristofani), S. 1–6. „Età tardo-repubblicana e imperiale fino alla Tetrarchia" (P. Zanker), S. 6–22.

Esch, A. (Hrsg.), *Römische Straßen in ihrer Landschaft. Das Nachleben antiker Straßen um Rom*, Mainz 1997.

Felletti Maj B. M., *La tradizione italica nell'arte romana*, Rom 1977.

Ferrary J.-L., *Philhellénisme et impérialisme. Aspects idéologiques de la conquête romaine du monde hellénistique*, Rome 1988.

Fink J., Asamer B., *Die römischen Katakomben*, Mainz 1997.

Fittschen K., Zanker P., *Katalog der römischen Porträts in den Kapitolinischen Sammlungen*, Bd. I., 1985

Franchi L., *Ricerche sull'arte di età severiana in Roma*, Rom 1964.

Frova A., *L'arte di Roma e del mondo romano*, Turin 1961.

Ganzert J., *Der Mars-Ultor-Tempel auf dem Augustusforum in Rom* (Sonderschriften Deutsches Archäologisches Institut Rom, Bd. 11).

Ghedini F., „Arte romana: generi e gesti", in *Civiltà dei Romani*, IV.: *Un linguaggio comune*, Mailand 1993, S. 161–178.

Giuliano A., *Arco di Costantino*, Mailand 1955.

Gjerstad E., „Early Rome, I–VI", *Acta Instituti Romani Regni Sueciae*, Lund 1953–1973.

Grimal P., *Das antike Italien*, Frankfurt a. M. 1979.

–, (Hrsg.) *Der Aufbau des Römischen Reiches*, Frankfurt a. M. 1981.

–, (Hrsg.) *Hellenismus und der Aufstieg Roms*, Frankfurt a. M. 1982.

–, *Les jardins romains*, Paris 1969.

Gros P., *Aurea Templa. Recherches sur l'architecture religieuse de Rome à l'époque d'Auguste*, Rom 1976.

–, *L'architettura romana dagli inizi del III sec. a. C. alla fine dell'Alto Impero I. I monumenti pubblici*, Mailand 1998.

–, Torelli M., *Storia dell'urbanistica. Il mondo romano*, Rom/Bari 1988.

Hamberg P. G., *Studies in Roman Imperial Art with special reference to the State Reliefs of the Second Century*, Rom 1968 (Uppsala 1945).

Hannestad N., *Roman Art and Imperial Policy*, Åarhus 1986.

–, *The Roman World*, London 1987.

–, *Tradition in Late Antique Sculpture*, Åarhus 1994.

Hanfmann G., *Römische Kunst*, Wiesbaden 1964.

Heinze H. von, *Römische Kunst*, Stuttgart 1969.

Himmelmann N., *Herrscher und Athlet: Die Bronzen vom Quirinal*, Mailand 1989.

Hölscher T., *Römische Bildsprache als semantisches System*, o. J.

–, *Staatsdenkmal und Publikum: Vom Untergang der Republik bis zur Festigung des Kaisertums in Rom*, Konstanz 1984.

Homo L., *Roma imperiale e l'urbanesimo nell'antichità*, Mailand 1976.

I luoghi del consenso imperiale. Il Foro di Augusto. Il Foro di Traiano, (Katalog) Rom 1995.

Jordan H., Hülsen C., *Topographie der Stadt Rom im Alterthum*, I–II, Berlin 1878–1907.

Kähler H., *Die Augustusstatue von Primaporta*, Köln 1959.

–, *Das Fünfsäulendenkmal für die Tetrarchen auf dem Forum Romanum*, Köln 1964.

–, (Hrsg.), *Rom und seine Welt. Bilder zur Geschichte und Kultur*, Berlin 1958.

–, *Der römische Tempel. Raum und Landschaft.* Frankfurt a. M./Berlin/Wien 1982.

–, *Seethiasos und Census. Die Reliefs aus dem Palazzo Santa Croce in Rom*, Berlin 1966.

–, *Die Villa des Maxentius bei Piazza Armerina*, Berlin 1973.

Kaiser Augustus und die verlorene Republik, (Katalog) Mainz 1988.

Kaschnitz-Weinberg G. von, *Römische Kunst*, I–IV, Hamburg 1961–1963.

Koch G., Sichtermann H., *Römische Sarkophage*, München 1982.

Kolb F., *Rom: Die Geschichte der Stadt in der Antike*, München 1995.

Kraus T., *Das römische Weltreich*, Berlin 1967.

Kultermann, U., *Die Maxentius-Basilika: Ein Schlüsselwerk spätantiker Architektur*, Weimar 1996.

Lahusen G., *Untersuchungen zur römischen Ehrenstatue in Rom*, Rom 1983.
La Penna A., *La legittimazione del lusso privato da Ennio a Vitruvio. Momenti, elementi e personaggi*, Maia, 41, 1987, S. 3–34.
La Rocca E., *La riva a mezzaluna. Culti, agoni, monumenti funerari presso il Tevere nel Campo Marzio*, Rom 1984.
–, Farinella V., *La Colonna Traiana*, Rom 1996.
Lanciani R., *Rovine e scavi di Roma antica*, Rom 1985.
–, *Storia degli scavi di Roma*, I–IV, Rom 1902–1904.
Lehmann, S., *Mythologische Prachtreliefs*, (*Studien zur Kunst der Antike und ihrem Nachleben* Bd. I, Bamberg 1996.
Ling R., *Roman Painting*, Cambridge 1991.
L'Orange H. P., *Das spätantike Herrscherbild von Diokletian bis zu den Konstantin-Söhnen*, Berlin 1984.
–, Gerkan A. von, *Der spätantike Bildschmuck des Konstantinbogens*, Berlin 1939.
Lugli G., *Fontes ad topographiam veteris urbis Romae pertinentes*, I–VII, Rom 1952–1969.
–, *I monumenti antichi di Roma e suburbio*, I–III, Rom 1931–1940.
–, *Roma antica. Il centro monumentale*, Rom 1946.
MacDonald W. L., *The Architecture of the Roman Empire*, I: *An Introductory Study*, New Haven/London 1965.
Magi F., *I rilievi flavi del Palazzo della Cancelleria*, Rom 1945.
Mansuelli G. A., *Roma e il mondo romano*, I–II, Turin 1981.
Martin H., *Römische Tempelkultbilder*, Rom 1987.
Massa Pairault F.-H., *Iconologia e politica nell'Italia antica. Roma, Lazio, Etruria dal VII. al I. secolo a. C.*, Mailand 1992.
Memoria dell'antico nell'arte italiana, I: *L'uso dei classici*, Turin 1984.
Meneghini R., *Il Foro di Nerva*, Rom 1991.
Menichetti M., *Archeologia del potere. Re, immagini e miti a Roma e in Etruria in età arcaica*, Mailand 1994.
Mielsch H., *Römische Stuckreliefs*, Rom 1975.
–, *La villa romana*, Florenz 1990.
Morel J.-P., „L'artigianato e gli artigiani", in A. Momigliano, A. Schiavone (Hrsg.), *Storia di Roma* II. *L'Impero mediterraneo*, Turin 1990, S. 143–158.
Morricone Matini M. L., *Palatium* (*Mosaici Antichi d'Italia*), Rom 1967.
Morricone Matini M. L., *Pavimenti di signino repubblicani di Roma e dintorni* (*Mosaici Antichi d'Italia*), Rom 1971.
Nash E., *Bildlexikon zur Topographie des antiken Rom*, I–II, Tübingen 1961–1962.
Packer E. J., *The Forum of Trajan in Rome. A Study of the Monuments*, I–III, California University 1997.
Pearson J., *Il Colosseo*, Mailand 1975.
Pensabene P., Panella C., *Arco di Costantino. Tra archeologia e archeometria*, Rom 1999.
Pérez Chr., *Monnaie du pouvoir. Pouvoir des monnaies. Une pratique discoursive originale: le discours figuratif monétaire (Ier siècle av. J.-Chr.–14 ap. J.-Chr.)*, Paris 1986.
Peroni R., „Comunità e insediamento in Italia fra Età del bronzo e prima Età del ferro", in A. Momigliano, A. Schiavone (Hrsg.), *Storia di Roma* I. *Roma in Italia*, Turin 1988, S. 7–37.
Pesando F., *„Domus". Edilizia privata e società pompeiana fra III. e I. sec. a. C.*, Rom 1997.
–, „Cornelio Scipione Barbato fortis vir sapiensque", *Bollettino di Archeologia*, I, 1990, S. 23 ff.
Pfanner M., *Der Titusbogen*, Mainz 1983.
Picard G. Ch., *Die Kunst der Römer*, Stuttgart/Berlin/Köln/Mainz 1968.
–, *Imperium Romanum*, München 1966.
–, *Rom*, München/Genf/Paris 1969.
–, *Roman Painting*, London 1970.
Pietilä-Castren L., *Magnificentia publica. The Victory Monuments of the Roman Generals in the Era of Punic Wars*, in *Commentationes humanarum litterarum*, 84, Helsinki 1987.
Platner S. B., Ashby T., *A Topographical Dictionary of Ancient Rome*, Oxford/London 1929.
Pollitt J. J., *The Art of Rome (753 B.C.–337 A.D.)*, Englewood Cliffs (New York) 1966.
–, *The Art of Rome (753 B.C.–337 A.D.). Sources and Documents*, Cambridge 1983.
Poulsen V. H., *Les portraits romains.* I. *République et dynastie julienne*, Kopenhagen 1962.
Riegl A., *Spätrömische Kunstindustrie*, Darmstadt 1973.
Rodenwaldt G., *Über den Stilwandel in der antoninischen Kunst*, Berlin 1935.
–, „Römische Reliefs: Vorstufen zur Spätantike" in: *Jahrbuch des Deutschen Archäologischen Instituts* 55 (1940), 12–43.
„Roma e l'Italia fra i Gracchi e Silla", *Dialoghi di Archeologia*, IV–V, 2–3, 1970–1971.
Roma medio-repubblicana, (Katalog) Rom 1973.
Romano E., „Dal *De officiis* a Vitruvio, da Vitruvio a Orazio: il dibattito sul lusso edilizio", in *Le project de Vitruve. Object, destinataires et reception du* De architectura, *Actes du Colloque International Rome 26–27 mars 1993*, Rom 1994, S. 63–73.
Sauron G., *Quis deum? L'expression plastique des idéologies politiques et religieuses à Rome à la fin de la République et au début du Principat*, Rome 1994.
Settis S., La Regina A., Agosti G., Farinella V., *La Colonna Traiana*, Turin 1988.
Settis S., „Un'arte al plurale. L'impero romano, i Greci e i posteri", in A. Momigliano, A. Schiavone (Hrsg.), *Storia di Roma. IV. Caratteri e morfologie*, Turin 1989, S. 827–878.
Simon E., *Augustus: Kunst und Leben in Rom um die Zeitenwende*, München 1986.
Steinby E. M. (Hrsg.), *Lexicon Topographicum Urbis Romae*, Rom 1991.
Strazzulla M. J., *Principato di Apollo. Mito e propaganda nelle lastre „Campana" dal tempio di Apollo Palatino*, Rom 1990.
Strong E., *L'arte di Roma antica*, Bergamo 1929.
–, *La scultura romana da Augusto a Costantino*, I–II, Florenz 1923–1926.
Tamm B., *Auditorium and Palatium*, Lund 1963.
Torelli M., *Culto imperiale e spazi urbani in età flavia. Dai rilievi Hartwig all'Arco di Tito*, in *L'Urbs. Éspace urbain et histoire*, Rome 1987, S. 563–582.
–, *L'arte degli Etruschi*, Rom/Bari 1985.
–, „Polis e palazzo. Architettura, ideologia e artigianato greco in Etruria tra VII e VI secolo a. C.", in *Architecture et société de l'archaïsme grec à la fin de la République romaine*, Paris/Rom 1983, S. 471 ff.
–, *Typology and Structure of Roman Historical Reliefs*, Ann Arbor 1976, 1982.
Toynbee J. M. C., *The Art of the Romans*, London 1963.
Vacca F., *Memorie di varie antichità trovate in diversi luoghi della città di Roma*, Hrsg. B. Brizzi, Rom 1988.
Valentini R., Zucchetti G., *Codice topografico della città di Roma*, I–IV, Rom 1940–1953.
Vessberg O., *Studien zur Kunstgeschichte der Römischen Republik*, Lund 1941.
Ward Perkins J. B., *Architettura romana*, Mailand 1974.
Wataghin Cantino G., *La Domus Augustana*, Turin 1966.
Wegner M., „Die kunstgeschichtliche Stellung der Marcussäule", in: *Jahrbuch des Deutschen Archäologischen Instituts* 46 (1931), 61–174.
Wheeler M., *Roman Art and Architecture*, London 1976.
Wickhoff F., *Römische Kunst*, Berlin 1912.
Winkes R. (Hrsg.), *The Age of Augustus*, Interdisciplinary Conference held at Brown University (April 30 – May 2, 1982), Providence 1985.
Winner, M. (Hrsg.) *Der Statuenhof des Belvedere im Vatikan*, Mainz 1998.
Zaccaria Ruggiu A. P., *Spazio privato e spazio pubblico nella città romana*, Rom 1995.
Zanker P., „Das Trajansforum als Monument imperialer Selbstdarstellung", *Archäologischer Anzeiger*, 1970, S. 499 ff.
–, *Forum Augustum: Das Bildprogramm*, Tübingen 1973.
–, *Forum Romanum: Die Neugestaltung durch Augustus*, Tübingen 1972.
–, „Immagini e valori collettivi", in A. Momigliano, A. Schiavone (Hrsg.), *Storia di Roma* II, 2. *I Principi e il mondo*, Turin 1991, S. 193–220.
– (Hrsg.), *Der Kaiser baut fürs Volk*, Opladen 1997.
–, *Klassizistische Statuen. Studien zur Veränderung des Kunstgeschmacks in der römischen Kaiserzeit*, Magonza 1974.
–, *Provinzielle Kaiserporträts. Zur Rezeption der Selbstdarstellung der Princeps*, München 1983.
– (Hrsg.), *Studien zu den Augustus-Porträts*, Göttingen 1976.
Zehnacker H., *Moneta. Recherches sur les emissions et l'art des emissions monétaires de la République romaine (289–31 av. J.-Ch.)*, Rom 1973.
Ziolkowski A., *The Temples of Mid-Republican Rome and their Historical and Topographical Context*, Rom 1992.

Rom in der Zeit des frühen Christentums

Age of Spirituality: a Symposium, New York 1980.
Alexander S. S., „Studies in Constantinian Church Architecture", in *Rivista di Archeologia Cristiana*, XLIX, 1973, S. 33–44.
Apollonj Ghetti B. M., *S. Crisogono* (*Le chiese di Roma illustrate*, 92), Rom 1966.
Arbeiter A., *Alt-St. Peter in Geschichte und Wissenschaft: Abfolge der Bauten, Rekonstruktion, Architekturprogramm*, Berlin 1988.
Armellini M., Cecchelli C., *Le chiese di Roma*, Rom 1942.
Bertolini O., „Per la storia delle diaconie romane nell'Alto Medioevo sino alla fine del sec. VIII", in *Scritti scelti*, Hrsg. O. Banti, Livorno 1967, S. 311–460.
Bisconti F., „La pittura paleocristiana", in *Romana Pictura. La pittura romana dalle origini all'arte bizantina*, Mailand 1998, S. 33–53.
–, Nicolai V. Fiocchi, Mazzoleni D., *Roms christliche Katakomben. Geschichte, Bilderwelt, Inschriften*, Regensburg 1998.
Bovini G., *La proprietà ecclesiastica e la condizione giuridica della Chiesa in età paleocristiana*, Mailand 1949.
Brandenburg H., „Überlegungen zu Ursprung und Entstehung der Katakomben", in: *Vivarium: Festschrift Theodor Klauser zum 90. Geburtstag* (*Jahrbuch für Antike und Christentum* 11), 1984, S. 11–49.
–, *Die Kirche S. Stefano Rotondo in Rom: Bautypologie und Architektursymbolik in der spätantiken und frühchristlichen Architektur*, Berlin/New York 1998.
–, *Roms frühchristliche Basiliken des 4. Jahrhunderts*, München 197.
Brenk B., *Die frühchristlichen Mosaike in S. Maria Maggiore zu Rom*,Wiesbaden 1975.
Cameron A., *Das späte Rom*, München 1994.
Carletti S., *Le antiche chiese dei martiri romani* (*Le chiese di Roma illustrate*, 122–123), Rom 1972.
Cecchelli C., *Vita di Roma nel Medioevo*, Rom 1951–1960.
– et al., *S. Agata dei Goti*, Rom 1923.
Cecchelli M., „Intorno ai complessi battesimali di San Pietro in Vaticano e di S. Agnese sulla Via Nomentana", *Quaderni dell'Istituto di Archeologia e Storia antica dell'Università di Chieti*, 3, 1982–1983, S. 181–199.

–, „Note sui titoli romani“, *Archeologia Classica*, 37, 1985, S. 293–305.
Chastagnol A., *Le snat romain sous le regne d'Odoacre*, Bonn 1966.
Christe Y., „Victoria – Imperium – Judicium. Un scheme antique du pouvoir dans l'art paléochrétien et médieval“, *Rivista di Archeologia Cristiana*, XLIX, 1973, S. 87–110.
Davis Weyer C. S. „Stefano Rotondo in Rome and oratory of Theodore I“, in *Italian church decoration of the Middle Ages and Early Renaissance*, Hrsg. W. Tronzo, Bologna 1989, S. 71–80.
De Bruyne L., „La peinture cemeteriale constantinienne“, *Akten des VII. Internationalen Kongresses Christliche Archäologie*, Trier 1965, Città del Vaticano/Berlin 1969, S. 159–214.
Deckers J. G., Fasola U. M., Seeliger H. R., Guyon J., Schumacher W. N., *Die Katakombe „Santi Marcellino e Pietro“. Repertorium der Malereien.* Città del Vaticano/Münster 1991.
Deichmann F. W., *Frühchristliche Kirchen in Rom*, Basel 1948.
–, *Rom, Ravenna, Konstantinopel, Naher Osten. Gesammelte Studien zur spätantiken Architektur, Kunst und Geschichte*, Wiesbaden 1982.
–, *Einführung in die Christliche Archäologie*, Darmstadt 1983.
–, Bovini G., Brandenburg H., *Repertorium der christlich-antiken Sarkophage* I, *Rom und Ostia*, Wiesbaden 1967.
De Wit J., *De la ville antique à la ville byzantine. Le probleme des subsistances*, Rome 1990.
Duval N., „Problematique d'une architecture chrétienne au IVe siecle“, in *Revue des études augustiniennes*, 35, 1989, S. 308–313.
Faedo L., „Per una classificazione preliminare dei vetri dorati tardoromani“, *Annali della Scuola Normale Superiore di Pisa*, VIII, 3, 1978, S. 1025–1043.
Ferrari G., *Early Roman Monasteries*, Città del Vaticano 1957.
Ferrua A., Carletti C., *Damaso e i martiri di Roma*, Città del Vaticano 1985.
–, *Le pitture della nuova catacomba di Via Latina*, Città del Vaticano 1974.
Fiocchi Nicolai V., Bisconti F., Mazzoleni D., *Le catacombe cristiane di Roma. Origini, sviluppo, apparati decorativi, documentazione epigrafica*, Regensburg 1998.
Fraschetti A., „Spazi del sacro e spazi della politica“, in *Storia di Roma*, 3, 1. *L'età tardoantica: crisi e trasformazioni*, Turin 1993, S. 675–696.
–, „Costantino e l'abbandono del Campidoglio“, in *Società romana e impero tardoantico*, II, Rom/Bari 1986, S. 59–98.
Fuhrmann M., *Rom in der Spätantike*, Hamburg 1996
Grabar A., *L'arte paleocristiana* (200–395), Milano 1980.
Grimal P., *Die Kirchen Roms. Glanzvolle Symbole der Ewigkeit*, Stuttgart/Zürich 1998.
Grisar H., *Roma alla fine del mondo antico*, I–II, Rom 1943.
Grossi V., „Chiesa e poveri nei primi secoli“, in *Poveri e povertà nella storia della Chiesa*, Modena 1988, S. 9–27.
–, Siniscalco P., *La vita cristiana nei primi secoli*, Rom 1988.
Guidobaldi F., *Pavimenti marmorei di Roma dal IV al IX secolo*, Città del Vaticano 1983.
–, *San Clemente. Gli edifici romani, la basilica paleocristiana e le fasi altomedievali*, Rom 1992.
Heres Th. L., *Paries*, Amsterdam 1982.
Hertling L; Kirschbaum E., *Die römischen Katakomben und ihre Märtyrer*, Wien 1950.
Huelsen Ch., *Le chiese di Roma nel Medioevo*, Florenz 1927.
Ihm Ch., *Die Programme der christlichen Apsismalerei vom vierten Jahrhundert bis zur Mitte des achten Jahrhunderts*, Wiesbaden 1960.
Jastrzebowska E., „La basilique des apôtres Rome. Fondation de Constantin ou de Maxence?“, in *Mosaique. Recueil d'hommages Henri Stern*, Paris 1983, S. 223–229.
Jeremias G., *Die Holztür der Basilika S. Sabina in Rom*, Tübingen 1980.
Jones A. H. M., Martindale J. R., Morris J., *The Prosopography of the Later Roman Empire*, I, Cambridge 1971.
Kinney D., S. *Maria in Trastevere from its founding to 1215*, New York 1975.
Kollwitz J., „Die Malerei der konstantinischen Zeit“, *Akten des VII. Internationalen Kongresses Christliche Archäologie*, Trier 1965, Città del Vaticano/Berlin 1969, S. 29–158.
Krautheimer R., *Architettura paleocristiana e bizantina*, Turin 1986.
–, *Corpus Basilicarum christianarum Romae. Le basiliche paleocristine di Roma* (secc. IV–IX), Città del Vaticano 1937–1980.
–, *Rom. Schicksal einer Stadt*, *312–1308*, München 1996.
–, *Tre capitali cristiane*, Turin 1987.
– et al., *Corpus basilicarum christianarum Romae*, I–V, Città del Vaticano 1937–1980.
Ladner G. B., *Die Papstbildnisse des Altertums und des Mittelalters*, Città del Vaticano 1941.
Le Goff J., Morawski P., *Età Medievale*, Casale Monferrato 1988.
Lestocquoy J., „L'administration de Rome et les diaconies du VI au IX siècle“, *Rivista di Archeologia Cristiana*, VII, 1930, S. 261–298.
Llewellyn P., *Roma nei secoli oscuri*, Rom/Bari 1975.
Lotti L., „S. Agata dei Goti“, *Alma Roma*, 16, 1975, 3–4, S. 91–96.
Mara M. G., *Ricchezza e povertà del Cristianesimo primitivo*, Rom 1991.
Marazzi F., „L'insediamento nel suburbio di Roma fra IV e VIII secolo“, *Bullettino dell'Istituto Storico Italiano per il Medio Evo*, 94, 1988, S. 251–313.
Marrou H. I., „L'origine orientale des diaconies romaines“, in *Melanges d'archeologie et d'histoire*, LVII, Paris 1940, S. 95–142.
Matthiae G., *Mosaici medievali di Roma*, Rom 1967.
–, Andaloro M., *Pittura romana del Medioevo. Secoli IV–X*, Rom 1989.
Mazzarino S., *L'impero romano*, Rom/Bari 1990.
Meneghini R., Santangeli Valenzani R., „Sepolture intramuranee e paesaggio urbano a Roma tra V e VII secolo“, in *La storia economica di Roma nell'Alto Medioevo alla luce dei recenti scavi archeologici*, Florenz 1993, S. 89–112.
Moreau J., *La persecuzione del Cristianesimo nell'impero romano*, Brescia 1977.
Ortolani G., „Le torri pentagonali del Castro Pretorio“, *Analecta Romana*, 19, 1990, S. 239–252.
Pani Ermini L., „Testimonianze archeologiche di monasteri a Roma nell'Alto Medioevo“, in *Archivio della Società Romana di Storia Patria*, 104, 1981, S. 25–45.
Pietrangeli C. (Hrsg.), *Il palazzo apostolico lateranense*, Florenz 1992.
– (Hrsg.), *San Giovanni in Laterano*, Florenz 1991.
– (Hrsg.), *San Paolo fuori le mura*, Florenz 1989.
– (Hrsg.), *San Pietro*, Florenz 1990.
– (Hrsg.), *Santa Maria Maggiore a Roma*, Florenz 1988.
Pietri Ch., *Roma Christiana*, Rom 1976.
Recchia V., *Gregorio Magno e la società agricola*, Rom 1978.
Reekmans L., „La chronologie de la peinture paléochrétienne. Notes et réflexions“, *Rivista di Archeologia Cristiana*, XLIX, 1973, S. 271–291.
Sansterre J. M., *Les moines grecs et orientaux. Rome aux epoques byzantine et carolingienne*, Brüssel 1980.
Saxer V., „L'utilisation par la liturgie de l'espace urbain et suburbain: l'exemple de Rome dans l'Antiquité et le Haut Moyen Age“, *Actes du XIe Congres International d'Archeologie chritienne*, Lyon/Wien/Grenoble/Genf/Aosta (21.–28. September 1986), Città del Vaticano 1989, S. 917–1032.
Schumacher, W. N., *Die römischen Mosaiken der kirchlichen Bauten vom 4. bis zum 13. Jahrhundert.* Freiburg 1976.
Shelton K. J., *The Esquiline Treasure*, London 1983.
Testini P., „L'oratorio scoperto al „Monte di Giustizia“ presso la Porta Viminale a Roma“, in *Rivista di Archeologia Cristiana*, 44, 1968, S. 105–130.
–, *Le catacombe e gli antichi cimiteri cristiani in Roma*, Bologna 1966.
–, „Osservazioni sull'iconografia del Cristo in trono fra gli Apostoli“, in *Rivista dell'Istituto di Archeologia e Storia dell'Arte*, XI–XII, 1963, S. 230–300.
Tolotti F., *Il cimitero di Priscilla*, Città del Vaticano 1970.
–, „Le basiliche cimiteriali con deambulatorio del suburbio romano: questione ancora aperta“, in *Römische Mitteilungen*, 89, 1982, S. 154–211.
Verrando G. N., „L'attività edilizia di papa Giulio I e la basilica al III miglio della Via Aurelia ad Callistum“, in *Melanges de l'Ecole française de Rome*, 97, 1985, 2, S. 1021–1061.
Vielliard R., *Recherches sur les origines de la Rome chrétienne*, Rom 1959.
Volbach W. F., *Elfenbeinarbeiten der Spätantike und des frühen Mittelalters*, Mainz 1976.
Wilpert J., *I sarcofagi cristiani antichi*, I–III, Rom 1929–1936.
–, *Le pitture delle catacombe romane*, Rom 1903.
Wirth F., *Römische Wandmalerei vom Untergang Pompejis bis ans Ende des dritten Jahrhunderts*, Darmstadt 1968.
Wisskirchen, R., *Das Mosaikprogramm von S. Prassede in Rom. Ikonographie und Ikonologie*, Münster 1990.
Zanchi Roppo F., *Vetri paleocristiani a figure d'oro conservati in Italia*, Bologna 1969.

Das Mittelalter

Amadei E., *Le Torri di Roma*, Rom 1969.
Andaloro M., Gandolfo F., Kritische Ausgabe von G. Matthiae, *Pittura romana del Medioevo*. Secoli XI–XIV, Rom 1988.
Andaloro M., „La datazione della tavola di Santa Maria in Trastevere“, in *Rivista dell'Istituto Nazionale di Archeologia e Storia dell'Arte*, 19–20, (1972–1973), S. 85–153.
Armellini M., *Le chiese di Roma*, Hrsg. C. Cecchelli, Rom 1942.
Belli Barsali I., *L'oreficeria medievale*, Mailand 1966.
Bianchi L., *Case e torri medievali a Roma*, Rom 1998.
Borgolte M., *Petrusnachfolge und Kaiserimitation. Die Grablege der Päpste, ihre Genese und Traditionsbildung*, Göttingen 1989.
Brandi C., *Giotto*, Mailand 1983.
Brentano R., *Rome before Avignon*, New York 1974.
Buchowiecki W., *Handbuch der Kirchen Roms*, 3 Bde., Wien 1967–1974.
–, *Handbuch der Kirchen Roms*, Bd. IV, Hrsg. B. Kuhn-Forte, Wien 1998.
Cecchelli C., *Vita di Roma nel Medio Evo*, Rom 1951–1952.
Claussen P. C., *Magistri Doctissimi Romani. Die römischen Marmorkünstler des Mittelalters*, (*Corpus Cosmatorum*, I), Stuttgart 1987.
De Blaauw S., *„Cultus et decor“. Liturgia e architettura nella Roma tardoantica e medievale*, 2 Bde., Città del Vaticano 1994.
De Rossi G. B., *Mosaici cristiani e saggi dei pavimenti delle chiese di Roma anteriori al secolo XV*, Rom 1872–1892.
Demus O., *Pittura murale romanica*, Mailand 1969.

D'Onofrio M., Leonardis V., „La città nel Medioevo“, in *Roma L'Urbe nei secoli*, Florenz 1994, S. 101–149.
Duchesne L., *Le* Liber Pontificalis. *Texte, introduction et commentaire*, 2 Bde., Paris 1886–1892; *Additions et corrections*, Hrsg. C. Vogel, Paris 1957/1981.
Enciclopedia dell'arte medievale, Hrsg. A. M. Romanini, Istituto dell'Enciclopedia Italiana, Rom 1991–1998.
Ferrari G., *Early Roman Monasteries*, Città del Vaticano 1957.
Fragmenta Picta. Affreschi e mosaici staccati del Medioevo romano, (Katalog) Rom 1989.
Fratini C., „Considerazioni e ipotesi sulla Cornice di Sant'Apollinare nelle Grotte Vaticane“, in *San Pietro. Arte e storia nella basilica vaticana*, Hrsg. G. Rocchi Coopmans de Yoldi, 1996, S. 51–68.
Gandolfo F., „Simbolismo antiquario e potere papale“, *Studi romani*, 29 (1981), S. 9–28.
Gardner J., *The Tomb and the Tiara. Curial Tomb Sculpture in Rome and Avignon in the Later Middle Ages*, Oxford 1992.
Garms J., Sommerlechner A., Telesko W. (Hrsg.), *Die mittelalterlichen Grabmäler in Rom und im Latium vom 13. bis zum 15. Jahrhundert*, II, *Die Monumentalgräber*, Wien 1994.
Garrison E. B., *Studies in the History of Medieval Italian Painting*, 4 Bde., Florenz 1953–1962.
Gnoli U., *Topografia e toponomastica di Roma medievale e moderna*, Rom 1939.
Golzio V., Zander G., *Le chiese di Roma dall'XI al XIV secolo*, Bologna 1963.
Gramaccini N., *Mirabilia. Das Nachleben antiker Statuen vor der Renaissance*, Mainz 1996.
Grisar H., *Geschichte Roms und der Päpste im Mittelalter*, Freiburg 1901.
Guidobaldi F., *S. Clemente. Gli edifici romani, la basilica paleocristiana e le fasi altomedievali*, Bd. I (*S. Clemente Miscellany* IV. I), Rom 1992.
Herklotz I., *„Sepulcra“ e „Monumenta“ del Medioevo. Studi sull'arte sepolcrale in Italia*, Rom 1985.
Hermanin F., *L'arte di Roma dal secolo VIII al XIV*, Bologna 1945.
Hetherington P., *Medieval Rome: A Portrait of the City and its Life*, London 1994.
Huelsen C., *Die römischen Kirchen des Mittelalters*, Hildesheim 1975.
Kirsch J. P., *Die Stationskirchen des Missale Romanum*, Freiburg 1927.
La Diocesi di Roma (*Corpus della scultura altomedievale*, 7), 6 Bde., Spoleto 1974–1995.
Matthiae G., *Le chiese di Roma dal IV al X secolo*, Rom 1962.
–, *Mosaici medievali delle chiese di Roma*, 2 Bde., Rom 1967.
–, *Pietro Cavallini*, Rom 1972.
–, *Pittura romana del Medioevo*, 2 Bde., Rom [1965–1966].
Oakeshott W., *Die Mosaiken von Rom vom dritten bis zum vierzehnten Jahrhundert*. Wien/München 1967.
Pace V., „Nihil innovetur nisi quod traditum est. Sulla scultura romana del Medioevo“, in *Studien zur Geschichte der Europäischen Skulptur im 12./13. Jahrhundert*, Hrsg. H. Beck und K. Hengevoss-Durkop, I, Frankfurt a. M. 1994, S. 587–603.
Paravicini Bagliani A., *Le chiavi e la tiara*, Rom 1998.
Parlato E., Romano S., *Roma e il Lazio*, (*Italia Romanica*, 13), Milano 1992.
Pensabene P., „Il reimpiego dei marmi antichi nelle chiese altomedievali a Roma“, in *Marmi antichi*, Hrsg. G. Borghini, Rom 1989, S. 55–64.
Pietrangeli C. (Hrsg.), *La basilica di San Pietro*, Florenz 1989.
– (Hrsg.), *La basilica romana di Santa Maria Maggiore*, Florenz 1987.
Restauri della Soprintendenza alle Gallerie e alle opere d'arte medievali e moderne per il Lazio (1970–1971), Rom 1972.
Romanini A. M., *Arnolfo di Cambio e lo „stil novo“ del gotico italiano*, Mailand 1969.
Sancta Sanctorum, Mailand [1995].
Serafini A., *Torri campanarie di Roma e del Lazio nel Medioevo*, 2 Bde., Rom 1927.
Skulptur und Grabmal des Spätmittelalters in Rom und Italien, Akten des Kongresses „Scultura e monumento sepolcrale del Tardo Medioevo a Roma e in Italia“ (Rom, 4.–6. Juli 1985), Hrsg. J. Garms und A. M. Romanini, Wien 1990.
Toesca P., *Il Medioevo*, I–II, Turin 1965.
Tomei A., *Iacobus Torriti pictor. Una vicenda figurativa del tardo Duecento romano*, Rom 1990.
Toubert H., *Un art dirigé*, Paris 1990.
Traeger, J., *Der reitende Papst. Ein Beitrag zur Ikonographie des Papsttums*, München 1970.
Valentini R., Zucchetti G., *Codice topografico della città di Roma*, Rom 1940–1953.
Waetzold S., *Die Kopien des 17. Jahrhunderts nach Mosaiken und Wandmalereien in Rom*, Wien 1964.
Wilpert J., *Die römischen Mosaiken und Malereien der kirchlichen Bauten vom IV. bis XIII. Jahrhundert*, 4 Bde., Freiburg 1917.
Wolf G., *Salus Populi Romanum. Die Geschichte römischer Kultbilder im Mittelalter*, Weinheim 1990.
Wollesen J. T., *Pictures and Reality. Monumental Frescoes and Mosaics in Rome around 1300*, New York/Washington/Baltimore/Boston 1998.

Rom im 15. Jahrhundert

Acidini Luchinat C., *Benozzo Gozzoli*, Florenz 1994.
Architekturmodelle der Renaissance. Die Harmonie des Bauens von Alberti bis Michelangelo, (Katalog) Berlin/München 1995.
Benzi F., *Sisto IV Renovator Urbis. Architettura a Roma 1471–1484*, Rom 1990.
Berti L., Baldini U., *Filippino Lippi*, Florenz 1991.
Bonsanti G., *Beato Angelico*, Florenz 1998.
Borsi F., *Leon Battista Alberti*, Mailand 1980.
–, Borsi S., *Alberti, Art Dossier*, 93, September 1994.
Borsi S., *Masaccio, Art Dossier*, 116, Oktober 1996.
Bussagli M., *Benozzo Gozzoli, Art Dossier*, 143, März 1999.
Calvesi M., *La Cappella Sistina nel Quattrocento*, Rom 1979.
Casanova M. L., *Palazzo Venezia*, Rom 1992.
Cavallaro A., *Antoniazzo Romano e gli antoniazzeschi. Una generazione di pittori nella Roma del Quattrocento*, Udine 1992.
– , „Aspetti e protagonisti della pittura del Quattrocento romano in coincidenza dei giubilei“, in M. Fagiolo, M. L. Madonna (Hrsg.), *Roma 1300–1875. La città degli anni santi*, Mailand 1985.
Christiansen K., *Gentile da Fabriano*, London 1982.
Cole Ahl D., *Benozzo Gozzoli* (1996), Cinisello Balsamo 1997.
Corbo A. M., *Artisti ed artigiani in Roma al tempo di Martino V e di Eugenio IV*, Rom 1969.
Cornini G., De Strobel A., Serlupi Crescenzi M., „La Sala Vecchia degli Svizzeri e la Sala dei Chiaroscuri“, in *Raffaello nell'appartamento di Giulio II e Leone X*, Mailand 1993.
Dacos N., *La découverte de la Domus Aurea et la formation des grotesques à la Renaissance*, London 1969.
Danesi Squarzina S., „La Casa dei Cavalieri di Rodi: architettura e decorazione“, in S. Danesi Squarzina (Hrsg.), *Roma, centro ideale dell'Antico nei secoli XV e XVI*, Mailand 1989.
– , „Note sulla cultura architettonica a Roma durante il papato di Alessandro VI“, in M. Calvesi (Hrsg.), *Le arti a Roma sotto Alessandro VI*, Rom 1981.
De Marchi A., *Gentile da Fabriano, Art Dossier*, 136, Juli/August 1998.
–, *Gentile da Fabriano. Un viaggio nella pittura italiana alla fine del gotico*, Mailand 1992.
Ettlinger I. D., *The Sistine Chapel before Michelangelo. Religious imagery and Papal primacy*, Oxford 1965.
Farinella V., *Archeologia e pittura a Roma tra Quattrocento e Cinquecento*, Turin 1992.
Fremantle R., *Masaccio*, Florenz 1998.
Frugoni C., „L'Antichità dai Mirabilia alla propaganda politica“, in *Memoria dell'antico nell'arte italiana*, Hrsg. S. Settis, I, Turin 1984.
Golzio V., Zander G., *L'arte in Roma nel secolo XV*, Bologna 1968.
Joannides P., *Masaccio and Masolino*, London 1993.
Kennedy R. W., „The contribution of Martin V to the Rebuilding of Rome 1420–1431“, in *The Renaissance reconsidered*, Northampton (Mass.) 1964.
Magnuson T., *Studies in Roman Quattrocento Architecture*, Stockholm 1958.
Marconi P., *La città come forma simbolica*, Rom 1973.
Marini P. (Hrsg.), *Pisanello*, (Katalog) Mailand 1996.
Müntz E., *Les Arts à la Cour des papes pendant le XVe et le XVIe siècle*, Paris 1878–1882.
Negri Arnoldi F., *La scultura del Quattrocento*, Turin 1994.
Padoa Rizzo A., *Benozzo Gozzoli*, Florenz 1992.
Paolucci A., *Antoniazzo Romano*, Florenz 1992.
Parlato E., „La decorazione della cappella Carafa: allegoria ed emblematica negli affreschi di Filippino Lippi alla Minerva“, in S. Danesi Squarzina, (Hrsg.), *Roma, centro ideale dell'Antico nei secoli XV e XVI*, Mailand 1989.
Pasti S., „Nicolò V, l'Angelico e le antichità di Roma di Benozzo Gozzoli“, in *Da Pisanello alla nascita dei musei capitolini. L'Antico a Roma alla vigilia del Rinascimento* (Katalog), Mailand/Rom 1988.
Pinelli A., „La pittura a Roma e nel Lazio nel Quattrocento“, in *La Pittura in Italia. Il Quattrocento*, Mailand 1987.
Pope-Hennessy J., *Donatello*, Turin 1994.
–, *Italian Renaissance Sculpture*, London 1963.
Romano S., *Eclissi di Roma. Pittura murale a Roma e nel Lazio da Bonifazio VIII a Martino V (1295–1431)*, Rom 1992.
Rykwert J., Engel A., *Leon Battista Alberti*, (Katalog) Mailand 1994.
Saxl F., „L'appartamento Borgia“, in *Storia delle immagini*, Bari 1982.
Schulz J., „Pinturicchio and the revival of antiquity“, *Journal of the Warburg and Courtauld Institutes*, XXV, 1962.
Stinger Ch. L., *The Renaissance in Rome*, Bloomington 1985.
Tafuri M., „Cives esse non licere. Nicolò V e Leon Battista Alberti“, in *Ricerca del Rinascimento. Principi, città, architetti*, Turin 1992.
– , *L'architettura dell'Umanesimo*, Bari 1969.
Ventura L., *Pisanello, Art Dossier*, 113, Juni 1996.
Wittkower R., *Principi architettonici nell'età dell'Umanesimo*, Turin 1962.

Das 16. Jahrhundert – das goldene Zeitalter

Abromson M. C., „Clement VIII's patronage of the brothers Alberti“, *The Art Bulletin*, 60, 1978.
Ackerman J., *L'architettura di Michelangelo*, Turin 1968.
Alteri G. G., Kruse P. (Hrsg.) *Hochrenaissance im Vatikan. Kunst und Kultur im Rom der Päpste 1503–1534*, Ostfildern 1998.
Argan G. C., Contardi B., *Michelangelo, Art Dossier*, 9, Januar 1987.

Arasse D., Tönnesmann A., *Der europäische Manierismus*, München 1987.
Baglione G., *Le Vite de' pittori, scultori et architetti dal pontificato di Gregorio XIII del 1572 in fino a' tempi di Papa Urbano VIII nel 1642*, Rom 1642.
Baldini U., *Michelangelo scultore*, Mailand 1973.
Barocchi P., *Il Rosso Fiorentino*, Rom 1950.
Barolsky P., *A fresco decoration by Pellegrino Tibaldi*, Paragone, n. 237, 1969.
–, *Daniele da Volterra. A catalogue raisonné*, New York 1979.
Battisti E., *L'antirinascimento*, Milano 1989.
Benedetti S., *Letture di architettura. Saggi sul Cinquecento romano*, Rom 1987.
Bestmann L., *Michelangelo: Das Jüngste Gericht im Kontext des ikonographischen Programms der Sixtinischen Kapelle*, Ammersbek bei Hamburg 1993.
Bonelli R., *Da Bramante a Michelangelo*, Venedig 1960.
Borea E., „Grazia e furia in Marco Pino", *Paragone*, 13, 1962.
Borsi F., Borsi S., *Bramante*, Mailand 1989.
Briganti G., *Il manierismo e Pellegrino Tibaldi*, Rom 1945.
Brugnoli M. V., „Baldassarre Peruzzi nella chiesa di S. Maria della Pace e nell'Uccelleria di Giulio II", *Bollettino d'Arte*, 1973.
Bruschi A., *Bramante architetto*, Bari 1969.
Calì M., *Da Michelangelo all'Escorial. Momenti del dibattito religioso nell'arte del Cinquecento*, Turin 1980.
Calvesi M., *Caravaggio*, *Art Dossier*, 1, April 1986.
–, *Le arti in Vaticano*, Milano 1980.
Camesasca E., *Tutta l'opera del Cellini*, Mailand 1955.
Cannatà R. (Hrsg.), *Palazzo Spada. Le decorazioni restaurate*, Mailand 1995.
Chastel A., *Die Groteske. Streifzug durch eine zügellose Malerei*, Berlin 1997.
Chiappini di Sorio I., *Cristoforo Roncalli detto il Pomarancio*, Bergamo 1983.
Cleri B. (Hrsg.), „Federico Zuccari. Le idee, gli scritti", Kongreßakten Sant'Angelo in Vado, Mailand 1997.
Coliva A., *Parmigianino*, *Art Dossier*, 82, September 1993.
Dacos N., *Le Logge di Raffaello*, Rom 1986.
Darragou E., „Le Studiolo du Cardinal Ferdinand à la Villa Medicis", *Revue de l'Art*, 19, 1973.
Davis C., „Per l'attività di Vasari nel 1553: incisioni degli affreschi di Villa e la Fontanalia di Villa Giulia", *Mitteilungen des Kunsthistorischen Institutes in Florenz*, XXIII, Florenz 1979.
De Maio R., *Michelangelo e la Controriforma*, Bari 1978.
–, *Pittura e Controriforma*, Rom/Bari 1983.
De Tolnay C., *Michelangelo*, Princeton 1945.
–, *Morte e Resurrezione in Michelangelo*, Commentari, 1964.
De Vecchi P., *Die Sixtinische Kapelle: Das Meisterwerk Michelangelos erstrahlt in neuem Glanz*, Darmstadt 1997.
Di Teodoro F. P., *Raffaello, Baldassar Castiglione e la „Lettera a Leone X"*, Bologna 1994.
Fagiolo M., Madonna M. L. (Hrsg.), *Roma 1300–1875. La città degli anni santi*, Mailand 1985.
Freedberg S. J., *Parmigianino. His Work in Painting*, Cambridge 1950.
Frommel C. L., *Baldassare Peruzzi als Maler und Zeichner*, München 1967–1968.
–, *Michelangelo und Tommaso dei Cavalieri*, Amsterdam 1979.
–, *Der römische Palastbau der Hochrenaissance*, Tübingen 1973.
–, *Der Palazzo Venezia in Rom*, Opladen 1982.
–, Ferino Pagden S., Oberhuber K., *Giulio Romano*, *Art Dossier*, 40, November 1989.
Gentili A., *Tiziano*, *Art Dossier*, 47, Juni 1990.
Gere J. (Hrsg.), *Taddeo Zuccari*, (Katalog) San Severino Marche 1992.
Gould C., *Parmigianino*, Mailand 1994.
Gramberg W., *Die Düsseldorfer Skizzenbücher des Guglielmo della Porta*, Berlin 1964.
Heikamp D., „Die Entwurfszeichnungen für die Grabmäler der Mediceer-Päpste Leo X. und Clemens VII.", *Albertina-Studien*, IV, 1966, S. 134–154.
Hennemberg J., *L'oratorio dell'Arciconfraternita del Santissimo Crocifisso di San Marcello*, Rom 1974.
Hirst M., *Sebastiano del Piombo*, Oxford 1981.
Huntley G. H., *Andrea Sansovino*, Cambridge 1935.
Kallinger E. M., *Die Antikensammlung des Kardinals Scipione Borghese*, München 1991.
Kersting M., *San Giovanni dei Fiorentini in Rom und die Zentralbauideen des Cinquecento*, Worms 1994.
Klodt O., *Templi Petri instauracio. Die Neubauentwürfe für St. Peter in Rom unter Papst Julius II. und Bramante (1505–1513)*, Ammersbek bei Hamburg 1992.
Klotz H., *Der Stil des Neuen. Die europäische Renaissance*, Stuttgart 1997.
Krick I., *Römische Altarbildmalerei nach dem Tridentinum bis zum Pontifikat Clemens' VIII.*, Bonn 1996.
Lee Rubin P., *Giorgio Vasari. Art and History*, New Haven/London 1995.
Madonna M. L. (Hrsg.), *Roma di Sisto V. Le arti e la cultura*, Rom 1993.
Mancinelli F., Coalucci G., Gabrielli N., *Michelangelo. Il Giudizio Universale*, *Art Dossier*, 88, März 1994.
Mancini P., Scarfone G., *L'oratorio del Santissimo Crocifisso*, Rom 1975.
Mandel C., *Sixtus V and the Lateran Palace*, Rom 1994.
Monbeig Goguel C. (Hrsg.), *Raffaello e i suoi*, (Katalog) Rom 1992.
Mori G., „Prospero Fontana. Palazzo Firenze", in *Oltre Raffaello. Aspetti della cultura figurativa del Cinquecento romano*, (Katalog) Rom 1984.
–, „Sebastiano del Piombo. La Farnesina, le lunette", in *I luoghi di Raffaello a Roma*, (Katalog) Rom 1983.
Mortari F., *Francesco Salviati*, Rom 1992.
Neppi L., *Palazzo Spada*, Rom 1985.
Nova A. B., *Ammannati e P. Fontana a Palazzo Firenze, Ricerche di Storia dell'Arte*, 1983.
Oberhuber K., *Raffaello*, Mailand 1982.
Ostrow S. F., *The Sistine Chapel in Santa Maria Maggiore: Sixtus V and the Art of the Counter-Reformation*, Ann Arbor 1988.
– , *Art and Spirituality in Counter-Reformation Rome*, Cambridge 1996.
Parma Armani E., *Perin del Vaga. L'anello mancante*, Genova 1986.
Partridge L., *Renaissance in Rom: Die Kunst der Päpste und Kardinäle*, Köln 1996.
Pietrangeli C. (Hrsg.), *Il Palazzo Apostolico Vaticano*, Florenz 1992.
Pillsbury D. E., „Jacopo Zucchi in S. Spirito in Sassia", *The Burlington Magazine*, 857, 1974.
Pinelli A., *La Bella Maniera. Artisti del Cinquecento tra regola e licenza*, Turin 1993.
Pittoni G., *Jacopo Sansovino scultore*, Venedig 1909.
Pope-Hennessy J., *Italian High Renaissance and Baroque Sculpture*, London 1963/1970.
Portoghesi P., *Architettura del Rinascimento a Roma*, Mailand 1979.
–, *Francesco Borromini: Baumeister des römischen Barock*, Stuttgart/Zürich 1977.
Pugliatti T., *Giulio Mazzoni e la decorazione a Roma nella cerchia di Daniele da Volterra*, Rom 1984.
Ramsey P. A. (Hrsg.), *Rome in the Renaissance: The City and the Myth*, New York 1982
Riegl, A., *Die Entstehung der Barockkunst in Rom*, Hrsg. A. Burda und M. Dvorák, München 1977.
Roli R., *Giovanni de' Vecchi, Arte antica e moderna*, 1965.
Röttgen H., *Il Cavalier d'Arpino*, Rom 1973.
Santoro F. Sricchia, *Die Kunst der Renaissance im 16. Jahrhundert*, Zürich/Düsseldorf 1997.
Saxl F., *La fede astrologica di Agostino Chigi*, Rom 1934.
Schiffmann R., *Roma felix: Aspekte städtebaulicher Gestaltung Roms unter Papst Sixtus V.*, Bonn 1985
Shearman J., *Funzione e illusione*, Milano 1983.
–, „The Chigi Chapel in Santa Maria del Popolo", *Journal of the Warburg and Courtauld Institutes*, XXIV, 1961.
–, „The *Dead Christ* by Rosso Fiorentino", Bulletin of the Museum of Fine Arts, Boston, 64, 1966.
Smith G., *The Casino of Pius IV*, Princeton University Press 1977.
Spezzaferro L., „Il Recupero del Rinascimento", in *Storia dell'arte italiana*, VI, Turin 1981,
Steinmann E., *Das Grabmal Pauls III. in St. Peter in Rom*, Rom 1912.
Strinati C., „Gli anni difficili di Federico Zuccari", *Storia dell'Arte*, 21, 1974.
–, *Raffaello*, *Art Dossier*, 97, Januar 1995.
–, *Roma nell'anno 1600. Studio di pittura, Ricerche di Storia dell'Arte*, 10, 1980.
Toman R. (Hrsg.), *Die Kunst der italienischen Renaissance. Architektur, Skulptur, Malerei, Zeichnung*, Köln 1994.
Volpe C., Lucco M., *L'opera completa di Sebastiano del Piombo*, Mailand 1980.
Weisz J., *Pittura e misericordia: the oratory of S. Giovanni Decollato in Rome*, Ann Arbor 1982.
Wilde J., *The Decoration of the Sistine Ceiling*, *Proceedings of the British Academy*, 94, 1958.
Zapperi R., *Tiziano, Paolo III e i suoi nepoti*, Turin 1990.
Zeri F., „Intorno a Girolamo Siciolante", *Bollettino d'Arte*, 1951.
– , *Pittura e Controriforma. L'„arte senza tempo" di Scipione da Gaeta*, Torino 1970.
Zuccari A., „Aggiornamenti sulla decorazione cinquecentesca di alcune cappelle del Gesù", *Storia dell'Arte*, 50, 1984.
– , *Raffaello e le dimore del Rinascimento*, *Art Dossier*, 7, November 1986.
– , „Sebastiano del Piombo. S. Pietro in Montorio, Cappella Borgherini", in *Oltre Raffaello. Aspetti della cultura figurativa del Cinquecento romano*, (Katalog) Rom 1984.

Das 17. Jahrhundert – das Rom der Heiligen

Antonazzi G., *Il Palazzo di Propaganda*, Rom 1979.
Argan G. C., *Borromini*, Verona 1952.
–, *L'architettura barocca in Italia*, Mailand 1957.
–, *L'arte barocca*, Genf 1989.
Aronberg Lavin M., *Barberini inventories*, Princeton 1980.
Bagione G., *Le vite dei pittori, scultori e architetti*, Rom 1942.
Bassani R., Bellini F., *Caravaggio assassino*, Rom 1994.
Bellori G. P., *Le vite de' pittori, scultori e architetti moderni*, Rom 1672, Hrsg. G. Previtali, Turin 1976.
–, Nota delli musei, *librerie e gallerie et ornamenti di statue e pitture ne' palazzi, nelle case e Giardini di Roma*, Rom 1664, Hrsg. E. Zocca, Rom 1976.
Bernardini M. G., Fagiolo dell'Arco M. (Hrsg.), *Bernini regista del Barocco*, (Katalog) Mailand 1999.
Bernini D., *Vita del Cavalier Gio Lorenzo Bernino*, Rom 1713.
Bernini G. L., *Fontana di Trevi, commedia inedita*, Hrsg. C. D'Onofrio, Rom 1963.
Blunt A., „The Palazzo Barberini. The contributions of Maderno, Bernini and Pietro da Cortona", *Journal of the Warburg and Courtauld Institutes*, 20–21, 1958, S. 258 ff.
–, *Francesco Borromini*, London 1979.
–, „Roman Baroque Architecture – The Other Side of the Medal", in: *Art History*, 3, 1980, S. 20–28.

–, *A Guide to Baroque Rome*, New York 1982.
Bodart D., *Rubens*, *Art Dossier*, 44, 1990.
Borromeo F., *De pictura sacra*, Mailand 1624, Hrsg. C. Castiglioni, Sora 1932.
Borromini F., *Opera del Caval. F. Borromini, cavata dai suoi originali, cioè la chiesa e la fabbrica della Sapienza a Roma*, Rom 1720.
Borsi F. (Hrsg.), *Il Palazzo del Quirinale*, Rom 1972.
–, *Bernini Architetto. L'Opera completa*, Mailand 1980.
–, *La chiesa di S. Andrea al Quirinale*, Rom 1967.
–, *Roma di Urbano VIII. La pianta di Giovanni Maggi, 1625*, Rom 1990.
Briganti G., *Il Palazzo del Quirinale*, Rom 1962.
–, *Pietro da Cortona o della pittura barocca*, Florenz 1962.
Bussagli M., *Il nudo nell'arte*, Florenz 1998.
–, *Storia degli Angeli. Racconto di immagini e di idee*, Mailand 1992.
Calvesi M., „Caravaggio o la ricerca della salvazione", in *Storia dell'Arte*, 9–10, 1971, S. 93–142.
–, *Caravaggio*, *Art Dossier*, 1, 1986.
–, *La realtà del Caravaggio*, Turin 1990.
Cappelletti F., Testa L., *Il trattenimento di Virtuosi. Le collezioni secentesche di quadri nei Palazzi Mattei di Roma*, Rom 1994.
Coffin D. R., *Gardens and Gardening in Papal Rome*, Princeton 1991.
Connors J., *Borromini and the Roman Oratory. Style and Society*, New York 1980.
–, „Bernini's S. Andrea al Quirinale", in: *Journal of the Society of Architectural Historians* 41, 1982, 15–37.
Contardi B., *La retorica e l'architettura del Barocco*, Rom 1978.
Corradini S., *Caravaggio. Materiali per un processo*, Rom 1993.
Croce B., *Storia dell'età barocca in Italia*, Bari 1929.
Dacos N., *Les peintres belges à Rome au XVI siècle*, Brüssel/Rom 1964.
De Benedictis C., *Per la storia del collezionismo italiano. Fonti e documenti*, Florenz 1991.
D'Onofrio C., *Acque e fontane di Roma*, Pomezia 1977.
–, *Gian Lorenzo Bernini e gli angeli di Ponte Sant'Angelo. Storia di un ponte*, Rom 1981.
–, *Roma nel Seicento*, Rom 1969.
Dorati M. C., *Il Bernini e gli angeli di Ponte Sant'Angelo nel diario di un contemporaneo*, *Commentari*, 17, 1966, S. 349–352.
D'Ors E., *Del Barocco*, Mailand 1945.
Emiliani A., *Guido Reni*, *Art Dossier*, 27, 1988.
Enggass R., *Early Eighteenth-century Sculpture in Rome*, Bd. I u. II, University Park (PA) 1976.
Fagiolo dell'Arco M., Carandini S., *L'effimero Barocco. Strutture della festa nella Roma del Seicento*, I–II, Rom 1978.
– (Hrsg.), *La città effimera e l'universo artificiale del giardino*, Rom 1980.
–, *Bernini. Una introduzione al „gran teatro del Barocco"*, Rom 1966.
Fasolo F., *L'opera di Hieronimo e Carlo Rainaldi*, Rom 1960.
Ferrari O., *Bernini*, *Art Dossier*, 57, 1991.
Ficacci L., *Guercino*, *Art Dossier*, 61,1991.
Fokker T. H., *Rome's Baroque Art*, Oxford 1933.
Freiberg J., *The Lateran in 1600. Christian Concord in Counter-Reformation Rome*, Cambridge 1995.
Galassi-Paluzzi C., *Storia segreta dello stile dei Gesuiti*, Rom 1951.
Gallo M., *Orazio Borgianni pittore romano (1574–1616) e Francisco de Castro conte di Castro*, Rom 1997.
Ghelfi B. (Hrsg.), *Il libro dei conti del Guercino. 1629–1666*, Bologna 1997.
Gigli G., *Diario Romano (1608–1670)*, Hrsg. G. Ricciotti, Rom 1959.
Griseri A., *La metamorfosi del Barocco*, Turin 1967.
Hager W., *Barockarchitektur*, Baden-Baden 1968.
Hammond F., *Music and Spectacle in Baroque Rome. Barberini Patronage under Urban VIII*, New Haven 1994.
Hauser A., *Sozialgeschichte der Kunst und Literatur*, München 1955.
Hempel E., *Carlo Rainaldi*, München 1919.
Joscelin G., *Athanasius Kircher. A Renaissance Man and the Quest for Lost Knowledge*, London 1979.
Krautheimer R., *The Rome of Alexander VII. 1655–1667*, Princeton 1985.
Lavin I., *Bernini and the Crossing of St. Peter's*, New York 1968.
–, *Bernini and the Unity of the Visual Arts*, New York 1980.
Macioce S., *Undique splendent. Aspetti della pittura sacra nella Roma di Clemente VIII Aldobrandini (1592–1605)*, Rom 1990.
Marini M., *Caravaggio*, Rom 1987.
–, *Io, Michelangelo da Caravaggio*, Rom 1974.
Martinelli V., *Bernini*, Mailand 1979.
–, *Manierismo, Barocco, Rococò nella scultura italiana*, Mailand 1979.
Moir A., *The Italian Followers of Caravaggio*, Cambridge (Mass.) 1967.
Montagu J., „A Model by Francesco Mochi for the Saint Veronica", *Burlington Magazine*, CXXIV, 1982, S. 430–437.
–, *Alessandro Algardi*, New Haven/London 1985.
–, *Roman Baroque Sculpture. The Industry of Art*, New Haven/London 1989.
Morselli R., „Guido Reni: i collezionisti, gli allievi, le copie", in *La Scuola di Guido Reni*, Modena 1992, S. 19–25.
Muñoz A., *Roma barocca*, Mailand 1928.
Nava Cellini A., *La scultura del Seicento*, Turin 1982.
Negri A., *Fontana di Trevi, Rione Trevi, Guide Rionali di Roma*, Rom 1992.
Norberg-Schultz Ch., *Barock*, Stuttgart 1986.
Pacciarotti G., *La pittura del Seicento*, Turin 1997.
Passeri G. B., *Vite de' pittori, scultori et architetti che hanno lavorato in Roma morti dall'anno 1641 all'anno 1673*, Rom 1672, Hrsg. J. Hess, Leipzig/Wien 1934.
Petrocchi M., *Roma nel Seicento*, Bologna 1970.
Petrucci C. A., *Catalogo generale delle Stampe tratte dai rami incisi posseduti dalla Calcografia Nazionale*, Rom 1953.
Portoghesi P., *Francesco Borromini. Baumeister des römischen Barock*, Stuttgart/Zürich 1977.
–, *Roma barocca*, Bari 1992.
Preimesberger R., „Berninis Cappella Cornaro: Eine Bild-Wort-Synthese des 17. Jahrhunderts; zu Irvin Lavins Buch", in: *Zeitschrift für Kunstgeschichte* 4, 1986, 190–219.
–, „Pontifex Romanus per Aeneam Praesignatus: Die Galleria Pamphili und ihre Fresken", in: *Römisches Jahrbuch für Kunstgeschichte* 16, 1976, S. 221–287.
Rivosecchi V., *Esotismo in Roma barocca. Studi su padre Kircher*, Rom 1982.
Roca DeAmicis A., *L'opera di Borromini in San Giovanni in Laterano. Gli anni della fabbrica (1646–1650)*, Rom 1995.
Salerno L., *Pittori di paesaggio nel Seicento a Roma*, 3 Bde., Rom 1977–1980.
Sestrieri G., *Repertorio della pittura romana della fine del Seicento e del Settecento*, 3 Bde., Turin 1994.
Strinati C., Vodret R. (Hrsg.), *Caravaggio e i suoi. Percorsi caravaggeschi in Palazzo Barberini*, Neapel 1999.
Toman R. (Hrsg.), *Die Kunst des Barock. Architektur, Skulptur, Malerei*, Köln 1997.
Verdone M., *Feste e spettacoli a Roma*, Rom 1993.
Waterhouse E. K., *Roman Baroque Painting*, Oxford 1976.
Whitman N. T., „Roman Tradition and the Aedicular Façade", in *Journal of the Society of Architectural Historians* 29, 1970, 108–123.
Wittkower R., „A counter-project to Bernini's Piazza di San Pietro", *Journal of the Warburg and Courtauld Institute*, 1–2, 1939–1940, S. 88–106.
–, *Art and Architecture in Italy: 1600 to 1750*, Harmondsworth 1958.
–, Jaffe I. B., *Baroque Art: The Jesuit Contribution*, Mailand 1992.
Wöllflin H., *Renaissance und Barock*, München 1888.
Zollikofer K., *Berninis Grabmal für Alexander VII. Fiktion und Repräsentation*, Worms 1994

Das 18. Jahrhundert

Acquaro Graziosi M. T., *L'Arcadia. Trecento anni di storia*, Rom 1991.
Algarotti F., *Saggio sopra la pittura*, Livorno 1763.
Apolloni M. F., *Canova*, *Art Dossier*, 68, 1992.
Argan G. C., *Antonio Canova*, Rom 1969.
–, *Il Neoclassicismo*, Hrsg. M. Fagiolo dell'Arco, Rom 1968.
–, *L'Europa delle capitali*, Genf/Mailand 1965.
Arisi F., *Gian Paolo Panini e i fasti della Roma del' 700*, Rom 1986.
–, *Gian Paolo Panini*, Cremona 1992.
Assunta R., *Infinita contemplazione*, Neapel 1979.
–, *Specchio vivente del mondo (Artisti stranieri a Roma 1600–1800)*, Rom 1980.
Bandini C., *Roma nel Settecento*, 2 Bde., Rom 1930.
Baumgarten S., „Les œuvres de Camillo Rusconi à Rome", *Revue de l'art ancien et moderne*, 70, 1936, S. 233–238.
Belli Barsali I. (Hrsg.), *Pompeo Batoni, catalogo della mostra*, Lucca 1967.
–, *Ville di Roma*, Mailand 19832.
Benisovich N. M., „Ghezzi and the French Artists in Rome", in *Apollo*, 63, 1967, S. 340–347.
Bentivoglio E., „Palazzo Marucelli a Roma. Architettura di Sebastiano Cipriani", in *L'architettura da Clemente XI a Benedetto XIV. Pluralità di tendenze*, Hrsg. E. Debenedetti, Rom 1989, S. 15–32.
Berliner R., „Zeichnungen von Carlo und Filippo Marchionni", in *Münchner Jahrbuch der Bildenden Kunst*, 1958–1959, S. 267–396.
Bernardini B., *Descrizione del nuovo ripartimento de' rioni di Roma fatto per ordine di N.S. Papa Benedetto XIV*, Rom 1744.
Bevilacqua M., „Casa Giannini a piazza Capranica e la tipologia del palazzo ad appartamenti nella Roma di metà 1700", in *L'architettura da Clemente XI a Benedetto XIV. Pluralità di tendenze*, Hrsg. E. Debenedetti, Rom 1989, S. 205–220.
Bodart D., „Disegni giovanili inediti di P. L. Ghezzi nella Biblioteca Vaticana", in *Palatino*, XI, 1967, S. 141–154.
Borsi F. (Hrsg.), *Arte a Roma dal Neoclassicismo al Romanticismo*, Rom 1979.
Bottari G. G., *Dialoghi sopra le arti del disegno*, Lucca 1750.
–, *Raccolte di lettere sulla pittura, scultura e architettura*, Rom 1754–1773, Hrsg. S. Ticozzi, 7 Bde., Mailand 1822–1825.
Braham A., Hager H., *Carlo Fontana. The Drawings at Windsor Castle*, London 1977.
Briganti G. (Hrsg.), *La pittura in Italia. Il Settecento*, I–II, Mailand 1990.
Buschow A., *Kirchenrestaurierungen in Rom vor dem Hintergrund der päpstlichen Kunst- und Kulturpolitik in der ersten Hälfte des 18. Jahrhunderts*, Bonn 1987.
Busiri vici A., *Andrea Locatelli e il paesaggio romano del Settecento*, Rom 1976.
Cagiano de Azvedo M., *Il gusto del restauro delle opere d'arte antiche*, Rom 1948.
Camesasca E., *L'opera completa del Bellotto*, Mailand 1974.

Cavazzi L., „Piranesi e la veduta di Roma del Settecento a Roma“, *Bollettino dei Musei Comunali di Roma*, Rom 1990, S. 143–147.
Ceccarelli S., „Carlo Marchionno e la Sagrestia Vaticana“, in *Carlo Marchionni. Architettura, decorazione e scenografia contemporanea*, Hrsg. E. Debenedetti, Rom 1988, S. 57–134.
Ceschi C., *Le chiese di Roma dagli inizi del Neoclassicismo al 1961*, Bologna 1963.
Chyurlia R., „Pompeo Batoni o del classicismo settecentesco“, in *Emporium*, 117, 1953, S. 56–67.
Ciucci G., *Piazza del Popolo, storia, architettura, urbanistica*, Rom 1973.
Clark A. M., „Batoni's Professional Career and Style“, in *Studies in Italian Art and Architecture. Fifteenth through Eighteenth Centuries*, Hrsg. H. A. Milton, Cambridge (Mass.)/London 1980, S. 323–337.
– , „Sebastiano Conca and the Roman Rococo“, *Apollo*, 63, 1967, S. 328–335.
–, *Pompeo Batoni*, Hrsg. E. P. Brown, Oxford 1985.
Cocchetti L., „Pompeo Batoni e il neoclassicismo a Roma“, in *Commentari*, 4, 1952, S. 274–289.
Contardi B., Curcio G. (Hrsg.), *In Urbe architectus. La professione dell'architetto. Roma 1680–1750*, (Katalog) Rom 1991.
Crescimbeni G. M., *Stato della basilica di S. Maria in Cosmedin di Roma nel presente anno MDCCXIX*, Rom 1719.
Cretoni A., *Roma giacobina. Storia della Repubblica Romana 1798–1799*, Rom 1971.
Croce B., „L'Arcadia e la poesia del Settecento“, in B. Croce, *La letteratura italiana nel Settecento*, Bari 1949, S. 1–18.
Damming E., *Il movimento giansenista a Roma nella seconda metà del secolo XVIII*, Città del Vaticano 1945.
D'Avossa A., *Andrea Sacchi*, Rom 1985.
De Rossi G., *Studio di architettura civile*, 3 Bde., Rom 1702–1722.
Debenedetti E. (Hrsg.), *Carlo Marchionni. Architettura, decorazione e scenografia contemporanea, Studi sul Settecento romano*, 4, 1988.
– (Hrsg.), *Committenza Albani. Note sulla Villa Albani-Torlonia, Studi sul Settecento romano*, 1–2, 1985–1986.
– (Hrsg.), *L'architettura da Clemente XI a Benedetto XIV. Pluralità di tendenze, Studi sul Settecento romano*, 5, 1989.
– (Hrsg.), *Valadier segno e architettura*, (Katalog) Rom 1985.
– (Hrsg.), *Ville e palazzi, illusione scenica e miti archeologici, Studi sul Settecento romano*, 3, 1987.
– (Hrsg.), *La pittura del Settecento a Roma. Da Clemente XI a Benedetto XIV*, Rom 1991.
Delli S., *Le strade di Roma*, Rom 1975.
Di Federico F., „Francesco Trevisani and the Decoration of the Crucifixion Chapel in San Silvestro in Capite“, *The Art Bulletin*, LIII, 1971, S. 52–67.
–, *Francesco Trevisani*, Washington 1977.
D'Onofrio C., *Acque e fontane di Roma*, Pomezia 1977.
–, *Il Tevere a Roma,* Rom 1970.
–, *Scalinate di Roma*, Rom 1973.
Enggass R., *Early Eighteenth-Century Sculpture in Rome*, 2 Bde., London 1976.
Faccioli C., „Giovan Battista Nelli e la sua gran Pianta di Roma del 1748“, *Studi Romani*, 14, 1966, S. 415–422.
Fagiolo M. (Hrsg.), *Feste a Roma. Dal Rinascimento al 1870*, (Katalog) Mailand 1997.
Falcidia G., „Per una definizione del caso Benefial“, in *Paragone*, XXIX, 1978, S. 24–51.
Faldi I., „Gli inizi del Neoclassicismo in pittura nella prima metà del Settecento“, in *Nuove idee e nuova arte nel Settecento italiano, Atti dei Convegni Lincei*, Rom 1977, S. 495–523.
Fontana C., *L'Anfiteatro Flavio o Colosseo descritto e delineato*, L'Aja 1725.
Fruttaz A. P. (Hrsg.) *Le piante di Roma*, Rom 1962.
Giovannoni G., „Il Settecento“, in F. Castagnoli, C. Cecchelli, G. Giovannoni, M. Zocca (Hrsg.), *Topografia urbanistica di Roma*, Bologna 1958, S. 455–470.
Giuntella V. E., *Roma nel Settecento*, Rom 1971.
Golzio V., *Palazzi romani dalla Rinascita al Neoclassicismo*, Bologna 1971.
– , *Seicenti e Settecenti*, Turin 1950.
Gombrich E., *Arte e progresso. Storia e influenza di un'idea*, Bari 1985.
Gradara C., *Pietro Bracci, scultore romano, 1700–1773*, Mailand 1920.
Gross H., *Rome in the Age of Enlightenment. The post-Tridentine syndrome and the ancien regime*, Cambridge 1990.
Hugh H., „Filippo della Valle“, in *The Connoisseur*, 1959, S. 172–179.
– , *Neoclassicism*, Harmondsworth 1968.
Kieven E. (Hrsg.), *Ferdinando Fuga e l'architettura romana del Settecento. I disegni di architettura delle collezioni del Gabinetto Nazionale delle Stampe: il Settecento*, (Katalog) Rom 1988.
Lavagnino E., „Roma nel Settecento“, in *Il Settecento a Roma*, (Katalog) Rom 1959, S. 17–23.
Lefevre R., *Palazzo Chigi*, Rom 1973.
Loret M., „Attività ignota di Filippo Juvarra a Roma“, in *Critica d'Arte*, 1936, S. 198–201.
–, „I pittori napoletani a Roma nel Settecento“, in *Capitolium*, 1934, S. 541–555.
Mallory N. A., „Notizie sulla pittura romana del XVIII secolo (1718–1760)“, in *Bollettino d'Arte*, LXI, 1976, S. 102–113.
–, *Roman Rococo Architecture from Clement XI to Benedict XIV*, New York 1977.
Mancini C. M., „Le Memorie del Cav. Leone Ghezzi scritte da sé medesimo da gennaio 1731 al luglio 1734“, in *Palatino*, XII, 1968, S. 480–487.
Martinelli V., „Un modello di Francesco Trevisani per il profeta Baruch nella basilica lateranense“, in *Arte Veneta*, XXXII, 1978, S. 376–382.
Matteucci E., *L'architettura nel Settecento*, Turin 1988.
Milizia F., *Principi di architettura civile*, Bassano 1748.
Miller N., *Archäologie des Traums. Versuch über Giovanni Battista Piranesi*, München 1978.
Mortari L., *S. Maria Maddalena*, Rom 1987.
Moschini V., „Filippo della Valle“, in *L'Arte*, 1925, S. 177–190.
–, *Giaquinto artista rappresentativo della pittura barocca tarda a Roma*, in *L'Arte*, 1924, S. 104–123.
Muñoz A., *Antonio Canova. Le opere*, Rom 1957.
Nava Cellini A., *La scultura del Settecento*, Turin 1982.
Norberg-Schultz Ch., *Architettura tardobarocca*, Mailand 1989.
Oechslin W., *Bildungsgut und Antikenrezeption des frühen Settecento in Rom. Studien zum römischen Aufenthalt Bernardo Antonio Vittones*, Zürich 1972.
Pane R., *Ferdinando Fuga*, Napoli 1956.
Portoghesi R., *Roma barocca*, Bari/Rom 1992.
Pozzo A., *Prospettiva di Pittori e Architetti di Andrea Pozzo della Compagnia di Gesù a Roma*, I–II, Rom 1693–1700.
Sassoli M. G., *Apparati architettonici per fuochi d'artificio a Roma nel Settecento*, Mailand 1994.
Sestieri G., *La pittura nel Settecento*, Turin 1988.
Titi F., *Studio di pittura, scoltura et architettura nelle chiese di Roma (1674–1763)*, kritische Ausgabe besorgt von B. Contardi und S. Romano, 2 Bde., Rom 1987
Winckelmann J. J., *Geschichte der Kunst des Alterthums*, Dresden 1764.
Wittkower R., *Art and Architecture in Italy: 1600 to 1750*, Harmondsworth 1958.

19. und 20. Jahrhundert

Aspetti dell'arte a Roma, 1870–1914, (Katalog) Hrsg. D. Durbé, Rom 1972.
Bartoccini F., *Roma nell'Ottocento. Il tramonto della „città santa“. Nascita di una capitale*, Bologna 1985.
Benzi F., „Materiali inediti dall'archivio di Cipriano Efisio Oppo“, in *Bollettino d'Arte*, 37–38, 1986.
–, „Scuole e tendenze nell'arte romana degli anni Trenta“, in *Le Scuole Romane, sviluppi e continuità*, (Katalog) Hrsg. F. Benzi, R. Lambarelli, E. Mascelloni, Verona 1988.
Bossaglia R., *Il „Novecento Italiano“*, Mailand 1979.
Calvesi M., *La metafisica schiarita*, Mailand 1982.
Damigella A. M., *La pittura simbolista in Italia, 1885–1900*, Turin 1981.
De Libero L., „Un po' di prefazione e un po' di storia“, in *Letteratura*, 89, 1954.
Divisionismo romano, (Katalog) Hrsg. L. Stefanelli Torossi, Rom 1989.
E'42. L'Esposizione universale di Roma. Utopia e scenario del regime, (Katalog) Hrsg. M. Calvesi, E. Guidoni, S. Lux, Rom 1987.
Fagiolo M., *Scuola Romana*, Rom 1986.
Fossati P., *„Valori Plastici“ 1918–1922*, Turin 1981.
Gli anni del Premio Bergamo. Arte in Italia intorno agli anni Trenta, (Katalog) Hrsg. M. Argentieri und P. Vivarelli, Bergamo 1993.
Gli artisti di Villa Strohl-Fern, (Katalog) Hrsg. L. Stefanelli Torossi, Rom 1983.
Guttuso – Pirandello – Ziveri. Realismo a Roma, 1938–1943, (Katalog) Hrsg. F. D'Amico, Rom 1995.
Il Novecento Italiano 1923/1933, (Katalog) Hrsg. R. Bossaglia, Mailand 1983.
La Metafisica: gli anni Venti, (Katalog) Hrsg. R. Barilli und F. Solmi, Bologna 1980.
Les Réalismes 1919–1939, (Katalog) Hrsg. J. Clair, Paris 1981.
Miti del '900. Letteratura-Arte, (Katalog) Hrsg. Z. Birolli, Mailand 1979.
Moderne Kunst aus dem Vatikan. Papst Paul VI. und die Sammlung religiöser Kunst des 20. Jahrhunderts, (Katalog) Hrsg. J. Lenssen, Regensburg 1998.
Pacini P., „Intorno al numero cubista di Valori Plastici“, in *Critica d'Arte*, S. 175–177, 1981.
Pirani F., „Le Biennali Romane“, in *Il Palazzo delle Esposizioni*, (Katalog) Hrsg. R. Siligato und M. E. Tittoni, Rom 1991.
Realismo Magico, (Katalog) Hrsg. M. Fagiolo, Verona 1988.
Roma 1911, (Katalog) Hrsg. G. Piantoni, Rom 1980.
Roma 1918–1943, (Katalog) Hrsg. F. Benzi, Rom 1998.
Roma 1934, (Katalog) Hrsg. G. Appella und F. D'Amico, Modena/Rom 1986.
Secessione Romana 1913–1916, (Katalog) Hrsg. R. Bossaglia, P. Spadini, M. Quesada, Rom 1987.
Verdone M., Pagnotta F., Bidetti M., *La Casa d'Arte Bragaglia 1918–1930*, Rom 1992.
Zambrotta T., „Le esposizioni del Sindacato Laziale Fascista degli artisti 1929–1942“, in *Il Palazzo delle Esposizioni*, (Katalog) Hrsg. R. Siligato und M. E. Tittoni, Rom 1991.

Register

Bildnachweis

Accademia Nazionale dei Lincei: 464–465

Archivi Alinari, Florenz: 132, 133

Archivio Arco Farnese: 632, 633, 634, 636, 637 (links und rechts), 640, 641, 642, 643, 644, 645, 646, 647, 650, 651, 652

Archivio Fotografico Monumenti, Musei e Gallerie Pontificie: 26, 36, 48, 59, 64 (oben), 73, 82–83, 96, 97, 124, 125, 143 (rechts und links), 145, 164, 168–169, 182 (unten), 190–191, 232, 237, 238, 239, 244–245, 266–267, 270–271, 272–273, 281, 322, 327, 338–339, 340, 341, 376–377, 378–379, 380, 382, 383, 384–385, 386, 387, 388–389, 390 (oben und unten), 391, 393 (oben und unten), 394–395, 416, 422 (links), 424, 440 (links und rechts), 441, 442–443, 444–445, 446, 447, 448, 449 (oben und unten), 450, 451, 452 (rechts), 453, 454–455, 456–457, 459, 460, 461, 462 (oben und unten), 463, 466, 468, 470, 471, 472–473, 475, 479 (oben), 508, 554 (oben), 562 (oben), 566

Archivio Fotografico SAR: 15, 19 (oben), 28 (rechts), 74, 75 (oben und unten), 98, 99, 100 (oben), 101 (rechts), 154, 155 (unten)

Archivio G.N.A.M.: 631, 648, 654

Archivio Magnus: 29 (unten: Marton), 33 (oben: Marton), 38 (unten: Vasari), 39 (Vasari), 58 (Listri), 62 (Marton), 38 (unten: Vasari), 39 (Vasari), 58 (Listri), 62 (Marton), 92 (Vannini), 93 (Vannini), 100 (unten: Scopel), 138 (unten: Listri), 156 (Magliani), 162–163 (Magliani), 166 (Magliani), 167 (Magliani), 176 (Marton), 194 (Magliani), 195 (unten: Magliani), 205 (Magliani), 206 (Magliani), 211 (Magliani), 212 (Magliani), 213 (Magliani), 215 (Magliani), 216 (Magliani), 219 (Magliani), 220 (oben: Magliani), 221 (Magliani), 224 (Magliani), 226 (Magliani), 227 (oben und unten: Magliani), 228 (Magliani), 229 (Magliani), 230–231 (Magliani), 233 (Magliani), 234 (oben: Magliani), 234 (unten: Listri), 235 (Magliani), 240 (Magliani), 242 (Magliani), 243 (Magliani), 247 (Magliani), 248 (Magliani), 250 (Magliani), 251 (Magliani), 252 (Magliani), 253 (Magliani), 256 (Magliani), 257 (Magliani), 258–259 (Magliani), 260 (Magliani), 261 (Magliani), 262 (links und rechts: Magliani), 263 (Magliani), 264 (Magliani), 265 (Magliani), 268 (Magliani), 269 (Magliani), 274 (Magliani), 275 (Magliani), 276 (Magliani), 277 (Magliani), 278 (Magliani), 286 (Magliani), 287 (Magliani), 288 (Magliani), 290 (Magliani), 291 (Magliani), 292–293 (Magliani), 294 (Magliani), 295 (Magliani), 296–397 (Magliani), 301 (links und rechts: Magliani), 302 (links: Magliani), 303 (links: Magliani), 304 (Magliani), 305 (Magliani), 307 (oben und unten: Magliani), 309 (Magliani), 312–313 (Magliani), 315 (Magliani), 316 (Magliani), 317 (Magliani), 318 (oben und unten: Magliani), 319 (Magliani), 320–321 (Magliani), 323 (Magliani), 342–343 (Magliani), 344 (Vasari), 349 (oben: Listri), 350 (Listri), 351 (Magliani), 356 (unten: Listri), 357 (Listri), 358 (Magliani), 359 (links: Magliani), 361 (Magliani), 363 (Magliani), 367 (Magliani), 268 (Magliani), 369 (links: Magliani), 373 (Magliani), 375 (Magliani), 381 (Magliani), 392 (Magliani), 396 (Magliani), 397 (Magliani), 398 (Magliani), 399 (Magliani), 400 (Magliani), 401 (Magliani), 403 (Magliani), 404 (unten: Magliani), 405 (Listri), 406 (oben: Listri), 406 (unten: Magliani), 407 (links: Listri), 410–411 (Listri), 411 (Listri), 412 (unten: Magliani), 413 (Magliani), 417 (oben und unten: Listri), 418 (oben und unten: Magliani), 419 (Magliani), 420 (oben: Listri), 420 (unten: Magliani), 421 (Magliani), 422 (rechts: Magliani), 423 (links: Magliani), 425 (Magliani), 426 (links und rechts: Magliani), 428 (Magliani), 429 (Magliani), 430 (Magliani), 431 (Magliani), 433 (Magliani), 434 (rechts: Magliani), 435 (Listri), 436 (Magliani), 437 (Magliani), 438 (Listri), 439 (Magliani), 452 (links: Magliani), 458 (Listri), 469 (Magliani), 474 (Magliani), 477 (oben und unten: Listri), 478 (oben und unten: Listri), 479 (oben: Magliani), 480 (Magliani), 481 (Magliani), 486–487 (Listri), 492 (Listri), 493 (Listri), 495 (unten: Magliani), 496 (oben und unten: Magliani), 497 (oben: Magliani), 497 (unten: Listri), 501 (Listri), 502 (oben und unten: Listri), 503 (Marton), 504 (Magliani), 505 (oben und unten: Magliani), 513 (oben: Magliani), 516 (Listri), 518 (oben: Magliani), 518 (unten: Listri), 519 (Magliani), 520 (oben: Listri), 520 (unten: Marton), 521 (oben und unten: Listri), 522 (oben und unten: Listri), 523 (oben und unten: Listri), 524 (oben und unten: Listri), 525 (oben und unten: Listri), 526 (Magliani), 527 (rechts: Magliani), 530 (rechts: Listri), 531 (Listri), 532 (Listri), 533 (Listri), 534 (Listri), 535 (Listri), 537 (links: Mastrorillo), 539 (Listri), 540 (Listri), 541 (oben: Listri), 546 (oben: Listri), 546 (unten: Magliani), 549 (unten: Listri), 551, 555 (oben und unten: Magliani), 556 (oben: Magliani), 556 (unten: Listri), 557 (Listri), 558 (Listri), 561 (Magliani), 563 (Listri), 565 (oben und unten: Listri), 567 (Magliani), 571 (Listri), 573 (Magliani), 574 (Magliani), 575 (links und rechts: Magliani), 578 (Listri), 579 (Listri), 580 (Marton), 584 (Magliani), 585 (oben und unten: Listri), 586–587 (Magliani), 590 (links: Magliani), 590 (rechts: Morselli), 591 (Morselli), 592 (unten: Marton), 593 (oben: Magliani), 593 (unten: Listri), 594 (oben und unten: Listri), 595 (Listri), 596 (links und rechts: Magliani), 597 (links und rechts: Magliani), 599 (rechts: Listri), 603 (Listri), 604 (oben: Magliani), 605 (Vasari), 606 (Listri), 608 (Listri), 609 (oben links: Magliani), 609 (oben rechts: Listri),609 (unten rechts: Listri), 610 (oben und unten: Listri), 611 (Listri), 612 (oben und unten: Listri), 613 (oben und unten: Listri), 621 (Listri)

Arte Fotografica: 572

Arti Doria Pamphili: 549 (oben)

Biblioteca Apostolica Vaticana: 171 (unten), 177, 298, 300 (links), 407 (rechts), 494 (oben und unten)

Biblioteca Nazionale Centrale di Roma: 495 (oben)

British Museum, London,: 171 (oben)

Bruno, Giuseppe: 29 (oben), 31 (links oben und unten), 32 (oben und unten), 141 (oben und unten)

Collezioni private: 619 (oben), 638–639

Dagli Orti, Giovanni: 127

De Luca, Araldo: 17, 18, 19 (unten), 27, 30, 34, 43, 44, 47, 50 (oben und unten), 51, 52, 53, 54, 56–57, 60–61, 63, 66, 68–69, 71, 72, 87, 113, 116, 123 (oben und unten), 134, 136, 137 (oben), 138 (oben), 139, 144, 225, 283, 488, 559, 567 (unten)

De Masi, Lorenzo: 49, 128–129

École Nationale Supérieur des Beaux-Arts, Paris: 14, 37, 117 (oben), 120–121, 142

Foto Archivio Fabbrica di San Pietro in Vaticano: 178, 192–193, 279 (oben und unten), 359 (rechts), 360, 408–409, 432 (links), 527 (links), 536, 537 (rechts), 542, 543 (oben und unten), 547, 548, 598 (links und rechts), 599 (links), 604 (unten)

Foto Massimo Borchi/Archivio Fotografico SIE: 348–349

I.C.C.D.: 106, 107, 110

Istituto Archeologico Germanico, Rom: 112, 130, 137 (unten)

Könemann Verlagsgesellschaft mbh, Köln: 511 (Bednorz)

Istituto Fotografico Editoriale Scala: 40, 41, 45, 140, 180 (oben und unten), 184, 185, 195 (oben), 199 (oben und unten), 202 (oben), 218, 249, 282, 289, 299, 302 (rechts), 306, 314, 324–325, 326, 330, 335, 370, 371, 372 (oben und unten), 402, 404 (oben), 427, 509 (oben), 530 (links), 550, 560, 564, 616–617, 618, 620, 622 (oben und unten), 623, 624–625, 626, 627

Kunsthistorisches Museum, Wien: 81

Listri, Massimo: 11 (oben), 38 (oben), 79, 170 (unten), 355, 364–365, 366, 414, 592 (oben), 607 (oben und unten)

Magliani, Mauro: 432 (rechts), 434 (links), 467, 489, 490–491, 509 (unten), 517, 554 (unten), 562 (unten)

Martin, Joseph /Archivio L.A.R.A.: 108–109

Museo d'Arte Moderna e Contemporanea di Trento e Rovereto: 635

NyCarlsberg-Glyptotek, Kopenhagen: 65

Parrocchia di Santa Maria in Campitelli: 300 (rechts)

Pedicini, Luciano: 67, 70, 101 (links), 102, 432 (rechts), 476

Pontificia Commissione di Archeologia Sacra: 155 (oben), 157, 158, 165, 170 (oben), 179, 181, 182 (oben), 183, 186 (oben und unten), 188, 189, 196, 197, 198, 200, 202 (unten), 203, 204

Renzoni, Valentino: 64 (unten)

Sciundrone, Franco: 303 (rechts)

Simeone, Giovanni /Archivio Sime: 11 (unten), 12, 13, 16, 21, 22, 23, 24–25, 28 (links), 33 (unten), 34–35, 84, 88–89, 90–91, 94, 95, 104, 105, 111, 117 (unten), 118–119, 122 (oben und unten), 131, 146, 147, 148, 149, 150, 151, 152, 153, 214, 236, 412 (oben), 414–415, 498–499, 500, 513 (unten), 514–515, 538, 541 (unten), 580–581, 602–603

Vasari, Archivio: 20, 78–79, 85, 88, 159, 173, 174, 175, 207 (oben und unten), 208, 209, 217, 220 (unten), 241, 246, 308, 331, 332–333, 345 (oben), 346–347, 354, 355 (unten), 356 (oben), 369 (rechts), 482, 483, 484, 485, 512 (links und rechts), 568, 569, 570, 619 (unten), 628–629, 630, 655

Veggi, Giulio /Archivio White Star: 31 (rechts)